Beate-Christine Stauff

Von Straßenmusikanten und anderen Vertriebenen

Beate-Christine Stauff

Von Straßenmusikanten und anderen Vertriebenen

Unterwegs in den Märchen der Brüder Grimm

Tectum Verlag

Beate-Christine Stauff

Von Straßenmusikanten und anderen Vertriebenen.
Unterwegs in den Märchen der Brüder Grimm

ISBN: 978-3-8288-2168-2

Umschlagabbildung: Aquarell und Zeichnung von Mira Elize
(www.elizeart.com)

Besuchen Sie uns im Internet
www.tectum-verlag.de

Bibliografische Informationen der Deutschen Nationalbibliothek
Die Deutsche Nationalbibliothek verzeichnet diese Publikation in der Deutschen Nationalbibliografie; detaillierte bibliografische Angaben sind im Internet über http://dnb.ddb.de abrufbar.

Inhaltsverzeichnis

Prolog

„Sind die Mauern auch noch so hoch, der Himmel ist immer höher"

(Quelle unbekannt)

Meiner Lust auf das Unterwegssein und meinem Wissensdrang auf Land und Leute, mir fremde Menschen, deren Lebensgewohnheiten und Alltagsbewältigung, konnte ich schon seit meinem zwölften Lebensjahr nachgehen. Meine erste Reise alleine ging 1974 mit dem Zug und der Fähre nach England. Ich reiste während der Schul- und Ausbildungsjahre so bald sich Ferien ergaben und später blieb ich gerne für Monate unterwegs. „Der Weg ist das Ziel" wurde zunehmend zu meinem Erkenntnissatz. Doch nach über 20 Jahren musste ich mich meiner persönlichen Zwischenbilanz stellen.

Das ich mit 38 Jahren den Mut fand, noch mal an die Universität zu gehen, verdanke ich einer Café-Bekanntschaft in meiner täglichen Pizzeria ‚da Antonio', Gabrielle Kancachian. Sie stellte mir vor meiner Immatrikulation die entscheidende Frage zu meiner Vorstellung von Glück und meinem Leben mit 45 Jahren. „Ein Studium.", antwortete ich spontan und sie resümierte „Dann gehst du zur Uni, Schluss."

Die vorgelegte Magisterarbeit fiel in eine Zeit, in der ich gesundheitlich und psychisch stark angeschlagen war. Die Diagnose Mammacarcinom 2005 hatte mich tief erschüttert und ein Jahr lang konnte ich keinem Blick ohne Tränen standhalten. Erst langsam lernte ich mit der Krankheit und ihrer nachhaltigen Konsequenzen rund um die Uhr umzugehen und heute kann ich Krebs als meinen ständigen Lebensbegleiter akzeptieren. Getrieben von der Vorstellung, meine Lebenszeit läuft ab, war mein innigster Wunsch, das Studium noch erfolgreich zu beenden. Am Abend vor den mündlichen Abschlussprüfungen verstarb plötzlich mein Vater.

Mein größter Dank gilt meinem geliebten Mann, meisterhaften Maler und wunderbaren Erzähler Mira Elize, meinen geschätzten Eltern, meiner Freundin Dr. Elena Anisimova, PD Dr. Gunther Hirschfelder von der Rheinischen-Friedrichs-Wilhelm-Universität Bonn sowie meinen Ärzten für ihre spezifische unverkennbare Förderung und Begleitung bis zu meinem Magistra Artium und darüber hinaus. Dem Tectum Verlag danke ich sehr für sein Interesse an der Publikation.

Miras Kinder (Melissa und Benjamin), meine Cousinen Lorena und Delia Holzenthal, meine Nichten Lena und Rike Bosbach, Elia und Vico Neuschütz sowie meine jüngste Freundin Iliana Ukcama möchte ich ermutigen, in schwierigen Zeiten durchzuhalten und ein halb leeres Glas als halb volles zu sehen.

Meine Studienfächer rundeten meine Erfahrungen akademisch ab und schenkten mir jene Auseinandersetzungen, nach denen ich mich jahrelang gesehnt hatte: wissenschaftliche Erkenntnistheorien.

1. Einleitung

Märchen oder auch nur einzelne Märchenfiguren sind uns allen bis heute sehr vertraut. Fest steht, dass „die Märchen, an die sich der Erwachsene erinnert, (...) Märchen seiner Kinderzeit“[1] sind. Die uns vertraute Eröffnungsformel ´Es war einmal` versetzt uns in eine unbestimmte Zeit eines spannenden ´Volksmärchens` mit seinem Protagonisten und das formelhafte Ende vieler Märchen ´Und wenn sie nicht gestorben sind ...` garantiert uns ein glückliches Ende. Die Märchen formen unsere Vorstellungskraft und sind „mehr als jede andere Lektüre-Erinnerung in unser Allgemeinbewusstsein eingedrungen“[2]. In der Sprache drückt sich dies ebenso aus. So sagen wir für die Umschreibung höchsten Glücks: ´Das ist märchenhaft schön` oder ´Das ist wie im Märchen`. Deutlich negativ konnotiert ist dagegen ´erzähl mir keine Märchen`, als Ausdruck des Zweifels, der Skepsis, eine deutliche Gewichtung auf die Welt der Lügen. In der sprichwörtlichen Redensart finden sich ebenso Belege, wie zum Beispiel ´im Dornröschenschlaf liegen` als Ausdruck für das Verschlafen von modernen Entwicklungen oder das ´Vor sich hin träumen`.[3] Märchen galten jedoch zunächst den Erwachsenen, vorwiegend in den analphabetischen Gesellschaften, als Erzählgut.[4]

---

1 Lüthi, Max: Es war einmal ...Vom Wesen des Volksmärchens. Mit einem Vorwort von Lutz Röhrich. Göttingen [8]1998. S. 104.

2 Röhrich, Lutz (Hg.): »und weil sie nicht gestorben sind ...«. Anthropologie, Kulturgeschichte und Deutung von Märchen. Köln/Weimar/Wien 2002. S. 1.

3 Vgl.: Röhrich, Lutz (Hg.): Lexikon der sprichwörtlichen Redensarten. Freiburg/Basel/Wien [7]2004. 3 Bde. Hier Bd. 1. Stichwort: Dornröschenschlaf. S. 328. Und: Bd. 2. Stichwort: Märchen. S. 1000. Sowie vgl.: Bausinger, Hermann: Märchen. In: Enzyklopädie des Märchens 9 (1999). Sp. 250-274, hier Sp. 251. Zur EM siehe auch hier Kapitel 4, Fußnote 140. Und vgl.: Bluhm, Lothar/Rölleke, Heinz (Hg.): „Redensarten des Volks, auf die ich immer horche“: Märchen – Sprichwort – Redensart; zur volkskundlichen Ausgestaltung der Kinder- und Hausmärchen durch die Brüder Grimm. Stuttgart/Leipzig 1997. S. 7.

4 Vgl.: Röhrich, Lutz: Märchen und Märchenforschung heute. In: Kahn, Walther/Röth, Diether (Hg.): Märchen und Märchenforschung in Europa. Ein Handbuch (Im Auftrag der Märchen-Stiftung Walther Kahn). Frankfurt am Main 1993. S. 9-13, hier S. 9.

Das Märchen zählt zu den elementaren Literaturerfahrungen. Es gehört zu der Form von Dichtung, die seit dem 18. Jahrhundert, noch als Ammengeschichte von der Aufklärung verpönt, die Kinderstube erobert hat. Darüber hinaus galten seit dem frühen 20. Jahrhundert europäische Märchen und mittelalterlich geprägte Orte unter anderem Deutschlands als Vorlage für zahlreiche Walt-Disney-Produktionen. Märchen und Märchenhaftes werden in den Print- und Bildmedien transportiert, und es hat den Anschein, als könnten sie nur noch in der medialen Bearbeitung, als Buchmärchen, Comic oder Film überleben.[5] Der Fernseher scheint so zum letzten Geschichtenerzähler zu avancieren. Übertragene reale Prinzenhochzeiten „befriedigen bis in unsere Tage das Märchenbedürfnis von Millionen von Fernsehzuschauern."[6] Die Anziehungskraft der Hochzeitsübertragungen auf demokratische Länder zeugt unter anderem von der Symbolkraft der Königshäuser: „König sein ist ein Bild für die vollendete Selbstverwirklichung".[7]

Das europäische Märchen ist im Deutschen von seinen benachbarten Gattungen (Sage, Legende, Mythus, Fabel, Schwank) deutlich abgegrenzt. Außereuropäische Märchen bedürfen allein auf Grund unterschiedlicher Weltanschauungen eigener Untersuchungen. Im Mittelpunkt des Märchens im kulturellen Großraum Westeuropas steht der wandernde und handelnde Märchenheld, meist in Menschengestalt, der allerlei Proben und Gefahren zu bewältigen hat.[8] Laut Max Lüthi, wegweisender Literaturwissenschaftler und Philologe des 20. Jahrhunderts, ist die Sammlung der Kinder- und Hausmärchen der Brüder Grimm „heute, trotz der ungezählten anderen Veröffentlichungen, der fast alleinige Quell wirklich leben-

---

5 Vgl.: Röhrich: »und weil sie nicht gestorben sind ...«. S. 5. Zur Definition von Buchmärchen siehe auch hier Fußnote 174.

6 Röhrich: »und weil sie nicht gestorben sind ...«. S. 2. Beispiele: Prinz Willem Alexander mit der Argentinierin Maxima Zorreguieta im Jahr 2002 in den Niederlanden oder Kronprinz Felipe und Letizia Ortiz im Jahr 2004 in Spanien.

7 Lüthi: Es war einmal ... S. 107.

8 Vgl.: Lüthi: Es war einmal ... S. 104, 108f. Sowie vgl.: Lüthi, Max: Märchen. Bearbeitet von Heinz Rölleke. Stuttgart [9]1996. S. 6, 33. Und vgl.: Bausinger: Märchen. In: EM 9 (1999). Sp. 252.

digen Märchenerlebens in den breiten Schichten der Bevölkerung"[9] und nicht zufällig werden Märchen von vielen synonym mit den Brüdern Grimm gesetzt. Im Zentrum der international arbeitenden volkskundlichen Märchenforschung stand lange die Kulturgeschichte des Märchens sowie die Biologie des Erzählguts[10].

So wie der Begriff Märchen Erinnerungen in uns wach ruft, so kann uns auch der Begriff Reise an einen bestimmten Ort unserer imaginären oder erlebten Erinnerung versetzen. Räumlich führt uns die Reise aus dem Heimatort hinaus und seit der zweiten Hälfte des 20. Jahrhunderts avancierte sie in Deutschland allmählich zum Massenphänomen der Menschen. Seit Mitte der 50er Jahre, dem so genannten Wirtschaftswunder wird nun auch für Arbeiter und Angestellte Urlaub plan- und finanzierbar. Die jährliche Urlaubsreise ist vor allem durch Aufbruch und Heimkehr begrenzt. Eine gewisse Erwartung, etwas Neuem zu begegnen oder etwas Neues zu erfahren ist an die meisten Reisen gebunden. Das grammatikalische Kompositum signalisiert in den häufigsten Formen unserer Reisen den Beweggrund, wie in Urlaubsreise, Besuchsreise, Kultur- Bildungsreise, Kur- Gesundheitsreise oder Pilgerreise. Aber auch die täglichen örtlichen Staumeldungen im Radio, vor allem in der beruflich bedingten Hauptverkehrszeit sowie die überfüllten öffentlichen Verkehrsmittel zeugen von einer alltäglichen Mobilität unserer heterogenen Bevölkerung. Reise gehört somit in den Bereich des alltäglich Erfahrbaren.

Die Reise gehört darüber hinaus seit der Antike als Thema und Motiv zu den elementaren Literaturerfahrungen und behauptet bis in die Gegenwart ihren Platz in der Lyrik und Prosa. In dem Genre

---

9 Lüthi: Es war einmal ... S. 103.

10 Der Begriff „deutet auf eine bedeutsame Schwerpunktsverlagerung in der Forschung vom Text zum Kontext, von der statischen Betrachtung künstlich isolierter und arrangierter Erzählpassagen zum Studium der Dynamik des Erzählens und Tradierens von Person zu Person und von Volk zu Volk, der Kontakte und Interaktionen, die für die Entstehung und Neuformung von Erzählungen verantwortlich sind." Dégh, Linda: Biologie des Erzählguts. EM 2 (1979). Sp. 386-406, hier Sp. 386.

Reiseliteratur sind Reisebeschreibungen „von Beginn an zwischen Realität und Phantasie angesiedelt (...)."[11]

Komfort und Schnelligkeit wuchsen parallel mit der technischen Entwicklung der Transportmittel. Reiste man zunächst zu Fuß, mit dem Pferd, Schiff, der Postkutsche, so förderten das Manufakturwesen und die industriellen Produktionsstätten in der ersten Hälfte des 19. Jahrhunderts bereits die schienenabhängige Eisenbahn, die nicht nur mehr Menschen transportieren, sondern vor allem auch bislang schlecht erreichbare Regionen mit in den Fortschritt einbinden konnte. Mit dem Auto um 1900 wurde die individuelle Mobilität gestärkt und im Bereich des Machbaren lag es, dass „2001 (...) die erste Weltraumreise für Touristen mit einer Rakete statt[fand]."[12]

Seit dem Paradigmenwechsel im Fach in den 1970er Jahren[13] (vom Text zum Kontext, vom Erzählten zum Erzähler) hat die moderne volkskundliche Erzählforschung ihr Interesse an der Reise vor allem auf das ´Erzählen auf und von der Reise selbst`[14] sowie auf die ´Alltagserscheinungen` verschoben.

---

11 Bönisch-Brednich, Brigitte: Reiseberichte. In: Göttsch, Silke/Lehmann Albrecht (Hg.): Methoden der Volkskunde. Positionen, Quellen, Arbeitsweisen der Europäischen Ethnologie. Berlin 2001. S. 123-137, hier S. 124.

12 Gerndt, Helge: Reise. In: EM 11, 2 (2004). Sp. 504-514, hier Sp. 505. Zur Geschichte einzelner Elemente und Aspekte der Reise, und insbesondere zu den volkskundlichen Forschungsarbeiten (ersetzt) siehe: Gyr, Ueli: Touristenkultur und Reisealltag. In: Zeitschrift für Volkskunde 84 (1988). S. 224-239. Sowie vgl.: Ders.: Tourismus und Tourismusforschung. In: Brednich, Rolf Wilhelm (Hg.): Grundriß der Volkskunde. Einführung in die Forschungsfelder der Europäischen Ethnologie. 3. Auflage Berlin 2001. S. 469-489, hier: S. 476-481.

13 Stichworte sind: das ´Tübinger Ludwig-Uhland-Institut`, die Tagung in Falkenstein/Taunus unter dem Titel *Volkskunde in Deutschland – Begriffe, Prognosen, Tendenzen.* Insbesondere die Publikation von Hermann Bausinger/Gottfried Korff/Martin Scharfe/Rudolf Schenda (Hg.): Untersuchungen des Ludwig-Uhland-Institut der Universität Tübingen. Bd. 27. Tübingen 1970. Insbesondere der Beitrag von Schenda: *Abschied vom Volksleben.*

14 So zum Beispiel über das Erzählen an Erzählorten wie Herbergen, Schenken und Wirtshäusern. Vgl.: Schenda, Rudolf (Hg.): Von Mund zu Ohr. Bausteine zu einer Kulturgeschichte volkstümlichen Erzählens in Europa. Göttingen 1993. S. 90-101.

1.1 Forschungsstand und Fragestellung

Die interdisziplinär arbeitende Kulturanthropologie kommt auch in der Erzähl- und Märchenforschung zum Tragen. Zu den engsten Nachbardisziplinen der Volkskunde zählen neben der Germanistik die Geschichtswissenschaft und Soziologie. Eine enge Verbindung zwischen der Germanistik und der Kulturanthropologie/Volkskunde liegt in der Genese der Volkskunde. So ist die orale Tradition in der Germanistik angesiedelt. Die literaturwissenschaftliche Märchenforschung ist von André Jolles und Robert Petsch begründet und wurde von Max Lüthi weitergeführt. Sie überschneidet sich mit der volkskundlichen Erzählforschung sowohl im weiten Bereich der literarisch beeinflussten Volkserzählung als auch im Bereich der ´einfach strukturierten Formen`.[15] „Das Märchen wird in Rahmen der oralen Literatur zur Kategorie ‚Volkserzählung'", im Sinne einer fiktiven Prosaerzählung gerechnet[16]. Die Erzählforschung der Volkskunde versteht „im Kern (...) den Menschen jeder Zeit als ein produktives literarisches Wesen."[17] Märchen sind darüber hinaus auch Forschungsgegenstand u. a. in der Psychologie, Pädagogik/Erziehungswissenschaft und sogar in der Kriminologie.[18] Die wissenschaftlichen Ergebnisse all dieser Disziplinen unterscheiden sich auf Grund ihrer spezifischen Fragestellung und Methodik. Felix Karlinger konstatiert, dass diese unterschiedlichen Blickrichtungen bezogen auf die jeweilige Disziplin einerseits die Erforschung des Märchens erschweren, andererseits deren unter-

---

15 Vgl.: Dégh, Linda: Erzählen, Erzähler. EM 4 (1984). Sp. 315-342, hier Sp. 315.

16 Kooi, Jurjen van der: Märchen zwischen mündlicher Überlieferung und literarischer Tradition. In: Boden, Alexander/Genath, Peter/Haverkamp, Dela-Madeleine (Hg.): Erzähler und Erzähltes. Vortragsveranstaltung anlässlich des 70. Geburtstages von H.L. Cox. In: Rheinisches Jahrbuch für Volkskunde. Beiheft 4. Siegburg 2006. S. 29-44, hier S. 29. Im Druck.

17 Fischer, Helmut: Erzählen – Schreiben – Deuten. Beiträge zur Erzählforschung (Bonner kleine Reihe der Alltagskultur, Bd. 6). Münster 2001.

18 Hier sei auf die Dissertation von Barbara Beier hingewiesen: Beier, Barbara: Der nicht natürliche Tod und andere rechtsmedizinische Sachverhalte in den deutschen Volksmärchen unter besonderer Berücksichtigung der Kinder- und Hausmärchen der Brüder Grimm. Diss. vorgelegt der Medizinischen Fakultät Charité der Humboldt-Universität zu Berlin 1997.

schiedlichen Deutungsversuche auch entscheidend zur Vermeidung einer einseitigen Beurteilung des Märchens beitragen.[19]

Der Zeitraum der Publikationen der Kinder- und Hausmärchen[20] der Brüder Jacob Ludwig Carl (1785-1863) und Wilhelm Karl (1786-1859) Grimm erstreckt sich über die Jahre 1810, dem Erscheinungsjahr der Urfassung, bis zum Jahr 1857, dem Jahr der Ausgabe letzter Hand. Die ohnehin wenig authentisch gesammelten Märchen wurden inhaltlich und sprachlich von Ausgabe zu Ausgabe weiter modifiziert und um die Jahrhundertwende durch „Motiv-Chiffren kodifiziert"[21]. Die Nummerierung und die Titel der Märchen (1-200 sowie 10 Kinderlegenden) wurden in die Märchenforschung übernommen. Bereits Antti Aarne orientierte sich um 1900 bei seiner Erstellung eines *Typenverzeichnis(ses) der europäischen Märchen* an den Kinder- und Hausmärchen der Brüder Grimm.[22] Die runde Zahl von 200 konnte in dieser Ausgabe nur beibehalten werden, indem das KHM 151 zweimal besetzt wurde.[23]

Die Ausgabe letzter Hand von 1857 ist für die junge Disziplin Volkskunde mit ihrem weiten Kulturbegriff insofern von großer Bedeutung, als dass vor allem diese Ausgabe die letzten Überarbeitungen transportiert. Die in dieser Ausgabe enthaltenen Volkserzählungen „sind (...) im Letzten Erzeugnisse derjenigen, die sie in

---

19 Vgl.: Karlinger, Felix: Grundzüge einer Geschichte des Märchens im deutschen Sprachraum (Wissenschaftliche Buchgesellschaft, Bd. 15). Darmstadt 1983. S. 7.

20 Die Kinder- und Hausmärchen der Brüder Grimm werden im Folgenden mit dem geläufigen Kürzel KHM geschrieben.

21 Holzhausen-Heeter, Heidemarie: Von einem, der Auszog ... Das Reisemotiv in den 'Kinder- und Hausmärchen' der Brüder Grimm und in den Kunstmärchen der Romantik. Submitted to the faculty of the Graduate School in partial fulfillment of the requirements for the degree Doctor of Philosophy in the Department of Germanic Studies 1989. Herausgegeben von der University Microfilms International. Indiana University 1990. S. 2.

22 Vgl.: Rölleke, Heinz: Kinder- und Hausmärchen. In: EM 7 (1993). Sp. 1278-1297, hier Sp. 1287. Aarne Antti, ein finnischer Märchenforscher, hat zu Beginn des letzten Jahrhunderts ein Typensystem auf Grund von finnischen, dänischen und deutschen Märchen angelegt, das 1910 erstmals veröffentlicht wurde. Vgl.: Aarne, Antti: Verzeichnis von Märchentypen. In: FFC 3. Helsinki 1910.

23 Vgl.: Rölleke: Kinder- und Hausmärchen. In: EM 7 (1993). Sp. 1285.

Schrift verfassten.“[24] Darüber hinaus ist diese KHM Ausgabe innerhalb der Volksmärchen das bekannteste Werk bei Groß und Klein, Laien und Wissenschaftlern in der Welt. Laut Heidemarie Holzhausen-Heeter „beruhen alle modernen Ausgaben der [KHM-]Sammlung auf der Fassung von 1857“[25], deren Märchen sich laut der Erkenntnis der Märchenforschung mehrheitlich auf die zweite Auflage von 1819 beziehen, welche seitdem allein von Wilhelm Grimm betreut wurde.[26] Sein starkes Interesse am Poetischen und seine maßgeblichen Bearbeitungen der gesammelten Volkserzählungen der KHM tragen dazu bei, dass er in dieser Arbeit verstärkt Erwähnung finden wird.[27] Hans-Jörg Uther publizierte diese Ausgabe letzter Hand 1996 erneut. Sie wurde durch Register erschlossen und mit Kommentaren und textkritischen Überprüfungen versehen. Diese vierbändige Ausgabe dient der vorliegenden Arbeit als Textquelle und Arbeitsgrundlage.[28]

Die KHM zählt noch heute zu den am meisten wiederaufgelegten Werken deutscher Sprache, die weltweit Leser bedienen.

In der Regel wurde die Ausgabe letzter Hand auch für Nachdrucke sowie publizierte Varianten und Übersetzungen herangezogen. Holzhausen-Heeter konstatiert in ihrer Einführung, dass gerade durch die Bearbeitung von Wilhelm Grimm „die KHM der Litera-

---

24 Fischer, Helmut: Das ´papierne Dasein` von Volkserzählungen. Über schreibende Erzähler. In: Boden/Genath/Haverkamp (Hg.): Erzähler und Erzähltes. In: Rheinisches Jahrbuch für Volkskunde. Beiheft 4. S. 45-76, hier S. 46. Im Druck.

25 Holzhausen-Heeter: Von einem, der Auszog ... S. 8.

26 Mit dieser Auflage wurde „die ´Gattung Grimm` erst recht eigentlich geschaffen“ und ihr gelang der „wirkliche Durchbruch zum größten deutschen Bestseller aller Zeiten“. Vgl.: Rölleke, Heinz: Zur Biographie der Grimm'schen Märchen. In: Brüder Grimm: Kinder- und Hausmärchen. Nach der 2., vermehrte Auflage von 1819. Textkritisch revidiert von Heinz Rölleke. Köln ²1984. S. 522, 526.

27 Wenn man von den *Brüdern Grimm* spricht, ist jedoch tatsächlich zumeist nur der älteste Bruder berücksichtigt worden. Vgl.: Jolles, André (Hg.): Einfache Formen. Legende, Sagen, Mythe, Rätsel, Spruch, Kasus, Memorabile, Märchen, Witz. Tübingen ⁶1982. S. 221 ff.

28 Vgl.: Uther, Hans-Jörg (Hg.): Brüder Grimm. Kinder- und Hausmärchen. Nach der großen Ausgabe von 1857. Textkritisch revidiert, kommentiert und durch Register erschlossen. 4 Bde. Müchen 1996.

turwissenschaft interessant und betrachtenswert" geworden sein könnte.[29]

Des Weiteren zeichnet sich die große Ausgabe letzter Hand von 1857 durch ihre Vollständigkeit aus und folgt dem Anspruch der Grimms auf eine wissenschaftliche Edition. Sie ist die letzte zu Lebzeiten Wilhelm Grimms publizierte Ausgabe.

Während Kunstmärchen[30] von einzelnen Dichtern wie Clemens Brentano und Hans Christian Andersen geschaffen sind und ausschließlich unter diesem spezifischen Begriff erscheinen, werden europäische Volksmärchen von der Märchenforschung einfach als Märchen bezeichnet. In der vorliegenden Arbeit wird in Bezug auf das mündlich tradierte Märchen die KHM-Sammlung als Volksmärchen-Sammlung verstanden, die sich insbesondere durch die inhaltlichen und stilistischen Bearbeitungen Wilhelm Grimms zu einer eigenständigen Gattung neben dem eigentlichen Volksmärchen entwickelt haben.

Ziel der vorliegenden Arbeit ist es, die Reise- und Mobilitätsbilder in den herangezogenen Märchen aufzulösen, zu erläutern und abschließend zu erklären. Der Begriff Reise wird im Rahmen dieser Arbeit ausschließlich auf das Unterwegssein der zentralen Märchenfigur bezogen. Es werden zwei Themengruppen zu Grunde gelegt: zum einen das Thema Wanderschaft und zum andern das Thema Flucht.

In den täglich medial aufgearbeiteten Nachrichten, Dokumentationen oder Berichten können wir etwas über die Situation und Lebensbedingungen der weltweit über 40 Millionen Flüchtlinge erfahren. Diese Menschen sind mit ihrem Einzelschicksal vor allem aus übergeordneten Motiven unterwegs wie Krieg, Gewalt und Tod.[31] In

---

29 Vgl.: Holzhausen-Heeter: Von einem, der Auszog ... S. 2.

30 Im Kunstmärchen stehen literaturwissenschaftliche Arbeitstechniken im Vordergrund. Vgl.: Karlinger: Grundzüge. S. 7.

31 So zeigte das ARTE-Programm vom 27.11.06-01.12.06 in der wöchtenlichen Docu-Serie einen Beitrag über den ‚Einsatz im Krisengebiet' im Süd-Sudan von Stefan Eberlein. Hier wurden die Einsätze, Erlebnisse und Gefahren der UNHCR–Vertreter (Hauptsitz ist Genf) begleitet und gefilmt. Darüber hinaus zeugt der Buchhandel von einer Flut von Erfahrungsberichten ehemaliger oder andauernder Flüchtlinge. Vgl.: Ansary,

Anlehnung an diese Wirklichkeit wird in der vorliegenden Arbeit zum Unterwegssein im Märchen vor allem der Protagonist gesucht, der hauptsächlich zu Fuß unterwegs ist. Grundsätzliche Voraussetzung für die Heranziehung eines Märchens ist der Aufbruch des Protagonisten aus seiner vertrauten Umgebung.

Der Antrieb des Protagonisten folgt innerhalb eines Themas unterschiedlichen Beweggründen und Reiseimpulsen. Der Begriff Motiv wird in der vorliegenden Arbeit im Sinne des Beweggrundes, des Antriebs oder des Zwecks definiert und bezieht sich so auf das jeweils übergeordnete Thema Wanderschaft oder Flucht. Damit wird auf die Ausgangssituation und Ursache des Protagonisten verwiesen. Motive sind hier die *Suche, Vertreibung, Verstoßung* und *Aussetzung*. Weitere Motive oder Themen sind aus der Literatur als solche bezeichnet übernommen.

Kontrastiv wird jenes Märchen entlang der beiden Themen des Unterwegsseins in die Besprechung aufgenommen, das auf starke oder auch schwache Variationen oder Umkehrungen verweist. Die unterschiedliche Funktion des Unterwegsseins für den Protagonisten steht bei der Auswahl der Märchen im Vordergrund und eine Variante[32], die sich vor allem auf sprachlicher Ebene zeigt, wird nur zur Betonung des Kontrastes der Darstellung der Reisebilder auf dieser Ebene herangezogen.

Die besprochenen Märchen unterliegen insgesamt dem kulturwissenschaftlichen Anspruch einer qualitativen Auswertung. In Anlehnung an Lauri Honkos Gattungsbestimmung[33] wird eine textimma-

---

Maryam: Flieh, bevor der Morgen graut. Die Geschichte einer iranischen Frau. Bergisch-Gladbach 2005.

32 Unter Variante wird hier eine bestimmte Grimm'sche Variante verstanden, ein bestimmter Text, zum Beispiel zum KHM 29 (Die Bremer Stadtmusikanten) die Variante KHM 48 (Der alte Sultan). Vgl.: Kooi, van der: Märchen zwischen mündlicher Überlieferung und literarischer Tradition. S. 29.

33 Der Begriff Gattung setzt sich nach Lauri Honko aus den drei Komponenten Thema (Inhalt), Form und Funktion zusammen. Deren Verbindung untereinander muss stets neu abgeschätzt werden, „wobei ein bestimmtes Thema eine vortragsmäßige Form erhält und eine kommunikative Aufgabe oder Funktion übernimmt." Honko, Lauri: Gattungsprobleme. In: EM 5 (1987). Sp.744-769, hier Sp. 746f.

nente Herangehensweise gewählt, um Erklärungen rein ´von außen` und damit Verallgemeinerungen zu vermeiden.

Die beachtlichen Forschungsergebnisse und Leistungen aus der Märchenforschung werden vor allem im fünften Kapitel im Sinne einer Untermauerung der Interpretationen herangezogen. Insbesondere die Wirkungen der Strukturalisten und Formalisten erscheinen in den Fußnoten. Auf allgemeinere Aussagen, Erläuterungen oder Zitate aus der bedeutenden Märchenforschung, die mit den Namen Max Lüthi[34], Heinz Rölleke[35] und Lutz Röhrich[36] verbunden sind, wird ebenso Bezug genommen. Darüber hinaus erfolgen in den Fußnoten sowohl Angaben insbesondere aus der Folklore Fellows Communication (FFC) 3, 15 und 284 als auch Informationen und Erläuterungen zum Märchen aus dem dritten und vierten

---

34 Max Lüthi (1909-1991) ist „Schweizer Literaturwissenschaftler und herausragender Märcheninterpret des 20. Jahrhunderts." Schenda, Rudolf: Lüthi, Max. In: EM 8 (1996). Sp. 1307-1313, hier Sp. 1307. Er untersuchte, erforschte und publizierte zahlreiche für die Märchenforschung bedeutende grundlegende Werke, wie seine Stilanalyse in *Das europäische Volksmärchen* (1974). Er hebt mit Basisbegriffen auf die ´existenzerhellende Wesensbestimmung des Menschen` ab und sein innerstes Anliegen gilt der menschenkundlichen und psychologischen Ausrichtung wie sein Werk *Das Volksmärchen als Dichtung. Ästhetik und Anthropologie* (1975) zeigt. Vgl.: Schenda: Lüthi, Max. In: EM 8 (1996). Sp. 1308 ff.

35 Heinz Rölleke (*1936), deutscher Philologe und Erzählforscher wurde 1999 mit dem Brüder-Grimm-Preis der Philipps-Universität Marburg ausgezeichnet. Wegweisend wurde 1971 seine historisch-kritische Edition von Achim von Arnims und Clemens Brentanos Liedersammlung *Des Knaben Wunderhorn.* Seit den 1970er Jahren avancierten die Kinder- und Hausmärchen der Brüder Grimm zu seinem Forschungsgegenstand. Ein Vergleich zwischen den ersten Handschriften mit den Texten verschiedener Ausgaben ist mit seinem Namen verbunden. Vgl: Bluhm, Lothar: Rölleke, Heinz. In: EM 11, 2 (2004). Sp. 786-790, hier Sp. 787f.

36 Lutz Röhrich (*1922), deutscher Volkskundler und Erzählforscher erhielt 1967 den in Freiburg eingerichteten Lehrstuhl für das dort neue Fach Volkskunde und zwei Jahre später oblag ihm ebenso die Leitung des Deutschen Volksliedarchivs. Röhrich ist von Anfang an Mitherausgeber der EM und zählt zu den Begründern internationaler Vereinigungen, wie dem Society for Folk-Narrativ Research. Für sein Wirken erhielt er viele Auszeichnungen u. a. 1985 die Brüder Grimm-Medaille der Universität Marburg und 1991 den Preis der Märchen-Stiftung Walter Kahn (1985 gegründet). Er wurde 1990 emeritiert und durch drei Festschriften geehrt. Vgl: Uther, Hans-Jörg: Röhrich, Lutz. In: EM 11, 2 (2004). Sp. 755-762.

Band der Ausgabe letzter Hand. Ein Märchen, auf das in diesem Teil der Arbeit nur mehr oder weniger ausführlich verwiesen wird, ist vor allem durch Uthers Klassifikation (FFC 284) näher definiert.

Insbesondere Max Lüthi stellt die Gemeinsamkeiten aus seinen Interpretationen vom Märcheninhalt und seiner Handlungsfiguren als Kriterium der Märchengattung heraus. Die vorliegende Arbeit wird in Abgrenzung zu Max Lüthi für ihre Interpretationen den umgekehrten Blick versuchen. Im Mittelpunkt steht der individuelle Aspekt des Unterwegsseins, die individuellen Aspekte des Protagonisten, im Folgenden auch als zentrale Märchenfigur oder Held sowohl für den männlichen als auch den weiblichen Protagonisten bezeichnet, in seiner Bedeutung für das Unterwegssein.

Auf der einen Seite wird damit der Fokus der Dissertation von Holzhausen-Heeter aus dem Jahr 1989/90 aufgegriffen und zum anderen durch diese quantitative Herangehensweise vertieft und ergänzt. Ursache und Wirkung, Verlauf und Ziel der vom Protagonisten aufgenommenen Reise werden in Bezug auf die persönliche Individuation besprochen.[37] Holzhausen-Heeter hat das Reisemotiv bereits unter dem individuellen Aspekt aufgegriffen und im Rahmen ihrer germanistischen Promotion eine komparatistische Arbeit einiger ausgewählter KHM mit den Kunstmärchen, insbesondere der Märchenwerke Friedrich von Hardenbergs, Tiecks, Brentanos, E.T.A. Hoffmanns und de la Motte-Fouqués[38] vorgelegt. Dieser Ansatz wird hier fokussiert auf die KHM aufgegriffen.

Die Promotionsarbeit von Heidemarie Holzhausen-Heeter, das Handwörterbuch zur historischen und vergleichenden Erzählforschung *Enzyklopädie des Märchens* und die Monographien, Aufsätze und Festsschriften insbesondere von Rölleke, Röhrich und Lüthi werden für die vorliegende Arbeit zentral herangezogen.

---

37 Damit ist keine starre und unflexible Persönlichkeitsreifung angestrebt, sondern viel mehr eine Entwicklung, die mit dem Begriff Identität, als eine auf das Individuum in seinen Lebensbezügen bezogene, zu verstehen ist. Identität meint hier jene Fähigkeiten des Heranwachsenden, die sich durch und in Interaktionen mit anderen bilden und dabei auf Vorhandenes Potential zurückgreift. Vgl.: Bausinger, Hermann: Identität. In: Ders./Scharfe, Martin et al.: Grundzüge der Volkskunde. Darmstadt [3]1993. S. 204-263, hier insbesondere S. 204-211.

38 Vgl.: Holzhausen-Heeter: Von einem, der Auszog ... S. 8.

In Anlehnung an Lauri Honko werden die Komponenten Thema, Form und Funktion modifiziert auf das „essentielle Element" des Unterwegsseins des Helden im einzelnen Märchen Anwendung finden. Dem Begriff Thema entspricht hier das übergeordnete gemeinsame Merkmal mit seinem dazugehörigen Ausgangsmotiv, die Ursache des Aufbruchs mit oder auch ohne klarem Ziel. Dem Begriff Form entspricht der Verlauf des Unterwegsseins in seiner gesamten epischen Ausführung der Umwege der Märchenfigur und dem der Funktion entsprechen das Ziel und die Wirkung des Unterwegsseins. So lauten die zu Grunde liegenden Forschungsfragen wie folgt: In welcher Form wird das Unterwegssein des Protagonisten im einzelnen Märchen behandelt? Gibt es einen Zusammenhang zwischen Ursache und Wirkung des Unterwegsseins? Welche Funktion und Bedeutung erfüllt das Unterwegssein im Märchen?

Die Märchen werden bezüglich ihres Themas Wanderschaft und/oder Flucht beschrieben, gedeutet und interpretiert. Die gebildeten Kategorien unterliegen dem gemeinsamen Auslöser des Aufbruchs und grenzen sich damit von einem formalistischen Ansatz ab. Die Unterscheidungen und Abgrenzungen von Flucht und Wanderung verlaufen nicht immer eindeutig. Gerade bei Märchen, die sich durch eine größere Anzahl einzelner Aspekte des Unterwegsseins auszeichnen, wird die Zuordnung nach dem dominierenden Merkmal angestrebt, wobei diese subjektiv gefärbt sein kann oder auch bewusst unter einem bestimmten Aspekt aufgegriffen wird. Dies wird jeweils zu Beginn dargelegt.

Die 200 Märchen der KHM Ausgabe letzter Hand wurden im Vorfeld nach diesen beiden Kriterien gesichtet und im Hinblick auf ihre mögliche Vielfalt der Fortbewegungsarten gekennzeichnet und unter dem Aspekt der Variante bzw. der Umkehrung ausgewählt. Die Interpretation der Funktion des Unterwegsseins für den Protagonisten wird sich, bezogen auf den Rahmen dieser Arbeit, auf die Beantwortung dieser Fragen konzentrieren und den Grimm-Aspekt eines Erziehungsbuches nur marginal aufgreifen.[39]

---

39 Der mit dieser Ausgabe verbundene Anspruch eines Erziehungsbuches hat jedoch seinen Einfluss auf seine Rezeption und Adaption bis in die Gegenwart nicht eingebüßt. „Adaption meint einerseits den Vorgang der Veränderung, (...) Anpassung oder Modifizierung von Elementen, die in

Bezüglich des Märchens im engeren Sinne[40] werden in dieser Arbeit in Anlehnung an Johannes Bolte[41] und seiner Bestimmung des Märchens die Zaubermärchen dominieren, die nach Antti Aarne zu den „Eigentlichen Märchen"[42] zählen und vor allem durch übernatürliche Momente gekennzeichnet sind. Laut van der Kooi muss ein Zaubermärchen

> „eine abenteuerliche, gut ausgehende Geschichte sein mit Helden und Heldinnen an der Schwelle des Erwachsenseins, die in einer präindustriellen, eindimensionalen Welt leben und einander wider alle Regeln der Gesellschaft in einem glücklichen Ende finden – für immer."[43]

Die dem Anhang angefügte Tabelle erfasst alle in der vorliegenden Arbeit angegebenen KHM-Nummern in chronologischer Reihenfolge mit den entsprechenden Seitenangaben. Die Tabelle ist in sieben

---

neuen Situationen zu Schwierigkeiten oder Konflikten führen, andrerseits auch das Ergebnis solcher Modifikationen." Grider, Sylvia Ann: Adaption. In: EM 1 (1977). Sp. 99-101, hier Sp. 99.

40 Zu den Märchen im weiteren Sinne gehören die Tier-, Zauber-, Novellen-, Legenden-, Schwank- und Formelmärchen. Vgl.: Kooi, van der: Märchen zwischen mündlicher Überlieferung und literarischer Tradition. S. 29.

41 Obschon eine Reihe von Schriftstellern die Gattung Märchen im Bereich der Poesie etablierten, verhalfen Herder und die Brüder Grimm der Volkspoesie zum Durchbruch. „Unter einem Märchen verstehen wir seit Herder und den Brüdern Grimm eine mit dichterischer Phantasie entworfene Erzählung besonders aus der Zauberwelt, eine nicht an die Bedingungen des wirklichen Lebens geknüpfte wunderbare Geschichte, die hoch und niedrig mit Vergnügen anhören, auch wenn sie diese unglaublich finden." Bolte, Johannes/Polívka, Georg (Hg.): Anmerkungen zu den KHM der Brüder Grimm. 5 Bde. Leipzig 1913-1932. Neudruck Hildesheim 1963. Bd. 4, S. 4. Diese Bestimmung stützte sich auf Vorarbeiten zur Klassifizierung von Märchen, wie auf die Vier-Gruppen-Einteilung - (Abenteuermärchen, Legenden, Tiermärchen und Schwänke) von Mihail Arnaudov 1905 und Antti Aarnes Dreigliederung (Tiermärchen, eigentliche Märchen, Schwänke) von 1910. Vgl.: Bausinger: Märchen. In: EM 9 (1999). Sp. 253. Eine detaillierte Beschreibung Aarnes Typenverzeichnisses leistet er selbst: Aarne: Verzeichnis von Märchentypen. In: FFC 3. S. VII f. Die wichtigsten Ausprägungen der Zaubermärchen: Vgl.: Ebd. S. 11-33.

42 Vgl.: Anlage, Fußnote 1.

43 Kooi, van der: Märchen zwischen mündlicher Überlieferung und literarischer Tradition. S. 31.

Spalten unterteilt, und umfasst die KHM-Nummer des Märchens, Aussagen zu Thema, Motiv und Protagonisten, den Titel, die wichtigsten Ausprägungen nach Aarne (FFC 3) sowie Angaben zu den Typenverzeichnissen. Diese beziehen sich sowohl auf das erste europäische Typenverzeichnis, das sich auf die KHM stützt und mit Antti Aarne (Aa) verbunden ist als auch auf die Erweiterungen Stith Thompsons (Th) und die neue Edition von Hans-Jörg Uther (ATU) aus dem Jahr 2004.

Abschließend ein paar kurze Anmerkungen zur Gliederung der vorliegenden Arbeit: Das zweite Kapitel beginnt mit einer begrifflichen Einführung und Differenzierung der zentralen Begriffe Reise, Mobilität und Migration und schließt mit einer dieser Arbeit zu Grunde gelegten Definition. Darüber hinaus wird die Genese von Reise und Mobilität zwischen Apodemiken und Literatur seit der frühen Neuzeit umrissen. Im dritten Kapitel folgt ein Überblick über die volkskundliche Erzählforschung. Besondere Berücksichtigung findet dabei die Diskussion um das Verhältnis von Mündlichkeit und Schriftlichkeit, die sich zum einen auf der schwierigen Begriffsbestimmung Märchen begründet und zum anderen in dem Widerspruch von Authentizität und Bearbeitungsaktivismus der Brüder Grimm. Als weiteres Unterkapitel folgt die moderne Rezeption der Brüder Grimm im 20. Jahrhundert mit dem Schwerpunkt der so genannten Grimm-Philologie und Grimm-Forschung. Im vierten Kapitel wird eine Übersicht zur Märchenforschung der Kulturanthropologie/Volkskunde gegeben. Damit wird den Forschungsergebnissen aus der Märchenforschung Rechnung getragen, deren Erkenntnissen die vorliegende Arbeit unter anderem folgt. Einzelne Themen sind: Begriffs- und Gattungsbestimmung von Märchen, Sammlungen vor und nach den Brüdern Grimm. Der Schwerpunkt in der anschließenden Abgrenzung der Märchenforschung der Kulturanthropologie zur Literaturwissenschaft und Psychologie liegt auf Erstgenannter. Dies begründet sich mit der jüngsten Neustrukturierung des Faches Kulturanthropologie/Volkskunde im *Institut für Germanistik, Vergleichende Literatur- und Kulturwissenschaft* an der Rheinischen Friedrich-Wilhelms-Universität zu Bonn. Das fünfte Kapitel bildet den Hauptteil der vorgelegten Arbeit. Überleitend wird mit der Darstellung des Entstehungszusammenhangs der Kinder- und Hausmärchen der Brüder Grimm sowie einer Einführung in die reisende zentrale Märchenfigur begonnen. Die beachtlichen Leistungen aus der Märchenforschung werden hier herangezogen.

Anschließend werden einzelne Märchen entsprechend der Kategorien Flucht und Wanderung, wie oben methodisch dargelegt, herangezogen und besprochen. Abschließend erfolgt die Zusammenfassung, die die wesentlichen Erkenntnisse des analytischen Teils aufgreift und in direkten Bezug zu den hier gestellten Forschungsfragen stellt und den abschließenden Versuch unternimmt, diese zu beantworten.

Titel werden in Abgrenzung zu Namen kursiv gestellt. Begriffe und Wendungen werden nur kursiv gestellt, wenn es die sprachliche Ebene zur Hervorhebung benötigt. Der entsprechende Autor geht aus dem unmittelbaren Textzusammenhang hervor oder die Quelle wird am Ende des Satzes oder Abschnittes in der Fußnote angegeben. Die beiden Themen sowie die Motive dieser Arbeit werden ebenso kursiv gesetzt. Hervorgehobene Wendungen oder Zitate im Zitat werden in einfache Füßchen gesetzt.

2. Forschungsgrundlagen

In diesem Kapitel werden die Begriffe Reise, Migration und Mobilität voneinander abgrenzend etymologisch hergeleitet. Anschließend wird eine für diese Arbeit geltende Definition formuliert. Im anschließenden Unterkapitel wird ein Überblick zur Genese der Reiseliteratur seit der Frühneuzeit gegeben.

2.1 Reise, Mobilität, Migration

Eine begriffliche Annäherung

Holzhausen Heeter definiert Reise wie folgt:

> „Reise muss (...) als ein Sammelwort verstanden werden, das alle Arten, Entfernungen, Zeitdauer, Ursachen und Endzwecke des Fortziehens in sich einschließt. Während Wanderschaft spezifisch einen Fußmarsch bezeichnet, kann die Reise die ganz allgemeine Bedeutung von Ortswechsel haben."[44]

Helge Gerndt hält fest, dass Formen und Funktionen der Reise vielfältig sind. „Die Reise ist eine für Menschen charakteristische – durch Aufbruch und Heimkehr begrenzte – Form der Mobilität, die räumlich über den Heimatort hinausführt und zeitlich mindestens einen Tag, meist Wochen dauert, aber auch Monate und Jahre währen kann."[45] Im Wörterbuch von Jakob und Wilhelm Grimm heißt es zur Reise, vom lateinischen Wort *expeditio*: „die gewöhnliche bedeutung von reise, in der älteren sprache ‚aufbruch zum kriege, der kriegszug selbst' ist im 16. jahrh. noch sehr gebräuchlich (...) [und] reise, allgemeiner [ist] eine bewegung von einem orte zum andern (...) [Reise] bezeichnet zunächst einfach die handlung des reisens

---

44 Holzhausen-Heeter: Von einem, der Auszog ... S. 9.

45 Gerndt: Reise. In: EM 11, 2 (2004). Sp. 504.

(...)“[46]. „Reise bedeutet also eigent[lich], das Sich-Erheben, das Aufbrechen, Aufbruch‘ (...)“[47]. Der Begriff Reise wird jedoch meist in Abgrenzung zur allgemeinen Mobilität verstanden. Mobilität, von dem lateinischen Wortstamm *mov* bildet die Wörter *movere* oder *mobilis*. Aus dem adjektivischen *mobilis* (beweglich) wird weiter die *mobilitas* (Beweglichkeit) gebildet.[48]

Eine andere Form der Mobilität ist die Migration. Migration, von dem lateinischen *migratio* (Wanderung) ist nach ihrer Zielbestimmung genauer definiert als *Emigration* (Auswanderung) und *Immigration* (Einwanderung). Die Wissenschaft arbeitet darüber hinaus, um Wanderungen innerhalb eines Raumes bzw. darüber hinausgehend näher bestimmen zu können mit den Termini Binnen- und Fernwanderung. Bereits die Völkerwanderung stellte eine einzige Binnen- und Fernwanderung der germanischen Stämme dar.[49] Die Auslöser einer Migration lassen sich in Push-[50]und Pull-Faktoren[51] unterscheiden. So wie sich Menschen im realen Leben der „Bewältigung toddrohender Gefahren und unlösbar scheinender Aufga-

---

46 Der Digitale Grimm: Deutsches Wörterbuch von Jakob und Wilhelm Grimm. CD 1. Frankfurt am Main 2004. Bd. 14. Sp. 718,46-718,62, hier Sp. 720,4.

47 Etymologische Wörterbuch des Deutschen. Erarbeitet unter der Leitung von Wolfgang Pfeifer. München 2000. Stichwort: Reise. S. 1109.

48 Vgl.: Etymologische Wörterbuch des Deutschen. Stichwort: mobil. S. 881.

49 Klaus Rosen spricht hier von einer einzigen Binnenwanderung. Diesem ist jedoch faktisch gesehen nicht zuzustimmen. Vgl.: Rosen, Klaus (Hg.): Die Völkerwanderung. München 2002.

50 Die Push-Faktoren treiben die Menschen aus ihrer Heimat weg, unter anderem aus Armut, Unterdrückung oder auf Grund von Gewalt. Dabei endet die Flucht und Vertreibung nicht zwangsläufig mit dem Erreichen des Bodens des selbst gesteckten Ziellandes, wie die jüngsten Flüchtlingsströme aus Nord- und Westafrika auf ihrem Wasserweg nach Europa, nach Spanien und auf die Kanarischen Inseln dokumentieren. Zu diesen Begriffen vgl.: Bähr, Jürgen (Hg.): Bevölkerungsgeographie. Verteilung und Dynamik der Bevölkerung in globaler, nationaler und regionaler Sicht. Stuttgart [3]1997.

51 Unter dem Pull-Faktor ziehen Menschen beispielsweise auf Grund der Wirtschaftskraft, der religiösen Freiheit oder des Wetters in ein bestimmtes Land. Zu den Voraussetzungen der push- und pull-Faktoren siehe auch folgende Graphik: http://www.chkorte.de/mexiko/pushpull.htm vom 01.11.2006.

ben"[52] ausgesetzt sehen können, so gilt dies auch für die Helden der europäischen Märchen.

Bereits hier wird deutlich, dass Reise als ein Sammelbegriff zu verstehen ist. So führt Helge Gerndt weiter aus, dass „Reisen (...) nicht streng definiert"[53] ist.

Reise und Märchen verweisen auch in den Bereich des Mündlichen. Im Deutschen Wörterbuch von Jakob und Wilhelm Grimm heißt es: „reise steht auch für die erzählung oder beschreibung einer reise; man sagt eine reise schreiben, hören, lesen: um eine schöne, wenigstens gern gelesene reise schreiben zu können (...)"[54].

Im Sinne Voss' *Musenalmanach auf das Jahr 1786* zitieren wir noch heute folgende Anfangsverse „Wenn einer eine Reise tut, so kann er was erzählen".[55] Der Reisende wird oft als Heimgekehrter zum Erzähler. Er soll „(...) redend fortfahren mit seinem Bericht von eben jener Fortfahrt."[56] Ob verbürgt oder fabuliert, unerlässlich beim Erzählen ist das ´Anderswo` und ´Anderswann`. Nach Gabriel García Márquez ist: „[d]as Leben (...) nicht das, was geschah, sondern das, woran man sich erinnert und wie man sich daran erinnert."[57] Sowohl für den Märchenerzähler gegenüber seiner Hörerschaft als auch für den Reisenden gilt, dass „[d]as Erzählen einer Geschichte (...) immer ein nicht wiederholbares Ereignis [ist]"[58]. Das reziproke

---

52 Lüthi: Es war einmal ... S. 107.

53 Gerndt: Reise. In: EM 11, 2 (2004). Sp. 504.

54 Der Digitale Grimm: Deutsches Wörterbuch von Jakob und Wilhelm Grimm. Bd. 14. Sp. 722,64.

55 Zitiert nach: Röhrich: Lexikon der sprichwörtlichen Redensarten. Bd. 2. Stichwort: Reise, reisen. S. 1241.

56 Klotz, Volker (Hg.): Erzählen. Von Homer zu Boccaccio, von Cervantes zu Faulkner. München 2006. S. 19. Schrittweise wird herbeierzählt, wie in dem Gedicht von Matthias Caudius *Urians Reise um die Welt* von 1786. Hierin kommt das epische Trio – „erstens jemand der erzählt; zweitens jemand, dem erzählt wird; drittens etwas, das zu erzählen ist" – vollendet zur Geltung. Erzähler und Zuhörerschaft kommen über die unergiebige Weltreise des Herrn Urian ins Gespräch. Vgl.: Ebd.: S. 18.

57 Zitiert nach: Lehmann, Albrecht: Bewusstseinsanalyse. In: Brednich: Grundriß der Volkskunde. S. 233-249, hier S. 233.

58 Dégh: Erzählen, Erzähler. EM 4 (1984). hier Sp. 315.

Interesse an erzählten oder gehörten Geschichten und Märchen ist „ähnlich wie Spiel und Gesang, ein elementares Bedürfnis."[59]

In der vorliegenden Arbeit soll Reise und Mobilität im Märchen wie folgt verstanden werden: Mobilität im Sinne der räumlichen Beweglichkeit ist von der Wanderschaft bis zur allgemeinen Bedeutung von Ortswechsel, eine für das Märchen charakteristische Form. Die Reise beginnt meist ausgelöst durch eine Mangelsituation und endet in märchenhafter Gerechtigkeit. Sie ist durch den Aufbruch des Protagonisten, dem Verlassen seines Ausgangspunktes, gekennzeichnet. Räumlich führt sie ins Unbekannte und die Dauer des Unterwegsseins wird von nicht klar messbaren Größen wie Tage und Nächte, einem nicht näher bestimmten verweilenden oder schlafenden Zeitraum, von Aufgaben und Prüfungen, Gewinn und Verlust bestimmt.

Während der Ortswechsel im Märchen in seiner Bedeutung für die Wandlung der Märchenfigur steht, ist der Aspekt der Rückkehr hier nicht zwingend.

2.2 Reiseliteratur und moderne Migration

Der Reiseimpuls im Mittelalter beschränkte sich noch auf die Notwendigkeit und wurde in der Neuzeit von politischen oder wirtschaftlichen Erfordernissen ergänzt. Entsprechend galt das Reisen und Schreiben im Mittelalter außerhalb literarischer Phantasiereisen - zum Beispiel Jean de Mandevilles sowie Burlesken unter anderem von Münchhausen - als zweckorientiert. Im Geiste der Rückbesinnung auf die Antike und in Folge der Verwissenschaftlichung konnte sich in der Frühneuzeit insbesondere der finanziell unabhängige Adel eine Reise im Sinne einer Bildungsreise erlauben. Wissensdurst und Neugier waren die Impulse der Zeit und die übergeordneten gesellschaftsrelevanten Hauptmotive galten dem Expansionswunsch, der Entdeckerfahrten und Handelsreisen. Diese

[59] Ebd.: Sp. 315.

akkumulierten um 1600 in das 'Erkennen und Erforschen der Welt`, wie die zahlreichen literarisch dokumentierten Entdeckungsreisen bezeugen.[60] Reisehandbücher des 16.-18. Jahrhunderts enthalten eine Reihe von hygienischen, moralischen und diätetischen Anweisungen, aber auch solche zur Beobachtung von Land und Leuten. Diese Apodemiken[61] entwickelten sich im 18. Jahrhundert zu speziellen Reise- und Kunstführern. Neuere Entwicklungen sind mit dem Engländer James Murray ab 1836 verbunden, der besondere Sehenswürdigkeiten mit Sternen versah. Zehn Jahre später übernahm der deutsche Karl Baedeker dieses System, dessen Namen bis heute im Verlagswesen[62] etabliert ist.

Auf die Werke zum Thema Reise vom Mittelalter bis in die Frühe Neuzeit von Norbert Ohler, Werner Paravicini, Justin Stagl, Cornelius Neutsch sowie das von Hermann Bausinger, Klaus Beyrer und Gottfried Korff sei hier besonders hingewiesen.[63]

---

60 Im 18. Jahrhundert folgten zunächst wohlhabende Bürger. Der Massentourismus in den Städten zeichnete sich bereits ab Mitte des 19. Jahrhunderts ab, wobei dieser 100 Jahre später auch Angestellte und Arbeiter erfasste. Vgl.: Gerndt: Reise. In: EM 11, 2 (2004). Sp. 505.

61 Vgl: Bönisch-Brednich, Brigitte: Reiseberichte: In: EM 11, 2 (2004). Sp. 521-527. Uli Kutter widmet in seiner Dissertation ein Kapitel den 'Apodemiken` und 'Reisehandbücher`: Kutter, Uli: Reisen – Reisehandbücher - Wissenschaft. Materialien zur Reisekultur im 18. Jahrhundert. Mit einer unveröffentlichten Vorlesungsmitschrift des Reisekollegs von A.L. Schlözer vom WS 1792/93 im Anhang. (D 7 Göttinger philosophische Dissertation). Neuried 1996.

62 Von den vielen buchhändlerischen Unternehmungen der Familie in Deutschland ist die bekannteste der Reisehandbücherverlag Karl Baedeker (gegründet 1827 in Koblenz, heute in Ostfildern). Burkhart Lauterbach berichtet in seinem Aufsatz über die Reisführer, Reisehandbücher usw. und deren Entwicklung: Lauterbach, Burkhart.: Baedeker und andere Reiseführer. In: Zeitschrift für Volkskunde 85 (1989). S. 206-234.

63 Vgl.: Ohler, Norbert (Hg.): Reisen im Mittelalter. Düsseldorf 2004. Die zeitliche und strukturelle Nachbarschaft der Frühneuzeit zum Mittelalter zeigt sich am deutlichsten über Hindernisse und Gefahren des Unterwegsseins. Bis ins 18. Jahrhundert war das Reisen 'anstrengend, teuer und gefährlich`. Ebd. S. 14; Vgl.: Paravicini, Werner: Europäische Reiseberichte des späten Mittelalters. Eine analytische Bibliographie. Teil 1: Deutsche Reiseberichte. Bearbeitete von Christian Halm. (Kieler Werkstücke, Reihe D: Beiträge zur europäischen Geschichte des späten Mittelalters). Frankfurt am Main 1994; Vgl.: Stagl, Justin (Hg.): Eine Geschichte der Neugier. Die Kunst des Reisens 1550-1800. Wien/Köln/Weimar 2002; Neutsch, Cornelius: Reisen um 1800. Reiselite-

Die Beförderung der Wissenschaft durch das Reisen nahm bis zum 18. Jahrhundert enzyklopädische Auskunftsform an. Kritik an bestehenden Verhältnissen wurde daneben in imaginären Welten als gedruckte Phantasiereisen veröffentlicht.[64] Laut Brigitte Böhnisch-Brednich illustrierten Reiseberichte der Aufklärung gerne den Aberglauben und die Unwissenheit der bereisten Gebiete.[65] Die Reisebeschreibungen des 19. Jahrhunderts standen häufig in der Tradition der Aufklärung und sollten dem Leser zuverlässige Beobachtungen von Land und Leuten vermitteln.[66] Einige Autoren wandten dazu die vergleichende Methode an. Eine herausragende Arbeit leistete unter anderem Alexander von Humboldt (1769-1859), dessen wissenschaftliche Berichte zu den „wichtigsten volkskundlichen Quellen des 19. Jahrhunderts" zählen.[67] Daneben entwickelten sich auch literarische Mischformen mit zunehmend unterhaltenden

---

ratur über Rheinland und Westfalen als Quelle einer sozial- und wirtschaftsgeschichtlichen Reiseforschung (Sachüberlieferungen zur Geschichte. Siegener Abhandlungen zur Entwicklung der materiellen Kultur 6). St. Katharinen 1990; Bausinger, Hermann/Beyrer, Klaus/Korff, Gottfried (Hg.): Reisekultur: Von der Pilgerfahrt zum modernen Tourismus. München 1991.

64 Hierzu zählen Defoes Abenteuer des Robinson Crusoe von 1719, Swifts Gulliver's travels von 1726 sowie die Lettres persanes von Montesquieu aus dem Jahr 1721.

65 Vgl.: Bönisch-Brednich, Brigitte: Reiseberichte. In: EM 11, 2 (2004). Sp. 521-527, hier Sp. 522.

66 1964 wertete Helmut Möller diese Literatur der Aufklärung innerhalb der Fachgeschichtsschreibung der Volkskunde aus, „um die Suche nach den Vätern der Disziplin vor die Grimms und die Erzählforschung zu erweitern." Bönisch-Brednich: Reiseberichte. In: Göttsch/Lehmann: Methoden der Volkskunde. S. 123. Sowie vgl.: Möller, Helmut: Volkskunde, Statistik, Völkerkunde 1787. In: Zeitschrift für Volkskunde 60 (1964). S. 218-233. Und vgl.: Sievers, Kai Detlev: Volkskundliche Fragestellungen im 19. Jahrhundert. In: Brednich: Grundriß der Volkskunde. S. 31-51, hier S. 33.

67 Sievers: Volkskundliche Fragestellungen. In: Brednich: Grundriß der Volkskunde. S. 34. Sowie vgl.: Köbel, Bernd/Köbel, Steffen/Sauerwein, Katrin/Sauerwein, Martin/Terken, Lucie: Eine fast vergessene Reise. Alexander von Humboldts und Steven Jan van Geuns' Reise durch Hessen, die Pfalz, an den Rhein und durch Westfalen im Herbst des Jahres 1789. In: Zimmermann, Christian von (Hg.): Wissenschaftliches Reise – reisende Wissenschaftler. Studien zur Professionalisierung der Reiseformen zwischen 1650 und 1800 (Cardanus. Jahrbuch für Wissenschaftsgeschichte). Heidelberg 2003. S. 79-102.

Passagen. Mehr und mehr wurde das Reisen und Schreiben hierüber zum individuellen Erfahrungsraum. An die Stelle des rein wissenschaftlichen Vermittlungsanspruchs trat nun die kollektive Empfindsamkeit bürgerlicher Unterhaltungsliteratur. Diese Textformen galten Individualreisenden als Vorbereitung und Daheimbleibenden als Unterhaltung und Information. Der Reisebericht gehört als Gattung in die Literatur zwischen 1750 und 1840. Der gegenwärtige Wert dieses Genres liegt auf zwei Ebenen: Einerseits entstanden durch die zeitgenössischen Anpassungen von so genannten richtigen Reisen Quellen von hohem kulturhistorischen Wert, andererseits lebt dieser literarische Typus in den gegenwärtigen Reiseberichten und Reiseführern fort.[68] Brigitte Bönisch-Brednich leistet zum wissenschaftlichen Umgang mit historischen Print-Medien des 18. und 19. Jahrhunderts einen ausführlichen Methodenbeitrag und zeichnet in dem Abschnitt *Geschichte und Entwicklung des Mediums* in den wesentlichen Zügen die hier skizzierte Geschichte der Reiseliteratur nach.[69]

Auf der erfahrbaren Ebene von Mobilität stellt die Migration eine besondere Form dar. Die Auswanderung hatte sich in Deutschland im 19. Jahrhundert zum Massenphänomen entwickelt.[70] Bezogen auf die volkskundlichen Betrachtungen zur ´Auswandererkultur` bestätigt Helmut Fischer, dass auch im Bereich der oralen Tradition wie bei den rheinischen Märchen und Sagen des 18. und 19. Jahrhunderts keine Motive der Auswanderung auftauchen. Einer der Gründe hierfür mag darin bestehen „dass die Menschen einfach gingen",

---

68 Vgl.: Pretzel, Ulrike: Die Literaturform Reiseführer im 19. und 20. Jahrhundert. Untersuchungen am Beispiel des Rheins. (Europäische Hochschulschriften, Reihe 1, Bd. 1531). Frankfurt am Main 1995. Reisehandbücher des 16.-18. Jahrhunderts enthielten eine Reihe von Anweisungen, wie hygienische, moralische und diätetische.

69 Vgl.: Bönisch-Brednich: Reiseberichte. In: Göttsch/Lehmann: Methoden der Volkskunde. S. 124 ff. Zur modernen Reiseforschung siehe: Gyr: Tourismus und Tourismusforschung. In: Brednich: Grundriß der Volkskunde. S. 483-489.

70 Vor der Zeit der Dampfschiff-Fahrt stand die Auswanderung für eine auf Dauer angelegte Übersiedlung in ein Gebiet, das so weit entfernt ist, dass regelmäßiger Kontakt durch direkte Besuche nicht möglich ist. Vgl.: Hirschfelder, Gunther: Die Auswirkungen der Amerikaauswanderung auf die rheinischen Lebenswelten des 19. Jahrhunderts. In: Rheinisch-westfälische Zeitschrift für Volkskunde 45 (2000). S. 153-170, hier S. 157.

wie Konrad Vanja in ihrer Sozialgeschichte konstatiert.[71] Van der Kooi weist darauf hin, dass „bei [Amerika-]Auswanderern manchmal mehr Märchen aus der „alten“ Heimat aufgezeichnet wurden als in den Heimatländern selbst.“[72]

Ursachen und Verlauf der Auswanderungen sind von der Geschichtswissenschaft[73] seit den 1970er Jahren gut erforscht. Für die kulturwissenschaftliche Auswanderungs-Forschung seit 1981 hat sich insbesondere der 1994 verstorbene Volkskundler Peter Assion verdient gemacht.[74] Den volkskundlichen Aspekt von Migration und Kulturtransfer sind unter anderen auch Peter Folz (1992), Uwe Meiners und Christoph Reinders-Düselder (1999) nachgegangen.[75].

---

71 Vgl.: Hirschfelder: Die Auswirkungen der Amerikaauswanderung. S. 161. Sowie vgl.: Vanja, Konrad: Dörflicher Strukturwandel zwischen Überbevölkerung und Auswanderung. Zur Sozialgeschichte des oberhessischen Postortes Halsdorf (Marburger Studien zur vergleichenden Ethnosoziologie, Bd. 9). Marburg 1978.

72 Kooi, van der: Märchen zwischen mündlicher Überlieferung und literarischer Tradition. S. 32.

73 Einen guten Überblick zum Forschungsstand der Geschichtswissenschaft und der Volkskunde - vom Begriff der Auswanderer-Kultur (Assion) bis zum „speziell kulturwissenschaftliche[n] Aspekt in der Migrationsforschung (...), d. h. die Beschäftigung mit Begleitphänomenen wie Bräuchen, Liedern, Schrift- und Sachgut.“ – gibt der zuvor genannte Aufsatz von Gunther Hirschfelder. Hirschfelder: Die Auswirkungen der Amerikaauswanderung. S. 157. In diesem Aufsatz greift Hirschfelder ein Forschungsdesiderat der Volkskunde auf und untersucht „[d]ie wechselseitigen Beziehungen zwischen den Massenauswanderungen und der sozialen Realität der Daheimgebliebenen“ des 19. Jahrhunderts.

74 Vgl.: Assion, Peter (Hg.): Der große Aufbruch. Studien zur Amerikaauswanderung (Hessische Blätter für Volks- und Kulturforschung, Bd. 17). Marburg 1985. Begriffe der ´Auswanderer-Kultur`, ´Auswanderungs-Kultur` sowie der ´Ethnographie` der Emigration gehen auf Assion zurück. Vgl.: Brednich, Rolf Wilhelm: Peter Assion als Initiator der volkskundlichen Auswanderungsforschung. In: Dittmar, Jürgen/Kaltwasser, Stephan/Schriewer, Klaus (Hg.): Betrachtungen an der Grenze. Gedenkband für Peter Assion. Marburg 1997. S. 19-36.

75 Vgl.: Folz, Winfried (Hg.): Pfälzer Rückwanderer aus Nordamerika. Mainz 1992. Sowie vgl.: Meiners, Uwe/Reinders-Düselder, Christoph (Hg.): Fremde in Deutschland – Deutsche in der Fremde. Schlaglichter von der frühen Neuzeit bis in die Gegenwart. Cloppenburg 1999. Van der Kooi hält hierzu in Bezug auf die Bekanntheit von Märchen außerhalb des Kerngebietes, Europas, Vorder- und Mittelasiens, des indischen Subkontinents sowie Nordafrikas, fest, dass erst „im Zuge von Migrations-, Handels- und Kulturströmungen, als Folge der Ausbreitung der

Im 20. Jahrhundert kann „ein Wandel von der reinen Vertriebenen- und Flüchtlingsforschung zu einer in größerem Zusammenhang gesehenen Migrationsforschung bzw. zu Fragen von Mobilität überhaupt registriert werden (...)."[76] Brigitte Bönisch-Brednichs ethnographische Migrationsstudie von 2002 ist ein Beispiel für die Umsetzung des Plädoyers für eine differenzierte Migrationsforschung.[77] Durch „die internationale Arbeits- und Flüchtlingsmigration und die zunehmende Multikulturalität der westlichen Gesellschaften [entstanden] neue Kanäle für die Diffusion orientalischen Erzählguts".[78]

Festzuhalten gilt, dass im 19. Jahrhundert die Ursache für den Aufbruchswillen nach Amerika vorwiegend in den übergeordneten ökonomisch-politischen Rahmenbedingungen liegt. Der Auslöser jedoch ist auf emotionaler Ebene zu finden, es ist die „Freude und Hoffnung auf ein besseres Leben".[79] Um auf dem Weg dorthin schwierigste Situationen, wie ungesicherte Überfahrten damals wie heute physisch wie psychisch überstehen zu können, mögen die Erwartungen an das Zielland von imaginären und märchenhaften Vorstellungen begleitet sein.

---

großen Religionen sowie, in jüngerer Zeit, der literarischen Vermarktung (...) [diese] auch in anderen Teilen der Welt bekannt geworden" sind. Kooi, van der: Märchen zwischen mündlicher Überlieferung und literarischer Tradition. S. 32.

76 Schenk, Annemie: Innerethische Forschung. In: Brednich: Grundriß der Volkskunde. S. 363-390, hier S. 370. Sowie vgl.: Lehmann, Albrecht: Erinnern und Vergleichen. Flüchtlingsforschung im Kontext heutiger Migrationsbewegungen. In: Dröge, Kurt (Hg.): Alltagskulturen zwischen Erinnerung und Geschichte. Beiträge zur Volkskunde der Deutschen in und aus dem östlichen Europa. München 1995. S. 15-30.

77 Vgl.: Bönisch-Brednich, Brigitta (Hg.): Auswandern. Destination Neuseeland. Eine ethnographische Migrationsstudie. Berlin 2002.

78 Marzolph, Ulrich: Orientalisches Erzählgut in Europa. In: EM 10 (2002) Sp. 362-373, hier Sp. 368.

79 Hirschfelder: Die Auswirkungen der Amerikaauswanderung. S. 159, 163.

3. Volkskundliche Erzählforschung. Ein Überblick

Als ein Teilbereich der Kulturanthropologie/Volkskunde gehört die ′volkskundliche Erzählforschung‵ oder auch ′Volksprosa-Forschung‵[80] zur ältesten etablierten Richtung. Ihre führende Position in der Geschichte der volkskundlichen Forschung erklärt sich vor allem aus dem zeitlichen Kontext. In der Spätaufklärung wurden die oralen Traditionen als die andere Seite der Kultur entdeckt. Als geistiger Besitz im Kollektiv der Vielen wurde das so genannte Volksvermögen zum Inbegriff der Naturpoesie[81] erklärt und der Künstlichkeit der damals vorherrschenden Dichtung entgegengesetzt. Die deutsche Volksdichtung wurde „als eine entscheidende Bereicherung des nationalen Erbes empfunden" [82] und sollte als Klammer für die fehlende nationale Einheit fungieren.[83] Die volkskundliche Erzählforschung „beschäftigt sich mit verschiedenen Textsorten, von denen Märchen, Sage, Legende, Schwank und Witz die bekanntesten sind."[84] Dabei stand das Märchen als Erzählgattung im Sinne Herders[85] lange Zeit „fast allein im Mittelpunkt der Erzählforschung"[86], die „stets zielgerichtet nach den Bedeutungen

---

80 Diese beiden Begriffe hat Lutz Röhrich geprägt, der damit insbesondere auf die Abgrenzung zur literaturwissenschaftlichen Erzählforschung verweist. Vgl.: Röhrich, Lutz: Erzählforschung. In: Brednich: Grundriß der Volkskunde. S. 515-542, hier S. 515.

81 Vgl.: Bausinger, Hermann: Naturpoesie. In: EM 9 (1999). Sp. 1273-1280.

82 Brednich, Rolf Wilhelm: Methoden der Erzählforschung. In: Göttsch/Lehmann: Methoden der Volkskunde. S. 57-77, hier S. 58.

83 Johann Gottfried Herder (1744-1803) hat „in Anlehnung an Michel de Montaignes *poésie populaire* (1589) seiner Zeit den Volksliedbegriff bereitgestellt (...), [dem] später die gesamte populäre Dichtung mit dem Volksattribut versehen", folgte. Ebd.: S. 57.

84 Röhrich: Erzählforschung. S. 515.

85 Von Herder, Sämtliche Werke 22, S. 289 zitiert Brednich: „An uns ist es jetzt, aus diesem Reichtum zu wählen, in alte Mährchen neuen Sinn zu legen, und die besten mit dem richtigen Verstande zu gebrauchen. So neugeschaffen und neugekleidet, welch herrliches Werkzeug ist ein Mährchen!" Zitiert nach: Brednich: Methoden der Erzählforschung. In: Göttsch/Lehmann: Methoden der Volkskunde. S. 57.

86 Röhrich: Erzählforschung. S. 516.

der Traditionen fragte."[87] Die Genese der volkskundlichen Erzählforschung verläuft von den Sammlungen, über die so genannte geographisch-historische Methode hin zum Kontext.[88]

Der Beginn der eigentlichen Erzählforschung liegt in der zweiten Hälfte des 19. Jahrhunderts in Schottland und Sizilien (John Francis Campbell of Islay: *Popular Tales of the West Highlands*. Edinburgh 1860/62; Giuseppe Pitrè: *Fiabe, novelle e racconti popolari siciliani*. Palermo 1874/75). In den ersten drei Jahrzehnten des 20. Jahrhunderts folgen russische Forscher. Ziel jener Forscher ist die gleichrangige Anerkennung von Volksdichtern und Dichtern geschriebener Literatur. Insbesondere Mark Asadowskij[89] hebt 1926 in seiner Studie *Eine sibirische Märchenerzählerin* die individuelle Persönlichkeit des Erzählers hervor. Er wendet sich damit gegen die früheren Theorien mystischen Gemeinschaftsursprungs und wird so Wegbereiter der modernen Forschung der Erzählpersönlichkeiten. Skandinavische Forscher, wie der Schwede Carl Wilhelm von Sydow unterteilten die Überlieferungsträger in rein passive Märchen-Rezipienten und so genannte Aktive, jene, die Märchen weitergeben.[90] „Gottfried

---

87 Brednich: Methoden der Erzählforschung. In: Göttsch/Lehmann: Methoden der Volkskunde. S. 57.

88 Eine Liste zu den deutschsprachigen und außerdeutschen Sammlungen leistet: Lüthi: Märchen. S. 60f. Die funktionale Betrachtungsweise wird als Kontextforschung oder historisch-soziologische Methode bezeichnet. Sie schaut immer auf die Bedeutung und Funktion der Überlieferung im Lebenszusammenhang und wird mit Julius Schwietering (1884-1962) und der so genannten Schwietering Schule verbunden. Wegweisend für die Kulturanthropologie war seine Anbindung volkskundlicher Fragestellungen an soziologische Prämissen und damit die Zentrierung auf den Kontext kultureller Phänomene. Hier gilt: Nicht das Märchen, sondern das Erzählen ist zu unterscheiden. Vgl: Hain, Mathilde: Die Volkskunde und ihre Methoden. In: Stammler, Wolfgang (Hg.): Deutsche Philologie im Aufriß. 3 Bde. Berlin 1962. Sp. 2547-2570.

89 Vgl.: Asadowskij, Mark: Eine sibirische Märchenerzählerin. In: FFC 68. Helsinki 1928.

90 Auch Ulrich Jahn und Angelika Merkelbach-Pinck „wussten von der hohen Schätzung begabter Erzähler, auch wenn sie wirtschaftlich wenig tüchtig waren, zu berichten (...). Unabhängig voneinander berichten sie von zwei Erzähltypen: von Bewahrern und von Schöpfern. (...) Russische und ungarische Forscher (...) weigern sich in den Veränderungen ein bloßes Zerzählen, eine Verschlechterung des Übernommenen zu sehen: es seien die schöpferischen Erzähler, in denen dichterische Kräfte sich äußern, die das Märchen am Leben erhalten haben und die Hörerge-

Henssen [1890-1966] hat als erster in Deutschland die Erzählforschung systematisch betrieben."[91]

Der volkskundlichen Erzählforschung gelang als erster eine internationale Zusammenarbeit mittels der allgemein anerkannten, komparatistischen, geographisch-historischen Methode[92]. Diese Methode der vergleichenden Märchenforschung der *Finnischen Schule*[93] vermochte jedoch nicht das zu leisten, was man von ihr erwartete.[94] Das Prozesshafte des Überlieferungsvorgangs, die Eigendynamik und der Wandel historisch-gesellschaftlicher Zustände stellten ebenso gravierende Defizite dar, wie „ihre Geringschätzung der literarischen Varianten, ihr Glaube an die Dominanz des Mündlichen. Literarische Varianten standen von vornherein im Verdacht der

---

meinschaften trügen durch Zustimmung, Ablehnung und Korrekturen sowohl zur Erhaltung der Erzählungen wie zur Bildung neuer Varianten bei." Lüthi: Märchen. S. 88.

91 Lüthi: Märchen. S. 88. Henssen war mit der Konzeption und Organisation des in den 1930er Jahren in Berlin gegründeten *Zentralarchivs der Deutschen Volkserzählung* betraut. Die angegliederte Bibliothek stellt insbesondere mit dem Nachlass von Johannes Bolte eine einzigartige Bibliothek für die vergleichende Märchenforschung dar. Vgl.: Röhrich, Lutz: Märchensammlung und Märchenforschung in Deutschland. In: Kahn/Röth: Märchen und Märchenforschung in Europa. S. 35-55, hier S. 53.

92 „Sie geht von der Überzeugung aus, dass die Geschichte des Märchens als Gattung nicht geschrieben werden könne, bevor nicht die Geschichte jedes einzelnen Märchentyps erforscht sei." Röhrich, Lutz: Geographisch-Historische Methode. In: EM 5 (1987). Sp. 1012-1030, hier Sp. 1013. Der Variantenreichtum eines jeden Erzähltyps sollte akribisch erfasst und in einer Analyse miteinander verglichen werden mit dem Ziel über die Erforschung des Alters, Ursprunglandes, der Wander- und Verbreitungswege das ´unzweifelhafte Ausgangsmärchen`, den ´Archetypus` zu ermitteln. Vgl.: Röhrich: Erzählforschung. S. 517. Sowie vgl.: Isler, Gotthilf/Ranke, Kurt: Archetypus. In: EM 1 (1977). Sp. 743-750.

93 Diese Schule wird mit den drei finnischen Erzählforschern Julius Krohn, (1835-1888), seinem Sohn Kaarle Krohn (1863-1933) und Antti Aarne (1867-1925) verbunden.

94 Zur Untersuchungsmethode der vergleichenden Märchenforschung siehe: Aarne, Antti: Leitfaden der vergleichenden Märchenforschung. In: FFC 13. Hamina 1913. Das stete Sammeln von Varianten führte zum Vorwurf der Materialanhäufung. Die Kritiker sahen die Schwachstelle dieser Methode vor allem darin, dass die Materialanhäufung ebenso wenig wie die vergleichende Stoff- und Motivgeschichte Rückschlüsse auf die Träger und Trägergruppen zuließe.

‚Unechtheit' und ‚Abhängigkeit' von der oralen Überlieferung".[95] Die heutige Fragestellung der geographisch-historischen Methode wird eher von fächerübergreifenden Fragen geleitet. Psychologie, Soziologie, Religionswissenschaft, Kulturgeschichte, Strukturalismus und die literaturwissenschaftliche Hermeneutik, eine Methodik des Textverstehens, haben hier pluralistisch Einfluss auf die Fragestellung genommen.[96]

Doch sind dieser Methode auch Leistungen und Bemühungen zu verdanken.[97] Die vergleichende Erzählforschung hat vor allem zum Erkennen der Stabilität der mündlichen Überlieferung beigetragen und stellte den Spekulationen der mythologischen Schulen konkrete Fragen nach der Herkunft der Folklorestoffe entgegen. Darüber hinaus profitiert die internationale Erzählforschung auch heute noch von der Gründung der Folklore Fellows und ihrem internationalen Publikationsorgan der FFC.[98] Der internationale Verein *Folklore Fellows/Folkloristischer Forscherbund* machte es sich Anfang des 20. Jahrhunderts zur Hauptaufgabe, mittels der Erstellung von internationalen und nationalen Typen- und Motivregistern „den Forschern

---

95 Röhrich, Lutz: Volkspoesie ohne Volk. Wie ‚mündlich' sind so genannte ‚Volkserzählungen'. In:

Ders./Lindig, Erika: Volksdichtung zwischen Mündlichkeit und Schriftlichkeit (Skript Oralia 9). Tübingen 1989. S. 49-65, hier S. 65. Gesicherte Ergebnisse zum Ursprungssort und zur Ursprungszeit konnte die Methode nur in wenig günstig gelegenen Fällen leisten. Hier richtete sich die Kritik auf die mangelnde Berücksichtigung der Kommunikations- und Vermittlungssysteme. Vgl.: Röhrich: Erzählforschung. S. 517.

96 Vgl.: Röhrich: Erzählforschung. S. 517. Der Hermeneutik geht es vorrangig darum, „einen Sinnzusammenhang aus einer anderen Welt in die eigene zu übertragen." Kottinger, Wolfgang: Hermeneutik. EM 6 (1990). Sp. 841-845, hier Sp. 841. Sowie vgl.: Gadamer, Hans-Georg (Hg.): Wahrheit und Methode. Grundzüge einer philosophischen Hermeneutik. Tübingen ^{4}1975.

97 „In der Frage der Möglichkeit und Nützlichkeit der Rekonstruktion einer Urform und ihrer zeitlichen Fixierung [steht] Meinung gegen Meinung. (...) [U]nbestritten [bleibt], dass wir der Anregung der Finnen, ihrem Bedürfnis nach reichem Variantenmaterial dreierlei verdanken: die internationale Organisation der Märchenforschung (...); Anlegung von Märchenarchiven (...), die Erstellung von internationalen und nationalen Typen- und Motivregistern (...)." Lüthi: Märchen. S. 73.

98 Zur frühen Tätigkeit des ´folkloristischen Forscherbundes` von 1907 siehe: Kaarle Krohn: Erster bericht über die tätigkeit des folkloristischen forscherbundes »FF». In: FFC 4. o. O. o. J.

volkskundliches (folkloristisches) Material aus den verschiedenen Ländern zugänglich zu machen und Kataloge derartiger Sammlungen herauszugeben“[99]. Eine herausragende Leistung ist das bereits oben erwähnte *Verzeichnis der Märchentypen* von Antti Aarne.[100] Dieses Typenverzeichnis wurde mit der zweiten Ausgabe von Stith Thompson[101] wie eingangs erwähnt in englischer Sprache überarbeitet und erweitert.[102] Insbesondere hat Thompson „besonders die ´Eigentlichen Märchen`, durch Skizzierung ihrer wichtigsten Episoden genauer gekennzeichnet, Literaturnachweise hinzugefügt und das Ganze durch ein besonders in der dritten Auflage reich ausge-

---

99 Aarne: Verzeichnis der Märchentypen. In: FFC 3. S. I-X, hier S. II.

100 Vgl.: Ebd.: S. VII-X.

101 Vgl.: Aarne, Antti/Thompson, Stith: The Types of the Folktale. In: FFC 74 und FFC 184. Helsinki 1928 und 1961. Thompson hat zwei weitere Hauptgruppen hinzugefügt: An vierter Position die *Formelhafte Erzählungen* und an fünfter Stelle *Unklassifizierte Erzählungen*. Thompson hat sich hier des Weiteren „den kleineren Einheiten der Erzählung zugewandt (...).“ Bausinger: Märchen. In: EM 9 (1999). Sp. 269. Hans-Jörg Uther hat für seine jüngste Edition (ATU für Aarne, Thompson, Uther) die Einwände am AaTh Katalog in 10 Hauptkritikpunkte unterteilt, „without forsaking the traditional principles of how the tale types are presented.“ Uther, Hans-Jörg: The Types of international Folktales. A classification and Bibliography. Based on the System of Antti Aarne and Stith Thompson. Part I-III. In: FFC 284. Helsinki 2004. S. 7. Während die Nummerierung weitestgehend übernommen wird, sind die Titel teilweise überarbeitet und „the descriptions of the plots have been completely rewritten and expanded.“ Ebd.: S. 12. Weitere ausgebaute oder neue Rubriken sind: Motiv Nummern, Kombinationen, Anmerkungen sowie Literatur/Varianten. Zur Sekundärliteratur ist hier auf die EM verwiesen: Pentikäinen, Juha: Folklore Fellows Communications. In: EM 4 (1984). Sp. 1403-1405.

102 Die Register gehen auf praktische Arbeitsbedürfnisse zurück. Märchenforscher wie Antti Aarne und der nordamerikanische Folklorist Stith Thompson legten diese Typen- und Motivkataloge an, um „den Schatz der mündlichen Erzählungen, die in der ganzen Welt gesammelt wurden, ordnen und katalogisieren zu können.“ Lüthi, Max (Hg.): Volksmärchen und Volkssage. Zwei Grundformen erzählender Dichtung. München ²1966. S. 155. „J[ohannes] Bolte und G[eorg] Polívka verzeichnen in ihren Anmerkungen zu den Grimmschen Märchen die Konstellation der Motive in ungezählten Varianten.“ Ebd.: S. 156. „Thompson und seine Schüler [wollten] ihr System immer nur als heuristisches Hilfsmittel international Betriebener Erzählforschung verstanden wissen (...), als Hinweis auf Texte und Literatur.“ Uther, Hans-Jörg: Motivkatalog. In: EM 9 (1999). Sp. 957-968, hier Sp. 964.

bautes Register erschlossen."[103] Der Umgang mit Varianten gehört bis in die Gegenwart zu den bedeutendsten Lehren. Hans-Jörg Uther hat in seiner jüngst erschienenen Edition u. a. bis 2003 250 neue Varianten aufgenommen.[104] Aus dem ersten abgehaltenen Kongress internationaler Volkserzählungsforscher in Kiel 1959 erwuchs ein Jahr später ein internationaler Zusammenschluss der Erzählforscher, die *International Society for Folk Narrative Research* (ISFNR). Sie veranstaltet regelmäßig internationale Kongresse, die Erzählforscher weltweit verbinden.

3.1 Erzählforschung zwischen Mündlichkeit und Schriftlichkeit

Zur Mündlichkeit-Schriftlichkeits-Debatte waren wichtige Anstöße von Freiburg gekommen. Vor allem John Meier hat hier mit seinem Werk *Kunstlieder im Volksmunde* wegweisende Impulse gesetzt. Die Interdependenz mündlicher und schriftlicher Überlieferungen blieb auch im Zentrum der theoretischen Überlegungen erarbeiteter Editionen und Darstellungen mit dem Deutschen Volksliedarchiv (DVA).[105]

---

103 Lüthi, Max (Hg.): Märchen. Stuttgart [9]1996. S. 16f.

104 Vgl.: Uther: The Types of international Folktales. In: FFC 284. Part I. S. 8.

105 Vgl.: Röhrich, Lutz: Vorwort. In: Röhrich, Lutz/Lindig, Erika: Volksdichtung zwischen Mündlichkeit und Schriftlichkeit (Skript Oralia 9). Tübingen 1989. S. 7-15, hier S. 7. *Des Knaben Wunderhorn* (1806/1808) von Achim von Arnim und Clemens Brentano ist die bekannteste Sammlung aus der Frühzeit der Volksliedforschung. Rölleke konstatiert in seiner historisch-kritischen 'Wunderhorn-Ausgabe`, dass ein romantisches Kunstwerk entstand, dass vom individuellen Stil seiner Herausgeber geprägt sei. „Arnim und Brentano unternehmen (...) den Versuch, Lieder vergangener Epochen nach ihrem Geschmack, d. h. durch romantische Stilisierung, neu zu beleben und rezeptionsfähig zu machen." Linder-Beroud, Waltraud: Von der Mündlichkeit zur Schriftlichkeit? Untersuchungen zur Interdependenz von Individualdichtung und Kollektivlied. Diss. (Artes populares, Bd. 18). Frankfurt am Main/Bern/New York/Paris 1989. S. 23.

Mündlich überliefertes Material galt lange in der volkskundlichen Erzählforschung als authentische und somit primäre Folklorequelle. Doch ist eine unverfälschte orale Tradition sehr schwer vorstellbar. Während schriftlich-literarische Aufzeichnungen weit in die Vergangenheit zurückweisen können, unterliegen mündliche Überlieferungen der Kurzlebigkeit. Sie gehen nachweisbar maximal bis in das europäische Zeitalter Napoleons zurück und schaffen somit weder ein Jahrtausend, geschweige denn zwei Jahrtausende. Während die Vorstellung der älteren Erzählforschung von jahrhundertlangen Kontinuitäten ausging, ist der Glaube an Kontinuitäten heute bei mündlichen Überlieferungen stark erschüttert.[106] Grundsätzlich sind ältere Quellen, wie die Belege aus dem Mittelalter, schriftlicher Natur.[107] Auch wenn die Wirkung des Erzählguts mündlich war, vielleicht sogar ihre Quelle und Vortragsweise, so vermitteln uns erst die schriftlichen Texte späterer Aufzeichnungen einen Eindruck ihrer Mündlichkeit.[108]

Die mündliche Volkskultur des Mittelalters ist uns verlorengegangen und veröffentlichte Untersuchungen des 20. Jahrhunderts zu Themen wie Märchen oder Erzählungen sind damit zunächst einmal

---

106 Scharfe Kritik erfuhr u. a.: Fehling, Detlev: Amor und Psyche. Die Schöpfung des Apuleius und ihre Einwirkung auf das Märchen. Eine Kritik der romantischen Märchentheorie (Akademie der Wissenschaften und der Literatur. Abhandlungen der geistes- und sozialwissenschaftlichen Klasse, Bd. 9). Wiesbaden 1977. Hiernach reicht die mündliche Tradition bis in die Antike zurück. Sowie Vgl.: Röhrich: Volkspoesie ohne Volk. S. 57. Und Vgl.: Moser, Dietz-Rüdiger: Altersbestimmung des Märchens. In: EM 1 (1977). Sp. 407-419, hier Sp. 410.

107 Vgl.: Wesselski, Albert (Hg.): Märchen des Mittelalters. Berlin 1925. Und vgl.: Röhrich, Lutz (Hg.): Erzählungen des späten Mittelalters und ihr Weiterleben in Literatur und Volksdichtung bis zur Gegenwart. 2 Bde. Bern/München 1962, 1967. Helmut Fischer hält fest, dass die sekundären, die schreibenden Erzähler im Gegensatz zum Urheber des mündlichen Textes in einer geschichtlichen Reihenfolge stehen. Von Klosterfrauen und Pfarrern bis zu schreibenden Beamten, Handwerker, Gewerbetreibende und Bauern reichen seine Darlegungen und gehen darüber hinaus bis ins 20. Jahrhundert. Vgl.: Fischer: Das ′papierne Dasein‵ von Volkserzählungen. S. 46-52.

108 Vgl.: Röhrich: Erzählforschung. S. 519.

Literatur.[109] Mit dem Paradigmenwechsel in der volkskundlichen Forschung der 1970er Jahre ging es zunehmend um die Wechselwirkung und das Spannungsfeld zwischen schriftlicher und oraler Kultur.[110]

„Die Grundlagen der strukturalistischen Erzähltheorie wurden in der Folkloreforschung gelegt" und ist insbesondere mit der Theorie Vladimir Jakovlevič Propps (1895-1970)[111] verbunden. Petr Grigorevitch Bogatyrev und Roman Jakobsen wandten dieses Verfahren zu Beginn des 20. Jahrhunderts an. Sie stellten die Frage nach den Quellen der Folklore „außerhalb der Grenzen der Folkloristik"[112] und konzentrierten sich auf die „Funktion des Entlehnens, die Auswahl und die Transformation des entlehnten Stoffes"[113]. Folglich

---

109 Mittelalterliche oder gar ältere Märchen sind in der Volksüberlieferung kaum zu finden. Vgl.: Moser: Altersbestimmung des Märchens. In: EM 1 (1977). Sp. 417.

110 Gefragt wird hier u. a. nach den Vermittlungsstellen, nach den Gründen der Traditionsfestigkeit über einen größeren Zeitraum hinweg, aber auch nach dem spezifischen Selektionsprozess, der Verlässlichkeit mündlicher Tradition sowie dem sozialen Milieu der Träger hinsichtlich der Assimilierung mündlicher Überlieferung literarischer Stoffe. Vgl.: Röhrich: Erzählforschung. S. 519.

111 Propp untersucht die Form des russischen Zaubermärchens und postuliert nicht „bloße Aufzählung formaler Mittel der Märchenkunst", vielmehr die Aufdeckung der strukturalistischen Gesetzmäßigkeiten. Propp, Vladimir Jakovlevič: Morphologie des Märchens. Herausgegeben von Karl Eimermacher. München 1972. S. 22. Siehe auch: Voigt, Vilmos: Propp, Vladimir Jakovlevič. In: EM 10 (2003). Sp. 1435-1442.

112 Bogatyrev, Petr Grigorevitch/Jakobsen, Roman: Die Folklore als eine besondere Form des Schaffens. In: Donum Natalicium Schrijnen. Nijmegen/Utrecht 1929. S. 900-913, hier S. 907.

113 Vgl.: Bogatyrev, Petr Grigorevitch/Jakobsen, Roman: Die Folklore als eine besondere Form des Schaffens. In: Blumensath, Heinz (Hg.): Strukturalismus in der Literaturwissenschaft. (Neue wissenschaftliche Bibliothek, 43). Köln 1972. S. 13-24, hier S. 19. „Während ein schriftliches 'Literaturwerk' sich als 'individuelle Verwirklichung' vom Hintergrund der augenblicklich wirksamen literarischen Normen abhebt, bestimmt im Fall der Folklore die Sanktion der Gemeinschaft nicht die Aufnahme des Werkes, sondern seine Existenz selbst. (...) Es ist die 'Präventivzensur der Gemeinschaft', die das Werk zu einer 'Tatsache der Folklore' macht." Paukstadt, Bernhard: Paradigmen der Erzähltheorie. Ein methodengeschichtlicher Forschungsbericht mit einer Einführung in Schemakonstitution und Moral des Märchenerzählens. (Hochschulsammlung Philosophie/Literaturwissenschaft, Bd. 6). Diss. 1979. Freiburg 1980. S. 193.

würde Folklore auf allein mündliche Überlieferung beschränkt. Das Verhältnis zwischen Folklore und Literatur ist jedoch eher von einer reziproken Beeinflussung geprägt, denn was einst Folklore war, kann eine Literarisierung erfahren und diese kann später wieder einer Re-Oralisierung unterliegen.[114] Bausinger kritisierte an Bogatyrev und Jakobsen daher die Abkoppelung der Folklore als mündliche Dichtung von der schriftlichen Literatur.[115] Auf der Suche nach den Quellen der Folklore wandten sich Linda Dégh und Andrew Vázsonyi den genetischen Problemen zu, dem Verhältnis zwischen Selektionsprozess und Überlieferungsstabilität.[116] Dégh und Vázsonyi erklären die starke Stabilität von Märchen über viele Generationen hin mit einer Affinität zwischen Märchentypen und Persönlichkeitstypen, mit der so genannten Überlieferungskette kongenialer Individuen[117].

Auf dem Weg in die Mündlichkeit unterliegt der schriftliche Text einer kollektiven Geschmacksanpassung, einem so genannten Folklorisierungsprozess. Produktionstheorie, im Sinne der Entstehung von Folklore im Volk selbst; und die Re-Produktionstheorie, im Sinne der Folklore als gesunkenes Kulturgut[118], bilden in der Volksprosa-Forschung die beiden Pole.[119] Die Beispiele für gesunke-

114 Vgl.: Bausinger, Hermann: Formen der 'Volkspoesie' (Grundlagen der Germanistik, 6). 2. verbesserte und vermehrte Auflage. Berlin 1980. S. 53.

115 Vgl.: Bausinger: Formen der 'Volkspoesie'. S. 47f. Und vgl.: Röhrich: Erzählforschung. S. 518.

116 Vgl.: Ben-Amos, Dan: Folklore. Performance and communication. Den Haag/Paris 1975. S. 207-252.

117 Vgl.: Lüthi: Märchen. S. 85. Linda Dégh und Gyula Ortutay gehören zu den ungarischen Märchenforschern, insbesondere zu den osteuropäischen Märchenbiologen, die im Gegensatz zu den westlichen Sammlern „die Aufnahme gedruckter Erzählungen oder Erzählteile in das Repertoire des Erzählers als eine natürliche Erscheinung [betrachten]." Gemeinsam vertreten sie „die Auffassung, dass zwischen bedeutender Erzählpersönlichkeit und Gemeinschaft ein fruchtbares Spannungsverhältnis bestehe", welches sie zu ihrem Feldforschungsfeld erheben. Der Erzähler „ist gleichzeitig individuelle Persönlichkeit und Repräsentant der Gemeinschaft." Ebd.: S. 88.

118 Letztere Form der Auswirkung von Schriftlichem ist für die historische Zuordnung mündlich aufgezeichneter *Sprachdenkmäler* das häufigste Denkmodell. Vgl.: Röhrich: Volkspoesie ohne Volk. S. 64.

119 Vgl.: Bausinger: Formen der 'Volkspoesie'. S. 44. Siehe hierzu auch: Hoffmann-Krayer, Eduard: Zur Einführung. In: Schweizerisches Archiv

nes Kulturgut in der Volksprosa sind groß (siehe insbesondere Kapitel 3.2 und 3.4). Die Vermündlichung von schriftlichen Erzeugnissen reicht von der Literatur, den klerikalen Predigtmärlein, Volksbuchstoffen u. a. m. bis hin zu den Katastrophenspalten der Tageszeitungen. Als Märchen, Sagen, Schwänke können diese Texte vermündlicht weiterleben und später wieder als vermeintlich authentische Texte verschriftlicht werden. Die deutschsprachige Volkskunde weist somit konträre Entwürfe auf.[120] Gerade die Volkserzählungen des 19. Jahrhunderts entsprechen vorrangig sekundärer Mündlichkeit gedruckter Erzeugnisse.[121] Für die aktuelle Forschung ist die Frage nach den Quellen der Gewährsleute wichtig. Wie beeinflussen z. B. Lesestoffinhalte aus Schule und Kirche den so genannten 'Volksmund'. Der Prozess der oralen Aneignung und Neuschöp-

für Volkskunde 1 (1897). S. 1-12. Hoffmann-Krayer (1864-1936) sieht in der Volksseele den ‚ruhenden Pol', der Ausdruck über die allgemeine Anschauung des Volkes gibt. Die Frage ‚Wer ist schöpferisch' brachte er auf die Formel „Das Volk produziert nicht, es reproduziert". Bogatyrev und Jakobsen widersprechen dieser bekannten These, „da wir nicht berechtigt sind, eine unüberwindliche Grenze zwischen der Produktion und der Reproduktion zu ziehen und letztere als gewissermaßen minderwertig zu deuten." Bogatyrev/Jakobsen: Die Folklore. In: Blumensath: Strukturalismus. S. 19. Hans Naumann (1886-1951) entwickelte zur Beantwortung der Frage nach dem Schöpferischen ein Stufenmodell mit drei Kulturstufen und seine These lautete „Volkskultur wird von der Oberschicht gemacht". Naumann, Hans (Hg.): Grundzüge der deutschen Volkskunde. Leipzig 1922. S. 3-5. Assion, Peter/Schmook, Reinhard: Hans Naumann. In: Bockhorn, Olaf/Jacobeit, Wolfgang/Lixfeld, Hannjost (Hg.): Völkische Wissenschaft. Gestalten und Tendenzen der deutschen und österreichischen Volkskunde in der ersten Hälfte des 20. Jahrhunderts. Wien u. a. 1994. S. 39-50. Zur Diskussion der Frage nach dem Schöpferischen in der Volkskunde vor 1933 sei hier verwiesen auf: Jeggle, Utz: Volkskunde im 20. Jahrhundert. In: Brednich: Grundriß der Volkskunde. S. 53-75, hier S. 57-60.

120 Vgl.: Bausinger: Formen der 'Volkspoesie'. S. 44. Sowie vgl.: Röhrich: Erzählforschung. S. 520.

121 "Im 20. Jahrhundert lässt sich dann kaum noch eine Volkserzählung finden, die nicht schon im 19. Jahrhundert in einem Buch oder Heft vorgegeben gewesen wäre. In unserer Gegenwart sind Märchen und Sagen völlig zur Ware geworden, die von findigen Verlegern auf hundertfache Weise vermarktet werden." Schenda, Rudolf: Tendenzen der aktuellen volkskundlichen Erzählforschung im deutschsprachigen Raum. In: Chiva, Isac/Jeggle, Utz (Hg.): Deutsche Volkskunde – Französische Ethnologie. Zwei Standortbestimmungen. Frankfurt am Main/New York/Paris 1987. S. 271-291, hier S. 280.

fung ist jedoch von der Wissenschaft noch nicht beleuchtet worden.[122]

3.2 Philologische Rezeption der Brüder Grimm im 20. Jahrhundert

Allgemein sind innerhalb einer Einzelsprache sowohl mündlich als auch schriftlich überlieferte Texte Gegenstand der Philologie. Während die 'Klassische Philologie' oder 'Altphilologie' griechische und lateinische Texte untersucht, sind es in der 'Neuphilologie' jene der aktuellen Sprachen und literarischen Werke. Ziel ist „eine Bereitstellung rezeptionsplausibler und interpretierbarer Texte."[123] Im Zeitgeist der Romantik entstand eine Deutsche Philologie, die sich betont der historischen Sprachwissenschaft verpflichtete. Hier setzten auch die Brüder Grimm mit ihrer „strengen Grimm'schen philologischen Konzeption" entscheidende Impulse.[124] Die volkskundliche Erzählforschung gewann mit der Grimm Sammlung der *Kinder- und Hausmärchen* und der *Deutschen Sagen* „die wichtigsten nach philologischen Maßstäben erarbeiteten Ausgaben von Volkserzählungen", denen eine Anzahl von Studien vorausging.[125] Zwischen 1960 und 1980 entwickelten sich die philologischen Aufarbeitungen der Grimm'schen Texte zu einem eigenen Untersuchungsfeld, die es fast zu einer eigenen literaturwissenschaftlichen Disziplin brachten, der Grimm-Philologie.[126] Auch die beiden zweihundertjährigen Grimm-Jubiläumsjahre 1985 und 1986 brachten weitere zahlreiche Schriften

---

122 Vgl.: Röhrich: Erzählforschung. S. 520.

123 Zitiert nach: Fischer, Helmut: Philologische Methode. In: EM 10 (2002). Sp. 1008-1016, hier 1009. Sowie vgl.: Nemec, Friedrich/Solms, Wilhelm (Hg.): Literaturwissenschaft heute. München 1979. S. 22.

124 Vgl.: Fischer: Philologische Methode. In: EM 10 (2002). Sp. 1009. Sowie vgl.: Köstlin, Monika: Im Frieden der Wissenschaft. Wilhelm Grimm als Philologe. Stuttgart 1993.

125 Vgl.: Bluhm, Lothar (Hg.): Die Brüder Grimm und der Beginn der Deutschen Philologie. Hildesheim 1997.

126 Vgl.: Röhrich: Erzählforschung. S. 521.

und Einzeluntersuchungen hervor.[127] Schlussfolgernd lässt sich hier festhalten, dass die Gattung Märchen somit nicht synonym mit den KHM der Brüder Grimm ist.

Die ´Grimm-Forschung` beschäftigt sich über diesen philologischen Ansatz der Märchen- und Sagensammlungen hinaus auch mit dem gesamten Lebenswerk der Brüder Grimm und ihrer beiden jüngeren Brüder Ludwig und Emil. Die Fragen nach dem Leben, Werk und der Wirkung der Brüder Grimm im Kontext ihrer Zeit und auf die folgenden Zeiten stehen hier im Mittelpunkt. Eine eigene seit 1963 publizierte Zeitschrift *Brüder Grimm Gedenken* (BGG)[128] hat ihren Forschungsschwerpunkt u. a. auf die internationale Rezeption der Grimm-Märchen gelegt. Der erste Band wurde von Ludwig Denecke, Ina-Maria Greverus und Gerhard Heilfurth als Gedenkschrift zum hundertsten Todestag Jacob Grimms herausgegeben.

3.3 Die moderne Erzählforschung

In den 1970er Jahren „war das kleine Fach [Volkskunde] (...) sehr stark mit Selbstreflexion und mit Vorstößen in die soziale Wirklichkeit des 19. und 20. Jahrhunderts beschäftigt“[129]. Die Erzählfor-

---

127 Zum Beispiel: Rölleke, Heinz: Die Märchen der Brüder Grimm (Artemis-Einführungen, 18). München/Zürich 1985. Rölleke ging minutiös der Vor- und Entstehungsgeschichte der Grimm'schen Märchen nach. Oberfeld, Charlotte/Assion, Peter: Erzählen – Sammeln – Deuten (Hessische Blätter für Volks- und Kulturforschung, 18). Marburg 1985; Solms, Wilhelm: Die Moral von Grimms Märchen. Darmstadt 1999.

128 http://www2.hu-berlin.de/grimm/bgg/body_bgg.html vom 06.10.2006. Die Brüder Grimm-Gesellschaft e.V., das Brüder Grimm-Museum Kassel (*Gewährsfrauenstadt*) und das Brüder Grimm-Haus Steinau (hier sind sie aufgewachsen) stellen sich vor allem drei Aufgaben: Erstens wird versucht, mit der Ankaufs- und Sammlungspolitik alle noch erreichbaren Zeugnisse zu Leben, Werk und Wirkung der Brüder Grimm zusammenzutragen und Kassel im Verein mit Steinau und Marburg einem Zentrum für die weltweite Brüder Grimm-Forschung zu machen. http://www.grimms.de/contenido/cms/front_content.php?idcat=33 vom 06.10.2006.

129 Hirschfelder: Die Auswirkungen der Amerikaauswanderung. S. 156.

schung gewann durch „Gattungs-Verschiebungen und Neuakzentuierungen an Aktualität und Genauigkeit, an Menschennähe und sozialer Verantwortung".[130] Die eher ideologiebefrachteten und spekulativen, klassischen Fragen der historischen Erzählforschung werden von der modernen Erzählforschung weitestgehend ausgeklammert. Auch die Erzähl- Typen- und Motivuntersuchungen verzeichnen einen Rückgang. Neuere Studien bezüglich Alter und Herkunft werden heute als Fallstudien oder *casebooks* (z. B.: Dundes, Alan: Cinderella: A folklore casebook. New York 1982) veröffentlicht. Volkserzählungen wurden nun auch im Rahmen des Zivilisationsprozesses und als Widerspiegelung der gesellschaftlichen Verhältnisse analysiert.[131] Darüber hinaus gehende, aktuelle Trends sind mit den Schlagworten Kontext- und Performenzforschung[132]; Genre Probleme[133]; Mündlichkeit und Schriftlichkeit[134]; Kontinuität und Variabilität; Authentizität und Bearbeitung; Meaning, Deutung, und Bedeutung[135]; Tiefenpsychologie und psychoanalytische Märchenstudien[136] umrissen. In den Blickpunkt moderner Erzählfor-

---

130 Schenda: Tendenzen. S. 275.

131 Beispiele hierzu: Moser-Rath, Elfriede (Hg.): Lustige Gesellschaft. Schwank und Witz des 17. und 18. Jahrhunderts in kultur- und sozialgeschichtlichem Kontext. Stuttgart 1984; Vansina, Jan (Hg.): Oral Tradition as History. London/Nairobi 1985; Zipes, Jack (Hg.): Fairy Tales and The Art of Subversion. The classical genre for children and the process of civilization. London 1983. Eine jüngere Dissertation von Barbara Beier geht der Frage nach dem nicht natürlichen Tod und seinem Stellenwert in der Volksdichtung nach: Beier, Barbara: Der nicht natürliche Tod. http://dochost.rz.hu-berlin.de/dissertationen/medizin/beier-barabara/HTML/beier.html vom 05.09.2006.

132 Vgl.: Bauman, Richard (Hg.): Verbal Art as Performance. Prospect Heights: Waveland [1977] 1984.

133 Vgl.: Ben-Amos, Dan (Hg.): Folklore Genres. Austin/Texas 1981.

134 Klaus Dieter Seemann arbeitet mit Polbegriffen der trennenden Prinzipien zwischen Volksdichtung und Literatur. Über die Mündlichkeit gegen Schriftlichkeit hinaus spricht er auch von: „Anonymität gegen Autorschaft, Kollektivität (z. B. Formelhaftigkeit) gegen Individualität, Variabilität gegen Unveränderlichkeit des literarischen Werks, Traditionalismus gegen Originalität und Innovation auf. Vgl.: Seemann, Klaus Dieter (Hg.): Beiträge zur russischen Volksdichtung. Berlin 1987. S. 9.

135 Vgl.: Dundes, Alan (Hg.): Interpreting Folklore. Bloomington 1980. Sowie vgl.: Röhrich, Lutz: Zur Deutung und Be-Deutung von Folklore-Texten. In: Fabula 26 (1985). S. 3-28.

136 Vgl.: Bettelheim, Bruno (Hg.): Kinder brauchen Märchen. Stuttgart 1977.

schung sind u. a. weitere Gattungen, wie die didaktischen des Exempels und Predigtmärleins, der Beispielerzählungen oder die Kuriositätenliteratur des Barockzeitalters getreten.[137] Auch weniger traditionelle Erzählformen der Gegenwart, wie die Alltagserzählung, die Arbeits-, Militär- und Kriegserinnerungen, Reiseberichte, Krankheitserlebnisse, Krankenhauserinnerungen sowie autobiographische Erzählungen u. a. m. avancierten zum Forschungsgegenstand innerhalb der modernen Erzählforschung.[138]

Die Archivierung von Erzählgut mit den modernen elektronischen Medien, wie dem Computer und seiner Zugangsmöglichkeit zum Internet kennzeichnen z. B. in Verbindung mit dem Datenschutz neue Probleme.

---

137 Vgl.: Moser-Rath, Elfriede (Hg.): Predigtmärlein der Barockzeit. Exempel, Sage, Schwank und Fabel in geistlichen Quellen des oberdeutschen Raumes. Berlin 1964. Sowie vgl.: Schenda, Rudolf: Stand und Aufgaben der Exemplarforschung. In: Fabula 10 (1969). S. 69-85. Und vgl.: Daxelmüller, Christoph: Auctoritas, subjective Wahrnehmung und erzählte Wirklichkeit. Das Exemplum als Gattung und Methode. In: Stötzel, Georg (Hg.): Germanistik, Forschungsstand und Perspektiven. Teil 2. Berlin/New York 1985. S. 72-87.

138 Vgl.: Becker, Siegfried: Zur Geschichte und Perspektive der Erzählforschung. Ein Bericht über Bestand und Aufgaben des Zentralarchivs der Deutschen Volkserzählung. In: Zeitschrift für Volkskunde 86 (1990). S. 203-215.

4 Märchenforschung. Ein Überblick

Bezüglich der Forschungsergebnisse aus der Märchenforschung sei hier besonders auf die Namen Antti Aarnes, Stith Thompsons, Hans-Jörg Uthers, Johannes Boltes und Georg Polívkas verwiesen, die sich u. a. mit den historischen und kulturellen Quellen der Märchen und der KHM-Sammlung beschäftigen. Die Forschungsarbeiten der so genannten Strukturalisten und Formalisten sind mit den Namen Vladimir Propp, Claude Lévi Strauss, André Jolle und Max Lüthi verbunden. Eine große Anzahl dieser Forschungen und Arbeiten unterliegt vor allem dem komparatistischen Vorgehen und hebt in ihren Ergebnissen eher auf übergeordnete, allgemeingültige Aussagen zur Gattung Märchen ab.

Deutschland ist schon bei Antti Aarne als die „Heimat der Märchenforschung"[139] benannt. Nach 1945 bemühte sich insbesondere Kurt Ranke um eine Wiederaufnahme und Verstärkung einer internationalen Märchenforschung. Ranke begründet 1957 die halbjährlich erscheinende internationale *Fabula. Zeitschrift für Erzählforschung*. Diese, an die Erzählforschung gebundene internationale Zeitschrift, veröffentlicht seit 1958 Sammlungen und Aufsätze. Kurt Ranke ist der Initiator und seit 1977 auch der Herausgeber der *Enzyklopädie des Märchens* (EM)[140], die weltweit verzweigte Forschungsergebnisse

---

139 Aarne, Antti: Übersicht der Märchenliteratur. In: FFC 14. Hamina 1914. S. 21.

140 Die Enzyklopädie des Märchens (EM) versteht sich als Handwörterbuch der historischen und vergleichenden Erzählforschung. Dieses groß angelegte Lexikon umfasst aktuell 10 Bde., sowie Lieferungen 1-3 zu Bd. 11 und Lieferung 1 sowie 2 (2006) zu Bd. 12 und endet aktuell mit *Speckdieb*. Die EM ist von Kurt Ranke begründet und wird von Rolf Wilhelm Brednich zusammen mit Hermann Bausinger, Wolfgang Brückner, Helge Gerndt, Max Lüthi, Klaus Roth, Lutz Röhrich, Rudolf Schenda seit 1977 herausgegeben. Sie erfasst Forschungsergebnisse aus eineinhalb Jahrhunderten und versteht sich als internationale Fortführung des auf nationaler Ebene begrenzten *Handwörterbuchs des deutschen Märchen* (1930-1945) von Lutz Mackensens. Die Enzyklopädie des Märchens ist mit ihren ausdifferenzierten Stichwörtern, mit all ihren Teilaspekten, den Entwicklungen der Forschung bzw. bezüglich der Methodenfrage sowie ihrer weiterführenden Literaturangaben das wichtigste Handwörterbuch der vorliegenden Arbeit. Einen guten, wenn auch schon älteren Über-

zusammenfasst. Im Vorwort des ersten Bandes der EM halten die Herausgeber fest, dass sich die Märchenforschung „nur interdisziplinär und in weltweiten Zusammenhängen betreiben" lässt.[141] Die Arbeitsstelle der EM in Göttingen avancierte so zum Zentrum der internationalen Folkloristik.[142] Auch *Die europäische Märchengesellschaft* fördert seit 1979 das Zusammenführen von Erzählfreunden und sie wendet sich ebenso wie die *Märchenstiftung Walter Kahn* nicht nur an Wissenschaftler, sondern auch an interessierte Laien. Große Bedeutung kommt darüber hinaus besonders den Übersetzungen der *Märchenliteratur der Welt* zu.[143]

4.1 Märchen. Eine Begriffs- und Gattungsbestimmung

> „Das Wort ´Märchen` ist eine Diminutivbildung zum Substantiv mære, was seinerseits ´Nachricht von einer geschehenen Sache`, ´Botschaft` bedeutet. (...) Das Substantiv ist im Althochdeutschen nicht belegt, wohl aber das Adjektiv derselben etymologischen Wurzel *mār-i* in der Bedeutung von ´berühmt` (...)."[144]

Im späten Mittelalter ist die *Märe* ihrem Sinn entsprechend eine Nachricht oder Botschaft, die entweder bereits berühmt ist oder durch das Herumsprechen berühmt zu werden verdient. Damit

---

blicksartikel zur Methodenfrage leistet: Honko, Lauri: Methods in Folk-Narrative Research. In: Ethnologia Europaea 11, 1 (1979/80). S. 6-27.

141 Redakteur und Herausgeber: Vorwort. In: EM 1 (1977). S. V.

142 Vgl.: Röhrich: Märchensammlung und Märchenforschung in Deutschland. In: Kahn/Röth: Märchen und Märchenforschung in Europa. S. 52.

143 Vgl.: Bausinger: Märchen. In: EM 9 (1999). Sp. 270.

144 Rölleke, Heinz (Hg.): Die Märchen der Brüder Grimm. Eine Einführung. Stuttgart 2004. S. 10. Diese literarhistorische Einführung möchte insbesondere zu einer wieder offenen Diskussion der Deutungsversuche der KHM beitragen, die sich bezogen auf die Spezifik ihrer Textgeschichten und ihres Materialbestandes von anderen literarischen Kunstwerken - oder Sammelunternehmungen unterscheiden. Vgl.: Ebd.: Vorbemerkung. S. 7. Zur Wort- und Begriffsgeschichte siehe auch: Bausinger: Märchen. In: EM 9 (1999). Sp. 250 ff.

wird auch deren Sitz im Leben markiert, den bereits Adelung[145] in seinem Wörterbuch von 1777 festgehalten hat. Hier wird ihre Nähe zum Gerücht bereits erkennbar, sodass sie später „in die Nähe (...) der ungesicherten, in vielen Fällen unwahren Nachricht"[146] rückte.

Märchen lassen sich bezogen auf „die allgemeine Verbreitung von Volksmärchen in Europa (...) erst für das späte Mittelalter quellenmäßig belegen."[147] Wie weiter oben schon beschrieben, war „[d]ie - tatsächliche oder angebliche – Herkunft aus der mündlichen Tradition des Volks (...) zunächst auch das wichtigste Kriterium für die Anwendung des Begriffs Märchen."[148] Die Brüder Grimm definieren in ihrem Deutschen Wörterbuch Märchen als „kleine mär, kleine erzählung (...)" „im gegensatz zur wahren geschichte stehend (...)" und in „allgemeinster Bedeutung, eine kunde, eine nachricht, die der genauen beglaubigung entbehrt (...)"[149], „in schärferem sinne, für etwas bewust gelogenes, erfundenes (...)", ferner als „ein bloszes phantasiegebild, eine einbildung dessen, was sein oder geschehen könnte (...)"[150] sowie „mährchen, für eine mit dichterische phantasie entworfene erzählung (...)."[151] Das Wort Märchen steht heute allgemein für „eine unglaubliche, phantastische Geschichte."[152]

---

145 Adelung, Johann Christoph: Versuch eines vollständigen grammatisch-kritischen Wörterbuches der Hochdeutschen Mundart. 5 Bde. Leipzig 1774-1786.

146 Bausinger: Märchen. In: EM 9 (1999). Sp. 250. Über die Herkunft des Begriffs *Märchen* und über die Entsprechung des Terminus in anderen Sprachen haben Lüthi und Bolte/Polívka ausführlich geschrieben. Vgl.: Lüthi, Max (Hg.): Märchen. Stuttgart [7]1979. S. 1. Lüthi kommt hier zum Schluss, dass „(...) die Märchenforschung (...) daher die Verlegenheitsbegriffe ‚Märchenforschung im eigentlichen Sinn' und ‚eigentliche Zaubermärchen' geprägt [hat]." Ebd.: S. 2. Sowie vgl.: Bolte/Polívka: Anmerkungen zu den Kinder- und Hausmärchen der Brüder Grimm. Neudruck 1963. Hier Bd. 4, S. 1.

147 Moser: Altersbestimmung des Märchens. In: EM 1 (1977). Sp. 409. Sowie vgl.: Ebd.: Sp. 417.

148 Bausinger: Märchen. In: EM 9 (1999). Sp. 251.

149 Der Digitale Grimm: Deutsches Wörterbuch von Jakob und Wilhelm Grimm. Bd. 12. Sp. 1618, 41.

150 Ebd.: Bd. 12. Sp. 1619,29.

151 Ebd.: Bd. 12. Sp. 1619,73.

152 Kooi, van der: Märchen zwischen mündlicher Überlieferung und literarischer Tradition. S. 29.

Bezüglich der Altersbestimmung des Märchens herrscht in der Forschung erst seit dem 20. Jahrhundert mehr Einigkeit, seit dem die Finnische Schule und andere Märchenforscher[153] auf Grund des kunstvollen Baus des Märchens zur Überzeugung kamen, dass sowohl die These der Brüder Grimm ´Märchen machen sich von selber` als auch das Postulat André Jolles von der ´Einfachen Form` nicht haltbar seien.[154] Dietz-Rüdiger Moser verweist darüber hinaus auf die Differenzierung „zwischen dem Märchen als elitärer Hochdichtung (Kunstmärchen) und als (zeitweise mündlich zirkulierender) Volksdichtung“[155].

Keine Definition, jedoch eine Abgrenzung von Märchen und Sage formulierten bereits die Brüder Grimm: „Das Märchen ist poetischer, die Sage historischer“.[156] Max Lüthi legte im 20. Jahrhundert weitere entscheidende Kriterien zur Abgrenzung des Märchens gegenüber den Gattungen der Sage, Legende und des Schwanks fest.[157] Lüthi kontrastiert darüber hinaus in seinem Buch *Volksmär-*

---

153 Zu nennen sind hier vor allem Friedrich Ranke, Will-Erich Peuckert, Jan de Vries und Kurt Ranke. Vgl.: Lüthi: Märchen. S. 81.

154 Das Märchen sei kein primitives Geisteserzeugnis, sondern vielmehr „ein Kunstgebilde, von Dichtern [geschaffen] und zwar vermutlich von den [der] Oberschicht zugehörigen Dichtern,“ und dann entsprechend Hans Naumanns Theorie vom ´gesunkenen Kulturgut` vom Volke übernommen worden. Lüthi: Märchen. S. 81. Sowie vgl.: Naumann, Hans (Hg.): Grundzüge der deutschen Volkskunde. Leipzig 1922. Russische und ungarische Märchenbiologen wiesen bereits vor 10 Jahren „der schöpferischen Kraft des Märchenerzählers im Volke wieder eine gewichtigere Rolle zu.“ Ebd.: S. 81.

155 Moser: Altersbestimmung des Märchens. In: EM 1 (1977). Sp. 408. Das Kunstmärchen folgt anderen Gesetzen und übernimmt auch eine andere Funktion. So „tritt die Eigenheit des Kunstmärchens in der Jenseitsvorstellung und Jenseitsdarstellung zutage. Sowohl die jenseitige Welt mit ihren Orten, Gestalten und Requisiten wie das Wunder und seine Funktion (...) weichen [generell] im Kunstmärchen gegenüber dem Volksmärchen ab.“ Karlinger: Grundzüge. S. 5.

156 Jakob und Wilhelm Grimm: Deutsche Sagen. Herausgegeben von den Brüdern Grimm. 3. Auflage, besorgt durch Hermann Grimm. 1. Bd. Berlin 1891. S. VII.

157 Anhand der Funktion des Wunderbaren grenzt Lüthi die einzelnen Erzählgenre wie folgt ab: In der Legende wird das Wunder verehrt und als ein von Gott empfangenes begriffen, in der Sage bezieht es sich als ein schwer deutbares Zeichen, auf die alles entscheidende Jenseitswelt und im Märchen erfährt das Wunder in der Handlung seinen als selbstverständlich hingenommenen bestimmten Sinn und Wert. Vgl.: Röhrich,

chen als Dichtung. Ästhetik und Anthropologie das Menschenbild im Märchen mit dem in der Sage und stellt fest, dass es im Märchen keine numinose Angst gibt. Lutz Röhrich, misst bereits 1954 in seine Mainzer Habilitationsschrift *Märchen und Wirklichkeit*[158] der Wirklichkeitseinstellung das Kriterium bei der Gattungsbestimmung von Märchen und Sage zu. In den vierziger Jahren des 20. Jahrhunderts erreichte der Schweizer Märchenforscher Max Lüthi mit seiner Begrifflichkeit von der Märchenphänomenologie einen Höhepunkt innerhalb der literaturwissenschaftlichen Märchenforschung.[159] Seine Begriffe zur Erklärung der Wesensmerkmale des Märchens sind: Isolation, Allverbundenheit, Sublimation, Welthaltigkeit, Eindimensionalität, Flächenhaftigkeit sowie sein abstrakter Stil.[160] Darüber hinaus legt Lüthi formbestimmende Merkmale des Märchens fest.[161] Nach Lüthi ist „[d]as Märchen (...) eine welthaltige Abenteuererzählung von raffender, sublimierender Stilgestalt"[162]. Der

---

Lutz: Max Lüthi – Ein europäischer Märchenforscher. In: Kahn/Röth: Märchen und Märchenforschung in Europa. S. 20-23, hier S. 20.

158 Röhrich fasst die Gattung Märchen als eine poetisch entworfene Erzählung insbesondere aus dem Bereich des Wunderbaren zusammen, das keinen Anspruch auf die Widerspiegelung der Bedingungen des realen Lebens erhebe. Kausal- und Naturzusammenhang spiele im Märchen keine Rolle, vielmehr entwerfe es zauberhaft-wunderbare Begebenheiten, die weit jenseits der natürlichen Kräfte und Möglichkeiten lägen. Damit gehört das Märchen nach Röhrich zur Welt des Phantastischen, ohne Anspruch auf Glaubwürdigkeit. Da wirkliche Verhältnisse im Wunderbaren eine phantastische Steigerung erfahren können, oder eben etwas vollkommen Unwirkliches, liegt es nahe, dass „[e]ine Untersuchung über das Verhältnis des Märchens zur Wirklichkeit (...) das Wesen des Märchens am besten erkennen lassen [müsse]." Röhrich, Lutz (Hg.): Märchen und Wirklichkeit (Wissenschaftliche Paperbacks Germanistik). Wiesbaden [4]1974. S. 1.

159 Röhrich: Märchensammlung und Märchenforschung in Deutschland. In: Kahn/Röth: Märchen und Märchenforschung in Europa. S. 46.

160 Zur Erläuterung der „Formbeschreibungen des Märchens [hat Lüthi] eine Reihe eindringlicher Beobachtungen und Begriffe angeboten." Bausinger: Märchen. In: EM 9 (1999). Sp. 260. Horn, Katalin: Isolation. In: EM 7(1993). Sp. 321-325; Lüthi, Max: Allverbundenheit. In: EM 1 (1977). Sp. 330; Lüthi, Max: Abstraktheit. In: EM 1 (1977). Sp. 34-36. Lüthi, Max: Eindimensonalität. In: EM 3 (1981). Sp. 1207-1211.

161 Die Wesenszüge und die formbestimmenden Merkmale werden in Max Lüthis Buch *Das europäische Volksmärchen* aufgezeigt.

162 Lüthi, Max (Hg.): Das europäische Volksmärchen. München [7]1981. S. 77. Panzer und andere Forscher „hielten das Märchen für älter als Mythus

Schweizer beschreibt ferner die Märchenfigur als eine Isolierte – „[d]ie Isolationstendenz ist das vorherrschende Stilelement des Märchens überhaupt"[163] - und gerade darum erscheint sie uns als eine universal beziehungsfähige, die sich von unbekannten Figuren per Gaben, Hilfen und Ratschläge unbefangen leiten und tragen lässt, ohne deren Herkunft oder Wesen zu hinterfragen.[164] Auch in Bezug aufs Jenseitige gilt, dass „der Märchendiesseitige (...) nicht das Gefühl [hat,] im Jenseitigen einer anderen Dimension zu begegnen"[165] Dabei fehlt im Märchen den „Menschen und Tieren (...) die körperliche und seelische Tiefe (...)"[166], wodurch die Figuren flächenhaft erscheinen. Das Bild des Helden zeichnet er „ (...) als einen Wanderer oder gar als ein Fluchtwesen, kurz: den Menschen in seiner Gefährdung und Bedrohung."[167]

Insgesamt spricht man heute vom ′europäischen Volksmärchen` in Abgrenzung zu außereuropäischen Formen.[168] Auch Felix Karlinger

---

und Sage, sahen in ihm ′die erste Form der Erzählung`". Lüthi, Max (Hg.): Märchen. Stuttgart [9]1996. S. 63. Damit schloss sich Panzer der Sichtweise der Brüder Grimm an, die den eigentlichen Quell der Märchen im Mythus sahen.

163 Lüthi: Volksmärchen und Volkssage. S. 149.

164 Anthropologisch stellt er fest: „Im Märchen wird die Welt dichterisch bewältigt. Was in der Wirklichkeit schwer ist und vielschichtig, wird im Märchen leicht und durchsichtig." Lüthi: Märchen. S. 124.

165 Lüthi, Max (Hg.): Das europäische Volksmärchen. Form und Wesen. Tübingen [9]1992. S. 12.

166 Ebd.: S. 14.

167 Röhrich: Max Lüthi. In: Kahn/Röth: Märchen und Märchenforschung in Europa. S. 22.

168 Vgl.: Lüthi, Max (Hg.): Das europäische Volksmärchen. Form und Wesen. Tübingen [9]1992. S. 7. „Einen Begriff, der unserem deutschen ′Märchen` entspricht, gibt es [zum Beispiel] im Arabischen nicht", hier spricht man von einer wunderbaren phantastischen Geschichte. Spies, Otto: Arabisch-islamische Erzählstoffe. EM 1 (1977). Sp. 685-718, hier Sp. 685. Allerdings waren die Kultur- und Literaturbereiche in Antike und frühem Mittelalter zwischen Asien und Europa nicht so ′relativ eindeutig` abzugrenzen, wie es aus der Sicht der europäischen Moderne ist. „In der Epoche des Hellenismus wurde griechische Literatur in den iranischen Kulturbereich vermittelt, und dessen Interaktion mit der arabisch-islamischen Kultur hatte ebenso wie die spätere intensive Rezeption der antiken Wissenschaften auch Auswirkungen auf Literatur wie Volksliteratur. Marzolph: Orientalisches Erzählgut in Europa. In: EM 10 (2002). Sp. 364.

konstatiert, dass es keine explizit 'deutschen' Märchen gibt, wohl aber Märchen in deutscher Sprache, wobei er dem sprachlichen Kriterium eine relativ exakte Abgrenzung beimisst – „ohne sich des Blickes über den Zaun zu verschließen".[169]

Diether Röth und Walter Kahn betonen die völkerverbindende Kraft der Märchen. „Sie sind nicht Alleinbesitz eines einzelnen Volkes; ihre Stoffe sind im besten Sinne international und damit Gemeingut der Menschen vieler Völker."[170] „Immer bot das Märchen (als ein ausgezeichneter Katalysator zur Massenunterweisung) die Möglichkeit zur gemeinverständlichen, großräumigen Darlegung des Abstrakten - (...)"[171], ob es um Tugenden, Demut, Tapferkeit, Treue, Warnung, Bestrafung, Charakterzüge wie Undankbarkeit, Habgier, Treulosigkeit, Eitelkeit oder „um die Konkretisierung von Begriffen wie Erlösung, Wiedergeburt, Übernatürlichkeit, Wunder"[172] ging.

4.2 Sammlungen von Volkserzählungen

Im Mittelalter lassen sich fast nur unter literarischer Verkleidung Märchenmotive eruieren. „Von der aus dem Mittelalter überlieferten Literatur kann man für die frühen Zeiten nur sagen, dass sie märchenartige Elemente enthält, die als Hinweis für die Existenz des Volksmärchens aufgefasst werden können, aber nicht müssen."[173] Dies gilt teilweise auch für das 16. Jahrhundert, doch gleichzeitig tauchen „die ersten ausgesprochenen Buchmärchen auf (...)"[174].

---

169 Karlinger: Grundzüge. S. X.

170 Kahn/Röth: Märchen und Märchenforschung in Europa. S. 7.

171 Moser: Altersbestimmung des Märchens. In: EM 1 (1977). Sp. 412.

172 Ebd.: Sp. 412.

173 Lüthi: Märchen. S. 43. Zur älteren Märchenliteratur siehe auch: Aarne, Antti: Übersicht der Märchenliteratur. In: FFC 14. Hamina 1914.

174 Karlinger: Grundzüge. S. 15. „Um die mittlere Position der Grimmschen Märchen zwischen dem anonym und mündlich tradierten 'Volksmärchen' und dem von einem bestimmten Autor verfassten 'Kunstmärchen' zu kennzeichnen, ist der Begriff 'Buchmärchen' einge-

4.2.1 Märchen in der Frühneuzeit

Frühe Sammlungen des 16. Jahrhunderts sind mit Giovan Francesco Straparola verbunden. Seine in Venedig herausgegebene Sammlung *Le piacevoli notti* enthält 73 Erzählungen, „von denen 21 als Märchen bezeichnet werden können (...)."[175] Im 17. Jahrhundert kommt der wichtigste Beitrag „zum Bestande der publizierten Volksmärchen" von Giambattista Basile (1575-1632) aus Italien. 50 Erzählungen aus Basiles *Pentamerone* erscheinen 1634/36 posthum unter dem Titel *Lo cunto de li cunti, ouero Lo tatteniemento de' peccerille, di Gian Alesio Abbattutis* in Neapel. Sowohl Straparola als auch Basile betten ihre Binnenerzählungen in eine Rahmenerzählung ein. Dieser Stil findet sich bereits im Ansatz bei Ovid (43 v. Chr.-17/18 n. Chr.)[176] und entfaltet sich vollkommen im Prosa Erzählwerk *Il Decamerone* von Giovanni Boccaccio (1348-1353)[177]. Die Märchenmode, die in Frankreich der Welle gedruckter Märchen vorausgegangen ist, war in dem letzten Jahrzehnt des 17. Jahrhunderts in Deutschland noch nicht angekommen. Sie wird in Frankreich mit den Sammlungen *Les contes de fées* der Mme D'Aulnoy (1650-1705) bzw. mit den acht Erzählungen Charles Perraults (1628-1703) verbunden[178], von denen

---

führt worden. (...)Von der ersten bis zur letzten Ausgabe letzter Hand [der Grimm'schen Buchmärchen] lässt sich ein Prozess fortschreitender Stilisierung und Ausmalung (...) bemerken (...)." Tismar, Jens (Hg.): Kunstmärchen. Stuttgart 1977. S. 48.

175 Lüthi: Märchen. S. 47.

176 Ovid war römischer Dichter. „Als einer der aurei auctores prägte er die literarische Kultur aller europäischen Sprachräume, in denen Latein gelehrt wurde." Kugler, Hartmut: Ovid. In: EM 10 (2002). Sp. 458-464, hier Sp. 459.

177 Ovid entwirft mit seinen Überleitungen „von Geschichte zu Geschichte, von Sprache zu Sprache (...) Vorstufen zur Rahmenkonstruktion im Stil des Decamerone." Klotz: Erzählen. S. 214. „Kaum anders als dort erfahren die Leser, wie da aus bestimmtem Anlass – erschüttert durch außerordentliches Geschehen – erzählt wird von Leuten, die sofort auch ihrerseits mit ähnlichen Erzählungen antworten. Und zwar im gleichen - Apropos, das entsprechende Fälle in entsprechender Sache herbeiruft." Ebd.: S. 214. Sowie vgl.: Dégh: Erzählen, Erzähler. EM 4 (1984). Sp. 317.

178 In der Literatur liegen unterschiedliche Meinungen zu der Reihenfolge vor. Felix Karlinger nennt an erster Stelle Mme, während die meisten Märchenforscher zunächst Perrault erwähnen.

sieben als echte Volksmärchen erachtet werden, die im 19. Jahrhundert in die KHM (die KHM 21, 24, 26, 33a, 46, 50, 55.) und 100 Jahre später als Zaubermärchen in das Typenverzeichnis von Antti Aarne aufgenommen wurden.

> „Weitere deutlich als Kunstmärchen ausgeprägte Erzählungen brachte Marie Jeanne L'Heritier de Villandron (...) heraus, denen dann 1697 die wohl meist bekannt gewordene Märchensammlung *Histoires ou contes du temps passé* sowie jene *Contes de ma mère l'Oye* von Charles Perrault folgen sollten."[179]

Perrault hat großen Einfluss auf das deutsche Märchen ausgeübt. Auf der Seite der Moderne sah er in den Volksmärchen „Zeugnisse der Überlegenheit moderner über antike Ammenmärchen." [180]

Mündliches Erzählen wird in Deutschland erst in der Zeit der Romantik als wertvoll angesehen. Während der Begriff Volksmärchen vorher noch ungebräuchlich war[181], erreichen Volksüberlieferungen nun die Anerkennung der gebildeten Schichten. Auch die Literaturästhetik der Aufklärung steht dem Wunderbaren, den so genannten Ammenmärchen, kritisch gegenüber und toleriert es lediglich in seiner didaktischen Funktion.[182] Der Weg in die Kinderstube war seit dem 18. Jahrhundert bereitet.[183] Doch neben den französischen

---

179 Karlinger: Grundzüge. S. 23. „Die Quellen von Perrault und der Mme. d'Aulnoy waren allerdings nur zum geringen Teil unmittelbar Volkserzählungen; man könnte bis in Details hinein nachweisen, welche erhebliche Rolle als Vorlagen hier Straparola und Basile gespielt haben." Ebd.: S. 25.

180 Seine Motivteile vermochten sich in Deutschland weitgehend durchzusetzen. Vgl.: Ebd.: S. 23. Sowie vgl.: Lüthi: Märchen. S. 48.

181 „Es bleibt festzuhalten, dass das 18. Jahrhundert den Begriff Volksmärchen nicht kannte; am ehesten entspricht ihm Ammenmärchen." Grätz, Manfred: Zeitalter der Aufklärung. In: EM 6 (1990). Stichwort: Deutschland. Sp. 447-569, hier Sp. 499.

182 Bereits das indische *Pa™catantra* (eine Lehrdichtung) ist ebenso wie die Erzählungen der Märchennovellisten Basile und Perrault eine Lehrdichtung. Die Lehren kristallisieren sich deutlich im Verlauf der Erzählungen heraus. Auch die Brüder Grimm „verzichteten keineswegs auf eine pädagogische Zielsetzung." Bausinger, Hermann: Didaktisches Erzählgut. In: EM 3 (1981). Sp. 614 –624, hier Sp. 621f.

183 Vgl.: Röhrich: Märchensammlung und Märchenforschung in Deutschland. In: Kahn/Röth: Märchen und Märchenforschung in Europa. S. 38.

Feenmärchen waren in Deutschland auch die *Les mille et une nuits*[184] von Jean Antoine Galland (1646-1715) sowie die *Mille et un jours* von F. Pétis de la Croix und Le Sage bedeutend. Mit den Übersetzungen der französischen Märchensammlungen der *Blauen Bibliothek* seit 1790 sowie der Märchen aus *Les mille et une nuits* kommt das Interesse am Genre Märchen nach Deutschland.[185] Übersetzungen und Nachdichtungen setzen ein, zum Beispiel durch Christoph Martin Wieland (1733-1813) - er und auch Clemens Brentano (1778-1842) hatten Stoffe aus dem Pentameron aufgenommen - als auch gezielte Bekämpfungen der *Feeerei,* wie die des Weimarer Professors Johann Karl August Musäus (1735-1787).[186] Musäus gilt mit seinen fünfbändigen novellistischen *Volksmärchen der Deutschen* (1782/86) als früher Vorläufer der Brüder Grimm. Seine Stoffe entstammen trotz seiner starken Literarisierung zum Teil auch der Mündlichkeit.[187] Die Gattung Märchen wird schließlich auch von einigen Schriftstellern, wie Ludwig Tieck (1773-1853), Novalis (geboren: Georg Philipp Friedrich von Hardenberg, 1772-1801), sowie Brentano in den Bereich der Poesie etabliert. „Brentano ist der produktivste und hinsichtlich der Einarbeitung volksläufiger und literarischer Märchenmotive bedeutendste deutsche Kunstmärchendichter."[188] Das von den Brüdern Grimm übersandte Manuskript wurde von Brentano nie veröffentlicht, dafür um 1811 seine *Rheinmärchen,* die ebenso wie die KHM

---

184 Diese französische Übersetzung und Ausgabe basiert auf einer aus dem 14. Jahrhundert stammenden arabischen Handschrift sowie auf den mündlichen Erzählungen eines syrischen Maroniten. Vor allem jene Erzählungen, „die primär durch Galland selbst geprägt wurden (...) [waren] in der populären Perzeption besonders erfolgreich (...)." Vgl.: Marzolph: Orientalisches Erzählgut in Europa. In: EM 10 (2002). Sp. 366.

185 Eine Diffusion orientalischer Erzählungen in Europa wurde durch einige geographische Bereiche begünstigt: Spanien, bildete während der muslimischen Herrschaft zwischen dem 8. und 15. Jahrhundert eine zentrale Berührungszone. Ferner gelten Sizilien, Palästina, Byzanz und seit dem 15. Jahrhundert der Balkan als bedeutende „Umschlagplätze von Erzählgut zwischen Asien und Europa" Vgl.: Marzolph: Orientalisches Erzählgut in Europa. In: EM 10 (2002). Sp. 367f.

186 Vgl.: Karlinger: Grundzüge. S. 23 ff.

187 Vgl.: Röhrich: Märchensammlung und Märchenforschung in Deutschland. In: Kahn/Röth: Märchen und Märchenforschung in Europa. S. 38.

188 Rölleke, Heinz: Brentano, Clemens Maria Wenzeslaus. In: EM 2 (1979). Sp. 767-776, hier Sp. 772.

den Kindern zugedacht waren.[189] Mit dem Wirken der Brüder Jacob und Wilhelm Grimm[190] setzt in Deutschland nicht nur wie bei Antti Aarne 'Die neuere oder volkstümliche Märchenliteratur`[191] mit der ersten Ausgabe der Brüder Grimm ein, sondern auch die Wissenschaft von deutscher Sprache, Dichtung und Sage.[192] Darüber hinaus unterstützten auch die aktuellen Buchhandlungen massiv das Schreiben von Märchen. Ihr Interesse an Unterhaltungsliteratur entsprach in der Spätaufklärung genau dem Bedarf des Marktes nach Ausgleichslektüre zu den gesellschaftlichen Vernunftanstrengungen und den sozialen Reglementierungen.

4.2.2 Theorien zur Volksdichtung im 19. Jahrhundert

Mit der deutschen Romantik erwacht ein Geschichtsbewusstsein über das eigene Volk, seiner Volkskultur und Volkspoesie. In den Äußerungen des 'Volksgeistes`, der sich im Lied, Märchen, Sage, Glaube und Brauch offenbare, wurde diese Volkskultur gesucht,

---

189 Vgl.: Karlinger: Grundzüge. S. 33f.

190 Wilhelm konzentrierte sich auf seine Forschungen und legte im Vergleich zu seinem Bruder Jacob größeren Wert auf ein Privatleben und dem geselligen Miteinander mit Freunden. Jacob galt als wissenschaftlich streng und arbeitsbesessen, er dominierte das Bild in der Öffentlichkeit und betätigte sich neben den Wissenschaften auch als Jurist und zeigte um 1848 kurz politisches Engagement. Vgl.: Hildebrandt, Irma (Hg.): Es waren ihrer Fünf. Die Brüder Grimm und ihre Familie. Köln [3]1986. S. 59. Sowie vgl.: Lemmer, Manfred (Hg.): Die Brüder Grimm. Leipzig [3]1985. S. 49-51.

191 Aarne, Antti: Übersicht der Märchenliteratur. In: FFC 14. Hamina 1914. S. 21.

192 1812 erscheint ihr erster Band der *Kinder- und Hausmärchen*, 1816/18 die *Deutschen Sagen*, 1819/1839 Jakob Grimms *Deutsche Grammatik*, 1828 seine *Rechtsaltertümer*, 1835 die *Deutsche Mythologie*, 1829 von Wilhelm Grimm die *Deutsche Heldensage* und seit 1852 gemeinsam mit Wilhelm begründete *Deutsche Wörterbuch*, dass1961 seine vorläufige Beendigung fand. Vgl.: Martini, Fritz (Hg.): Deutsche Literaturgeschichte. Von den Anfängen bis zur Gegenwart. 19., neu bearbeitete Auflage. Stuttgart 1991. S. 341f. Sowie vgl.: Lemmer: Die Brüder Grimm. S. 49-51.

gefunden oder auch erfunden.[193] Die „Lebensströmungen der Romantik, die um 1800 nach André Jolles von 'Hunger und Durst nach der lebendigen Kraft und inneren Schönheit heimischen Volkstums' zeugten"[194], fand in Deutschland ihre Vertretung bzw. Verkörperung in Johann Gottfried Herder.[195] Seit dem 19. Jahrhundert avancierten die Folkloretexte[196] in den institutionellen Schulen zum Forschungsgegenstand der Erzählforschung. Die Lehrsätze dieser *Mythologischen Schulen* kamen „in den Rekonstruktionsversuchen einer 'Volkskunde` lang zurückliegender Zeiten auch zeitgenössischen nationalen Interessen entgegen."[197] Die unterschiedlichen Theorien entwarfen in erster Linie theoretische Entwürfe auf die Frage nach

---

193 Die politische Gegenwart um 1800 war u. a. geprägt von der Kleinstaaterei und einem absolutistischem Standesdünkel, von der großflächigen Inbesitznahme Napoleons sowie auf gesellschaftlicher Ebene von dem verstärkten Aufkommen von Manufaktur-Produktionsstätten. In Abkehr von dieser politischen Gegenwart flüchtete vor allem das Bürgertum in die Romantik, in eine als Heil geglaubte Vergangenheit, „die über das Mittelalter bis ins germanische Altertum reichte und deren historische Größe die ungelösten Probleme des politischen und gesellschaftlichen Alltags kompensieren sollte." Sievers: Volkskundliche Fragestellungen. In: Brednich: Grundriß der Volkskunde. S. 37. Damit war die Volkspoesie „von Anfang an ein Konstrukt, in dem Altes und (...) Neues eine schwer entwirrbare Verbindung einging." Bausinger, Hermann: Literatur und Volkserzählung. In: EM 8 (1996). Sp. 1119-1137, hier Sp. 1122.

194 Jolles, André (Hg.): Einfache Formen. Legende, Sage, Mythe, Rätsel, Spruch, Kasus, Memorabile, Märchen, Witz. Darmstadt ^{2}1958. S. 219.

195 Herder (1744-1803) sah „im Volk eine überindividuelle Persönlichkeit mit schöpferischer Begabung (...), die sich am klarsten in der Volksdichtung offenbare, (...)" und „erhob den Stil ihrer Gesänge auch zur poetischen Norm." Bausinger: Literatur und Volkserzählung. In: EM 8 (1996). Sp. 1122.

196 „Folkloretexte gehören ihrem Wesen nach zum Bereich der Mündlichkeit." Röhrich: Vorwort. In: Röhrich/Lindig: Volksdichtung zwischen Mündlichkeit und Schriftlichkeit. S. 8. Zur Problemgeschichte der Begriffe Folklore und gesunkenes Kulturgut siehe: Bausinger: Formen der 'Volkspoesie`. S. 41f.

197 Pöge-Alder, Kathrin: Mythologische Schule. In: EM 9 (1999). Sp. 1086-1092, hier Sp. 1087. „Gemeinsam allen Märchen sind die Überreste eines in die ältesten Zeiten hinaufreichenden Glaubens [...]." Ebd.: Sp. 1087. Mythologische Spuren, die gleich einem zersprungenen Edelstein „nur von dem schärfer blickenden Auge entdeckt werden" müssen, sowie das Bild vom „Brunnen, dessen Tiefe man nicht kennt" werden an Märchen, wie dem so gesehenen späten Nachklang der Mythe von Brunhild in Dornröschen, konkretisiert. Bausinger: Formen der 'Volkspoesie`. S. 31.

Zeit und Ort der Entstehung von Volksdichtung sowie nach den Wegen ihrer Verbreitung, wie Theodors Benfeys *Indische Theorie*[198] oder Edward B. Taylors Theorie der *Polygenese*[199]. Die Ansätze aller wesentlichen Theorien lassen sich jedoch schon bei Wilhelm und Jakob Grimm finden, wobei „ihr Rückzug auf die oft dunklen Metaphern, mit denen sie das Werden der Volkspoesie andeuteten (...) eine Folge des Versuchs [ist], die weit auseinanderlaufenden wissenschaftlichen Beobachtungen auf einen Nenner zu bringen."[200] Bezüglich der Frage nach den ´äußeren Grenzen des Gemeinsamen bei Märchen` setzte sich die von den Grimms gewonnene Auffassung vom ´indogermanischen Erbe` allgemein durch. Wilhelm Grimm deutet bereits hier die Möglichkeit der Wanderung von Märchen an, sowohl innerhalb als auch außerhalb des indogermanischen Raums. Darüber hinaus schreiben die Brüder Grimm den einfachen Erzählungen eine elementare Ausdrucksfunktion sowie eine elementare soziale Funktion zu. Wilhelm und Jakob Grimm skizzieren „die drei Möglichkeiten für die Verbreitung und Verteilung der Volkspoesie"[201]. Erstens: „das Märchen als Erbe aus dem gemeinsamen geistigen Besitz eines ursprünglich einheitlichen ´Volksstammes`, (...); das Märchen als Wandergut; und das Märchen als eine Gemeinsamkeit, die aus den übereinstimmenden Grundlagen und Eigenschaften des menschlichen Lebens herauswächst."[202] Während die Theorie der Polygenese von den Ergebnissen der empirischen Märchenwanderung widerlegt wurde, hat sich die Indische Theorie Benfeys „für das Verständnis von Migrationsprozessen bei Volkserzählungen als überaus fruchtbar erwiesen und (...) bei der Herausbildung der geographisch-historischen Methode eine

---

198 Vgl.: Chesnutt, Michael: Polygenese. In: EM 10 (2002). Sp. 1161-1164, hier Sp. 1161.

199 Vgl.: Ebd.: Sp. 1161-1164. Vertreter der anthropologischen Theorie, wie Andrew Lang (1844-1912) führten die Ähnlichkeiten der Volkserzählungen verschiedener Kulturen auf die Gleichzeitigkeit im Entstehungsprozess zurück, als Ausdruck von „Gemeinsamkeiten ´einfacher` und ´natürlicher` Zustände (...)". Dorson, Richard M.: Anthropologische Theorie. In: EM 1 (1977). Sp. 586-591, hier Sp. 587.

200 Bausinger: Formen der ´Volkspoesie`. S. 30.

201 Ebd.: S. 32.

202 Ebd.: S. 32.

wichtige Rolle gespielt."[203] Die *Geographisch-Historische-Methode* stellt schließlich eine „positivistische Gegenreaktion auf die Spekulationen der romantischen, mythologischen [sowie] monokausalen Märchentheorien"[204] des 19. Jahrhunderts dar.[205] Heute ist diese Schule mit ihren großen Materialsammlungen nur noch von wissenschaftlich-historischer Relevanz.

4.3 Märchenforschung in Literaturwissenschaft und Psychologie

Die literaturwissenschaftliche Märchenforschung ist wie einleitend erwähnt von André Jolles und Robert Petsch begründet und von Max Lüthi weitergeführt worden. Zu den Grundwerken der Literaturwissenschaft gehört insbesondere Max Lüthis Buch über *Das europäische Volksmärchen.*[206] Die Literaturwissenschaft geht von den aufgezeichneten Erzählungen aus, oder mit den Worten Lutz Röhrich gesagt, ist „(...) für die Literatur nur der einmalige, fixierte individuelle, dichterische Text verbindlich (...), (...) [während] für die mündliche Überlieferung die Variabilität charakteristisch (ist)."[207] Die Literaturwissenschaft spricht dem Märchen - bezüglich seiner Struktur, stilistischer Einheit und seiner Wirkung als Dichtung - den Charakter eines Kunsttextes zu.[208]

Die Nähe der literaturwissenschaftlichen Erzählforschung zur volkskundlichen basiert vor allem auf deren literarischen Einflüsse

---

203 Brednich: Methoden der Erzählforschung. In: Göttsch/Lehmann: Methoden der Volkskunde. S. 65.

204 Röhrich: Geographisch-Historische Methode. In: EM 5 (1987). Sp. 1013. Die monokausale Märchentheorie wies dem Ursprung eines jeden Märchens eine für sie zweifellose Zeit und einen ebensolchen Kulturraum zu.

205 Vgl.: Brednich: Methoden der Erzählforschung. In: Göttsch/Lehmann: Methoden der Volkskunde. S. 65.

206 Vgl.: Lüthi, Max (Hg.): Das europäische Volksmärchen. Form und Wesen. Tübingen [9]1992. Lüthi folgerte aus der Phänomenologie des Märchens dessen Menschenbild und ließ sich von der modernen Psychologie inspirieren, ohne die Deutungen ins Willkürliche abgleiten zu lassen.

207 Röhrich: Erzählforschung. S. 519.

208 Vgl.: Röhrich: Märchen und Wirklichkeit. S. 121.

und Zwischenstufen sowie ihrer Lehre von den *Einfachen Formen*[209], wobei die Literaturwissenschaft hier „vielfach von einfach strukturierten Formen [ausgeht], die [laut Bausinger] eher in den Bereich der mündlichen Traditionen (...) gehören."[210] Auch wenn der schriftlich fixierte Text im Mittelpunkt der Literaturwissenschaft steht, so visiert sie

> „nicht nur den Stil, die Form, sondern auch das Menschenbild, die Weltsicht, die Aussage des Märchens. Mit der Volkskunde, (...), mit der Psychologie und mit der Soziologie zusammen möchte sie zu einer komplexen, aber sachgerechten Interpretation des Volksmärchens gelangen, das ja auch für die Hochliteratur immer wieder bedeutsam geworden ist."[211]

„[J]ede Einzeldeutung bedeutet Verarmung und geht am Wesentlichen vorbei ... Jede einseitige Märchendeutung ist willkürlich."[212] „[D]er Literaturwissenschaftler leistet, sofern er das Volksmärchen zutreffend interpretiert, damit gleichzeitig auch volkskundliche Arbeit, und der Volkskundler literaturhistorische"[213]. Max Lüthi hat mittels seiner Formbetrachtung[214] modellbildend auf die Literatur-

---

209 Vgl.: Bausinger, Hermann: Einfache Form(en). In: EM 3 (1981). Sp. 1211-1226. André Jolles hält 1930 in seiner Einführung zur Erstausgabe 'Einfache Formen' fest, dass „diese Formen [wie Legende, Sage, Märchen, Witz] sowohl von der ästhetischen wie von der historischen Richtung der [sic!] Litteraturwissenschaft stiefmütterlich behandelt worden sind. (...) Man überließ es der Volkskunde oder andern nicht ganz zur Litteraturwissenschaft gehörigen Disziplinen, sich mit ihnen zu befassen." Jolles: Einfache Formen. Darmstadt ²1958. S. 10.

210 Bausinger, Hermann: Erzählforschung. In: EM (1984) Sp. 342-348, hier Sp. 343.

211 Lüthi, Max (Hg.): Märchen. Stuttgart ⁷1979. S. 124. Sowie.: Vgl.: Schnürer, Hans: Positionen und Ergebnisse der Märchenforschung. In: Wetzel, Christoph: Brüder Grimm. Die großen Klassiker. Literatur der Welt in Bildern, Texten, Daten. Salzburg 1983. S. 137-158, hier S. 138.

212 Lüthi: Es war einmal... S. 7.

213 Lüthi: Das europäische Volksmärchen. S. 114.

214 Das Märchen liebt die klare Linie und die geformte Abwechslung mittels Kontrast (gut/böse) und Steigerung (der/die Dritte ist der/die Beste). Das Streben nach Formbestimmtheit und Vollendung im Märchen bezieht sich zum einen auf die Zeichnung der Handlung – als entschlossene, vorwärtstreibende wird nur erwähnt, was für die Handlung wichtig ist, Gefühlswallungen bleiben außen vor. Erst dadurch, dass die Welt – die Mitwelt, Vor- und Nachwelt - und das Seelische im Märchen sublimiert werden, kann das Märchen welthaltig sein. Es nimmt die Welt in sich

wissenschaft gewirkt[215] und bis zu seinem Tod im Sommer 1991 „das Ansehen der Märchenforschung als einer international anerkannten Disziplin gemehrt."[216] Die institutionelle und universitäre Märchenforschung ist darüber hinaus auch insbesondere von den germanistischen Märchenforschern Heinz Rölleke, Wilhelm Solms und Charlotte Oberfeld vorangetrieben worden.[217]

Für die Strukturalisten, wie dem russischen Begründer Vladimir Jakovlevič Propp, ist die Struktur und nicht der Inhalt Grundlage des Märchens. „Strukturanalyse ist ihm Voraussetzung für Ursprungsforschung und Entwicklungsgeschichte ebenso wie für literarisch-ästhetische Würdigung."[218] Sein erstes wissenschaftliches Werk *Morphologie des Märchens*[219] aus dem Jahr 1928 erlangte internationale Bedeutung und wurde mit der englischen Ausgabe ab 1958[220] auch im Ausland rezipiert.[221] Claude Levi-Strauss begründet 1955 mit seinem Aufsatz *The Structural Study of Myth* die strukturalistische Analyse der Mythen.[222]

---

auf. Zum anderen wird auch die architektonische Struktur, wie die des Schlosses, rein, klar und zeitlos - als ein vom Geist gezeugtes Gebilde - benannt. Auch krasse Farben wie weiß, schwarz, rot, silbern und golden spiegeln dieses Streben wieder, denn so wie es heißt *der große Wald* verzichtet das Märchen auf reine Stimmungsmalerei wie *der grüne Wald.* Dies steht ganz im Gegensatz zum Kunstmärchen. Silbern, golden und kupfern zeugen von seiner Vorliebe nach Mineralisiertem und Metallischem. Fest und formelhaft ist der Anfang und das Ende des europäischen Märchens sowie seine verwendeten Zahlen (drei, sieben, zwölf, vierzig, hundert). Vgl.: Lüthi, Max (Hg.): So leben sie noch heute. Betrachtungen zum Volksmärchen. Göttingen [3]1989. S. 27-34.

215 Vgl.: Bausinger, Hermann: Max Lüthi zum 70. Geburtstag. In: Fabula 20 (1979). S. 1-7, hier S. 5.

216 Lüthi: Es war einmal... S. 9.

217 Vgl.: Solms, Wilhelm (Hg.): Das selbstverständliche Wunder. Beiträge germanistischer Märchenforschung (Marburger Studien zur Literatur. Bd. 1). Marburg 1986.

218 Lüthi, Max (Hg.): Märchen. Stuttgart [7]1979. S. 123.

219 Propp, Vladimir Jakovlevič (Hg.): Morphologie des Märchens. [Orig. Leningrad 1928] München 1972. Sowie vgl.: Paukstadt: Paradigmen der Erzähltheorie. S. 195-206.

220 Propp, Vladimir Jakovlevič: Morphology of the Folktale. Bloomington 1958.

221 Vgl.: Voigt: Propp, Vladimir Jakovlevič. In: EM 10 (2002). Sp. 1435.

222 Vgl.: Paukstadt: Paradigmen der Erzähltheorie. S. 208-224.

Die Psychologie ist eine Wissenschaft vom menschlichen Erleben und Verhalten. Auch psychologische Fragestellungen stehen im 19. Jahrhundert mythologischen, völkerkundlichen und anthropologischen Ansätzen nahe.[223] Im 20. Jahrhundert nähern sie sich allmählich den tiefenpsychologischen, sozialpsychologischen und soziologischen Möglichkeiten ihrer wissenschaftlichen Fragestellungen und Methoden.[224] Das Märchen wird als Erzählgattung verstanden, das einerseits der *Utopie der Wunscherfüllung* folgt, andererseits der *Angstverdrängung.*[225] „Die psychologische und tiefenpsychologische Forschung beschäftigt sich seit Freud mit den Märcheninhalten und der Interpretation der Märchensymbole, während die Kinderpsychologie sich darüber hinaus mit ihrer Wirkung auf die Kinder befasst."[226] Letztere negiert gleichzeitig die „Abhängigkeit der seelischen Konflikte vom historischen und gesellschaftlichen Bezugsrahmen."[227] Sowohl die Freud-Schüler mit ihrer Maxime von der Versinnbildlichung seelischer Reifungsprozesse im Märchen als auch die Jung-Anhänger mit ihrem Grundsatz, dass Märchen ´archetypale Bilder` des ´kollektiven Unbewussten` darstellen, vernachlässigen beide die der Kulturanthropologie wichtige Frage nach der sozialen Funktion im gesellschaftlichen Kontext.[228] Anstelle des

---

223 Vgl.: Pöge-Alder: Mythologische Schule. In: EM 9 (1999). Sp. 1090.

224 Vgl.: Schwibbe, Gudrun: Psychologie. In: EM 11, 1 (2003). Sp. 23-35, hier Sp. 23. Sowie vgl.: Horn, Katalin: Brauchen Menschen Märchen? In: Fabula 34 (1993). S. 1-8.

225 Vgl.: Röhrich, Lutz: Vom ´Woher`? zum ´Warum`? Was kann die volkskundliche Erzählforschung von der Psychologie lernen? In: Urbilder und Geschichte. C. G. Jungs Archetypenlehre und die Kulturwissenschaften. Akten eines Kolloquiums vom Mai 1987 in Basel, in memoriam Hans Trümpy. Basel/Frankfurt am Main 1989. S. 11-33, hier S. 29.

226 Vgl.: Bastian, Ulrike: Die ´Kinder- und Hausmärchen` der Brüder Grimm in der literaturpädagogischen Diskussion des 19. und 20. Jahrhunderts. In: Becker, Jörg/Gmelin, Otto F./Oberfeld, Charlotte (Hg.): Studien zur Kinder- und Jugendmedien-Forschung. Bd. 8. Frankfurt am Main 1981. Sowie vgl.: Bastian, Ulrike: Die ´Kinder- und Hausmärchen` der Brüder Grimm in der literaturpädagogischen Diskussion. In: Oberfeld, Charlotte/Assion, Peter: Erzählen – Sammeln – Deuten. Den Grimms zum Zweihundertsten (Hessische Blätter für Volks- und Kulturforschung, NF 18). Marburg 1985. S. 93-102, hier S. 98f.

227 Ebd.: S. 99.

228 Vgl.: Ebd.: S. 99. Sowie vgl.: Schwibbe: Psychologie. In: EM 11, 1 (2003). Sp. 23-35.

Interesses am folkloristischen Material gilt vor allem in der Tiefenpsychologie das Interesse der menschlichen Psyche bzw. dem einzelnen Patienten.[229] Das interdisziplinäre Interesse dieser beiden Wissenschaften liegt „im Rahmen kontext- und kommunikationsorientierter Studien“[230].

229 Vgl.: Schwibbe: Psychologie. In: EM 11, 1 (2003). Sp. 28.

230 Ebd.: Sp. 30.

5. Auswertung der Kinder- und Hausmärchen

5.1 Vorbemerkungen zu den Kinder- und Hausmärchen der Brüder Grimm

In Hanau 1785/86 geboren und in Steinau aufgewachsen, studierten Jakob und Wilhelm Grimm seit 1802/03 in Marburg bei dem historischen Rechtswissenschaftler Friedrich Carl von Savigny (1779-1861) Jura. Hier erhielten sie „entscheidende Anregungen für philologische und volkskundliche Forschungen"[231]. Sie interessierten sich nun verstärkt für sprachlich-poetische Gebilde, insbesondere für eine altdeutsche Philologie, die über die mittelhochdeutschen und altnordischen Mythen und Epen hinaus auch volkspoetische Dichtungen mit einbezogen. Diese Dichtungen der mündlichen Überlieferung sahen sie um 1800 noch in Märchen, Sagen und Volksliedern lebendig. Um die moderne Zerrissenheit um 1800 zu überwinden, sprechen die Grimms den Märchen und Kinderliedern schlechthin die höchste Eignung einer naturpoetischen Gattung zu.[232] Dabei ist ihr Interesse an der altdeutschen Poesie laut Isamitsu Murayama von Anfang an, entsprechend dem vieler anderer Zeitgenossen, politisch motiviert. Da die Natur des Menschen a priori nur in seinem ´national-muttersprachlichen-Verwurzeltsein` denkbar sei, versuchen die Grimm Brüder über die Literatur und die Sprache die

---

231 Rölleke: Kinder- und Hausmärchen. In: EM 7 (1993). Sp. 1279. Über Savigny erhielten sie auch Zugang zu dessen Privatbibliothek mit mittelalterlichen Texten. Weitere wichtige Kontakte entstanden. So zu Savignys Schwager Clemens Brentano und dessen Freund Achim von Arnim. Achim von Arnim und Clemens Brentano veröffentlichten von 1805-1808 eine Sammlung von Volksliedtexten in drei Bänden unter dem Titel *Des Knaben Wunderhorns*. Wilhelms Besuch 1809 bei von Arnim in Berlin vertiefte sein Interesse an der Dichtung ebenso wie sein Besuch bei Goethe in Weimar. Vgl.: Gerstner, Hermann (Hg.): Brüder Grimm in Selbstzeugnissen und Bilddokumenten. Reinbek bei Hamburg 1973.

232 "Ihre utopisch-pädagogische Idee ist als eine Art 'natürlicher Bildung' zu bezeichnen, die der vernunftorientierten (...) ‚künstlichen' Erziehung der Aufklärung radikal entgegensteht." Murayama, Isamitsu: Poesie – Natur – Kinder. Die Brüder Grimm und ihre Idee einer ´natürlichen Bildung` in den ´Kinder- und Hausmärchen`. Diss. Heidelberg 2005. S. 10.

im frühen 19. Jahrhundert fehlende kulturelle und nationale Einheit Deutschlands zu erreichen.[233] Die wissenschaftliche, kulturelle und politische Elite begeisterte sich im 19. Jahrhundert für all diese Volkserzählungen, die nicht nur „für theoretische Konstrukte (kultur-)historischer Art, sondern (...) darüber hinaus auch (...) außerordentlich geeignet für ideologisch als wissenschaftlich fundierte national- und/oder regionalpolitische und emanzipatorische oder pädagogische Zielsetzungen"[234] war.

Seit 1806 arbeiteten Jakob und Wilhelm Grimm unter anderem an der Volksliedsammlung *Des Knaben Wunderhorn* für Clemens Brentano mit. Im Herbst 1807 finden erste Aufzeichnungen mündlichen Ursprungs den Weg zu den Brüdern.[235] Ihre hier einsetzende systematische Sammelarbeit stand maßgeblich unter Clemens Brentanos Einfluss.[236] Brentanos Bearbeitungen volksläufiger Sujets[237] nahmen großen Einfluss auf die Entstehung und Entwicklung der Gattung Grimm.[238] Auch zwei Märchenaufzeichnungen von Philipp Otto Runges[239] galten ihnen als Gattungsmuster. Bis 1810 sammelten die

---

233 Vgl.: Ebd. S. 10-12.

234 Kooi, Jurjen van der: Literatur als Volkskunde. Historische Erzählforschung. Volkskalender und Mundart. In: Rheinisches Jahrbuch für Volkskunde 26 (1985/86). S. 141-175, hier S. 141. Sowie vgl.: Ders.: Märchen zwischen mündlicher Überlieferung und literarischer Tradition. S. 32.

235 Vgl.: Rölleke Heinz (Hg.): Die älteste Märchensammlung der Brüder Grimm. Synopse der hessischen Urfassung von 1810 und der Erstdrucke von 1812. Cologny-Genève 1975.

236 Vgl.: Bausinger: Märchen. In: EM 9 (1999). Sp. 251.

237 Herangezogene Werke für die Kriterien märchenhafter Sujets basierten aus dem 16. Jahrhundert vor allem auf jene von Hans Sachs und Hans Wilhelm Kirchhoff. Aus dem 19. Jahrhundert sind es die Werke von Ludwig Auerbacher und Friedrich Kind. Vgl.: Rölleke, Heinz (Hg.): Die Märchen der Brüder Grimm. Eine Einführung. Stuttgart 2004. S. 95. Zum Beispiel sind Vorformen der KHM 23: *Von dem Mäuschen, Vögelchen und der Bratwurst* sowie der KHM 80: *Von dem Tode des Hühnchens.* Vgl.: Rölleke: Kinder- und Hausmärchen. In: EM 7 (93). Sp. 1279.

238 „Unabsehbare Folgen für die Märchenrezeption und –forschung (...) zeitigte Brentano, indem er den Brüdern Grimm das Phänomen ‚Volksmärchen' theoretisch und praktisch erschloss." Rölleke: Brentano, Clemens Maria Wenzeslaus. In: EM 2 (1979). Sp. 768.

239 KHM 19: *Von dem Fischer un syner Frau* und KHM 47: *Von dem Machandelboom.* Vgl.: Rölleke: Kinder- und Hausmärchen. In: EM 7 (93). Sp. 1279.

Grimms 50 Texte mit Blick auf die geplante Veröffentlichung Brentanos, zu der es jedoch nicht kam. Brentano wies die Brüder Grimm auch auf das „Gewährsleute[prinzip] mündlicher Tradition hin."[240]

Die Abschriften der Brüder Grimm bildeten nach der gescheiterten Zusammenarbeit mit Brentano die Grundlage ihrer ersten 1812 publizierten KHM mit 86 Nummern. Bezogen auf Art und Ausmaß redaktioneller Abschriften setzten sie auf eine demonstrative Abgrenzung zu Brentano und seinen äußerst freien poetischen Bearbeitungen. So basiert ihre Sammlung von 'Volkserzählungen`[241] nach ihrem Sammelaufruf von 1811 auf dem Korrespondentenverfahren[242]. Tendenzen in der späteren Textauswahl und ihrer Bearbeitung orientierten sich bei Wilhelm Grimm an zeitgenössischen Sammlungen, die bereits selbst von den KHM angeregt und vorgeprägt waren, wobei gut erzählte und vollständige Märchen bevorzugt wurden.[243] Dabei hielt „man sich an entsprechende Binnenerzählungen älterer Literatur[244], sowie an gleichaltrige, durchweg weibliche Gewährspersonen aus dem gehobenen Kasseler Stadtbürgertum (...)"[245]. Weder Jacob noch Wilhelm Grimm reisten selbst, um

---

240 Rölleke: Brentano, Clemens Maria Wenzeslaus. In: EM 2 (1979). Sp. 769.

241 Die KHM sind „von Anfang an auch durch Texte anderer Gattungszugehörigkeit sowie viele Mischformen charakterisiert", so dass nicht alle Kinder- und Hausmärchen Märchen sind. Rölleke: Kinder- und Hausmärchen. In: EM 7 (93). Sp. 1281.

242 Märchen wurden von Freunden, Bekannten und Kollegen zugeschickt.

243 Hierzu gehören das *Elsässische Volksbüchlein* von August Stöber 1842, die *Volkssagen aus Vorarlberg* von Josef Franz Vonbun 1847, die „schlesische Sammlung von Friedmund von Arnim, die schleswig-holsteinische von Karl Müllenhoff" sowie die *Deutschen Volksmärchen aus dem Sachsenlande in Siebenbürgen* von Josef Haltrich 1856. Vgl.: Rölleke: Die Märchen der Brüder Grimm. S. 95. Sowie vgl.: Rölleke, Heinz: August Stöbers Einfluss auf die KHM der Brüder Grimm. In: Fabula 24 (1928). S. 11-20. Und vgl.: Rölleke: Kinder- und Hausmärchen. In: EM 7 (93). Sp. 1280.

244 Wie jene aus dem 16./17. Jahrhundert von Hans Sachs und Hans Wilhelm Kirchhoff, aber auch an neuere Romane aus dem 19. Jahrhundert, wie jene von Ludwig Aurbacher und Friedrich Kind. Vgl.: Rölleke: Die Märchen der Brüder Grimm. Stuttgart 2004. S. 95.

245 Rölleke: Kinder- und Hausmärchen. In: EM 7 (93). Sp. 1280. Kassel war die Stadt ihrer Mutter Dorothea, geborene Zimmer, in die die Familie nach dem Tod ihres Vaters, dem ehemaligen Verwaltungsbeamten Philipp Wilhelm Grimm, 1796 zurückzog. Der Vater stammte aus einer calvinistischen Hanauer Theologen-Familie. Nach seinem Jurastudium hatte er eine Anstellung als Hofgerichtsadvokat und Stadtsekretär begon-

Märchen zu sammeln. Außerdem ist keine der Sammlungen mit philologischer Treue aufgezeichnet worden, was sie in ihrer Vorrede zu den KHM programmatisch betonen. Zur ersten Sammlung und Publikation trugen insbesondere folgende Personen bei: die Pfarrerstochter Friederike Mannel, die vier Apothekentöchter der Familie Wild, von denen die Viertgeborene, Dortchen 1825 Wilhelm Grimm heiratete, die drei Töchter der Familie Hassenpflug, deren Mutter aus einer Hugenottenfamilie stammte sowie die katholisch-westfälischen Familien von Haxthausen und Droste-Hülshoff.[246] Vor allem durch die Beiträge der Töchter der Familie Hassenpflug wird deutlich, dass die französischen Erzählungen über die hugenottischen Gewährspersonen in die KHM einflossen und die Sammlungen der Brüder somit von denen Perraults stark beeinflusst sein mussten.[247] Die Filterung durch Erzähler und Zuträger wird durch die Bearbeitungen Wilhelm Grimms „mit dem Abschluss des zweiten Textbandes von 1815"[248] bis zur letzten Ausgabe 1857 vorangetrieben. Neue Stücke kamen insbesondere aus literarischen Quellen hinzu und andere wurden ersetzt. Der Absatz der großen KHM-Ausgabe von 1837 war so gut, dass 1840 die vierte Ausgabe mit 187 Märchen, die fünfte 1843 mit 203, die sechste 1850 mit 210 und die siebte 1857 mit 211 Märchen folgten. Die Ausgabe letzter Hand von 1857 stellt mit ihren 200 Kinder- und Hausmärchen und ihren 10 Kinderlegenden die Vollständigste dar. Frühe Märchensammlungen, wie Basils *Pentamerone* wiesen bereits runde Zahlen auf. Dabei konnte die runde Zahl von 200 Märchen, die seit 1850 erreicht worden war, nur dadurch beibehalten werden, indem die Nummer 151

---

nen. Abgesehen von der späteren Sammeltätigkeit der Grimms stand Kassel auch für Jacobs Herausgabe des ersten Bandes seiner *Deutschen Grammatik* 1819 und dem gemeinsamen Beginn des *Deutschen Wörterbuchs,* das später in Berlin fortgesetzt wurde. Vgl.: Wetzel: Brüder Grimm. Die großen Klassiker. Literatur der Welt in Bildern, Texten, Daten. Salzburg 1983. S. 12. Sowie zur *Deutschen Grammatik* siehe: Lemmer: Die Brüder Grimm. S. 37-43.

246 Vgl.: Rölleke: Kinder- und Hausmärchen. In: EM 7 (93). Sp. 1281.

247 Vgl.: Röhrich: Erzählforschung. In: Brednich: Grundriß der Volkskunde. S. 521.

248 Rölleke: Die Märchen der Brüder Grimm. Stuttgart 2004. S. 94.

doppelt besetzt wurde: *Die drei Faulen*[249] sowie *Die zwölf faulen Knechte**, wobei Letzteres mit einem Sternchen kenntlich gemacht wurde und „erst 1857 als einer von vier neuen Texten in das KHM-Korpus aufgenommen worden (...).“[250] ist. Dreiundsechzig der zweihundert Märchentexte sind literarischen Quellen entnommen und jene die als mündlich bezeichnet wurden sind eher aus schriftlichen Aufzeichnungen der zahlreichen Beiträger in ihren Besitz gekommen und weniger im Feld aufgezeichnet worden.[251]

Wilhelm Grimm verstand seine Veränderungen und Stilisierungen seit der zweiten Ausgabe als Arbeit im Dienst der Naturpoesie[252]. Das Gewachsene wird über das Gemachte, das Künstliche gestellt. „Wie auf die Sprache des Höchsten reflektiert Naturpoesie aber auch auf die Äußerungen der Kinder in ihrer Unschuld.“[253] Hierin liegt die direkte Verbindung zu der utopisch-pädagogischen Idee[254]. Grundlage für die „Umwandlung der wissenschaftlich orientierten Sammlungen (...) in ein Kinderbuch wird die so genannte Kleine Ausgabe“[255], die 1825 erscheint. Fünfzig dieser Märchentexte werden mit „sieben Illustrationen Ludwig Emil Grimms ausgestattet.“[256] Die KHM avancierten durch ihren großen Erfolg im „bürgerlichen Säkulum, in dessen biedermeierlicher Familienwelt nun auch das

---

249 ATU 1950: The Three Lazy Ones. "Remarks: Documented in the Middle Ages, e.g. *Gesta Romanorum* (No. 91), Johannes Gobi Junior, *Scala coeli* (No. 25), Galāloddin Rumi, *Masnavie-ye ma□navi* (VI, 4877). Uther: The Types of international Folktales. In: FFC 284. Part II. S. 497.

250 Uther: Brüder Grimm. Bd. 3: S. 262-270, Bd. 4: S. 281.

251 Vgl.: Brednich: Methoden der Erzählforschung. In: Göttsch/Lehmann: Methoden der Volkskunde. S. 58.

252 Zum Gütesigel in Deutschland wurde insbesondere Herders Termini Volkspoesie, der sowohl für die Zeugnisse anonymer Überlieferung, als auch für die lebenden Dichter bereitstand. Dabei verweisen beide Begriffe (Naturpoesie und Volkspoesie) „außerhalb der gängigen literaturgeschichtlichen Periodisierungen (...)“, wobei Herders postulierte Kontinuität „über das Geschichtliche hinaus[führt] zurück in einen Bereich des Ursprungs (...) im Sinne eines nicht näher fassbaren Quellgrunds. Geschichte mündet ins zeitlos Mythische.“ Bausinger: Naturpoesie. In: EM 9 (1999). Sp. 1274.

253 Ebd.: Sp. 1277.

254 Vgl.: Fußnote 229.

255 Wetzel: Brüder Grimm. Die großen Klassiker. S. 69.

256 Ebd.: S. 69.

Kind zu seinem eigenen Recht kam"[257] zum *Volks- und Hausbuch.* Heinz Rölleke stellt fest, dass dieses „Vorlesebuch" innerhalb der „biedermeierliche[n] Weltanschauung"[258] pädagogisch anwendbar war. Dabei wurden die Mütter als Erzähler angehalten, die Märchen – in Form der Mündlichkeit, als die ´eigentliche` Seinsweise der Poesie, die es im kollektiven Gedächtnis zu bewahren gilt – ihren Kindern hineinzuerzählen.[259] Diese „neue Hochschätzung des Kindes als eigenständige Persönlichkeit"[260] verhalf schließlich den KHM zu ihrem internationalen Erfolg.

Ein Vergleich zwischen der KHM-Urfassung bis hin zur Ausgabe letzter Hand 1857 verdeutlicht, dass insbesondere Wilhelm Grimm nachträglich unter anderem versuchte, durch das Einfügen von Sprichwörtern und sprichwörtlichen Redensarten ein orales Erzählgut einer vorwiegend ländlichen Bevölkerung nachzuzeichnen. Röllekes textkritischen Untersuchungen[261] ist es gelungen nachzuweisen, dass Wilhelm Grimm darüber hinaus „auch moralische Verhaltensregeln und christliche Gebote in die Märchen eingefügt hat."[262] Gemäß den Erwartungen seiner Zeit, ein Erziehungsbuch vor allem für eher ungenierte Mädchen zu schaffen, fügte Wilhelm Grimm diese moralischen Maximen manchmal sehr überzogen ein und brachte auch Gott nicht immer glücklich gewählt ins Spiel. Sexuelle Anspielungen wurden weitestgehend gemildert, jedoch Grausamkeiten eher im Sinne des Mittels zum Zweck verstärkt. Damit erfüllte Wilhelm Grimm die Forderungen nach einer „Anwendung für die Gegenwart".[263]

---

257 Weber-Kellermann, Ingeborg/Bimmer, Andreas C. (Hg.): Einführung in die Volkskunde / Europäische Ethnologie. Stuttgart ^{2}1985. S. 27.

258 Rölleke, Heinz (Hg.): Die Märchen der Brüder Grimm. München/Zürich 1985. S. 25.

259 Vgl.: Murayama: Poesie – Natur – Kinder. S. 11. „Einen bestimmten Grad der Bewusstheit erreicht die Geschichte (historia), wenn sie in Sprache artikuliert und in Geschichten (fabulae) formuliert wird, wenn sie durch das Erzählen in kommunikative und damit soziale Gefüge überführt wird." Fischer: Erzählen – Schreiben – Deuten. S. 189.

260 Murayama: Poesie – Natur – Kinder. S. 9.

261 Vgl: Bluhm, Lothar: Rölleke, Heinz. In: EM 11, 2 (2000). Sp. 786-790, hier Sp. 787f.

262 Solms: Die Moral von Grimms Märchen. S. 193.

263 Zitiert nach: Ebd.: S. 204.

Röllekes Beiträge zur Märchenforschung führten zu dem Schluss, dass die Brüder Grimm die von ihnen angegebene Sammeltätigkeit aus mündlicher Tradition – von denen sie mehr als die Hälfte nicht selbst aufgezeichnet haben - durch schriftliche Quellen ergänzten. „Sie haben etwa ein Drittel der Texte und viele Varianten aus alten Bücher und zeitgenössischen Zeitschriften und Märchensammlungen übernommen."[264] Die behauptete Authentizität hessisch-mündlicher Erzählungen, die ohnehin nicht in hessischer Mundart notiert worden waren, hielt einem Nachweis durch die Märchenforscher somit nicht stand. Ein Viertel der Märchen, die von den Brüdern als ´echt hessisch`[265] ausgewiesen worden waren, wurden von späteren Forschern wie Wilhelm Schoof zunächst als rein deutsch bezeugt. Diese wiederum mussten jedoch schließlich als Märchen französischen Ursprungs verortet werden.

Abschließend lässt sich festhalten, dass Wilhelm Grimm durch seine Veränderungen und Erweiterungen sowie die stilistischen Ausschmückungen, die Umwandlungen von Berichten in wörtliche Rede, das Einfügen von Zauberversen und Redensarten „einen individuellen Märchenstil entwickelt[e], der später bei Märchensammlern und –forschern als der originäre deutsche Volksmärchenton gegolten hat."[266] Und wenngleich der Unterhaltungswert unter dem pädagogischen Anspruch Wilhelm Grimms litt und die eigentliche Absicht durch seinen manchmal übertriebenen moralischen Ton beeinträchtigt wurde, so ist die Sammlung der Brüder Grimm und insbesondere die Ausgabe letzter Hand mit all ihren Märchen als ein Ganzes zu sehen und erfreut sich bis heute breiter Beliebtheit. Hessisch, westfälisch und französisch-hugenottisch beeinflusste Märchen, sowie Kinder- oder Erwachsenenmärchen und Erzäh-

---

264 Ebd.: S. 193.

265 Schoof geht bereits 1959 den einzelnen Gewährsleuten der Grimm'schen Märchen nach, und so auch den hessischen, die mit folgenden Namen verbunden werden: Die alte Marie, Die Frau Viehmännin, Frau Lenhardin in Frankfurt, die Marburger Märchenfrau, Dortchen Grimm geborene Wild, Jeannette und Amalie Hassenpflug, Friederike Mannel, Kandidat Siebert aus Treysa, Johann Friedrich Krause und Wilhelmine von Schwertzell . Vgl.: Schoof, Wilhelm (Hg.): Zur Entstehungsgeschichte der Grimmschen Märchen. Bearbeitet und Benutzung des Nachlasses der Brüder Grimm. Hamburg 1959. S. 59-96.

266 Solms: Die Moral von Grimms Märchen. S. 194.

lungen aus dem städtisch gebildeten Kreis oder aus dem einfach ländlichen bilden zusammen die Grimms Märchen.[267] Hierzu Ulrike Bastian:

> „Die 'Kinder- und Hausmärchen` sind eine Sammlung stilistisch einheitlicher, aber inhaltlich verschiedenartiger und widersprüchlicher Märchen, die sowohl Elemente des echten Volksmärchens als auch bürgerlich-moralische Normen und biedermeierliche Verniedlichungen ihrer Aufzeichner enthält."[268]

5.2 Der Protagonist im Märchen

In diesem Kapitel verbinden sich allgemeine Aussagen aus der Märchenforschung über die zentrale Märchenfigur mit jenen über den Protagonisten in seiner Eigenschaft als Wandernder. Die beachtlichen Leistungen einiger ausgewählter Forschungsarbeiten finden in den folgenden Kapiteln, wie bereits erwähnt, vor allem exemplarisch in den Fußnoten Ausdruck, denn auch „ihre Stil- und Strukturelemente führen wie von selber zu einer bestimmten Aussage."[269] Andererseits leitet sich, wie zu Beginn dieser Arbeit erwähnt, gerade aus den genannten Arbeiten (Holzhausen-Heeter, Max Lüthi, Heinz Rölleke, Lutz Röhrich) der Schwerpunkt der vorliegenden Arbeit ab. Die wandernde und reisende zentrale Märchenfigur steht hier in Bezug auf ihre Individuation im Mittelpunkt der Analyse. Die meisten Märchen sind Reiseerzählungen. Der Märchenheld ist par excellence ein Ausziehender

> „seinem Wesen nach einer, der aufbricht, der wandert hinaus, ins Leere gewissermaßen, er kennt die Welt nicht, in die er aufbricht, er kennt zunächst auch die Mittel nicht, mit denen die Aufgabe, die

---

267 Vgl.: Ebd.: S. 194.

268 Bastian: Die 'Kinder- und Hausmärchen` der Brüder Grimm. Marburg 1985. S. 93.

269 Lüthi, Max (Hg.): Das Volksmärchen als Dichtung. Ästhetik und Anthropologie. Göttingen 1990. S. 153.

sich ihm stellt, zu bewältigen wäre, zuweilen kennt er nicht einmal seine Ziele."[270]

Das Märchen hat nur einen Helden. Dieser nimmt als Isolierter einerseits eine Randposition ein, die ihn als Einzelmensch auszeichnet. Gleichzeitig begünstigt gerade diese Position seine uneingeschränkte Beziehungsfähigkeit. Figuren aus dem Diesseits oder Jenseits kreuzen seinen Weg und in sofern zeichnet sich der Held als ein Allverbundener aus.[271]

Am äußersten Glied des Sozialgefüges zieht der Protagonist als Königssohn oder als Müllerstochter los. Doch weniger als die Herkunft des Helden sind seine individuellen Eigenschaften ausschlaggebend, welche sich erst auf der Wanderung zu formen beginnen. Gleich zu Beginn des Märchens wird in der Regel die Mangel- oder Notsituation des Protagonisten erwähnt, welche aus der negativen Wahrnehmung seiner Umwelt heraus beschrieben wird. Vorrangig handelt es sich hier um seine Unzulänglichkeiten und Makel, einem Mangel in seinen Eigenschaften. Seine Kennzeichen sind meist von hervorstechender Besonderheit, ebenso die Zuschreibungen, wie dumm und nutzlos oder wie sprechende Namen bezeugen, wie *Aschenputtel, Schneewittchen, Dornröschen, Allerleirauh.*[272] Als ausgewiesenes Mangelwesen ist er von zu Hause aus für spezielle Aufgaben nicht ausgerüstet und verkörpert darin, „wie in so vielem andern, ein Spiegelbild des Menschen überhaupt".[273] In jedem Fall ist die zentrale Märchenfigur in ihrer Besonderheit Träger der Handlung.[274] Die biographische Anlage der Märchenhandlung sieht Panzer im wortwörtlichen Sinne, d. h. dass das Leben des einzigen Helden in der Märchenhandlung von der Wiege bis zur Heirat verfolgt

270 Ebd.: S. 154.

271 Vgl.: Ebd.: S. 155.

272 Vgl.: Panzer, Friedrich: Märchen. In: Karlinger, Felix (Hg.): Wege der Märchenforschung. Darmstadt 1973. S. 84-128, hier S. 90.

273 Lüthi: Das Volksmärchen als Dichtung. S. 154.

274 Auch kann die zentrale Märchenfigur in Tiergestalt zur Welt gekommen sein bzw. durch die Frucht einer magischen Empfängnis, doch werden diese hier nicht besprochen.

wird. Dies unterstreicht die strenge Abgeschlossenheit des Märchens nach außen sowie die Vereinzelung des Helden.[275]

Auch wenn in den Märchen „Märchenfiguren auf Reisen gehen, so hat doch in jedem KHM der wandernde Held Funktionen, die sich kaum mit denen des Helden eines zweiten Märchens gleichstellen lassen."[276] Es gibt Parallelen, doch die Reihenfolge ihrer Funktionen variieren und strenge Klassifikationen würden damit weder grundsätzlich dem einzelnen Ziehenden und erst Recht aus kulturanthropologischer Sicht kein adäquates methodisches Verfahren sein.

Die bereits oben erwähnte Fokussierung dieser Arbeit liegt somit auf den einzigartigen, individuellen Funktionen. Gemeinsamkeiten finden sich stets auf dem literaturwissenschaftlich-philologischen Verfahren, so auch der Antrieb zum Aufbruch.[277] Doch das einzelne Märchen mit seinem Protagonisten wird damit weniger erfasst.

Als jüngstes Kind oder Stiefkind kann die Märchenfigur, ob männlich oder weiblich, ihre Anlagen in der vertrauten Umgebung nicht weiterentwickeln. Eine Atmosphäre von Unverständnis oder gar Feindseligkeit nötigen sie zum Ausbrechen. Mit dem Aufbruch bewegt sie sich weg von zu Hause, was ein trennendes Merkmal zum Helden in der Sage ist, der sich nicht weit von seiner gewohnten Umgebung entfernt.[278] Zwischen frühem Kindesalter bis zum abgedienten Soldaten sind die Helden des Märchens unterwegs. So wird Sneewittchen bereits mit sieben Jahren von ihrer Stiefmutter verstoßen und der abgedankte Soldat, der jahrelang seinem König gedient hat, verkörpert wohl keinen jungen Mann mehr. Doch die größte Gruppe des mobilen Protagonisten im Märchen bilden die Heranwachsenden. Männliche und weibliche Helden ziehen als Mensch oder in Tiergestalt, allein bzw. zu zweit oder in Begleitung

---

275 Er konstatiert weiter, dass die Thematisierung des wirklichkeitsbitteren Abschlusses, der Tod des Helden der optimistischen Haltung des Märchens widerstrebt. Vgl.: Panzer: Märchen. S. 94. Sowie vgl.: Lüthi Das Volksmärchen als Dichtung. S. 155.

276 Holzhausen Heeter: Von einem, der Auszog ... S. 21.

277 Wie in der Einleitung erläutert, werden Anmerkungen oder Zitate zur Untermauerung des Haupttextes dieser Arbeit in die Fußnote gesetzt, da sie auf das Allgemeine abgehoben sich vom eigentlichen Unterwegssein entfernen.

278 Vgl: Lüthi: Das Volksmärchen als Dichtung. S. 153.

eines Helfers bzw. übernatürlicher Gegenstände, in die Welt hinaus. Hier folgt der Antrieb zum Aufbruch unter anderem dem Drang, etwas Neues erleben zu wollen, wie in den Märchen, in denen die Märchenfigur unter ihrem Mangel an Wissen oder Gefühl leidet. Andere werden verstoßen oder ziehen los, weil es für sie kein Zuhause gibt. Wiederum andere gehen auf Wanderschaft, um Abenteuer zu erleben. Gegenüber dem Protagonisten fehlt den weiblichen Helden „die Wanderschaft aus Sehnsucht, nach neuen Erlebnissen und aus dem Drang, sich bewusst zu bilden."[279] Ihre Aufgabe besteht vorrangig in der Erlösung einer ihr nahestehenden männlichen Person.

5. 3 Wanderschaft

Die Wanderschaft wird hier als übergeordnetes gemeinsames Thema der einzelnen herangezogenen Märchen verstanden. Sie findet im Märchen auf vielfältige Weise statt. Im folgenden analytischen Teil werden zunächst Märchen besprochen, deren Held sich auf einer Suchwanderung befindet. Eine ganz andere Bedeutung hat die Wanderung für Protagonisten, die äußerlich durch extreme Merkmale gekennzeichnet sind. Diesbezüglich werden zwei Märchen herangezogen.

5.3.1 Die Suchwanderung

Der Protagonist auf der Suchwanderung zieht im Märchen aus, um eine spezifische Aufgabe zu erfüllen. Er begibt sich auf die Suche nach dem goldenen Vogel oder nach dem magischen Wasser. Damit ist die Frage nach dem Grund des Aufbruchs sowie nach dem Motiv

279 Holzhausen Heeter: Von einem, der Auszog ... S. 22.

beantwortet. Wenn auch das Ziel des Unterwegsseins bestimmt ist, so definiert sich der Zielort erst durch das Auftauchen des Gesuchten an einem spezifischen Bestimmungsort, wodurch dieser zum Ziel des Helden wird. Der Bestimmungsort erhält auf diese Weise seine eigenständige Funktion. Die weibliche zentrale Märchenfigur ist dabei oftmals auf der Suche nach einer ihr nahestehenden männlichen Person, ihrem verwunschenem Bruder oder Mann, den sie erlösen muss. Der männliche Held hingegen zieht vorrangig hinaus in die Welt, um nach einem Objekt zu suchen. Den Auftrag zur Suche erteilt dann meist der Vater bzw. der König. Manchmal ist auch dessen gesundheitliche Mangelsituation Auslöser für den Aufbruch der Söhne.[280] Eine einleitend beschriebene Krankheit oder Blindheit des Königs bildet dann die Voraussetzung für die Hilfe durch seine Söhne. Der Auftrag fällt letztlich dem Jüngsten von drei Söhnen zu. Vorausgegangen ist dann der Misserfolg der beiden älteren Brüder, die zwar als die Klügeren loszogen, doch dabei ihren negativen Charakterzuweisungen folgten, wie Hochmut oder mangelnde Hilfsbereitschaft gegenüber Fremden/jenseitigen Wesen. Hieraus abgeleitet bricht der Jüngste von dreien dann verkannt als Dummling, Taugenichts oder Faulenzer auf, wie im Zaubermärchen *Der goldene Vogel*. Hier heißt es, bezogen auf den nächtlichen Wachposten im Lustgarten des Königs: „Jetzt kam die Reihe zu wachen an den dritten Sohn, der war auch bereit, aber der König traute ihm nicht viel zu und meinte, er würde noch weniger ausrichten als seine Brüder; (...)" (Bd. I: 287).[281]

---

280 „Der König ist selten der Held der Erzählung, sondern oft sogar eine schwache Figur." Röhrich, Lutz: König, Königin. In: EM 8 (1996). Sp. 134-148, hier Sp. 140.

281 Zum Thema Suchwanderung siehe auch das Kapitel *Die Suchwanderung*. Vgl.: Holzhausen Heeter: Von einem, der Auszog ... S. 54-61.

5.3.1.1 Der goldene Vogel

Die Brüder Grimm sahen im Märchen *Der goldene Vogel* (KHM 57[282]) ein Überbleibsel ihres vermuteten „urdeutschen Mythus". Mit der Erfassung dieses Märchens werden Zusammenhänge mit dem *Wasser des Lebens* (KHM 97) vermutet.[283]

Beide Märchen werden hier in Bezug auf ihre Variante besprochen. Während in dem KHM 57 ein Fuchs dem Helden als übernatürlicher Tierhelfer zur Seite steht, erweist sich im Märchen *Das Wasser des* Lebens ein Zwerg als jenseitiger Helfer.

Doch zunächst zum KHM 57: Im Märchen *Der goldene Vogel* verschwindet mit jeder Nacht ein goldener Apfel vom Baum des königlichen Lustgartens.[284] Nacheinander schickt der Vater seine drei Söhne nachts Wache zu halten. Dem Jüngsten traut der Vater das Geringste zu, doch eben dieser ist es, der in der Nacht nicht einschläft und dem Vater am nächsten Morgen von einem goldenen

---

[282] Typen- und Motivkonkordanz nach Aarne, Antti und Stith Thompson (AaTh). „Ein Motiv [ist] nach Thompson das [außergewöhnliche] kleinste Element einer Erzählung, das (...) die Kraft hat , sich in der Überlieferung zu erhalten (...), so enthält ein Typ entweder ein einziges Motiv (so die meisten ‚Tiermärchen' und Schwänke) oder mehrere (...). Die Typen sind die Schemata der konkret meist in vielen Versionen verbreiteten Erzählungen (...) [deren] nicht unbegrenzte Zahl (...) auf bestimmte Grundmöglichkeiten des dichtenden Menschengeistes hin[deutet]." Lüthi: Märchen. S. 19. Hier nun: Typen- und Motivkonkordanz: AaTh 550: Vogel, Pferd und Königstochter. Das Zaubermärchen (Nr. 300-749) ´aus Hessen` will Wilhelm Grimm 1810 von einer alten Frau im Marburger Elisabeth-Hospital erhalten haben. Nach den Forschungen von Albert Wesselskis weist das Märchen motivlich Ähnlichkeiten „zum Märchen *Der treue Fuchs* des Weimarer Hofpredigers Christoph Wilhelm Günther (1755-1826) (...) auf, (...) [dessen Märchensammlung] noch starke Anklänge an die französischen Feenmärchen enthielt." Uther: Brüder Grimm. Bd. 3. S. 262-270 und Bd. 4. S. 115. ATU 550: Bird, Horse and Princess (previously Search for the Gold Bird). "Remarks: This type occurs often in combination with Type 551, so many variants cannot be assigned to one or the other." Uther: The Types of International Folktales. In: FFC 284. Part I. S. 318f.

[283] Vgl.: Uther: Brüder Grimm. Bd. 4. S. 116, 186.

[284] Die Pflanzenwelt wird ebenso wie der Mensch, die Tierwelt und die Gegenstände vom Übernatürlichen erfasst. Vgl.: Panzer: Märchen. S. 86f.

Vogel berichten kann.[285] Zum Beweis legt er ihm eine mit seinem Pfeil abgeschossene goldene Feder vor. Hier steht die goldene Feder des Goldvogels stellvertretend für das edle Ganze.[286] Der jüngste Königssohn ist es daher auch, der auszieht den goldenen Vogel zu suchen, um ihn seinem Vater schließlich auch zu bringen. Wie seinen beiden voran gegangenen Brüdern begegnet nun auch ihm vor dem Wald ein verwunschener Fuchs. Diese Tatsache bleibt dem Leser allerdings bis zu dem Zeitpunkt unklar, an dem sich herausstellt, dass der Jüngling den goldenen Vogel hat.

Bei der ersten Begegnung zwischen dem „gutmütigen" Königssohn und dem Fuchs fleht der Fuchs erfolgreich um Schonung seines Lebens. Zum Dank steht der Fuchs ihm von nun an „als Ratgeber, (...) [und] Transporttier etc. in Gefahren und im Kampf bei."[287] Nach erteiltem Rat „streckte der Fuchs wieder seinen Schwanz aus, und der Königssohn setzte sich auf; da ging's über Stock und Stein, dass die Haare im Winde pfiffen" (Bd. I: 290). „Bedeutsam für den Fortgang der Handlung ist die Tierhelfer-Figur des Fuchses, der dem Helden als Aufgabenlöser und Ratgeber häufig in dieser Funktion erscheint."[288]

---

285 In den Märchen kommt meistens das Exzeptionsprinzip als ein Strukturelement zum Tragen. „Die Handlungsträger befinden sich in einer Ausnahmesituation, in der alle sich nicht bewähren – bis auf einen." Ranke, Kurt: Exzeptionsprinzip. In: EM 4 (1984). Sp. 720-722, hier Sp. 720. Das vor allem der/die Jüngste nicht scheitert findet sich als Schema in den meisten Zaubermärchen. Der Held bzw. die Heldin löst unmöglich erscheinende Aufgaben und überstehen Bewährungsproben und Abenteuer und befreien mitunter auch die verzauberten Verwandten und erlösen sie. Auch kann manchmal nur noch das eine Mittel die Gesundheit des Königs retten, wie im Märchen *Das Wasser des Lebens*. Vgl.: Ranke: Exzeptionsprinzip. In: EM 4 (1984). Sp. 721.

286 „Besonders häufig erscheint die goldene Feder, die den Helden in schwierige Aufgaben hineinführt." Fischer, Helmut: Feder. In: EM 4 (1984). Sp. 933-937.

287 Uther, Hans-Jörg: Fuchs. In: EM 5 (1987). Sp. 447-478, hier Sp. 470.

288 Uther: Brüder Grimm. Bd. 4. S. 116. Sowie vgl.: Uther: Fuchs. In: EM 5 (1987). Sp. 468-470. Der Fuchs erscheint ihm stets als Aufgabenlöser zu Diensten. Wie in vielen anderen Märchen der Sammlung der Brüder Grimm dynamisiert der Tierhelfer die Handlung. So u. a. auch in *Die weiße Schlange* (KHM 17), *Die Bienenkönigin* (KHM 62), *Das Meerhäschen* (KHM 191).

In dieser Volkserzählung entfernt sich der Königssohn durch das Übergehen der Verbote und Warnungen des Fuchses zunächst immer weiter von seinem eigentlichen Ziel. In seiner Funktion als schnelles Transporttier bildet der Fuchs geradezu einen Ausgleich für die weiten Umwege des Helden. Obwohl sich ihm der geographische Ort seiner Suche mit Hilfe des findigen Fuchses schnell erschließt, muss er aus eigenem Verschulden zunächst weitere Aufgaben erfüllen, um sich dem goldenen Vogel schließlich wieder zu nähern. Diese Umwege resultieren aus seinem eigenen Handeln. So greift er im ersten Schloss nicht nur nach dem goldenen Vogel, sondern auch nach dem verbotenen goldenen Käfig. Dreimal ignoriert der Märchenheld die Warnungen seines Helfers. Dreimal wird der Jüngling in Folge seiner Vergehungen in den drei Ländern von dem jeweiligen König zum Tode verurteilt. Drei Mal erhält er die Möglichkeit, sein Leben durch die Erfüllung einer weiteren Aufgabe zu retten und bei erfolgreicher Ausführung darüber hinaus zur Belohnung auch jeweils das zu erhalten, was zu seiner Bestrafung geführt hat.[289] Seine Verbotsüberschreitungen geschehen weniger aus dem Motiv der Selbstbereicherung, als vielmehr aus seiner Erkenntnis des Zusammengehörigen. So denkt er: „Es wäre lächerlich, wenn er den schönen Vogel in dem gemeinen und hässlichen Käfig lassen wollte (...)“ (Bd. I: 290). Bezüglich des goldenen Pferdes denkt er: „Ein so schönes Tier wird verschändet, wenn ich ihm nicht den guten Sattel auflege“ (Bd. I: 291).

Der Fuchs tritt weniger als Gabenspender in Erscheinung, als vielmehr als ein Helfer. Diese Hilfe wird jedoch nicht uneigennützig geleistet, denn der Fuchs spekuliert auf eine Gegenleistung. Umgekehrt erscheint der Königssohn trotz seiner höchsten standesgemäßen Herkunft nicht als ein kluger, eher als ein unerfahrener, eigenwilliger junger Mensch. Den Rat, den der Protagonist stets vorab vom Fuchs erhält, kann er nicht blind befolgen, weil dieser noch im Widerspruch zu seiner Logik, Betrachtungsweise und Bewertung liegt. Er wägt scharfsinnig ab und greift somit nicht materiell moti-

[289] In diesem Märchen zeigt sich die Vorliebe für die Dreigliedrigkeit auf vielfältige Weise: drei Söhne, drei Verurteilungen, drei Erfüllungen, drei Belohnungen. „Diese Dreizahl gibt sehr oft dem Stoffe zugleich die entscheidende Gliederung“. Panzer: Märchen. S. 95.

viert nach dem goldenen Käfig oder dem goldenen Sattel. Jede weitere Aufgabe bedeutet eine Reiseverlängerung, einen weiteren Umweg, aber auch eine weitere Möglichkeit der Selbstfindung.[290] Der sprechende Tierhelfer steht dem Märchenhelden auf all seinen Umwegen zur Seite und erst die letzte Aufgabe weist den Helden unter Einsatz seiner körperlichen Tätigkeit endgültig in seine persönlichen, aber zugleich auch allgemeinen, menschlichen Grenzen des Machbaren: Einen Berg abzutragen vermag auch er nicht. Doch zuvor erweist sich der Königssohn auch menschlich gesehen als äußerst nachgiebig. Gegenüber der weinenden Königstochter im goldenen Schloss lässt er Mitleid walten, als diese ihn unter Tränen bittet, sich von ihren Eltern verabschieden zu dürfen, bevor sie mit ihm zieht.[291] Zum dritten Mal verwirft er die Warnungen des Fuchses und zum dritten Mal bekommt er zur Rettung seines Lebens eine Aufgabe gestellt, eine noch schwierigere Aufgabe, die ihn vor vermeintlich Unmögliches stellt. Innerhalb von acht Tagen muss er einen Berg vor dem Fenster des Königs abtragen. Trotz dieser schweren Aufgabe begibt er sich voller Tatkraft sieben Tage lang an diese Arbeit.[292] Erst hier muss der Held physisch arbeiten, um sein eigenes Leben zu retten. Eine ganze Woche lang „grub und schaufelte (...)" (Bd. I: 292) er nun Tag und Nacht. Erst am siebten Tag gesteht er sich die Aussichtslosigkeit seines Handelns ein und verfällt „in große Traurigkeit und (...) gab alle Hoffnung auf" (Bd. I: 292). Sein übernatürlicher Helfer erscheint abermals und erledigt die Arbeit auf wundersame Weise über Nacht[293], obwohl

---

[290] Von den Anthropologen wird der Mensch neben seiner Eigenschaft als Mangelwesen auch stets als Umwegwesen beschrieben. Vgl.: Lüthi: Das Volksmärchen als Dichtung. S. 156.

[291] Hier übertritt der Held das den meisten Märchen anhaftende Mitleidsverbot. Vgl.: Lüthi: So leben sie noch heute. S. 157.

[292] Während die Dreizahl im Märchen handlungsbildend ist und der Steigerung dient, bezeichnet die Zahl sieben hier einen Zeitraum. Lüthi: Märchen. S. 30.

[293] Im deutschen Märchen wird das Wunderbare vom Protagonisten als Selbstverständliches hingenommen. Es taucht unvermittelt auf und nach seinem Verschwinden wird es nicht vermisst. „Das ´Wunderbare` ist kein eigentliches ‚Thema' des Märchens; es wird im Schicksal des Helden vielmehr so selbstverständlich und wirklich hingenommen wie nur möglich; es zeigt sich eigentlich immer nur als ‚Zu-fall' (...)". Röhrich, Lutz: Märchen und Wirklichkeit (Wissenschaftliche Paperbacks Germanistik).

der Fuchs ihn seiner Hilfe nicht mehr für wert befindet.[294] Der fremde König hält nach Erfüllung seiner Aufgabe sein Wort und der Held hat ein weiteres Mal nicht nur sein Leben gerettet, sondern zur Belohnung auch dessen Tochter erhalten. Jetzt zieht der Königsohn zu Fuß mit der Königstocher los. Am weitesten von seinem eigentlichen Beweggrund entfernt - den goldenen Vogel dem Vater zu bringen - zieht er nun mit seinem ersten Lohn in weiblicher Menschengestalt und ihrer Herkunft entsprechend ihm ebenbürtig weiter. Hier ist auch der erste Wendepunkt in seinen Abenteuern. Mit der Königstochter an seiner Seite ist er nicht mehr allein unterwegs und auf anraten des Fuchses macht sich der Jüngling nun auf den Weg für die Königstochter das goldene Pferd zu holen. Aus anthropologischer Sicht entsprechen die beiden Märchenfiguren, der Held und die Königstochter, ausgehend von ihrer standesgemäßen Herkunft auch dem Zusammengehörenden. Doch die Umstände der Erwerbung gleichen hier eher einem Geschäftsgebaren bzw. einem Handel, Berg gegen Leben und Tochter. Selbst wenn generell Zusammengehöriges augenscheinlich von ihm richtig erkannt wird, so handelt es sich in diesem Fall um einen menschlichen Siegespreis, der in der Verfügungsgewalt des Königs über seine Tochter zum Ausdruck kommt.[295]

Der Jüngling kommt mit List zum goldenen Pferd, das schneller als der Wind war. Er tauscht die Königstochter scheinbar gegen das Pferd ein, jedoch beim Verabschieden gibt er dieser als letztes die Hand, um sie auf sein Pferd hinaufzuziehen und mit ihr davonzujagen. Nun ist der Fuchs bereit, ihm zum goldenen Vogel zu verhelfen. Die Jungfrau gibt der Jüngling in Obhut des Fuchses, um so-

---

Wiesbaden [3]1974. S. 235. „[E]ntsprechend hebt das Wunderbare das Märchen nicht nur vom profanen Alltag ab, sondern zeugt zugleich von seinem Anspruch, eine mächtigere, wesentlichere Wirklichkeit darzustellen." Lüthi: Märchen. S. 118.

294 „Die Angewiesenheit auf Hilfe von außen, besonders von Seiten einer jenseitigen Welt, steht in Parallele zu dem, was in theologischer Terminologie Gnade heißt. (...) Dass der Märchenheld seine Ziele meist nicht aus eigener Kraft erreicht (...) zeigt ihn auch als einen, der Umwege geht." Lüthi: Das Volksmärchen als Dichtung. S. 156.

295 „Das Märchen spricht besonders dann nicht von Liebe, wenn das Abenteuer das Entscheidende und die Tochter des Herrschers nur der Siegespreis ist (...)." Röhrich: Märchen und Wirklichkeit. S. 106.

dann in den Schlosshof zu reiten und bevor der Tausch Pferd gegen Vogel vollbracht ist, mit diesem in der Hand zurückzukommen. Erst jetzt verlangt der verwunschene Fuchs im Wald seine Erschießung und das Abschlagen seiner Pfoten sowie seines Kopfes, was der Jüngling ihm zunächst als absurde Gegenleistung verweigert. Der Fuchs verlässt daraufhin den Jüngling, gibt ihm jedoch noch zwei Ratschläge mit auf den Heimweg.

Er soll kein Galgenfleisch kaufen und sich an keinen Brunnenrand setzen (Bd. I: 293). Auf dem weiteren Ritt kommen Jungfrau und Jüngling durch das Dorf seiner ersten Herberge und treffen hier auf seine Brüder, die ihrer Verurteilung durch den Galgen gerade entgegentreten. Trotz der Warnung des Fuchses „kein Galgenfleisch zu kaufen" kauft der Jüngling die Brüder frei. Gemeinsam setzen sie den Heimweg fort. Als sie in den Wald ihrer ersten Begegnung mit dem Fuchs gelangen, entscheiden sie sich zu rasten. Entgegen der zweiten Warnung des Fuchses setzt sich der Held auf den Brunnenrand und wird rückwärts von seinen Brüdern in den Brunnen geschubst. Seines Reichtums beraubt und um seine rechtmäßige Anerkennung durch den Vater betrogen, setzen die Brüder ihren Weg fort, während der Jüngling im trockenen, aber tiefen Brunnen um sein Leben bangt.[296] Erneut trifft der Fuchs ein und zieht ihn aus dem Brunnen heraus. Bevor er fortgeht, warnt er ihn vor den Wächtern des Waldes, die ihm im Auftrag seiner Brüder nach dem Leben trachten.[297]

---

[296] Der unfreiwillige Sturz in den Brunnen erhält hier die Bedeutung des materiellen Verlustes. Gemäß seiner Symbolik für Werden und Vergehen erhält der Brunnen hier seine entsprechende Funktion. Als gewisser Abstrich am Glück des Helden, relativiert sich hier der Erfolg des Jünglings durch das gesamte Märchen, um ihn nicht als Glückskind ohne Einschränkung werden zu lassen. Vgl.: Uther, Hans-Jörg: Brunnen. In: EM 2 (1979). Sp. 942-950, hier Sp. 942-945. Sowie vgl.: Röhrich: Märchen und Wirklichkeit. S. 239.

[297] Tiere steigern im Märchen ihre Natur, sie sind nicht nur sprachbegabt, sondern ihr Verhältnis zum Menschen ist „von ihrer Seite ganz menschlich-persönlich gefasst. Sie stehen dem Helden als Helfer zur Seite, oft aus Dankbarkeit für gewährte Schonung; sie tragen ihn mit Windeseile dahin, helfen ihm (...) Berge abtragen (...), retten ihn aus vielfältiger Gefahr." Panzer: Märchen. S. 87.

> „Während sie [Held und Heldin] aus eigener Kraft selten ihre Aufgaben erfüllen können, brauchen die jenseitigen Helfer im Märchen – im Gegensatz zur Sage – oft eigentlich keine Gabe oder Hilfe, vielmehr prüfen diese damit die Helden auf ihre Güte, Hilfs- und Opferbereitschaft, auf Mitleid und Freundlichkeit, die sie mit (...) Ratschlägen und unmittelbarer Hilfe zur Tat belohnen."[298]

Der Jüngling vertauscht zu seinem Schutz seine Kleider mit denen eines armen Mannes am Weg und erreicht in diesem Aufzug schließlich den väterlich-königlichen Hof. Während er für die Menschen am Hof in seinen Lumpen unkenntlich ist, „fing der Vogel an zu pfeifen, das Pferd fing an zu fressen, und die schöne Jungfrau hörte Weinens auf" (Bd. I: 295). Vogel, Pferd und Prinzessin erkennen in dem Königssohn ihren gerechten Herrn und schließen sich ihm nun überzeugt an. Der Vater des Königssohnes erkennt ihn zuallerletzt, erst als die Prinzessin auf den Jüngling zuläuft.

All diese Umwege haben den Helden schließlich jeweils eine Stufe höher geführt. Die Umwege seiner Expedition erweisen sich auf dem Rückweg

> „schließlich für den Helden als ein Glück, denn er gewinnt auf diese Weise, von Stufe zu Stufe steigend, nicht nur den goldenen Vogel (samt dem goldenen Käfig) und das goldene Roß (samt dem goldenen Sattel) für sich, sondern auch die schöne Königstochter, nachdem er die Auftragsgeber, wieder nach der Anleitung des Fuchses, einen nach dem andern geprellt."[299]

Parallel zur langen und auf vielen Umwegen geführten Wanderung des Sohnes braucht auch der Vater lange, um seinen Sohn zu erkennen. Dieses äußere Erkennen steht für das Erkennen der inneren Werte seines Jüngsten. Der Jüngling selbst bringt am Ende seiner Suchwanderung, in der er eine Reihe von Gehorsams- und Geschicklichkeitsproben zu bestehen hatte, erfolgreich den goldenen Vogel dem Vater und gewinnt damit dessen Achtung und Aner-

---

298 Horn, Katalin: Prüfung. In: EM 11, 1 (2003). Sp. 1-5, hier Sp. 4.

299 Lüthi: Das Volksmärchen als Dichtung. S. 157f. Die Vorlieben zu goldenen, silbernen und kupfernen Farben zeugen im Märchen nach Lüthi von seiner Vorliebe nach Mineralisiertem und Metallischem. Der höchsten Herkunft innerhalb der Märchen Standeshierarchie gemäß, entspricht in diesem Märchen die goldene Farbe. Vgl.: Lüthi: So leben sie noch heute. S. 28.

kennung. Befreit von den eigenen Selbstzweifeln und im Erkennen seiner eigenen Fähigkeiten kann sich der Held nun unbefangen dem Vater nähern. Durch die gewonnene Reife gelangt die Beziehung zum Vater auf eine höhere Stufe. Vater und Sohn können nun als Männer einander begegnen, im selbstbewussten Wissen um ihre individuellen Fähigkeiten und menschlichen Mängel. Mit seiner Hochzeit wird der jüngste Sohnes zum Ehemann und zum (Haupt-)Verantwortlichen seiner Familie. Auch der Vater tritt nun in eine neue Lebensphase, die hier mit seiner neuen Rolle als Schwiegervater seinen Anfang nimmt.

Für das Motiv *Suchwanderung* weniger wichtig aber dennoch erwähnenswert ist das Ende des Märchens. Nach der Vermählung von Jungfrau und Königssohn begegnet dieser „lange danach" noch einmal dem Fuchs. Ihre Begegnung findet, wie die letzte, im Wald statt. Diesmal erfüllt der Sohn die vom Fuchs an ihn zum zweiten Mal herangetragene Bitte. Er schießt ihn tot und haut ihm anschließend die Pfoten und den Kopf ab. Hier zeigt sich der Fuchs als Erlösungsbedürftiger, der stets treu dem Königssohn zur Hilfe war und im Verlauf der Handlung die Funktion als Träger einer hohen Spannung innehatte. Während der Held alle Verbote überschritt, musste der Fuchs ihm schließlich aus allem heraus helfen.[300] Der Fuchs verwandelt sich zurück „in einen Menschen und war niemand anders als der Bruder der schönen Königstochter, (...). Und nun fehlte nichts mehr zu ihrem Glück, solange sie lebten" (Bd. I: 296). Erst hier zeigt sich der Wald als ein Ort für positive wunderbare Begebenheiten und erlöst den Fuchs von seiner Verzauberung.[301] Grausam hingegen ist der Weg zur Befreiung, der ganz im Stil der KHM-Ausgabe nur knapp erwähnt wird[302] und der glücklichen Zusammenführung von Bruder und Schwester neutralisierend gegenübersteht.

---

300 Lüthi: Das Volksmärchen als Dichtung. S. 159.

301 „[M]ärcheneigentümlich – bewirkt die Enthauptung oder das Erschlagen zugleich die Erlösung, d. h. die Verwandlung des Theriomorphen in eine anthropomorphe Gestalt (...)".Vgl.: Uther: Fuchs. In: EM 5 (1987). Sp. 469.

302 Ob allerdings, wie von Lüthi befunden, sich wirklich kein kleiner oder großer Märchenhörer die abgeschlagenen Pfoten und den vom Körper gelösten Kopf vorstellt, zumal dies hier zum Ausklang des Märchens erzählt wird, ist anzuzweifeln. Vgl.: Lüthi: So leben sie noch heute. S. 19.

Abschließend lässt sich sagen, dass das Ziel nicht nur auf Umwegen erreicht wurde, sondern dass diese Umwege den Kampf des Helden mit sich selbst auf dem Weg hin zum heiratsfähigen Erwachsenen zeigen. Sein Hinausziehen ist vom Vater veranlasst, der ihm eine Aufgabe mit auf den Weg gegeben hat, doch gleichzeitig stehen seine Umwege für seine Möglichkeit einer befreienden Entwicklung vom Elternhaus, die die unabhängige Entfaltung und Bildung seines Charakters zur Folge hat. In der ihm gegenüber negativ eingestellten väterlichen Umgebung konnte der Sohn sich nicht weiter entwickeln. Der königliche Hof wirkte hier mit seinen strengen Reglements einengend. Es gab keine Möglichkeiten für die Durchsetzung seines eigenen Willens, für das Experimentieren mit seinen eigenen Überzeugungen. Wachsen an seinen eigenen Fehlern und Erkenntnisgewinnung konnte er daher nur außerhalb der vertrauten Umgebung.

Der Held in diesem Märchen zeigt sich mit seinen Mängeln, die ihm einfach aus seinem Menschsein erwachsen als waghalsig, gewieft und couragiert erfolgreich. Seine falschen Entscheidungen treiben ihn zunächst in immer neue Abenteuer, aus denen er schließlich von Erfolg gekrönt hervorgeht. Mängel und Hilfsbedürftigkeit sind die Gegenpole seiner gewinnenden Eigenschaften.

Das Verhältnis zwischen Held und Fuchs ist in diesem Märchen von gegenseitiger Abhängigkeit geprägt. Der Fuchs steht dem Helden aus Dankbarkeit für die Schonung seines Lebens in seiner Funktion als verwunschener Tierhelfer mit Rat und Tat zur Seite und erwartet vom Helden eine Gegenleistung, nämlich seine Erlösung. Für den Fortgang der Handlung ist die Unterstützung des Fuchses für den Helden bedeutsam.[303]

---

303 Vgl.: Uther: Fuchs. In: EM 5 (1987). Sp. 469f.

5.3.1.2 Das Wasser des Lebens

Die KHM 57 ist eng mit dem Märchen *Das Wasser des Lebens* (KHM 97[304]) verwandt.[305] In dieser Erzählung ziehen nacheinander drei Königssöhne auf der Suche nach einem Heilmittel für ihren kranken Vater aus. Ihre Aufgabe und damit ihr Ziel des Unterwegsseins steht von Anfang an fest. Die älteren Brüder, die auf das Reich des Vaters als Belohnung spekulieren, zeigen sich gegenüber einem Zwerg auf ihrem Weg hochmütig. Der Zwerg ist zornig und verwünscht die beiden Brüder nacheinander auf ihren Pferden eingeklemmt in einer Schlucht.

Der Jüngste aber erweist sich dem Zwerg gegenüber als freundlich, weshalb ihm seine Hilfe zuteil wird. Der Prinz erhält zur Belohung für sein gutes Betragen die gewünschte Auskunft. „Es quillt aus einem Brunnen in dem Hofe eines verwünschten Schlosses, aber du dringst nicht hinein, wenn ich dir nicht eine eiserne Rute gebe und zwei Laibchen Brot" (Bd. II: 159). Während die Rute dem Öffnen des eisernen Tores dient – durch dreimaliges schlagen – müssen die beiden Brote den beiden Löwen am Eingang in ihren Rachen geworfen werden damit diese still sind. Der Held folgt der Anleitung des Zwerges, durchwandert einige Zimmer des Schlosses und trifft auf eine schöne Jungfrau, die ihm ihr Leben zum Dank verspricht und auf ihn warten will. Der Königssohn nimmt ohne größere gefährli-

---

304 Typen- und Motivkonkordanz. AaTh 551 (Zaubermärchen): Wasser des Lebens. KHM-Veröffentlichung 1815 (Nr. 11), 1819 (Nr. 97) modifiziert; Wilhelm Grimm hat 1813 die paderbörnische Fassung bei der Familie von Haxthausen gehört. Laut der Quellenangabe der Grimms von 1856 entspringt der Text einer Kontamination mit einer hessischen Erzählung. Vgl.: Uther: Brüder Grimm. Bd. 3. S. 264 und Bd. 4. S. 186. ATU 551: Water of Life (previously The Sons on a Quest for a Wonderful Remedy for their Father). "Remarks: This type occurs often in combination with Type 550, so many variants cannot be assigned to one or the other." Uther: The Types of International Folktales. In: FFC 284. Part I. S. 321.

305 Vgl.: Holzhausen Heeter: Von einem, der Auszog ... S. 55f. „Am häufigsten steht das Mitleid auf dem Plan; in einer ganzen Zahl von Märchenformen wird der Beistand tierischer Helfer [und jenseitiger Wesen] durch die Barmherzigkeit gewonnen, die der Held ihnen bezeigt hat." Panzer: Märchen. S. 93.

che Umwege einen Becher voll vom magischen Wasser[306], ein magisches Schwert als auch ein magisches Brot mit auf seinen Rückweg. Vor zwölf Uhr muss er das Schloss verlassen haben. Auch hier zeigt sich das Element ´des kleinen Verlustes`, da „dem Helden (...) bei Verlassen des letzten entscheidenden Tores noch ein Stück Ferse abgeschlagen [wird]."[307] Seine Brüder werden wie im vorangegangenen Märchen auf Wunsch des Jüngsten durch den Zwerg von ihrem Zauber losgesprochen. Gemeinsam machen sie sich auf den Heimweg. In drei fremden Königreichen überlässt der Jüngste den fremden Königen sein magisches Schwert und seinen Laib Brot, so dass diesen geholfen wird, ihre drei Reiche von fremden Heeren und von Hungersnot zu befreien. Auf einer Schiffsfahrt übers Meer wird der Jüngste während des Schlafs von seinen Brüdern des heilenden Wassers beraubt. Nichts ahnend überreicht er seinem Vater den nun mit Meereswasser gefüllten Becher und dieser wird zunächst noch kränker. Die Brüder reichen dem Vater nun das magische Wasser und bezichtigen den Jüngsten des versuchten Mordes am Vater.[308] Ohne sich verteidigen zu dürfen, wird der Prinz zum Tod durch Erschießung verurteilt, doch vom Jäger verschont. Schließlich wird er vom väterlichen Verdacht befreit und nimmt seine rechtmäßige Position ein. Er heiratet die auf ihn wartende Jungfrau und erhält das ganze Reich dazu.

Auch in diesem Märchen gelingt es nur dem Jüngsten das gesuchte Heilmittel zu finden.[309] Doch dies wird tadellos und ohne Umwege erreicht. Lediglich der Verlust eines Stückes seiner Ferse mindert

---

306 „Lebenswasser (...) aus dem Brunnen (...) zu holen, gehört als schwierige Aufgabe zum Bestandteil vieler Erzählungen, wie z. B. den Typen Dankbare Tiere (AaTh 554) und Wasser des Lebens (AaTh 551)." Uther: Brunnen. In: EM 2 (1979). Sp. 944

307 Röhrich: Märchen und Wirklichkeit. S. 238. So soll sein Schicksal glaubwürdiger erscheinen, damit er nicht „zu einem Tugendmuster im Sinne der Legende" wird. Ebd.: S. 239. Vgl.: vorliegende Arbeit. Kapitel 5.4.2. Fußnote 379.

308 „Ganz gewöhnlich erscheinen die Brüder - es sind fast immer die älteren – als Gegenspieler des Helden (...)." Panzer: Märchen. S. 91.

309 Dabei sind die in den Märchen benutzten Heilmittel selten von jener Art, die wir mit den seit alters bekannten Wirkstoffen verbinden. Vielmehr „handelt es sich um eine magische Pflanze, ein Kraut von allgemeiner Wunderkraft." Uther: Brüder Grimm. Bd. 4, S. 36.

hier das Glück des Prinzen. Der Königsohn in diesem Märchen verkörpert schlichtweg den spezifischen Helden der Märchensammlung der Brüder Grimm auf seinem Erfolgsweg. Folglich wird er auch für seinen Gehorsam und seine Folgsamkeit belohnt. Doch aus dem Mangel an Umwegen fehlt diesem Märchen im Vergleich zur KHM 57 eine Entwicklung des Protagonisten, so dass sein Unterwegssein aufgrund des fehlenden Spannungsbogens kaum auf den Leser oder Zuhörer wirkt. Eine Identifikationsmöglichkeit mit den Mängeln des Helden entfällt, weshalb dieses Zaubermärchen weniger Sympathisanten für seinen Helden gewinnen kann.[310]

[310] Die „beliebtesten Märchenhelden [sind] nicht die Heroen, sondern die Unscheinbaren, Geprüften und Leidenden". Horn, Katalin: Held, Heldin. In: EM 6 (1990). Sp. 721-745, hier Sp. 730.

5.3.1.3 Der Teufel mit den drei goldenen Haaren

Ein weiteres Abenteuermärchen[311] mit so genannter schwieriger Aufgabe ist das Zaubermärchen *Der Teufel mit den drei goldenen Haaren* (KHM 29[312]). In dieser Erzählung unternimmt der Protagonist eine Höllenfahrt[313], eine Jenseitsreise[314].

Am Beginn dieses Märchens steht die Prophezeiung einer großen Zukunft für das Neugeborene einer armen Frau. Nach dem Leben dieses Jungen trachtet im ersten Teil der KHM 29 der König des Landes, der von dessen Weissagung erfahren hatte. Dieser Junge werde „im vierzehnten Jahr die Tochter des Königs zur Frau haben" (Bd. I: 151). Zunächst gewinnt der König unter Vortäuschung falscher Großmut das Vertrauen der armen Leute, die ihm ihren Jungen übergeben. „Der König, der ein böses Herz hatte" (Bd. I: 152)

---

311 Auch dem Abenteuermärchen liegt thematisch der Aufstieg eines armen jungen Mannes zum König zu Grunde. In diesen Märchen werden meist klein und stark für den Helden beansprucht, während sich der Große als schwach erweist. Friedrich Panzer definierte Abenteuermärchen über die den Helden verkörpernden Eigenschaften und die aus diesen abgeleiteten Abenteuern, wobei die Abenteuererlebnisse „lediglich durch die Persönlichkeit des Helden zusammenhängen". Zitiert nach: Solms: Die Moral von Grimms Märchen. S. 71. Sowie vgl.: Panzer: Märchen. S. 94f.

312 Typen- und Motivkonkordanz (KHM 29, 31). AaTh 930: Uriasbrief. AaTh 461 (AaTh 460 A, B): Haare: Drei Haare vom Bart des Teufels. Schicksalsmärchen: Die Weissagung (FFC 3). KHM-Veröffentlichung 1812 nach Amalie Hassenpflug, wobei ihr Beitrag dem zweiten Teil entspricht, welcher bis 1819 nach einer weiteren Textvorlage von Dorothea Viehmann durch den ersten Teil ergänzt und insgesamt modifiziert wurde (der Schluss, hier nun drei Anschläge). Vgl.: Uther: Brüder Grimm. Bd.3. S. 266, 264 und Bd. 4. S. 64f. ATU 461: Three Hairs from the Devil's Beard. Uther: The Types of International Folktales. In: FFC 284. Part I. S. 271f. ATU 930: The Prophecy. "Remarks: More than half of the variants begin with Type 930 as an introductory episode." Ebd.: S. 568f.

313 Vgl.: Grübel, Isabel/Moser, Dietz-Rüdiger: Hölle. In: EM 6 (1990). Sp. 1178-1191, hier Sp. 1186.

314 Das „ferne Jenseits konkretisierte sich (...) für kontinentale Völker im Wald, (...) oft mit einer Höhle, Hütte, Burg, einem (Räuber-)Haus oder Schloss (...) als Mittelpunkt; die Grenze zwischen Diesseits und Jenseits bildet meist ein Gewässer (Fluss), mit Wächtern (Fährmann (...) häufig tierischer oder nur halbmenschlicher Gestalt." Vgl.: Bauer, Josef: Jenseits. In: EM 7 (1993). 524-533, hier 526. In diesem Märchen (KHM 29) steht der Jenseitsbesuch für die Gewinnung von Jenseitsgaben. Vgl.: Ebd.: S. 530.

legte es in eine Schachtel, ritt zu einem tiefen Wasser und warf die Schachtel hinein, in dem Glauben sie würde untergehen.[315] Die Mordabsichten des Königs scheitern jedoch an seiner Missachtung der Naturgesetze. Das ausgesetzte Kind wächst als „Fündling" (Bd. I: 152) zunächst bei Müllersleuten heran. Eines Tages bittet der König bei diesen um Obdach und erfährt so von dem Überleben dieses Glückskindes. Erneut versucht der König nun unter Täuschung seiner Frau, das Glückskind zu vernichten. Mit einem Brief, dessen Inhalt die unmittelbare Tötung des Übermittlers verlangt, schickt er den Heranwachsenden auf den Weg zu seinem Schloss. Doch ein Brieftausch bei den waldbewohnenden Räubern[316], bei denen er im Schutze einer barmherzigen alten Frau für eine Nacht aufgenommen wird, führt direkt zur Verwirklichung des Vorausgesagten. Die Königin lässt entsprechend der jetzigen Anweisung des Briefes eine Hochzeit für ihre Tochter mit diesem fremden jungen Mann ausrichten. Dieses Märchen entspricht mit seinen hier skizzierten drei Strukturmerkmalen (Prophezeiung einer großen Zukunft des Schicksalskindes; Versuch der Abwendung des Schicksals; die Erfüllung des Omens[317]) den Schicksalserzählungen.

Die Königin handelt nicht aus eigenem Entschluss (oder autonomen Antrieb heraus), vielmehr wird sie zur blinden Vollstreckerin der (mündlich oder) schriftlichen Befehle des 'bösen' Königs. Gleichzeitig unterstreicht diese gebieterische Umsetzung des geschriebenen

---

315 „Aus zahlreichen Aussetzungssagen ist bekannt, dass ein dem fließenden Wasser schutzlos preisgegebenes Kind stets etwas Mitleiderregendes und Heldenhaftes an sich hat. Und es wäre für Mythos und Märchen geradezu widersinnig, wenn der Errettung nicht der Aufstieg des Findelkindes folgte." Uther: Brüder Grimm. Bd. 4. S 66.

316 „Gesetzlosen und Räubern bietet [der Wald] Unterschlupf." Fischer: Erzählen – Schreiben – Deuten. S. 227. Im Wald finden im Märchen darüber hinaus auch alte Frauen und Hexen Zuflucht.

317 Vgl.: Brednich, Rolf Wilhelm: Schicksalserzählungen. EM 11, 3 (2004). Sp. 1386-1395, hier Sp. 1386. Dabei zeichnen sich diese Märchen insbesondere durch eine positive Weissagung aus, die sich entgegen allen Widersachern am Ende erfüllt. Diese günstige Voraussagung ist auch ein trennendes Merkmal zur Sage, deren Schicksalserzählungen meist tragisch enden. Ebd.: Sp. 1386.

Wortes die standeshierarchische höchste Position des Königs als „unumschränkter Alleinherrscher (...) mit absoluter Macht"[318].

Noch nach der Hochzeit versucht der König erneut das Glückskind als Schwiegersohn loszuwerden, indem er ihm nun eine ´unlösbare Aufgabe` stellt: In der Hölle des Teufels soll er diesem drei goldene Haare ausreißen und ihm diese zum Beweis bringen. Weitere ´übernatürliche Fragen` werden dem Held auf seinem Weg dorthin gestellt.[319] Zwei Stadtwächter sowie ein Fährmann stellen ihm je eine Frage, deren Beantwortung er ihnen auf seinem Rückweg verspricht. Als Glückskind mit einer Glückshaut[320] geboren, muss sich der nicht standesgemäße Held im zweiten Teil des Märchens seinen sozialen Aufstieg an die Spitze der Hierarchie durch den erfolgreichen Besuch beim Teufel verdient machen. Holzhausen-Heeter sieht im Aufsuchen des Teufels einen tieferen Punkt des Helden im Vergleich zu sonstigen Aufgaben und erklärt daraus diesen Ort zum Ausgangspunkt für seinen Erfolg. Mit Hilfe der furchtlosen Entschlusskraft des Helden, kann dieser die Notwendigkeit dieses Ganges zielstrebig auf sich nehmen und so auch zugleich seine Ängste überwinden.[321]

Die Figur des Fährmanns befördert den Helden zwischen den - Ufern.[322] Es ist die Überfahrt aus dem Diesseits ins Jenseits, an der

318 Röhrich: König, Königin. In: EM 8 (1996). Sp. 135.

319 „Auf seinem Weg durchquert der Held auch oft mehrere Königreiche oder trifft auf verschiedene Menschen, die ihm alle Fragen mitgeben, die letztlich als Schicksalsfragen, die nur im Jenseits gelöst werden können, aufzufassen sind." Röhrich: »und weil sie nicht gestorben sind ...«. S. 107.

320 Nach dem Volksglauben bringen Glückskinder „um ihr Häuptlein eine Haut gewunden mit auf die Welt" (Jacob Grimm); medizinisch ausgedrückt, war eine solche Glückshaube nichts anderes als die unverletzte Eihauthülle bei ausgebliebenem Blasensprung." Diederichs, Ulf (Hg.): Who's who im Märchen. Düsseldorf 1995. S. 136. Weiter heißt es auch, dass diese Glückshaut um den Kopf mancher Neugeborener nach älteren Vorstellungen deren Glück im Leben verkündigt. Vgl.: Uther: Brüder Grimm. Bd. 3. S 202.

321 Vgl.: Holzhausen Heeter: Von einem, der Auszog ... S. 189.

322 Diese Figur erinnert an den antiken „Charon, der Fährmann, der die Toten über den Grenzfluss (Styx oder Acheron) der Unterwelt (Hades) [Land der Toten] setzt (...)." Lexikon der alten Welt. Stichwort: Charon. Zürich/Stuttgart 1965. Sp. 573. Sowie vgl.: Röhrich: »und weil sie nicht gestorben sind ...«. S. 109.

Schwelle zur Hölle. Diese Reise unterstreicht die Allverbundenheit des Helden.[323] „Als er über das Wasser hinüber war, so fand er den Eingang zur Hölle. (...) [S]eine Ellermutter saß da in einem breiten Sorgenstuhl" (Bd. I: 155).

Die Überfahrt des Helden auf die andere Seite des Ufers lässt sich unter anderem mit dem Schema der Übergangsriten deuten. Nach dem drei Stufenmodell des Ethnologen Arnold van Genneps (1873-1957) entspricht das Betreten der Fähre der ersten Phase der Ablösung/Trennung, hier also vom Diesseitigen. Die Überfahrt selbst symbolisiert in diesem Deutungsrahmen die zweite bedeutende Zwischenphase. Das Erreichen der gegenüberliegenden Uferseite kann als Aufnahme in die jenseitige Welt gedeutet werden.[324]

Der Märchenheld zeigt sich furchtlos, er fürchtet sich sogar vor seinem Gang zur Hölle nicht.[325] Auch wenn die Hölle analog zu den christlichen Fegefeuervorstellungen als Ort des Schreckens beschrieben wird, so legt das Glückskind mit seinem Verweilen in der Unterwelt des Teufels lediglich seine Grundlage für eine glückliche Zukunft. Die Hölle erweist sich für den Helden hier als Durchgangsstation und nicht wie vom König beabsichtigt als Todesur-

---

323 Vgl.: Lüthi, Max: Allverbundenheit. EM 1 (1977). Sp. 330. Das Jenseitige steht im Märchen im Gegensatz zur Sage als ein Gleichberechtigtes mit dem Diesseitigen, dem 'Irdisch-Wirklichen`. Beide Sphären können sich im Märchen in jedem Augenblick wie selbstverständlich durchkreuzen. Vgl.: Panzer: Märchen. S. 100.

324 Van Gennep ging insbesondere der funktionalen Komponente der Übergangserleichterung nach. Vgl.: Bimmer, Andreas C.: Brauchforschung. In: Brednich, Rolf Wilhelm (Hg.): Grundriß der Volkskunde. 3. Auflage Berlin 2001. S. 445-468. hier S. 459, 463. Die vor allem mit Blick auf außereuropäische Kulturen beobachteten Übergangsrituale schreiben der zweiten Phase die bedeutende Wandlung durch Tabus oder Belehrungen zu, ohne die keine erfolgreiche Angliederung in der dritten Phase erfolgen kann. Insgesamt können die drei aufeinander folgenden Phasen je nach dem übergeordneten „Rites de Passage" unterschiedlich stark ausgeprägt sein. Vgl.: Gennep, Arnold van (Hg.): Übergangsriten (= Les rites de passage). [Orig. Paris 1909] Frankfurt am Main 1986. S. 21. Siehe hierzu auch das Kapitel 5.5 in der vorliegenden Arbeit: Exkurs: Hochzeit und Initiation im Märchen.

325 Vgl.: Röhrich: Märchen und Wirklichkeit. S. 239.

teil.[326] Die Beherztheit des Helden bewahrheitet sich als berechtigt, denn selbst die Ellermutter gibt sich hilfsbereit und keineswegs diabolisch.[327] So verwünscht sie ihn nur zum Schutz vor ihrem Menschenfleisch riechenden und wohl auch fressenden Enkel in eine Ameise für eine Nacht. Doch selbst diese Verwandlung kann den heimgekehrten Teufel nicht gänzlich täuschen, denn schon beim Eintreten bemerkt er: „Ich rieche, rieche Menschenfleisch, es ist hier nicht richtig" (Bd. I: 155).[328] Doch in der Gestalt einer Ameise kann der Held im Schutze der Rockfalte der alten Frau nun selbst die Lösungen der Fragen mitanhören. Die Großmutter entlockt dem Teufel die Beantwortung der drei Fragen, indem sie ihm ein Haar nach dem anderen während seines Schlafs herauszieht und ihn dadurch weckt. Zu seiner Besänftigung täuscht sie ihm nun drei Mal vor, ein um die andere Frage beängstigend geträumt zu haben und der Teufel erzählt ihr nicht ganz ohne Triumph im Halbschlaf die Lösungen der drei Fragen, um bald darauf wieder in seinen Schlaf zurückzufallen. Am nächsten Tag erlöst die Ellermutter das Glückskind aus seiner Verzauberung, nachdem der Teufel selbst das Haus verlassen hatte.[329] Auf seinem Rückweg traf er zuerst auf den Fährmann. Dem versprach er jedoch die Lösung seiner Frage erst, wenn er auf der anderen Seite angekommen sei.

Dem Fährmann, dem Stadtwächter mit dem unfruchtbaren Baum sowie dem zweiten mit dem versiegten Brunnen, teilt er die Lösun-

---

326 Vgl.: Holzhausen Heeter: Von einem, der Auszog ... S. 183f. Sowie vgl.: Röhrich, Lutz (Hg.): Sage und Märchen. Erzählforschung heute. Freiburg/Basel/Wien 1976. S. 252-272.

327 Vgl.: Diederichs: Who's who im Märchen. S. 332.

328 Die dämonischen Wesen zeichnen sich durch die instinktive Fähigkeit aus, „die Anwesenheit eines Menschen in ihrem Haus zu erfühlen." Röhrich: Märchen und Wirklichkeit. S. 103. Durch den rhythmisierten Ausspruch des Teufels wird dieser Unhold charakterisiert. Diese Funktion findet sich auch in *Hänsel und Gretel* (KHM15), *Die sieben Raben* (KHM 25) sowie in *Der Vogel Greif* (KHM 165). Uther: Brüder Grimm. Bd. 4. S 66.

329 Als übernatürliches Wesen, hier in der Gestalt der Großmutter des Teufels „greifen alte Leute oftmals positiv in das Geschick der Menschen ein (...)." Schenda, Rudolf: Alte Leute. In: EM 1 (1977). Sp. 373-380, hier Sp. 378.

gen ihres Problems mit.[330] Als Lohn erhält er von den Stadtwächtern je einen Esel mit Goldsäcken. „Endlich langte das Glückskind daheim bei seiner Frau an, die sich herzlich freute, als sie ihn wiedersah und hörte, wie wohl ihm alles gelungen war“ (Bd. I: 158). Unter Beweisstellung seiner Furchtlosigkeit, Entschlossenheit und seines Mutes kann das Glückskind schließlich seinen verdienten Platz an der Seite der Königstochter gegenüber seinem Schwiegervater behaupten. Der König konnte nun nichts mehr beanstanden, seine Bedingungen waren erfüllt, doch für sein böses Herz und sein neidisches und habgieriges Wesen täuscht ihn nun der Held des Märchens und schickt ihn bewusst auf die andere Seite des Flusses - ins Jenseits, auf der Suche nach Gold, wodurch er auch den Fährmann befreit. Der Fährmann erscheint in diesem Märchen in einer doppelten Funktion: als Mittelmann zwischen den beiden Welten, und insofern als ein in Menschengestalt verkörperter jenseitiger Helfer sowie als ein Erlösungsbedürftiger.

Dieses Märchen vereint eine Reihe von Reisebildern in sich: Zu Beginn seines Lebens als Glückskind trachtet zunächst der König als sein Antagonist/Gegenspieler nach seinem Leben. Dieser setzt ihn in einer Schachtel auf dem Wasser aus. Auf der Schwelle zur Erfüllung des Prophezeiten tritt er seine Fußwanderung durch den Wald an, auf dem Weg zum Schloss des Königs. Im Wald kommt es zum entscheidenden Brieftausch im Haus der Räuber. Nach seiner Hochzeit tritt der Protagonist auf Wunsch des Königs die Wanderung der Suche nach dem Teufel an. Hiermit verbunden ist die Jenseitsreise, die sich in der Symbolik der Flussüberquerung manifestiert. Die Hölle als Zielort im Jenseits erweist sich für ihn als Ausgangspunkt für seine Anerkennung und sein Glück. Wasser erfährt der Held als ein positives Element und als sicheren Transportweg. Es bewährt sich in beiden Situationen als ein tragendes Element, das ihn sicher ankommen lässt. Im Gegensatz hierzu besitzt das Element Wasser in *Wasser des Lebens* eine große Bedeutung als Heilmittel. Als Transportweg erweist es sich auch mit dem Schiff als sicher. Das Schiff wiegt im Rhythmus des Stromes den Zufriedenen in den Schlaf,

330 Die keine Früchte tragenden Bäume stehen hier ebenso für eine Überlebensbedrohung der Stadt und ihrer Einwohner wie der versiegte Brunnen.

dem Unglücklichen erscheint die Rechtlosigkeit auf dem Wasser als die geeignete Stunde zum kriminellen Handeln. So erweist sich die Schiffsreise mit Antagonisten als eine Fahrt mit fatalen Folgen für den Schlafenden.

Auch im episodenreichen Schwankmärchen *Des Teufels rußiger Bruder* (KHM 100)[331] findet eine Höllenfahrt statt. In beiden Märchen verweist bereits der Titel auf die Unterwelt, wobei diese genau den Ort festlegt, nämlich jene Hölle, von der der Mensch im Allgemeinen Distanz hält. In beiden Märchen erweist sich die Hölle als entscheidender Bestimmungsort auf dem Weg zu ihrem märcheneigentümlichen Glück, wobei der Held der KHM 100 dieses „aus der Perspektive des kleinen Mannes" erlangt, während dem Helden der KHM 29 genau das ja zu Beginn weisgesagt wird.[332]

In den ersten beiden Märchen *Der goldene Vogel* und *Das Wasser des Lebens* ist die Suche nach etwas Bestimmtem Ursache des Aufbruchs der Protagonisten. In beiden Märchen ist der Vater der Katalysator der Handlung. Er überträgt seinen drei Söhnen eine Aufgabe, während sich der Aufbruch der drei Söhne im zweiten Märchen aus der scheinbar unheilbaren Krankheit des Vaters ableitet. In beiden Märchen ziehen drei Königssöhne aus, um dem Vater das Gesuchte zu finden, was schließlich märchengemäß dem Jüngsten gelingt. Darüber hinaus thematisiert das KHM 97 auf seinem mehrstufigen Weg zum Glück des Protagonisten am Ende auch die Flucht der Antagonisten. Die von ihrem Weg abgekommenen und nur vermeintlich klügeren Brüder fliehen vor der väterlichen Bestrafung. Sie „hatten sich aufs Meer gesetzt und waren fortgeschifft und kamen ihr Lebtag nicht wieder" (Bd. II: 164). Auf diese Weise wird die Bestrafung der älteren Brüder in diesem Märchen hinfällig. Die Flucht per

---

331 Siehe hierzu: Holzhausen Heeter: Von einem, der Auszog ... S. 192. Stoffliche Berührungspunkte zeigt dieses Märchen mit dem *Der Bärenhäuter* (KHM 101). Beide Figuren verkörpern den abgedankten und mittellosen Soldaten und beide kennen die „Säuberungsverbote als Bewährungsprobe im Dienst beim Jenseitigen [Teufel] und das unerkannte Auftreten des Ungewaschenen in abgetretener Kleidung." Uther: Brüder Grimm. Bd. 4. S. 193. ATU 475: The Man as Heater of Hell's Kettle. "Remarks: Documented in the 19th century." Uther: The Types of International Folktales. In: FFC 284. Part I. S. 279f.

332 Vgl.: Holzhausen Heeter: Von einem, der Auszog ... S. 183f.

Schiff symbolisiert die Unberechenbarkeit des Lebens. Ob die Brüder also in einen Sturm geraten und das Schiff versinkt, bleibt im Spekulativen und damit im Bereich des Vorstellbaren.

In dem zuletzt besprochenen Schicksalsmärchen KHM 29 kann jedoch nicht unvermittelt zu Beginn der Märchenerzählung von Aufbruch gesprochen werden. Einleitend wird das Glück des Helden durch die Weissagung festgeschrieben und die Spannung ergibt sich entsprechend aus der Bedrohung dieser durch den König. Um den ersten aktiven Aufbruch des Helden handelt es sich hier erst nach seiner Hochzeit. Erst seine Wandlung zum Mann gibt ihm die Tatkraft und die Furchtlosigkeit eines Helden. Bis dahin verkörpert er einen mehr oder weniger passiven Helden. Während die Hochzeit im Märchen in den meisten Fällen das höchste Glück symbolisiert, motiviert sie den Helden hier zum aktiven Handeln.

Die Helden dieser drei Märchen gehen ihre Wege auf unterschiedliche Art und lösen die sich ihnen stellenden Aufgaben mit Hilfe ihrer übernatürlichen Helfer, wie dem Fuchs, dem Zwerg oder dem Teufel. Gemeinsam ist allen drei Zaubermärchen, dass sie mit der Erfüllung ihrer Aufgaben bzw. ihrer Prophezeiung nicht ganz am Ziel ihrer Reise angekommen sind. Die Helden verlieren ihr Gesuchtes wieder oder müssen sich nach der Hochzeit einer noch schwierigeren Aufgabe stellen, um ihre rechtmäßige Position zu erlangen bzw. zu sichern.[333] Dieses Verlieren und Zurückgewinnen ist „gleichbedeutend mit Sterben und Wiedergeborenwerden" (Bd. IV: 66).

In den drei Märchen stehen zum einen der Sturz in den Brunnen (1. Der goldene Vogel), zum anderen die Nachricht von der heimlichen Erschießung durch den Jäger (2. Das Wasser des Lebens) und des Weiteren der Besuch in der Hölle (3. Der Teufel mit den drei goldenen Haaren) für das Sterben der Helden. Im ersten Märchen steht symbolisch für das Wiedergeborenwerden die Enttarnung des rechtmäßigen Erbens und die Hochzeit mit der schönen Jungfrau

---

333 „Die Märchenhandlung neigt dazu, sich in einem Zweier- und Dreierrhythmus auszufalten. Viele Märchen sind zweiteilig: Nach der Lösung der Aufgabe, dem Bestehen des Kampfes, dem Gewinn von Braut oder Bräutigam werden Helden oder Heldin des Preises beraubt oder geraten in eine neue Notlage, die sie bewältigen oder aus der sie gerettet werden müssen (...)." Lüthi: Märchen. S. 25f.

und im zweiten Märchen ist es die erkannte Unschuld durch den Vater und die Hochzeit mit der Königstochter. Im dritten Märchen symbolisiert die erfolgreiche Lösung der vermeintlich unmöglichen Aufgabe des Königs und die damit einhergehende reiche Belohnung des Helden für die Beantwortung der Fragen der beiden Stadtwächter und die des Fährmanns mit der Folge der Verbannung des Königs für das Wiedergeborenwerden.[334] Doch bei allen übergeordneten symbolischen Ähnlichkeiten oder auch strukturalistischen sowie formalistischen Parallelen wurde in der Besprechung der einzelnen Märchen deutlich, dass sich die Form der Erzählungen unterscheiden. Der Weg der zentralen Märchenfigur verläuft in Abhängigkeit zum Helden und seinem Antagonisten, das heißt die Handlung wird von den in ihrer Zusammensetzung individuellen Eigenschaften des Protagonisten und seiner Gegner getragen. Dabei sind die dazutretenden Figuren wie Auftraggeber, Helfer des Helden, Kontrastgestalten sowie die vom Held gewonnenen Personen oder Dinge nur auf den Helden bezogen und wiederholen sich in dieser Kombination in keinem weiteren Märchen. Antrieb, Beweggrund und Zweck stehen in wechselseitiger Beziehung zu den charakteristischen Figuren des einzelnen Märchens und bestimmen den meist durch die Dreizahl bestimmten spezifischen Handlungsverlauf. Letztlich ist es jedoch die Gabe, „die den Helden zur Lösung seiner Aufgabe instand setzt."[335]

334 „An die Stelle oder an die Seite der zu gewinnenden Person kann ein Ding treten (...)." Lüthi: Märchen. S. 27.

335 Lüthi: Märchen. S. 27.

5.3.1.4 Jorinde und Joringel

Eine Variante ganz anderer Art zum Motiv *Suchwanderung* bietet das Märchen *Jorinde und Joringel* (KHM 69[336]). Hier sucht der Partner nach einem Mittel, um seine verzauberte Partnerin zu erlösen. Insbesondere bezogen auf die Form, den Handlungsverlauf des Märchens mit seinen sprachlichen, strukturellen und bildhaften Elementen unterscheidet sich die KHM 69 von den anderen Märchen dieser Sammlung.

Doch zunächst folgt ein kurzer inhaltlicher Überblick: In einem Wald lebt in einem Schloss eine alte Erzzauberin, die am Tage die Gestalt einer Katze oder Nachteule hat und nachts in Menschengestalt erscheint. Diese einsame Schlossbewohnerin frisst nicht nur das Wild und die Vögel ihrer Umgebung, sondern sammelt auch ´keusche Jungfrauen`, die sich ihrem Schloss auf hundert Meter nähern. In diesem Radius nämlich wirken ihre Zauberkräfte. Um das Schloss erstarren Tiere und Menschen auf der Stelle. Die alte Frau hat bereits auf diese Weise siebentausend verzauberte Jungfrauen in einer Kammer ihres Schlosses gefangen. Diese fristen als verzauberte Vögel in siebentausend Körben eingesperrt ihr Dasein.

Jorinde und Joringel sind „in den Brauttagen" (Bd. I: 39) und spazieren im Wald, um sich „einsmalen vertraut" (Bd. I: 39) auszutauschen. Das junge Paar verläuft sich in dem tiefen Wald und befindet sich plötzlich in dem magischen Ring. Während die Erzzauberin in Gestalt einer Eule Jorinde in eine Nachtigall verwandelt, trägt im nächsten Moment - „[n]un war die Sonne unter" (Bd. II: 40) - eine

---

336 Typen- und Motivkonkordanz. AaTh 405: Jorinde und Joringel. Erzähltyp mit *übernatürlichem oder verzaubertem Ehepartner* oder sonstigem Angehörigen. KHM-Veröffentlichung 1812 und 1825 in der Kleinen Ausgabe. Es ist eins von drei Erzählungen [siehe KHM 78/AaTh 980 B: Großvater und Enkel (Novellenartiges Märchen), KHM 150/Mot. N 300: Unglückliches Geschehen (Verbrennen)], das den autobiographischen Schriften Johann Heinrich Jungs (1777) entspricht und nahezu unüberarbeitet übernommen wurde. Vgl.: Uther: Brüder Grimm. Bd. 3. S. 264, 270 und Bd. 4. S. 136. ATU 405: Jorinde and Joringel. "Remarks: Tale from *Heinrich (Jung-)Stillings Jugend. Eine wahrhaftige Geschichte* (...); only a few oral examples." Uther: The Types of International Folktales. In: FFC 284. Part I. S. 239.

alte Frau diese in ihren Händen gefangen davon. Joringel wird durch einen Zauberspruch der alten Frau aus seiner Bewegungslosigkeit befreit, doch sein anschließendes Betteln und Flehen um die Schonung seiner Braut wird ignoriert. Schließlich geht er fort und hütet eine zeitlang die Schafe in einem fremden Dorf. Doch hin und wieder geht er um das Schloss herum, jedoch ohne sich in Gefahr zu bringen. Als er von einer blutroten Blume träumt, die stärker als aller Zauber ist und durch Berührung jeden aus seiner Verzauberung befreien kann, begibt sich Joringel auf die Suche nach dieser Blume und findet sie am neunten Tag. Furchtlos sucht er das Schloss auf, befreit Jorinde und alle Jungfrauen durch Berührung mit der Blume. Das alte Weib verliert durch diese Berührung ihre Zauberkraft.

In diesem Märchen wird nicht zu Beginn, wie sonst in den KHM, die von einem Elternteil meist benachteiligte Figur vorgestellt, oder der Protagonist und seine Mängel beschrieben. Das Märchen beginnt vielmehr mit der ausführlichen Beschreibung der dämonischen Gegenspielerin des Helden. Die Gefahr, die den zentralen Märchenfiguren und insbesondere der weiblichen Märchenfigur als Jungfrau droht, wird hier an den Anfang gesetzt beschrieben.

Auch der sprachliche Ausdruck hebt sich von den anderen Märchen dieser Sammlung ab. So wird z. B. die Natur beschrieben: „Es war ein schöner Abend, die Sonne schien zwischen den Stämmen der Bäume hell ins dunkle Grün des Waldes, und die Turteltaube sang kläglich auf den alten Maibuchen“ (Bd. I: 39, f). Diese ambivalente Beschreibung der Natur zwischen hell und dunkel, schön und kläglich verweist auf den zukünftigen Zustand der beiden Liebenden im Wald. Sie verirren sich. Dieses Mittel der Vorausdeutung findet sich auch an anderen Stellen, wie in Jorindes Lied im Wald oder in Joringels Traum. Nach dem ersten Abschnitt zu den Ausführungen der Erzzauberin folgt nun die Einführung der Protagonisten dieses Märchens mit einer leicht abgewandelten Eingangsformel „Nun war einmal“. Auf den männlichen und weiblichen Protagonisten wird bereits im Titel als Zusammengehörige verwiesen, im Märchen selbst werden sie als Verliebte beschrieben: „Sie waren in den Brauttagen, und sie hatten ihr größtes Vergnügen eins am andern“ (Bd. II: 39). Die übliche Sachlichkeit in den KHM wird hier durch roman-tisch beschreibende Stilmittel ersetzt. Damit unterscheidet sich dieses Märchen auch in den Bildern von der gesamten Märchensammlung und sie „enthält alle Zutaten einer Schauergeschichte", wie dem „einsame[n] Schloss im Wald, [der] Zauberin mit der Gabe der Selbstverwandlung in Tiere und dämonischer Ausstrahlungskraft auf alle ‚keuschen Jungfern', die in ihre Nähe geraten [sowie der] magischen Blume (...)"[337].

Auf die Beschreibung des Gemütszustandes, nachdem das Paar sich im Wald verlaufen hatte, wird nicht verzichtet: „Jorinde weinte zuweilen, setzte sich hin im Sonnenschein und klagte; Joringel klagte auch. Sie waren so bestürzt, als wenn sie hätten sterben sollen; sie sahen sich um, waren irre und wussten nicht, wohin sie nach Hause gehen sollten" (Bd. II: 40). Nach der Verzauberung Jorindes und seiner eigenen Erlösung durch das Weib, weint und jammert Joringel erfolglos, denn seine Jorinde sollte er laut der Alten nie wieder haben. Einen solchen Gefühlsausbruch, der sich hier in den Verben entfaltet, kennt das Grimm'sche Märchen eigentlich nicht, denn „seelisches spielt im Märchen (...) keine Rolle (...)"[338]. Joringel lebt nun eine zeitlang zurückgezogen als Schafhirte und in letzter Konsequenz schweigsam und kommunikationslos in einem fremden Dorf. Dieser totale Schnitt mit den Menschen und seine Hinwendung zum Hirtenleben in Kombination mit einer Art selbst auferlegtem Schweiggelübde transportiert sowohl das Bild eines leidenden Liebenden als auch jenes einer geistlich motivierten Zurückgezogenheit. Denn Joringel ergreift in dieser Abgeschiedenheit auch keinerlei Initiative zur Befreiung seiner Braut. Vielmehr scheint er auf ein Zeichen zu warten, denn es heißt: „Endlich träumte er einmal des Nachts (...)" (Bd. I: 41). Nur durch diesen Traum erhält er auf der letzten Seite des Märchens seine Fähigkeit zum aktiven Handeln, den Antrieb zu seiner Suchwanderung. Dabei entsteht auch bezüglich dieser Eingebung über den Traum das Bild einer übernatürlichen Weisung, die damit eher religiös motiviert scheint.[339] Komprimiert auf einen Satz dauert nun seine Suchwanderung an. Seine Prüfung liegt auf seinem Ausdauervermögen, denn

[337] Uther: Brüder Grimm. Bd. 4. S 136.

[338] Panzer: Märchen. S. 93.

[339] Vgl.: Holzhausen Heeter: Von einem, der Auszog ... S. 58f.

die gesuchte Blume zeigt sich ihm erst am neunten Tag. Doch befreit ihn der Traum aus seiner Rolle des leidenden Liebenden und er übernimmt eine kämpferische Partnerrolle in der Funktion als Befreier. Fest an seinen Traum glaubend, begibt er sich nun mit dieser Blume ausgerüstet in den Kampf. Er sucht zielstrebig den Weg zum Schloss, von nichts lässt er sich aufhalten, nichts stellt sich ihm mehr in den Weg, keine magischen hundert Meter vor dem Schloss können ihn mehr in den Zustand der Erstarrung bringen. Er verschafft sich mit der Blume Einlass ins Schloss und geht furchtlos dem Gesang der Vögel entgegen. In einem Saal trifft er auf das Weib, dass sich ihm aber bis auf zwei Meter nicht zu nähern vermag, er findet Jorinde und befreit diese sowie alle anderen verzauberten Jungfrauen. Das Weib verliert durch die Berührung mit der Blume lediglich ihre Zauberkräfte. Diese milde Form der Bestrafung hebt sich von den sonst üblichen brutalen oder grausam anmutenden Bestrafungen der KHM ab. Auch das Schloss bleibt das Ihrige. Joringel hat sich hier als Erlöser bewiesen und dem Erfolg eines Märchenhelden damit Rechnung getragen. Jedoch vernachlässigt die straffe Handlungsführung dieses Märchens darüber hinaus eine erkennbare Entwicklung des Wandernden. Er bewährt sich nicht als Täter bzw. als Handelnder. Der soziale und materielle Status ändert sich für ihn nicht. Das Märchen endet für die beiden so, wie es begonnen hatte. Die harmonische und glückliche Zweisamkeit, mit der die beiden anfänglich beschrieben wurden, ist wieder hergestellt: „und da ging er mit seiner Jorinde nach Hause, und sie lebten lange vergnügt zusammen“ (Bd. II: 41). Diesem Märchen fehlen die allgemeine Lebendigkeit, die Allverbundenheit des Helden, und die Ethik der Selbstentfaltung, als eine vom Erfolg gezeichnete.[340] Der Protagonist dieses Märchens bietet so auch keine Identifikationsmöglichkeit für den Hörer oder Leser. Die Aufzeichnung und Übernahme dieses Textes scheint unberührt von Wilhelm Grimms Überarbeitungen geblieben zu sein.[341]

---

340 Vgl.: Horn: Held, Heldin. In: EM 6 (1990). Sp. 730.

341 Diese Textübernahme wurde aus den Schriften Johann Heinrich Jungs (= Jung-Stilling) vorgenommen, dessen Fassung sich von den langatmigen seiner Zeit abhob. Auch lag die Übernahme dieses Textes von Jung-Stilling (1777) außerhalb jeglicher weiteren Bemühung um ‚mündliche‘

5.3.2 Die Wanderung der Kleinwüchsigen

Kontrastiv werden nun zwei Märchen besprochen, die schon im Titel auf das Thema Wanderung verweisen. Sie zeichnen sich zwar nicht durch eine Suchwanderung aus, aber ihre Wanderschaft ist eine Besonderheit auf einer anderen Ebene. Die Helden dieser beiden Märchen sind durch extreme äußere Merkmale gekennzeichnet und die Wanderung dieser Helden unterliegen ihrer eigenen Bedeutung. In den folgenden Märchen ziehen die Helden nicht mit einem Ziel los, auch handelt es sich nicht um Ausgesetzte oder Vertriebene im eigentlichen Verstehen dieser Motive. Ihre Art der Aussetzung bezieht sich vielmehr auf ihre extreme äußerliche Besonderheit, ihrer Kleinwüchsigkeit.[342] Sie suchen die Erfahrungen mit der Welt, wobei sie den Elementen ihrer Umwelt extrem ausgesetzt werden. In diesem Sinne zieht es den Protagonisten in *Daumerlings Wanderschaft* (KHM 45[343]) hinaus in die Welt. Hier verweist bereits der Na-

---

Überlieferung. Dieser Text entsprach laut Uther den Grimm Brüdern ´dem Idealbild eines Märchens`. Uther: Brüder Grimm. Bd. 4. S 136.

342 Bereits antike Zeugnisse überliefern Anspielungen auf verspottete kleine Männchen. In Ägypten begegnet man Zwergen, meist verkrüppelte Ägypter, in Darstellungen wie Kleiderwächter oder Goldarbeiter. ´Echte` Zwerge, Pygmäen (Pygmäe = Angehöriger einer kleinwüchsigen Bevölkerungsgruppe in Afrika) handelte man als so genannte Gottestänzer oder einfach als Spaßmacher aus Afrika ein. Zwerge, Pygmäen oder Däumlinge werden im griechischen Mythos am Okeanos (Ozean), nach Indien, Ägypten und Karien (Türkei) verortet. Vgl.: Lexikon der alten Welt. Stichwort: Zwerge. Zürich/Stuttgart 1965. Sp. 3347. Sowie vgl.: Bolte/Polívka: Anmerkungen zu den KHM der Brüder Grimm. Bd. 1. S. 386.

343 Typen- und Motivkonkordanz (KHM 37, 45): AaTh 700: Däumerling. KHM-Veröffentlichung 1812 „und bereits in der hessischen Urfassung von 1810" nach der Version von Marie Hassenpflug aus dem Hessischen. In der zweiten Auflage von 1819 kontaminiert die erste Erzählung mit einer paderbörnischen Fassung, die sich auf Familie von Haxthausen stützt. In einem Brief an Achim von Arnim räumt hier Jacob Grimm u. a. ein, dass er selbst den ´Handwerkerspaß` eingefügt habe. Das Märchen weist „mit einer anderen Folge einzelner Episoden (...) strukturell viele Gemeinsamkeiten mit KHM 37 auf." Uther: Brüder Grimm. Kinder- und Hausmärchen. Bd. 3. S. 265 und Bd. 4. S. 76, 91. Dies bestätigen auch Johannes Bolte und Georg Polívka. Vgl.: Bolte/Polívka: Anmerkungen zu den KHM der Brüder Grimm. Bd. 1. S. 389. ATU 700: Thumbling (previously Tom Thumb). Uther: The Types of International Folktales. In: FFC 284. Part I. S. 374f.

me auf die physische Erscheinung des Helden, der nicht größer ist als der Daumen. Ebenso der Held im beliebten Kindermärchen *Daumesdick* (KHM 37[344]) zeichnet sich durch diese extreme Kleinwüchsigkeit aus, wobei sein Name auf Größe und Breite verweist. Entsprechend ihrer Größe reisen die Protagonisten auf ungewöhnliche Weise und mit eigentümlichen Reisemitteln.

Daumerling wird vom Dampf des Kochtopfes zum Schornstein hinausgetragen und erlebt auf diese Weise eine Luftreise, während Daumesdick sich auf der Hutkrempe eines fremden Mannes transportieren lässt. Daumerling zieht es aus Courage geradezu in die Welt, während der verständige Daumesdick sich von seinem Vater im Wald „für ein schönes Stück Gold" (Bd. I: 196) an zwei fremde Männer verkaufen lässt. Diese erkannten in dem kleinen Kerl gleich ihren Nutzen. Doch selbstbewusst auf Grund seiner besonderen Fähigkeiten wispert er dem Vater ins Ohr, dass er schon wieder zurückkommen werde. Die extreme Kleinheit dieser beiden Helden bringt sie einerseits oft in Gefahr, andererseits ermöglicht ihnen ihre winzige Gestalt auch, bestimmte Taten zu vollbringen und sich selbst aus ihren Notsituationen zu befreien. Während Daumesdick eine kriminelle Tat vereitelt, lässt sich Daumerling seinen auf ähnliche Weise verdienten Kreuzer von den Räubern aushändigen, schlägt jedoch deren Beförderung zum Hauptmann aus, denn „er wollte erst die Welt sehen" (Bd. I: 223).

---

344 Diese Volkserzählung wurde 1819 in den KHM veröffentlicht und erscheint unter der KHM-Nr. 20 in der Kleinen Ausgabe von 1825. Uther: Brüder Grimm. Kinder- und Hausmärchen. Bd. 3. S. 265 und Bd. 4: S. 76. ATU 700: Thumbling (previously Tom Thumb). "Remarks: Documented in England in the late 16th century. In variants from southern and southeastern Europe many very small children originate from peas because of a curse or a wish; most are killed, but one survives." Uther: The Types of International Folktales. In: FFC 284. Part I. S. 374f.

5.3.2.1 Daumesdick

Daumesdick nimmt von seinem Vater Abschied und die beiden fremden Männer brechen mit ihm auf. Bald darauf lässt sich Daumesdick mit den Worten: „[E]s ist nötig" (Bd. I: 196) auf einem Acker absetzen, verschwindet in einem Mauseloch und lacht die Fremden aus. Hierauf trifft er auf zwei weitere Männer, denen er sich zum Dienst anbietet, um scheinbar mit ihnen zusammen den Pfarrer um sein Geld und Silber zu bringen. Daumesdick kann den diebischen Plan dieser Männer vereiteln, gerät jedoch schlafend in einem „Heuhälmchen" mit der ersten Morgenfütterung der Kuh in deren Maul und „hernach musste er doch mit in den Magen hinabrutschen" (Bd. I: 198). In seiner Angst vor dem immer enger werdenden Quartier ruft er nach dem Ende von der Futtergabe. Die scheinbar sprechende Kuh wird vom Pfarrer für einen bösen Geist gehalten und getötet. Daumesdick selbst landet zusammen mit dem Magen auf dem Mist. Ein Wolf verschlingt diesen und Daumesdick bietet dem hungrigen Wolf die väterliche Vorratskammer an. So wird er zurück nach Hause getragen und hofft hier auf die Befreiung durch seinen Vater. Der Plan geht auf, denn der Wolf legt sich noch an Ort und Stelle gesättigt, träge und müde schlafen. Vom Geschrei des Winzlings erwacht, schlägt der Vater den Wolf schließlich mit einem Schlag auf den Kopf tot. Mit Messer und Schere wird dessen Leib geöffnet und Daumesdick wird herausgezogen. Die Eltern sind sehr froh, ihren Sohn wiederzuhaben. Auf die Frage des Vaters, wo er denn überall gewesen sei, erzählt ihm Daumesdick von seinem Herumkommen in der Welt, dem Mauseloch, dem Kuhbauch und dem Wanst des Wolfes und schließt mit den Worten „gottlob, dass ich wieder frische Luft schöpfe! (...) [N]un bleib ich bei euch" (Bd. I: 200). Die Eltern herzen und küssen ihren lieben Daumesdick und resümieren ihrerseits: „Und wir verkaufen dich um alle Reichtümer der Welt nicht wieder" (Bd. I: 200). Sie lassen „ihm neue Kleider machen, denn die seinigen waren ihm auf der Reise verdorben" (Bd. I: 200).

In diesem Märchen spielt die Überwindung von Lebensabschnitten eine geringere Rolle. Die Erkenntnis des Protagonisten beschränkt sich auf die Einsicht, dass die vertraute Umgebung ihm mehr Freiheit schenkt, als es die ganze Welt kann. Das winzige Männchen verlässt das Elternhaus in seiner Rolle als Kind und kehrt auch in dieser Rolle zurück.[345] Der Kreislauf des Reisenden schließt sich hier für die Daheimgebliebenen. Dem Abschied vom Vater folgt die Abwesenheit des Sohnes auf unbestimmte Zeit. Die Eltern stehen in dieser Phase Sorgen und Nöte durch und machen sich Vorwürfe. Am Ende kehrt der Sohn voller Freude auf seine Eltern nach Hause zurück. Dank seiner tatkräftigen und entschlossenen Eltern wird er von diesen befreit und erblickt seine vertraute Umgebung. Seine Freude über die frische Luft kann hier auch als heimatliche Luft gedeutet werden. Die Erfahrungen in der fremden Welt der Mägen haben ihm die Luft zum Atmen genommen. Im übertragenen Sinne wurde er so in seiner Handlungsfreiheit stark beschränkt.[346]

Die Kleider sind ihm nicht etwa zu klein geworden, weil er über Jahre unterwegs war, vielmehr waren sie schmutzig, weil die Fremde Enge und Unbequemes mit sich bringt. Seine Erwartung, unterwegs etwas Neuem zu begegnen hat sich erfüllt. Dennoch heben sich seine Erfahrungen von den sonstigen in anderen Märchen ab. Hier wird ein Bild der Ungewissheit des Unterwegsseins transportiert. Auf der Reise erlebt man allerlei Gefahren, man trifft auf Menschen mit düsteren Lebensgewohnheiten, paktiert bisweilen mit diesen und gefährdet sich mitunter dadurch selbst. Die Botschaft hier lautet daher eher: Zu Hause ist es am schönsten. Draußen in der Welt gibt es außer Entbehrungen und Schmutz nichts zu erwarten. Dem gegenüber wird die Sicherheit des Vertrauten, der elterlichen Fürsorge stark hervorgehoben. Und trotz alledem oder gerade auf Grund dieser Aussagekraft stehen diese Bilder von der Reise für die meist weniger aufgegriffene Seite des Unterwegsseins.

---

345 Insofern kann hier von einer zirkulären Erzählstruktur gesprochen werden.

346 Vgl.: Röhrich: Lexikon der sprichwörtlichen Redensarten. Bd. 2. Stichwort: Luft. S. 978.

5.3.2.2 Daumerlings Wanderschaft

Auch Daumerling „ging bei einigen Meistern in die Arbeit, aber sie wollte ihm nicht schmecken; endlich verdingte es sich als Hausknecht in einem Gasthof" (Bd. I: 223). Er „gab bei der Herrschaft an," (Bd. I: 223) und erzählt, was die Mägde alles „heimlich taten". Mit seinen Anschwärzungen zieht er den Groll der Mägde auf sich, sodass diese ihm einen Schabernack spielen wollen. Eine Magd mäht ihn mit dem Gras, bindet es zusammen und wirft es den Kühen vor. So landet er zunächst im Magen einer schwarzen Kuh, dann beim Metzger unter dem Wurstfleisch, sodann in einer Blutwurst, die nach ihrer „Zeit und Weile gewaltig lang" (Bd. I: 224) zum Räuchern hängt und schließlich bei einer Wirtin geschnitten wird, wo er herausspringen kann. Zurück in der frisch erkämpften Freiheit schnappt auf dem offenen Feld ein in Gedanken versunkener Fuchs nach ihm. Mit diesem lässt es sich leicht übereinkommen und gegen die Hühner im Hof seines Vaters lässt der Fuchs ihn wieder los.

Daumerling zeigt Ausdauer und Mut auf seinem Weg zur Selbstbefreiung. Er scheint an den guten Ausgang bei allen Gefahren zu glauben. Der Vater ist überglücklich, in dem Moment, in dem er ihn wiederhat und überlässt dem Fuchs gerne seine Hühner. Am Schluss dieses Märchens wendet sich der Erzähler direkt mit der Frage: „Warum hat aber der Fuchs die armen Piephühner zu fressen kriegt?" (Bd. I: 225) an Hörer und Leser, um sie im Schlusssatz belehrend mit einem Hauch moralischer Elternliebe zu beantworten. „Ei du Narr, deinem Vater wird ja wohl sein Kind lieber sein als die Hühner auf dem Hof" (Bd. I: 225). Hier wird den Lesern und Hörern eher Mut zugesprochen in die Welt hinauszuziehen, denn der väterlichen Liebe kann man sich immer sicher sein. Die letzte Unsicherheit für den Leser oder Hörer wird ihm mit einem Augenzwinkern genommen. Dieses unterstützt den positiven Ausklang des Märchens. Beide Helden betreiben im Falle einer Auseinandersetzung mit den „normalen Menschen"[347] gerne ihre eigenen Späße. Denn, wenn diese auf sie böse sind, und nach ihnen schlagen oder packen

---

[347] Holzhausen Heeter: Von einem, der Auszog ... S. 303.

wollen, befinden sich die kleinen Männchen mit ihrem gewissen Grad an Durchtriebenheit in der eindeutig überlegeneren Position und kosten diese aus. Ihre anormale Größe wissen sie geschickt und raffiniert zu ihrem Vorteil einzusetzen und mit ihren Provokationen ihr Umfeld auf deren eigene Begrenztheit ihrer körperlichen Geschicklichkeit aufzuzeigen. In diesen Situationen erweisen sich ihre körperlich extremen Merkmale zu ihrem Vorteil. In beiden Märchen fehlen die Zauberkräfte.

Während Daumerling aus eigener innerer Überzeugung und Courage in die Welt hinaus muss, ist Daumesdick darauf bedacht, seinem armen Vater eine große Hilfe zu sein, und schlägt ihm vor, den Wagen mit dem vorgespannten Pferden ihm in den Wald nachzubringen. Der Vater verhöhnt ihn nicht, sondern lässt sich auf einen Versuch ein und so lenkt Daumesdick erfolgreich die Pferde, indem er in einem ihrer Ohren sitzend, die Befehle ruft. Als die fremden Männer dem Karren in den Wald folgend nun „ein schönes Stück Geld" (Bd. I: 196) dem Vater für den kleinen Kerl feilbieten, zeigt sich Daumesdick verständig und spricht dem Vater zu diesem Tausch gut zu. Vor allem aber im Verlauf des Unterwegsseins und in seiner Wirkung bzw. im Ziel des Reisens unterscheiden sich diese beiden Märchen massiv von den bisher besprochenen Zaubermärchen. Das Unterwegssein zeichnet sich hier nicht durch einen Reifungsprozess der Helden aus, die am Ende ihrer bestandenen Aufgabenerfüllungen und Prüfungszeit ihre märchengemäße Gerechtigkeit erfahren oder als junge Männer zurückkehren und eine Königstochter heiraten. Mit ihrer Winzigkeit sind weitere Absonderlichkeiten verbunden. So zum Beispiel ihr geringes Gewicht und ihre geringen körperlichen Kräfte, die sich letztlich alle in ihren „absonderlichen Reisemittel[n]"[348] widerspiegeln. Das Unterwegssein wird hier deutlich von den Elementen ihrer Umwelt bestimmt, denen sie extrem ausgesetzt sind. Insofern werden sie von äußeren Mächten getrieben. Doch mittels ihrer eigenen geistigen Kräfte und ihrer Klugheit versuchen sie auf ihren Wanderschaften ihr Leben selbst unter ihre Kontrolle zu bringen. Sie beweisen Ausdauer und Gelassenheit in besonders bedrängten Lagen und verstehen es, diese zum Guten zu wenden. Anstatt sich ihren physischen Grenzen zu

---

348 Ebd.: S. 304.

unterwerfen, überschreiten sie diese. In ihrer einzigartigen Größe liegt das Phantastische der Helden selbst.[349]

5.4 Flucht

„Flucht ist ein Instinktverhalten, das der Mensch mit den Tieren gemeinsam hat."[350]

Die Märchenhelden erweisen sich auf der Flucht als aktiv, energisch und einfallsreich. Das Thema *Flucht* treffen wir in verschiedenen Formen im Volksmärchen an. Folgende Märchen sind beispielhaft aus dem Register von Uther zusammengestellt, auch wenn sie darüber hinaus hier nicht weiter besprochen werden können: *Die zwölf Brüder* (KHM 9)[351], *Hänsel und Gretel* (KHM 15)[352], *Die drei Schlangenblätter* (KHM 16)[353] und *Fundevogel* (KHM 51)[354]. Während Erstgenanntem (KHM 9) darüber hinaus auch der Beweggrund *Suchwanderung* zugeordnet ist, wird dem Zweitgenanntem (KHM 15) der Antrieb *Aussetzung*, des KHM 16 lediglich das Thema *Wanderschaft*

---

349 Vgl.: Holzhausen Heeter: Von einem, der Auszog ... S. 304.

350 Franz, Marie-Luise von. Flucht. In: EM 4 (1984). Sp. 1328-1339, hier Sp. 1328.

351 ATU 451: The Maiden Who Seeks Her Brother. "Remarks: Early version see Johannes de Alta Silva, *Dolopathos* (No. 7)." Uther: The Types of International Folktales. In: FFC 284. Part I. S. 267.

352 ATU 327 A: Hansel and Gretel. "Remarks: This type first appears 1698 (Madame d'Aulnoy, *Finette Cendron*). Introduxtory parts of this type first appear in the late 16th century (Montanus, *Gartengesellschaft*, No. 5)." Uther: The Types of International Folktales. In: FFC 284. Part I. S. 212f.

353 ATU 612: The Three Snake-Leaves. (Including the previous Types 465 A* and 612 A.) "Remarks: Early literary sources, e.g. Apollodorus (III, 3,1), Hyginus, *Fabulae* (136), *Pañcataantra* (IV, 5)." Uther: The Types of International Folktales. In: FFC 284. Part I. S. 352.

354 ATU 313 A: The Magic Flight (Including the previous Types 313 A, 313 B, 313 C, and 313 H*). Uther: The Types of International Folktales. In: FFC 284. Part I. S. 194, 197.

zugewiesen und im KHM 51 findet die *magische Flucht*[355] ihren Niederschlag.[356]

Das Thema *Flucht* und das Motiv *Vertreibung* gehört meines Erachtens zu den interessantesten Wanderthemen, stellen sie doch in dieser Kombination eine unfreiwillige Handlung dar, deren Ursprung durch Zwang ausgelöst wird.[357] Im Anschluss an den folgenden Versuch einer Beschreibung und Abgrenzung der Motivfelder werden hierzu einige Märchen zur Besprechung herangezogen.[358]

5.4.1 Motivfelder: Aussetzung, Vertreibung, Verstoßung

Wie vorab in der Einleitung erwähnt, wird unter Motiv hier der Beweggrund, der Antrieb der Zweck des Unterwegsseins verstanden.

Häufig ist das Motiv *Vertreibung* Gegenstand einiger KHM, obwohl dieses Stichwort nicht im Register des dritten Bandes der Ausgabe von Hans-Jörg Uther vertreten ist.[359] Das Motiv *Aussetzung* wird hier mit Märchen belegt, die unterschiedliche Formen erkennen lassen. Im Zusammenhang mit der Kindesaussetzung wird im Register auf das Märchen *Hänsel und Gretel* (KHM 15)[360] verwiesen. In diesem

355 „Die Magische Flucht (...) wird im wesentlichen auf zwei Arten ausgeführt: durch Verwandlung der Verfolgten oder durch Hintersichwerfen von magischen Gegenständen, die für den Verfolger zu Hindernissen werden." Puchner, Walter: Magische Flucht. In: EM 9 (1999). Sp. 13-19.

356 Siehe hierzu die Tabelle im Anhang.

357 Vgl.: Holzhausen Heeter: Von einem, der Auszog ... S. 61.

358 Zum Thema *Flucht* siehe auch das Kapitel *Flucht und Vertreibung* bei Holzhausen Heeter. Vgl.: Holzhausen Heeter: Von einem, der Auszog ... S. 61-76.

359 Vgl.: Uther: Brüder Grimm. Kinder- und Hausmärchen. Bd. 3. S. 274-309.

360 Noch 1810 trug das Zaubermärchen in der Urfassung den Titel *Das Brüderchen und das Schwesterchen.* Dieses Märchen fand schließlich in der Ausgabe 1812 unter KHM 11 Verwendung. Die Eingangsthematik der wiederholten Aussetzung findet sich bereits bei Basile, Perrault und bei

Märchen werden Geschwisterkinder eines armen Holzhacker-Ehepaares als Reaktion auf die „große Teuerung im Land" (Bd. I: 81) von diesen im Wald zurückgelassen in der Hoffnung, dass die Vollstreckung des Todesurteils von den wilden Tieren vollzogen wird.[361] Darüber hinaus begegnet die Aussetzung als Motiv auch in Märchen mit der Thematik des Glückskindes (KHM 29). In *Der Teufel mit den drei goldenen Haaren* folgt dem Kauf eines von einer „Glückshaut" (Bd. I: 151) umhüllten Kleinkindes die Aussetzung auf dem fließenden Gewässer mit Tötungsabsichten. Darüber hinaus wird auch das Thema der *Kinderaussetzung* im umfangreichsten Zaubermärchen der Grimm'schen Sammlung *Die zwei Brüder* (KHM 60)[362], der verleumdeten Kinder (KHM 60)[363] und des versprochenen Kindes in *Der König vom goldenen Berge* (KHM 92)[364] aufgegriffen.

Die Vertreibung kann mit der Aussetzung einhergehen und durch ein Elternteil veranlasst sein, wie in *Hänsel und Gretel*, vom Protago-

---

Madame d'Aulnoy. Vgl.: Uther: Brüder Grimm. Kinder- und Hausmärchen. Bd. 4. S. 32-33.

361 So äußert der Mann im zweit beliebtesten Märchen *Hänsel und Gretel* (KHM 15) noch seine Bedenken, bevor er der Aussetzung zustimmt. „Das *Hänsel und Gretel*-Märchen leitet zu den Fluchtmärchen über, wo ein Geschwisterpaar vor der bösen Mutter, Stiefmutter, der negativen ‚großen Mutter' (Hexe) flieht." Franz, von. Flucht. In: EM 4 (1984). Sp. 1333.

362 Bereits die hellenistischen Romane enthielten dieses Schema. Entlang der beiden Pole - der Trennung und Wiedererkennung der beiden Zwillingsbrüder - entwickelt sich der Handlungsablauf. Dieses Märchen weist schwankhafte Züge auf. Vgl.: Uther: Brüder Grimm. Kinder- und Hausmärchen. Bd. 4. S 122. ATU 567: The Magic Bird-Heart." Remarks: Probably of Oriental origin (…). The variants of the Types 566, 567, and 567 A are often mixed with each other or they are not clearly differentiated. (…)."ATU 300: The Dragon-Slayer. ATU 303: The Twins Or Blood-Brother. Uther: The Types of International Folktales. In: FFC 284. Part I. S. 336, 174, 183f.

363 ATU 567: The Magic Bird-Heart. "Remarks: Probably of Oriental origin (…). The variants of the Types 566, 567, and 567 A are often mixed with each other or they are not clearly differentiated. (…)." Uther: The Types of International Folktales. In: FFC 284. S. 336. ATU 300: The Dragon-Slayer. Ebd.: S. 174f. ATU 303: The Twins Or Blood-Brother. Ebd. S. 183f.

364 ATU 400: The Man on a Quest for His Lost Wife. (…) This tale exists chiefly in three different forms. ATU 810: The Snares of the Evil One. Uther: The Types of International Folktales. In: FFC 284. Part I. S. 231, 451.

nisten selbst gewählt sein, wie in *Allerleirauh* (KHM 65)[365], oder aus der schlechten Behandlung im stiefmütterlichen Umfeld resultieren, wie in *Brüderchen und Schwesterchen* (KHM 11).

Vor allem die weibliche Protagonistin entfernt sich oftmals getrieben von Angst immer weiter von ihrer Heimat. Diese Angst oder Furcht bezieht sich auf eine Gefahr, wie eine angedrohte oder zu erwartende Strafe oder gar den angekündigten Tod.

Die Verstoßung eines oder mehrerer Kinder durch die Eltern hat unterschiedliche Ursachen und kann sich sowohl auf den Helden als auch auf die Heldin beziehen. Es kann die Enttäuschung über die nicht erfüllten Erwartungen der Eltern an ihr Kind sein, wie im Märchen *Die drei Sprachen* (KHM 33), aus der ökonomischen Notsituation der Eltern erwachsen, die keinen anderen Ausweg mehr sehen als sich ihrer Kinder zu entledigen (KHM 11) oder auch auf charakterlicher Schwäche basieren (KHM 11) wie in *Sneewittchen* (KHM 53). Das Kind oder die Kinder werden hier zur Sicherung des eigenen Überlebens bzw. zur Sicherstellung der eigenen Rangposition vertrieben. Und manchmal wird, wie bereits erwähnt, gar deren Tötung geplant.

Die hier kenntlich gemachten Unterscheidungen sind im Märchen nicht immer eindeutig zu trennen. So ist das Thema *Flucht* aufs Engste mit einem Motiv verbunden, wie *Aussetzung, Verstoßung* oder *Vertreibung*.

---

365 Allerleirauh wählt die Flucht als letzte Möglichkeit, um die Heirat mit ihrem eigenen Vaters zu unterbinden. Die Inzestthematik ist in diesem Märchen sehr unverhüllt angesprochen, wobei aber diese Neigung gleich von *den Räten* als *Sünde* gebrandmarkt wird. Bereits im späten Hochmittelalter finden sich im Abendland literarische Behandlungen. Vgl.: Uther: Brüder Grimm. Kinder- und Hausmärchen. Bd. 4. S 131. Zum Vater-Tochter Inzest siehe auch: Taloş, Ion: Inzest. In: EM 7 (1993). Sp. 229-241, hier Sp. 233f. ATU 510 B: Peau d'Asne (previously The dress of Gold, of Silver and of Stars). "Remarks: This form of the incest motif (...) is often documented independently since the 12th century." Uther: The Types of International Folktales. In: FFC 284. Part I. S. 295f.

5.4.2 Brüderchen und Schwesterchen

So auch in der Flucht von *Brüderchen und Schwesterchen* (KHM 11[366]). Die zweite Frau ihres Vaters erweist sich als ungerechte und grausame Stiefmutter, die nicht nur ihre eigene hässliche Tochter (äußerlich gebrandmarkt durch Einäugigkeit) bevorzugt, sondern gleichzeitig auch voller Hass auf die Stiefkinder ist. In dieser Atmosphäre entscheidet der Bruder zusammen mit der Schwester vor dem unerträglichen Einfluss der Stiefmutter zu flüchten. Die Stiefmutter stellt in ihrer dämonischen Fähigkeit als Hexe den beiden nach und gefährdet ihr Leben.

„Brüderchen nahm sein Schwesterchen an der Hand" (Bd. I: 60) und sie gingen den ganzen Tag, bis sie abends „in einen großen Wald [kamen] und (...) so [müde] von Jammer, Hunger und dem langen Weg [waren], dass sie sich in einen hohlen Baum setzten und einschliefen" (Bd. I: 60). Als die Stiefmutter die Flucht der beiden bemerkt, lässt sie „alle Brunnen im Wald verwünsch[en]"(Bd. I: 61). Als das Geschwisterpaar an einen Brunnen kommt, vernimmt die Schwester im Rauschen des Wassers die Androhung einer Verwandlung. Im Laufe ihrer Wanderung warnt Schwesterchen noch zwei Mal vor dem Trinken des Quellwassers.[367] Von dem dritten vernimmt sie: „Wer von mir trinkt, wird ein Reh; wer aus mir trinkt, wird ein Reh" (Bd. I: 61). Sie bittet ihn erneut, nicht von diesem zu trinken, „sonst wirst du ein Reh und läufst mir fort"

---

366 Typen- und Motivkonkordanz: AaTh 450: Brüderchen und Schwesterchen (KHM 11, 141). Uther: Brüder Grimm. Kinder- und Hausmärchen. Bd. 3. S. 264. KHM-Veröffentlichung 1812 nach der mitgeteilten Version von Marie Hassenpflug. Die zweite Auflage von 1819 ist „mit dem einem weiteren Text der Märchenbeiträgerin" kombiniert. Das Märchen zeigt zahlreiche motivliche Parallelen mit dem Märchen *Die drei Männlein im Walde* (KHM 13) auf. Uther: Brüder Grimm. Kinder- und Hausmärchen. Bd. 4. S. 24. ATU 450: Little Brother and little sister. "Remarks: Elements are documented in Latin verse by the Polish poet C. Kobylieński in 1588." Uther: The Types of International Folktales. In: FFC 284. Part I. S. 265f.

367 „Die erst seit dem 16. Jahrhundert im deutschen Sprachgebiet zu beobachtende Differenzierung nach Quelle und Brunnen hat sich in Volkserzählungen nicht immer durchgesetzt, so dass mitunter Quellen als Brunnen bezeichnet werden (...)." Uther: Brunnen. In: EM 2 (1979). Sp. 941.

trinken, „sonst wirst du ein Reh und läufst mir fort" (Bd. I: 61). Doch seinen Durst kann er durch nichts bekämpfen, er beugt sich herunter zum Wasser und mit den ersten Tropfen auf seinen Lippen verwandelt er sich in ein „Rehkälbchen".[368] Beide weinen über diese Verwandlung. Schließlich wird das Schwesterchen aktiv und legt ihm ihr goldenes Strumpfband als Halsband um, rupft Binsen und flechtet daraus ein weiches Seil. So führt sie ihren verzauberten Bruder an der Leine immer tiefer in den Wald. Sie erreichen ein unbewohntes Häuschen und Schwesterchen beschließt, „[h]ier können wir bleiben und wohnen" (Bd. I: 62). Das Mädchen sucht und sammelt alles für sie beide zusammen und ihr Bruder, in Gestalt eines Rehs zeigt sich vergnügt und spielt vor ihr herum.

Der zweite Teil des Märchens ist bezüglich des Themas *Flucht* hier nicht so relevant, wird aber doch kurz erwähnt. Denn erst hier findet in symbolisierender Deutung der Abschluss der Reifung statt.[369] Das Mädchen heiratet einen König und nimmt ihr Reh mit auf das Schloss. Mit der Hochzeit wird das Mädchen auch auf sprachlicher Ebene im Märchen zur Frau. „Der König nahm das schöne Mädchen auf sein Pferd und führte es in sein Schloss, wo die Hochzeit mit großer Pracht gefeiert wurde, und nun war es die Frau Königin (...)" (Bd. I: 64). Doch die Stiefmutter missgönnt der Stieftochter ihr Glück und versucht sie als Konkurrentin ihrer eigenen Tochter zu beseitigen. Als Gegenspielerin nähert sie sich der Stieftochter als alte Kammerfrau und täuscht diese arglistig, indem sie die „kranke" Wöchnerin, die gerade einen Sohn geboren hat, zu einem Bad verführt. In einem rechten „Höllenfeuer (...)[musste sie] bald ersticken"

---

368 Die erste Quelle „hätte ihn in einen Tiger, die zweite in einen Wolf verwandelt (...)."Schenda, Rudolf (Hg.): Das ABC der Tiere. Märchen, Mythen und Geschichten. München 1995. S. 281. Das Reh „passt eben gut zum deutschen Wald- und Fürsten- und Kinderleben." Ebd. S. 281. „Das Reh galt (...) den Alten als ein Tier mit Weitblick." Ebd.: S. 279. Gerne wurde das großäugige und schlankbeinige Tier im Verhältnis zum maskulin-röhrenden Hirsch als feminin-bescheiden gesehen. Vgl.: Ebd. S. 280.

369 „Nur in symbolisierender Deutung kann man von Wandlung sprechen, von Reifungsmärchen, von Entwicklungsmärchen. (...) man [ist] befugt, umgekehrt Äußeres als Symbol für Inneres zu nehmen, Verwandlungen als Bilder innerer Wandlung, und Stufengang, Vorschritt von Station zu Station als Zeichen von Entwicklung, von Reifung." Lüthi: Das Volksmärchen als Dichtung. S. 158.

(Bd. I: 65).[370] Nun befiehlt sie ihrer eigenen Tochter, sich ins Bett des Königpaares zu legen. In vielen darauffolgenden Nächten tritt die "verstorbene Wöchnerin, aus dem Totenreiche kehrend"[371] an ihr Kind heran, stillt es und versorgt es und auch das Reh wird von ihr nicht vergessen. Die letzten drei Nächte tritt sie in Versen sprechend in Erscheinung und kündigt ihre ablaufenden Tage im Diesseitigen an. „Was macht mein Kind, was macht mein Reh? Nun komm ich noch einmal und dann nimmermehr" (Bd. I: 67). Der König erkennt seine wahre Frau erst in ihrer physischen und seelischen Anwesenheit. Die einäugige Tochter wird im Wald von den wilden Tieren zerrissen, während die Hexe zu Asche verbrannt wird. In diesem Moment wird das Reh von seiner Verzauberung erlöst und erhält seine menschliche Gestalt zurück.

Mit der Hochzeit selbst, die im königlichen Stande ihren vertrauten Riten folgt, beendet die Stieftochter ihren Status als Mädchen und wird zur Frau. Die Hochzeit in Brüderchen und Schwesterchen steht für den gebührenden Verdienst der Märchenheldin zu ihrem Glück, denn wie bereits in der Einleitung erwähnt „König [oder Königin] sein ist ein Bild für die vollendete Selbstverwirklichung."[372]

Dieses Zaubermärchen gehört neben *Hänsel und Gretel* (KHM 15) zu dem bekanntesten Geschwistermärchen. Nach dem Tod ihrer Mutter entsteht mit der erneuten Heirat des Vaters eine Neuordnung der Familienstruktur. Die zweigliedrige Struktur setzt sich einerseits aus der Tierverwandlung und dem Aufenthalt im Wald zusammen, andererseits aus der Heirat der Schwester mit dem König, der Unterschiebung der Stieftochter und der Erlösung der „Frau Königin" aus dem vorübergehenden Stadium des Todes.[373]

---

370 Die Beschreibung des Grausamen wird, entsprechend der üblichen Handhabe der Brüder Grimm, nur als Erzählmoment geschildert und verzichtet auf ausführliche Details. „Der Tod erweist sich als vorübergehendes Stadium zum wahren Glück." Uther: Brüder Grimm. Kinder- und Hausmärchen. Bd. 4. S. 24.

371 Panzer: Märchen. S. 99.

372 Lüthi, Max (Hg.): Es war einmal ...Vom Wesen des Volksmärchens. Göttingen [8]1998. S. 107.

373 Vgl.: Uther: Brüder Grimm. Kinder- und Hausmärchen. Bd. 4. S. 24f.

Doch zurück zu *Brüderchen und Schwesterchen*. Weitere Themen dieses Märchens sind: die unauflösliche Geschwisterliebe[374] bzw. die unschuldig verfolgte „Frau Königin" und die Unterschiebung der falschen Braut.[375] Die grausame Behandlung der Stiefmutter treibt die beiden Stiefkinder in die Flucht. Aus anthropologischer und psychologischer Sicht steht das Märchen für die Entwicklung vom Kind zum Erwachsenen und für die eigene geistige Bewusstseinswerdung. Am Anfang des Märchens nimmt der Bruder gegenüber seiner Schwester eine aktive Rolle ein. Er entscheidet: „[W]ir wollen miteinander in die weite Welt gehen" und nimmt sie an die Hand. Damit übernimmt er die Beschützerrolle. Doch diese Rolle setzt er im Laufe des Unterwegsseins mit seinem zunehmenden körperlichen Bedürfnis nach Wasser schließlich konsequent aufs Spiel. Während die Schwester sich im Laufe ihres Unterwegsseins der Natur verbunden zeigt und auf diese lauscht, schlägt der Bruder nach dem zweiten Verzicht ihre Warnungen in den Wind und gibt seinem Bedürfnis nach. Die Verwandlung in ein Reh geht auf die Kräfte der Stiefmutter zurück, die als Hexe alle Brunnen verwunschen hat. Das Trinken von dem Wasser kann hier als fehlende Selbstdisziplin gedeutet werden. Mit seiner Verwandlung und Gestalt als Reh endet auch seine Beschützerrolle.[376] Jetzt übernimmt die Schwester tatkräftig und sicher die Führung. Als Zeichen für ihre lebenslange Bindung nimmt sie das Reh am goldnen Halsband an die Leine, um es sicher durch den Wald zu lenken.[377] Der Bruder in Gestalt eines

---

374 Auch dem Zaubermärchen *Die sieben Raben* (KHM 25) liegt die Geschwisterliebe zu Grunde. Die Suchwanderung bildet auch hier, wie in so vielen KHM den Ausgangspunkt des Märchens. Vgl.: Uther: Brüder Grimm. Kinder- und Hausmärchen. Bd. 4. S. 54.

375 „Grundzüge dieser Erzählstoffe sind schon in altindischen und orientalischen Überlieferungen nachzuweisen, sie finden reiche Ausgestaltung in der mittelalterlichen Roman- und Novellenliteratur, im Volksbuch, Drama und Volksschauspiel und haben auf Grund so massiver literarischer Beeinflussung vielfältigen Niederschlag in der mündlichen Tradition gefunden. (cf. AaTh 450, 451, 705, 706, 707, 710, 712, 713, 883 A)." Moser-Rath, Elfriede: Frau. EM 5 (1987). Sp. 100-137, hier Sp. 113f.

376 Der Tod einer Märchenfigur kann auch durch eine zeitweilige Tierverwandlung symbolisiert sein. Vgl.: Uther: Brüder Grimm. Kinder- und Hausmärchen. Bd. 4. S. 54.

377 „Psychologen wie Bruno Bettelheim weisen auf die mütterliche Reifung der Schwester hin (...)." Diederichs: Who's who im Märchen. S. 55.

Rehs sieht zwar wie ein für den Menschen harmloses, im Wald lebendes wildes Tier aus, doch hat es selbst keinerlei Kenntnis und Erfahrung von seinem Lebensraum und den Gefahren des Waldes. In einem leerstehenden Haus im Wald richtet die Schwester alles für sie beide her. Sie besorgt und organisiert das Notwendige aus dem Wald. Sie lenkt das Leben, wodurch sie sich beiden eine feste Form des Daseins gibt.[378] Brüderchen taugt für die praktische Lebenserleichterung nichts und ist Schwesterchen allemal ein liebenswertes Tiergeschöpf. In seiner Verwandlung richtet sich Brüderchen seine Tage, gelenkt von seinen Naturtrieben, vergnüglich ein. Sein Freiheitsdrang ist gemäß seiner Tiergestalt sein ausgeprägtester Instinkt. Diesen kann die Schwester nicht länger unterbinden, nachdem der Bruder eine große Jagd in dem Wald vernahm. Widerwillig lässt sie ihn bis zum Sonnenuntergang in den Wald hinaus. Weil sie sich vor Fremden fürchtet, droht sie ihm den Einlass zu verwehren, wenn er sich nicht an den vereinbarten Satz halte: „Mein Schwesterchen, lass mich herein." Mit den Jägern spielt er an drei aufeinander folgenden Tagen das Spiel des gejagten Rehs und erweist sich dabei als der Erfolgreichere. In seiner Tiergestalt bewährt er sich gegenüber den Jägern und ihren Hunden als „zu schnell und behend" (Bd. I: 63) und gewinnt gerade dadurch verstärkt deren Aufmerksamkeit. Am zweiten Abend hatten die Jäger es umzingelt und leicht verletzt, sodass er ´gerade noch`[379] entkommen konnte, doch sein Einlassspruch wird vom Jäger gehört. Damit kann er sowohl seine ihm als männliche Märchenfigur zugeschriebene Abenteuerlust befriedigen als auch seine männliche Lust nach Kraft- und Mutproben. Dass er damit auch jedes Mal sein Leben in Gefahr bringt, verweist wohl auf sein Jugendalter. Deutlich erkennt man auch in diesem Märchen die

---

378 Für die Vertreter des Initiationsschemas, wie Albert Bajburin und Georgiy A. Levinton werden im Märchen und Ritual „Übergänge dargestellt, die im Märchen durch die Opposition jung/alt (als Wechsel der Altersklasse) und durch die Opposition nichtköniglich/königlich oder niedrig/hoch (als sozialer Übergang) wiedergegeben werden. (...) [Dabei] stellen Initiation und Hochzeit die beiden Wurzeln des Märchens dar, wobei die Initiation eine frühere Form darstellt." Becker, Ricarda: Initiation. In: EM 7 (1993). Sp. 183-188, hier Sp. 184.

379 Diese Motive des ´Gerade noch`, des ´Beinahe` und des ´kleinen Verlustes` machen gewisse Abstriche am Glück. Siehe hier auch Kapitel 5.3.1.2, Fußnote 307.

charakterlichen Zuschreibungen der männlichen und weiblichen Märchengestalt.[380]

Es gibt vielfältige Formen der Thematisierung von Flucht. Das KHM 11 zeigt, dass insbesondere da, wo Geschwister im Kindesalter vertrieben werden bzw. wo dem weiblichen Protagonisten Aussetzung widerfährt, das Unterwegssein selbst von relativ kurzer textlicher Länge sein kann, hingegen die Befreiung des geliebten Bruders aus seiner Verzauberung sich über den gesamten Erzähltext erstreckt.

5.4.3 Der Flüchtling

Die kurze textliche Darstellung der Flucht auf sprachlicher Ebene im Sinne des Unterwegsseins steht nicht für die tatsächliche Kürze einer Flucht. Doch unterliegt die Flucht stets der Notwendigkeit des 'Sich-Aufmachen-Müssens'. Vertraute Personen werden ebenso zurückgelassen wie das vertraute Umfeld, doch endet die Flucht nicht mit der ersten auffindbaren Herberge. Auch der Mensch in der realen Flüchtlingssituation schläft nicht freiwillig ungeschützt, sondern bevorzugt das Aufsuchen einer ihm vertraut wirkenden Stätte, wie einem Haus. Dieses dient ihm jedoch lediglich als Zufluchtsort. Er ist aber noch nicht am Ende seiner Flucht angekommen. Das Gefühl, sich an diesem Zufluchtsort einigermaßen zuhause zu fühlen, hilft ihm zwar auf seinem Weg, doch angekommen ist er erst im Gefühl der Geborgenheit. Darum wird unter diesen Aspekten das

---

380 Zum Reisen der Frau im Märchen vgl.: Holzhausen Heeter: Von einem, der Auszog ... S. 61-66. Sowie vgl.: Moser-Rath: Frau. EM 5 (1987). Sp. 110-127. Und vgl.: Feustel, Elke: Rätselprinzessinnen und schlafende Schönheiten. Typologie und Funktion der weiblichen Figuren in den Kinder- und Hausmärchen der Brüder Grimm (Germanistische Texte und Studien, Bd. 72). Hildesheim/Zürich/New York 2004. Hier besonders Kapitel 3 *Das Spektrum der Frauentypen in den Grimm'schen Kinder- und Hausmärchen*.

mannigfach interpretierte beliebteste Märchen *Sneewittchen* (KHM 53[381]) besprochen.

5.4.3.1 Sneewittchen

Der geplante Tod der Heldin macht *Sneewittchen* zum Flüchtling. Auch dieses Märchen weist wenige ausführliche Textpassagen auf, die von dem wandernden Mädchen handeln, und auch hier ist die Ausgangssituation von der Verstoßung und Aussetzung des Mädchens gekennzeichnet, wodurch sie die Flucht ergreift.

Sneewittchen findet über einen längeren Zeitraum Zuflucht im Waldhaus bei den Zwergen. Im Schloss des Königs findet sie jedoch erst jene Geborgenheit, die ihre Flüchtlingssituation beendet. In der folgenden Besprechung wird Sneewittchen als weibliche Figur und damit nicht in der dritten Person Neutrum bezeichnet.

So steht der Waldlauf des jungen Sneewittchens mit jedem weiteren Schritt für eine größere Distanz zu ihrer bösen Stiefmutter. Und je tiefer sie in den Wald läuft, desto mehr läuft sie ihrem Zufluchtsort entgegen. Nach Gehrts ist der Wald im Märchen „zugleich Zuflucht, aber auch Stätte der Wandlung, der Ansammlung von Kraft für einen neuen Aufbruch"[382]. Die Suche nach einer sicheren Bleibe für

---

381 Typen- und Motivkonkordanz. AaTh 709: Schneewittchen. KHM-Veröffentlichung 1812, deren Textgeschichte „mit einer hessischen Fassung *Schneeweißchen* des Grimm-Bruders Ferdinand" von 1808. Seit der Urfassung von 1810 (die an Clemens Brentano gelangte) wurde sie wiederholt von Wilhelm Grimm überarbeitet. Uther: Brüder Grimm. Kinder- und Hausmärchen. Bd. 3. S. 265 und Bd. 4. S. 105. Für den Zweitdruck 1819 hatte Wilhelm einige Veränderungen vorgenommen: Die schwarze Farbe der Augen wurde nun die Farbe ihres Haares und die Stiefmutter war zuvor – wie auch in *Hänsel und Gretel* (KHM 15) - ihre leibliche Mutter. Mit dieser zweiten Ausgabe beweinen auch die Tiere den Tod der Heldin und diese erwacht nun durch das Stolpern der Sargträger und nicht mehr durch einen Stoß in den Rücken. Vgl.: Diederichs: Who's who im Märchen. S. 294.

382 Gehrts, Heino: Der Wald. In: Jürgen Janning/Ders.: Die Welt im Märchen (Veröffentlichungen der Europäischen Märchengesellschaft 7). Kassel 1984. S. 37-53, hier S. 41. Sowie vgl.: Lehmann, Albrecht (Hg.): Von Menschen und Bäumen. Die Deutschen und ihr Wald. Reinbek 1999. Und

die Nacht ist mit dem Wunsch nach einer dauerhaften Bleibe verbunden und entspricht dem elementaren Bedürfnis des auf Gemeinschaft angelegten Menschen. So liegt der Antrieb, immer tiefer in den Wald zu laufen für *Sneewittchen* weniger in der Lust auf Abenteuer. Vielmehr erwächst dieser aus ihrer Flucht vor eventuellen Verfolgern. Die der Hexerei mächtige Stiefmutter verfügt über einen „wunderbaren Spiegel", den sie mit einem Zauberspruch zum Reden zwingt[383]: „Spieglein, Spieglein an der Wand, Wer ist die Schönste im ganzen Land?" Der Spiegel bestätigt ihr Ansinnen zunächst stets: „Frau Königin, Ihr seid die schönste im Land." Doch als Sneewittchen sieben Jahre alt ist, erkennt ihr „neidisches Herz" ihre persönliche Rivalin[384] und ihr Spiegel bestätigt ihre Befürchtung: „(...) Aber Sneewittchen ist tausendmal schöner als ihr" (Bd. I: 262). In dem Moment, als das siebenjährige *Sneewittchen* in seiner kindlichen Reinheit die Schönheit der in die Jahre gekommenen Stiefmutter übertrifft, steht das Gute und Junge gegen das Böse und Alte, die Stiefmutter wird zur offenen Gegenspielerin.[385] Sneewittchen, samt ihrer kindlich-naiven Aufgeschlossenheit und ihrem Gerechtigkeitsempfinden - sie nimmt später im Haus der Zwerge nur von jedem Tellerchen, Brötchen, Gemüschen und Becherlein ein bisschen - wird in den Kampf gegen die von Neid und Hochmut getriebene Stiefmutter geführt und gleichzeitig in den Kampf mit sich selbst als Heranwachsende.[386] Ihr freundliches und hilfsbereites Wesen sowie

---

vgl.: Schriewer, Klaus (Hg.): Der Wald – Ein deutscher Mythos? Perspektiven eines Kulturthemas. Berlin/Hamburg 2000.

383 Vgl.: Panzer: Märchen. S. 98.

384 Die Stiefmutter sieht ihre Stieftochter aus Neid auf deren Schönheit als persönliche Rivalin. Vgl.: Gerlach, Hildegard: Hexe. In: EM 6 (1990). Sp. 960-992, hier Sp. 966.

385 Friedrich Panzer hält fest, dass „[ü]ber die sittlichen Kategorien von Gut und Böse, über die ästhetischen von Schön und Hässlich (...) hinaus (...) kaum mehr eine Charakterisierung auch nur der Hauptpersonen des Märchens" stattfinden. Panzer: Märchen. S. 94. Und Hildegard Gerlach manifestiert: „Im Unterschied zu den Hexen im Märchen, die isoliert und ohne soziale Bezüge zu ihren Opfern stehen, konzentrieren Hexen, die als Stiefmütter (...) auftreten, ihren Zauber auf einzelne, bestimmte Menschen." Gerlach: Hexe. In: EM 6 (1990). Sp. 966.

386 Die Diminutivformen der Substantive spiegeln nicht nur die Kleinheit dieser alltäglichen Dinge wieder, sondern „haben daneben auch eine emotionale Konnotation (Diminutiv als Koseform), die sich auf die Ei-

ihre Frömmigkeit (sie legt sich im Haus der Zwerge in das siebente Bett, „befahl sich Gott und schlief ein") und ihre bei den Zwergen entfaltete Häuslichkeit erweisen sich schließlich auch als Eigenschaften, mit denen sie sich auch von außen angreifbar macht.[387] Der Jäger, der Sneewittchen im Wald töten soll, zeigt Mitleid mit ihr und überlässt „das arme Kind" den wilden Tieren des Waldes. In ihrer Not fleht Sneewittchen nicht nur um ihr Leben, sondern verspricht auch „in den wilden Wald [zu] laufen und nimmermehr wieder heim[zu]kommen" (Bd. I: 263).

Das Mädchen steht verstoßen von der Mutter im tiefen Wald allein und wusste nicht wohin in ihrer Angst. Doch selbst der hilfesuchende Blick nach oben in die vielen Blätter, die an den massigen hohen Bäumen hängen, mögen ihr keine Antwort geben und sie läuft von Angst des Verlassenseins getrieben gerade drauf los, immer tiefer in den Wald hinein, „solange die Füße noch fort konnten, bis es bald Abend werden wollte, da sah sie ein kleines Häuschen und ging hinein, sich zu ruhen"[388] (Bd. I: 263). In dem Moment, in dem die Märchenheldin am tiefsten Punkt des beängstigenden Waldes angelangt ist, trifft sie auf die ihr vertraute Form der Behausung, ein Haus, wenn auch klein, aber dennoch einen Schlafplatz und Schutz vor der hereinbrechenden dunklen Nacht versprechend.[389] Bei den sieben kleinen und sprechenden Zwergen löst sich ihr kurzfristiges, ängstliches Befremdungsgefühl bald auf, und über den

---

gentümer der Gegenstände in Verkleinerungsform überträgt, und sie als gute Elemente hervorhebt. (Böse Wesen haben keine Stühlchen, Tellerchen, Becherchen, etc.). Holzhausen Heeter: Von einem, der Auszog ... S. 159. „Die zahlreichen Diminutive [in Märchen] dienen einer bewussten Kindertümlichkeit." Uther: Brüder Grimm. Kinder- und Hausmärchen. Bd. 4. S. 55.

387 „Aufgaben, Verbote, Bedingungen (Tabus u. a.), Gaben, Ratschläge und Hilfen aller Art bezeugen, dass die Handlung des Märchens nicht von innen gelenkt wird, sondern von außen." Lüthi: Märchen. S. 30.

388 „Geister und Gespenster beleben Bäume und Gebüsche (...) Reisende und Wanderer durchqueren ihn mit Angst." Fischer: Erzählen – Schreiben – Deuten. S. 227.

389 „Im Märchen ist der Wald der Ort der Gefahren und Schrecken, ebenso der wunderbaren Begegnungen und Abenteuer. Die Helden erfahren seine Geheimnisse und Wunder und lassen sich zum eigenen Glück darauf ein." Fischer: Erzählen – Schreiben – Deuten. S. 228. Sowie vgl.: Lüthi: So leben sie noch heute. S. 15.

Zeitraum ihres Verbleibs macht sie mit den Zwergen eine durchweg positive Erfahrung.[390] Als Gegenleistung für ihre Aufnahme bei diesen muss sie sich in deren Dienst als Hausfrau stellen. Tagsüber ziehen die Zwerge früh los, um in den Bergen nach Erz zu hacken und zu graben.[391] Mit dem Alltag bei den sieben Zwergen erholt sich Sneewittchen bald von ihrem Schicksal der zum Tode Verurteilten durch ihre Stiefmutter. So findet sie nach den ausgestandenen Ängsten im Wald schnell zu ihrem eigenen naiv-unschuldigen Wesen zurück, welches sich in ihrer Unvoreingenommenheit und Freundlichkeit ausdrückt.[392] Mit ihren „Eigenschaften Arbeitsamkeit/Fleiß, Häuslichkeit, Sauberkeit, Fröhlichkeit und Frömmigkeit gewinnt sie auch die Zuneigung der Zwerge (...)."[393] Trotz der Warnungen der Zwerge vor ihrer Stiefmutter lässt sich Sneewittchen drei Mal auf die unkenntlichen Gestalten der Königin ein.[394] Die ersten beiden Male können ihr die Zwerge helfen. In der ersten Begegnung in Gestalt einer Krämerin findet sie scheinbar den Tod, da diese sie mit einem buntseidenen Schnürriemen so fest geschnürt hatte, in der zweiten Begegnung fällt Sneewittchen wie tot um, weil in der Gestalt einer armen Alten die Stiefmutter ihr erfolgreich einen vergifteten Haarkamm feil bietet. Doch nach dem dritten Besuch als Bauersfrau wissen sich die Zwerge auch keinen Rat mehr.[395] Sie finden äußerlich keinen vergifteten Gegenstand an ihr. So findet Sneewittchen den scheinbar dauerhaften Tod nach dem Biss in eine vergifte-

---

390 Rundzahlen wie sieben bezeichnen hier Figuren (Zwerge), Dinge (Stühlchen, Tellerchen, Brötchen, Gemüschen, Gäbelchen, Messerchen und Becherlein) oder Fristen (Sneewittchen wurde im siebten Lebensjahr verstoßen). Lüthi: Märchen. S. 30.

391 Der Wald beängstigt den reisenden Menschen, doch Köhler, Förster, Jäger und andere trachten in ihm nach dessen knappen Ressourcen. Vgl.: Fischer: Erzählen – Schreiben – Deuten. S. 227.

392 Vgl.: Uther: Brüder Grimm. Kinder- und Hausmärchen. Bd. 4. S. 106.

393 Uther: Brüder Grimm. Kinder- und Hausmärchen. Bd. 4. S. 106.

394 „Als dämonisches Wesen kann die Hexe ihre Gestalt verändern. Sie macht sich unkenntlich, indem sie das Aussehen einer anderen Frau annimmt (...)." Gerlach: Hexe. In: EM 6 (1990). Sp. 965.

395 „Die Märchenhexe ist ein richtiger Dämon, wird aber meist in missgebildeter Menschengestalt gedacht (...)." Röhrich: Märchen und Wirklichkeit S. 17.

te Apfelhälfte.[396] Die wilden Tiere des Waldes, die Eule, der Rabe und die Taube, die Sneewittchen nie etwas angetan hatten, beweinen zusammen mit den Zwergen ihren Tod und letztere lassen „einen durchsichtigen Sarg von Glas machen, dass man es von allen Seiten sehen konnte, legten es hinein und schrieben mit goldenen Buchstaben seinen Namen darauf, und dass es eine Königstochter wäre" (Bd. I: 270).[397]

Sneewittchen findet im tiefen Wald bei den Zwergen Asyl und als Fremde ist es nun sie, „dessen Herkunft und Qualitäten man nicht kennt [und die] geprüft werden [müssen], ehe eine Heirat in Frage kommt."[398] Bei den Zwergen kann sie Erkenntnisse über sich und ihre Stiefmutter gewinnen. Sie findet ein neues Zuhause und macht sich mit ihrer neuen Umgebung vertraut. Sie hat ihre Beschäftigung und trägt so ihren Anteil zur Alltagsbewältigung in der magischen Fremde bei. Auch hat sie neue Freunde gewonnen, wie die Trauer der Waldtiere und Zwerge zeigt. Ihre Herkunft spielt während ihres Daseins für sie selbst und für die Zwerge keine Rolle. Sneewittchen war als Mensch, unabhängig von ihrem Geschlecht, als Hilfesuchende aufgenommen worden und sie musste genau wie die Zwerge den ganzen Tag arbeiten.[399] Ihre Herkunft holt sie jedoch im Zustand des scheinbaren Todes ein. Der gläserne Sarg, der auf dem Berg aufgebahrt wird, wird nach „langer, langer Zeit" von einem Königssohn entdeckt, der diesen von den Zwergen erbittet. Der

---

[396] Laut Heino Gehrts steht der Wald als „Zone, die sich vor das Land der Erfüllung lagert und die durchschritten werden muss, auch wenn sie bisweilen sich höchst bedrohlich darstellt – wie stets ein Abschnitt auf dem Schicksalsweg". Gehrts, Heino: Der Wald. S. 37-53, hier S. 48.

[397] Zur *Schlafenden Schönheit* und dem Königstochtertypus siehe unter dem Kapitel 3.6 *Junge Frauen bis zur Ehereife: der Königstochtertypus.* Feustel: Rätselprinzessinnen und schlafende Schönheiten. S. 255-303, hier 257-271.

[398] Horn: Prüfung. In: EM 11, 1 (2003). Sp. 2.

[399] Dass Sneewittchen in ihrer Art häuslichen Tätigkeit den weiblichen Fleiß im Mantel der Dienstmagd wie Aschenputtel (KHM 21) verkörpert, wird später aufgegriffen. Hier rückt eher die prosaische Welt des Alltags in den Vordergrund, als die Welt der Wunder. Der Fleiß der Tugend wird vor allem von der bürgerlichen Gesellschaft verkörpert und diente als weibliche Eigenschaft auf dem Weg zum Glück. Vgl.: Solms: Die Moral von Grimms Märchen. S. 30f.

König hat sowohl die Schönheit Sneewittchens erkannt[400] als auch dem goldenen Schriftzug ihren gesellschaftlichen Stand entnommen.[401] Hier stellt sich zumindest die Frage, ob Sneewittchen den König ausschließlich über ihre Schönheit für sich hätte gewinnen können oder seine Leidenschaft für sie an ihrer übereinstimmenden sozialen Herkunft gebunden war.

Der König lässt den gläsernen Sarg von seinen Dienern zu seinem Schloss tragen. Auf dem Weg dorthin stolpern diese, wodurch sich das vergiftete Apfelstück in Sneewittchens Hals löst und sie auf wundersame Art wieder lebendig wird.

Die Funktion der Flucht liegt für Sneewittchen auf anthropologischer Ebene in den verschiedenen Phasen ihres Erwachsenwerdens. Zunächst ist da das abrupte Ende der Kindheit. Als verstoßenes und ausgesetztes Kind muss sie die volle Verantwortung im Kampf des Überlebens für sich selbst übernehmen. Das Alte ist verloren, das Neue noch nicht zu sehen. Auf der Flucht vor dem Jäger, der Stiefmutter und allem, was ihr vertraut war, begibt sie sich immer tiefer in den Wald hinein, in jenen „dämonische[n] Machtbereich [der] für die Menschen in seiner Gänze voller Gefahren und Schrecken"[402] ist. Hier läuft Sneewittchen am Nullpunkt ihres Lebens. Die Heldin hat scheinbar alles verloren. Auf sich allein gestellt, findet das Mädchen vor der einbrechenden Nacht eine Zuflucht. Das Zwergenhaus ist von sieben kleinen jenseitigen Wesen bewohnt, gegenüber denen sie sich rein physisch als groß wahrnehmen kann. Ihrer äußeren Größe muss nun die innere folgen. Sie muss lernen zwischen den sittlichen Kategorien des Märchens, gut und böse sowie gerechtfertigtem Vertrauen und gesundem Misstrauen zu unterscheiden.[403] Sneewitt-

---

400 „Seelisches spielt im Märchen (...) keine Rolle (...). Wo ihrer [der Liebe] überhaupt gedacht wird, erscheint sie als Naturinstinkt, ein rein sinnliches Begehren, an der Schönheit der Heldin, des Helden entzündet." Vgl.: Panzer: Märchen. S. 93.

401 Wie weiter oben erwähnt, spricht das Märchen stellvertretend für das sinnliche Begehren von ästhetischen Kategorien wie schön und hässlich. Vgl.: Panzer: Märchen. S. 94.

402 Fischer: Erzählen – Schreiben – Deuten. S. 231.

403 Die Figuren im Märchen unterscheiden sich scharf und bilden so Kontraste von gut oder böse, schön oder hässlich, groß oder klein, vornehm oder niedrig. In dieser Weise spiegeln sie vom König bis zum Bettler, „von der tugendhaften Dulderin bis zum schlimmsten Bösewicht die we-

chen hat ihre häuslichen Aufgaben als Dienstmagd bei den Zwergen ohne Klagen und zur Zufriedenheit erfüllt und ihre gesellschaftliche Herkunft war selbst für Sneewittchen kein Thema. Sie ist sich für die häuslichen Tätigkeiten nicht zu schade, doch den Rat der Zwerge, niemanden herein zu lassen, befolgte sie nicht. Durch das Übertreten der Verbote konnte Sneewittchen ihre kindliche Naivität überwinden und ihre Prüfungen durchlaufen, um so entscheidende Erfahrungen für ihr Leben zu gewinnen.

Sneewittchen wird entsprechend ihres sozialen Standes von den Zwergen auf dem Berg in einem gläsernen Sarg aufgebahrt. Mit dem Schreiben ihres Namens und ihrer Herkunft im goldenen Schriftzug geben die Zwerge Sneewittchen ihre soziale Identität zurück. Auf Grund ihrer Zuneigung und ihres Trauerns bewachen sie den Sarg in märchenhafter Gerechtigkeit abwechselnd. Die lange Zeit, die Sneewittchen nun im Sarg liegt, könnte für den Abschluss ihrer Adoleszenzzeit im Sinne des vollständigen inneren Reifungsprozesses zur Frau stehen. Die Beschreibung seelischer Vorgänge ist den Grimm'schen Märchen fremd.

Das vergiftete Apfelstück in ihrem Hals löst sich beim Stolpern der den Sarg tragenden Diener auf dem Fußmarsch zum Schloss des Königs, und auf wundersame Weise kehrt sie ins Leben zurück. Sie feiert ihre Hochzeit und erlebt die grausame Strafe des Tottanzens an ihrer Stiefmutter. Dabei steht die oft kritisierte Brutalität der Grimms auch in diesem Märchen im Verhältnis zur vorangegangenen Boshaftigkeit und wird damit fast neutralisiert oder als gerecht empfunden.[404] Die Funktion des Unterwegsseins liegt für Sneewittchen letztlich in ihrer inneren Reifung, die mit der Hochzeit schließt.

---

sentlichen Erscheinungen der menschlichen Welt" wider. Lüthi: Märchen. S. 28.

404 Diese Form der märchenhaften Gerechtigkeit mutet ein wenig an das Ausüben von Selbstjustiz an bzw. erinnert innerhalb des alten Testaments an die oft zitierte Devise: Auge um Auge, Zahn um Zahn. Ungerechtes musste der Held erleiden, Un(ge-)rechtes wird am Ende der Gegenspieler erfahren.

5.4.3.2 Die drei Sprachen

Auch in *Die drei Sprachen* (KHM 33[405]) verursacht der geplante Tod des Helden seine Flucht. Wie in *Sneewittchen*, so wird auch in *Die drei Sprachen* der Sohn von Bediensteten in den Wald geführt, um dort getötet zu werden, doch bleibt auch sein Leben aus Mitleid verschont. Als Wahrzeichen für Sneewittchens Tod bringt der Jäger der Königin Lunge und Leber eines jungen Frischlings mit und im KHM 33 bringen „die Leute des Grafen" Augen und Zunge eines Rehs zum Wahrzeichen. *Die drei Sprachen* handelt von einem Helden, der die Gabe des tiersprachkundigen Menschen aufweist, als „Signum seiner Allverbundenheit" sowie als ein wesentliches „Attribut" seiner Selbst.[406]

Ein in der Schweiz lebender alter Graf schickt seinen Sohn, den er für dumm und lernunfähig befindet je ein Jahr in drei Städte zu drei verschiedenen Meistern. Nach jedem Jahr fragt er seinen Sohn, was er gelernt habe. Beim ersten Meister lernt er, „was die Hunde bellen" (Bd. I: 173), nach dem zweiten Jahr antwortet er dem Vater: „Vater, ich habe gelernt, was die Vögli sprechen" (Bd. I: 173). Der Vater schickt ihn unter Androhung seiner Verstoßung wutentbrannt zu einem dritten Meister. Nach einem Jahr antwortet der Jüngling auf die stets gleiche Frage des Vaters: „Lieber Vater, ich habe dieses Jahr gelernt, was die Frösche quaken" (Bd. I: 173). Offiziell verkündet der Vater nun vor seinen Leuten: „Dieser Mensch ist mein Sohn

---

405 Typen- und Motivkonkordanz (KHM 29, 31). AaTh 517 (AaTh 725): Prophezeiung künftiger Hoheit. AaTh 671: Tiersprachenkundiger Mensch. KHM-Veröffentlichung 1819 durch „den Notar Hans Truffer (1774-1830) aus Visp (Obervallis)". Dieses Zaubermärchen ersetzte seit 1819 „das Märchen vom gestiefelten Kater, das wegen seines allzu französischen Einflusses ausgeschieden wurde." Uther: Brüder Grimm. Kinder- und Hausmärchen. Bd. 4. S. 71. ATU 517: The Boy who Understands the Language of Birds (previously The Boy who Learned Many Things). Uther: The Types of International Folktales. In: FFC 284. Part I. S. 305f. ATU 725: Prophecy of Future Sovereignty (previously The Dream). Ebd.: S. 390). ATU 671: The Three Languages. "Remarks: Often combined with the Types 517 and / or 725. BP call the Types 517, 671, and 725 "three forms" of one tale. (…). Oriental origin (Seven Wise Men). Documented in Europe, see Johannes Gobi Junior, *Scala Coeli* (No. 520)." Ebd.: S. 367f.

406 Vgl.: Uther: Brüder Grimm. Kinder- und Hausmärchen. Bd. 4. S. 71f.

nicht mehr, ich stoße ihn aus (...)" (Bd. I: 173). Seinen Leuten trägt er auf, seinen verstoßenen Sohn im Wald zu erschießen. Der Jüngling bleibt, wie bereits erwähnt, verschont und hier beginnt erst seine eigentliche Flucht. Er kehrt in der ersten Nacht seiner Wanderschaft in eine Burg ein. Diese ist unten im alten Turm von wilden Hunden bewohnt, vor denen sich das ganze Land fürchtet. Mit etwas Essen in den Händen begibt sich der Jüngling furchtlos in den Turm. Die Hunde essen das, was er ihnen vorwirft. Sie begegnen ihm freundlich und teilen ihm ihr Schicksal mit: Sie sind verwunschen und müssen einen Schatz hüten, ihre Erlösung jedoch erfolgt erst dann, wenn dieser Schatz gehoben wird. Sie weihen den Jüngling in ihr Geheimnis ein und erklären ihm sogar, was zu tun wäre. Der Jüngling teilt dem Burgherrn am anderen Morgen das Meiste mit und steigt erneut in den Turm, um den Schatz zu heben. Nach seinem Erfolg wird er vom Burgherrn als dessen Sohn aufgenommen. Nach einiger Zeit bei dem Burgherrn „kam ihm in den Sinn", (Bd. I: 175) nach Rom zu reisen. Unterwegs hört er, was die Frösche quaken, und das stimmte ihn bedrückt. Den Grund hierfür, erfährt der Leser erst am Ende.

In Rom musste ein neuer Papst gewählt werden, und die Kardinäle und Bischöfe (werden im Märchen nicht genannt) warteten auf ein „Zeichen Gottes".[407] Diese sahen es in jenem Augenblick erfüllt, als der Jüngling die Kirche betrat und sich ihm „zwei schneeweiße Tauben auf seine beiden Schultern" setzten. Von den Tauben ermutigt willigte er ein, wurde gesalbt und geweiht und ward der neue Papst. Nun heißt es: Hier erfüllte sich die Prophezeiung der Fische. Auch bei seiner ersten Messe saßen ihm die Tauben, wissend um den Text, dienend „auf seinen Schultern und sagten ihm alles ins Ohr."[408]

---

407 Zu *Gott im Märchen* siehe die Aufsatzsammlung: Gehrts, Heino/Janning, Jürgen/Ossowski, Herbert/Thyen, Dietrich: Gott im Märchen (Im Auftrag der Europäischen Märchengesellschaft). Kassel 1982. Hier insbesondere der Beitrag von Dietrich Thyen: Transzendenz und Wirklichkeit in der Sicht der Märchen – Vom Sinn einer gläubigen Deutung der Welt. S. 25-38.

408 Holzhausen Heeter: Von einem, der Auszog ... S. 66-68.

Während die Flucht des Grafensohnes vor seinem ihn verleugnenden und ihn tot glaubenden Vater der Märchentradition folgt, wird gleich zu Beginn deutlich, dass das Märchen sowohl Legendenmerkmale als auch Märchenmotive aufweist. So enthält das Märchen keine genauen geographischen Informationen, wie „In der Schweiz lebte einmal ein alter Graf, (...)" (Bd. I: 173), ebenso wenig kennt es Darstellungen von Gemütsstimmungen, wie „über eine Zeit kam es ihm in den Sinn, er wollte nach Rom fahren" (Bd. I: 175). Darüber hinaus ist dem Märchen ein Wunder von göttlicher Macht fremd. Laut Lüthi wird in der Legende das Wunder verehrt und als ein von Gott Empfangenes begriffen, während das Wunder im Märchen in der Handlung seinen als selbstverständlich hingenommenen bestimmten Sinn und Wert erfährt.[409] Hier ist das Wunder ein Wunder der göttlichen Macht. Märchenhaft hingegen sind seine Gaben, die Sprache der Hunde, der Vögel und der Frösche, die ihn schließlich zu seinem Erfolg bringen. In diesem Märchen kennt der Protagonist seinen Bestimmungsort aber nicht den Grund. Auch hierin hebt sich das Märchen von den anderen Grimm Märchen ab. Im Allgemeinen weiß der Protagonist, warum er aufbricht, und was er in der Fremde sucht, doch die geographische Lage seines Zielortes ergibt sich lediglich aus diesem Wissen.

Die Reise nach Rom folgt hier eher der Tradition der Legende. Sein ihm gebührender Erfolg als Herrscher scheint auf den ersten Blick zwar wieder märchenhaft, doch dies wäre es nur im Sinne eines Herrschers über ein Königreich, aber nicht als Herrscher über das Christentum.[410]

Neben dem Menschen als Märchenfigur können aber auch Tiere im Märchen auf der Flucht sein. Doch zuvor wird die Hochzeit und Initiation im Märchen vorgestellt.

---

409 Vgl.: Röhrich: Max Lüthi. In: Kahn/Röth: Märchen und Märchenforschung in Europa. S. 20.

410 Vgl.: Holzhausen Heeter: Von einem, der Auszog ... S. 67f.

5.5 Exkurs: Zur Initiation und Hochzeit im Märchen

Bei Initiationen „kann es sich um den Übergang vom Kindesalter zum Erwachsensein, verbunden mit der Übernahme der jeweiligen Geschlechterrolle handeln oder seltener, um die Aufnahme in Bünde oder Geheimgesellschaften."[411]

In Bezug auf die besprochenen Märchen und die Wirklichkeit des magischen Weltbildes wird hier kurz im Allgemeinen auf den Komplex von Sitte und Brauch im Bereich von Verlobung und Hochzeit eingegangen.

Die Hochzeit bildet oftmals den abschließenden Höhepunkt des Märchens, doch kann im Märchen keine ausführliche Beschreibung von Hochzeitsbräuchen die Rede sein. Die Hochzeit ist entweder am Ende des ersten Teils platziert oder ganz am Schluss des Märchens, jedenfalls nur im Sinne eines glücklichen Ausgangs. Die Märchenhochzeit als Belohnung für große Taten oder schwierige Prüfungen entspricht jedoch realen „Proben, wie sie bei Naturvölkern als Voraussetzung zur Erlangung der Mannbarkeit verlangt werden (...): Die Frau kann und muss Bedingungen stellen, ehe sie sich hingibt; der Mann muss seine Männlichkeit vor der Frau bewähren (...)"[412], selbst unter Lebensgefahr, wie der Gang in die Hölle des Teufels. Ins Phantastische gesteigert, muss hier das Glückskind als nicht standesgemäßer Freier dem König drei goldene Haare des Teufels bringen (KHM29).

Auch das Begriffspaar 'Sitte und Brauch`, das für das gesellschaftliche Normengefüge steht, erfährt im Märchen eine Übersteigerung.[413]

---

411 Beer, Bettina: Initiation: In: Wörterbuch der Völkerkunde. Begründet von Hirschberg, Walter. Berlin 1999. S. 186f. Als Beispiel für die Aufnahme in so genannte Geheimbünde könnte *Daumerlings Wanderschaft* (KHM45) herangezogen werden. Seine Wanderung durch den Wald stünde dann hier für seine Seklusion, die erfolgreiche Prüfungsphase nach der Aufnahme durch die Räuber, die in dem 'Riesen Goliath` ihren 'Dietrich` sehen, steht das Angebot der Räuber, Daumerling zu ihrem Hauptmann zu befördern. Ein Abschluss wird hier nicht erreicht, da Daumerling dankend ablehnt.

412 Röhrich: Märchen und Wirklichkeit. S. 107.

413 Zur Diskussion von 'Sitte und Brauch` in den 1970er Jahren siehe: Korff, Gottfried: Kultur. In: Bausinger: Grundzüge der Volkskunde. S. 17-63,

Die außergewöhnlichen Leistungen des Brautwerberhelden weisen hier bestimmte Parallelen mit den Initiationsbräuchen der Naturvölker in der Reifungsweihe auf. Der Initiant muss Stärke, Ausdauer und Weisheit beweisen, bevor er die Klasse der Unverheirateten verlässt und in jene der Einleitung zur Hochzeit bzw. Verheirateten tritt. Auch die jungen Mädchen werden nach Röhrich bei den Naturvölkern mit der ersten Menstruation in eine Pubertätshütte eingeschlossen.

In Anlehnung an die beobachteten Initiationsriten der Naturvölker entwickelt van Gennep zu Beginn des 20. Jahrhunderts einen drei Stufenverlauf: Die erste Phase steht für die Trennungsphase als Phase der Ablösung vom vorhergehenden Zustand. Hier wird der Initiant häufig von anderen getrennt und z. B. in eine andere Hütte gebracht. In der zweiten Phase muss der Initiant während seiner Zeit der Seklusion, der Zeit seiner Absonderung den Belehrungen, Reinigungen oder Nahrungstabus folgen, um seine letzte Phase der Neuintegration in die Gesellschaft durch Angliederung an den neuen Zustand antreten zu können.[414]

Angewendet auf die Welt des Märchens, bedeutet dies, dass zum Beispiel die Aussetzung des weiblichen Stiefkindes im Wald durch den Jäger der Trennungsphase entspricht. So tritt der Wald im Märchen als Symbol für den Ort der Seklusion in Erscheinung. Verloren läuft das Stiefkind durch den Wald und wird von äußeren Mächten getragen, bis es auf eine Hütte oder Behausung trifft. Mit der Schwellenüberschreitung zum Beispiel ins Waldhaus beginnt die Zwischenphase, eine Zeit der Prüfungen und Belehrungen. Die Funktion der Prüfungen wird im Märchen meist von einer alten Frau oder Hexe wahrgenommen.[415] Hier durchläuft der Protagonist

---

hier insbesondere S. 24ff. Martin Scharfe plädiert für die Ersetzung der 'Sitte` durch die 'Norm`. Sowie vgl.: Dünniger, Josef: Brauchtum. In: Stammler, Wolfgang (Hg.): Deutsche Philologie im Aufriß. Bd. 3. 2.,überarbeitete Auflage. Berlin 1962. Sp. 2571-2640.

414 Bimmer, Andreas C.: Von Übergang zu Übergang – Ist van Gennep noch zu retten? In: Österreichische Zeitschrift für Volkskunde 103 (2000). S. 15-36. Sowie vgl. auch Köhle-Hezinger, Christel: Willkommen und Abschied. Zur Kultur der Übergänge in der Gegenwart. In: Zeitschrift für Volkskunde 92 (1996). S. 1-19.

415 Vgl.: Becker: Initiation. In: EM 7 (1993). Sp. 185.

in der Regel einen Reifungsprozess. Nach Abschluss dieser Initiation erhält das Mädchen im letzten Verlauf „den Status einer heiratsfähigen Frau. Im Märchen schließt die Prüfungsphase mit der Heirat ab."[416] Diese Heirat steht für die Neuintegration in die Gesellschaft, eine Angliederung an den neuen Zustand.[417]

Andere 'Hochzeitsbräuche und –sitten' sind 'Versteckwetten', 'die rechte Braut herausfinden', 'Suchbräuche als rituelles Sträuben', um böse und neidische Mächte nicht zu provozieren, 'Verwechslung' sowie 'Scheinbraut' und anderes mehr.[418] Die 'Scheinbraut' erinnert an das Märchenmotiv der 'unterschobenen Braut', das auch erst im Wochenbett der eigentlichen Frau auftauchen kann, wie in der hier besprochenen KHM 11. Das Märchen scheint somit in seinen Motiven auf wirkliche Hochzeitssitten zurückgegriffen zu haben.[419]

Eine weitere Form der Initiation im Märchen lässt sich in Bezug auf das Jenseits herleiten. „Während des vorübergehenden Besuches im Jenseits werden vor allem im europäischen Zaubermärchen dem Helden oder der Heldin körperliche Qualen [zum Teil als Tierverwandlung] zugeführt, ja sie werden sogar getötet, um später mit dem Wasser des Lebens (AaTh) wiederbelebt zu werden."[420]

Trotz all dieser interessanten Interpretationen, die in den Märchenvorgängen umgesetzte Initiationsriten sehen, muss bezogen auf das Kerngebiet (siehe Fußnote 73) festgehalten werden, dass viele dieser rituellen Beobachtungen außerhalb dieses Gebietes gemacht wurden.[421]

---

416 Becker: Initiation. In: EM 7 (1993). Sp. 185f.

417 Auch Schriftsteller wie Cervantes oder Kleist lassen Erzählungen mit einer Heirat enden und der Wiedereingliederung in die Gesellschaft. Siehe hier: Klotz, Volker (Hg.): Erzählen. Von Homer zu Boccaccio, von Cervantes zu Faulkner. München 2006.

418 Vgl.: Röhrich: Märchen und Wirklichkeit. S. 102-123.

419 Vgl.: Ebd. S. 102-123.

420 Bauer: Jenseits. In: EM 7 (1993). Sp. 529.

421 Vgl.: Kooi, van der: Märchen zwischen mündlicher Überlieferung und literarischer Tradition. S. 32.

5.6 Nutzlose Tiere und Menschen im Märchen

„In der Tierwelt ist Flucht die Alternative zum Angriff; beide stehen im Dienste der Selbsterhaltung."[422] Im Zusammenhang mit der Flucht wird in einigen Märchen die Nutzlosigkeit ausgedienter Tiere thematisiert.

Als Variante zu den bisher herangezogenen Märchen auf der Wanderschaft oder Flucht soll nun ein Schwankmärchen aus der KHM-Sammlung herangezogen werden. Im Schwankmärchen wird das Märchenwunder u. a. durch betrügerische Kniffe des Helden ersetzt.[423] Und an die Stelle des Menschen als Märchenheld tritt im folgenden Tierschwank entsprechend das Tier als Held.

5.6.1 Die Bremer Stadtmusikanten

Im Märchen *Die Bremer Stadtmusikanten* (KHM 27[424]) begeben sich gleich vier Helden auf Wanderschaft. „Charakteristisch für den Tierschwank ist die zweigliedrige Struktur, die sich nach der Vorge-

---

422 Franz, von. Flucht. In: EM 4 (1984). Sp. 1328.

423 Vgl.: Lüthi: Märchen. S. 13. Eine Affinität zu den Schwankmärchen unterstreicht das Märchen *Das tapfere Schneiderlein* (KHM 20). Hier besiegt das kleine und schwache Schneiderlein die starken Riesen. Typisch für solche Art Schwankmärchen ist das Missverstehen. Das Schneiderlein überwindet aus diesem Missverstehen heraus seinen Stand und erklimmt die ´Spitze der Standeshierarchie`. Vgl.: Röhrich: König, Königin. In: EM. 8 (1996). Sp. 135.

424 Typen- und Motivkonkordanz. AaTh 130, 130 B: Tiere auf Wanderschaft. KHM-Veröffentlichung 1819 ist durch die Familie von Haxthausen vermittelt und aus zwei Fassungen kontaminiert worden. Ältere literarische Quellen gehen bis zu Georg Rollenhagen (1542-1609) zurück, in denen er auf Vorlagen des Epos vom Forsch-Mäuse-Krieg 100 vor Christus benutzte. Uther: Brüder Grimm. Kinder- und Hausmärchen. Bd. 3. S. 262 und Bd. 4. S. 59. ATU 130: The Animals in Night Quarters. Uther: The Types of International Folktales. In: FFC 284. Part I. S. 99f. ATU 130 B: Fleeing Animals Threatened with Death (previously Animals in Flight after Threatened Death). Ebd.: S. 100.

schichte vom Zusammenfinden der Tiere ergibt."[425] Zentrales Thema hier ist das fehlende Verantwortungsgefühl und die fehlende Dankbarkeit der Menschen gegenüber den ihnen treu dienenden Tieren.[426] So schließen sich in diesem Märchen Esel, Hund, Katze und Hahn, die lange im Dienst ihres Herrn standen, zusammen. Von ihrem jeweiligen Herrn als zur Arbeit untauglich, alt und nutzlos befunden, haben sie von diesem nur noch ihre Tötung zu erwarten. Doch statt sich ihrem Schicksal zu beugen, werden sie „landesflüchtig" (Bd. I: 146). Ein Tier nach dem anderen schließt sich dem Esel und dessen Ziel an. Gemeinsam wandern sie Bremen entgegen, um dort als Stadtmusikanten im Quartett (Laute, Pauke, Nachtmusik, kräftige Stimme) ihr Leben zu bestreiten.[427] Abends erreichen sie einen Wald und der Esel beschließt, in diesem Rast für die Nacht zu machen. Jeder macht es sich seiner Art gemäß so bequem wie möglich, doch als Haus- und Nutztiere sind sie mit der Natur nicht so vertraut. Vor dem Einschlafen sieht der Hahn auf der Spitze des Baumes „in der Ferne ein Fünkchen brennen", und auf Initiative des Esels machen sie sich sofort dorthin auf, „denn hier ist die Herberge schlecht" (Bd. I: 147). Das Haus in der Ferne erweist sich aus der Nähe als von Räubern bewohnt, die an einer großzügigen Esstafel speisen. Gemeinsam erobern die Vier dieses mit lautem Geschrei. Als Akrobaten aufeinander stehend, der Hund auf dem Esel, die Katze auf dem Hund und der Hahn auf der Katze, platzen sie durchs Fenster ins Haus herein und schlagen die verängstigten Räuber in die Flucht. Dies geschieht alles sehr übereilt, sodass die Räuber sie für ein Gespenst halten. Nachdem sie gut gegessen haben, suchen sie sich ihren Schlafplatz, doch noch einmal müssen sie einen Kundschafter der Räuberbande im Dunkel der Nacht aus dem

---

425 Uther: Brüder Grimm. Kinder- und Hausmärchen. Bd. 4. S. 59.

426 Zur lebendigen Erzähltradition der Tiere in Märchen, Mythen und Geschichten seit der Antike siehe: Schenda, Rudolf (Hg.): Das ABC der Tiere. Märchen, Mythen und Geschichten. München 1995.

427 Die Nennung eines geographischen Ortes ist aber auch für diesen Märchentyp untypisch. Unter einem bestimmten Märchentyp werden Geschichten verstanden, die sich als Varianten eines bestimmten Märchens klassifizieren lassen: Hier sind es Varianten zum übergeordneten Thema, inklusiv des Ausgangsmotivs sowie zur Form oder zum Protagonisten. Vgl.: Kooi, van der: Märchen zwischen mündlicher Überlieferung und literarischer Tradition. S. 29.

Haus verjagen. Auch dieses Mal gelingt es einem jeden Tier nach seiner Art, im Schutze der Dunkelheit der Nacht und ihrer unheimlichen Schatten den Kundschafter zu verjagen. Der Räuber läuft zurück zu seiner Bande und erzählt diesen eine Schauergeschichte, so dass sie alle nicht wieder zurück ins Haus wollen. Schon nach kurzer Zeit beschließen die neuen Herren des Hauses, nicht weiter zu ziehen und zu bleiben.

Der Esel, der als Erster im Märchen vorgestellt wird, kennt von Anfang an seinen Zielort und hat auch eine Vorstellung, wie er dort sein Leben meistern kann. Auf seinem Weg nach Bremen trifft er auf andere Tiere mit ähnlichen Schicksalen, die seine Wanderkameraden werden. Auch Hund und Katze ergreifen aus eigenem Antrieb, Leben zu wollen, die Flucht vor dem Menschen, doch allein mit der gewonnenen Freiheit können sie ihr Überleben nicht sichern. Auf Grund seines Wissens um das ´Wohin-gehen` und ´Wie-sein-Brot-verdienen`, führt der Esel anfänglich die Gruppe. Er ist derjenige, der den anderen ihre Fragen nach dem Wohin und Wie beantworten kann. Der Hahn hingegen ergreift keine Initiative zur Flucht. An der äußeren Grenze seines vertrauten Territoriums, auf dem Tor eines Hofes sitzend, schreit er seinem Schicksal erliegend aus Leibeskräften. Ihn macht der Esel nun erst einmal auf die Möglichkeit zur Flucht und damit auf die Möglichkeit seiner Rettung aufmerksam, indem er ihm sagt, „etwas Besseres als den Tod findest du überall (...)“ (Bd. I: 146). Hund, Katze und Hahn machen das Ziel des Esels zu ihrem eigenen und gemeinsam gehen sie diesem entgegen. Vom schlechten Schlafplatz und Hunger gequält, verweilen sie abends nicht lange im Wald und nähern sich dem Fünkchen in der Ferne, in der Hoffnung, dort eine bessere Herberge anzutreffen. Sie erreichen das Haus, das von einer Räuberbande bewohnt ist. Zum erstenmal beraten sie miteinander ihr weiteres Vorgehen, denn hier zeigt sich, dass sie nur gemeinsam, jeder nach seiner Natur, die Räuber überlisten können. Nun verliert der Esel zum ersten Mal seine bis dahin eingeforderte, dominante Rolle und erfährt eine neue Stärke, nämlich jene die aus dem geplanten, organisierten und gemeinschaftlichen Vorgehen erwächst. Jedes Tier trägt mit seiner spezifischen Art und nach seinem Wesen zum Erfolg bei und gemeinsam schlagen sie mit ihrem Getöse die Räuber in die Flucht.

Hinter der scheinbaren Nutzlosigkeit verbirgt sich das Thema des Altwerdens, im Sinne des Nachlassens der Kräfte und Fähigkeiten und des Umgangs der Anderen hiermit. Mit den Möglichkeiten der Märchenwelt wird die nüchterne Wirklichkeit aus dem Bereich des Lebenslaufes aufgezeigt.[428] Die Menschen im Märchen orientieren sich wie in der Wirklichkeit am Nutzen, am Brauchbaren, am Wert ihrer Selbstbereicherung durch den Dienst anderer. Die Aufgaben der Tiere waren folgende: Der Esel trug die Säcke zur Mühle, der Hund war ein Jagdhund, die Katze fing Mäuse und der Haushahn sagte das Wetter voraus. Aber ganz wie in der modernen Wirklichkeit erfolgte ihr jahrelanger Dienst ohne Regelung ihrer Altersabsicherung. Sie arbeiteten stets nur für ihr Futter ohne Aussicht auf ein Gnadenbrot im Alter. Vielmehr erfahren die Tiere im Alter, dass die Menschen sich ihrer entledigen wollen, auf Grund ihrer scheinbaren Nutzlosigkeit bzw. aus rein pragmatischer Notwendigkeit, wie die Situation des Hahns zeigt. Obwohl der Hahn gutes Wetter vorausgesagt hat, soll er noch am Abend geköpft und am nächsten Tag in den Kochtopf, „weil morgen zum Sonntag Gäste kommen (...)“ (Bd. I: 146).

Doch dieses von den Menschen betriebene Gesetz einer Kosten-Nutzenrechnung entspringt nicht dem der Natur, und so belehrt das Märchen im folgenden Handlungsverlauf den Zuhörer oder Leser eines Besseren. So zeugen die scheinbar nutzlos gewordenen alten Tiere einzeln und besonders gemeinsam, ohne ihre eigene Natur verleugnen zu müssen, von Aktivität, Entschluss- und Wirkungskraft.

Ihre bedingungslose Treue gegenüber ihren Herrn wurde ihnen nicht gedankt und mit jedem Schritt, den sie nun enttäuscht weiterziehen, überwinden sie ihre Niedergeschlagenheit, schöpfen neue Kräfte aus ihrer Notgemeinschaft und entwickeln ein neues Selbstvertrauen. Sie packen ihr Leben an, gestalten es aktiv und finden schließlich in der neuen Gemeinschaft ihr Glück.

---

428 Die Märchen *Der alte Sultan* (KHM 48) sowie *Der Großvater und der Enkel* (KHM 78) behandeln auch das Thema des *Steinaltseins* mit seinen Verunsicherungen, neuen Abhängigkeiten und seinem Gefühl des Ausgeliefertseins. „Das Märchen tut alles, um die Wirklichkeit nicht zu weit zu verlassen“, konstatiert Röhrich. Zitiert nach: Lüthi: Märchen. S. 115.

In der ersten Nacht müssen sie jedoch ihre frisch eroberte Herberge noch einmal verteidigen. Ein vom Hauptmann geschickter Räuber nähert sich erneut dem Haus, um die Situation vor Ort auszuspähen. Nun kommt es zu den schwanktypischen Missverständnissen, die letztlich zur Eigentumsübernahme des von den Tieren besetzten Domizils führen. Der Räuber stolpert im Dunkeln des Hauses über die Tiere an ihren Schlafplätzen und flieht erneut, gepackt vom größten Schrecken, zu seinem Hauptmann zurück. In der Dunkelheit des Hauses treiben Licht und Schatten, Angst und Phantasie ein böses Spiel mit der Wahrnehmung des Räubers. So sind die in der Küche auf dem Ofen liegenden „glühenden, feurigen" Katzenaugen für den Räuber glühende Kohlen, an denen man jedoch kein Licht entzünden kann. Das Fauchen der Katze nah an seinem Gesicht hält er für den Hauch einer Hexe. Über den ihn ins Bein beißenden Hund an der Hintertür berichtet der Räuber seinem Hauptmann über einen dort liegenden alten Mann, der ihm mit einem Messer ins Bein gestochen habe. Auf dem Hof tritt der Esel ganz nach seiner Wesensart nach dem Räuber aus. Hier berichtet der Räuber von einem schwarzen Ungetüm mit einer Holzkeule und glaubt, diesem zum Opfer gefallen zu sein. Den auf dem Balken vor dem Haus erwachten und „aus vollem Hals" schreienden Hahn hält der Räuber für einen Richter, der nach ihm ruft „[b]ringt mir den Schelm her."

Stellvertretend für den Menschen weisen die Tiere in diesem Märchen eine ebenso große Vielfalt in ihren Eigenschaften auf. Ihre Notgemeinschaft entspringt dem Thema *Flucht* vor ihrer Hinrichtung und Überzeugung, etwas Besseres als den Tod überall zu finden. Neben den primären Bedürfnissen, die vor allem ihrer Existenzerhaltung dienen, verbindet sie stark ihre gewonnene Erkenntnis über den Menschen und seiner „einzig an der Arbeits- und Leistungsfähigkeit orientierte[n] Einstellung zur Umwelt." [429]

Die Frage nach dem rechten Verhalten wird im weiteren Handlungsverlauf entsprechend des Tierschwankes humorvoll beantwortet. Der ungerechten Vertreibung der alten Tiere folgt die gerechte Vertreibung der kriminellen Räuberbande und damit des Menschen.

---

429 Uther: Brüder Grimm. Kinder- und Hausmärchen. Bd. 4. S. 60.

Unrecht haben Esel, Hund, Katze und Hahn in die Flucht geschlagen und ohne Frage nach dem Recht oder Unrecht ihrer Handlung erobern sie sich das Domizil der Räuber. Auch jene Gruppe steht nicht in der Akzeptanz der Gesellschaft. In beiden Gruppen handelt es sich um Koalitionen, jedoch zeichnen sich die in die Jahre gekommenen Tiere als Sympathieträger aus, mit deren Nöten sich der Märchenleser oder -hörer identifizieren kann. Auch wenn die heutigen Märchenhörer, Kinder, sich weniger mit dem Thema Altern identifizieren können, so machen sie doch schon im Elternhaus die Erfahrung von Koalitionsbildungen und später auch in jeder Form der institutionellen Sozialisierung. Ein „planvolles Vorgehen und eine gemeinsame Strategie“[430] können helfen, eigene Interessen gegenüber Stärkeren durchzusetzen. In diesem Märchen erscheint das listige Handeln der ausgedienten Tiere in einer humorvollen Art und wird vom Leser als gerechtfertigtes Mittel zur Verteidigung der eigenen Interessen bewertet: Den Einzelnen quält es, von anderen als nutzlos wahrgenommen zu werden, doch im Zusammenschluss zählt das gemeinsame Handeln und da gilt auch die List als Mittel zum Zweck, um sich gegenüber den Stärkeren behaupten zu können. Was das Kind mit seinem kindlichen Charme schafft, erreichen die Alten gemeinsam mit der harmlosen List, die sie aus ihrer Lebenserfahrung ableiten. Der Mensch als der Überlegene gegenüber dem Haustier wird entsprechend der Märchenbearbeitung zu Recht in die Flucht geschlagen und so kann auch hier gelten, was für den

---

430 Ebd.:S. 196.

Tierschwank *Der Zaunkönig und der Bär* (KHM 102)[431] gilt: die kleine List siegt über die große.[432]

Die befriedigende Gerechtigkeit im Märchen kommt in den *Bremer Stadtmusikanten* voll zum Tragen. „Die Flucht wird zum Siegeszug, die falschen Anschuldigungen der Untüchtigkeit werden widerlegt, die Außenseiter des Gesetzes werden vertrieben, und die wahren Helden ernten ihren verdienten Lohn, der ihnen anfangs versagt bleibt."[433]

---

431 Typen- und Motivkonkordanz. AaTh 222: Krieg der Tiere. KHM-Veröffentlichung 1815. Ein von Dorothea Viehmann vermittelter Tierschwank. Insbesondere mittelalterliche Fabeln weisen den Kampf zwischen Vögeln und Vierfüßler auf, ohne Partei für die Einen oder Anderen zu ergreifen. Uther: Brüder Grimm. Kinder- und Hausmärchen. Bd. 4. S. 196. ATU 222: War between Birds (Insects) and Quadrupeds (previously War of Birds and Quadrupeds). "Remarks: Documented by Marie de France, *Ésope* (No. 65) in the 12th century. The modern tradition begins with J. and W. Grimm, *Kinder- und Hausmärchen* (No. 102). The variants differ with regard to the cause of the war." ATU 361: Bear-Skin. "Remarks: Documented in the 17th century." Uther: The Types of international Folktales. In: FFC 284. Part I. S. FFC 284. S. 140.

432 Über den Tierschwank *Der Zaunkönig und der Bär* schrieben die Brüder Grimm im Kommentar zur Erstveröffentlichung, „dass Zaunkönig, Sperling und Meise eine Idee ausdrücken: die kleine List siegt aber über die große und darum muss selbst das ganze vom Fuchs angeführte Thiergeschlecht dem kleinen Geflügel weichen, (...). Der Zaunkönig ist der herrschende, weil die Sage das kleinste wie das größte als König anerkennt (...)". Grimm, Jacob und Wilhelm: Kinder- und Hausmärchen. Gesammelt durch die Brüder Grimm. Vergrößerter Nachdruck der zweibändigen Erstausgabe von 1812 und 1815 nach dem Handexemplar des Brüder-Grimm-Museums Kassel mit sämtlichen handschriftlichen Korrekturen und Nachträgen der Brüder Grimm sowie einem Ergänzungsheft: Transkriptionen und Kommentare in Verbindung mit Ulrike Marquardt von Heinz Rölleke. 3 Bde. Göttingen 1986. Bd. 2. Anhang, Nr. 16. S. XXII.

433 Holzhausen Heeter: Von einem, der Auszog ... S. 71.

5.6.2 Der alte Sultan

Eine Variante zum KHM 27 ist das Märchen *Der alte Sultan* (KHM 48[434]). Dieses Tiermärchen widmet sich ähnlich wie das zuvor besprochene der Undankbarkeit der Herrschaft und der Flucht des treuen Hundes vor seinem Tod.

Der bejahrte und in Folge dessen zahnlos gewordene Hund[435] namens Sultan soll von seinem Bauern erschossen werden, da er „zu nichts mehr nütze" sei (Bd. I: 240). Sultan hat in der Sonne liegend alles mit angehört, woraufhin er sehr traurig wird. Am Abend schleicht er sich in den Wald zu seinem Freund, dem Wolf[436] und klagt ihm sein Schicksal. Der Wolf will dem Hund helfen und ersinnt einen Komplott, aus dem der Hund als Held für seinen Herrn hervorgehen soll. Sie vereinbaren eine Scheinentführung des kleinen Kindes der Bauersleute. Am nächsten Tag, während die Bauern ins Heu gehen und ihr Kind im Schatten einer Hecke zurücklassen, kommt der Wolf wie geplant aus dem Wald und täuscht vor, dass Kind zu rauben. Sultan springt ihm nun nach und jagt ihm das Kind wieder ab. So wie das Attentat genau nach Plan läuft, so reagieren auch der Bauer und seine Frau wie vom Wolf kalkuliert. Der Vater

---

434 Typen- und Motivkonkordanz. AaTh 101: Hund: Der alte Hund. AaTh 103, 104: Krieg der Tiere. KHM-Veröffentlichung 1812 beruht auf der Erzählung „des pensionierten Dragonerwachtmeisters Johann Friedrich Krause (um 1760-1827) aus Hof in ‚Niedersachsen', 1819 ergänzt nach einer Fassung ‚aus dem Paderbörnischen', gemeint war wohl die Familie von Haxthausen." Uther: Brüder Grimm. Kinder- und Hausmärchen. Bd. 3. S. 262 und Bd. 4. S. 96. ATU 101: The Old Dog as Rescuer of the child (Sheep). "Remarks: Documented in combination with types 103 / 104 in Grimm, *Kinder- und Hausmärchen.* Aesopic fable in combination with type 100 (Perry 1965, 596f. No. 701)." Uther: The Types of International Folktales. In: FFC 284. Part I. S. 76f. ATU 103: War between Wild Animals and Domestic Animals (previously The Wild Animals Hide from the Unfamiliar Animal). "Remarks: Documented in the middle of the 12th century in the *Ysengrimus* (IV, 735-810)." Ebd.: S. 77f.

435 Hunde sind schon oftmals als Helfer, Heiler oder Retter in den alten Schriften, wie beim Evangelisten Lukas 16,21 aufgetreten. „Dass Hunde ungewöhnliche Zeugnisse von Klugheit ablegen können, war schon in der Antike bekannt." Schenda: Das ABC der Tiere. S. 149-159, hier S.: 152f.

436 Zum Wolf in den Erzählungen siehe: Schenda: Das ABC der Tiere. S. 391-396.

ist so glücklich, dass Sultan ihr Kind zurückgebracht hat, dass er ihm verspricht: „Dir soll kein Härchen gekrümmt werden, du sollst das Gnadenbrot essen, solange du lebst" (Bd. I: 241). So half der Wolf dem Hund aus seiner scheinbar aussichtslosen Situation. Mit diesem Teil endet das aktive Fluchtverhalten. Der Hund hat mit der Bildung einer Koalition sein Überleben gerettet. Doch hat ihn erst die Androhung selbst, ihn erschießen zu wollen, aus seiner sich selbstaufgebenden und lethargischen Haltung – ausgestreckt in der Sonne zu liegen – aufgerüttelt. Seiner zähneknirschenden Wehrhaftigkeit beraubt, hatte er sich selbst als aktiven Wachhund aufgegeben. Erst das scheinbar nahe Ende bringt ihn wieder auf seine vier Beine und er macht sich auf den Weg in den Wald zum Wolf. Der Wald als Ort der Wandlung im Märchen hat in diesem Tiermärchen keine so hohe Bedeutung. Für den Hund ist der Wald der Ort des wild lebenden Wolfes. Als Haustier trifft er hier auf seine Art, den Wolf, seinen Freund, doch gleichzeitig in Bezug auf die jeweilige Lebensbewältigung eine ihm ganz fremde Art. Doch als Freund erweist sich der Wolf nicht ganz uneigennützig. Er spekuliert auf eine Gegenleistung. Daher soll nun der weitere Handlungsablauf aufgezeigt werden.

Nach diesem, für den Hund erfolgreichen ersten Teil kommt es im zweiten Teil des Märchens zur Einforderung der besagten Gegenleistung. Der Wolf spekuliert auf eine leichte Beute aus dem Schafsbestand des Bauern. Doch wider erwarten warnt ihn der Hund, nicht mit ihm zu rechnen: „meinem Herrn bleibe ich treu, das darf ich nicht zugeben" (Bd. I: 242). So berichtet der Hund seinem Herrn in seiner Ergebenheit von dieser Absicht des Wolfs, so dass der Bauer diesen in der Nacht mit dem Dreschflegel vom Hof verscheucht. Der Wolf jedoch hat mit diesem, aus seiner Perspektive kam dieses Verhalten einem Verrat gleich, nicht gerechnet und schwört Rache. Er lässt dem Hund über das Schwein ausrichten, dass er ihn im Wald erwarte. Der Hund stellt sich der Aufforderung zu einem Duell und macht sich schließlich mit einer dreibeinigen Katze[437] als seinem einzigen Beistand auf den Weg. Die Katze streckt

437 Während die 'Überreste des finsteren Mittelalters` ein negatives, dunkles, dämonisches Katzenbild zeichnen, verstärkte sich in der Frühneuzeit ein positiv gezeichnetes Bild von Katzen. „Auch Katzen wissen, so meint

vor Schmerzen auf dem ganzen Weg ihren Schwanz in die Höhe. Nun führen die Missdeutungen durch den Wolf und das Wildschwein[438] zu beängstigenden Phantastereien und bewirken deren Rückzug. Den aufgestellten Schwanz der Katze halten sie aus der Ferne für einen Säbel und ihr Humpeln deuten sie als ein Bücken um einen Stein aufzuheben, der nach ihnen geworfen werden soll. So ziehen sich die beiden in Sicherheit zurück. Das Schwein verschwindet im Dickicht des Laubs und der Wolf springt auf einen Baum. Während die Katze beim Erreichen dieser Stelle dem Schwein versehentlich ins Ohr beißt, da sie dieses Zucken im Laub für eine Maus hält, schämt sich der Wolf auf dem Baum für seine Fehldeutungen und „nahm von dem Hund den Frieden an" (Bd. I: 243).

Hier mündet zumindest in der Schlusspassage das Tiermärchen in einen Tierschwank, denn wie bereits im vorhergehenden Märchen führen lächerliche Missverständnisse zum Sieg der Unterlegenen über die Stärkeren.

Während die erste Erzählung (KHM 27) ausschließlich von vier Haustieren handelt, die in ihrer sprechenden und emotionalen Darstellung gleichzeitig den Menschen fabulierend vertreten, erhöht sich die Auseinandersetzung in diesem Märchen um eine weitere Komponente. Neben die Zweckgemeinschaft Mensch und Tier tritt die Auseinandersetzung zwischen Haus- und Waldtieren. Beide Tiere, Wolf und Wildschwein haben ihren Lebensraum in den Wäldern. Doch scheuen sie sich nicht, ab und an aus diesem herauszutreten und den waldnahen Höfen einen Besuch abzustatten. Die 'leichte Beute` lockt sie in knapperen Jagdzeiten hierher. Das Wildschwein richtet dabei dem Bauern auf dessen Gemüsefeldern auf der Suche nach Wurzeln großen Schaden an, indem es diese schnüffelnd und buddelnd komplett verwüstet. Der Wolf reißt seiner Na-

---

sie [die Dame Freya Stark in ihrem *Perseus in the Wind*] zu Recht, was Zufriedenheit, Hilfsbereitschaft und sogar Liebe bedeuten." Schenda: Das ABC der Tiere. S. 167-175, hier S. 171. Als hilfreiche Katze stellt sich bereits die Katze beim *Gestiefelten Kater* (AaTh 545 B) dar. Vgl.: Ebd. S. 171.

438 Zur Bedeutung des Wildschweins in frühen Erzählungen, von der frühen Antike bis ins späte Mittelalter siehe: Schenda: Das ABC der Tiere. S. 388.

tur nach gerne aus der Schafherde ein Schaf. So gesehen verkörpern Wolf und Wildschein die Feinde des Bauern, während Hund und Katze die Nutztiere sind und in dieser Funktion auch als Freunde des Bauern gesehen werden. Der Hund als Wachhund warnt vor eben diesen Waldbewohnern und die Katze jagt und dezimiert die Mäuse, die Getreidekammern verunreinigen und so vernichten können. Als Krankheitsüberträger sind die Mäuse vom Bauern gefürchtet.

Da die Tierwelt im Märchen jedoch menschliche Konflikte austrägt, werden auch in diesem Märchen einerseits humorvoll die Gebrechen des Alters thematisiert, andererseits die Frage inwieweit Hilfsbereitschaft des Einen zur Gegenhilfe des Anderen verpflichtet aufgeworfen. Dabei handelt es sich hier nicht um uneigennützige Hilfe. In diesem Märchen werden die zuvor aufgeworfenen Fragen zwischen Wolf und Hund dargestellt, wobei der Wolf als Artverwandter auf die Loyalität des ihm scheinbar unterlegenen, da sich nicht selbst versorgenden Hundes setzt. Doch diese Einschätzung ist nur die halbe Wahrheit, denn selbst der Verwandtschaftsgrad nutzt dem Wolf wenig. Seine lächerliche Unterlegenheit im Duell erlaubt die Deutung, dass ungeschriebene Gesetze innerhalb eines Lebensraums und ihrer Bewohner sich nicht auf andere übertragen lassen. Der Hund, erst einmal gerettet, steht dem Mensch näher, da nur dieser ihm sein Futter sichert und in seiner Stellvertretung für den Menschen steht er sich selbst am nächsten.

5.6.3 Das blaue Licht

Kontrastiv wird der Kreislauf dieser Besprechungen mit einer weiteren zentralen Figur geschlossen. Hier steht nochmals der Mensch als Handlungsträger im Mittelpunkt. *Das blaue Licht* (KHM 116[439]) greift

---

439 Typen- und Motivkonkordanz. AaTh 562: Geist im blauen Licht. KHM-Veröffentlichung 1815 unter Nr. 30 als Soldatenmärchen aus dem Mecklenburgischen. Nach Mitteilung August von Haxthausen stammte die erst veröffentlichte Fassung von einem Soldaten, wie wohl auch das KHM 21 *Die Krähen*. Ab 1819 erscheint das Märchen unter der Nr. 116.

eine ähnliche Ausgangssituation auf, wie die der letzten beiden Volkserzählungen. Auch hier ist der Protagonist kein Heranwachsender mehr. In seiner Darstellung wird gleich zu Beginn deutlich, dass es sich um ein soziales Problem handelt: Der als nutzlos entlassene Soldat.

Die Figur des Soldaten ist dabei auch in anderen Märchen anonym, z. B. im Märchen *Der Bärenhäuter* (KHM 101)[440] und in *Die zertanzten Schuhe* (KHM 133)[441]. Die Identität des Soldaten ist dabei aufs Engste mit seiner Berufszugehörigkeit verbunden und spricht eine „Gefahr der Selbstaufgabe (...) [an, die] mit jedem stärkeren Identifikationsprozess gegeben" ist.[442] Im Kriegsfall zeichnet sich dieser Beruf als Massenberuf aus, deren Anhänger auch äußerlich erkennbar an ihren Uniformen in diesen Zeiten auf ihre Existenz als Einzelmensch verzichten.[443]

In *Das blaue Licht* ist das Verhältnis zwischen dem Soldaten und seinem Dienstherrn, dem König nach langjähriger, treuer Dienstzeit mit der Beendigung des Krieges schwer beeinträchtigt.[444] So wird der Soldat aus seinem Dienst für immer entlassen, da seine vielen Wunden auch einen späteren Einsatz nicht mehr erlauben. Daher zahlt der König ihm auch keinen weiteren Lohn aus, „denn Lohn erhält nur der, welcher mir [dem König] Dienste dafür leistet" (Bd. II: 242). Gleich zu Beginn wird das Thema deutlich: Der ausgediente Soldat erhält keinen Dank für seinen Dienst und steht sozial am Rand der Gesellschaft. Ein Hauch von Gesellschaftskritik klingt hier mit, obwohl sie dem Märchen nicht eigen ist. Wie in den beiden vorhergehenden KHM, wird auch hier dem treu dienenden Solda-

---

Uther: Brüder Grimm. Bd. 3. S. 264 und Bd. 4. S. 221. ATU 562: The Spirit in the Blue Light. "Remarks: The variants of the Types 560, 561, and 562 are often mixed with each other or they are not clearly differentiated. Important literary version by H. C. Andersen, *Fyrtøiet* (1835)." Uther: The Types of International Folktales. In: FFC 284. Part I. S. 330f.

440 ATU 361: Bear-Skin. "Remarks: Documented in the 17th century." Uther: The Types of international Folktales. In: FFC 284. Part I. S. 227.

441 ATU 306: The Danced-out Shoes. Uther: The Types of international Folktales. In: FFC 284. Part I. S. 188.

442 Bausinger: Identität. S. 206.

443 Vgl.: Holzhausen Heeter: Von einem, der Auszog ... S. 191.

444 Vgl.: Uther: Brüder Grimm. Kinder- und Hausmärchen. Bd. 4. S. 222.

ten nach seiner Invalidität der Anspruch auf Lebenserhaltung (Lohn vom König) verwehrt und bringt ihn direkt auf einen doppelten Tiefpunkt: Zu seinem inneren Tiefpunkt kommt der äußere hinzu. So heißt es, dass der Soldat voll Sorgen um sein Leben fortging und abends in einen Wald kam. Es scheint den Soldaten in seiner größten Not in den Wald zu ziehen,

> „weil er sich sonst nirgendwo mehr eine Hilfe erhofft. Nur ein Wunder könnte ihm helfen, das Wunder erhofft er sich vom Walde; das dichte, verwobene, umdunkelnde Wesen des Waldes, seine Tiefe, seine grenzenlose Heimlichkeit mögen Anlass gegeben haben zu solcher Hoffnung."[445]

In seiner größten Not bittet er bei einer Hexe um „ein Nachtlager und ein wenig Essen und Trinken", da er sonst verschmachte.

Die Hexe erscheint in diesem Märchen unvermittelt in dieser Gestalt und nicht als alte Frau oder als Bewohnerin des Waldhauses wie z. B. in den KHM 29 und 69.[446] Das bedeutet, dass auch der Soldat die Hexe als solche erkennt was wiederum auf seine verzweifelte Lage verweist. Denn obwohl er weiß, dass dieses Haus im Wald von der Hexe bewohnt wird, fleht er sie um seine existenzerhaltenden Bedürfnisse an, da er sonst verschmachte. Der namenlose Soldat hat nichts mehr zu verlieren und seine grausamen Kriegserfahrungen haben ihm selbst die Angst vor dem Diabolischen genommen. Er findet bei der Hexe Zuflucht. So darf der Soldat im weiteren Handlungsverlauf unter vorgetäuschter Barmherzigkeit der Hexe zunächst für eine Nacht einkehren, unter der Bedingung sich dafür am nächsten Tag erkenntlich zu zeigen. Die Barmherzigkeit ist in doppelter Weise hier vorgetäuscht. Zum Einen durch ihre bewusst boshafte Aussage „Oho! (...) wer gibt einem verlaufenen Soldaten etwas?" und zum Anderen durch ihre geheimen Pläne mit dem Solda-

---

445 Gehrts, Heino: Der Wald. S. 41f.

446 „Selbst der deutsche Begriff Hexe, meist von hagazussa (Zaunweib) abgeleitet, setzt sich erst relativ spät (16. Jh.) im Zuge der verstärkten kirchlichen Hexenverfolgungen endgültig durch. Zuvor wurde der Terminus Zauberin benutzt; mittelalterliche Schriftquellen bevorzugen meist lateinische Begriffe wie (...) malefica, venefica, herbaria (...) - Bezeichnungen die mehr die magischen Einzelpraktiken [Zauberin, Giftmischerin, Kräuterkundige] charakterisieren. Vgl.: Gerlach: Hexe. In: EM 6 (1990). Sp. 962.

ten. Bezogen auf seine gesellschaftliche Position lässt sich die Aussage der Hexe als Anspielung deuten: Ein Soldat, der sich an einem magischen Ort wie dem Wald herumtreibt, kann keine edlen Motive haben. Doch dank ihrer deutlichen Erscheinung als Hexe, weiß der Leser auch um ihre Mächte und Zauberkräfte, wodurch ihre Aussage erst recht höhnisch-spöttisch und ironisch-verächtlich klingt.

Die Gegenleistung des Soldaten gestaltet sich in folgender Weise. Am Morgen muss er ihr den Garten umgraben, wofür er bis Einbruch der Dunkelheit benötigt. Die Hexe sagt: „Ich sehe wohl (...), dass du heute nicht weiter kannst“ (Bd. II: 243) und so bleibt der Soldat eine weitere Nacht mit dem Versprechen am nächsten Morgen „ein Fuder Holz“ für sie zu spalten. Doch auch hierüber vergeht der ganze Tag und so bleibt er erneut über Nacht. Am dritten Morgen muss der Soldat der Hexe aus dem nahegelegenen wasserleeren Brunnen ein Licht heraufholen, das ihr heruntergefallen sei und nie erlösche. Der Soldat wird in einem Korb an einem Seil von ihr herabgelassen, doch als die Hexe beim Heraufziehen nach dem Licht langt, registriert der Soldat die dahinterliegende Arglist und verlangt erst mit beiden Füßen auf dem Erdboden zu stehen.

Hier hilft dem Soldaten sein in den Kriegsjahren gewonnener Argwohn, wobei sich in dieser abgründigen Menschenkenntnis auch ein Stück seiner Selbst spiegelt. Seine böse Ahnung legt auch den Blick auf sein aktuelles zivilisatorisches Innenleben frei und offenbart seine eigene stückweise menschliche innere Verrohung.

Die erzürnte Hexe lässt nun unter Verzicht auf das Licht dieses und den Soldaten in die Tiefe des Brunnens herunterfallen.

In dieser Episode offenbart die Figur der Hexe ihre begrenzten dämonischen Kräfte, denn offensichtlich bedurfte sie für die vollendete Ausführung dieser des magischen Gegenstandes. Dafür zeigt sich in der Figur des Geistes - der durch das Entzünden der Pfeife im blauen Licht aufsteigt - ein Helfer, der Personen ungebunden auf Befehle wartet. Als Befehlsempfänger und –ausführer ist es für den jenseitigen Helfer belanglos, von wem er die Befehle erhält: Er erfüllt nur seine Funktion als Helfer.[447]

---

[447] „KHM 116 führt in der Figur der Hexe als einer negativ besetzten Handlungsträgerin und in der Figur des Geistes als eines Helfers die Ambiva-

Unversehrt, aber doch nun dem Tod als unausweichliche Konsequenz entgegen sehend, zündet sich der Soldat am blauen Licht eine letzte Pfeife an.[448] Das daraufhin in der Figur des Geistes erscheinende kleine schwarze Männchen erweist sich als Helfer, das nach seinem ersten Auftrag verlangt. Der Soldat erkennt sofort seine Rettung und erteilt ihm den ersten Befehl „so hilf mir zuerst aus dem Brunnen" (Bd. II: 244). Auf dem Weg durch die unterirdischen Gänge nimmt er sich einige von den dort reichlich gelagerten Schätzen der Hexe mit und verlangt vom Männchen beim Heraustreten ans Tageslicht: „Nun geh hin, bind die alte Hexe und führe sie vor das Gericht." Das Männchen tut wie ihm befohlen, kommt zurück „und die Hexe hängt schon am Galgen." Jetzt hat der Soldat zunächst keine weiteren Befehle und in der Sicherheit, dass Männchen jeder Zeit wieder herbeirufen zu können macht er sich auf den Weg in die Stadt.

Der Soldat scheint an diesem Punkt mit dem Gefühl der Genugtuung erst einmal befriedigt zu sein, da er dank des jenseitigen Helfers Gerechtigkeit erfahren hat. Denn der Dienst bei der Hexe hat sich nicht, wie meist im Märchen als Bewährungsprobe für den Soldaten erwiesen, vielmehr trachtet sie ihm nach Erledigung seiner Dienste nach dem Leben. Doch nun ist die Hexe tot, er lebt und obendrein ist er kein armer Soldat mehr, denn seine Taschen sind vollgestopft mit Gold. So begibt er sich auf den Weg zurück in die Zivilisation.

In seine Stadt zurückgekehrt, steigt er in dem besten Gasthaus ab und verlangt vom Wirt „ihm ein Zimmer so prächtig als möglich einzurichten." Er lässt sich maßgeschneiderte schöne Kleider machen.

Hier liegt der Wendepunkt des Protagonisten dieses Märchens. Der ehemalige anonyme Soldat legt seine Uniform ab und schlüpft in

---

lenz Jenseitiger vor." Uther: Brüder Grimm. Kinder- und Hausmärchen. Bd. 4. S. 222.

448 „[D]er Fall oder Sturz des Helden in einen Brunnen endet niemals tödlich." Ebd.: S. 222. „Mit Hilfe von Zaubergaben gelingt [es] ihm (...), dem unterirdischen Gefängnis zu entfliehen." Uther: Brunnen. In: EM 2 (1979). Sp. 944. Zum Motiv der Bevorzugung des jüngeren Sohnes siehe auch: Smend, Rudolf: Jakob. In: EM 7 (1993). Sp. 450-453, hier Sp. 451.

die eigens für ihn, nach seinen individuellen Maßen angefertigten Kleider. Laut Heidemarie Holzhausen schält sich der Soldat im Märchen allmählich als Einzelmensch heraus und kann erst jetzt „zur führenden Märchenfigur werden und den Weg zur Individuation betreten, der in einer ihm eigenen Identität und damit im Glück und Erfolg endet."[449]

Bald darauf ergreift ihn die Rachelust an seinem König und er erzündet erneut die Pfeife an dem blauen Licht. In dem aufsteigenden Dampf erscheint das Männchen und erwartet seinen Befehl. Diesmal verlangt der Soldat, dass das Männchen ihm bei Nacht die schlafende Königstochter bringe, damit sie Mägdedienste für ihn leiste. Das Männchen warnt den Soldaten in weisem Wissen vor einem möglichen schlechten Ausgang für den Soldaten. Doch dieser besteht auf seinen Befehl und das Männchen führt ihn aus. An drei aufeinanderfolgenden Nächten wird die Königstochter nun des Nachts zum Soldaten gebracht und muss ihm allerlei gemeine Arbeit leisten. Die Anweisungen des Soldaten führt sie „ohne Widerstreben, stumm und mit halbgeschlossenen Augen" (Bd. II: 245) aus. Mit dem ersten Hahnenschrei gelangt sie, vom Geist getragen, zurück in ihr Bett im Schloss.

In einem Zustand, der der Schlafwanderung ähnelt, ist die Königstochter aktiv, doch nimmt sie ihre Mägdedienste bei dem Soldaten nur als Traum war.

So berichtet sie dem Vater von ihrem seltsamen Traum, der ihr auf Grund ihrer körperlichen Müdigkeit wie wahr vorkommt. Der König selbst glaubt weniger an einen Traum und rät seiner Tochter, ein Loch in ihre Taschen zu machen, diese mit Erbsen zu füllen, so dass sie im Falle eines weiteren Transportes herausfallen und so eine Spur legen würden. Doch das Männchen hörte alles mit an und streute vorsorglich in allen Straßen Erbsen aus, so dass der König am nächsten Tag in allen Straßen Erbsen fand und so keiner Spur folgen konnte. In der dritten Nacht rät der König seiner Tochter ihre

[449] Holzhausen Heeter: Von einem, der Auszog ... S. 191.

Schuhe im Bett anzubehalten und einen im Haus ihrer Mägdedienste zu hinterlassen, bevor sie zurückgebracht würde.[450]

Nun wusste sich das Männchen keinen Rat mehr, warnt den Soldaten abermals ungehört. Der König lässt am nächsten Tag im ganzen Land nach dem fehlenden Schuh erfolgreich suchen und der bereits aus dem Stadttor flüchtige Soldat wurde eingeholt, verhaftet und ins Gefängnis gesteckt. Der Soldat hatte bei seiner hastigen Fluchtergreifung sein Licht vergessen und schickte so „einen seiner Kameraden" dieses für ihn gegen einen Dukaten aus dem Gasthaus holen.

Die Kameradschaftsdienste werden hier nicht als uneigennützige Dienste beschrieben. Vielmehr wird der Preis im Voraus festgelegt und die Kameradschaft beruht dabei mehr auf dem verlässlichen Wort der Verhandelnden.

Im Besitz des Lichtes lässt der Soldat sofort das Männchen kommen und beratschlagt sich mit ihm. Am nächsten Tag wird er, „obgleich er nichts Böses getan hatte", vom Gericht zum Tode verurteilt.

Die hier geäußerte Bewertung - er habe nichts Böses getan - steht doch in einem gewissen Widerspruch zum Rechtsempfinden des heutigen Lesers oder Hörers. Obgleich ihm zu Beginn stellvertretend für eine soziale Gruppe Unrecht wiederfahren ist, wodurch er unsere Sympathie und unser Verständnis für seine Rachegefühle gewann, setzt er dies aufs Spiel, indem er ungerecht und unlogisch seine scheinbar kriegerische Lust an der reinen Erniedrigung durch seine Übergriffe auf die Königstochter zeigt. Hier verliert der Held an Sympathie und sein Gebrauch von dem Männchen lässt ihn - selbst der Logik der Märchengerechtigkeit folgend – eher als einen

---

450 „Das Motiv vom Herbeischaffen anderer gegen ihren Willen und mittels eines Zaubers ist für das 13. Jh. und später bezeugt, und das Aufspüren des zeitweiligen Entführers mit Hilfe von Hülsenfrüchten oder eines versteckten Schuhs (detektivische Spurensicherung: Mot. K 415) erinnert an ähnliche Listen aus dem (...) Räubermärchen von Ali Baba (...)." Uther: Brüder Grimm. Kinder- und Hausmärchen. Bd. 4. S. 224. Sowie vgl.: Littmann, Enno: Die Erzählungen aus den Tausendundein Nächten. Vollständige deutsche Ausgabe in sechs Bänden zum ersten Mal nach dem arabischen Urtext der Calcutta Ausgabe aus dem Jahre 1830. Übertragen von Enno Littmann. Bd. 2. Die Geschichte von Ali Baba und den vierzig Räubern. Zweihundertundsiebenzigste Nacht. S. 791-859.

Rücksichtslosen erscheinen, dem es doch noch nicht gelungen ist, sein Soldatenwesen abzulegen.[451]

Um eine letzte Gnade bittend raucht der Soldat noch einmal eine Pfeife und das Männchen erscheint mit einem Knüppel in der Hand und schlägt auf Befehl des Soldaten nun „die falschen Richter und ihre Häscher zu Boden (...). Dem König ward angst, er verlegt sich auf das Bitten, und um nur das Leben zu behalten, gab er dem Soldaten das Reich und seine Tochter zur Frau" (Bd. II: 247).[452]

Das Märchen zeigt, dass sich nicht nur die Heranwachsenden im Märchen einem Reifungsprozess stellen müssen. Die Möglichkeit zu Selbsterkenntnis und Identitätsbewusstsein stellt sich einem Jeden unabhängig vom Alter z. B. am Ende einer Lebensphase wie auch am Ende des Krieges. Die Bereitschaft, sich dem Möglichen eigenen Entwicklungsprozess zu stellen ist dabei die Herausforderung.[453]

---

451 „Ähnlich wie im Volkslied herrscht (...) eine gewisse Lust am Kriminellen, und es brechen wohl dieselben Instinkte durch wie in der Schundliteratur." Panzer: Märchen. S. 94.

452 Hier zeigt sich, das jenseitige Wesen oder Geister auch magische Gegenstände zur Seite bekommen können. So auch im Märchen *Tischchendeckdich, Goldesel und Knüppel aus dem Sack* (KHM 36).

453 Vgl.: Holzhausen Heeter: Von einem, der Auszog ... S. 192.

6. Unterwegs in den Kinder- und Hausmärchen Eine Zusammenfassung

Die Ausführungen zum Unterwegssein im Zaubermärchen haben deutlich gemacht, dass sowohl das Thema als auch die Funktion des Unterwegsseins auf übergeordneter Ebene untereinander Entsprechungen aufweisen. So wurden die herangezogenen Märchen durch die beiden Themen Wanderschaft und Flucht im Vorfeld auf das Gemeinsame festgelegt. Die Funktion des Unterwegsseins hat sich vor allem in der Individuation des Helden gezeigt. Bezogen auf die Motivfelder (Suche, Aussetzung, Vertreibung oder Verstoßung) lässt sich festhalten, dass das einzelne Motiv auf der sprachlichen Ebene für ein und dasselbe steht. Jedoch erfährt das Märchen durch seine spezifische Form seine Einzigartigkeit, das heißt, für die Einzigartigkeit der besprochenen Märchen ist die Form, der Verlauf der Handlung verantwortlich. Diese Form entwickelt sich nun wiederum entlang der persönlichen Individuation des Protagonisten, der erst nach bestandenen Aufgaben und Prüfungen Held des Märchens ist. Der Protagonist des Märchens ist somit Handlungsträger. Die ihm gestellten Prüfungen und Aufgaben sind auf seine persönlichen Entwicklung zugeschnitten. Wenn äußere Vorgänge im Märchen für innere Prozesse stehen, so lässt sich umgekehrt festhalten, dass die nach außen verlagerte Entwicklung, wie vom Jüngling zum König und von der Jungfrau zur Königin, letztlich für die innere Wanderschaft des Helden steht. In jedem Fall handelt es sich aber im Märchen um eine Fußwanderung.

Sein Reifungsprozess beginnt bereits mit der Entscheidung, sich von seiner vertrauten Umgebung zu lösen und sich auf Fremdes und Unbekanntes einzulassen. Der Protagonist hat zu diesem Zeitpunkt noch keine Individuation erlangt. Er muss sich mitunter als ungewöhnlich junger Mensch, wie Schneewittchen mit sieben Jahren, als Heranwachsender, wie in den meisten Zaubermärchen, aber auch als einer in die Jahre gekommener, wie der Soldat in *Das blaue Licht* dieser Auseinandersetzung mit sich selbst stellen. So wie sich die Identität des Soldaten im Märchen sprachlich aufs Engste mit seiner Berufszugehörigkeit ausdrückt, so reduziert sich die Identifikation der Tiere in *Die Bremer Stadtmusikanten* auf ihre Funktion im Dienste ihrer Herren. Dem Mensch und den Tieren ist ein Bewusstsein für ihre Existenz(-berechtigung) als Einzelwesen verloren gegangen. Viele Jahre haben sie ihr Leben in den Dienst eines Herren gelegt und sich dabei auf diese funktionale Rolle als (Söldner-)Soldat bzw. als Nutztiere reduziert. Ihren Weg zurück zu sich selbst zu finden, ist ihre Aufgabe, doch können sie nicht direkt an frühere Rollen anknüpfen, da sie in die Jahre gekommen innere und äußere Gebrechen haben. Der Soldat muss seine innerliche Verrohung überwinden und einen neuen Weg zurück in die von Krieg und Tod befreite Gesellschaft finden. Seine Aufgabe liegt hier in der Arbeit an sich selbst. Die Tiere leiden vor allem unter äußeren Gebrechen, die das Alter mit sich bringen und müssen lernen, ihr Leben unter den neuen Gegebenheiten selbst verantwortlich in ihre Hand zu nehmen. Die Jahre der Fremdbestimmtheit müssen sie um den Preis des eigenen Weiterlebens gegen die neuen Herausforderungen eintauschen und sich diesen aktiv stellen. In diesem Märchen stehen die Tiere als Handlungsträger stellvertretend für den Mensch.

Doch die größte Gruppe der zentralen Märchenfigur bilden die Heranwachsenden. Sie können als jüngstes Kind oder Stiefkind, ob männlich oder weiblich, ihre Anlagen in der vertrauten Umgebung nicht weiterentwickeln. Unverständnis oder gar Feindseligkeit zu Hause nötigen sie zum Hinausziehen. Mit dem Aufbruch bewegt sich die zentrale Märchenfigur weg von zu Hause. Die individuell angelegte Leistungs- und Wirkungsfähigkeit kann der Protagonist erst im Verlauf seiner Abenteuer entdecken. Sein, meist von einem Elternteil falsch bewertetes Potential, wie in *Die drei Sprachen* lernt er als nützliche Gaben kennen. So sind die Aufgaben und Schwierigkeiten, die sich dem Protagonisten dabei auf seiner Wanderschaft oder Flucht stellen, letztlich genau auf seine Individuation abgestimmt. Antagonist, Auftraggeber, Helfer des Helden, Kontrastgestalten oder auch die vom Helden gewonnenen Personen oder Dinge sind auf den Helden bezogen. Der Protagonist steht dabei als Isolierter im Mittelpunkt all der anderen Märchenfiguren und Dinge, die sich auf ihn zubewegen oder sich von ihm entfernen. Als allverbundener geht er keine dauerhafte Beziehung mit diesen Figuren und Dingen ein, lediglich da, wo sein übernatürlicher Helfer sich um einen verzauberten Menschen handelt kann von einer Beziehungsentwicklung gesprochen werden. Alle Figuren und Dinge, die wunderbaren Helfer oder Gegenstände sind in ihrem Verhältnis und Bezug zu dem Protagonisten eines Märchens einzigartig. In dieser Einzigartigkeit gibt es keine Wiederholungen in einem anderen Märchen, weder in der Kombination noch in der Reihenfolge ihres Erscheinens. Sie treten dem Protagonisten auf seinem Weg zu seiner Individuation helfend oder mahnend zur Seite.

Verbindendes und Trennendes zwischen einzelnen Varianten liegt auf unterschiedlichen Ebenen. Auf der Suchwanderung in *Der goldene Vogel* und in *Das Wasser des Lebens* liegt Verbindendes zwischen den beiden Märchen auf übergeordneten Gegebenheiten, zum Beispiel, dass sie Königskinder sind, die Jüngsten von drei Söhnen und sich von ihrem Vater verkannt fühlen. Mit diesen Ausgangsbedingungen stellt das Märchen eine breite Identifikationsmöglichkeit für seine Leser und Hörer her. Trennendes im Märchen liegt in seiner Form, die aufs engste mit dem individuellen Weg des Protagonisten auf seinem Weg zum Helden und zur Individuation verbunden ist. So zeigt der jüngste Königssohn im KHM 57 auf seiner Nachtwache im Lustgarten bereits eine seiner angeborener Anlagen. Indem er dem Vater zum Beweis seiner nächtlichen Aufmerksamkeit und Entdeckung des goldenen Vogels eine mit Pfeil und Bogen abgeschossene goldene Feder vorlegt, zeigt er deutlich seine geistige Fähigkeit und sein schlaues Handeln. Schlau und listig gilt auch der Fuchs dem Menschen. Zur Weiterentwicklung und Entdeckung seiner persönlichen Anlagen wird dem jüngsten Königssohn ein übernatürlicher Tierhelfer als Aufgabenlöser und Ratgeber zur Seite gestellt. Darüber hinaus erweist sich der Fuchs in seiner Funktion als Transporttier als ausgleichend in Bezug auf die zahlreichen Umwege des Königssohnes. Seine eigenen Fähigkeiten kann der Held erst im Schutze seines auf ihn abgestimmten Helfers im Laufe seines Unterwegsseins erkennen und für sich positiv nutzen lernen. Während die beiden Königssöhne bereits die höchste Herkunft innerhalb der gattungsimmanenten Standeshierarchie aufweisen, gelingt es dem Glückskind seine niedrige Herkunft zu überwinden und märchengemäß von unten nach oben bis in den höchsten Stand aufzusteigen. In *Der Teufel mit den drei goldenen Haaren* muss das

Glückskind nach der Erfüllung des Prophezeiten seine nicht standesgemäße Herkunft dem König durch Furchtlosigkeit beweisen. Er tritt eine Jenseitsreise an und durch das Aufsuchen der Hölle des Teufels überwindet das Glückskind letztlich seinen sozialen Stand. Für die hilfreiche Beantwortung der drei Fragen, die sich ihm auf dem Weg stellen, wird er mit reichlich Gold beschenkt und kehrt so auch auf materieller Ebene einem König ebenbürtig zurück. Mit seinem scheinbar späten aktiven Aufbruch in der Erzählung, gehört er aber dennoch zu der großen Zielgruppe der Reisenden, den Heranwachsenden. Als 14. Jähriger macht er sich auf und dank seiner Jenseitsreise, als Ausdruck für den tieferen Punkt des Helden im Vergleich zu sonstigen Aufgaben im Märchen, überwindet er gleich mehrere soziale Stufen und stellt sich an Spitze. Er wird König eines ganzen Reiches.

Ein glückliches Ende und ausgleichende Gerechtigkeit werden mit den Zaubermärchen verbunden und fehlen selten. Im KHM 97 haben sich die Brüder einer Bestrafung durch ihre Flucht entzogen. Die Flucht per Schiff symbolisiert jedoch die Unbeständigkeit des Lebens. Und ein schlechtes Ende für die Brüder bleibt so im Bereich des Vorstellbaren. Doch die Errungenschaften und der reichliche Gewinn des zum Helden aufgestiegenen Protagonisten am Ende seiner Wanderschaft oder Flucht dominieren die Wahrnehmung des Lesers oder Hörers. Identifikationsfigur ist die zentrale Märchenfigur der Volkserzählung, auf ihrem Weg zum Helden in seiner vollendeten Individuation.

Es gibt aktivere und weniger aktive Helden im Märchen. Zeiten der Passivität sind sehr unterschiedlich dargestellt. So bleibt Joringel in seiner Rolle als Schafhüter im KHM 69 eine zeitlang versunken und erinnert in dieser an ein auferlegtes Schweigegelübde bzw. an Exerzitien. Auch das Glückskind lässt sich im ersten Teil des Märchens, von seiner Geburt bis zu seiner Hochzeit mit 14 Jahren, eher von außen lenken. Er entfaltet erst nach seiner Hochzeit auf Grund der schwierigen Aufgabe, die ihm der König als sein Antagonist stellt, heldenhafte Züge. So wie für das Glückskind der Besuch des Teufels in seiner Hölle im Jenseits als Absonderungsraum für seine Entwicklung steht, so steht in den meisten Märchen der Wald als Ort der Abgeschiedenheit und damit für Verwandlung und Entwicklung des Protagonisten. Vertreter des drei Stufenmodells von van Gennep haben auf die Bedeutung der Seklusion im Sinne einer Probe- und Reifungszeit hingewiesen. Passivität kann auch ein magischer Schlaf sein, wie in *Sneewittchen*, in jedem Fall ist Passivität ein sehr menschlicher Zustand, denn alles Leben ist in Bewegung zwischen aktiven und passiven Phasen. Sneewittchen nimmt in diesem Zustand Abschied von der Zauberwelt und kehrt bald darauf in die diesseitige Welt zurück.

Das Unterwegssein im Märchen steht somit für den inneren Vorgang des Helden und sein Aufbruch tritt von außen an ihn heran. Als Einzelmensch symbolisiert der ´In-Die-Welt-Hinausziehende` innerhalb seiner Sozialisation einen Außenseiter und auf der Ebene des Agierens einen individuellen Weg. Männliche und weibliche Helden ziehen als Mensch oder in Tiergestalt in die Welt hinaus. Sie brechen alleine auf bzw. zu zweit und alsbald kann sich ein Begleiter als Helfer bzw. ein übernatürlicher Gegenstand ihnen zur Seite stellen. Auf dem Weg ihrer Wanderschaft bzw. Flucht entfernen sie sich von ihren bestehenden Verhältnissen zum Vater oder zur Mutter bzw. Stiefmutter. Innerlich durchlaufen sie einen Reifungsprozess, den sie trotz Begleitung alleine gehen müssen. Oft gibt es Parallelen in den äußeren Bedingungen, zum Beispiel in der Mangelsituation zu Beginn des Märchens. Somit kann die Ausgangssituation gleich sein und damit auch das Motiv. Der soziale Stand kann derselbe sein.

Das Ziel manifestiert sich auf der Textebene in einer Suchwanderung direkt an dem Gesuchten. Der Zielort zeigt sich dann durch das Auftauchen des Gesuchten. Die drei Aufgaben die sich dem Protagonisten stellen, steigern sich in ihrem Schwierigkeitsgrad. Die meisten zentralen Märchenfiguren heiraten gegen Ende der Volkserzählung und finden so ihren Weg zurück in die Gesellschaft. Abschließend erfolgt dann die Bestrafung des Antagonisten. Während in einigen Märchen, insbesondere da, wo es eine Heldin gibt, die Hochzeit strukturell am Ende steht, zeichnen sich viele der meist zweiteiligen Zaubermärchen dadurch aus, das hier die Hochzeit am Ende des ersten Teils steht. Denn jetzt verlieren die männlichen Protagonisten, nach der Lösung ihrer Aufgaben, alles Errungene und erst nach der Bewältigung ihrer neuen Notlage, die mitunter mit ihrer Befreiung oder gar Erlösung endet, sichern sie sich ihren neuen Platz im Sozialgefüge des Märchens. Diese Form des ´großen Verlustes` in den Volkserzählungen steht für einen Bruch in dem ansonsten sehr zielstrebigen Handlungsablauf. Hier vollzieht sich für den Protagonisten der Wandel und für den Hörer oder Leser wird er nun zum Inbegriff des Helden. Leser und Hörer identifizieren sich auf Grund der erlittenen Ungerechtigkeit des Helden leicht mit dem Helden und erwarten vom Ausgang Gerechtigkeit und dessen Glück. Ein Teil des Zieles ihres Unterwegsseins besteht sowohl für den männlichen als auch für den weiblichen Held in der Hochzeit. Doch die Reihenfolge der Begebenheiten und ihre Funktionen variieren.

Männliche Helden und vor allem Königssöhne verlassen ihre elterliche Umgebung, da sie oft im Konflikt mit dem Vater stehen. Sie brechen auf und entwickeln sich in der Welt entlang der an sie gestellten Aufgaben und Prüfungen weiter. Sie suchen und erleben Abenteuer, finden am Ende das Gesuchte und als Beigabe erhalten sie nicht selten eine Königstochter. Die Aussöhnung mit dem Vater oder die Anerkennung durch diesen ist dem männlichen Helden nach erfolgter Individuation sicher.

Vor allem weibliche zentrale Märchenfiguren sind auf der Flucht vor ihrer Antagonistin, meist ihrer Stiefmutter. Sie zeigen sich extrem belastbar und finden schnell ihren neuen Platz unter fremden Voraussetzungen. Sie treffen klare Entscheidungen und übernehmen Arbeiten wie sie anfallen. Sowohl Schneewittchen als auch Schwesterchen zeichnen sich durch geistige und seelische Führungsstärke aus. Die aufs Haus beschränkte Aktivität Schneewittchens unterliegt dabei eher den Zielvorgaben Wilhelm Grimms bei seinen Überarbeitungen. Er überarbeitete und fügte im Sinne der „biedermeierliche[n] Familienwelt“[454] hinzu und erfüllte damit den Anspruch eines pädagogisch anwendbaren Volks- und Hausbuches.

Den Wald empfindet das siebenjährige ausgesetzte Kind zunächst als sehr bedrohlich, und auch die Zwerge sind ihr fremd. Während Schwesterchen in der Übernahme der Verantwortung für ihren Bruder sich zielstrebig entwickelt, durchläuft Brüderchen, als zwei-

---

454 Weber-Kellermann/Bimmer: Einführung in die Volkskunde. S. 27.

ter Kinderheld in diesem Märchen eine sehr langsame Entwicklung. Letztlich wachsen die beiden weiblichen Märchenfiguren über sich hinaus und ihre Naturverbundenheit erweist sich als ihre Stärke. Schwesterchen lauschte von Beginn an auf die Natur und zeigte auch im Wald keine Angst vor den Tieren. Ihre Angst galt den Menschen. Schneewittchen gewinnt über die Zeit im Haus der Zwerge viele Tiere des Waldes zu ihren Freunden.

In dem Motiv beider Märchen manifestiert sich bereits die Tatsache, dass sie nicht wieder nach Hause zurückkehren werden. Sie heiraten am Ende ihrer Persönlichkeitsreifung einen König und ziehen mit diesem auf dessen Schloss. Helden einfacher Herkunft spiegeln zwar den sozialen Stand der Menschen in demokratischen Ländern wieder, doch auch hier kommt zum Tragen, was am Beginn mit den Worten Lüthis zitiert wurde: „König sein ist ein Bild für die vollendete Selbstverwirklichung".[455]

Insbesondere Helden der Suchwanderung kennen den Grund ihres Aufbruchs. Männliche Helden suchen meist nach einem Objekt oder Ding. Ungewöhnlicher dagegen ist die Suche und Befreiung ihrer verzauberten Partnerin. In *Jorinde und Joringel* meditiert Joringel lange über eine mögliche Befreiung und Erlösung seiner in eine Nachtigall verzauberte Jungfrau. Erst ein Traum zeigt ihm den Weg. Dieses Märchen setzt sich in vielen seiner Bilder, Sprache und Form von den anderen KHM ab. In *Brüderchen und Schwesterchen* flüchtet ein Geschwisterpaar vor ihrer herzlosen Stiefmutter und hier verpflichtet sich die weibliche Märchenfigur zu lebenslänglicher Treue mit ihrem verzauberten Bruder. Während Joringel seine Partnerin schließlich selbst aus ihrer Verzauberung befreit, wird *Brüderchen* nur durch die Bestrafung der Stiefmutter und Hexe durch Verbrennung von seiner Verzauberung erlöst. Hier wird die Bestrafung an die Erlösung gekoppelt.

Eine ganz andere Art des Unterwegsseins transportieren die beiden Märchen, deren Protagonist sich durch Kleinwüchsigkeit auszeichnen. Extrem den Elementen ihrer Umwelt ausgesetzt, versuchen sie ein selbstbestimmtes Leben zu erreichen. Ihnen stellen sich keine übernatürlichen Helfer, Gestalten, Dinge oder Gegenstände zur

---

[455] Lüthi: Es war einmal ... S. 107.

Seite. Zauberkräfte fehlen hier und das Phantastische liegt in ihnen selbst, in ihrer einzigartigen Größe. Der Bezug zu den Eltern wird in beiden Märchen positiv hervorgehoben und so schließt sich in diesen Märchen der Kreislauf von Abschied nehmen müssen und Willkommen heißen. Während Daumesdick eher ein warnendes Bild von den Hindernissen und Gefahren des Unterwegsseins transportiert, wird den jüngeren Lesern und Hörern in *Daumerlings Wanderschaft* eher Mut zugesprochen, im Schutze der elterlichen/väterlichen Liebe sich aufzumachen und in die Welt hinauszuziehen.

Die Ursache des Aufbruchs hat somit in allen Märchen eine spezifische Wirkung auf den Ablauf. Helden die sich nicht auf einer Suchwanderung befinden, lernen auf ihrer Flucht ihre Werte zu schätzen, wie sich insbesondere in den Märchen unter Punkt 5.6 (Nutzlose Tiere und Menschen im Märchen) zeigt. Die Wirkung des Unterwegsseins ist in keinem Märchen bezogen auf seinen Helden negativ. Denn, auch wenn der Held in Daumesdick die Unsicherheit und die Gefahren des Hinausziehens aufs Unangenehmste erfährt, so gehören diese Erlebnisse und Abenteuer als gleichberechtigter Anteil zu den erfahrbaren Möglichkeiten in der Fremde.

Abschließend bleibt zu sagen, dass die Reise- und Mobilitätsbilder in den Kinder- und Hausmärchen sehr vielfältig transportiert werden. Für den Helden oder die Heldin ist die Wanderschaft oder Flucht eine individuelle Erfahrung. Welthaltiges liegt dem Zaubermärchen ebenso zu Grunde wie Phantastisches. Und auch wenn, um es mit den Worten Lutz Röhrichs abschließend zu sagen, wirkliche Verhältnisse im Wunderbaren eine phantastische Steigerung weit jenseits der natürlichen Kräfte und Möglichkeiten erfahren, so gilt: „Das Märchen tut alles, um die Wirklichkeit nicht zu weit zu verlassen“.[456]

---

[456] Zitiert nach: Lüthi: Märchen. S. 115.

Literaturverzeichnis

Aarne, Antti: Verzeichnis von Märchentypen. In: FFC 3. Helsinki 1910.

Aarne, Antti: Übersicht der Märchenliteratur. In: FFC 14. Hamina 1914.

Aarne, Antti/Thompson, Stith: The Types of the Folktale. In: FFC 74 und FFC 184. Helsinki 1928 und 1961.

Adelung, Johann Christoph: Versuch eines vollständigen grammatisch-kritischen Wörterbuches der Hochdeutschen Mundart. 5 Bde. Leipzig 1774-1786.

Asadowskij, Mark: Eine sibirische Märchenerzählerin. In: FFC 68. Helsinki 1928.

Assion, Peter: Der große Aufbruch. Studien zur Amerikaauswanderung (Hessische Blätter für Volks- und Kulturforschung, Band 17). Marburg 1985.

Assion, Peter/Schmook, Reinhard: Hans Naumann. In: Bockhorn, Olaf/Jacobeit, Wolfgang/Lixfeld, Hannjost (Hg.): Völkische Wissenschaft. Gestalten und Tendenzen der deutschen und österreichischen Volkskunde in der ersten Hälfte des 20. Jahrhunderts. Wien 1994. S. 39-50.

Bähr, Jürgen (Hg.): Bevölkerungsgeographie. Verteilung und Dynamik der Bevölkerung in globaler, nationaler und regionaler Sicht. Stuttgart ^{3}1997.

Bastian, Ulrike: Die 'Kinder- und Hausmärchen' der Brüder Grimm in der literaturpädagogischen Diskussion. In: Oberfeld, Charlotte/Assion, Peter (Hg.): Erzählen – Sammeln - Deuten. Den Grimms zum Zweihundertsten (Hessische Blätter für Volks- und Kulturforschung, NF 18). Marburg 1985. S. 93-102.

Bastian, Ulrike: Die 'Kinder- und Hausmärchen' der Brüder Grimm in der literaturpädagogischen Diskussion des 19. und 20. Jahrhunderts. In: Becker, Jörg/Gmelin, Otto F./Oberfeld, Charlotte (Hg.): Studien zur Kinder- und Jugendmedien-Forschung. Band 8. Frankfurt am Main 1981. S. 93-102.

Bauer, Josef: Jenseits. In: EM 7 (1993). Sp. 524-533.

Bauman, Richard (Hg.): Verbal Art as Performance. Prospect Heights: Waveland [1977] 1984.

Bausinger, Hermann: Formen der 'Volkspoesie' (Grundlagen der Germanistik, 6). 2. verbesserte und vermehrte Auflage. Berlin 1980.

Bausinger, Hermann/Beyrer, Klaus/Korff, Gottfried (Hg.): Reisekultur: Von der Pilgerfahrt zum modernen Tourismus. München 1991.

Bausinger, Hermann: Didaktisches Erzählgut. In: EM 3 (1981). Sp. 614 - 624.

Bausinger, Hermann: Einfache Form(en). In: EM 3 (1981). Sp. 1211-1226.

Bausinger, Hermann: Erzählforschung. In: EM (1984) Sp. 342-348.

Bausinger, Hermann: Identität. In: Ders./Jeggle, Lutz/Korff, Gottfried/Scharfe, Martin (Hg.): Grundzüge der Volkskunde. Darmstadt ^{3}1993. S. 204-263.

Bausinger, Hermann: Literatur und Volkserzählung. In: EM 8 (1996). Sp. 1119-1137.

Bausinger, Hermann: Märchen. In: EM 9 (1999). Sp. 250-274.

Bausinger, Hermann: Max Lüthi zum 70. Geburtstag. In: Fabula 20 (1979). S. 1-7.

Bausinger, Hermann: Naturpoesie. In: EM 9 (1999). Sp. 1273-1280.

Becker, Ricarda: Initiation. In: EM 7 (1993). Sp. 183-188

Becker, Siegfried: Zur Geschichte und Perspektive der Erzählforschung. Ein Bericht über Bestand und Aufgaben des Zentralarchivs der Deutschen Volkserzählung. In: Zeitschrift für Volkskunde 86 (1990). S. 203-215.

Beer, Bettina: Initiation: In: Wörterbuch der Völkerkunde. Begründet von Hirschberg, Walter. Berlin 1999. S. 186f.

Beier, Barbara: Der nicht natürliche Tod und andere rechtsmedizinische Sachverhalte in den deutschen Volksmärchen unter besonderer Berücksichtigung der Kinder- und Hausmärchen der Brüder Grimm. Diss. vorgelegt der Medizinischen Fakultät Charité der Humboldt-Universität zu Berlin 1997.

Ben-Amos, Dan (Hg.): Folklore Genres. Austin/Texas 1981.

Ben-Amos, Dan (Hg.): Folklore. Performance and communication. Den Haag/Paris 1975.

Bettelheim, Bruno (Hg.): Kinder brauchen Märchen. Stuttgart 1977.

Bimmer, Andreas C.: Brauchforschung. In: Brednich, Rolf Wilhelm (Hg.): Grundriß der Volkskunde. Einführung in die Forschungsfelder der Europäischen Ethnologie. 3. Auflage Berlin 2001. S. 445-468.

Bimmer, Andreas C.: Von Übergang zu Übergang – Ist van Gennep noch zu retten? In: Österreichische Zeitschrift für Volkskunde 103 (2000), S. 15-36.

Bluhm, Lothar (Hg.): Die Brüder Grimm und der Beginn der Deutschen Philologie. Hildesheim 1997.

Bluhm, Lothar/Rölleke, Heinz (Hg.): „Redensarten des Volks, auf die ich immer horche“: Märchen – Sprichwort – Redensart; zur volkskundlichen Ausgestaltung der Kinder- und Hausmärchen durch die Brüder Grimm. Stuttgart/Leipzig 1997.

Bluhm, Lothar: Rölleke, Heinz. In: EM 11, 2 (2004). Sp. 786-790.

Bogatyrev, Petr Grigorevitch/Jakobsen, Roman: Die Folklore als eine besondere Form des Schaffens. In: Donum Natalicium Schrijnen. Nijmegen/Utrecht 1929. S. 900-913.

Bogatyrev, Petr Grigorevitch/Jakobsen, Roman: Die Folklore als eine besondere Form des Schaffens. In: Blumensath, Heinz (Hg.): Strukturalismus in der Literaturwissenschaft. (Neue wissenschaftliche Bibliothek, 43). Köln 1972. S. 13-24.

Bolte, Johannes/Polívka, Georg (Hg.): Anmerkungen zu den KHM der Brüder Grimm. 5 Bde. Leipzig 1913-1932. Neudruck Hildesheim 1963.

Bönisch-Brednich, Brigitta (Hg.): Auswandern. Destination Neuseeland. Eine ethnographische Migrationsstudie. Berlin 2002.

Bönisch-Brednich, Brigitte: Reiseberichte. In: EM 11, 2 (2004). Sp. 521-527.

Bönisch-Brednich, Brigitte: Reiseberichte. In: Göttsch, Silke/Lehmann Albrecht (Hg.): Methoden der Volkskunde. Positionen, Quellen, Arbeitsweisen der Europäischen Ethnologie. Berlin 2001. S. 123-137.

Brednich, Rolf Wilhelm: Methoden der Erzählforschung. In: Göttsch, Silke/Lehmann Albrecht (Hg.): Methoden der Volkskunde. Positionen, Quellen, Arbeitsweisen der Europäischen Ethnologie. S. 57-77.

Brednich, Rolf Wilhelm: Peter Assion als Initiator der volkskundlichen Auswanderungsforschung. In: Dittmar, Jürgen/Kaltwasser, Stephan/Schriewer, Klaus (Hg.): Betrachtungen an der Grenze. Gedenkband für Peter Assion. Marburg 1997. S. 19-36.

Brednich, Rolf Wilhelm: Schicksalserzählungen. EM 11, 3 (2004). Sp. 1386-1395.

Chesnutt, Michael: Polygenese. In: EM 10 (2002). Sp. 1161-1164.

Daxelmüller, Christoph: Auctoritas, subjective Wahrnehmung und erzählte Wirklichkeit. Das Exemplum als Gattung und Methode. In: Stötzel, Georg (Hg.): Germanistik, Forschungsstand und Perspektiven. Teil 2. Berlin/New York 1985. S. 72-87.

Dégh, Linda: Biologie des Erzählguts. EM 2 (1979). Sp. 386-406.

Dégh, Linda: Erzählen, Erzähler. EM 4 (1984). Sp. 315-342.

Der Digitale Grimm: Deutsches Wörterbuch von Jakob und Wilhelm Grimm. CD 1. Frankfurt am Main 2004.

Diederichs, Ulf (Hg.): Who's who im Märchen. Düsseldorf 1995.

Dorson, Richard M.: Anthropologische Theorie. In: EM 1 (1977). Sp. 586-591.

Dünniger, Josef: Brauchtum. In: Stammler, Wolfgang (Hg.): Deutsche Philologie im Aufriß. Bd. 3. 2.,überarbeitete Auflage. Berlin 1962, Sp. 2571-2640.

Dundes, Alan (Hg.): Interpreting Folklore. Bloomington 1980.

Enzyklopädie des Märchens. Handwörterbuch zur historischen und vergleichenden Erzählforschung. Begründet von Kurt Ranke. Herausgegeben von Rolf Wilhelm Brednich zusammen mit Hermann Bausinger, Wolfgang Brückner, Helge Gerndt, Max Lüthi, Klaus Roth, Lutz Röhrich, Rudolf Schenda. 12 Bde. Aktuell: Bd. 12. Lieferung 2 (2006).

Etymologische Wörterbuch des Deutschen. Erarbeitet unter der Leitung von Wolfgang Pfeifer. München 2000.

Fehling, Detlev: Amor und Psyche. Die Schöpfung des Apuleius und ihre Einwirkung auf das Märchen. Eine Kritik der romantischen Märchentheorie (Akademie der Wissenschaften und der Literatur. Abhandlungen der geistes- und sozialwissenschaftlichen Klasse, Band 9). Wiesbaden 1977.

Feustel, Elke: Rätselprinzessinnen und schlafende Schönheiten. Typologie und Funktion der weiblichen Figuren in den Kinder- und Hausmärchen der Brüder Grimm (Germanistische Texte und Studien, Band 72). Hildesheim/Zürich/New York 2004.

Fischer, Helmut: Das „papierne Dasein" von Volkserzählungen. In: Boden, Alexander/Genath, Peter/Haverkamp, Dela-Madeleine (Hg.): Erzähler und Erzähltes. Märchen zwischen mündlicher Überlieferung und literarischer Tradition. Rheinisches Jahrbuch für Volkskunde. Beiheft 4. S. 45-76. Im Druck.

Fischer, Helmut: Erzählen – Schreiben – Deuten. Beiträge zur Erzählforschung (Bonner kleine Reihe der Alltagskultur, Band 6). Münster 2001.

Fischer, Helmut: Feder. In: EM 4 (1984). Sp. 933-937.

Fischer, Helmut: Philologische Methode. In: EM 10 (2002). Sp. 1008-1016.

Folz, Winfried (Hg.): Pfälzer Rückwanderer aus Nordamerika. Mainz 1992.

Franz, Marie-Luise von. Flucht. In: EM 4 (1984). Sp. 1328-1339.

Gadamer, Hans-Georg (Hg.): Wahrheit und Methode. Grundzüge einer philosophischen Hermeneutik. Tübingen ^{4}1975.

Gehrts, Heino/Janning, Jürgen/Ossowski, Herbert/Thyen, Dietrich (Hg.): Gott im Märchen (Im Auftrag der Europäischen Märchengesellschaft). Kassel 1982.

Gehrts, Heino: Der Wald. In: Jürgen Janning/Ders.(Hg.): Die Welt im Märchen (Veröffentlichungen der Europäischen Märchengesellschaft 7). Kassel 1984. S. 37-53.

Gennep, Arnold van (Hg.): Übergangsriten (= Les rites de passage). [Orig. Paris 1909] Frankfurt am Main 1986.

Gerlach, Hildegard: Hexe. In: EM 6 (1990). Sp. 960-992.

Gerndt, Helge: Reise. In: EM 11, 2 (2004). Sp. 504-514.

Gerstner, Hermann (Hg.): Brüder Grimm in Selbstzeugnissen und Bilddokumenten. Reinbek bei Hamburg 1973.

Grätz, Manfred: Zeitalter der Aufklärung. In: EM 6 (1990). Sp. 447-569.

Grider, Sylvia Ann: Adaption. In: EM 1 (1977). Sp. 99-101

Grimm, Jacob und Wilhelm: Kinder- und Hausmärchen. Gesammelt durch die Brüder Grimm. Vergrößerter Nachdruck der zweibändigen Erstausgabe von 1812 und 1815 nach dem Handexemplar des Brüder-Grimm-Museums Kassel mit sämtlichen handschriftlichen Korrekturen und Nachträgen der Brüder Grimm sowie einem Ergänzungsheft: Transkriptionen und Kommentare in Verbindung mit Ulrike Marquardt von Heinz Rölleke. 3 Bde. Göttingen 1986.

Grübel, Isabel/Moser, Dietz-Rüdiger: Hölle. In: EM 6 (1990). Sp. 1178-1191.

Gyr, Ueli: Tourismus und Tourismusforschung. In: Brednich, Rolf Wilhelm (Hg.): Grundriß der Volkskunde. Einführung in die Forschungsfelder der Europäischen Ethnologie. 3. Auflage Berlin 2001. S. 469-489.

Gyr, Ueli: Touristenkultur und Reisealltag. In: Zeitschrift für Volkskunde 84 (1988). S. 224-239.

Hain, Mathilde: Die Volkskunde und ihre Methoden. In: Stammler, Wolfgang (Hg.):Deutsche Philologie im Aufriß. 3 Bde. Berlin 1962. Sp. 2547-2570.

Hildebrandt, Irma (Hg.): Es waren ihrer Fünf. Die Brüder Grimm und ihre Familie. Köln ^{3}1986.

Hirschfelder, Gunther: Die Auswirkungen der Amerikaauswanderung auf die rheinischen Lebenswelten des 19. Jahrhunderts. In: Rheinisch-westfälische Zeitschrift für Volkskunde 45 (2000). S. 153-170.

Köhle-Hezinger, Christel: Willkommen und Abschied. Zur Kultur der Übergänge in der Gegenwart. In: Zeitschrift für Volkskunde 92 (1996). S. 1-19.

Holzhausen-Heeter, Heidemarie: Von einem, der Auszog ... Das Reisemotiv in den 'Kinder- und Hausmärchen` der Brüder Grimm und in den Kunstmärchen der Romantik. Submitted to the faculty of the Graduate School in partial fulfillment of the requirements for the degree Doctor of Philosophy in the Department of Germanic Studies 1989. Herausgegeben von der University Microfilms International. Indiana University 1990.

Honko, Lauri: Gattungsprobleme. In: EM 5 (1987). Sp.744-769.

Honko, Lauri: Methods in Folk-Narrative Research. In: Ethnologia Europaea 11, 1 (1979/80). S. 6-27.

Horn, Katalin: Brauchen Menschen Märchen? In: Fabula 34 (1993). S. 1-8.

Horn, Katalin: Held, Heldin. In: EM 6 (1990). Sp. 721-745.

Horn, Katalin: Isolation. In: EM 7(1993). Sp. 321-325.

Horn, Katalin: Prüfung. In: EM 11, 1 (2003). Sp. 1-5.

Isler, Gotthilf/Ranke, Kurt: Archetypus. In: EM 1 (1977). Sp. 743-750.

Jakob und Wilhelm Grimm: Deutsche Sagen. Herausgegeben von den Brüdern Grimm. 3. Auflage, besorgt durch Hermann Grimm. 1. Bd. Berlin 1891.

Jeggle, Utz: Volkskunde im 20. Jahrhundert. In: Brednich, Rolf Wilhelm (Hg.): Grundriß der Volkskunde. Einführung in die Forschungsfelder der Europäischen Ethnologie. 3. Auflage Berlin 2001. S. 53-75.

Jolles, André (Hg.): Einfache Formen. Legende, Sage, Mythe, Rätsel, Spruch, Kasus, Memorabile, Märchen, Witz. Darmstadt [2]1958.

Jolles, André (Hg.): Einfache Formen. Legende, Sagen, Mythe, Rätsel, Spruch, Kasus, Memorabile, Märchen, Witz. Tübingen [6]1982.

Karlinger, Felix: Grundzüge einer Geschichte des Märchens im deutschen Sprachraum. (Wissenschaftliche Buchgesellschaft, Band 15). Darmstadt 1983.

Klotz, Volker (Hg.): Erzählen. Von Homer zu Boccaccio, von Cervantes zu Faulkner. München 2006.

Köbel, Bernd/Köbel, Steffen/Sauerwein, Katrin/Sauerwein, Martin/Terken, Lucie: Eine fast vergessene Reise. Alexander von Humboldts und Steven Jan van Geuns' Reise durch Hessen, die Pfalz, an den Rhein und durch Westfalen im Herbst des Jahres 1789. In: Zimmermann, Christian von (Hg.): Wissenschaftliches Reise – reisende Wissenschaftler. Studien zur Professionalisierung der Reiseformen zwischen 1650 und 1800. (Cardanus. Jahrbuch für Wissenschaftsgeschichte). Heidelberg 2003. S. 79-102.

Kooi, Jurjen van der: Literatur als Volkskunde. Historische Erzählforschung. Volkskalender und Mundart. In: Rheinisches Jahrbuch für Volkskunde 26 (1985/86). S. 141-175.

Kooi, Jurjen van der: Märchen zwischen mündlicher Überlieferung und literarischer Tradition. In: Boden, Alexander/Genath, Peter/Haverkamp, Dela-Madeleine (Hg.): Erzähler und Erzähltes. Vortragsveranstaltung anlässlich des 70. Geburtstages von H.L. Cox. In: Rheinisches Jahrbuch für Volkskunde. Beiheft 4. Siegburg 2006. S. 29-44. Im Druck.

Korff, Gottfried: Kultur. In: Bausinger, Hermann/Jeggle, Utz et al.: Grundzüge der Volkskunde. Darmstadt [3]1993. S. 17-63

Köstlin, Monika: Im Frieden der Wissenschaft. Wilhelm Grimm als Philologe. Stuttgart 1993.

Kottinger, Wolfgang: Hermeneutik. EM 6 (1990). Sp. 841-845.

Kugler, Hartmut: Ovid. In: EM 10 (2002). Sp. 458-464.

Kutter, Uli: Reisen – Reisehandbücher - Wissenschaft. Materialien zur Reisekultur im 18. Jahrhundert. Mit einer unveröffentlichten Vorlesungsmitschrift des Reisekollegs von A.L. Schlözer vom WS 1792/93 im Anhang. (D 7 Göttinger philosophische Dissertation). Neuried 1996.

Lauterbach, Burkhart.: Baedeker und andere Reiseführer. In: Zeitschrift für Volkskunde 85 (1989). S. 206-234.

Lehmann, Albrecht (Hg.): Von Menschen und Bäumen. Die Deutschen und ihr Wald. Reinbek 1999.

Lehmann, Albrecht: Erinnern und Vergleichen. Flüchtlingsforschung im Kontext heutiger Migrationsbewegungen. In: Dröge, Kurt (Hg.): Alltagskulturen zwischen Erinnerung und Geschichte. Beiträge zur Volkskunde der Deutschen in und aus dem östlichen Europa. München 1995. S. 15-30.

Lemmer, Manfred (Hg.): Die Brüder Grimm. Leipzig ^{3}1985.

Linder-Beroud, Waltraud: Von der Mündlichkeit zur Schriftlichkeit? Untersuchungen zur Interdependenz von Individualdichtung und Kollektivlied. Diss. (Artes populares, Band 18). Frankfurt am Main/Bern/New York/Paris 1989.

Littmann, Enno: Die Erzählungen aus den Tausendundein Nächten. Vollständige deutsche Ausgabe in sechs Bänden zum ersten Mal nach dem arabischen Urtext der Calcutta Ausgabe aus dem Jahre 1830. Übertragen von Enno Littmann. Band II. Die Geschichte von Ali Baba und den vierzig Räubern. Zweihundertundsiebenzigste Nacht. S. 791-859.

Lüthi, Max (Hg.): Das europäische Volksmärchen. Form und Wesen. Tübingen ^{9}1992.

Lüthi, Max (Hg.): Das europäische Volksmärchen. München ^{7}1981.

Lüthi, Max (Hg.): Das Volksmärchen als Dichtung. Ästhetik und Anthropologie. Göttingen 1990.

Lüthi, Max (Hg.): Es war einmal ...Vom Wesen des Volksmärchens. Göttingen ^{8}1998.

Lüthi, Max (Hg.): So leben sie noch heute. Betrachtungen zum Volksmärchen. Göttingen ^{3}1989.

Lüthi, Max (Hg.): Volksmärchen und Volkssage. Zwei Grundformen erzählender Dichtung. München [2]1966.

Lüthi, Max: Abstraktheit. In: EM 1 (1977). Sp. 34-36.

Lüthi, Max: Allverbundenheit. EM 1 (1977). Sp. 330.

Lüthi, Max: Eindimensonalität. In: EM 3 (1981). Sp. 1207-1211.

Lüthi, Max: Es war einmal ...Vom Wesen des Volksmärchens. Mit einem Vorwort von Lutz Röhrich. Göttingen [8]1998.

Lüthi, Max: Märchen. Bearbeitet von Heinz Rölleke. Stuttgart [9]1996.

Martini, Fritz (Hg.): Deutsche Literaturgeschichte. Von den Anfängen bis zur Gegenwart. 19., neu bearbeitete Auflage. Stuttgart 1991.

Marzolph, Ulrich: Orientalisches Erzählgut in Europa. In: EM 10 (2002) Sp. 362-373.

Meiners, Uwe/Reinders-Düselder, Christoph (Hg.): Fremde in Deutschland – Deutsche in der Fremde. Schlaglichter von der frühen Neuzeit bis in die Gegenwart. Cloppenburg 1999.

Möller, Helmut: Volkskunde, Statistik, Völkerkunde 1787. In: Zeitschrift für Volkskunde 60 (1964). S. 218-233.

Moser, Dietz-Rüdiger: Altersbestimmung des Märchens. In: EM 1 (1977). Sp. 407-419.

Moser-Rath, Elfriede (Hg.): Lustige Gesellschaft. Schwank und Witz des 17. und 18. Jahrhunderts in kultur- und sozialgeschichtlichem Kontext. Stuttgart 1984.

Moser-Rath, Elfriede (Hg.): Predigtmärlein der Barockzeit. Exempel, Sage, Schwank und Fabel in geistlichen Quellen des oberdeutschen Raumes. Berlin 1964.

Moser-Rath, Elfriede: Frau. EM 5 (1987). Sp. 100-137.

Murayama, Isamitsu: Poesie – Natur – Kinder. Die Brüder Grimm und ihre Idee einer ´natürlichen Bildung` in den ´Kinder- und Hausmärchen`. Diss. Heidelberg 2005.

Naumann, Hans (Hg.): Grundzüge der deutschen Volkskunde. Leipzig 1922.

Nemec, Friedrich/Solms, Wilhelm (Hg.): Literaturwissenschaft heute. München 1979.

Neutsch, Cornelius: Reisen um 1800. Reiseliteratur über Rheinland und Westfalen als Quelle einer sozial- und wirtschaftsgeschichtlichen Reiseforschung (Sachüberlieferungen zur Geschichte. Siegener Abhandlungen zur Entwicklung der materiellen Kultur 6). St. Katharinen 1990.

Ohler, Norbert (Hg.): Reisen im Mittelalter. Düsseldorf 2004.

Panzer, Friedrich: Märchen. In: Karlinger, Felix (Hg.): Wege der Märchenforschung. Darmstadt 1973. S. 84-128.

Paravicini, Werner: Europäische Reiseberichte des späten Mittelalters. Eine analytische Bibliographie. Teil 1: Deutsche Reiseberichte. Bearbeitete von Christian Halm. (Kieler Werkstücke, Reihe D: Beiträge zur europäischen Geschichte des späten Mittelalters). Frankfurt am Main 1994.

Paukstadt, Bernhard: Paradigmen der Erzähltheorie. Ein methodengeschichtlicher Forschungsbericht mit einer Einführung in Schemakonstitution und Moral des Märchenerzählens. (Hochschulsammlung Philosophie/Literaturwissenschaft, Band 6). Diss. 1979. Freiburg 1980.

Pentikäinen, Juha: Folklore Fellows Communications. In: EM 4 (1984). Sp. 1403-1405.

Pöge-Alder, Kathrin: Mythologische Schule. In: EM 9 (1999). Sp. 1086-1092.

Pretzel, Ulrike: Die Literaturform Reiseführer im 19. und 20. Jahrhundert. Untersuchungen am Beispiel des Rheins. (Europäische Hochschulschriften, Reihe 1, Band 1531). Frankfurt am Main 1995.

Propp, Vladimir Jakovlevič (Hg.): Morphologie des Märchens. [Orig. Leningrad 1928] München 1972.

Propp, Vladimir Jakovlevič: Morphologie des Märchens. Herausgegeben von Karl Eimermacher. München 1972.

Propp, Vladimir Jakovlevič (Hg.): Morphology of the Folktale. Bloomington 1958.

Puchner, Walter: Magische Flucht. In: EM 9 (1999). Sp. 13-19.

Ranke, Kurt: Exzeptionsprinzip. In: EM 4 (1984). Sp. 720-722.

Redakteur und Herausgeber: Vorwort. In: EM 1 (1977).

Röhrich, Lutz (Hg.): »und weil sie nicht gestorben sind ...«. Anthropologie, Kulturgeschichte und Deutung von Märchen. Köln/Weimar/Wien 2002.

Röhrich, Lutz (Hg.): Erzählungen des späten Mittelalters und ihr Weiterleben in Literatur und Volksdichtung bis zur Gegenwart. 2 Bde. Bern/München 1962, 1967.

Röhrich, Lutz (Hg.): Lexikon der sprichwörtlichen Redensarten. Freiburg/Basel/Wien [7]2004. 3 Bände.

Röhrich, Lutz (Hg.): Märchen und Wirklichkeit (Wissenschaftliche Paperbacks Germanistik). Wiesbaden [4]1974.

Röhrich, Lutz (Hg.): Sage und Märchen. Erzählforschung heute. Freiburg/Basel/Wien 1976.

Röhrich, Lutz: Erzählforschung. In: Brednich, Rolf Wilhelm (Hg.): Grundriß der Volkskunde. Einführung in die Forschungsfelder der Europäischen Ethnologie. 3. Auflage Berlin 2001. S. 515-542.

Röhrich, Lutz: Geographisch-Historische Methode. In: EM 5 (1987). Sp. 1012-1030.

Röhrich, Lutz: König, Königin. In: EM 8 (1996). Sp. 134-148.

Röhrich, Lutz: Märchen und Märchenforschung heute. In: Kahn, Walther/Röth, Diether (Hg.): Märchen und Märchenforschung in Europa: Ein Handbuch. (Im Auftrag der Märchen-Stiftung Walther Kahn). Frankfurt am Main 1993. S. 9-13.

Röhrich, Lutz: Märchen und Wirklichkeit. (Wissenschaftliche Paperbacks Germanistik). Wiesbaden [3]1974. S. 235.

Röhrich, Lutz: Märchensammlung und Märchenforschung in Deutschland. In: Kahn/Röth: Märchen und Märchenforschung in Europa. S. 35-55.

Röhrich, Lutz: Max Lüthi – Ein europäischer Märchenforscher. In: Kahn/Röth: Märchen und Märchenforschung in Europa. S. 20-23.

Röhrich, Lutz: Volkspoesie ohne Volk. Wie ‚mündlich' sind so genannte ‚Volkserzählungen'. In: Ders./Lindig, Erika: Volksdichtung zwischen Mündlichkeit und Schriftlichkeit (Skript Oralia 9). Tübingen 1989. S. 49-65.

Röhrich, Lutz: Vom 'Woher'? zum 'Warum'? Was kann die volkskundliche Erzählforschung von der Psychologie lernen? In: Urbilder und Geschichte. C. G. Jungs Archetypenlehre und die Kulturwissenschaften. Akten eines Kolloquiums vom Mai 1987 in Basel, in memoriam Hans Trümpy. Basel/Frankfurt am Main 1989. S. 11-33.

Röhrich, Lutz: Vorwort. In: Ders./Lindig, Erika (Hg.): Volksdichtung zwischen Mündlichkeit und Schriftlichkeit (Skript Oralia 9). Tübingen 1989. S. 7-15.

Röhrich, Lutz/Lindig, Erika (Hg.): Volksdichtung zwischen Mündlichkeit und Schriftlichkeit (Skript Oralia 9). Tübingen 1989. S. 49-65.

Rölleke Heinz (Hg.): Die älteste Märchensammlung der Brüder Grimm. Synopse der hessischen Urfassung von 1810 und der Erstdrucke von 1812. Cologny-Genève 1975.

Rölleke, Heinz: Die Märchen der Brüder Grimm (Artemis-Einführungen, 18). München/Zürich 1985.

Rölleke, Heinz (Hg.): Die Märchen der Brüder Grimm. Eine Einführung. Stuttgart 2004.

Rölleke, Heinz (Hg.): Die Märchen der Brüder Grimm. München/Zürich 1985.

Rölleke, Heinz: August Stöbers Einfluss auf die KHM der Brüder Grimm. In: Fabula 24 (1928). S. 11-20.

Rölleke, Heinz: Brentano, Clemens Maria Wenzeslaus. In: EM 2 (1979). Sp. 767-776.

Röhrich, Lutz: Zur Deutung und Be-Deutung von Folklore-Texten. In: Fabula 26 (1985). S. 3-28.

Rölleke, Heinz: Zur Biographie der Grimm'schen Märchen. In: Brüder Grimm: Kinder- und Hausmärchen. Nach der 2., vermehrte Auflage von 1819. Textkritisch revidiert von Heinz Rölleke. Köln ^{2}1984.

Rosen, Klaus (Hg.): Die Völkerwanderung. München 2002.

Schenda, Rudolf (Hg.): Das ABC der Tiere. Märchen, Mythen und Geschichten. München 1995.

Schenda, Rudolf (Hg.): Von Mund zu Ohr. Bausteine zu einer Kulturgeschichte volkstümlichen Erzählens in Europa. Göttingen 1993.

Schenda, Rudolf: Alte Leute. In: EM 1 (1977). Sp. 373-380.

Schenda, Rudolf: Lüthi, Max. In: EM 8 (1996). Sp. 1307-1313.

Schenda, Rudolf: Stand und Aufgaben der Exemplarforschung. In: Fabula 10 (1969). S. 69-85.

Schenda, Rudolf: Tendenzen der aktuellen volkskundlichen Erzählforschung im deutschsprachigen Raum. In: Chiva, Isac/Jeggle, Utz (Hg.): Deutsche Volkskunde – Französische Ethnologie. Zwei Standortbestimmungen. Frankfurt am Main/New York/Paris 1987. S. 271-291.

Schenk, Annemie: Innerethische Forschung. In: Brednich, Rolf Wilhelm (Hg.): Grundriß der Volkskunde. Einführung in die Forschungsfelder der Europäischen Ethnologie. 3. Auflage Berlin 2001. S. 363-390.

Schnürer, Hans: Positionen und Ergebnisse der Märchenforschung. In: Wetzel, Christoph: Brüder Grimm. Die großen Klassiker. Literatur der Welt in Bildern, Texten, Daten. Salzburg 1983. S. 137-158.

Schoof, Wilhelm (Hg.): Zur Entstehungsgeschichte der Grimmschen Märchen. Bearbeitet und Benutzung des Nachlasses der Brüder Grimm. Hamburg 1959. S. 59-96.

Schriewer, Klaus (Hg.): Der Wald – Ein deutscher Mythos? Perspektiven eines Kulturthemas. Berlin/Hamburg 2000.

Schwibbe, Gudrun: Psychologie. In: EM 11, 1 (2003). Sp. 23-35.

Seemann, Klaus Dieter (Hg.): Beiträge zur russischen Volksdichtung. Berlin 1987.

Sievers, Kai Detlev: Volkskundliche Fragestellungen im 19. Jahrhundert. In: Brednich, Rolf Wilhelm (Hg.): Grundriß der Volkskunde. Einführung in die Forschungsfelder der Europäischen Ethnologie. 3. Auflage Berlin 2001. S. 31-51.

Smend, Rudolf: Jakob. In: EM 7 (1993). Sp. 450-453.

Solms, Wilhelm: Die Moral von Grimms Märchen. Darmstadt 1999.

Spies, Otto: Arabisch-islamische Erzählstoffe. EM 1 (1977). Sp. 685-718.

Stagl, Justin (Hg.): Eine Geschichte der Neugier. Die Kunst des Reisens 1550-1800. Wien/Köln/Weimar 2002.

Taloş, Ion: Inzest. In: EM 7 (1993). Sp. 229-241.

Tismar, Jens (Hg.): Kunstmärchen. Stuttgart 1977.

Thyen Dietrich: Transzendenz und Wirklichkeit in der Sicht der Märchen – Vom Sinn einer gläubigen Deutung der Welt: In: Gehrts, Heino/Janning, Jürgen/Ossowski, Herbert/Thyen, Dietrich (Hg.): Gott im Märchen (Im Auftrag der Europäischen Märchengesellschaft). Kassel 1982. S. 25-38.

Uther, Hans-Jörg: Brunnen. In: EM 2 (1979). Sp. 942-950.

Uther, Hans-Jörg: Fuchs. In: EM 5 (1987). Sp. 447-478.

Uther, Hans-Jörg: Motivkatalog. In: EM 9 (1999). Sp. 957-968.

Uther, Hans-Jörg: Röhrich, Lutz. In: EM 11, 2 (2004). Sp. 755-762.

Uther, Hans-Jörg: The Types of international Folktales. A classification and Bibliography. Based on the System of Antti Aarne and Stith Thompson. Part I-III. In: FFC 284. Helsinki 2004.

Vanja, Konrad: Dörflicher Strukturwandel zwischen Überbevölkerung und Auswanderung. Zur Sozialgeschichte des oberhessischen Postortes Halsdorf (Marburger Studien zur vergleichenden Ethnosoziologie, Band 9). Marburg 1978.

Vansina, Jan (Hg.): Oral Tradition as History. London/Nairobi 1985.

Voigt, Vilmos: Propp, Vladimir Jakovlevič. In: EM 10 (2003). Sp. 1435-1442.

Wetzel: Brüder Grimm. Die großen Klassiker. Literatur der Welt in Bildern, Texten, Daten. Salzburg 1983.

Zipes, Jack (Hg.): Fairy Tales and The Art of Subversion. The classical genre for children and the process of civilization. London 1983.

KHM	Thema & Motiv & Protagonist	TITEL	Wichtigsten Ausprägungen nach Aarne:	**Zitiert aus** dem **Typverzeichnis** nach **Antti Aarne**[1] (Helsinki 1910: FFC 3. S. 5-41. Helsinki 1912. Sowie FFC 15. S. 1-15). Ergänzt mit dem **AaTh Typenverzeichnis**. In: Lüthi: Märchen. S. 16f. Sowie: **Uther**: **Brüder Grimm. Bd. 3: S. 262-270 und Bd. 4**. Abgeglichen mit dem **Verzeichnis**: **Uther**: The Types of International Folktales. Here Part I, II. Sowie den Anmerkungen (Remarks) von Uther.	Seite
9	F SW	*Die zwölf Brüder*	**II:** übernatürliche m oder verzauberten Gatten (Gattin) oder sonstigem Angehörigen (400-459)[2]:	**Aa 451:** „Das Mädchen, das seine Brüder sucht: Die Königin gibt ein Zeichen, ob ein Knabe oder ein Mädchen geboren ist; das Mädchen pflückt zwölf Blumen: die zwölf Brüder werden in Raaben verwandelt; sie bleibt sieben Jahre lang stumm, um ihre Brüder zu erlösen; (wohnt auf einem Baume); der König findet sie und nimmt sie zur Frau; Rettung vom Scheiterhaufen (...).“ (FFC 3. S. 20) **AaTh 451:** Mädchen sucht seine Brüder. (Uther: B.G. S. 21) **ATU 451: The Maiden Who Seeks Her Brother. “Remarks:** Early version see Johannes de Alta Silva, *Dolopathos* (No. 7).” (FFC 284. S. 267)	110
11[3]	WS F V M G	***Brüderchen und Schwesterchen***	**II:** übernatürliche m oder verzauberten Gatten (Gattin) oder sonstigem Angehörigen (400-459):	**Aa 450:** „Brüderchen und Schwesterchen: der Knabe wird von der bösen Stiefmutter in ein Reh verwandelt; lebt mit seiner Schwester im Walde; der König heiratet diese; ihre Stiefschwester wird an ihrer Stelle seine Gemahlin, bis alles ein gutes Ende nimmt (...).“ (FFC 3. S. 19f.) **AaTh 450:** Brüderchen und Schwesterchen (KHM 11, 141). (Uther: B.G. S. 23) **ATU 450:** Little Brother and little sister. “**Remarks**: Elements are documented in Latin verse by the Polish poet C. Kobyliński in 1588.” (FFC 284. S. 265f.)	113 **114** 116 117 119 132 157
15	A F G	*Hänsel und Gretel*	II: übernatürlichem Gegner (300-399):	**Aa 327 A:** „Hänsel und Gretel: die Eltern führen ihre Kinder in den Wald; das Pfefferkuchenhaus; der Knabe gemästet, die Hexe in den Ofen geworfen (...); ihre Schätze fallen den Kindern zu (...).“ (FFC 3. S. 14)	110 111 112

[1] I: Tiermärchen (Nr. 1-299); II: Eigentliche Märchen: Zaubermärchen (Nr. 300-749), legendenartige Märchen (Nr. 750-849), Novellenartige Märchen (Nr. 850-999) und Märchen vom dummen Teufel (Nr. 1000-1199); III: Schwänke (Nr. 1200-1999). Vgl.: Lüthi. Märchen. S. 16.

[2] Vg.: Lüthi, Max: Märchen. Bearbeitet von Heinz Rölleke. Stuttgart [9]1996. Typen des Märchens. S. 16-23, hier S. 16 ff.

[3] Fett gedruckt = Besprochenes Märchen.

Legende zur Spalte 2:	A = Aussetzung	F = Flucht	f = Weiblicher Protagonist	G = Geschwisterpaar	JR = Jenseitsreise	LR = Luftreise	M =Mensch
	m = Männlicher Protagonist	R = Reise	S = Suchwanderung	T = Tier	V =Vertreibung	W = Wanderschaft	Zwerge, Kleinwüchsigkeit

KHM	Thema & Motiv & Protagonist	TITEL	Wichtigsten Ausprägungen nach Aarne:	**Zitiert aus** dem **Typverzeichnis** nach **Antti Aarne**[1] (Helsinki 1910: FFC 3. S. 5-41. Helsinki 1912. Sowie FFC 15. S. 1-15). Ergänzt mit dem **AaTh Typenverzeichnis**. In: Lüthi: Märchen. S. 16f. Sowie: **Uther**: **Brüder Grimm. Bd. 3: S. 262-270 und Bd. 4**. Abgeglichen mit dem **Verzeichnis**: **Uther**: The Types of International Folktales. Here Part I, II. Sowie den Anmerkungen (Remarks) von Uther.	**Seite**
				AaTh 327 A: Hänsel und Gretel. (Uther: B.G. S. 32) **ATU 327 A:** Hansel and Gretel. "**Remarks**: This type first appears 1698 (Madame d'Aulnoy, *Finette Cendron*). Introduxtory parts of this type first appear in the late 16th century (Montanus, *Gartengesellschaft*, No. 5)." (FFC 284. S. 212f.)	116
16	F WS	*Die drei Schlangenblätter*	II: Übernatürlicher Gegenstand. Zaubermittel (610-619):	**Aa 612:** „Die drei Schlangenblätter: ein Mann lässt sich mit seiner gestorbenen Frau in das Grabgewölbe einschließen; sieht, wie einer Schlange mittels dreier Blätter eine andere Schlange wieder lebendig macht; ruft auf gleiche Weise seine Frau wieder ins Leben zurück (...)." **AaTh 612:** Schlangenblätter: Die drei S. (Uther: B.G. S. 35) **ATU 612:** The Three Snake-Leaves. (Including the previous Types 465 A* and 612 A.) "**Remarks:** Early literary sources, e.g. Apollodorus (III, 3,1), Hyginus, *Fabulae* (136), *Pañcataantra* (IV, 5)." (FFC 284. S. 352)	110
17		*Die weiße Schlange*	II: Tiere als Helfer:	**Aa 554:** „Die dankbaren Tiere: ein Jüngling erwirbt sich die Dankbarkeit mehrerer Tiere (...) und gewinnt mit ihrer Hilfe die Königstochter, indem er drei ihm auferlegte Arbeiten verrichtet (...)." (FFC 3. S. 26) **AaTh 673:** Tiersprachenkundiger Mensch; **AaTh 554:** Dankbare (hilfreiche) Tiere. (Uther: B.G. S. 36) **ATU 554:** The Grateful Animals (FFC 284. S. 323ff.); **ATU 673:** The White Serpent's Flesh (FFC 284. S. 370f.)	80
27	R WS F	***Die Bremer Stadtmusikanten***	**I:** Tieren des Waldes und Haustiere (100-149):	**Aa 130:** „Die Tiere im Nachtquartier (Bremer Stadtmusikanten), verjagen den, der in die Hütte einzudringen versucht: (...). B. Auf der Flucht (gewöhnlich droht ihnen, getötet zu werden) (...)." (FFC 3. S. 7) **AaTh 130 (AaTh 130 B):** Tiere auf Wanderschaft. (Uther: B.G. S. 59.)	17 **133** 139

Legende zur Spalte 2:	A = Aussetzung	F = Flucht	f = Weiblicher Protagonist	G = Geschwisterpaar	JR = Jenseitsreise	LR = Luftreise	M =Mensch
	m = Männlicher Protagonist	R = Reise	S = Suchwanderung	T = Tier	V =Vertreibung	W = Wanderschaft	Zwerge, Kleinwüchsigkeit

KHM	Thema & Motiv & Protagonist	TITEL	Wichtigsten Ausprägungen nach Aarne:	**Zitiert aus** dem **Typverzeichnis** nach **Antti Aarne**[1] (Helsinki 1910: FFC 3. S. 5-41. Helsinki 1912. Sowie FFC 15. S. 1-15). Ergänzt mit dem **AaTh Typenverzeichnis**. In: Lüthi: Märchen. S. 16f. Sowie: **Uther**: **Brüder Grimm. Bd. 3: S. 262-270 und Bd. 4**. Abgeglichen mit dem **Verzeichnis**: **Uther**: The Types of International Folktales. Here Part I, II. Sowie den Anmerkungen (Remarks) von Uther.	**Seite**
	V T			**ATU 130: The Animals in Night Quarters** (FFC 284. S. 99f.)**. ATU 130 B:** Fleeing Animals Threatened with Death (previously Animals in Flight after Threatened Death) (FFC 284. S. 100.)	140 142
29	JR R WS SW M m	***Der Teufel mit den drei goldenen Haaren***	**II:** übernatürlichen Aufgaben (460-499). Die Fragen (460-462). Schicksalsmärchen (930-949):	**Aa 461:** „Drei Hare vom Barte des Teufels: Weissagung, Briefwechsel und daraus entstehende Heirat (vgl. N:o 930); Höllenfahrt, die unterwegs gestellten Fragen werden beantwortet; der reiche Mann muss Fährmann werden (...).“ (FFC 3. S. 20.) **AaTh 461(460 A, B):** Haare: Drei Haare vom Bart des Teufels; **AaTh 930:** Uriasbrief. (Uther: B.G. S. 64) **ATU 461:** Three Hairs from the Devil's Beard (FFC 284. S. 271f.) „Die Weissagung: der arme Knabe und der reiche Mann; der Knabe wird der Pflegesohn des Müllers; Briefwechsel; zuletzt der Weissagung entsprechend Schwiegersohn des reichen Mannes (...).“ (FFC 3. S. 40) **ATU 930:** The Prophecy**.** “**Remarks:** More than half of the variants begin with Type 930 as an introductory episode.” (FFC 284. S. 568f.)	**91** 97 98 112 114 145 153
33	F V M m	***Die drei Sprachen***	**II:** übernatürliche m Können oder Wissen (650-699):	**Aa 671:** „Die drei Sprachen: der Knabe lernt die Sprachen der Hunde, der Vögel und der Frösche, macht durch diese Kenntnisse sein Glück (...).“ (FFC 3. S. 31) **AaTh 517, 725:** Prophezeiung künftiger Hoheit. **AaTh 671:** Tiersprachenkundiger Mensch. (Uther: B.G. S. 71) **ATU 517:** The Boy who Understands the Language of Birds (previously The Boy who Learned Many Things) (FFC 284. S. 305f.)**. ATU 725:** Prophecy of Future Sovereignty (previously The Dream) (FFC 284. S. 390)**.** ATU 671: The Three Languages. “**Remarks:** Often combined with the Types 517 and / or 725. BP call the Types 517, 671, and 725 “three forms” of one tale. (…). Oriental origin (Seven Wise Men). Documented in Europe, see Johannes Gobi Junior, *Scala Coeli* (No. 520).“ (FFC 284. S. 367f.)	113 **127** 152

Legende zur Spalte 2:	A = Aussetzung	F = Flucht	f = Weiblicher Protagonist	G = Geschwisterpaar	JR = Jenseitsreise	LR = Luftreise	M =Mensch
	m = Männlicher Protagonist	R = Reise	S = Suchwanderung	T = Tier	V =Vertreibung	W = Wanderschaft	Zwerge, Kleinwüchsigkeit

KHM	Thema & Motiv & Protagonist	TITEL	Wichtigsten Ausprägungen nach Aarne:	**Zitiert aus** dem **Typverzeichnis** nach **Antti Aarne**[1] (Helsinki 1910: FFC 3. S. 5-41. Helsinki 1912. Sowie FFC 15. S. 1-15). Ergänzt mit dem **AaTh Typenverzeichnis**. In: Lüthi: Märchen. S. 16f. Sowie: **Uther**: **Brüder Grimm. Bd. 3: S. 262-270 und Bd. 4**. Abgeglichen mit dem **Verzeichnis**: **Uther**: The Types of International Folktales. Here Part I, II. Sowie den Anmerkungen (Remarks) von Uther.	Seite
36	F	*Tischchendeckdich, Goldesel und Knüppel aus dem Sack*	II: Übernatürlicher Gegenstand. Der Zaubergegenstand wird dem Helden des Märchens entwendet, aber er erzwingt die Rückgabe desselben (569-568):	**Aa 563:** „'Tischlein deck dich', Goldesel und Knüppel aus dem Sack: der Knüppel zwingt den betrügerischen Gastwirt, den Tisch und den Esel herauszugeben (...).“ (FFC 3. S. 26) **AaTh 212 (2015):** Ziege: Die boshafte Z.; **AaTh 563:** Tischleideckdich. (Uther: B.G. S. 74) **ATU 563**: The Table, the Donkey and the Stick. “**Remarks:** Important version see Basile, *Pentamerone* (I, 1, cf. V, 2). The variants of the Types 563, 564 and 565 are often mixed with each other or they are not clearly differentiated. Only the Grimms' version (No. 36) is introduced by the tale of the lying goat, where three brothers set out on a journey (cf. Type 212).” (FFC 284. S. 331f.)	150
37	M Z	***Daumesdick***	**II:** Andere übernatürliche Momente:	**Aa 700:** „Der Däumling: beim Pflügen; der König kauft den Knaben; in Gesellschaft von Dieben; im Magen der Kuh und des Wolfes (...).“ (FFC 3. S. 32) **AaTh 700:** Däumling. (Uther: B.G. S. 76) **ATU 700:** Thumbling (previously Tom Thumb). “**Remarks:** Documented in England in the late 16th century. In variants from southern and south-eastern Europe many very small children originate from peas because of a curse or a wish; most are killed, but one survives.” (FFC 284. S. 374f.)	104 105 **106** 109 158
45	WS LR M Z	***Daumerlings Wanderschaft***	**II:** Andere übernatürliche Momente:	**Aa 700:** „Der Däumling: beim Pflügen; der König kauft den Knaben; in Gesellschaft von Dieben; im Magen der Kuh und des Wolfes (...).“ (FFC 3. S. 32) **AaTh 700:** Däumling. (Uther: B.G. S. 91) **ATU 700:** Thumbling (previously Tom Thumb). (FFC 284. S. 374f.)	104 **108** 158
48	F	***Der alte Sultan***	**I:** Tieren des Waldes und Haustieren	**Aa 101:** „Der alte Hund als Retter des Kindes (Schafes): Die Verabredung des Wolfes und des Hundes; der Wolf raubt das Kind und lässt es sich vom Hunde abjagen; der	17

Legende zur Spalte 2:	A = Aussetzung	F = Flucht	f = Weiblicher Protagonist	G = Geschwisterpaar	JR = Jenseitsreise	LR = Luftreise	M =Mensch
	m = Männlicher Protagonist	R = Reise	S = Suchwanderung	T = Tier	V =Vertreibung	W = Wanderschaft	Zwerge, Kleinwüchsigkeit

KHM	Thema & Motiv & Protagonist	TITEL	Wichtigsten Ausprägungen nach Aarne:	**Zitiert aus** dem **Typverzeichnis** nach **Antti Aarne**[1] (Helsinki 1910: FFC 3. S. 5-41. Helsinki 1912. Sowie FFC 15. S. 1-15). Ergänzt mit dem **AaTh Typenverzeichnis**. In: Lüthi: Märchen. S. 16f. Sowie: **Uther**: **Brüder Grimm. Bd. 3: S. 262-270 und Bd. 4**. Abgeglichen mit dem **Verzeichnis**: **Uther**: The Types of International Folktales. Here Part I, II. Sowie den Anmerkungen (Remarks) von Uther.	**Seite**
	T		(100-149):	Hund erhält sein Gnadenbrot (...).“ (FFC 3. S. 5); **Aa 103:** „Die wilden Tiere verstecken sich vor dem seltsamen Tiere: die Katze jagt ihnen Schrecken ein; (...).“ (FFC 3. S. 6); **Aa 104**: „Der Krieg der Haustiere und der wilden Tiere: die Katze reckt den Schwanz in die Höhe; die wilden Tiere halten den Schwanz für eine Flinte und fliehen (...).“ (FFC 3. S. 6) **AaTh 101:** Hund: Der alte Hund; AaTh 103, 104: Krieg der Tiere. (Uther: B.G. S. 96) **ATU 101:** The Old Dog as Rescuer of the child (Sheep). “**Remarks:** Documented in combination with types 103 / 104 in Grimm, *Kinder- und Hausmärchen.* Aesopic fable in combination with type 100 (Perry 1965, 596f. No. 701). (FFC 284. S. 76f.); **ATU 103:** War between Wild Animals and Domestic Animals (previously The Wild Animals Hide from the Unfamiliar Animal). “**Remarks:** Documented in the middle of the 12th century in the *Ysengrimus* (IV, 735-810). (FFC 284. S. 77f.); **ATU 104:** siehe Typ 103.	**140**
51	M F	*Fundevogel*	II: Übernatürlicher Gegner. Der Unhold wird überwunden (300-359):	**Aa 313 A:** „Das Mädchen als Helferin des Jünglings auf der Flucht; der Jüngling ist dem Teufel versprochen worden (...).“ (FFC 3. S. 13) **AaTh 313 A**: Magische Flucht. (Uther: B.G. S. 102) **ATU 313 A**: The Magic Flight (Including the previous Types 313 A, 313 B, 313 C, and 313 H*). (FFC 284. S. 194, 197).	110
53	F V M f	***Sneewittchen***	**II:** anderen übernatürlichen Momenten (700-749) 705-709. Das verstoßene Weib oder Mädchen:	**Aa 709:** „Schneewittchen: die böse Stiefmutter versucht das Mädchen zu töten; bei den Zwergen (Räubern), wo der Königssohn das Mädchen findet und zur Frau nimmt (...).“ (FFC 3. S. 32) **AaTh 709: Schneewittchen.** (Uther: B.G. S. 105) **ATU 709: Snow White** (FFC 284. S. 383f.)	76 113 **120** 121 bis 127

Legende zur Spalte 2:	A = Aussetzung	F = Flucht	f = Weiblicher Protagonist	G = Geschwisterpaar	JR = Jenseitsreise	LR = Luftreise	M =Mensch
	m = Männlicher Protagonist	R = Reise	S = Suchwanderung	T = Tier	V =Vertreibung	W = Wanderschaft	Zwerge, Kleinwüchsigkeit

KHM	Thema & Motiv & Protagonist	TITEL	Wichtigsten Ausprägungen nach Aarne:	**Zitiert aus** dem **Typverzeichnis** nach **Antti Aarne**[1] (Helsinki 1910: FFC 3. S. 5-41. Helsinki 1912. Sowie FFC 15. S. 1-15). Ergänzt mit dem **AaTh Typenverzeichnis**. In: Lüthi: Märchen. S. 16f. Sowie: **Uther**: **Brüder Grimm. Bd. 3: S. 262-270 und Bd. 4**. Abgeglichen mit dem **Verzeichnis**: **Uther**: The Types of International Folktales. Here Part I, II. Sowie den Anmerkungen (Remarks) von Uther.	**Seite**
					155
57	SW M m	***Der goldene Vogel***	**II:** übernatürlichen Helfern (500-559): Tiere als Helfer (530-559):	**Aa 550:** „Der Vogel, das Pferd und die Königstochter: drei Königssöhne ziehen nach einander aus, um den wunderbaren Vogel herbeizuschaffen; es gelingt dem jüngsten mit Hilfe eines Tieres (Wolf, Fuchs); auf der Rückkehr rettet er seine Brüder, die ihn dann umbringen und sich des Vogels bemächtigen; die Königstochter sucht den Vater ihres Kindes; schließlich nimmt alles ein gutes Ende (...).“ (FFC 3. S. 25) **AaTh 550:** Vogel, Pferd und Königstochter. (Uther: B.G. S. 115) **ATU 550:** Bird, Horse and Princess (previously Search for the Gold Bird). “**Remarks:** This type occurs often in combination with Type 551, so many variants cannot be assigned to one or the other.” (FFC 284. S. 318f.)	78 **79** 88 90 97 98 99 153
60	A M	*Die zwei Brüder*	II: übernatürliche m Gegner (300-399). Übernatürlicher Gegenstand (560-649):	**Aa 303:** „Die Zwillings- oder Blutsbrüder: zwei Raben, Pferde und Hunde (in Folge des Genusses von Fisch oder auf andere übernatürliche Weise geboren, (...); der eine befreit Prinzessinnen vom Drachen (vgl. N:o 300); eine Hexe verwandelt ihn in einen Stein; der zweite Bruder schläft neben der Frau seines Bruders und rettet diesen aus der Verzauberung (...).“ (FFC 3. S. 12) **AaTh 567**: Vogelherz: Das wunderbare V. (KHM 60, 122); AaTh 300: Drachentöter; **AaTh 303:** Brüder: Die zwei Brüder (KHM 60, 85). (Uther: B.G. S. 121) **ATU 567:** The Magic Bird-Heart. “**Remarks:** Probably of Oriental origin (…). The variants of the Types 566, 567, and 567 A are often mixed with each other or they are not clearly differentiated. (…).” (FFC 284. S. 336). ATU 300: The Dragon-Slayer (FFC 284. S. 174f.). ATU 303: The Twins Or Blood-Brother (FFC 284. S. 183f.)	112
62	SW	*Die Bienenköni-*	II: übernatürlichen Helfern (500-559):	**Aa 554**: „Die dankbaren Tiere: ein Jüngling erwirbt sich die Dankbarkeit mehrerer Tiere (...) und gewinnt mit ihrer Hilfe die Königstochter, indem er drei ihm auferlegte Ar-	80

Legende zur Spalte 2:	A = Aussetzung	F = Flucht	f = Weiblicher Protagonist	G = Geschwisterpaar	JR = Jenseitsreise	LR = Luftreise	M =Mensch
	m = Männlicher Protagonist	R = Reise	S = Suchwanderung	T = Tier	V =Vertreibung	W = Wanderschaft	Zwerge, Kleinwüchsigkeit

KHM	Thema & Motiv & Protagonist	TITEL	Wichtigsten Ausprägungen nach Aarne:	**Zitiert aus** dem **Typverzeichnis** nach **Antti Aarne**[1] (Helsinki 1910: FFC 3. S. 5-41. Helsinki 1912. Sowie FFC 15. S. 1-15). Ergänzt mit dem **AaTh Typenverzeichnis**. In: Lüthi: Märchen. S. 16f. Sowie: **Uther**: **Brüder Grimm. Bd. 3: S. 262-270 und Bd. 4**. Abgeglichen mit dem **Verzeichnis**: **Uther**: The Types of International Folktales. Here Part I, II. Sowie den Anmerkungen (Remarks) von Uther.	Seite
		gin		beiten verrichtet (...).“ (FFC 3. S. 26) **AaTh 554:** Dankbare (hilfreiche) Tiere. (Uther: B.G. S. 126) **ATU 554:** The Grateful Animals (FFC 284. S. 323f.)	
65	F SW	*Allerleirauh*	II: übernatürlichen Helfern: (500-559)	**Aa 510 B**: „Das goldene, das Silberne und das Sternenkleid: Geschenk des Vaters, der seine Tochter heiraten will; das Mädchen als Magd des Königssohnes, der mehrere Gegenstände auf sie wirft; dreimaliger Kirchgang und der vergessene Schuh; Hochzeit (...).“ (FFC 3. S. 22 f.) **AaTh 510 B:** Cinderella. (Uther: B.G. S. 130) **ATU 510 B:** Peau d'Asne (previously The dress of Gold, of Silver and of Stars). “**Remarks:** This form of the incest motif (…) is often documented independently since the 12th century.” (FFC 284. S. 295f.)	75 113
69	SW M P	***Jorinde und Joringel***[4]	**II:** übernatürliche m oder verzaubertem Gatten (Gattin) (400-424) oder sonstigen Angehörigen (400-459):	**Aa 405:** „Jorinde und Joringel: eine Hexe verwandelt das Mädchen in einen Vogel; der Jüngling verschafft ihr mit Hilfe eines Zaubergegenstandes ihre frühere Gestalt zurück (...).“ (FFC 3. S. 17) **AaTh 405:** Jorinde und Joringel. Jung Stilling 1777, 104-108. (Uther: B.G. S. 136) **ATU 405:** Jorinde and Joringel. “**Remarks:** Tale from *Heinrich (Jung-)Stillings Jugend. Eine wahrhaftige Geschichte* (...); only a few oral examples.“ (FFC 284. S. 239)	**100** 153 157
78	F V	*Der Großva-*		**Aa:** Kein Eintrag **AaTh 980 B:** Großvater und Enkel	100 136

[4] „KHM Veröffentlichung 1812, Kleine Ausgabe 1825, Nr. 32. Eine von drei Erzählungen [Vg.: KHM 78 *Der alte Großvater und der Enkel* und 150 *Die alte Bettelfrau*] aus den ersten beiden autobiographischen Schriften Johann Heinrich Jungs, genannt Jung-Stilling (1777, 104-108; Abdruck bei Uther 1990 b, Nr. 29), welche die Brüder Grimm nahezu unverändert in die KHM übernahmen.“ Uther: Brüder Grimm. Bd. 4. S. 136 f.

Legende zur Spalte 2:	A = Aussetzung	F = Flucht	f = Weiblicher Protagonist	G = Geschwisterpaar	JR = Jenseitsreise	LR = Luftreise	M =Mensch
	m = Männlicher Protagonist	R = Reise	S = Suchwanderung	T = Tier	V =Vertreibung	W = Wanderschaft	Zwerge, Kleinwüchsigkeit

KHM	Thema & Motiv & Protagonist	TITEL	Wichtigsten Ausprägungen nach Aarne:	**Zitiert aus** dem **Typverzeichnis** nach **Antti Aarne**[1] (Helsinki 1910: FFC 3. S. 5-41. Helsinki 1912. Sowie FFC 15. S. 1-15). Ergänzt mit dem **AaTh Typenverzeichnis**. In: Lüthi: Märchen. S. 16f. Sowie: **Uther**: **Brüder Grimm. Bd. 3: S. 262-270 und Bd. 4**. Abgeglichen mit dem **Verzeichnis**: **Uther**: The Types of International Folktales. Here Part I, II. Sowie den Anmerkungen (Remarks) von Uther.	**Seite**
	M	*ter und der Enkel*[5]		(**Jung Stilling** 1778. S. 8f.) **ATU 980:** The Ungrateful Son (previously Ungrateful Son Reproved by Naive Actions of Own Son). "**Remarks:** (...) The version (1) was documented by Bernhardin of Siena, *Opera* (IV, 56). (…)." (FFC 284. S. 610f.)	
92	A LR	*Der König vom goldenen Berge*	II: Legendenartige Märchen. Der dem Teufel Versprochene (810-814). Übernatürlicher oder verzauberter Gattin (400-425):	**Aa 810: „**Die Fallstricke des Bösen: der Geistliche lässt den dem Teufel Versprochenen die Nacht in der Kirche verbringen und zieht einen Kreis um ihn; dem Teufel gelingt es nicht, ihn aus dem Kreise herauszulocken (...)." (FFC 3. S. 35) **Aa 400:** „Der Mann auf der Suche nach seiner verschwundenen Gattin: Zaubergegenstände oder Tiere als Helfer (als Einleitung oft die Schwanenjungfrauen) (...)." FFC 3. S. 16) **AaTh 400:** Mann auf der Suche nach der verlorenen Frau; **AaTh 810:** Fallstricke des Bösen; **AaTh 518**: Streit um Zaubergegenstände; **AaTh 974:** Heimkehr des Gatten. (Uther: B.G. S. 175) **ATU 400:** The Man on a Quest for His Lost Wife. (…) This tale exists chiefly in three different forms. (FFC 284. S. 231) **ATU 810:** The Snares of the Evil One. (FFC 284. S. 451)	112
97	SW M m	***Das Wasser des Lebens***	**II:** übernatürlichen Helfern: Zwerg (500-559):	**Aa 551:** „Die Söhne ziehen aus, um für ihren Vater ein wunderbares Heilmittel zu holen: dem jüngsten gelingt es mit Hilfe eines Adlers (Zwerges) und verschiedener Zaubergegenstände; die Brüder bemächtigen sich des Heilmittels u. s. w. (...)." (FFC 3. S. 25)	79 **88** 96

[5] Diese gleichnishafte Geschichte gehört ebenso zu den ersten beiden autobiographischen Schriften Johann Heinrich Jungs (1778, 8f.) Seine Fassung basiert auf Johann Michael Moscheroschs Mahngedicht (Kinderspiegel) von 1643 und ist ausführlich bei T. Brüggemann (Handbuch zur Kinder- und Jugendliteratur. Von 1570- 1750. Stuttgart 1991. S. 705-712) beschrieben. Vg.: Uther: Brüder Grimm Bd. 4, S. 149.

Legende zur Spalte 2:	A = Aussetzung	F = Flucht	f = Weiblicher Protagonist	G = Geschwisterpaar	JR = Jenseitsreise	LR = Luftreise	M =Mensch
	m = Männlicher Protagonist	R = Reise	S = Suchwanderung	T = Tier	V =Vertreibung	W = Wanderschaft	Zwerge, Kleinwüchsigkeit

KHM	Thema & Motiv & Protagonist	TITEL	Wichtigsten Ausprägungen nach Aarne:	**Zitiert aus** dem **Typverzeichnis** nach **Antti Aarne**[1] (Helsinki 1910: FFC 3. S. 5-41. Helsinki 1912. Sowie FFC 15. S. 1-15). Ergänzt mit dem **AaTh Typenverzeichnis**. In: Lüthi: Märchen. S. 16f. Sowie: **Uther**: **Brüder Grimm. Bd. 3: S. 262-270 und Bd. 4**. Abgeglichen mit dem **Verzeichnis**: **Uther**: The Types of International Folktales. Here Part I, II. Sowie den Anmerkungen (Remarks) von Uther.	Seite
		bens		S. 25) **AaTh 551:** Wasser des Lebens (Tubach, Nr. 5214).(Uther: B.G. S. 186) **ATU 551:** Water of Life (previously The Sons on a Quest for a Wonderful Remedy for their Father). "**Remarks:** This type occurs often in combination with Type 550, so many variants cannot be assigned to one or the other." (FFC 284. S. 321)	97 98 132 153 154
100		*Des Teufels rußiger Bruder*	II: übernatürlichen Aufgaben:	**Aa 475:** „Der Mann als Heizer des Höllenkessels: im Kessel sind seine früheren Herren; er bekommt als Lohn ein Ränzel voll Kehrblech, der sich in Gold, mit Hülfe des Teufels verschafft er es sich wieder (...).“ (FFC 3. S. 21) **AaTh 475:** Höllenheizer. (Uther: B.G. S. 192) **ATU 475:** The Man as Heater of Hell's Kettle. "**Remarks:** Documented in the 19th century." (FFC 284. S. 279 f.)	97
101		*Der Bärenhäuter*	II: übernatürlichen Gegnern (300-399):	**Aa 361:** „Der Bärenhäuter: ein Soldat verdingt sich dem Teufel, darf sich sieben Jahre lang nicht waschen und nicht kämmen, erhält viel Geld; heiratet die jüngste von drei Schwestern, da ihn die älteren verschmähen; diese erhängen sich; der Teufel: „ich bekam zwei, du eine“ (...).“ (FFC 3. S. 15f.) **AaTh 361:** Bärenhäuter. (Uther: B.G. S. 194) **ATU 361:** Bear-Skin. "**Remarks:** Documented in the 17th century." (FFC 284. S. 227)	97 144
102	WS R	*Der Zaunkönig und der Bär*	I: Tiermärchen. Die Vögel:	**Aa 222:** „Der Krieg der fliegenden und der vierfüssigen Tiere: der in die Höhe gehaltene Schwanz des Fuchses als Signal; die Hornisse sticht den Fuchs unter den Schwanz, er lässt den Schwanz sinken; die vierfüssigen Tiere fliehen (...).“ (FFC 3. S. 9) **AaTh 102:** Krieg der Tiere. (Uther: B.G. S. 196) **ATU 222:** War between Birds (Insects) and Quadrupeds (previously War of Birds and	139

Legende zur Spalte 2:	A = Aussetzung	F = Flucht	f = Weiblicher Protagonist	G = Geschwisterpaar	JR = Jenseitsreise	LR = Luftreise	M =Mensch
	m = Männlicher Protagonist	R = Reise	S = Suchwanderung	T = Tier	V =Vertreibung	W = Wanderschaft	Zwerge, Kleinwüchsigkeit

KHM	Thema & Motiv & Protagonist	TITEL	Wichtigsten Ausprägungen nach Aarne:	**Zitiert aus** dem **Typverzeichnis** nach **Antti Aarne**[1] (Helsinki 1910: FFC 3. S. 5-41. Helsinki 1912. Sowie FFC 15. S. 1-15). Ergänzt mit dem **AaTh Typenverzeichnis**. In: Lüthi: Märchen. S. 16f. Sowie: **Uther**: **Brüder Grimm. Bd. 3: S. 262-270 und Bd. 4**. Abgeglichen mit dem **Verzeichnis**: **Uther**: The Types of International Folktales. Here Part I, II. Sowie den Anmerkungen (Remarks) von Uther.	**Seite**
				Quadrupeds). "**Remarks:** Documented by Marie de France, *Ésope* (No. 65) in the 12th century. The modern tradition begins with J. and W. Grimm, *Kinder- und Hausmärchen* (No. 102). The variants differ with regard to the cause of the war." (FFC 284. S. 140)	
116	F SW LR M m	***Das blaue Licht***	**II:** übernatürliche m Gegenstand:	**Aa 562:** „Der Geist im blauen Lichte = Andersens Feuerzeug: der Geist bringt drei Nächte hinter einander die Königstochter zu dem Jüngling; dieser hat bei der Flucht das blaue Licht liegen lassen, ein Kamerad bringt es ihm ins Gefängnis und es rettet ihn von der Hinrichtung (...)." (FFC 3. S. 26) **AaTh 562:** Geist im blauen Licht. (Uther: B.G. S. 221) **ATU 562:** The Spirit in the Blue Light. "**Remarks:** The variants of the Types 560, 561, and 562 are often mixed with each other or they are not clearly differentiated. Important literary version by H. C. Andersen, *Fyrtøiet* (1835)." (FFC 284. S. 330 f.)	**143** 144 146 151
133		*Die zertanzten Schuhe*	II: Übernatürlicher Gegner. Der Unhold wird überwunden (300-359):	**Aa 306:** „Die zertanzten Schuhe: eine Königstochter begibt sich jede Nacht heimlich zu einem Unhold und tanzt mit ihm; ein Jüngling, der sich unsichtbar machen kann, folgt ihr und gewinnt ihre Hand (...)." (FFC 3. S. 12) **AaTh: 306:** Schuhe: Die zertanzten S. (Uther: B.G. S. 250) **ATU 306:** The Danced-out Shoes. (FFC 284. S. 188).	143
150		*Die alte Bettelfrau*		**Aa:** Kein Eintrag Mot. N 300: Unglückliches Geschehen: Kleidung einer Bettlerin fängt Feuer Mot. S 20: Junger Mann verweigert Beistand (Uther: B.G. S. 278) (**Jung Stilling** 1778, 88)	100
151		*Die drei Faulen*	III: Schwänke:	**Aa 1950:** Die drei Faulen: wer der Faulste ist; jeder erzählt eine Probe seiner Faulheit (...)." (FFC 3. S. 63) **AaTh 1950:** Faulheitswettbewerb. (Tubach, Nr. 2896, 3005). (Uther: B.G. S. 280)	14 71

Legende zur Spalte 2:	A = Aussetzung	F = Flucht	f = Weiblicher Protagonist	G = Geschwisterpaar	JR = Jenseitsreise	LR = Luftreise	M =Mensch
	m = Männlicher Protagonist	R = Reise	S = Suchwanderung	T = Tier	V =Vertreibung	W = Wanderschaft	Zwerge, Kleinwüchsigkeit

KHM	Thema & Motiv & Protagonist	TITEL	Wichtigsten Ausprägungen nach Aarne:	**Zitiert aus** dem **Typverzeichnis** nach **Antti Aarne**[1] (Helsinki 1910: FFC 3. S. 5-41. Helsinki 1912. Sowie FFC 15. S. 1-15). Ergänzt mit dem **AaTh Typenverzeichnis**. In: Lüthi: Märchen. S. 16f. Sowie: **Uther**: **Brüder Grimm. Bd. 3: S. 262-270 und Bd. 4**. Abgeglichen mit dem **Verzeichnis**: **Uther**: The Types of International Folktales. Here Part I, II. Sowie den Anmerkungen (Remarks) von Uther.	Seite
				ATU 1950: The Three Lazy Ones. "**Remarks**: Documented in the Middle Ages, e.g. *Gesta Romanorum* (No. 91), Johannes Gobi Junior, *Scala coeli* (No. 25), Galāloddin Rumi, *Masnavie-ye ma□navi* (VI, 4877). (FFC 284. S. 497)	
191		*Das Meerhäschen*	II übernatürlichen Gegnern (300-399). 300-359 Der Unhold wird überwunden:	**Aa 329** „Vor dem Unholde versteckt: ein Mann versteckt sich mit Hülfe eines alten Mannes (dreier Tiere) dreimal (im Magen des Fischen u.s.w.); das dritte Mal kann ihn der Unhold (die Königstochter) nicht entdecken (...)." (FFC 3. S. 14f.) **AaTh 329:** Versteckwette. (Uther: B.G. S. 351) **ATU 329:** Hiding from the Princess (previously Hiding from the Devil). (FFC 284. S. 218)	80

Legende zur Spalte 2:	A = Aussetzung	F = Flucht	f = Weiblicher Protagonist	G = Geschwisterpaar	JR = Jenseitsreise	LR = Luftreise	M =Mensch
	m = Männlicher Protagonist	R = Reise	S = Suchwanderung	T = Tier	V =Vertreibung	W = Wanderschaft	Zwerge, Kleinwüchsigkeit

Zeitfracht Medien GmbH
Ferdinand-Jühlke-Straße 7
99095 Erfurt, Deutschland
produktsicherheit@kolibri360.de

BOOKS AND MANUSCRIPTS

OF

THE BAKKEN

BOOKS AND MANUSCRIPTS

OF

THE BAKKEN

Judith A. Overmier, Ph.D.
School of Library and Information Studies
University of Oklahoma

and

John Edward Senior, M.A.
Director of the Bakken

The Scarecrow Press, Inc.
Metuchen, N.J., & London
1992

British Library Cataloguing-in Publication data available

Library of Congress Cataloging-in-Publication Data

Overmier, Judith A., 1939-
Books and manuscripts of the Bakken / by Judith A. Overmier and John Edward Senior.
p. cm.
Includes index.
ISBN 0-8108-2570-8 (acid-free paper)
1. Bakken Library of Electricity in Life. 2. Electrophysiology—Bibliography—Catalogs. 3. Electrotherapeutics—Bibliography—Catalogs. 4. Electrophysiology—Manuscripts—Catalogs. 5. Electrotherapeutics—Manuscripts—Catalogs. I. Senior, John Edward. II. Title.
Z6664.8.E4094 1992
[QP341]
016.57419'17—dc20 92-8512

Manufactured in the United States of America
Printed on acid-free paper

To Earl Elmer Bakken

and

To all the private collectors who have
so enriched our world's library resources

CONTENTS

FOREWORD

The first 'practical' application of electricity was in medicine when its therapeutic application was suggested by Professor Johann Krüger of Halle University in 1743. Right from the start it enjoyed royal patronage when Krueger's pupil, Christian Gottlieb Kratzenstein, was invited by the Danish king to continue his researches in medical electricity in Copenhagen. The public, too, was immediately interested in this potential panacea. For the uneducated masses there was little to choose between the latest theories of the scientifically-minded doctors and the natural magic of the quacks. No wonder that the eighteenth century with its emerging popular scientific culture also became the "golden age of quackery." The educated, too, had difficulty in distinguishing between the relative merits of the electrophysiological and electrotherapeutic theories of scientists like François Boissier de Sauvages de La Croix or Hermann Boerhaave, and the near magical treatments of such others as James Graham or Anton Mesmer. The center of attraction in Graham's Temple of Health, which opened in London in 1780, was the so-called "medico-magnetico-musico-electrical bed" to assist the fertility of childless couples at £50 per night.

Social reformers, like John Wesley, were keen to accept the medical value of electricity because it was cheap and could, therefore, be used in clinics for the poor. Controversy, however, was never far away. Benjamin Franklin was one of the first of the more cautiously minded to oppose this therapy. There are parallels here with another subject that started at the fringes of medicine -- phrenology. This, too, challenged the demarcation between scientific ideas and their philosophical and social contexts. Quackery, of course, did not end with the eighteenth century. The Bakken has letters and notes of one of the most controversial of medical practitioners of recent times, Albert Abrams, noted for his ERA (Electronic Reactions of Abrams) theory.

As the collection of The Bakken makes abundantly clear, the idea that electricity has therapeutic value was based on a great deal of experimental work. The electrical nature of the shocks of the Torpedo fish, finally proven by Henry Cavendish in 1776, and the work on animal electricity by Luigi Galvani in the course of the next decade, seemed to prove beyond reasonable doubt that electricity was an important factor in the functions of the body.

The history of electrotherapy can be divided into four main periods, all well-represented not only in The Bakken's library but also by the collection of electro-medical instruments (which will hopefully be catalogued next.) These applications closely followed the lastest electrical discoveries:

1. The therapeutic application of frictional (or static) electricity (1743-1790) for which special instruments were developed, such as Timothy Lane's discharging electrometer for regulating shocks (c. 1766,) and Edward Nairne's "patent medical electrical machine" (1782).

2. The application of current electricity or galvanism from the discovery of the Voltaic pile (1800) to about 1830.

3. The application of the induced current or faradisation from Golding Bird (1836) and Guillaume Benjamin Amand Duchenne (1849) by means of the induction coil. It is little realized that the first impetus for the development of this device, after the discoveries of Michael Faraday and Joseph Henry, were the requirements of medical electricity.

4. The application of high-frequency currents by Arsène d'Arsonval (1888) leading to diathermy (first suggested by Nikola Tesla in 1891).

Although there was a resurgence of the application of static electricity in the late nineteenth century by means of the recently invented Wimshurst machine (especially in America), the days of this type of generalized therapeutic use of electricity were numbered. Instead, from about 1830, the term electrotherapy became increasingly associated with stimulating and exercising wounded muscle tissue. Electrical technology also became a tool for use in diagnosis, for instance as a portable light source in endoscopy (1860s) or a means of locating fractures and later tumours by x-rays (from 1896), and as a cautery tool in surgery, such as the hot-wire filament (from about 1835) and high frequency diathermy (early twentieth century). Of course, things are never as clear cut as this. Both electric light and x-rays were also used therapeutically. What emerges from the perusal of this comprehensive collection is how quickly the latest electrical discoveries diffused into medicine. This ultimately led to a better understanding of electrophysiological processes thanks to the contributions of Carlo Matteucci, Emil du Bois-Reymond, Robert Remak and Hermann von Helmholtz, to name but a few of the pioneers represented in The Bakken. A third strand of development should also be mentioned. This is the evolution from late eighteenth-century magnetism (based on the mysterious aspects of electrical and magnetic forces) to Sigmund Freud's psychoanalysis.

Thanks to the foresight of Earl Bakken, Westwinds, a mock-Tudor mansion, has been transformed into the home of an important scholarly resource: The Bakken, A Library and Museum of Electricity in Life. Several aspects make The Bakken unique, not the least of which is the interdisciplinary nature of the collection of some 6,000 rare books, journals, and manuscripts. The holdings include most of the early general texts on electricity and magnetism, but within this context the emphasis is on the medical and biological aspects. The cultural context is also not ignored. For instance, there is a copy of Mary Shelley's *Frankenstein, or the Modern Prometheus*

(1818). Electricity was one of the great entertainments of the eighteenth century and an important factor in the popularization of science. The public was made aware of the latest discoveries by startling lecture-demonstrations and by verse. Descriptions of electrical demonstrations, electrical games, and (electrical) poetry are all well represented.

Earl Bakken has followed in the footsteps of the few other great collectors and bibliophiles in the field of electricity and magnetism, such as Francis Ronalds, S.S. Wheeler, and more recently, Bern Dibner. Unusually, he is one of the few to have concentrated on both books and the associated instruments, creating a legacy that cannot be ignored by historians interested in the scientific, cultural, and medical aspects of electricity.

Willem Hackmann
Assistant Curator of the Museum of the History of Science
and Fellow of Linacre College, Oxford.
Oxford, 4 January 1991

Earl Bakken in the book stacks

From the 1280 illuminated manuscript of the
Speculum Naturale of Vincent de Beauvais

Cover of Sears, Roebuck *Catalog of Electrical Goods and Supplies* for 1902

Library Office at **West Winds**, home of **The Bakken**
(A Library and Museum of Electricity in Life)

PREFACE

The Bakken: A Library and Museum of Electricity in Life began in 1969 as a private collection on the history of electricity and its relationship with the life sciences. The Bakken today is an exciting resource awaiting widespread discovery by the academic and professional communities. The collections include early manuscripts, printed books, journals, archival and manuscript materials, instruments, prints, original works of art, ephemera -- no format which might contain historical information is excluded. This inclusiveness often enables researchers to read an author's description of an eighteenth century electrical instrument while it sits before them on the table. Sometimes scholars will even find in the manuscript collections an author's original notes or correspondence regarding the instrument and his researches with it. Most certainly they will find multiple editions and translations of the author's writings. As a result, researchers coming to The Bakken will find a depth of resources and perspectives that is seldom found elsewhere.

The breadth of the subject material included in The Bakken's collections is also a factor of considerable importance. Electricity always has been a significant presence in human life, first viewed with fear and little understood, then as a basic science, and eventually in many applied forms. It is of particular value in the fields of physiology and medicine. Moreover, electricity has had an influence on the cultural activities of man. The Bakken collections document electricity's impact on literature, music, and art. For example, discussions of electricity in literary circles are believed to have played a part in the writing of *Frankenstein* -- and for that reason, there is a first edition of Mary Shelley's book in The Bakken's collections. The metaphor of electricity is part of our culture, and inclusion of such materials in The Bakken bridges the gap between C.P. Snow's two cultures to truly represent electricity in all aspects of our lives.

The interdisciplinary nature of the collections and their diversity of physical formats are elements which make The Bakken unique. The purpose of this catalog is to record the library collections of The Bakken at this point in their development and to introduce them to a wider audience. The ability to identify and locate source material is critical to the scholarly world. Making this possible through printed catalogs is particularly important for a collection like The Bakken which not only contains unique materials but also joins together so many related materials in such depth that the sum becomes more significant than the individual items. The library's card catalog provides access to items on site. This published catalog allows scholars everywhere to identify specific items they need and to survey the collection as a whole, thereby discovering new relationships between the sciences, between science and society, and between science and the humanities. These interrelationships and the proximity of unexpected materials in the collection will also suggest potential research areas. Historians in the fields of science, medicine, technology, and the humanities will find this catalog a valuable bibliographic tool for identifying and locating research materials and topics. Librarians will find it a mandatory reference resource.

The Bakken's library holdings are cataloged according to the Anglo-American Cataloging Rules (AACR I). The entries in this printed catalog were edited and typed from the library's card catalog. Eventually The Bakken will participate in an online national data base that will require conversion to AACR II. In the meantime, inveterate library users should recall while using this printed catalog that the use of AACR I provides more complete author entries, and more importantly, uses the traditional entry points for author's names. Each entry contains standard bibliographic information, including author's full name with birth and death dates (based on the pre-1956 National Union Catalog and other standard authorities), full title, city, publisher, and date of publication. Collations are given and include paging, illustrations, and size of the book. Early works have been provided with signatures, colophons, and incipits where appropriate.

Entries were checked against standard bibliographies in the field (Wheeler, Gartrell, Ronalds) and the presence of Bakken holdings in these bibliographies were noted. The catalog is lightly annotated. Information in the annotations is based on notes in rare book dealers' catalogs, bibliographies, and on articles and books in the history of several fields. Each book in The Bakken's library was examined individually for provenance information.

The catalog is arranged in four groupings: Early Works, Eighteenth Century, Nineteenth Century, and Twentieth Century. The date of publication of a work determines in which chronological group it is to be included. Within each group the entries are alphabetical by author. All of The Bakken's library holdings cataloged prior to June 1990 are included in this volume.

I gratefully acknowledge the stimulation, support, and patience of three Directors of The Bakken: Dennis Stillings, Nancy Roth, and John Edward Senior. The original cataloging of materials was funded in part by a grant from the Minneapolis Foundation in 1980 and carried out under my direction by M. Susan Taraba, Michael Welch, Daryn Zeitlin, and Elizabeth Ihrig. Ms Ihrig became The Bakken's Librarian in 1981 and has carried out all of the cataloging since that time.

The mechanics of production of the manuscript have had the benefit of a superb typist, Carla Freeman. Al Kuhfeld of the Rose and Nefr Press designed and laid out the catalog. Family members, husband Bruce and daughter Larisa, typed, cut, pasted, alphabetized, helped with provenances and with foreign accent marks, and tolerated dragging drafts of this catalog all over Europe during our sabbatical year.

Judith A. Overmier
School of Library and Information Studies
University of Oklahoma

INTRODUCTION

Scientific Rare Book Collecting and The Bakken

The collections of **The Bakken: A Library and Museum of Electricity in Life** are firmly in the traditions of electrical and scientific rare book collecting established in the nineteenth century by Josiah Latimer Clark and Sir Francis Ronalds and in the twentieth century by leaders of the field, Herbert M. Evans, Everette Lee DeGolyer, Bern Dibner, Harrison D. Horblit, Albert Edger Lownes, and David P. Wheatland. These collectors embodied a subject that was related to their professional interests in science and technology. Similarly, The Bakken grew out of Earl Bakken's interest in the historical roots of his invention, the first wearable cardiac pacemaker. Bakken, an electrical engineer and co-founder of the bioengineering firm Medtronic, Inc., had Dennis Stillings begin the search for historical materials in 1969.

Stillings worked with national and international rare book and instrument dealers for the next decade to initiate the collections. Books were selected from catalogs, bought at auction, found in dusty boxes, and donated by other collectors and by libraries. Many were chosen from offers made by enthusiastic rare book dealers who unearthed treasures and obscure works, thus refreshing Dibner's dedication in *Heralds of Science*: "To the bookdealers in many lands who patiently gathered, preserved, collated and catalogued our heritage of science, and who in their transactions, invariably gave away more than they received." These book dealers, particularly Jeremy Norman and Alain Brieux, played a critical role in locating material for Bakken and Stillings during the formative years of the collection. As the collection burgeoned, its unique collecting theme -- electricity in life -- evolved and has been actively pursued comprehensively. Major works have been acquired, as well as the perspective provided by minor works that have been dubbed "foothills" by Lownes and "interstices" by Barchas. Multiple editions and translations are present to document changes over time and distance. Although the collecting was based largely on textual content, The Bakken has always been cognizant of the nuances of provenance, both for their charm and for the historical information they can provide. For example, The Bakken contains J. Latimer Clark's personal copy of Robert Norman, *The Newe Attractive* (1581) with Clark's personal binding, Quaritch's 1875 offer of the book tipped in, and Clark's signed and dated manuscript notes on the 1614 edition tipped in. The importance of the bindings, typefaces, illustrations, printers and publishers to both the history of the book and the history of science and medicine was also recognized. As The Bakken omnivorously collected around the theme of electricity in life, it emphasized the biological and health-sciences aspects of electricity more than any previous science collectors. The collections rapidly developed in less than a decade from a personal collection into a multifaceted nonprofit educational research center -- **The Bakken: A Library and Museum of Electricity in Life.** The Bakken was incorporated in 1976 and during its second decade the library collections grew to 6,000 rare books, journals, and manuscripts that are now housed in Westwinds, a 1920s Tudor-style mansion overlooking Lake Calhoun in Minneapolis, Minnesota.

The Bakken, like its predecessors in the collecting world, encourages the use of its collection for teaching and research. Most of the personal collectors of rare science books opened their collections to individual researchers. Eventually, either by establishing libraries as did Bern Dibner or by donating their collections or portions thereof to already established libraries, the great science collectors opened them to all researchers. Honeyman donated his Darwin collection to Lehigh; Wheatland donated 175 works on electricity and magnetism to the Burndy. Earl Bakken, in the traditions of the great collectors, both endowed a free-standing institution and made significant contributions to the development of the Owen H. Wangensteen Historical Library of Biology and Medicine at the University of Minnesota; there among his other donations are a first edition of the 1861 work of Semmelweiss on puerperal fever and of Vesalius, *De humani corporis fabrica*, 1543.

One way collectors and collections often share their materials with a broader audience is through exhibitions. Everette Lee DeGolyer exhibited some of his volumes at Southern Methodist University's Fondren Library in 1950 after collecting science books only one year; Albert Lownes exhibited some of his rare books at Dartmouth. Extending this tradition The Bakken has established an extensive exhibits program with both on-site and traveling exhibits that interpret historical books and objects and illustrate the role and applications of electromagnetism in life. Examples include a permanent exhibit at the American College of Cardiology's Heart House in Bethesda, MD, a cooperative exhibit on "Marey et la Cardiographie" held at the Palais des Congres in Paris, and a joint exhibit of Minnesota historical resources with the Ramsey County Medical Society Library, the Mayo Clinic Library, and the Owen H. Wangensteen Historical Library of Biology and Medicine at an annual meeting of the American Association for the History of Medicine.

Another way that science collectors and collections share their rare materials is through publications that introduce and interpret collections to potential users. This printed catalog of The Bakken joins a number of noted publications that list holdings or partial holdings of collectors or institutions. Ronalds's *Catalogue of Books and Papers Relating to Electricity...*, the *Catalogue of the Wheeler Gift*, Bern Dibner's *Heralds of Science*, Somers's *Early Scientific Books in Schaffer Library, Union College*, the Buffalo Society of Natural Sciences' *Milestones of Science*, and Crerar's *Science Through the Ages* have all proved to be valuable resources for the historian of science. This catalog is intended to join in that service to scholarship.

The Bakken's collections are fully cataloged, and The Bakken participates in bibliographic projects such as the *Eighteenth Century Short Title Catalogue* (ESTC) and Davis and Dreyfuss's *Finest Instruments Ever Made* in order to make its materials known to scholars. The Bakken also encourages use of the library and museum collections and promotes historical research through its grants-in-aid of research and its fellowship programs. The diverse projects funded have included studies of the role of electric fishes in ancient Egypt by Michael V.L. Bennett and Robert Brier, of electricity from glass by Willem D. Hackmann, of the scientific aspects of the works of Elihu Thomson by W. Bernard Carlson, of Brown-Sequard, D'Arsonval and the foundations of neurophysiology and electrotherapeutics in nineteenth century French medicine by Merriley Borell, and of the evolution of scientific attitudes toward "electric medicine and animal electricity" from the last years of the Old Regime in France into the Napoleonic Era by Geoffrey Sutton.

The Bakken carries out various other educational and cultural programs that bring users of the materials to the library. In 1984, it initiated a series of intensive summer workshops for high school science teachers. The first, "History and Development of Physics: the Art of Experiment" was taught by Samuel Devons and focused on electricity and magnetism. Another, in 1989, entitled "Experimental Foundations of Bioelectricity" is part of a three-year series cooperatively funded by a grant from the National Science Foundation. Other supporters of The Bakken's outreach program include the Cray Research Foundation, the Medtronic Foundation, and the University of Minnesota. The Bakken also hosts meetings of related groups, such as the Minneapolis chapter of the IEEE, physicians and scientists from the University of Minnesota, local hospitals, and members of bioengineering firms affiliated with Medical Alley. Groups from the local and national book and library world, such as the Ampersand Society, the Manuscript Society and the Association of Librarians in the History of the Health Sciences meet there as well.

The Bakken has developed a unique collecting theme, built a multifaceted library collection, and established a wide range of programs to inform users about the materials and to stimulate their use. These achievements enhance the traditions of scientific and electrical rare book collecting and place The Bakken among the prestigous great collections of the world.

Judith A. Overmier
School of Library and Information Studies
University of Oklahoma

EARLY WORKS IN THE HISTORY OF ELECTRICITY IN LIFE

The Bakken's collection of works on the early history of electricity and magnetism includes the classic works in which these phenomena were observed, examined, and defined. Thus, one finds editions of Petrus Peregrinus (13th century), William Gilbert (1540-1603), Robert Norman (fl. 1590), and William Barlow (d. 1625). Peregrinus's 1269 letter, the earliest of significant works on the magnet, is present in manuscript (ca. 1470) as well as printed form. The important role that instrumentation would play in the history of the field is foreshadowed by Otto von Guericke's (1602-1686) invention of the sulphur sphere to illustrate his cosmological ideas of the universe. The Bakken's emphasis on biological and medical aspects of electricity is established in these early centuries in the natural history compilations found among its 184 earliest works. The broad collections of natural history are of particular value for the study of bio-electricity because they record the very early awareness of electric fish -- the ray, catfish, eel -- and their ability to give painful and numbing shocks. The Bakken's Pliny, Oppian, and Vincent de Beauvais (d. 1264) describe electric fish; Oppian's *Halieutica* is considered one of the best of the early descriptions of the Torpedo. Scribonius Largus (fl. 46) and Dioscorides discuss the Torpedo's use in the treatment of headache and gout. In 1554, Rondelet included the first illustrations of the Torpedo to appear in a printed book. By the end of the seventeeth century Francesco Redi (1626-1698) had experimentally confirmed the location of the electric organs of the Torpedo; his student Stefano Lorenzini (fl. 1678) wrote what is usually considered the first book specializing on a single electric fish -- the Torpedo.

The natural history works demonstrate also how The Bakken's efforts to acquire all of the works in all aspects of the history of electricity in life have resulted in an interdisciplinary collection that draws scholars from many diverse fields to the collection. Alison Stones, art historian and noted expert on medieval manuscripts, came to the collection to study the Bakken's copy of Vincent of Beauvais's *Speculum Naturale*. Her bibliographic research underscored a distinguished provenance, including the inscription "Liber Sancte Marie de Camberone" (the monastery for which the manuscript was originally written) with later ownership by Sir Thomas Phillips, Sir Sidney Cockerell, C.H. St. John Hornby, and Major J.R. Abbey. She also linked The Bakken's volumes to the *Speculum Historiale* owned by the James Ford Bell Library of the University of Minnesota after a seventy-year separation.

In addition to the most important early works on electricity and magnetism and the works that demonstrate the Bakken's emphasis on the biological aspects of electricity, the early works in this chapter introduce the medical theme. The uses of electricity and magnetism in the restoration of health are discussed in the work of Sir Kenelm Digby (1603-1665) on the magnetic cure of wounds. Rodolph Goclenius (1572-1621) writes on this topic also; Robert Fludd (1574-1637) comments on the curative properties of the lodestone, and Justus Fidus Klobius covers the medical uses of amber in his 1666 book, *Ambrae historiam....*

The book arts are not neglected in this earliest portion of the collection; Fortunius Affaytatus's 1549 work which discusses the magnet and why it turns to the pole has an electrical printer's device. Earlier science collectors desired these great books. Thus Sturm's *Collegium experimentale* (1676), which reports experiments on magnetism and the magnetic field, bears the bookplate of David P. Wheatland. Harrison D. Horblit once owned The Bakken's copy of Gaspar Schott's *Magia universalis naturae et artis* (1657), and the 1613 work, *A short treatise of magneticall bodies and motions*, in which Mark Ridley (1560-1624) expands on Gilbert, carries the bookplate of Robert Honeyman.

Accademia del cimento.

Essayes of natural experiments made in the Academie del cimento, under the protection of the most serene prince Leopold of Tuscany. Written in Italian by the secretary of that academy. Englished by Richard Waller. London, Printed for Benjamin Alsop at the Angel and Bible in the Poultrey, over-against the Church, 1684.

[24], 160 (i.e. 164), [10] p. 19 plates. 23.8 cm.

Provenance: Royal Meteorological Society, Symons Bequest, 1900 (bookplate; release sticker)

In Ronalds, Wheeler 196.

Reports the research of the first scientific society; includes experiments on magnets and on amber, and on other electric bodies.

Aetius, of Amida.

Contractae ex veteribvs medicinae tetrabiblos, hoc est qvaternio, id est libri uniuersales quatuor, singuli quatuor sermones complectetes, ut sint in summa quatuor sermonum quaterniones, id est sermones XVI, per Ianum Cornarium cum Latin e conscripti. Basileae, Froben, 1542.

[12], 932, [32] p. 32.5 cm.

Signatures: α^6, a-z^6, A-Z^6, Aa-ZZ^6, AA-HH^6, II^4, KK-LL^8.

Colophon: Excusum Basileae, impensis Hier. Frobenii, et Nic. Episcopii, Mense Septembri, M.D.XLII.

Encyclopedia of medical information from ca. 540 A.D.; includes mention of medical uses of lodestone.

Affaytatus, Fortunius.

Ad. Paulum. III. pontificem fortunatissimum optimum maximumq;, Fortunij Affaytati phisici, atq; Theologi, phisicae ac astronomicae cosiderationes. Quarum catalogus versa pagina conspicitur. Venetiis, Nicolaum de Bascarinis, 1549.

35, [1] l. 15.5 cm.

Signatures: A-D^8, E^4.

Colophon: Venetiis impressum apud Nicolaum de Bascarinis. MDXLIX.

Wheeler 27.

Contains two sections on the magnet, one of which covers why the magnet turns to the pole and is cited as the discovery of magnetic dip.

Albertus Magnus, Saint, bp. of Ratisbon, 1193?-1280.

De mineralibus. [Padua, Petrus Maufer for Antonius de Albricis, 20 September, 1476]

[28] l. 42.3 cm.

Bound with (as issued?) Gaietanus de Thienis. Expositio in libros Aristotelis meteororum. [Padua, 1476]

Wheeler 8 (1519)

Contributions to the knowledge of minerals by one of modern sciences most significant precursors.

[Alence, Joachim d'] -1707?

Traitté de l'aiman. Divisé en deux parties. La prémiére contient les expériences; & la seconde les raisons que l'on en peut rendre, par Mr. D***. A Amsterdam, Chez H. Wetstein, 1687.

[20], 140, [8] p. 33 plates. 15 cm.

Provenance: Harrison D. Horblit (bookplate); copy 2, Royal Meteorological Society Symons Bequest 1900 (bookplate); copy 3, Ex Libris D: Rob: Throckm: (inscription)

Gartrell 10.

Reviews historically what was known about the magnet and its uses; discusses experiments on the magnet.

Apuleius Barbarus.

De herbarvm virtutibus.

l. 15-34. 29.2 cm.

(In Galenus. Liber de plenitudine. Prostant in vico, 1528.)

Aristoteles.

De natura animalium. De partibus animalium. De generatione animalium. Interprete Theodoro Gaza. [Venice, Bartholomaeus de Zanis for Octavianus Scotus, 1498]

[6], 89 l. 32 cm.

Signatures: a-p^6, q^5.

Colophon: Impraessum Venetiis mandato & expensis nobilis viri Domini Octaviani Scoti Ciuis Modoetialis. Die. viiii. Augusti. 1498. per Bartholameuum de Zanis de Portesio.

Balduin, Christian Adolph, 1632-1682.

Aurum superius & inferius, aurae superioris & inferioris hermeticum, Christiani Adolphi Balduini. Francofurti, G.H. Frommani, 1675.

[32], 173, [22] p. front., 2 fold. plates. 13 cm.

Electrical vignette from Affaytatus's 1549 work on the magnet

Compass from Barlow's *Magneticall Advertisements* (1616)

Barlow, William, -1625.
A briefe discovery of the idle animadversions of Marke Ridley, doctor in phisicke vpon a treatise entituled, Magneticall aduertisements [by] W. Barlow. London, Printed by E. Griffin for T. Barlow, 1618.
[1], 13 p., 17.6 cm.
In Ronalds.

Barlow, William, -1625.
Magneticall aduertisements: or divers pertinent obseruations, and approued experiments concerning the nature and properties of the load-stone: very pleasant for knowledge, and most needfull for practise, of trauelling, or framing of instruments fit for trauellers both by sea and land [by] William Barlowe. London, Printed by Edward Griffin for Timothy Barlow, 1616.
[16], 86, [3] p. illus. 19 cm.
Provenance: Boies Penrose (bookplate)
In Ronalds, Wheeler 89, Gartrell 22.
Considered first use of the term magnetism.

Bartholomaeus Anglicus, 13th cent.
Le proprietaire des choses tresvtille & profitable aux corps humains auec aucunes addicions nouuellement adioustees cest assauoir. Les vertus et proprietez des eaues artificielles et des herbes. Les natiuitez des hommes et des femmes selon les douze signes. Et plusieurs receptes contre aulcunes maladies. Item vng remede tres vtille contre fieure pestilentieuse et aultre maniere depydimie approuue ꝑ plusieurs docteurs en medicine. Paris, Philippe le Noir [20 May, 1525]
[284] l. woodcuts. 28.7 cm.
Signatures: a^{3}, a-z^{6}, A-X^{6}, AA-BB^{6}.
Provenance: Ex Libris HAW (bookplate)

Benivieni, Antonio, 1443-1502.
Libellvs de abditis nonnullis ac mirandis morboru & sanationum causis.
l. 1-21. 29.2 cm.
(In Galenus. Liber de plenitudine. Prostant in vico, 1528.)

Borelli, Giovanni Alfonso, 1608-1679.
De motv animalivm, Io. Alphonsi Borelli. Romae, Ex typographia A. Bernabo, 1680-1.
2 v. 18 plates. 21.5 cm.
Provenance: Ex Libris Chev. A. de Melotte (bookplate crest)
Theorizes on how the torpedo caused numbness.

Borelli, Giovanni Alfonso, 1608-1679.
[Joh. Alphonsi Borelli] De motu animalium pars prima [secunda]. Editio altera. Correctior & emendatior. Lugduni in Batavis, Apud C. Boutesteyn, 1685.
2 v. in 1. 18 fold. plates. 20.5 cm.

Borelli, Giovanni Alfonso, 1608-1679.
De vi percussionis, et motionibus naturalibus a gravitate pendentibus, sive introductiones & illustrationes physico-mathematicae apprimè necessariae ad opus ejus intelligendum De motu animalium. Unà cum ejusdem auctoris responsionibus in animadversiones Stephani de angelis ad librum De vi percussionis [auctore] Joh. Alphonsus Borellus. Editio prima belgica. Priori italicâ multò correctior & auctior, cui etiam locô figurarum lignearum priori editionis, substitutae sunt nitidissimae aeneae nec non triplices indices locupletissimi. Accurante J. Broen. Lugduni Batavorum, apud P. Vander Aa, 1686.
[16], 262, [22], [4], 360, [32] p. 20 fold. plates. 20.7 cm.

Boyle, Hon. Robert, 1627-1691.
Exercitationes de atmosphaeris corporum consistentium; déque mira subtilitate, determinata natura, & insigni vi effluviorum. Subjunctis experimentis novis, ostendentibus, posse partes ignis & flammae reddi stabiles ponderabilesque. Unà cum detecta penetrabilitate vitri ā ponderabilibus partibus flammae. Authore Rob. Boyle. Ex anglico in latinum sermonem versae. Londini, Typis G. Godbid, 1673.
[1], 34, 155, [8], 77, [3] p. 14.7 cm.
Bound with his Speciman de gemmarum origine & virtutibus. Hamburgi, 1673.
Covers the properties of loadstones.

Boyle, Hon. Robert, 1627-1691.
Exercitationes de atmosphaeris corporvm consistentivm; déque mira svbtilitate, determinata natura, et insigni vi efflvviorvm. Subjunctis experimentis novis, ostendentibus, posse partes ignis & flammae reddi stabiles ponderabilesque. Vnà cum detecta penetrabilitate vitri à ponderabilibus partibus flammae, ab Roberto Boyle. Genevae, Apud Samvelem de Tovrnes, 1680.
[1], 12, 55, 21, [2], 9 p. 22.7 cm.
Provenance: Chester G. Frazier, Peping China, October 2, 1938 (inscription)

Boyle, Hon. Robert, 1627-1691.
Experiments, notes, &c., about the mechanical origine or production of divers particular qualities: among which is inserted a discourse of the imperfection of the chymist's doctrine of qualities; together with some reflections upon the hypothesis of alcali and acidum, by the Honourable Robert Boyle. London, Printed by E. Flesher, for R. Davis, 1675.
[576] p. Various pagings. 17.2 cm.
Wheeler 178.
Considered the first English language book entirely on electricity.

Boyle, Hon. Robert, 1627-1691.
Experiments, notes, &c. about the mechanical origine or production of divers particular qualities: among which is inserted a discourse of the imperfection of the chymist's doctrine of qualities; together with some reflections upon the hypothesis of alcali and acidum, by Robert Boyle. London, Printed by E. Flesher, for R. Davis, 1676.
[564] p. Various pagings. 17.5 cm.
Provenance: Alexander Fraser, Esq. of Strichen (bookplate crest)
In Ronalds.

Boyle, Hon. Robert, 1627-1691.
Specimen de gemmarum origine & virtutibus. In quo propuntur & historicè illustrantur quaedam conjecturae circa consistentiam materiae lapidum praetiosorum, & subjecta, in quibus carum praecipuae virtutes consistunt. Primum anglice conscriptum authore Roberto Boyle nunc latine, interprete C. S. Hamburgi, Apud G. Schultz, 1673.
[19], 206 p. 14.7 cm.
With this is bound his Exercitationes de atmosphaeris corporum consistentium. Londini, 1673.
Provenance: Ex Libris Ralph Hermon Major (bookplate)

Browne, Sir Thomas, 1605-1682.
Certain miscellany tracts, written by Thomas Brown.
London, Printed for C. Mearn, 1686.
[5], 103, [3] p. 31 cm.
(In his Works. London, 1686.)

Browne, Sir Thomas, 1605-1682.
Hydriotaphia, urn-burial, or, a discourse of the sepulchral urn lately found in Norfolk. Together with The garden of Cyrus, or the quincuncial lozenge, or net-work plantations of the ancients, artificially, naturally, mystically considered. With sundry observations, by Thomas Browne. London, Printed for C. Brome, 1686.
[8], 52 p. illus. 31 cm.
(In his Works. London, 1686.)

Browne, Sir Thomas, 1605-1682.
Pseudoxia epidemica: or, enquiries into very many received tenents, and commonly presumed truths, by Thomas Brovvne. London, Printed by T.H. for E. Dod, 1646.
[19], 386 p. 27 cm.
Provenance: Harold Bowditch (inscription)
Wheeler 123, Gartrell 92.
Discusses the lodestone, including its medical properties, as well as other electrical phenomenon. Credited with first using the English term "electricity".

Browne, Sir Thomas, 1605-1682.
Pseudoxia epidemica: or, enquiries into very many received tenents, and commonly presumed truths, by Thomas Browne. The 2nd ed., corr. and much enl. by the author. Together with some marginall observations, and a table alphabeticall at the end. London, Printed by A. Miller, for E. Dod and N. Ekins, 1650.
[16], 329, [10] p. 28.5 cm.
Provenance: Peter Walthall of Brasen-Nose College, Oxford (inscription), Statham (inscription)

Browne, Sir Thomas, 1605-1682.
Pseudodoxia epidemica: or, Enquiries into very many received tenents and commonly presumed truths, by Sir Thomas Brown. 7th and last ed., corr. and enl. by the author, with many explanations, additions and alterations throughout. Together with many more marginal observations, and a table alphabetical at the end. London, Printed for R. Chiswell, and T. Sawbridge, 1686.
[16], 316, [11] p. 31 cm.
(In his Works. London, 1686.)

Browne, Sir Thomas, 1605-1682.
Religio medici [by Sir Thomas Brown] 8th ed., corr. and amended. With annotations upon all the obscure passages therein. Also observations by Sir Kenelm Digby. London, Printed for R. Scott, T. Basset, R. Chiswell and the executor of J. Wright, 1685.

[13], 102 p. 31 cm.
(In his Works. London, 1686.)

Browne, Sir Thomas, 1605-1682.
The works of the learned Sir Thomas Brown. Containing I. Enquiries into vulgar and common errors. II. Religio medici: with annotations and observations upon it. III. Hydriotaphia: or, urn-burial: together with The garden of Cyrus. IV. Certain miscellany tracts. With alphabetical tables. London, Printed for T. Basset, R. Chiswell, T. Sanbridge, C. Mearn, and C. Browne, 1686.
4 pt. in 1 v. illus., port. 31 cm.

Bruele, Gualtherus.
Praxis medicinae theorica et empirica familiarissima Gvalteri Brvele: In qua pulcherrima dilucidissimaque rqatione morborum internorum cognitio, eorundemque curatio traditur. Thesavrvs innocentia. Lvgdvni Batavorvm, Ex Officina Plantiniana, apud Franciscum Raphelengium, 1589.
[16], 422, [8] p. 17 cm.
Signatures: $*^8$, A-Z^8, a-d^8.

Cabeo, Nicolao.
Philosophia magnetica in qva magnetis natura penitus explicatur, et omnivm qvae hoc lapide cernuntur causae propriae afferuntur: nova etiam pyxis constrvitvr, qvae propriam poli elevationem, cum suo meridiano, vbique demonstrat, auctore Nicolao Cabeo. Ferrarie, Apud Franciscum Succium Superiorum, 1629.
[16], 412, [12] p. illus. 32 cm.
In Ronalds.
Contains early recognition of electrical repulsion.

Cardano, Girolamo, 1501-1576.
[Hieronymi Cardani] De svbtilitate libri xxi. Parisiis, Ex officina M. Fezandat, & R. Granion, 1550.
[24], 312 l. illus. 17.7 cm.
Signatures: Aa-Cc^8, a-z^8, A-Q^8.
Distinguishes between electrostatic and magnetic attraction for the first time.

Celsus, Aulus Cornelius.
[Avrelii Cornelii Celsi] De re medica libri octo, inter Latinos eius professionis autores facilè principis: ad ueterum & recentiū exemplarium fidem, necnon doctorum hominum iudicium, summa diligentia excusi. Accessit huic thesaurus veriūs, quàm liber Scribonii Largi, titulo Compositionu medicamentorum: nunc primùm, tineis & blattis, ereptus industria Ioannis Rvellii doctoris disertissimi. Parisiis, Apud C. Vuechel, 1529.
[20], 131, [11], 31, [5] l. 29.2 cm.
Signatures: A-B^6, C^8, A-Y^6; aa-gg^6, AA-CC^6, DD^4; $*$-$**^6$, Aa-Ff^6.
Colophon: Excudebat Parisiis Simon Siluius Anno Domini. M.D.XXVIII. mense Octobri.
With this is bound Galenus. Liber de plenitudine. Prostant in vico, 1528.

Cesalpino, Andrea, 1519-1603.
De metallicis libri tres, Andrea Caesalpino auctore. Romae, Ex Typ. A. Zannetti, 1596.
[15], 222, [1] p. 22 cm.
Signatures: a-b^4, A-Z^4, Aa-Ee^4.
Colophon: Romae: Ex Typographia Aloysii Zannetti. M.D.XCVI.

Cesi, Bernardo, 1581-1630.
Mineralogia, sive Natvralis philosophiae thesavri, in qvibvs metallice concretionis medicatorúmque fossilium miracula terrarum pretium, colorum & pigmentorum apparatus, concretorum succorum virtus, lapidum atque gemmarum dignitas continentur. Hos publici iuris fecit r.p. Bernardvs Caesivs. Proderit haec pretiosa svpellex non philosophiae modò, ac medicinae, verùm etiam sacrae & humanioris literaturae studiosis. Lugduni, sumptib. I. & P. Prost, 1636.
[16], 626, [69] p. 36 cm.
Provenance: Voto et dono d Bernardi Martini Raison Myluit (binding crest & motto on front board); voto et dono d Annae Boulier (diff. crest)

Chauvin, Pierre, Docteur medecin, of Lyons.
Lettre de M. Chauvin, a Madame la marquise de Senozan, sur les moyens dont on s'est servy pour découvrir les complices d'un assassinat commis à Lyon, le 5. de juillet 1692. Lyon, J.B. & N. de Ville, 1693.
120, [24] p. 15.5 cm.
Provenance: Ex-Libris J. B. Mercier (bookplate)

Cleyer, Andreas.
Specimen medicinae sinicae, sive opuscula medica ad mentem sinensium, ... edidit Andreas Cleyer. Francofvrti, J. P. Zubrodt, 1682.
[4], 48, 99, [9], 54, 16 p. illus., 30 plates. 21.5 cm.

Descartes, René, 1596-1650.
Appendix, continens objectiones quintas & septimas in Renati Descartes Meditationes de prima philosophia, cum ejusdem ad illas responsionibus, & duabus epistolis, una ad Dinet ... altera ad Gisbertum Voetium. Amstelodami, Apud L. & D. Elzevirios, 1663.
164 p. 19.5 cm.
(In his Meditationes de prima philosophia. Amstelodami, 1663.)

Descartes, René, 1596-1650.
[Renatus Des Cartes] De homine figvris et latinitate donatus a Florentio Schuyl. Lvgdvni Batavorvm, Apud F. Moyardvm & P. Leffen, 1662.
[36], 121 (i.e. 123), [1] p. illus., plates (part fold.) 19.5 cm.
Bound with his Meditationes de prima philosophia. Amstelodami, 1663.
Wheeler 149.

Descartes, René, 1596-1650.
Epistola Renati Des Cartes ad Gisbertum Voetium. In qua examinantur duo libri, nuper pro Voetio Ultrajecti simul editi; unus de Confraternitate Mariana, alter de philosophia Cartesiana.
88 p. 19.5 cm.
(In his Meditationes de prima philosophia. Amstelodami, 1663.)

Descartes, René, 1596-1650.
L'homme de René Descartes. Et vn traitté de la formation dv foetvs dv mesme avthevr. Auec les remarques de Lovys de la Forge, sur la traitté de l'homme de René Descartes, & sur les figures par luy inuentées. Paris, C. Angot, 1664.
[74], 448, [8] p. illus. 23.8 cm.
Provenance: F. L. de Menonville (inscription), Holzapfel (bookplate)

Descartes, René, 1596-1650.
[Renati des Cartes] Meditationes de prima philosophia. In quibus Dei existentia, & animae humanae a corpore distinctio, demonstrantur. His adjunctae sunt variae objectiones doctorum virorum in istas de Deo & anima demonstrationes; cum responsionibus auctoris. Editio ultima prioribus auctior & emendatior. Amstelodami, Apud L. & D. Elzevirios, 1663.
[12], 191, 164, 88 p. 19.5 cm.
With this is bound his De homine figvris. Lugduni Batavorum, 1662.
Provenance: Muncaster Castle (bookplate crest)

Digby, Sir Kenelm, 1630-1665.
A discourse concerning the vegetation of plants. Spoken by Sir Kenelme Digby, at Gresham-Colledge, on the 23d. of January 1660, at a meeting of the Society for Promoting Philosophical Knowledge by Experiments. London, Printed for J. Williams, 1669.
[207]-231 p. 18.3 cm.
Bound with his Of the sympathetick powder. London, 1669.

Digby, Sir Kenelm, 1603-1665.
Eröffnung unterschiedlicher Heimlichkeiten der Natur/Wobey viel scharffsinnige/ kluge/ wolerwogene Reden von nützlichen Dingen jederman dienlich/ die gleiche Artung der Natur entdeckende/ klar und auszführlich beygefüget/ und vornehmlich von einem wunderbaren Geheimnisz in Heilungen der Wunden/ ohne Berührung/ vermög desz Vitrioli, durch die Sympathiam. Discursweise gehalten in einer hochansehnlichen Versam̃lung zu Montpelier in Franckreich/ Durch Hn. Kenelm Dygbi [sic] Ubersetzt von M.H. Hupka. [Franckfurt] B.C. Wusten, 1684.
[1], 132, [8] p. front. 16.7 cm.
With this is bound Servius, Petrus. Auszfuhrliches Bedencken/ von der insgemein so genannten Waffen-Salben. [n.p., n.d.] and [Digby, Sir Kenelm?] Wie das poudre de sympathie vor allerhand Wunden und Seiten-Stechen zu machen. [n.p., n.d.]

Digby, Sir Kenelm, 1603-1665.
A late discourse made in a solemne assembly of nobles and learned men at Montpellier in France, by Sr. Kenelme Digby. Touching the cure of wounds by the powder of sympathy; with instructions how to make the said powder; whereby many other secrets of nature are unfolded. Rendered faithfully out of French into English by R. White. London, Printed for R. Lownes and T. Davies, 1658.
[10], 152 p. 13.8 cm.
Provenance: Kenneth Garth Huston (bookplate)
Wheeler 145.

Digby, Sir Kenelm, 1603-1665.
A late discourse made in a solemne assembly of nobles and learned men at Montpellier in France, by Sr. Kenelme Digby, Knight, &c. Touching the cure of wounds by the powder of sympathy; with instructions how to make the said powder; whereby many other secrets of nature are unfolded. Rendered faithfully out of French into English by R. White. The 3rd ed. corr. and augm., with the addition of an index. London, Printed for R. Lowndes and T. Davies, 1660.
[10], 152, [4] p. 14.4 cm.
Provenance: W. Musgrave (inscription), Med. Soc. County of Kings. Library (ink stamp)

Digby, Sir Kenelm, 1603-1665.
Of the sympathetick powder. A discourse in a solemn assembly at Montpellier. Made, in French, by Sir Kenelm Digby, Knight, 1657. London, Printed for J. Williams, 1669.
[1], 147-205 p. 18.3 cm.
Provenance: J. Swainson - Frith Street 1773 - (inscription)
With this is bound his A discourse concerning the vegetation of plants. London, 1669.

Digby, Sir Kenelm, 1603-1665.
Theatrum sympatheticum, in quo sympathiae actiones variae, singularis & admirandae tàm macro-quam microcosmicae exhibetur, & mechanicè, physicè, mathematicè, chimicè & medicè, occasione pulveris sympathetici, ita quidem elucidantur, ut illarum agendivis & modus, sine qualitatum occultarum, animaeve mundi, aut spiritus astralis magnive magnalis, vel aliorum comentariorum subsidio ad oculum pateat. Opusculum lectu jucundum & utilissimum; Digbaei, Papinii, Helmontii, aliorumque recentiorum scriptorum prolata exhibens & trutinans, atque ipsius pulveris sympathetici germanam & optimam descriptionem simul exponens. Norimbergae, Impensis J.A. & W. Jun. Endterorum, 1660.
[20], 377, [4] p. 14.3 cm.
Comprehensive treatise on the power of sympathy and the magnetic cure of wounds.

Digby, Sir Kenelm, 1603-1665.
Theatrum sympatheticum, in quo sympathiae actiones variae, singulares & admirandae tàm macro-quàm microcosmicae exhibentur, & mechanicè, physicè, mathematicè, chimicè & medicè, occasione pulveris sympathetici, ita quidem elucidantur, ut illarum agendi vis & modus, sine qualitatum occultarum animaeve mundi, aut spiritus astralis magnive magnalis, vel aliorum commentariorum subsidio ad oculum pateat. Opusculum lectu jucundum & utilissimum; Digbaei, Papinii, Helmontii, aliorumque recentiorum scriptorum prolata exhibens & trutinans, atque ipsius pulveris sympathetici germanam & optimam descriptionem simul exponens. Editio altera, priori emendatior. Amstelaedami, Impensis T. Fontani, 1661.
[10], 259 p. 14.2 cm.

Digby, Sir Kenelm, 1603-1665.
Theatrum sympatheticum, in quo sympathiae actiones variae, singulares & admirandae tàm macroquam microscicae exhibentur, & mechanicè, physicè, mathematicè, chimicè & medicè, occasione pulveris sympathici, it quidem elucidantur... Nuremberg, Johan Andreas Endter, 1662.
[8], 722, [42] p.
Wheeler 152.

Digby, Sir Kenelm, 1603-1665.
Two treatises. In the one of which, the natvre of bodies; in the other, the natvre of mans sovle; is looked into: in way of discovery, of the immortality of reasonable sovles. Paris, Printed by G. Blaizot, 1644.
[44], 466 p. diagrs. 35.5 cm.

Digby, Sir Kenelm, 1603-1665.
Two treatises: In the one of which, the natvre of bodies; In the other, the nature of mans soule, is looked into: in way of discovery of the immortality of reasonable soules [by] Kenelme Digby. London, Printed for I. Williams, 1645.
[47], 429, [10], 143 (i.e. 141), [1] p. diagrs., port. 20 cm.
Provenance: Warwick Castle (bookplate crest) Warwick -- sed Local Library (bookplate)
Contains a chapter "On the loadstone's generation and its particular motions," which includes his own experiments and commentary on William Gilbert's work.

Dioscorides, Pedanius, of Anazarbos.
Πεδακιου Διοσκοριδου του Αναζαρβεω Τα σωζόμενα ἄπαντα.
Pedacii Dioscoridis Anazarbaei Opera quae extant omnia. Ex noua interpretatione Jani-Antonii Saraceni. Addita sunt ad calcem eiusdem

interpretis scholia, in quibus variae codicum variorum lectiones examinantur, diuersae de medica materia, seu priscorum, seu etiam recentiorum sententiae proponuntur ac interdam conciliantur: ipsius denique autoris corruptiora, obscuriora, difficilioraque loca restituuntur, illustrantur, & explicantur. [Francofurti] Sumptibus haeredum A. Wecheli, C. Marnii, & I. Aubrii, 1598.

[34], 479, [11], 135, [7], [1], 144, [1] p. ports. 36 cm.

Signatures:):(^{6} , $ß^{4}$, γ^{4}, δ^{4}, a-z^{6}, aa-rr^{6}, $*^{6}$, A-K^{6}, L^{8}, ^{5}, α^{7}, $ß^{6}$, γ^{6}, δ^{6}, ϵ^{6}, ζ^{6}, η^{6}, θ^{6}, ι^{6}, κ^{6}, λ^{6}, μ^{6}.

Provenance: Norman Moore, M.D. (Signature)

Recommends the use of torpedos in treating headache and prolapsus ani and the use of lodestone to remove humors.

Dryander, Johannes, -1560.

Anatomiae, hoc est, corporis humani dissectionis pars prior, in qua singula quae ad caput spectant recensentur membra, atq; singulae partes, singulis suis ad uiuum commodissime expressis figuris, deliniantur. Omnia recens nata, per Io. Dryandrvm. Item anatomia: Porci, ex traditione Cophonis. Infantis, ex Gabriele de Zerbis. Marpurgi, Apud Eucharium Ceruicornum, 1537.

[72] p. illus., fold. table (in facsim.). 19.5 cm.

Signatures: a-i^{4}.

Du Hamel, Jean Baptiste, 1624-1706.

Regiae scientiarvm academiae historia, in qua praeter ipsius academiae originem & progressus, variasque differtationes & observationes per triginta annos factas, qùamplurima experimenta & inventa, cum physica, tum mathematica in certum ordinem digeruntur. Avtore Joanne Baptista dv Hamel. Lipsiae, Apud Thomam Fritsch, 1700.

[12], 426, [10] p. diagrs. 20.4 cm.

Dürer, Albrecht, 1471-1528.

[Alberti Dureri] Clarissimi pictoris et Geometrae de Symetria partium in rectis formis huanorum corporum, libri in latinum conuersi ...
[Nurnberg, 1534]

2 v. in 1. illus., diagrs., plates (part fold.) 31.1 cm.

Signatures: A-E^{6}, F^{4}, G-N^{6}, O^{4}, a^{5}, b-d^{6}, e-f^{5}, g^{6}, i^{3}, h^{4} , i^{4}, k^{5}.

Colophon: Finitum opus Anno a salutifero partu. 1534. 9. Cal. Decemb. Impensis viduae Durerianae, per Hieronymum Forschneyder Norinbergae.

Estienne, Charles, 1504-1564.

De dissectione partium corporis humani libri tres, à Carolo Stephano, doctore medico, editi. Vnà cum figuris, & incisionum declarationibus, à Stephano Riuerio chirurgo copositis. Parisiis, Apud S. Colinaeum, 1545.

[24], 375 (i.e. 379) p. woodcuts. 35 cm.

Signatures: *-**$*^{6}$, A-Z^{8}, AA^{6}.

Fabricius, Hieronymus, ab Aquapendente, 1533-1619.

L'opere chirvgiche, del Girolamo Fabritio d'Aqvapendente. Bologna, Per G. Longhi, 1678.

[10], 359 p. 9 plates. 30.4 cm.

Fludd, Robert, 1574-1637.

Philosophia Moysaica, in qua sapientia & scientia creationis & creaturarum sacra veréque Christiana (vt pote cujus basis sive fundamentum est unicus ille lapis angularis Iesus Christus) ad amussim & enucleaté explicatur, avthore Rob. Flvd, alias de Flvctibvs. Govdae, Excudebat P. Rammazenius, bibliopola, 1638.

[4], 152 l. illus. 31.6 cm.

With this is bound his Responsvm ad Hoplo crismaspongvm M. Fosteri presbiteri. Govdae, 1638.

Wheeler 112, Gartrell 165.

Treats magnetism thoroughly, including the curative properties of the lodestone.

Fludd, Robert, 1574-1637.

Responsvm ad Hoplocrisma-spongvm M. Fosteri presbiteri, ab ipso, ad vngventi armarii validitatem delendam ordinatvm. Hoc est, Spongiae M. Fosteri presbiteri expressio sev Elisio. In qua Virtuosa spongiae ipsius potestas in detergendo Vnguentum armarium, ex primitur, eliditur ac funditus aboletur: ac tandem immodestia & erga Fratres suos incivilitas, aceto veritatis acerrimo corrigitur & penitus extinguitur, avthore Rob: Flvd: alias de Flvctibvs. Govdae, Excudebat P. Rammazenius, bibliopola, 1638.

30, [1] l. 31.6 cm.

Bound with his Philosophia Moysaica. Govdae, 1638.

Wheeler 113.

Fracastoro, Girolamo, 1483-1553.
[Hieronymi Fracastorii Veronensis] Opera omnia in vnum proxime post illius mortem collecta, quorum nomina sequens pagina plenius indicat. Accesservnt Andreae Navgerii, patricii veneti, Orationes duae carminaq. Nonnula, amicorum cura ob id myser simul impressa, ut eorum scripta, qui arcta inter se uiuentes necessitudine coniuncti fuereint, inhominum quoque manus post eorum mortem iuncta parite peruenirent. Cum illustriss. Senatus veneti decreto. Venetiis, Apud Ivntas, 1555.
[6], 285 (i.e. 281) l. illus. 24.7 cm.
Signatures: ✠^{6}, A-Z^4, AA-ZZ^4, AAA-ZZZ^4, &&&^{6}, a-h^4.
Colophon: Venetis, apud haeredes Lvcaeantonii Ivntae. MDLV.
Provenance: A de Nicolaj (inscription)
Wheeler 34.

Gaietanus de Thienis, 1387-1465.
Expositio in libros Aristotelis meteororum. [Padua, Petrus Maufer, 6 August, 1476]
[62] l. 42.3 cm.
With this is bound (as issued?) Albertus Magnus. De mineralibus. [Padua, 1476]
Hain 15506; Goff G-30.

Galenus.
... Liber de plenitudine. Polybvs De salubri victus ratione priuatorum. Gvinterio Ioanne Andernaco interprete. Apvleivs Platonicvs De herbarvm uirtutibus. Antonii Benivenii Libellvs de abditis nonnullis ac mirandis morboru & sanationum causis. Prostant in vico, Iacobaeo, Apud C. VVechel, 1528.
42, 21, [1] l. 29.2 cm.
Bound with Celsus, A.C. De re medica libri octo. Parisiis, 1529.

Gesner, Konrad, 1516-1565.
[Conradi Gesneri] Historiae animalium liber IIII qui est de piscium & aquatilium animantium natura. Cvm iconibus singvlorvm ad vivvm expressis fere omnib. DCCVI. Continentur in hoc volumine, Gvlielmi Rondeletii ... & Petri Bellonii ... de aquatilium singulis scripta. Tigvri, apud C. Froschoverum, 1558.
[39], 1297 p. woodcuts. 39.5 cm.
Signatures: a-b^6, c^8, a-z^6, A-Z^6, Aa-Zz^6, aa-zz^6, AA-PP^6, QQ^7.
Illustrates the torpedo and other electric fish.

Gilbert, William, 1540-1603.
[Gvilielmi Gilberti] ... De magnete, magneticisqve corporibvs, et de magno magnete tellure; physiologia noua, plurimis & argumentis, & experimentis demonstrata. Londini, excvdebat P. Short, 1600.
[16], 240 p. woodcut illus., fold. plate. 28.5 cm.
Signatures: *^{8}, A-V^6.
In Ronalds, Wheeler 72, Gartrell 202.
Separated experimentally the amber effect from magnetism and is thus said to have established electricity as a science; proposed an explanation of magnetic phenomenon that was based on the earth as a giant lodestone.

Gilbert, William, 1540-1603.
Tractatvs siue Physiologia nova De magnete, magneticisqve corporibvs et magno magnete tellure sex libris comprehensus â Guilielmo Gilberto. In quibus ea, quae ad hanc materiam spectant plurimis & argumentis ac experimentis exactissime absolutissiméq tractantur et explicantur. Omnia nunc diligenter recognita & emendatius quam ante in lucem edita, aucta & figuris illustrata opera & studio Wolfgangi Lochmans. Ad calcem libri adjunctus est Index capitum rerum et verborum locupletissimus. Excvsvs Sedini, typis Gotziams, Sumptibus I. Hallervordij, 1628.
[19], 232, [33] p. illus., 12 plates (part fold) 21.5 cm.
In Ronalds, Gartrell 203.
Remaindered sheets identified, according to Roller, by the use of 'Ioh. Hallervordij' on the title page instead of 'authoris.'

Gilbert, William, 1540-1603.
Tractatus, sive Physiologia nova De magnete, magneticisq; corporibus & magno magnete tellure, sex libris comprehensus, a Guilielmo Gilberto. In quibus ea, quae ad hanc materiam spectant, plurimis & argumentis & experimentis exactissime absolutissimequae tractantur & explicantur. Omnia nunc diligenter recognita, & emendatius quam ante in lucem edita, aucta & figuris illustrata, opera & studio Wolfgangi Lochmans. Ad calcem libri adiunctus est Index capitum, rerum & verborum locupletissimus, qui inpriore editione desiderabatur. Sedini, Typis Gotzianis, 1633.
[19], 232, [34] p. illus., 12 plates (part fold.) 24.8 cm.
In Ronalds, Wheeler 72a, Gartrell 204.

DE MAGNETE, LIB. II.

dicis magnetici, cuius alteri fini appone ſucci

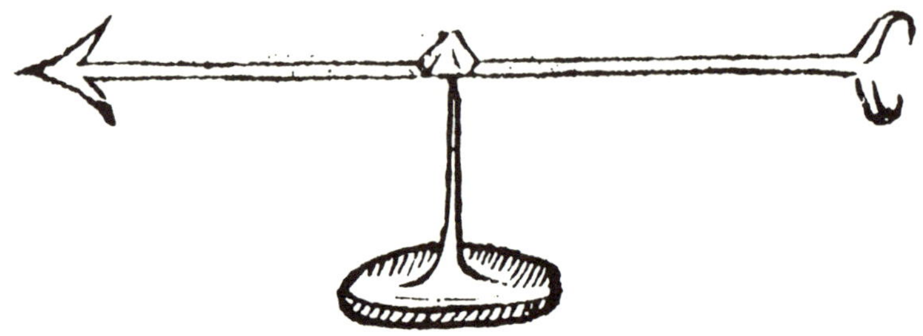

Versorium from Gilbert's *De Magnete* (1600)

Sulphur sphere from the 1672 *Experimenta Nova* of Otto von Guericke

Giovio, Paulo, bp. of Nocera, 1483-1552.
[Pavli Iovii Novocomensis] De piscibvs marinis, lacvstribvs, flvviatilibvs, item de testaceis ad salsamentis liber. Romae, Ex aedibvs F. Minitii Calvi, 1527.
[87] p. 19.5 cm.
Signatures: A-G^4, h-I^4.
Colophon: Romae ex aedibus F. Minitii Calvi. Anno. M.D.XXVII Mense Aprili.
Provenance: Capuchin Friars of Palermo (ink stamp)

Glisson, Francis, 1597-1677.
Tractatus de ventriculo et intestinis. Cui praemittitur alius, de partibus continentibus in genere; & in specie, de iis abdominis. Authore Francisco Glissonio. Londini, Typis E.F. Prostat venalis apud H. Brome, 1677.
[32], 509, [3] p. 3 fold. plates, port. 23 cm.

Goclenius, Rodolph, 1572-1621.
De magnetica vulnerum curatione, citra ullam superstitionem, dolorem, & remedii etiam applicationem, tractatus, mirandarum & in natura hactenus occultarum rerum causas patefaciens. Accessit in fine oratio de luxoriosis & prodigiosis nostri aevi coviviis, eorumq; origine autoribus & asseclis, lectu utnec indigna, sic nec injucunda. Autore Rod. Gocl. [n.p.] 1613.
310 p. 13 cm.

Goclenius, Rodolph, 1572-1621.
Mirabilium naturae liber, concordias et repvgnantias rervm in plantis, animalibvs, animalivmque morbis & partibus, manifestans, nunc primo in lucem datus a Rodolpho Goclenio. Adiecta est in fine breuis & noua defensio magneticae curationis vulnerum ex solidis principiis. Francofvrti, Egenolphi Emmelii, Impensis I.C. Vnckelii, 1625.
[15], 303 p. 15.2 cm.
In Ronalds.
Contains a defense of the magnetic cure of wounds.

Goclenius, Rodolph, 1572-1621.
Vranoscopiae, chiroscopiae, metoposcopiae, et ophthalmoscopiae, contemplatio, qua probatur, diuinationem ex astris, lineisq; manuū, frōte, facie & oculis nec impian esse nec superstitiosam. Ed. nova: cui accessit totius Physiognomie solida ex causis & effectis demonstratio. Francofurti, Impensis J.T. Schonwett, 1608.
290 p. illus. 12 cm.
Provenance: CW Jones, Needham, Mass. (inscription)

[Gott, Samuel], 1614-1671.
The divine history of the genesis of the world, explicated & illustrated. London, Printed by E.C. & A.C. for H. Eversden, 1670.
[4], 497 p. 20.2 cm.
Provenance: George Bishop from ABA June 1670 (inscription)

Guericke, Otto von, 1602-1686.
[Ottonis de Guericke] Experimenta nova (ut vocantur) Magdeburgica de vacua spatio. Primùm à R.P. Gaspare Schotto, è Societate Jesu, & herbipolitanae academiae matheseos professore: nunc verò ab ipso auctore. Perfectiùs edita, variisque aliis experimentis aucta. Quibus accesserunt simul certa quaedam de aëris pondere circa terram; de virtutibus mundanis, & systemate mundi planetario; sicut & de stellis fixis, ac spatio illo immenso, quod tàm intra quam extra eas funditur. Amstelodami, apud J. Janssonium à Waesberge, 1672.
[17], 244, [5] p. illus., charts, plates (part fold.), port. 32.5 cm.
Provenance: From the books of E.N. da C. Andrade, Fellow of the Royal Society (bookplate); copy 2, Zollikon (bookplate)
In Ronalds, Wheeler 170, Gartrell 222.
Credited with inventing the first electrical machine, his sulphur sphere.

Hale, Sir Matthew, 1609-1676.
Magnetismus magnus: or, metaphysical and divine contemplations on the magnet, or loadstone. Written by Sir Matthew Hale. London, Printed for W. Shrowsbury, 1695.
[1], xxvii, 159 p. 19.1 cm.
Provenance: Berkeley: (inscription)
Wheeler 212, Gartrell 229.
Proposes God as magnet.

Harvey, William, 1578-1657.
[Guilielmi Harveii] De motu cordis & sanguinis in animalibus, anatomica excercitatio. Cum refutationibus Aemylii Parisani et Iacobi Primirosii. Lugduni Batavorum, Ex officina I. Maire, 1639.
[8], 267, 84 p. 2 plates. 18.8 cm.
Provenance: DAS Bibliotheca Thebesiana (bookplate crest); nomen meum semper cum corde tuo moveatur! Remak (inscription)

With this are bound Primerose, J. Animadversiones in Iohannes Wallaei. Amstelodami, 1640; Primerose, J. Animadversiones in theses. Ludguni Batavorum, 1640; and Regius, H. Spongia qua eluuntur sordes animadversionvm. Ludguni Batavorum, 1640.

[Hautefeuille, Jean de] 1647-1724.
Magnetologia curiosa; das ist gründtliche Abhandlung des Magneths ... wohlmeinent auss dem Fräntzösischen in dass Teutische übersetzet durch I.C.H. Mäyntz, in Verlegung des Vbersetzers, Gedruckt bey C. Küchlern, 1690.
[6], 30 (i.e. 50), [2] p. 32 plates. 20.9 cm.

Helmont, Jean Baptiste van, 1577-1644.
Fundamenta medicinae recens jacta, sub unum conceptum & intuitum breviter contracta, de causis ac principiis morborum constitutivis, jam à temporibus Hippocratis medici, XII. seculorum oblivione sepultis ... ultimis vero his nostris diebus ... manifestatis ... ac evulgatis per organum ad hoc electum Joannem Baptistam Helmontium. Ulmae, Sumptibus Georgii Wilhelmi Kuhn, 1680.
100, 273, [22] p. 14 cm.
Provenance: Ex Libris Liechtensteinianis (bookplate crest)
With this are bound: Wedel, Georg Wolffgang. Theoremata medica. Jenae, 1677; Maxwell, William. De medicinae magnetica libri III. Francofurti, 1679.

Helmont, Jean Baptiste van, 1577-1644.
Ortus medicinae. Id est, initia physicae inaudita. Progressus medicinae novus, in morborum ultionem, ad vitam longam. Authore, Ioanne Baptista van Helmont. Edente authoris filio, Francisco Mercurio van Helmont, cum ejus praefatione ex Belgico translata. Amsterodami, apud Ludovicum Elzevirium, 1648.
[34], 800 p. port. 20.6 cm.
Provenance: Chauncey and Elizabeth Leake (bookplate)
In Ronalds.

Helmont, Jean Baptiste van, 1577-1644.
A ternary of paradoxes. The magnetick cure of wounds, nativity of tartar in wine. Image of God in man. Written originally by Joh. Bapt. van Helmont, and tr., illus., and ampliated by Walter Charleton. London, Printed by J. Flesher for W. Lee, 1650.
[52], 144 p. 22.2 cm.
Provenance: William Anstruther (signature), Sr. John Anstruther of that ilk Baronet, "Periissem misi Periissem." (bookplate crest)
Also "The second impression, more reformed, and enlarged with some marginal additions" [52], 147 p. 18.4 cm.
In Ronalds, Wheeler 130, Gartrell 250.

Hippocrates.
[Aphorismi. 1573]
... Aphorismi, id est, selectae maximéque ratae sententiae, interprete Guilielmo Plantio Cenomano. Galeni in eosdem commentarii septem, ab eodem Plantio Latine redditi, & annotationibus illustrati. Ex secunda interpretis recognitione. Lugduni, Apud Guilielmum Rovillium, 1573.
665, [37] p. 12.5 cm.
Signatures: a-z^8, A-X^8.

Hirnhaim, Hieronymus, 1637-1679.
De typho generis humani, sive scientiarum humanarum, inani ac ventoso tumore, difficultate, labilitate, falsitate, jactantia, praesumptione, incommodis, et periculis ... authore Hieronymo Hirnhaim. Pragae, Typis G. Czernoch, 1676.
[8], 448, [6] p. 20.1 cm.
Surveys all of science; includes two chapters on magnetism.

L'histoire vniverselle des poissons, & autres monstres aquatiques, *** Avecq' leurs pourtraictz & figures, exprimez au plus pres du naturel. Lyon, par Iean d'Ogerolles, 1568.
93, [1] p. illus. 12.5 cm.
Signature: A-F^8.
Provenance: Andrew Fletcher of Saltoun (inscription)
Contains a description and a woodcut illustration of the torpedo.

Hortus sanitatis [maior]
[Ortus sanitatis. Strassburg, Johann Pruss, not after 21 Oct. 1497]
140 l. woodcuts: illus. 29.3 cm.
Signatures: A^8, B-C^6, D^8, E-H^6, I^8, K-Q^6, R^8, S-T^6, V^8, aa^6, bb^4.
Incomplete copy of Hain-Copinger *8941. Contains only the Tractatus de animalibus through the Tractatus de urinus, each of which has a divisional t.p. with woodcut on verso.

Hortus sanitatis [maior]
Ortus sanitatis. De herbis & plantis. De animalibus & reptilibus. De auibus & volatilibus. De piscibus & natatilibus. De lapidibus & in terre venis nascentibus. De urinis & ea[rum] speciebus. De facile acquisibilibus. Tabula medicinalis cum directorio generali per omnes tractatus. [Venice, Bernardinus Benalius & Joannes Tacuinis, de Tridino, 1511]
[367] l. illus. 30.3 cm.
Signatures: a^8, $b\text{-}k^6$, l^8, $m\text{-}r^6$, s^8, $t\text{-}z^6$, Aa^6, Bb^8, $Cc\text{-}Ee^6$, Ff^8, $Gg\text{-}Ii^6$, A^8, $B\text{-}C^6$, D^8, $E\text{-}H^6$, I^8, $K\text{-}Q^6$, R^8, $S\text{-}T^6$, U^8, $aa\text{-}ee^6$, ff^5.
Colophon: Impressum Venetijs per Bernardinum Benalium: Et Joannem de Cereto de Tridino alias Tacuinum. Anno Domini. M.cccccxi. Die. xi. Augusti ...

Irvine, Christopher, fl. 1638-1685.
Medicina magnetica: or, The rare and wonderful art of curing by sympathy: laid open in aphorismes; proved in conclusions; and digested into an easy method drawn from both: wherein the connexion of the causes and effects of these strange operations, are more fully discovered than heretofore. All cleared and confirmed, by pithy reasons, true experiments, and pleasant relations. Preserved and published, as a master-piece in this skill, by C. de Iryngio. [Edinburgh?] 1656.
[14], 110 p. 16.3 cm.
Provenance: This did belong to Mrs. Martha Udny Sub Preceptress to the late Princess Charlotte J.P. Nov. 22, 1834 (inscription)
Wheeler 141, Gartrell 279.

Joannes de Janduno, d. 1328.
Questiones Joannis Jandoni de celo et mundo. [Venice, Bonetus Locatellus for Octavianus Scotus, 1501]
30 l. 29.8 cm.
Signatures: $aa\text{-}ee^6$.
Colophon: Bonetus Locatellus ... 1501. 9°. kalendas Octobres ... Octauiani Scoti Modoetiesis.

Jousse, Mathurin, 1607-
La fidelle ouuerture de l'art de serrurier; ou l'on void les principaulx preceptes, desseings, et figures touchant les experiences, et operations manuelles, dudict art. Ensemble vn petit traicté, de diuerses trempes. Le tout faict, et composé, par Mathvrin Iovsse de La Fleche. A La Fleche, Chez G. Griveav, imprimevr ordinaire dv roy, 1627.
[8], 152 p. illus., plates. 33 cm.

Juanini, Juan Bautista, fl. 1685-1691.
Nveva idea. Physica natvral demonstrativa, origen de las materias qve mveven las cosas. Compvestas de la porcion mas pvra de los elementos, fragvadas en el caos, pvrificadas, y passadas de potencia a acto en los tres primeros dias de la Creacion del Mundo ... Parta primera ... Escrivela Ivan Bavtista Ivanini. Çaragoça, Herederos de D. la Puyada, 1685.
[34], 345 (i.e. 337), [38] p. 20.6 cm.

Kircher, Athanasius, 1602-1680, praeses.
Ars magnesia, hoc est Disqvisitio bipartita emperica seu experimentalis, physico-mathematica de natvra, viribvs, et prodigiosis effectibvs magnetis, quam cùm theorematicé, tùm problematicè propositam, nouâque methodo ac apodicticâ seu demonstratiuâ traditam, variisque vsibus ac diuturnâ experientiâ comprobatam, sauente Deo, tuebitur. Proaenobilis & ervditvs Johannes Jacobvs Svveigkhardus à Freihausen ... Praeside & avthore Athanasio Kircher. Herbipoli, typis E.M. Zinck, 1631.
[8], 63 p. illus. 19.8 cm.
Provenance: Ex Libris A Kuhnholtz - Lordat (bookplate)
In Ronalds, Wheeler 102.
Describes magnetic experiments and performances of electrical games and events; reports use of magnetism in medicine.

Kircher, Athanasius, 1602-1680.
[Athanasii Kircherii] ... Magnes siue De arte magnetica opvs tripartitvm quo praeterqvam qvod vniversa magnetis natura, eiusque in omnibus artibus & scientijs vsus noua methodo explicetur, è viribus quoque & prodigiosis effectibus magneticarum, aliarúmque abditarum naturae motionum in elementis, lapidibus, plantis & animalibus elucescentium, multa hucusque incognita naturae arcana per physica, medica, chymica, & mathematica omnis generis experimenta recluduntur. Romae, Sumptibus Hermanni Scheus ... 1641.
[34], 916, [34] p. illus., charts, diagrs., plates (1 fold.) 22.8 cm.
Provenance: T. B. Clare - Thornhill, Rome, Jan. 1885 (inscription), T. B. Clare - Thornhill "Be Fast" (bookplate crest)

Another copy:
[48], 916, [16] p. illus., charts, diagrs., plates (1 fold.) 23 cm.
In Ronalds, Wheeler 116.

Kircher, Athanasius, 1602-1680.
[Athanasii Kircheri] ... Magnes siue De arte magnetica opus tripartitvm, quo praeterqvam qvod vniversa magnetis natvra eivsqve in omnibvs artibus & scientijs vsus noua methodo explicetur, è viribus quoque & prodigiosis effectibus magneticarum, aliarúmq; abditarum naturae motionum in elementis, lapidibus, plantis & animalibus elucescentium, multa hucusque incognita naturae arcana per physica, medica, chymica & mathematica omnis generis experimenta recluduntur. Editio secunda post Romanam multo correctior. Coloniae Agrippinae, apud Iodocvm Kalcoven, 1643.
[30], 797, 39 p. illus., charts, diagrs., plates (1 fold.) 20.4 cm.
Provenance: Joseph McCarty 12 of June 1754 (inscription), Collegii Anglorum Ulyssi : ponensis. Ex Jeno clarissmi Viri Uni Laurentii Skytlis Rendentis in Aula Lusitania pro Serma Regina Luetiae (inscription)
In Ronalds, Gartrell 286.

Kircher, Athanasius, 1602-1680.
[Athanasii Kircheri] ... Magnes sive De arte magnetica opvs tripartitvm qvo vniuersa magnetis natura, eiusque in omnibus scientijs & artibus vsus, noua methodo explicatur: ac praeterea e viribus & prodigiosis effectibus magneticarum, aliarumque abditarum naturae motionum in elementis, lapidibus, plantis, animalibus, elucescentium, multa hucusque incognita naturae arcana, per physica, medica, chymica, & mathematica omnis generis experimenta recluduntur. Editio tertia. Ab ipso authore recognita, emendataque, ac multis nouorum experimentorum problematis aucta. Romae, Sumptibus Blasij Deuersin & Zanobij Masotti Bibliopolarum, 1654.
[32], 618, 28 p. illus., charts, diagrs. 33.2 cm.
Provenance: Ex-Libris Alberti Vialis, Bibliotheca Kicheriana (bookplate)
In Ronalds, Gartrell 287.

Kircher, Athanasius, 1602-1680.
[Athanasii Kircheri] Magneticvm natvrae regnvm sive Disceptatio physiologica de triplici in natura rerum magnete, iuxta triplicem eiusdem naturae gradum digesto inanimato, animato, sensitivo, qua occultae prodigiosarum quarundam motionum vires & proprietates, quae in triplici naturae oeconomia nonnullis in corporibus nouiter detectis obseruanter, in apertam lucem eruuntur, & luculentis argumentis, experientia duce, demonstrantur. Ad inclytum, & eximium virum Alexandrvm Fabianvm moui orbis indigenam. Romae, typis I. de Lazaris, 1667.
136 p. 24 cm.
Provenance: H' I. -- 1 (bookplate)
In Ronalds.
Contains Kircher's theory that all matter includes magnetism; links the power of the lodestone and the electric eel.

Klobius, Justus Fidus.
Ambrae historiam ad omnipotentis dei gloriam, et hominum sanitatem. Exhibet, Justus Fidus Klobius. Wittenbergae, Sumptibus haered. D.T. Mevii & E. Schumacheri. Typis M. Henckelii, 1666.
[8], 76 p. 4 plates (incl. map) 20.3 cm.
Studies the origins of amber and its medical and other uses.

Lacinio, Giano.
Praeciosa ac nobilissima artis chymiae collectanea de occultissimo ac praeciosissimo philosophorum lapide, per Ianum Lacinium ... Nunc primum in lucem aedita cum totius libelli capitum indice. Norimbergae, apud G. Hayn, 1554.
[8], 124 l. woodcut front. 20 cm.
Signatures: a-b^4, A-Z^4, Aa-Hh^4.
With this is bound Petrus Peregrinus, of Maricourt. De magnete, seu rota perpetui motus, libellus. Augsburg, 1558.

[Leurechon, Jean] 1591-1670.
Mathematicall recreations. Or a collection of many problemes, extracted out of the ancient and modern philosophers, as secrets and experiments in arithmetick, geometry, cosmographie, horologiographie, astronomie, navigation, musick, opticks, architecture, statik, mechanicks, chemistry, water-works, fireworks, &c. Not vulgarly manifest till now. Written first in Greeke and Latin, lately compi'ld in French, by Henry Van Etten, and now in English, with the examinations and augmentations of divers modern mathematicians. Whereunto is added the description and use of the generall horologicall ring: and the double horizontall diall, invented and

written by William Oughtred. London, Printed for W. Leake, 1653.

[40], 286, [1], [16] p. illus., diagrs. 16.4 cm.

Lorenzini, Stefano, fl. 1678.

Osservazioni intorno alle torpedini, fatte da Stefano Lorenzini Fiorentino. In Firenze per l'Onofri, 1678.

[8], 136 p. 5 plates. 25.2 cm.

In Ronalds.

Considered the first work on the torpedo and the first work devoted to a single fish.

Ludolf, Hiob, 1624-1704.

A new history of Ethiopia. Being a full and accurate description of the kingdom of Abessinia. Vulgarly, though erroneously, called the Empire of Prester John. In four books, Wherein are contained, I. An account of the nature, quality, and condition of the country; and inhabitants; their mountains, metals, and minerals; their rivers, (particularly, of the source of the Nile and Niger;) their birds, beasts, amphibious animals, (as the river-horse and crocodile;) serpents, &c. II. Their political government; the genealogy and succession of their kings; a description of their court, and camp; their power, and military discipline; their courts of justice, &c. III. Their ecclesiastical affairs; their conversion to the Christian religion, and the propagation thereof, their sacred writings, their sacraments, rites, ceremonies, and church-discipline; the decrease of the Romish religion, their contentions with the Jesuits, their separation from the Greek Church, &c. IV. Their private oeconomy, their books and learning, their common names, their diet, marriages, and polygamies; their mechanick arts and trades; their buriels; their merchandize and commerce, &c., by Job Ludolphus. 2nd ed. to which is added, a new and exact map of the country; as also, a preface, shewing the usefulness of this history; with the life of Gregorious Abba; and the author's opinion of some other writers concerning Ethiopia. Translated out of his learned manuscript commentary on this history. Made English by J.P. London, Printed for S. Smith, 1684.

[38], 88, 151-398 p. 10 fold. plates (incl. map) 34 cm.

Maxwell, William, fl. ca. 1676.

De medicina magnetica libri III. In quibus tam theoria quam praxis continetur; opus novum ... ubi multa naturae secretissima miracula panduntur, spiritus vitalis operationes hactenus incognitae revelantur, totiusque hujus secretae artis fundamenta firmissimis rationibus experientia fultis ponuntur ... auctore Guillelmo Maxvello, edente Georgio Franco. Francofvrti, Sumptib. Joannis Petri Zubrodt [1679]

[21], 200, [1] p. 12.9 cm.

Another copy:

[21], 200, [1] p. 14 cm.

Bound with Helmont, Jean Baptiste van. Fundamenta medicinae recens jacta. Ulmae, 1680.

In Ronalds.

Medicae artis principes, post Hippocratem & Galenum. Graeci Latinitate donati, Aretaeus, Ruffus Ephesius, Oribasius, Paulus Aegineta, Aetius, Alex. Trallianus, Actuarius, Nic. Myrepsus. Latini, Corn. Celsus, Scrib. Largus, Marcell. Empiricus. Aliique praeterea, quorum unius nomen ignoratur. Index non solum copiosus; sed etiam ordine artificio omnia digesta habens. Hippocr. aliquot loci cum Corn. Celsi interpretatione. [n.p.] Excudebat H. Stephanus, 1567.

5 pts. in 1 v. illus. 35 cm.

Signatures: $**^{4}$, a-z^{6}, aa-mm^{6}, AAA-ZZZ^{6}, AAAa-$FFFf^{6}$, AAAAa-$ZZZZz^{6}$, AAAAaa-$NNNNnn^{6}$, $OOOOoo^{4}$, aaa-zzz^{8}, aaaa-$dddd^{6}$, AAa-TTt^{6}, α^{6}, $ß^{6}$, γ^{6}, δ^{6}, ϵ^{6}, ζ^{6}, η^{6}, θ^{6}, ι^{6}.

Provenance: Societe Medicale a Geneve (ink stamp)

Collects major texts of thirteen authors; contains references to magnets, magnetic cures, and the electric torpedo.

Mercuriale, Girolamo, 1530-1606.

[Hieronymi Mercvrialis.] De arte gymnastica libri sex, in quibus exercitationum omnium vetustarum genera, loca, modi, facultates, & quidquid deniq. ad corporis humani exercitationes pertinet, diligenter explicatur. 2. ed. aucti, & multis figuris ornati. Opus non modo medicis, verum etiam omnibus antiquarum rerum cognoscendarum, & valetudinis conseruandae studiosis admodum vtile. Venetiis, Apud Ivntas, 1573.

[12], 308, [27] p. illus. 24.3 cm.

Norman, Robert, fl. 1590.

The newe attractive, containing a short discourse of the Magnes or Lodestone, and amongst other his vertues, of a newe discouered secret and subtill propertie, concernyng the declinyng of the needle, touched therewith under the plaine of the horizon. Now first founde out by Robert Norman, hydrographer. Hereunto are annexed certaine necessarie rules for the art of nauigation, by the same R.N. London, R. Ballard, 1581.

[13], 26, [33] p. charts. 21 cm.

Signatures: A-I^4, K^3.

Provenance: J. Latimer Clark, 1822-1898 (ink stamp, autograph in gold on binding, Quaritch's 1875 offer of the book to Clark tipped in, and Clark's signed, dated manuscript notes on the 1614 edition tipped in)

In Ronalds.

Discusses the phenomena of the lodestone; includes Norman's discovery of magnetic dip, or declination.

Oppianus.

Oppiani poetae Alievticon, sive De piscibvs, libri quinque é graeco traducti ad Antonium Imperatorem. Post Oppianum sequuntur Disticha ultra centum de rebus uarijs oppido ꝙ elegantissima, authore Laurentio Lippio Collensi, interprete librorum quinque Oppiani. C. Plinii Secvndi Natvralis historiae libri duo, in quorum priori quidem tractat de naturis piscium, in altero uero de medicinis ex aquatilibus siue piscibus. Pavli item Iovii De piscibvs liber unus, qui est uelut commentarius in priorem Plinij librum de piscibus, quemadmodum prior Plinij liber in Oppianum. Hos non contemnendos authores Iohannes Caesarius, uir non mediocris eruditionis, ad perpendiculum recognouit, castigauit, simulque & scholijs passim explanauit. Argentorati, Iacobus Cammerlander Moguntinus, 1534.

[4], 152 l. 20 cm.

Signatures: i^4, A-Z^4, a-p^4.

Provenance: "Mors nil ad nos" unidentified (bookplate crest), Bibliotheque H. E. Sauvage (ink stamp); Ex Libris Jo. Bapt. Maul Ambian Anno 1708 (inscription)

Reviews knowledge of fish and fishing, including accurate reporting of the torpedo's numbing abilities and locating the anatomical source of those powers.

Oppianus.

Halieutica. [The Latin trans. of Laurentius Lippius. Colle di Valdelsa, Bonus Gallus, 12 September, 1478]

[64] l. 21 cm.

Signatures: a-h^8. Signatures a^1, a^2, d^1, and h^4 supplied in ms.; b^3 appears twice: in its proper place and also on the second l. of gathering b, where it is crossed out and corrected in ms. to b^2.

Pages ruled in red; spaces with guide letters for initials; some initials provided in red or blue.

On the first page, initial O, marginal decorations, and arms in lower margin are illuminated in gold and colors.

Title from Brit. Mus. Cat. (XV cent.)

BMC (XV cent.) VII, p. 1079; HC* 12015; Pr. 7242; Goff O-65.

Provenance: Count MacCarthy, Baron Veron, Charles W. Clark, Charles W. Williams (book dealer notes); Louis H. Silver (bookplate)

Oppianus.

Ἁλιευτικά [ca. 1500]

[289] p., bound. 23.8 cm. [manuscript]

Signatures: a-ρ^8.

Cursive greek script in dark brown ink. Headpieces in pink, tailpiece in brown ink.

Oppianus.

Ὀππιάνου Ἁλιευτικῶν βιβλία πέντε. Τοῦ αὐτοῦ Κυνηγετικῶν βιβλία τέσσαρα. Oppiani De piscibus libri V. Eiusdem de uenatione libri iiii. Oppiani De piscibus Laurentio Lippio interprete libri V. [Venice, 1517]

166, [2] l. 16.5 cm.

Signatures: a-x^8; n^7, n^8, x^7 verso, and x^8 recto blank.

Colophon: Venetiis in aedibvs Aldi et Andreae Soceri mense decembri M.D. XVII.

Aldine device on t.p. and verso of last leaf; spaces with guide letters for initials; italic type.

Oppianus.

Oppiani Poetae Cilicis De venatione lib. iiii. De piscatv lib. v. Cum interpretatione latina, commentariis, & indice rerum in utroque opere memorabilium locupletissimo, confectis studio & opera Conradi Rittershvsii. Qui & recensuit hos libros denuo, & Adr. Turnebi editionem Parisiensem cum trib. Mss. Palatinis contulit: inde & var. Lect. & Scolia Graeca excerpsit. Lvgdvni Batavorum, Ex officina Plantiniana, Apud F. Raphelengium, 1597.

[86], 376, [38], 344, 164, [4] p. 16 cm.

Provenance: Ex Lib : Robert Gray Collegii Med Lond socii 1690. (inscription)

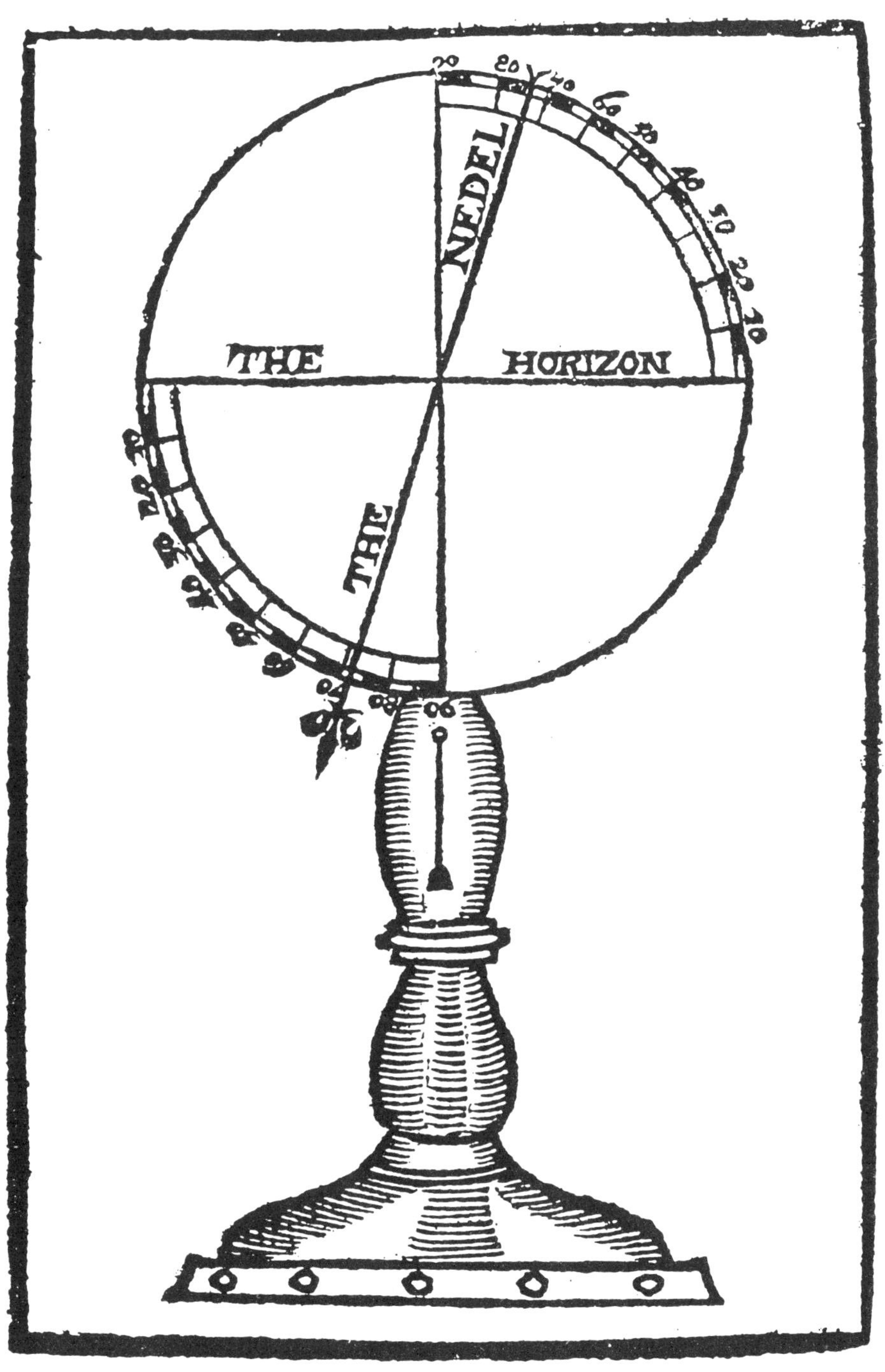

Measuring declination, from *The Newe Attractive* (1581) by Robert Norman

Oughtred, William, 1575-1660.
The description and use of the dovble horizontall dyall. Whereby not onely the houre of the day is shewn; but also the meridian line is found: and most astronomicall questions, which may be done by the globe are resolved, invented and written by W.O. Whereunto is added, the description of the generall horologicall ring. London, Printed for W. Leake, 1652.
[16] p. 16.4 cm.
(In [Leurechon, Jeau] Mathematicall recreations. London, 1653.)

Papin, Nicolas.
De pvlvere sympathico dissertatio [auctor] Nicolai Papinii. Lvtetiae, S. Piget, 1647.
[13], 40 p. 17.5 cm.

Paracelsus, 1493-1541.
... [Theophrasti Paracelsi von Hohenheim] ... Etliche Tractaten zum ander Mal in Truck aussgangen. Vom Podagra und sinen Speciebus. Vom Schlag. Von der fallender Sucht. Von der Daubsucht oder Unsinnigkeit. Vom Kaltenwehe. Von der Colica. Von dem Bauchreissen. Von der Wassersucht. Vom Schwinen oder Aridura. Vom Schwinen oder Schwindsucht, Hectica. Von Farbsuchten. Von Wurmen. Vom Stullauff. Item newlich hinzu getruckt: Von den podagrischen Kranekheiten [sic], und auch was jn Anhengig ein Fragmentum. Coln, Durch die Erben Arnoldi Birckmanni, 1567.
[8], 270, (i.e., 281), [2] p. port. 21 cm.
Bound with his Medici libelli. Coln, 1567.

Paracelsus, 1493-1541.
Medici libelli, des hocherfarnesten Theophrasti Paracelsi ... vorhin niemals in Truck ausgangen. Physionomia morborum. De terebinthina & vtroq; helleboro. Liber secundus de caduco matricis. De peste commentarius. Fragmentum aliud de peste. De ligno guaiaco. Explicatio aliquot aphorismorum Hippocratis. Coln, bey A. Byrckmans Erben, 1567.
[24], 261, [2] p. port. 21 cm.
Signatures: A-Z^4, Aa-Nn^4, Oo^2.
Colophon: Zu Coln truckts Gerhart Vierenduntk ...
Provenance: Ex Libris Starrensteid (bookplate), Ex libris Danielis Norberti (inscription), Ex Libris Joannis Wennslais (inscription)
With this is bound his Etliche Tractaten zum ander Mal in Truck aussgangen. Coln, 1567.

Paracelsus, 1493-1541.
[Avr. Philip. Theoph. Paracelsi Bombast ab Hohenheim] Opera omnia: medico, chemico, chirvrgica, tribvs volvminibvs comprehensa. Ed. novissima et emendatissima, ad germanica & latina exemplaria accuratissimè collata: variis tractatibuss & opusculis summâ hinc inde diligentiâ conquisitis, vt in voluminis primi praefatione indicatur, locupletata: indicibusq; exactissimis instructa. Genevae, I. Antonij, & S. De Tournes, 1658.
3 v. in 2. diagrs., port. 34 cm.

Pare, Ambroise, 1510?-1590.
Les oevvres de Ambroise Pare. Auec les figures & portraicts tant de l'anatomie que des instruments de chirurgie, & de plusieurs monstres. Le tout diuise en vingt six liures, comme il est contenu en la page suyuante. Paris, Chez G. Buon, 1575.
[20], 945, [45] p. woodcuts: illus., headpieces, initials, port. 35 cm.
Signatures: *^{6}, **^{4}, a-z^6, A-Z^6, Aa-Zz^6, AA-NN^6, OO^3.

Pare, Ambroise, 1510?-1590.
The works of that famous chirurgeon Ambrose Parey, tr. out of Latin and compared with the French, by Th. Johnson: together with three tractates concerning the veins, arteries, and nerves: exemplified with large anatomical figures. Tr. out of Adrianus Spigelius. London, Printed by M. Clark, 1678.
[20], 713, [4], 44, [17] p. illus., plates. 37 cm.
Provenance: Chas. Wm. Quinl (Bookplate crest)

Petrus de Abano, 1250-1315.
De Venenis. [Rome, Stephan Plannck, 29 April, 1484]
[18] l. 20.5 cm.
Colophon: Finit tractatus vtilissimus de Uenenis per Magistrum Petrum de Abbano copositus. Impressus Rome. Anno domini. Mcccc.lxxxiiii. die penultima Aprilis.
BMC (XV cent.) IV, 83; HC(Add)11*; Pr. 3641; Goff P-441.
Early discussion of magnetic cures.

Petrus Peregrinus, of Maricourt, 13th cent.
[Petri Peregrini Maricurtensis] De magnete, seu rota perpetui motus, libellus. Divi Ferdinandi Rhomanorum Imperatoris auspicio, per Achillem P.

Gasserum L: nunc primum promulgatus. Augsburgi in Suevis, 1558.

[28] l. 4 woodcut diagrs. 20 cm.

Signatures: [*⁴], A-F⁴. The second and third leaves of [*] are marked ii and iii.

Bound with Lacinio, Giano. Praeciosa ac nobilissima artis chymiae collectanea de occultissimo. Nuremburg, 1554.

Considered the most important work on the magnet prior to William Gilbert; reports 13th century experiments with the lodestone.

Placet, Francois.

La superstition du temps, reconnue aux talismans, figures astrales, & statues fatales. Contre un livre anonyme intitule Les talismans iustifiez avec la poudre de sympathie soupconnee de magie, par Francois Placet. Paris, Gervais Alliot & Gilles, 1668.

[24], 226 p. 14.3 cm.

Plinius Secundus, Caius.

Historia naturalis. [Venice, Marinus Saracenus, 1487]

[270] l. 32.5 cm.

Signatures: aa^{ii}, bb^{vi}, $a\text{-}z^{viii}$, $\&^{viii}$, $A\text{-}G^{viii}$, H^{ix}. Two blank leaves, aa^{1} and H^{10}, are missing.

Colophon: Venetiis impressuz per Magistrum Marinum Saracenum. Anno. M.CCCCLXXXVII. Die. xiiii. Mensis Maii. Regnante Illustrissimo Principe Augustino Barbarico.

Spaces with guide letters for capitals.

BMC (XV cent.) V, p. 413; HC* 13096; Pr. 5157; Goff P-795.

Wheeler 4 (1497).

Records the ability of the electric fish to numb even at a distance.

Plinius Secundus, Caius.

The historie of the world. Commonly called, The Natvrall historie of C. Plinivs Secundus. Trans. into English by Philemon Holland. The first [second] tome. London, Printed by A. Islip, 1601.

2 v. in 1. 33 cm.

Provenance: Sir Joseph Radcloffe Bart. "Virtus Propter Se" (Bookplate crest)

Plinius Secundus, Caius.

[C. Plinii Secvndi] Natvralis historiae libri trigintaseptum, a Paulo Manutio multis in locis emendati. Castigationes Sigismvndi Gelenii. Index plenissimvs. Venetiis, Apud P. Manutium, Aldi f., 1559.

[28] p., 976 columns, [26], [131] p. 31.5 cm.

Polybus.

De salubri victus ratione priuatorum. Gvinterio Ioanne Andernaco interprete.

l. 13-14. 29.2 cm.

(In Galenus. Liber de plenitudine. Prostant in vico, 1528.)

Porta, Giovanni Battista della, 1535?-1615.

Io. Bapt. Portae Magiae natvralis libri XX. Ab ipso authore expurgati, & superaucti, in quibus scientiarum naturalium diuitiae, & delitiae demonstrantur. I. De mirabilium rerum causis. II. De varijs animalibus gignendis. III. De nouis plantis producendis. IIII. De augenda supellectili. V. De metallorum transmutatione. VI. De gemmarum adulterijs. VII. De miraculis magnetis. VIII. De portentosis medelis. IX. De mulierum cosmetice. X. De extrahendis rerum essentijs. XI. De myropoeia. XII. De incendiarijs ignibus. XIII. De raris ferri temperaturis. XIIII. De miro conuiuiorum apparatu. XV. De capiendis manu feris. XVI. De inuisibilibus literarum notis. XVII. De catoptricis imaginibus. XVIII. De staticis experimentis. XIX. De pneumaticis. XX. Chaos. Neapoli, Apud H. Saluianum, 1589.

[8] l., 303 p. illus., port. (woodcuts) 31.5 cm.

Provenance: Aloysius de Marsino emit anno 1801 (signature). Mario Cermenat (ink stamp); ex lib. Pui Rutinellii Parm.s (signature)

Power, Henry, 1623-1668.

Experimental philosophy, in three books: containing new experiments microscopical, mercurial, magnetical. With some deductions, and probable hypotheses, raised from them, in avouchment and illustration of the now famous atomical hypothesis, by Henry Power. London, Printed by T. Roycroft, for J. Martin, and J. Allestry, 1664.

[24], 193, [1] p. illus., diagr., fold. plate. 20.6 cm.

Provenance: Presented to the Scarsbro' Philosophical Society by H Gillispy Esq London (inscription)

In Ronalds, Gartrell 434.

Primerose, James, d. 1659.

Animadversiones in Iohannis Wallaei ... disputationem medicam, quam pro circulatione

sanguinis Harveana proposuit: cui addita est, ejusdem de usu lienis adversus medicos recentiores sententia. Amstelodami, Apud I. Ianssonium, 1640.
56 p. 18.8 cm.
Bound with Harvey, W. De motu cordis. Lugduni Batavorum, 1639.
Believed to be the earliest to speculate on electricity's role in the circulatory system.

Primerose, James, d. 1659.
Animadversiones in theses, quas pro circulationes sanguinis in Academia Vltrajectensi Henricus Le Roy. Lugduni Batavorum, Ex officina I. Maire, 1640.
[18] p. 18.8 cm.
Bound with Harvey, W. De motu cordis. Lugduni Batavorum, 1639.

Proclus, 412-485.
La sfera di Proclo Liceo, tradota de maestro Egnatio Danti. Con le annotazioni & con l'uso della sfera del medesimo. Fiorenza, Nella stamperia de' Giunti, 1573.
[8], 55 p. illus., tables. 21 cm.
Signatures: $*^4$, A-G^4.

Redi, Francesco, 1626-1698.
Epistola ad aliquas oppositiones factas in suas observationes circa viperas: Scripta ad Alexandrum Morum & Abbatem Bourdelot. Ex Italica in Latinam translata. [Amstelodami, Sumptibus A. Frisii, 1675]
72 p. 13.5 cm.
Bound with his Experimenta circa res diversas naturales. Amstelodami, 1675.

Redi, Francesco, 1626-1698.
Esperienze intorno a diverse cose natvrali, e particolarmente a qvelle, che ci son portate dall' Indie, fatte da Francesco Redi e scritte in vna lettera al Atanasio Chircher. Firenze, All' Insegna della nave, 1671.
[6], 152 p. 6 plates. 25 cm.
In Ronalds.
Includes Redi's report on the location of the torpedo's electric organs.

Redi, Francesco, 1626-1698.
Experimenta circa res diversas naturales, speciatim illas, quae ex Indiis adferuntur [auctore] Francisci Redi. Amstelodami, Sumptibus A. Frisii, 1675.
[3], 193, [15] p. 8 fold. plates. 13.5 cm.
With this is bound the author's Observationes de viperis. Amstelodami, 1675; and his Epistola. [Amstelodami, 1675]
Provenance: Go: Bosovilo, 1678 (signature); Godfrey Bosville Esq. (bookplate crest).

Redi, Francesco, 1626-1698.
Experimenta circa varias res naturales, speciatim illas ... quae ex Indiis afferuntur. Ut & alia eiusedum opuscula, quae pagina sequenti narrantur. Amstelaedami, apud H. Wetstenium, 1685.
[5], 312, [32] p. 14 fold. plates. 15.5 cm.

Redi, Francesco, 1626-1698.
Observation de viperis. Scriptae literis ad Laurentium Magalotti. Ex Italica in Latinam translatae. [Amstelodami, Sumptibus A. Frisii, 1675]
iii, [9] p. 13.5 cm.
Bound with his Experimenta circa res diversas naturales. Amstelodami, 1675.

Regius, Henricus, 1598-1679.
Philosophia Naturalis [auctore] Henrici Regii. Editio secunda, priore multo locupletior & emendatior. Amstelodami, Apud Ludovicum Elzevirium, 1654.
[46], 442 p. illus., front. 20.5 cm.
Wheeler 139.

Regius, Henricus, 1598-1679.
Spongia qua eluuntur sordes animadversionvm, qvas Jacobus Primirosius, adversus theses pro circulatione sanguinis in Academia Vltrajectina disputatas nuper edidit. Lugduni Batavorum, Ex officina W. Christiani, sumptibus J. Maire, 1640.
31 p. 18.8 cm.
Bound with Harvey, W. De motu cordis. Lugduni Batavorum, 1639.

Reinzer, Franz, 1661-1708.
Meteorologia philosophicao-politica, in duodecim differtationes per quaestiones meteorologicas & conclusiones politicas divisa, appositisque ... praeside R.P. Francisco Reinzer. Augustae Vindelicorum, J. Wolfii, 1697.
[6], 297, [5] p. illus., engr. front., 83 copperplates. 30 cm.
Provenance: J. W. Rivington (signature); Ex libris Josephi a Grenzing (inscriptions)

Reisch, Gregorius, d. 1525.
Margarita philosophica noua. Cui annexa sunt sequentia. Grecarum literaR institutiones HebraicaR literarum rudimeta. Architecture rudimenta. Quadrantu varie copositioes. Astrolabij noui geographici po. Formatio Torqueti. Formatio Polimetri. Usus vtilitas eorundem omnium. Figura quadrantis poligonalis. Quadratura circuli. Cubatio sphere. Perspectiue phisice positiue rudimenta. Cartha vniuersalis terre mariscq formam neoterica descriptioe indicas. [Strassburg, J. Gruninger, 1515]
[322] l. woodcuts: illus., initials, 2 fold. maps (one in pocket), music, plates (2 fold.) 22 cm.
Signatures: A^4, B-Z^8, a-k^8, AB^6, CD^6, E^4, F^4, G^6, I^4, K^6, L^6, OJ^6, Q-S^6.

Rhijne, Willem ten, 1647-1700.
[Wilhelmi ten Rhyne] Dissertatio de arthritide: mantissa schematica: de acupunctura: et orationes tres I. De chymiae & botaniae antiquitate & dignitate. II. De physionomia. III. De monstris. Londini, Impensis R. Chiswell ... et prostat Hague-Comitum, apud A. Leers, 1683.
[46], 334 p. front. (port.), 6 fold. plates. 19 cm.

Ridley, Mark, 1560-1624.
A short treatise of magneticall bodies and motions, by Marke Ridley. London, N. Okes, 1613.
[14], 157 p. illus., maps, port. 19 cm.
Provenance: Ex libris Robert Honeyman IV "Progredere ne regredere" (bookplate crest)
In Ronalds, Wheeler 86.
Expands the experimental work of William Gilbert.

Riolan, Jean, 1538-1605.
Ars bene medendi, per Ioannem Riolanvm. Parisiis, Hadrianvm Perier, 1601.
[8], 206, [6] l. 17 cm.
Bound with the author's Vniversae medicinae compendia. Parisiis, 1606.

Riolan, Jean, 1538-1605.
Vniversae medicinae compendia, per Ioannem Riolanvm. Parisiis, Adrianvm Perier, 1606.
168, [4] l. 17 cm.
With this is bound the author's Ars bene medendi. Parisiis, 1601.

Rode, Johan, 1587-1659.
[Ioannis Rhodii] Ad Scribonivm Largvm emendationes et notae.
465 p. 23.5 cm.
(In Scribonius Largus. Compositiones medicae. Patavii, 1655.)

Rondelet, Guillaume, 1507-1566.
Libri de piscibus marinis, in quibus verae piscium effigies expressae sunt. Que in tota piscium historia contineantur, indicat elenchus pagina nona et decima [auctore] Gvlielmi Rondeletii. Lugduni, M. Bonhomme, 1554.
[16], 583, [23] p. illus., port. 34.5 cm.
Signatures: α^7, A-Z^6, Aa-Zz^6, AA-BB^6, CC-DD^4, Ee-Ff^6. DD^3 marked DD^5
Provenance: Alexander Thomson of Banchory Esquire (bookplate crest); A. Monson Banchory (inscription)
Contains four illustrations of torpedos, the first in a printed book.

Rudio, Eustachio, 1551-1611.
De morbis occvltis, et venenatis, libri quinque. Evstachio Rvdio ... In quibus haec medicinae pars reliquarum omnium praestantissima, & utilissima, quae hactenus tenebris circumsepta iacuit, soloque empirico ritu tractata fuit, ad lucem, & certam rationalem methodum reuocatur. Venetiis, Apud T. Baglionum, 1610.
[12], 227 p. 33 cm.

Salviani, Ippolito, 1514-1572.
Aqvatilivm animalivm historiae, liber primus, cvm eorvmdem formis, aere excvsis. Romae, 1554.
[8], 256 l., incl. plates. port. 42.5 cm.
Signatures: ✠^{8}, A-Z^8, AA-II^8.
Colophon: Romae, Apvd evndem Hippolytum Salvianvm, mense ianvario, MDLVIII.

Scaliger, Julius Caeser, 1484-1558.
[Scaligeri] Exotericarum exercitationum liber XV. De subtilitate ad Hieronymum Cardanum. In extremo duo sunt indices: prior breuiusculus, continens sententias nobiliores: alter opulentissimus, pene omnia complectens. Lvtetiae, M. Vascosani, 1557.
[4], 476, [31] l. illus. 24 cm.
Signatures: *^{4}, a-z^4, aa-zz^4, A-Z^4, AA-ZZ^4, Aa-Zz^4, Aaa-Lll^4, Mmm^3.

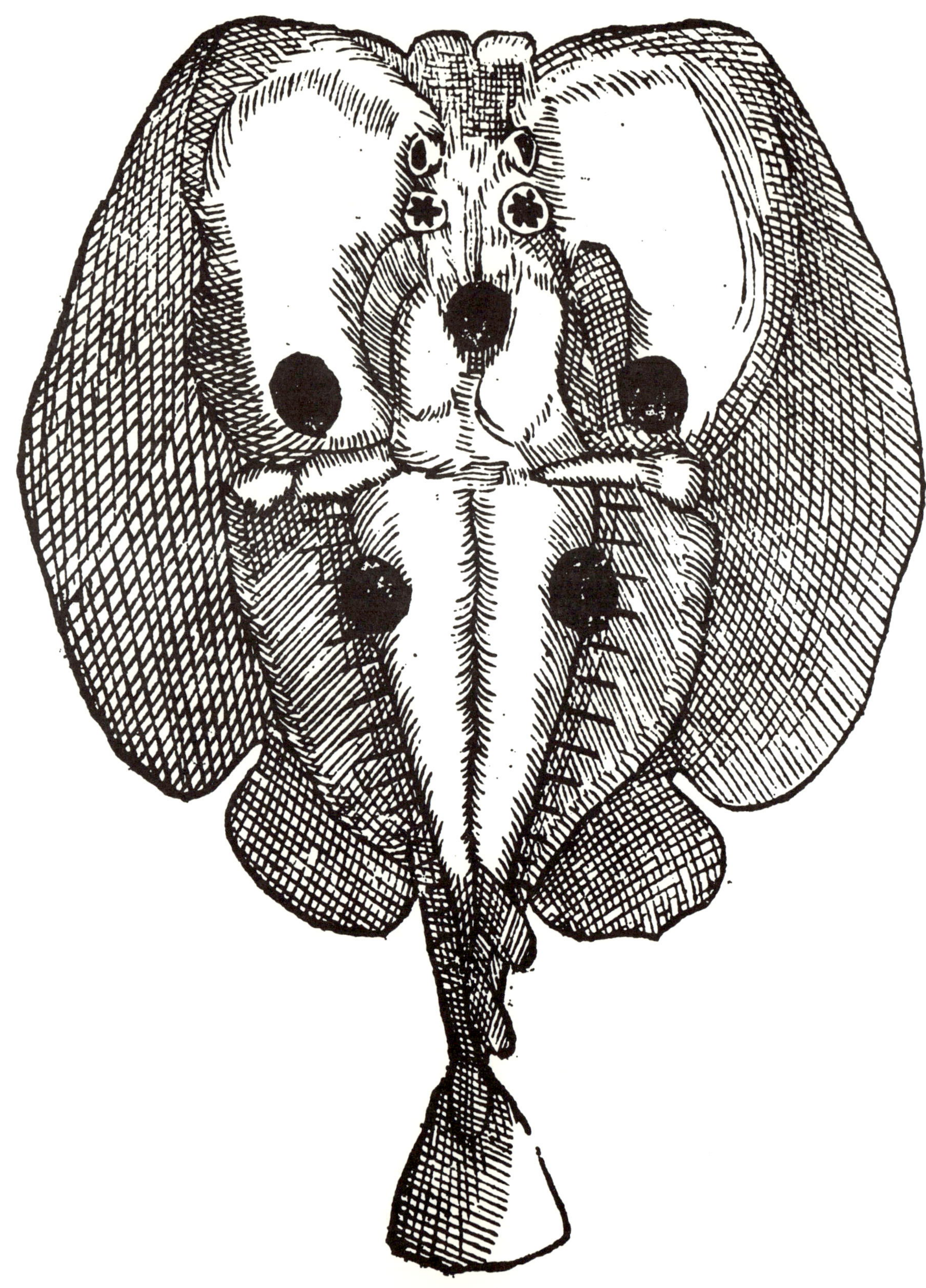

Rondelet's 1554 first printed illustration of the torpedo

Colophon: Lvtetiae Parisiorvm Imprimebat Michael Vascosanvs, An.D.M.D.LVII. Mense Ivlio.
Provenance: Missioni Consolata Bibliotheca (library stamp)

S[chmuck], M[artin], ca. 1598 or 9-1640?
De occulta magico-magnetica morborum quorundam curatione naturali tractatus, das ist: Wie man auff verborgene naturliche-Weise durch angehenckte Aufflegungen Fortpflanzung in Baume und Thiere auch andere magische Art vielerley Kranckheiten verhuten vertreiben und heylen soll. Ein kurtzes Tractatlein, darinnen mancherley Geheimnusse der Natur so noch nicht an Tag kommen offenbaret werden. Durch L.M.S.L. Nurnberg, J. Dumlern, 1652.
[2], 76 p. 16.4 cm.

Schott, Gaspar, 1608-1666.
[Gasparis Schotti] ... Magia universalis naturae et artis, sive Recondiat naturalium & artificialium rerum scientia, cujus ope per variam applicationem activorum cum passivis, admirandorum effectuum spectacula, abditarumg inventionum miracula, ad varios humanae vitae usus, eruuntur. Opus quadripartitum. Pars I. continet Optica, II. Acoustica, III. Mathematica, IV. Physica. ... Herbipoli, sumptibus haeredum J. G. Schonwetteri, 1657-59.
4 v. plates (part. fold.) 21 cm.
Provenance: Harrison D. Horblit
In Ronalds.

Schott, Gaspar, 1608-1666.
Physica curiosa, sive mirabilia naturae et artis. Libris XII. Comprehensa, quibus pleraque, quae de angelis, daemonibus, hominibus, spectris, energumenis, monstris, portentis, animalibus, meteoris, &c. rara, arcana, curiosaq; circumferunter, ad veritatis trutinam expenduntur, variis ex historia ac philosophia petitis disquisitionibus excutiuntur, & innumeris exemplis illustrantur [auctore] P. Gasparis Schotti. Editio tertia juxta exemplar secundae editionis auctioris. Herbipoli, J. Hertz, 1697.
2 v. front., 67 plates (part fold.) 20.5 cm.
Provenance: B. H. Math "firmus in hac petra stabo, conceptaque nec spes confundet, diplex dum mihi stella savet" (bookplate crest); Alfred M. Hellman (bookplate)

Scribonius Largus, fl. 43.
[Scribonii Largi] Compositiones medicae. Joannes Rhodivs recensuit, notis illustrauit, lexicon scribonianvm adiecit. Patavii, P. Frambotti, 1655.
[22], 144, 465, [41] p. illus., 8 plates. 23.5 cm.
Provenance: Med. Soc. County of Kings Library (ink stamp)
Includes use of torpedo discharge to numb patients suffering from headache and gout.

Scribonius Largus, fl. 43.
[Scribonii Largi] De compositionibvs medicamentorvm. Liber vnvs, antehac nusquam excusus: Ioanne Rvellio. Parisiis, S. Silvius, 1528.
[10], 31, [5] l. 27.5 cm.
Signatures: a-x^8.

Scribonius Largus, fl. 43.
[Scribonii Largi] De compositionibvs medicamentorvm liber vnvs, antehac nusquam excusus: Ioanne Rvellio.
l. [10], 31, [5]. 29.2 cm.
(In Celsus, A.C. De re medica libri octo. Parisiis, 1529.)

Scribonius Largus, fl. 43.
[Scribonii Largi] De compositione medicamentoru liber, iampridem Io. Rvelli opera e tenebris erutus, & a situ uindicatus. Antonij Beniuenij libellus De abditis nonnulis ac mirandis morboru & sanationum causis. Polybus De salubri uictus ratione priuatorum, Guinterio Ioanne Andernaco interprete. [Basileae] Apud A. Cratandrum, 1529.
[16], 318, [1] p. 15.5 cm.
Signatures: a-x^8.
Provenance: Ex libris Joseph Pevey Phisici Colleg. Marburg 16?3.

Servius, Petrus, -1648.
Aussfuhrliches Bedencken von der insgemein so genannten Waffen-Salben: oder, von den Wunderwercken der Natur und Kunst. [n.p., n.d.]
88, [4] p. 16.7 cm.
Bound with Digby, Sir Kenelm. Eroffnung unterschiedlicher Heimlichkeiten der Natur. [n.p.] 1684.

Several scientific texts. [Second half of 15th century]
[129] p., bound. illus. 23.8 cm. [manuscript]

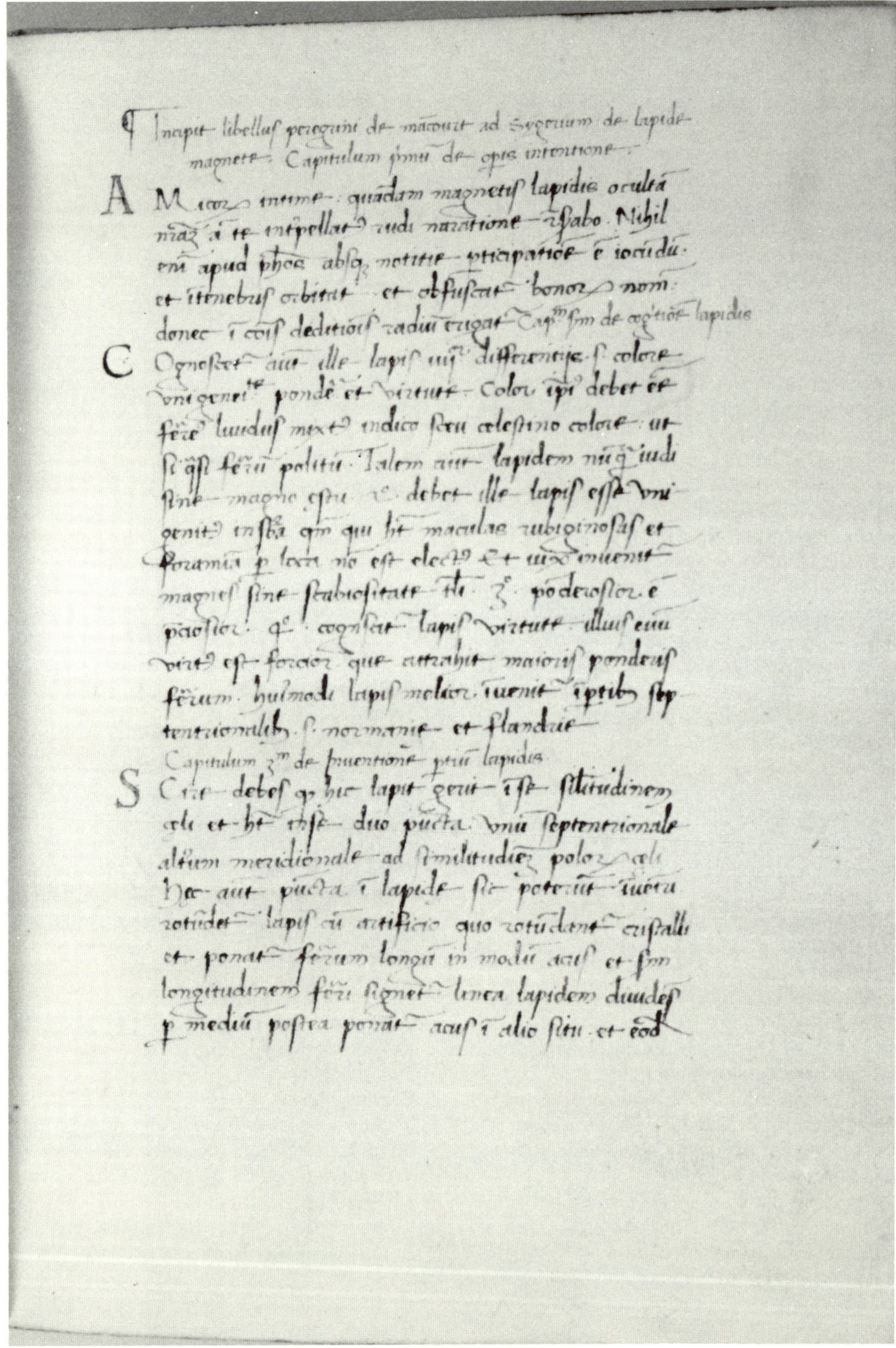

From Petrus Peregrinus's manuscript letter on the magnet in *Several Scientific Texts* (15th century)

Manuscript texts in Latin, including the letter on magnetism of Petrus Peregrinus. In red, blue, and black ink, with three illuminated initials; first text begins: Incipit libellus de constitutione Astrolabji. Astrolabice speculationes...

Sorel, Charles, 1602?-1674.
Des talismans, ou figures faites sous certaines constellations, pour faire aymer & respecter les hommes, les enricher, querir leurs maladies, chasser les bestes nuisibles, destourner les orages, & accomplir d'autreo effets merveilleux [par] Ch. Sorel. Avec des observations contre le livre des Curiositez inouyes de J. Gaffarel. Et un traicte de l'unguent des armes, ou unguent sympathique & constelle, pour scauoir si l'on en peut guerir une playe l'ayant applique seulement sur l'espee qui a fait le coup, ou sur un baston ensanglante, ou sur le pourpoint & la chemise du blesse. Paris, A. de Sommaville, 1636.
[1], 417 p. 16.5 cm.

Spiegel, Adriaan van de, 1578-1675.
Αγγειολογια: or, A description of the vessels in the body of man: of the three kinds; i.e. of the veins, arteries, and nerves: especially of those in the limbs and habit of the body. Whereof there are also given anatomical figures, the largest and firest that ever were published with any English book. In three tractates. Tr. out of the Anatomy of Adrianus Spigelius, by whom these parts are more largely and accurately described than by other authors: the more full tractation whereof, being a part of anatomy so useful in order to chirurgical operations, hath been judged very worthy to be annexed unto this present work. London, Printed by M. Clark, 1678.
[4], 44, [17] p., incl. 4 plates. 37 cm.
(In Pare, Ambroise. The works. London, 1678.)

Spiess, Johannes Henricus.
De magnetismis macro- et microcosmi [auctore] Johannes Henricus Spiess. Erfordiae, Stanno Kindle biano, 1695.
32 p. 19.5 cm.

Sprat, Thomas, bp. of Rochester, 1635-1713.
L'histoire de la Societe royale de Londres; establie pour l'enrichissement de la science naturelle, escrite en anglois par Thomas Sprat et traduite en francois. Geneve, I.H. Widerhold, 1669.
[18], 542 p. charts, front., 2 fold. plates. 17.5 cm.
Provenance: Ex libris Fr. Gengelici

Stair, James Dalrymple, 1st viscount, 1619-1695.
Physiologia nova experimentalis in qua, generales notiones Aristotelis, Epicuri, & Cartesii supplentur: errores deteguntur & emendantur: atque clarae distinctae & speciales causae praecipuorum experimentorum, aliorumque phoenomen n naturalium, aperiuntur. Ex evidentibus principiis, quae nemo antehac perspexit, & prosecutus est, authore D. De Stair. Nuper Latinitate donata. Lugduni-Batavorum, Apud C. Boutesteyn, 1686.
[12], 632, [4] p. 4 fold. plates. 20 cm.

Sturm, Johann Christoph, 1635-1703.
Ad ... Henricum Morum cantabrigiensem Epistola qua de ipsius principio hylarchico seu spiritu naturae & familiari modernis hysdrostaticis aeris gravitatione & elatere, occasione controversiae circa experimenta quaedam in parte prima collegii curiosi ad causas naturales revocata nobis obortae, libere, sepositoque omni tum praejudicio tum partium studio differitur a Joh. Christoph. Sturmio. Norimbergae, Sumtibus W.M. Endteri, 1685.
116, [6] p. illus. 21 cm.
(In his Collegium experimentale, sive Curiosum. Norimbergae, 1676-85.)
Wheeler 199.

Sturm, Johann Christoph, 1635-1703.
Collegium experimentale, sive Curiosum, in quo primaria hujus seculi inventa & experimenta physico-mathematica, speciatim campanae urinatoriae, camerae obscurae, tubi torricelliani, seu baroscopii, antliae pneumaticae, thermometrorum, hygroscopiorum &c. Phaenomena & effecta, partim ab allis jam pridem exhibita, partim noviter istis superaddita, per ultimum quadrimestre anni M.D.C.LXXII. Viginti naturae scrutatoribus, ex parte illustri nobili prosapia oriundis, & spectanda oculis subjecit, et ad causas suas naturales demonstrativa, methodo reduxit, quod nunc accessione multa, demonstrationum ac hypothesium veritatem porro illustrante, confirmante & a nonnullorum cavillationibus vindicante, locupletatum amicorum quorundam suasu & consilio publicum adspicere voluit Johannes Christophorus Sturmius.

Norimbergae, Sumtibus W.M. Endteri, & J.A. Endteri Haeredum, 1676-85.
[24], 168, 122, [14], [16], 256, 116, [6] p. illus., 4 fold. plates. 21 cm.
Provenance: David P. Wheatland (bookplate); Lord Viscount Lewisham (bookplate).
In Ronalds, Wheeler 182.
Contains experiments on magnetism and on the magnetic field.

Taisnier, Jean, (1509-
Opusculum...de naturae magnetis, et eius effectibus. Item de motu continuo...Cologne, Johann Birckmann, 1562.
[4], 84 (i.e. 80)p. 20 cm.
Combines Peregrinus' work with his, Taisnier's, own into the second printed book on the magnet.

Vallemont, Pierre Le Lorrain, abbe de, 1649-1721.
Description de l'aimant, qui s'est forme a la pointe du clocher neuf de N. Dame de Chartres: avec plusieurs experiences tres curieuses sur l'aimant & sur d'autres matieres de physiques, par L.L. de Vallemont. Paris, Chez L. d'Houry, 1692.
[12], 215 p. illus. 15.5 cm.
In Ronalds, Wheeler 205, Gartrell 525.

Vallemont, Pierre Le Lorrain, abbe de, 1649-1721.
La physique occulte, ou Traite de la baguette divinatoire, et de son utilite pour la decouverte des sources d'eau, des minieres, des tresors cachez, des voleurs & des meurtriers fugatifs. Avec des principes qui expliquent les phenomenes les plus obscurs de la nature, par M.L.L. de Vallemont. Augm. en cette edition, d'un traite de la connoissance des causes magnetiques des cures sympathiques, des transplantations & comment agissent les philtres, par un curieux de la nature, augm. de plusieurs pieces. Paris, Chez J. Boudot, 1696.
[14], 422, 34, [7] p. 24 plates (incl. font.) 14 cm.
Provenance: Joseph Tasker, Middleton Hall, Essex. (bookplate)
Wheeler 206a.

Veterum mathematicorum Athenaei, Bitonis, Apollodori, Heronis, Philonis, et aliorum opera, graece et latine, pleraque nunc primum edita. Ex manuscriptis codicibus bibliotheca regia. Parisiis, Ex typographia regia, 1693.
xvi, 364 [i.e., 365], [9] p. illus., diagrs. 43.5 cm.

Vieussens, Raymond, 1641-1715?
[Raymundi Vieussens] Nevrographia universalis. Hoc est omnium corporis humani nervorum, simul & cerebri, medullaeque spinalis descriptio anatomica; eaque integra et accurata, variis iconibus fideliter & ad vivum delineatis, areque incisis illustrata: cum ipsorum actione et usu, physico discursu explicatis. Ed. nova. Lugduni, Apud J. Certe, 1685.
[20], 252, [2] p. illus., coat of arms, 22 plates (16 fold.), port. 34 cm.

Vincent de Beauvais, d. 1264.
Speculum naturale. [ca. 1280]
2 v. 38.3 cm. [manuscript]
Provenance: Liber Sancte Marie de Camberone (inscription); Sir Thomas Phillips, Sir Sidney Cockerell, C.H. St. John Hornby, Major J.R. Abbey (book dealer and auction records)
Covers knowledge of the natural world; confirms the numbing power of electric fish.

Vincent de Beauvais, d. 1264.
Speculum naturale. [Strassburg, Adolf Rusch, not after 1476]
2 v. 43 cm.
Wheeler 1 (1473)

Vitali, Girolamo, 1624-1698.
Lexicon mathematicvm, astronomicvm, geometricvm, hoc est rerum omnium ad utramque immo & ad omnem fere mathesim quomodocumque spectantium, collectio, & explicatio. Adjecta breui nouorum theorematum expensione, verborumque exoticorum dilucidatione vt non injuria. Disciplinarum omnium mathematicarum summa, & promptuarium dici possit. Auctore Hieronymo Vitali. Parisiis, Ex officina L. Billaine, 1668.
[40], 540, 100, [9] p. 19 cm.
Provenance: Avancez (bookplate crest); Ex libris A Thomasin (inscription)

Ward, Samuel, 1577-1640.
The wonders of the load-stone or, The load-stone newly reduc't into a divine and morall vse, by Samuel Ward. London, Printed by E.P. for P. Cole, 1640.
[20], 181 [i.e. 281], [1] p. front. 15.2 cm.
Provenance: "Malo nori quam foedari" Casley (bookplate crest)
Wheeler 111a.

Wedel, Georg Wolffgang, 1645-1721.
[Georgii Wolffgangi Wedelii] ... Theoremata medica, seu introductio ad medicinam, certis theorematibus, juxta ductum institutionum medicarum, absoluta, ad legendum & disputandum proposita. Jenae, Sumptibus Johannis Bielckii, Typis Samuelis Krebsii, 1677.
[24], 240 p. 4 fold. charts. 14 cm.
Bound with Helmont, Jean Baptiste van. Fundamenta medicinae recens jacta. Ulmae, 1680.

Wie das poudre de sympathie vor allerhand Wunden und Seiten-Stechen zu machen. [n.p., n.d.]
[4] p. 16.7 cm.
Bound with Digby, Sir Kenelm. Eroffnung unterschiedlicher Heimlichkeiten der Natur. [n.p.] 1684.

Wilkins, John, bp. of Chester, 1614-1672.
Mercury, or The secret and swift messenger: shewing, how a man may with privacy and speed communicate his thoughts to a friend at any distance. [By] I.W. London, Printed by I. Norton, for I. Maynard and T. Wilkins, 1641.
[14], 180 [i.e. 172] p. illus. 16.1 cm.
Provenance: Durant moderata Robert Wilmot (bookplate crest); C.B.S. May 8. 1663 (inscription)
In Ronalds, Wheeler 117.

Wilkins, John, bp. of Chester, 1614-1672.
Mercury: or The secret and swift messenger. Shewing, how a man may with privacy and speed communicate his thoughts to a friend at any distance. The 2nd ed. By John Wilkins. London, Printed for R. Baldwin, 1694.
[15], 172 p. illus., port. 17.5 cm.
Provenance: Christopher Thompson, London (inscription)
Wheeler 117a.

Willis, Francis.
Synopsis physicae tam Aristotelicae, quam novae ad usum scholae accomodata, authore Fran. Willis. Londini, Apud J. Place, 1690.
[19], 108 p. illus. 16 cm.

Willis, Thomas, 1621-1675.
[Thomae Willis] Affectionum quae dicuntur hystericae et hypochondriacae pathologia spasmodica vindicata contra responsionem epistolarem Nathanaelis Highmori, M.D. cui accesserunt exercitationes medico-physicae de sanguinis accensione, et motu musculari.
41 p. 23.7 cm.
(In his Opera omnia. Amstelaedami, 1682.)

Willis, Thomas, 1621-1675.
Cerebri anatome: cui accessit nervorum descriptio et usus. Studio Thomae Willis. Londini, Typis J. Flesher, 1664.
[39], 106, [2], 107-456 p. 15 plates (11 fold.) 20 cm.

Willis, Thomas, 1621-1675.
[Thomae Willis] Cerebri anatome, nervorumque descriptio & usus.
123 p. 23.7 cm.
(In his Opera omnia. Amstelaedami, 1682.)

Willis, Thomas, 1621-1675.
[Thomae Willis] De anima brutorum quae hominis vitalis ac sensitiva est, exercitationes duae, quarum prior physiologica ejus naturam, partes, potentias, & affectiones tradit, altera pathologica morbos qui ipsam & sedem ejus primariam, cerebrum nempe & nervosum genus afficiunt, explicat; eorumque therapeias instituit.
210 p. 23.7 cm.
(In his Opera omnia. Amstelaedami, 1682.)

Willis, Thomas, 1621-1675.
[Thomae Willis] Diatribae duae prior agit de fermentatione, sive de motu intestino particularum in quovis corpore; altera de febribus, sive de motu' earundem in sanguine animalium: his accessit dissertatio epistolica de urinis.
182 p. 23.7 cm.
(In his Opera omnia. Amstelaedami, 1682.)

Willis, Thomas, 1621-1675.
[Thomae Willis] Opera omnia, nitidius quam unquam hactenus edita, plurimum emendata, indicibus rerum copiosissimis, ac distinctione characterum, exornata. Studio & opera Gerardi Blasii. Amstelaedami, apud H. Wetstenium, 1682.
various pagings. 36 plates (15 fold.), port. 23.7 cm.
Provenance: The Society of Writers to the Sign (binding crest)

Willis, Thomas, 1621-1675.
Pathologiae cerebri, et nervosi generis specimen. In quo agitur de morbis convulsivis, et

de scorbuto. Studio Thomae Willis. Amstelodami, Apud D. Elzevirum, 1668.
[12], 338, [19] p. port. 13.5 cm.

Willis, Thomas, 1621-1675.
[Thomae Willis] Pathologiae cerebri et nervosi generis specimen in quo agitur. De morbis convulsivis, & scorbuto.
146 p. 23.7 cm.
(In his Opera omnia. Amstelaedami, 1682.)

Willis, Thomas, 1621-1675.
[Thomae Willis] Pharmaceutice rationalis, sive diatriba de medicamentorum operationibus in humano corpore.
295 [i.e. 296] p. 23.7 cm.
(In his Opera omnia. Amstelaedami, 1682.)

Willughby, Francis, 1635-1672.
De historia piscium libri quatuor, jussu & sumptibus. Societatis regiae londinensis editi. In quibus non tantum de piscibus in genere agitur, sed & species omnes, tum ab aliis traditae, tum novae & nondum editae bene multae, naturae ductum servante methodo dispositae, accurate describuntur. Earumque effigies, quotquot haberi potuere, vel ad vivum delineatae, vel ad optima exemplaria impressa; artifici manu elegantissime in aes incisae, ad descriptiones illustrandas exhibentur. Cum appendice historias & observationes in supplementum operis collatas complectente. Totum opus recognovit, coaptavit, supplevit, librum etiam primum & secundum integros adjecit Johannes Raius e Societate regia. Oxonii, E Theatro Sheldoniano, 1686.
[8], 343 p. 188 plates (incl. added t.p.) 38.5 cm.

Wotton, William, 1666-1727.
Reflections upon ancient and modern learning, by William Wotton. London, Printed by J. Leake, for P. Buck, 1694.
[32], 359 p. 19 cm.

Zucchi, Nicolo, 1586-1670.
Nova de machinis philosophia in qua, paralogismis antiquae detectis, explicantur machinarum vires vnico principio, singulis immediato, avthore Nicolao Zvcchio. Accessit exclusio vacui contra noua experimenta, contra vires machinarum. Promotio philosophiae magneticae ex ea nouum argumentum contra systema Pythagoricum. Romae, Typis H. Manelphij, 1649.
[12], 227, [1] p. illus. 20.5 cm.
Provenance: unidentified (bookplate)
In Ronalds.

EIGHTEENTH CENTURY WORKS IN THE BAKKEN

The eighteenth-century world of electricity is well represented in the library collections of The Bakken. The publications of the leading scientists of the period, such as Willem Jacob van 'sGravesande (1688-1742), Petrus van Musschenbroek (1692-1761), John Freke 1688-1756), Tiberius Cavallo (1749-1809), Francis Hauksbee (-1713?), Leonhard Euler (1707-1783), and John Theophilus Desaguliers (1683-1744) appear in this catalog. The themes of electricity and magnetism, especially atmospheric electricity, animal electricity and magnetism, electrophysiology, electrotherapeutics, electrical entertainments, resuscitation, instrumentation, and electrobiological phenomena are extended in the 748 works listed in this century.

The Bakken's interest in the biological aspects of electricity continues to be demonstrated in its collecting of works about electrical fish, including works on the Torpedo by John Walsh (1725?-1795) and Sir John Pringle (1707-1782) and works reporting the therapeutic uses of the electric eel. Pierre Bertholon (1742-1800), reporting his electrical research with plants, introduces a minor but continuing theme. Advances in biological aspects of electricity are well represented in the collection by the books of researchers like Floriano Caldani (1772-1836), Antoine Louis (1723-1792), Jean Antoine Nollet (1700-1770), and Luigi Galvani (1737-1798) who explored animal electricity. Publications reporting electrophysiolgical research, including the experiments of Albrecht von Haller (1708-1777) on the direct stimulation of muscles and nerves, begin to be an important feature of The Bakken's collection during this period.

The Bakken's electrophysiology manuscript materials include a signed letter of Eusebio Valli (1775-1816) dated October 3, 1792. He writes "Dear Sir, I want frogs...." We cannot tell whether his tone was plaintive or imperious, but he needed those laboratory animals for his research on the muscles and nerves of frogs. His book, *Experiments on animal electricity with their application to physiology*, was published the following year in London.

New instrumentation was necessary for much of the eighteenth-century research to take place. These developments are reported in The Bakken's collections in a work such as that of Alessandro Volta (1745-1827) and that of Johann Gottlob Krüger (1715-1759) containing the first printed report of Kleist's experiments and an illustration of the Leyden jar. Descriptions of the cylinder frictional generator invented by Edward Nairne (1726-1806) and of the increased range of experiment it allows appear in The Bakken's collection.

By the middle of the century a full history of electrical theory had been written by Joseph Priestley (1733-1804). The Bakken owns several editions of his book which contains what is considered to be the first bibliography of the history of electricity. Clio was not the only muse electrically represented during the 1700s; a surprising number of poetical contributions were made.

These included electrical poems by Luigi Betti and Anton Maria Borgognini (1753-1810). Anonymous electrical poetry, such as *Il fluido elettrico...*, 1771, *Raccolta di poetiche...*, 1792, and *De vi electrica*, 1746, appeared throughout the century. The poem *De vi electrica* was accompanied by illustrations of electrical apparatus.

Poetry can be informative and entertaining, and other electrical entertainments were an important part of the eighteenth-century electrical world as well. Scientists' demonstrations of electrical phenomena made the transition to popular divertisements, and many illustrations of this appear in The Bakken's collections. For example, George Ribright and Son, electrical machine makers, printed a book of popular electrical games. The Bakken's 1773 and 1786 editions of Guyot's *Nouvelles recreations physiques et mathematiques* include magnetic and electric games.

The influence of Benjamin Franklin (1706-1790) can be seen throughout The Bakken's eighteenth-century holdings. This is perhaps nowhere more so than in the study of atmospheric electricity. Among the numerous authors writing on this topic are Johann Nepomuck Stadlhofer on lightning rods, Charles Viscount Mahon Stanhope (1753-1816) on thunderstorms and lightning conductors, and Giuseppe Toaldo (1719-1798) on his tower. Even Da Silva's book *Investigacao des causas proximas do terremoto*, which suggested that atmospheric electricity causes earthquakes, is present in the collection. The Bakken's manuscript of Giovanni Battista Beccaria (1716-1781) contains instructions for presenting copies of his *Dell'elettricita terrestre atmosferica a cielo sereno* (Turin 1775); he wanted copies to go to Priestley and Wilson in England and to Benjamin Franklin in America.

Franklin's role in the French controversy over mesmerism is also represented in The Bakken's collection. The beliefs of Franz Anton Mesmer (1734-1815) in an animal magnetic fluid and its medical efficacy is thoroughly covered in The Bakken's books and manuscript materials on the subject. Largest of the relevant manuscript materials are the papers of the Society of Universal Harmony of Amiens, France. These extensive manuscript materials cover 1783-1785 and contain several letters by Mesmer himself.

The eighteenth century saw the continued use of electricity in the treatment of paralysis and the increased use of electricity in other areas of the health sciences, including speech and hearing therapy. The Bakken's collections include the works one traditionally expects to see, such as those of Cavallo and of John Wesley (1703-1791). Certainly Cadwallader Evans's book reporting a case in which Benjamin Franklin administers electricity is part of the collection. Jean Étienne Deshais, an early French electrotherapist proposes a theory of the cause of paralysis and discusses its treatment in his *De hemiplegia per electricitatem curanda*, Montpelier, 1749. A Bakken grant-in-aid of research allowed Madeleine Henry and Delores Peters to prepare a translation, a critical edition, and an historical discussion of Deshais's work. Also present at The Bakken are less common works, for example those of Johann Lorenz Bockmann (1741-1802) which describe in 1787 plans for a hospital room for electrical treatments and in 1786 an electrical bed, and the 1795 writings of Joseph Franz Domin, who is said to have pioneered medical electricity in Yugoslavia.

Among the many works on the medical uses of electricity, one begins to see a sub-category of materials that in the eighteenth century is best exemplified by Elisha Perkins (1741-1799) and his metallic tractors. His publications stimulated many others---directed both in favor of and against his technique. The books reached every level of society; it is instructive to note that in The Bakken's collections both the English and the German volumes of the work of Johan Daniel Herholdt (1764-1836) on the metallic tractors have royal provenances.

More reputable to the modern experience are the works on resuscitation that were published in the eighteenth century, including those of John Bartlett (1756?-1844), Charles Kite (1768-1811), Edward Coleman (1765-1839), James Curry, John Fothergill (1712-1780), and Christoph Wilhelm Hufeland (1762-1846).

Abrégé de l'histoire des magnétiseurs de Lyon, par un nouveau converti. [Lyon? ca. 1784]

8 p. 20 cm.

Bound with Pressavin, J.B. L'art de prolonger la vie et de conserver la santé. Lyon, 1786.

Provenance: Bibliothèque Forézienne (ink stamp)

Gartrell 1030.

Académie nationale de médecine, Paris.

Avis et questions proposés par la Société royale de médecine, sur l'électricité médicale, sur la nyctalopie ou aveuglement de nuit & sur les propriétés des lézards dans le traitement de diverses maladies. Paris, De l'Impr. Royale, 1786.

16 p. 19 cm.

Académie nationale de médecine, Paris.

Rapport des commissaires de la Société royale de médecine, nommés par le roi pour faire l'examen du magnétisme animal. Imprimé par ordre du roi. Paris, Impr. Royale, 1784.

[1], 39 p. 24.8 cm.

Bound with France. Commission chargée de l'examen du magnétisme animal. Rapport. Paris, 1784.

Gartrell 1068.

Academie nationale de medecine, Paris.

Report of a committee of the Royal society of medicine, appointed to examine a work, entitled, Enquiries and doubts respecting the animal magnetism, by M. Thouret. To which are subjoined, by the translator, Notes, chiefly extracted from Thouret's performance.

p. [1]-17. 19.8 cm.

(In France. Commission chargée de l'examen du magnétisme animal. Report of Dr. Benjamin Franklin and other commissioners. London, 1785.)

Gartrell 1072.

Accademia del Cimento, Florence.

Tentamina experimentorum naturalium; captorum in Academia del Cimento, sub auspiciis serenissimi principis Leopoldi Magni Etruriae Ducis et ab ejus academiae secretario conscriptorum: Ex Italico in Latinum Sermonem conversa. Quibus commentarios, nova experimenta, et orationem de methodo instituendi experimenta physica addidit Petrus van Musschenbroek. Lugdoni Batavorum, apud Joan. et Herm. Verbeek, 1731.

[16], xlviii, [12], 193, 192, [14] p. 32 fold. plates. 27.3 cm.

Provenance: Bibliothecae Seminarii Bergom. (bookplate), Bibliotheca del Seminario Bergamo (ink stamps)

In Ronalds

Translates Saggi di naturali esperienze fatte nel'Accademia del cimento; includes extensive additions by Petrus van Musschenbroek.

Achard, Franz Karl, 1753-1821.

Chymisch-physische Schriften, [von] Franz Carl Achard. Berlin, Arnold Wever, 1780.

367, [18] p. illus., 9 tables (2 fold.) 20 cm.

In Ronalds.

Includes Achard's paper "Von der Heilung eines Paralitici durch die Electrizitat" as well as others on electricity.

Adams, George, 1750-1795.

An essay on electricity, in which the theory and practice of that useful science, are illustrated by a variety of experiments, arranged in a methodical manner. To which is added, an essay on magnetism, by George Adams. London, Printed for and sold by the author at Tycho Brahe's Head, 1784.

xvi, 367, iv p. 5 fold. plates. 23 cm.

In Ronalds, Wheeler 519, Gartrell 1.

Adams, George, 1750-1795.

An essay on electricity, explaining the theory and practice of that useful science; and the mode of applying it to medical purposes. With an essay on magnetism, by George Adams. 2nd ed., corr. and enl. London, Printed at the Logographic Press for the author, and sold by him at Tycho Brahe's-Head, 1785.

x, 476, [18] p. 8 plates (7 fold.) 21 cm.

Provenance: Copy 2, Chas. Bartholomew, April 28, 1800 (inscription); Charles Bartholomew (bookplate)

In Ronalds, Gartrell 2.

Adams, George, 1750-1795.

An essay on electricity, explaining the theory and practice of that useful science; and the mode of applying it to medical purposes. With an essay on magnetism. 3rd ed., corr. and considerably enl., by George Adams. London, Printed by R. Hindmarsh for the author and sold by him at Tycho Brahe's-Head, 1787.

lxxxvi, [9]-473 p. 8 plates (7 fold.) 21.5 cm.

Provenance: F. B. Lorch (bookplate),

Paul I of Russia's binding on Adams, *An Essay on Electricity* (1799)

unidentified (bookplate); copy 2, Rich Edwards, Pemb: Coll Oxon. (bookplate)
In Ronalds, Gartrell 3.

Adams, George, 1750-1795.
An essay on electricity, explaining the principles of that useful science; and describing the instruments, contrived either to illustrate the theory, or render the practice entertaining. To which is now added, a letter to the author, from Mr. John Birch, surgeon, on the subject of medical electricity, by George Adams. 4th ed. London, Printed for the author by R. Hindmarsh, and sold by the author, 1792.
ix, 588 p. 6 fold. plates. 21.5 cm.
Provenance: Copy 2, G. Barlace (owner stamp), J A Mills (inscription)
In Ronalds, Wheeler 519a, Gartrell 4.

Adams, George, 1750-1795.
An essay on electricity, explaining the principles of that useful science; and describing the instruments, contrived either to illustrate the theory, or render the practice entertaining. Illustrated with 6 plates. To which is added, a letter to the author, from Mr. John Birch, surgeon, on the subject of medical electricity, by George Adams. 5th ed., with corr. and additions, by William Jones. London, Printed by J. Dillon for, and sold by, W. and S. Jones, opticians, Holborn, 1799.
xiv, 594, 14 p. 6 fold. plates. 22 cm.
Provenance: Paul I of Russia (binding)
In Ronalds, Wheeler 519b.
One of the best-known 18th century English works on electricity. Bound with this copy is a 14 page catalogue of William and S. Jones, the famous mathematical instrument makers.

Adams, George, 1750-1795.
An essay on vision, briefly explaining the fabric of the eye, and the nature of vision: intended for the service of those whose eyes are weak or impaired: enabling them to form an accurate idea of the true state of their sight, the means of preserving it, together with proper rules for ascertaining when spectacles are necessary, and how to choose them without injuring the sight, by George Adams. London, Printed for the author, by R. Hindmarsh, 1789.
vi, [2], 153, 14 p. 1 fold. plate. 21 cm.
Provenance: Library of the New York State Medical Association (ink stamp), Bindon Blood, 1790 (inscription)
Designer of scientific instruments, notably optical ones, but also electrical machines.

Adams, George, 1750-1795.
Lectures on natural and experimental philosophy, considered in it's present state of improvement. Describing, in a familiar and easy manner, the principal phenomena of nature; and shewing, that they all co-operate in displaying the goodness, wisdom, and power of God, by George Adams. London, Printed by R. Hindmarsh; sold by the author, 1794.
5 v. front., 39 plates (27 fold.) 21.5 cm.
Provenance: Lindsay (inscription)

Adams, George, 1750-1795.
Versuch uber die Elektricitat, worinn Theorie und Ausubung dieser Wissenschaft durch eine Menge methodisch geordneter Experimente erlautert wird, nebst einem Versuch uber den Magnet, von George Adams. Aus dem Englischen. Leipzig, Schwickert, 1785.
vi, [10], 270 p. 6 fold. plates. 20 cm.
Provenance: Francisco Carolinum (ink stamp), Ausgebeiden Landesmuseum Bibliothek (ink stamp)
In Ronalds.

Adams, George, 1750-1795.
Versuch uber die Elektricitat, worinn Theorie und Ausubung dieser Wissenschaft durch eine Menge methodisch geordneter Experimente erlautert wird, nebst einem Versuch uber den Magnet, von George Adams. Aus dem Englischen. Wien, Gedruckt bey Johann Thomas Edlen v. Trattern, 1786.
vi, [10], 270 p. 6 fold. plates. 20 cm.
Provenance: Sumpb: Joh: Granbaer. Phys. (inscription)

Aepinus, Franz Ulrich Theodor, 1724-1802.
Tentamen theoriae electricitatis et magnetismi. Accedunt dissertationes duae, quarum prior, phaenomenon quoddam electricum, altera, magneticum, explicat, auctore F.V.T. Aepino. Petropoli, Typis Academiae Scientiarum, 1759.
[21], 390 p. 7 fold. tables. 24 cm.
In Ronalds, Wheeler 395, Gartrell 8.
Contains Aepinus' contributions to Franklin's one-fluid theory of electricity, to the relationship between electricity and magnetism, and to the application of mathematical theories to electricity and magnetism.

Albanus, Lebrecht Traugott.
Materialien fur Elektriker [von A. u. B.] Halle, bey Hemmerde und Schwetschke, 1788-90.
2 v. in 1. 1 fold. plate. 18 cm.
Provenance: C. St. d. I. V. (ink stamp)

Aldini, Giovanni, 1762-1834.
De animali electricitate dissertationes duae. Bononiae, Ex typographia Institute Scientiarum, 1794.
[4], 41, [1] p. 2 fold. plates. 29 cm.
Provenance: "Cardinali Amplissimo Hyppolito Vincenti Scientiarum et Bonarum Artium satrono munificientisimo, singularis obseq. significationem exhibit Auctor"
In Ronalds.

Alembert, Jean Lerond d', 1717-1783.
Eloges lus dans les séances publiques de l'académie françoise, par d'Alembert. Paris, Chez Panckoucke, 1779.
xxxiv, vi, 559, [2] p. 17.2 cm.
Provenance: Ralph Bates, Esq.r 6th Dragoons 1787 (bookplate)

[Alvares da Silva, José]
Investigaçao das causas proximas do terremoto succedido em Lisboa no anno de 1711-55. Carta, que ao illustrissimo, e excellentissmo senhor D. Luiz de Almeida, conde de Avintes ... escreve o infimo filosofo J.A. de S. [Lisboa, Na officina de Joseph da Costa Coimbra, 1756]
14 p. 19.9 cm.
Cites atmospheric electricity as cause of earthquake in Lisbon.

Alvares da Silva, José.
Precauçoes medicas contra algumas remotas consequencias, que se podem excitar do Terremoto de 1711-55. Joseph Alvarez da Silva. Lisboa, Na officina de J. da Costa Coimbra, 1756.
28, [4] p. 20 cm.

[Archbold] ed.
Recueil d'observations et de faits relatifs au magnétisme animal, présénté [sic] à l'auteur de cette découverte, & publié par la Société de Guienne [redigé par Archbold] Paris, Chez les Marchands de Nouveautés, 1785.
[4], 168 p. 19.7 cm.
With this is bound Lutzelbourg. Extrait du journal d'une cure magnétique. Rastadt, 1787; and Gilibert, Jean Émmanuel. Apperçu sur le magnétisme animal. Geneve, 1784.
Provenance: Nil nisi virtute (bookplate)

Arnaud, Jean André Michel, 1760-
De electricitate, ejusque in medicina usibus, auctor, Joannes-Andraeas-Michael Arnaud. Monspelii, Ex Typis Joannis-Francisci Picot, 1782.
13 p. 24 cm.

Au Roi, Sire, le docteur Mesmer se jette aux pieds de votre majeste ... [Paris, 1784?]
4 p. 20 cm.
Bound with Servan, J.M.A. Questions du jeune docteur Rhubarbini Purgandis. Padoue, 1784.

Bachelier d'Agès, P J
De la nature de l'homme, et des moyens de le rendre plus heureux, par P.J. Bachelier d'Agès. Paris, Chez F. Buisson, An VIII [1800]
[3], 223 p. 19.5 cm.
With this are bound Dissertation sur la medecine et le magnetisme. Paris, 1826; and [Crampon] Le magnetisme animal, a l'usage des gens du monde. Le Havre, 1827.
Provenance: Ex Bibliotheca Viennensi (ink stamp)

Bailly, Jean Sylvain, 1736-1793.
Exposé des expériences qui ont été faites pour l'examen du magnétisme animal. Lû à l'Academie des sciences, par Bailly, en son nom & au nom de Franklin, Le Roy, De Bory & Lavoisier, le 4 Septembre 1784. Imprimé par ordre du roi. Paris, Impr. Royale, 1784.
15 p. 24.8 cm.
Bound with France. Commission chargée de l'examen du magnétisme animal. Rapport. Paris, 1784.
Gartrell 1059.

Bailly, Jean Sylvain, 1736-1793.
Expose des experiences qui ont ete faites pour l'examen du magnetisme animal. Lu a l'Academie des sciences, par Bailly, en son nom & au nom de Franklin, le Roy, de Bory, & Lavoisier, le 4 Septembre 1784. Imprime par ordre du roi. [Paris] 1784.
16 p. 19.2 cm.
Gartrell 1059.

Bailly, Jean Sylvain, 1736-1793.
Lettres sur l'Atlantide de Platon et sur l'ancienne histoire de l'Asie. Pour servir de suite aux Lettres sur l'origine des sciences, adressées à

Voltaire par Bailly. Londres, Chez M. Elmesly, 1779.
[4], 480 p. 1 fold. map. 20.7 cm.

Bailly, Jean Sylvain, 1736-1793.
Lettres sur l'origine des sciences, et sur celle des peuples de l'Asie, adressées à Voltaire, par Bailly, & précedées de quelques lettres de Voltaire a l'auteur. Londres, Chez Elmesly, 1777.
[4], 348 p. 19.8 cm.

Bammacarus, Nicolaus.
Tentamen de vi electrica ejusque phaenomenis in quo aeris cum corporibus universi aequilibrium proponitur, auctore Nicolao Bammacaro. Neapoli, Apud Alexium Pellecchia, 1748.
[4], x, [2], 202, [4] p. 18.7 cm.
In Ronalds, Gartrell 13.

[Barbeguière, J B]
La maçonnerie mésmerienne, ou, Les lecons prononcées par Mocet, Riala, Themola, Seca, & Célephon, de l'Ordre des F. de l'Harmonie, en Loge mesmérienne de Bordeaux, l'an des influences 5784, & du mesmérisme de 1er, par J.B.B****. Amsterdam, 1784.
83 p. 20.4 cm.
Gartrell 1034.
Critique of mesmerism.

Barberet, Denis, 1714-1770.
Dissertation sur le rapport qui se trouve entre les phénomènes du tonnerre, et ceux de l'électricité, qui a remporté le prix au jugement de l'Académie Royale des belles-lettres, sciences & arts, par Barberet. Bordeaux, Chez P. Brun, 1750.
16 p. 25.6 cm.
In Ronalds, Gartrell 14.
Discusses atmospherical electricity.

Barletti, Carlo, -1800.
Analisi d'un nuovo fenomeno del fulmine, ed osservazioni sopra gli usi medici della eletricità, [di] Carlo Barletti. Pavia, Nella Stamperia del R. ed I. Monstero di S. Salvatore per G. Bianchi, 1780.
[8], 63, [1] p. fold. plate. 26.1 cm.
In Ronalds, Gartrell 18.

Barletti, Carlo, -1800.
Dubbj e pensieri sopra la teoria degli elettrici fenomeni, di Carlo Barletti. Milano, Appresso G. Galeazzi, 1776.
xxvii, [1], 136 p. fold. plate. 21 cm.
In Ronalds, Gartrell 19.

Barletti, Carlo, -1800.
Nuove sperienze elettriche secondo la teoria del Franklin e le produzioni de P. Beccaria, di Carlo Barletti. Milano, Appresso G. Galeazzi, 1771.
134, [1] p. fold. plate. 21.8 cm.
In Ronalds, Wheeler 431, Gartrell 20.
Analyzes 18th century electrical experiments in terms of Franklin's one-fluid theory.

Barletti, Carlo, d. 1800.
Physica specimina. Mediolani, apud J. Galeatium, 1772.
[14], 184 p. 2 fold. plates. 19.3 cm.
In Ronalds, Gartrell 21.

Barneveld, Willem van.
Geneeskundige electriciteit, door Willem van Barneveld. Amsteldam, J.B. Elwe en D.M. Langeveld, 1785.
[2], xvi, 387, [21] p. 3 fold. plates. 20.2 cm.
In Ronalds, Gartrell 23.

Barneveld, Willem van.
Medizinische Elektrizität, von Wilhelm van Barneveld. Aus dem Holländischen. Leipzig, Schwickert, 1787.
[8], 246, [14] p. 3 fold. plates. 19.5 cm.
Provenance: Bibl. Publ. Basileensis (ink stamp)
In Ronalds.

Barré, Pierre Yves, 1749-1832.
Les docteurs modernes, comedie-parade, en un acte et en vaudevilles, suivie du Baquet de santé, divertissement analogue, mele de couplets. Paris, Didot, 1785.
40 p. 20.3 cm.
Provenance: Bibliotheque du Magnetism (bookplate)
Satirizes mesmerism in a play successfully produced in Paris in 1784.

Barruel, Etienne.
La physique réduite en tableaux raisonnés, ou programme du cours de physique, par Étienne Barruel. Paris, Baudouin, An VII [1799]
7 p. 38 charts. 42.5 cm.
Provenance: Cork Institution (ink stamp)
Includes teaching charts on electricity, magnetism, and galvanism.

Bartlett, John, 1756?-1844.
A discourse on the subject of animation, delivered before the Humane society of the commonwealth of Massachusetts, June 11,

1792, by John Bartlett. Printed at Boston by I. Thomas and E.T. Andrews, 1792.
40 p. 21.2 cm.
Provenance: John Boyle Esqr (inscription)
Discusses the use of electric shock for resuscitation.

Barzellotti, Giacomo, 1768-1839.
Esame di alcune moderne teorie intorno alla causa prossima della contrazione muscolare, di Giacomo Barzellotti. Siena, P. Carli, 1796.
45 p. 18.5 cm.

Battarellus, Jacobus, Valloriae.
De physica particulari, sive experimentali. Tomus tertius. 1772.
[4], [208], [2] l. 20.7 cm. [manuscript]
Covers natural and artificial electricity.

Bauer, Fulgentius.
Experimental-Abhandlung von der Theorie und dem Nutzen der Elektricität, von Fulgenz Bauer. Und von der Würkung der Luft-Elektricität in dem menschlichen Körper, von Marherr und Kirchvogel. Chur und Lindau, Bey der typographischen Gesellschaft, 1770.
304 p. 19.7 cm.
In Ronalds, Gartrell 25.

Beauchêne, Edme Pierre Chauvot de, 1748-1830.
De l'influence des affections de l'ame dans les maladies nerveuses des femmes, avec le traitement qui convient a ces maladies, par De Beauchene. Nouv. éd., revue, & augm. du Traitement des maux de nerfs des femmes enceintes. Amsterdam, Méquignon, 1783.
xvi, 248 p. 21.2 cm.
With this is bound his Observations sur une maladie nerveuse. Amsterdam, 1786; and Marchant. Résultat général des observations météorologiques faites à Besançon. [n.p., n.d.]

Beauchêne, Edme Pierre Chauvot de, 1748-1830.
Observations sur une maladie nerveuse, avec complication d'un sommeil, tantôt léthargique, tantôt convulsif, par De Beauchêne. Amsterdam, Méquignon, 1786.
22 p. 21.2 cm.
Bound with his De l'influence des affections de l'ame dans les maladies nerveuses des femmes. Amsterdam, 1783.

Beauvarlet-Charpentier, Jean Jacques, 1734-1794.
[Six sonatas, keyboard instrument and violin]
Six sonetes pour le clavecin ou forte piano avec accompagnement de violon dédiés a M. le Marquis de Girardin, par Charpantier. Oeuvre IIe. Gravé par Mme. Oger. Paris, Chez l'auteur [ca. 1773]
[1] p., part (10 p.) 25.5 x 34 cm.
With this are bound Tapray, J.F. Six sonates ... dédiées a M. Ethis. Paris [ca. 1770]; Tapray, J.F. Sonates ... dédiées a Mme. la princesse de Listenais. Paris [ca. 1770]; Tapray, J.F. IV Sonates en trio. Paris [177-]; Tapray, J.F. Sonates en trio pour le clavecin ou le piano. Paris [177-]; and Honaüer, L. IV Quatour pour le clavecin. Paris [1770]
Provenance: Madame Brillon (stamped binding)

Beccari, Jacopo Bartolomeo, 1682-1766.
An account of a great number of phosphori, discovered by J. B. Beccari.
p. 1-66. 22.8 cm.
(In Wilson, Benjamin. A series of experiments on the subject of phosphori. 2nd ed. London, 1776.)

Beccari, Jacopo Bartolomeo, 1682-1766.
A further account of a great number of phosphori, lately discovered by J.B. Beccari.
p. 67-96. 22.8 cm.
(In Wilson, Benjamin. A series of experiments on the subject of phosphori. 2nd ed. London, 1776.)

Beccaria, Giovanni Battista, 1716-1781.
De athmosphaera electrica, Joannis Baptistae Beccariae ex scholis piis ad regiam Londinensem societatem libellus. Taurini, Typis J.B. Fontana, 1769.
vii p. 31.1 cm.
In Ronalds, Gartrell 29.

Beccaria, Giovanni Battista, 1716-1781.
Della elettricita terrestre atmosferica a cielo sereno, osservazioni, di Giambatista Beccaria. Taurini, Imprimatur F.J.D. Piselli, 1775.
[4], 54, [1] p. 27.3 cm.
Bound with the author's Elettricismo artificiale. Torino, 1772.
In Ronalds, Wheeler 435, 450, Gartrell 33.

Beccaria, Giovanni Battista, 1716-1781.
Dell'elettricismo. Lettere di Giambattista Beccaria dirette al Giacomo Bartolomeo Beccari coll' appendice di un nuovo fosforo descritto ... Bologna, Colle Ameno, 1758.
[12], 378, [1] p. 33.5 cm.
In Ronalds, Wheeler 392, Gartrell 31.

Beccaria, Giovanni Battista, 1716-1781.
Dell' elettricismo artificiale e naturale, libri due, di Giambatista Beccaria. Torino, Nella stampa di F.A. Campana, 1753.
[8], 245, [1] p. 25.7 cm.
In Ronalds, Wheeler 375, Gartrell 32.
Covers atmospheric electricity; affirms Franklin's conclusions.

Beccaria, Giovanni Battista, 1716-1781.
Electricitas vindex experimentis atque observationibus stabilita, a Ioanne Bapt. Beccaria. Graecii, Typis Widmanstadii [n.d.]
[1], 90 p. 3 fold. tables. 20.4 cm.

Beccaria, Giovanni Battista, 1716-1781.
Elettricismo artificiale, di Giambatista Beccaria. Torino, Primo di Giugno Nella Stamperia Reale, 1772.
viii, 439, [1] p. 11 fold. plates. 27.3 cm.
With this is bound the author's Della elettricita terrestre atmosferica a cielo sereno osservazioni. Taurini, 1775 and his Nuovi sperimenti. Torino, 1780.
In Ronalds, Gartrell 34.

Beccaria, Giovanni Battista, 1716-1781.
Elettricismo artificiale, di Giambatista Beccaria. Torino, Primo di Giugno nella Stamperia Reale, 1772.
viii, 439, [1] p. 11 fold. plates. 25.5 cm.
In Ronalds, Wheeler 435.

Beccaria, Giovanni Battista, 1716-1781.
Elettricismo atmosferico. Lettere di Giambattista Beccaria. Edizione seconda. Bologna, Colle Ameno, 1758.
[12], 378, [2] p. 33 cm.
In Ronalds.

Beccaria, Giovanni Battista, 1716-1781.
Experimenta, atqve observationes quibus electricitas vindex late constitvitvr, atqve explicatvr. Taurini, Augustae Taurinorum, Ex typographia regia, 1769.
[2], 66 p. 1 fold. chart, 1 fold. plate. 21 cm.
In Ronalds, Wheeler 424, Gartrell 35.

Beccaria, Giovanni Battista, 1716-1781.
Lettre sur l'électricité adressée à l'abbé Nollet, par J.B. Beccaria. Tr. de l'Italien par Delor. Paris, Ganeau, 1754.
viii, 144, [4] p. 16.9 cm.
Bound with Louis, A. Observations sur l'électricité. Paris, 1747.
In Ronalds, Gartrell 38.

Beccaria, Giovanni Battista, 1716-1781.
Nuovi sperimenti, di Giambatista Beccaria. Per confermare, ed estendere la meccanica del fuoco elettrico. Torino, Nella Reale Stamperia, 1780.
19 p. diagr. 27.3 cm.
Bound with the author's Elettricismo artificiale. Torino, 1772.
In Ronalds, Wheeler 435.

Beck, Dominikus, 1732-1791.
Kurzer Entwurf der Lehre von der Elektricitat. Verfasst zum Gebrauche seiner Zuhörer, von Dominikus Beck. Salzburg, Hochfürstl. akad. Waisenhausbuchhandlung, 1787.
[10], 196 p. 8 fold. plates. 20 cm.
In Ronalds, Gartrell 41.
Treats electricity broadly; contains early German coverage of Franklin's system; includes discussion of lightning rods, medical electricity, and the influence of electricity on vegetation.

Becket, John Brice.
An essay on electricity, containing a series of experiments introductory to the study of that science; in which are included some of the latest discoveries; intended chiefly with a view of facilitating its application, and extending its utility in medical purposes. Bristol, Printed for J.B. Becket, 1773.
[1], xv, [1], 151 p. 21.5 cm.
Provenance: W. Walter (signature)
With this is bound Ludlam, W. Two mathematical essays; the first on ultimate ratios, the second on the power of the wedge. Cambridge, 1770.

Belgrado, Jacopo, 1704-1789.
I fenomeni elettrici con i corollarj da lor dedotti e con i fonti di cio che rende malagevole la ricerca del principio elettrico [di] Jacopo Belgrado della

Title page vignette of lightning striking an unprotected building from Beck, *Kurzer Entwurf der Lehre von der Elektricitat* (1787)

Compagnia di Gesu. Parma, Nella Stamperia di G. Rosati, 1749.
xii, 44 p. 26.8 cm.
In Ronalds, Gartrell 44.

Bell, John, Professor of animal magnetism.
The general and particular principles of animal electricity and magnetism, &c. in which are found Dr. Bell's secrets and practice, as delivered to his pupils ... shewing how to magnetise and cure different diseases; to produce crises, as well as somnambulism, or sleep-walking; and in that state of sleep to make a person eat, drink, walk, sing and play upon any instruments they are used to, &c. to make apparatus and other accessaries to produce magnetical facts; also to magnetise rivers, rooms, trees, and other bodies, animate and inanimate; to raise the arms, legs of a person awake, and to make him rise from his chair; to raise the arm of a person absent from one room to another; also to treat him at a distance. All the experiments and phenomena are explained, by Bell. [n.p.] Printed for the author, 1792.
80 p. 21.5 cm.
In Ronalds, Gartrell 1037.
Description of animal electricity and magnetism by an early British popularizer of mesmerism.

Bennet, Abraham, 1750-1799.
New experiments on electricity, wherein the causes of thunder and lightning as well as the constant state of positive or negative electricity in the air or clouds, are explained; with experiments on clouds of powders and vapours artificially diffused in the air. Also a description of a doubler of electricity, and of the most sensible electrometer yet constructed. With other new experiments and discoveries in the science, illustrated by explanatory plates, by A. Bennet. Derby [Eng.] Printed by J. Drewry, 1789.
[6], 141 p. 4 fold. plates. 22.1 cm.
In Ronalds, Wheeler 552, Gartrell 46.

Béraud, Laurent, 1702-1777.
Dissertation sur le rapport qui se trouve entre la cause des effets de l'aiman, et celle des phenomenes de l'electricité. Qui a remporté le prix au jugement de l'Academie Royale des Belles Lettres, Sciences & Arts, par R.P. Beraut. Bordeaux, Chez P. Brun, 1748.
[1], 38 p. 25 cm.
In Ronalds, Gartrell 47.

Berchtold, Leopold, graf von, 1759-1809.
Ensaio de varios meios com que se intenta salvar, e conservar a vida dos homens em diversos perigos, a que diariamente se achao expostos, escrito em alemao pelo conde Leopoldo Berchtold. E por elle traduzido em linguagem para se distribuir gratuitamente a bem da humanidade. Lisboa, Na regia officina typografica, 1792.
[7], 110 p. illus. 14.2 cm.

Berdoe, Marmaduke, b. 1743?
An enquiry into the influence of the electric fluid, in the structure and formation of animated beings, by Marmaduke Berdoe. Bath, Printed for the author, by S. Hazard, 1771.
xxxii, 183, [1] p. 4 plates (part. fold.) 21 cm.
Provenance: Memorial Library of the International Electrical Exhibition 1884 (bookplate); Franklin Institute Library Philadelphia (bookplate)
In Ronalds, Wheeler 432, Gartrell 50.

Bergasse, Nicolas, 1750-1832.
Considérations sur le magnétisme animale, ou sur la théorie du monde et des êtres organisés, d'après les principes de Mesmer, par Bergasse. Avec des pensées sur le mouvement, par de Chatellux. La Haye, 1784.
149 p. 24.5 cm.
Gartrell 1038.
Theorizes on the animal magnetism of Mesmer.

[Bergasse, Nicolas] 1750-1832.
Lettre d'un medécin de la faculté de Paris a un médecin du college de Londres; ouvrage dans lequel on prouve contre Mesmer, que le magnétisme animal n'existe pas. Le Haye, 1781.
70 p. 21.5 cm.
Garland 1039.

Berggren, Carolus Laur.
Dissertatio historico-physica de electricitate, submittit Carolus Laur. Berggren. Gryphiae, J.H. Eckhardt, 1799.
[4], 10 p. 19.8 cm.

Berlioz, Louis.
Dissertation sur les effets du fluide électrique, introduit dans l'économie animale, par Louis Berlioz. De l'Impr. de G. Izar et A. Richard, floreal an VIII [1800]
35, [1] p. 24.7 cm.

Bernoulli, Jean, 1667-1748.
Dissertationibus physico-mechanicis de motu musculorum, et de effervescentia et fermentatione, Joh. Bernoulli, aucta & ornata.
45 p. 20.8 cm.
(In Borelli, Giovanni Alfonso. De motu animalium. Hague comitum, 1743.)

Bertholon, Pierre, 1742-1800.
Anwendung und Wirksamkeit der Elektrizität zur Erhaltung und Wiederherstellung der Gesundheit des menschlichen Körpers [von] Bertholon de St. Lazare. Aus dem Französischen ... übersetzt und mit neuern Erfahrungen bereichert und bestätiget von D. Carl Gottlob Kühn. Weisenfels, F. Severin, 1789.
2 v. 4 fold. plates. 19.5 cm.

Bertholon, Pierre, 1742-1800.
De l'électricité des météores; ouvrage dans lequel on traite de l'électricité naturelle en général, & des météores en particulier; contenant l'exposition & l'explication des principaux phénomenes qui ont rapport à la météréologie [sic] electrique, d'après l'observation & l'expérience; avec figures, par Bertholon. Paris, Croullebois, 1787.
2 v. 6 fold. plates. 20 cm.
In Ronalds, Wheeler 539, Gartrell 51.

Bertholon, Pierre, 1742-1800.
De l'électricité des végétaux; ouvrage dans lequel on traite de l'électricité de l'atmosphere sur les plantes, de ses effets sur l'économie des végétaux, de leurs vertus médico & nutrivo-électriques, & principalement des moyens de pratique de l'appliquer utilement à agriculture, avec l'invention d'un électro-végétometre, par Bertholon. Lyon, Bernuset, 1783.
xvi, 468, [2] p. 19.7 cm.
Provenance: Villafranca (Badajoz) Biblioteca Colegio de San Jose (ink stamp)
In Ronalds, Wheeler 512, Gartrell 52.
Reports use of atmospheric electricity and electrified water in gardening and farming.

Bertholon, Pierre, 1742-1800.
De l'électricité des végétaux; ouvrage dans lequel on traite de l'électricité de l'atmosphere sur les plantes, de ses effets sur l'économie des végétaux, de leurs vertus médico & nutritivo-électriques, & principalement des moyens de pratique de l'appliquer utilement à l'agriculture, avec l'invention d'un électro-végéometre, par Bertholon. Paris, P.F. Didot, 1783.
xvi, 468, [2] p. 3 fold. plates. 19.7 cm.
Another issue.
Provenance: Ex Libris Maurocenarum Comitum (bookplate)
In Ronalds, Wheeler 512, Gartrell 52

Bertholon, Pierre, 1742-1800.
De l'électricité du corps humain dans l'état de santé et de maladie; ouvrage couronné par l'Académie de Lyon, dans lequel on traite de l'électricité de l'atmosphere, de son influence & de ses effets sur l'économie animale, &c., &c., par Bartholon. Lyon, Bernuset, 1780.
xi, [1], 541, [3] p. 16.7 cm.
In Ronalds, Gartrell 53.

Bertholon, Pierre, 1742-1800.
De l'électricité du corps humain dans l'état de santé et de maladie; ouvrage couronné par l'Académie de Lyon; dans lequel on traite de l'électricité de l'atmosphere, de son influence & de ses effets sur l'économie animale, des vertus médicales de l'électricité, des découvertes modernes & des différentes méthodes d'électrisation, par Bertholon. Paris, Croulbois, 1786.
2 v. 6 fold. plates. 19.8 cm.
Provenance: The American Philosophical Society Held at Philadelphia (bookplate with release stamp)
In Ronalds, Wheeler 533, Gartrell 54.

Bertholon, Pierre, 1742-1800.
Die Electricität aus medicinischen Gesichtspuncten betrachtet. Eine von der Akademie zu Lyon gekrönte Preisschrift des Bertholon de St. Lazare. Aus dem Franzöosischen übersezt mit Anmerkungen und Zusäzen vermehrt durch F.A. Weber. Bern, I. Haller, 1781.
[16], 410, 73, [48] p. charts. 20.8 cm.

Bertholon, Pierre, 1742-1800.
Nouvelles preuves de l'efficacité des paratonnerres, par Bertholon. Montpellier, De l'Impr. de J. Martel ainé, 1783.
[1], 28 p. 3 fold. plates. 25.2 cm.
In Ronalds, Gartrell 56.

Beschreibung einer bequemen Lampe für Studierende. Göttingen, G. Schmid, 1744.
[1], 7-16 p. fold. plate. 21.3 cm.

Bound with Akademie der Wissenschaften, Berlin. Abhandlung von der Electricität und deren Ursachen. Berlin, 1745.

Beschreibung einer bequemen Lampe fur Studierende [von] D.T.A.S.G.P. Gottingen, bey den G. Schmid, 1744.
[1], 7-16 p. 1 fold. plate. 21.3 cm.
Bound with Waitz, J.H. Abhandlung von der Electricitat und deren Ursachen welche ben der konigl. Academie der Wissenschaften in Berlin den Preik erhalten hat aufgesekt. Berlin, 1745.

Betti, Luigi.
L'origine del fulmine. Poemetto dell'Abate Luigi Betti. Pisa, Nella Stamperia dei fratelli Pizzorni, 1777.
xvi p. 18.5 cm.
Gartrell 58.
Dedicated to Benjamin Franklin, this entire poem is about lightning.

Bianchi,
Souscription pour la machine électrique de M. Nairne, par Bianchi. [n.p.] De l'Impr. de Quillau, 1784.
[2] p. 23.5 cm.

Bianchini, Giovanni Fortunato, 1719-1779.
Saggio d'esperienze intorno la medicina elettrica, fatte in Venezia da alcuni amatori di fisica al Nollet, descritte Gio: Fortunato Bianchini. Venezia, Presso G. Pasquali, 1749.
cxvi, [2] p. 20.3 cm.
In Ronalds.

Bianchini, Giuseppe, 1704-
Parere sopra la cagione della morte della Cornelia Zangari ne' Bandi Cesenate esposto in una lettera al Ottolino Ottolini, da Giuseppe Bianchini. 4. edizione novamente riveduta ed accresciuta, come per la seguente prefazione e manifesto. Roma, Nella Stamperia di S. Michele, per O. Puccinelli, 1758.
[16], cxlvii, [1] p. 21.2 cm.
In Ronalds.

Bianconi, Giovanni Lodovico, 1717-1781.
Lettre sur l'électricité à monsieur le comte Algarotti, par Bianconi. Amsterdam, aux depens de la compagnie, 1748.
40p. 16.9 cm.
Bound with Louis, A. Observations sur l'electricite. Paris, 1747.
In Ronalds.

Bianconi, Giovanni Lodovico, 1717-1781.
Sendschreiben über die Electicität an den Herrn Grafen Algarotti [von] Bianconi. Aus dem Franzosischen übersetzt. Basel, J.R. Imhof, 1750.
44p. 4 fold. plates. 18 cm.
Bound with Jallabert, J. Experimenta electica usibus medicis applicata. Basel, 1750.
In Ronalds.

Bion, Nicolas, 1652?-1733.
The construction and principal uses of mathematical instruments. Trans. from the French of Bion, to which are added, the construction and uses of such instruments as are omitted by Bion, particularly of those invented or improved by the English, by Edmund Stone. 2nd ed. To which is added a Supplement: containing a further account of some of the most useful mathematical instruments, as now improved. London, Printed for J. Richardson, 1758.
vii, 264, [4], 265-325, [1] p. 30 fold. plates. 35.4 cm.

Birch, John, 1745?-1815.
Considerations on the efficacy of electricity in removing female obstructions. To which are annexed cases with remarks, by John Birch. London, T. Cadell, 1779.
[iii]-viii, 60 p. 18.4 cm.
In Ronalds.

Birch, Thomas, 1705-1766.
The life of the Honourable Robert Boyle, by Thomas Birch. London, Printed for A. Millar, MDCDXLIV [i.e. 1744]
[4], 458, [14] p. diagrs. 20.5 cm.

Blankaart, Steven, 1650-1702.
The physical dictionary. Wherein the terms of anatomy, the names and causes of diseases chyrurgical instruments, and their use, are accurately describ'd. Also the names and vertues of medicinal plants, minerals, stones, gums, salts, earths &c. and the method of chusing the best druggs: The terms of chymistry, and of the apothecary's art: The various forms of medicines, and the ways of compounding them, by Stephen Blancard. 6th ed.: with the addition of many

thousand terms of art, and their explanation ... London, Printed by R.B. for S. Crouch, 1715.
[7], 376 p. 18.5 cm.

Blumenbach, Johann Friedrich, 1752-1840.
Elements of physiology, by Jo. Fred. Blumenbach. Tr. from the original Latin and interspersed with occasional notes, by Charles Caldwell. To which is subjoined, by the tr., an appendix, exhibiting a brief and compendious view of the existing discoveries relative to the subject of animal electricity. Philadelphia, Printed by T. Dobson, 1795.
2 v. in 1. 21.4 cm.
Gartrell 62.

Böckmann, Johann Lorenz, 1741-1802.
Beyträge zur Geschichte der Mathematick und Naturlehre in den Badischen Ländern, von Johann Lorenz Böckmann. Carlsruhe, Gedruckt mit Macklots Schriften, 1787.
80 p. 22.7 cm.
Mentions the electrophorus, one of Bockmann's inventions, and a hospital room for the electrical treatment of patients.

Böckmann, Johann Lorenz, 1741-1802.
Ueber Anwendung der Electricität bei Kranken nebst der Beschreibung der neuen Machine von Nairne zur positiven und negativen Electricitat auch eines neuen electrischen Bettes womit zugleich die heisigen Sommervorlesungen angezeigt werden, von Johann Lor. Böckmann. Durlach, J.G. Müller, ältern, 1786.
64 p. 1 fold. plate. 19.1 cm.
Describes an electrical bed invented by Bockmann.

Boerhaave, Herman, 1668-1738.
Aphorismi de cognoscendis et cvrandis morbis in vsvm doctrinae domesticae digesti. Eivsdem libellvs de materia medica et remediorvm formvlis ad singvlos aphorismos digestvs, ab Hermanno Boerhaave. Lipsiae, In Bibliopolio Krvgiano, 1739.
[16], 560, [44] p. 16.5 cm.

Boerhaave, Herman, 1668-1738.
Opusculum anatomicum de fabrica glandularum in corpore humano, continens binas epistolas, quarum prior est Hermanni Boerhaave, super hac re, ad Fredericum Ruyschium; altera Frederici Ruyschii ad Hermannum Boerhaave, qua priori respondetur. Amstelaedami, Apud Janssonio-Waesbergios, 1733.
[2], 81 p. engrs. 24.2 cm.
With this is bound the author's Sermo academicus de chemia suos errores expurgante. Lugduni Batavorum, 1718; his Oratio de commendando studio hippocratico. Lugduni Batavorum, 1721; his Oratio academica de vita et orbitu viri clarissimi. Lugduni Batavorum, 1721; and his Oratio qua repurgatae medicinae facilis asseritur simplicitas. Lugduni Batavorum, 1709.

Boerhaave, Herman, 1668-1738.
[Hermanni Boerhaave.] Oratio academica de vita et orbitu viri clarissimi Bernhardi Albini. Lugduni Batavorum, P. Vander Aa, 1721.
[4], 56 p. port. 24.2 cm.
Bound with the author's Opusculum anatomicum de fabrica glandularum in corpore humano. Amstelaedami, 1733.

Boerhaave, Herman, 1668-1738.
[Hermanni Boerhaave.] Oratio quâ repurgatae medicinae facilis asseritur simplicitas. Habita XX. Mart. [1709] Quum medicinae & botanices professionem susciperet. Lugduni Batavorum, Apud J. vander Linden, 1709.
[4], 22 p. 24.2 cm.
Bound with the author's Opusculum anatomicum de fabrica glandularum in corpore humano. Amstelaedami, 1733.

Boháč, Jan Křtitel, -1768.
No. I. Dissertatio de utilitate electrisationis in arte medica seu in curandis morbis, quam pro suprema doctoratus medici laurea defendit Joannes Bohadsch. [Prague?] 1751.
24 p. 24.9 cm.

Bohnenberger, Gottlieb Christoph, 1732-1807.
Beschreibung einer auf eine neue sehr bequeme Art eingerichteten Elektrisir-Maschine, nebst einer neuen Erfindung, die elektrische Flaschen und Batterien betreffend, von Gottlieb Christoph Bohnenberger. Stutgart, J.B. Mezler, 1784-91.
7 v. fold. plate. 19.5 cm.
In Ronalds, Gartrell 66-69.
Describes in this work and its six supplements electrical experiments and electrical equipment, some of which he constructed himself.

Bonnefoy, Jean Baptiste, 1756-1790.
Analyse raisonée des rapports des commissaires chargés par le roi de l'examen du magnétisme animal, par J.B. Bonnefoy. [Lyon] 1784.

[3], 89 p. 19.8 cm.
With this is bound Lutzelbourg, comte de, Extrait des journaux d'un magnétiseur, attaché a la Société des amis réunis de Strasbourg, avec des observations sur les crises magnétiques, connues sous la dénomination de somnambulisme magnétique. [n.p.] 1786.
Gartrell 1040.

Bonnefoy, Jean Baptiste, 1756-1790.
De l'application de l'électricité a l'art de guérir, par Jean-Baptiste Bonnefoy. Lyon, De l'Impr. d'A. de la Roche, 1782.
[4], 163 p. 18.5 cm.
In Ronalds, Gartrell 72.

Bonnefoy, Jean Baptiste, 1756-1790.
De l'application de l'électricité a l'art de guérir, par Jean Baptiste Bonnefoy. Lyon, De l'Impr. d'A. de la Roche; et a Paris, chez méquignon l'aîné, rue des cordeliers, près des Écoles de Churgie, 1782.
[3], 163 p. 19.8 cm.
With this bound the author's De l'influence des passions de l'ame dans les maladies chirurgicales. [Lyon?] 1786.
In Ronalds, Gartrell 72.

Bonnefoy, Jean Baptiste, 1756-1790.
De l'influence des passions de l'ame dans les maladies chirurgicales, par J.B. Bonnefoy. [Lyon?] 1786.
88 p. 19.8 cm.
Bound with the author's De l'application de l'electricite a l'art de guerir. Lyon, 1782.

Bonnefoy, Jean Baptiste, 1756-1790.
Examen du Compte rendu par M. Thouret, sous le titre de Correspondance de la Société royale de médecine, relativement au magnétisme animal, par J.B. Bonnefoy. [n.p.] 1785.
59 p. 21.5 cm.

Bonnet, Charles, 1720-1793.
Recherches sur l'usage des feuilles dans les plantes, et sur quelques autres sujets relatifs a l'histoire de la vegetation, par Charles Bonnet. Gottingue, E. Luzac, 1754.
vii, [1], 343, [1] p. 31 fold. plates. 26 cm.

Bonney, G E
Electrical experiments. A manual of instructive amusement, by G.E. Bonney. London, Whittaker [n.d.]
xvi, 252, 32 p. illus. 18.3 cm.

Borelli, Giovanni Alfonso, 1608-1679.
De motu animalium, pars prima [secunda]. Ed. nova, a plurimis mendis repurgata, ac Dissertationibus physico-mechanicis de motu musculorum, et de effervescentia et fermentatione, Joh. Bernoulli, aucta & ornata. Hague Comitum, Apud P. Gosse, 1743.
[10], 228, [18], [4], 270 [i.e. 290], [14], 45 p. 19 plates (part fold.) 20.8 cm.

Borgognini, Anton Maria, 1753-1810.
La teoria del fuoco d'Anton Ma. Borgognini. Poema in verso sciolto diviso in tre parti colle annotazioni e rami allusivi d'un filosofo amico dell' autore. Firenze, Nella stamperia de G. Allegrini, 1774.
238, [1] p. 4 plates (incl. port.) 18.5 cm.
Gartrell 73.
Poem on lightning, accompanied by scientific commentary.

Bose, Georg Matthias, 1710-1761.
De attractione et electricitate, habvit George Mathias Bose. VVitembergae, Typis E.G. Eichsfeldii, 1738.
[6], 38 p. 22.7 cm.
In Ronalds, Gartrell 74.

Bose, Georg Matthias, 1710-1761.
De electricitate, commentarivs II, ... ivitat George Mathias Bose. Wittembergae, Impressit. Tzschiedrich, 1743.
28 p. 19.3 cm.
In Ronalds, Gartrell 76.

Bose, Georg Matthias, 1710-1761.
Die Electricität nach ihrer Entdeckung und Fortgang, mit poetischer Feder entworffen, von George Mathias Bose. Wittenberg, Bey J.J. Uhlfelden, 1744.
[7], xxxix p. 21 cm.
In Ronalds,

Bose, Georg Matthias, 1710-1761.
Recherches sur la cause et sur la veritable téorie de l'électricité, publiés par George Mathias Bose. Wittembergue, De l'Impr. de J.F. Slomac, 1745.
lvi p. 21 cm.
In Ronalds, Gartrell 75.
Propounds his theory of electricity, quite similar to Nollet's.

Bŏskovič Rudjer Josip, 1711-1787.
Philosophiae naturalis theoria redacta ad unicam legem virium in natura existentium. Auctore Rogerio Josepho Boscovich. Viennae Austriae, apud A. Bernardi, 1759.
[3], 16, [20], 322, [4] p. 4 fold. plates. 22 cm.

Boullanger, Nicolas Antoine, 1722-1757.
Traite de la cause et des phenomenes de l'électricité, par Boullanger. Paris, De l'Impr. de la veuve David, et se vend chez Pecquet, 1750.
2 v. in 1. 2 fold. plates. 20.1 cm.
Wheeler 356, Gartrell 79.

Boyer de la Landie, Marie Antoine.
Essai sur la danse de St. Guy, présenté à l'école de médecine de Montpellier, le 22 fructidor, an 6e, républicain, par Marie Antoine Boyer de la Landie. Montpellier, de l'Impr. de F. Seran, Gras et Coucourdan, An VI republicain [1798]
32 p. 20.1 cm.

Bressy, Joseph.
Essai sur l'électricité de l'eau, par Joseph Bressy. Paris, Fuchs, l'an cinq de la Republique Française [i.e. 1797]
[3], viii, 178, [2] p. 2 fold. plates. 20 cm.
In Ronalds, Gartrell 88.

Brisbane, John.
Select cases in the practice of medicine, by John Brisbane. London, Printed by G. Scott, for T. Cadell, 1772.
viii, 62 p. 19.3 cm.
Presents case history of breast disease cured by the use of an electrical machine.

Brisson, Mathurin Jacques, 1723-1806.
Dictionnaire raisonné de toutes les parties de la physique, par Brisson. Nouvelle ed., augmentée des nouvelles découvertes aérostatiques. Paris, Chez Desray, 1790.
3 v. 90 plates (part fold.) 27 cm.

Brook, Abraham.
Miscellaneous experiments and remarks on electricity, the air-pump, and the barometer, with the description of an electrometer of a new construction, by A. Brook. Norwich, Printed by Crouse and Stevenson for J. Johnson, 1789.
xiii, [2], 211, [3] p. 3 plates (1 fold.) 24.5 cm.
In Ronalds, Wheeler 553, Gartrell 91.

Brugmans, Antonius, 1732-1789.
[Antonii Brugmanni] oratio inauguralis de proferendis physices pomoeriis. Dicta publice ... A.D. 21. Maji 1767 ... Addita est lectio ejusdem inauguralis, De incognitis dei perfectionibus. Groningae, Apud Hajonem Spandaw [1767?]
[4], 89, [4] p. 23.3 cm.
Bound with Hahn, Johann David. Sermo academicus de scientia naturali ab observationum et experimentorum sordibus repurganda. Trajecti ad Rhenum, 1753.

Brugmans, Antonius, 1732-1789.
Philosophische Versuche über die magnetische Materie, und deren Wirkung in Eisen und Magnet. Aus dem Lateinischen des Anton Brugmans, übers. und mit Anmerkungen und Zusätzen des Herrn Verfassers verm. Hrsg. von Christian Gotthold Eschenbach. Leipzig, bey Siegfried Lebrecht Crusius, 1784.
[16], 309, [1] p. 6 fold. plates. 191. cm.
In Ronalds.

Brugmans, Antonius, 1732-1789.
[Antonii Brugmanni] Tentamina philosophica de materia magnetica, ejusque actione in ferrum et magnetem. Franequerae, Excudit G. Coulon, 1765.
[8], 237 p. 6 fold. plates. 21 cm.
In Ronalds, Wheeler 414.

Brugnatelli, Luigi Vincenzo, 1761-1818, ed.
Memorie sull elettricità animale, inserite nel Giornale fisico-medico del Brugnatelli. Pavia, Presso B. Comini, 1792.
147 p. 20.7 cm.
In Ronalds, Wheeler 577.

Bruno (de)
Recherches sur la direction du fluide magnétique, par de Bruno. Amsterdam, Gueffier, 1785.
viii, 206 p. 8 plates (7 fold.) 19.5 cm.
In Ronalds, Wheeler 527, Gartrell 93.
Reviews the experimental basis for the theories of magnetism and finds it and them to be flawed.

Bruno [Louis de]
Essais metaphysiques physiques & phisiologiques relativemem [sic] à la decouverte de M. Mesmer, par DeBruno. 1786.
[1], 17, 224 p., bound. 27 cm. [manuscript]

Büchner, Andreas Elias, 1701-1769.
Andreas Elias Buchners Abhandlung von einer besondern und leichten Art, Taube hörend zu machen. Nebst noch einigen andern vormals besonders bekannt gemachten medicinischen Abhandlungen. Erste - zwote Sammlung. Halle, C.H. Hemmerde, 1759-60.
2 v. in 1. 18 cm.

Caldani, Floriano, 1772-1836.
Osservazioni sulla membrana del timpano e nuove ricerche sulla elettricità animale, lette nell' Accademia di scienze, lettere ed arti di Padova, da Floriano Caldani. Con un' appendice e figure. Padova, Nella Stamperia Penada, 1794.
viii, 198, [1] p. 3 fold. plates. 19.7 cm.
In Ronalds.
Discusses animal electricity and includes correspondence of Caldani and Lazzaro Spallanzani regarding the controversy with Galvani and Aldini.

Call, Sir John, 1st bart., 1732-1801.
A letter from John Call to Neville Moskelyne, containing a sketch of the signs of the zodiac, found in a pagoda, near Cape Comarin in India. London, 1772.
353-356 p. fold. plate. 22 cm.
Extract from the Philosophical Transactions of the Royal Society, v. 62, 1772.
Bound with Priestley, J. An account of a new electrometer. London, 1772.

Callisen, Henrich, 1740-1824.
Systema chirvrgiae hodiernae in vsvm pvblicvm et privatvm adornatvm [ab] Henrici Callisen. Editio nova avctior et emendatior. Hafniae, Apvd Proft et Storch, 1798-1800.
2 v. 21 cm.

[Cambridge, Richard Owen] 1717-1802.
The Scribleriad: an heroic poem. In six books. London, Printed for R. Dodsley, 1751.
xvi, 31, 31, 31, 32, 32, 27, [8] p. front., 6 plates. 26 cm.

[Cambry, Jacques] 1749-1807.
Traces du magnetisme. A La Haye, 1784.
48 p. front. 20.1 cm.
In Ronalds, Gartrell 1045.

Cappel, Ludwig Christoph Wilhelm, 1772-1804.
Beytrag zur Beurtheilung des Brownischen Systems. Eine Einladungs-Schrift zu seinen Vorlesungen, von Ludwig Christoph Wilhelm Cappel. Göttingen, J.C. Dieterich, 1797.
[1], 142 p. 17 cm.
Bound with Grapengiesser, K.J.C. Versuche den Galvanismus zur Heilung einiger Krankheiten. Berlin, 1801.

Carafa, Giovanni, duca di Noja, 1715-1768.
Lettre du Duc de Noya Carafa sur la tourmaline, a Monsieur de Buffon. Paris, 1759.
35 p. fold. plate. 24.6 cm.
In Ronalds.
Contains the earliest description of the electrical properties of tourmaline.

Carminati, Bassiano, 1750-1830.
Lettera del Don Bassano Carminati diretta al Galvani.
p. 3-9. 20.7 cm.
(In Brugnatelli, L.V., ed. Memorie sull elettricita animale. Pavia, 1792.)
In Ronalds, Wheeler 578.

Carra, Jean Louis.
Dissertation élémentaire sur la nature de la lumière, de la chaleur, du feu et de l'électricité; dans laquelle on resout, d'une manière décisive, la question proposée par l'Academie de Dijon en 1785: déterminer, par leurs propriétés respectives, la différence essentielle du phlogistique et de la matière de la chaleur, par Carra. Londres, E. Onfroy, 1787.
86 p. 19.8 cm.
With this is bound:--[1] Linguet, Simon. Réflexions sur la lumière, ou conjectures sur la part qu'elle a au mouvement des corps célestes. Londres, 1784.--[2] Palmer, G. Théorie de la lumière, applicable aux arts, et principalement a la peinture. Paris, 1786.--[3] Rouland. Description des machines electriques a taffetas. Amsterdam, 1785.--[4] Jeudy de Lhoumaud. Dissertation sur les brouillards secs. Paris, 1783.--[5] Marat, Jean Paul. Notions elementaires d'optique. Paris, 1784.

Cavallo, Tiberius, 1749-1809.
A complete treatise of electricity in theory and practice, with original experiments, by Tiberius Cavallo. London, Printed for E. and C. Dilly, 1777.
xvi, viii, 412, [1] p. 3 fold. plates. 21.9 cm.
Provenance: S. Gilchrist 1778 (inscription); G. F. J. Tyne (inscription)
In Ronalds, Wheeler 463, Gartrell 97.
Replicates Franklin's experiments.

Cavallo, Tiberius, 1749-1809.
A complete treatise on electricity, in theory and practice, with original experiments, by Tiberius Cavallo. 2nd ed., with considerable additions and alterations. London, Printed for C. Dilly, 1782.
xxiv, 495, [8] p. 4 fold. plates. 22.5 cm.
Provenance: Strickland Freeman Esq. Fawley Court, Bucks, 1810 (bookplate)
Gartrell 98.

Cavallo, Tiberius, 1749-1809.
A complete treatise on electricity, in theory and practice, with original experiments, by Tiberius Cavallo. 3rd ed., containing the practice of medical electricity, besides other additions and alterations. London, Printed for C. Dilly, 1786.
2 v. 5 fold. plates. 22.3 cm.
Gartrell 99.

Cavallo, Tiberius, 1749-1809.
A complete treatise on electricity, in theory and practice, with original experiments, by Tiberius Cavallo. 4th ed., containing the practice of medical electricity, besides other additions and alterations. London, Printed for C. Dilly, 1795.
3 v. 6 fold. plates. 21.5 cm.
In Ronalds, Wheeler 463a, Gartrell 100.

Cavallo, Tiberius, 1749-1809.
An essay on the theory and practice of medical electricity, by Tiberius Cavallo. London, Printed for the author, 1780.
xvi, 112 p. 21.2 cm.
In Ronalds, Wheeler 489, Gartrell 104.
Documents the use of electricity to cure diseases.

Cavallo, Tiberius, 1749-1809.
An essay on the theory and practice of medical electricity, by Tiberius Cavallo. 2nd ed., corr. and improved. London, Printed for the author, and sold by P. Elmsly, 1781.
xii, 124 p. fold. plate. 21.3 cm.
Provenance: Harvard Medical Library In the Francis A. Countway Library of Medicine (bookplate)
In Ronalds, Gartrell 105.

Cavallo, Tiberius, 1749-1809.
An essay on the theory and practice of medical electricity, designed to render it more useful, as well as more easy, both to patients and practitioners; and published for the information of those who know only the old method. To which are added, some authentic cases and new experiments, exhibiting the instruments to be used in medical electricity, by Tiberius Cavallo. London printed, Dublin, reprinted and sold by R. Jackson, 1781.
xiii, [1], 155 p. fold. plate. 17 cm.
Provenance: Will Knox May 1784 (inscription)

Cavallo, Tiberius, 1749-1809.
Teoria e pratica dell' elettricità medica, del Tiberio Cavallo. E della forza dell' elettricità nella cura della suppressione de mestrui, del Giovanni Birch. Tr. dall' Inglese, di alcuni annotazioni corredate, e dall' istoria dell' elettricità medica precedute di Giovanni Vivenzio. Napoli, Nella Stamperia Reale, 1784.
157 p. 4 fold. plates. 28.1 cm.
In Ronalds.

Cavallo, Tiberius, 1749-1809.
Traité complet d'électricité, par Tibere Cavallo. Tr. de l'Anglois sur la seconde & dernière ed. de l'auteur, enrichie de ses nouvelles expériences. Paris, Chez Guillot, 1785.
xxiv, 343, [3] p. 4 fold. plates. 19.5 cm.
In Ronalds, Gartrell 106.

Cavallo, Tiberius, 1749-1809.
Trattato completo d'elettricità teorica e pratica con sperimenti originali, del Tiberio Cavallo. Tr. in Italiano dall' originale Inglese, con addizioni e cangiamenti fatti dall' autore. Firenze, Per G. Cambiagi, Stamp. granducale, 1779.
xx, 511, [1] p. 3 fold. plates, fold. table. 20.7 cm.
In Ronalds, Gartrell 107.

Cavallo, Tiberius, 1749-1809.
A treatise on magnetism, in theory and practice, with original experiments, by Tiberius Cavallo. 2nd ed., with a supplement. London, Printed for the author, and sold by C. Dilly, 1795.
xiv, 343, [9], [4], 72 p. 6 fold. plates. 21.1 cm.
Provenance: Richardson of Pitfour Bart. (bookplate)
Gartrell 108.
Encompasses all of 18th century magnetism.

Cavallo, Tiberius, 1749-1809.
Versuch über die Theorie und Anwendung der medicinischen Electricität, von Tiberius Cavallo. Aus dem Englischen übersetzt. Leipzig, Bey M.G. Weidmanns Erben und Reich, 1782.

vi, 84 p. fold. plate. 19.7 cm.
Bound with the author's Vollständige Abhandlung der theoretischen und praktischen Lehre von der Elektricität. Leipzig, 1785.
In Ronalds.

Cavallo, Tiberius, 1749-1809.
Volledige verhandeling over de elektriciteit, in de theorie en de praktyk, met oorspronkelyke proefneemingen, door Tiberius Cavallo. Uit het Englesch vertaald, en verrykt met byvoegsellen en verbeteringen, door den schryver medegedeeld aan J.Th. Rossijn. Utrecht, B. Wild, 1780.
xvi, 339 p. 3 fold. plates. 22.6 cm.
In Ronalds.

Cavallo, Tiberius, 1749-1809.
Vollständige Abhandlung der theoretischen und praktischen Lehre von der Elektricität, nebst eignen Versuchen, von Tiberius Cavallo. Aus dem Englischen übersetzt. Leipzig, Bey Weidmanns Erben und Reich, 1779.
[10], 284 p. 3 fold. plates. 20.1 cm.
In Ronalds, Gartrell 110.

Cavallo, Tiberius, 1749-1809.
Vollständige Abhandlung der theoretischen und praktischen Lehre von der Elektricität, nebst eignen Versuchen, von Tiberius Cavallo. Aus dem Englischen übersetzt. 3., mit einigen Zusätzen der Uebersetzers verm. Aufl. Leipzig, Bey Weidmanns Erben und Reich, 1785.
[16], 344, [10] p. 4 fold. plates. 19.7 cm.
With this is bound the author's Versuch über die Theorie und Anwendung der medicinischen Elektricität. Leipzig, 1782.
Provenance: Ex Libris Prosperi Josephi Leysterdt, Ecclea. Colleg. Nicolsburgensis Conceionatoris loco Religisi Uni Praepositi, 1792 (inscription)
In Ronalds.

Cellesi, Fabrizio de Conti.
De naturali electricitate. Phaenomenisque ex ea profluentibus dissertatio, & theses ... Proponit Fabricius Comes Cellesius ... Lucae, J. Riccomini, 1767.
21, [1] p. 31.5 cm.
Influenced by Benjamin Franklin this work discusses electrical phenomena found in nature.

Ceppi, Luigi Antonio.
Dissertazione serio-giocosa sull' elettricita' artifiziale, nella quale si sottomette alla giudiziosa critica degli studiosi filoelettri dell' uno, e dell' altro emisfero una nuova teoria fisico-meccanica dedotta dalle diligenti replicate sperienze, ed accurate riflessioni fatte sull' elettroforo, da Luigi Antonio Ceppi. Vercelli, Presso G. Panialis, 1784.
345, [1] p. 13 fold. plates. 24 cm.
In Ronalds, Gartrell 113.

Chigi, Alessandro, marchese.
Dell' elettricità terrestre-atmosferica, dissertazione del Alessandro Chigi. Siena, Per L., e B. Bindi, 1777.
iv, 170, [1] p. 20.5 cm.
In Ronalds, Gartrell 116.
Opposes Benjamin Franklin's findings on atmospheric electricity.

Cicero, Marcus Tullius.
M.T. Cicero's Cato major, or his Discourse of old-age: with explanatory notes. Philadelphia, Printed and sold by B. Franklin, 1744.
viii, 159 p. 20.8 cm.
Provenance: H. Stamford Libe 179? (bookplate)

Civetti, Giulio, fl. 1771.
L'elettricismo; poemetto per le faustissime nozze delle LL. EE. D. Guido di Soragna e Donna Giovanna Borromeo. Parma, Presso F. Carmignani, 1771.
58, [1] p. 20.3 cm.
In Ronalds.

Coleman, Edward, 1765-1839.
A dissertation on suspended respiration, from drowning, hanging, and suffocation: in which is recommended a different mode of treatment to any hitherto pointed out, by Edward Coleman. London, Printed for J. Johnson, 1791.
[1], [172]-216 p. 20.7 x 25.1 cm.

Cornacchini, Pietro.
Della pazzia; dissertazione e due discorsi accademici sopra la medicina elettrica con alcune cure fatte per mezzo della medesima, di Pietro Cornacchini. Siena, Nella Stamperia di A. Bindi, 1758.
[9], 159, [1] p. 20.8 cm.
Gartrell 124.

Coulomb, Charles Augustin de, 1736-1806.
Mémoires sur l'électricité et le magnétisme. Extraits des Mémoires de l'Académie Royale des Sciences de Paris, publiés dans les années 1785 à 1789, par Coulomb. Paris, Bachelier [1785-1789]

1 v. (various pagings) 9 plates (6 fold.), 3 fold. tables. 28 cm.
In Ronalds.
Describes Couloümb's torsion balance; using it he was able to demonstrate that attraction and repulsion follow the law of inverse squares.

The court of adul*y: a vision.** A new ed.
Dublin, Printed by R. Marchbank, 1778.
21 p. 19.5 cm.
Bound with [Strong, A.] The electrical eel; or gymnotus electricus. London, 1777.

Créve, Carl Caspar, 1769-1853.
Beiträge zu Galvanis Versuche über die Kräfte der thierischen Elektrizität auf die Bewegung der Muskeln [von] Carl Caspar Créve. Frankfurt und Leipzig, bei J.J. Stahel Sel. Wittwe, 1793.
104 p. 19.1cm.
Bound with Volta, Alexander. Scriften über die thierische Elektrizität. Prag, 1793.

Créve, Carl Caspar, 1769-1853.
Vom Metallreize, einem neuentdeckten untrüglichen Prüfungsmittel des wahren Todes, von Carl Caspar Créve. Leipzig, W. Heinsius, 1796.
226, [2] p. fold. plate. 19.8 cm.
In Ronalds.
Includes discussion of the use of "metallic irritation' to ascertain death.

Cruikshank, William, 1745-1800.
Experiments on the nerves, particularly on their reproduction; and on the spinal marrow of living animals, by William Cruikshank. Communicated by John Hunter. [London] 1795.
177-189 p. fold. plate. 22.3 cm.
Disbound from Philosophical Transactions of the Royal Society of London, 1795, along with Haighton, J. An experimental inquiry concerning the reproduction of nerves. [London] 1795; and Home, E. The Croonian lecture on muscular motion. [London] 1795.

Cullen, William, 1710-1790.
First lines of the practice of physic, by William Cullen. A new ed., from the last British ed., rev., corr. and el., by the author. Worcester, Mass., I. Thomas, 1790.
3 v. 18 cm.
Provenance: Jeremiah D. Foraler's (inscription)

Curry, James, physician.
Popular observations on apparent death from drowning, suffocation, &c. With an account of the means to be employed for recovery. Drawn up at the desire of the Northamptonshire preservative society, by James Curry. Northampton, Printed by T. Dicey and sold by W. Birdsall, 1792.
x, 113, [1] p. 24.1 cm.
Provenance: J. Pickford (inscription)
Describes the early use of electricity as a method of resuscitation.

Cuthbertson, John, 1743-1821.
Abhandlung von der Elektrizität nebst einer genauen Beschreibung der dahingehörigen Werkzeuge und Versuche. Aus dem holländischen. Leipzig, Schwickert, 1786.
xii, 321, [2] p. 11 fold. plates. 21 cm.
In Ronalds.
Describes static electricity experiments and machines.

Cuypers, C
Verslag van zekere behandeling, waar door glaze schyven voor electrizeer machines; bekwaam worden gemaakt, om by vogtige luchts-gesteld-heid electrike kragt op te wekken: als mede van eene handelwyze, om zeer goede kussens tot vryvers te vervaardigen: en beschryving van eene verbeeterde electrophore perpetuél, door C. Cuypers. In 'sGravenhage, P.F. Gosse, 1778.
xiv, 37 p. 18.2 cm.
Provenance: Franklin Institute Library Philadelphia (bookplate); Memorial Library of the International Electrical Exhibition 1884 Presented by Dr. W: H: Wahl Exchange (bookplate)
Gartrell 127.

Dalla-Bella, João Antonio.
Noticias historicas, e praticas ácerca do modo de defender os edificios dos estragos dos raios, compiladas pelo João Antonio Dalla Bella. Lisboa, Na Regia officina typografica, 1773.
[15], 88 p. 1 fold. plate. 19.5 cm.
In Ronalds, Wheeler 439.
Covers methods of protecting buildings against lightning, including use of the lightning rod.

Daquin, Joseph, 1732-1815.
Analyse des eaux thermales d'Aix en Savoye, dans laquelle on exposé les diverses manières d'user de ces eaux, la méthode & le régime de vivre qu'il convient de suivre pendant leur usage,

& les différentes maladies pour lesquelles elles sont employées; avec plusieurs observations qui y sont rélatives, pour en constater les propriétés, par Joseph Daquin. Chambery, l'Impr. M.F. Gorrin, 1772.
[2], xi, 184 p. 20.8 cm.
Bound with Ampère, A.M. Exposé des nouvelles découvertes sur l'électricité et le magnétisme. Paris, 1822.

[Dampierre, Antoine Esmonin, Marquis de] 1743-1824.
Réflexions impartiales sur le magnétisme animal, faites après la publicaiion [sic] du Rapport des commissaires, chargés par le Roi de l'examen de cette découverte. [Genève: Barthélemy Chirol; Paris: Pévisse le jeune] 1789.
50 p. 19 cm.
In Gartrell 1043.

Darwin, Erasmus, 1731-1802.
Zoonomia; or, the laws of organic life, by Erasmus Darwin. London, Printed for J. Johnson, 1794-96.
2 v. plates (part col.) 26.5 cm.
Contains mentions of electrophysiology and electrotherapy.

Deiman, Johan Rudolph, 1743-1808.
Von den guten Würkungen der Elektricität in verschiedenen Krankheiten [von] J.R. Deiman. Aus dem Holländischen. Mit einigen Anmerkungen und Zusätzen von Karl Gottlob Kühn. Erster [Zweyter] Theil. Kopenhagen, bey C.G. Proft, 1793.
2 v. 20.8 cm.
In Ronalds.

[Delandine, Antoine François] 1756-1820.
De la philosophie corpusculaire, ou Des connoissances et des procédés magnétiques chez les divers peuples, par Del******. Paris, Chez Cuchet, 1785.
[5], 200 p. 14.8 cm.
Provenance: Ex Libris Pierre Lambert

Dell' uso e dell'attività dell'arco conduttore nelle contrazioni dei muscoli. With Supplemento al trattato dell'uso e dell' attivita dell' arco conduttore nelle contrazioni de muscoli. Bologna, S. Tommaso d'Aquino, 1794.
168, 23, [1] p. 20.7 cm.
In Ronalds, Gartrell 196.
Reports for the first time the experiment that demonstrated electricity in living tissue. The *Dell' uso* is attributed to Galvani and its *Supplemento* to Aldini.

Deluc, Jean Andre, 1727-1817.
Recherches sur les modifications de l'atmosphere. Contenant; l'histoire critique du barometre et du thermometre, un traité sur la construction de ces instrumens, des experiences relatives a leurs usages, et principalement à la mesure des hauteurs & à la correction des refractions moyennes, par J.A. De Luc. Geneve, 1772.
2 v. 7 plates (6 fold.), fold. table. 26.5 cm.

Desaguliers, John Theophilus, 1683-1744.
A course of experimental philosophy, by J.T. Desaguliers. London, Printed for W. Innys, 1744-45.
2 v. 78 fold. plates. 24 cm.
Provenance: Burndy Library (bookplate)

Desaguliers, John Theophilus, 1683-1744.
A course of experimental philosophy, by J.T. Desaguliers. 3d ed., corr. London, Printed for A. Millar, 1763.
2 v. 78 fold. plates. 25 cm.

Desaguliers, John Theophilus, 1683-1744.
Dissertation sur l'électricité des corps, par Desagulliers. Bordeaux, P. Brun, 1742.
[1], 28 p. 26.1 cm.
In Ronalds, Gartrell 135.

Desaguliers, John Theophilus, 1683-1744.
A dissertation concerning electricity by J.T. Desaguliers..., to which is annex'd a letter from President Barbot perpetual secretary of the Academy of Bordeaux, to acquaint him that his dissertation had won the prize proposed by that academy to be given to the person who should write best upon that subject. London, Printed for W. Innys and T. Longman, 1742.
[2], 6, 50, [2] p; 21 cm.
Provenance: Ex Libris Eric Quayle

Desaguliers, John Theophilus, 1683-1744.
Lectures of experimental philosophy. Wherein the principles of mechanicks, hydrostaticks, and opticks, are demonstrated and explained at large, by a great number of curious experiments: with a description of the air-pump, and the several experiments thereon: of the condensing-engine; as also of the different species of barometers, thermometers, and hygrometers; with several

experiments to prove and explain Sir Isaac Newton's theory of light and colors, as performed in a course of mechanical and experimental philosophy, by J.T. Desaguliers ... to which is added a description of Rowley's machine, called the orrery, which represents the motion of the moon about the earth, Venus and Mercury about the sun, according to the Copernican system ... 2nd ed. London, Printed for W. Mears, 1719.
[19], 201 p. illus., 10 fold. plates. 20.5 cm.
Provenance: Jolliffe (bookplate)
Wheeler 249.

Desaguliers, John Theophilus, 1683-1744.
Physico-mechanical lectures, or, An accont of what is explain'd and demonstrated in the course of mechanical and experimental philosophy, given by J.T. Desaguliers, wherein the principles of mechanics, hydrostatics and optics, are demonstrated and explain'd by a great number of experiments. Design'd for the use of all such as have seen, or may see courses of experimental philosophy. London, Printed for the author ... 1717.
[4], 80 p. illus. 19.8 cm.
Provenance: Burndy Library (bookplate)

Desbois de Rochefort, Louis, 1750-1786.
Cours élémentaire de matière medicale, suivi d'un précis de l'art de formuler. Ouvrage posthume de Desbois de Rochefort. Paris, Méquignon, 1789.
2 v. 19.6 cm.

Deshais, Jean Étienne.
... De hemiplegia per electricitatem curanda, ... propugnabit ... Joannes Stephanus Deshais. Monspelii, J. Martel, 1749.
[4], 40 p. 22.5 cm.
Provenance: F. Du Puy ... (inscription)
Another issue.
[2], 19-46 p. Unbound. Title: ... De hemiphlegia per electricitatem curanda. 25 cm.

Desmoncaux, abbé, 1734-1806.
Traité des maladies des yeux et des oreilles, considérées sous le rapport des quatre parties ou quatre ages de la vie de l'homme; avec les remédes curatifs, & les moyens propres à les préserver des accidens; par Desmonceux. Paris, Chez l'auteur [et] Lottin, 1786.
2 v. 4 plates (1 port.) 20.2 cm.

De vi electrica artificiali, nempe arte excitata.
[n.p., 17--]
56 p. fold. plate. 19 cm.

De vi electrica, carmen didacticum ... promotore R.P. Antonio Purgstall ... Tyrnaviae, Typis academicis societatis Jesu, 1746.
[12], 52 p. 2 fold. plates. 15.3 cm.
Didactic poem on electricity accompanied by illustrations of electrical apparatus.

Directions for performing the metallic operation with Perkins's patent tractors. [London, 1798?]
broadside. 21.5 cm.
Bound with Langworthy, C.C. A view of the Perkinean electricity. Bristol, 1798.

Dissertationes selectae.
Jo. Alberti Euleri, Paulli Frisii, et Laurentii Beraud quae ad Imperialem Scientiarum Petropolitam Academiam an. 1775 missae sunt, cum electricitatis caussa, & theoria, praemio proposito, quaereretur. Petropoli, & Lucae, Apud V. Junctinium, 1757.
15, 204 p. fold. plate. 18.5 cm.
Provenance: David P. Wheatland (bookplate)
Contains three papers on the cause and theory of electricity, identifying it with the ether or as a subtle fluid.

Domin, Joseph Franz.
[Josephi Francisci Domin.] Ars electricitatem aegris tuto adhibendi, cum propriis, tum aliorum virorum celeberrimorum experimentis innixa. Pestini, Typis M. Landerer, 1795.
124, [1] p. fold. plate. 19.7 cm.
Provenance: A Kraszthelyi Premontrw Gimnazium Tanabi Konyvtara (ink stamp)
Pioneered medical electricity in Yugoslavia.

Dominici, Domenico.
L'elettricismo applicato alla spiegazione delle leggi economiche del corpo umano dalla cui moderatezza ne risulta il giusta moto del mechanismo e ne ha origine la sanita trattato del Domenico Domenici... Macerata, Presso Bartolommeo Capitani, 1784.
68, [1] p. 23.5 cm.
Provenance: Dono dele'autore (inscription)
Applies electricity to physiology.

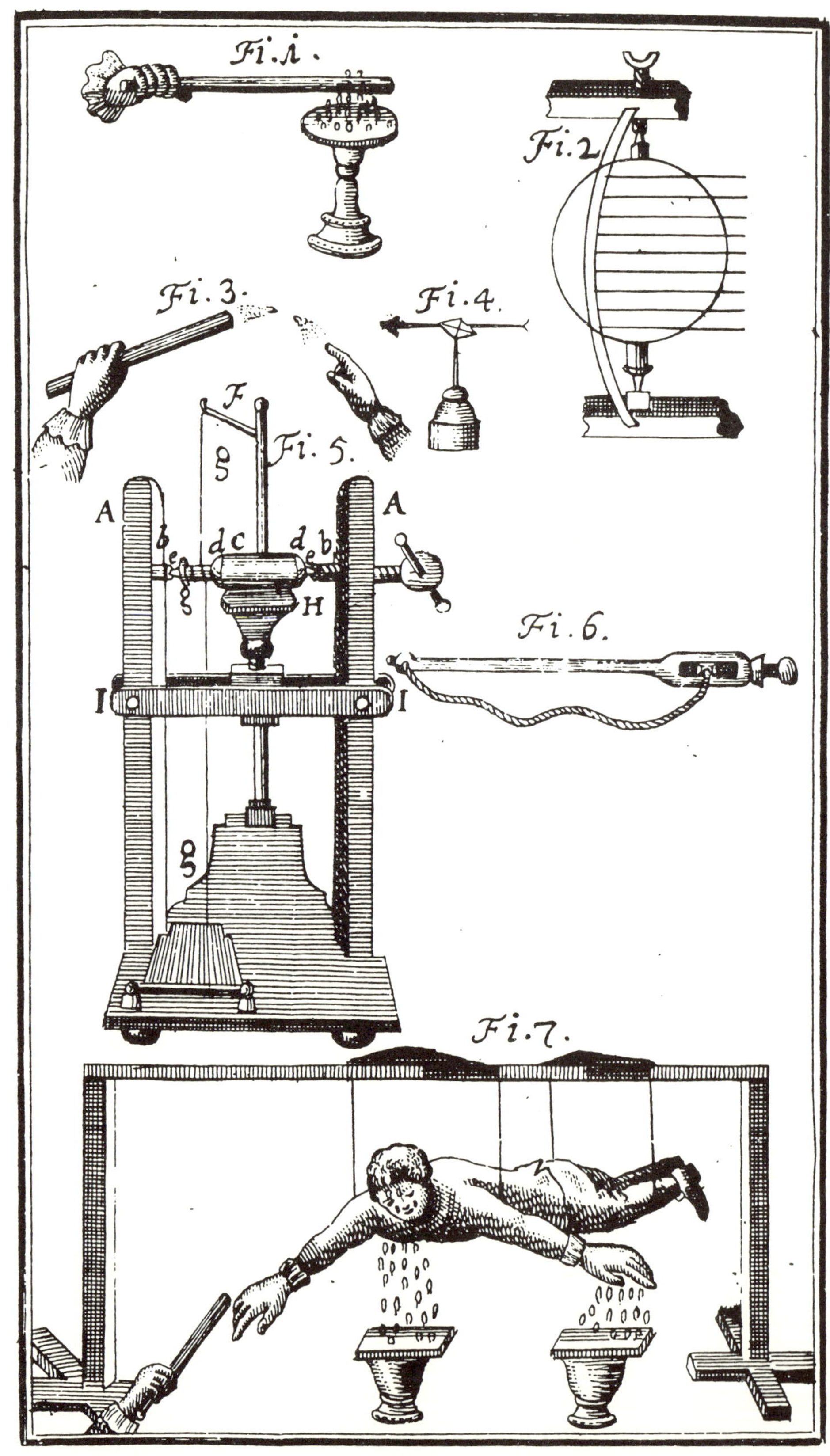

Electrical apparatus from the didactic poem *De Vi Electrica* (1746)

Donndorff, Johann August, 1754-1837.
Ueber Elektricität, Magnetismus, Feuer, und Aether. Eine Abhandlung worin aus gesammleten Faktis, und bewährten Grundsätzen der philosophischen Naturlehre, mit Prüfung der Gründe und Gegengründe, die Meinung erörtert wird: dass die elektrische Materie von der magnetischen Materie, wie auch von der Materie des Feuers, und des Lichts wesendlich verschieden sey, von Johann August Donndorff. Quedlinburg, F.J. Ernst, 1783.
104 p. 17.5 cm.

Doppelmayr, Johann Gabriel, 1671-1750.
Neu-entdeckte Phaenomena von Bewundernswürdigen Würckengen der Natur, welche bey der fast allen Cörpern zukommenden electrischen Krafft und dem dabey in der Finstern mehrentheils erscheinenden Liecht einige berühmte Mitglieder der preisswürdigen Konigl. Engl. Societaet der Wissenschafften vornemlich aber, herr Hauksbee und herr Gray in London und nach einer weitern Untersuchung, Monsieur du Fay in Paris durch viele Experimenta, zu unsern Zeiten glücklich hervorgebracht, und in unterschiedlichen Wercken dem publico mitgetheilet, vorjetso wegen ihres besondern und sehr nützlichen Innhalts, in einem Systemate vorstellig gemacht, mit vielen nöthigen Anmerckungen und Figuren, auch zu letst mit allerhand physicalischen Betrachtungen und einer dienlichen hypothesi erläutert, von Johann Gabriel Doppelmayr. Nürnberg, J.J. Fleischmann, 1744.
[8], 88 p. 5 fold. plates. 21.3 cm.
With this is bound Waitz, J.H. Abhandlung von der Electricitat und deren Ursachen. Berlin, 1745.
Provenance: Jos. Xav. Rehmann (bookplate)
In Ronalds, Wheeler 311.
Summarizes the electrical research and theories of Hauksbee, Gray, and Dufay, and introduces Doppelmayr's own; considered to be the earliest German language book entirely on electricity.

[Doppet, François Amédée] 1753-1800.
La Mesmériade, ou Le triomphe du magnétisme animal, poeme en trois chants, dédié a la lune. Genève, et se trouve a Paris, Chez Couturier, 1784.
[4], 15 p. 19.7 cm.
Bound with [Servan, J.M.A.] Doutes d'un provincial. Lyon, 1784.

Doppet, François Amédée, 1753-1800.
Oraison funebre du célebre Mesmer, auteur du Magnétisme animal, & Président de la Loge de l'harmonie, par D*****. Grenoble, 1785.
39 p. 21 cm.

Doppet, François Amédée, 1753-1800.
Traité théorique et pratique du magnétisme animal, par Doppet. Turin, J.M. Briolo, 1784.
76, [1] p. 19.8 cm.
Provenance: Cong. Missionis Genuensis Domus (ink stamp)

Dujardin, François, 1738-1775.
Histoire de la chirurgie, depuis son origine jusqu'à nos jours, par Dujardin. Paris, De l'Impr. royale, 1774-80.
2 v. 4 plates. 25.8 cm.

Du magnetisme. [ca. 1784]
[7] p., bound. 34.5 cm. [manuscript]
Bound with Théorie du monde & des étres organisés. Paris, 1784.

Dupont, Jean Louis.
Essai sur la chlorose, presénté à l'école de médecine de Montpellier, et soutenu le 4 messidor an VI, par Jean Louis Dupont. Montpellier, de l'Impr. de G. Izar et A. Ricard, l'an VI de la République [1798]
45, [1] p. 17.7 cm.
Remarks on the therapeutic use of electricity in chlorosis.

Duraeus, Samuel, praeses.
De inclinatione magnetica ... sub praesidio Samuelis Duraei ... offert Carolus Gust. Avelin. Upsaliae, 1763.
[4], 18 p. charts. 19.5 cm.

Dutens, Louis, 1730-1812.
Recherches sur l'origine des découvertes attributées aux modernes, où l'on démontre que nos plus célèbres philosophes ont puisé la plûpart de leurs connoissances dans les ouvrages des anciens: & que plusieurs vérités importantes sur la religion ont été connues des sages du paganisme [par Dutens]. Paris, Duchesne, 1766.
2 v. in 1. 19.8 cm.
In Ronalds.
Treats electricity and magnetism at length.

Dutour, Étienne François.
Recherches sur les différens mouvemens de la matiere électrique, par Dutour. Paris, Vincent, 1760.
xxiii, [1], 318, [6] p. 4 fold. plates. 16.8 cm.
In Ronalds, Gartrell 145.

Eandi, Giuseppe Antonio Francesco Girolamo.
Memorie istoriche intorno gli studi del Giambatista Beccaria [di] Eandi. Torino, Stamparia Reale, 1783.
161, [3] p. 21 cm.
In Ronalds, Gartrell 146.

Eeles, Henry.
Philosophical essays: in several letters to the Royal Society, by Henry Eeles. London, Printed for G. Robinson and J. Roberts, 1771.
xlix, 189, [1] p. 21.4 cm.
In Ronalds, Wheeler 377a.

Ellicott, John, 1706?-1775.
Several essays towards discovering the laws of electricity. Communicated to the Royal Society, by John Ellicott. To which is prefixed part of a letter from the Abbe Nollet ... to Martin Folkes. London, 1748.
[1], 38 p. 20.1 cm.
In Ronalds, Wheeler 346.
Contains reports of Nollet's research on the promotion of evaporation from animals and plants by electricity.

Epp, Franz Xaver, 1733-1789.
Problemata electrica, pvblicae dispvtationi proposita a Franc. Xav. Epp ... Monachii, Sumptibus Ioannis Nep. Friz, 1773.
[6], 146, [22] p. 3 plates. 19.8 cm.
Bound with Herbert, Joseph, Edler von. Theoriae phaenomenorvm electricorvm. Vindobonae, 1778.
In Ronalds.

[Eprémesnil, Jean Jacques Duval d'] 1746-1794.
Reflexions préliminaires a l'occasion de la piece intitulée, les Docteurs modernes, jouée sur le Théâtre Italien, le seize novembre 1784. [Paris, 1784?]
3 p. 20 cm.
Bound with Servan, J.M.A. Questions du jeune docteur Rhubarbini de Purgandis. Padoue, 1784.
Gartrell 1055.

Erxleben, Johann Christian Polykarp, 1744-1777.
Anfangsgründe der Naturlehre. Entworfen von Johann Christian Polykarp Erxleben. 2. sehr verb. und verm. Aufl. Göttingen, J.C. Dieterich, 1777.
[16], 632 p. 8 fold. plates. 17.2 cm.

Erxleben, Johann Christian Polykarp, 1744-1777.
Anfangsgründe der Naturgeschichte. Entworfen von Joh. Christ. Polykarp Erxleben. Aufs neue herausgegeben von Johann Friedrich Gmelin. Göttingen, J.C. Dieterich, 1782.
liv, 756 p. 6 fold. plates. 17 cm.

Erxleben, Johann Christian Polykarp, 1744-1777.
Anfangsgründe der Naturlehre, entworfen von Johann Christian Polykarp Erxleben. 5. Aufl. Mit Zusätzen von G.C. Lichtenberg. Göttingen, J.C. Dieterich, 1791.
lix, [1], 755, [28] p. 9 fold. plates. 18.1 cm.
Provenance: Stadtbibliothek Doublette (ink stamp)

Eschenmayer, Carl Adolph von, 1768-1852.
Ueber die Enthauptung gegen die Sömmerringische Meinung, von C.A. Eschenmayer. Tübingen, J.F. Heerbrandt, 1797.
44, [3] p. 17.3 cm.

Eslon, Charles d', 1750-1786.
Lettre de Deslon a Philip [par Deslon] A la Haye, 1782.
144 p. 18.5 cm.
Bound with Mesmer, Franz Anton. Precis historique des faits relatifs au magnetisme-animal. Londres, 1781.

Eslon, Charles d', 1750-1786.
Observations sur le magnétisme animal, par D'Eslon. Londres; et se trouve a Paris, Chez P.F. Didot, 1780.
[3], 151 p. 18.1 cm.
Provenance: Bibliotheque du Magnestisme (bookplate); Dr. H. M Serota (inscription)
Gartrell 1053.

Euler, Leonhard, 1707-1783.
Letters of Euler to a German princess, on different subjects in physics and philosophy. Tr. from the French by Henry Hunter. With original notes, and a glossary of foreign and scientific terms. London, Printed for the translator, and for H. Murray, 1795.
2 v. 20 plates. 23.2 cm.

Provenance: Birmingham and Midland Institute The Birmingham Library Margaret Street (bookplate); Birmingham and Midland Institute. Sold by order of the Council (ink stamp)
In Ronalds, Gartrell 157.
Includes seventeen letters dealing with electricity.

Evans, Cadwallader.
A relation of a cure performed by electricity, from Cadwallader Evans. [n.p.] 1754.
83-86 p. 20 cm.
Extract from Medical Observations and Inquiries.
Reports the successful treatment of "convulsion fits" with electric shock administered by Benjamin Franklin, as described by the patient in two letters written to Cadwallader Evans.

Faria e Aragão, Francisco de, 1726-1806.
Breve compendio ou tratado sobre a electricidade, composto pelo Francisco de Faria e Aragao. Lisboa, na typographia chalcographica e litteraria do arco do cego, 1800.
[6], 127, [1] p. 2 fold. plates. 19.6 cm.
Provenance: Bibliotecas des Ma----- Real (ink stamp)
In Ronalds.

Faure, Giovanni Battista, 1702-1779.
Conghietture fisiche intorno alle cagioni de' fenomeni osservati in Roma nella macchina elettrica, da Giambattista Faure. Roma, Presso il Bernabo e Lazzarini, 1747.
xii, 140, [1] p. 24.2 cm.
Provenance: Bibliothecae Petri Buoninsegni Senis MDCCCII (bookplate) copy 2; Bibliothecae S. Petri ad Vincula.
In Ronalds, Wheeler 339, Gartrell 159.

Feijóo y Montenegro, Benito Jerónimo, 1676-1764.
Nuevo systhema, sobre la causa physica de los terremotos, explicado por los phenomenos electricos, y adaptado al que padeciò España en primero de Noviembre del ano antecedente de 1755, su autor Benito Geronymo Feyjoo. Lisboa, J. Da Costa Coimbra, 1756.
[43], 56 p. 20.9 cm.
Theorizes that earthquakes are caused by subterranean electricity.

Felkel, Anton, 1740-
Wahre Beschaffenheit des Donners. Eine ganz neue Entdeckung durch einen Liebhaber der Naturkunde. Wien, Ghelen, 1779.
24 p. illus. 17.8 cm.
Bound with Stadlhofer, J.N. Ueber die tödliche Wirkungsart des Blitzes. Dresden, 1791.

Ferguson, James, 1710-1776.
An introduction to electricity. In six sections, by James Ferguson. London, Printed for W. Strahan, and T. Cadell, 1770.
[4], 140 p. 3 fold. plates. 20 cm.
Provenance: From the books of E. N. da C. Andrade (bookplate); W: Cross, 1772 (inscription)
In Ronalds, Wheeler 429, Gartrell 162.
Covers all of electricity, including directions for electrical experiments and details of electrotherapeutics with accompanying case histories.

Ferguson, James, 1710-1776.
An introduction to electricity. In six sections. 2nd ed., by James Ferguson. London, Printed for W. Strahan, and T. Cadell, 1775.
[4], 140 p. 3 fold. plates. 21.4 cm.
In Ronalds, Wheeler 429a.

Ferguson, James, 1710-1776.
An introduction to electricity. In six sections. 3rd ed., by James Ferguson. London, Printed for W. Strahan, and T. Cadell, 1778.
[4], 140 p. 3 fold. plates. 21.5 cm.
Provenance: Dr. James Jones, Mountain Hall (bookplate)
In Ronalds, Wheeler 429b, Gartrell 163.

Ferguson, James, 1710-1776.
Introduzione alla elettricità, de Giacomo Ferguson. Traduzione dall' Inglese. Firenze, G. Cambiagi, 1778.
[6], 144 p. 3 fold. plates. 20.4 cm.
Provenance: Di Domenico Marchi (inscription)
In Ronalds.

Fermin, Philippe, 1720-1790.
Description générale, historique, géographique et physique de la colonie de Surinam, contenant ce qu'il y a de plus curieux & de plus remarquable, touchant sa situation, ses rivieres, ses fortresses; son gouvernement & sa police; avec les moeurs & les usages des habitants naturels du païs, & des Européens qui y sont établis; ainsi que des éclaircissements sur l'oeconomie générale des

esclaves negres, sur les plantations & leurs produit, les arbres fruitiers, les plantes médécinales, & toutes les diverses especes d'animaux qu'on y trouve, &c, par Philippe Fermin. Amsterdam, E. van Harrevelt, 1769.
2 v. fold. map, 3 fold. plates. 20 cm.
Describes experiments with a torpedo.

Fille, Fenicio A.
[Fenicio A. Fille] Dell' unisono, sermone. Del sogno, capitoli. Dell' elettricismo e della generazione, dialogo. Lucca, G. Riccomini, 1766.
32, 55, 107, [1] p. 22.4 cm.

Fleet, John, 1766-1813.
A discourse relative to the subject of animation, delivered before the Humane society of the commonwealth of Massachusetts, at their semi-annual meeting June 13th, 1797, by John Fleet, jun. Boston, Printed by J. & T. Fleet, 1797.
25 p. 21.3 cm.
Provenance: Haverhill Public Library Founded 1874 (bookplate)
Refers to the use of electrical stimulation in the resuscitation of drowned persons.

Flemyng, Malcolm, d.1764.
Neuropathia; sive, De morbis hypochondriacis, et hystericis, libri tres, poema medicum. Cui praemittitur dissertatio epistolaris prosaica ejusdem argumenti. Autore Milcolumbo Flemyng. Eboraci, Excudebant C. Ward et R. Chandler, sumptibus autoris, 1740.
[3] l., lxxiv p., [1] l., 73, [1] p. 20.5 cm.
Versified discussion of the nervous system and its hysterical and hypochondriacal disorders.

Il fluido elettrico applicato a spiegare i fenomeni della natura. Roma, Presso L. Capponi, 1771.
viii, 63 p. illus. 18.2 cm.
Explains poetically the role of the electric fluid in natural science.

Follini, Giorgio, 1756-1851.
Teoria elettrica brevemente esposta ad uso della studiosa gioventu', dal Giorgio Follini. Ivrea, Dalla Stamperia di L. Franco, 1791.
164, [4] p. 2 fold. plates. 19 cm.
In Ronalds, Gartrell 167.

Fontana, Felice, 1730-1805.
Abhandlung über das Viperngift, die Amerikanischen Gifte, das Kirschlorbeergift und einige andere Pflanzengifte, nebst einigen Beobachtungen über den ursprünglichen Bau des thierischen Körpers, über die Wiedererzeugung der Nerven und der Beschreibung eines neuen Augenkanals. Aus dem Französischen übersetzt. Berlin, C.F. Himburg, 1787.
2 v. in 1 (xiv, 500, [1] p.) 10 fold. plates. 24.1 cm.
Provenance: Fr. C. C. Hansen Kjobehavn (inscription)

Fontana, Felice, 1730-1805.
Ricerche filosofiche sopra la fisica animale, di Felice Fontana. Tomo I. Firenze, G. Cambiagi, 1775.
xxxvi, 192 p. 24.8 cm.

Fontana, Felice, 1730-1805.
Ricerche fisiche sopra il veleno della vipera, di Felice Fontana. Lucca, Nella Stamperìa di J. Giusti, 1767.
xiv, [1] p., 170 p. 24.2 cm.
Provenance: Ex dono auctoris (inscription)

Fontana, Felice, 1730-1805.
Traité sur le vénin de la vipere, sur les poisons americains, sur le laurier-cerise et sur quelques autres poisons végetaux. On y a joint des observations sur la structure primitive du corps animal. Différentes expériences sur la reproduction des nerfs et la description d'un nouveau canal de l'oeil, par Felix Fontana. Florence, 1781.
2 v. in 1. 10 fold. plates. 26.6 cm.
Provenance: College of Physicians (ink stamp); Coll. Reg. Med. Lond. (bookplate); Royal College of Physicians Withdrawn from Library (ink stamp)

Fontana, Felice, 1730-1805.
Treatise on the venom of the viper; on the American poisons; and on the cherry laurel, and some other vegetable poisons. To which are annexed, observations on the primitive structure of the animal body; different experiments on the reproduction of the nerves; and a description of a new canal of the eye. Tr. from the original French of Felix Fontana, by Joseph Skinner. London, Printed for J. Murray, 1787.
2 v. 10 fold. plates. 21.4 cm.

Fontenelle, Bernard le Bovier de, 1657-1757.
Histoire du renouvellement de l'Academie royale des sciences en MDCXCIX et les eloges historiques de tous les academiciens morts depuis ce renouvellement: avec un discours préliminaire sur l'utilité des mathematiques & de la physique,

par De Fontenelle. Amsterdam, Chez P. de Coup, 1709-20.
2 v. front. 17.8 cm.

Fothergill, John, 1712-1780.
Remarks on that complaint commonly known under the name of the sick head-ache, by John Fothergill. [n.p.] 1778.
103-137 p. 20.3 cm.
Extract from Medical Observations and Inquiries.

[Fothergill, John] 1712-1780.
Some account of the late Peter Collinson, Fellow of the Royal Society, and of the Society of Antiquaries in London, and of the Royal Societies of Berlin and Upsal. In a letter to a friend. London, 1770.
18 p. port. 29 cm.

Fothergill, John, 1712-1780.
The works of John Fothergill, with some account of his life, by John Coakley Lettsom. London, Printed for C. Dilly, 1784.
[8], xcv, 657 p. 6 plates, 3 ports. 28.6 cm.
Provenance: Boston Athenaeum (ink stamp)

Fourcroy, Antoine Francois de, comte, 1755-1809.
Système des connaissances chimiques, et de leurs applications aux phénomènes de la nature et de l'art, par A.F. Fourcroy. Paris, Baudouin, An IX-X [1800-1802]
11 v. 21.6 cm.

[Fournel, Jean François] 1745-1820.
Essai sur les probabilités du somnambulisme magnétique. Pour servir à l'histoire du magnétisme animal, par M. F***. Amsterdam, 1785.
[1], 70 p. 22.5 cm.

[Fournel, Jean François] 1745-1820.
Remontrances des malades aux médecins de la faculté de Paris. Amsterdam, 1785.
[1], 74 p. 20 cm.
Bound with Servan, J.M.A. Questions du jeune docteur Rhubarbini de Purgandis. Padoue, 1784.

Fowler, Richard, 1765-1863.
Experiments and observations relative to the influence lately discovered by M. Galvani, and commonly called animal electricity, by Richard Fowler. Edinburgh, Printed for T. Duncan [etc.] 1793.
[1], iii, 176 p. 21.8 cm.
In Ronalds, Wheeler 583, Gartrell 169.
Suggests that movements attributed to animal electricity were produced by chemical stimuli.

France. Commission chargée de l'examen du magnétisme animal.
Rapport des commissaires chargés par le roi, de l'examen du magnétisme animal. Imprimé par ordre du roi. Paris, Impr. Royale, 1784.
[1], 66 p. 24.8 cm.
With this is bound Bailly, J.S. Exposé des experiences. Paris, 1784; Académie Nationale de Médecine, Paris. Rapport. Paris, 1784; and Mesmer, F.A. Lettre. Paris, 1784.

France. Commission chargée de l'examen du magnétisme animal.
Report of Dr. Benjamin Franklin and other commissioners, charged by the King of France, with the examination of the animal magnetism, as now practised at Paris. Trans. from the French. With an historical introd. London, Printed for J. Johnson, 1785.
xx, 108 p. 19.8 cm.

France. Commission chargée de l'examen du magnétisme animal.
Verhandelingen over het dierlijk magnetismus, door de heeren B. Franklin, Majault, Le Roy, Sallin, Bailly, D'arcet, De Bory, Guillotin, Lavoisier. -- Geoffroy, Desperrieres, Jeanroi, Defourcroy, Chambon en Vicq D'Azyr. Leeden van de Koninglijke Academie der weetenschappen, en faculteit der geneeskunde te parys, en door den koning gecommitteerd tot het onderzoek weggens deeze zoo belangrijke zaak. Vervattende zoo wel de wijze van meededeeling van het magnetismus, als de uitwerkzelen, welken men daar van te wagten heeft, met zeer veele proeven bevestigd. Naar de Engelsche vermeerderde uitgaave vertaald door H.A. Bake. Leyden, A. en J. Honkoop, 1791.
[4], 140 p. 22.3 cm.
Provenance: Aubert (bookplate)

Francois de Neufchâteau, Nicolas Louis, comte, 1750-1828.
Le conservateur, ou Recueil de morceaux inedits d'histoire, de politique, de littérature et de philosophie, tirés des porte-feuilles de N. François (de Neufchâteau) ... Paris, Impr. de Crapelet, an VIII [1800]
2 v. 20 cm.

Provenance: G. Lenfant (bookplate); Ex Libris Dr. Herman Michael Serota Chicago, Illinois (bookplate)

Franklin, Benjamin, 1706-1790.
Des Herrn Benjamin Franklins, Esq. Briefe von der Elektricität. Aus dem Engländischen übersetzet, nebst Anmerkungen, von J.C. Wilcke. Leipzig, G. Kiesewetter, 1758.
[26], 354 (i.e. 370) p. fold. plate. 17.5 cm.
Provenance: Ex libris A. E. Kluck Ao 1783 (inscription)
In Ronalds, Wheeler 367f.

Franklin, Benjamin, 1706-1790.
Expériences et observations sur l'électricité faites a Philadelphie en Amérique, par Benjamin Franklin; & communiquées dans plusieurs lettres à P. Collinson de la Société royale de Londres. Tr. de l'anglois. Paris, Chez Durand, 1752.
24, lxx, [9], 222, [30] p. plates. 17 cm.
With this is bound Romas, J. de. Memoire. Bordeaux, 1776.
Provenance: Dhombres, fils (ink stamp)
In Ronalds, Wheeler 367d, Gartrell 172.

Franklin, Benjamin, 1706-1790.
Experiments and observations on electricity, made at Philadelphia in America, by Benjamin Franklin, and communicated in several letters to P. Collinson, of London. London, Printed and sold by E. Cave, 1751-54.
3 pts. in 1 v. (154 p.) illus., fold. plate. 22.5 cm.
Provenance: Julian Gartner Hall (inscription); Ex Libris TWS
Wheeler 367, 367a, Gartrell 174, 178, 184.

Franklin, Benjamin, 1706-1790.
Experiments and observations on electricity, made at Philadelphia in America, by Benjamin Franklin. To which are added, letters and papers on philosophical subjects. The whole corrected, methodized, improved, and now first collected into one volume. London, Printed for D. Henry; and sold by F. Newbery, 1769.
[1], iv, [2], 496 (i.e. 508), [16] p. illus., 7 plates (3 fold.) 23.6 cm.
Provenance: Unidentified bookplate; John Vernon, Lincoln's Inn (bookplate)
In Ronalds, Wheeler 367b, Gartrell 175.
Summarizations of Franklin's observations and experiments with electrical phenomena.

Franklin, Benjamin, 1706-1790.
Experiments and observations on electricity, made at Philadelphia in America, by Benjamin Franklin. To which are added, letters and papers on philosophical subjects. The whole corrected, methodized, improved, and now first collected into one volume. 4th ed. London, Printed for D. Henry, 1769.
[3], iv, 496 (i.e. 508), [16] p. illus., diagrs., plates (2 fold.) 23.4 cm.
Provenance: John Vernon, Lincoln's Inn (bookplate)
In Ronalds, Gartrell 175.

Franklin, Benjamin, 1706-1790.
Experiments and observations on electricity, made at Philadelphia in America, by Benjamin Franklin, to which are added, letters and papers on philosophical subjects. The whole corrected, methodized, improved, and now collected into one volume. 5th ed. London, Printed for F. Newbery, 1774.
[1], v, [1], 514, [16] p. illus., 7 plates. 23.5 cm.
In Ronalds, Wheeler 367c, Gartrell 176.

Franklin, Benjamin, 1706-1790.
Mémoires de la vie privée de Benjamin Franklin, écrits par lui-même, et adressés a son fils; suivis d'un précis historique de sa vie politique, et des plusieurs pièces, relatives à ce père de la liberté. Paris, Chez Buisson, 1791.
[1], vi, 156, 203, 360-363 p. 21.2 cm.

Franklin, Benjamin, 1706-1790.
New experiments and observations on electricity. Made at Philadelphia in America, by Benjamin Franklin, and communicated in several letters to Peter Collinson. Part I. The 3rd ed. London, Printed and sold by D. Henry and R. Cave, 1760.
[1], ii, 86 p. fold. plate. 20.6 cm.
In Ronalds, Gartrell 179.

Franklin, Benjamin, 1706-1790.
Oeuvres de Franklin. Traduites de l'anglois sur la 4. éd. par Barbeu Dubourg avec des additions nouvelles. Tome premier [second]. Paris, Chez Quillau l'aine, 1773.
2 v. 12 plates, port. 27 cm.
Provenance: Jean Baretti (ink stamp); Ex Libris Ch. Roulleau de la Roussiere (bookplate)
In Ronalds, Gartrell 181.

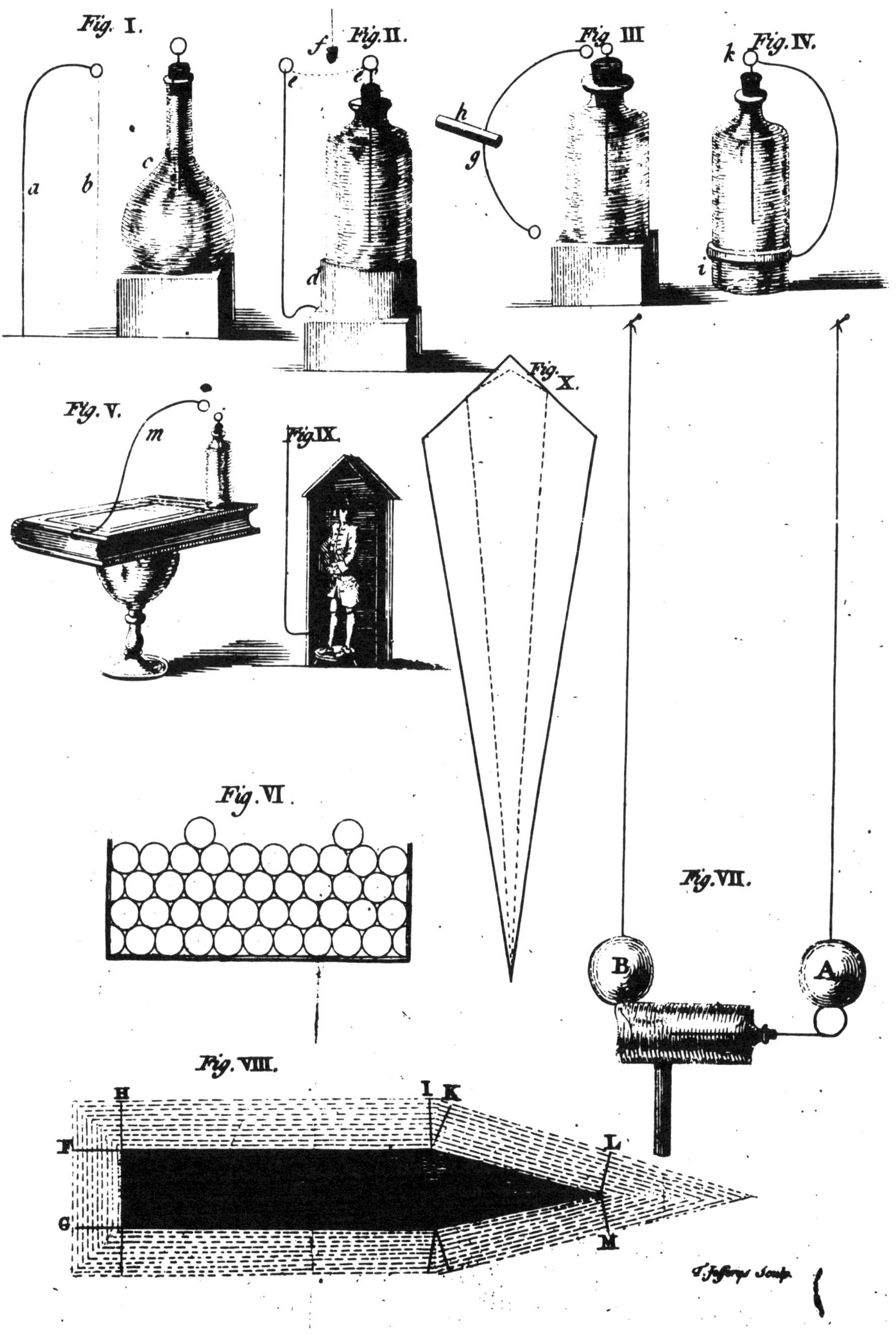

Illustration from Franklin, *Experiments and Observations on Electricity* (1751-1754)

Freind, John, 1675-1728.
Histoire de la medecine depuis Galien jusqu'au XVi siecle, où l'on voit les progrès de cet art de siécle en siécle, par rapport principalement à la pratique; les nouvelles maladies qu'on a vû naître, & les noms des médecins; avec les circonstances les plus remarquables de leur vie, leurs découvertes, leurs opinions, & enfin leur méthode de traiter les maladies. Traduite de l'anglois de J. Freind. Paris, Impr. de J. Vincent, 1728.
[34], iii-xl, 345 (i.e. 346) p. 26.5 cm.
Provenance: Ex libris A. Bernardes de Oliveira (bookplate)

Freind, John, 1675-1728.
Historia medicinae a Galeni tempore usque ad initium saeculi decimi sexti. In qua ea praecipue notantur quae ad praxin pertinent. Anglice scripta ad Ricardum Mead, Latin conversa a Joanne Wigan. Cum indicibus Locupletissimis. Venetiis, Apud S. Coleti, 1735.
xl, 224 p. 23 cm.
Bound with his Opera omnia. Venetiis, 1733.

Freind, John, 1675-1728.
[Joannis Freind] Opera omnia, nempe Commentarii novem de febribus: De purgantibus in secunda variolarum confluentium febre epistola: Praelectiones chymicae: Emmenologia. Nunc primum in unum collecta. Venetiis, Apud F. Storti, 1733.
[9], 220, 19, [1] p. illus., charts. 23 cm.
With this are bound his Historia medicinae. Venetiis, 1735; and Pitcairne, A. Elementa medicinae physico-mathematica. Venetiis, 1733.

Freke, John, 1688-1756.
Essai sur la cause de l'electricite, ou l'on examine, pourquoi certaines choses ne peuvent pas etre electrisees et quelle est l'influence de l'electricite dans les rhumatismes du corps humain, dans la nielle des arbres, dans les vapeurs des mines, dans la plante sensitive &c. Adresse en forme de lettre a Guill. Watson. 2. ed. avec un supplement, tr. de l'anglois de Jean Freke. Paris, Chez S. Jorry, 1748.
viii, 52 p. 16.8 cm.
In Recueil de traites sur l'electricite. [Paris, 1748]
Gartrell 185.

Freke, John, 1688-1756.
An essay to shew the cause of electricity; and Why some things are non-electricable. In which is also consider'd its influence in the blasts on human bodies, in the blights on trees, in the damps in mines; and as it may affect the sensitive plant, &c. In a letter to William Watson, by John Freke. London, Printed for W. Innys, 1746.
[1], viii, 51, [1] p. 19.5 cm.
In Ronalds, Gartrell 186.
Considered the first book explaining the true nature of lightning and electricity in physical terms.

Freke, John, 1688-1756.
An essay to shew the cause of electricity; and why some things are non-electricable. In which is also consider'd its influence in the blasts on human bodies, in the blights on trees, in the damps in mines; and as it may affect the sensitive plant, &c. In a letter to William Watson, by John Freke. 2nd ed., with an appendix. London, Printed for W. Innys, 1746.
[1], viii, 64 p. 22.5 cm.
Wheeler 325, Gartrell 187.

Freke, John, 1688-1756.
An essay to shew the cause of electricity; and why some things are non-electricable. In which is also consider'd its influence in the blasts on human bodies, in the blights on trees, in the damps in mines; and as it may affect the sensitive plant, &c. In a letter to William Watson, by John Freke. 3rd ed., with an appendix. London, Printed for W. Innys, 1752.
[2], lxx-lxxiv, [77]-142 p. 20 cm.
Gartrell 188.

Freke, John, 1688-1756.
An essay to shew the cause of electricity; and why some things are non-electricable. In which is also considered its influence in the blasts on human bodies, in the blights on trees, in the damps in mines; and as it as it [sic] may affect the sensitive plant, &c. In a letter to William Watson, by John Freke. 3rd ed., with an appendix. London, Printed for W. Innys, 1752.
p. [67]-142. 19.8 cm.
(In his A treatise on the nature and property of fire. London, 1752.)

Freke, John, 1688-1756.
A treatise on fire; shewing the mechanical cause of magnetism; and why the compass varies in the manner it does. The 3rd part, by John Freke. London, Printed for W. Innys, and J. Richardson, 1752.

p. [143]-196. 19.8 cm.
(In his A treatise on the nature and property of fire. London, 1752.)

Freke, John, 1688-1756.
A treatise on the nature and property of fire. In three essays. I. Shewing the cause of vitality, and muscular motion; with many other phaenomena. II. On electricity. III. Shewing the mechanical cause of magnetism; and why the compass varies in the manner it does, by John Freke. London, Printed for W. Innys, and J. Richardson, 1752.
viii, 196 p. 19.8 cm.
With this is bound Domeier, W. Essay on the origin of the epidemical fever in Spain. [London, 1804]
In Ronalds, Wheeler 371, Gartrell 189.

Frisi, Paolo, 1728-1784.
[Paulli Frisii] Operum tomus primus - tertius. Mediolani, Apud J. Galeatium, regium typographium, 1782-85.
3 v. 14 fold. plates, port. 31.5 cm.

Frisi, Paolo, 1728-1784.
Opuscoli filosofici. I. Delle influenze meteorologiche della lune. II. Dei conduttori elettrici. III. Dell'azione dell'olio null' acqua. IV. Del calore superficiale, e centrale della terra. V. Dei fiumi sotterranei [di Paolo Frisi] Milano, Appresso G. Galeazzi Reg. Stampatore, 1781.
[8], 118 p. 20.7 cm.
Provenance: Bibliothecae Petri Buoninsegni Senis 1805 (bookplate)
In Ronalds, Gartrell 192.

Gabler, Matthias, 1736-1805.
Theoria magnetis explicavit Matthias Gabler. Ingolstadii, in Bibliopolio Academ. Elect. apud J.W. Krüll, 1781.
144, [8] p. fold. plate. 20.5 cm.
In Ronalds, Wheeler 499.

Galvani, Luigi, 1737-1798.
[Aloysi Galvani] Abhandlung über die Kräfte der thierischen Elektrizität auf die Bewegung der Muskeln nebst einigen Schriften der H.H. Valli, Carminati und Volta über eben diesen Gegenstand. Eine Uebersetzung hrsg. vom Johann Mayer. Prag, J.G. Calve, 1793.
xxviii, [1], 183, [1] p. 4 fold. plates. 18 cm.
In Ronalds, Wheeler 570b.

Galvani, Luigi, 1737-1798.
[Aloysii Galvani] De viribus electricitatis in motu musculari. Commentarius. Bononiae, Ex Typographia Instituti Scientiarum, 1791.
58 p. 4 fold. plates. 29 cm.
Wheeler 570.
Reports his experimental research on frogs which he interpreted as demonstrating the existence of "animal electricity;" this copy is one of 12 printed for the author's personal use.

Galvani, Luigi, 1737-1798.
[Aloysii Galvani] De viribus electricitatis in motu musculari commentarius cum Johannis Aldini dissertatione et notis. Accesserunt epistolae ad animalis electricitatis theoriam pertinentes. Mutinae, Apud Societatem typographicam, 1792.
xxvi, 80 p. 3 fold. plates. 28.6 cm.
In Ronalds, Wheeler 570a, Gartrell 195.
Edited by Aldini; preface contains Aldini's theory of animal electricity.

Galvani, Luigi, 1737-1798.
Lettera del Luigi Galvani al Don Bassiano Carminati.
p. 131 [i.e. 19]-33. 20.7 cm.
(In Brugnatelli, L.V., ed. Memorie sull elettricita animale. Pavia, 1792.)

Galvani, Luigi, 1737-1798.
Memorie sulla elettricità animale di Luigi Galvani ... Al celebre abate Lazzaro Spallanzani ... Aggiunte alcune elettriche esperienze de Gio. Aldini. Bologna, Stampe del Sassi, 1797.
[1], 105, [1] p. 2 fold. plates. 24 cm.
Provenance: Ex libris Th: Benz (ink stamp)
In Ronalds, Wheeler 606, Gartrell 197.

Gamaches, Étienne Simon de, 1672-1756.
Dissertations litteraires et philosophiques, par de Gemaches. Paris, Chez de Nully, 1755.
[4], 269 p. 17 cm.

Gardane, Joseph Jacques de.
Conjectures sur l'électricité médicale, avec des recherches sur la colique métallique, par J.J. Gardane. Paris, Chez la Veuve d'Houry, 1768.
xii, 293, [5] p. 19 cm.
In Ronalds.
Presents case histories of paralysis treated with electricity.

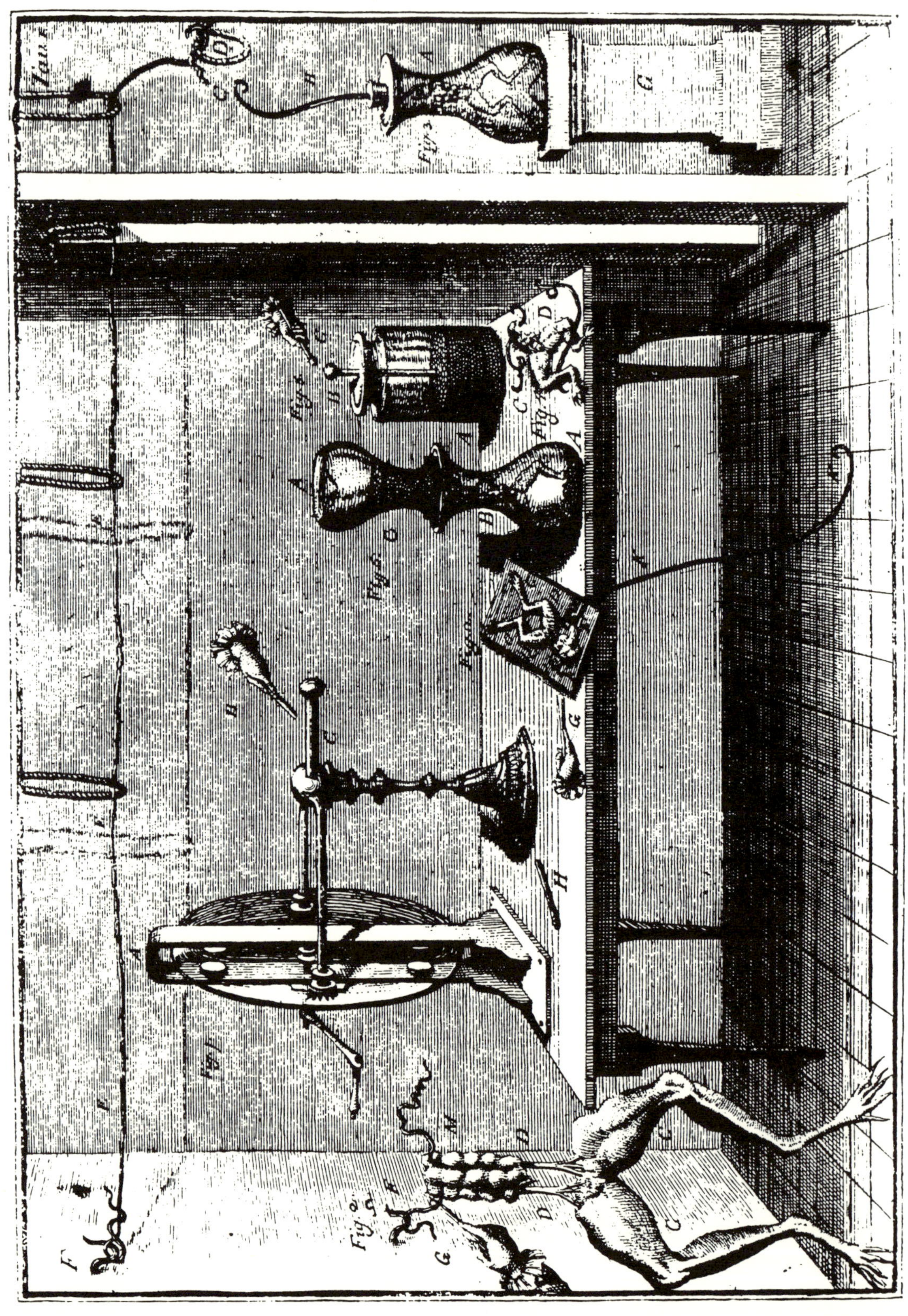

Stimulation of frog muscle from Galvani, *De Viribus Electricitatis in Motu Musculari* (1791)

Gardini, Francesco Giuseppe, 1740-1816.
De effectis electricitatis in homine. Dissertatio Josephi Francisci Gardini. Genuae, Haeredes Adae Scionici Imprimebant, 1780.
141, [1] p. 18 cm.
In Ronalds, Gartrell 201.

Gardini, Francesco Giuseppe, 1740-1816.
De electrici ignis natura dissertatio ab Josepho Gardinio. Mantuae, Typis Haeredis A. Pazzoni, Regio-Ducalis Typographi, 1792.
236 p. 1 fold. plate. 27 cm.
With this is bound Valdastri, I. Dissertazione sopra il quesito. Mantova, 1792.
Provenance: Biblioteca di Casate Vecchio (bookplate)
In Ronalds.

Gaubius, Hieronymus David, 1705?-1780.
Anfangsgründe der medicinischen Krankheitslehre, [von] Heironymus David Gaubius. Aufs neue aus dem lateinischen übersetzt, mit einer Vorrede, einigen Anmerkungen und dem Leben des Verfassers versehen, von Christian Gottfried Gruner. Berlin, S.F. Hesse, 1784.
xx, [6], 376 p. 20.2 cm.
Provenance: Ex libris Gerh. Schwarz Med: &e Chir: cand (inscription)

Gautier d'Agoty, Jacques Fabian, 1717-1785.
Exposition anatomique des organes des sens, jointe a la névrologie entiere du corps humain et conjecture sur l'électricité animale, par Dagoty Pere. Paris, Chez Demonville, 1775.
[1], 46 p. 8 col. plates. 44.3 cm.

Geille de Saint Leger, Charles, praeses.
... Quaestio medica ... An ut sensibilitas, sic irritabilitas à nervis? Parisiis, Typis viduae Quillau, 1757.
8 p. 25.3 cm.

[Gérardin, Sébastien] 1751-1816.
Lettre d'un anglois a un francois, sur la decouverte du magnétisme animal, et observations sur cette lettre. Bouillon, 1784.
24 p. 20 cm.
Bound with Servan, J.M.A. Questions du jeune docteur Rhubarbini de Purgandis. Padoue, 1784.

Gilibert, Jean Êmmanuel, 1741-1814.
Apperçu sur le magnétisme animal, ou résultat des observations faites à Lyon sur ce nouvel agent, par Jean Êmmanuel Gilibert. Geneve, 1784.
[3], 76 p. 19.7 cm.
Bound with Archbold, ed. Recueil d'observations et de faits relatifs au magnétisme animal. Paris, 1785.

Girtanner, Christoph, 1760-1800.
Ausführliche Darstellung des Darwinschen Systemes der praktischen Heilkunde, nebst einer Kritik desselben, von Christoph Girtanner. Göttingen, J.G. Rosenbusch, 1799.
2 v. 22.2 cm.

Glaubrecht, Franciscus Ernestus.
Analecta de odontalgia ejusque remediis variis praecipue magnete specimine submittit Franciscus Ernestus Glaubrecht. Argentorati, J. Lorenzius, 1766.
[10], 24 p. 1 engr. plate. (front.) 23.8 cm.

Gmelin, Eberhard, 1751-1808.
Ueber thierischen Magnetismus. In einem Brief an Geheimen Rath Hoffmann in Mainz, von Eberhard Gmelin. Tübingen, J.F. Heerbrandt, 1787.
x, 134, 247 p. 17 cm.
Provenance: Carl Gustav (ink stamp)

Gmelin, Eberhard, 1751-1808.
Untersuchungen über den thierischen Magnetismus und über die Einfache Behandlunsart, ihn nach gewissen Regeln zu leiten und zu handhaben, von Eberhard Gmelin. Heilbronn, J.D. Class, 1793.
xxxi, [1], 382 p. 17.5 cm.
Bound with his Ueber thierischen Magnetismus. Tübingen, 1787.

Graham, James, 1745-1794.
The general state of medical and chirurgical practice, exhibited; shewing them to be inadequate, ineffectual, absurd, and ridiculous, particularly in consumptions, asthmas, nervous, gouty, bilious, scorbutic, scrophulous, rheumatic, venereal, maniacal, and in many other disorders, external as well as internal. And more rational, elegant, speedy, effectual, and lasting methods of cure recommended, by means of diet, and simple medicines, rendered more active by the irresistible power of aerial, aetherial, magnetic, electric, and musical effluvia and influences. In which, particularly, the errors and trifling absurdities of what is called the regular London and Bath medical practice, and of the ridiculous manner of using the celebrated and very salubrious waters of

Bath, Aix-la-Chapelle, and the German spa are pointed out: and to the whole are added, near an hundred recent and remarkable cures, caused by the above newly discovered and improved means, after having baffled the effects of the most powerful medicines and mineral waters, and the skill of many of the most celebrated physicians and surgeons in Europe. Among the above, are several cures performed last season at the German spa, under the immediate inspection and certified by the signatures manual, of her Grace the Dutchess of Devonshire, the right honourable Lord and Lady Spencer, Lady Clermont, his serene highness Frederic Prince of Hesse Cassel, the Duke de Coigny, the Marquis de Serent, and many other noble personages, by James Graham. 6th ed. London, Printed and sold by Almon, 1779.
248 p. 17.5 cm.
Provenance: Presented to the Library of the Medical Society of the County of Kings by Dr. H. C. Riggs of B'klyn, N.Y. N. 14, 1911 (bookplate); Winthrop G. On's Book (inscription); Medical Society County of Kings Library (ink stamp)
Gartrell 213.

Graumann, Petrus Benedict Christian, 1752-1803.
Disputatio inauguralis medica in qua obseruationes suas physico-medicas, et sententias communicat. Author Petrus Benedict. Christ. Graumann. Buetzouii, Typis J.G. Fritzii, 1776.
[14], 76 p. 20 cm.

Gravesande, Willem Jacob van 's, 1688-1742.
Elemens de physique demontrez mathematiquement, et confirmez par des experiences; ou Introduction a la philosophie newtonienne: ouvrage traduit du Latin de Guillaume Jacob 's Gravesande, par Elie de Joncourt. Tome premier [second] Leide, Chez J.A. Langerak, 1746.
2 v. 127 fold. plates. 25.5 cm.
Provenance: Ex Libris Otto Edelstam (bookplate)
In Ronalds.

Gravesande, Willem Jacob van 's, 1688-1742.
Mathematical elements of natural philosophy, confirm'd by experiments; or, An introduction to Sir Isaac Newton's philosophy. Written in Latin by William-James 'd Gravesande. Trans. into English by J.T. Desaguliers. 4th ed. London, Printed for J. Senex, 1731.
2 v. 58 fold. plates. 20 cm.
Provenance: Parker (inscription); Ex Libris Johan: Oxley (inscription)

Griselini, Francesco.
Memorie anedote spettanti alla vita ed agli studj del sommo filosofo e giureconsulto f. Paolo Servita. Raccolte ed ordinate da Francesco Griselini. Losana, M. Bousquet, 1760.
xxxii, 296 p. front. (port.) 20 cm.

Gross, Johann Friedrich, 1732-1795.
Elektrische Pausen, von Johann Friedrich Gross. Leipzig, C.G. Hilschern, 1776.
[8], 136 p. 17.5 cm.
In Ronalds, Gartrell 219.

Guadagni, Carlo Alfonso.
Specimen experimentorum naturalium quae singulis annis in illustri Pisana academia exhibere solet Carolus Alphonsus Guadagnius. Pisis, Ex typogr. J.D. Carotti, 1764.
[5], 132 p. 8 fold. plates. 21 cm.

Guigoud-Pigale, Pierre, 1748-1816.
Le baquet magnétique, comédie, en vers et en deux actes, par P.G. Londres, 1784.
126 p. 20 cm.

Gütle, Johann Conrad, b. 1747.
Beschreibung eines mathematisch physikalischen Maschinen und Instrumenten-Kabinets, mit zugehörigen Versuchen zum Gebrauch für Schulen, von Johann Conrad Gütle. Erstes Stüf welches die Beschreibung verschiebener Elektrisirmaschinen enthält. Leipzig, A.G. Schneider, 1790.
xxxiv (i.e. xxxvi), 312, [17] p. 12 fold. plates. 17.6 cm.
Provenance: Bibliotheca Gerani Gynmasci (ink stamp)
In Ronalds, Wheeler 564.

Gütle, Johann Conrad, b. 1747.
Versuche Unterhaltungen und Belustigungen aus der natürlichen Magie zur Lehre zum Nutzen und zum Vergnügen bestimmt, von Johann Conrad Gütle. Leipzig, A.G. Schneider, 1791.
[18], 358 p. 11 fold. plates. 20 cm.
Provenance: I: E: Strobel (ink stamp)
Gartrell 225.

Guyot
Nouvelles récréations physiques et mathematiques, contenant, toutes celles qui ont

été découvertes & imaginées dans ces derniers temps, sur l'aiman, les nombres, l'optique, la chymie, &c. & quantité d'autres qui n'ont jamais été rendues publiques. Ou l'on a joint leurs causes, leurs effets, la maniere de les construire, & l'amusement qu'on peut en tirer pour étonner agréablement, par Guyot. Paris, Chez Gueffier, 1769-70.

4 v. 4 charts (1 fold.), 73 fold. plates (part col.) 19.2 cm.

With Vol. 4 is bound his Nouvelles récréations physiques et mathematiques. Nouvelle éd. Tome II, quatrieme partie. Paris, 1773.

Wheeler 426, Gartrell 228.

The bound with is a volume on electrical games that first appeared in the 1773 second edition of Guyot's collection of entertainments.

Guyot

Nouvelles récréations physiques et mathématiques, contentant ce qui a été imaginé de plus curieux dans ce genre, & ce qui se découvre journellement; auxquelles on a joint, leurs causes, leurs effets, la maniere de les construire, & l'amusement qu'on en peut tirer pour étonner & surprendre agréablement, par Guyot. Novelle éd., corr. & considérablement augm. Tome II, 4. partie. Paris, Chez l'auteur [et] Gueffier, 1773.

172, [3] p. 8 col. fold. plates. 19.2 cm.

Bound with Vol. 4 of his Nouvelles récréations physiques et mathematiques. Paris, 1770.

Guyot

Nouvelles récréations physiques et mathématiques, contenant ce qui a été imaginé de plus curieux dans ce genre, et ce qui se découvre journellement; auxquelles on a joint les causes, leurs effets, la maniere de les construire, et l'amusement qu'on en peut tirer pour étonner et surprendre agréablement. 3. éd., augm., par Guyot. Paris, Chez Gueffier, 1786.

3 v. 102 plates (part col.) 20.2 cm.

Provenance: Dr. Sydney Ross, Rensselaer Polytechnic Institute Troy, New York (bookplate); Gaspard Freres? (inscription)

Augmented edition of these descriptions of games and entertainments, including ones on magnetic and electrical phenomena.

Haen, Anton de, 1704?-1776.

[Antonii de Haen] ... Ratio medendi in noscomio practico Vindobonensi. Lugduni Batavorum, sumptibus Societatis, 1761.

[8], 368, [8] p. 20.7 cm.

Hahn, Johann David, 1729-1784.

[Joannis David Hahn] ... Sermo academicus de scientia naturali ab observationum et experimentorum sordibus repurganda, quem publice recitavit die 21. Junii MDCCLIII ... Trajecti ad Rhenum, Ex officina Joannis Broedelet, 1753.

[4], 53, [3] p. 23.3 cm.

With this is bound Brugmans, Antonius. Oratio inauguralis de proferendis physices promoeris ... addita est lectio ejusdem inauguralis, De incognitis dei perfectionibus. Groningae [1767?]; Nieuhoff, Bernardus. Oratio pro recentiorvm philosophiam natvralem exornandi sensv rectissimo. Harderovici [1776?]; Swinden, Jan Hendrik van. Oratio de philosophia Newtoniana. Franequerae, 1779; Jallabert, Jean. De philosophiae experimentalis utilitate, illiusque et matheseos concordia. Genevae, 1740.

Provenance: Johannes Rahts (inscription)

Haighton, John, 1755-1823.

An experimental inquiry concerning the reproduction of nerves, by John Haighton. Communicated by Maxwell Garthshore. [London] 1795.

190-201 p. fold. plate. 22.3 cm.

Disbound, along with Cruickshank, W. Experiments on the nerves. [London] 1795, from Philosophical transactions of the Royal Society of London, 1795.

Hales, Stephen, 1677-1761.

Haemastatique; ou la statique des animaux: experiences hydrauliques faites sur des animaux vivans. Avec un recueil de quelques experiences sur les pierres que l'on dans les reins & dans la vessie; & des recherches sur la nature de ces concretions irréguliéres, par Etienne Hales ... Traduit de l'anglois, & augmenté de plusieurs remarques & de deux dissertations de medecine, sur la theorie de l'inflammation, et sur la cause de la fievre, par De Sauvages. Geneve, Hérit. Cramer & Fréres Philibert, 1744.

xxii, 348 p. 1 fold. plate. 25.3 cm.

Hales, Stephen, 1677-1761.

Statical essays ... by Stephen Hales. London, Printed for W. Innys and R. Manby ... and T. Woodward, 1731-33.

2 v. plates. 20.2 cm.

Contains speculations on the electrical basis of muscular motion as well as the more famous work on blood pressure.

Hales, Stephen, 1677-1761.
Statical essays ... by Stephen Hales. London, Printed for Wilson and Nicol [etc.] 1769.
2 v. 19 plates. 21.2 cm.

Hales, Stephen, 1677-1761.
Statick des Geblüts bestehend in neuen Erfahrungen an lebendigen Thieren, ihres Bluts Bewegung zu erforschen, nebst besondern Versuchen am Nieren- und Blasenstein, die Natur und Beschaffenheit dergleichen schädlichen Anwachses zu entdecken; zum besondern Nutzen der Artzney-Gelehrten, von Stephan Hales beschreiben, und mit de Sauvages Anmerckungen, auch Abhandlungen von Entzündlungen im menschlichen Körper und wahren Ursachen des Fiebers, uebersetzt, bey dieser Ausgabe aber vermehret, und mit einem vollständigen Register versehen. Halle im Magdeburgischen, zu finden in der Rengerischen Buchhandlung, 1748.
xxviii, [1], 408, [38] p. 1 fold. plate. 21.9 cm.

Hales, Stephen, 1677-1761.
La statique de végétaux et celle des animaux; expériences lues a la Société royales de Londres, par ... Hales. Paris, Impr. de Monsieur, 1779-80.
2 v. 20 plates. 20.3 cm.
Provenance: Ex Bibliotheca Ludvici Berruyer

Haliday, William.
Tentamen inaugurale, de electricitate medica. Quod ... ex auctoritate ... Gulielmi Robertson ... Academiae Edinburgenae praefecti ... pro gradu doctoris ... eruditorium examini subjicit Gulielmus Haliday ... Edinburgi, Balfour et Smellie, 1786.
48 p. 20 cm.
Gartrell 230.

Haller, Albrecht von, 1708-1777.
Deux memoires sur le mouvement du sang, et sur les effets de la saignée; fondés sur des experiences faites sur des animaux, par Alb. de Haller. Lausanne, M.M. Bosquet, 1756.
[1], viii, 343 p. front. 16.7 cm.

Haller, Albrecht von, 1708-1777.
A dissertation on the sensible and irritable parts of animals, by A. Haller. Tr. from the Latin with a preface by Tissot. London, Printed for J. Nourse, 1755.
[3], xxxii, 79 p. 21 cm.

Haller, Albrecht von, 1708-1777.
Dissertation sur les parties irritables et sensibles des animaux, par de Haller. Tr. du Latin par Tissot. Lausanne, M.M. Bosquet, 1755.
L, 100 p. 16.8 cm.

Haller, Albrecht von, 1708-1777.
Dissertazione intorno le parti irritabili, e sensibili, degli animali, di Alb. Haller ... Tradotta dal latino in francese da Tissot e dal francese in italiana favella. Napoli, Presso Benedetto Gessari, 1755.
[6], 3-179, [1] p. 19.1 cm.
Provenance: Ex Libris A. Bernardes de Oliveira (bookplate)

Haller, Albrecht von, 1708-1777.
Élémens de physiologie, de Alb. de Haller. Traduction nouvelle du Latin en François par Bordenave. Paris, Guillyn, 1769.
2 v. in 1. 17.2 cm.

Haller, Albrecht von, 1708-1777.
Elementa physiologiae corporis humani. Auctore Alberto v. Haller ... Lausannae, sumptibus M.M. Bousquet, 1757-69.
8 v. front. (v. 1, port.), 5 plates (4 fold.) 27.5 cm.
In Ronalds.

Haller, Albrecht von, 1708-1777.
First lines of physiology, by Albertus Haller. Tr. from the correct Latin edition. Printed under the inspection of William Cullen and compared with the edition published by H.A. Wrisberg. To which are added, the valuable index originally composed for Dr. Cullen's edition; and all the notes and illustrations of Prof. Wrisberg, now first translated into English. Edinburgh, Printed for C. Elliot [etc.] 1786.
2 v. 21.4 cm.
Provenance: Library of the American Museum of Natural History (bookplate); A. M. N. H. Cancelled (ink stamp)

Haller, Albrecht von, 1708-1777, ed.
Medical, chirurgical and anatomical cases and experiments; communicated by Haller, and other eminent physicians, to the Royal Academy of

Sciences at Stockholm. Translated from the Swedith original. London, A. Linde, 1758.
[16], 293 p. 3 fold. plates. 21 cm.
Provenance: Thomas Malie. M.D. (bookplate)

Haller, Albrecht von, 1708-1777.
Memoires sur la nature sensible et irritable, des parties du corps animal, par Alb. de Haller. Lausanne, M.M. Bosquet, 1756-60.
4 v. plates. 16.3 cm.
Provenance: Le Marquis [deleted] (bookplate)
Contains his experiments in the direct electrical stimulation of muscles and nerves.

Haller, Albrecht von, 1708-1777.
Pathological observations, chiefly from dissections of morbid bodies, by Albert Haller. London, D. Wilson and T. Durham, 1756.
viii, iii, 197 p. 3 fold plates. 20.8 cm.

Haller, Albrecht von, 1708-1777.
[Alberti v. Haller] ... Primae lineae physiologiae in usum praelectionum academicarum auctae & emendatae. Venetiis, apud L. Basilium, 1754.
viii, 359 p. 18.3 cm.
Provenance: J. Wesley Lelievre (inscription)

Haller, Albrecht von, 1708-1777, ed.
Herrn Albrecht von Hallers Sammlung academischer Streitschriften die Geschichte und Heilung der Krankheiten betreffend. In einen vollständigen Auszug gebracht und mit Anmerkungen versehen, von Lorenz Crell. Helmstedt, J.H. Kuhnlin, 1779-80.
3 v. 18 cm.
Provenance: Ex Libris Starkenstein (bookplate)

[Halley, Edmond] 1656-1742, ed.
Miscellanea curiosa. Containing a collection of some of the principal phenomena in nature, accounted for by the greatest philosophers of this age; being the most valuable discourses, read and delivered to the Royal society, for the advancement of physical and mathematical knowledge. As also a collection of curious travels, voyages, antiquities, and natural histories of countries; presented to the same society ... The second edition; to which is added, A discourse of the influence of the sun and moon on humane bodies, &c. By R. Mead ... And also Fontanelle's Preface of the usefulness of mathematical learning. London: Printed by J.M. for R. Smith, 1708-23.
3 v. illus., plates (part fold.), fold. diagrs., fold. map, fold. plans. 19.4 cm.

Hartmann, Johann Friedrich, d. 1800.
Encyklopädie der elektrischen Wissenschaften als eine Vorbereitung zur näheren Kenntnis der Elektricität tabellarisch entworfen, von Johann Friedrich Hartmann. Bremen, G.L. Förster, 1784.
256 p. 22.7 cm.

Hartsoeker, Nicolaas, 1656-1725.
Conjectures physiques, par Nicolas Hartsoeker. A Amsterdam, Chez H. Desbordes, 1706.
[16], 371 p. illus., diagrs., 1 fold. map, tables. 23.5 cm.
With this is bound his Suite des conjectures physiques. Amsterdam, 1708.
Provenance: David P. Wheatland (bookplate)
In Ronalds.

Hartsoeker, Nicolaas, 1656-1725.
Suite des conjectures physiques, par Nicolas Hartsoeker. A Amsterdam, Chez H. Desbordes, 1708.
[7], 147, [1] p. illus., diagrs., plates (part fold.) 23.5 cm.
Bound with his Conjectures physiques. Amsterdam, 1706.
In Ronalds.

Harwood, Edward, 1729-1794.
The case of the Rev. Dr. Harwood: an obstinate palsy of above two years duration, greatly relieved by electricity, by Edward Harwood. London, Printed at the author's expence, 1784.
[1], 46 p. 21.2 cm.

Haüy, René Just, 1743-1822.
Exposition raisonée de la théorie de l'électricité et du magnétisme, d'après les principes de Aepinus, des Acádemies de Pétersbourg, de Turin, &c., par l'abbe Haüy. Paris, chez la veuve Desaint, 1787.
xxvii, [5], 238 p. 4 fold. plates. 20.5 cm.
In Ronalds, Wheeler 541, Gartrell 239.

Hauksbee, Francis, -1713?
A course of mechanical, optical, hydrostatical, and pneumatical experiments. To be perform'd by Francis Hauksbee; and explanatory lectures read by William Whiston. [London, 1714?]
3, [1] p., 20 l. 20 plates. 23 cm.
Provenance: John Williams Treffes (bookplate)

Hauksbee, Francis, -1713?
Esperienze fisico-meccaniche sopra varj soggetti contenenti un racconto di diversi stupendi fenomeni intorno la luce e l'elettricita producibile dallo strofinamento de' corpi ... Opera di F. Hauksbee. Tradotta dall' idioma inglese. Firenze, J. Guiducci, 1716.
[15], 162, [1] p. illus., fold. plates. 25 cm.
In Ronalds, Gartrell 243.

Hauksbee, Francis, -1713?
Experiences physico-mechaniques sur différens sujets, et principalement sur la lumiere et l'électricité, produites par le frottement des corps. Tr. de l'anglois de Hauksbee, par de Brémond. Revûes & mises au jour, avec un discours préliminaire, des remarques & des notes, par Desmarest. Paris, chez la veuve Cavelier, 1754.
2 v. fold. plates. 17.1 cm.
In Ronalds, Wheeler 232b, Gartrell 244.

Hauksbee, Francis, -1713?
Physico-mechanical experiments on various subjects. Containing an account of several surprizing phenomena touching light and electricity, producible on the attrition of bodies. With many other remarkable appearances, not before observ'd. Together with the explanations of all the machines, and other apparatus us'd in making the experiments, by F. Hauksbee. London, Printed by R. Brugis, for the author, 1709.
[14], 194 p. illus., plates (part fold.) 20.7 cm.
Provenance: W. Lewin (inscription); E. Brown - 59 (inscription)
In Ronalds, Wheeler 232, Gartrell 245.
Reports investigations on "mercurial phosphors" and instrumentation, including a generator of static electricity, designed for the studies.

Hauksbee, Francis, -1713?
Physico-mechanical experiments on various subjects. Containing an account of several surprizing phenomena touching light and electricity, producible on the attrition of bodies. With many other remarkable appearances, not before observ'd. Together with the explanations of all the machines, and other apparatus us'd in making the experiments. To which is added, a supplement, containing several new experiments not in the former edition, by F. Hauksbee. 2d ed. London, Printed for J. Senex, 1719.
[16], 336 p. illus., 8 fold. plates. 20.3 cm.
In Ronalds, Wheeler 232a, Gartrell 246.

Hausen, Christian August, 1693-1743.
[Christiani Avgvsti Havsenii] ... Novi profectvs in historia electricitatis, post obitvm avctoris, praematvro fato nvper exstincti, ex msto eivs editi. Praemissa est commentativncvla de vita et scriptis viri, de solidiori doctrina optime meriti. Lipsiae, Apud Theodorvm Schwan, 1743.
[1], 3, [1], xii, 49, [3] p. 1 plate. 19.7 cm.
In Ronalds, Wheeler 309, Gartrell 247.
Describes Hauksbee's machine and its use in electrical experimentation; presents Hausen's electric theory.

Heidmann, Johann Anton, 1775-1855.
Vollständige auf Versuche und Vernunftschlüsse gegründete Theorie der Elektricität für Aerzte, Chymiker und Freunde der Naturkunde, von Joh. Anton Heidmann. Wien, Gedruckt mit J.C. Schuender'schen Schriften im k.k. Taubstummen-Institute, 1799.
2 v. 5 fold. plates. 20.1 cm.

Herbert, Joseph, Edler von, 1725-1794.
Theoria phaenomenorvm electricorvm, conscripta a Josepho Herbert. Viennae, Typ. J.T. Trattnern, 1772.
viii, 178, [1] p. 1 fold. plate. 22.9 cm.
Another copy.
18.2 cm.
In Ronalds, Gartrell 255.

Herbert, Joseph, Edler von, 1725-1794.
Theoriae phaenomenorvm electricorvm qvae sev electricitatis ex redvndante corpore in deficiens traiectv, sev sola atmosphaerae electricae actione gignvntvr. Editio altera avcta et emendata avctore, Iosepho Nobili de Herbert ... Vindobonae, Typis I. Kvrtzbök, 1778.
246 p. 6 plates. 19.8 cm.
With this is bound, Epp, Franz Xaver. Problemata electrica. Monachii, 1773.
Provenance: Biblioth Domus Soc. Iefu Paderb. (ink stamp); Dom. tertiae Prob. IHS Prov. G--- S. J. (ink stamp)
In Ronalds, Gartrell 256.

Herholdt, Johan Daniel, 1764-1836.
Experiments with the metallic tractors in rheumatic and gouty affections, inflammations, and various topical diseases; as pub. by Herholdt and Rafn, trans. into German by Tode ... thence into the English language by Charles Kampfmuller: also reports of about one hundred and fifty cases, in England; demonstrating the efficacy of the

metallic practice, in a variety of complaints, both upon the human body, and on horses, &c. by medical and other respectable characters, ed. by Benjamin Douglas Perkins. London, Printed by L. Hansard for J. Johnson, 1799.

xxiv, 335, [4] p. 22.7 cm.

Provenance: His Grace the Duke of Northumberland with respectful compliments, from the Editor (inscription)

Herholdt, Johan Daniel, 1764-1836.

Von dem Perkinismus, oder den Metallnadeln des D. Perkins in Nordamerika nebst amerikanischen Zeugnissen und Versuchen Kopenhagener Aerzte, hrsg. von Herholdt und Rafn. Aus dem Dänischen übersetzt und mit Anmerkungen begleitet, von Johann Clemens Tode. Kopenhagen, F. Brummer, 1798.

108 p. front. 17.8 cm.

Provenance: Konigl: Medicinal Bibliothek zu Magdeburg (ink stamp)

Hervier, Charles, 1743-

Lettre sur la découverte du magnétisme animal, a Court de Gebelin, par Hervier. Pekin, et se trouve a Paris, Couturier, 1784.

viii, 48 p. 18.5 cm.

Bound with Mesmer, Franz Anton. Précis historique des faits relatifs au magnétisme-animal. Londres, 1781.

Gartrell 1076.

[Hill, John] 1707?-1775.

Lucina sine concubitu. A letter humbly address'd to the Royal Society; in which is proved by most incontestible evidence, drawn from reason and practice, that a woman may conceive and be brought to bed without any commerce with man. 3d ed. London, Printed; and sold by M. Cooper, 1750.

[2], 50 p. 20.2 cm.

Creates in his satire a machine to catch seminal animalcules that are floating in the air. It is, of course, ... "electrified according to the nicest laws of electricity ..."

Himsel, Nicolaus von, 1729-1764.

The case of a paralytic patient cured by an electrical application, inclosed in a letter from Doctor Himsel, at Riga, to Jacob de Castro Sarmento ... Tr. from the French [by John Godfrey Teske. London, 1759]

179-185 p. 21.6 cm.

Disbound from Philosophical Transactions of the Royal Society of London, v. 51, pt. 1, 1759.

Hippocrates.

Hippocratis de morbis popularibus. Liber primus & tertius. His accomodavit Novem de febribus commentarios Johannes Freind. Editio secunda. Londini, Impensis G. Innys, 1717.

xxv, 116, [1], 152 p. 20 cm.

Provenance: Ex libris Solomiac DM (inscription); G. Solomiac DM (ink stamp)

Hoadly, Benjamin, 1706-1757.

Observations on a series of electrical experiments, by Hoadly and Wilson. The 2nd ed. With alterations and the addition of some experiments, letters, and explanatory notes, by B. Wilson. London, Printed for T. Paynes, 1759.

[3], 86 p. 20.7 cm.

Provenance: Memorial Library International Electrical Exhibition 1884 (ink stamp); Memorial Library of the International Electrical Exhibition 1884 (bookplate); Franklin Institute Library Philadelphia (bookplate); Franklin Institute (embossed binding)

Wheeler 397, Gartrell 258.

Hoffmann, Friedrich, 1660-1742.

[Friderici Hoffmanni] ... Opera omnia physico-medica denuò revisa, correcta & aucta, in sex tomos distributa; quibus continentur doctrinae solidis principiis physico-mechanicis, & anatomicis, atque etiam observationibus clinico-practicis superstructae; methodo facili ac demonstrativa deductae, & per experientiam LVII. annorum stabilitae. Cum vita auctoris, et ejus praefatione de differente medicinae & medicorum statu atque conditione, & criteriis boni ac periti medici. Genevae, apud fratres De Tournes, 1748.

6 v. in 3. port. 36.3 cm.

Supplementum, in duas partes distributum; quibus continentur opera varia quae in magna operum collectione desiderantur. Genevae, apud fratres De Tournes, 1749.

2 v. in 1. 36.3 cm.

Supplementum secundum, in tres partes distributum; quibus continentur opera varia quae in magna operum collectione et primo supplemento desiderantur. Genevae, apud fratres De Tournes, 1753.

3 v. in 2. illus., 3 plates. 36.3 cm.

Provenance: Ex Libris Bib Lovanica fil 21 May 1771.

Home, Sir Everard, bart., 1756-1832.
The Croonian lecture on muscular motion, by Everard Home. [London] 1795.
202-220 p. 22.3 cm.
Disbound, along with Cruikshank, W. Experiments on the nerves. [London] 1795, from Philosophical transactions of the Royal Society of London, 1795.

Hompeck, Anton, -1770.
Abhandlung von der elektrischen Abstoszung, von Anton Hompeck. Wien, Gedruckt bey J.T. Trattnern, 1765.
48 p. 20 cm.
Provenance: Ex Libris Th: Renz Drs: (ink stamp)
In Ronalds.

Honaüer, Leontzi, ca. 1730-ca. 1790.
[Four quartets, harpsichord, strings, and brass]
IV Quatour pour le clavecin avec accompagnement de deux violons et basse, et deux cors ad libitum, dédiées a son altesse sérénissime Mademoiselle, composés par Leontzi Honaüer. Oeuvre IVe. Gravé par Mme. Oger. Paris, Chez l'auteur [1770]
[1] p., part (2-7 p.) 25.5 x 34 cm.
Bound with Beauvarlet-Charpentier, J.J. Six sonates pour le clavecin ou forte piano. Paris [ca. 1773]

Hooke, Robert, 1635-1703.
The posthumous works of Robert Hooke, containing his Cutlerian lectures, and other discourses, read at meetings of the illustrious Royal society ... To these discourses is prefixt the author's life, giving an account of his studies and employment ... London, R. Waller, 1705.
[8], xxviii, 572, [11] p. plates (part fold.) 33.2 cm.
Wheeler 227.

Hooper, William, fl.1770.
Rational recreations, in which the principles of numbers and natural philosophy are clearly and copiously elucidated, by a series of easy, entertaining, interesting experiments. Among which are all those commonly performed with cards, by W. Hooper. 2d ed., corr. London, Printed for L. Davis, J. Robson, B. Law, and G. Robinson, 1782-83.
4 v. 65 col., fold. plates. 21.1 cm.
Provenance: F. B. Lorch (bookplate)
Wheeler 508.

Housset, Étienne Jean Pierre, 1733-1810.
Mémoires physiologiques et d'histoire naturelle, par Étienne J.P. Housset. Auxerre, L'Imprimerie de L. Fournier, 1787.
2 v. in 1. 20.5 cm.

Hufeland, Christoph Wilhelm, 1762-1836.
The art of prolonging life, by Christopher William Hufeland. Tr. from the German. London, J. Bell, 1797.
2 v. in 1. 21.5 cm.

Hufeland, Christoph Wilhelm, 1762-1836.
Dissertatio inavgvralis medica sistens vsvm vis electricae in asphyxia experimentis illvstratvm ... avctor Christ. Wilhelm. Hvfeland. Gottingae, Typis Ioann. Christian. Dieterich, 1783.
viii, 59, [1] p. 20.4 cm.
In Ronalds.
Discusses electrotherapeutics, particularly in resuscitation.

Hufeland, Christoph Wilhelm, 1762-1836.
Die Kunst das menschliche Leben zu verlängern, von Christoph Wilhelm Hufeland. 2. verm. Aufl. Jena, Akademische Buchhandlung, 1799.
2 v. in 1. 20.4 cm.

Humboldt, Alexander, freiherr von, 1769-1859.
Expériences sur le galvanisme, et en général sur l'irritation des fibres musculaires et nerveuses, de Fréderic-Alexandre Humboldt; tr. de l'Allemand, publiée, avec des additions, par J. Fr. N. Jadelot. Paris, De l'imprimerie de Didot jeune, An VII - 1799.
xlvi, 530, [2] p. 8 fold. plates. 20.5 cm.
In Ronalds, Wheeler, Gartrell 262.

Humboldt, Alexander, freiherr von, 1769-1859.
Versuche über die gereizte Muskel- und Nervenfaser nebst Vermuthungen über den chemischen Process des Lebens in der Thier- und Pflanzenwelt, von Friedr. Alexander von Humboldt. Posen, Decker, 1797.
2 v. in 1. 8 fold. plates. 20.9 cm.
Provenance: Med. Dr. Camill Lederer Wien. III. Marxerg. 15 (ink stamp)
In Ronalds, Gartrell 267.
Experiments refuting Galvani's suggestion that muscular contractions were caused by animal electricity.

Hunczovsky, Johann Nepomuk, 1752-1798.
[Johann Hunczovsky] Anweisung zu chirurgischen Operationen. Für seine Vorlesungen bestimmt. Wien, R. Gräffer, 1785.
[24], 312 p. 20.5 cm.
Describes the use of medical electricity on the eyes, ears, and uterus.

Hunczovsky, Johann Nepomuk, 1752-1798.
Medicinisch-chirurgische Beobachtungen auf seinen Reisen durch England und Frankreich, besonders ueber die Spitäler. Wien, R. Graffer, 1783.
liv, [2], 325 p. 20.9 cm.
Mentions medical electricity and its use by his contemporaries.

Hunter, John, 1728-1793.
Anatomical observations on the torpedo, by John Hunter. Read at the Royal Society, July 1, 1773.
p. [25]-36. 23.5 cm.
(In [Walsh, John] Three tracts concerning the Torpedo. London, 1775.)
Detailed anatomical study of the torpedo.

Hutchisson, John.
Case of tetanus treated by electricity, by John Hutchisson. Communicated by James Sims ... [n.p., n.d.]
138-144 p. 20.4 cm.
Disbound from the Memoirs of the Medical Society of London.

Ihre, Johan, 1707-1780, praeses.
De imputatione actionum in somno patratarum ... praeside Johanne Ihre ... examini publice subjicit Nicolaus Wibelius. Arosiae, 1743.
22 p. 18 cm.

Imhof, Maximus von, 1758-1817.
Was hat die heutige Arzneykunde von den Bemühungen einiger Naturforscher und Aerzte seit einem halben Jahrhunderte in Rücksicht einer zweckmässigen Anwendung der Elektricität auf Kranke gewonnen? Beantwortet ... vom Maximus Imhof. Munchen, J. Lindauer, 1796.
79 p. 21.5 cm.
Provenance: Burndy Library (bookplate); F. F. Bibliothek Do---schingen (ink stamp)
Surveys electrical developments of the previous fifty years, including those of medical electricity.

Imison, John, -1788.
The school of arts; or an introduction to useful knowledge: being a compilation of real experiments and improvements, in several pleasing branches of science ... by John Imison. 4th ed., with very considerable additions. London, J. Murray and S. Highley, 1796.
xv, 319, [8], 176 (i.e. 156) p. illus., 24 plates. 21.8 cm.
Provenance: W B Ludlow's Book (inscription)

Ingenhousz, Jan, 1730-1799.
Improvements in electricity, by John Ingenhousz ... [London, 1779]
[659]-673 p. 22.6 cm.
Disbound from Philosophical transactions of the Royal Society of London, v. 69, pt. 2, 1779.
In Ronalds.

Ingenhousz, Jan, 1730-1799.
Nouvelles expériences et observations sur divers objets de physique, par Jean Ingen-Housz. Paris, T. Barrois le jeune, 1785.
2 v. illus., 1 fold. chart, 6 fold. plates (1 col.) 20.3 cm.
In Ronalds, Gartrell 275.

Ingenhousz, Jan, 1730-1799.
Vermischte Schriften physisch-medicinischen Inhalts [von] Johann Ingen-Housz. Übers. und hrsg. von Nicolaus Carl Molitor. 2. verb. und mit ganz neuen Abh. verm. Aufl. Wien, C.F. Wappler, 1784.
2 v. illus., 1 fold. chart, 6 fold. plates (1 col.) 20.1 cm.
Provenance: K. K. Landesregierung des Herzogthunes Krain (ink stamp); K. K. Lyceal Bibliothek zu La---- (ink stamp)
In Ronalds.

Institutio unica de re electrica. [17--]
[32] p., bound. 16 cm. [manuscript]

Jacquet de Malzet, Louis Sébastien, 1715-1800.
Précis de l'électricité; ou extrait expérimental & théorétique des phénomenes électriques, par Jacquet. Vienne, J.T. de Trattnern, 1775.
7, 235 p. 7 plates. 21 cm.
In Ronalds, Gartrell 280.

Jallabert, Jean, 1712-1768.
[Johannis Jallabert] ... De philosophiae experimentalis utilitate, illiusque et matheseos concordia. Oratio inauguralis, habita Genevae V.

ante Cal. 7bres. MDCC. XXXIX. Genevae, Typis Barrillot & Filii, 1740.

[3], 14 p. 23.3 cm.

Bound with Hahn, Johann David. Sermo academicus de scientia naturali ab observationum et experimentorum sordibus repurganda. Trajecti ad Rhenum, 1753.

Jallabert, Jean, 1712-1768.

Experiences sur l'electricité, avec quelques conjectures sur la cause de ses effets, par Jallabert. Geneve, Barrillot & Fils, 1748.

xii, [2], 304 (i.e., 320) p. 3 fold. plates., 1 fold. chart. 18.9 cm.

Provenance: Bibliothek Thum. (ink stamp)

In Ronalds, Wheeler 349, Gartrell 281.

Reports experiments on physiological effects of electricity and describes successful treatment of paralysis of the right arm through the use of electricity to stimulate muscle contractures.

Jallabert, Jean, 1712-1768.

Experiences sur l'electricite, avec quelques conjectures sur la cause de ses effets, par Jallabert. Paris, Durand, 1749.

xi, [5], 379 p. illus., 1 fold. chart, 3 fold. plates. 17 cm.

In Ronalds, Wheeler 349a, Gartrell 282.

Jallabert, Jean, 1712-1768.

[Jallabert] Experimenta electrica usibus medicis applicata; oder Versuche uber die Electricitat, aus denen der herrliche Nutzen derselben in der Artzneywissenschaft und insbesondere in der Kur eines Lahmen u ersehen, nebst einigen Muthmassungen uber die Ursach der Wirkungen der Electricitat. Denen zu Ende beygefugt, Herrn de Sauvages Sendschreiben, an Herrn D. Bruhier von den Versuchen so an einigen Lahman unter seiner Aufsicht gemacht worden. Aus den Franzosischen ubersetzt. Basel, J.R. Imhof, 1750.

In Ronalds.

Jallabert, Jean, 1712-1768, praeses.

Theses physicae de electricitate, quas, favente deo, sub praesidio Joh. Jallabert ... Tueri conabitur Ludovicus Necker, Author. Genevae, Typis Barrillot & Filii, 1747.

16 p. 22.5 cm.

[Jeudy de Lhoumaud]

Dissertation sur les brouillards secs, de la fin du mois de Juin & de Juillet, 1783. Tendant à éclaircir davantage ce phénomène, & à en développer les véritables causes, sur lesquelles on n'a formé encore que quelques conjectures: Ouvrage mis à la portée des dames, par M***. Paris, Chez Guillot, 1783.

32 p. 19.8 cm.

Bound with Carra, Jean Louis. Dissertation élémentaire sur la nature de la lumière, de la chaleur, du feu et de l'électricité. Londres, 1787.

Johnstone, James, 1730?-1802.

Medical essays and observations, with disquisitions relating to the nervous system, by James Johnstone ... And an essay on mineral poisons, by John Johnstone. Evesham, Printed and sold by J. Agg, 1795.

xiv, 313, 168 p. 1 plate. 22.5 cm.

Provenance: Liber Societat. Med. Aberdonensis Domium Caroli Davidson Socii (inscription); Med. Chir. Soc. Aberdeen (ink stamp)

Jones, William, 1726-1800.

An essay on the first principles of natural philosophy: wherein the use of natural means, of second causes, in the OEconomy of the material world, is demonstrated from reason, experiments of various kinds, and the testimony of antiquity, by William Jones. Oxford Printed and Dublin Reprinted for W. Watson, 1763.

[6], 277 p. 3 fold. plates. 20.3 cm.

Includes "Experiments on a little machine moved by air and electrical fire" and "An account of a cure performed by electricity."

Jussieu, Antoine Laurent de, 1748-1836.

Rapport de l'un des commissaires chargés par le roi, de l'examen du magnétisme animal. Paris, Chez La Veuve Herissant, 1784.

[4], 72 p. 21.8 cm.

Kaempfer, Engelbert, 1651-1716.

Amoenitatum exoticarum politico-physico-medicarum fasciculi v, quibus continentur variae relationes, observationes & descriptiones rerum Persicarum & ulterioris Asiae, multâ attentione, in peregrinationibus per universum Orientum, collecta, ab auctore Engelberto Kaempfero. Lemgoviae, Typis & impensis H.W. Meyeri, 1712.

[18], 912, [32] p. illus., port., plates (part fold.) 23.6 cm.

Contains Kaempfer's doctoral thesis on the torpedo and its electrical properties.

Kaempfer, Engelbert, 1651-1716.

De beschryving van Japan, behelsende een verhaal van den ouden en tegenwoordigen staat en regeering van dat ryk, van deszelfs temples, paleysen, kasteelen en andere gebouwen; van deszelfs metalen, mineralen, boomen, planten, dieren, vogelen en visschen. Van de tydrekening, en opvolging van de geestelyke en wereldlyke keysers. Van de oorspronkelyke afstamming, godsdiensten, gewoonten en handwerkselen der inboorlingen, en van hunnen koophandel met de Nederlanders en de Chineesen. Benevens eene beschryving van het koningryk Siam. In't Hoogduytsch beschreven door Engelbert Kaempfer ... uyt het oorspronkelyk Hoogduytsch handschrift, nooit te vooren gedrukt, in het Engelsch overgezet, door J.G. Scheuchzer ... Die daar by gevoegt heeft het leven van den schryver ... Onder het opzicht van den Ridder Hans Sloane uytgegeven, en uyt het Engelsch in't Nederduytsch vertaalt. Amsterdam, A. van Huyssteen, 1733.

[5], 50, 500 p. 48 plates. 32.4 cm.

Kempelen, Wolfgang, Ritter von, 1734-1804.

[Wolfgangs von Kempelen]...Mechanismus der menschlichen Sprache nebst der Beschreibung seiner sprechenden Maschine. Wien, J.V. Degen, 1791.

[20], 456 p. illus., 27 plates (incl. port.) 19 cm.

Kempelen, Wolfgang, Ritter von, 1734-1804.

Le mécanisme de la parole, par De Kempelen. Vienne, Imprimé chez B. Bauer, & se trouve chez J.V. Degen, 1791.

xii, 464, [4] p. illus., plates. 19 cm.

Kirchhof, Nikolaus Anton Johann, 1725-1800.

Beschreibung einer Zurüstung welche die anziehende Kraft der Erde gegen die Gewitterwolke und die Nützlichkeit der Blitzableiter sinnlich beweiset, nebst einer kupfertafel und einer Beschreibung verschiedener nützlichen Maschinen aus Hernn Fergusons Vorlesungen übersetzt [von] N.A.J. Kirchhof. Hamburg und Berlin, F. Nikolai, 1781.

56 p. 2 fold. plates. 16.5 cm.

Kite, Charles, 1768-1811.

An essay on the recovery of the apparently dead, by Charles Kite. Being the essay to which the Humane society's medal was adjudged. To which is prefixed, Dr. Lettsom's address on the delivery of the medal. London, C. Dilly, 1788.

xxvii, [1], 274, [1] p. illus., 7 plates (4 fold. letterpress) 21.3 cm.

Discusses techniques for reviving those apparently dead and emphasizes the use of electrical stimulation for that purpose.

Kite, Charles, 1768-1811.

Essays and observations, physiological and medical, on the submersion of animals, and on the resin of the Acoroides resinifera, or yellow resin from Botany Bay. To which are added, select histories of diseases; with remarks, by Charles Kite. London, C. Dilly, 1795.

vii, [1], [433]-434, 432 p. 11 fold. plates. 21.8 cm.

Provenance: Ex libris Societatis Medical Edinensis (inscription)

Kitz, Fridericus Casimir.

Dissertatio inavgvralis physico-medica sistens electricitatis in medicina vsvm et abvsvm ... avctor, Fridericvs Casimir Kitz. Goettingae, Aere Barmeieriano, 1787.

[4], 92 p. 18.5 cm.

Wheeler 542.

Klingenstierna, Samuel, 1698-1765.

Tal, om de nyaste rön vid electriciteten; hållit for Kongl. Vetensk. Academien vid praesidii nedläggande, d. 31. Oct. år 1755. Af Samuel Klingenstierna. Stockholm, På Kongl. Vetenskaps Academiens befallning, 1755.

[1], 32 p. 19.4 cm.

In Ronalds.

Knight, Gowin, 1713-1772.

An attempt to demonstrate that all the phaenomena in nature may be explained by two simple active principles, attraction and repulsion: wherein the attractions of cohesion, gravity, and magnetism, are shewn to be one and the same; and the phaenomena of the latter are more particularly explained, by Gowin Knight. London, Printed for J. Nourse, 1754.

[3], 95 p. illus. 26 cm.

Knight, Thomas, M.D.

Reflections upon catholicans, or universal medicines. With some remarks on the natural heat that is in animals and the luminous emanations from human bodies. Also, the sundry experiments and observations made upon the human calculus rationally consider'd; demonstrating that fire is the principal agent in lithontripticks or stone

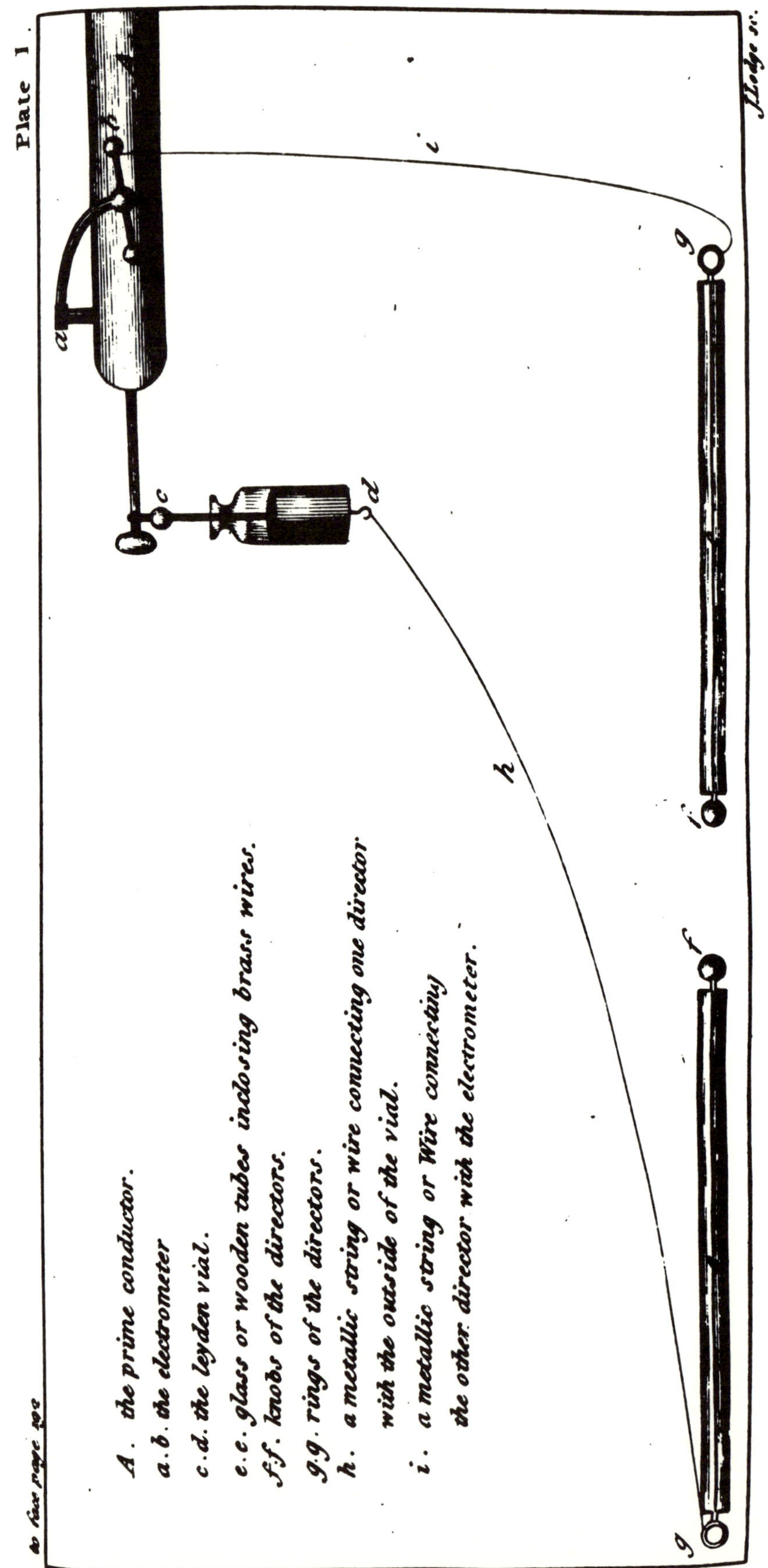

Electrical resuscitation equipment from Kite, *An Essay on the Recovery of the Apparently Dead* (1788)

dissolvents by Thomas Knight. London, T. Osborne, 1749.
167 p. 22.4 cm.
Provenance: To Robert Wynne of Bodisgallen Esq. From His very humble .... T. Knight. (inscription)
Discusses the "electric aura" also.

Kohlreif, Gottfried Albert, 1749-1802.
Sollte die Electricität wirklich Wärme verursachen; und sollte diese Wärme eine Wirkung der Zersetzung des Elementarfeuers und Phlogiston's seyn? Von Kohlreif. Weimar, Hoffmannischen Hof, 1787.
30 p. 16.8 cm.
In Ronalds.

Kratzenstein, Christian Gottlieb, 1723-1795.
Theoria electricitatis more geometrico explicata ... pvblice defendet Christianvs Gottlieb Kratzenstein. Halae Magdebvrgicae, Impensis C.H. Hemmerde, 1746.
[8], 62 p. fold. plate. 19.8 cm.
In Ronalds, Wheeler 326, Gartrell 296.
Reports the first efforts to measure an electric field.

Krause, Karl Christian, 1716-1793, praeses.
De irritabilitate partivm corporis hvmani dissertatio prima ... praeside Carolo Christiano Kravse ... defendet Travgott Gvilielmvs Gnavck. Lipsiae, Ex officina Langenhemia, 1772.
31 p. 23.5 cm.
With this is bound Plaz, A.W. Pynegyrin medicam indicit et de arte natvram svperante praefatvr. [Lipsica] 1772.
Provenance: S. C. Lucae (bookplate)

Krüger, Johann Gottlob, 1715-1759.
Johann Gottlob Krügers ... Geschichte der Erde in den alleraltesten Zeiten. Halle, in der Lüderwaldischen Buchhandlung, 1746.
[3], 186 p. 3 fold. plates. 19.8 cm.
In Ronalds.
First printed account of Kleist's experiment, accompanied by an illustration of the Leyden jar, appears at the end of this book.

Krüger, Johann Gottlob, 1715-1759.
[Io. Gottlob Krv̈geri] Philosophia natvralis experimentis confirmata. Halae Magdebvrgicae, Impensis C.H. Hemmerde, 1753.
[16], 992, [61] p. front. (port.), 14 fold. plates. 17.3 cm.

Krüger, Johann Gottlob, 1715-1759.
Johann Gottlob Krügers Zuschrifft an seine Zuhörer worinnen er ihnen seine Gedancken von der Electricität mittheilet und ihnen zugleich seine künstige Lectionen bekant macht. Halle, C.H. Hemmerde, 1744.
22 (i.e. 32) p. 16.8 cm.
In Ronalds.
Considered the earliest work to suggest the therapeutic use of electricity.

Krüger, Johann Gottlob, 1715-1759.
[Johann Gottlob Krügers] Zuschrifft an seine Zuhörer worinnen er ihnen seine Gedancken von der Electricität mittheilet und ihnen zugleich seine künftige Lectionen bekant macht. Neue und mit Anmerckungen verm. Aufl. Halle, C.H. Hemmerde, 1745.
56, [2] p. 2 fold. plates. 16.5 cm.
In Ronalds, Wheeler 318.
Reprints the 1744 text and doubles the length of the work with a forward and notes, including the famous quote "Since electricity must have a usefulness, and we have seen that it cannot be looked for either in theology or in jurisprudence, there is obviously nothing left but medicine."

Kühn, Karl Gottlob, 1754-1840.
Geschichte der medizinischen und physikalischen Elektricität und der neuesten Versuche, die in dieser nüzlichen Wissenschaft gemacht worden sind. Aus den neuesten Schriften zusammengetragen, und mit eigenen Versuchen vermehrt von Karl Gottlob Kühn. Leipzig, in der Weygandschen Buchhandlung, 1783-85.
2 v. in 1. 6 fold. plates. 19.5 cm.
Wheeler 515.

Kühn, Karl Gottlob, 1754-1840, ed.
Die neuesten Entdeckungen in der physikalischen und medizinischen Elektrizität; aus den wichtigsten Schriften zusammengetragen, von Karl Gottlob Kühn ... Leipzig, Weygand, 1796-97.
2 v. 20.6 cm.
In Ronalds.

La Borde, Jean Baptiste de, 1730-1777.
Le clavessin electrique; avec une nouvelle théorie du méchanisme et des phénomènes de l'électricité, par R.P. Delaborde. Paris, Chez H.L. Guerin & L.F. Delatour, 1761.
xii, 164 p. 2 fold. plates. 17 cm.
Provenance: Catalogo inscriptua (bookplate); Domus Acreolana Societatis Jesu IHS (ink stamp);

Collegium Angienae Societatis Jesu IHS (ink stamp)
In Ronalds, Gartrell 298.

Lacépède, Bernard Germain Étienne de La Ville sur Illon, comte de, 1756-1825.
Essai sur l'électricité naturelle et artificielle; par le Comte de La Cépède. Paris, De l'impr. de Monsieur, 1781.
2 v. 19.5 cm.
Provenance: Ex Libris Dr. Th. Renz
In Ronalds, Wheeler 501, Gartrell 299.

[La Follie, Louis Guillaume de] 1733?-1780.
Le philosophe sans prétention, ou l'homme rare. Ouvrage physique, chymique, politique et moral, dédié aux savans. Par D.L.F. Paris, chez Clousier, 1775.
349, [1] p. 1 engr. plate. 20.2 cm.

[La Mettrie, Julien Offray de] 1709-1751.
Ouvrage de Penelope; ou Machiavel en medecine, par Aletheius Demetrius [pseud.] Berlin, 1748-50.
3 v. 16.3 cm.
Provenance: Medical Society, County of Kings - Library (ink stamp); Presented to the Library of the Medical Society of the County of Kings by Mr. William J. Studwell in memory of Dr. Henry A. Studwell.

Lamure, François Bourguignon de Bussière de, 1717-1787.
Recherches sur la cause de la pulsation des artères, sur les mouvemens du cerveau dans l'homme et les animaux trépanés, sur la coëne du sang, par de Lamure. Montpellier, Impr. A.F. Rochard, 1769.
[7], 311 p. 18.2 cm.

Landriani, Marsilio, conte, 1746-1815.
Dell'utilita dei conduttori elettrici; dissertazione di Marsilio Landriani. Pubblicata per ordine del governo. Milano, Per il Marelli, 1784.
xxxiv, 304 p. 1 fold. plate. 24.3 cm.
In Ronalds, Wheeler 523, Gartrell 301.

Langenbucher, Jakob, d.1791.
Jakob Langenbuchers Beschreibung einer beträchtlich verbesserten Elektrisiermaschine, sammt vielen Versuchen und einer ganz neuen Lehre vom Laden der Verstärkung. Augsburg, M. Rieger, 1780.
[32], 268 p. 8 fold. plates. 17.2 cm.
In Ronalds, Gartrell 302.

Langenbucher, Jakob, d.1791.
Richtige Begriffe vom Blitz und von Blitzableitern, aus Erfahrungen gezogen von Jakob Langenbucher. Sammt beigefugten Verhaltungsregeln bei Gewittern. Augsburg, bei M. Rieger's sel. Söhnen, 1783.
[8], 44 p. 16.8 cm.
In Ronalds, Gartrell 303.

Langworthy, Charles Cunningham.
A view of the Perkinean electricity, or, An inquiry into the influence of metallic tractors, founded on a newly-discovered principle in nature, and employed as a remedy in many painful inflammatory diseases, as rheumatism, gout, quinsy, pleurisy, tumefactions, scalds, burns, and a variety of other topical complaints: with a review of Mr. Perkins's late pamphlet on the subject; to which is added, an appendix, containing a variety of experiments, made in London, Bath, Bristol, &c. with a view of ascertaining the efficacy of this practice, by Charles Cunningham Langworthy. Bristol, Printed for the author, by W. Bulgin, 1798.
[1], 80, [2] p. 21.5 cm.
With this is bound Directions for performing the metallic operation with Perkins's patent tractors. [London, 1798?] and Perkins, B.D. The influence of metallic tractors on the human body. London, 1798.
Provenance: William Barker (bookplate)
In Ronalds, Wheeler 612.

La Perrière de Roiffé, Jacques Charles Francois de, d. 1776.
Méchanismes de l'électricité et de l'univers, par J.C.F. De La Perriere. Paris, Chez P.D. Brocas, 1756.
2 v. 5 fold. plates. 17 cm.
Provenance: Ex Libris J. C. Dezauche (bookplate)
Gartrell 304.

[La Perrière de Roiffé, Jacques Charles Francois de] d. 1776.
Plaidoyer de M. l'avocat genéral du sénat littéraire. Ce plaidoyer sur le méchanisme de l'univers, est curieux & intéressant. Paris, Chez Knapen, 1768.
[1], 58, [1] p. fold. front. 19 cm.

[Laugier, Esprit Nichel, fl. 1783-1791]
Parallele entre le magnétisme animal, l'électricité et les bains médicinaux par distillation, &c. appliqués aux maladies rebelles. On a joint à ce précis l'art de conserver la santé, & de guérir les maladies les plus rebelles, par des exercices mécaniques, tous commandés, soutenus & dirigés par une mélodie des plus douces & des plus agréables. Avec une explication raisonnée de l'effet que produit l'exercice sur le moral & sur le physique du corps, pour l'entretien & le rétablissement de la santé. On trouve encore une analyse des différentes especes de bains dont il s'agit, & de l'effet mécanique qu'ils produisent sur l'esprit & sur le corps, &c., par L*** Paris, Chez Morin, 1785.
12, 91 p. 21.2 cm.
Gartrell 1077.

Le Bouvier Desmortiers, Urbain Réné Thomas, 1739-1827.
Mémoire ou considérations sur les sourds-muets de naissance, et sur les moyens de donner l'ouie et la parole a ceux qui en sont susceptibles, par U.R.T. Le Bouvyer Desmortiers. Paris, F. Buisson, An VIII [1800]
[4], 266 p. 1 fold. plate. 19.5 cm.
With this are bound Itard, J.M.B. De l'éducation d'un homme sauvage. Paris, Vendémiaire, An X (1801) and his Sur les nouveaux développemens et l'état actuel du sauvage de l'Aveyron. Paris, 1807.
Describes electrotherapeutic treatment for the speech and hearing impaired.

Le Cat, Claude Nicolas, 1700-1768.
Traité de l'existance [sic], de la nature et des propriétés du fluide des nerfs, et principalement de son action dans le mouvement musculaire, ouvrage couronné en 1753 par l'Académie de Berlin; suivi des dissertations sur la sensibilité des meninges, des tendons, &c., l'insensibilité du cerveau, la structure des nerfs, l'irritabilité Hallérienne, &c., par Le Cat. Berlin, 1765.
[8], 331, [1] p. illus., 6 fold. plates. 19.6 cm.

Le Cat, Claude Nicolas, 1700-1768.
Traité des sens, par Le Cat. Rouen, 1740.
[8], 201-523 p. 16 plates (15 fold.) 22 cm.

[Ledru, Nicolas Philippe, 1731-1807]
Dissertation sur le mouvement et les élémens de la matière; principes essentiels pour expliquer les phénomènes connus sous le nom d'electriques, par Comus. [Paris, 1790?]
8, 10 p. 25 cm.
"Extraite[s] du Journal de Physique."

Ledru, Nicolas Philippe, 1731-1807.
Rapport de Cosnier; Maloet, Darcet, Philip, Le Preux, Desessartz, & Paulet, ... sur les avantages reconnus de la nouvelle méthode d'administrer l'électricité dans les maladies nerveuses, particulierement dans l'épilepsie, & dans la catalepsie, par Ledru connu sous le nom de Comus. Lu à l'assemblée de cette faculté dite du primâ mensis, tenue au mois d'avril dernier. Ce rapport est précédé de l'apperçu du systême de l'auteur sur l'agent qu'il emploie, & des avantages qu'il en a tirés. Paris, De l'Impr. de P.D. Pierres, 1783.
[4], 115 p. 22 cm.
Gartrell 306, Wheeler 516.

Le Roy
Mémoire sur une nouvelle machine à électriser, qu'on peut regarder comme une véritable pompe à feu électrique: cette machine étant construite de manière que son effet consiste uniquement à tirer le fluide électrique des corps, & à les électriser par-là négativement, ou par raréfaction, par Le Roy. [Paris, 1783?]
615-624 p. 1 fold. plate. 24.7 cm.
Extract from Mémoires de l'académie royale des sciences an 1783.

Lichtenberg, Ludwig Christian, 1738-1812.
Verhaltungs-regeln bey nahen Donnerwettern, nebst den Mittlen sich gegen die schädlichen Wirkungen des Blitzes in Sicherheit zu setzen: zum Unterricht für Unkundige. Gotha, C.W. Ettinger, 1774.
viii, 46, [2] p. fold. plate. 19.5 cm.
Bound with Stadlhofer, J.N. Ueber die tödliche Wirkungsart des Blitzes. Dresden, 1791.
In Ronalds, Gartrell 311.

Linguet, Simon Nicolas Henri, 1736-1794.
Réflexions sur la lumière, ou conjectures sur la part qu'elle a au mouvement des corps célestes, par Linguet. Londres, T. Spilsbury, 1784.
134 p. 19.8 cm.
Bound with Carra, Jean Louis. Dissertation élémentaire sur la nature de la lumière, de la chaleur, du feu et de l'électricité. Londres, 1787.

Linné, Carl von, 1707-1778, praeses.

Consectaria electrico-medica ... sub praesidio ... Caroli Linnaei ... Petrus Zetzell. Upsaliae, L.M. Höjer, 1754.

8 p. 21.5 cm.

In Ronalds.

Linné, Carl von, 1707-1778.

Electrico-medica. Car. Linnaei et Petr. Zetzell. Upsal, 1754.

[1], 59-62 p. 25 cm.

In Ronalds.

Litta, Hieronymo, marchese.

De igne electricitate luce et de quibusdam elementaris geometriae usibus exercitatio physico-geometrica habita in collegio Clementino a D. Hieronymo Ex Marchionibus Litta. Romae, Typis A. Casaletti, 1779.

xxxii p. 2 fold. plates. 25.7 cm.

Litta Biumi Resta, Carlo Matteo, Conte.

Riflessioni sul magnetismo animale, fatte dal Conte Carlo Matteo Litta Biumi Resta, ad oggetto di illuminare i suoi cittadini avendolo trovato salutare in molto mali. Italia, 1792.

234 p. 16.2 cm.

Gartrell 1079.

Litton, Edmund.

The theory of the distemper among the horned cattle; electrical medicines proposed; observations on the cause of pestilences; the immediate agency of the divine being. By Litton. London, Printed for W. Owen, 1750.

[iii], 23 p. 20.8 cm.

Lorenzini, Stefano, fl. 1678.

The curious and accurate observations of Mr. Stephen Lorenzini of Florence, on the dissections of the cramp-fish: containing the comparative anatomy of that and some other fish, with experiments. ... And now done into English from the Italian, with figures after the life, by J. Davis. London, Printed for, and sold by J. Wale, 1705.

[8], 75 p. 5 plates. 22.8 cm.

Translates the 1678 work on the torpedo considered the first devoted to a single fish.

Louis, Antoine, 1723-1792.

Lettre à l'abbé Nollet [par] Louis. [n.p.] 1749.

19 p. 16.9 cm.

Bound with his Observations sur l'électricité. Paris, 1747.

Gartrell 314.

Louis, Antoine, 1723-1792.

Observations sur l'électricité, où l'on tâche d'expliquer son méchanisme & ses effets sur l'oeconomie animale; avec des remarques sur son usage, par Louis. Paris, Delaguette, 1747.

[1], xxiv, 175, [1] p. 16.9 cm.

With this bound his Lettre à l'abbé Nollet. [n.p.] 1749; Beccaria, G.B. Lettre sur l'électricité. Paris, 1754; and Bianconi, G.L. Lettre sur l'électricité. Amsterdam, 1748.

Provenance: Bibliothecae M. Hyacinthi Theodori Baron ... (bookplate)

In Ronalds, Wheeler 341, Gartrell 315.

Lovejoy, Lucretia, pseud.

An elegy on the lamented death of the electrical eel, or gymnotus electricus. With the lapidary inscription, as placed on a superb erection at the expence of the Countess of H______, and Chevalier-Madame d'Eon de Beaumont, by Lucretia Lovejoy. London, Printed for Fielding and Walker, 1777.

[3], 29 p. 26.5 cm.

Lovett, Richard, 1692-1780.

An appendix to philosophical essays, in three parts: containing a brief theory of the north magnetic pole, and of the mariner's compass-needle; in order to deduce and ascertain the longitude, from natural and permanent principles. By R. Lovett. Worcester, Eng., Printed by R. Lewis, for the author [n.d.]

p. [445]-520. 21 cm.

(In the author's Philosophical essays in three parts. Worcester, 1766.)

In Ronalds, Gartrell 317.

Lovett, Richard, 1692-1780.

The electrical philosopher. Containing a new system of physics, founded upon the principle of an universal plenum of elementary fire: Wherein the nature of elementary fire is explained, its office pointed out, its extensive influence and utility explaining many of the most abstruse phenomena of nature shown, and the grand desideratum in particular, which has been hitherto either entirely given up as inexplicable, or else sought after in vain by the most able naturalists, is at length happily obtained, viz. the cause of gravity, the cause of cohesion, &c. &c. ..., by R.

Lovett. 2d ed. Worcester, Printed for, and sold by the author, 1777.

[28], [3]-290, [20] p. 2 plates (1 fold.) 21.7 cm.

Wheeler 447a.

Lovett, Richard, 1692-1780.

A letter to the authors of the Monthly review: or, a reply to their animadversions on a pamphlet lately published, intituled, The reviewers review'd. Relative to the doctrine of electricity. By R. Lovett. London, Printed for the author, 1761.

[1], 2, 27 p. 20.5 cm.

Bound with his The subtil medium prov'd. London, 1756.

In Ronalds, Wheeler 391c.

Lovett, Richard, 1692-1780.

Philosophical essays in three parts. Containing I. An enquiry into the nature and properties of the electrical fluid, in order to explain, illustrate and confirm the truth of Sir Isaac Newton's doctrine of a subtile medium or aether. II. A dissertation on the nature of fire in general, and production of heat in particular. III. A miscellaneous discourse, wherein the forementioned active principle is shewn to be the only probable mechanical cause of motion, cohesion, gravity, magnetism, and other phaenomena of nature. To which is subjoin'd, by way of appendix, a clear and concise account of the variation of the magnetic needle or mariner's compass; by which the longitude is investigated on the most simple principles. And, to render the whole more intelligible, a glossary of terms is added, by R. Lovett. Worcester, Eng., Printed for the author, by R. Lewis, 1766.

[1], xxiv, [5], 525, [46] p. 4 plates (3 fold.) 21 cm.

In Ronalds, Wheeler 417, Gartrell 317.

Lovett, Richard, 1692-1780.

The reviewers review'd; or, the bush-fighters exploded: being a reply to the animadversions, made by the authors of the Monthly review, on a late pamphlet, entitled Sir Isaac Newton's aether realiz'd. To which is added by way of appendix, Electricity, render'd useful in medicinal intentions. Illustrated, with a variety of remarkable cures perform'd in London. By R. Lovett. Worcester, Eng., Printed by R. Lewis, for the author, 1760.

[6], 41 p. illus. 20.5 cm.

Bound with his The subtil medium prov'd. London, 1756.

In Ronalds, Wheeler 391b.

Lovett, Richard, 1692-1780.

Sir Isaac Newton's aether realized: or, the second part of the subtil medium proved, and electricity rendered useful. Being a vindication of that essay, in answer to the animadversions made thereon by the Monthly review; whereby the electrical fluid, and the subtil aetherial fluid of philosophers are, from the Newtonian principles, clearly demonstrated to be one and the same thing: with a variety of remarkable observations relative thereto. By R. Lovett. London, Printed for the author [175-?]

77 p. 20.5 cm.

Bound with his The subtil medium prov'd. London, 1756.

In Ronalds, Wheeler 391a.

Lovett, Richard, 1692-1780.

The subtil medium prov'd: or, that wonderful power of nature, so long ago conjectur'd by the most ancient and remarkable philosophers, which they call'd sometimes aether, but oftener elementary fire, verify'd. Shewing, that all the distinguishing and essential qualities ascrib'd to aether by them, and the most eminent modern philosophers, are to be found in electrical fire, and that too in the utmost degree of perfection. Giving an account not only of the progress and several gradations of electricity, from those ancient times to the present; but also accounting first, for the natural difference of electrical and non-electrical bodies. Secondly, shewing the source or main spring from whence the electric matter proceeds. Thirdly, its various uses in the animal oeconomy, particularly when apply'd to maladies and disorders incident to the human body. Illustrated by a variety of known facts. Fourthly, the method of applying it in each particular case. And, lastly, the several objections brought against it accounted for and answer'd. By R. Lovett. London, Printed for J. Hinton, 1756.

[6], 141, [5] p. illus. 20.5 cm.

With this is bound the author's Sir Isaac Newton's aether realized. London [175-?]; his The reviewers review'd ... to which is added ... electricity, render'd useful in medicinal intentions. Worcester, Eng., 1760; his A letter to the authors of the Monthly review. London, 1761; Watson, W. Experiments and observations tending to illustrate the nature and properties of electricity. London, 1746; his A sequel to the experiments and observations ... London, 1746; and his An

account of the experiments made by some gentlemen of the Royal Society. London, 1748.
In Ronalds, Wheeler 391, Gartrell 318.

Lovett, Richard, 1692-1780.
The subtil medium prov'd: or, that wonderful power of nature, so long ago conjectur'd by the most ancient and remarkable philosophers, which they call'd sometimes aether, but oftener, elementary fire, verify'd. Shewing, that all the distinguishing and essential qualities ascrib'd to aether by them, and the most eminent modern philosophers, are to be found in electrical fire, and that too in the utmost degree of perfection. Giving an account not only of the progress and several gradations of electricity, from those ancient times to the present; but also accounting, first, for the natural difference of electrical and non-electrical bodies. Secondly, shewing the source or main spring from whence the electric matter proceeds. Thirdly, its various uses in the animal oeconomy, particularly when apply'd to maladies and disorders incident to the human body. Illustrated by a variety of known facts. Fourthly, the method of applying it in each particular case. And, lastly, the several objections brought against it accounted for and answered. By R. Lovett. London, printed for J. Hinton, 1756.
[6], 141, [5] p. illus. 20.5 cm.
Provenance: Jno. Johnson MD (bookplate)
In Ronalds, Wheeler 391, Gartrell 318.
Earliest English language book on medical electricity.

Lowndes, Francis.
Observations on medical electricity, containing a synopsis of all the diseases in which electricity has been recommended or applied with success; likewise, pointing out a new and more efficacious method of applying this remedy, by electric vibrations, by Francis Lowndes. London, Printed by D. Stuart for the author, 1787.
51 p. 21.5 cm.
In Ronalds, Wheeler 543, Gartrell 319.

Ludlam, William, 1717-1788.
Two mathematical essays: the first on ultimate ratios, the second on the power of the wedge, by the Reverend Mr. Ludlam. Cambridge, Printed by J. Archdeacon for T. Cadell, 1770.
[2], 90 p. 2 fold. plates. 21.5 cm.
Bound with Becket, J.B. An essay on electricity, containing a series of experiments introductory to the study of that science. Bristol, 1773.

Ludwig, Christian Gottlieb, 1709-1773, praeses.
Dissertatio de aethere varie moto cavsa diversitatis lvminvm ... svbmittet Christianvs Lvdwig ... respondente Christiano Ernesto Wv̈nsch. Lipsiae, Ex officina Langenhemia, 1773.
[8], 40 p. 1 fold. plate. 20 cm.
Gartrell 323.

Lugt, Hendrik.
De theorie der electriciteit, rustende op proefondervindlyke waarheden, door Hendrik Lugt. West-Zaandam, H. van Aken, 1797.
xii, 120, [1] p. 2 fold. plates. 22 cm.
Provenance: Memorial Library of the International Electrical Exhibition 1884 (bookplate); Franklin Institute Library Philadelphia (bookplate); Franklin Institute (embossed binding)

Lutzelbourg, comte de.
Extrait des journaux d'un magnétiseur, attaché a la Société des amis réunis de Strasbourg, avec des observations sur les crises magnétiques, connues sous la dénomination de somnambulisme magnétique [par Lützelbourg] [m.p.] De l'Impr. de Lorenz & Schouler,1786.
[7], 165 p. 19.8 cm.
Bound with Bonnefoy, Jean Baptiste. Analyse raisonnée des rapports des commissaires chargés par le roi de l'examen du magnétisme animal. [Lyon?] 1784.

[Lutzelbourg, comte de]
Extrait du journal d'une cure magnétique [par Lutzelbourg] Traduit de l'allemand. Rastadt, J.W. Dorner, 1787.
[16], 136 p. 19.7 cm.
Bound with Archbold, ed. Recueil d'observations et de faits relatifs au magnétisme animal. Paris, 1785.

Lyon, John, 1734-1817.
Experiments and observations made with a view to point out the errors of the present received theory of electricity; and which tend in their progress to establish a new system, on principles more conformable to the simple operations of nature, by John Lyon. London, printed for the author; and J. Dodsley, 1780.
xxiv, 280, [8] p. 2 fold. plates. 27.5 cm.
Provenance: Presented to the Devon and Exeter Institution by Mr. Crockett (inscription);

Devon and Exeter Institution (bookplate and ink stamp)
In Ronalds, Wheeler 493, Gartrell 332.
Reports electrical experiments intended to disprove Franklin's theory and includes as well an electrotherapeutics case.

Maffei, Francesco Scipione, 1675-1755.
Della formazione de' fulmini trattato, del Scipione Maffei. Verona, G. Tumermani, 1747.
[8], 189, [6] p. 21.5 cm.
In Ronalds, Gartrell 334.

Mairan, Jean Jacques Dortous de, 1678-1771.
Traité physique et historique de l'aurore boréale, par de Mairan. 2. éd. Revûe & augmentée de plusieurs éclaircissemens. Paris, de l'Impr. Royale, 1754.
[12], 570, xxii p. charts, 17 fold. plates. 26.2 cm.

Mangin, abbé de, d. ca. 1782.
Histoire générale et particuliere de l'électricité, ou ce qu'en ont dit de curieux & d'amusant, d'utile & d'interessant, de rejouissant & de badin, quelques physiciens de l'Europe [par Mangin] Paris, Rollin, 1752.
3 v. in 1. fold. plate. 16.5 cm.
Provenance: De la Bibliotheque de Lequeux (ink stamp); Ex Bibliotheca Germani Pichault (bookplate)
Wheeler 372, Gartrell 340.

Marat, Jean Paul, 1743-1793.
Mémoire sur l'électricité médicale [par Marat] Couronné 6 Août 1783, par l'Académie royale des sciences, belle-lettres & arts de Rouen. Paris, N.T. Méquignon, 1784.
111 p. 19 cm.
In Ronalds, Wheeler 524, Gartrell 344.

Marat, Jean Paul, 1743-1793.
Notions élémentaires d'optique [par] Marat. Paris, Chez P.F. Didot, 1784.
[1], iv, 44, [v]-vii, [1] p. 2 plates. 19.8 cm.
Bound with Carra, Jean Louis. Dissertation élémentaire sur la nature de la lumiére, de la chaleur, du feu et de l'électricité. Londres, 1787.

Marat, Jean Paul, 1743-1793.
Recherches physiques sur l'électricité, par Marat. Paris, Clousier, 1782.
viii, 461, [3] p. 5 fold. plates. 20.5 cm.
In Ronalds, Wheeler 509, Gartrell 346.

Marat, Jean Paul, 1743-1793.
Recherches physiques sur le feu, par Marat. Paris, Chez C.A. Jombert, fils ainé, 1780.
[3], 202, [2] p. 7 fold. plates. 19.3 cm.
In Ronalds.

Martin, Benjamin, 1704-1782.
The description and use of a new, portable, table air-pump and condensing engine. With a select variety of capital experiments, ... by Benjamin Martin. London, Printed and sold by the author, 1766.
[2], ii, 38 p. illus. 21.6 cm.

Martin, Benjamin, 1704-1782.
Essai sur l'electricité, contenant des recherches sur sa nature, ses causes et proprietés, fondées sur la théorie du mouvement de vibration, de la lumiere, et du feu de Newton, et sur les phénoménes exposés dans XLII expériences capitales, avec quelques observations, qui ont rapport à l'utilité de la vertu electrique, tr. de l'anglois de Benj. Martin. [Paris, 1748?]
[53]-112 p. 1 fold. plate. 16.8 cm.
(In Recueil de traités sur l'électricité. [Paris, 1748])
Gartrell 349.

Martin, Benjamin, 1704-1782.
An essay on electricity: being an enquiry into the nature, cause and properties thereof, on the principles of Sir Isaac Newton's theory of vibrating motion, light and fire: and the various phaenomena of forty-two capital experiments; with some observations relative to the uses that may be made of this wonderful power of nature, by Benj. Martin. Bath, Printed for the author, 1746.
40 p. 21 cm.
In Ronalds, Wheeler 327, Gartrell 350.

Martin, Benjamin, 1704-1782.
A supplement to the philosophia Britannica. Appendix I [II] containing new experiments in electricity, and the method of making artificial magnets, by Benjamin Martin. London, 1759.
80 p. 9 plates (incl. front.) 20.3 cm.
Provenance: Memorial Library of the International Electrical Exhibition 1884 (bookplate); Franklin Institute Library Philadelphia (bookplate); Franklin Institute (embossed binding)
In Ronalds, Wheeler 342a, Gartrell 352.

Martini, Ferdinand, 1734-1794.
Betrachtungen in der Lehre von den Kopfwunden [von] Ferdinand Martini. Hamburg, In Commission in sel. C. Harolds Wittwe Buchhandlung, 1780.
xvi, [2], 286 p. 17.1 cm.
Reviews electrotherapeutics for head injuries.

Marum, Martinus van, 1750-1837.
Beobachtungen und Versuche über die Rettungsmittel Ertrunkener. Aus dem Holländischen. Mit einer Vorrede de Hebenstreit und einer Kupfertafel. Leipzig, Schäfer, 1796.
xxiv, 112 p. fold. plate. 18 cm.

Marum, Martinus van, 1750-1837.
Beschreibung einer ungemein grossen Elektrisier-Maschine und der damit in Teylerschen Museum zu Haarlem angestelten Versuche, durch Martinus van Marum. Erste Fortsezung. Aus dem Holländischen übersezt. Leipzig, Schwickert, 1788.
viii, 72 p. 10 fol. col. plates. 24 cm.
Gartrell 354.

Marum, Martinus van, 1750-1837.
De motu fluidorum in plantis, experimentis et observationibus indagato [auctore] Martinus van Marum. Groningae, Hajonem Spandaw, 1773.
[3], 56, [3] p. 21.5 cm.

Marum, Martinus van, 1750-1837.
Verhandeling over het Electrizeeren, door Martinus van Marum, in welke de Beschryving en afbeelding van ene nieuw uitgevondene electrizeermachine, benevens enige nieuwe proeven uitgedagt en in 't werk gesteld door den auteur, en Mr. Gerhard Kuyper, physische-instrument-maker te Groningen. Te Groningen, Yntema en Tieboel, 1776.
[2], xiv, [1], 96 p. 2 plates. 22.5 cm.
Provenance: A. B. C. A. (inscription)
In Ronalds, Wheeler 461.

Masars de Cazeles, François.
Mémoire sur l'électricité médicale, et histoire du traitement de vingt malades traités, et la plupart guéris par l'électricité, par Masars de Cazeles. Paris, Mequignon, 1780.
122, [1] p. 17 cm.
With this is bound his Second mémoire sur l'électricité médicale. Paris, 1782; and his Troisième mémoire sur l'électricité medicale. Paris, 1785.
In Ronalds, Gartrell 360.

Masars de Cazeles, François.
Second mémoire sur l'électricité médicale, et histoire du traitement de quarante-deux malades entièrement guéris, ou notablement soulagés par ce remede, par Masars de Cazeles. Paris, Mequignon, 1782.
[1], 311 p. 17 cm.
Bound with his Mémoire sur l'électricité médicale. Paris, 1780.
In Ronalds.

Masars de Cazeles, François.
Second mémoire sur l'électricité médicale, et histoire du traitment de quarante-deux malades entiérement guéris, ou notablement soulagés par ce remede, par Masars de Cazeles. Paris, Mequignon, 1782.
[1], 311, [1] p. 21.5 cm.
In Ronalds.

Masars de Cazeles, François.
Troisième mémoire sur l'électricité médicale, pour servir de suite aux mémoires publiés sur le même objet en 1780 & 1782: et histoire du traitement electrique administré à quarante malades entiérement guéris ou notablement soulagés par ce moyen; dont onze sous les yeux des commissaires nommés par l'Académie Royale des Sciences de Toulouse, par Masars de Cazeles. Paris, Méquignon, 1785.
[1], xlix, 125 p. 17 cm.
Bound with his Mémoire sur l'électricité médicale. Paris, 1780.

Mauduyt de la Varenne, Pierre Jean Claude, 1732?-1792.
Extraits des journaux tenus pour quatre-vingt-deux malades qui ont été électrisés; lus dans les seances de la Société Royale de Médecine, par Mauduyt. Paris, Pierres, 1779.
[1], 49 p. fold. table. 25 cm.
Gartrell 361.

Mauduyt de la Varenne, Pierre Jean Claude, 1732?-1792.
Lettre ... sur les precautions necessaire relativement aux malades qu'on traite par l'électricité [par] Mauduyt. Paris, 1778.
13 p. 16 cm.
"Extrait du Journal de Médecine, April, 1778."

Mauduyt de la Varenne, Pierre Jean Claude, 1732?-1792.
Mémoire sur les différentes maniéres d'administrer l'electricité et observations sur les effets qu'elles ont produits, par M. Mauduyt. Paris, Impr. Royale, 1784.
[1], 301 p. 2 fold. plates. 19.8 cm.
In Ronalds, Gartrell 362.
Reports on cases treated with electricity; describes the electrical equipment and the results, including the successful treatment of paralysis.

Mauduyt de la Varenne, Pierre Jean Claude, 1732?-1792.
Memoria sobre los diferentes modos de administrar la electricidad; y observaciones sobre los efectos que estos diversos modos han producid o: escrita en Frances por Mauduit, y traducida en castellano por D. Vicente Alcalá-Galiano. En la Imprenta de Don Espinosa, 1786.
[4], xviii, 210 p. 2 fold. plates. 20.3 cm.

Mauduyt de la Varenne, Pierre Jean Claude, 1732?-1792.
Precis des journaux tenus pour les malades qui ont ete electrises pendant l'annee 1785; & des Memoires sur le meme objet, adresses a la Societe royale de Medecine pendant la meme annee; travail servant de suite au Memoire sur les differentes manieres d'administrer l'electricite. Paris, Impr. Royale, 1786.
46 p. 17.3 cm.
In Ronalds.

[Mazzolari, Giuseppe Maria] 1712-1786.
Joseph Mariani Parthenii, pseud. Electricorum libri VI. Romae, G. Salomoni, 1767.
188 [i.e. 288] p. 2 fold. plates. 19.5 cm.
Gartrell 365.

[Mazzolari, Giuseppe Maria] 1712-1786.
[Opera] Josephi Mariani Parthenii. Romae, Excudebat G. Salomoni, 1767-73.
4 v. in 3. 2 fold. plates. 19.8 cm.
Gartrell 365 (v. 4).
Contains his poem on electricity with its plan for electrical information transfer.

Mead, Richard, 1673-1754.
A mechanical account of poisons, in several essays, by Richard Mead. 3d ed., with large additions. London, J. Brindley, 1745.
xlviii, 319, [1] p. illus., 4 plates (1 fold.) 20.5 cm.
Provenance: Biblioth Coll. Reg. Med. Edin. (ink stamp)
Mead writes..."my new reasonings are founded upon experiments of electricity and attraction, applied to this fluid, which at the time of my writing were not yet known."

Meiners, Christoph, 1747-1810.
Ueber den thierischen Magnetismus, von C. Meiners. Lemgo, Meyer, 1788.
[8], 340, [4] p. 17.5 cm.
Provenance: Library of AGC Adam G. Crabtree (embossed stamp)
Examines cures attributed to animal magnetism.

Mémoires scientifiques et historiques. [After 1778]
[376] p., bound. 1 col. plate. 27.5 cm. [manuscript]
Contains 60 articles by various authors, including "Déscription d'une machine electrique à deux plateaux" and a full page watercolor illustration of the machine.

Mesmer, Franz Anton, 1734-1815.
Adresse aux mères de famille. [n.p., n.d.]
7 p. 18.5 cm.
Bound with his Mémoire sur ses découvertes. Paris, An VII [1799]

Mesmer, Franz Anton, 1734-1815.
Aphorismes de Mesmer, dictés à la assemblée de ses eleves & dans lesquels on trouve ses principes, sa théorie & les moyens de magnétiser; le tout formant un corps de doctrine developpé en 344 paragraphes, pour faciliter l'application des commentaires au magnétisme animal. Ouvrage mis au jour par C. de V. Paris, Quinquet, 1785.
xxiv, 172, [4] p. 12.5 cm.
Gartrell 1086.

Mesmer, Franz Anton, 1734-1815.
Correspondance de M***** sur les nouvelles découvertes du baquet octogone, de l'homme - baquet, et du baquet moral, pouvant servir de suite aux Aphorismes, par de F***** J******** et B*********. Libourne, 1785.
167, [1] p. 4 plates (3 fold. plates) 15 cm.
Provenance: Ex Libris C. Charbonnier (bookplate, copy 2)

Mesmer, Franz Anton, 1734-1815.
[Fridericus Antonius Mesmer] De planetarum influxu in corpus humanum. Dissertation physico-medica. Vindobonae, 1766.
[1], 19 p., bound. 19.8 cm. [manuscript]
Provenance: Krl Ehrenbert, Freiherr von Moll.

Mesmer, Franz Anton, 1734-1815.
Antonii Mesmer Dissertatio physico-medica de planetarum influxu ... Vindobonae, Typis Ghelenianis, 1766.
48 p. 17.5 cm.

Mesmer, Franz Anton, 1734-1815.
Lettre de F.A. Mesmer au C. Baudin, sur la petite vérole. Paris [n.d.]
16 p. 18.5 cm.
Bound with his Memoire sur ses decouvertes. Paris, An VII [1799]

Mesmer, Franz Anton, 1734-1815.
Lettre de F.A. Mesmer aux savans voyageurs, sur le flux et reflux. [n.p., n.d.]
17 p. 18.5 cm.
Bound with his Memoire sur ses decouvertes. Paris, An VII [1799]

Mesmer, Franz Anton, 1734-1815.
Lettre de Mesmer a le comte de C***. Paris, 1784.
11 p. 24.8 cm.
Bound with France. Commission chargee de l'examen du magnetisme animal. Rapport. Paris, 1784.
Another issue.
16 p. 20 cm.
Bound with Servan, J.M.A. Questions du jeune docteur Rhubarbini de Purgandis. Padoue, 1784.

Mesmer, Franz Anton, 1734-1815.
Magnetisme animal, par Antoine Mesmer. [ca. 1784]
[2], 77, [1] p., bound. diagrs. 32 cm. [manuscript]

Mesmer, Franz Anton, 1734-1815.
Memoire de F.A. Mesmer, sur ses découvertes. A Paris, Chez Fuchs, An VII [1799]
[3], xii, 110 p. 18.5 cm.
With this are bound his Lettre aux savans voyageurs, sur le flux et reflux [n.p., n.d.]; his Précis de la découverte du magnétisme animal [n.p., n.d.]; his Lettre au C. Baudin sur la petite vérole. Paris [n.d.]; and his Adresse aux méres de famille [n.p., n.d.]
Gartrell 1090.

Mesmer, Franz Anton, 1734-1815.
Mémoire sur la découverte du magnétisme animal, par Mesmer. Geneve, P. Fr. Didot, 1779.
vi, 85 p. 17 cm.
Bound with Montjoie, C.F.L. Lettre sur le magnétisme animal. Philadelphia, 1784.
In Ronalds, Gartrell 1088.

Mesmer, Franz Anton, 1734-1815.
Précis de la découverte du magnétisme animal, pour être inséré dans les Dictionnaires de physique et de médecine, à l'article magnétisme animal. [n.p., n.d.]
4 p. 18.5 cm.
Bound with his Memoire sur ses decouvertes. Paris, An VII [1799]

Mesmer, Franz Anton, 1734-1815.
Précis historique des faits relatifs au magnétisme-animal, par Mesmer. Ouvrage traduit de l'Allemand. Londres, 1781.
[8], 229 p. 18.8 cm.
In Ronalds, Gartrell 1092.

Mesmer, Franz Anton, 1734-1815.
Précis historique des faits relatifs au magnétisme-animal jusques en Avril 1781, par Mesmer. Ouvrage traduit de l'Allemand. Londres, 1781.
[6], 229 p. 18.5 cm.
With this is bound Deslon. Lettre de Deslon a Philip. La Haye, 1782; and Hervier, P. Lettre sur la découverte du magnétisme animal, a Court de Gebelin. Pekin, 1784.
Provenance: J. P. Harmand, Dom. de Montgarny (bookplate)
Gartrell 1092.

Mesmerism and animal magnetism manuscripts collection, 1784-1787.
56 items (1 box, 35.5 cm.)
Consists of correspondence between the leaders of the French mesmerist movement in Paris, including F.A. Mesmer and G. Kornmann, and their disciples in Amiens, including F.F. Hervillé and A.F. Poujol.

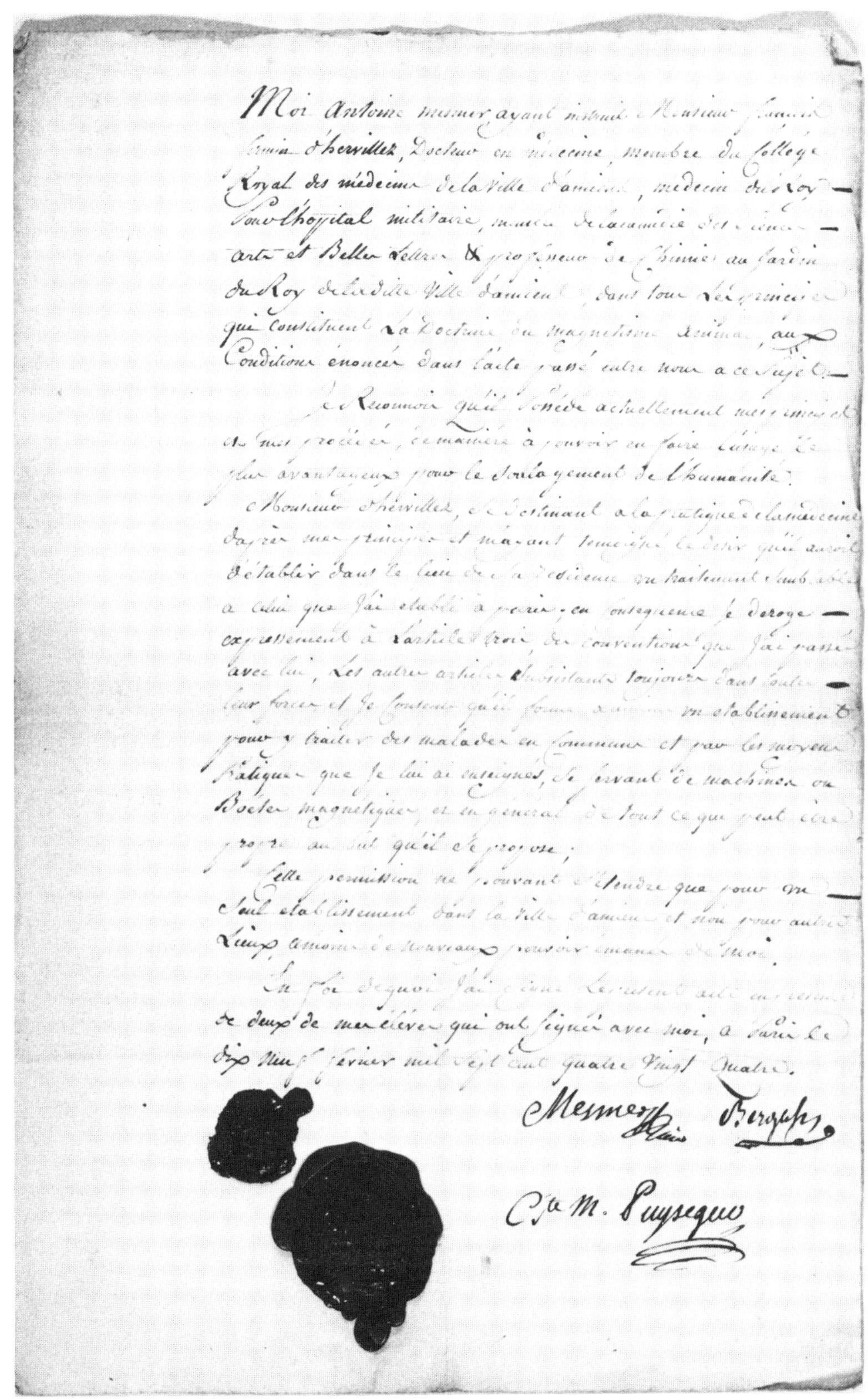

Moi Antoine Mesmer ayant instruit Monsieur Jean Firmin d'Hervillez, Docteur en médecine, membre du Collège Royal des médecins de la ville d'Amiens, médecin du Roy pour l'hôpital militaire, membre de l'académie des sciences arts et Belles Lettres & professeur de Chimie au Jardin du Roy de ladite Ville d'Amiens, dans tous les principes qui constituent la Doctrine du magnétisme animal, aux Conditions énoncées dans l'acte passé entre nous à ce sujet.

Je Reconnois qu'il possède actuellement mes principes et mes procédés, de manière à pouvoir en faire l'usage le plus avantageux pour le soulagement de l'humanité.

Monsieur d'Hervillez, se destinant à la pratique de la médecine d'après mes principes et m'ayant témoigné le desir qu'il avoit d'établir dans le lieu de sa résidence un traitement semblable à celui que j'ai établi à Paris, en conséquence je déroge expressément à l'article trois des conventions que j'ai passé avec lui, les autres articles subsistant toujours dans toute leur force et je consens qu'il forme à Amiens un établissement pour y traiter des malades en commun et par les moyens pratiques que je lui ai enseignés, se servant de machines ou Boetes magnétiques et en général de tout ce qui peut être propre au but qu'il se propose;

Cette permission ne pouvant s'étendre que pour un seul établissement dans la Ville d'Amiens et non pour autres lieux, à moins de nouveaux pouvoirs émanés de moi.

En foi de quoi j'ai signé le présent acte en présence de deux de mes élèves qui ont signé avec moi, à Paris le dix neuf février mil sept cent quatre vingt quatre.

Mesmer Bergasse

Ch. M. Puységur

Manuscript letter on mesmerism and animal magnetism
from the Society of Universal Harmony of Amiens, France (1784-1787)

Michell, John, 1724-1793.
A treatise of artificial magnets; in which is shewn an easy and expeditious method of making them, superior to the best natural ones: and also a way of improving the natural ones and of changing or converting their poles. Directions are likewise given for making the Mariner's Needles in the best form, and for touching them most advantageously, &c., by J. Michell. Cambridge, J. Bentham, 1750.
[1], 81 p. fold. plate. 20 cm.
In Ronalds, Wheeler 358, Gartrell 367.
States the law of variation of magnetic action according to the inverse squares of distances.

Molenier, Jacob.
Essai sur le méchanisme de l'électricité, et l'utilité que l'on peut en tirer pour la guérison de quelques maladies par Jacob Molenier... Bordeaux de l'Impr. de la Veuve de F. Sejourné, 1768.
108 p. 20 cm.
Provenance: Ex Libris Bibliotheque de Mony.

Monro, Donald, 1727-1802.
An account of the sulphureous mineral waters of Castle-Loed and Fairburn, in the country of Ross; and of the salt purging water of Pitkeathly, in the county of Perth, in Scotland, by Donald Monro. London, 1772.
15-32 p. 22 cm.
Extract from the Philosophical Transactions of the Royal Society, v. 62, 1772.
Bound with Priestley, J. An account of a new electrometer. London, 1772.

Montjoie, Christophe Félix Louis Ventre de La Touloubre, called Galart de, 1746-1816.
Lettre sur le magnétisme animal, où l'on examine la conformité des opinions des peuples anciens & modernes, des scavans, & notamment de Bailly avec celles de Mesmer; & où l'on compare ces mêmes opinions au Rapport des commissaires chargés par le roi de l'examen du magnétisme animal; adressée à Bailly par Galart de Montjoye. Philadelphie [i.e. Paris?] et se trouve, a Paris, Chez P.J. Duplain, 1784.
viii, 136 (i.e. 138) p. 21.3 cm.
Gartrell 1095.

Morgagni, Giovanni Battista, 1682-1771.
De sedibus, et causis morborum per anatomen indagatis liber quinque. Dissectiones, et animadversiones, nunc primum editas complectuntur propemodum innumeras, medicis, chirurgis, anatomicis profuturas. Multiplex praefixus est index rerum, & nominum accuratissimus. Tomus primus [secundus] duos priores continens libros. Venetiis, Ex typographia Remondiniana, 1761.
xcvi, 298, 452 p. front. (port.) 41.7 cm.
Provenance: Ernst P. Boas (bookplate); A. L. Peirson (bookplate)

Morgagni, Giovanni Battista, 1682-1771.
The seats and causes of diseases investigated by anatomy; in five books containing a great variety of dissections, with remarks. To which are added very accurate and copious indexes of the principal things and names therein contained. Translated from the Latin of John Baptist Morgagni, by Benjamin Alexander. In three volumes. London, A. Millar, 1769.
3 v. 26.5 cm.

Morgan, George Cadogan, 1754-1798.
Lectures on electricity, by G.C. Morgan. Norwich [England] J. March, 1794.
2 v. 2 plates. 16.5 cm.
Provenance: From the author with his best respects to Lady Cayley (inscription); Geo. Cayley (inscription)
Another issue.
17.5 cm.
In Ronalds, Wheeler 589, Gartrell 371.

Morin, Jean, 1705-1764.
Nouvelle dissertation sur l'electricite des corps, dans laquelle on develope le vrai mecanisme des plus surprenans phénomênes, qui ont paru jusqu'à present, & d'une infinité d'experiences nouvelles, de l'invention de l'autheur, par Morin. Chartres, J. Roux, 1748.
200, [9] p. 18.5 cm.
In Ronalds, Gartrell 372.

Morin, Jean, 1705-1764.
Réplique a M. l'abbé Nollet sur l'electricite, par Morin. Chartres, l'Impr. de la Veuve J. Roux, 1749.
48 p. 16.5 cm.
In Ronalds.

Müller, Johann Heinrich, 1671-1731.
[Joh. Henrici Mvlleri] Collegivm experimentale, in que ars experimentandi, praemissa brevi ejus delineatione, potioribus aevi recentioris inventis ac speciminibus, de aere, aqua, igne ac illustratur, &

ad genuinum scopum usumque accommodatur. Accessit ob cognationem appendix orationis ac dissertationes, in quibus observationum, experimentorum, artificiorum, totiusque adèo praxeos physicae & mathematicae, indoles, differentia, scopus & usus, pluribus declarantur; & circa processum experimentandi specialia quaedam afferuntur. Norimbergae, sumptibus W.M. Endteri, 1721.
[8], 302, [16] p. 14 fold. plates. 21 cm.
Provenance: David P. Wheatland (bookplate)

Mullatera, Giovanni Tommaso, 1727-1805.
Del magnetismo animale, e degli effetti ad esso attribuiti nella cura delle umane infermità. Beilla, dalle stampe di A. Cajani, 1785.
60 p. 16.3 cm.
Considered first Italian book on Mesmer's animal magnetism.

Musschenbroek, Jan van, 1687-1748.
Descriptions de nouvelles sortes de machines pneumatiques, tant doubles, que simples. Avec un recueil de plusieurs experiences, curieuses & instructives, que l'on peut faire avec ces machines, par Jean van Musschenbroek, qui fait lui-meme ces pompes. Leiden, 1739.
63 p. 4 fold. plates. 25 cm.
(In Musschenbroek, Petrus van. Essai de physique. Leyden, 1739.)
Wheeler 301.

Musschenbroek, Jan van, 1687-1748.
Description de nouvelles sortes de machines pneumatiques, tant doubles que simples. Avec un recueil du plusieurs experiences, curieuses & instructives, que l'on faire avec ces machines, par Jean van Musschenbroek. Leiden [n.d.]
60 p. 26 cm.
(In Musschenbroek, Petrus van. Essai de physique. Leyden, 1751.)

Musschenbroek, Jan van, 1687-1748.
Liste de diverses machines de physique, de mathematique, d'anatomie, et de chirurgie, qui se trouvent chez Jean van Musschenbroek. Leyden, 1739.
8 p. 25 cm.
(In Musschenbroek, Petrus van. Essai de physique. Leyden, 1739.)
Wheeler 302.

Musschenbroek, Jan van, 1687-1748.
Liste de diverses machines, de phyisque [sic] de mathematique, d'anatomie et de chirurgie, qui se trouvent chez Jean van Musschenbroek. Leyden [n.d.]
8 p. 26 cm.
(In Musschenbroek, Petrus van. Essai de physique. Leyden, 1751.)

Musschenbroek, Petrus van, 1692-1761.
P. v. Musschenbroek Compendium physicae experimentalis conscriptum in usus academicos. Lugduni Batavorum, Apud S. et J. Luchtmans, 1762.
[4], 515, [1] p. 14 fold. plates. 20.5 cm.
In Ronalds.

Musschenbroek, Petrus van, 1692-1761.
Cours de physique experimentale et mathematique, par Pierre van Mussenbroek. Tr. par Sigaud de la Fond. Paris, Briasson, 1769.
3 v. fold. table, 64 fold. plates. 25.5 cm.
Provenance: Kongl. Teknologiska Institutet. Vetenskap och Kunst (ink stamp); Tillhor Torsten Althin (bookplate)
Wheeler 427, Gartrell 375.

Musschenbroek, Petrus van, 1692-1761.
Dissertatio physica experimentalis de magnete [auctore] Petri van Musschenbroek. Lugduni Batavorum, anno 1729 edita, nunc vero auditoribus oblata, Viennae Austriae 1754. Vienna, J.T. Trattner, 1754.
[2], 283 p. 10 fold. plates. 21.5 cm.
In Ronalds, Wheeler 383, Gartrell 376.

Musschenbroek, Petrus van, 1692-1761.
Elementa physicae conscripta in usus academicos, a Petro van Musschenbroek. Lugduni Batavorum, Apud S. Luchtmans, 1734.
[14], 495 p. 21 fold. plates. 19.7 cm.
Provenance: Ex Libris Francisci Petit Doct. Med. Sueffonaei (bookplate); David P. Wheatland (bookplate)
In Ronalds.

Musschenbroek, Petrus van, 1692-1761.
The elements of natural philosophy. Chiefly intended for the use of students in universities, by Peter van Musschenbroek. Trans. from the Latin by John Colson. London, Printed for J. Nourse, 1744.

2 v. 26 fold. plates (incl. map) 20.5 cm.
Provenance: Philip Earl Stanhope (bookplate)
In Ronalds, Wheeler 312.

Musschenbroek, Petrus van, 1692-1761.
Epitome elementorum physico-mathematicorum, conscripta in usus academicos à Petro van Musschenbroek. Lugduni Batavorum, Apud S. Lugtmans, 1726.
[16], 374, [2] p. 16 cm.
Provenance: David P. Wheatland (bookplate)
In Ronalds.

Musschenbroek, Petrus van, 1692-1761.
Essai de physique, par Pierre van Musschenbroek. Avec une description de nouvelles sortes de machines pneumatiques, et un recueil d'expériences par J.V.M. Traduit du Hollandois par Pierre Masseut. Leyden, S. Luchtmans, 1739.
2 v. 29 fold. plates, port. 25 cm.
Provenance: Franklin Institute Library. The James T. Morris Memorial Fund (bookplate); Library of the Franklin Institute (ink stamp)
Wheeler 300.

Musschenbroek, Petrus van, 1692-1761.
Essai de physique, par Pierre van Musschenbroek. Avec une description de nouvelle sortes de machines pneumatiques, et un recueil d'experiences, par J.V.M. Traduit du Hollandois par Pierre Massuet. Leyden, S. Luchtmans, 1751.
2 v. port., 33 fold. plates. 26 cm.
In Ronalds, Gartrell 377.

Musschenbroek, Petrus van, 1692-1761.
Introductio ad philosophiam naturalem, auctore Petro van Musschenbroek. Lugduni Batavorum, S. et J. Luchtmans, 1762.
2 v. 64 fold. plates. 26 cm.
Provenance: Theodori Spriringes Presbyteri 1832 (inscription); Bibliotheca Seminarii 1ae. Sect. St. Mich. Gestel.
In Ronalds, Gartrell 378.

Musschenbroek, Petrus van, 1692-1761.
[Petri van Musschenbroek] Physicae experimentales, et geometricae de magnete, tuborum capillarium vitreorumque speculorum attractione, magnitudine terrae, cohaerentia corporum firmorum dissertationes: ut et Ephemerides meteorologicae ultrajectinae. Lugduni Batavorum, apud S. Luchtmans, 1729.
[10], 685 p. 2 fold. charts, 28 fold. plates. 26.3 cm.
Provenance: Fratelli Salimbeni P. B. (bookplate); GPC (bookplate)
In Ronalds, Wheeler 268, Gartrell 379.

[Mylius, Christlob, 1722-1754, ed.]
Physikalische Belustigungen. Berlin, C.F. Voss, 1751-57.
3 v. illus., plates (part fold.) 17.2 cm.
Provenance: Bibliothek Den Konigl. Technischen Hochschule. Hannover (ink stamp)

Nahmmacher, Georg Christoph, ca. 1736-1796.
Mechanismus der künstlichen Elektricität verglichen mit elektrischen Naturbegebenheiten und der Elektricität des Turmalins und Zitteraals, von G.C. Nahmmacher. Berlin, G.A. Lange, 1791.
86 p. 18.5 cm.
In Ronalds.

[Nairne, Edward] 1726-1806.
The description and use of Nairne's patent electrical machine; with the addition of some philosophical experiments and medical observations. London, Printed for Nairne and Blunt, 1783.
68 p. 5 fold. plates. 22 cm.
Wheeler 518, Gartrell 382.
Describes the cylinder frictional generator invented by Nairne.

Nairne, Edward, 1726-1806.
Description de la machine électrique negative et positive de Nairne, avec les détails des ses applications à la physique & principalement à la médecine; traduit de l'anglois, par Caullet de Veaumorel. Paris, P. Fr. Didot, 1784.
[1], xlvii, 179 p. 5 fold. plates. 16.8 cm.
Gartrell 383.

Navarro y Abel de Veas, Benito.
Physica electrica; o Compendio en que se explican los maravillosos phenomenos de la virtud electica, escrito por Don Benito Navarro y Abel de Veas. [Madrid, 1752?]
[24], 287 p. 15.7 cm.
Provenance: unidentified bookplate
In Ronalds.

Neale, John.
Directions for gentlemen who have electrical machines, how to proceed in making their experiments, by John Neale. With a compleat

series of experiments, and the management of them, as shewn in his course. London, Printed for the author, 1747.
77 p. 3 fold. plates. 20 cm.
In Ronalds, Wheeler 343, Gartrell 387.

Nebel, Daniel Wilhelm, 1735-1805.
Specimen inaugurale de electricitatis usu medico...praeside...Francisco Josepho de Oberkamp...publico examini submittit auctor Daniel Wilhelmus Nebel. Heidelbergae, Typis J.J. Haener, 1758.
[8], 58 p. 20.2 cm.

Needham, John Turberville, 1713-1781.
A letter from Paris concerning some new electrical experiments made there [by John Needham] London, C. Davis, 1746.
7 p. 24.5 cm.
In Ronalds, Gartrell 389.

Negro, Salvator dal, 1768-1839.
Nuovo metodo di costruire macchine elettriche di grandezza illimitata e nuovi sperimenti diretti a rettificare l'apparato elettrico, dell abate Salvator da Negro. Venezia, P. Zerletti, 1799.
xxxii, 112 p. tables, 1 fold. plate. 21.8 cm.
In Ronalds, Gartrell 391.

Newton, Sir Isaac, 1642-1727.
The chronology of ancient kingdoms amended. To which is prefix'd, a short chronicle from the first memory of things in Europe, to the conquest of Persia by Alexander the Great, by Sir Isaac Newton. London, J. Tonson, 1728.
xiv, [2], 376 p. 3 fold. plans. 24 cm.

Niceus, Christian Friedrich, -1805, ed.
Über das schwere Gehör und die Heilung der Gehörfehler. Mit Anmerkungen und Zusätzen aus alle den bisher bekannt gewordenen Beobachtungen, hrsg. von Christian Friedrich Niceus. Leipzig, J.B.G. Fleischer, 1794.
xxviii, 227 p. 17.2 cm.
Translates two otological works which include mention of the treatment of the ear by electricity.

Nicolas, Pierre Francois, 1743-1816.
Avis sur l'électricité considerée comme remedie dans certaines maladies, par Nicolas. Nancy, C.S. Lamort, 1782.
18 p. 17 cm.
"Extrait du Journal de Nancy."
In Ronalds.

Niemeyer, Ludwig Heinrich Christian, 1775-1800.
Materialien zur Erregungstheorie, von Ludwig Heinrich Christian Niemeyer. Herausgegeben von Georg Friedrich Mühry. Göttingen, J.G. Rosenbusch's Wittwe, 1800.
xvi, 214 p. 20.5 cm.

Nieuhoff, Bernardus, 1747-1831.
[Bernardi Nievhoff] oratio pro recentiorvm philosophiam natvralem exornandi sensv rectissimo publice dicta, die V. Iun. MDCCLXXVI, cum ordinarium philosophiae, matheseos et astronomiae, in academia ducatus Gelriae et comitatus Zutphaniae, docendae prouinciam auspicaretur. Harderovici, apud Ioannem Mooien [1776?]
[6], 60 p. 23.3 cm.
Bound with Hahn, Johann David. Sermo academicus de scientia naturali ab observationum et experimentorum sordibus repurganda. Trajecti ad Rhenum, 1753.

Nollet, Jean Antoine, 1700-1770.
Application curieuse de quelques phénomènes d'électricité, par l'abbé Nollet. [n.p.] 1766.
323-338 p. 3 fold. plates. 25 cm.
Extract from Mémoires de l'Academie royale des sciences.
In Ronalds.

Nollet, Jean Antoine, 1700-1770.
L'art des expériences, ou Avis aux amateurs de la physique, sur le choix, la construction et l'usage des instruments; sur la préparation et l'emploi des drogues qui servent aux expériences, par Nollet. Paris, Chez P.E.G. Durand, 1770.
3 v. 56 fold. plates. 17.3 cm.
Provenance: Th.as Valleteau de la Cote (bookplate); T. R. Valleteau de Chabresy
Wheeler 430.

Nollet, Jean Antoine, 1700-1770.
Conjectures sur les causes de l'électricité des corps, par l'abbé Nollet. [n.p.] 1745.
107-151 p. 3 fold. plates. 24.8 cm.
Extract from Mémoires de l'Académie Royale des Sciences.
In Ronalds.
Presents Nollet's theory of the cause of electricity in a paper read at the Academy.

Nollet, Jean Antoine, 1700-1770.
Ensayo sobre la electricidad de los cuerpos. Escrito en idioma francès, por el abate Nollet.

Traducido en castellano por Joseph Vazquez y Morales. Añadida la historia de la electricidad. Madrid, Mercurio, 1747.
[23], lxvii, [9], 131 p. 1 fold. plate. 20 cm.
In Ronalds, Gartrell 395.

Nollet, Jean Antoine, 1700-1770.
Essai sur l'électricité des corps, par l'abbé Nollet. Paris, Guérin, 1746.
xx, [2], 227 p. front., 4 plates. 17 cm.
With this is bound the author's Lettres sur l'electricite. Paris, 1753.
Provenance: Affrond. de la Mar. Del'Ac. R. des Sc. 1782 (bookplate)
Wheeler 329, Gartrell 396.
Presents Nollet's theory of the cause of electricity in book form for the first time.

Nollet, Jean Antoine, 1700-1770.
Essai sur l'électricité des corps, par l'abbé Nollet. 2. éd. Paris, Guerin, 1750.
xxiii, [1], 272 p. front., 4 fold. plates. 17 cm.
In Ronalds, Gartrell 397.

Nollet, Jean Antoine, 1700-1770.
Essai sur l'électricité des corps, par Nollet. 3. éd. Paris, Guerin, 1753.
xxiii, [1], 272 p. front., 4 fold. plates. 17.5 cm.
Wheeler 329a.

Nollet, Jean Antoine, 1700-1770.
Essai sur l'électricité des corps, par l'abbé Nollet. 4. éd. Paris, Chez H.L. Guerin & L.F. Delatour, 1764.
viii, iii-vi, [ix]-xxiii, [1], 273, [3] p. 4 fold. plates. 17 cm.
Provenance: Ducca di Cassano il Serra (bookplate); David P. Wheatland (bookplate); Harvard College Library Released (ink stamp)

Nollet, Jean Antoine, 1700-1770.
Essai sur l'électricité des corps, par l'abbé Nollet. 5. éd. Paris, Durand, 1771.
xxiii, [1], 273, [3] p. front., 4 fold. plates. 17 cm.

Nollet, Jean Antoine, 1700-1770.
Lecons de physique experimentale, par l'abbé Nollet. Amsterdam, Aux depens de la compaigne, 1745-65.
6 v. front., 116 fold. plates. 17 cm.
Wheeler 319, Gartrell 400.

Nollet, Jean Antoine, 1700-1770.
Lettere intorno all'elettricità, nelle quali si esaminano le ultime scoperte fatte in tal materia, e le consequenze che dedur se ne possone, del abate Nollet. Venezia, G. Pasquali, 1747.
180 p. 4 fold. plates. 18 cm.
Bound with his Saggio intorno all'elettricita de corpi. Venezia, 1755.

Nollet, Jean Antoine, 1700-1770.
Lettres sur l'électricité, dans lesquelles on examine les dernieres découvertes qui ont été faites sur cette matiere, & les conséquences que l'on en peut tirer, par l'abbé Nollet. Paris, Guérin & Delatour, 1753.
xii, 264 p. 4 plates. 17 cm.
Bound with the author's Essai sur l'électricité des corps. Paris, 1753.
In Ronalds, Wheeler 379, Gartrell 404.

Nollet, Jean Antoine, 1700-1770.
Lettres sur l'électricité, dans lesquelles on examine les dernieres découvertes qui ont été faites sur cette matiere, & les consequences que l'on en peut tirer, par l'abbé Nollet. Paris, Guerin & Delatour, 1753-1770.
3 v. 12 fold. plates. 17 cm.
In Ronalds.

Nollet, Jean Antoine, 1700-1770.
Lettres sur l'électricité, dans lesquelles on examine les découvertes qui ont été faites sur cette matiere depuis l'annee 1752, & les conséquences que l'on peut tirer, par l'abbé Nollet. Nouvelle éd. Paris, Guerin & Delatour, 1760-1767.
3 v. 12 fold. plates. 17 cm.
Provenance: Ex Libris Pierre Lambert (bookplate)
Gartrell 405.

Nollet, Jean Antoine, 1700-1770.
Lettres sur l'électricité, dans lesquelles on examine les découvertes qui ont été faites sur cette matiere, depuis l'année 1752, et les consequences que l'on peut tirer, par l'Abbe Nollet. Nouvelle éd. Paris, Guerin & Delatour, 1764.
2 v. 12 fold. plates. 17 cm.
Gartrell 408.

Suspended Boy demonstration from Nollet (1746)

Nollet, Jean Antoine, 1700-1770.
Lettres sur l'électricité, dans lesquelles on examine les découvertes qui ont été faites sur cette matiere depuis l'année 1752, & les conséquences que l'on peut tirer, par l'abbé Nollet. Nouvelle éd. Paris, Durand, 1774.
3 v. 12 fold. plates. 17 cm.
Gartrell 406.

Nollet, Jean Antoine, 1700-1770.
Programme, ou, Idée générale d'un cours de physique expérimentale, avec un catalogue raisonné des instrumens qui servent aux expériences, par l'Abbé Nollet. Paris, Chez P.G. Le Mercier, 1738.
xxxix, [1], 190, [8] p. 17 cm.
Outlines plans for electrical demonstrations and experiments in Nollet's earliest publication.

Nollet, Jean Antoine, 1700-1770.
Recherches sur les causes particulieres des phénomènes electriques, et sur les effets nuisibles ou avantageux qu'on peut en attendre, par l'abbé Nollet. Nouvelle édition. Paris, Guerin & Delatour, 1754.
xxxvi, 444 p. 8 fold. plates. 17 cm.
Wheeler 355a, Gartrell 411.

Nollet, Jean Antoine, 1700-1770.
Réflexions sur quelques phénoménes; cités en faveur des électriques en plus et en moins, par l'abbé Nollet. [n.p.] 1762.
137-160, 270-292 p. 4 plates. 25 cm.
Extract from Mémoires de l'Academie Royale des Sciences.
In Ronalds.

Nollet, Jean Antoine, 1700-1770.
Ricerche sopra le cause particolari de fenomeni elettrici e sopra gli effetti nocivi vantaggiosi che se ne puo' attendere, del Nollet. Venezia, G. Pasquali, 1750.
334 p. 7 fold plates. 17.5 cm.
In Ronalds, Gartrell 412.

Nollet, Jean Antoine, 1700-1770.
Saggio intorno all'elettricità de' corpi, del abate Nollet. Traduzione dal Francese. Venezia, G. Pasquali, 1747.
254 p. front., 5 fold. plates. 18 cm.
With this bound his Lettere intorno all' elettricità. Venezia, 1755.
Gartrell 413.

Nollet, Jean Antoine, 1700-1770.
Saggio intorno all' elettricità de'corpi, del abate Nollet. Traduzione dal francese. Aggiuntevi alcune esperienze ed osservazioni, che illustrano l'istessa materia, del Guglielmo Watson. Venezia, G. Pasquali, 1747.
254 p. front., 5 fold. plates. 17 cm.
Gartrell 413.

Nollet, Jean Antoine, 1700-1770.
Versuch einer Abhandlung von der Electricität der Cörper. Aus dem Franssösischen in das Teutsche übersetzt, und mit einigen Briefen des gelehrten Verfassers über diese Materie vermehret. Erfurt, J.F. Weber, 1749.
270, [50] p. 4 fold. plates. 17 cm.
Provenance: Bibl. Publ. Basileensis.

Onglée, Francois Louis Thomas d'.
Rapport au public de quelques abus auxquels le magnétisme animal a donné lieu, par F.L. Thomas d'Onglée. Paris, Veuve Herissant, 1785.
[1], 165, [1] p. 21 cm.
Provenance: Chateau de Veauce (bookplate)

Oppianus.
Oppian's Halieuticks of the nature of fishes and fishing of the ancients, in V. books. Tr. from the Greek, with an account of Oppian's life and writings, and a catalogue of his fishes. Oxford, Printed at the Theater, 1722.
[viii], 13, [1], 232 p. 23.5 cm.
Provenance: Ex Libris Arthur Howard Thompson (bookplate)

Ozanam, Jacques, 1640-1717.
Récréations mathématiques et physiques, qui contiennent les problêmes et les questions les plus remarquables, et les plus propres à piquer la curiosité, tant des mathématiques que de la physique; le tout traité d'une maniere à la portée des lecteurs qui ont seulement quelques connoissances légeres de ces sciences, par Ozanam. Nouvelle éd., totalement refondue et considerablement augm., par de M***. Paris, Firmin Didot, 1790.
4 v. 89 fold. plates. 20 cm.

Paets van Troostwyk, Adriaan, 1752-1837.
De l'application de l'électricité a la physique et a la médecine, par A. Paets van Troostwyk et C.R.T. Krayenhoff. Ouvrage couronné par la Société royale & patriotique de Valence en

Dauphiné. Amsterdam, Chez D.J. Changuion, 1788.
xii, 319 p. 4 fold. plates. 26.5 cm.
Deals both with atmospheric electricity and with medical electricity.

Palmer, G , physicist.
Théorie de la lumiére, applicable aux arts, et principalement a la peinture, par Palmer. Paris, Chez Hardouin & Gattey, 1786.
62, [3] p. 19.8 cm.
Bound with Carra, Jean Louis. Dissertation élémentaire sur la nature de la lumiére, de la chaleur, du feu et de l'électricité. Londres, 1787.

Paris, doctor of medicine.
Dissertation physico-medicale, sur l'usage de l'électricité dans la medecine, par Paris. Paris, 1766.
xii, 52 p. 16.7 cm.
With this is bound Réflexions sur un ouvrage où l'auteur s'efforce d'établir l'usage de l'électricité dans la medecine. Rotterdam, 1767.

Parkinson, James, 1755-1824.
Some account of the effects of lightening [sic] by J. Parkinson. [n.p.] 1787.
493-507 p. 20.5 cm.

[Paulet, Jean Jacques] 1740-1826.
L'antimagnetisme, ou Origine, progrés, dècadence, renouvellement et réfutation du magnétisme animal. Londres, 1784.
[4], 252 p. plate. 21 cm.
Gartrell 1100.

Paulet, Jean Jacques, 1740-1826.
Mesmer justifié [par J.J. Paulet] Nouvelle éd., corr. et augm. Constance, 1784.
[1], 46 p. 20 cm.
Bound with Montjoie, C.F.L. Lettre sur le magnetisme animal. Philadelphie, 1784.
Gartrell 1101.

[Paulet, Jean Jacques] 1740-1826.
Réponse a l'auteur des Doutes d'un provincial, proposés à MM. les médecins commissaires, chargés par le Roi de l'examen du magnétisme animal. Londres, 1785.
[3], 70, [1] p. 19.5 cm.

Paulian, Aimé Henri, 1722-1801.
Dictionnaire de physique, par Aimé-Henri Paulian. Avignon, L. Chambeau, 1761.
3 v. 16 fold. plates. 25.5 cm.

Paulian, Aimé Henri, 1722-1801.
Dictionnaire de physique. 8. éd., revue, corr. & enrichie des découvertes faites dans cette science, depuis l'année 1773, par Aimé-Henri Paulian. Nimes, Gaude, 1781.
4 v. 12 fold. plates. 20.3 cm.

[Paulian, Aimé Henri] 1722-1801.
L'électricité soumise a un nouvel examen, dans différentes lettres addressées à l'abbé Nollet, et dans quelques questions de physique présentées sous la forme scholastique: le tout, selon une théorie nouvelle, appuyée sur les expériences les plus incontestables [par Paulian] Avignon, Girard & Sequin, 1768.
xlviii, 286 p. 2 fold. plates. 17 cm.
In Ronalds, Wheeler 421, Gartrell 420.
Defends his electrical theories from the criticism of Jean Antoine Nollet.

Perkins, Benjamin Douglas, 1774-1810.
The efficacy of Perkins's patent metallic tractors, in topical diseases, on the human body and animals: exemplified by 250 cases, from the first literary characters in Europe and America: to which is prefixed, a preliminary discourse, in which, the fallacious attempts of Dr. Haygarth, to detract from the merits of the tractors, are detected, and fully confuted by Benjamin Douglas Perkins. London, Printed by Luke Hansard for J. Johnson [et al.], 1800.
lvi, 135 p. 12.5 cm.
Provenance: Sally Perkins (inscription)

Perkins, Benjamin Douglas, 1774-1810.
The influence of metallic tractors of the human body, in removing various painful inflammatory diseases, such as rheumatism, pleurisy, some gouty affections, &c. &c., lately discovered by Dr. Perkins of North America; and demonstrated in a series of experiments and observations, by Professors Meigs, Woodward, Rogers, &c. &c. By which the importance of the discovery is fully ascertained, and a new field of enquiry opened in the modern science of Galvanism, or, animal electricity, by Benjamin Douglas Perkins. London, Printed for J. Johnson, 1798.
xi, 99, [1] p. 21.5 cm.
In Ronalds.

Promotes the medical use of the metallic tractors invented by the author's father Elisha Perkins.

Perkins, Benjamin Douglas, 1774-1810.
The influence of metallic tractors on the human body, in removing various painful inflammatory diseases, such as rheumatism, pleurisy, some gouty affections, &c. &c. lately discovered by Dr. Perkins, of North America; and demonstrated in a series of experiments and observations, by professors Meigs, Woodward, Rogers &c. &c. By which the importance of the discovery is fully ascertained, and a new field of enquiry opened in the modern science of galvanism, or, animal electricity, by Benjamin Douglas Perkins. London, Printed for J. Johnson, 1798.
xi, 99, [1] p. 21.5 cm.
Bound with Langworthy, C.C. A view of the Perkinean electricity. Bristol, 1798.
In Ronalds.

Perkins, Elisha, 1741-1799.
Certificates of the efficacy of Doctor Perkins's patent metallic instruments. Newburyport, Printed by Edmund M. Blunt, 1796.
24 p. 25 cm.
Licenses the holder to treat persons with Elisha Perkins' metallic tractors.

Perkins, Elisha, 1741-1799.
Evidences of the efficacy of Doctor Perkin's patent metallic instruments. Philadelphia, Printed by Richard Folwell, 1797.
36 p. 18.5 cm.

Perkins, Elisha, 1741-1799.
Evidences of the efficacy of Doctor Perkins's patent metallic instruments. New London, S. Green's Press, 1797.
32 p. 21 cm.
Testifies through medical case histories to the success of Elisha Perkins' metallic tractors as electrotherapeutic devices.

Petetin, Jacques Henri Désiré, 1744-1808.
Mémoire sur la découverte des phénomenes que présentent la catalepsie et le somnambulisme, symptômes de l'affection hystérique essentielle, avec des recherches sur la cause physique de ces phénomènes, par Petetin. Premiere [seconde] partie. [n.p.] 1787.
62, 126, [1] p. 20 cm.
In Ronalds.

Petrini, Giuseppe, 1760-
Nuovo methodo di guarire la sciatica nervosa opera di Giuseppe Petrini. Roma, Stampe del Cafaletti, 1781.
168 p. 1 fold. plate. 18.5 cm.
Provenance: Ex Libris Mario G. Fiori (bookplate)

A philosophical enquiry into the properties of electricity. In which is contain'd a confutation of the solutions which have been hitherto given of it, and the most probable reason of the late surprising experiments. In a letter to a friend. London, Printed for M. Cooper, 1746.
32 p. 20.1 cm.
Discusses electrical attraction and repulsion.

Pitcairne, Archibald, 1652-1713.
Elementa medicinae physico-mathematica, libris duobus, quorum prior theoriam, posterior praxim exhibet, in gratiam medicinae studiosorum delineata, & nunc iterum in lucem edita. Item ejusdem Opuscula medica, quibus postremo adjectus est Ratiociniorum mechanicorum in medicina usus vindicatus per Christianum Strom. Venetiis, Apud A. Bortoli, 1733.
xxiv, 247 p. 23 cm.
Bound with Freind, J. Opera omnia. Venetiis, 1733.

Pivati, Giovanni Francesco.
Della elettricità medica lettera del Gio: Francesco Pivati al Francesco Maria Zanotti. Lucca, 1747.
liii p. 19.5 cm.
In Ronalds, Gartrell 428.
Explains method of combining medicine with electrical fluid and thereby transfering that medicine to persons so that they may be treated without taking the medicine internally.

Pivati, Giovanni Francesco.
Riflessioni fisiche sopra la medicina elettrica del Gio: Francesco Pivati. Venezia, Benedetto Milocco, 1749.
[4], 166 p. 24.5 cm.
In Ronalds.

Plaz, Anton Wilhelm, 1708-1784.
Panegyrin medicam indicit et de arte natvram svperante praefatvr Antonivs Gvilielmvs Plaz. [Lipsiae] 1772.
xvi p. 23.5 cm.

Bound with Krause, K.C., praeses. De irritabilitate partium corporis humani. Lipsiae, 1772.

Poissons; descriptions de plusieurs poissons, traduites de l'ouvrage de Willughbeii Historia Piscium &. Oxonii 1686. [17--?]
[16], 165, [5] p., bound. 24.2 cm.
[manuscript]

Pole, Thomas, 1753-1829.
An account of a remarkable spasmodic affection from the puncture of a pin, cured by the liberal use of laudanum, with antimonial wine, by Thomas Pole. [n.p.] 1787.
373-385 p. 20.5 cm.
Disbound from Memoirs of the Medical Society of London.

Pomme, Pierre, 1735-1812.
Traité des affections vaporeuses des deux sexes, ou maladies nerveuses, vulgairement appelées maux de nerfs, par Pierre Pomme. 6. éd., revue, corrigée et augmentée. Paris, Cussac, an VII [i.e. 1799]
2 v. port. 19.5 cm.
Contains a brief, skeptical chapter on medical electricity.

Poncelet, Polycarpe, ca.1720-ca.1780.
La nature dans la formation du tonnerre, et la reproduction des êtres vivans, pour servir d'introduction aux vrais principes de l'agriculture, par l'abbé Poncelet. Paris, Le Mercier, 1766.
2 v. in 1. 2 plates (incl. 1 fold. plate), front. 18.6 cm.
Provenance: Ex Libris Marchionis Salsae (bookplate)
In Ronalds, Wheeler 418, Gartrell 433.

Porta, Giovanni Battista della, 1535?-1615.
De i miracoli et maravigliosi effetti de la natura prodotti: libri IIII di Gio. Battista Porta napolitano; nouvamente tradotti di Latino in lingua volgare & con molta fatica illustrati; con due tauole, l'una de' capitoli, l'altra de le cose piu notabili. Venetia, Appresso Lodouico Auanzo, 1566.
[16], 148 leaves. 15 cm.

Pressavin, Jean Baptiste, b. 1734.
Abrege de l'histoire des magnetiseurs de Lyon, par un nouveau converti. [Lyon? 17--]
8 p. 20 cm.
Bound with his L'Art de prolonger la vie et de conserver la sante. Lyon, 1786.

Pressavin, Jean Baptiste, b. 1734.
L'art de prolonger la vie et de conserver la santé; ou traité d'hygiene, par Pressavin. Lyon, Chez J.S. Grabit; et se trouve à Paris, Chez Cuchet, 1786.
[3], xxxii, 354, [2] p. 20 cm.
With this is bound his Lettres sur le magnétisme. Lyon, 1784; Abrégé de l'histoire des magnétiseurs de Lyon par un nouveau converti. [Lyon? ca. 1784]; and his Opinion de Pressavin ... sur le procès du roi. [Paris, ca. 1793]
Provenance: Bibliotheque Forezienne (ink stamp)

Pressavin, Jean Baptiste, b. 1734.
Lettres sur le magnétisme, par Pressavin. Lyon, 1784.
16 p. 20 cm.
Bound with his L'art de prolonger la vie et de conserver la sante. Lyon, 1786.
Garland 1105.

Pressavin, Jean Baptiste, b. 1734.
Opinion de Pressavin ... sur le procès du roi. Impr. par ordre de la Convention nationale [Paris, ca. 1793]
10 p. 20 cm.
Bound with his L'art de prolonger la vie et de conserver la santé. Lyon, 1786.

Prevost, Pierre, 1751-1839.
De l'origine des forces magnétiques, par P. Prevost. Genève, Barde, Manget, 1788.
xxiii, [1], 231 p. 2 fold. plates. 22 cm.
In Ronalds, Wheeler 547, Gartrell 435.

Priestley, Joseph, 1733-1804.
An account of a new electrometer, contrived by William Henly, and of several electrical experiments, made by him, in a letter from Priestley to Franklin. London, 1772.
359-364 p. fold. plate. 22 cm.
Extract from the Philosophical Transactions of the Royal Society, v. 62, 1772.
With this are bound Ronayne, T. A letter to Benjamin Franklin. London, 1772; Henley, W. An account of the death of a person. London, 1772; Call, J. A letter to Nevil Maskelyne. London, 1772; Monro, D. An account of the sulphureous

mineral waters. London, 1772; and Walker, J. Account of the irruption of Solway Moss. London, 1772.

Priestley, Joseph, 1733-1804.
A familiar introduction to the study of electricity, by Joseph Priestley. 2d ed. London, Printed for J. Dodsley, 1769.
85, [3] p. 5 fold. plates. 20.2 cm.
Provenance: Memorial Library of the International Electrical Exhibition 1884 (bookplate); Franklin Institute Library Philadelphia (bookplate)
In Ronalds, Wheeler 422a, Gartrell 438.

Priestley, Joseph, 1733-1804.
Geschichte und gegenwärtiger Zustand der Elektricität, nebst eigenthümlichen Versuchen [von Joseph Priestley] Nach der zweyten vermehrten und verbesserten Ausgabe aus dem Englischen übersetzt und mit Anmerkungen begleitet von Johann Georg Krünitz. Berlin, G.A. Lange, 1772.
[7], xxxii, 517, [1] p. 8 fold. plates. 24.5 cm.
In Ronalds, Gartrell 440.

Priestley, Joseph, 1733-1804.
Histoire de l'électricité, traduite de l'Anglois de Joseph Priestley, avec des notes critiques. Ouvrage enrichi de figures en taille-douce. Paris, Herissant le fils, 1771.
3 v. 9 fold. plates. 17 cm.
Provenance: Boze Marseille (bookplate)
In Ronalds, Wheeler 453b, Gartrell 442.

Priestley, Joseph, 1733-1804.
The history and present state of discoveries relating to vision, light, and colours, by Joseph Priestley. London, Printed for J. Johnson, 1772.
v, xvi, 812, [6] p. 1 fold. chart, 24 fold. plates. 26 cm.
In Ronalds.

Priestley, Joseph, 1733-1804.
The history and present state of electricity with original experiments, by Joseph Priestley. London, Printed for J. Dodsley, 1767.
[2], xxxi, 736, [9] p. 7 fold. plates, 1 chart. 26.5 cm.
In Ronalds, Gartrell 443.
Remains the classic history of theories of electricity. Contains what is considered the first bibliography of the history of electricity.

Priestley, Joseph, 1733-1804.
The history and present state of electricity, with original experiments, by Joseph Priestley. 2nd ed., corr. and enl. London, Printed for J. Dodsley, 1769.
[3], xxxii, 712, [12] p. 1 chart, 8 fold. plates. 27 cm.
Provenance: Walker (defaced bookplate); The London Electrical Society, from Thomas Pollock Esq. (inscription)
In Ronalds, Gartrell 444.

Priestley, Joseph, 1733-1804.
The history and present state of electricity, with original experiments, by Joseph Priestley. 4th ed., corr. and enl. London, Printed for C. Bathurst, 1775.
[2], xxxii, 691, [12] p. 8 fold. plates. 27.3 cm.
Provenance: Hentesbury House (bookplate)
In Ronalds, Wheeler 453, Gartrell 446.

Principes du magnetisme. [ca. 1786]
7 l. of plates, 44, [48], [8] p., bound. 20 cm. [manuscript]

Pringle, Sir John, bart., 1707-1782.
Discorso sulla torpedine. Recitano nell' Adunanza annuale della Società Regale do Londra nell giorno 30 Novembre 1774, dal Giovanni Pringle. Tradotto in Italiano. Napoli, 1776.
28 p. 24 cm.
In Ronalds.

Pringle, Sir John, bart., 1707-1782.
A discourse on the torpedo, delivered at the anniversary meeting of the Royal Society, November 30, 1774, by Sir John Pringle. London, Printed for the Royal Society, 1775.
32, [1] p. 21.5 cm.
In Ronalds, Wheeler 454, Gartrell 448.
Details the history of the torpedo and its electrical characteristics in the classic work on the subject.

Pringle, Sir John, bart., 1707-1782.
A discourse on the Torpedo, delivered at the anniversary meeting of the Royal Society, November 30, 1774, by Sir John Pringle, Baronet. London, Printed for the Royal Society, 1775.
32, [1] p. 23.5 cm.
Bound with [Walsh, John] Three tracts concerning the Torpedo. London, 1775.

Pujol, Alexis, 1739-1804.
Essai sur la maladie de la face, nommée le tic douloureux; avec quelques réflexions sur le Raptus Caninus de Coelius Aurelianus, par Pujol. Paris, T. Barrois le jeune, 1787.
xxxii, 207 p. 17 cm.

Puységur, Armand Marie Jacques de Chastenet, marquis de, 1751-1825.
Mémoires pour servir a l'histoire et a l'établissement du magnétisme animal [par] Puiségur. Londres, 1786.
[3], 411 p. 21.7 cm.
Gartrell 1111.

Puységur, Jacques Maxime Paul de Chastenet, 1755-1820.
Rapport des cures opérées a Bayonne par le magnétisme animal, adressé a l'Abbe de Poulouzat, par le comte Maxime de Puységur, avec des notes de Duval d'Esprémenil. Bayonne, est se trouve à Paris, Chez Prault, 1784.
viii, 72 p. 19.5 cm.
Gartrell 1113.

Quelmalz, Samuel Theodor, 1696-1758.
Programma de viribus electricis medicis. Sam. Theodori Quelmalz. Lipsiae, 1753.
[1], 49-56 p. 25 cm.
In Ronalds.

[Rabiqueau, Charles] fl.1753-1783.
Lettre electrique sur le mort de M. Richmann. [n.p., 1754?]
[1], 14 p. 20.3 cm.
Bound with his Le spectacle du feu elementaire. Paris, 1753.
In Ronalds.

Rabiqueau, Charles, fl. 1753-1783.
Relation curieuse et interessante pour le progrès de la physique et de la médicine, par Rabiqueau. [Paris, 1753?]
[1], 5-34 p. 20.5 cm.
Bound with his Le spectacle du feu elementaire. Paris, 1753.
In Ronalds.

Rabiqueau, Charles, fl. 1753-1783.
Relation curieuse et interessante pour le progres de la physique et de la medecine, par Rabiqueau. [Paris, 1756?]
[1], 5-34 p. 20.3 cm.
Bound with his Le spectacle du feu elementaire. Paris, 1753.
In Ronalds.

Rabiqueau, Charles, fl. 1753-1783.
Le spectacle du feu elementaire; ou Cours d'electricité experimentale. Où l'on trouve l'explication, la cause & le méchanisme du feu dans les corps, son action sur la bougie, sur le bois, & successivement sur tous les phénomenes electriques; où l'on dévoile l'abus des pointes pour détruire le tonnerre: on y explique en outre la cause de la chûte des corps au centre de la terre, celle de l'ascension de l'eau dans les tuyaux capillaires, &c. Que le feu est le ressort, l'air l'agent du méchanisme de l'univers, par Ch. Rabiqueau. Paris, Chez Jombert, 1753.
[4], 4, [4], 296 p. 10 fold. col. plates, port. 20.3 cm.
With this are bound his Lettre electrique sur le mort de M. Richmann [n.p., 1754?] and his Relation curieuse et interessante pour le progrès de la physique et de la médecine. [Paris, 1756?]
In Ronalds, Wheeler 381, Gartrell 451.
Reports experiments intended to demonstrate that electricity is a form of fire.

Raccolta di poetiche composizioni in lode dell' illustrissimo, ed eccellentissimo Signor Dottore Luigi Galvani. Bologna, Nella stamperia di G. de' Franceschi, 1792.
xvi p. 22.5 cm.
Praises, in poetry, Luigi Galvani's discovery of animal electricity.

Rackstrow, B.
Miscellaneous observations, together with a collection of experiments on electricity. With the manner of performing them. Designed to explain the nature and cause of the most remarkable phaenomena thereof: with some remarks on a pamphlet, intituled, A sequel to the experiments and observations tending to illustrate the nature and properties of electricity. To which is annexed a letter, written by the author to the Academy of Sciences at Bourdeaux, relative to the similarity of electricity to lightening and thunder, by B. Rackstrow. London, Printed for the author, 1748.
[1], iv, 72 p. engr. front. 20.4 cm.
In Ronalds, Wheeler 351, Gartrell 452.

[Rancy, de]
Essai de physique, en forme de lettres; a l'usage des jeunes personnes de l'un & l'autre

sexes; augmenté d'une lettre sur l'aimant, de réflexions sur l'électricité, & d'un petit traité sur le planétaire. Paris, Chez Hérissant fils, 1768.
xii, 584, [4] p. 16.9 cm.
Gartrell 453.
Presents science for children, including chapters on electricity and magnetism.

Rapport fait à l'académie royale des sciences, sur la machine électrique nouvellement inventée par Walckiers de St. Amand. Paris, 1784.
[3]-29 p. 1 fold. col. plate (front.) 22.4 cm.
"Extrait des registres de l'Académie Royale des Sciences, du 17 mars 1784."
Provenance: David P. Wheatland (bookplate)

Read, John.
A summary view of the spontaneous electricity of the earth and atmosphere; wherein lie the causes of lightning and thunder, as well as the constant electrification of the clouds and vapours, suspended in the air, are explained. With some new experiments and observations, tending to illustrate the subject of atmospherical electricity; to which is subjoined the atmospherico-electrical journal kept during two years, as presented to and published by the Royal Society of London, by John Read. London, Printed for the author, of whom it may be had, 1793.
x, [1], 160, [1] p. 1 fold. plate. 21.5 cm.
Provenance: Harvard College Library (bookplate with release stamp)
In Ronalds, Wheeler 585, Gartrell 454.

Recueil de découvertes et inventions nouvelles. Dans les sciences, les beaux-arts, les arts, les manufactures, fabriques, &c. Nouvelle éd., augmentée d'une table des matieres. Bouillon, Aux dépens de la Société Typographique, 1774.
[3], vi, 443 p. 17 cm.
Contains works on the use of electricity in the treatment of toothache, on electrical experiments with plants, and on atmospheric electricity.

Recueil de traités sur l'électricité, traduits de l'allemand & de l'anglois. [Paris, 1748]
[1], vii, [3], 156, xii, 141, viii, 112 p. 6 fold. plates. 16.8 cm.
Provenance: David P. Wheatland (bookplate, copy 2)
Gartrell 456.

Recueil des pieces les plus intéressantes sur le magnétisme animal. [Paris] 1784.
[4], 468, [2] p. 21 cm.
Provenance: For Vernon Williams, M.D. ... from Michel Pijoun - Johns Hopkins Medicine (1932 (inscription)
Gartrell 1117.

Recueil sur l'electricité médicale, dans lequel on a rassemblé les principales piéces publiées par divers scavans, sur les moyens de guérir en électrisant les malades. 2. éd. rev., corr. & augm. Paris, de l'Impr. de P.G. Le Mercier, 1761.
2 v. 17 cm.

Reflexions sur un ouvrage, où l'auteur s'efforce d'établir l'usage de l'électricité dans la medecine, par l'auteur de la manière d'ouvrir & de traiter les abscès. Rotterdam, H. Baskosk, l'aîné, 1767.
[4], 140 p. 16.7 cm.
Bound with Paris, doctor of medicine. Dissertation physico-medicale, sur l'usage de l'electricité dans la medecine. Paris, 1766.

Reimarus, Johann Albert Heinrich, 1729-1814.
Neuere Bemerkungen vom Blitze; dessen Bahn, Wirkung, sichern und bequement Ableitung; aus zuverlässigen Wahrnehinungen von Wetterschlägen dargelegt [von] J.A.H. Reimarus. Hamburg, C.E. Bohn, 1794.
xii, 386 p. 7 fold. plates. 20.5 cm.

Reinhold, Johann Christoph Leopold, 1769-1809.
De galvanismo, auctore Ioannes Christoph Leopold Reinhold. Lipsiae, Ex. Off. Klavearthia [1797-98]
2 v. 20 cm.

Resume sur les expériences d'électrometrie souterraine faites en Italie et dans les Alpes depuis 1789 jusqu' en 1792. Pour servir de suite aux Mémoires publiés en 1780 & 1783, sur les rapports qui existent entre les phénomenes du magnétisme, de l'électricité, & de la baguette divisatoire. Ouvrage physique et polémique divisé en deux parties. Brescia, Bendiscioli, 1792.
2 v. 2 plates. 22 cm.

[Retz, Noël] 1758-1810.
Mémoire pour servir a l'histoire de la jonglerie, dans lequel on demontré les phénomènes du

mesmérisme. A Londres et se trouve a Paris, Chez Méquignon, 1784.
[4], 47 p. front. 19.7 cm.
Bound with [Servan, J.M.A.] Doutes d'un provincial. Lyon, 1784.
Gartrell 1119.

Ribright, George and Son.
A curious collection of experiments, to be performed on the electrical machines, made by Geo. Ribright and Son, (No. 40) in the Poultry, London. London, J. Brown, 1779.
24 p. 2 plates (incl. front.) 19.5 cm.
Provenance: Franklin Institute Library (ink stamp)
Gartrell 460.
Includes popularized electrical games, such as electric feathers and bell ringing.

Robbins, Chandler, 1738-1799.
A discourse delivered before the Humane Society of the Commonwealth of Massachusetts at their semiannual meeting, June 14, 1796, by Chandler Robbins. Boston, T. Fleet, 1796.
36 p. 18.5 cm.

Rösel van Rosenhof, August Johann, 1705-1759.
Historia naturalis Ranarum nostratium in qua omnes earum proprietates, praesertim quae ad generationem ipsarum pertinent, fusius enarrantur. Cum praefatione Alberti V. Haller. Edidit accuratisque iconibus ornavit, Augustus Iohannes Roesel von Rosenhof. Die natürliche Historie der Frösche hiesigen Landes morinnen alle Eigenschaften derselben, sonderlich aber ihre Fortpflanzung, umständlich beschrieben werden. Nürnberg, gedrukt bey J.J. Fleischmann, 1758.
[8], viii, 115, [1] p. front., 48 plates (24 col.) 42.5 cm.

Rohault, Jacques, 1620-1675.
Traité de physique, par Jacques Rohault. Nouvelle ed. Paris, Chez G. Desprez, 1723.
2 v. 17 cm.

Romas, Jacques de, 1713-1776.
Mémoire, sur les moyens de se garantir de la foudre dans les maisons; suivi d'une lettre sur l'invention du cerf-volant electrique, avec les pièces justificatives de cette même lettre; par de Romas. Bordeaux, Chez Bergeret, 1776.
xxiv, 156, [4] p. 2 fold. plates. 17 cm.
Bound with Franklin, B. Expériences et observations sur l'électricité. Paris, 1752.

Ronayne, Thomas.
A letter from Thomas Ronayne to Benjamin Franklin inclosing an account of some observations on atmospherical electricity; in regard of fogs, mists, &c. with some remarks, communicated by William Henley. London, 1772.
137-146 p. fold. plate. 22 cm.
Extract from the Philosophical Transactions of the Royal Society, v. 62, 1772.
Bound with Priestley, J. An account of a new electrometer. London, 1772.
In Ronalds, Gartrell 466.

Rosenmueller, Johann Georg, 1736-1815.
Briefe ueber die Phoenomene des thierischen Magnetismus und Somnambulismus [von Rosenmueller] Leipzig, G.J. Göschen, 1788.
106 p. 19.5 cm.
Provenance: Library of Pennsylvania College (inscription)

Rouland, Professor at the University of Paris.
Description des machines electriques a taffetas, de leurs effets & des divers avantages que présentent ces nouveaux appareils, par Rouland. Amsterdam, Chez l'auteur, 1785.
[3], 35 p. fold. plate. 19.8 cm.
Bound with Carra, Jean Louis. Dissertation élémentaire sur la nature de la lumière, de la chaleur, du feu et de l'électricité. Londres, 1787.

Rowley, William, 1744-1806.
A short treatise on all modes hither to discovered, of applying electricity to the art of medicine; to which are added tables explaining the foramina and direction of the principal nerves, by which the exact part to be electrified will be better understood in palsies, and all nervous diseases, &c. &c. [by William Rowley] [n.p.] 1793.
[1], 409-472 p. 21.3 cm.

Sans, l'abbe de.
Guérison de la paralysie par l'électricité ou cette expérience physique. Employée avec succés dans le traitment de cette maladie regardée jusques à présent comme incurable [par] l'abbé Sans. Paris, Cailleau, 1772.
xvi, 150 p. front., fold. plate. 16.5 cm.
Explains successful electrical treatment of muscle contraction of the foot.

Allegorical title page from Sans, *Guerison de la Paralysie par l'Electricite...* (1772)

Sans, l'abbe de.
Guérison de la paralysie par l'électricité, par l'abbé Sans. Dans lequel on expose la méthode qu' il faut suivre pour guérir la paralysie par l'électricité lue à la Société Royale de Médecine le 9 & le 30 Septembre 1777. Paris, Cailleau, 1778.
[4], xxvii, [1], 234 p. front., 4 fold. plates. 17 cm.
Provenance: Ex Libris F. Fossa (bookplate)

Santanelli, Ferdinando.
Philosophiae reconditae sive magicae, magneticae, mumialis scientiae explantio, ex qua omnia naturalia miracula, & admirabilia fluunt, ac in intimis atque occultis naturae visceribis introitus aperitur omnibus, & per omnia, authore Ferdinando Santanello. Coloniae, 1723.
[8], 108 p. 24 cm.
Wheeler 261.

Santorio, Santorio, 1561-1636.
De statica medicina aphorismorum sectiones septem: Accedunt in hoc opus commentarii Martini Lister et Georgii Baglivi. Patavii, J.B. Conzatti, 1710.
[20], 266 p. front. 14.5 cm.

Saunders, James.
An account of the effects of electricity in different diseases, by James Saunders. [n.p., 176-?]
394-410 p. 20.8 cm.
Extract from Medical Commentaries.

Saussure, Horace Bénédict de, 1740-1799, praeses.
Dissertatio physica de electricitate, quam, favente Deo, praeside Hor. Ben. de Saussure...publicè tueri conabitur Amadeus Lullin...Die veneris proximâ Septembris 26, horâ secundâ, loco solito. Genevae, Typis S. Blanc & J.P. Bonnant Typog., 1766.
[2], 55 p. 19.5 cm.
In Ronalds.

Saussure, Horace-Bénédict de, 1740-1799.
Voyages dans les Alpes, précédés d'un essai sur l'histoire naturelle des environs de Geneve, par Horace-Bénédict de Saussure. Neuchatel, S. Fauche, 1779-1796.
4 v. 21 fold. plates, 2 fold. maps (incl. 1 fold. col. map) 26 cm.

Sauvages de la Croix, François Boissier de, 1706-1767.
De venenatis Galliae animalibus, & venenorum in ipsis fideli observatione compertorum indole atque antidotis. Francisci Boissier de Sauvages. Monspelii, J. Martel, 1764.
[3], 21 p. 23.5 cm.

Sauvages de la Croix, François Boissier de, 1706-1767.
Dissertation sur la nature et la cause de la rage, dans laquelle on recherche quels en peuvent être les preservatifs & les remédes, par François de Sauvages. Toulouse, Chez Robert, 1749.
[2], 60 p. 23.5 cm.

Scarpa, Antonio, 1747?-1832.
Tabulae nevrologicae ad illustrandam historiam anatomicam, cardiacorum nervorum, noni nervorum cerebri, glossopharyngaei, et pharyngaei ex octavo cerebri. Auctore Antonio Scarpa. Ticini, Apud B. Comini, 1794.
[3], 44 p. 14 engr. plates. 65 cm.
Provenance: Ex Libris Richard N. Wegner

Schäffer, Jakob Christian, 1718-1790.
[Jakob Christian Schäffers] Abbildung und Beschreibung der electrischen Pistole und eines kleinen zu Versuchen sehr bequemen Electricitätträgers. Bey welcher Gelegenheit zugleich von einem Luftelectrophore vorläufige Nachricht ertheilet wird. Regensburg, J.L. Montag, 1778.
32 [i.e. 30] p. 3 plates. 24.2 cm.
In Ronalds, Gartrell 476.

Schäffer, Jakob Christian, 1718-1790.
Jacob Christian Schäffers Abbildung und Beschreibung des beständigen Electricitätträgers. Woben einige neue Versuche und deren sonderbare Erfolge. Naturkündigern und Freunden der Electricität zu genauerer Prüfung empfohlen werden. Regensburg, gedruckt mit Weissischen Schriften, 1776.
[1], 48 p. 2 fold. plates. 21.5 cm.
With this is bound his Krafte, Wirkungen und Bewegungsgesetze des bestandigen Electricitattragers. Regensburg, 1776.
In Ronalds, Gartrell 475.

Schäffer, Jakob Christian, 1718-1790.
Kräfte, Wirkungen und Bewegungsgesetze des beständigen Electricitätträgers. Als eine Bestättigung und Aufklärung der mit demselben

anfänglich und neuerlich gemachten Versuche. Regensburg, J.L. Montag, 1776.
6, 9-50 p. plate. 25.7 cm.
Provenance: David P. Wheatland (bookplate)
In Ronalds, Gartrell 478.

Schäffer, Jakob Christian, 1718-1790.
Jacob Christian Schäffers Kräfte, Wirkungen und Bewegungsgesetze des beständigen Electricitätträgers. Als eine Bestättigung und Aufklärung der mit demselben anfänglich und neuerlich gemachten Versuche. Regensburg, J.L. Montag, 1776.
6, 9-50 p. fold. table, plate. 21.5 cm.
Bound with his Abbildung und Beschreibung des bestandigen Electricitattragers. Regensburg, 1776.
In Ronalds, Gartrell 478.

Schäffer, Jakob Christian, 1718-1790.
Jacob Christian Schaffers Versuche mit dem beständigen Electricitätträger. Vier Abhandlungen. Regensburg, J.L. Montag, 1780.
[3], 176 p. fold. chart, 7 plates. 22 cm.
In Ronalds.

Schäffer, Johann Gottlieb, 1720-1795.
Die electrische Medicin oder die Kraft und Wirkung der Electricität in dem menschlichen Körper und dessen Krankheiten besonders ben gelähmten Gliedern aus Bernunftgrunden erläutert und durch Erfahrungen bestätiget, von Johann Gottlieb Schäffer. Regensburg, J.L. Montag, 1766.
[9], 84 p. 21 cm.
Gartrell 479.

Schäffer, Johann Gottlieb, 1720-1795.
Die Kraft und Wirkung der Electricitet in dem menschlichen Korper und dessen Krankheiten besonders bey gelähmtem Gliedern aus Vernunftgrunden erlautert und durch Erfahrungen bestätiger, von Johann Gottlieb Schäffer. Regensburg, E.F. Bader, 1752.
[13], 92 p. front. 16 cm.

Scheele, Karl Wilhelm, 1742-1786.
Traité chimique de l'air et du feu, par Charles Guillaume Scheele, avec une introduction de Torbern Bergmann. Ouvrage traduit de l'Allemand par le Baron de Dietrich. Paris, Rue et hôtel Serpente, 1781.
268 p. fold. plate. 16.5 cm.

Scheele, Karl Wilhelm, 1742-1786.
Supplement au Traité chimique de l'air et du feu de Scheele, contenant un tableau abrégé des nouvelles découvertes sur les diverses espèces d'air, par Jean-Godefroi Léonhardy; des notes de Richard Kirwan, & une lettre du Priestley à ce chimiste anglois, sur l'ouvrage de Scheele. Traduit et augm. de notes, & du complément du Tableau abrégé de ce qui a été publié jusqu'aujourd'hui sur les différentes espèces d'air, par le Baron de Dietrich. Avec la traduction, par MM. de l'Académie de Dijon, de expériences de Scheele sur la quantité d'air pur qui se trouve dans l'atmosphère. Paris, Rue et Hotel Serpente, 1785.
xiv, [2], [13]-214 p. 16.5 cm.
(In Scheele, K.W. Traité chimique de l'air et du feu. Paris, 1781.)

Schelling, Friedrich Wilhelm Joseph von, 1775-1854.
Erster Entwurf eines Systems der Naturphilosophie zum Behuf seiner Vorlesungen, von F.W.J. Schelling. Jena, C.E. Gabler, 1799.
[4], x, 321, [1] p. 20.5 cm.

Schelling, Friedrich Wilhelm Joseph von, 1775-1854.
Von der Weltseele, eine hypothese der höhern Physik zur Erklärung des allgemeinen Organismus. Hamburg, F. Perthes, 1798.
xiv, 327, [1] p. 20.3 cm.
Provenance: David P. Wheatland (bookplate)

Schmidt, Georg Christoph, 1740-1811.
Beschreibung einer Elektrisir-Maschine und deren Gebrauch, von Georg Christoph Schmidt, mit einer Vorrede des Herrn Cammer Rath Wiedeburg. Jena, Croker, 1773.
32 p. 2 fold. plates. 28.2 cm.
Provenance: Ex Libris Drs. Th: Renz (ink stamp)

Schmidt, Georg Christoph, c.1740-1811.
Beschreibung gemeinnütziger Maschinen. 1. Eines Holzsparofens in Gestalt einer Vase oder Theemaschine. 2. Einer Wäsche-und Färber-Hand Rolle. 3. Verschiedener Handluftpumpen. Kleiner aerostatischer Kugeln. Elektrischer Feuerzeuge oder Lampen. 4. Blitzableiter in Beziehung auf Erdbeben, elektrischer Löschbade und Schiessgewehr. 5. Eines Isolir-Geburths-und Grossvater Stuhls, von Georg Christoph Schmidt. Jena, J.R. Cröker seel. Wittbe, 1784.
[8], 76 p. 5 fold. plates. 23 cm.

Schrader, Johann Gottlieb Friedrich, 1763-
Versuch einer neuen Theorie der Elektricitaet welche auf Grundsäzen des neuen Systems der Chemie beruhet. Zur Anzeige seiner Wintervorlesungen von Michaes lis bis Ostern 1797. Entworfen von J.G.F. Schrader dem jüngern. Altona, F. Bechtold, 1796.
30, [2] p. 15.9 cm.
In Ronalds.
Discusses the chemical makeup of the electrical fluid.

Schreiben eines Naturforschers an den K.K. Herrn Hofrath von Gr. von der Beschaffenheit des immerwährenden Elektrophores. Wien, J.T.E. v. Trattnern, 1776.
25 p. 19.5 cm.
Bound with Stadlhofer, J.N. Ueber die tödliche Wirkungsart des Blitzes. Dresden, 1791.
[Secondat, Jean Baptiste, baron de] 1716-1796.
Memoire sur l'electricité. Paris, Chez la Veuve David, 1746.
[1], iv, 37 p. 21.5 cm.
In Ronalds, Gartrell 480.
Reviews the contributions of von Guericke, Boyle, and Hauksbee.

Secondat, Jean Baptiste, baron de, 1716-1796.
Suite du memoire sur l'electricite. Paris, Chez la Veuve David, 1748.
[4], 30 p. 21.5 cm.
Gartrell 484.
Describes his electrical work in comparison with Nollet's.

Secondat, Jean Baptiste, baron de, 1716-1796.
Observations de physique et d'histoire naturelle sur les eaux minerales de Dax, de Bagneres, & de Barege, sur l'influence de la pesanteur de l'Air dans la chaleur des liquers bouillantes, & dans leur congellation. Histoire de l'electricité, &c., par de Secondat. Paris, Huart & Moreau, 1750.
[8], 205 p. 17 cm.

Seiferheld, Georg Heinrich, 1757-1818.
Beschreibung einer sehr würksamen Electrisir-Maschine als eine Anwendung des Weberischen Luft-Electrophors auf Electrisir-Maschinen, von Georg Heinrich Seiferheld. Nurnberg, E.C. Grattenauer, 1787.
29 p. 1 fold. plate. 16.5 cm.
Bound with Weber, J. Abhandlung von dem Luftelektrophor. Augsburg, 1779.
In Ronalds.

Seiferheld, Georg Heinrich, 1757-1818.
Sammlung electrischer Spielwerke für junge Electriker. 2. Augl. Nürnberg, Monath, 1791.
94, [2], 108, [3], 108, [4] p. 13 fold. plates. 18 cm.

The semi-globes or electrical orbs. A poem. London, Printed for A. Webb, 1777.
[3], iv, 8 p. 26.5 cm.

[Servan, Joseph Michel Antoine] 1737-1807.
Doutes d'un provincial, proposés a les médecins-commissaires, chargés par le roi, de l'examen du magnétisme animal. Lyon, et se trouve a Paris, Chez Prault, 1784.
[3], 134 p. 19.7 cm.
With this are bound [Retz, N.] Mémoire pour servir a l'histoire de la jonglerie. Londres, 1784, and [Doppet, F.A.] La Mesmériade. Genève, 1784.
Gartrell 1122.

Servan, Joseph Michel Antoine, 1737-1807.
Doutes d'un provincial, proposés a messieurs les médecins-commissaires charges par le roi de l'examen du magnétisme animal. Lyon, Chez Prault, 1784.
[4], 136 p. 20 cm.

Servan, Joseph Michel Antoine, 1737-1807.
Questions du jeune docteur Rhubarbini de Purgandis, adressées a les docteurs-régens, de toutes les facultés de médecine de l'univers, au sujet de Mesmer, & du magnétisme animal. Padoue, Dans le cabinet du docteur, 1784.
16, 72 p. 20 cm.
With this is bound [Gérardin, S.] Lettre d'un anglois a un francois. Bouillon, 1784; [Fournel, J.F.] Remontrances des malades aux médecins de la faculté de Paris. Amsterdam, 1785; Mesmer, F.A. Lettres. [Paris, 1784]; Moulinie, C.E.F. Lettre. [Paris, 1784]; Au Roi ... [Paris, 1784?]; Extrait des registres de la faculté de médecine de Paris. 1784; [Eprémesnil, J.J.D. d'] Reflexions preliminaires a l'occasion de la piece intitulée les Docteurs modernes. [Paris, 1784?]; [Eprémesnil, J.J.D. d'] Suite des reflexions préliminaires. [Paris, 1784?]; and Mesmer, F.A. Lettre a le comte de ***. Paris, 1784.
Gartrell 1123.

Serve, Franciscus Guillaume de la.
De analogia nervorum cum fluido electrico, dissertatio physico-physiologica, auctor Franciscus Guillaume de la Serve. Monspelii, J. Martel, 1762.
[4], 16 p. 22.3 cm.

Sèze, Victor de.
Recherches phisiologiques et philosophiques sur la sensibilité ou la vie animale, par Seze. Paris, Prault, 1786.
viii, 334 p. 19.5 cm.

Sguario, Eusebio.
Dell'elettricismo: o sia delle forze elettriche de' corpi svelate dalla fisica sperimentale con un' ampia dichiarazione della luce elettrica sua natura e maravigliose proprietà; agguintevi due dissertazioni attinenti all'uso medico di tali forze [del Eusebio Sguario] Venezi, G.B. Recurti, 1746.
xvi, 391 p. front. 18.5 cm.
Wheeler 336.

Sguario, Eusebio.
Dell' elettricismo: o sia delle forze elettriche de' corpi svelate dalla fisica sperimentale con un' ampia dichiarazione della luce elettrica sua natura, e maravigliose proprieta; agguintevi due dissertazioni attinenti all' uso medico di tali forze [del Eusebio Sguario] Napoli, G. Ponzelli, 1747.
xvi, 364 p. front. 18 cm.

Sibly, Ebenezer, 1751-1800.
Appendix to Culpeper's British Herbal.
76 p. 17 plates. 27 cm.
(In Sibly, Ebenezer. A key to physic and the occult sciences. London [1795])

Sibly, Ebenezer, 1751-1800.
A key to physic, and the occult sciences. Opening to mental view, the system and order of the interior and exterior heavens; the analogy betwixt angels, and spirits of men; and the sympathy between celcestial and terrestial bodies. From whence is deduced, an obvious discrimination of future events, in the motions and positions of the luminaries, planets, and stars; the universal spirit and economy of nature, in the production of all things....The whole forming an interesting supplement to Culpeper's Family Physician, and display of the occult sciences; published for the good of all who search after truth and wisdom; to preserve to all the blessings of health and life; and to give to all the knowledge of primitive physic, and the art of healing, by E. Sibly. London, Printed for the author [1795].
[2], 394, [1] p. front., 12 plates. 27 cm.

Sigaud-Lafond, Joseph Aignan, 1730-1810.
Description et usage d'un cabinet de physique expérimentale, par Sigaud de la Fond. Paris, Gueffier, 1775.
2 v. 51 plates. 20 cm.
Wheeler 455.

Sigaud-Lafond, Joseph Aignan, 1730-1810.
Description et usage d'un cabinet de physique expérimentale, par Sigaud de la Fond. 2. éd. rev., corr. & augm., par Rouland. Paris, Gueffier, 1784.
2 v. 53 fold. plates. 20 cm.

Sigaud-Lafond, Joseph Aignan, 1730-1810.
Dictionnaire des merveilles de la nature, contenant de profondes recherches sur la nature des accouchemens, attachemens, échos, évacuations, grossesses, maladies, mangeurs, plongeurs extraordinaires, antipathie, cadavres, catalepsie, cerveau, cheveux, corps étrangers dans celui de l'homme, &c. &c., par Siguad de la Fond. Nouvelle éd. Pris, Chez Desray, 1790.
2 v. 20.1 cm.

Sigaud-Lafond, Joseph Aignan, 1730-1810.
Eleméns de physique théorique et expérimentale, pour servir de suite à la description et l'usage d'un cabinet de physique expérimentale, par Sigaud de la Fond. 2. éd., rev. & augm. par Rouland. Paris, Chez P.F. Gueffier, 1787.
4 v. front. (port.), 25 fold. plates. 20.5 cm.
Provenance: The Marquis of Stafford (bookplate); From the books of E. N. da C. Andrade (bookplate)
Wheeler 543.

Sigaud-Lafond, Joseph Aignan, 1730-1810.
Leçons de physique experimentale, par Sigaud de Lafond. Paris, Chez Des Ventes de la Doué, 1767.
2 v. 18 fold. plates. 17 cm.
Gartrell 490.

Sigaud-Lafond, Joseph Aignan, 1730-1810.
Lettre sur l'électricité médicale, de Sigaud de la Fond. Dans laquelle on expose les effets que la vertu électrique produit sur le corps humain, les maladies contre lesquelles l'auteur l'a employée avantageusement, & les moyens qui paroissent les

plus exacts pour administrer ce remede. Amsterdam, Des Ventes de la Doué, 1771.
70 p. 17 cm.
Bound with his Traité de l'électricité. Paris, 1771. In Ronalds.

Sigaud-Lafond, Joseph Aignan, 1730-1810.
Précis historique et expérimental des phénomènes électriques, depuis l'origine de cette découverte jusqu'a ce jour, par Sigaud de la Fond. Paris, Rue et Hotel Serpente, 1781.
xvi, 742 p. 9 fold. plates. 20.5 cm.
Wheeler 505.

Sigaud-Lafond, Joseph Aignan, 1730-1810.
Précis historique et expérimental des phénomènes électriques, depuis l'origine de cette découverte jusqu'a ce jour, par Sigaud de la Fond. 2. éd., rev. & augm. Paris, Rue et Hotel Serpente, 1785.
xvi, [4], 624 p. 10 fold. plates. 20.5 cm.
Wheeler 505a.

Sigaud-Lafond, Joseph Aignan, 1730-1810.
Traité de l'électricité dans lequel on expose, & on démontre par expérience, toutes les découvertes électriques, faites jusqu'à ce jour, pour servir de suite aux Leçons de Physique du même auteur, par Sigaud de la Fond. Paris, Des Ventes de la Doué, 1771.
[1], xxx, 413, [3] p. 12 fold. plates. 17 cm.
Wheeler 434.

Sigaud-Lafond, Joseph Aignan, 1730-1810.
Traité de l'électricité dans lequel on expose, & on démontre par expérience, toutes les découvertes électriques, faites jusqu'à ce jour, par Sigaud de la Fond. Paris, Laporte, 1776.
[1], xxx, 413, [3] p. 12 fold. plates. 17.5 cm.

Sociéte Harmonique des Amis-Réunis, Strasbourg.
Exposé de differéntes cures opérées depuis le 25. d'aout 1785; époque de la formation de la sociéte, fondée à Strasbourg, sous la dénomination de Sociéte harmonique des amis-réunis, jusqu'au 12. du mois de juin 1786. par différens membres de cette societé. 2. ed., revue, corrigée & considérablement augmentée. Strasbourg, à la Libraire academique, 1787.
[6], 252, 52, [4] p. 21.5 cm.

Socin, Abel, 1729-1808.
Anfangsgründe der Electricität, in welchen hauptsächlich von den geriebenen elektrischen Körpern, der Elektricität welchen sie den unelektrischen mittheilen, derjenigen so seidene Bänder und Strümpfe durch Reiben und Gegenreiben erhalten, von den Dunstkreisen, dem Elektrophor und verschiedenen demselben ähnlichen Erfahrungen gehandelt wird. In acht Vorlesungen abgefasst und mit einer Kupfertafel erläutert durch Abel Socin. Hanau, Druck und Verlag des Evang. Reform. Waisenhaus, 1777.
124, [4] p. 1 fold. plate. 20.2 cm.
Provenance: Bibl. Publ. Basileensis (ink stamp)
In Ronalds, Gartrell 494.

Sousselier de la Tour.
L'ami de la nature, ou maniere de traiter les maladies par le prétendu magnetisme animal, par Sousselier de la Tour. Lausanne, Société Typographyque, 1784.
194 p. 18 cm.

Spallanzani, Lazzaro, 1729-1799.
De' fenomeni della circolazione osservata nel giro universale de' vasi; de' fenomeni della circolazione languente; de' moti del sangue independenti dall' azione del cuore; e del pulsar delle arterie. Dissertazioni quattro, dell' abbate Spallanzani. Modena, Presso la Societa tipografica, 1773.
viii, 343, [1] p. plate. 21.5 cm.

Spallanzani, Lazzaro, 1729-1799.
Lettera dell' abbate Spallanzani al Thouvenel sull' elettricita organica e minerale. Pavia, Bolzani, 1793.
35 p. 19.5 cm.

Spengler, Lorenz, 1720-1807.
Briefe welche einige Erfahrungen der electrischen Wirkungen in Krankheiten enthalten; nebst einer ausführlichen Beschreibung der electrischen Maschine, von Lorenz Spengler. Copenhagen, R. Witwe, 1754.
102 p. 2 fold. plates. 18 cm.
Provenance: Bibl. Publ. Basileensis (ink stamp)
In Ronalds.

Sprat, Thomas, bp. of Rochester, 1635-1713.
The history of the Royal Society of London for the improving of natural knowledge, by Tho. Sprat. 2nd ed., corr. London, Printed for R. Scot et al., 1702.
[16], 438 p. 2 plates. 20.5 cm.

Stadlhofer, Johann Nepomuck.
Ueber die tödliche Wirkungsart des Blitzes, verfasset von Johann Nep. Stadlhofer. Dresden, Walther, 1791.
38 p. 19.5 cm.
With this are bound Felkel, A. Wahre Beschaffenheit des Donners. Wien, 1779; Lichtenberg, L.W. Verhaltungs-Regeln bey nahen Donnerwettern. Gotha, 1774; and Schreiben eines Naturforschers. Wien, 1776.
In Ronalds.

Stanhope, Charles Viscount Mahon, 1753-1816.
Principes d'électricité, contenant plusieurs théorômes appuyés par des expériences nouvelles, avec une analyse des avantages supérieurs des conducteurs élevés et pointus. On explique de plus dans ce traité le choc électrique en retour, par lequel des effets funestes peuvent être produits à une trés-grande distance de l'endroit où le tonnerre tombe, par Milord Mahon. Ouvrage traduit de l'Anglois, par l'Abbe N....Londres et se trouve a Bruxelles chez E. Flon, 1781.
[6], 250 p. 6 fold. plates. 20.5 cm.
Wheeler 485a, Gartrell 497.

Stanhope, Charles Viscount Mahon, 1753-1816.
Principles of electricity, containing divers new theorems with experiments, together with an analysis of the superior advantages of high and pointed conductors. This treatise comprehends an explanation of an electrical returning stroke, by which, fatal effects may be produced, even at a vast distance from the place where the lightning falls, by Charles Viscount Mahon. London, P. Elmsly, 1779.
xiv, 3-263 p. 6 plates. 27.5 cm.
Wheeler 485, Gartrell 498.
Theorizes on the workings of lightning and lightning conductors.

Stanhope, Charles Viscount Mahon, 1753-1816.
Remarks on Mr. Brydone's account of a remarkable thunderstorm in Scotland, by Charles Earl Stanhope. London, J. Nichols, 1787.
23 p. fold. plate. 28 cm.
Gartrell 499.

Steavenson, Robert, 1756-1828.
Electricitate et operatione ejus in morbis curandis. Robertus Steavenson. Edinburgi, Apud Balfour et Smellie, 1778.
[3], 35 p. coat of arms, front. (port.) 22.5 cm.
(In Steavenson, W.E. Electricity and its manner of working. London, 1884.)
Wheeler 475, Gartrell 500.

Steinn, Friedericvs Gvilielmvs.
Materia electrica eivsqve in pathologia vsv, avctor Friedericvs Gvilielmvs Steinn. Goettingae, H.M. Gvape, 1792.
[4], 9, [2] p. 20 cm.

Stone, Edmund, d. 1768.
A supplement to the English translation of Bion's construction and use of mathematical instruments: containing a further account of some of the most useful mathematical instruments, both antient and modern, as now improved, by Edmund Stone. London, 1758.
p. 265-325. 4 fold. plates. 35.4 cm.
(In Bion, N. The construction and principal uses of mathematical instruments. London, 1758.)

[Strong, Adam, pseud.]
The electrical eel; or gymnotus electricus: and, The torpedo; a poem. London Printed, and Dublin reprinted, 1777.
[5], v, 29, [5], xl-lvii, 59-86 p. 19.5 cm.
With this is bound The court of adul***y. Dublin, 1778.
Provenance: Horace Bleackley (inscription)

[Strong, Adam, pseud.]
The electrical eel: or Gymnotus electricus. Inscribed to the honourable members of the R***L S*****Y, by Adam Strong, naturalist. 3rd ed., with considerable additions. London, Printed for J. Bew, 1777.
[3], [iii], 35 p. 26.5 cm.
Wheeler 467.
One of four electrical poems; the natural shocks of the electric eel were still believed therapeutic for a range of diseases.

Stuart, Alexander, 1673-1742.
Dissertatio de structura et motu musculari, auctore Alexandro Stuart. Londini, S. Richardson, 1738.
xii, ix, 131 p. front., 5 plates (incl. fold. col. plate.) 26 cm.
Presents experiments demonstrating reflex action.

Sulzer, Johann Georg, 1720-1779.
Nouvelle théorie des plaisirs, par Sulzer. Avec des réflexions sur l'origine du plaisir, par Kaestner. [n.p.] 1767.
[3], 363, [1] p. fold. plate. 16.5 cm.
Wheeler 420.
Includes among the agreeable sensations a report on "Galvanic taste" first discovered by Sulzer in 1751.

Swammerdam, Jan, 1637-1680.
The book of nature; or, the History of insects: reduced to distinct classes, confirmed by particular instances, displayed in the anatomical analysis of many species, and illustrated with copper-plates, incl. the generation of the frog, the history of the ephemerus, the change of flies, butterflies, and beetles; with the original discovery of the milk-vessels of the cuttle-fish, and many other curious particulars, by John Swammerdam, with the life of the author, by Herman Boerhaave. Tr. from the Dutch and Latin original ed., by Thomas Flloyd. Rev. and improved by notes from Reaumur and others, by John Hill. London, Printed for C.G. Seyffert, 1758.
[3], xx, [8], 236, 153, lxiii, [12] p. 53 plates. 44.5 cm.

Swedenborg, Emanuel, 1688-1772.
[Emanuelis Swedenborgii] Opera pilosophica et mineralia. Tres tomi. Dresdae et Lipsae, F. Hekelii, 1734.
3 v. diagrs., fold. maps, plates (part fold.), port. 34 cm.
Wheeler 283.

Swinden, Jan Hendrik van, 1746-1823.
Oratio de philosophia Newtoniana, habita die VII Junii MDCCLXXIX, quum magistratu academico abiret. Franequerae, Excudit Gulielmus Coulon, 1779.
[7], 82, [13] p. 23.3 cm.
Bound with Hahn, Johann David. Sermo academicus de scientia naturali ab observationum et experimentorum sordibus repurganda. Trajecti ad Rhenum, 1753.

Swinden, Jan Hendrik van, 1746-1823, ed. and tr.
Recueil de mémoires sur l'analogie de l'électricité et du magnétisme, par J.H. van Swinden. Le Haye, Libraires Associes, 1784.
3 v. fold. chart, 8 fold. plates. 20.5 cm.
In Ronalds, Wheeler 496a.
Compares and contrasts theories and research on electricity, magnetism, and animal magnetism in six works by Van Swinden, Steiglehner, Aepinus, Hueber, and Mesmer.

Symes, Richard.
Fire analysed; or the several parts of which it is compounded clearly demonstrated by experiments. The Teutonic philosophy proved true by the same experiments. And the manner and method of making electricity medicinal and healing confirmed by a variety of cures, by Richard Symes. Bristol, Printed by T. Cocking, 1771.
vii, 87 p. 21 cm.
In Ronalds, Wheeler 435, Gartrell 508.
Documents medical cases treated with electricity.

Le Système de la rose magnétique. [n.p., 178-?]
[1], 18 p. 2 fold. plates. 20.5 cm.

Tapray, Jean François, ca. 1738-ca. 1819.
[Six sonatas, harpsichord and violin]
Six sonates pour le clavecin avec accompagnement de violon ad libitum dédiées a M. Ethis, par Tapray. Gravées par Mlle. Desjardin. Oeuvre 1r. Paris, Chez l'auteur [ca. 1770]
[1] p., part (2-11 p.) 25.5 x 34 cm.
Bound with Beauvarlet-Charpentier, J.J. Six sonates pour le clavecin ou forte piano. Paris [ca. 1773]

Tapray, Jean François, ca. 1738-ca. 1819.
[Three trio-sonatas, keyboard instrument and violin]
Sonates en trio pour le clavecin ou le piano, un violon et un alto dédiées a Mlle. de Franclieu, par Tapray. Gravées par Richomme. Oeuvre VI. Paris, Chez l'auteur [177-]
[1] p., part (2-7 p.) 25.5 x 34 cm.
Bound with Beauvarlet-Charpentier, J.J. Six sonates pour le clavecin ou forte piano. Paris [ca. 1773]

Tapray, Jean François, ca. 1738-ca. 1819.
[Two sonatas, harpsichord and violin]
Sonates pour le clavecin avec accompagnement de violon ad libitum dédiées a Mme. la Princesse de Listenais, par Tapray. Graves par Mlle. Desjardin. Oeuvre II. Paris, Chez l'auteur [ca. 1770]
[1] p., part (4 ;.) 25.5 x 34 cm.

Bound with Beauvarlet-Charpentier, J.J. Six sonates pour le clavecin ou forte piano. Paris [ca. 1773]

Tapray, Jean François, ca. 1738-ca. 1819.
[Four trio-sonatas, harpsichord and violin]
IV Sonates en trio pour le clavecin avec accompagnement d'un violon et alto, dédiées a Mlle. Desbrest, par Tapray. Gravées par Mlle. Desjardin. Oeuvre Ve. Paris, Chez l'auteur [177-]
[1] p., part (2-6 p.) 25.5 x 34 cm.
Bound with Beauvarlet-Charpentier, J.J. Six sonates pour le clavecin ou forte piano. Paris [ca. 1773]

Tardy de Montravel, A A
Essai sur la théorie du somnambulisme magnétique par T.D.M. Londres, 1785.
xxxii, 86 p. 19.5 cm.
With this is bound his Lettres pour servir de suite a l'essai sur la théorie du somnambulisme magnétique. Londres, 1787.
Provenance: The Society of Writers to the Signet (stamped binding)

Tardy de Montravel, A A
Journal du traitement magnétique de la Demoiselle N. Lequel a servi de base à l'essai sur la théorie du somnambulisme magnétique, par T.D.M. Londres, 1786.
xxxii, 255 p. 19.5 cm.
Provenance: The Society of Writers to the Signet (stamped binding)
Gartrell 1127.

Tardy de Montravel, A A
Journal du traitement magnétique de Madame B ..., pour servir de suite au Journal du traitement magnetique de la D.lle N ... & de preuve à la théorie de l'essai, par T.D.M. Strasbourg, Librarie Académique, 1787.
xxiv, 279 p. 19.5 cm.
Provenance: The Society of Writers to the Signet (stamped binding)

Tardy de Montravel, A A
Lettres pour servir de suite a l'essai sur la théorie du somnambulisme magnétique, par T.D.M. Londres, 1787.
[4], 65 p. 20.5 cm.
Bound with his Essai sur la théorie du somnambulisme magnétique. Londres, 1785.

Tardy de Montravel, A A
Lettres pour servir de suite a l'essai sur la théorie du somnambulisme magnétique, par T.D.M. Londres, 1787.
[3], 65 p. 21 cm.

Tardy de Montravel, A A
Suite de traitement magnétique de la Demoiselle N. Lequel a servi de base à l'essai sur la théorie du somnambulisme magnétique, par T.D.M. Londres, 1786.
[6], 206 p. 19.5 cm.
Provenance: The Society of Writers to the Signet (stamped binding)

Tardy de Montravel, A A
Suite de traitement magnétique de la Demoiselle N. Lequel a servi de base à l'essai sur la théorie du somnambulisme magnétique, par T.D.M. Londres, 1786.
[8], 206 p. 20 cm.
Bound with his Journal du traitement magnétique de la Demoiselle N. Londres, 1786.

Teissier, J A S
Dissertation sur la magnesia alba, et son utilité pour préserver ou rétablir la santé, par J.A. Teissier. Amsterdam, E. van Harrevelt, 1732.
viii, 39 p. 20 cm.
Bound with Montjoie, C.F.L. Lettre sur le magnétisme animal. Philadelphie, 1784.

Telescope, Tom, pseud.
The Newtonian system of philosophy; explained by familiar objects, in an entertaining manner, for the use of young ladies and gentlemen, by Tom Telescope. A new improved ed., with many alterations and additions, to explain the late new philosophical discoveries, &c. &c., by William Magnet. London, Printed for Ogilvy and son, 1798.
[3], 137 p. illus., front., plate. 14.5 cm.

Théorie du monde & des étres organisés suivant les principes de M*. Gravée par D'A:** ol. A Paris, 1784.
[1], 15, 21, 16, [1] p. illus. 34.5 cm.
With this is bound an anonymous ms., Du magnetisme. [n.p., ca 1784?]

Thouret, Michel Augustin, 1749-1810.
Recherches et doutes sur le magnétisme animal, par Thouret. Paris, Prault, 1784.
xxxv, [1], 251 p. 18 cm.
Gartrell 1129.

Thouvenel, Pierre, 1747-1815.
Mémoire physique et médecinal, montrant des rapports évidens entre les phenomenes de la baguette divinatoire, du magnétismé et de l'électricité. Avec des éclaircissemens sur d'autres objets non moins importans, qui y sont relatifs, par T***. Londres, Didot, 1781.
[3], 304 p. 20 cm.
Wheeler 506, Gartrell 513.
Explores possible links between the divining rod, magnetism, and electricity in a case study of dowsing.

Thouvenel, Pierre, 1747-1815.
Second mémoire physique et médicinal, montrant des rapports évidens entre les phénomenes de la baguette divinotoire, du magnétisme et de l'électricité. Avec des éclairissemens sur d'autres objets non moins importans, qui y sont relatifs, par T*** A Londres; et se trouve a Paris, Chez Didot le jeune, 1784.
[3], 268 p. 21 cm.
In Ronalds, Wheeler 506a, Gartrell 514.

Tissart du Rouvre, marquis.
Nouvelles cures opérées par le magnétisme animal [par Tissant du Rouvre] [Paris, 1784]
64 p. 21.5 cm.
Provenance: T. M. Cte. de Bruhl (inscription)
Gartrell 1130.

Tissot, Samuel Auguste André David, 1728-1797.
Advices, with respect to health. Extracted from a late author. Bristol, Printed by W. Pine, 1769.
218 p. 17 cm.

Tissot, Samuel Auguste André David, 1728-1797.
Essai sur les moyens de perfectionner les études de médecine, par S.A.D. Tissot. Lausanne, Mourer, 1785.
xiii, 200 p. 16.5 cm.

Toaldo, Giuseppe, 1719-1798.
Dell'uso de' conduttori metallici a preservazione degli edifizj contro de' fulmini, nuova apologia colla descrizione del conduttore della pubblica specola de Padova, di Giuseppe Toaldo. Venezia, A. Zatta, 1774.
xxxii p. front. 25.5 cm.
In Ronalds, Wheeler 449, Gartrell 519.
Affirms Franklin's studies on lightening conductors; urges their use on buildings.

Toaldo, Giuseppe, 1719-1798.
Memoires sur les conducteurs pour préserver les édifices de la foudre, par Joseph Toaldo. Traduits de l'Italien avec des notes & des additions, par Barbier de Tinan. Strasbourg, de l'Impr. de J.H. Heitz, 1779.
x, 241, [1] p. 3 fold. plates. 21 cm.
Wheeler 449a, Gartrell 520.

The torpedo, a poem to the electrical eel.
Addressed to John Hunter, surgeon. 4th ed., with large additions. London, Printed and sold by all the booksellers in London and Westminster, 1777.
[3], iv, 19 p. 26.5 cm.

Tractatus de aere. [17--]
177, [111], 110, [38] p. 6 fold. leaves of plates, bound. 15.5 cm. [manuscript]
Provenance: Ex Emile van Henrik libris (inscription)

Tressan, Louis Êlisabeth de la Vergne de Broussin, comte de, 1705-1783.
Essai sur le fluide electrique, considéré comme agent universel, par le comte de Tressan. Paris, Buisson, 1786.
2 v. 23 cm.
Wheeler 537, Gartrell 522.
Proposes the universality of electricity in the natural world.

V.
Lettre sur la mort de Richmann. [Paris? 17--]
[1], 14 p. 17.8 cm.

V.
Lettre sur la mort de Richmann [par V.] [Paris, 1753?]
[1], 14 p. 20.5 cm.
Bound with Rabiqueau, Charles. Le spectacle du feu elementaire. Paris, 1753.

Valdastri, Idelfonso, 1762-1818.
Dissertazione sopra il quesito quali vantaggi, e svantaggi abbiano rimpetto alla tragedia, e alla commedia, quelle, che diconsi tragedia

cittadinesche, e quali sieno le peculiari leggi costitutive di questo genere, oltre le comuni agli altri, cavandole dalla specifica, ed intima indole loro, per dimostrare qual grado di perfezione possa ottenersi, dal Idelfonso Valdastri. Mantova, per l'Erede di A. Pazzoni, 1792.
90 p. 27 cm.
Bound with Gardini, F.G. De electrici ignis natura. Mantuae, 1792.

Vallemont, Pierre Le Lorrain, abbé de, 1649-1721.
La physique occulte, ou traité de la baguette divinatoire, et de son utilité pour la découverte des sources d'eau, des miniéres, des tresors cachez, des voleurs & des meurtriers fugatifs. Avec des principes qui expliquent les phenomènes les plus obscurs de la nature, par M.L.L. de Vallemont. Augm. en cette edition, d'un traité de la connoissance des causes magnetiques des cures sympathiques, des transplantations & comment agissent les philtres. Par un curieux de la nature. Augm. des plusieurs pieces. Paris, J. Boudot, 1709.
[14], 422, 34, [7] p. 24 plates (incl. front.) 15.1 cm.
Provenance: Ex Libris (William Sturgis Bigelow (bookplate)

Valli, Eusebio, 1762-1816.
Experiments on animal electricity, with their application to physiology. And some pathological and medical observations, by Eusebius Valli. London, Printed for J. Johnson, 1793.
xvi, 323, [1] p. 22.5 cm.
Wheeler 586, Gartrell 526.

Valli, Eusebio, 1762-1816.
Autographed letter, signed, in English to Dr. [James] Lind, Oct. 3, 1792. [manuscript]

[**Vassalli-Eandi, Antonio Maria**] 1761-1825.
Memorie fisiche dedicate a ... Vittorio Gaetano Cardinale Costa ... Torino, Dalla Stamperia reale, 1789.
xi, 143 p. 21 cm.
In Ronalds.

Vaucanson, Jacques de, 1709-1782.
An account of the mechanism of an automaton, or image playing on the German-flute: as it was presented in a memoire, to the gentlemen of the Royal academy of sciences at Paris, by Vaucanson, inventor and maker of the said machine. Together with a description of an artificial duck, eating, drinking, macerating the food, and voiding excrements, pluming her wings, picking her feathers, and performing several operations in imitation of a living duck: contrived by the same person. As also that of another image, no less wonderful than the first, playing on the tabor and pipe; as he has given an account of them since the memoire was written. Translated out of the French original, by J.T. Desaguliers. London, Printed by T. Parker, and sold by S. Varillon, 1742.
24 p. front. 22.5 cm.

Vaughan, John, 1775-1807.
Observations on animal electricity, in explanation of the metallic operations of Doctor Perkins, by John Vaughan. Wilmington [Del.] from the office of the Delaware Gazette, W.C. Smyth, 1797.
32 p. 21 cm.
Explains the operation of Perkins' tractors.

Vaughan, John, 1775-1807.
Observations on animal electricity in explanation of the metallic operation of Doctor Perkins, by John Vaughan. Wilmington, from the office of the Delaware Gazette, W.C. Smyth, 1797.
32 p. 21.5 cm.

Veratti, Gio. Giuseppe, 1707-1793.
Osservazioni fisico-mediche intorno alla elettricità, da Gio Giuseppe Veratti. Bologna, Stamperia di L. dalla Volpe, 1748.
[19], 143, [1] p. 23.2 cm.
In Ronalds, Gartrell 530.

Vernetti, Joannes Innocentius.
Cuneensis philos. et med. doctor ut in ampl. med. collegium cooptaretur publice disputabat in regio Taurinensi lyceo ... Facta cuilibet post sextum argumentandi facultate. Augustae Taurinorum, Typographia Sociali, 1794.
194, [5] p. 18.5 cm.

Viacinna, Carlo.
Del fulmine, e della sicura maniera di evitarne gli effetti; dialoghi tre di Carlo Viacinna a Matteo Allagia. Milano, F. Agnelli, 1766.
[6], clvi, [1] p. 21.5 cm.
In Ronalds, Gartrell 531.

[Viero, Francesco]
Descrizione d'un apparecchio di macchine per cavare e maneggiare le arie generalmente dette fisse. Bologna, nell' Instituto delle Scienze, 1788.
48 p. 2 fold. plates. 19.5 cm.

Viglioni, Gioanni Francesco.
Lettera di Gioanni Francesco Viglioni al Sig. Abate Canonica. Novara, F. Cavalli [1785]
32 p. fold. plate. 19.5 cm.
In Ronalds.

Villers, Charles Joseph de, 1724-1809.
Journées physiques [par Ch. Devillers] Lyon, J. De Ville, 1761.
2 v. 17.2 cm.

Voigt, Johann Heinrich, 1751-1823.
Versuch einer neuen Theorie des Feuers, der Verbrennung, der künstlichen Luftarten, des Athmens, der Gährung, der Electricität, der Meteoren, des Lichts und des Magnetismus. Aus Analogien hergeleitet und durch Versuche bestätiget, von J.H. Voigt. Jena, Akademischen Buchhandlung, 1793.
[8], 408 p. fold. plate. 17.5 cm.
In Ronalds.

Volta, Alessandro Giuseppe Antonio Anastasio, conte, 1745-1827.
Continuazione della seconda memoria del Don Alessandro Volta sopra l'elettricità animale.
p. 109-147. 20.7 cm.
(In Brugnatelli, L.V., ed. Memorie sull elettricita animale. Pavia, 1792.)
In Ronalds.

Volta, Alessandro Giuseppe Antonio Anastasio, conte, 1745-1827.
De vi attractiva ignis electrici, ac phaenomenis inde pendentibus Alexandri Voltae ad Joannem Baptistam Beccariam dissertatio epistolaris. Novo Comi, Typis O. Staurenghi, 1769.
[1], lxxii p. 17.8 cm.
Provenance: Biblioteca Medecina Ferdinando Palasciano (ink stamp)
In Ronalds, Wheeler 428, Gartrell 535.
Reports the experiments leading to the invention of the voltaic pile.

Volta, Alessandro Giuseppe Antonio Anastasio, conte, 1745-1827.
[Lettera] del Don Alessandro Volta de' 3. Aprile al Baronio.
p. 10-130 [i.e. 18] 20.7 cm.
(In Brugnatelli, L.V., ed. Memorie sull elettricità animale. Pavia, 1792.)
In Ronalds.

Volta, Alessandro Giuseppe Antonio Anastasio, conte, 1745-1827.
Memoria prima sull'elettricità animale, del Don Alessandro Volta.
p. 34-75. 20.7 cm.
(In Brugnatelli, L.V., ed. Memorie sull elettricità animale. Pavia, 1792.)
In Ronalds.

Volta, Alessandro Giuseppe Antonio Anastasio, conte, 1745-1827.
Memoria seconda sull'elettricità animale, del Don Alessandro Volta.
p. 77-106. 20.7 cm.
(In Brugnatelli, L.V., ed. Memorie sull elettricità animale. Pavia, 1792.)
In Ronalds.

Volta, Alessandro Giuseppe Antonio Anastasio, conte, 1745-1827.
Alexander Volta's meteorologische Briefe nebst einer Beschreibung seines Eudiometers. Aus dem Italiänischen mit Anmerkungen des Herausgebers. Erster Band. Leipzig, J.G. Mullerschen Buchhandlung, 1793.
xvi, 274, [2] p. 20.2 cm.
In Ronalds.

Volta, Alessandro Giuseppe Antonio Anastasio, conte, 1745-1827.
Nouva memoria sull' elettricita' animale, del Don Alessandro Volta in alcune lettre al Anton Maria Vassalli. [Pavia, 1794?]
[13] p. 21.5 cm.
In Ronalds.

Volta, Alessandro Giuseppe Antonio Anastasio, conte, 1745-1827.
Novus ac simplicissimus electricorum tentaminum apparatus: seu de corporibus eteroelectricis quae fiunt idioelectrica experimenta, atque observationes Alexandri de Volta. Novo-Comi, In typographia Caprana, 1771.
[6], 38 p. 21 cm.
In Ronalds.
Discusses some of his electical apparatus.

Volta, Alessandro Giuseppe Antonio Anastasio, conte, 1745-1827.

Schreiben an den Herrn Abt Anton Maria Vasali über die thierische Elektrizität, als eine Fortsetzung der Schriften desselben über die thierische Elektrizität, hrsg. von Johann Mayer. Prag, Calve, 1796.

[4], 71 [i.e. 67] p. 17.5 cm.

In Ronalds, Wheeler 603.

Volta, Alessandro Giuseppe Antonio Anastasio, conte, 1745-1827.

Schriften uber die thierische Elektrizität, von Alexander Volta. Aus dem Italiänischen übersetzt. Hrsg. von Johann Mayer. Prag, J.G. Calve, 1793.

14, 144 p. 19.1 cm.

With this is bound Créve, Carl Casper. Beiträge zu Galvanis Versuche. Frankfurt und Leipzig, 1793.

Voltelen, Floris Jacobus, 1754-1795.,

[Florentii Jacobi Voltelen] Oratio de magnetismo animali. Lugduni Batavorum, Apud H. Mostert, 1791.

[10], 45 p. 26.5 cm.

Provenance: Practiznys Societait (ink stamp); Viro Cl. Forsten (inscription); Bibliotheek E. de Markos (ink stamp)

Waitz, J H

Abhandlung von der Electricitat und deren Ursachen welche ben der konigl. Academie der Wissenschaften in Berlin den Preik erhalten hat aufgesekt, von J.H. Waitz. Berlin, A. Haude, 1745.

[33], 237 p. 5 fold. plates. 21.3 cm.

With this is bound Beschriebung einer bequemen Lampe fur Studierende. Gottingen, 1744.

Provenance: Hennemannsche Stiftung (ink stamp); C: T: Tilebein (inscription)

In Ronalds, Wheeler 322.

Another copy. Bound with Doppelmayr, J.G. New-entdeckte Phaenomena von Bewundernswurdigen Wurckungen der Natur. Nurnberg, 1744.

Presents theory of electricity in an essay which won first prize in a Berlin Academy competition.

Walker, Adam, 1730 or 31-1821.

A system of familiar philosophy: in twelve lectures, being the course usually read by A. Walker. Containing the elements and the practical uses to be drawn from the chemical properties of matter; the principles and application of mechanics; of hydrostatics; of hydraulics; of pneumatics; of magnetism; of electricity; of optics; and of astronomy. Including every material modern discovery and improvement to the present time. London, Printed for the author, 1799.

xviii, 571 p. 47 fold. plates. 27.7 cm.

Provenance: Edward Leslie, B. D. (bookplate)

Wheeler 618.

Walker, John.

Account of the irruption of Solway Moss in December 16, 1772; in a letter from John Walker, to the Earl of Bute, and communicated by his Lordship to the Royal Society. London, 1772.

123-127 p. fold. plate. 22 cm.

Extract from the Philosophical Transactions of the Royal Society, v. 62, 1772.

Bound with Priestley, J. An account of a new electrometer. London, 1772.

[**Walsh, John,** 1725?-1795]

Three tracts concerning the Torpedo, published in the Philosophical Transactions for the years 1773 and 1774. London, Printed by W. Bower and J. Nichols, 1775.

[1], 49 p. 2 fold. plates. 23.5 cm.

With this is bound Pringle, Sir John. A discourse on the torpedo. London, 1775.

Provenance: To the Honble Mrs. Howe from Mr. Walsh (inscription)

Demonstrates the electrical properties of the torpedo.

Ware, James, 1756-1815.

A description of four cases of the gutta serena, cured by electricity: to which is added two cases of the like nature, in which the chief means of cure was a mercurial snuff. With incidental remarks annexed to the cases, by James Ware. [London, 1789?]

309-354 p. 20.9 cm.

Watson, Sir William, 1715-1787.

An account of the experiments made by some gentlemen of the royal society, in order to discover whether the electrical power would be sensible at great distances. With an experimental inquiry concerning the respective velocities of electricity and sound. To which are added, some further inquiries into the nature and properties of electricity; communicated to the Royal society, by William Watson. London, Printed for C. Davis, 1748.

[1], 90 p. illus. 20.5 cm.
Bound with Lovett, R. The subtil medium prov'd. London, 1756.
In Ronalds, Wheeler 352, Gartrell 547.

Watson, Sir William, 1715-1787.
Experiments and observations tending to illustrate the nature and properties of electricity. In one letter to Martin Folkes and two to the Royal Society. By William Watson. The 2nd ed. London, Printed for C. Davis, 1746.
[1], viii, 3-59 p. 20.5 cm.
Bound with Lovett, R. The subtil medium prov'd. London, 1756.
In Ronalds.

Watson, Sir William, 1715-1787.
Experiments and observations tending to illustrate the nature and properties of electricity. In one letter to Martin Folkes, and two to the Royal society, by William Watson. London, Printed for C. Davis, 1746.
59 p. 21.8 cm.
Provenance: Ex Libris Brent Gration-Maxfield. 1966 (inscription)
In Ronalds.

Watson, Sir William, 1715-1787.
Experiments and observations tending to illustrate the nature and properties of electricity. In one letter to Martin Folkes and two to the Royal Society, by William Watson. The 2nd ed. London, Printed for C. Davis, 1746.
[1], viii, 3-59 p. 1 plate. 19.4 cm.
Provenance: Ex Libris Drs. Th: Renz (ink stamp)
In Ronalds.

Watson, Sir William, 1715-1787.
Experiences et observations, pour servir a l'explication de la nature et de proprietés de l'électricité. Proposées en trois lettres à la Societé royale de Londres, par Guill. Watson. Tr. de l'anglois d'après la seconde edition. Paris, Chez S. Jorry, 1748.
xii, 141 p. 2 fold. plates. 16.8 cm.

Watson, Sir William, 1715-1787.
Observations upon the effects of electricity, applied to a tetanus, or muscular rigidity, of four months continuance. In a letter to the Royal Society, by William Watson. London, 1764.
10-26 p. 21.2 cm.
Extract from the Philosophical Transactions of the Royal Society, v. 53.
In Ronalds.

Watson, Sir William, 1715-1787.
A sequel to the experiments and observations tending to illustrate the nature and properties of electricity: wherein it is presumed, by a series of experiments expresly for that purpose, that the source of the electrical power, and its manner of acting are demonstrated. Addressed to the Royal Society. By William Watson. London, Printed for C. Davis, 1746.
[1], 80 p. 1 fold. plate. 20.5 cm.
Bound with Lovett, R. The subtil medium prov'd. London, 1756.
In Ronalds, Wheeler 333b, Gartrell 550.

Watson, Sir William, 1715-1787.
A sequel to the experiments and observations tending to illustrate the nature and properties of electricity: wherein it is presumed, by a series of experiments expresly for that purpose, that the source of the electrical power, and its manner of acting are demonstrated. Addressed to the Royal Society, by William Watson. London, Printed for C. Davis, 1746.
[1], 80 p. 1 fold. plate. 21.8 cm.
Provenance: Ex Libris Brent Gration-Maxfield. 1966 (inscription)
In Ronalds, Wheeler 333b, Gartrell 550.

Weber, August Gottlob, 1761-1807.
Commentatio de initiis ac progressibus irritabilitatis submittit Augustus Gottlob Weber. Hallae, Litteris Orphanotrophei, 1782.
[3], 120, [4] p. 21 cm.

Weber, Joseph, 1753-1831.
[Joseph Webers] Abhandlung von dem Luftelektrophor. 2. Aufl. Mit neuen Erfahrungen, neuen Instrumenten und mit einem Unterrichte von Zubereitung der brennbaren Luft vermehrt und bereichert. Ulm, J.C. Wohler, 1779.
96 p. 2 fold. plates. 18 cm.
With this are bound his Beschreibung des Luftelektrophors. Augsburg, 1779; and Seiferheld, G.H. Beschreibund einer sehr wurksamen Electrisir-Maschine. Nurnberg, 1787.
In Ronalds.

Weber, Joseph, 1753-1831.
[Joseph Webers] Abhandlung von dem Luftelektrophor. 2. Aufl. Mit neuen Erfahrungen, neuen Instrumenten und mit einem Unterrichte

von Zubereitung der brennbaren Luft vermehrt und bereichert. Ulm, J.C. Wohler, 1779.
96 p. 2 fold. plates. 17.3 cm.
With this is bound his Neue Erfahrungen. Augsburg, 1781.
In Ronalds.

Weber, Joseph, 1753-1831.
[Joseph Webers] Beschreibung des Luftelektrophors. Nebst angehängten neuen Erfahrungen, neuen Instrumenten, einem Unterrichte von Zubereitung der brennbaren Luft, und verschiedener Versuche, der derselben. Neueste mit der Beschreibung der elektrischen Lampe. Verm. Aufl. Augsburg, E. Kletts sel. Wittwe und Franck, 1779.
[1], 86 p. 2 fold. plates. 18 cm.
Bound with his Abhandlung von dem Luftelektrophor. Ulm, 1779.
In Ronalds, Wheeler 486, Gartrell 552.

Weber, Joseph, 1753-1831.
[Joseph Webers] Neue Erfahrungen idiolektrische Körper ohne einiges Reiben zu elektrisiren. Augsburg, E. Kletts sel. Wittwe und Franck, 1781.
[24], 118 p. 3 fold. plates. 17.3 cm.
Bound with his Abhandlung von dem Luftelektrophor. Ulm, 1779.
In Ronalds, Gartrell 553.

Weber, Joseph, 1753-1831.
Positiver Luftelektrophor samt der Anwendung desselben auf eine Elektrisirmaschine [von] Joseph Weber. Augsburg, E. Kletts, 1782.
[18], 118 p. 2 fold. plates, 1 fold. sheet. 17 cm.
In Ronalds, Gartrell 554.

Weber, Joseph, 1753-1831.
[Joseph Webers] Theorie der Elektricität. Ausgetheilt bei der Gradverleihung. [Dilingen?] 1784.
64, 7 p. 2 fold. plates. 16.5 cm.
Provenance: F. P. K. 1784 (stamped binding)
In Ronalds.

Weber, Joseph, 1753-1831.
Ueber das Feuer; ein Beitrag zu einem Unterrichtsbuche aus de Naturlehre, von Joseph Weber. Landshut, A. Weber, 1788.
[8], 216, [1] p. 1 fold. plate. 17.3 cm.

Weber, Joseph, 1753-1831.
Vollständige Lehre von den Gesetzen der Elektricität und von der Anwendung derselben, von Joseph Weber. Zum Gebrauche seiner Vorlesungen aus der Naturlehre. München, J. Lindauer, 1791.
[24], 368 p. 2 fold. plates. 16.9 cm.
In Ronalds.

Weller, John.
A rational account how Capt. Weller's conversing at a distance affects the fancy, and animal spirits. London, Printed for the author, 1762.
27 p. 21.5 cm.

[Wesley, John] 1703-1791.
The desideratum: or, Electricity made plain and useful. By a lover of mankind, and of common sense. London, Printed and sold by W. Flexney, 1760.
72 p. 17 cm.
Provenance: GOM (bookplate); S. Nayes (inscription)
In Ronalds, Wheeler 403.
Presents metaphysics of electricity and therapeutic use of electricity.

Wesley, John, 1703-1791.
Médecine primitive, ou, Recueil de remedes choisis & éprouvés par des expériences constantes, a l'usage des gens de la campagne, des riches & des pauvres, traduit de l'anglois de Wesley sur la 13. éd., revu & augm. considérablement. Lyon, J.M. Bruyset, 1772.
xl, 300 p. 17 cm.

Wesley, John, 1703-1791.
Primitive physic: or, An easy and natural method of curing most diseases, by John Wesley. 24th ed. London, Printed by G. Paramore, and sold by G. Whitfield, 1792.
120 p. 17.6 cm.
Provenance: George Dillwyn To Elis th Fry 1st Mo 20th 1801 (inscription)

Wesley, John, 1703-1791.
Primitive physick; or, An easy and natural method of curing most diseases. The 5th ed., corr. and enl. Bristol, Printed and sold by J. Palmer [et al.] 1755.
xx, [2], [25]-122 p. 16.5 cm.

Whytt, Robert, 1714-1766.
An essay on the vital and other involuntary motions of animals, by Robert Whytt. Edinburgh, Printed by Hamilton, Balfour, and Neill, 1751.
x, 392 p. 20.8 cm.
Provenance: Saml Savage (inscription)

Whytt, Robert, 1714-1766.
The works of Robert Whytt, M.D. Late physician to his majesty; president of the Royal college of physicians, professor of medicine in the University of Edinburgh, and fellow of the Royal Society. Published by his son. Edinburgh, Printed for T. Becket, 1768.
[5], viii, 262 [i.e. 762], [50] p. 1 plate. 27.3 cm.
Provenance: Boston Atheneum (ink stamp)

Wilhelm, Franz Heinrich Meinolph, 1728-1794, praeses.
Observationum electrico-medicarum in collegio clinico, quod in gratiam et emolumentum medicinae studiosorum pro augusta sua in scientias munificentia condidit Adamus Fridericus...quas una cum semicenturia theorematum practicorum de venae-sectione et purgantibus, praeside Franc. Henr. Meinolph. Wilhelm... Propugnandas suscepit Joannes Matthaeus Ernst. Wirceburgi, Typis F.E. Nitribitt, 1774.
[20], 162, [22] p. 18.5 cm.

Wilkinson, John, M.D.
The case of Mr. Winder, who was cured of a paralysis by a flash of lightning, wrote by John Wilkinson, communicated to the Society of Gottinghen by D. Wickmann.
p. 395-410. 20.8 cm.
(In Bertholon, P. Die Electricitat aus medicinischen Gesichtspuncten betrachtet. Bern, 1781.)

Wilson, Benjamin, 1721-1788.
An account of experiments made at the Pantheon, on the nature and use of conductors: to which are added, some new experiments with the Leyden phial. Read at the meetings of the Royal Society [by Benjamin Wilson] London, Printed for J. Nourse, 1778.
[4], 100 p. charts, 5 plates (3 fold.) 29 cm.
Provenance: John Somers Lord Somers (bookplate)
In Ronalds, Wheeler 478, Gartrell 566.

Wilson, Benjamin, 1721-1788.
A series of experiments on the subject of phosphori, and their prismatic colours: in which are discovered, some new properties of light. Also, a translation of two memoirs of the late J.B. Beccaria [sic], by B. Wilson. 2nd ed., with additions. London, Printed for J. Nourse, 1776.
xii, 117, 96 p. illus. 22.8 cm.
In Ronalds.

Wilson, Benjamin, 1721-1788.
A treatise on electricity, by B.W. London, Printed and sold by C. Davis, 1750.
xiii, 223, [1] p. 5 fold. plates. 20.4 cm.
Provenance: M. Wilson to D. Atkinson June 13th 1751 (inscription)
In Ronalds, Wheeler 362.

Wilson, Benjamin, 1721-1788.
A treatise on electricity. The 2nd edition, by Benjamin Wilson. London, Printed and sold by C. Davis, 1752.
vii, [iii]-iv, 224 p. 5 fold. plates, port. 21.7 cm.
Provenance: For Mons. LeRoy in the Louvre from the author (inscription)
In Ronalds, Wheeler 362a, Gartrell 572.

Windler, Peter Johann.
Tentamina de causa electricitatis. Quibus brevis historia de nonnullis auctoribus, qui hanc praecipue excoluerunt materiam, praemissa est. Auctore Petro Joanne Windlero. Neapoli, Ex regia typographia S. Porsile, 1747.
[16], 28 p. 3 fold. plates. 27 cm.
Gartrell 573.

Winkler, Johann Heinrich, 1703-1770.
Coniectvram de vi electrica vaporvm solarivm in lvmine boreali, exponit Io. Henricvs Winklervs. Lipsiae, ex officina Breitkopfia, 1763.
12 p. 21.2 cm.
In Ronalds.

Winkler, Johann Heinrich, 1703-1770.
Die Eigenschaften der electrischen Materie und des electrischen Feuers aus verschiedenen neuen Versuchen erklaret, und, nebst etlichen neuen Maschinen zum Electrisiren, beschrieben von Johann Heinrich Winklern. Leipzig, B.C. Breitkopf, 1745.
[28], 164 p. 4 fold. plates. 17.5 cm.
Bound with his Gedanken von den Eigenschaften, Wirkungen und Ursachen der Electricitat. Leipzig, 1744.
In Ronalds, Wheeler 323, Gartrell 576.

Winkler, Johann Heinrich, 1703-1770.
Essai sur la nature, les effets et les causes de l'electricité, avec une description de deux nouvelles machines a electricité, tr. de l'allemand de F.H. Winckler. Paris, Chez S. Jorry, 1748.
[1], vii, [3], 156 p. 3 fold. plates. 16.8 cm.
(In Recueil de traités sur l'electricité. [Paris, 1748])
Wheeler 313c, Gartrell 577.

Winkler, Johann Heinrich, 1703-1770.
Gedanken von den Eigenschaften, Wirkungen und Ursachen der Electricität, nebst einer Beschreibung zwo neuer electrischen Maschinen, hrsg. von Johann Heinrich Winkler. Leipzig, B.C. Breitkopf, 1744.
[32], 168 p. 3 fold. plates. 17.5 cm.
With this is bound his Die Eigenschaften der electrischen Materie. Leipzig, 1745, and his Die Stärke der electrischen Kraft des Wassers. Leipzig, 1746.
Provenance: Ex Bibliotheca Mariaemontana (bookplate); A Bibliothecam Mariamontanum (ink stamp)
In Ronalds, Wheeler 313, Gartrell 578.

Winkler, Johann Heinrich, 1703-1770.
Gedanken von den Eigenschaften, Wirkungen und Ursachen der Electricität, nebst einer Beschreibung zwo neuer electrischen Maschinen, hrsg. von Johann Heinrich Winkler. Leipzig, B.C. Breitkopf, 1744.
[32], 168 p. 3 fold. plates. 17 cm.
In Ronalds, Wheeler 313, Gartrell 578.

Winkler, Johann Heinrich, 1703-1770.
Qva ratione ignis et materia electrica inter se differant disqvivit et ad memoriam Grafianam die xvii. octobris MDCCLXVII in auditorio philosophico dvabvs orationibvs celebrandam hvmanissime invitat Ioan. Henricvs Winklervs facvltatis philosophicae exdecanvs. Lipsiae, ex officina Breitkopfia, 1767.
8 p. 23.4 cm.

Winkler, Johann Heinrich, 1703-1770.
Die Stärke der electrischen Kraft des Wassers in gläsernen Gefässen, welche durch den Musschenbrökischen Versuch bekannt geworden erklärt von Johann Heinrich Winklern. Leipzig, B.C. Breitkopf, 1746.
[20], 164 p. 2 fold. plates. 17.5 cm.
Bound with his Gedanken von den Eigenschaften, Wirkungen und Ursachen der Electricität. Leipzig, 1744.
In Ronalds, Wheeler 335.

Wirdig, Sebastian, 1613-1687.
Nova medicina spirituum, curiosa scientia & doctrina, unanimiter hucusqve neglecta, & à nemine meritò exculta, medicis tamen, & physicis utilissima: worinnen erstlich der spirituum naturliche constitution, Leben Gesundheit temperamenta, ingenia, calidum innatum, die Kräfte der phantasie, ideae, der Gestirne Einflusse *μετεμ Ψυχω* derer Dinge magnetismi, sympathiae, und antipathiae, qvalitates hactenùs occultae, sensibus tamen manifestae, und andere verborgene und wunderbare Dinge mehr zufinden; hiernechst wird auch deutlich und vernünftig der spirituum kränckliche und widernatürliche (praeternaturalis) disposition, und Ursachen nicht weniger auch die Curen durch die oder von der Natur selbst durch guten Diaet, durch sonderbare Geheimnisse per palingenesiam, magnetismum, seu sympatheismum transplantationes, amuleta &c. gewiesen und erkläret; verteutscht von L. Christoph. Helwig. Franckfurt und Leipzig, M. Keyser, 1707.
[14], 222, [8] p. 1 fold. plate. 16.5 cm.
In Ronalds.

Zallinger zum Thurn, Franz Seraphim, 1743-1828.
Abhandlung von der Elektricität des in Tyrol gefundenen Turmalins, durch Franz Zallinger zum Thurm, nebst den Säken aus der ganzen Naturlehre nach welchen die Franz von Mayrl, Anton Hofer. [Innsbruck] 1779.
[10], 59, [15] p. 19 cm.
Bound with his De aestimanda perfectione machinarum ad mechanicum solidorum pertinentium. Oeniponte, 1780.

Zallinger zum Thurn, Franz Seraphim, 1743-1828.
Abhandlung von den elektrischen Grundsäken, durch Franz Zallinger zum Thurm, nebst den Säken aus der ganzen Naturlehre, nach welchen der Karl Riccabona von Reichenfels. [Innsbruck] 1779.
[6], 57, [15] p. 19 cm.
Bound with his De aestimanda perfectione machinarum ad mechanicum solidorum pertinentium. Oeniponte, 1780.
Gartrell 580.

Zallinger zum Thurn, Franz Seraphim, 1743-1828.

De aestimanda perfectione machinarum ad mechanicam solidorum pertinentium dissertatio proposita a Francisco Zallinger ad Turrim ... propugnatur ... ab Francisco Aloysio equite de Longo, et Liebenstein, enniensi Tyrol. Oeniponte, Typis J. Thomae Nob. de Trattnern, 1780.

[4], 189, [9] p. fold. plate. 19 cm.

With this is bound his Abhandlung von den elektrischen Grundsäken. [Innsbruck] 1779; and his Abhandlung von der Elektricität des in Tyrol gefundenen Turmalins. [Innsbruck] 1779.

Zenoni, Gottardo Maria.

Memorie storiche fisiche critiche sul terremoto. Cremona, Per L. Manini Regio Stampatore, 1783.

[7], 158, [1] p. 20.8 cm.

NINETEENTH CENTURY WORKS IN THE BAKKEN

The general theme of electricity in life continues to be demonstrated in the 2,444 nineteenth century entries of The Bakken's catalog. Works on electricity, magnetism, electric fish, electrotherapeutics, resuscitation, advances in instrumentation, biology, mesmerism, and atmospheric electricity are abundant in the collection in print and manuscript. The electrical discharges of the Torpedo were still studied and reported in the scientific literature by Étienne Jules Marey (1830-1904), for example, or by G.V. Ciaccio, who dissected the electric organs of the Torpedo. The writings of the nineteenth century plant physiologists who followed Pierre Bertholon are included in the collection and have been used by Brigitte Hoppe, Institut für Geschichte der Naturwissenschaften der Universität München, in her studies of plant electrophysiology. William Snow Miller's 1823 book, *Observations on the effects of lightning on floating bodies*, complete with annotations for corrections and additions, is in the collection. The continued collection of resuscitation materials is evidenced by Aldini's book discussing his experiments on electroresuscitation and by Reece's reports on the galvanic restoration of life in his *Medical Guide*.

The Bakken's collection contains the works of such scientists as Hertz, Ampère, Kelvin, Maxwell, Becquerel, and Oersted. Michael Faraday's writings are present, of course, including a signed presentation copy of his 1832 article, "Experimental researches in electricity," and long letters written by him to Sequin in 1857, to Hans Christian Oersted in 1832, and to Alexander von Humboldt in 1834. Latimer Clark collected an album of Faraday's correspondence with a number of important figures in the history of electricity, including a letter to Faraday from Alexander Graham Bell. This album is in The Bakken's collection along with other materials Clark collected, such as a copy of Sir Francis Ronalds's 1823 publication on the invention of the electrical telegraph into which Latimer Clark has tipped two letters from Ronalds as well as Ronalds's original drawings for two of the plates.

Electrotherapeutics was extremely popular in the nineteenth-century and in common use by physicians. The Bakken's holdings in this area are extensive, including such items as A.D. Rockwell's handwritten notes on electrotherapy. The electrotherapeutic books, manuscripts, and journals have been heavily used by researchers---Eugene Taylor, for example, who studies the psychotherapeutic uses of electricity, or Lisa Rosner, whose research illuminated the economic effects of improvements in batteries on medical practice.

The predominant theme of The Bakken's nineteenth-century materials centers around physiological instrumentation and its research and clinical uses in physiology, neurology, and cardiology. All of the expected scientists and physicians are represented in the collection; works by Waller on the electrical activity of the heart, Ferrier on brain localization, and MacWilliams on cardiac electrostimulation are diverse examples. The physiologist Carl Ludwig (1816-1895) initiated that era of research with his invention in 1847 of the kymograph which allowed the graphic recording of physiological events. Ludwig's works are collected by The Bakken; also present are some of his own books bearing his ink ownership stamps and those of a later owner, Lewis H. Weed (1886-1952), a noted American neurologist.

The French physiologist Étienne Jules Marey (1830-1904) invented and perfected a number of these physiological recording instruments; his work resulted in the coining of the phrase "the graphic method." His research was quite broad, including the first graphic records of the electrical excitability of the frog heart, and The Bakken contains many of his publications. A few of many other possible examples would have to include the writings of Charles Édouard Brown-Séquard (1817-1894), whose contributions to neurophysiology and electrotherapy were studied at The Bakken by historian Merriley Borell. Einthoven's invention of the electrocardiograph and the results of Duchenne de Boulogne's stimulation of nerve and muscle are all recorded in volumes in The Bakken's library collection.

Abbot, Joseph Hale, 1802-1873.
A description of several new electro-magnetic and magneto-electric instruments and experiments, by Joseph Hale Abbot. [New Haven, 1841]
[1], 8 p. illus. 23.5 cm.
"From the American Journal of Science and Arts, No. 1, Vol. 40."

Abeille, Jonas, 1809-
L'électricité appliquée à la thérapeutique chirurgicale et en particulier au traitement des accidents produits par les inhalations d'éther et de chloroforme, par J. Abeille. Paris, J.-B. Baillière, 1870.
xiii, 110 p. 24.5 cm.

Abrams, Albert, 1863-1924.
Clinical diagnosis, by Albert Abrams. 3rd ed., rev. and enl. New York, E.B. Treat, 1894.
xi, [1], 273 p. illus., 1 fold. plate. 21 cm.

Abrams, Albert, 1863-1924.
Note on a case of nervous eructation studied by skiagrams, by Albert Abrams. [n.p.] 1899.
3 p. 20.5 cm.
Provenance: Johns Hopkins Hospital Library, July 17, 1905 (ink stamp)

Abrams, Albert, 1863-1924.
Radioscopy of the lungs; the danger of misinterpretation by those who employ this method of diagnosis, by Albert Abrams. [n.p.] 1898.
4 p. 21.5 cm.
Provenance: Johns Hopkins Hospital Library, July 17, 1905 (ink stamp)

Abrams, Albert, 1863-1924.
Scattered leaves from a physician's diary, by Albert Abrams. St. Louis, Mo., Fortnightly Press, 1900.
59 p. port. 24.5 cm.
Provenance: D. M. Murphy, 123 Fifth Avenue, N. Y. City (in pencil on cover)

Abrams, Albert, 1863-1924.
The therapeutic value of the solar rays, by Albert Abrams. Philadelphia, 1899.
13 p. illus. 21.7 cm.
Provenance: Johns Hopkins Hospital Library, July 17, 1905 (ink stamp)

Abrams, Albert, 1863-1924.
Transactions of the Antiseptic Club, reported by Albert Abrams. New York, E.B. Treat, 1895.
206 p. illus., front. 21 cm.
Provenance: Dr. Samuel X. Radbill (bookplate), William H. Porter, M.D., 164 Broadway (inscription), Estate of Dr. Jacob M. Geishbeig (pencil note); copy 2, E. J. Kennedy, Editor, The Pharmaceutical Era (inscription).

Académie des sciences, Paris.
Instruction sur les paratonnerres, pour servir à l'établissement de ces appareils au-dessus des magasins à poudre, adoptée par le comité des fortifications dans sa séance du 25 Août 1807; suivie des rapports faits à la classe des sciences phyusiques et mathématiques de l'Institute National et à l'Académie des Sciences, sur cette instruction et sur l'établissement des paratonnerres en général...Paris, l'Impr. Impériale, 1808.
[3], 39 p. 1 fold plate. 31 cm.

Académie des sciences, Paris.
Rapport fait a la classe des sciences mathématiques et physiques de l'Institut National, sur les expériences du Volta. Paris, Baudouin, 1801.
[1], 29 p. 28.4 cm.

Académie nationale de médecine, Paris.
Report on the magnetical experiments made by the commission of the Royal Academy of medicine, of Paris, read in the meetings of June 21 and 28, 1831, by Husson. Trans. from the French, and preceded with an introduction, by Charles Poyen St. Sauveur. Boston, D.K. Hitchcock, 1836.
172 p. 17.8 cm.
Gartrell 1214.

Académie nationale de médecine, Paris.
Rapports et discussions de l'académie royale de médecine sur le magnétisme animal, recueillis par un sténographe, et publié, avec des notes explicatives, par P. Foissac. Paris, J.B. Baillierè, 1833.
561 p. 20.8 cm.
Gartrell 1173.

Accademia delle scienze dello Istituto di Bologna dalla sua origine a tutto il MDCCCLXXX. Bologna, N. Zanichelli, 1881.
[4], 278 p. 28 cm.

Accum, Friedrich Christian, 1769-1838.
Chemical amusement, comprising a series of curious and instructive experiments in chemistry, which are easily performed and unattended by danger, by Frederick Accum. London, Printed for T. Boys, 1817.
[1], xxv, [1], 191, [1], 59 p. 19.7 cm.

Accum, Friedrich Christian, 1769-1838.
A descriptive catalogue of the apparatus & instruments employed in experimental and operative chemistry, in analytical mineralogy, and in the pursuits of the recent discoveries of voltaic electricity. Manufactured and sold by Fredrick Accum. London, 1817.
[1], 59 p. 19.7 cm.
(In his Chemical amusement. London, 1817.)

Adamkiewicz, Albert, 1850-1921.
Ueber die sogenannte "Bahnung." Ein Beitrag zur Lehre von den Gleichgewichtsstörungen in der Thätigkeit der Nerven, von Albert Adamkiewicz. Berlin, Gedruckt bei L. Schumacher, 1898.
16 p. 25 cm.

Adams, J. , physician.
Electricity: its mode of action upon the human frame, and the diseases in which it has proved beneficial, with valuable hints respecting diet, &c., &c., &c., by J. Adams. Toronto, Dudley and Burns, Printers [18--?]
viii, 144 p. 17.9 cm.
Provenance: Copy 2, P. Bender, Esq., M.D. with the author's compts (inscription), Bibliotheque S. M. E., Quebec (ink stamp)

Adams, Wellington.
Electricity: its application in medicine and surgery. A brief and practical exposition of modern scientific electro-therapeutics, by Wellington Adams. Detroit, G.S. Davis, 1891.
2 v. illus., front., diagrs. 18.9 cm.
Provenance: A. L. Manson, 300 Riverside Dr. N.Y. (bookplate)

Addison, Thomas, 1793-1860.
A collection of the published writings of the late Thomas Addison. Ed. with introductory prefaces to several of the papers, by Wilks and Daldy. London, New Sydenham Society, 1868.
xxxi, 242 p. 7 plates (3 col.) 22.4 cm.
Provenance: William Selby Church (bookplate), Norman M. Keith, Oct. 1930 (inscription)

Addison, Thomas, 1793-1860.
On the influence of electricity, as a remedy in certain convulsive and spasmodic diseases [by Thomas Addison]
p. [195]-208 22.4 cm.
(In his A collection of the published writings of the late Thomas Addison. London, New Sydenham Society, 1868.)
Reports the first clinical use of static electricity.

[Adhémar, Joseph] 1797-1862.
Révolutions de la mer. Paris, Impr. de Fain et Thunot, 1842.
[21]-112 p. charts, 1 fold. plate. 20.8 cm.
Bound with Ampère, A.M. Exposé des nouvelles découvertes sur l'électricité et le magnétisme. Paris, 1822.

Afzelius, Petrus von, 1760-1843, praeses.
De electricitatis galvanicae apparatu cel. Volta excitae in corpora organica effectu... praeside Petro Afzelio... Examini defert Jacobus Berzelius. Upsaliae, J.P. Edman, 1802.
[1], 14 p. 22 cm.
Reports Berzelius' doctoral research on the effect of galvanic current on individuals suffering from a variety of illnesses.

Afzelius, Petrus von, 1760-1843, praeses.
Historia galvanismi medicinae adplicati ... praeside Petro Afzelio. Pro gradu medico publico subjicit examini Adolphus Fridericus Alfort. Upsaliae, Typis Edmannianis, 1805.
[2], 8, [2] p. 21.2 cm.

Aldini, Giovanni, 1762-1834.
An account of the late improvements in galvanism, with a series of curious and interesting experiments performed before the commissioners of the French National Institute, and repeated lately in the anatomical theatres of London, by John Aldini. To which is added An appendix, containing the author's experiments on the body of a malefactor executed at Newgate &c. &c. London, Printed for Cuthell and Martin, and J. Murray, by Wilks and Taylor, 1803.
Provenance: Ex Libris John Farquhar Fulton (bookplate), Burndy Library (bookplate)

Aldini, Giovanni, 1762-1834.
Art de se préserver de l'action de la flamme, appliquée aux pompiers et a la conservation des personnes exposées au feu; avec une série

d'expériences faites en Italie, a Genève et a Paris, par Aldini. Paris, Madame Huzard, 1830.

[2], vii, 142 p. 5 col. fold. plates. 22.8 cm.

With this is bound the author's Expériences faites a Londres pour perfectionner et faire connaitre plus généralement l'art se préserver de l'action de la flamme. Paris, 1830.

Aldini, Giovanni, 1762-1834.

Essai theorique et expérimental sur le galvanisme, avec une série, d'expériences faites en presence des commissaires de l'Institut national de France, et en divers amphithéatres anatomiques de Londres, par Jean Aldini. Paris, De l'Impr. de Fournier, 1804.

[6], x, 398 p. 10 fold. plates. 28.5 cm.

Provenance: Au Citoyen Consul Le Brun comme temoignage de la plushaute estime et du profond respect L'Auteur (inscription)

Another issue. 29.5 cm.

Provenance: Biblioteca Bergamo (ink stamp)

Another issue. 2 v. 21.3 cm.

In Ronalds, Wheeler 660, Gartrell 586.

Aldini, Giovanni, 1762-1834.

Expériences faites a Londres pour perfectionner et faire connaitre plus généralement l'art de se préserver de l'action de la flamme, par Jean Aldini. Paris, Impr. de Madame Huzard, 1830.

[1], 26 p. 22.8 cm.

Bound with the author's Art de se préserver de l'action de la flamme, appliquée aux pompiers et a la conservation des personnes exposées aux feu. Paris, 1830.

Aldini, Giovanni, 1762-1834.

General views on the application of galvanism to medical purposes; principally in cases of suspended animation, by John Aldini. London, Sold by J. Callow, and Burgess and Hill, 1819.

viii, 96 p. 23 cm.

In Ronalds, Wheeler 754.

Aldini, Giovanni, 1762-1834.

Précis des expériences galvaniques faites récemment à Londres et à Calais, par Jean Aldini; suivi d'un extrait d'autres expériences, détaillees dans un ouvrage sous presse de même auteur et qui ont été publiées à Londres, par M. Nicholson. [n.p.] De l'Impr. de P. Didot, 1803.

48 p. 21 cm.

"Extrait du journal du professeur Nicholson, [A journal of natural philosophy, chemistry, and the arts], traduit de l'anglais; concernant les dernieres experiences galvaniques faites par le professeur Aldini": p. 40-48.

Provenance: Au Cie Fourcroy conseillers d'Etat, Directeur de l' ? Public, Hommage d'estime et de respect L'Auteur (inscription)

In Ronalds, Wheeler 644b.

Aldini, Giovanni, 1762-1834.

Recherches expérimentales sur l'application extérieure de la vapeur pour échauffer l'eau dans la filature de la soie, par Aldini. Traduit de l'italien sur la 2. éd., et augm. Paris, De l'Impr. de Mme. Huzard, 1819.

42 p. plate. 21.1 cm.

Aldini, Giovanni, 1762-1834.

Saggio esperimentale sull'esterna applicazione del vapore all'acqua dei bagni e delle filande a seta, con alcune osservazioni sui bagni a vapore, del Giovanni Aldini. Milan, Dai Torchi di Giovanni Pirotta, 1818.

[4], 86 p. fold. plate. 24.7 cm.

Aldini, Giovanni, 1762-1834.

Saggio di esperienze sul galvanismo, di Giovanni Aldini. Bologna, a S. Tommaso d'Aquino, 1802.

[3], 108 p. 2 fold. plates. 20.5 cm.

Provenance: al celebre Prof. Goggal? in attestato di estima L'autore il Prof: Aldini di Bologna (inscription)

In Ronalds, Gartrell 588.

Aldini, Giovanni, 1762-1834.

Saggio di osservazioni sui mezzi atti a migliorare la construzione e l'illuminazione dei fari con Appendice: Sull' illuminazione dei fari col gas, letto in varie sedute dell'Imp. r. istituto di scienze, lettere ed arti di Milano, del cav. Giovanni Aldini. Milano, dall'Imperiale regia stamperia, 1823.

viii, 208, [2] p. map, 7 col. plates (incl. front., part fold.) 24 cm.

Alibert, Jean Louis Marie Alibert, baron, 1766?-1837.

Eloges historiques, composes pour la Societe medicale de Paris, suivis d'un discours sur les rapports de la medicine avec les sciences physiques et morales, par J.L. Alibert. Paris, De l'Impr. de Crapelet, 1806.

viii, 454 p. 20.8 cm.

Provenance: unidentified (crest, Nil Nisi Virtute)

In Ronalds, Gartrell 589.

Alibert, Jean Louis Marie Alibert, baron, 1766?-1837.
Éloges historiques, composés pour la Société médicale de Paris, suivis d'un discours sur les rapports de la médicine avec les sciences physiques et morales, par J.L. Alibert. Paris, De l'Impr. de Crapelet, 1806.
viii, 454 p. 20.8 cm.

Alibert, Jean Louis Marie Alibert, baron, 1766?-1837.
Elogio storico di Luigi Galvani, composto da G.L. Alibert. Traduzione dal franchese. Bologna, S. Tommaso d'Aquino, 1802.
153 p. 23 cm.
Provenance: Copy 2, Biblioteca ?vezzi Medici (ink stamp)
In Ronalds, Wheeler 632.

Alibert, Jean Louis Marie Alibert, baron, 1766?-1837.
Nouveaux élémens de thérapeutique et de matière médicale, suivis d'un nouvel essai sur l'art de formuler, par J.L. Alibert. Paris, Chez Crapart, Caille et Ravier, An XII-XIII [1804]
2 v. fold. plate. 19.5 cm.
In Ronalds.

Alibert, Jean Louis Marie Alibert, baron, 1766?-1837.
Nouveaux élémens de thérapeutique et de matière médicale, suivis d'un nouvel essai sur l'art de formuler et d'un précis sur les eaux minérales les plus usitées, par J.L. Alibert. 2. éd., revue, corr. et augm. Paris, De l'Impr. de Crapelet, Caille et Ravier, 1808.
2 v. 2 fold. plates. 20.5 cm.
Provenance: Au Docteur Prosper Meynier, a Ornans (?) (inscription)

Alibert, Jean Louis Marie Alibert, baron, 1766?-1837.
Physiologie des passions, ou nouvelle doctrine des sentimens moraux, par J.L. Alibert. Paris, Béchet, 1825.
2 v. 9 plates. 21.5 cm.

Alibert, Jean Louis Marie Alibert, baron, 1766?-1837.
Physiologie des passions, ou nouvelle doctrine des sentimens moraux, par J.L. Alibert. 2. éd., revue, corr. et augm. Paris, Bechet, 1826.
2 v. front., 12 plates (incl. ports.) 22.5 cm.

Alleman, Lewis Arthur Welles.
Ophthalmology.
p. J1-J24. 24.2 cm.
(In Bigelow, H.R., ed. An international system of electro-therapeutics. Philadelphia, 1894)

Althaus, freiherr von.
Versuche über den Electromagnetismus nebst einer kurzen Prüfung der Theorie des Herrn Ampère vom Freiherrn von Althaus. Heidelberg, A. Oswald, 1821.
xvii, 37, [1] p. fold. plate. 19.7 cm.
Provenance: P. Merian, 187? (inscription)
In Ronalds, Wheeler 776.

Althaus, Julius, 1833-1900.
De aanwending der electriciteit, als geneesmiddel, met het oog op physiologie, diagnostiek en therapie, geschetst door Julius Althaus. In het Nederduitsch overgebragt door Th. Kroon. Tiel, H.C.A. Campagne, 1861.
x, 317, xiii, [1] p. 18.7 cm.

Althaus, Julius, 1833-1900.
Applications pratiques de l'électricité au diagnostic et a la thérapeutique; description des appareils employés dans les deux mondes et perfectionnements apportés récemment a leur usage, par Julius Althaus. Traduit et annoté par Gustave Darin. Paris, V. A. Delahaye, 1876.
[4], 92 p. illus. 22.8 cm.

Althaus, Julius, 1833-1900.
Die Elektricität in der Medizin. Mit besonderer Rücksicht auf Physiologie, Diagnostik und Therapie, dargestellt von Julius Althaus. Berlin, G. Reimer, 1860.
xvi, 336 p. 23.5 cm.

Althaus, Julius, 1833-1900.
The functions of the brain; a popular essay, by Julius Althaus. London, Longmans, 1880.
44 p. 4 plates (1 col.) 18.5 cm.

Althaus, Julius, 1833-1900.
Further observations on the electrolytic dispersion of tumours, by Julius Althaus. [London?] 1875.
605-608 p. 25.3 cm.
Extract from The British medical journal. Nov. 13, 1875.
The first use of electrolysis for medical purposes was reported in 1867 by Althaus in his book *On the electrolytic treatment of tumors.*

Althaus, Julius, 1833-1900.
On certain points in the physiology and pathology of the fifth pair of cerebral nerves, by Julius Althaus. [n.p.] 1868.
[27]-42 p. 21.5 cm.
Reports observations on the use of galvanic current on a patient with paralysis of the fifth cranial nerves.

Althaus, Julius, 1833-1900.
On failure of brain power (encephalasthenia); its nature and treatment, by Julius Althaus. 4th ed., with twelve engravings. London, Longmans, 1894.
xii, 186 p. illus. 19.5 cm.
Provenance: From the Library of the Royal Faculty of Physicians and Surgeons of Glasgow (bookplate, ink stamp)

Althaus, Julius, 1833-1900.
On paralysis, neuralgia, and other affections of the nervous system; and their successful treatment by galvanisation and faradisation, by Julius Althaus. 3d ed. London, Trübner, 1864.
viii, 236 p. 17.7 cm.
Provenance: Dr. Augustus F. Brich, 116 S. Broadway, Balto M.D. (perforated stamp)
Wheeler 1589.

Althaus, Julius, 1833-1900.
Report on modern medical electric and galvanic instruments, and recent improvements in their application: with special regard to the requirements of the medical practitioner, by Julius Althaus ... London, T. Richards, 1874.
[3], 61 p. illus. 21.4 cm.

Althaus, Julius, 1833-1900.
A treatise on medical electricity, theoretical and practical, and its use in the treatment of paralysis, neuralgia, and other diseases, by J. Althaus. London, Trubner, 1859.
xvi, 352 p. 23 cm.

Althaus, Julius, 1833-1900.
A treatise on medical electricity, theoretical and practical, and its use in the treatment of paralysis, neuralgia, and other diseases, by J. Althaus. Philadelphia, Lindsay and Blakiston, 1860.
xvi, [25]-354 p. 20 cm.
Provenance: Copy 2, John. illegible, New York, Oct. 15, 1866 (inscription)

Althaus, Julius, 1833-1900.
A treatise on medical electricity, theoretical and practical, and its use in the treatment of paralysis, neuralgia, and other diseases, by Julius Althaus. 2nd ed., rev. and partly rewritten. Philadelphia, Lindsay and Blakiston, 1870.
xxiii, 676 p. illus., fold. plate. 20.8 cm.
Provenance: Wm. ?inton , May 7/75 (inscription)

Althaus, Julius, 1833-1900.
A treatise on medical electricity, theoretical and practical, and its use in the treatment of paralysis, neuralgia, and other diseases, by Julius Althaus. 3d ed., enl. and rev. London, Longmans, Green, 1873.
xxviii, 729 p. illus., fold. plate. 22.6 cm.
Provenance: H. H. Baxter Memorial Library (printed on spine)
Wheeler 1852.

Althaus, Julius, 1833-1900.
A treatise on medical electricity, theoretical and practical, and its use in the treatment of paralysis, neuralgia, and other diseases, by Julius Althaus. 3rd ed., enl. and rev. Philadelphia, P. Blakiston, 1873.
xxviii, 729 p. illus., fold. plate. 23 cm.

Amidon, Royal Wells, 1853-
Student's manual of electro-therapeutics, embodying lectures delivered in the course on therapeutics at the Woman's Medical College of the New York Infirmary, by R.W. Amidon. New York, G.P. Putnam, 1884.
[1], 93, [1] p. illus. 17.5 cm.
Provenance: Med. Soc. County of Kings Library (ink stamp)

Amoretti, Carlo, 1741-1816.
Della raddomanzia ossia elettrometria animale ricerche fisiche e storiche, di Carlo Amoretti. Milano, Presso G. Marelli Stampatore-librajo, 1808.
[2], xviii, 490 p. 7 plates. 23 cm.
Provenance: Ad lucem Biblioteca Cazzamini-Mussi
Gartrell 591a.

Amoretti, Carlo, 1741-1816.
Elementi di elettrometria animale, del Carlo Amoretti. Milano, Dalla Tipografia Sonzogno, 1816.

[6], 142, [2] p. 5 plates (4 fold.). 22.5 cm.
Provenance: Ex Libris Leonardo Cuniberto Mohlberg (ink stamp)

Amoretti, Carlo, 1741-1816.
Osservazioni di elettrometria animale. Lettera del Carlo Amoretti a Don Ubaldo Cassina. Verona, Dalla tip. Mainardi, 1814.
21 p. 27.7 cm.
Bound with the author's Osservazioni elettrometriche e cerauniche comunicate a Don Giuseppe Giovene. Verona, 1812.

Amoretti, Carlo, 1741-1816.
Osservazioni di elettrometria animale. Lettera del Carlo Amoretti al Giovanni Malfatti. Verona, Dalla Tip. Mainardi, 1814.
33 p. 27.7 cm.
Bound with the author's Osservazioni elettrometriche e cerauniche comunicate a Don Giuseppe Giovene. Verona, 1812.

Amoretti, Carlo, 1741-1816.
Osservazioni di elettrometria animale. Lettera del Carlo Amoretti al Gian-Goffredo Ebel. Verona, Dalla tip. Mainardi, 1814.
22 p. 27.7 cm.
Bound with his Osservazioni elettrometriche e cerauniche comunicate a Don Giuseppe Giovene. Verona, 1812.

Amoretti, Carlo, 1741-1816.
Osservazioni elettrometriche e cerauniche comunicate a Don Giuseppe Giovene, da Carlo Amoretti. Verona, Dalla tip. L. Mainardi, 1812.
32, 8 p. 27.7 cm.
With this is bound his Osservazioni di elettrometria animale. Lettera al Gian-Goffredo Ebel. Verona, 1814; his Osservazioni di elettrometria animale. Lettera al Giovanni Malfatti, Verona, 1814; and his Osservazioni di elettrometria animale. Lettera a Don Ubaldo Cassina. Verona, 1814.

Amory, Robert, 1842-1910.
A treatise on electrolysis and its applications to therapeutic and surgical treatment in disease, by Robert Amory. New York, W. Wood, 1886.
vii, 307 p. illus. 23.5 cm.
Provenance: Med. Soc. County of Kings Library (ink stamp). The Watson Collection Presented to the Library of the Medical Society County of Kings September 1900 by ... (bookplate)

Ampère, André Marie, 1775-1836.
Essai sur la philosophie des sciences ou exposition analytique d'une classification naturelle de toutes les connaissances humaines, par André-Marie Ampère. Paris, Bachelier, 1834.
lxx, 272 p. fold. table. 22 cm.

Ampère, André Marie, 1775-1836.
Exposé des nouvelles découvertes sur l'electricité et le magnétisme, de Oerstad, Arago, Ampère, H. Davy, Biot, Erman, Schweiger, De La Rive, etc., par Ampère et Babinet. Paris, Chez Méquignon-Marvis, 1822.
[3], 91 p. illus., diagrs. 20.8 cm.
With this are bound Adhémar, J. Révolutions de la mer. Paris, 1842; Leymerie, A. Notice familière sur la géologie du Mont d'Or Lyonnais. Lyon, 1838; Orfila, M. Rapport sur les moyens de constater la présence de l'arsenic, Paris, 1841; Crémieux, J.A. Dissertation sur ... l'engagement dans les ordres. Nismes, 1828; and Daquin, J. Analyse des eaux thermales d'Aix en Savoye. Chambery, 1772.

Ampère, André Marie, 1775-1836.
Mémoire sur la théorie mathématique des phénomènes électro-dynamiques uniquement déduite de l'expérience, dans lequel se trouvent réunis les Mémoires que Ampère a communiqués à l'Académie royale des Sciences, dans les séances des 4 et 26 décembre 1820, 10 juin 1822, 22 décembre 1823, 12 septembre et 21 novembre 1825. [Paris, 1827]
[175]-387, [1] p. 2 fold. plates. 27.5 cm.
Excerpted from Memoires de l'Academie Royale des Sciences de l'Institut de France.

Ampère, André Marie, 1775-1836.
Mémoires sur l'action mutuelle de deux courans électriques, sur celle qui existe entre un courant électrique et un aimant ou le globe terrestre, et celle de deux aimans l'un sur l'autre, par Ampère. [Paris, 1821?]
68 p. 5 fold. plates. 22 cm.
"Lus à l'Academie royale des Sciences. (Extrait des Annales de chimie et de physique.)"
In Ronalds, Wheeler 762 ?

Ampère, André Marie, 1775-1836.
Mémoires sur l'action mutuelle de deux courans électriques, sur celle qui existe entre un courant électrique et un aimant ou le globe terrestre, et celle de deux aimans l'un sur l'autre, par Ampére. [n.p., n.d.]

[2], 124 p. 5 plates (1 fold.) 21 cm.
"Lus à l'Academie royale des sciences. (Extrait des Annales de chimie et de physique.)"
In Ronalds, Wheeler 762 ?

Amussat, Alphonse Auguste, 1821-1878.
De l'électricité comme agent de cautérisation dans le traitement des affections chirurgicales [par] Amussat. [n.p.] 1853-66.
10 p. illus. 21 cm.
Extracts from Union médicale 1853, 1854 and Gazette des hopitaux 1865, 1866.

Amussat, Alphonse Auguste, 1821-1878.
De la galvanocaustique chimique, par A. Amussat. Paris, A. Pougin, 1871.
16 p. illus. 23.4 cm.
(In Electrotherapie. Amussat, Danion, Lemarchand, Chazarain. [Paris? after 1894])

Amussat, Alphonse Auguste, 1821-1878.
Mémoires sur la galvanocaustique thermique, par A. Amussat. Paris, G. Baillière, 1876.
[4], 125, [1] p. illus. 24 cm.
Provenance: A. Mr. Le Dr. Maurel souvenir amical l'auteur de A. Amussat (inscription)

Amussat, Alphonse Auguste, 1821-1878.
Mémoires sur la galvanocaustique thermique, par A. Amussat fils. Paris, G. Baillière, 1876.
[3], 125, [1] p. illus. 25 cm.
(In Electrotherapie. Amussat, Danion, Lemarchand, Chazarain. [Paris? after 1894])

Anderson, Richard.
Lightning conductors, their history, nature, and mode of application, by Richard Anderson. London, New York, E. & F.N. Spon, 1879.
xv, 256 p. illus., front. 25.5 cm.
Wheeler 2126.
First edition of an important historical and bibliographical source on lightning rods.

Anderson, Richard.
Lightning conductors, their history, nature, and mode of application, by Richard Anderson. London, New York, E. & F.N. Spon, 1880.
xv, 256 p. illus., front. 25.5 cm.
Provenance: R. F. Sennett 1918 (inscription); with R. D. Newells compts. (inscription)

Andraud, Antoine.
Galvani; drame en cinq actes, suivi de notes scientifiques, par Andraud. Paris, Guillaumin, 1854.
xi, 163 p. ports. 21.9 cm.
Includes a brief history of electricity along with the electric contribution to scientific theater.

Anglade, Joseph Guillaume, de Biounac.
Essai sur le galvanisme, appliqué a la pathologie, par Joseph Guillaume Anglade, de Biounac, Département de l'Aveiron. Montpellier, Chez G. Izar et A. Ricard, An XI [1803]
52 p. 24.7 cm.
In Ronalds.

Apostoli, Georges, 1847-1900.
Du courant galvanique en gynécologie. Justification de ma méthode. In Gautier, G., ed. Le courant continu en gynécologie. Paris, 1890.
24.2cm. p.[3]-29

Apostoli, Georges, 1847-1900.
On a new treatment of chronic metritis and especially of endometritis, with intro-uterine chemical galvano-cauterizations, by Georges Apostoli. Tr. by A. Lapthorn Smith. Detroit, C.S. Davis, 1888.
[6], 119 p. illus. 19 cm.

Apostoli, Georges, 1847-1900.
On some novelties in my electrical treatment of uterine fibroids with answers to objections, by G. Apostoli. Translation of Woodham Webb. Paris, Printed by C. Schlaeber [18--]
29, [1] p. illus. 23.7 cm.

Arago, Dominique François Jean, 1786-1853.
Meteorological essays, by François Arago. With an introd. by Alexander von Humboldt. Tr. under the superintendence of Sabine. London, Longman, Brown, Green, and Longmans, 1855.
xxxvi, 504 p. 23 cm.

Arman, Domenico d'
La conducibilità elettrica degli alienati e dei sani di mente in condizioni fisiche normali e patologiche e suo valore pratico par l'elettro-diagnosi e l'elettroterapia; studio sperimentale e contribuzioni cliniche, del Domenico d'Arman. Venezia, Prem. stab. tipo-lit. dell'Emporio, 1894.
viii, 380 p. fold. plate. 25 cm.
Provenance: Ospedale Civile Biblioteca Venezia (ink stamp); copy 2, Al Dr. Antonio Pancrazio in

segno di stima e di reconosceura l'autore (inscription); Ospedale Civile Biblioteca Venezia (ink stamp)

Arman, Domenico d'.
La conducibilità elettrica del corpo umano in condizioni fisiche e psichiche normali e patologiche e suo valore pratico per l'elettrodiagnosi e l'elettroterapie; studio sperimentale e contribuzioni cliniche [di] Domenico D'Arman. Venezia, Prem. Stab. Tipo-Lit. dell'Emporio, 1894.
viii, 380, [1] p. diagrs. 25.2 cm.
Provenance: All'illustre Prof. F. Vitali in segno di molta stima e di speciale simpatia l'Autore D DArman (inscription)

Armstrong, William Alexander.
Induction-galvano-faradism, the ideal antiseptic, prophylactic and vitalizer. A remedy of great promise for hydrophobia, tuberculosis, and curative of many diseases heretofore considered incurable, by William Alexander Armstrong. [n.p.] 1897?
[7]-12, 5, [1] p. illus. 25.4 cm.
Provenance: Johns Hopkins Hospital Library Jul 20 1905 (ink stamp)

Armstrong, William George Armstrong, baron, 1810-1900.
Electric movement in air and water, with theoretical inferences, by Lord Armstrong. London, Smith, Elder, 1897.
vii p., 55 l. 32 plates (2 fold.) 38 cm.
Contains striking black and white plates of experiments on electrical discharges through air and water.

Armstrong, William George Armstrong, baron, 1810-1900.
Supplement to Lord Armstrong's work on electric movement in air and water, being a continuation of his experiments together with an extension of them made in concert with Henry Stroud. London, Smith, Elder, 1899.
vi, 27 p. 14 plates (11 col.) 38 cm.
Contains colored as well as black and white plates.

Arndt, Rudolf, 1836-
Die Neurasthenie (Nervenschwäche); ihr Wesen, ihre Bedeutung und Behandlung vom anatomisch-physiologischen Standpunkte. Für Aerzte und Studirende, bearbeitet von Rudolf Arndt. Wien, Urban & Schwarzenberg, 1885.
vi, [2], 264 p. 24.5 cm.
Provenance: Universitaets Bibliothek Heidelberg (ink stamp)

[Arnold, George] 1834-1865.
The magician's own book, or The whole art of conjuring. Being a complete hand-book of parlor magic, and containing over 1000 optical, chemical, mechanical, magnetical, and magical experiments, amusing transmutations, astonishing sleights and subtleties, celebrated card deceptions, ingenious tricks with numbers, curious and entertaining puzzles, together with all the most noted tricks of modern performers. Intended as a source of amusement for 1001 evenings. New York, Dick & Fitzgerald, 1857.
[2], xi, 362 p. illus., front. 19 cm.
Provenance: C. W. Brown's Library. Volume 91. (inscription)

Arnold & Sons, London.
Catalogue of surgical instruments and appliances manufactured by Arnold & Sons. London, 1895.
xlvii, 848 p. illus. 24.5 cm.

Arnoux, Ernest.
La lettre électrique, nouveau service télégraphique. Le télégraphe électrique rendu populaire. 1 Par l'extension donnée aux dépêches et la facilité d'en sauvegarder le secret comme pour les lettres confiées a la poste; 2 par l'abaissement des tarifs établis sur une base rationnelle; 3 par des moyens nouveaux permettant l'augmentation considérable des transmissions avec le même personnel et sans augmentation sensible du matériel actuel, par E. Arnoux. Paris, A. Bertrand, 1867.
[3], xix, 106 p. charts, 7 plates. 25 cm.
(In Electrotherapie. Amussat, Danion, Lemarchand, Chazarain. [Paris? after 1894])
In Ronalds, Wheeler 1664.

Arsonval, Arsène d', 1851-1940.
Exposé des titres et travaux scientifiques, du A. d'Arsonval. Paris, Imprimerie de la Cour d'Appel, 1894.
152 p. illus. 27.5 cm.
With this is bound the author's Notice sur les titres et les travaux scientifiques. Paris, 1888.
Provenance: Au Docteur Monvas, Cordial hommage, D'Arsonval (inscription)

Arsonval, Arsène d', 1851-1940.
Notice sur les titres et les travaux scientifiques, de A. d'Arsonval. Paris, Imprimerie de "la Lumière Électrique", 1888.
[2], 67 p. illus. 27.5 cm.
Bound with the author's Exposé des titres et travaux scientifiques. Paris, 1894.
Provenance: D'Arsonval (inscription)

Arsonval, Arsène d', 1851-1940.
Recherches théoriques et expérimentales sur le rôle de l'élasticité du poumon dans les phénomènes de la circulation, par Arsène d'Arsonval. Paris, A. Parent, 1877.
68, [1] p. 24 cm.
Provenance: D'Arsonval (inscription)

Arthuis, Arthur, 1842-
Électricité statique. Manuel pratique de ses applications médicales, par A. Arthuis. 2. éd. Paris, O. Doin, 1885.
[4], iv, 188 p. illus. 18.5 cm.

Arthuis, Arthur, 1842-
L'électricité statique et l'hystérie. Mémoire précédé d'une lettre à Charcot, par A. Arthuis. Paris, O. Doin, 1881.
72 p. illus. 20.5 cm.
Provenance: hommage de l'auteur Arthuis (inscription)
Wheeler 2222.

Arthuis, Arthur, 1842-
Électricité statique, ses applications aux maladies nerveuses, affections rhumatismales et maladies chroniques, par A. Arthuis. 2. éd. Paris, O. Doin, 1896.
104 p. 22.6 cm.
Provenance: Monsieur le Docteur Paul Boncourt. Hommage du Dr. Arthuis (inscription)

Arthuis, Arthur, 1842-
Électricité statique; ses applications aux maladies nerveuses, affections rhumatismales et maladies chroniques, par A. Arthuis. 4. éd. Paris, O. Doin, 1900.
104 p. illus. 22 cm.

Arthuis, Arthur, 1842-
Traitement des maladies nerveuses par l'électricité (d'après la méthode de Beckensteiner) [par] A. Arthuis. Paris, Librairie Internationale, 1871.
36 p. 17 cm.

Arthuis, Arthur, 1842-
Traitement électro-statique des maladies nerveuses, des affections rhumatismales et des maladies chroniques, par Arthuis. Paris, O. Doin, 1892.
104 p. illus. 22 cm.
Provenance: A Monsieur le Docteur Boyland. Hommage de l'auteur Dr. Arthuis Janv. 92 (inscription)

Arthuis, Arthur, 1842-
Treatment of nervous and rheumatic affections by static electricity, by A. Arthius [sic]. Tr. from the French by J.H. Etheridge. Chicago, W.B. Keen, Cooke, 1874.
144 p. 18.5 cm.
Provenance: To Mrs. Emma M. Aman - Albion, N.Y. With Translator's Affectionate Regards. 4.8.74 (inscription)

Ash, Claudius, Sons & Co., ltd.
Catalogue of dental materials ... London, Claudius Ash & Sons, Limited, 1899.
1 v. (various pagings) illus., 1 col. chart. 23.7 cm.

Atkinson, John Charles.
Change of air considered with regard to atmospheric pressure, and its electric and magnetic concomitants, in the treatment of consumption & chronic disease. With a general commentary on the most eligible localities for invalids, by J.C. Atkinson. London, Trubner, 1867.
viii, 142 p. 19 cm.
Provenance: Presented to the Loomis Sanatorium From the Libraries of Alfred Loomis, M.D., LL.D. - Henry L. Loomis, M.D. (bookplate)

Atkinson, Philip.
Electricity for everybody; its nature and uses explained, by Philip Atkinson. New York, Century, 1895.
xi, 239 p. illus., plates, port. 19 cm.

Atkinson, Philip.
Electricity for everybody; its nature and uses explained, by Philip Atkinson. New York, Century, 1897.
xiii, [1], 266 p. illus, front. (port.) 19 cm.
Provenance: Albion Knowlton Library (bookplate)

Atkinson, Philip.
Elements of static electricity with full description of the Holtz and Topler machines and their mode of operating, by Philip Atkinson. New York, W. J. Johnston, 1887.
viii, 228 p. illus. 19.1 cm.

Augustin, Friedrich Ludwig, 1776-1854.
Versuch einer vollständigen systematischen Geschichte der galvanischen Electricität und ihrer medicinischen Anwendung, von Friedrich Ludwig Augustin. Berlin, in der Felischischen Buchhandlung, 1803.
xvi, 284, [2] p. 1 fold. plate. 19.9 cm.
In Ronalds, Gartrell 599.

Augustin, Friedrich Ludwig, 1776-1854.
Vom Galvanismus und dessen medicinischer Anwendung [von] Friedrich Ludwig Augustin. Berlin, Öhmigke, 1801.
[1], iv, 64 p. 1 fold. plate. 22 cm.
In Ronalds, Wheeler 625, Gartrell 600.
First edition of Augustin's work on the medical applications of galvanism.

Avé-Lallemant, Friedrich Christian Benedict, 1809-1892.
Der Magnetismus mit seinen mystischen Verirrungen. Culturhistorischer Beitrag zur Geschichte des deutschen Gaunerthums, von Friedrich Christian Benedict Avé-Lallemant. Leipzig, F.A. Brockhaus, 1881.
xii, 166 p. 21.9 cm.
First edition of an anti-Mesmer work that surveys the development of French animal magnetism.

Ayrton, William Edward, 1847-1908.
A new determination of the ratio of the electromagnetic to the electrostatic unit of electric quantity, by W.E. Ayrton and John Perry. [n.p.] 1879.
16 p. fold. plate. 21.5 cm.
(In Electrical papers 1884. [n.p.] 1884.)
"From the Journal of the Society of Telegraph Engineers."

Azeredo, Francisco de.
Pára-raios; estudo theorico e pratico. Porto, Typographia de A.J. da Silva Teixeira, 1895.
ix, 192, [1] p. 11 plates. 23.2 cm.

Babington, William, 1756-1833.
Outlines of a course of lectures on the practice of medicine, as delivered in the Medical School of Guy's Hospital, by William Babington and James Curry. London, Printed by T. Bensley, 1802-06.
[5], 207 p. 20.5 cm.
With this is bound Curry, James. Heads of a course of lectures on pathology, therapeutics, and materia medica. London, 1804.
Provenance: Wm Arundel Yeo 1808 (inscription); Arundel Yeo. (bookplate)

Babukhin, Aleksandr Ivanovich.
Zur Begründung des Satzes von der Praeformation der elektrischen Elemente im Organ der Zitterfische, von Babuchin. [n.p., 1883]
[239]-254 p. 21.5 cm.

Baccelli, Liberato Giovanni, 1772-1835.
I fenomeni elettromagnetici a due leggi ridotti con la loro cagione totta dall'opinione Symmeriana rag'onamento di Liberato Baccelli...Modena, per gli eredi Soliani typografi reali, 1821.
86 p., 21 cm.
Gartrell 603.

Bach, Friedrich Christian.
Grundzüge zu einer Pathologie der ansteckenden Krankheiten, von Friedrich Christian Bach. Mit einer Vorrede von Kurt Sprengel. Halle, H. Waisenhause, 1810.
xvi, 328 p. 20.8 cm.
Proposes an electrical explanation for the nature of infection.

Bachelier d'Agès, P J
De la nature de l'homme, et des moyens de le rendre plus heureux, par P.J. Bachelier d'Agès. Paris, Chez F. Buisson, An VIII [1800]
[3], 223 p. 19.5 cm.

Bachhoffner, George Henry, 1810-1879.
A popular treatise on voltaic electricity and electro-magnetism; illustrated by numerous interesting experiments, with the mode of performing the same, by G.H. Bachhoffner. London, Simpkin and Marshall, and E. Palmer, 1838.
35, [2] p. fold. plate. 22.5 cm.
Wheeler 928.

Bährens, Johann Christoph Friedrich, 1794-
Der animalische Magnetismus und die durch ihn bewirkten Kuren, von Joh. Chr. Frdr. Bährens. Elberfeld, Mannes, 1816.
[2], 257, [1] p. 21.5 cm.

Bäumler, Christian Gottfried Heinrich, 1836-1933.
Der sogenannte animalische Magnetismus oder Hypnotismus, von Christian Bäumler. Leipzig, F.C.W. Vogel, 1881.
[3], 74 p. diagr. 23.5 cm.

Baille, Jean Baptiste Alexandre, 1841-
L'électricité, par J. Baille. 2. éd. Paris, L. Hachette, 1869.
[3], xvi, 344 p. illus. 18.5 cm.
Provenance: Archer (ink stamp)
In Ronalds.

Baille, Jean Baptiste Alexandre, 1841-
Wonders of electricity, tr. from the French of J. Baile. Ed., with numerous additions, by John W. Armstrong. New York, Scribner, Armstrong, 1872.
[6], viii, [2], 335 p. illus., 10 plates. 19.5 cm.
Wheeler 1817.

Bailly, Jean Sylvain, 1736-1793.
Du galvanisme médical, par Bailly et par Meyranx. [Paris?] Impr. de Migneret [n.d.]
15 p. 21 cm.
"(Extrait des Archives-génerales de Médecine.)"

Bakewell, Frederick Collier.
Electric science; its history, phenomena, and applications, by F. C. Bakewell. London, Ingram, Cooke, 1853.
199, [1] p. illus., 4 plates. 21.5 cm.
Provenance: ? G. S. Marshall (inscription)
Wheeler 1249.

Bakewell, Frederick Collier.
A manual of electricity, practical and theoretical, by F.C. Bakewell. 2nd ed., rev. and enl. London, R. Griffin, 1857.
viii, [2], 314 p. illus. 20 cm.
Provenance: Essex Institute. Library of Francis Peabody. Presented by Mrs. Martha Peabody (bookplate); Released E. L. 1967 (in release stamp)

Baldy, John Montgomery, 1860-
Adhesions in the acute and chronic inflammatory disorders of the female pelvis.
p. R1-R8. 24.2 cm.
(In Bigelow, H.R., ed. An international system of electro-therapeutics. Philadelphia, 1894.)

Bamberger, B[ernhard]
Electricität und Magnetismus als Heilmittel. Kurze Betrachtungen über deren Anwendung im Allgemeinen mit gleichzeitigem Hinblick auf die Ergebnisse und die Tendenz seines Instituts, von B. Bamberger. Berlin, P. Jeanrenaud, 1854.
iv, [1], 66 p. 22.4 cm.

Baraduc, Hippolyte, 1850-1902.
Du lavage électrique et de la faradisation intra-stomacale dans la dilatation de l'estomac fonctionelle (maladie de Bouchard), par H. Baraduc. Paris, Impr. Bardoux, 1889.
23 p. illus. 23.5 cm.
Provenance: Bibliotego Salgsphasis (ink stamp)

Baraduc, Hippolyte, 1850-1902.
Précis des méthodes électrothérapiques, spéciales aux affections 1. du système nerveux; 2. de la matrice; 3. de l'estomac, par H. Baraduc. Paris, Impr. Bardoux, 1889.
29, [1] p. illus. 24.2 cm.
Provenance: Bibliotheca Salgshasis (ink stamp)

Barbier
Discours prononcé le 22 décembre 1831 lors de l'inhumation de Lapostolle, par Barbier. Amiens, Impr. de R. Machart [1831?]
6 p. 19.6 cm.

Bardet, Godefroy Edouard, 1852-1923.
Traité élementaire et pratique d'électricité médicale, par G. Bardet. Precede d'une pref. de C.M. Gariel. Paris, O. Doin, 1884.
x, 645 p. illus. 22.7 cm.

Bardsley, Samuel Argent, 1764-1851.
Medical reports of cases and experiments, with observations, chiefly derived from hospital practice: to which are added, an enquiry into the origin of canine madness; and thoughts on a plan for its extirpation from the British Isles, by Samuel Argent Bardsley. London, Printed by W. Stratford for R. Bickerstaff, 1807.
viii, [2], 336 p. 21.7 cm.

Provenance: Ex Libris Soc. Reg. Med. Edin. (inscription); Medical Society Edinburgh (ink stamp)
Contains case studies on the use of electricity and galvanism in the treatment of chronic rheumatism and paralysis.

Barker, George Frederick, 1835-1910, ed. and tr.
Röntgen rays; memoirs by Röntgen, Stokes and J.J. Thomson, tr. and ed. by George F. Barker. New York, Harper, 1899.
75, [1] p. illus. 21 cm.
Provenance: W. S. Andrews (ink stamp)

Barlocci, Saverio, 1784-1845.
Saggio di elettro-magnetismo dedotto dagli esperimenti istituiti nel gabinetto fisico della Università di Roma, da Saverio Barlocci. Roma, Nella stamperia di F. e N. de Romanis, 1826.
74, [4] p. 2 fold. plates. 20.7 cm.
In Ronalds.

Baronio, Giuseppe, 1759-1811.
Saggio di naturali osservazioni sulla elettricità voltiana colla descrizione d'una nuova macchina a corona di persone e di un piliere tutto vegetabile, del Giuseppe Baronio. Milano, Presso Pirotta e Maspero, 1804.
[4], 144 p. 22.6 cm.

Barral, Georges
Histoire d'un inventeur, exposé des découvertes et des travaux de Gustave Trouvé dans le domaine de l'électricité, par Georges Barral. Éd. enrichie, d'un portrait, de dessins originaux de Gustave Trouvé avec 280 gravures dans le texte. Paris, G. Carré, 1891.
xvi, 610p. illus., charts., diagrs., port. 25.8cm.

Barrett, Clement B.
Electricity and galvanism mechanically and medicinally applied in the removal of diseases, arising from a want of muscular power, or energy; and of a corresponding nervous tone, by Clement B. Barrett. New York, Pathfinder Office, 1848.
36 p. 18.4 cm.

Bartholow, Roberts, 1831-1904.
Medical electricity: a practical treatise on the applications of electricity to medicine and surgery, by Roberts Bartholow. Philadelphia, H.C. Lea's Son, 1881.
xx, 17-262 p. illus. 23.8 cm.
Provenance: Forbes Library Northampton Mass. Gift of Dr. A. G. Minshall Northampton (bookplate with ink stamp)

Bartholow, Roberts, 1831-1904.
Medical electricity: a practical treatise on the applications of electricity to medicine and surgery, by Roberts Bartholow. 2nd ed., enl. and improved. Philadelphia, H.C. Lea's Son, 1882.
xx, 17-291 p. illus. 24.2 cm.
Provenance: C. D. Brewer (inscription)
Wheeler 2267.

Bartholow, Roberts, 1831-1904.
Medical electricity: a practical treatise on the applications of electricity to medicine and surgery, by Roberts Bartholow. 3rd ed., enl. and improved. Philadelphia, Lea, 1887.
xxiv, 17-304 p. illus. 24.2 cm.

Bartholow, Roberts, 1831-1904.
A practical treatise on materia medica and therapeutics, by Roberts Bartholow. 5th ed., rev. and enl. New York, D. Appleton, 1887, c1883.
xxii, 738 p. 23.7 cm.

Bartholow, Roberts, 1831-1904.
A practical treatise on materia medica and therapeutics, by Roberts Bartholow. 3rd ed., rev. London, H.K. Lewis, 1879.
xvi, 595 p. 24.2 cm.
Provenance: C. Makin (inscription); Nov. 13th 1819 Charles Leopold Huduis. and may he prosper in his profession with much ? from his faithful friend TMS (inscription)

Bastian, Henry Charlton, 1837-1915.
The brain as an organ of mind, by H. Charlton Bastian. New York, D. Appleton, 1880.
xi, 708 p. illus. 20.3 cm.
Provenance: J. W. Lumim Scotland ? N.G. Nov 3. 1880 D. G. (inscription)

Bastian, Henry Charlton, 1837-1915.
Das Gehirn als Organ des Geistes, von H. Charlton Bastian. 2. Theil. Der Mensch. Leipzig, F.A. Brockhaus, 1882.
viii, 388 p. illus. 18.5 cm.

Baunscheidt, Carl, 1809-1860.
Baunscheidtism, or a new method of cure, being an exposition of the laws of therapeutics, as discovered and taught, by Charles Baunscheidt. Comp. from the 10th greatly enl. and improved

ed.: together with an appendix: The eye, its diseases and cure through Baunscheidtism, intended for the practical use of all. Tr. from the German by Theophilus G. Clewell. Cleveland, J. Linden, 1865.
viii, 304 p. port. 20.3 cm.

Baynes, Donald.
Remarks on electro-therapeutics, with cases, by Donald Baynes. Montreal, Lovell, 1878.
19 p. 21.2 cm.
"Re-printed from the Canada medical record, Feb. 1878."
Provenance: Johns Hopkins Hospital Library Jul 6 1905 (ink stamp)

Bazin, Alphonse.
Thèse...par Alphonse Bazin... I. Du diagnostic, du pronostic, de l'étiologie et du traitement des tubercules des centres nerveux. II. Des Causes qui, pendant le travail, peuvent produire l'inertie de la matrice. Des moyens d'y remédier. III. Des principales difformités du basin. IV. Donner l'ancienne théorie de aimants, dans la supposition de deux fluides magnétiques. Paris, Riqnoux, 1839.
29 p. 24.5 cm.

Beard, George Miller, 1839-1883.
Current delusions relating to hypnotism (artificial trance), by Geo. M. Beard. St. Louis, 1882.
9 p. 23.3 cm.
"Reprint from The Alienist and Neurologist, St. Louis, January, 1882."

Beard, George Miller, 1839-1883.
Electricity in the treatment of the diseases of the skin, by George M. Beard. New York, F.W. Christern, 1872.
13 p. 22.6 cm.
"Reprinted from The American Journal of syphilography and dermatology, Jan. 1872."
Provenance: With Compliments of the Author (inscription)

Beard, George Miller, 1839-1883.
Experiments with living human beings, by George M. Beard. [n.p., 1879?]
611-757 p. 22.7 cm.
Detached from the Popular Science Monthly.

Beard, George Miller, 1839-1883.
Experiments with the alleged new force, by George M. Beard. New York, T.L. Clacher, 1876.
28 p. 23 cm.
"Reprinted from the Archives of electricity and neurology, Nov., 1875."
Provenance: Garrett Biblical Institute Evanston, Illinois (ink stamp); Oct. 19 1920 (ink stamp); sold G. Bil. (ink stamp)

Beard, George Miller, 1839-1883.
The medical use of electricity, with special reference to general electrization as a tonic in neuralgia, rheumatism, dyspepsia, chorea, paralysis, and other affections associated with general debility, with illustrative cases, by Geo. M. Beard and A.D. Rockwell. New York, W. Wood, 1867.
65 p. 18.7 cm.
Provenance: Regards of the Author (inscription)

Beard, George Miller, 1839-1883.
A new method of treating malignant tumors by electrolyzing the base, by George M. Beard. [Albany, C. Van Benthuysen, 1874]
16 p. 23 cm.

Beard, George Miller, 1839-1883.
On the medical and surgical uses of electricity, by Geo. M. Beard and A.D. Rockwell. 8th ed. New York, W. Wood, 1891.
xxvii, [1], 788 p. illus. 23.5 cm.
Provenance: Signet Library (inscription); Society of Writers to Her Majesty's Signet (bookplate), withdrawn (ink stamp on bookplate), 322 (inscription on bookplate)

Beard, George Miller, 1839-1883.
A plea for social reform, a letter to Rev. Theodore L. Cuyler, on the attitude of physicians and scientists towards the temperance cause, by George M. Beard. New York, 1872.
23 p. 19 cm.

Beard, George Miller, 1839-1883.
A practical treatise on nervous exhaustion (neurasthenia), its symptoms, nature, sequences, treatment, by George M. Beard. 2nd and rev. ed. New York, W. Wood, 1880.
xxviii, 198 p. 22.5 cm.
Provenance: H. J. Nims Chicago Ill (inscription)

Treatment administration from Beard & Rockwell
A Practical Treatise on the Medical and Surgical Uses of Electricity (1871)

Beard, George Miller, 1839-1883.
A practical treatise on the medical and surgical uses of electricity including localized and general electrization, by George M. Beard and A.D. Rockwell. New York, W. Wood, 1871.
xxxv, 698 p. illus. 20.5 cm.

Beard, George Miller, 1839-1883.
A practical treatise on the medical & surgical uses of electricity, including localized and general faradization, localized and central galvanization, electrolysis and galvano-cautery, by Geo. M. Beard and A.D. Rockwell. 2nd ed., rev., enl., and mostly re-written. New York, W. Wood, 1875.
xxviii, [1], 794 p. illus. 23.5 cm.

Beard, George Miller, 1839-1883.
A practical treatise on the medical and surgical uses of electricity, including localized and general faradization, localized and central galvanization, electrolysis and galvano-cautery, by Geo. M. Beard and A.D. Rockwell. 2nd ed., rev., enl., and mostly re-written. New York, W. Wood, 1878.
xxviii, [1], 794 p. illus. 23.5 cm.
Wheeler 2064.

Beard, George Miller, 1839-1883.
A practical treatise on the medical and surgical uses of electricity. Including: localized and general faradization; localized and central galvanization; electrolysis and galvano-cautery, by Geo. M. Beard [and] A.D. Rockwell. 3rd ed., rev. by A.D. Rockwell. New York, W. Wood, 1881.
xxx, [1], 758 p. illus. 23 cm.

Beard, George Miller, 1839-1883.
A practical treatise on the medical and surgical uses of electricity, including localized and general faradization, localized and central galvanization, franklinization, electrolysis and galvano-cautery, by Geo. M. Beard [and] A.D. Rockwell. 4th ed., rev. by A.D. Rockwell. New York, W. Wood, 1883, c1881.
xxx, [1], 758 p. illus. 23.5 cm.

Beard, George Miller, 1839-1883.
A practical treatise on the medical and surgical uses of electricity, including localized and general faradization, localized and central galvanization, franklinization, electrolysis and galvano-cautery, by Geo. M. Beard [and] A.D. Rockwell. 6th ed., rev. by A.D. Rockwell. New York, W. Wood, 1888.
xxx, [1], 758 p. illus. 23.3 cm.

Beard, George Miller, 1839-1883.
A practical treatise on the medical and surgical uses of electricity, including localized and general faradization, localized and central galvanization, franklinization, electrolysis and galvano-cautery, by Geo. M. Beard and A.D. Rockwell. 7th ed., rev. by A.D. Rockwell. New York, W. Wood, 1889, c1881.
xxx, [1], 758 p. illus. 24 cm.

Beard, George Miller, 1839-1883.
Recent researches in electro-therapeutics, by George M. Beard. New York, D. Appleton, 1872.
12 p. 23.3 cm.
"Reprinted from The N.Y. medical journal, Oct., 1872."

Beard, George Miller, 1839-1883.
Sexual neurasthenia (nervous exhaustion); its hygiene, causes, symptoms, and treatment, with a chapter on diet for the nervous, by George M. Beard. (Posthumous manuscript) ed. by A.D. Rockwell. New York, E.B. Treat, 1884.
270 p. 19.5 cm.
Provenance: H. T. Lee's Book 228 E. Chicago Ave - Chicago Ill. April 1st 1885 (inscription)

Beard, George Miller, 1839-1883.
Stimulants and narcotics medically, philosophically, and morally considered, by George M. Beard. New York, G.P. Putnam, 1883.
xiv, 155 p. 17.5 cm.
Provenance: Chaille 1884 (inscription); Chaille, New York Oct. 5th 1884 (inscription); 51045 Ex Libris School of Medicine Tulane University of Louisiana (bookplate w/withdrawl mark)

Beard, George Miller, 1839-1883.
The study of trance, muscle-reading and allied nervous phenomena in Europe and America, with a letter on the moral character of trance subjects, and a defence of Dr. Charcot, by George M. Beard. New York, 1882.
40 p. illus. 19 cm.

Beard, George Miller, 1839-1883.
What constitutes a discovery in science, by George M. Beard. New York, 1880.
7 p. 21.8 cm.

Beard, George Miller, 1839-1883.
A year of experiment in electro-therapeutics: including the first annual report of the electro-therapeutical department of the Demilt dispensary,

by Geo. M. Beard and Alphonso D. Rockwell. Louisville, J.P. Morton, 1872.
18 p. 22 cm.
"Reprinted from The American practitioner for August, 1872."

Beaunis, Henri Étienne, 1830-1921.
Le somnambulisme provoqué; études physiologiques et psychologiques, par H. Beaunis. Paris, J.B. Baillière, 1886.
250 p. illus. 18.5 cm.

Beaunis, Henri Étienne, 1830-1921.
Le somnambulisme provoqué; études physiologiques et psychologiques, par H. Beaunis. 2. ed. augm. Paris, J.B. Baillière, 1887.
292 p. illus. 17.8 cm.

Beckman, Johann, 1739-1811.
A history of inventions and discoveries, by John Beckmann, trans. from the German, by William Johnston. 2nd ed., carefully corrected, and enl. by a fourth vol. London, Printed for J. Walker, 1814.
4 v. 21.9 cm.

Béclère, Antoine, 1856-
Les rayons de Röntgen et le diagnostic de la tuberculose, par A. Béclère. Paris, J.B. Baillière, 1899.
95, [1] p. illus. 18.6 cm.

Becquerel, Antoine César, 1788-1878.
Des applications de l'électricité a la pathologie. Leçons faites a l'Hopital de la pitié, par A. Becquerel. Paris, Typ. de H. Plon, 1856.
52 p. 21.4 cm.

Becquerel, Antoine César, 1788-1878.
Éléments d'électro-chimie appliquée aux sciences naturelles et aux arts, par Becquerel. Paris, F. Didot, 1843.
[3], vi, [1], 419 p. 3 fold. plates. 21.2 cm.
Provenance: The Library of Congress Smithsonian Deposit (bookplate w/ surplus duplicate stamp); Smithsonian Institute (ink stamp)
In Ronalds, Gartrell 612.

Becquerel, Antoine César, 1788-1878.
Eléments d'électro-chimie appliquée aux sciences naturelles et aux arts, par Becquerel. 2e. éd., entièrement refondue. Paris, F. Didot, 1864.
[3], iii, 626 p. illus., charts. 22.7 cm.

Becquerel, Antoine César, 1788-1878.
Éléments de physique terrestre et de météorologie, par Becquerel et Ed. Becquerel. Paris, F. Didot, 1847.
[6], 706 p. charts, 14 fold. plates. 21.9 cm.
In Ronalds, Wheeler 1112.

Becquerel, Antoine César, 1788-1878.
Recherches sur les causes qui dégagent de l'électricité dans les végétaux et sur les courants végéto-terrestres, par Becquerel. [Paris, 1850?]
[35]-66 p. illus. 28 cm.

Becquerel, Antoine César, 1788-1878.
Resumé de l'histoire de l'électricité et du magnétisme, et des applications de ces sciences à la chimie, aux sciences naturelles et aux arts, par Becquerel et Edmond Becquerel. Paris, F. Didot, 1858.
xvi, 300 p. 22.5 cm.
Wheeler 1406.

Becquerel, Antoine César, 1788-1878.
Traité complet du magnétisme, par Becquerel. Paris, F. Didot, 1846.
[6], cxi p. 20 fold. plates. 22.5 cm.
Gartrell 614, Wheeler 1093.

Becquerel, Antoine César, 1788-1878.
Traite d'électricité et de magnétisme et des applications de ces sciences à la chimie, à la physiologie et aux arts, par Becquerel et Edmond Becquerel. Paris, F. Didot, 1855-6.
3 v. illus., 17 fold. plates. 21.6 cm.
Provenance: Libreria Nacional y Estrangera y Agencia del Correo de Ultramar de Andres Pego Antigua Casa de Charlain y Fernandez Calle del Obispo No. 34 Habana (bookplate); Gerald ? 12/18/42 (inscription)

Becquerel, Antoine César, 1788-1878.
Traité de physique considérée dans ses rapports avec la chimie et les sciences naturelles, par Becquerel. Paris, F. Didot, 1842-44.
2 v. charts. 22 cm.
Provenance: Vol. 2, Lyon. Rue de l'hopital, 54. Halmburger Relieur
In Ronalds, Gartrell 615.

Becquerel, Antoine César, 1788-1878.
Traité des applications de l'électricité à la thérapeutique médicale et chirurgicale, par A. Becquerel. Paris, G. Bailliere, 1857.
viii, 376 p. illus. 22 cm.

Becquerel, Antoine César, 1788-1878.
Traité des applications de l'électricité à la thérapeutique médicale et chirurgicale, par A. Becquerel. 2. éd., rev. et considérablement augm. Paris, G. Baillière, 1860.
vii, 550 p. illus. 22 cm.
Provenance: Academie de Besancon ecole preparatoire de medecine et de pharmacie 26 avril 1871.

Becquerel, Antoine César, 1788-1878.
Traité expérimental de l'électricité et du magnétisme, et de leurs rapports avec les phénomènes naturels, par Becquerel. Paris, F. Didot, 1834-40.
7 v. 17 fold. plates. 21.5 cm. and atlas (22 plates, 6 maps) 24.5 cm.
Provenance: Societe Francaise de physique bibliotheque (ink stamp); H. Nu'chez (inscription); copy 2, F.R.C.C. Hansen Professor Dr. med. KJOBENHAVN (ink stamp); Librairie Jacques Lechevalier 12, Rue de Tournan Paris VI (bookplate)
In Ronalds, Wheeler 882, Gartrell 616.

Becquerel, Antoine Henri, 1852-1908.
Cours de physique [par] H. Becquerel. [Paris] 1896-98.
2 v. illus., diagrs. 30.5 cm.
Provenance: E. Dremond (inscription)

Becquerel, Antoine Henri, 1852-1908.
Mémoire sur l'etude des radiations infra-rouges au moyen des phénomènes de phosphorescence, par Henri Becquerel. Paris, Gauthiers-Villars, 1883.
[3]-68 p. fold. plate, illus. 22 cm.
Bound with his Recherches expérimentales sur la polarisation rotatoire magnétique. Paris, 1877.
"Extrait des Annales de Chimie et de Physique, 5e série, t. xxx, 1883."

Becquerel, Antoine Henri, 1852-1908.
Mémoire sur la polarisation atmosphérique et l'influence du magnétisme terrestre sur l'atmosphère, par Henri Becquerel. [Paris, Gauthier-Villars, 1880]
36 p. illus., charts. 22 cm.
Bound with his Recherches experimentales sur la polarisation rotatoire magnétique. Paris, 1877.
"Extrait des Annales de chimie et de physique, t. xix, 1880."

Becquerel, Antoine Henri, 1852-1908.
Mémoire sur les propriétés magnétiques développées par influence dans divers échantillons de nickel et de cobalt comparées a celles du fer, par Henri Becquerel. Paris, Gauthier-Villars, 1879.
62 p. illus., charts. 22 cm.
Bound with his Recherches expérimentales sur la polarisation rotatoire magnétique. Paris, 1877.
"Extrait des Annales de Chimie et de Physique, 5e série, t. xvi, 1879."

Becquerel, Antoine Henri, 1852-1908.
Mesure de la rotation du plan de polarization de la lumiére sous l'influence magnétique de la terre, par Henri Becquerel. [Paris, Gauthier-Villars, 1882]
36 p. illus., charts. 22 cm.
Bound with his Recherches experimentales sur la polarisation rotatoire magnetique. Paris, 1877.
"Extrait des Annales de Chimie et de Physique, 5e série, t. xxvii, 1882."

Becquerel, Antoine Henri, 1852-1908.
Recherches expérimentales sur la polarisation rotatoire magnétique, par Henri Becquerel. Paris, Gauthier-Villars, 1877.
87 p. 22 cm.
With this are bound his Recherches expérimentales sur la polarisation rotatoire magnétique dans les gaz. Paris, 1880; Mesure de la rotation du plan de polarisation de la lumiére sous l'influence magnétique de la terre. Paris, 1882; Mémoire sur la polarisation atmosphérique et l'influence du magnétisme terrestre sur l'atmosphére. Paris, 1880; Mémoire sur les propriétés magnétiques développees par influence dans divers échantillons de nickel et de cobalt comparées a celles du fer. Paris, 1879; and Mémoire sur l'étude des radiations infra-rouges au moyen des phénoménes de phosphorescence. Paris, 1883.

Becquerel, Antoine Henri, 1852-1908.
Recherches expérimentales sur la polarisation rotatoire magnétique dans les gaz, par Henri Becquerel. [Paris, Gauthier-Villars, 1880]
82 p. illus., charts, fold. plate. 22 cm.
Bound with his Recherches experimentales sur la polarisation rotatoire magnétique. Paris, 1877.
"Extrait des Annales de Chimie et de Physique, 5e série, t. xxi, 1880."

Beeler, A.
Het dierlijk magnetismus beknopt, in deszelfs verschijnselen en manier van aanwending

voorgesteld, volgens de ervaring van vele verdienstelijke mannen, met derzelver eigene waarnemingen vermeerderd, door A. Beeler. Haag, J. Allart, 1814.
viii, 206 p. front. 21.7 cm.
Provenance: USMAW (inscription)

Bell, Alexander Graham, 1847-1922.
The telephone. A lecture entitled Researches in electric telephony, by Alexander Graham Bell. London, E. and F.N. Spon, 1878.
32 p. illus. 21.7 cm.
Provenance: With the author's compliments (inscription)

Bell, Sir Charles, 1774-1842.
The anatomy and philosophy of expression as connected with the fine arts, by Sir Charles Bell. 5th ed. London, H.G. Bohn, 1865.
viii, 275 p. illus., 4 plates. 26.5 cm.
Provenance: G. S. Grahaw Smith 1899 (inscription)

Bell, Sir Charles, 1774-1842.
A series of engravings, explaining the course of the nerves, by Charles Bell. London, T.N. Longman and O. Rees, 1803.
[4], 49 p. 9 plates (3 fold.). 31.5 cm.
Provenance: Ronald Reid from Walter Radcliffe 1945 (inscription); H. L. (bookplate)

Bell, John, Professor of animal magnetism.
Animal magnetism: past fictions, present science, by John Bell. Philadelphia, Haswell, Barrington and Haswell, 1837.
16 p. 21.6 cm.
"From The select medical library and eclectic journal of medicine, vol. II No. I for November, 1837."
Gartrell 1135.

Bellani, Angelo, 1776-1852.
Sulla causa dello straordinario freddo che nei temporali dà origine alla formazione della grandine. Memoria [di] Angelo Bellani.
p. [89]-170. 22 cm.
(In Volta, A. Sulla formazione della grandine. Milano, 1824.)

Bellenger, Louis René.
Essai sur l'action combinée de la pile galvanique et des substances chimiques, appliquée au traitement des calculs vésicaux, par Louis Rene Bellenger. Paris, Impr. et Fonderie de Rignoux, 1837.
32 p. 25.5 cm.

Bellet, Daniel, 1864-1917.
Les dernières merveilles de la science, par Daniel Bellet. Gravures en chromolithographie par G. Lasellaz. Paris, Garnier [n.d.]
41, [2] p. illus., 8 plates (7 col.) 32.2 cm.

Bellhouse, Dawson.
Medical galvanism. Liverpool, Printed by T. Taylor [1855?]
[4], 8 p. 17.5 cm.
Bound with Caplin, J. The electro-chemical bath. London, 1857.

Bellhouse, Dawson.
Ten minutes reading on medical galvanism and its properties as a curative agent for all diseases of the human body; also, the method of applying it, by Professor Bellhouse. Liverpool, Printed at the Steam Press of Win. M'Call [1855?]
16 p. illus. 17.5 cm.
Bound with Caplin, J. The electro-chemical bath. London, 1857.

Bellingeri, Carlo Francesco, 1789-1848.
Esperienze ed osservazioni sul galvanismo. Memoria [di] Carlo Francesco Bellingeri. [n.p., 1816?]
50 p. 23.5 cm.

Bellingeri, Carlo Francesco, 1789-1848.
In electricitatem salivae, muci, et puris simplicis, et contagiosi experimenta habita a Carolo Francisco Bellingeri. Augustae Taurinorum, Ex regio typographaeo, 1828.
34 p. 25.4 cm.
Provenance: illegible inscriptions

Below, Ernst, 1845-1910.
Die Anwendung der Elektricität in der Medizin bei Nerven-, Muskel-, Haut-, Gehirn-, und Rückenmarksleiden. Mit Berücksichtigung der Berufskrankheiten. Allgemein verständlich dargestellt, von E. Below. Berlin, H. Steinitz, 1898.
88 p. illus. 21.5 cm.

Benedikt, Moriz, 1835-1920.
Beiträge zur Augenkunde, von M. Benedikt. [n.p.] 1897.
[683]-705 p. 20.9 cm.

"Separatabdruck aus 'v. Graefe's Arch. f. Ophthalm.' XLIII. 1897."
Provenance: Institut fur Geschichte der Medizin Wien (bookplate and ink stamps); Ex Libris Med. et Phil. Dr. Max Neuburger Histor. Art. Medic. Professor. p.o. Vindobon. (bookplate); Prof. Dr. Max Neuburger (ink stamps)

Benedikt, Moriz, 1835-1920.
Beiträge zur Denkmethodik in der Balneotherapie, von Moriz Benedikt. Berlin, Druck von L. Simion, 1898.
8 p. 23.5 cm.
"Sonder-Abdruck aus 'Deutsche Medizinal-Zeitung' 1898. No. 45."
Provenance: Institut fur Geschichte der Medizin Wien (bookplate and ink stamps)

Benedikt, Moriz, 1835-1920.
Beobachtungen über Hysterie [von] Moriz Benedikt. Wien, Selbstverlag des Verfassers, 1864.
27 p. 18.5 cm.
"Separatabbruck [sic] aus der 'Zeitschrift für pract. Heilkunde."
Provenance: Library of Physicians to the German Hospital and Dispensary New York (ink stamp)

Benedikt, Moriz, 1835-1920.
Die elektrische Reizung und Behandlung des Hörnerven, von Moriz Benedikt. Wien, Internationalen Klinischen Rundschau, 1888.
11 p. 23.7 cm.
"Separat-Abdruck aus der 'Internationalen Klinischen Rundschau' 1888."
Provenance: Institut fur Geschichte der Medizin Wien (bookplate and ink stamp)

Benedikt, Moriz, 1835-1920.
Elektrotherapie, von Moriz Benedikt. Mit 12 in den Text gedruckten Holzschnitten. Wien, Tendler, 1868.
xvi, [6], 485, [5] p. illus., fold. plate. 23.3 cm.
Another issue.
2 v.
Provenance: P. W. Repos Ailleurs (bookplate); Library of the University of Pennsylvania (bookplate w/ withdrawal stamp)

Benedikt, Moriz, 1835-1920.
Epilog zum Prager Prozesse Waldstein; zwei offene Briefe an die Genossen der British medico-psychological Association, von Moriz Benedikt. Wien, M. Perles, 1893.
14 p. 20.2 cm.
"Separatabdruck aus der 'Wiener Medizinischen Wochenschrift' (Nr. 4 und 6, 1893)."
Provenance: Institut fur Geschichte der Medizin Wien (bookplate); Max Neuburger (inscription)

Benedikt, Moriz, 1835-1920.
Erinnerungen und Erörterungen, von Moriz Benedikt. Stuttgart, Deutsche Verlags-Anstalt, 1898.
10 p. 22.5 cm.
"Sonderabdruck aus 'Deutsche Revue' November 1898."
Provenance: Institut fur Geschichte der Medizin Wien (bookplate and ink stamps); Ex Libris med. et phil. Dr. Max Neuburger Histor. Art. medic. Professor. p.o. Vindobon. (bookplate)

Benedikt, Moriz, 1835-1920.
Juristische Briefe; II. Geistesstörungen und Verbrechen, von Moriz Benedikt. [Wien] Druckerei der kaiserl. Wiener Zeitung, 1900.
8 p. 21.3 cm.
"Separatabdruck aus der 'Allgemeinen österreichischen Gerichts-Zeitung'."

Benedikt, Moriz, 1835-1920.
Nervenpathologie und Elektrotherapie, von Moriz Benedikt. Zweite Aufl. der Elektrotherapie. Leipzig, Fues (R. Reisland), 1874.
xl, 395, [1] p. illus., fold. plate. 25 cm.
Provenance: R. Universita' de ? Biblioteca clinica medica (ink stamp); illegible inscription)

Benedikt, Moriz, 1835-1920.
Offener Brief an Herrn Geheimrath Professor Waldeyer, von Moriz Benedikt. Wien, L. Bergmann, 1892.
15 p. 22.4 cm.
"Separat-Abdruck aus Nr. 1 und 2 (Jahrgang 1892) der 'Wiener Medizinischen Blätter'."
Provenance: Institut fur Geschichte der Medizin Wien (bookplate and ink stamps); Ex Libris med. et Phil. Dr. Max Neuburger Histor. Art. Medic. Professor. p.o. Vindobon. (bookplate)

Benedikt, Moriz, 1835-1920.
Optik und Biomechanik in der Augenheilkunde, von Moriz Benedikt. Wien, 1897.
5 p. 20.6 cm.
"Sonderabdruck a.d. 'Wiener klin. Rundschau' 1897, Nr. 13."

Provenance: Institut fur Geschichte der Medizin Wien (bookplate and ink stamps); Ex Libris Med. et Phil. Dr. Max Neuburger Histor. Art. Medic. Professor. p.o. Vindobon (bookplate)

Benedikt, Moriz, 1835-1920.
Die psychischen Funktionen des Gehirnes im gesunden und kranken Zustande [von] M. Benedikt. Wien, Urban & Schwarzenberg, 1875.
[197]-222 p. 23.1 cm.
Provenance: Institut fur Geschichte der Medizin Wien (bookplate)

Benedikt, Moriz, 1835-1920.
Quelques considérations sur la propagation des excitations dans le système nerveux, par M. Benedikt. Paris, L. Maretheux, impr., 1898.
8 p. 23.2 cm.
"Extrait du Bulletin de l'Académie de médecine. ... 4 janvier 1898."
Provenance: Institut fur Geschichte der Medizin Wien (bookplate and ink stamps)

Benedikt, Moriz, 1835-1920.
Die Resultate der elektrischen Untersuchung und Behandlung; II. Abschnitt, Erkrankungen des Gehirns und der Gehirnnerven [von] Moriz Benedikt. Wien, Druck von J. Lowental, 1864.
29 p. 22.8 cm.
"Separatabdruck aus der 'mediz.-chirurg. Rundschau,' 1864."
Provenance: Library of the Physicians to the German Hospital and Dispensary New York (ink stamp)

Benedikt, Moriz, 1835-1920.
Skizzen zur Pathologie und Therapie des Torticollis, von Moriz Benedikt. Wien, Urban & Schwarzenberg, 1889.
8 p. 24.2 cm.
"Wiener Medizinische Presse. Separat-Abdruck aus Nr. 4. 1889."
Provenance: Institut fur Geschichte der Medizin Wien (bookplate)

Benedikt, Moriz, 1835-1920.
Theodor C. Billroth, Nachruf, von Moriz Benedikt. Wien, Druck von M. Engel, 1894.
5 p. 21.5 cm.
"Separat-Abdruck aus der 'Intern. Klin. Rundschau.' Nr. 6, 1894."
Provenance: Institut fur Geschichte der Medizin Wien (bookplate and ink stamp); Ex Libris Med. et Phil. Dr. Max Neuburger Histor. Art. Medic. Professor. p.o. Vindobon (bookplate); Dr. Max Neuburger 6th ? (inscription)

Benedikt, Moriz, 1835-1920.
Ueber Aphasie, Agraphie und verwandte pathologische Zustände, von Moritz Benedikt. Wien, Druck von J. Löwenthal, 1865.
37, [1] p. 22.8 cm.
"Separat-Abdruck aus der 'Wiener mediz. Presse' Jahrgang 1865."
Provenance: Library of the Physicians to the German Hospital and Dispensary New York (ink stamp)

Benedikt, Moriz, 1835-1920.
Über die Abhängigkeit des elektrischen Leitungswiderstandes von der Grösse und Dauer des Stromes, von Moriz Benedikt. Wien, Aus der Kais. Kön. Hof- und Staatsdruckerei, 1857.
12 p. 23 cm.
"Aus dem Julihefte des Jahrganges 1857 der Sitzungsberichte der mathem.-naturw. Classe der Kais. Akademie der Wissenschaften (Bd. XXV, s.590) besonders abgedruckt."
Provenance: Institut fur Geschichte der Medizin Wien (bookplate); illegible inscription
Wheeler 1380.

Benedikt, Moriz, 1835-1920.
Ueber Kopfschmerzen, von Moriz Benedikt. Wien, G. Gistel, 1898.
20 p. 22.5 cm.
"Separat-Abdruck aus der 'Wiener Klinik.' 1898. 3. Heft."
Provenance: Institut fur Geschichte der Medizin Wien (bookplate and ink stamps); Ex Libris med. et Phil. Dr. Max Neuburger Histor. Art. Medic. Professor. p.o. Vindobon (bookplate)

Benedikt, Moriz, 1835-1920.
Ueber progressive Lähmung der Gehirnnerven [von] Moriz Benedikt. Wien, L. Sommer, 1866.
23 p. 22.8 cm.
"Separatabdruck aus der 'Zeitschrift für prakt. Heilkunde'."
Provenance: Library of the Physicians to the German Hospital and Dispensary New York (ink stamp)

Benedikt, Moriz, 1835-1920.
Ueber spontane und reflectorische Muskelspannen und Muskelstarre, von Moritz Benedikt. Berlin, Druck von G. Reimer, 1864.
28 p. 22.7 cm.

"Abdruck aus Göschen's 'Deutscher Klinik' 1864. No. 30ff."
Provenance: Library of the Physicians to the German Hospital and Dispensary New York (ink stamp)

Benedikt, Moriz, 1835-1920.
Le vagabondage et son traitement, étude psychologique et sociologique, par Maurice Benedikt. [Paris] J.B. Baillière, 1890.
8 p. 23.1 cm.
"Extrait des Annales d'hygiene publique et de médecine légale. 3. série, tome XXIV, 1890."
Provenance: Institute fur Geschichte der Medizin Wien (bookplate); illegible ink stamp

Benedikt, Moriz, 1835-1920.
Vergleichende Anatomie der Gehirnoberfläche, von Moriz Benedikt. Wien, Urban & Schwarzenberg, 1893.
38 p. illus. 23 cm.
Provenance: Institut fur Geschichte der Medizin Wien (bookplate); Institut fur Geschichte der Medizin der Universitat Wien, Ixl3; Wahringerstrasse 25 (ink stamp)

Benedikt, Moriz, 1835-1920.
Weitere kathetometrische Studien, von Moriz Benedikt. [Wien?] 1899.
[353]-388 p. illus. 20.2 cm.
"Separat-Abzug aus Archiv für Anatomie und Physiologie. Anatomische Abtheilung, 1899."
Provenance: Institut fur Geschichte der Medizin Wien (bookplate)

Benedikt, Moriz, 1835-1920.
Wladimir Alexewitsch Betz, Nachruf, von Moriz Benedikt. Wien, Druck der k. Wiener Zeitung, 1894.
10 p. 21.3 cm.
"Separatabdruck aus der 'Wiener Med. Wochenschrift' 1894."
Provenance: Institut fur Geschichte der Medizin Wien (bookplate and ink stamps); Ex Libris Med. et Phil. Dr. Max Neuburger Histor. Art. Medic. Professor. p.o. Vindobon (bookplate)

Benedikt, Moriz, 1835-1920.
Zur Frage der Hör-Uebungen bei Taubstummen und Tauben, von Moriz Benedikt. Berlin, Gedruckt bei L. Schumacher, 1894.
10 p. 23.4 cm.
"Sonderabdruck aus der Berliner klin. Wochenschr., 1894, No. 31."
Provenance: Institut fur Geschichte der Medizin Wien (bookplate and ink stamp)

Benedikt, Moriz, 1835-1920.
Zur Pathologie der Paraplegia spastica infantilis, (doppelseitige Gliederstarre der Kinder), von Moriz Benedikt. Wien, Urban & Schwarzenberg, 1897.
6 p. 24.3 cm.
"Wiener Medizinische Presse. Separatabdruck aus Nr. 17, 1897."
Provenance: Institut fur Geschichte der Medizin Wien (bookplate and ink stamp)

Benedikt, Moriz, 1835-1920.
Die Zurechnungsfähigkeit und Kriminal-Anthropologie in der Kunst und in der Wissenschaft, von Moriz Benedikt. Stuttgart, Deutsche Verlags-Anstalt, 1898.
12 p. 22.5 cm.
"Sonderabdruck aus 'Deutsche Revue' Februar 1898."
Provenance: Institut fur Geschichte der Medizin Wien (bookplate and ink stamps); Ex Libris Med. et Phil. Dr. Max Neuburger Histor. Art. Medic. Professor. p.o. Vindobon (bookplate)

Benét, Stephen Vincent, 1827-1895.
Electro-ballistic machines and the Schultz' chronoscope, by S.V. Benet. New York, D. Van Nostrand, 1866.
47, [1] p. illus., 4 plates. 28.7 cm.
Provenance: S. V. Benet BVLTCOL (inscription)
In Ronalds, Wheeler 1637.

Benjamin, Park, 1849-1922.
The age of electricity from amber-soul to telephone, by Park Benjamin. New York, C. Scribner, 1888, c1886.
viii, [1], 381 p. illus., 6 plates. 19.4 cm.

Benjamin, Park, 1849-1922.
The age of electricity from amber-soul to telephone, by Park Benjamin. New York, C. Scribner, 1889, c1886.
viii, [1], 381 p. illus., 6 plates. 19.5 cm.

Benjamin, Park, 1849-1922.
A history of electricity, (the intellectual rise in electricity), from antiquity to the days of Benjamin Franklin, by Park Benjamin. New York, J. Wiley, 1898, c1895.
611 p. illus., front., plates, ports. 22.5 cm.

Bennett, Alexander Hughes, 1848-1901.
Abhandlung über Electro-Diagnostik bei Krankheiten des Nerven-Systems, von A. Hughes Bennett. Ins Deutsche Übersetzt von W. Dietz. Halle A/S, W. Knapp, 1883.
[7], iv, 168, v, [6] p. 5 plates. 23.5 cm.
Provenance: illegible ink stamp

Bennett, Alexander Hughes, 1848-1901.
A practical treatise on electro-diagnosis in diseases of the nervous system, by A. Hughes Bennett. London, H.K. Lewis, 1882.
xii, [10], 176 p. illus., 5 plates. 22.1 cm.

Berge, J. & H.
Illustrated and descriptive catalogue of chemical and physical apparatus, assayers' supplies, chemicals and reagents, etc., etc., for sale by J. & H. Berge, Importers and manufacturers. New York, c1889.
194 p. illus. 25.8 cm.

Berland, René, 1853-
Traitement par le tartre stibié d'une forme de chorée dite électrique (étude clinique et thérapeutique), par René Berland. Poitiers, Typ. de Oudin, 1880.
56 p. 23.5 cm.

Berlioz, L V J
Mémoires sur les maladies chroniques, les evacuations sanguines et l'acupuncture, par L.V.J. Berlioz. Paris, Croullebois, 1816.
vi, 343, [2] p. 20.5 cm.

Bernard, Carl Amb.
Die Functionen des elektrischen Fluidums vorzüglich in Hinsicht des menschlichen Körpers im gesunden und kranken Zustande, von Carl Amb. Bernard. Wien, Gedruckt bei den Edlen von Ghelen'schen Erben, 1838.
70 p. 21 cm.
Provenance: illegible inscriptions; I.N.R.A.B.B. (ink stamp); Pamatnik narod pisemnictul PRAHA 1 - Hraocany Strahovske ... ? (ink stamp)
In Ronalds.

Bernard, Claude, 1813-1878.
De la physiologie générale, par Claude Bernard. Paris, Hachette, 1872.
vi, 339, [3] p. 22.7 cm.

Bernard, Claude, 1813-1878.
Handboek der heelkundige kunstbewerkingen en ontleedkunde, door Ch. Bernard & Ch. Huette. Vertaald door C. Rademaker. Amsterdam, Weytingh & Van der Haart, 1851.
[24], 344 p. 104 plates (6 fold.) 18 cm.

Bernard, Claude, 1813-1878.
Introduction a l'etude de la médecine expérimentale, par Claude Bernard. Paris, J.B. Baillière et Fils, 1865.
400 p. 20.3 cm.

Bernard, Claude, 1813-1878.
Leçons de physiologie expérimentale appliquée a la médecine faites au Collége de France, par Claude Bernard. Paris, J. B. Baillière, 1855-56.
2 v. illus. 21.7 cm.
Provenance: Librairie Jacques Lechevalier 12, Rue de Tournon Paris VI (bookplate); CH DHESSE (ink stamps)

Bernard, Claude, 1813-1878.
Leçons de physiologie opératoire, par Claude Bernard. Paris, J.B. Baillière, 1879.
xvi, 614 p. illus. (part col.) 22.8 cm.

Bernard, Claude, 1813-1878.
Leçons sur la chaleur animale, sur les effects de la chaleur et sur la fièvre, par Claude Bernard. Paris, J.B. Baillière, 1876.
viii, 471 p. illus. 21.8 cm.

Bernard, Claude, 1813-1878.
Leçons sur la physiologie et la pathologie du système nerveux, par Claude Bernard. Paris, J.B. Baillière, 1858.
2 v. illus. 22.7 cm.
Provenance: Libreria Detken and Rocholl Napoli (bookplate)

Bernard, Claude, 1813-1878.
Leçons sur les propriétés des tissus vivants, par Claude Bernard. Recueillies, redigées et publiées par Émile Alglave. Paris, G. Baillière, 1866.
[4], 492 p. illus. 22 cm.
"Extrait de la Revue des cours scientifiques."

Bernard, Claude, 1813-1878.
Leçons sur les propriétés physiologiques et les altérations pathologiques des liquides de

l'organisme, par Claude Bernard. Paris, J.B. Bailliere, 1859.
2 v. illus. 21.3 cm.

Bernard, Claude, 1813-1878.
Recherches expérimentales sur les fonctions du nerf spinal, ou accessoire de Willis, par Claude Bernard. [Paris, 1851]
[693]-776 p. 2 plates. 28.9 cm.
"Ce mémoire, imprimé en 1844 dans les Archives de médecine, a remporte le prix de physiologie experimentale a l'Academie des sciences pour l'annee 1845."

Bernard, Claude, 1813-1878.
La science expérimentale, par Claude Bernard. Paris, J.B. Baillière, 1878.
[3]-440, [4] p. illus. 18 cm.
Provenance: Presented to the Medical Society of the County of Kings by ? of ? Dec. 7, 1901 (bookplate); illegible signature (same as donor); Med. Soc. County of Kings Library (ink stamp)

Bernard, Jean, 1822-
Traité des maladies nerveuses et de leur rapport avec l'électricité, par J. Bernard. Paris, J. Viat, 1857.
[3], 158, [1] p. 18.7 cm.

Bernstein, Julius, 1839-1917.
Les sens, par J. Berstein. Paris, Germer Bailliere, 1876.
viii, 260 p. illus. 22 cm.

Bernstein, Julius, 1839-1917.
Untersuchungen über den Erregungsvorgang im Nerven- und Muskelsysteme, von J. Bernstein. Heidelberg, C. Winter, 1871.
vii, 240 p. illus., diagrs., 4 fold. plates. 22.5 cm.

Bernt, Joseph, 1770-1842.
Vorlesungen über die Rettungsmittel beym Scheintode und in plötzlichen Lebensgefahren, von Joseph Bernt. Wien, C. Gerold, 1819.
vii, [1], 206, [2] p. 5 fold. plates. 20.8 cm.
Discusses the use of electricity and galvanism in resuscitation.

Berruti, Secondo.
Esperienze sulla esistenza delle correnti elettro-fisiologiche negli animali a sangue caldo esequite nel gabinetto di fisica della R. Università, [di] Secondo Berruti et al. Torino, A. Fontana, [1840]
32 p. 21 cm.
"Estratto dal Giornale delle Scienze Mediche di Torino, fascicolo di settembre 1840."
Provenance: illegible inscription 1840
In Ronalds.

Bertrán y Rubio, Eduardo, 1838-1910.
Electroterapia; métodos y procedimientos di electrizacion. Teoría y descripion de los aparatos mas usados en electroterapia é instrucciones para su manejo, con nociones acerca de la accion fisiológica de la electricidad sobre el organismo, por E. Bertran Rubio. Barcelona, Tipo. de J. Jépus, 1872.
335, [1] p. illus. 21.8 cm.

Berwick, George.
The forces of the universe, by George Berwick. London, Longmans, Green, 1870.
x, 127 p. 19.9 cm.
Provenance: Massachusetts State Library (embossed stamp); withdrawn (ink stamp); Aug. 18, 1871 Purchased Stevens and Haynes 4p-6d (inscription)
Deals primarily with electricity, including its relationship to disease.

Berzelius, Jöns Jakob, friherre, 1779-1848.
Afhandling om galvanismen, af J. Jacob Berzelius. Stockholm, Tryckt i Kumblinska Tryckeriet, 1802.
[6], 145, [1] p. 1 fold. plate. 20.5 cm.
In Ronalds, Gartrell 623.
Reports experiments on medical electricity.

Berzelius, Jöns Jakob, friherre, 1779-1848.
Essai sur la théorie des proportions chimiques et sur l'influence chimique de l'électricité, par J.J. Berzelius. Traduit du suédois sous les yeux de l'auteur, et publié par lui-meme. Paris, Chez Méquignon-Marvis, 1819.
xvi, 190, 120, [2] p. 20.2 cm.
Provenance: illegible ink stamp
In Ronalds, Wheeler 755, Gartrell 625.

Bew, Charles.
Opinions on the causes and effects of the disease denominated tic douloureux; deduced from practical observations of its suppoosed origin, in lateral pressure, distortion or undue contact in the teeth; but more particularly those nearest the maxillary sinus, and thence conveying its distressing sensations to the more distant extremities of the system. With annexed cases

confirmatory of the opinions and suppositions, as also a peculiar, and easy mode of ascertainment, and cure, by Charles Bew. London, Sold by T. and G. Underwood, 1824.

xii, 94 p. 3 plates (2 fold.) 21.4 cm.

Provenance: Bound by P. Taylor Brighton (bookplate); M. F. Hopson LDS Eng Dental Surgeon to Guy's Hospital ... from F. William Cook M.D. 1913 (inscription); from ... Montague F. Hopson His Book (bookplate) ... to B. C. Hotz Feb. 1916 (inscription); H. N. R. A. the duke of Clarence with the author's humble duty (inscription)

In Ronalds.

Describes treatment of tic douloureux with electric shock.

Bezold, Albert von, 1836-1868.

Untersuchungen über die electrische Erregung der Nerven und Muskeln, von Albert von Bezold. Leipzig, W. Engelmann, 1861.

xiii, 330 p. illus., 2 fold. plates. 23.3 cm.

Bezold, Albert von, 1836-1868.

Untersuchungen über die Innervation des Herzens, von Albert v. Bezold. Leipzig, W. Engelmann, 1863.

2 v. in 1. 23 cm.

Provenance: Emmet Field Horine (bookplate); From the Library of Carleton B. Chapman, M.D. (bookplate)

Bichat, Ernest, 1845-1905.

Introduction a l'étude de l'électricité statique, par E. Bichat [et] R. Blondlot. Paris, Gauthier-Villars, 1885.

x, 141 p. illus., diagrs. 22.7 cm.

Bichat, Xavier, 1771-1802.

Anatomie générale, appliquée a la physiologie et a la médecine, par Xav. Bichat. Paris, Brosson, Gabon, 1801.

4 v. 2 fold. tables. 22 cm.

Bichat, Xavier, 1771-1802.

Anatomie générale appliquée a la physiologie et a la médecine, par Xavier Bichat. Nouvelle éd., contenant les additions précédemment publiées par Béclard, et augmentée d'un grand nombre de notes nouvelles par F. Blandin. Paris, J.S. Chaudé, 1830.

4 v. 1 fold. chart, 8 plates, port. 20.5 cm.

Provenance: Gerald T. Yeo (inscription); L. Siraud 15 = 5bre = 1875 (inscription); L. S. Sherrington (inscription)

Bichat, Xavier, 1771-1802.

General anatomy, applied to physiology and to the practice of medicine, by X. Bichat. Translated from the last French ed. by Constant Coffyn, rev. and corr. by George Calvert. London, Printed for the translator, 1824.

2 v. 21 cm.

Provenance: Ex Lib. Soc. Med. Chir. Abred. H. E. 10

Bichat, Xavier, 1771-1802.

Physiological researches upon life and death, by Xav. Bichat. Tr. from the French by Tobias Watkins. 1st American from the 2nd Paris ed. Philadelphia, Printed by Smith & Maxwell, 1809.

xx, 300 p. 21.5 cm.

Provenance: D. Tuttle (inscription)

Bichat, Xavier, 1771-1802.

Physiological researches on life and death, by Xavier Bichat. Tr. from the French by F. Gold, with notes by F. Magendie. The notes tr. by George Hayward. Boston, Richardson and Lord, 1827.

334 p. port. 24 cm.

Provenance: illegible inscription; John L. Perry (inscription)

Bichat, Xavier, 1771-1802.

Recherches physiologiques sur la vie et la mort, par Xav. Bichat. Paris, Brosson, Gabon, an VIII [i.e., 1800]

[5], iv, 449 p. 20 cm.

Provenance: Libraire Medicale Ch. Boulange 14 R. de l'Ancienne Comedie, Paris VI (bookplate); Herbert McLean Evans Library of Medical Classics (bookplate); illegible inscription

Bichat, Xavier, 1771-1802.

Recherches physiologiques sur la vie et la mort, par Xav. Bichat. 2 éd. Paris, Chez Brosson, An X - 1802.

[6], iv, 386 p. 21 cm.

Provenance: Aura jolie petite ...? ... souvenir d'une ...? ...? Francaise ? 7 Octobre 1979?

Bichat, Xavier, 1771-1802.

Recherches physiologiques sur la vie et la mort, par Xav. Bichat. 3. éd. Paris, Brosson, Gabon, 1805.

xx, 347 p. 20.5 cm.
Provenance: B. A. Watson M.D. 124 New York Street Jersey City, N.J. (embossed stamp); Med. Soc. County of Kings Library (ink stamp)
In Ronalds.

Bichat, Xavier, 1771-1802.
Recherches physiologiques sur la vie et la mort, par Xav. Bichat. 4. éd., augm. de notes par F. Magendie. Paris, Béchet, Gabon, 1822.
xxvi, 538 p. 21.7 cm.
In Ronalds.

Bichat, Xavier, 1771-1802.
Recherches physiologiques sur la vie et la mort, par Xav. Bichat. 5. éd., revue et augm. de notes pour la 2. fois par F. Magendie. Paris, Béchet, Gabon, 1829.
xxvi, 528 p. 20.1 cm.
Provenance: Med. Soc. County of Kings Library (ink stamp)

Bichat, Xavier, 1771-1802.
Recherches physiologiques sur la vie et la mort [par] M.F.X. Bichat. Nouv. éd. ornée d'une vignette sur acier, précédée d'une notice sur la vie et les travaux de Bichat, et suivie de notes, par Cerise. Paris, Fortin, Masson, Charpentier [n.d.]
[4], xxxv, 391, [1] p. front. 19.5 cm.
Provenance: Presented to the Library of the Medical Society of the County of Kings by New York Academy of Medicine 1909 (bookplate); withdrawn Downstate Med. Lib 1969/71 (ink stamp); illegible inscription Paris 1857; Paris Oct. 19 1854 (inscription); Med. Soc. County of Kings Library (ink stamp)
In Ronalds.

Bichat, Xavier, 1771-1802.
Ricerche fisiologiche intorno alla vita, ed alla morte, di Zaverio Bichat. Prima traduzione italiana fatta sulla terza edizione francese. Pavia, Nella Stamperia Fusi, 1823.
[8], 217, [18] p. 21.4 cm.
Provenance: illegible inscription 1903

Bichat, Xavier, 1771-1802.
Traité d'anatomie descriptive, par Xav. Bichat. Paris, Brosson, Gabon, 1801-3.
5 v. 20.5 cm.

Bichat, Xavier, 1771-1802.
Traité d'anatomie descriptive, de Xavier Bichat. Nouv. éd. Paris, J.A. Brosson et Chaudé, Gabon, 1823.
5 v. 20.7 cm.

Bichat, Xavier, 1771-1802.
Traité des membranes en général, et de diverses membranes en particulier, par Xav. Bichat. Nouvelle éd., revue et augm. de notes par Magendie. Paris, Gabon [1827]
xxxiv, 349 p. 20.5 cm.
Provenance: Libreria Loescher e Co (W. Regenberg) Roma - Due Macelli. 88 (bookplate)

Bichat, Xavier, 1771-1802.
A treatise on the membranes in general, and on different membranes in particular, by Xav. Bichat. A new edition, enl. by an historical notice of the life and writings of the author, by Husson. Paris, 1802. Trans. by John G. Coffin. Boston, Cummings and Hilliard, 1813.
259, [1] p. 21.5 cm.
Provenance: A. W. Ives (inscription)

Bie, Valdemar, 1872-
Remarks on Finsen's phototherapy, by Valdemar Bie. With special plate. [n.p.] 1899.
825-830 p. illus., plate. 26.7 cm.
Extract from The British medical journal, Sept. 30, 1899.

Biedermann, Wilhelm, 1854-1929.
Beiträge zur allgemeinen Nerven- und Muskelphysiologie. Dritte Mittheilung. Über die polaren Wirkungen des elektrischen Stromes im entnervten Muskel, von Wilhelm Biedermann. [n.p.] 1879.
289-320 p. illus., 1 fold. plate. 24 cm.

Biedermann, Wilhelm, 1854-1929.
Electro-physiology, by W. Biedermann. Tr. by Frances A. Welby. With 136 figures. London, Macmillan, 1896.
2 v. illus. 23.2 cm.

Biedermann, Wilhelm, 1854-1929.
Electro-physiology, by W. Biedermann. Translated by Frances A. Welby. London, Macmillan, 1896-98.
2 v. illus. 23 cm.

Biedermann, Wilhelm, 1854-1929.
Elektrophysiologie, von W. Biedermann. Jena, G. Fischer, 1895.
viii, 857, [1] p. illus. 25 cm.
Provenance: V. Henri (inscription)

Bigelow, Horatio Ripley.
Apostoli and his work, by Horatio R. Bigelow. [n.p.] 1888.
11 p. 18.4 cm.
"Reprinted from The Lancet of December 22, 1888."

Bigelow, Horatio Ripley.
Apostoli's method of treatment of uterine fibroids, by Horatio R. Bigelow. [n.p.] 1889.
16 p. 16.4 cm.
"Reprinted from The Medical News, May 18, 1889."

Bigelow, Horatio Ripley.
Gynaecological electro-therapeutics, by Horatio R. Bigelow. With an introd. by Georges Apostoli. Philadelphia, J.B. Lippincott, 1889.
xliv, 199 p. illus. 22.3 cm.
Provenance: Grand Rapids Medical Library Association. Presented to the association by Renten Pilison M.D. Dec. 3, 1894 (bookplate); Grand Rapids Public Library Mich. Apr 97 (ink stamp); discarded (ink stamp)

Bigelow, Horatio Ripley.
Gynecological electro-therapeutics, by Horatio R. Bigelow. [n.p.] 1890.
12 p. 19.5 cm.
"Reprinted from The Medical News, May 10, 1890."

Bigelow, Horatio Ripley.
An international system of electro-therapeutics: for students, general practitioners, and specialists, by Horatio R. Bigelow and thirty-eight associate editors. Philadelphia, F.A. Davis, 1895.
xxxii, [1147] p. Various pagings. illus. 24.3 cm.

Bigelow, Horatio Ripley, ed.
An international system of electro-therapeutics: for students, general practitioners, and specialists [ed.] by Horatio R. Bigelow and 38 assoc. eds. Philadelphia, F.A. Davis, 1894.
1 v. (various pagings) illus., diagrs., plates. 24.2 cm.

Bigot de Morogues, Pierre Marie Sébastien, baron, 1776-1840.
Observations sur le fluide organo-électrique et sur les mouvements électro-metriques des baguettes et des pendules, par le Baron de Morogues. Paris, V. Masson, 1854.
[6], ix, 265, [1] p. 2 fold. plates. 22.5 cm.
Provenance: ? ... hommage de l'auteur Msr. de Morogues (inscription)

Bilharz, Theodor Maximilian, 1825-1862.
Das electrische organ des Zitterwelses. Anatomisch Beschrieben, von Theodor Bilharz. Leipzig, W. Engelmann, 1857.
vi, [1], 52 p. illus., 4 col. plates. 37 cm.
Provenance: 1409 Jubilaimsgarge 1909 Leipzigerverlager (bookplate); Zoologisches Institut der Universitat Leipzig (ink stamp); Ausgescheiden (ink stamp)
In Ronalds.

Billaid e figlio.
Del caoutchoue durci applicata all'arte dentaria del Billaid e figlio, fabbricante di denti minerali. 1863.
24, [1] p., bound. illus. 27 cm. [manuscript]
Bound with Georges. Il galvano-caustico applicato alla cura dei mali dei denti. Napoli, 1863.

Billot, G P
Recherches psychologiques sur la cause des phénomènes extraordinaires observés chez les modernes voyants improprement dits somnambules magnétiques, ou, Correspondance sur le magnétisme vital, entre un solitaire et Deleuse ... par G.P. Billot.
p. [107]-251. 19 cm.
(In Tissot, Joseph Xavier. L'antimagnétisme animal. Bagnols, 1841.)

Billroth, Theodor, 1829-1894.
On the mutual action of living vegetable and animal cells. A biological study, by Th. Billroth, trans. by F.A. Junker von Langegg.
p. [1]-52. 22 cm.
(In Clinical lectures on subjects connected with medicine and surgery. London, 1894.)

Bilz, Friedrich Eduard, 1842-1922.
The new natural method of healing, a golden guide to health, strength and old age, by F.E. Bilz. Leipzig, F.E. Bilz, 1898.

2 v. illus., 33 plates (32 col.), 2 ports. (1 fold.) 24 cm.
Provenance: Mr. W. Chestney 54 Tweedmouth Avenue Rosebery (inscription)

Bilz, Friedrich Eduard, 1842-1922.
La nouvelle médication naturelle; traité et aide-mémoire de médication et d'hygiène naturelles, par F.E. Bilz. Traduit de l'Allemand. [n.p.] F.E. Bilz [n.d.]
3 v. illus., 8 fold. anatomical models, 42 plates (41 col.), 1 port., 5 fold. tables. 24 cm.
Provenance: F. E. Bilz

Binet, Alfred, 1857-1911.
Animal magnetism, by Alfred Binet and Charles Féré. London, Kegan Paul, Trench & Co., 1887.
vi, [1], 378 p. illus., diagrs. 19 cm.

Binet, Alfred, 1857-1911.
Le magnétisme animal, par Alfred Binet et Ch. Féré. Paris, F. Alcan, 1887.
[7], 283, [1] p. illus. 22 cm.
Provenance: L. J. Egeling (bookplate)

Biot, Jean Baptiste, 1774-1862.
Essai sur l'histoire générale des sciences pendant la révolution française, par J.B. Biot. Paris, Chez Duprat, An 11 -1803.
[4], 83 p. 20.6 cm.

Biot, Jean Baptiste, 1774-1862.
Traité de physique expérimentale et mathématique, par J.B. Biot. Paris, Chez Deterville, 1816.
4 v. tables, 22 fold. plates. 22.2 cm.
In Ronalds.

Birch, John, 1745?-1815.
An essay on the medical application of electricity, by John Birch. London, Printed by W.S. Betham for J. Johnson, 1803.
iv, 57 p. 21 cm.

Bird, Golding, 1815-1854.
Lectures on electricity and galvanism, in their physiological and therapeutical relations, delivered at the Royal College of Physicians, by Golding Bird. Rev. and extended. London, Longman, Green & Longmans, 1849.
xii, 212 p. illus. 17.5 cm.
Provenance: Dr. Charles S. Durnbill (inscription); presented to the Library of the Medical Society of the County of Kings Oct. 20 ** by exchange (College of Physicians of Philadelphia) 1922 (bookplate); withdrawn Downstate Lib. (ink stamp); Medical Society, County of Kings Library (ink stamp)
In Ronalds, Wheeler 1153, Gartrell 637.

Bird, Golding, 1815-1854.
Lectures on electricity and galvanism, in their physiological and therapeutical relations, delivered at the Royal College of Physicians, by Golding Bird. 1st American from the last London ed., rev. and enl. Philadelphia, W.H. Hazzard, 1854.
xii, 212 p. illus. 16.5 cm.
Provenance: G. Potter (inscription); Library of the Medical Society of the Co. of Kings Given by C. H. Schapks M.D. (bookplate w/ withdrawn stamp); Med. Soc. County of Kings Library (ink stamp)

Birkner, Gottlieb.
Ueber den Werth des Wassers in der Nervensubstanz, von Gottlieb Birkner. Augsburg, J.P. Himmer, 1859.
[1], 42, [3] p. charts. 21.5 cm.

Bischoff, Christian Heinrich Ernst, 1781-1861.
Commentatio de vsv galvanismi in arte medica speciatim vero in morbis nervorvm paralyticis, avctore Christ. Henr. Ernesto Bischoff. Ienae, In Bibliopolio academico, 1801.
75 p. 2 fold. plates. 19.6 cm.
In Ronalds.

Blackwell, Elizabeth, 1821-1910.
Pioneer work in opening the medical profession to woman; autobiographical sketches, by Elizabeth Blackwell. London, Longmans, Green, 1895.
ix, 265, [1] p. 19 cm.

Blas, Charles, 1839-
Essai d'application de l'électrolyse a la métallurgie avec un procédé nouveau pour le traitement électrolytique des minerais sulferés et l'extraction des métaux et du soufre, par C. Blas et E. Miest. Louvain, D.A. Peeters-Ruelins, 1882.
[1], 41, [1] p. chart, diagr. 22.3 cm.
Bound with Bouilhet, H. Les origines et les progrès récents de la galvanoplastie. Paris, 1866.

Blavier, Édouard Ernest, 1826-
Des grandeurs électriques et de leur mesure en unités absolues, par E.E. Blavier. Paris, Dunod, 1881.

[3], 587, [1] p. illus., diagrs., 1 fold. plate. 22 cm.
Provenance: illegible inscription
Wheeler 2226.

Bleyer, Julius Mount, 1859-1915.
Galvanism.
p. A185-A308. 24.2 cm.
(In Bigelow, H.R., ed. An international system of electrotherapeutics. Philadelphia, 1894.)

Bleyer, Julius Mount, 1859-1915.
The primary action of the galvanic current. It increases the amount of ozone in the blood as shown by chemical test of the blood in the arteries - with our theory of animal electricity, by J. Mount Bleyer and M. Milton Weill. [n.p.] 1893.
16 p. 23.3 cm.
Provenance: Compliments of Author Advance Sheets (inscription); M. Bleyer (inscription)

Blondlot, René, 1849-1930.
Recherches expérimentales sur la capacité de polarisation voltaique, par René Blondlot. Soutenues, le 1 juin 1881, devant la Commission d'examen. Paris, Gauthier Villars, 1881.
46, [1] p. illus. 26.3 cm.

Blyth, John Buddle.
The dependence of the animal and organic functions on nervous influence; & the identity of the latter with electricity, by John Buddle Blyth. Edinburg, 1839.
[4] l., 83 p., bound. 27.2 cm. [manuscript]

Boeckel, Eugène.
De la galvanocaustie thermique, par Eug. Boeckel. Paris, J.B. Baillière, 1873.
[6], 118 p. 3 plates. 24.2 cm.

Böllner, Julius.
Die Kräfte der Natur und ihre Benutzung. Eine physikalische Technologie, von Julius Böllner. 6 verm. und verb. Aufl. Leipzig, O. Spamer, 1872.
x, 510 p. illus., front. 24.5 cm.

Boericke & Tafel.
Physicians' catalogue and price current of homoeopathic medicines and books and all articles required by physicians. Presented by Boericke & Tafel, Homeopathic Pharmaceutists, Importers and Publishers. Philadelphia, 1890.
160, [4] p. illus. 23.6 cm.

Boggett, William.
Electricity analyzed, by William Boggett. London, W. Ridgway, 1886.
[2], ii, 24 p. 21.3 cm.
Provenance: Professor Tyndall with the author's comp. (inscription)
Wheeler 2404.
Presents Boggett's arguments that water always contains electricity.

Boll, Franz Christian, 1849-1879.
Ueber elektrische Fische, von Franz Boll. Berlin, C.B. Luderitz, C. Habel, 1874.
39 p. 19.7 cm.

Boltzmann, Ludwig, 1844-1906.
Vorlesungen über Maxwells Theorie der Elektricität und des Lichtes, von Ludwig Boltzmann ... Leipzig, J.A. Barth, 1891-93.
2 v. in 1. diagrs., 4 plates (2 fold.) 21.5 cm.
Provenance: Harrison D. Horblit (bookplate)

Bonnefont, Gaston, 1851-
Le règne de l'électricité, par Gaston Bonnefont. Tours, A. Mame, 1895.
381 p. illus., front. 29.5 cm.
Provenance: illegible stamp

The book of science laid open: or recreations in natural philosophy. Comprising a popular description of whatever is remarkable in mechanics, hydrostatics, hydraulics, pneumatics, accoustics, optics, astronomy, geography, geology, hydrography, electricity, galvanism, magnetism, chemistry and botany, with an account of their application to the arts of life. Illustrated by a variety of interesting experiments. London, Jones, 1833.
[4], 3-480 p. 1 fold. plate. 19.8 cm.

Borough, William, 1536-1599.
A discovrse of the variation of the compasse, or magneticall needle. Wherein is mathematically shewed, the manner of the ohseruation [sic], effects and application thereof, made by W.B. And is to bee annexed to the newe attractive of R.N. London, Imprinted by E. Allde for Hugh Astley, 1596. [Berlin, A. Asher, 1898]
30 l. illus., facsims. 26.5 cm.
(In Hellmann, Gustav, ed. Rara magnetica, 1269-1599. Berlin, 1898.)

Bostock, John, 1773-1846.
An account of the history and present state of galvanism, by John Bostock. London, Printed for Baldwin, Craddock and Joy, 1818.
[4], 164 p. 2 plates. 22 cm.
Provenance: Lit. & Phil. Soc - Newcastle (stamp)
In Ronalds, Wheeler 743, Gartrell 640.

Botto, Giuseppe D.
Expériences sur les rapports entre l'induction électromagnétique et l'action électrochimique, suivies de considérations sur les machines électromagnétiques, par J.D. Botto. [Turin] Impr. Royale, 1842.
[2], 23 p. 27.2 cm.
"Extrait des Mémoires de l'Académie des Sciences de Turin, Tome V. Serie II."
Provenance: illegible stamp
Wheeler 1037.

Bottone, Selimo Romeo.
Electrical instrument making for amateurs. A practical handbook, by S.R. Bottone. 6th ed., rev. and enl. London, Whittaker, 1894.
[8], 235 p. illus. 17.6 cm.

Bouchard, Charles, 1837-1915.
La pleurésie de l'homme étudiée à l'aide des rayons de Röntgen, par Ch. Bouchard. Paris, Gauthier-Villars, 1896.
2 p. 26.5 cm.
"Extrait des Comptes rendus des séances de l'Académie des Sciences, t. CXXIII; séance du 7 décembre 1896."

Boucheron, Arie Hippolyte.
Essai d'électrothérapie oculaire; étude physiologique et emploi de l'électricité dans la thérapeutique des affections des nerfs et des muscles de l'oeil, des troubles du corps vitré, des amblyopies sans lésions, des névrites et atrophies du nerf optique, par A. Boucheron. Paris, J.B. Baillière, 1876.,
143 p. illus. 24.2 cm.

Boudet de Pâris, Maurice, 1849-
Électricité médicale; études électrophysiologiques et cliniques, par M. Boudet de Pâris. 1. et 2. fascicules. Paris, O. Doin, 1888.
v, [1], 389 p. illus. 25 cm.

Bouilhet, Henri, 1830-1910.
Les origines et les progrès récents de la galvanoplastie. Conférence faite par Henri Bouilhet dans la séance du 7 mars 1866 ... Paris, Impr. de Veuve Bouchard-Huzard, 1866.
47 p. 22.3 cm.
With this are bound Moerman, T. Notice sur l'électro-métallurgie. Bruxelles, 1882, and Blas, C. Essai d'application de l'électrolyse a la métallurgie. Louvain, 1882.

Boulade.
Histoire de la pile galvanique depuis son origine jusqu'a nos jours. Lyon, Impr. de Rey et Sézanne, 1867.
23 p. plate. 22.3 cm.

Boulu.
Traitement des adénites cervicales chroniques au moyen de l'électricité localisée, par Boulu. Paris, Labé, 1856.
31 p. illus. 22.1 cm.
"Extrait du rapport lu a l'Academie Impériale de Médecine, le 22 Avril 1856, par Bouvier, au nom d'une commission composée de Bérard et al."
In Ronalds.

Bourdon, Hippolyte.
Études cliniques et histologiques sur l'ataxie locomotrice progressive, par Hip. Bourdon. Paris, P. Asselin, 1861.
26 p. col. fold. plate. 21.4 cm.
"Extrait des Archives générales de Médicine, numéro de novembre 1861."
Provenance: ? ... hommage de l'auteur H. Bourdon (inscription); illegible inscription; Societe anatomique 12 janvier 1826 (stamp)

Bourguignon, Honoré.
De l'hydrothérapie dans un cas de paralysie des systèmes nerveux sensitif et moteur, par H. Bourguignon. Paris, G. Baillière, 1862.
24 p. 20.7 cm.
"Extrait des Annales de la Societe d'hydrologie medicale de Paris, tome VIII."

[Bournand, Francois, 1853-]
Les causeries scientifiques du Docteur Nemo [pseud.]; l'électricité. Paris, Tolra, 1898.
272, 16 p. illus. 22.7 cm.

Bouvier, Sauveur Henri Victor, 1799-1877.
Extrait du rapport de Bouvier ... sur une note de Duchenne de Boulogne, intitulée: De quelques

nouvelles propriétés différentielles des courans d'induction de premier et de second ordres.
7 p. 22.2 cm.
(In Duchenne, G.B.A. Contributions a l'etude du systéme nerveux. Paris, [187-])
"Publication de l'Union Médicale, du 10 Mai 1856."

Bouvier, Sauveur Henri Victor, 1799-1877.
Rapport sur le mémoire de Duchenne (de Boulogne) intitulé Du pied plat-valgus par paralysie du long péronier latéral, et du pied creux-valgus par contracture du même muscle, par Bouvier. [Paris, 1861]
[559]-574 p. 27.9 cm.

Bowditch, Henry Pickering, 1840-1911.
Ueber den Nachweis der Unermüdlichkeit des Säugethiernerven, von H.P. Bowditch. [n.p.] 1890.
[505]-508 p. diagrs. 22.2 cm.
"Separat-Abzug aus Archiv für Anatomie und Physiologie. Physiologische Abtheilung. 1890."
Provenance: F. Miescher (bookplate)

Bowditch, Henry Pickering, 1840-1911.
What is nerve-force? An address before the biological section of the American Association for the Advancement of Science at the Buffalo meeting, August, 1886. Salem, Mass., Printed at the Salem Press, 1886.
12 p. 24.5 cm.
"From the Proceedings of the American association for the advancement of science, Vol. XXXV."
Provenance: F. Miescher (bookplate); Prof. F. Miescher Rusch Basel (ink stamp)

Boyce, C W
Electricity; its nature and forms, with a study on electro-therapeutics, by C.W. Boyce. 2nd ed. Chicago, W.A. Chatterton, 1880.
85 p. 15.7 cm.

Boyd, J C
"The blood is the life!" An astonishing discovery! Accomplished at last! The efficacy of electricity! Nearly all diseases effectually cured by Boyd's miniature galvanic battery! [by] J.C. Boyd. [New York] c1879.
342 p. illus. 16.4 cm.

Boyle, Hon. Robert, 1627-1691.
Two tracts on electricity and magnetism, by Robert Boyle. Reprinted from the rare eds. of 1675 and 1676, with a preface by S.P.T. London, Printed at the Bedford Press, 1898.
80 p. 14.5 cm.
Reprint of Experiments and notes about the mechanical origine or production of electricity. London, 1675; and Experiments and notes about the mechanical production of magnetism. London, 1676.
Provenance: B.N.C.F. MADAN OXFORD (stamp); ...? ... June 17. 1898 (inscription)

Braid, James, 1795?-1860.
Braid on hypnotism. Neurypnology; or, The rationale of nervous sleep considered in relation to animal magnetism or mesmerism and illustrated by numerous cases of its successful application in the relief and cure of disease, by James Braid. A new edition, ed. with an introd. biographical and bibliographical embodying the author's later views and further evidence on the subject, by Arthur Edward Waite. London, G. Redway, 1899.
xii, 380 p. 22.5 cm.
Provenance: F. Keeping 215 Cheltonham Rd. Bristol Aug: '04 (inscription)
Introduced the term hypnotism and initiated the modern field of hypnosis in the 1843 edition of this work which firmly separated magnetism from hypnotism.

Braid, James, 1795?-1860.
Electro-biological phenomena considered physiologically and psychologically, by James Braid. Edinburgh, Sutherland and Knox, 1851.
33 p. 22.3 cm.
"From the Monthly Journal of Medical Science, for June 1851."
Provenance: To Charles Swain Esqr with the best regards of his friend. the author Dur 1851 (inscription)

Braid, James, 1795?-1860.
Hypnotic therapeutics, illustrated by cases. With an appendix on table-moving and spirit-rapping, by James Braid. Edinburgh, Murray and Gibb, Printers, 1853.
[3]-44 p. 214. cm.
"Reprinted from the Monthly journal of medical science for July 1853."

Braid, James, 1795?-1860.
Observations on trance: or, Human hybernation, by James Braid. London, J. Churchill, 1850.
72 p. 16.5 cm.
Provenance: Guy Phillips (bookplate)

Braid, James, 1795?-1860.
The power of the mind over the body: an experimental inquiry into the nature and cause of the phenomena attributed by Baron Reichenbach and others to a "new imponderable," by James Braid. London, J. Churchill, 1846.
36 p. 15.5 cm.
Provenance: To Robert Froggatt Esqr with the best wishes and kind regards of his friend the author
Refutes Reichenbach's magnetism claims; identifies the results as effects of hypnotism.

Braquehaye, Jules Pie Louis, 1865-
De la méthode graphique appliquée a l'étude du traumatisme cérébral, par Jules Braquehaye. Paris, Asselin et Houzeau, 1895.
78 p. illus. 25 cm.

Bramwell, Sir Byrom, 1847-1931.
The diseases of the spinal cord, by Byrom Bramwell. Edinburgh, Maclachlan and Stewart, 1882.
xxiii, 300 p. illus., 40 col. plates. 22.7 cm.
Includes in this classic work discussions of the use of electrotherapeutics for spinal cord disease.

Bramwell, Sir Byrom, 1847-1931.
Diseases of the spinal cord, by Byrom Bramwell. 2nd ed. New York, W. Wood, 1886.
xiv, 298 p. illus., 52 plates (45 col.)
Provenance: Library of the University of North Carolina (bookplate). The Wood Collection. Presented by Thos. F. Wood, M.D.; Martin G. Netsky, M.D. 1030 Deepwood Court Winston-Salem, N.C. (stamp); June 1956 (inscription)

Brandt, Thure, 1819-1895.
Nouvelle méthode gymnastique et magnétique pour le traitement des maladies des organes du bassin et principalement des affections utérins, par Thure Brandt. Avec 3 illus. Stockholm, C.E. Fritze, 1868.
[5], 86 p. 3 plates. 23 cm.
Provenance: Pinska Läkaresällskapet Helsingfors (ink stamp)

Braun, Julius, 1821-1878.
Systematisches Lehrbuch der Balneotherapie, von Julius Braun. 2., umgearbeitete Aufl. Verm. um die Abh. des Rohden in Lippspringe: Balneotherapie und Klimatotherapie in der Lungenschwindsucht. Berlin, T.C.F. Enslin (A. Enslin), 1869.
viii, 671, [1] p. 21.7 cm.

Breggen, Franciscus van der.
Bedenkingen over het zien der slaap- of nachtwandelaren: alsmede over het dierlijk magnetismus. Een woord ter herrinnering aan de noodzakelijkheid om toe te zien dat dit laatste, vooral niet zoo als thans door onbevoegden worde aangewend, door F. van der Breggen. Amsterdam, L. van Es, 1828.
vi, 50 p. 22.8 cm.
Provenance: illegible inscription

Breguet, firm.
Extrait du catalogue général illustré: instruments de physiologie de M.J. Marey; appareils pour l'électricité médicale. Paris, Imp. Gauthier-Villars, 1884.
31 p. illus. 23.1 cm.

Brenner, Rudolf, 1821-1884.
Untersuchungen und Beobachtungen auf dem Gebiete der Elektrotherapie, von Rudolf Brenner. 4 Abth. in 2 Bd. Leipzig, Giesecke & Devrient, 1868-69.
2 v. in 1. 5 fold. plates (4 col.) 22.5 cm.
Provenance: Prof. Ebstein Gottingen (ink stamp)
Contains comprehensive treatment of electrotherapeutics and discusses the effects of galvanism on hearing.

Breton, Jules Louis.
Rayons cathodiques et rayons X, par J.L. Breton. Illustre de 150 figs. Paris, La Revue Scientifique et Industrielle de l'Annee, 1897.
[2], 113, [1] p. illus. 27.7 cm.

Breton Frères.
Notice et description du nouvel appareil électrodynamique complet, construit par MM. Breton Frères. [Paris, Imp. Cosse et J. Dumaine, 186-?]
12 p. 1 fold. plate. 20 cm.

Brewster, Sir David, 1781-1868.
A treatise on magnetism, forming the article under that head in the seventh edition of the Encyclopaedia britannica, by Sir David Brewster. Edinburgh, A. and C. Black, 1838.
[8], 363 p. illus., fold. map. 20.8 cm.
Provenance: H. Chrk. Lt. B.A. 1841 (inscription)
In Ronalds.

Brewster, George, 1800-1865.
A new philosophy of matter showing the identity of all the imponderables and the influence which electricity exerts over matter in producing all chemical changes and all motion, by George Brewster. Adrian [Mich.] Printed for the author by A.W. Maddocks, 1843.
216 p. 18 cm.
Provenance: Barber Perkins (inscription); P. Perkins (ink stamp); Lalmus Perkins Madison July 26/47 (inscription)

Brierre de Boismont, Alexandre Jacques Francois, 1798-1881.
A history of dreams, visions, apparitions, ecstasy, magnetism, and somnambulism, by A. Brierre de Boismont. 1st American, from the 2nd enl. and improved Paris ed. Philadelphia, Lindsay and Blakiston, 1855.
xx, [17]-553 p. 23.2 cm.

Brittan, Samuel Byron, -1883.
Man and his relations: illustrating the influence of the mind on the body; the relations of the faculties to the organs, and to the elements, objects and phenomena of the external world, by S.B. Brittan. New York, W.A. Townsend, 1864.
xiv, [9]-578 p. port. 22.5 cm.
Provenance: B. F. Leavens (inscription and ink stamp)

Broca, André, 1863-1925.
Électricité [par] André Broca. Paris, G. Baillière, 1900.
245-316 p. illus. 28.5 cm.
Extrait: Dictionnaire de physiologie, par Charles Richet avec la collaboration de E. Abelous et Alezais ... [etc.]

Broca, André, 1863-1925.
Études expérimentales sur l'étincelle disruptive, par A. Broca. Paris, G. Carré, 1895.
19 p. 27.5 cm.
"Extrait de l'Éclairage Électrique."

Broca, André, 1863-1925.
Les transformations d'énergie dans l'organisme, par André Broca. Paris, Gauthier-Villars, 1900.
28 p. 25.6 cm.

Broca, Paul, 1824-1880.
De la cautérisation électrique, ou galvano-caustique par Broca. Paris, Hennuyer, 1857.
16 p. illus. 22 cm.
"Extrait du Bulletin Général de Thérapeutique."

Broca, Paul, 1824-1880.
Études sur les animaux ressuscitants. Rapport lu à la Société de Biologie, les 17 et 24 mars 1860, au nom d'une commission composée de Balbiani, Berthelot, Brown-Séquard, Dareste, Guillemin, Charles Robin, par Paul Broca. Paris, A. Delahaye, 1860.
[3], 139, [3] p. plate. 25.2 cm.
Provenance: I. S. Geoffroy Saint-Hilaire (ink stamp)

Broca, Paul, 1824-1880.
Propriétes et fonctions de la moelle épinière. Rapport sur quelques expériences de Brown-Séquard. Lu à la Societe de biologie le 21 juillet 1855, par Paul Broca. Paris, imprimé chez Bonaventure et Ducessois, 1855.
[3], 35 p. 22.2 cm.
"Extrait du Moniteur des hopitaux."

Brockway, Fred John, 1860-1901.
Essentials of physics. Arranged in the form of questions and answers; prepared especially for students of medicine, by Fred J. Brockway. 2nd ed., rev. With 155 illustrations. Philadelphia, W.B. Saunders, 1894, c1892.
9, [17]-330 p. illus. 18.5 cm.
Provenance: Edward T. Ratherb 1896 (inscription); J. W. Mulick (inscription); E. T. Ratherb 1896 (inscription)

Brocq, Louis Anne Jean, 1856-1928.
Traitment des dermatoses par la petite chirurgie et les agents physiques [par] L. Brocq. Leçons faites a l'hôpital Brocq-Pascal recueillies par H. Déhu et revues par l'auteur. Paris, G. Carré et C. Naud, 1898.
[1], iv, 285, [1] p. illus. 22 cm.

Bröse, Paul
Traitement galvanique des myomes. In Gautier, G., ed. Le courant continu en gynécologie. Paris, 1890.
24.2cm. p. 47-49

Brouardel, Paul Camille Hippolyte, 1837-1906.
L'exercice de la médecine et le charlatanisme, par P. Brouardel. Paris, J.B. Baillière, 1899.
viii, 564 p. charts. 23 cm.
Provenance: Dr. Dervieux 63, Boul. Saint-Michel, 63 Paris (V) (ink stamp)

Brondel, Louis Auguste Alexandre, 1852-
Le sphygmographe passif; applications a l'étude physiologique et clinique des pulsations normales et pathologiques, par L.A.A. Brondel. Paris, J.B. Baillière, 1881.
[3], 31, [5]-52 p. illus., 12 fold. plates. 22.5 cm.

Broussais, François Joseph Victor, 1772-1838.
Cours de phrénologie, par F.J.V. Broussais. Paris, Chez J.B. Bailliere, 1836.
[3], x, 850, [1] p. front. 21.4 cm.
Provenance: A M. le Philantrope P. Schauvaloff (inscription)

Broussais, François Joseph Victor, 1772-1838.
De l'irritation et de la folie, ouvrage dans lequel les rapports du physique et du moral sont établis sur les bases de la médecine physiologique, par F.J.V. Broussais, précédé d'un aperçu sur l'aliénation mentale dupuis Pinel jusqu'a Broussais. Bruxelles, Librairie Polymathique, 1828.
[6], xix, 431 p. port. 21 cm.

Broussais, François Joseph Victor, 1772-1838.
De l'irritation et de la folie, ouvrage dans lequel les rapports du physique et du moral sont établis sur les bases de la médecine physiologique, par F.J.V. Broussais. Paris, Chez Delaunay, 1828.
xxxii, 590, [1] p. 20 cm.
Provenance: Saint-Jean (inscription); Aug Delaunay (inscription)

Broussais, François Joseph Victor, 1772-1838.
De l'irritation et de la folie, ouvrage dans lequel les rapports du physique et du moral sont établis sur les bases de la médecine physiologique, par F.J.V. Broussais. 2. éd., considérablement augm. par l'auteur, publiée par son fils Casimir Broussais. Paris, J.B. Baillière, 1839.
2 v. 21.5 cm.
Provenance: Dr. Paul Topinard (stamp)

Broussais, François Joseph Victor, 1772-1838.
Examen des doctrines medicales et des systems de nosologie, precede de propositions renfermant la substance de la medecine physiologique, par F.-J.-V. Broussais. 3. ed. Paris, Delaunay, 1829-34.
4 v. 21 cm.
Provenance: Livro doado em Beneficio dos orphans da revolucão ex libris por intermedio do oestado de S. Paulo (bookplate); ex libris A. Bernardes de Oliveira (bookplate); Aug. Delaunay (ink stamp)

Broussais, Francois Joseph Victor, 1772-1838.
Principles of physiological medicine, in the form of propositions; embracing physiology pathology, and therapeutics, with commentaries on those relating to pathology, by F.J.V. Broussais. Tr. from the French by Isaac Hays and R. Eglesfeld Griffith. Philadelphia, Carey & Lea, 1832.
vi, [9]-594 p. 22.1 cm.

Brown, F Tilden.
The limitations of electrolysis as a therapeutic agent in organic and spasmodic stricture of the urethra, with cases ... by F. Tilden Brown. New York, W. Wood, 1888.
31 p. 24.4 cm.
"Reprinted from Journal of Cutaneous and Genito-Urinary Diseases, Vol. VI, July-August, 1888."

Brown, Thomas, b. 1766.
The ethereal physician; or, medical electricity revived; its pretensions fairly and candidly considered and examined, and its efficacy proved, in the prevention and cure of a variety of diseases; with the details of upwards of sixty cures, in the short space of two years, in cases of rheumatism, head-ach, pleurisy, abscess, quinsy, piles, incubus, &c. &c. with some observations on the nature of the electric fluid, and hints concerning the best mode of applying it for medical purposes. No. 1, by Thomas Brown. To which is added a brief account of its medical practice, by Jesse Everett. Albany, Printed for the author by G.J. Loomis, 1817.
vi, [2], [5]-64, 10, [2] p. front. 22 cm.
Provenance: Ethereal Physicun E (inscription) Gartrell 648.

Brown-Séquard, Charles Édouard, 1817-1894.
Course of lectures on the physiology and pathology of the central nervous system. Delivered at the Royal College of Surgeons of England in May, 1858, by C.E. Brown-Séquard. Philadelphia, J.B. Lippincott, 1860.
xii, 276 p. 3 plates. 22.8 cm.
Provenance: Univ. of Calif Medical School (perforated stamp)

Brown-Séquard, Charles Édouard, 1817-1894.
Experimental and clinical researches on the physiology and pathology of the spinal cord, and some other parts of the nervous centres, by E. Brown-Séquard. Richmond, Printed by Colin & Nowlan, 1855.
66 p. 24.5 cm.
Provenance: Prof. Milve-Edwards with the author's best regards (inscription)

Brown-Séquard, Charles Édouard, 1817-1894.
Lectures on the diagnosis and treatment of the principal forms of paralysis of the lower extremities, by E. Brown-Séquard. Philadelphia, Collins, printer, 1861, c1860.
118 p. 23.4 cm.

Brown-Séquard, Charles Édouard, 1817-1894.
Sur les résultats de la section et de la galvanisation du nerf grand sympathique au cou, par E. Brown-Séquard. Paris, Impr. par E. Thunot, 1854.
14 p. 24.4 cm.
"Extrait de la Gazette Médicale de Paris, année 1854."

Brubaker, Albert Philson, 1852-1943.
Electro-physiology.
p. B1-B45. 24.2 cm.
(In Bigelow, H.R., ed. An international system of electro-therapeutics. Philadelphia, 1894.)

Bruck, Jonas, 1813-1883.
Die Galvanokaustik in der zahnärztlichen Praxis, von J. Bruck. Leipzig, A. Felix, 1864.
[6], 38, [1] p. illus. 22.1 cm.
Provenance: Ludwig Collection (stamp); weed (stamp); illegible inscription
Covers galvanocautery in dentistry based on Albrecht Middeldorpf's methods.

Bruck, Julius, 1840-1902.
Das Urethroscop und das Stomatoscop, zur Durchleuchtung der Blase [und] der Zähne und ihrer Nachbartheile durch galvanisches Glühlicht, von Julius Bruck jun. Breslau, Maruschke & Berendt, 1867.
22, [1] p. illus. 23 cm.
Provenance: H. A. Kelly (stamp)

Brugelmann, Wilhelm.
Über den Hypnotismus und seine Verwertung in der Praxis, von W. Brügelmann. Berlin, L. Heuser, 1889.
29 p. 23.5 cm.
Provenance: Kantonsbibliothek Graubunden-Chir (ink stamp)

Bruining, Gerbrand, 1764-1833.
Schediasma, de mesmerismo ante Mesmerum, in quo disquiritur, num veteres aegyptii, eorumque coloni ad pontum euxinum, graeci, romani, atque alii, ΠΟΛΥΘΡΥΛΛΗΤΟΝ illud inventum Mesmeri, quod magnetismum animalem vocant, reapse cognitum habuerint, eoque usi fuerint [auctore] Gerbrandi Bruining. Groningae, Apud W. van Boekeren, 1815.
[8], 88 p. 19.7 cm.

Brunel, Georges, 1861-
Les merveilles de l'électricité et de la photographie, par Georges Brunel. 2. éd. Paris, Librairie C. Delagrave [n.d.]
224 p. illus., 11 plates. 27.5 cm.

Brunelli, Cesar.
Album illustré représentant la topographie névro-musculaire ou Les points d'élection pour la pratique de la thérapie galvano-faradique, par César Brunelli. Paris, A. Delahaye, 1872.
[13] l. (incl. 5 leaves of plates) 47.5 cm.

Brunet, Charles, 1850-1878.
Marat dit l'Ami du peuple. Notice sur sa vie et ses ouvrages, par Charles Brunet. Paris, Librairie Poulet-Malassis, 1862.
57 p. front. (port.) 17.3 cm.

Bruns, Paul von, 1846-1916.
Die galvanokaustische Amputation der Glieder, von Paul Bruns. Berlin, A. Hirschwald, 1873.
44 p. 22 cm.
"Separat-Abdruck aus v. Langenbeck's Archiv fur klinische Chirurgie. Bd. XVI."
Provenance: Presented to the Library of the Med. Soc. of the County of Kings, by Watson

Collection (ink stamp); released (stamp); B. A. Watson, M.D. 124 York St., Jersey City (ink stamp)

Bruns, Victor von, 1812-1883.
Die Galvano-Chirurgie, oder die Galvanokaustik und Elektrolysis bei chirurgischen Krankheiten, von Victor v. Bruns. Tubingen, H. Laupp, 1870.
145 p. illus. 23 cm.
Discusses his experiments and observations on galvanocautery and electrolysis.

Bruns, Victor von, 1812-1883.
Die galvanokaustischen Apparate und Instrumente; ihre Handhabung und Anwendung, von Victor v. Bruns. Tübingen, H. Laupp, 1878.
xi, 513 p. illus., 2 fold. plates. 23.1 cm.
Provenance: Presented to the Medical Society of the County of Kings by Dr. Chas. de Szigethy of Brooklyn (bookplate with withdrawn Downstate Med. Lib. stamp); Med. Soc. County of Kings Library (stamp); Dr. Chas. de Szigethy (inscription)
Wheeler 2068.
Covers galvanocaustic apparatus and instruments comprehensively and historically.

Bubier, Edward Trevert, 1858-1904.
Electro-therapeutic handbook, with full directions for home treatment of nearly all diseases that can be cured or relieved by the application of electricity. Compiled by Edward Trevert [pseud.] New York, Manhattan Electrical Supply Co. [1900].
86 p. 16.5 cm.

Bubier, Edward Trevert, 1858-1904.
Electro-therapeutic handbook, with full directions for home treatment of nearly all diseases that can be cured or relieved by the application of electricity. Compiled by Edward Trevert [pseud.] New York, Manhattan Electrical Supply Co. [1900].
95, [1] p. illus. 18 cm.

Bubier, Edward Trevert, 1858-1904.
Experimental electricity, by Edward Trevert [pseud.] Lynn, Mass, Bubier Pub. Co., 1890.
164 p. illus. 17.5 cm.
Provenance: Thad Harlan Ottumwa 902 W. 2nd St. Iowa (bookplate)

Bubier, Edward Trevert, 1858-1904.
How to make and use induction coils, by Edward Trevert [pseud.] Lynn, Mass., Bubier Pub. Co., c1892.
81 p. illus. 15 cm.

Bubier, Edward Trevert, 1858-1904, ed.
Questions and answers about electricity. A first book for students. Theory of electricity and magnetism, ed. by E.T. Bubier, 2nd. Authors: T. O'Connor Sloane, Caryl D. Haskins, A.E. Watson, Edward Trevert. Lynn, Mass., Bubier, 1892.
100 p. illus. 17.1 cm.

Buccola, Gabriele, 1854-1885.
La legge del tempo nei fenomeni del pensiero, saggio di psicologia sperimentale, di Gabriele Buccola. Milano, Dumolard, 1883.
xv, 432 p. illus., 3 plates (1 fold.) 21.5 cm.

Buchan, William, 1729-1805.
Domestic medicine; a treatise on the prevention and cure of diseases, by regimen and simple medicines, by William Buchan. A new ed., with remarks on vaccination, electricity, galvanism, bathing, &c. London, J. Smith [183-?]
558, [6] p. 8 plates. 15.5 cm.
Provenance: illegible inscription

Buchanan, George, 1827-1906.
Electricity in surgery; Faure's storage battery, also Swan's electric light, by George Buchanan. Glasgow, J. Maclehose, 1881.
7 p. 21.4 cm.
Provenance: Ludwig Collection (ink stamp); Weed (ink stamp)

Bum, Anton, 1856-1925, ed.
Therapeutisches Lexikon für praktische ÄArzte, hrsg. von Anton Bum. 3., verm. und verb. Aufl. Berlin, Urban & Schwarzenberg, 1900-01.
2 v. illus. 24.7 cm.
Contains several important illustrated articles on aspects of medical electricity.

Burdon-Sanderson, Sir John Scott, 1st bart., 1828-1905, ed.
Handbook for the physiological laboratory, by E. Klein, J. Burdon-Sanderson, Michael Foster, and T. Lauder Brunton. Ed. by J. Burdon-Sanderson. London, J. & A. Churchill, 1873.
2 v. 123 plates. 22.5 cm.
Provenance: Medical Society County of Kings

Brooklyn N.Y. Library (ink stamp); Med. Soc. County of Kings Library (ink stamps); G. T. Evans M.D. (inscription)

Burdon-Sanderson, Sir John Scott, 1st bart., 1828-1905, ed.
Translations of foreign biological memoirs. I. Memoirs on the physiology of nerve, of muscle and of the electrical organ, ed. by J. Burdon-Sanderson. Oxford, Clarendon Press, 1887.
[2], xvi, [1], 553 p. illus. 24 cm.
Provenance: E. Ashmouth Underwood London Aug 1920 (inscription)

Burggraeve, Adolphe Pierre, 1806-1902.
Manuel de pharmacodynamie dosimétrique avec de tableaux sphygmographiques et thermométriques; ouvrage principalement destiné aux praticiens par Burggraeve. Paris, C. Chanteaud, 1877.
[3], xxiii, 188 p. graphs. 18 cm.

Burq, Victor, 1823-1884.
Choléra; de l'immunité acquise par les ouvriers en cuivre par rapport au choléra; enquêtes faites a ce sujet en France et en Italie; préservation et traitement par les armatures et les sels de cuivre; observations et expériences depuis 1849, par V. Burq. Paris, G. Baillière, 1867.
[8], 208 p. 22.5 cm.

Burq, Victor, 1823-1884.
Des origines de la métallothérapie; part qui doit être faite au magnétisme animal dans sa découverte, le burquisme et le perkinisme, par V. Burq. Paris, A. Delahaye et E. Lecrosnier, 1882.
142, [1] p. 24.5 cm.
"Extrait des Comptes rendus de la Société de Biologie."
Provenance: Paris Juin 1882 Paul Gérente

Burq, Victor, 1823-1884.
Métallothérapie. Traitement des maladies nervreuses, paralysies, rhumatisme chronique, spasmes, névralgies, chlorose, hystérie, hypochondrie, délire, monomanie, etc.; par les applications métalliques. Abrégé historique, théorique et pratique, extrait de vingt-deux mémoires ou notes aux deux académies, par V. Burq. Paris, G. Baillière, 1853.
48 p. 21.5 cm.
Provenance: A mon cher bon frere et ami le docteur Dumont-Pullien souvenir affectiuex Dr. V. Burq (inscription); offert Paul Maquis a 8 juillet 1880 Avid? (inscription)

Burq, Victor, 1823-1884.
La métallothérapie devant le Lyon médical, le Bulletin de thérapeutique et la Médecine officielle pendant trente années. Revendications et négations. Avant-projet d'une institution scientifique libre basée sur le suffrage de tous les intéressés, par V. Burq. Paris, A. Delahaye et E. Lecrosnier, 1881.
[3], 60 p. 24.9 cm.

Butler, John, physician.
Electro-massage, by John Butler. Philadelphia, Press of Globe Printing House, 1880.
16 p. illus. 23 cm.
"Reprint from the Medico-Chirurgical Quarterly."

Butler, John, physician.
Experiences in galvano-surgery, by John Butler. Brooklyn, J.O. Noxon, 1875.
25 p. illus. 22.5 cm.

Butler, John, physician.
A text-book of electro-therapeutics and electro-surgery, for the use of students and general practitioners, by John Butler. New York, Boericke & Tafel, 1878.
xii, [9]-271, [2] p. illus. 23.3 cm.
Provenance: M. P. Wheeler, M.D. (inscription); Morris P. Wheeler M.D. (inscription); Homoe. Pharmacy 1595 Washington Street A. A. Reeve (bookplate)

Butler, John, physician.
A text-book of electro-therapeutics and electro-surgery, for the use of students and general practitioners, by John Butler. 2nd ed., rev. and corr. Illustrated with 51 wood-cuts. New York, Boericke & Tafel, 1880, c1879.
323, [1] p. illus. 23.6 cm.
Provenance: Med. Soc. County of Kings Library (stamp); Nov. 12 1879 John L. Moffat MD 17 Schirmerhom St. (inscription); presented to the Library of the Medical Society of the County of Kings by Dr. J. L. Moffat Mr. 3, 1910 (bookplate w/ discard stamp)

Buzorini, Ludwig, 1801-1854.
Luftelectricität, Erdmagnetismus und Krankheits-constitution, von L. Buzorini. Mit einer Charte. Belle-Vue, Constanz, 1841.

xii, 227, [1] p. fold. map. 21.5 cm.
Provenance: illegible inscription
In Ronalds.
Covers thoroughly the effects of atmospheric electricity and terrestial magnetism on disease.

Byrne, John, 1825-1902.
Clinical notes on the electric cautery in uterine surgery, by J. Byrne. New York, W. Wood, 1873.
68 p. illus. 23.5 cm.
Provenance: Worcestor District Medical Society (bookplate)
Wheeler 1858.

Byrne, John, 1825-1902.
Electro-thermal surgery.
p. L1-L24. 24.2 cm.
(In Bigelow, H.R., ed. An international system of electro-therapeutics. Philadelphia, 1894.)

Byron, George Gordon Noel Byron, 6th baron, 1788-1824.
Don Juan. London, Printed by Thomas Davison, Whitefriars, 1819-24.
3 v. 23.3-30 cm.
Provenance: Henry White J.P., D.L., F.S.A. (bookplate); Olive Gutherie of Torosay (bookplate)
Alludes amusingly to several scientific discoveries of the period including magnetism and medical electricity.

Bywater, John.
An essay on the history, practice, and theory of electricity, by John Bywater. London, Printed for the author, 1810.
[1], iii, [1], 127 p. 2 fold. plates. 21.2 cm.
With this is bound Scott, R.E. Inquiry into the limits and peculiar objects of physical and methaphysical science. London, 1810.
In Ronalds, Wheeler 701, Gartrell 652.

Caldwell, John Jabez, 1836-
Electricity in medicine and surgery, with cases to illustrate, by John J. Caldwell. [Baltimore, 1874?]
32 p. illus. 21.9 cm.

Caldwell, John Jabez, 1836-
Report of cases treated by electricity, being a reprint from the transactions of the Medical and Chirurgical Faculty of the State of Maryland, at its Seventy-Fourth Annual Session, held at Baltimore, MD., April, 1873; and addenda: electro-medicine and electro-surgery, by John J. Caldwell. Baltimore, W.K. Boyle, 1873.
23, [1] p. illus. 23.5 cm.

Caldwell, John Jabez, 1836-
A review of the recent theories of brain & nerve action, the use of electricity in medicine and surgery, &c. [by] John J. Caldwell. Baltimore, 1877.
20 p. 22 cm.

Callaud, Armand.
Essai sur les piles servant au développement de l'électricité, par A. Callaud. Galvani, Volta, Daniell, Bunsen. Paris, E. Lacroix, 1860.
[4], 54 p. 1 fold. plate. 22.2 cm.

Canzler, R.
Ueber die Anwendung der durch Reibung erregten Elektricität zu therapeutischem Behufe, vom R. Canzler. Greifswald, Gedruckt bei F.W. Kunike, 1837.
[1], 27 p. 25.2 cm.

Capen, Nahum, 1804-1886.
Reminiscences of Dr. Spurzheim and George Combe: and a review of the science of phrenology, from the period of its discovery by Dr. Gall, to the time of the visit of George Combe to the United States, 1838, 1840, by Nahum Capen. New York, Fowler & Wells, 1881.
xvi, 262 p. port. 19.5 cm.

Caplin, Jean Francois Isidore.
The electro-chemical bath, for the extraction of mercury, lead, and other metallic poisonous and extraneous substances from the human body; which, by their presence in the organism, produce a variety of disorders, from mere indisposition, to the most serious and incurable diseases, such as lumbago, rheumatism, gout, neuralgia, sciatica, paralysis, liver complaints, heart disease, pulmonary consumption, &c. This work demonstrates also the relation of electricity to the phenomena of life, health, and disease, by J. Caplin. London, W. Freeman, 1857.
vi, 132 p. 17.5 cm.
With this are bound Halse, W.H. On the extraordinary remedial efficacy of medical galvanism. London [after 1846]; Hardy, W. The infused sulphur water bath. Harrogate [1857?] Bellhouse, D. Ten minutes reading on medical galvanism. Liverpool [1855?]; and Bellhouse, D. Medical galvanism. Liverpool [1855?].

Caplin, Jean Francois Isidore.
The origin and use of the electro-chemical bath, for the extraction of mercury and other metallic substances from the human body, and its curative agency in other diseases, by J. Caplin. London, W. Freeman, 1856.
8 p. 21.3 cm.
Considered the earliest work on the electro-chemical bath.

Carl, Philipp Franz Heinrich, 1837-1891.
Die elektrischen Naturkräfte der Magnetismus, die Electricität und der galvanische Strom, mit ihren hauptsächlichsten Anwendungen gemeinfasslich dargestellt, von Carl. München, R. Oldenbourg, 1871.
[6], 314 p. illus. 17.5 cm.

Caroli, Giovanni M.
Del magnetismo animale ossia mesmerismo in ordine alla ragione e alla rivelazione, per G.M. Caroli. Bologna, Tipografia di G. Monti al Sole, 1858.
2 v. in 1. 23.2 cm.

Carpenter, William Benjamin, 1813-1885.
Principles of mental physiology, with their applications to the training and discipline of the mind, and the study of its morbid conditions, by William B. Carpenter. London, H.S. King, 1874.
xxi, 737 p. illus. 20.5 cm.
Provenance: Thomas Hick 1874 (inscription)

Carpue, Joseph Constantine, 1764-1846.
An introduction to electricity and galvanism; with cases, shewing their effects in the cure of diseases: to which is added, a description of Cuthbertson's plate electrical machine, by J.C. Carpue. London, Sold by A. Phillips, 1803.
viii, 112 p. 3 fold. plates. 25 cm.
Provenance: ? with J. C. Carpue's compt. (inscription)
In Ronalds, Wheeler 646, Gartrell 654.
Earliest English language book focusing completely on medical electricity.

Carrega, Michele.
Memoria di Michele Carrega sopra i parafulmini. Roma, Presso il Salomoni, 1808.
[4], 57, [1] p. 25 p.

Carus, Karl Gustav, 1789-1869.
System der Physiologie umfassend das Allgemeine der Physiologie, die physiologische Geschichte der Menschheit, die des Menschen und die der einzelnen organischen Systeme im Menschen, für Naturforscher und Aerzte, bearb. von Carl Gustav Carus. Dresden, G. Fleischer, 1838-40.
3 v. in 1. illus. 22.3 cm.
Provenance: De La Bibliotheque du Comte de Chambord (Henri V de France, duc de Bordeaux) Ne en 1820. Acquise par Maggs Bros. Ltd. de Londres (bookplate)

Carus, Karl Gustav, 1789-1869.
Ueber Grund und Bedeutung der verschiedenen Formen der Hand in verschiedenen Personen. Eine Vorlesung, von Carl Gustav Carus. Stuttgart, A. Becher, 1846.
vi, 18 p. 8 plates (part. col.) 26.5 cm.
Provenance: Dr. med. Erich Ebstein Leipzig, Medic. Klinik (ink stamp)

Carus, Karl Gustav, 1789-1869.
Von den äussern Lebensbedingungen der weiss- und kaltblütigen Thiere. ... Nebst zwei Beilagen über Entwicklungsgeschichte der Teichhornschnecke, und über Herzschlag und Blut der Weinbergsschnecke und des Flusskrebses [von] Carl Gustav Carus. Leipzig, G. Fleischer, 1824.
[1], viii, 87, [1] p. 2 plates (1 col.) 30.5 cm.

Casselberry, William Evans, 1858-1916.
Electrolysis by a current controller for the reduction of spurs of the nasal saeptum, by W.E. Casselberry. New York, D. Appleton, 1895.
13 p. 18.8 cm.
"Reprinted from the New York Medical Journal for August 31, 1895."

Cassius, Jean Jacques Joseph.
Précis succinct des principaux phénomènes du galvanisme, suivi de la traduction d'un commentaire de J. Aldini, sur un mémoire de Galvani, ayant pour titre: Des forces de l'electricité dans le mouvement musculaire, ... et de L'extrait d'un ouvrage de Vassali Eandi, ayant pour titre: Expériences et observations sur le fluide de l'electromoteur de Volta, par Cassius, Larcher Daubancourt, et de Saintot. Paris, Chez Delaplace et Goujon, An XI (1803).
[3], viii, 52, 32, 8 p. 17.3 cm.
In Ronalds.

Castillon, A.
Les expériences récréatives, ou, La physique en action; causeries familières de jeunes enfants en vacances sur les principaux phénomènes de la nature, par A. Castillon. Paris, A. Bédelet [1852].
[4], 223, [1] p. front., plates. 20.5 cm.

Castro, João de, 1500-1548.
Observações magneticas [por] Joao de Castro.
15, [1] p. 26.5 cm.
(In Hellmann, Gustav, ed. Rara magnetica, 1269-1599. Berlin, 1898.)

Cattin, R J
De la galvano-caustie, ou application de la chaleur électrique dans les opérations chirurgicales, par R.J. Cattin. Paris, Rignoux, 1858.
62 p. 24.5 cm.

Caullet de Veaumorel, Louis, 1743- , tr.
Observations et recherches des médecins de Londres, sur les objets les plus importants de medecine et de chirurgie, mises dans un ordre rapproché, afin de pouvoir rassembler aisément les maladies analogues et les moyens curatifs, dans les maladies les plus difficiles et les cas les plus rares; tr. de l'anglais par Caullet de Veaumorel. Paris, chez l'auteur [1810?]
2 v. 21.3 cm.

Cavallo, Tiberius, 1749-1809.
The elements of natural or experimental philosophy, by Tiberius Cavallo. 4th American ed., with additional notes, selected from various authors, by F.X. Brosius. Philadelphia, Towar & Hogan, 1829.
2 v. in 1 (783 p.) 21 fold. plates. 22.5 cm.
Provenance: William Albert (inscription)

Cavendish, Henry, 1731-1810.
The electrical researches of the honourable Henry Cavendish, written between 1771 and 1781, ed. from the original manuscripts in the possession of the Duke of Devonshire, by J. Clerk Maxwell. Cambridge, University Press, 1879.
lxvi, 454 p. illus. 23.2 cm.
Provenance: Magnus Maclean June 8/10 (inscription)
Wheeler 2132.

Cederschjöld, Pehr Gustaf, 1782-1848.
Journal för animal magnetism, af P.G. Cederschjöld. Stockholm, C. Delén, 1815-17.
5 parts in 4 ([4], 288 p.) 19.3 cm.

Cervelleri, Filippo.
De galvanismi acus-puncturae magneticae coniuncti nonnullis in nervorum morbis praestantia. Epistola ad D. Enokhine, ... F. Cervelleri auctore. Neapoli, Ex Typographia societ. Typograf., 1839.
24, [1] p. 21.1 cm.
"Articolo estratto dalle Effemeridi di medicina, chirurgia ecc. vol. IV. fasc. XXI. febbraio 1839 (1)."
In Ronalds.

Chadwick, William Isaac.
The magic lantern manual, by W.I. Chadwick. 2d ed. New York, Scovill Mfg. Co., 1886.
154 p. illus., diagrs., front. 17.3 cm.

Chailly, J N
Sur le mouvement musculaire: si le fluide galvanique peut en être considéré comme la cause; question présentée et soutenue à l'École de Médecine de Paris, le an XI, par J.N. Chailly. Versailles, Chez Locard, An XI - 1803.
38 p. 19 cm.

Chamberlin, Otis K
Electricity: wonderful and mysterous agent. This circular is designed for no particular class, calling, or profession, but for all classes, professions, and creeds. On examination, it will be found to contain something new, as it unfolds a new philosophy; something true, based on immutable facts; something intelligible, easily comprehended; and something important, as it unfolds the only true cause of disease and rationale of cure: therefore, read and preserve [by] Chamberlin. New York, J.F. Trow, printer, 1862.
16 p. 21.4 cm.

Champion, Paul.
Prix-courant de la maison Paul Champion. 112 (bis), rue de Rennes, Paris.
16 p.
(In [Bournand, Francois] Les causeries scientifiques du Docteur Nemo; l'electricite. Paris, 1898.)

Channing, William Francis, 1820-
The medical application of electricity, by William F. Channing. 6th and enl. ed. Boston, T. Hall, 1865, c1858.
[3], 241, [1] p. 18.9 cm.
With this is bound Illustrated catalogue of electro-medical instruments, manufactured and sold by Thomas Hall. Boston, 1864.
Provenance: George W. Dobbin (inscription)

Channing, William Francis, 1820-
Notes on the medical application of electricity. By William F. Channing, M.D. Boston, D. Davis, jr. [etc.] 1849.
2 p.l., 199 p. illus. 19 cm.
Gartrell 656.

Channing, William Francis, 1820-
Notes on the medical application of electricity by William F. Channing. 3rd ed. Boston, D. Davis, Jr., 1852, c1849.
[3], 199, [1] p. illus. 20 cm.
Provenance: Library of the University of Pennsylvania. Gift of Miss Juliana Wood (bookplate with withdrawal stamp)

Chapot, Louis.
Du galvanisme en général; de ses effets physiques, chimiques et physiologiques, et de ses applications médicales, par Louis Chapot. Montpellier, Impr. de veuve Ricard, 1842.
64 p. 24.2 cm.
In Ronalds.

Charbonnel-Salle, Louis.
Thèses présentées a la Faculté des Sciences de Paris pour obtenir le grade de docteur ès sciences naturelles, par L. Charbonnel-Salle. Paris, G. Masson, 1881.
[2], 110, 31, [1] p. illus., plate. 24.1 cm.

Charcot, Jean Baptiste Auguste Etienne, 1867-1936.
Contribution a l'étude de l'atrophie musculaire progressive type Duchenne-Aran, par J.B. Charcot. Paris, "Progrès Médical", 1895.
[5], 159, [8] p. illus., 4 plates (3 col.) 22.8 cm.
Provenance: Hommage Dr. Luicin et cordiale affection ? Charcot (inscription)

Charcot, Jean Martin, 1825-1893.
Étude expérimentale sur la métalloscope et la métallothérapie du Docteur Burq. Rapports faits à la Société de Biologie (1877-1878), au nom d'une commission composée de Charcot, Luys, et Dumont-pallier. Paris, V. A. Delahaye, 1879.
[3], 56 p. 25.1 cm.
Provenance: A M. Le Professeur Wurtz (inscription)

Charcot, Jean Martin, 1825-1893.
Leçons sur les localistions dans les maladies du cerveau et de la moelle épinière. Faites a la Faculté de Médecine de Paris, par J.M. Charcot. Recueillies et publiées par Bourneville et E. Brissaud. [2. éd.] Paris, Progrès Médical, 1876-80.
[5], 425 p. illus. 21.5 cm.
Provenance: Henry Sewall (inscription); Ex Libris the Medical Society of the city and county of Denver 1871 Presented by Doctor Henry Sewell (bookplate)

Charcot, Jean Martin, 1825-1893.
Leçons sur les maladies du systéme nerveux faites a la Salpétrière, par J.M. Charcot. Recueillies et publiées par Bourneville. Paris, A. Delahaye, 1872-77.
3 v. illus., 18 plates (2 fold., 14 col.) 22 cm.

Charcot, Jean Martin, 1825-1893.
Lectures on the diseases of the nervous system. Delivered at La Salpêtrière, by J.M. Charcot. Tr. by George Sigerson. London, The New Sydenham society, 1877-89.
3 v. illus., plates (part col.) 22.1 cm.
Provenance: John Corbet Fletcher Camden Road. 1889

Charcot, Jean Martin, 1825-1893.
Lectures on the localisation of cerebral and spinal diseases. Delivered at the Faculty of Medicine of Paris, by J.M. Charcot. Tr. and ed. by Walter Baugh Hadden. London, The New Sydenham Society, 1883.
xxxii, 341 p. illus. 22.1 cm.

Charcot, Jean Martin, 1825-1893.
Nouvelle contribution a l'étude des localisations motrices dans l'écorce des hémisphères du cerveau, par J.M. Charcot et A. Pitres.
p. 219-288. 23.5 cm.
(In Ferrier, David. De la localisation des maladies cérébrales. Paris, 1879.)

Charcot, Jean Martin, 1825-1893.
Oeuvres complètes de J.M. Charcot. Paris, Progrès Médical, 1888-94.

9 v. illus., plates. 22.4 cm.
Provenance: Morton Prince (bookplate)

[Chardel, Casimir Marie Marcellin Pierre Célestin] 1777-1847.
Esquisse de la nature humaine expliquée par le magnétisme animal; précédée d'un aperçu du système général de l'univers, et contenant l'explication du somnambulisme magnétique, et de tous les phénomènes du magnétisme animal [par Chardel]. Paris, Bureau de l'encyclopedia portative, 1826.
xi, [1], 308 p. 21.5 cm.
Bound with Deleuze, J.P.F. Instruction pratique sur le magnétisme animal. Paris, 1825.

Chardin, Charles, 1850-
L'électricité et la thérapeutique moderne, par Charles Chardin. Paris, A. Maloine, 1900.
[3], 98 p. illus. 18.5 cm.

Chardin, Charles, 1850-
E'lectricité médicale et industrielle; sonneries électriques, acoustique, téléphonie: Catalogue général, partie théorique. Paris [1886?]
[4], 167, [1]p. illus. 23.8cm.

Chardin, Charles, 1850-
Précis d'électricité médicale; théories, appareils, définitions, terminologie, par C. Chardin. Technique opératoire des applications médicales, par Foveau de Courmelles. Paris, O. Berthier, 1896.
[7], 448 p. illus. 19.5 cm.

Chardin, Charles, 1850-
Supplément au catalogue général de 1886; contenant les nouveaux appareils quelques modifications dans la construction des anciens et surtout, tous les accessoires nouveaux imaginés par chacune des nombreuses méthodes qui ont pris pendant ces dernières années une place définitive en thérapeutique ... [Paris, 1888?]
63, [1] p. illus. 23.8cm.
Bound with his Électricité médicale et industrielle. Paris [1886?]

Charpignon, Jules, 1815-
Physiologie, médecine et métaphysique du magnétisme, par J. Charpignon. Paris, Germer Baillière, 1848.
[3], viii, 467 p. 22 cm.
Gartrell 1145.

Chatwood, Arthur Brunel.
The new photography, by Arthur Brunel Chatwood. With 20 illustrations. London, Downey, 1896.
128 p. illus., 14 plates. 18.3 cm.

Chauveau, Auguste, 1827-1917.
Appareils et expériences cardiographiques. Démonstration nouvelle du mecanisme des mouvements du coeur par l'emploi des instruments enregistreurs a indications continues, par A. Chauveau et Marey. Paris, J.B. Baillière, 1863.
[4], 52 p. illus. 27.5 cm.
"Extrait des Mémoires de L'Académies impériale de médecine, 1863, t. XXVI, p. 268 à 319."

Chauveau, Auguste, 1827-1917.
Comparaison des excitations unipolaires de même signe, positif ou négatif. Influence de l'accroissement du courant de la pile sur la valeur de ces excitations, par A. Chauveau. Paris, Gauthier-Villars, 1875.
4 p. 1 chart. 27.5 cm.

Chauveau, Auguste, 1827-1917.
De l'excitation électrique unipolaire des nerfs. Comparaison de l'activité des deux pôles pendant le passage des courants de pile, par A. Chauveau. Paris, Gauthier-Villars, 1875.
4 p. 1 chart. 28.2 cm.

Chauveau, Auguste, 1827-1917.
De la contraction produite par la rupture du courant de la pile, dans le cas d'excitation unipolaire des nerfs, par A. Chauveau. Paris, Gauthier-Villars, 1875.
4 p. 4 charts. 28 cm.

Chauveau, Auguste, 1827-1917.
Des conditions physiologiques qui influent sur les caractères de l'excitation unipolaire des nerfs, pendant et après le passage du courant de pile, par A. Chauveau. Paris, Gauthier Villars, 1876.
4 p. 1 chart. 28 cm.

Chauveau, Auguste, 1827-1917.
Étude comparée des flux électriques dits instantanés et du courant continu, dans le cas d'excitation unipolaire, par A. Chauveau. Paris, Gauthier-Villars, 1875.
4 p. 5 charts. 28 cm.

Chauveau, Auguste, 1827-1917.
Théorie des effets physiologiques produits par l'électricité transmise, dans l'organisme animal, a l'état de courant instantané et a l'état de courant continu, par A. Chauveau. Paris, Impr. de J. Claye [1859-60]
3 pt. in 1 v. 24 cm.
Reprinted from Journal de la physiologie de l'homme et des animaux, vol. 2-3, 1859-60.

Chauveau, Auguste, 1827-1917.
Théorie des effets physiologiques de l'électricité, par A. Chauveau. Lyon, Impr. d'A. Vingtrinier, 1860.
16 p. 22.4 cm.

Chauveau, Auguste, 1827-1917.
Utilisation de la tension électroscopique des circuits voltaïques pour obtenir des excitations électrophysiologiques facilement et rigoureusement graduées et mesurées, par A. Chauveau. Lyon, Impr. Pitrat, 1874.
24 p. illus. 24.1 cm.

Chauveau, Auguste, 1827-1917.
Vue d'ensemble sur le mécanisme du coeur. Paris, Au secretariat de l'association, 1887. [cover]
18 p. illus., diagrs. 24 cm.

Chavasse, Pye Henry, 1810-1879.
What every woman should know, containing facts of vital importance to every wife, mother and maiden. Adapted from the writings of Pye Henry Chavasse. Together with an introd. by Sarah Hackett Stevenson. Chicago, Royal Pub. House, 1892.
[2], 606 p. 31 plates. 20.7 cm.

Chazarain, Louis Theodore.
Les courants de la polarité dans l'aimant et dans le corps humain. Lois des actions des courants fournis par la pile, l'aimant les métaux, les membres humains, etc., appliqués a la surface cutanée dans un but expérimental ou thérapeutique. Base scientifique de l'emploi de l'électricité dans les maladies rhumatismales, nervreuses, mentales, etc., par Chazarain et Ch. Dècle. Paris, Chez les auteurs, 1887.
[4], 99, [1] p. illus., fold. diagr. 24.1 cm.
Provenance: A M. le Secretaire de la societe francaise de physique. Hommage respectual D. Chazarain (inscription)

Chazarain, Louis Theodore.
Découverte de la polarité humaine ..., par Chazarain et Ch. Dècle. Paris, O. Doin, 1886.
29, [1] p. illus., chart, fold. plate. 25 cm.
(In Electrotherapie. Amussat, Danion, Lemarchand, Chazarain. [Paris? after 1894])

Chéron, Jules, 1837-
Amputation du col utérin (hypertrophie intravaginale) par la galvanocaustique thermique a l'aide d'un nouvel instrument, par Jules Chéron. Paris, A. Delahaye, 1870.
8 p. illus. 21 cm.
"Extrait de la Revue de thérapeutique."

Chéron, Jules, 1837-
De la paralysie agitante et de son traitement par les courants continus constants, par Jules Chéron. Paris, A. Parent, 1870.
[2], 35 p. 20.9 cm.

Chéron, Jules, 1837-
Des services que peuvent rendre les courants continus constants dans l'inflammation, l'engorgement et l'hypertrophie de la prostate, par Jules Chéron et Moreau-Wolf. Paris, A. Delahaye, 1870.
31 p. 20.4 cm.
"Extraite de la Gazette des Hôpitaux."

Chéron, Jules, 1837-
Du traitement de l'orchite par l'application des courants continus constants, par Jules Chéron et Moreau-Wolf. Paris, A. Parent, 1869.
20 p. 20.7 cm.
"Extrait de la Revue de Thérapeutique."

Chéron, Jules, 1837-
Du traitement du rhumatisme articulaire chronique, primitif, généralisé ou progressif (rhumatisme noueux) par les courants continus constants, par Jules Chéron. Paris, A. Delahaye, 1869.
44 p. 20.4 cm.
"Extrait de la Gazette des Hôpitaux. Nos 117, 120, 122, 124."

Chevallier [Jean Gabriel Auguste] 1778-1848.
Catalogue général des objets de sciences et arts, tels qu'instrumens d'optique, de dioptrique, de catoptrique, de mathématiques et de physique expérimentale en verre, qui se fabriquent et se

vendent chez l'ingénieur Chevallier... Paris, Impr. de Doublet, 1821.
63 p. 19.6 cm.

Chloride of Silver Dry Cell Battery Company, Baltimore, Md.
Chloride of silver dry cell batteries. Baltimore [1898]
72 p., illus. 18.3 x 27.2 cm.

Chloride of Silver Dry Cell Battery Company, Baltimore, Md.
Descriptiive catalogue. Chloride of silver dry cell medical batteries, manufactured by the Chloride of Silver Dry Cell Battery Co. 4th ed. Baltimore City, Md. [189-]
31, [1] p. illus. 26.9 cm.

Christie, A H
Galvanism and its applications as a remedial agent. With occasional hints about doctors and doctrines, by A.H. Christie. Abridged from the 12th London ed. New York, D.C. Moorhead, 1847.
15, [1] p. illus. 18.5 cm.

Chrystal, Andrew.
Catalogue of Professor Chrystal's electric belts and appliances, consisting of electric belts and bands, and electric belts with electric suspensory appliances [presented by] Andrew Chrystal. Marshall, Mich. [ca. 1899]
48 p. illus. 14.6 cm.

Churchill, James Morss.
A treatise on acupuncturation; being a description of a surgical operation originally peculiar to the Japonese [sic] and Chinese, and by them denominated zin-king, now introduced into European practice, with directions for its performance, and cases illustrating its success, by James Morss Churchill. London, Simpkin and Marshall [1821]
[4], 86 p. engr. plate. 19.7 cm.

Ciaccio, Giuseppe V
Osservazioni intorno al modo come terminano i nervi motori ne' muscoli striati delle torpedini e delle razze e intorno alla somiglianza tra la piastra elettrica delle torpedini e la motrici, del G.V. Ciaccio. Bologna, Tipi Gamberini e Parmeggiani, 1877.
[2], 57 p. 6 plates. 32 cm.
Extract from Memorie dell' Accademia delle Scienze dell' Istituto di Bologna, serie III, tomo viii.
Discusses electric organs in fish.

Ciaccio, Giuseppe V
Osservazioni istologiche intorno alla terminazione delle fibre nervosa motive ne' muscoli striati delle torpedini, del topo casalingo e del ratto albino condizionati col doppio cloruro d'oro e cadmio, del G.V. Ciaccio. [n.p.] 1882.
[821]-830 p. 2 fold. plates. 29.5 cm.

Cima, Antonio.
Applicazione della corrente elettrica alla terapeutica e modo d' agire della medesima. Lettera del Antonio Cima al Matteucci. Cagliari, Tip. di A. Timon, 1846.
[1], 16 p. 20.8 cm.

Clark, Daniel, A.M.
A newly discovered system of electrical medication, by Daniel Clark. Cincinnati, Printed by Hitchcock and Walden, 1875, c1869.
142 p. 16.8 cm.

Cleaveland, Charles Harley, 1820-1863.
Galvanism; its application as a remedial agent, by C.H. Cleaveland. New York, S.W. Benedict, 1853.
96 p. 19 cm.

Cleaves, Margaret Abigail, 1848-1917.
The record of four years (1895-99) in an exclusively electro-therapeutic clinic, by Margaret A. Cleaves. [New York, 1899]
37 p. 18.5 cm.

Cleaves, Margaret Abigail, 1848-1917.
The record of two years (1895-97) in an exclusively electro-therapeutic clinic, by Margaret A. Cleaves. [n.p.] 1897.
24 p. 17.6 cm.

Clemens, Theodor, 1824-
Ueber die Heilwirkungen der Elektricität und deren erfolgreiche methodische Anwendung in verschiedenen Krankheiten, von Theodor Clemens. Frankfurt a.M., F.B. Auffarth, 1876-79.
[6], 752 p. front. (port.), 9 plates. 23 cm.

Clerc, Alexis, 1841-1894.
Physiques et chimie populaires, par Alexis Clerc. Paris, J. Rouff [1881-83]
3 v. illus., plates. 27.5 cm.

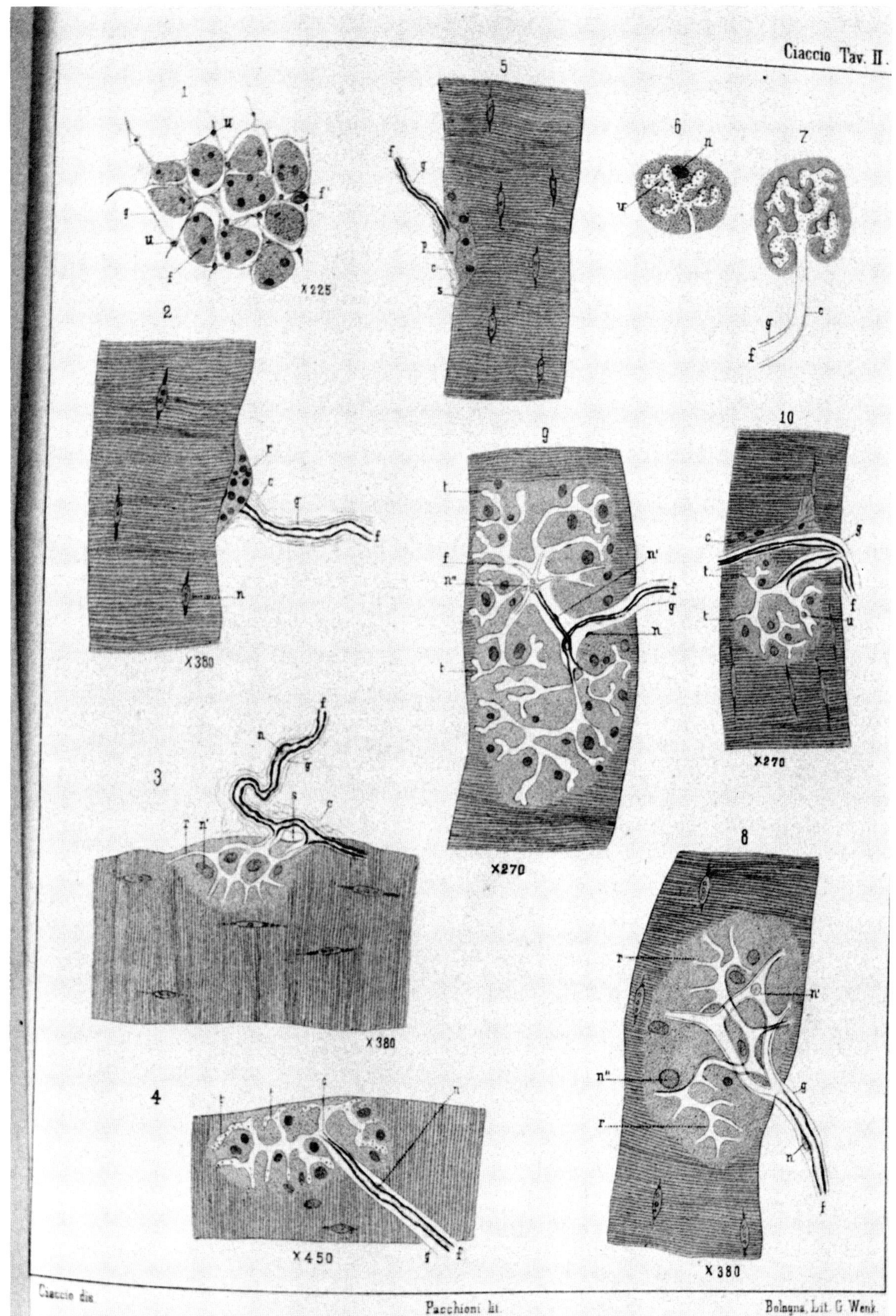

Dissected electric organs of a Torpedo from Ciaccio
Osservazioni Intorno al Modo Come Terminano i Nervi Motori ne' Muscoli Striate delle Torpedini ... (1877)

Clerc, G A
Les remèdes électro-homéopathiques du comte Mattei, leur emploi et leurs effets, par G.A. Clerc. 2. éd. (entièrement refondue) de la brochure Médecine électro-homéopathique. Motiers-Travers, Dispensaire électro-homéopathique, 1885.
[7], 290 p. fold. plate. 21.2 cm.

Clevenger, Shobal Vail, 1843-1920.
Spinal concussion: surgically considered as a cause of spinal injury, and neurologically restricted to a certain symptom group, for which is suggested the designation Erichsen's disease, as one form of the traumatic neuroses, by S.V. Clevenger. Philadelphia, F.A. Davis, 1889.
v, 359 p. illus. (part col.), 12 plates. 23.7 cm.
Provenance: Yale University Library Gift of Brady Lab. Library 1921 (bookplate with withdrawal stamp); Martin G. Netsky, M.D. 1030 Deepwood Court Winston-Salem, N.C. (ink stamp); Gemeral Hospital Soc. Library New Haven, Conn. (ink stamp)

Clinical lectures on subjects connected with medicine and surgery, by various German authors. 3rd series. London, The New Sydenham society, 1894.
[5], 397 p. 3 plates. 22 cm.

Cloquet, Jules Germain, 1790-1883.
Traité de l'acupuncture, d'après les observations de Jules Cloquet. Paris, Chez Bichet Jeune, 1826.
[1], iii, 279 p. 20.5 cm.
Bound with Sarlandière, Jean Baptiste. Mémoires sur l'électro-puncture. Paris, 1825.

Cocke, James Richard, -1900.
Hypnotism, how it is done; its uses and dangers, by James R. Cocke. 7th thousand. Boston, Lee and Shepard, c1894.
v, 373 p. 19.7 cm.

Cogevina, Angelo.
Fatti relativi a mesmerismo e cure mesmeriche con una prefazione storico-critica, di Angelo Cogevina e Francesco Orioli. Corfù, Dalla Tipografia del governo, 1842.
349, iii p. 22.2 cm.

Cole, Carter Stanard, 1862-
Ectopic gestation, by Carter S. Cole and George W. Jarman, rev. by Edbert H. Grandin.
p. G199-G223. 24.2 cm.
(In Bigelow, H.R., ed. An international system of electro-therapeutics. Philadelphia, 1894.)

Collection de mémoires relatifs a la physique, publiés par la Société Française de physique. Paris, Gauthier-Villars, 1884-1891.
5 v. illus. 25.7 cm.

Collyer, Robert Hanham.
Mysteries of the vital element in connexion with dreams, somnambulism, trance, vital photography, faith and will, anaesthesia, nervous congestion and creative function. Modern spiritualism explained, by Robert H. Collyer. 2nd ed. London, H. Renshaw, 1871.
viii, 144 p. 22.7 cm.
Provenance: Walter Moseley (inscription)

Comasco, Patrizio.
Della vita del conte Alessandro Volta [di] Patrizio Comasco. Como, C.P. Ostinelli, 1829.
138, [1] p. front. (port.) 22.5 cm.

Configliachi, Pietro, 1779-1844.
L'identita del fluido elettrico col cosi detto fluido galvanico vittoriosamente dimostrata con nuove esperienze ed osservazioni, memoria comunicata al Pietro Configliachi. Pavia, Da G.G. Cappelli, 1814.
vi, [2], 145, vii p. port. 29 cm.
Provenance: Bibliothec. S. Bernardini (ink stamp)

Conn, Herbert William, 1859-1917.
The story of life's mechanism, a review of the conclusions of modern biology in regard to the mechanism which controls the phenomena of living activity, by H.W. Conn. London, G. Newnes, 1899.
219 p. illus. 15.5 cm.

Conquest, John Tricker, 1789-1866.
What is homoeopathy? and is there any, and what amount of truth in it? by J.T. Conquest. 2nd Amer. ed. Philadelphia, W. Radde, 1861.
18 p. 22.1 cm.

Cooke, Mordecai Cubitt, 1825-1914.
Freaks and marvels of plant life; or, curiosities of vegetation, by M.C. Cooke. London, Society for Promoting Christian Knowledge, 1882.
viii, 463, [1] p. illus. 20.1 cm.

Provenance: Martin W. Saunders Dec 1883 (inscription); Wm. W. Mason Nov. 21, 1923 (inscription)

Coolidge, Algernon Sidney.
On cauterization by galvanism, by Algernon Coolidge. Boston, 1855.
8 p. illus. 23 cm.

Cornell, William Mason, 1802-1893.
The ship and shore physician and surgeon, by William M. Cornell. Boston, C. Stone, 1858.
88 p. 18.1 cm.
Bound with Wesley, J. Primitive physic. Boston, 1858.

Corry, John, fl. 1825.
The detector of quackery; or, analyser of medical, philosophical, political, dramatic, and literary imposture. Comprehending a sketch of the manners of the age, by John Corry. 2nd ed. London, Printed for B. Crosby, 1802.
[4], 164, [3] p. 19.8 cm.
Provenance: Geo. H. Brook (bookplate)

Corry, John, fl. 1825.
The life of Joseph Priestley, LL. D., F.R.S. &c. &c. with critical observations on his works, by John Corry. Birmingham, Printed by Wilks, Grafton, 1804.
112 p. front. (port.) 16.5 cm.
Provenance: Henry Robertson Landbach Virtutis Gloria Mercee (bookplate); Margaret Roscoe. The gift of Miss E. Gates. January 1831 (inscription)

Cortés, Martín, fl. 1551.
De la piedra yman [por] Martin Cortés.
7 l. 2 diagrs., facsom. 26.5 cm.
(In Hellmann, Gustav, ed. Rara magnetica, 1269-1599. Berlin, 1898.)

Corvisart des Marets, Jean Nicolas, baron, 1755-1821.
Essai sur les maladies et les lésions organiques du coeur et des gros vaisseaux; extrait des leçons cliniques, de J.N. Corvisart, publié, sous ses yeux, par C.E. Horeau. Paris, De l'Impr. de Migneret, 1806.
lvi, 484, [1] p. 18.8 cm.

Costa, Jaime R -1909.
Apuntes de fisica aplicada a la medicina ... electricidad galvánica, acciones recíprocas de las corrientes, magnetismo-induccion. Resúmen de las conferencias dadas por el doctor, Jaime R. Costa. Buenos Aires, Imprenta de M. Biedma, 1894.
[iii]-ix, [199]-339 p. 21.7 cm.
Provenance: Sr. Dr. Valentin Balbin Rector Colegio Nacional (inscription)

Costa Simões, Antonio Augusto da, 1819-1903.
Relatorios de uma viagem scientifica, por A.A. da Costa Simões. Com um appendice. Coimbra, Impr. de Universidade, 1866.
90, [2] p. 24 cm.

Coster, Jacques, 1795-1868.
The practice of medicine, according to the principles of the physiological doctrine, by J. Coster. Tr. from the French. Philadelphia, Carey & Lea, 1831.
viii, [5]-319 p. 22.4 cm.

Couch, Jonathan, 1789-1870.
Allen's lectures on experimental philosophy, delivered at the medical theatre of Guy's Hospital, 1808. With the signals made at the signal stations. Polperro, Cornwall, 1810. At the end, Annals of George the Fourth [by] Jonathan Couch. 1808-1810.
[6], 87, [59] p., bound. illus. 18.2 cm. [manuscript]

Coudret, Jean Florimond.
Recherches médico-physiologiques sur l'électricité animale, suivies d'observations et de considérations pratiques sur le procédé médical de la neutralisation électrique directe, notamment appliquée au traitement de l'ophtalmie, de l'érysipèle de la face, de la céphalagie, de la migraine, des dérangemens de la menstruation, des affections rhumatismales, de quelques affections névropathiques, etc., par J.F. Coudret. Paris, J. Rouvier et E. Le Bouvier, 1837.
viii, 496, 3 p. 3 plates. 21 cm.
In Ronalds, Gartrell 664.
Presents case histories of electrotherapeutic treatment.

Coulomb, Charles Augustin de, 1736-1806.
Vier Abhandlungen über die Elektricität und den Magnetismus, von Coulomb. (1785-1786) Uebers. und hrsg. von Walter König. Leipzig, W. Engelmann, 1890.
88 p. illus. 19.5 cm.

Courtot, F
Electro-puncture & méthode de Moore dans le traitement des anévrysmes thoraciques, par F. Courtot. Lyon, Impr. du Salut Public, 1887.
98 p. 26 cm.

Cowen, Richard John.
Electricity in gynaecology, by Richard J. Cowen. London, Baillière, Tindall and Cox, 1900.
132 p. illus. 19 cm.

Craig, William, 1832-1922.
On the influence of variations of electric tension as the remote cause of epidemic and other diseases, by William Craig. London, J. Churchill, 1859.
xiv, [2], 436 p. 22.8 cm.
Provenance: Library of Joseph Jones, M.D., New Orleans, Louisiana, 1870 (bookplate); Library of the Medical Society County of Kings. The Jones Collection Presented by William Browning, M.D. 1902 (bookplate)

Craig, William, 1832-1922.
On the influence of variations of electric tension as the remote cause of epidemic and other diseases, by William Craig. London, J. Churchill, 1864.
xvi, 464 p. 23 cm.

Cramer, J W
Beschreibung einer electro-magnetischen Inductions-Vorrichtung, vorzüglich zu physiologischen Zwecken, und einiger damit angestellter Versuche, von J.W. Cramer. Mit einer Nachschrift von C.H. Pfaff.
p. [121]-145. 21 cm.
(In Pfaff, C.H. Parallele der chemischen Theorie. Kiel, 1845.)

[Crampon]
Le magnétisme animal, a l'usage des gens du monde, suivi de quelques lettres critiques pour et contre ce mode de guérison. Le Havre, Chez Chapelle, 1827.
79, [1] p. 19.5 cm.
Bound with Bachelier d'Agès, P.J. De la nature de l'homme et des moyens de la rendre plus heureux. Paris, An VIII [1800]

Crémieux, J Ad Avocat.
Dissertation sur cette question: l'engagement dans les ordres est-il un empêchement dirimant au mariage? Nismes, Impr. de Durand-Belle, 1828.
78 p. 20.8 cm.
Bound with Ampère, A.M. Exposé des nouvelles découvertes sur l'électricité et le magnétisme. Paris, 1822.

Crimotel, V
Électricité, galvanisme et magnétisme appliqués aux maladies nerveuses et chroniques, par Crimotel, de Tilloy. Paris, Chez l'auteur et chez J.B. Baillière [1852]
112 p. 21 cm.

Crookes, Sir William, 1832-1919.
Address by the president [by] William Crookes. [n.p.] 1897.
[337]-355 p. 21.2 cm.
"Reprinted from the Proceedings of the Society for Psychical Research, Appendix to Part XXXI, March, 1897."

Crookes, Sir William, 1832-1919.
The mechanical action of light, by William Crookes. A lecture delivered at the Royal Institution, on Friday evening, February 11, 1876. London, 1876.
31 p. illus. 21.4 cm.
"Reprinted from the Quarterly Journal of Science, April, 1876."

Crookes, Sir William, 1832-1919.
Researches in the phenomena of spiritualism, by William Crookes. London, J. Burns [18--]
112 p. 23 cm.
"Reprinted from The Quarterly Journal of Science."
Provenance: H. Nelson Harness 1892 (inscription)

Crosse, Andrew, 1784-1855.
Memorials, scientific and literary, of Andrew Crosse, the electrician. London, Longman, Brown, Green, Longmans, & Roberts, 1857.
ix, [1], 360 p. 19.1 cm.
Wheeler 1385.

Crusell, Gustav Samuel, 1810-1858.
Über den Galvanismus als chemisches Heilmittel gegen örtliche Krankheiten von Gustav Crusell. Mit einem schreiben von M. Markus. St. Petersburg, K. Kray, 1841-43.
158 p. illus., 2 fold. plates. 22.2 cm.
In Ronalds, Gartrell 665 (v. 1)

Crusell, Gustav Samuel, 1810-1858.
Über den Galvanismus als chemisches Heilmittel gegen örtliche Krankheiten, von Gustav Crusell. Mit einem Schreiben von M. Markus. St. Petersburg, K. Kray, 1841.
68 p. 1 fold. plate. 21.5 cm.
Gartrell 665.
Discusses the first successful therapeutic use of galvanism.

Currier, Andrew Fay, 1851-
Under what conditions can electricity be of positive service to the gynaecologist, by Andrew F. Currier. Danbury, Conn., The Danbury Medical Printing Co., 1891.
20 p. 14.4 cm.
"Reprint from the New England Medical Monthly."

Curry, James, physician.
Heads of a course of lectures on pathology, therapeutics, and materia medica; delivered in the Medical School of Guy's Hospital, by James Curry. London, Printed by T. Bensley, 1804.
24 p. 20.5 cm.
Bound with Babington, William. Outlines of a course of lectures on the practice of medicine. London, 1802-6.

Curry, James, physician.
Observations on apparent death from drowning, hanging, suffocation by noxious vapours, fainting-fits, intoxication, lightning, exposure to cold, &c. &c. and an account of the means to be employed for recovery. To which are added, the treatment proper in cases of poison; with cautions and suggestions respecting various circumstances of sudden danger. 2nd ed., considerably enl., and illus. with copious notes, cases, and additional plates, by James Curry. London, Printed for E. Cox, 1815.
vii, [1], x, 213 p. 6 plates (l col.) 22 cm.

Curtis, Arthur Hill.
On the action of an indefinitely extending vertical galvanic current on a magnetic needle free to revolve in a horizontal plane, by Arthur Hill Curtis. [n.p.] 1864.
7 p. fold plate. 21.5 cm.
(In Electrical papers 1884. [n.p.] 1884.)
"Extracted from The Oxford, Cambridge, & Dublin Messenger of Mathematics, No. 8, 1864."

Cuthbertson, John, 1743-1821.
Practical electricity, and galvanism, containing a series of experiments calculated for the use of those who are desirous of becoming acquainted with that branch of science, by John Cuthbertson. London, Printed for J. Callow by T. Harper, Jun., 1807.
xx, 271 p. 9 fold. plates. 21.3 cm.
Provenance: Silvanus P. Thompson (bookplate): From the Electrical Library of Silvanus P. Thompson, F.R.S. (bookplate)
In Ronalds, Wheeler 681, Gartrell 667.
Contains descriptions of how to carry out over 200 electrical experiments and includes illustrations of the experimental apparatus.

Cuthbertson, John, 1743-1821.
Practical electricity and galvanism; containing a series of experiments calculated for the use of those who are desirous of becoming acquainted with that branch of science, by John Cuthbertson. 2nd ed., with corrections and additions. London, Printed for J. Callow, 1821.
xxiii, 294 p. 9 fold. plates. 23.5 cm.
Provenance: Essex Institute. Library of Francis Peabody. Presented by Mrs. Martha Peabody (bookplate and release stamp); Francis Peabody (inscription)
In Ronalds, Wheeler 681a, Gartrell 668.

Cutter, Abbie E.
Lecture delivered in Masonic Hall, Louisville, Ky., by Mrs. A.E. Cutter on women's true interests. Being a reply to the opening address, at the convention of the state medical society of Kentucky, by the president, B.W. Gaines. She discusses at length the rights of women to participate in the practice of medicine and strenuously upholds all movements looking to the opening of new avenues of female employment. Full of modern instances. Indianapolis, M.R. Hyman, 1878.
22, [1] p. 18.5 cm.
"Re-printed from the Courier-Journal, of April 24, 1877."
Includes description of the "Family Battery and Electrodes" invented by Dr. Cutter.
Provenance: From your Father - Christmas 1880 (inscription)

Cutter, Ephraim, 1832-1917.
Contributions to gynecology, fasciculus I. The galvanic treatment of uterine fibroids: full text of

first fifty cases, by Ephraim Cutter. New York, W.A. Kellogg, 1887.
iv, 73, [1] p. illus. 23.2 cm.

Cutter, Ephraim, 1832-1917.
Galvanism of uterine fibroids, by Ephraim Cutter. Philadelphia, Press of W.F. Fell [1888]
[14] p. 23.3 cm.
"Reprinted from the 'Transactions of the Ninth International Medical Congress,' Vol. II."
Provenance: Dr. Ephraim Cutter's Compliments, 1730 Broadway, New York (ink stamp)

Cutter, Ephraim, 1832-1917.
The galvano cautery; its use in removal of piles and growths, by Ephraim Cutter. Philadelphia, Medical Press, 1891.
7 p. 17.7 cm.
"Reprinted from The Times and Register, November 14, 1891."

Cutter, Ephraim, 1832-1917.
Monograph. Thyrotomy, for the removal of laryngeal growths, modified, by Ephraim Cutter. Boston, J. Campbell, 1871.
30 p. illus. 21.4 cm.

Cuvier, Georges, baron, 1769-1832.
Rapport historique sur les progrès des sciences naturelles depuis 1789, et sur leur état actuel, présenté a Sa Majesté l'empereur et roi, en son Conseil d'état, le 6 février 1808, par la Classe des sciences physiques et mathématiques de l'institut, conformément à l'arrêté du gouvernement du 13 ventôse an X, rédigé par Cuvier. Paris, De l'Impr. impériale, 1810.
xvi, 394, [1] p. 22.5 cm.
Provenance: Bibliotheque Ministere de L'Interieur (ink stamp)
Wheeler 702.

Cybulski, Alex. Casim.
De vis electricae usu medicinali, submittet Alex. Casim. Cybulski. Cracoviae, Typis Gieszkowski, 1837.
[4], 65, [2] p. fold. plate. 19.4 cm.

Cyon, Élie de, 1843-1912.
Gesammelte physiologische Arbeiten, von E. von Cyon. Berlin, A. Hirschwald, 1888.
viii, 344 p. diagrs., 9 plates (6 fold.), port. 23 cm.

Cyon, Elie de, 1843-1912.
Principes d'électrothérapie, par E. Cyon. Paris, J.B. Baillière, 1873.
viii, 277 p. diagrs. 22 cm.

Czermák, Johann Nepomuk, 1828-1873.
On the laryngoscope, and its employment in physiology and medicine, by J.N. Czermak. Tr. from the French ed. by George D. Gibb, with corrections, additions, and an Appendix on rhinoscopy by the author. London, The New Sydenham Society, 1861.
p. [ix]-xiv, [1]-80. 22.3 cm.
(In New Sydenham Society, London. Selected monographs. London, 1861.)

Dabry de Thiersant, Claude Philibert, 1826-1898.
La médecine chez les Chinois, par P. Dabry. Ouvrage corr. et précédé d'une préface par J. Léon Soubeiran. Paris, H. Plon, 1863.
xii, 580 p. illus., fold. plate. 23.5 cm.

Dalton, John Call, 1825-1889.
A treatise on human physiology; designed for the use of students and practitioners of medicine, by John C. Dalton. 6th ed., rev. and enl. Philadelphia, H.C. Lea, 1875.
825 p. illus. 23.5 cm.

Dalton, John Call, 1825-1889.
A treatise on physiology and hygiene; for schools, families, and colleges, by J.C. Dalton. New York, Harper, 1883.
424 p. illus. 19.1 cm.
Provenance: Library of Fred A. Hill (ink stamp); Katie Mallon. R. T. A. Class of 85 (inscription)

Damian, Charles, 1859-
Étude sur l'action physiologique de l'électricité statique, par Charles Damian. Lyon, Pitrat, 1890.
50, [2] p. illus. 26 cm.

Dana, Charles Loomis, 1852-1935.
Text-book of nervous diseases, being a compendium for the use of students and practitioners of medicine, by Charles L. Dana. New York, W. Wood, 1892.
xii, 524, [16] p. illus., front. 20.3 cm.

Danion [Leon Marie?]
Letter, 1887 janvier 16, Paris. In Electrotherapie. Amussat, Danion, Lemarchand, chazarain. [Paris? after 1894]
[4] p. 17.7cm.

Danion, Leon Marie.
Traitement des affections articulaires par l'électricité [par L. Danion. Paris, 1887]
[5], 238 p. 24.2 cm.
(In Electrotherapie. Amussat, Danion, Lemarchand, Chazarain. [Paris? after 1894])

Danion, Leon Marie.
Traitement des affections articulaires par l'électricité, leur pathogénie, par L. Danion. Paris, O. Doin, 1887.
[5], 238, [1] p. 24.6 cm.

Darbefeuille.
De l'électricité médicale, du galvanisme et du magnétisme, par Darbefeuille. Nantes, V. Mangin, 1816.
16 p. 19.3 cm.

Darwin, Charles Robert, 1809-1882.
Der Ausdruck der Gemüthsbewegungen bei dem Menschen und den Thieren, von Charles Darwin. Aus dem Englischen übers. von J. Victor Carus. Stuttgart, E. Schweizerbart, 1872.
viii, 384 p. illus., 7 plates (2 fold.) 22.8 cm.

Darwin, Charles Robert, 1809-1882.
The expression of the emotions in man and animals, by Charles Darwin. London, J. Murray, 1872.
vi, 374 p. illus., 7 plates (2 fold.) 19.5 cm.

Dary, Georges, 1857-
Tout par l'électricité, par Georges Dary. Tours, A. Mame, 1883.
475 p. illus., plates. 24.9 cm.

Dauly, Alexandre, 1866-
Le courant alternatif obtenu a l'aide des machines électro-statiques; ses propriétés physiques & physiologiques. Paris, H. Jouve, 1894.
62, [2] p. illus., diagrs. 26.5 cm.

Davenport, Charles Benedict, 1866-1944.
Experimental morphology, by Charles Benedict Davenport. New York, Macmillan, 1897-99.
2 v. illus. 22.6 cm.
Provenance: Judson F. Clark Cornell 1898, 1899 (inscription)
Contains chapters on the effect of electricity on protoplasm and on growth.

[Davis, Daniel, jr.]
Book of the telegraph. Boston, D. Davis, 1851.
44 p. illus. 17.8 cm.
With this is bound his Catalogue of apparatus. Boston, 1848.
Provenance: Latimer Clark. Westminster Chambers. Victoria Street. S.W. (ink stamp)

Davis, Daniel, jr.
Catalogue of apparatus, to illustrate magnetism, galvanism, electro-dynamics, electro-magnetism, magneto-electricity, and thermo-electricity, manufactured and sold by Daniel Davis ... Boston, 1848.
46 p. illus. 17.8 cm.
Bound with his Book of the telegraph. Boston, 1851.

Davis, Daniel, jr.
Davis's manual of magnetism. Including also electro-magnetism, magneto-electricity, and thermo-electricity. With a description of the electrotype process. For the use of students and literary institutions. Boston, D. Davis, jr., 1842.
viii, 218, [2] p. illus., front. 19.3 cm.
Provenance: H. Fritz Sr (inscription)
Gartrell 671, Wheeler 1012.

Davis, Daniel, jr.
Davis's Manual of magnetism, including galvanism, magnetism, electro-dynamics, magneto-electricity, and thermo-electricity. 12th ed. Boston, Palmer and Hall, 1857.
viii, 322, [5] p. illus., 2 plates. 19.5 cm.

Davis, Daniel, jr.
A manual of magnetism, including galvanism, magnetism, electro-magnetism, electro-dynamics, magneto-electricity, and thermo-electricity. 2nd ed. Boston, D. Davis, jr., 1848.
viii, 322, [5] p. illus. 19.2 cm.
Provenance: John Paul (bookplate)
Gartrell 673, Wheeler 1012a.

[Davis, Daniel, jr.]
The medical application of electricity, with descriptions of apparatus and instructions for its use. Boston, D. Davis, jr., 1846.
24 p. illus. 19 cm.

Davis, Nathan Smith, 1858-1920.
Electro-therapeutics of diseases of the lungs and heart.

p. F1-F18. 24.2 cm.
(In Bigelow, H.R., ed. An international system of electro-therapeutics. Philadelphia, 1894.)

Davy, Sir Humphry, bart., 1778-1829.
The Bakerian lecture. On the relations of electrical and chemical changes, by Sir Humphry Davy. [London] 1826.
383-422 p. 27.6 cm.
(In his Electro-magnetic researches, 1821-1826. [n.p., n.d.])
Extract from Philosophical transactions.
In Ronalds.

Davy, Sir Humphry, bart., 1778-1829.
Electro-magnetic researches, 1821-1826 [by] Davy. [n.p., n.d.]
Various pagings. plate. 27.6 cm.

Davy, Sir Humphry, bart., 1778-1829.
Elements of chemical philosophy, by Sir Humphry Davy. Part I. Vol. I. London, Printed for J. Johnson, 1812.
xiv, [1], 505, [2], 507-511 p. 12 plates. 21.5 cm.
Provenance: Glasgow Medical Society. Instituted A.D. 1809 (bookplate); Ex Libris Franz Sondheimer (bookplate)
In Ronalds, Wheeler 710.

Davy, Sir Humphry, bart., 1778-1829.
Further researches on the magnetic phaenomena produced by electricity; with some new experiments on the properties of electrified bodies in their relations to conducting powers and temperature, by Sir Humphry Davy. [London] 1821.
425-439 p. 27.6 cm.
(In his Electro-magnetic researches, 1821-1826. [n.p., n.d.])
Extract from Philosphical transactions.
In Ronalds.

Davy, Sir Humphry, bart., 1778-1829.
On a new phenomenon of electro-magnetism, by Sir Humphry Davy. [London] 1823.
[153]-158 p. 27.6 cm.
(In his Electro-magnetic researches, 1821-1826. [n.p., n.d.])
Extract from Philosophical transactions.

Davy, Sir Humphry, bart., 1778-1829.
On the electrical phenomena exhibited in vacuo, by Sir Humphry Davy. [London] 1822.
64-75 p. plate. 27.6 cm.
(In his Electro-magnetic researches, 1821-1826. [n.p., n.d.])
Extract from Philosophical transactions.
In Ronalds.

Davy, Sir Humphry, bart., 1778-1829.
On the magnetic phenomena produced by electricity; in a letter from Sir H. Davy; to W.H. Wollaston. [London] 1821.
7-19 p. 27.6 cm.
(In his Electro-magnetic researches, 1821-1826. [n.p., n.d.])
Extract from Philosophical transactions.
In Ronalds.

Davy, John, 1790-1868.
Physiological researches, by John Davy. London, Williams and Norgate, 1863.
viii, 448 p. 22.7 cm.

Davy, John, 1790-1868.
Researches, physiological and anatomical, by John Davy. London, Smith, Elder, 1839.
2 v. 16 plates. (2 fold.) 23.4 cm.
Provenance: Jos. Jones. M.D. University of Georgia Athens Ga. Jan 30th 1858 (inscription); Library of Joseph Jones, M.D., New Orleans, Louisiana, 1870 (bookplate); Library of the Medical Society County of Kings. The Jones Collection presented by William Browning, M.D. 1902 (bookplate); withdrawn Downstate Med. Lib. 1969/71 (ink stamp)

De Bruc.
Trattato dell' elettro-galvanismo applicato alla medicina sequito da un Cenno sull' applicazione dei metodi galvano-chimico e galvano-caustico, e da una memoria sulla cura dell'idrofobia, pel [sic] De Bruc. Napoli, Stabilimento Tipografico del S. Tullio [cover 1864]
vii, 360 p. 19.2 cm.

Delaage, Henri, 1825-1882.
Le monde occulte; ou, mystères du magnétisme et tableau du somnambulisme a Paris, par Henri Delaage. Précédé d'une introduction sur le magnétisme par Lacordaire. 2. éd. revue et augm. Paris, E. Dentu, 1856.
177, [2] p. 18.3 cm.

Delambre, Jean Baptiste Joseph, 1749-1822.
Rapport historique sur les progrès des sciences mathématiques depuis 1789, et sur leur état

actuel ... rédigé par Delambre. Paris, Impr. impériale, 1810.
xii, [1], 362 p. 23 cm.
Wheeler 703.

Delétang
Du traitement des fibromes utérins par la méthode d'Apostoli (l'électrolyse utérine) avec une lettre-preface du Apostoli, par Delétang. Paris, O. Doin, 1889.
16 p. 23.5 cm.

Deleuze, Joseph Philippe François, 1753-1835.
Histoire critique du magnétisme animal, par J.P.F. Deleuze. 2. éd. Paris, Belin-Leprieur, 1819.
2 v. 21.5 cm.
Provenance: W. Stanley 1845 (inscription)

Deleuze, Joseph Philippe François, 1753-1835.
Instruction pratique sur le magnétisme animal suivi d'une lettre écrite a l'auteur par un médecin étranger, par J.P.F. Deleuze. Paris, J.G. Dentu, 1825.
[6], 472 p. 21.5 cm.
With this is bound [Chardel] Esquisse de la nature humaine expliquée par le magnétisme animal. Paris, 1826.
Gartrell 1155.
Required handbook for the early 19th century mesmerist, written by the leader of the movement during that period.

Deleuze, Joseph Philippe François, 1753-1835.
Oordeelkundige geschiedenis van het dierlijk magnetismus, door J.P.F. Deleuze. Uit het Fransch. Met eene voorrede van G. Bakker. Groningen, Schierbeeken van Boerkeren, 1814.
xvi, 300, [1] p. 22.3 cm.

Deleuze, Joseph Philippe François, 1753-1835.
Practical instruction in animal magnetism, by J.P.F. Deleuze. Tr. by Thomas C. Hartshorn. Rev. ed. With an appendix of notes by the translator, and letters from eminent physicians, and others, descriptive of cases in the United States. New York, S.R. Wells, 1880, c1879.
524 p. 19 cm.
Provenance: Pedroli (ink stamp)

Delezenne [Charles Edouard Joseph] 1776-1866.
Notions élémentaires sur les phénomènes d'induction [par Delezenne] Lille, Impr. de L. Danel, 1845.
[3], 132 p. 2 fold. plates, charts. 21.8 cm.
"Extrait des Memoires de la Societe royale des sciences, de Lille."
Provenance: Mr. Becquerel (inscription)
In Ronalds.

Deloulme, P
De l'électrothérapie dans les maladies des appareils génital et urinaire, par P. Deloulme. Paris, J.B. Baillière, 1872.
120 p. illus. 22 cm.
With this is bound [Remak, R.] Application du courant constant au traitement des névroses. Paris [1865]

Delpech, Jacques Mathieu, 1777-1832.
De l'orthomorphie, par rapport a l'espèce humaine; ou recherches anatomico-pathologiques sur les causes, les moyens de prévenir, ceux de guérir les principales difformités et sur les véritables fondemens de l'art appelé: orthopédique, par J. Delpech. Paris, Gabon, 1828.
2 v. in 1. 2 fold. plates. 21.2 cm. and atlas (77 plates, 114 p.) 33.4 cm.
With this is bound Dugès, A.L. Discours sur les causes et le traitement des difformités du rachis. Montpellier, 1827; Virey, J.J. Vues physiologiques sur les causes des déformations dans les êtres organisés. [Montpellier? n.d.]; and Institut orthopédique de Paris, pour le traitement des difformités de la taille et des membres. Paris [n.d.]

Deluc, Jean André, 1727-1817.
Traité élémentaire sur le fluide électro-galvanique, par J.A. De Luc. Paris, Nyon, An XII - 1804.
2 v. in 1. 15 plates. (13 fold.) 21 cm.
Wheeler 661.

Demarçay, Eug.
Spectres électriques, par Eug. Demarçay. Atlas. Paris, Gauthier-Villars et fils, 1895.
atlas ([8] p., 10 plates) 38.5 cm.

Demarchi, Giovanni, 1802-1886.
Breve esposizione di sperimenti relativi all'azione delle correnti elettriche sulle alterazioni organiche dell'occhio, del Demarchi. Torino, Tip. Cassone e Marzorati, 1842.
20 p. 21.7 cm.
Provenance: The Astor Library NY (ink stamp)

Demole, Baptiste.
Traité de magnetisme pour la famille, par Baptiste Demole. Genève, Impr. J. Carey, 1879.
137, [1] p. 19.4 cm.

Demonferrand, Jean Baptiste Firmin, 1795-1844.
Manuel d'électricité dynamique, ou Traité sur l'action mutuelle des conducteurs électriques et des aimans, et sur la nouvelle théorie du magnétisme; pour faire suite à tous les Traités de physique élémentaire, par J.F. Demonferrand. Paris, Bachelier, 1823.
[3], 210 p. 5 fold. plates. 22 cm.
In Ronalds, Wheeler 797, Gartrell 684.

Deschamps, Eugène-Charles, 1858-1913.
Du traitment électrique dans deux cas de maladie de Friedreich [par] E. Deschamps. Rennes, Imp. Fr. Simon [1897?]
15, [1] p. facsims. 22.7 cm.
Provenance: A Monsieur le professeur Hommage ... Dr. E. Deschamps (inscription)

Deschamps, F
De la systématisation et de l'unification de l'oeuvre universelle. L'entité electrique, organe de l'attraction, est aussi l'agent virtuel des organisations des règnes animal et végétal, et des phénomènes de l'ordre physique et de l'ordre psychique qu'elles manifestent. Soumise a la loi de l'attrait par voie de similitude et a la loi de l'équilibre, elle est encore le principe de toutes les harmonies de la nature, par F. Deschamps. Saint Lo, Impr. de C.J. Delamare, 1864.
293 p. 22.5 cm.

Desplats, Victor.
Lois générales de la production et de la propagation du courant électrique, par Victor Desplats. Paris, A. Parent, 1863.
[4], 84 p. 25.5 cm.

Despretz, César Mansuète, 1789-1863.
Note relative a l'électricité dans la contraction musculaire, etc., par C. Despretz. [Paris] 1849.
6 p. 28 cm.
"Extrait des Comptes rendus des séances de l'Académie des Sciences, tome XXVII, séance du 28 mai 1849."
In Ronalds.

Destarac, Joseph, 1861-
Trois cas de paralysie hystérique chez l'enfant, valeur diagnostique et thérapeutique de l'électricité. Paralysie pseudo-hypertrophique avec participation des muscle de la face, par Destarac. Toulouse, Édouard-Privat, 1897.
16 p. 22.7 cm.

Destot, Étienne Auguste Joseph, 1864-1918.
De la cataphorèse électrique; ses applications thérapeutiques, par Étienne Destot. Lyon, Impr. de L. Bourgeon, 1894.
31, [1] p. 24 cm.

Dickson, Samuel, 1802-1869.
The principles of the chrono-thermal system of medicine, with the fallacies of the faculty, by Samuel Dickson. New ed. London, Simpkin, Marshall, 1861.
lii, 188 p. 24.8 cm.
Includes material on electrical laws, animal magnetism, and medicinal materials that are electrical.

Didier, Adolphe.
Magnétisme, somnambulisme, par Adolphe Didier. Londres, Impr. par Schulze [1855?]
30, [2] p. 16.3 cm.
Provenance: M.H.A.D. (ink stamp)

Digby, Sir Kenelm, 1603-1665.
Private memoirs of Sir Kenelm Digby, gentleman of the bedchamber to King Charles the First, written by himself. Now first pub. from the original manuscript, with an introductory memoir. London, Saunders and Otley, 1827.
lxxxviii, 328 p. 22 cm.
Provenance: GHB (bookplate)

Dinichert, Robert.
Étude des courants faradiques a l'aide du galvanomètre et de l'électrodynamomètre, par Robert Dinichert. Berne, Impr. K. Staempfli, 1893.
56 p. illus. 20.9 cm.

Dissertation sur la médecine et le magnétisme; triomphe du somnambulisme, par B.D. A Paris, Chez L'Huillier, 1826.
[5], 74 p. 19.5 cm.
Bound with Bachelier d'Agès, P.J. De la nature de l'homme, et des moyens de le rendre plus heureux. Paris, An VIII [1800]

Dixon, Edward Henry, 1808-1880.
The organic law of the sexes. Positive and negative electricity, and the abnormal conditions

that impair virility, by Edward H. Dixon. New York, American news co. [n.d.]
41, 4 p. 23 cm.

Dods, John Bovee, 1795-1872.
Electrical-psychology: or the electrical philosophy of mental impressions, including a new philosophy of sleep and consciousness, from the works of J.B. Dods and J.S. Grimes. Rev. and ed. by H.G. Darling. London, J.J. Griffin, 1851.
xiv, 176 p. 17.5 cm.
Provenance: G. Harris (inscription)

Dods, John Bovee, 1795-1872.
De electro-biologie, wetenschappelijk verklaard en hare geheimen ontsluijerd. Naar de voorlezingen, van J.B. Dods, verzameld en uitgegeven door G.W. Stone, vertaald en Omgewerkt door een med. doctor. Amsterdam, J.D. Sybrandi, 1852.
[4], 76 p. 23.7 cm.

Dods, John Bovee, 1795-1872.
The philosophy of electrical psychology: in a course of nine lectures, by John Bovee Dods. Stereotype ed. New York, Fowlers and Wells, 1850.
168 p. 19.2 cm.
In Ronalds, Gartrell 1160.

Dods, John Bovee, 1795-1872.
The philosophy of electrical psychology: in a course of twelve lectures, by John Bovee Dods. Stereotype ed. New York, Fowlers and Wells, c1850.
252 p. 19 cm.
(In Library of mesmerism and psychology. New York [n.d.] v. 2.)

Dods, John Bovee, 1795-1872.
The philosophy of electrical psychology: in a course of twelve lectures, by John Bovee Dods. Stereotype ed. New York, Fowlers and Wells, 1853, c1850.
252 p. port. 18.7 cm.

Dods, John Bovee, 1795-1872.
The philosophy of electrical psychology: in a course of twelve lectures, by John Bovee Dods. Stereotype ed. New York, Fowlers and Wells, 1854, c1850.
252 p. port. 19 cm.

Dods, John Bovee, 1795-1872.
The philosophy of mesmerism and electrical psychology, by John Bovee Dods. Comprised in two courses of lectures, (eighteen in number) complete in one volume. Ed. by J. Burns. London, J. Burns, Progressive Library, 1876.
vi, [2], 216 p. 18.5 cm.
Provenance: H. Migley (inscription); copy 2, Charles Gunther 1877 (inscription); February 25th Nottingham (inscription)

Dods, John Bovee, 1795-1872.
The philosophy of mesmerism and electrical psychology, by John Bovee Dods. Comprised in two courses of lectures, (eighteen in number) complete in one volume. Ed. by J. Burns. London, J. Burns, Progressive Library, 1886.
vi, [2], 216 p. 18.5 cm.

Dods, John Bovee, 1795-1872.
Six lectures on the philosophy of mesmerism, delivered in the Marlboro' Chapel, January 23-28, 1843, by John Bovee Dods. Boston, W.A. Hall, 1843.
68 p. 18.8 cm.
Describes his electrical-mesmeric beliefs for the first time, including animal magnetism and mental electricity.

Dods, John Bovee, 1795-1872.
Six lectures on the philosophy of mesmerism, delivered in the Marlboro' Chapel, Boston, by John Bovee Dods. New York, Fowler and Wells, 1849, c1847.
82 p. 19.2 cm.
Gartrell 1161.

Dods, John Bovee, 1795-1872.
Six lectures on the philosphy of mesmerism, delivered in the Marlboro' chapel, Boston, by John Bovee Dods. New York, Fowler & Wells, 1865, c1847.
82 p. 19 cm.
(In Library of mesmerism and psychology. New York [n.d.] v. 2.)

Dods, John Bovee, 1795-1872.
Spirit manifestations examined and explained. Judge Edmonds refuted; or, An exposition of the involuntary powers and instincts of the human mind, by John Bovee Dods. New York, De Witt & Davenport, 1854.

252 p. 19 cm.
Explains spirit manifestations of electromagnetism.

Domeier, W
Essay on the origin of the epidemical fever in Spain, with an abridged plan for its cure, and some proposals to prevent both progress and return of similar epidemics, by W. Domeier. [London, 1804]
16 p. 19.8 cm.
Bound with Freke, J. A treatise on the nature and property of fire. London, 1752.

Donders, Franciscus Cornelius, 1818-1889.
De snelheid van psychische processen, door F.C. Donders. 1. gedeelte. Utrecht, Stoomdruk van P.W. van de Weijer [1868?]
31 p. diagrs. 23.5 cm.

Donders, Franciscus Cornelius, 1818-1889.
De werking van den constanten stroom op den nervus vagus, door F.C. Donders. Amsterdam, C.G. van der Post, 1870.
59 p. 3 illus., 3 plates. 23.2 cm.
"Overgedrukt uit de Verslagen en Mededeelingen der Koninklijke Akademie van Wetenschappen, Afdeeling Natuurkunde. 2de Reeks, Deel V."

Dove, Heinrich Wilhelm, 1803-1879.
Untersuchungen im Gebiete der Inductions-elektricität; eine in der Akademie der Wissenschaften zu Berlin gelesene Abhandlung, von H.W. Dove. Berlin, G. Reimer, 1842.
96 p. diagrs., fold. plate. 25.5 cm.
Provenance: JHU (perforated stamp)
In Ronalds.
Reports the first experiments to determine the strength of the induced current created by a collapsing magnetic field in a wire wrapped around an iron armature.

Dowse, Thomas Stretch.
Lectures on massage & electricity in the treatment of disease. (Masso-electrotherapeutics), by Thomas Stretch Dowse. Bristol, J. Wright [1889]
xix, 379, [1] p. illus. 21.7 cm.
Provenance: Dr. Charles Heaton Ellerslie Westgate-on-Sea (bookplate)

Doyle, Sir Arthur Conan, 1859-1930.
Round the red lamp, being facts and fancies of medical life, by A. Conan Doyle. Copyright ed. Leipzig, B. Tauchnitz, 1895.
286, [1] p. 16 cm.
Provenance: M. B. Sinker (inscription)

Doyle, Sir Arthur Conan, 1859-1930.
The Los Amigos fiasco, by A. Conan Doyle. Illus. by Geo. Hutchinson. [n.p.] 1892?
[548]-557 p. illus. 21 cm.
Extract from the Idler, Dec. 1892?

Draper, John Christopher, 1835-1885.
A text-book of medical physics. For the use of students and practitioners of medicine, by John C. Draper. With 377 illustrations. Philadelphia, Lea, 1885.
733 p. illus. 23.9 cm.
Provenance: Dennis and Brigg (inscription); From Armand Hawkins Co. 104 Canal Street New Orleans, LA (ink stamp)

Drescher, Luis.
Drescher's illustrated catalogue and price list of electro-therapeutic apparatus: electro-magnetic machines, galvanic batteries, galvano-faradic machines, galvanoscopes, galvanometers, rheotoms, rheotrops, rheostats, electrodes, etc. etc., manufactured and sold, by Luis Drescher. New York, c1873.
20 p. illus. 19 cm.

Drobisch, Moritz Wilhelm, 1802-1896.
Über die mathematische Bestimmung der musikalischen Intervalle, von M.W. Drobisch.
p. [87]-128. 26.5 cm.
(In Fuerstlich Jablonowskische Gesellschaft der Wissenschaften, Leipzig. Abhandlungen bei Begrundung. Leipzig, 1846.)

Dubois, Frédéric, 1797-1873.
Report on animal magnetism, made to the Royal academy of medicine in Paris, August 8th and 22nd, 1837. Dubois (D'Amiens), Reporter. [London, 1837]
[293]-303 p. 22.5 cm.
"London Medical Gazette, for Sept. 16, 1837, p. 918, and for Sept. 23, p. 953."

Dubois, Raphaël, 1849-
Contribution a l'étude de la production de la lumière par les êtres vivants. Les élatérides

lumineux, par Raphaël Dubois. Meulan, Impr. de la Société Zoologique de France, 1886.
[4], 275 p. illus., 1 fold. chart, diagrs., front., 9 plates. 25.3 cm.
"Extrait du Bulletin de la Société Zoologique de France, t. XI."
Provenance: illegible inscription signed R. Dubois

Du Bois-Reymond, Emil Heinrich, 1818-1896.
Adelbert von Chamisso als Naturforscher. Rede zur Feier des leibnizischen Jahrestages in der Akademie der Wissenschaften zu Berlin. Am 28. Juni 1888 gehalten, von Emil du Bois-Reymond. Leipzig, Veit, 1889.
63, [1] p. 21 cm.

Du Bois-Reymond, Emil Heinrich, 1818-1896.
Anleitung zum Gebrauch des runden Compensators, von E. du Bois-Reymond. Berlin, Druck von Gebr. Unger (T. Grimm), 1871.
608-618 p. diagr. 19.9 cm.
"Besonderer Abdruck aus Reichert's und Du Bois-Reymond's Archiv 1871, Heft 5. u. 6."
Provenance: Herbert McLean Evans Library of Medical Classics (bookplate)

Du Bois-Reymond, Emil Heinrich, 1818-1896.
Die aperiodische Bewegung gedämpfter Magnete, von E. du Bois-Reymond. Berlin, Buchdr. der kgl. Akademie der Wissenschaften (G. Vogt), 1870-75.
4 v. illus. 22.8 cm.
Provenance: Herbert McLean Evans Library of Medical Classics (bookplate)

Du Bois-Reymond, Emil Heinrich, 1818-1896.
Bemerkungen über die Reaction der elektrische Organe und der Muskeln, von E. du Bois-Reymond. Berlin, Druck der Gebr. Unger'schen Hofbuchdr., 1859.
8 p. 20.6 cm.
"(Aus Reichert's und du Bois-Reymond's Archiv, Jahrgang 1859, 6. Heft, s. 846.)"

Du Bois-Reymond, Emil Heinrich, 1818-1896.
Bemerkungen über einige neuere Versuche an Torpedo, von E. du Bois-Reymond. Berlin, Gedruckt in der Reichsdr., 1888.
24 p. 24.1 cm.

Du Bois-Reymond, Emil Heinrich, 1818-1896.
Bemerkungen über einige neuere Versuche an Torpedo, von E. du Bois-Reymond. [n.p.] 1888.
[316]-344 p. 22.7 cm.
"Separat-Abzug aus Archiv für Anatomie und Physiologie. Physiologische Abtheilung."
Provenance: Weed (stamp); Ludwig Collection (ink stamp)

Du Bois-Reymond, Emil Heinrich, 1818-1896.
Culturgeschichte und Naturwissenschaft. Vortrag gehalten am 24. März 1877 im Verein für wissenschaftliche Vorlesungen zu Köln, von Emil du Bois-Reymond. 2. unveränderter Abdruck. Leipzig, Veit, 1878.
64 p. 23.6 cm.

Du Bois-Reymond, Emil Heinrich, 1818-1896.
De fibrae muscularis reactione ut chemicis visa est acida. Commentatio qua ad audiendam praelectionem pro loco in Facultate medica rite obtinendo die XXVI. mensis martii hora I. Publice habendam invitat auctor Aemilius Du Bois-Reymond. Berolini, Prostat apud G. Reimer, 1859.
43, [1] p. 28.9 cm.

Du Bois-Reymond, Emil Heinrich, 1818-1896.
Experimentalkritik der Entladungshypothese über die Wirkung von Nerv auf Muskel, von E. du Bois-Reymond. Berlin, Buchdr. der kgl. Akademie der Wissenschaften (G. Vogt), 1874.
[3], [519]-560 p. illus. 22.3 cm.
"Aus dem Monatsbericht der königlichen Akademie der Wissenschaften zu Berlin."
Provenance: Herbert McLean Evans Library of Medical Classics (bookplate)

Du Bois-Reymond, Emil Heinrich, 1818-1896.
Fortgesetzte Beschreibung neuer Vorrichtungen zu Zwecken der allgemeinen Nerven- und Muskelphysik, von E. du Bois-Reymond. Leipzig, Druck der Leipziger Vereinsbuchdr., 1874.
591-611 p. illus. 21 cm.
"Separat-Abdruck aus Poggendorff's Annalen der Physik und Chemie. Jubelband."
Provenance: Herbert McLean Evans Library of Medical Classics (bookplate)

Du Bois-Reymond, Emil Heinrich, 1818-1896.
Friedrich II in englischen Urtheilen. Darwin und Kopernicus. Die Humboldt-Denkmäler vor der Berliner Universität. Drei Reden, von Emil du Bois-Reymond. Leipzig, Veit, 1884.
119, [1] p. 21.1 cm.

Du Bois-Reymond, Emil Heinrich, 1818-1896.
Gedächtnissrede auf Hermann von Helmholtz, von Emil du Bois-Reymond. Berlin, Verlag der königl. Akademie der Wissenschaften, In Commission bei G. Reimer, 1896.
50 p. 27.4 cm.
"Aus den Abhandlungen der königl. preuss. Akademie der Wissenschaften zu Berlin vom Jahre 1896."

Du Bois-Reymond, Emil Heinrich, 1818-1896.
Gedächtnissrede auf Johannes Müller, von Emil Du Bois-Reymond. Berlin, Gedruckt in der Buchdr. der königlichen Akademie der Wissenschaften, In Commission von F. Dümmler's Verlags-Buchhandlung, 1860.
[2], [25]-190, [1] p. 28.7 cm.
"Aus den Abhandlungen der königl. Akademie der Wissenschaften zu Berlin, 1859."

Du Bois-Reymond, Emil Heinrich, 1818-1896.
Gedächtnissrede auf Paul Erman, von Emil Du Bois Reymond. Berlin, G. Reimer, 1853.
[1], 27 p. 27.5 cm.
"Gehalten in der öffentlichen Sitzung der Königlichen Akademie der Wissenschaften zu Berlin am 7. Juli 1853."

Du Bois-Reymond, Emil Heinrich, 1818-1896.
Gesammelte Abhandlungen zur allgemeinen Muskel- und Nervenphysik, von Emil du Bois-Reymond. Leipzig, Veit, 1875-77.
2 v. illus., 7 fold. plates, 2 fold. tables. 25.2 cm.

Du Bois-Reymond, Emil Heinrich, 1818-1896.
Goethe und kein Ende. Rede bei Antritt des Rectorats der koenigl. Friedrich-Wilhelms-Universitaet zu Berlin. Am 15. October 1882 von Emil du bois-Reymond gehalten. Leipzig, Veit, 1883.
42, [1] p. 21.2 cm.

Du Bois-Reymond, Emil Heinrich, 1818-1896.
Hermann von Helmholtz, Gedächtnissrede, von Emil du Bois-Reymond. Leipzig, Veit, 1897.
80 p. 21.3 cm.

Du Bois-Reymond, Emil Heinrich, 1818-1896.
Hr. Rothstein und der Barren, Eine Entgegnung, von Emil du Bois-Reymond. Berlin, G. Reimer, 1863.
39 p. 23.2 cm.

Du Bois-Reymond, Emil Heinrich, 1818-1896.
Lebende Zitterrochen in Berlin, von E. du Bois-Reymond. Zweite Mittheilung. Berlin, Gedruckt in der Reichsdr., 1885.
61 p. diagrs. 25.3 cm.
Provenance: Herbert McLean Evans Library of Medical Classics (bookplate)

Du Bois-Reymond, Emil Heinrich, 1818-1896.
Maupertuis. Rede zur Feier des Geburtstages Friedrich's II. und des Geburtstages seiner Majestät des Kaisers und Königs in der Akademie der Wissenschaften zu Berlin. Am 28. Januar 1892 gehalten von Emil du Bois-Reymond. Leipzig, Veit, 1893.
91, [1] p. front. 21 cm.

Du Bois-Reymond, Emil Heinrich, 1818-1896.
Naturwissenschaft und bildende Kunst ... von Emil du Bois-Reymond. Leipzig, Veit, 1891.
63, [1] p. 20.8 cm.
"Rede zur Feier des Leibnizischen Jahrestages in der Akademie der Wissenschaften zu Berlin Am. 3. Juli 1890 gehalten."

Du Bois-Reymond, Emil Heinrich, 1818-1896.
Neue Versuche über den Einfluss gewaltsamer Formveränderungen der Muskeln auf deren elektromotorische Kraft [von] du Bois-Reymond. Berlin, 1867.
[1], [572]-597, [1] p. 21.2 cm.
Provenance: Herbert McLean Evans Library of Medical Classics (bookplate)

Du Bois-Reymond, Emil Heinrich, 1818-1896.
On Signor Carlo Matteucci's letter to H. Bence Jones, by Emil Du bois-Reymond. London, J. Churchill, 1853.
41, [1] p. illus. 21.2 cm.
Provenance: Weed (ink stamp); Ludwig Collection (ink stamp); ?... P. Ludwig ...? (inscription)
Wheeler 1254.

Du Bois-Reymond, Emil Heinrich, 1818-1896.
Der physiologische Unterricht sonst und jetzt. Rede bei Eröffnung des neuen physiologischen Instituts der königl. Friedrich-Wilhelms-Universität zu Berlin. Am 6. November 1877 von Emil du Bois-Reymond gehalten. Berlin, A. Hirschwald, 1878.
31, [1] p. 22.3 cm.
Provenance: Mersky (inscription)

Du Bois-Reymond, Emil Heinrich, 1818-1896.
Ueber das Gesetz des Muskelstromes mit besonderer Berücksichtigung des M. gastroknemius des Frosches, von E. Du Bois-Reymond. Berlin, Druck von Gebr. Unger, 1863.
iv, 154 p. 2 fold. plates, 2 fold. tables. 22.5 cm.
"(Abgedruckt aus Reichert's und Du Bois-Reymond's Archiv u.s.w. Jahrgang 1863, Heft 5. u. 6.)"

Du Bois-Reymond, Emil Heinrich, 1818-1896.
Ueber den Einfluss körperlicher Nebenleitungen auf en Strom des M. gastroknemius de Frosches, von E. du Bois-Reymond. Berlin, Druck von Gebr. Unger (T. Grimm), 1871.
561-607 p. illus. 20.6 cm.
"Besonderer Abdruck aus Reichert's und Du Bois-Reymond's Archiv 1871, Heft 5.u.6."
Provenance: Herbert McLean Evans Library of Medical Classics (bookplate)

Du Bois-Reymond, Emil Heinrich, 1818-1896.
Ueber die elektromotorische Kraft der Nerven und Muskeln, von E. Du Bois-Reymond. Berlin, Druck von Gebr. Unger (C. Unger), 1867.
[1], [417]-497, [1] p. fold. plate. 22.3 cm.
"(Abgedruckt aus Reichert's und Du Bois-Reymond's Archiv u.s.w. Jahrgang 1867, Heft 4.)"
Provenance: Herbert McLean Evans Library of Medical Classics (bookplate)

Du Bois-Reymond, Emil Heinrich, 1818-1896.
Über die Grenzen des Naturerkennens. Die sieben Welträthsel. Zwei Vorträge von Emil du Bois-Reymond. Des 1. Vortrages 7., der 2. Vorträge 3. Aufl. Leipzig, Veit, 1891.
119, [1] p. 21 cm.
Provenance: illegible inscription

Du Bois-Reymond, Emil Heinrich, 1818-1896.
Ueber die negative Schwankung des Muskelstromes bei der zusammenziehung, von E. Du Bois-Reymond. Berlin, Druck von Gebr. Unger (T. Grimm), 1873-76.
3 v. illus. 21.2 cm.
"Besonderer Abdruck aus Reichert's und Du Bois-Reymond's Archiv. 1873-76, Heft 3., 5. u. 6."
Provenance: Herbert McLean Evans Library of Medical Classics (bookplate)

Du Bois-Reymond, Emil Heinrich, 1818-1896.
Uber facettenförmige Endigung der Muskelbündel [von] du Bois-Reymond. Berlin, Buchdr. der Königl. Akademie der Wissenschaften (G. Vogt), 1872.
[791]-814 p. illus. 21.7 cm.
Provenance: Herbert McLean Evans Library of Medical Classics (bookplate)

Du Bois-Reymond, Emil Heinrich, 1818-1896.
Über lebend nach Berlin gelangte Zitterwelse aus Westafrika [von] du Bois-Reymond. Berlin, 1858.
[84]-111 p. 22.3 cm.

Du Bois-Reymond, Emil Heinrich, 1818-1896.
Über secundär-elektromotorische Erscheinungen an den elektrischen Geweben, von E. du Bois-Reymond. Zweite Mittheilung. Berlin, Gedruckt in der Reichsdr., 1890.
39 p. diagrs. 25.3 cm.
Provenance: Weed (ink stamp); Ludwig Collection (ink stamp)

Du Bois-Reymond, Emil Heinrich, 1818-1896.
Über thierische Bewegung. Rede gehalten im Verein für wissenschaftliche Vorträge am 22. Februar 1851, von Emil du Bois-Reymond. Berlin, G. Reimer, 1851.
31, [1] p. 22.7 cm.
Provenance: Herbert McLean Evans Library of Medical Classics (bookplate)

Du Bois-Reymond, Emil Heinrich, 1818-1896.
Untersuchungen über thierische Elektricität, von Emil du Bois-Reymond. Berlin, G. Reimer, 1848-1884.
2 v. in 4. 12 fold. plates. 23.5 cm.

Du Bois-Reymond, Emil Heinrich, 1818-1896.
Vorläufiger Bericht über die von Professor Gustav Fritsch in Aegypten angestellten neuen Untersuchungen an elektrischen Fischen, von Emil du Bois-Reymond. Berlin, Buckdr. der kgl. Akademie der Wissenschaften (G. Vogt), 1881.
[1149]-1164 p. 21.5 cm.
"Aus dem Monatsbericht der koeniglichen Akademie der Wissenschaften zu Berlin."
Provenance: Herbert McLean Evans Library of Medical Classics (bookplate)

Du Bois-Reymond, Emil Heinrich, 1818-1896.
Vorläufiger Bericht über die von Prof. Gustav Fritsch in Aegypten angestellten neuen

Untersuchungen an elektrischen Fischen. (Mit einem Zusatz.) Ueber die Fortpflanzung des Zitteraales, von E. du Bois-Reymond. [n.p.] 1881.
[61]-80 p. 22.9 cm.
"Mitgetheilt aus den Monatsberichten der Kgl. Preuss. Akademie der Wissenschaften zu Berlin. 22. Dec. 1881. s.1149ff."
Provenance: Weed (stamp); Ludwig Collection (stamp)

Du Bois-Reymond, Emil Heinrich, 1818-1896.
Vorläufiger Bericht über die von Prof. Gustav Fritsch in Aegypten und am Mittelmeer angestellten neuen Untersuchungen an elektrischen Fischen. 2. Hälfte, von E. du Bois-Reymond. Berlin, Gedruckt in der Reichsdr., 1882.
27 p. diagr. 25.9 cm.
Provenance: Herbert McLean Evans Library of Medical Classics (bookplate)

Du Bois-Reymond, Emil Heinrich, 1818-1896.
Widerlegung der von Ludimar Hermann kurzlich veröffentlichten Theorie der elektromotorischen Erscheinungen der Muskeln und Nerven, von E. du Bois-Reymond. Berlin, Gedruckt in der Buchdr. der königlichen Akademie der Wissenschaften, 1867.
[1], [597]-650, [1] p. 21.3 cm.
Provenance: Herbert McLean Evans Library of Medical Classics (bookplate)

Du Bois-Reymond, Emil Heinrich, 1818-1896.
Zur Kenntniss des Telephons, von E. du Bois-Reymond. Leipzig, Veit, 1877.
6 p. illus. 22.9 cm.
"Separat-Abdruck aus dem Archiv fur Anatomie und Physiologie. Physiologische Abtheilung. Jahrgang 1877."

Du Bois-Reymond, Emil Heinrich, 1818-1896.
[Ein] Zusatz zu seiner Lehre von den Neigungströmen des Muskels [von] du Bois-Reymond. [n.p.] 1866.
[1], [387]-392 p. illus. 21.2 cm.

Duchenne, Guillaume Benjamin Amand, 1806-1875.
Action thérapeutique de la respiration artificielle par l'électrisation des nerfs phréniques contre l'intoxication chloroformique, par Duchenne de Boulogne. Paris, Typ. et lithographie F. Malteste, 1855.
15 p. 20.5 cm.

Duchenne, Guillaume Benjamin Amand, 1806-1875.
Album de photographies pathologiques, complémentaire du livre intitulé De l'électrisation localisée, par G.B. Duchenne (de Boulogne). Paris, J.B. Baillière, 1862.
[40] p. front., 17 plates. 27 cm.

Duchenne, Guillaume Benjamin Amand, 1806-1875.
Anatomie microscopique du système nerveux, recherches a l'aide de la photo-autographie. Grand sympathique, état normal [par] Duchenne. [n.p., n.d.]
14 p. 4 plates. 20.8 cm.
Bound with the author's Étude microscopique photo-autographiées des ganglions sympathiques cervicaux. Paris, 1863.

Duchenne, Guillaume Benjamin Amand, 1806-1875.
Anatomie microscopique du système nerveux. Recherches a l'aide de la photo-autographie sur pierre ou sur zinc, par G.B. Duchenne (de Boulogne). Paris, Ve. J. Renouard, 1865.
44 p. 4 plates. 23.9 cm.
Provenance: M. Ch. Dernarot (inscription); illegible inscription

Duchenne, Guillaume Benjamin Amand, 1806-1875.
Contributions a l'étude du système nerveux et du système musculaire au point de vue physiologique et pathologique, par G.B. Duchenne (de Boulogne). Paris, J.B. Baillière, [187-]
1 v. (various pagings) illus., 2 plates. 22.2 cm.

Duchenne, Guillaume Benjamin Amand, 1806-1875.
De la valeur de l'électricité, dans le traitement de maladies, suivie de l'application de la faradisation localisée, au diagnostic, au pronostic et au traitement des paralysies consécutives aux lésions des nerfs mixtes, par Duchenne de Boulogne. Gand, Impr. et lith. de F. et E. Gyselynck, 1852.
121 p. illus. 21.5 cm.

Duchenne, Guillaume Benjamin Amand, 1806-1875.
De l'ataxie locomotrice progressive. Réponse à la Revue critique de Axenfeld, par Duchenne (de Boulogne). Paris, P. Asselin, 1863.
8 p. 22.2 cm.

(In his Contributions a l'étude du système nerveux. Paris, [187-])
"Extrait des Archives générales de Médecine, numéro de novembre 1863."

Duchenne, Guillaume Benjamin Amand, 1806-1875.
De l'électrisation localisée et de son application a la pathologie et a la thérapeutique, par G.B. Duchenne (de Boulogne). 2. éd. entièrement refondue. Paris, J.B. Bailliere, 1861.
xi, 1046 p. illus., col. fold. plate. 22 cm.
Provenance: Librairie Medicale & Scientifique Em, 1e Francois (bookplate)

Duchenne, Guillaume Benjamin Amand, 1806-1875.
De l'électrisation localisée et de son application a la pathologie et a la thérapeutique par courants induits et par courants galvaniques interrompus et continus, par Duchenne (de Boulogne). 3. éd. entièrement refondue. Paris, J.B. Baillière, 1872.
xii, 1120 p. illus., 3 plates (1 col. fold.) 23 cm.
Provenance: illegible stamp

Duchenne, Guillaume Benjamin Amand, 1806-1875.
De l'électrisation localisée et de son application a la physiologie, a la pathologie et a la thérapeutique, par Duchenne de Boulogne. Paris, J.B. Baillière, 1855.
xii, 926 p. illus. 22.6 cm.
Provenance: Ecole de medecine et de pharmacie de Reims (bookplate); A mon colleque de la Societe de Medecine ...? (inscription); D. Duchenne Boulogne (inscription); ecole de medecine Reims (ink stamp); A mon ami Lemaire Duchenne de Boulogne (inscription)
Includes illustrations of electromagnetic equipment designed by Duchenne to study human electrophysiology.

Duchenne, Guillaume Benjamin Amand, 1806-1875.
De l'influence de l'électrisation localisée sur l'hémiplégie rhumatismale de la face. De la contracture musculaire comme terminaison fréquente de cette maladie, par Duchenne de Boulogne. Paris, Impr. de L. Martinet, 1854.
27 p. 22.2 cm.
"Extrait de la Gazette hebdomadaire de médecine et de chirurgie."

Duchenne, Guillaume Benjamin Amand, 1806-1875.
De la crampe du pied, ou de l'impotence fonctionnelle du long péronier et de la contracture fonctionnelle du long péronier, par Duchenne (de Boulogne). Paris, Typ. F. Malteste, 1868.
7 p. 22.5 cm.
"Extrait de l'Union Médicale (3e série) du 24 Octobre 1868."

Duchenne, Guillaume Benjamin Amand, 1806-1875.
De la paralysie musculaire pseudo-hypertrophique ou paralysie myo-sclérosique, par Duchenne (de Boulogne). Paris, P. Asselin, 1868.
[2], 132, [2] p. illus., 2 plates. 23.1 cm.
"Extrait des Archives générales de Médecine numéro de janvier 1868 et suivants."
Provenance: A M. le Professeur Duval souvenir affectiuex Duchenne ...? ... (inscription)

Duchenne, Guillaume Benjamin Amand, 1806-1875.
De la valeur de la faradisation de la corde du tympan et des muscles moteurs des osselets appliquée au traitement de la surdité nerveuse, par Duchenne (de Boulogne). Paris, Typographie Hennuyer, 1858.
[1], 30 p. illus. 21.2 cm.
"Extraite du Bulletin Générale de Thérapeutique."
Provenance: Archigymnasii insulensis cathol. (stamp)

Duchenne, Guillaume Benjamin Amand, 1806-1875.
Diagnostic différentiel des affections cérébelleuses et de l'ataxie locomotrice progressive, par Duchenne (de Boulogne). Paris, Impr. de E. Martinet [1864?]
17 p. 22 cm.
"Extrait de la Gazette hebdomadaire de médecine et de chirurgie."

Duchenne, Guillaume Benjamin Amand, 1806-1875.
Diagnostic et curabilité de la surdité et de la surdi-mutité nerveuses par la faradisation des muscles moteurs des osselets et de la corde du tympan, par G.B. Duchenne (de Boulogne). Paris, J.B. Ballière, 1861.
47 p. illus. 22.2 cm.
(In his Contributions a l'étude du système nerveux. Paris, [187-])

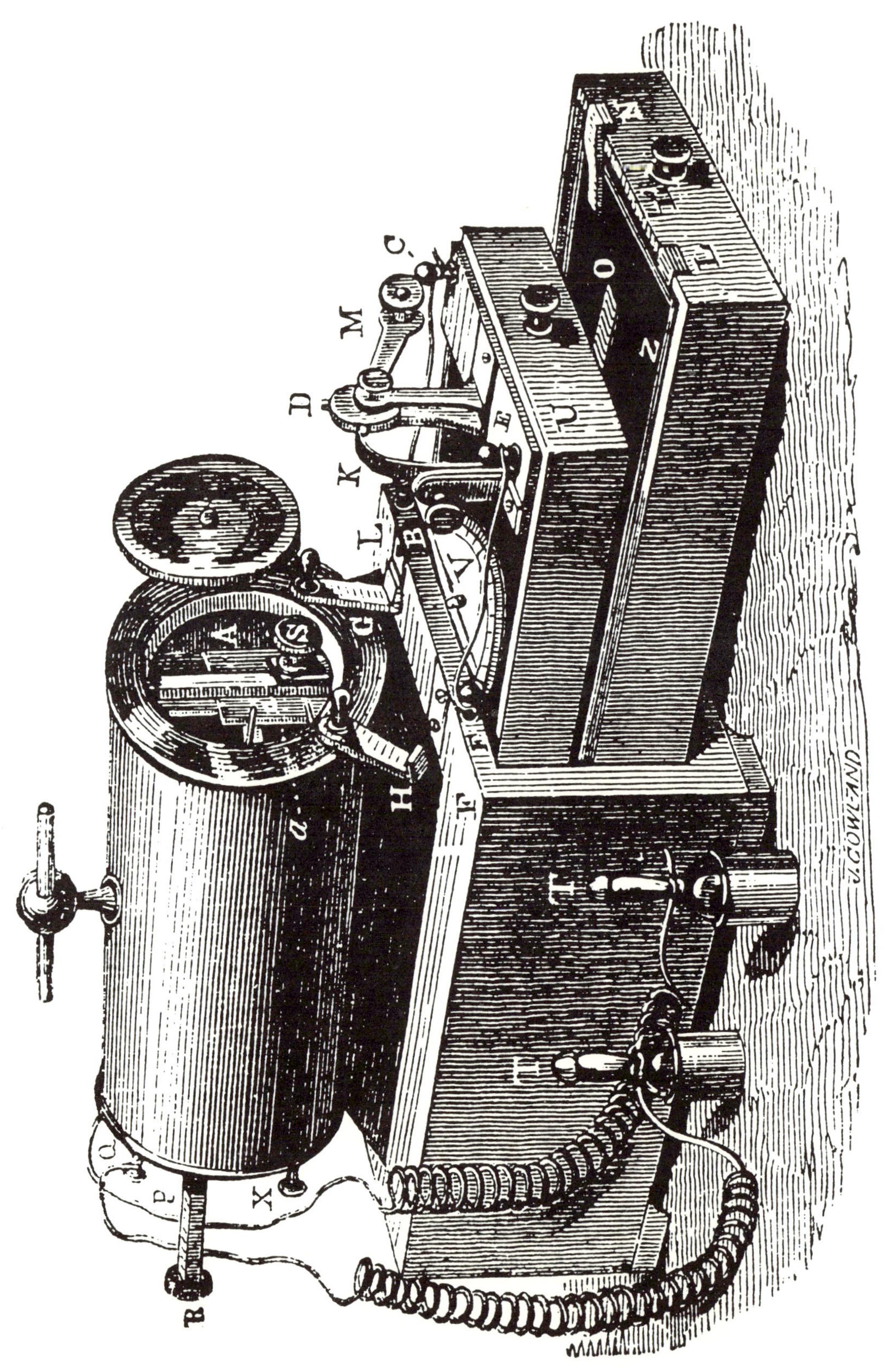

Designs for electromagnetic equipment from Duchenne
De l'électrisation localisée et de son application a la physiologie ... (1855)

"Extrait de l'ouvrage de l'auteur: De l'électrisation localisée et de son application a la pathologique et a la thérapeutique. 2. éd. entièrement refondue. Paris, 1861 ..."

Duchenne, Guillaume Benjamin Amand, 1806-1875.
Discussion sur un nouveau signe diagnostique de la paralysie générale tiré de l'etat de la contractilité électro-musculaire. Réponse du Duchenne de Boulogne a Sandras.
8 p. 22.2 cm.
(In his Contributions a l'étude du système nerveux. lParis, [187-])

Duchenne, Guillaume Benjamin Amand, 1806-1875.
Du pied plat-valgus par paralysie du long péronier latéral et du pied creux-valgus par contracture du long péronier latéral (pied creux-valgus non encore décrit), par Duchenne (de Boulogne). [Paris, 1861?]
[533]-558 p. illus. 27.7 cm.

Duchenne, Guillaume Benjamin Amand, 1806-1875.
Du second temps de la marche, suivie de quelques déductions pratiques, par Duchenne de Boulogne. Paris, Typ. et lithographie F. Malteste, 1855.
19 p. 20.7 cm.

Duchenne, Guillaume Benjamin Amand, 1806-1875.
Étude comparée des lésions anatomiques dans l'atrophie musculaire graisseuse progressive et dans la paralysie génerale ..., par Duchenne de Boulogne. Paris, Typ. F. Malteste, 1853.
56 p. illus. 22.2 cm.
(In his Contributions a l'étude du système nerveux. Paris, [187-])
"Publications de L'Union Médicale, Annee 1853."

Duchenne, Guillaume Benjamin Amand, 1806-1875.
Étude microscopique photo-autographiée des ganglions sympathiques cervicaux de l'homme a l'état normal, par Duchenne (de Boulogne). Paris, Impr. de E. Martinet, 1863.
[4] p. 20.8 cm.
"Extrait du Bulletin de l'Académie impériale de médecine. (Tome XXX, p. 249)."
With this is bound the author's Anatomie microscopique du système nerveux.

Duchenne, Guillaume Benjamin Amand, 1806-1875.
Étude physiologique sur la courbure lombo-sacrée et l'inclinaison du bassin pendant la station verticale a l'aide de l'expérimentation électro-physiologique et de l'observation clinique, par Duchenne (de Boulogne). Paris, P. Asselin, 1866.
16 p. 22 cm.
"Extrait des Archives générales de Medécine, numéro de novembre 1866."

Duchenne, Guillaume Benjamin Amand, 1806-1875.
Examen critique des principales méthodes d'electrisation, par Duchenne, (de Boulogne). Paris, P. Asselin, 1870.
67 p. illus. 22.2 cm.
(In his Contributions a l'étude du système nerveux. Paris, [187-])
"Extrait des Archives générales de Médecine, numéro de juillet 1870 et suivants."
In Ronalds.

Duchenne, Guillaume Benjamin Amand, 1806-1875.
Examen critique des principales méthodes d'électrisation, par G.B. Duchenne (de Boulogne). 3. éd. Paris, J.B. Baillière, 1870.
110, [2] p. illus. 23.5 cm.
"Extraite de l'ouvrage intitulé: De l'électrisation localisée et de son application a la pathologie et a la thérapeutique."
Provenance: A mon savant ami M. le Professeur Duval Duchenne ...? (inscription)

Duchenne, Guillaume Benjamin Amand, 1806-1875.
Exposition d'une nouvelle méthode d'électrisation, dite galvanisation localisée, par Duchenne (de Boulogne). 2. ptie. Paris, Rignoux, 1851.
45 p. illus. 22.5 cm.
"Extrait des Archives générales de Médecine numéros de février et mars 1851."

Duchenne, Guillaume Benjamin Amand, 1806-1875.
Exposition d'une nouvelle méthode de galvanisation, dite galvanisation localisée, par

Duchenne (de Boulogne). Paris, Rignoux, 1850.
51 p. 23 cm.
"Extrait des Archives générales de médecine."

Duchenne, Guillaume Benjamin Amand, 1806-1875.
Graduation et dosage du courant continu principalement par le rhéostat-voltamètre, par Duchenne (de Boulogne). Paris, P. Asselin, 1873.
24 p. 21.2 cm.
"Extrait des Archives générales de Médecine, numéro de mars 1873."

Duchenne, Guillaume Benjamin Amand, 1806-1875.
Iconographie photographique pour servir a l'étude de la structure intime du système nerveux de l'homme, par Duchenne, de Boulogne. Paris, Typ. de A. Pougin, 1869.
8 p. 22.4 cm.
Provenance: Docteur de Lambert (stamp)

Duchenne, Guillaume Benjamin Amand, 1806-1875.
Mécanisme de la physionomie humaine ou analyse électro-physiologique de l'expression des passions, par G.B. Duchenne (de Boulogne). Paris, Chez Ve J. Renouard, 1862.
vi, [2], 70 p. front. and portfolio (xi, 128 p., illus., 71 plates) 27.5 cm.
Provenance: A mon ami M. le docteur Follier Duchenne de B. (inscription)

Duchenne, Guillaume Benjamin Amand, 1806-1875.
Mécanisme de la physionomie humaine ou analyse électro-physiologique de l'expression des passions. Album [par] Duchenne (de Boulogne). Paris, [ca. 1863]
1 portfolio (91 plates). 28.5 cm.

Duchenne, Guillaume Benjamin Amand, 1806-1875.
Mécanisme de la physionomie humaine ou analyse électro-physiologique de l'expression des passions, par G.B. Duchenne (de Boulogne). 2. éd. Paris, J.B. Baillière, 1876.
xii, 67, [v]-xi, 196 p. illus., 10 plates (incl. front.) 27.2 cm.

Duchenne, Guillaume Benjamin Amand, 1806-1875.
Mouvements de la respiration ... par Duchenne (de Boulogne). Paris, V. Masson, 1866.
43 p. 22.2 cm.
(In his Contributions a l'etude du système nerveux. Paris, [187-])
"Extrait de la Gazette hebdomadaire de medécine et de chirurgie."

Duchenne, Guillaume Benjamin Amand, 1806-1875.
Note sur l'anatomie pathologique de la paralysie pseudo-hypertrophique dans cinq nouveaux cas, par Duchenne (de Boulogne). Paris, Impr. typ. de A. Pougin, 1872.
11 p. illus. 22.2 cm.
(In his Contributions a l'étude du système nerveux. Paris, [187-])
"Extrait de la Gazette des hôpitaux."

Duchenne, Guillaume Benjamin Amand, 1806-1875.
Note sur quelques symptomes et sur le traitement de la contracture du diaphragme ..., par Duchenne de Boulogne. Paris, Impr. de W. Remquet, 1853.
7 p. 22.2 cm.
(In his Contributions a l'étude du système nerveux. Paris, [187-])
"Extrait du Moniteur des hopitaux."

Duchenne, Guillaume Benjamin Amand, 1806-1875.
Orthopédie physiologique, ou Déductions pratiques de recherches électro-physiologiques et pathologiques sur les mouvements de la main et du pied, par Duchenne (de Boulogne). Paris, Typ. Hennuyer [1857]
39 p. illus. 20.6 cm.
Extrait du Bulletin Général de Thérapeutique."

Duchenne, Guillaume Benjamin Amand, 1806-1875.
Paralysie musculaire progressive de la langue, du voile du palais, et des levres; affection non encore décrite comme espèce morbide distincte, par Duchenne (de Boulogne). Paris, P. Asselin, 1860.
30 p. 22.1 cm.
"Extrait des Archives générales de Médecine, numéros de septembre et octobre 1860."

Duchenne, Guillaume Benjamin Amand, 1806-1875.
Photo-autographie ou autographie sur métal et sur pierre de figures photo-microscopiques du systéme nerveux. Specimen sur pierre présenté à

l'Académie de Médecine en juillet 1864, par Duchenne (de Boulogne). Paris, A. Parent, 1864.
15 p. 2 plates. 22.2 cm.
(In his Contributions a l'étude du système nerveux. Paris, [187-])

Duchenne, Guillaume Benjamin Amand, 1806-1875.
Physiologie des mouvements démontrée a l'aide de l'expérimentation électrique et de l'observation clinique et applicable a l'étude des paralysies et des déformations, par G.B. Duchenne (de Boulogne). Paris, J.B. Baillière, 1867.
xvi, 872, [1] p. illus. 21.9 cm.

Duchenne, Guillaume Benjamin Amand, 1806-1875.
Recherches électro-physiologiques et pathologiques, sur les muscles de l'épaule, suivies de déductions applicables au diagnostic différentiel de quelques affections musculaires, par Duchenne de Boulogne. Paris, J.B. Baillière, 1854.
115 p. illus. 22.5 cm.
"Extrait du livre intitulé: De l'électrisation localisée, et de son application a la physiologie, a la pathologie et a la thérapeutique, par Duchenne de Boulogne. Paris, 1854."

Duchenne, Guillaume Benjamin Amand, 1806-1875.
Recherches électro-physiologiques et pathologiques sur les muscles qui meuvent le pied, par Duchenne de Boulogne. Paris, Rignoux, 1856.
78 p. 20.6 cm.
"Extrait des Archives générales de Médecine, numéro de juin 1856 et suivants."
Provenance: A M. le D. Deets souvenir de l'auteur Duchenne de Boulogne (inscription)

Duchenne, Guillaume Benjamin Amand, 1806-1875.
[Recherches électro-physiologiques et pathologiques sur les muscles qui meuvent le pied, chapitres II et III.]
45 p. 22.2 cm.
(In his Contributions a l'étude de système nerveux. Paris, [187-])

Duchenne, Guillaume Benjamin Amand, 1806-1875.
Recherches électro-physiologiques et pathologiques sur les propriétés et les usages de la corde du tympan, par Duchenne (de Boulogne). Paris, Rignoux, 1851.
30 p. 22.7 cm.
"Extrait des Archives générales de médecine."

Duchenne, Guillaume Benjamin Amand, 1806-1875.
Recherches électro-physiologiques, pathologiques et thérapeutiques sur le diaphragme, par Duchenne de Boulogne. Paris, Typ. F. Malteste, 1853.
68 p. 20.6 cm.
Provenance: Duchenne de Boulogne (inscription); copy 2, a M. le doct. Gibero hommage de l'auteur Duchenne de B. (inscription)

Duchenne, Guillaume Benjamin Amand, 1806-1875.
Recherches icono-photographiques sur la morphologie et sur la structure du bulbe humain leur application a l'étude anatomo-pathologique de la paralysie glosso-labio-laryngée ..., par Duchenne (de Boulogne). Paris, P. Asselin, 1870.
12 p. 22.2 cm.
(In his Contributions a l'étude du système nerveux. Paris, [187-])
"Extrait des Archives générales de Médecine, numéro de mai 1870."

Duchenne, Guillaume Benjamin Amand, 1806-1875.
Recherches sur les propriétés physiologiques et therapeutiques de l'électricité de frottement, de l'électricité de contact, et de l'électricité d'induction, par Duchenne (de Boulogne). Paris, Rignoux, 1851.
26 p. 21.1 cm.
"Extrait des Archives générales de médecine, numéro de mai, 1851."

Duchenne, Guillaume Benjamin Amand, 1806-1875.
Réponse de Duchenne de Boulogne à une note critique de Remack intitulée Ueber methodische Elektrisirung gelaehmter Muskeln. Paris, Impr. de Moquet, 1856.
31 p. 21.9 cm.
"Extrait de la Revue Médicale, 15 déc. 1856."

Duchenne, Guillaume Benjamin Amand, 1806-1875.
Selections from the clinical works of Dr. Duchenne (de Boulogne). Tr., ed. and condensed

by G.V. Poore. London, The New Sydenham society, 1883.
xxii, [2], 472 p. front., illus. 22.2 cm.
Provenance: George Patts (stamp); illegible inscription 23-7/92

Duchenne, Guillaume Benjamin Amand, 1806-1875.
A treatise on localized electrization, and its application to pathology and therapeutics, by G.B. Duchenne. Tr. from the 3rd ed. of the original by Herbert Tibbits. With numerous illustrations, and notes and additions by the translator. Philadelphia, Lindsay & Blakiston, 1871.
322, [1] p. illus. 22.1 cm.
Provenance: Willard F. Machle (ink stamp); Dr. John A. Murphy's Medical Library, presented to Cincinnati Hospital, March 1900 (bookplate); illegible inscription

Ducretet, E
Catalogue des instruments de précision de E. Ducretet; troisième partie: électricité, applications diverses de l'électricité. Paris, 1900.
271 p. illus. 24.2 cm.

Duff, Alexander Wilmer, 1864-
Electro-physics.
p. A1-A66. 24.2 cm.
(In Bigelow, H.R., ed. An international system of electro-therapeutics. Philadelphia, 1894.)

Dufriche-Desgenettes, René Nicolas, baron, 1762-1837.
Éloges des académiciens de Montpellier; recueilles, abrégés et publiés, par M. le Baron Des Genettes, pour servir à l'historie des sciences dans le dix-huitième siècle. Paris, de l'Impr. de Bossange et Masson, 1811.
viii, 300 p. 20.6 cm.
Provenance: Bibliotheque de Fr. Jos. Moreau, professeur a la faculte de medecine de Paris (bookplate)

Dugès, Antoine Louis, 1797-1838.
Discours sur les causes et le traitement des difformités du rachis, par Ant. Dugès. Montpellier, Impr. de J. Martel, 1827.
62 p. 21.2 cm.
Bound with Delpech, J.M. De l'orthomorphie. Paris, 1828.
"Extrait des Êphémérides médicales de Montpellier, cahier de Décembre 1827."

Dulk, Friedrich Philipp, 1788-1851.
Ueber Elektromagnetismus, von J.P. Dulk. Königsburg, A.W. Unzer [1824]
54 p. 18.4 cm.
In Ronalds.

Dumas, Jean Baptiste André, 1800-1884.
Éloge de Antoine Jérome Balard, par J.B. Dumas. Paris, Typ. de Firmin-Didot, 1879.
28 p. 27.9 cm.
Bound with the author's Éloge historique de Henri Victor Regnault. Paris, 1881.

Dumas, Jean Baptiste André, 1800-1884.
Éloge historique d'Arthur Auguste de La Rive, par Dumas. Paris, Typ. de F. Didot Frères, 1874.
[1], 51 p. 27.9 cm.
Bound with the author's Éloge historique de Henri Victor Regnault. Paris, 1881.

Dumas, Jean Baptiste André, 1800-1884.
Éloge historique de Henri Victor Regnault, par J.B. Dumas. Paris, Typ. de Firmin-Didot, 1881.
[1], 39 p. 27.9 cm.
With this is bound:--[1] Éloge de Antoine Jérome Balard, par J.B. Dumas. Paris, 1879.--[2] Éloge historique de Jules Pelouze, par Dumas. Paris, 1870.--[3] Éloge historique d'Arthur Auguste de La Rive, par Dumas. Paris, 1874.--[4] Études sur les machines magnéto-électriques, par J. Joubert. Paris, 1881.--[5] Sur les trombes, par Gaston Planté. Paris, 1876.--[6] Sur la formation de la grêle, par Gaston Planté. Paris, 1875.--[7] Sur les aurores polaires, par Gaston Plante. Paris, 1876.--[8] Sur la formation de la grele (deuxieme note), par Gaston Planté. Paris, 1876.--[9] Lumière électrosilicique, par Gaston Planté. Paris, 1877.--[10] Machine rhéostatique, par Gaston Planté. Paris, 1877.--[11] Suite de recherches sur les effets produits par des courants électrique de haute tension, et sur leurs analogies avec les phénomènes naturels, par Gaston Planté. Paris, 1877.--[12] Sur la foudre globulaire, par Gaston Planté. Paris, 1884.--[13] Séance publique annuelle des cinq acádemies du mardi 25 octobre 1881.
Provenance: A M. Moulton Dumas (inscription); John Fletcher Moulton 1893 (bookplate)

Dumas, Jean Baptiste André, 1800-1884.
Éloge historique de Jules Pelouze, par Dumas. Paris, Typ. de F. Didot Fréres, 1870.

[1], 56 p. 27.9 cm.
Bound with the author's Éloge historique de Henri Victor Regnault. Paris, 1881.

Du Moncel, Théodose Achille Louis, comte, 1821-1884.
Electro-magnets: the determination of the elements of their construction, by Th. Du Moncel. 2nd American from the 2nd French ed. New York, D. Van Nostrand, 1888.
122 p. 15.2 cm.
Provenance: Library College of the City of New York (bookplate); The College of the City of New York (stamp)

Du Moncel, Théodose Achille Louis, comte, 1821-1884.
Exposé des applications de l'électricité, par Th. Du Moncel. Paris, L. Hachette, 1853-54.
2 v. illus., fold. plate. 22.6 cm.
Provenance: Essex Institute (bookplate)

Du Moncel, Théodose Achille Louis, comte, 1821-1884.
Exposé des applications de l'électricité, par Th. Du Moncel. 3. éd. entièrement refondue. Paris, Librairie scientifique, industrielle et agricole, E. Lacroix, 1872-85.
5 v. illus., 21 plates (20 fold.), fold. table.
Wheeler 1351a.

Du Moncel, Théodose Achille Louis, comte, 1821-1884.
Notice sur l'appareil d'induction électrique de Ruhmkorff, par Th. Du Moncel. 5. éd. entiérement refondue. Paris, Gauthier-Villars, 1867.
xii, 400 p. illus. 21.5 cm.
Wheeler 1452a.

Du Moncel, Théodose Achille Louis, comte, 1821-1884.
Ruhmkorff's Inductions-Apparat und die damit anzustellenden Versuche. Nach dem französischen Original des Herrn. Th. du Moncel, mit dessen Autorisation bearbeitet von C. Bromeis und J.F. Bockelmann. Frankfurt am Main, J.D. Sauerländer, 1857.
vi, [1], 176 p. illus. 21.7 cm.
In Ronalds, Wheeler 1388.

Dumont, Georges, ed.
Annales d'électricité et de magnétisme publiées avec le concours d'un grand nombre d'électriciens et de savants français et étrangers, sous la direction de Georges Dumont. 570 gravures. Paris, Larousse, 1889-90.
[3], ii, 427, [1] p. illus. 27.8cm.
With, as issued, his Annales d'électricité et de magnétisme. Paris, 1891-92.

Dumont, Georges, ed.
Annales d'électricité et de magnétisme publiées avec le concours d'un grand nombre d'électriciens et de savants français et étrangers sous la direction de Georges Dumont. Paris, Larousse, 1891-92.
[3], 156 p. illus. 27.8 cm.
Issued with his Annales d'électricité et de magnétisme. Paris, 1889-90.

Duncan, John, 1839-1899.
Lectures on electrolysis, by John Duncan. [London?] 1876.
619-622, 715-717 p. illus. 25 cm.
Extract from The British medical journal. Lecture I: May 20, 1876. Lecture II: June 10, 1876.

Dupau, Jean Amédée, 1797-
Lettres physiologiques et morales sur le magnétisme animal, contenant l'exposé critique des expériences les plus récentes, et une nouvelle théorie sur ses causes, ses phénomènes et ses applications a la médecine, adressées a Alibert, par J. Amédée Dupau. Paris, Gabon, 1826.
xii, [2], 248 p. 20.2 cm.
With this is bound Le Bouvier Desmortiers, Urbain René Thomas. Examen des principaux systèmes sur la nature du fluide électrique. Paris, 1813.
Gartrell 1164.

Duplomb, Barthélemy Anastase.
De la galvano-caustique; du couteau galvano-caustique; et de l'anse coupante à échelle graduée de Eugène de Séré, par Barthélemy Anastase Duplomb. Paris, Rignoux, 1862.
43 p. 26 cm.

Du Potet de Sennevoy, Jules, baron, 1796-1881.
Essai sur l'enseignement philosophique du magnétisme, par le Baron du Potet de Sennevoy. Paris, A. René, 1845.
[3], 356 p. 22 cm.

Du Potet de Sennevoy, Jules, baron, 1796-1881.
An introduction to the study of animal magnetism, by the Baron Dupotet de Sennevoy.

With an appendix, containing reports of British practitioners in favour of the science. London, Saunders & Otley, 1838.
[1], iv, [vii]-xi, 388 p. 19.5 cm.
In Ronalds

Du Potet de Sennevoy, Jules, baron, 1796-1881.
Traité complet de magnétisme animal. Cours en douze leçons, par Le Baron du Potet. 4. éd., revue, corrigée et considérablement augmentée. Paris, G. Baillière, 1879.
viii, 632 p. 22 cm.

Durand, Joseph Pierre, 1826-1900.
Électro-dynamisme vital ou les relations physiologiques de l'esprit et de la matière demontrées par des expériences entiérement nouvelles et par l'histoire raisonée du système nerveux, par A.J.P. Philips. Paris, J.B. Baillière, 1855.
[3], xlvii, 383 p. 21.5 cm.

Durand, Joseph Pierre, 1826-1900.
Électro-dynamisme vital; ou, les relations physiologiques de l'espirit et de la matière demontrées par des expériences entiérement nouvelles et par l'histoire raisonée du système nerveux, par A.J.P. Philips [pseud.] Paris, J.B. Baillière, 1855.
xlvii, 383 p. 22.5 cm.

Duroy de Bruignac, Albert Charles Joseph, baron, 1831-
Satan et la magie de nos jours. Réflexions pratiques sur le magnétisme, le spiritisme et la magie, par Alb. Duroy de Bruignac. Paris, Librairie de Ch. Blériot, 1864.
xi, 218 p. 22.7 cm.

Durville, Hector, 1849-
Application de l'aimant (magnétisme minéral) au traitement des maladies, par H. Durville. Paris, a la Librairie du magnétisme, 1887.
24, [2] p. illus. 26.5 cm.

Durville, Hector, 1849-
Traité expériment et thérapeutique de magnetisme, par H. Durville. 2. éd. Paris, Librairie du Magnétisme, 1886.
viii, 181 p. illus. 18.8cm.
At head of title: Lois physiques du magnetisme. Polarité humaine.

Dutrochet, Henri, marquis, 1776-1847.
L'agent immédiat du mouvement vital dévoilé dans sa nature et dans son mode d'action, chez les vegétaux et chez les animaux, par H. Dutrochet. Paris, J.-B. Bailliere, 1826.
226, [2] p. 19.7 cm.
Bound with his Nouvelles recherches sur l'endosmose et l'exosmose. Paris, 1826.
Reports the first quantitative experiments on osmosis, discusses the role of electricity in osmosis, and specifies that "endosmose and exosmose depend entirely on electricity."

Dutrochet, Henri, marquis, 1776-1847.
Mémoires pour servir a l'histoire anatomique et physiologique des végétaux et des animaux, par H. Dutrochet. Paris, Chez J.B. Bailliere, 1837.
2 v. 21.8 cm. and atlas (30 plates, part fold.) 23.4 cm.

Dutrochet, Henri, marquis, 1776-1847.
Nouvelles recherches sur l'endosmose et l'exosmose, suivies de l'application expérimentale de ces actions physiques a la solution du problême de l'irritabilité végétale, et a la détermination de la cause de l'ascension des tiges et de la descente des racines, par Dutrochet. Paris, J.-B. Bailliere, 1828.
[4], ii, 106, [1] p. 2 plates. 19.7 cm.
With this is bound his L'agent immédiat du mouvement vital. Paris, 1826.
Continues reporting of Dutrochet's experiments on osmosis and the role electricity plays in it.

Dutrochet, Henri, marquis, 1776-1847.
Recherches sur la formation de la fibre musculaire, par H. Dutrochet. Paris, Impr. de Dezauche, 1831.
14 p. fold. plate. 20.3 cm.

Duval, André Jacob, 1828-1887.
Observation de gangrène des orteils chez un enfant, par A.J.Duval. Neuchâtel, 1859.
2, [1] p. 19.4 cm.
Bound with his Observation de gangréne spontanée des doigts guérie par l'électrisation localisée. Neuchatel, 1858.
"Extrait de l'Écho médical ... 1859. -- No.8. -- ler Aout."

Duval, André Jacob, 1828-1887.
Observation de gangréne spontanee des doigts guérie par l'électrisation localisée, par A.J. Duval. Neuchatel, Impr. de C. Leidecker, 1858.

8 p. 19.4 cm.
"Extrait de l'Écho médical ... Septembre 1858."
With this is bound his Observation de gangrène des orteils chez un enfant. Neuchâtel, 1859.

Eberle, Anton, 1815-
Die Thermen von Teplitz-Schönau und die gleichzeitige Anwendung der Electricität in den exsudativen Krankheitsformen, von Anton Eberle. Prag, H. Dominicus, 1864.
196 p. 22.3 cm.
Provenance: In benevotam memoriam Dr. Eberle

Eckhard, Konrad, 1822-1905.
Experimental physiologie des Nervensystems, von C. Eckhard. Giessen, E. Roth, 1866.
x, 305, [1] p. illus. 22.5 cm.

Édard, G.
La vie par le magnétisme et l'électricité, par G. Édard. Paris, Chez l'auteur, 1884.
xvi, 599 p. illus., 5 ports. 24.5 cm.
Provenance: A Monsieur le docteur Keller hommage affectieux l'auteur G. Edard

Eder, Josef Maria, 1855-
Versuche über Photographie mittelst der Röntgen'schen Strahlen, von regierungsrath J.M. Eder und E. Valenta. Hrsg. mit Genehmigung des K.K. Ministeriums fur Cultus und Unterricht von der K.K. Lehr- und Versuchs-Anstalt für Photographie und Reproductions-Verfahren in Wien. Wien, R. Luchner (W. Müller), 1896.
[3], 16 p. illus., 15 plates. 51 cm.

Edison electric light company, New York.
A warning from the Edison electric light co. [n.p., 188-]
83 p. illus. 23.7 cm.

Edwards, William Frédéric, 1777-1842.
De l'influence des agens physiques sur la vie, par W.F. Edwards. Paris, Crochard, 1824.
xvi, 654, [4] p. fold. plate. 20.2 cm.
Provenance: Manchester Infirmary (stamp)
In Ronalds, Gartrell 694.

Edwards, William Frédéric, 1777-1842.
On muscular contractions produced by bringing a solid body into contact with a nerve without a galvanic circuit, by Edwards.
p. 307-315. 23 cm.
(In his On the influence of physical agents on life. London, 1832.)

Edwards, William Frédéric, 1777-1842.
On the influence of physical agents on life, by W.F. Edwards. Tr. from the French, by Hodgkin and Fisher. To which are added, in the appendix, some observations on electricity, by Edwards, Pouillet, and Luke Howard; On absorption, and the uses of the spleen, by Hodgkin; On the microscopic characters of the animal tissues and fluids, by J.J. Lister and Hodgkin; and some notes to the work of Edwards. London, Printed for S. Highley, 1832.
xv, [1], 488 p. 23 cm.
Gartrell 695.

Edwards, William Frédéric, 1777-1842.
On the influence of physical agents on life, by W.F. Edwards. Trans. from the French, by Hodgkin and Fisher. To which are added, in the appendix, some observations on electricity, by Edwards, Pouillet, and Luke Howard and some notes to the work of Edwards. Philadelphia, Haswell, Barrington, and Haswell, 1838.
228 p. diagrs. 20.3 cm.
Copy 2. 23 cm.
With this copy is bound Essays on physiology and hygiene. Philadelphia, 1838.

Ehrenberg, Christian Gottfried, 1795-1876.
Observations on the structure hitherto unknown of the nervous system in man and animals, by Ehrenberg. Trans. with additions and notes, by David Craigie.
p. [67]-112. 23 cm.
(In Essays on physiology and hygiene. Philadelphia, 1838.)
Bound with Edwards, W.F. On the influence of physical agents on life. Philadelphia, 1838, copy 2.

Einthoven, Willem, 1860-1927.
Die Aktionsströme des Herzens. (Elektrokardiogramm), von W. Einthoven. [n.p., n.d.]
[785]-862 p. illus. 23.7 cm.
From Handbuch der Physiologie VIII.
Provenance: Ex Libris Heinrich Hirschfeld (bookplate); H. Hirschfeld Dec. 1928 (inscription); illegible inscription

Einthoven, Willem, 1860-1927.
Einthoven; personal reprints. v.p., 1885-1928.
2 v. illus 27.5 cm.

Einthoven, Willem, 1860-1927.
Lippmann's Capillar-Electrometer zur Messung schnell wechselnder Potentialunterschiede, von W. Einthoven. Bonn, E. Strauss, 1894.
528-541 p. illus. 22.9 cm.
"Separat-Abdruck aus dem Archiv für die ges. Physiologie Bd. 56."
Provenance: Weed (ink stamp); Ludwig Collection (ink stamp); illegible inscription

Eisenmann, Gottfried, 1795-1867.
L'eau amère de Friedrichshall, par Eisenmann. Wurzbourg, V.J. Stahel, 1855.
32 p. 20.3 cm.
Bound with Jumné, D. de. De l'électricité appliquée aux bains de mer. Ostende, 1854.

Electricity in daily life; a popular account of the applications of electricity to every day uses, by Cyrus F. Brackett, Franklin Leonard Pope [and others] New York, C. Scribner's Sons, 1890.
xvii, 288 p. illus., 6 plates. 23 cm.
Provenance: Henry J. Rut Dec. 25th 1890 (inscription); From Humphrey's Drugstore Canaan Conn. (bookplate)

Electro-magnetism. History of Davenport's invention of the application of electro-magnetism to machinery; with remarks on the same from the American journal of science and arts, by Silliman. Also, extracts from other public journals, and information on electricity, galvanism, electro-magnetism, &c., by Mrs. Somerville. New York, G. & C. Carvill, 1837.
94 p. 22.2 cm.

Electrotherapie. Amussat, Danion, Lemarchand, Chazarain. [Paris? after 1894]
1 v. (various pagings) illus., plates. 25.5 cm.
Provenance: Illegible inscription; A M. le Dr. hommage de l'auteur A. Amussat? (inscription); A. Gubler (ink stamp); lettre from Danion to his brother (inscription); 1887 G. Rougier + Cie imprimeurs Epreuves envoyees le 23 Sept. de revenues le 1 Rue Cassette Paris (stamp); hommage ...?... de l'auteur LeMarchand (inscription); A monsieur le docteur Donnefin Tres ...?... Societe de Medicine ...?... Hommage de l'auteur (inscription); hommage de l'auteur C. (inscription)

Elice, Ferdinando, 1786-
Nuovo metodo per eccitare l'elettricità collo schioppo e proposta di un fulmine artificiale. Lettera, del Ferdinando Elice. [n.p.] 1843.
[3] p. 20.5 cm.
Extract from?
Provenance: Ali ? Leopoldo Palli-Tabbroni-Firenze (inscription)
In Ronalds.

Elice, Ferdinando, 1786-
Sull' elettricismo eccitato collo schioppo. Lettera seconda, del Ferdinando Elice. [n.p.] Tip. Pagano, 1843.
7 p. 19.1 cm.
Provenance: Mme. ? Leopoldo Palli-Tabbroni-Firenze (inscription)
In Ronalds.

Elliotson, John, 1791-1868.
Numerous cases of surgical operations without pain in the mesmeric state; with remarks upon the opposition of many members of the Royal Medical and Chirurgical Society and others to the reception of the inestimable blessings of mesmerism, by John Elliotson. London, H. Bailliere, 1843.
93, [1] p. 20.7 cm.

Elliott, Charles Sinclaire.
Electro-therapeutics and X-rays, by Charles Sinclaire Elliott. Philadelphia, Boericke & Tafel, 1900.
vii, [1], [17]-349 p. illus., 5 plates. 22.7 cm.
The author was a professor of nervous and mental diseases and electrotherapeutics at the Hahnemann Medical College, Kansas City University and consulting neurologist to the State Asylum, Fulton, MO.

Ellis, George Viner, 1812-1900.
Illustrations of dissections in a series of original colored plates the size of life, representing the dissection of the human body, by George Viner Ellis and G.H. Ford. 2nd ed. New York, W. Wood, 1882.
2 v. col. plates. 23.2 cm.
Provenance: Presented to Louisiana State Medical Society by Doctor P. B. McCutchon New Orleans Thanksgiving Day November 25 1926 (inscription); P.B. McCutchon M.D. New Orleans February 1882 (inscription)

Emmert, Ferdinand August Gottfried, 1779-1819, praeses.
De gymnoto electrico. Commentatio quam consensu gratiosi ordinis medicorum praeside Ferd. Aug. G. Emmert..., submittit auctor Fr. Lud. Guisan. Tubingae, Typis Reisianis, 1819.
34, [1] p. fold. plate. 19.8 cm.

Engelmann, George Julius, 1847-1903.
The faradic or induced current; electro-magnetism; electro-massage, and instruments.
p. A117-A184. 24.2 cm.
(In Bigelow, H.R., ed. An international system of electro-therapeutics. Philadelphia, 1894.)

Engelmann, George Julius, 1847-1903.
Fundamental principles of gynaecological electro-therapy; application and dosage, by Geo. J. Engelmann. New York, A.L. Chatterton, 1891.
46 p. 16.8 cm.
"From the Journal of electro-therapeutics, May, 1891."
Provenance: Yale University Library (stamp); Dr. Sprunger (inscription)

Engelmann, George Julius, 1847-1903.
The use of electricity in gynecological practice, by George J. Engelmann. [St. Louis?] 1886.
149 p. 22.1 cm.
"Reprint from volume XI, Gynecological Transactions. 1886."
Provenance: Illegible stamp; illegible inscription

Engelmann, Theodor Wilhelm, 1843-1909.
Ueber das elektrische Verhalten des thätigen Herzens, von Th. W. Engelmann. [Utrecht, 1880]
[73]-114 p. fold. plate. 23 cm.
Demonstrates that electric charge is not present in the resting heart.

Engelmann, Theodor Wilhelm, 1843-1909.
Ueber den Einfluss des Blutes und der Nerven auf das elektromotorische Verhalten künstlicher Muskelquerschnitte, von Th. W. Engelmann. [Utrecht, 1880]
[13]-22 p. 23 cm.

Engelmann, Theodor Wilhelm, 1843-1909.
Vergleichende Untersuchungen zur Lehre von der Muskel- und Nervenelektricität, von Th. W. Engelmann. [Utrecht, 1877]
[281]-324 p. 23 cm.

Ennemoser, Joseph, 1787-1854.
Het magnetismus, in verband met natuur en godsdienst. Uit het hoogduitsch, van Joseph Ennemoser. Groningen, W. van Boekeren, 1854.
2 v. 23 cm.

Ennemoser, Joseph, 1787-1854.
Der Magnetismus nach der allseitigen Beziehung seines Wesens, seiner Erscheinungen, Anwendung und Enträthselung in einer geschichtlichen Entwickelung von allen Zeiten und bei allen Völkern wissenschaftlich dargestellt, von Joseph Ennemoser. Leipzig, F.A. Brockhaus, 1819.
xxiv, 781, [2] p. 20.1 cm.
Provenance: Biblioth. Dris J.B. Holzinger (bookplate); illegible stamp
In Ronalds.

Entretiens sur le magnétisme animal et le sommeil magnétique dit somnambulisme, dèvoilant cette double doctrine, et pouvant servir a en porter un jugement raisonné. Paris, Deschamps, 1823.
[4], iii, [1]-320, 337-359, [1] p. 20.8 cm.

Erb, Wilhelm Heinrich, 1840-1921.
Handbook of electro-therapeutics, by Wilhelm Erb. Tr. by L. Putzel. New York, W. Wood, 1883.
xi, [1], 366 p. illus. 23.4 cm.
Provenance: Library of George A. Piersol, M.D. (bookplate); Geo. A. Piersol 1883 (inscription)

Erb, Wilhelm Heinrich, 1840-1921.
Handbuch der Elektrotherapie, von Wilhelm Erb. Leipzig, F.C.W. Vogel, 1882.
[4], viii, 693, [1] p. illus. 22.8 cm.

Erb, Wilhelm Heinrich, 1840-1921.
Handbuch der Elektrotherapie, von Wilhelm Erb. Leipzig, F.C.W. Vogel, 1882.
2 v. (viii, 738 p.) illus. 22.2 cm.
Provenance: Grosh: Hess: Direction der Landes. Irrenanstalt (ink stamp)

Erb, Wilhelm Heinrich, 1840-1921.
Handbuch der Elektrotherapie, von Wilhelm Erb. 2. Aufl. Leipzig, F.C.W. Vogel, 1886.
xxi, 760 p. illus. 22.7 cm.

Erb, Wilhelm Heinrich, 1840-1921.
Handbuch der Krankheiten des Nervensystems, von Wilhelm Erb. Leipzig, F.C.W. Vogel, 1878.
2 v. illus. 23 cm.

Provenance: C. G. II (inscription); Pathologisch-Pathologische Anatomie in Wien (ink stamp); Bibliothek des Pathol-anatom. Institutes der Universitat Wien (stamp)

Erb, Wilhelm Heinrich, 1840-1921.
Progressive muscular dystrophy, by Wilhelm Erb, trans. by A.M. Stalker.
p. [231]-267. 22 cm.
(In Clinical lectures on subjects connected with medicine and surgery. London, 1894.)

Erb, Wilhelm Heinrich, 1840-1921.
Traité d'électrothérapie, par W. Erb. Traduit par Ad. Rueff. Paris, A. Delahaye et E. Lecrosnier, 1884.
xvi, 664 p. illus. 24.2 cm.

Erb, Wilhelm Heinrich, 1840-1921.
Ueber die Anwendung der Electricität in der inneren Medicin, von W. Erb. Leipzig, Breitkopf und Härtel, 1872.
[351]-388 p. 25.4 cm.

Erb, Wilhelm Heinrich, 1840-1921.
Ueber die neuere Entwicklung der Nervenpathologie und ihre Bedeutung für den medicinischen Unterricht, von Wilhelm Erb. Leipzig, F.C.W. Vogel, 1880.
30 p. 22.8 cm.

Erb, Wilhelm Heinrich, 1840-1921.
Winterkuren im Hochgebirge, von Wilhelm Erb. Leipzig, Breitkopf und Hartel, 1900.
16 p. 25.6 cm.

Erdmann, Bernhard Arthur, 1830-
Die ortliche Anwendung der Elektricität in Bezug auf Physiologie, Pathologie und Therapie. Mit Zugrundlegung von Duchenne de Boulogne De l'électrisation localisée et de son application à la physiologie, à la pathologie et à la thérapeutique. Paris 1855, bearb. von B.A. Erdmann. Leipzig, J.A. Barth, 1856.
viii, 231, [1] p. illus. 22.5 cm.
Provenance: Ex Bibl. Krukenberg (stamp)

Erdmann, Bernhard Arthur, 1830-
Die örtliche Anwendung der Elektricität in der Physiologie, Pathologie und Therapie. Mit Zugrundlegung von: Duchenne de Boulogne De l'électrisation localisée et de son application à la physiologie, à la pathologie et à la thérapeutique. Paris, 1855, bearb. von B.A. Erdmann. 2., vielfach umgearb. und verm. Aufl. Leipzig, J.A. Barth, 1858.
viii, 266 p. illus. 22.5 cm.

Ernst, Friedrich Gustav.
Orthopaedic apparatus; a series of illustrated plates, with corresponding descriptions of the various forms of mechanism employed in the treatment and cure of the numerous deformities of the human body, by F. Gustav Ernst. London, Printed ... by Sprague, 1883.
xiii, [1], 58, vii p. 36 plates. 21.8 cm.

Eschenmayer, Carl Adolph von, 1768-1852.
Versuch die scheinbare Magie des thierischen Magnetismus aus physiologischen und psychischen Gesezen zu erklären, von C.A. v. Eschenmayer. Stuttgart, J.G. Cotta, 1816.
[1], 180 p. 19 cm.
In Ronalds.

Esdaile, James, 1808-1859.
The introduction of mesmerism (with the sanction of the government) into the public hospitals of India, by James Esdaile. 2d ed. London, W. Kent, 1856.
48 p. 8 plates 22 cm.

Esdaile, James, 1808-1859.
Mesmerism in India, and its practical application in surgery and medicine, by James Esdaile. Hartford, S. Andrus, 1847.
259 p. 19.5 cm.
Gartrell 1170.

Esmarch, Friedrich von, 1823-1908.
On the use of cold in surgery, by Fr. Esmarch. Tr. by Edmund Montgomery. London, The New Sydenham Society, 1861.
p. [277]-329. 22.3 cm.
(In New Sydenham Society, London. Selected monographs. London, 1861.)

Espezel, Francois, 1874-
Traitement du spasme de l'oesophage par la faradisation, par François Espezel. Lyon, A. Rey, 1900.
47, [1] p. 24.9 cm.

Essays on physiology and hygiene. Philadelphia, Haswell, Barrington, and Haswell, 1838.
240 p. plates. 23 cm.

Eulenburg, Albert, 1840-1917.
Die hydroelektrischen Bäder. Kritisch und experimentell auf Grund einiger Untersuchungen, bearb. von A. Eulenburg. Wien, Urban & Schwarzenberg, 1883.
iv, 102, [1] p. illus., 2 plates. 25.1 cm.
Provenance: Institut fur Geschichte der Medizin Wien (ink stamp)

Ewart, James Cossar, 1851-1933.
The electric organ of the skate.--Observations on the structure, relations, progressive development, and growth, of the electric organ of the skate, by J.C. Ewart. Communicated by J. Burdon Sanderson. [London] 1892.
389-420 p. 4 plates (1 col., fold.) 30.3 cm.
An extract from the Philosophical Transactions of the Royal Society, MDCCCXCIII.-B.

Exner, Sigmund, 1846-1926.
Emil du Bois-Reymond, von Sigm. Exner. Wien, W. Braumuller, 1897.
7 p. 22.3 cm.
"Separatabdruck aus der Wiener klinischen Wochenschrift ... Jahrgang 1897, Nr. 2."
Provenance: Arnold R. Rich (stamp)

Exner, Sigmund, 1846-1926.
Untersuchungen über die Localisation der Functionen in der Grosshirnrinde des Menschen. Mit Unterstutzung der Kaiserlichen Akademie der Wissenschaften zu Wien hrsg. von Sigmund Exner. Wien, W. Braumuller, 1881.
vii, [1], 180 p. 25 plates (1 fold., part col.) 23.7 cm.
Reports neurophysiological studies of the localization of function using electrical stimulation; includes the identification of "Exner's plexus."

Expériences électriques. [ca. 1821]
1 portfolio ([8] p., 14 plates) 30.5 cm. [manuscript]

Experiment book. I. 1879-1882.
vi, 184 p., bound. illus., charts. 26 cm. [manuscript]
Provenance: J. Formby (inscription)

Experiments on the brain, spinal marrow, and nerves.
p. [199]-208. 23 cm.
(In Essays on physiology and hygiene. Philadelphia, 1838.)
Bound with Edwards, W.F. On the influence of physical agents on life. Philadelphia, 1838, copy 2.

Eydam, Immanuel, 1802-1847.
Die Erscheinungen der Elekricität und des Magnetismus in ihrer Verbindung mit einander. Nach den neuesten Entdeckungen im Gebiete des Elektro-Magnetismus und der Induktions-Elektricität für Freunde des Naturwissenschaften und besonders für Aerzte, ausführlich dargestellt von I. Eydam. Weimar, bei W. Hoffmann, 1843.
xx, 360 p. 3 fold. plates. 22.5 cm.
Provenance: K. K. Technische Militair Academie. Bibliothek (stamp w/ ausgeschleden stamp); Bibliothek des K. K. Bombardise Corps (stamp); K. K. Technische Mil. Academie (bookplate)
In Ronalds, Wheeler 1039, Gartrell 703.

Faleiro, Francisco, fl. 1535.
Del nordestear de las agujas [por] Francisco Falero.
6 p. facsim. 26.5 cm.
(In Hellmann, Gustav, ed. Rara magnetica, 1269-1599. Berlin, 1898.)
Extract from his Tratado del esphera y del arte del marear, with facsim. of the t.p. of the 1535 ed. of that work.

Faraday, Michael, 1791-1867.
Experimental researches in electricity, by Michael Faraday. London, Printed by R. Taylor, 1832.
[1], 125-194 p. 2 plates. 29.5 cm.
"From the Philosophical transactions."
Reports the discovery of how electricity is generated by electromagnetic induction.

Faraday, Michael, 1791-1867.
Experimental researches in electricity, by Michael Faraday. London, R. and J.E. Taylor, 1831-55.
3 v. diagrs., 17 plates (part. fold.) 23.4 cm.
Reprinted from Phil. trans., 1832-1852.
Provenance: Ex Libris William M. Fitzhugh Jr. (bookplate)
In Ronalds, Wheeler 959, 959a, Gartrell 708.

Farrar, John, 1779-1853, comp.
Elements of electricity, magnetism, and electro-dynamics, embracing the late discoveries and improvements, digested into the form of a treatise; being the second part of a course of

natural philosophy, compiled for the use of the students of the university at Cambridge, New England, by John Farrar. Boston, Hilliard, Gray, 1839.
vii, [1], 376 p. 6 fold. plates. 22.8 cm.
Provenance: Essex Institute Presented by Daniel A. White (bookplate)
In Ronalds, Gartrell 715.

Faulkner, Richard Biddle, 1853-
Electro-therapeutics in the practice of dermatology, by Richard B. Faulkner. [n.p.] 1894.
11 p. 18.3 cm.
"Reprinted from The Journal of Electro-Therapeutics."
Provenance: Johns Hopkins Hospital Library Oct. 1903 (stamp)

Fayel, Charles.
A propos de l'exécution de Ruffin [par Ch. Fayel]. Caen, Impr. E. Adeline, 1893.
15 p. 23.5 cm.
(In Electrotherapie. Amussat, Danion, Lemarchand, Chazarain. [Paris? after 1894])
"Extrait de l'Année Médicale du 15 Mai 1893."

Féburier.
Mémoire sur quelques propriétés du fluide électrique, considérées dans leurs rapports avec la végétation, par Féburier. Versailles, de l'Impr. de la Préfecture, de la Société d'Agriculture, chez I. Jacob [n.d.]
94 p. 23.2 cm.
Provenance: A monsieur ? de la pour de l'auteur ? (inscription_
Covers the author's research on the relationship of oxygen and the electric fluid and on the effect of electricity on plants.

Fechner, Gustav Theodor, 1801-1887.
De nova methodo magnetismum explorandi, qui per actionem galvanicam in ferro ductili excitatur, invitat Gust. Theod. Fechner. Lipsiae, Typis Breitkopfio-Haertelianis, 1835.
[1], 25 p. 24.2 cm.
Wheeler 892.

Fechner, Gustav Theodor, 1801-1887.
De variis intensitatem vis galvanicae metiendi methodis ... Publice defendet Gustavus Theodorus Fechner. Assumto socio Carol. Guil. Herrmann. Brandes. Lipsiae, Typis Breitkopfio-Haertelianis, 1835.
[1], 32, [1] p. 24.2 cm.
In Ronalds, Wheeler 893.

Fechner, Gustav Theodor, 1801-1887.
Elemente der Psychophysik, von Gustav Theodor Fechner. Leipzig, Breitkopf und Härtel, 1860.
2 v. in 1. 22.5 cm.
Provenance: Illegible inscription

Fechner, Gustav Theodor, 1801-1887.
Erinnerungen an die letzten Tage der Odlehre und ihres Urhebers, von Gustav Theodor Fechner. Leipzig, Breitkopf und Härtel, 1876.
[3], 55 p. 19.4 cm.

Fechner, Gustav Theodor, 1801-1887.
In Sachen der Psychophysik, von Gustav Theodor Fechner. Leipzig, Breitkopf und Härtel, 1877.
viii, 219, [1] p. 21.7 cm.

Fechner, Gustav Theodor, 1801-1887.
Massbestimmungen über die galvanische Kette, von Gustav Theodor Fechner. Leipzig, F.A. Brockhaus, 1831.
xii, 260 p. charts, fold. plate. 25.9 cm.
In Ronalds, Wheeler 859.
Quantifies measurement of direct current and experimentally confirms Ohm's Law.

Fechner, Gustav Theodor, 1801-1887.
Nanna oder Über das Seelenleben der Pflanzen, von Gustav Theodor Fechner. 2. Aufl. Mit einer Einleitung von Kurd Lasswitz. Hamburg, L. Voss, 1899.
xvii, [1], 300, [1] p. 20.2 cm.

Fechner, Gustav Theodor, 1801-1887.
Revision der Hauptpunckte der Psychophysik, von Gustav Theodor Fechner. Leipzig, Breitkopf und Härtel, 1882.
xii, 426, [2] p. 22.6 cm.
Provenance: Dr. F. Kaufel Wien (stamp)

Fechner, Gustav Theodor, 1801-1887.
Ueber die physikalische und philosophische Atomenlehre, von Gustav Theodor Fechner. Leipzig, H. Mendelssohn, 1855.
xvi, [3], 210 p. 22.9 cm.

Fechner, Gustav Theodor, 1801-1887.
Ueber die Seelenfrage. Ein Gang durch die sichtbare Welt, um die unsichtbare zu finden, von

Gustav Theodor Fechner. Leipzig, C.F. Ameland, 1861.
vi, [1], 228, [1] p. 19.8 cm.
Provenance: Illegible inscription

Fechner, Wilhelm.
Die Anwendung der Elektrizität in der Medizin bei Nervenleiden, Gehirn- und Ruckenmarks-Krankheiten. Populäre Darstellung mit Holzschnitten, von Wilhelm Fechner. Berlin, Steinitz & Fischer, 1885.
52 p. illus. 22 cm.

Fenwick, Edwin Hurry, 1856-
The electric illumination of the bladder and urethra as a means of diagnosis of obscure vesico-urethral diseases, by E. Hurry Fenwick. 2nd. ed. London, J. & A. Churchill, 1889.
xxii, [1], 271 p. illus., front., plates. 22.3 cm.
Provenance: From the house of Belt (bookplate); Ralph Willum (inscription)

Ferguson, James, 1710-1776.
Lectures on electricity, by James Ferguson. A new ed. corrected, with an appendix, adapting the work to the present state of science, by C.F. Partington. London, Sherwood, 1825.
102 p. 2 plates. 23.5 cm.
Wheeler 812.
Revises James Ferguson's 18th century introduction to electricity and medical electricity.

Ferrier, Sir David, 1843-1928.
The Croonian lectures on cerebral localisation. Delivered before the Royal College of Physicians, June, 1890, by David Ferrier. London, Smith, Elder, 1890.
vi, [1], 152 p. illus. 22.4 cm.
"Reprinted from the British Medical Journal."
Outlines 19th century knowledge of cerebral localization, including the basis of electrical activity of the brain.

Ferrier, Sir David, 1843-1928.
De la localisation des maladies cérébrales, par David Ferrier. Traduit de l'anglais par Henry C. de Varigny. Suivi d'un mémoire sur les localisations motrices dans l'écorce des hémisphères du cerveau, par J.M. Charcot et A. Pitres. Paris, G. Baillière, 1879.
viii, 288 p. illus. 23.5 cm.

Ferrier, Sir David, 1843-1928.
Les fonctions du cerveau, par David Ferrier. Traduit de l'anglais par Henri C. de Varigny. Paris, G. Bailliere, 1878.
viii, 519 p. illus. 22.1 cm.

Ferrier, Sir David, 1843-1928.
The functions of the brain, by David Ferrier. New York, G.P. Putnam, 1880.
xiii, 353 p. illus. 21.8 cm.
Provenance: Boston Medical Library Mar. 19 1912 (ink stamp)

Ferrier, Sir David, 1843-1928.
The functions of the brain, by David Ferrier. 2nd ed., re-written and enl. London, Smith, Elder, 1886.
xxiii, 498 p. illus. 23 cm.
Provenance: Rijksuniversiteit Pharmacologisch Instituit Utrecht (ink stamp)

[Fessenden, Thomas Green] 1771-1837.
Terrible tractoration!! A poetical petition against galvanising trumpery, and the Perkinistic institution. In four cantos, by Christopher Caustic. 2nd ed., with great additions. London, Printed for T. Hurst, 1803.
xxxi, 186 p. col. front. 16.6 cm.
Gartrell 720.

Fick, Adolf, 1829-1901.
Die medicinische Physik, von Adolf Fick. 2. gänzlich umgearb. Aufl. Braunschweig, F. Vieweg, 1866.
[2], xiv, 451, [1] p. illus. 22 cm.
Provenance: Schreibstube Kasten 2 (stamp); Dr. Hofloiagel (inscription)

Fick, Adolf, 1829-1901.
Untersuchungen über elektrische Nervenreizung, von Adolf Fick. Braunschweig, F. Vieweg, 1864.
[7], 51 p. illus. 29.7 cm.
Reports Adolf Fick's research on electrical stimulation of the nerves and the development of quantifiable parameters of measurement.

Fickel.
Der mineralische Magnetismus als grosses Heilmittel. Zur Beherzigung für Aerzte und Belehrung für Nichtärzte, von Fickel. Leipzig, L. Schumann, 1836.
32 p. 18.3 cm.

Provenance: Bibliothek der Hom. Central Spetheke Dr. Wihmer Schwabe Leipzig (stamp)
In Ronalds.

Fieber, Friedrich, 1835-1882.
Die Behandlung der Nervenkrankheiten mit Elektricität. Eine Uebersicht des gegenwärtigen Umfanges der elektrischen Behandlung und der Anzeigen für dieselbe, von Friedrich Fieber. Wien, K. Czermak, 1873.
66 p. 19.8 cm.

Fieber, Friedrich, 1835-1882.
Compendium der Elektrotherapie, von Friedrich Fieber. Wien, W. Braumuller, 1869.
viii, 146 p. illus. 22 cm.
Provenance: Dr. Buchetmann

Fieber, Friedrich, 1835-1882.
Die Inhalation medicamentöser Flüssigkeiten und ihre Verwerthung bei Krankheiten der Athmungsorgane, zum Gebrauche für Ärzte, erläutert von Friedrich Fieber. Wien, W. Braumüller, 1865.
xii, 143, [1] p. 23.1 cm.

Fieber, Friedrich, 1835-1882.
The treatment of nervous diseases by electricity; a review of the present extent of electrical treatment, with indications for its employment, by Friedrich Fieber. Trans. from the German by George M. Schwieg. New York, G.P. Putnam, 1874.
64 p. 18.7 cm.

Field, Herbert Haviland, 1862-1921.
Conspectus numerorum "Systematis decimalis", ad usum bibliographiae anatomicae, confectus authoritate Instituti bibliographici internationalis bruxellensis, ampliatus ab Herbert Haviland Field. Jena, G. Fsicher, 1897.
8 p. 23.4 cm.

Fielding, William John, 1886-
How the sun's rays will give you health and beauty [by] William J. Fielding. Girard, Kansas, Haldeman-Julius Publications [n.d.]
32 p. 12.4 cm.

Figuier, Louis, 1819-1894.
Les grandes inventions, anciennes et modernes, dans les sciences, l'industrie et les arts, par Louis Figuier. 3rd ed. Paris, Hachette, 1865.
[3], ii, 445, [1] p. illus., diagrs., plates, ports. 24 cm.

Figuier, Louis, 1819-1894.
Les merveilles de la science, ou description populaire des inventions modernes, par Louis Figuier. Paris, Furne, Jouvet, 1868.
v. illus. 28.7 cm.

Finlay, R F
Der Hypnotismus. Seine Erscheinungen, ihr Erklarungs-Versuch - ihre Gefahren, von R.F. Finlay. Aachen, R. Barth, 1892.
60, [1] p. 23.4 cm.
"Aus 'The Lyceum' ins Deutsch übersetzt von einem Priester derselben Gesellschaft."
Provenance: Kantonsbibliothek Graubunden-Chur (ink stamp); illegible inscription

Finsen, Niels Ryberg, 1860-1904.
Ueber die Anwendung von concentrirten chemischen Lichtstrahlen in der Medicin, von Niels R. Finsen. Leipzig, F.C.W. Vogel, 1899.
[1], viii, 52 p. illus., 2 plates. 24.3 cm.

Fischer, Georg, 1836-1921.
Experimentelle Studien zur therapeutischen Galvanisation des Sympathicus. Der medicinischen Facultät zu München pro venia legendi vorgelegt von Georg Fischer. Leipzig, J.B. Hirschfeld, 1875.
73 p. 2 fold. plates. 22.6 cm.

Fishbough, William, 1814-1881.
The macrocosm and the microcosm; or, The universe without and the universe within: being an unfolding of the plan of creation and the correspondence of truths, both in the world of sense and the world of soul, by William Fishbough. New York, Fowler and Wells, c1852.
259 p. 19 cm.
(In Library of mesmerism and psychology. New York [n.d.] v. 1.)

Fisher, John M.
Electricity in gynaecology, by John M. Fisher. Detroit, Mich., G.S. Davis, 1893.
18 p. 20 cm.
"Reprinted from the Therapeutic Gazette, April 15, 1893."

Fiske, Bradley Allen, 1854-1942.
Electricity in theory and practice; or, The elements of electrical engineering, by Bradley A. Fiske. New York, D. Van Nostrand, 1883.

270 p. illus., 5 fold. plates. 24.1 cm.
Provenance: Lt. Sgt. I. H. Wechsier 2nd Btn Rangers K.R.R.C. (inscription); M. M. Mars (inscription)
Wheeler 2316.

Flammarion, Camille, 1842-1925.
The atmosphere. Tr. from the French of Camille Flammarion. Ed. by James Glaisher. New York, Harper, 1873.
453 p. illus., 24 plates (10 col.) 25.5 cm.
Provenance: R. S. Floyol ...?... January 10th 1874 (inscription)
Contains thirty pages on electricity, thunderstorms, and lightning, reviewing the research of Nollet, Benjamin Franklin, and Saussure.

Fleischl von Marxow, Ernst, 1846-1891.
Gesammelte Abhandlungen, von Ernst Fleischl von Marxow. Hrsg. von Otto Fleischl von Marxow. Mit einem Portrait des Verfassers und einer biographischen Skizze von Sigm. Exner. Leipzig, J.A. Barth, (Arthur Meiner), 1893.
xiv, [1], 548 p. 19 plates (5 col., 8 fold.), port. 26.5 cm.
Provenance: Department of Physiology Columbia University (embossed stamp)

Fleming, Alexander, 1823-1875.
Concerning the treatment of constipation, and of stoppage of the bowels; with special reference to the use of atropia and of galvanism, by Alexander Fleming. London, 1866.
12 p. diagr. 17.8 cm.
"Reprinted from the British Medical Journal, December 23rd, 1865."

Fleming, John Ambrose, 1849-1945.
The alternate current transformer in theory and practice, by J.A. Fleming. 3rd issue. London, Benn Bros., 1900.
2 v. illus. 21.6 cm.

Flemming Electro-Medical Instrument Manufactory.
Illustrated catalogue of Flemming's electro-therapeutic apparatus, electro-surgical apparatus, electrodes, etc... 10th ed. Philadelphia, 1886, c1883.
42 p. illus. 23.2 cm.

Flint, Austin, 1836-1915.
The physiology of man; designed to represent the existing state of physiological science, as applied to the functions of the human body, by Austin Flint, Jr. [Vol. IV] Nervous system. New York, D. Appleton, 1872.
470 p. illus. 22.5 cm.

Flittner, Christian Gottfried, 1770-1828.
De mesmerismi vestigiis apud veteres, auctore Christ. Godofr. Flittner. Berolini, In bibliopolio Flittneriano, 1820.
[3], 24 p. 25 cm.

Flourens, Pierre, 1794-1867.
Cours de physiologie comparée; de l'ontologie ou étude des êtres; leçons professees au muséum d'histoire naturelle, par Flourens. Recueillies et rédigées par Charles Roux, revues par le professeur. Paris, Chez J.B. Baillière, 1856.
vii, 184 p. 19.8 cm.

Flourens, Pierre, 1794-1867.
De la phrénologie et des études vraies sur le cerveau, par P. Flourens. Paris, Garnier, 1863.
[3], 304 p. 18.8 cm.

Flourens, Pierre, 1794-1867.
Examen de la phrénologie, par P. Flourens. Paris, Paulin, 1842.
115, [3] p. 17.6 cm.
Provenance: Docteur Rene Biot (bookplate)

Flourens, Pierre, 1794-1867.
Recherches expérimentales sur les propriétés et les fonctions du système nerveux, dans les animaux vertébrés, par P. Flourens. Paris, Chez Crevot, 1824.
[1], xxvi, 331, [2] p. 20.4 cm.
Provenance: Steven's Hospital Med. and Surgical Library 1818 (ink stamp)

Flourens, Pierre, 1794-1867.
Recherches expérimentales sur les propriétés et les fonctions du système nerveux dans les animaux vertébrés, par P. Flourens. 2. éd., corr., augm. et entièrement refondue. Paris, Chez J.B. Baillière, 1842.
xxviii, 516 p. 22.3 cm.
Provenance: Herbert McLean Evans Library of Medical Classics (bookplate)

Fodéré, François Emmanuel, 1764-1835.
Traité du délire, appliqué a la médecine, a la morale et a la législation, par F.E. Foderé. Paris, Croullebois, 1817.
2 v. 20.4 cm.
Provenance: Presented to the Library of the Medical Society of the County of Kings by Medical Library Ass. Exchange (NY Academy of Medicine) Feb 4 1944
Deals briefly with electrical therapy and research in mental illness.

Fonseca, António Alfonso María Vellado Alvez Pereira da, 1873-1903.
Oscillações eléctricas, por A.A.M. Vellado Alvez Pereira da Fonseca. Coimbra, F. Amado, 1897.
2 v. 23.3 cm.

Fontan, Jules Antoine Émile.
Éléments de médecine suggestive: hypnotisme et suggestion - faits cliniques, par J. Fontan et Ch. Ségard. Paris, O. Doin, 1887.
xv, 306 p. 18.5 cm.

Fonvielle, Wilfrid de, 1826-1914.
Les endormeurs; la vérité sur les hypnotisants, les suggestionnistes, les magnétiseurs, les Donatistes, les Braïdistes, etc. Paris, A la Librairie illustree [1887?]
[3], 308 p. 18.5 cm.

Fonvielle, Wilfrid de, 1826-1914.
Thunder and lightning, by W. De Fonvielle. Tr. from the French, and ed. by T.L. Phipson. New York, C. Scribner, 1867.
xvi, 216 p. illus., 25 plates. 17.7 cm.

Foote, Edward Bliss, 1829-1906.
Medical common sense; applied to the causes, prevention and cure of chronic diseases and unhappiness in marriage, by Edward B. Foote. Rev. and enl. ed. New York, Published by the author, 1864.
xviii, 390 p. illus., port. 19.4 cm.
Provenance: Illegible inscription

Forbush, E B
The electrician: or a practical treatise upon the science of electricity considered in its various branches of atmospheric, frictional, thermo, galvanic, magneto and animal electricity, terrestial [sic] inductive, and electro magnetism: with a descriptive view of the American magnetic telegraph, by E.B. Forbush. Buffalo, Press of Jewett, Thomas, 1846.
64 p. illus. 21 cm.

Ford, Willis E.
The methods of administering galvanism in gynecology, by Willis E. Ford. [n.p.] 1892.
8 p. charts. 23.6 cm.
"Reprinted from Transactions [of the Medical society of New York] 1892."

Ford, Willis E.
Some of the limitations of galvanism in gynecology, by Willis E. Ford. Philadelphia, W.J. Dornan, Printer, 1889.
18 p. 21.6 cm.
"Reprinted from The Transactions of the American Gynecological Society, September, 1889."

Forel, Auguste Henri, 1848-1931.
Der Hypnotismus; seine psycho-physiologische, medicinische, strafrechtliche Bedeutung und seine Handhabung, von August Forel. 2. umgearb. und verm. Aufl. Stuttgart, F. Enke, 1891.
xi, 172 p. 24.2 cm.

Forgue, Émile, 1860-1943.
Distribution des racines motrices dans les muscles des membres, par Émile Forgue. Montpellier, Typ. et lithographie Boehm, 1883.
89 p. 7 plates (6 fold., 1 col.) 25 cm.
Provenance: A M. le Professeur Giey Hommage d'un ? de dix huit unis du cher chet Forgue (inscription)

Foster, Frank Pierce, 1841-1911, ed.
Reference book of practical therapeutics, by various authors, ed. by Frank P. Foster. New York, D. Appleton, 1896-97.
2 v. charts. 26.2 cm.

Foster, Sir Michael, 1836-1907.
Claude Bernard, by Michael Foster. London, T.F. Unwin, 1899.
xi, 245 p. front. (port.) 19.8 cm.
Provenance: Arthur I. Hoorson 1907 (inscription)

Foster, Sir Michael, 1836-1907.
A text-book of physiology, by M. Foster. 3rd American from the 4th and rev. English ed. With extensive notes and additions by Edward T.

Reichert. Philadelphia, Lea, 1885.
911 p. illus. 20.5 cm.
Provenance: Arthur W. Taft (inscription)

Foster, Sir Michael, 1836-1907.
A text book of physiology, by M. Foster, assisted by C.S. Sherrington. 7th ed., largely rev. Part III. The central nervous system. London, Macmillan, 1897.
xvi, [1], [915]-1252 p. illus. 23 cm.
Provenance: Harold Omer Cavalier, Trinity College, Cambridge - October 9, 1902 (inscription)

Fournier, Édouard, 1819-1880.
Le vieux-neuf; histoire ancienne des inventions et découvertes modernes, par Édouard Fournier. 2. éd. refondue et considérablement augm. Paris, E. Dentu, 1877.
3 v. 18.5 cm.
Wheeler 2028.
Covers briefly electricity's uses in paralysis, lithotrity, and galvanoplasty.

Fowler, Jessie Allen.
Fowler's new chart for the use of examiners giving a delineation of the character of _________ given by _________ date _________. New York, Fowler & Wells, c1900.
[7], 64 p. 3 plates. 18.4 cm.

Fowler, Lorenzo Niles, 1811-1896.
The illustrated phrenological almanac for 1852, by L.N. Fowler. Containing the portraits and phrenological developments of many eminent individuals, with a definition of the phrenological organs. New York, Fowlers and Wells [1852]
46, [2] p. illus. 19.2 cm.

Fowler, Orson Squire, 1809-1887.
Human science or phrenology; its principles, proofs, faculties, organs, temperaments, combinations, conditions, teachings, philosophies, etc., etc. ... by O.S. Fowler. [n.p.] c1873.
xviii, 1211 p. illus. 23.8 cm.

Fowler, Orson Squire, 1809-1887.
The illustrated self-instructor in phrenology and physiology, with one hundred engravings, and a chart of the character _________ as given by _________, by O.S. and L.N. Fowler, New York, Fowlers and Wells, 1855, c1849.
134 p. illus. 18.6 cm.
Provenance: R. B. Throop L.N. Fowler Feb. 1856 (inscription); R. B. Throop (inscription)

Fowler, Orson Squire, 1809-1887.
New illustrated self-instructor in phrenology and physiology; with over one hundred engravings; together with the chart and character of _____ as marked by _____ by O.S. and L.N. Fowler. New York, Fowler and Wells, 1859.
176 p. illus. 19 cm.

Fowler, Orson Squire, 1809-1887.
New illustrated self-instructor in phrenology and physiology; with over 100 engravings, together with the chart and character of ______ as marked by ______, by O.S. and L.N. Fowler. New York, S.R. Wells, 1868.
176 p. illus. 19 cm.
Provenance: Domingo Saglimblue Detroit (inscription)

Fowler, Orson Squire, 1809-1887.
Offspring, and their hereditary endowment: or, paternity, maternity, and infancy; including sexuality; its laws, facts, impairment, restoration, and perfection, as taught by phrenology and physiology. Together with warning and advice to youth, by O.S. Fowler. Boston, O.S. Fowler, 1869.
iv, [iii]-vi, [5]-278 p. 23 cm.
Includes mention of the use of electricity in the treatment of sexual problems.

Fowler, Orson Squire, 1809-1887.
Synopsis of phrenology; and the phrenological developments, together with the character and talents of ________ as given by _________ with references to those pages of "Phrenology proved, illustrated, and applied," in which will be found a full and correct delineation of the intellectual and moral character and manifestations of the above-named individual, by O.S. Fowler ... 185th thousand. New York, Fowlers and Wells, 1851.
19, [5] p. illus. 19 cm.

France. Commission chargée de l'examen du magnetisme animal.
Animal magnetism. Report of Dr. Franklin and other commissioners, charged by the King of France with the examination of the animal magnetism as practiced at Paris. Trans. from the French, with an historical outline of the "science," an abstract of the report on magnetic experiments, made by a committee of the Royal Academy of Medicine, in 1831; and remarks on Col. Stone's pamphlet. 2nd ed. Philadelphia, H. Perkins, 1837.

[3], 58 p. 22.8 cm.
Provenance: Illegible inscription
Gartrell 1072.

Francis, George William, 1800-1865.
Chemical experiments; illustrating the theory, practice, application of the science of chemistry, and containing the properties, uses, manufacture, purification, and analysis of all inorganic substances, by G. Francis. London, G. Berger, 1842.
[4], 250, [2] p. illus. 22.2 cm.
With this is bound his Electrical experiments. London, 1844.
Provenance: William John Scripps (bookplate)

Francis, George William, 1800-1865.
Electrical experiments; illustrating the theory, practice, and application of the science of free or frictional electricity; containing methods of making and managing electrical apparatus of every description, by G.W. Francis. New ed. London, Francis [n.d.]
[4], 91, [1] p. illus. 22.5 cm.
Provenance: N. S. T. Edinger 1874 (inscription); NSTE 1874 (inscription); Frederick J. Cox, optician, 26, Ludgate Hill, London (bookplate)

Francis, George William, 1800-1865.
Electrical experiments; illustrating the theory, practice, and application of the science of free or frictional electricity: containing the methods of making and managing electrical apparatus of every description, by G. Francis. London, D. Francis, 1844.
[4], 91, [1] p. illus. 22.2 cm.
Bound with his Chemical experiments. London, 1842.
Provenance: Francis Peabody (inscription); Essex Institute Library of Francis Peabody Presented by Mrs. Martha Peabody (bookplate)
In Ronalds.

Francis, George William, 1800-1865.
Electrical experiments; illustrating the theory, practice, and application of the science of free or frictional electricity; containing the methods of making and managing electrical apparatus of every description, by G.W. Francis. 7th ed. London, J. Allen, 1854.
[4], 91, [1] p. illus. 23.2 cm.
Provenance: Tufts College (inscription); Tufts College Library Gift of Prof. Benj. G. Brown Oct. 1901 (bookplate); Tufts College Library (stamp); withdrawn (stamps)

Francois-Franck, Charles Albert, 1849-1921.
Leçons sur les fonctions motrices du cerveau (réactions volontaires et organizues) et sur l'épilepsie cérébrale, par François-Franck. Précédées d'une préface du Charcot. Paris, O. Doin, 1887.
[5], ix, 571 p. illus. 25.5 cm.
Contains studies on the excitability of the cerebral cortex and on the localization of function using electrical stimulation.

Frankenhäuser, Fritz.
Die Leitung der Electricität im lebenden Gewebe auf Grund der heutigen physikalisch-chemischen Anschauungen für Mediciner dargestellt, von Fritz Frankenhäuser. Berlin, A. Hirschwald, 1898.
viii, [1], 52 p. illus. 20 cm.
Provenance: Dr. Oswald Greig (inscription)

Franklin, Benjamin, 1706-1790.
The complete works, in philosopy, politics, and morals, of the late Dr. Benjamin Franklin, now first collected and arranged: with memoirs of his early life, written by himself. London, Printed for J. Johnson, 1806.
3 v. illus., diagrs., map, 15 plates (9 fold.), port. 21.5 cm.
Provenance: M. S. Stewart, Duluth, Minn. (ink stamp)
In Ronalds, Wheeler 675.

Franklin, Benjamin, 1706-1790.
Memoirs of Benjamin Franklin. Written by himself, and continued by his grandson and others. With his social epistolary correspondence, philosophical, political, and moral letters and essays, and his diplomatic transactions as agent at London and minister plenipotentiary at Versailles. Augmented by much matter not contained in any former edition, with a postliminious preface by William Duane. New York, H.W. Derby, 1861.
2 v. fronts., port. 23.5 cm.
Provenance: Anson Stewart (inscription); Anson Stewarts Book Stillwater. Minn (inscription)

Frantz, Johann Gottfried, 1833-1873.
Een woord aan Nederlands geneeskundigen, bij mijne vestiging als electro-therapeut te

Amsterdam, door J.G. Frantz. Amsterdam, H.A. Frijlink, 1862.
23 p. 21 cm.

Fraser, E J
Medical electricity; a treatise on the nature of vital electricity in health and disease, with plain instructions in the uses of artificial electricity as a curative agent, by E.J. Fraser. Chicago, C.S. Halsey, 1863.
[3]-56 p. 21 cm.

Fraser, R N
Electrolysis and cataphoresis in the treatment of inoperable and recurrent malignant disease, by R.N. Fraser. [n.p.] 1899.
8 p. 25 cm.
"Reprinted from The Canadian Practitioner and Review, September, 1899."
Provenance: Dr. Thomas S. Cullen, 20 E. Lager Street, Baltimore, MD (ink stamp)

Frémy, Henri.
Étude critique de la trophonévrose faciale (physiologie pathologique), par Henri Frémy. Paris, A. Delahaye, 1873.
167 p. 22.7 cm.

French, Elizabeth J.
A new path in electrical therapeutics: an account of Elizabeth J. French's great discovery of electrical cranial diagnosis, and the scientific application of nine different currents of electricity to the cure of disease. A complete manual of anatomy and physiology. An historical account of the discoveries in magnetism and electricity, the progress of medical science, and brief sketches of the lives of eminent practitioners, from the earliest ages to the present century; also a thorough system of hygiene; to which are added plain directions for the treatment of disease by Prof. French's system of electrical applications, by Elizabeth J. French. Philadelphia, Pub. by the author, 1873.
xi, 9-251 p. illus., port. 18.8 cm.
Provenance: Mercantile Library New York (stamp)

French, Elizabeth J.
A new path in electrical therapeutics: an account of Elizabeth J. French's great discovery of electrical cranial diagnosis, and the scientific application of ten different currents of electricity to the cure of disease. A complete manual of anatomy and physiology. An historical account of the discoveries in magnetism and electricity, the progress of medical science, and brief sketches of the lives of eminent practitioners, from the earliest ages to the present century; also a thorough system of hygiene; to which are added plain directions for the treatment of disease by Prof. French's system of electrical applications, by Elizabeth J. French. 3rd ed. Philadelphia, Pub. by the author, 1875.
xi, 259 p. illus., port. 18.7 cm.
Provenance: Mrs. D. P. Allen with the compliments of the author (inscription)

French, Elizabeth J.
A new path in electrical therapeutics: an account of Elizabeth J. French's great discovery of electrical cranial diagnosis, and the scientific application of ten different currents of electricity to the cure of disease. A complete manual of anatomy and physiology. An historical account of the discoveries in magnetism and electricity, the progress of medical science and brief sketches of the lives of eminent practitioners, from the earliest ages to the present century; also a thorough system of hygiene to which are added plain directions for the treatment of disease by Prof. French's system of electrical applications, by Elizabeth J. French. 4th ed. Philadelphia, J.B. Lippincott, 1877.
[iii]-xi, [9]-259 p. illus., port. 19.1 cm.

Freund, Leopold, 1868-
Grundriss der gesammten Radiotherapie fur praktische Arzte, von Leopold Freund. Berlin, Urban & Schwarzenberg, 1903.
viii, 423, [1] p. illus., 1 plate. 24.4 cm.
Provenance: Presented to the library of the Medical Society of the County of Kings by Dr. James M. Winfield of Bklyn, NY Ap. 1917 (bookplate)

Fritsch, Gustav Theodor, 1838-
Die elektrischen Fische. Nach neuen Untersuchungen anatomisch-zoologisch, dargestellt von Gustav Fritsch. Leipzig, Veit, 1887-90.
2 v. illus., 32 plates. 41 cm.

Frommhold, Carl, 1811-1876.
Der constante galvanische Strom, modificirbar in seinem Intensitäts- und Quantitätswerth, Nachtrag zur Electrotherapie, von Carl Frommhold. Pest, Gedruckt bei G. Heckenast, 1866-67.

[4], 66 p. illus. 22.9 cm.
Provenance: M. Gos. Prof. 22 nov 1866 (inscription)

Frommhold, Carl, 1811-1876.
Electrolysis und Electrokatalysis vom physikalischen und medicinischen Gesichtspunkt, skizzirt von Carl Frommhold. Buda-Pest, Buchdruckerei des Franklin-Verein, 1874.
[6], 177 p. illus. 22.2 cm.
Provenance: Presented to the Library of the Medical Society of the County of Kings by the subscribers (bookplate); Library of the Physicians to the German Hospital and Dispensary New York (stamp); Med. Soc. County of Kings Library (ink stamp); illegible inscription

Frommhold, Carl, 1811-1876.
Electrotherapie mit besonderer Rücksicht auf Nerven-Krankheiten. Vom praktischen Standpunkte, skizzirt von Carl Frommhold. Pest, G. Heckennast, 1865.
xii, 418, [1] p. 23 cm.
Provenance: Bibliotheca Fedeicomca Ernesti (stamp)

Froriep, Robert, 1804-1861.
Beobachtungen über die Heilwirkung der Electricität, bei Anwendung des magnetoelectrischen Apparates, von Robert Froriep. Erstes Heft. Die rheumatische Schwiele. Weimer, im Verlage des Landes-Industrie-Comptoirs, 1843.
xxxvi, 292 p. illus. 21 cm.
Provenance: Aus der Bibliothek des Geh. Raths Prof. Joseph Meyer (stamp)

Froriep, Robert, 1804-1861.
On the therapeutic application of electro-magnetism in the treatment of rheumatic and paralytic affections, by Robert Froriep. Tr. from the German by Richard Moore Lawrence. London, H. Renshaw, 1850.
vii, 205, [1] p. 22.7 cm.
Wheeler 1175.

Fuerstlich Jablonowskische Gesellschaft der Wissenschaften, Leipzig.
Abhandlungen bei Begründung der königlich sächsischen Gesellschaft der Wissenschaften am Tage der zweihundertjährigen Geburtsfeier Leibnizens, hrsg. von der Fürstlich Jablonowskischen Gesellschaft. Leipzig, Weidmann, 1846.
[7], 484 p. plates. 26.5 cm.
Provenance: Biblioth. Duc. Altenburg (stamp)

Fullerton, Anna Martha.
Surgery versus electricity in the management of salpingitis and allied conditions, by Anna M. Fullerton. [n.p.] 1890.
12 p. 21.4 cm.
"From the Medical and Surgical Reporter. August 16, 1890."

Gälle, Meingosus, 1752-1816.
Beyträge zur Erweiterung und Vervollkommnung der Elektricitätslehre in theoretischer und practischer Hinsicht; worin unter andern neuen Versuchen auch das Abspringen des Blitzes von der Wetterstange an der Maschine sichtbar dargestellt wird, von Meingosus Gälle. Salzburg, Mayer, 1813-1816.
2 v. in 1. 11 fold. plates. 20 cm.
In Ronalds.

Gaertner, Gustav, 1855-
Ueber den elektrischen Widerstand des menschlichen Körpers gegenüber Inductions-strömen, von Gustav Gaertner. Wien, A. Hölder, 1889.
[509]-529 p. 21.5 cm.
Provenance: F. Miescher (bookplate); Prof. F. Miescher-Rusch Basel (stamp)

Gaertner, Gustav, 1855-
Ueber die therapeutische Verwendung der Muskelarbeit und einen neuen Apparat zu ihrer Dosirung, von G. Gaertner. Wien, Im Selbstverlag des Verfassers, 1887.
16 p. illus. 22.8 cm.
"Separat-Abdruck der Allgemeinen Wiener medizinischen Zeitung nr. 49 n. 50, 1887."
Provenance: Herrn Prof. G. Bunge ? (inscription)

Gaertner, Gustav, 1855-
Ueber einen neuen Blutdruckmesser (Tonometer). Vortrag, gehalten am 16. Juni 1899 in der k.k. Gesellschaft der Aerzte in Wien, von Gustav Gartner. Wien, M. Perles, 1899.
12 p. illus. 22.4 cm.
"Separatabdruck aus der Wiener Medicinischen Wochenschrift (Nr. 30, 1899)."
Provenance: Trotti 22.X.99

Gaiffe, A
Notice sur les appareils électro-médicaux construits par A. Gaiffe. Précédée d'un aperüu général sur l'électricité, l'électro-physiologie et l'électro-therapie. Paris, 1874.
208 p. illus., diagrs. 23.5 cm.

Gale, T
Electricity, or ethereal fire, considered: 1st. naturally, as the agent of animal and vegetable life: 2nd. astronomically, or as the agent of gravitation and motion: 3d. medically, or its artificial use in diseases. Comprehending both the theory and practice of medical electricity; and demonstrated to be an infallible cure of fever, inflammation, and many other diseases; constituting the best family physician ever extant, by T. Gale. Troy, Printed by Moffitt & Lyon, 1802.
276, [4] p. 16.5 cm.
Provenance: James Babson (inscription); Copy 2, The property of John G. Burnaps Lansingburgh Jan 9th 1830 (inscription); Charles D. Fiagler (bookplate); John G. Burnaps' Book (inscription); Copy 3, W. S. Clark 1813 (inscription); illegible inscription; Copy 4, The Property of Mr. Nathaniel Sikes of Harperfield May 24 1822 (inscription)
Copy 3.
Another issue.
Wheeler 636, Gartrell 734.

Galezowski, Xavier, 1832-1907.
Des troubles oculaires dans l'ataxie locomotrice paralysie des nerfs moteurs; atrophie des nerfs optiques; névrite de la cinquième paire; traitement, par X. Galezowski. Leçons faites a l'école pratique de la faculté de médecine, recueillies et rédigees par F. Despagnet. Paris, F. Alcan, 1884.
33, [1] p. 22.5 cm.
Provenance: A m. le Professeur Cuignes Hommage respectuer F. Despagnet (inscription)

Gall, Franz Joseph, 1758-1828.
Anatomie et physiologie du système nerveux en général, et du cerveau en particulier, avec des observations sur la possibilité de reconnoitre plusieurs dispositions intellectuelles et morales de l'homme et des animaux, par la configuration de leurs têtes, par F.J. Gall et G. Spurzheim. Paris, Chez F. Schoell, 1810-1819.
5 v. plates. 50 cm.

Gall, Franz Joseph, 1758-1828.
Neue Darstellungen aus der Gallschen Gehirn- und Schedellehre, als Erläuterungen zu der vorgedrukten Vertheidigungschrift des Gall eingegeben bey der neiderösterreichischen Regierung. Mit einer Abhandlung uber den Wahnsinn, die Pädagogik und die Physiologie des Gehirns nach der Gallschen Theorie. Hrsg. von Walther. Munchen, Scherrer, 1804.
xvi, 168 p. 17.2 cm.
Contains a paper on the use of the voltaic pile in treating insanity.

Gall, Franz Joseph, 1758-1828.
On the functions of the cerebellum, by Gall, Vimont, and Broussais; translated from the French by George Combe: also answers to the objections urged against phrenology by Roget, Rudolphi, Prichard, and Tiedemann, by George Combe and A. Combe. Edinburgh, Maclachlan & Stewart, 1838.
[iii]-xliv, 339 p. 23.1 cm.
Provenance: Yale Medical Library Historical Library The Bequest of Clements Collard Fry (bookplate); Ex Libris Clements C. Fry, M.D. (bookplate)

Gall, Franz Joseph, 1758-1828.
Untersuchungen ueber die Anatomie des Nervensystems ueberhaupt, und des Gehirns insbesondere. Ein dem Franzoesischen Institute ueberreichtes Mémoire von Gall und Spurzheim. Nebst dem Berichte der H.H. Commissaire des Institutes und den Bemerkungen der Verfasser über diesen Bericht. Paris, bey Treuttel und Würtz, 1809.
[1], x, 467, [1] p. 3 fold. plates. 19.7 cm.

Galloway, M James.
Electricity; its wonders as a curative agent. The Philadelphia Electropathic Institution for the treatment of all diseases. No. 1230 Walnut St....Philadelphia. Physicians: Drs. Galloway & Bolles. [Philadelphia] Co-operative Printing Co. [ca. 1873]
16 p. 22.4 cm.

Galloway, M James.
Electricity: its wonders as a curative agent. The Philadelphia Electropathic Institution. (Chartered under the laws of Pennsylvania.) For

the treatment of all diseases [by] M.J. Galloway. Philadelphia, 1877.
16 p. 23 cm.

Galloway, M James.
Electricity: its wonders as a curative agent. The Philadelphia Electropathic Institution. (Chartered under the laws of Pennsylvania.) For the treatment of all diseases, by the different modifications of electricity ... [by] M.J. Galloway. Philadelphia, 1882.
16 p. 22 cm.

Galloway, M James.
Latest discoveries in electricity. The greatest treatment of the age. Marvelous cures. The only chartered electropathic institution established 29 years. No. 1230 Walnut St., Philadelphia, by M.J. Galloway. [Philadelphia] 1894.
16 p. 21.5 cm.
Provenance: Illegible stamp

Galvani, Luigi, 1737-1798.
Opere edite ed inedite del professore Luigi Galvani raccolte e pubblicate per cura dell' Accademia dell' Istituto di Bologna. Bologna, Tip. di E. dall'Olmo, 1841.
[12], 120, 505, [1] p. facsims., 9 plates (4 fold.), port. 31.5 cm.

Galvano-Faradic Manufacturing Company, New York.
Galvano-Faradic Manufacturing Co.'s illustrated catalogue, description, and price list of their standard electrical apparatus for medical use. 26th ed. Rahway,, N.J., Mershon Co. Press, 1891.
48 p. illus. 23.4 cm.

Galvano-Faradic Manufacturing Company, New York.
Portable electro-magnetic machines, and portable galvanic batteries. Patented Feb. 1, 1870 and May 30, 1871. Also, galvano-caustic batteries, Hammond's permanent galvanic batteries for hospitals, and all electrical instruments for medical use. New York, c1871.
27 p. illus., 4 plates. 23.1 cm.

Galvano-Faradic Manufacturing Company, New York.
The standard electrical instruments for physicians, surgeons and family use. New York, 1890.
22 p. illus. 23 cm.

Gamberini, Pietro, 1815-1886.
Della elettricità applicata alla terapia. Lettere due, del Pietro Gamberini. 2. ed. Bologna, Tipografia governativa alla Volpe, 1842.
35, [1] p. 21 cm.

Gardé, Paul, 1869-
Effets physiologiques de l'électricité. Mort apparente; rappel a la vie, par Paul Gardé. Paris, H. Jouve, 1895.
51 p. 26 cm.

Gariel, Charles Marie, 1841-1924.
Elements de physique médicale, par C.M. Gariel [et] V. Desplats. Précédés d'une préface par Gavarret. 2. éd., corr. et augm. Paris, F. Savy, 1884.
[4], xii, 920 p. illus., diagrs., tables. 22 cm.
Provenance: Illegible inscription

Gariel, Charles Marie, 1841-1924.
Traité pratique d'électricité, comprenant les applications aux sciences et a l'industrie et notamment a la physiologie, a la médecine, a la télégraphie, a l'éclairage électrique, a la galvanoplastie, a la météorologie, etc., etc., par C.M. Gariel. Paris, O. Doin, 1884-86.
2 v. illus., diagrs. 24.5 cm.

Garnault, Paul, 1860-
Le massage vibratoire et électrique des muqueuses. Sa technique, ses résultats, dans le traitement des maladies du nez, de la gorge, des oreilles, et du larynx, par Paul Garnault. Avec une préface du Michael Braun. Paris, Société d'éditions scientifiques, 1894.
156, [1] p. illus. 22.5 cm.
Provenance: A m. le ? Hommage de l'auteur Dr. Garnault (inscription)

Garratt, Alfred Charles, 1813?-1891.
Electro-physiology and electro-therapeutics; showing the best methods for the medical uses of electricity, by Alfred C. Garrett. Boston, Ticknor and Fields, 1860.
[3], 708 p. illus., 4 plates. 24.5 cm.
Provenance: Dr. Whitney from his friend Geo. Phillips Editor of the "New York Illustrated News" Brooklyn Octr. 25/60 (inscription); A. B. Whitney, MD 50 West 55th Street, New York (ink stamp)

Garratt, Alfred Charles, 1813?-1891.
Electro-physiology and electro-therapeutics; showing the best methods for the medical uses of electricity, by Alfred C. Garratt. 2nd ed., with additions. Boston, Ticknor and Fields, 1861.
[3], 716 p. illus., 2 plates. 25 cm.

Garratt, Alfred Charles, 1813?-1891.
Guide for using medical batteries: (being a compendium from his larger work on medical electricity and nervous diseases) showing the most approved apparatus, methods and rules, for the medical employment of electricity in the treatment of nervous diseases, by Alfred C. Garratt. Philadelphia, Lindsay & Blakiston, 1867.
180 p. illus., 1 plate. 22.5 cm.
Provenance: Dr. B. Percival, Dentist, Silsbee St. Lynn Mass. (embossed stamp); B. Percival 7 Silsbee St Lynn (inscription)

Garratt, B Copson.
The uniform efficacy of curative magnetism [by] B. Copson Garratt. 8th ed. London [1887]
112 p. 21.5 cm.

Garrett, Jeremiah Learnoult, 1764-
Outlines of a course of lectures, on medical electricity, optics, &c. to be delivered at the new optical museum and electrical infirmary, Sion tabernacle, St. Paul's Street, Exeter, by Garrett; also, A new theory of comets, and a short sketch of Garrett's sexual system of electricity. [Exeter?] Printed for the author and sold at the tabernacle [18--?]
[1], 9 p. 23.2 cm.
With this are bound his Tuckett detected, Garrett's doctrines protected against the misrepresentations of the disaffected. [n.p., 18--?]; Tuckett, T. A guide to health and lost property, to which is added a short account of the Bradninch ghost. [n.p., 18--?]; and [Southcott] Joanna. The millenium. [n.p., 18--?]
Provenance: E. C. (ink stamp w/ crest)

Garrett, Jeremiah Learnoult, 1764-
Tuckett detected, Garrett's doctrines protected against the misrepresentations of the disaffected; or, A complete refutation of Tuckett's Guide to health and lost property, by Garrett. [n.p., 18--?]
16 p. 23 cm.
Bound with his Outlines of a course of lectures on medical electricity, optics, &c. [Exeter, 18--?]

Garten, Siegfried, 1871-1923.
Beiträge zur Physiologie des elektrischen Organes der Zitterrochen, von Siegfried Garten. Leipzig, B.G. Teubner, 1899.
[5], [253]-366 p. 4 plates (2 fold.) 28.5 cm.

Gassiot, John Peter, 1797-1877.
A description of an extensive series of the water battery; with an account of some experiments made in order to test the relation of the electrical and the chemical actions which take place before and after completion of the voltaic circuit, by John P. Gassiot. [n.p.] 1844.
39-52 p. 1 plate. 29.6 cm.
Extract from the Philosophical Transactions of the Royal Society of London. Vol. MDCCCXLIV, 1844.
In Ronalds.

Gauss, Karl Friedrich, 1777-1855, ed.
Atlas des Erdmangetismus nach den Elementen der Theorie entworfen. Supplement zu den Resultaten aus den Beobachtungen des magnetischen Vereins unter Mitwirkung von C.W.B. Goldschmidt. Hrsg. von Carl Friedrich Gauss und Wilhelm Weber. Leipzig, Weidmann'sche Buchhandlung, 1840.
[4], 36 p. 22 plates. 28 cm.

Gauss, Karl Friedrich, 1777-1855.
Intensitas vis magneticae terrestris ad mensuram absolutam revocata. Auctore Carolo Friderico Gauss. Gottingae, Sumptibus Dieterichianis, 1833.
44 p. 24.7 cm.
In Ronalds, Gartrell 735.

Gauss, Karl Friedrich, 1777-1855, ed.
Resultate aus den Beobachtungen des magnetischen Vereins im Jahre 1836, hrsg. von Carl Friedrich Gauss und Wilhelm Weber. Mit 10 Steindrucktafeln. Göttingen, Dieterichschen Buchhandlung, 1837.
[1], 103, [1], [20] p. charts, 10 fold. plates. 22 cm.
In Ronalds, Wheeler 920, Gartrell 736.

Gauss, Karl Friedrich, 1777-1855, ed.
Resultate aus den Beobachtungen des magnetischen Vereins im Jahre 1837, hrsg. von Carl Friedrich Gauss und Wilhelm Weber. Göttingen, Dieterichschen Buchhandlung, 1838.
iv, 140, [61] p. charts, 10 fold. plates. 22 cm.
In Ronalds, Wheeler 920.

Gautherot, N
Recherches sur le galvanisme, par N. Gautherot. [n.p. 1802?]
11 p. 26.5 cm.
In Ronalds.
Describes experiments on galvanic electricity, including one considered to be the first report on the accumulator.

Gautherot, N
Recherches sur les causes qui développent l'électricité dans les appareils galvaniques, par Gautherot. [n.p., 1803?]
16 p. 19.9 cm.

Gauthier, Aubin.
Introduction au magnétisme, examen de son existence depuis les indiens, jusqu'a l'époque actuelle, sa théorie, sa pratique, ses avantages, ses dangers, et la nécessité de son concours avec la médecine, par Aub. Gauthier. Paris, Dentu, 1840.
[3], 494, [1] p. 21.5 cm.

Gauthier, Aubin.
Le magnétisme catholique ou, Introduction a la vraie pratique et réfutation des opinions de la médecine sur le magnétisme, ses principes, ses procédés et ses effets, par Aubin Gauthier. Bruxelles, 1844.
252 p. 22.8 cm.

Gauthier, Aubin.
Traité pratique du magnétisme et du somnambulisme; ou, Résumé de tous les principes et procédés du magnétisme, avec la théorie et la définition du somnambulisme, la description du caractère et des facultés des somnambules, et les règles de leur direction, par Aubin Gauthier. Paris, Germer-Baillière, 1845.
[3], vi, 752 p. 21.5 cm.

Gauthier, Louis Philibert Auguste, 1792-1850.
Recherches historiques sur l'exercice de la medécine dans les temples, chez les peuples de l'antiquité, suivies de considérations sur les rapports qui peuvent exister entre les guérisons qu'on obtenait dans les anciens temples, a l'aide des songes, et le magnétisme animal, et sur l'origine des hôpitaux, par L.P. Auguste Gauthier. Paris, J.B. Ballière, 1844.
x, 264 p. 17.8 cm.

Gautier, Georges François René, 1857- ed.
Le courant continu en gynécologie; outillage, technique, effets physiologiques [par] G. Apostoli, et al. Publié par Georges Gautier. Paris, A. Maloine, 1890.
52, [1] p. illus. 24.2cm.

Gautier, Georges François René, 1857-
Outillage, technique opératoire et effets physiologizues de la galvano-caustique chimique intra-utérine et de la galvano-punture vaginale.
In Gautier, G., ed. Le courant continue en gynécologie. Paris, 1890.
24.2cm. p.40-46.

Gautier, Georges François René, 1857-
Traitement des fibromes par les courants continus et de l'ovaro-salpingite suppurée par la galvano-caustique intra-utérine négative.
In Gautier, G., ed. Le courant continu en gynécologie. Paris, 1890.
24.2cm. p. 30-39

Gavarret
Les appareils et expériences cardiographiques de Chauveau et Marey, par Gavarret. Paris, J.B. Baillière, 1863.
15 p. 22.5 cm.
"Extrait du Bulletin de l'Académie Impériale de Médecine, 1863, t. XXVIII, p. 602 à 614."

Gavarret, Jules, 1809-1890.
Lois générales de l'électricité dynamique; analyse et discussion des principaux phénomènes physiologiques et pathologiques qui s'y rapportent, par Gavarret. Paris, Impr. de Bachelier, 1843.
151 p. 23.5 cm.
In Ronalds, Wheeler 1042, Gartrell 737.

Gavarret, Jules, 1809-1890.
Physique biologique; les phénomènes physiques de la vie, par J. Gavarret. Paris, V. Masson, 1869.
xvi, 424 p. 18 cm.
Provenance: Illegible inscription

Gavarret, Jules, 1809-1890.
Physique médicale; de la chaleur produite par les êtres vivants, par J. Gavarret. Paris, V. Masson, 1855.
[3], iv, 560 p. illus. 18 cm.
Provenance: A m. le Professeur jolut ? J. Gavarret (inscription)

Gavarret, Jules, 1809-1890.
Sur la théorie des mouvements du coeur. Discours prononcés dans les séances du 10 mai et du 7 juin, par Gavarret. Paris, J.B. Baillière, 1864.
63 p. graphs. 22.2 cm.
"Extrait du Bulletin de l'Académie Impériale de Médecine, 1863-1864, t. XXIX."

Gavarret, Jules, 1809-1890.
Traité d'électricité, par J. Gavarret. Tome premier [deuxième] Paris, V. Masson, [1857]-58.
2 v. illus., diagrs. 18.5 cm.
Provenance: Docteur Koechlin (ink stamp)
In Ronalds, Wheeler 1390.

Gay-Lussac, Joseph Louis, 1778-1850.
Recherches physico-chimiques, faites sur la pile; sur la préparation chimique et les propriétés du potassium et du sodium; sur la décomposition de l'acide boracique; sur les acides fluorique, muriatique et muriatique oxigéné; sur l'action chimique de la lumière; sur l'analyse végétale et animale, etc., par Gay-Lussac et Thenard. Paris, Chez Deterville, 1811.
2 v. charts, 6 fold. plates. 20.6 cm.
Provenance: Université de France Lycee Monge (bookplate); Ex Libris Robert Honeyman IV (bookplate)
In Ronalds.
Includes reports of experiments on the chemical effects of the voltaic pile.

Geissler, Carl.
Beschreibung und Abbilding künstlicher Hände und Arme, von Carl Geissler, nebst einer Vorrede vom Jörg. Leipzig, im Industrie: Comptoir, 1817.
iv, 18, [1] p. 3 fold. plates. 26.5 cm.

General Electric Company.
A primer of electronics; a simple introduction to the electron and the principles that govern its use. [n.p., 19--]
[4] p. illus., diagrs. 22.7 cm.

General Electric X-Ray Corp.
Radiaciones ultravioletas de onda corta; extractos de la literatura medica del dia. Chicago, Victor X-ray Corp. [19--]
3, [1] p. 24.6 cm.

Geneva. Institut Électro-homéopathique.
Manuel d'électro-homéopathie et d'hygiène; moyens de diagnostiquer, de traiter soi-même et de guérir les maladies, publié par l'Institut Électro-homéopathique, Genève. Paris, J.B. Baillière [1895?]
469, xv p. 16.8 cm.
Provenance: Docteur Imfeld 4 Rue Chalbery-Geneve Villa Pancracelsia (inscription)

Genty de Bonqueval, J , 1837-
Theory and practice of electro-homoeopathy. Sauter's system. A new science of therapeutics curing on new and sure principles acute and chronic diseases, and even those commonly called incurable, by J.G. de Bonqueval. Translated from the French, with preface by the translator. New York, L.O. Stickel, 1888.
xv, 447 p. 23.1 cm.

Genty de Bonqueval, J , 1837-
Traité théorique et pratique de l'électro-homoeopathie; système Sauter, ou nouvelle thérapeutique guérissant d'après des principes certains les maladies chroniques et aiguës et même celles réputées incurables, par J.G. de Bonqueval. Montdidier, Impr. administrative & commerciale A. Radenez, 1885.
xiii, [17]-420 p. 21.9 cm.

Genty de Bonqueval, J , 1837-
Traité théorique & pratique de l'électro-homéopathie ou nouvelle thérapeutique góerissant d'après des principes certains les maladies chroniques et aigues et même celles réputées incurables, par J. Genty de Bonqueval. 2. éd. Paris, J.B. Baillière, 1891.
[3], xi, 9-352 p. illus. 21.2 cm.

Georges
Il galvano-caustico applicato alla cura dei mali dei denti e delle nevralgie in particolare. Istrumento nuovo mezzo di procedimento, per Georgio, dentista in Parigi. 1863.
[1], 30 p., bound. illus. 30cm. (Manuscript)
With this is bound Billaid e figlio. Del caoutchoue durci applicata all'arte dentaria del Billaid e figlio, fabbricante di denti minerali. [Napoli, 1863]

Georgii, Augustus.
The movement-cure, by Georgii. London, Printed by T. Harrild, 1853.
24 p. 20.3 cm.
Bound with Jumne, D. de. De l'electricite appliquee aux bains de mer. Ostende, 1854.

Gerboin, Antoine Clement, 1758-1827.
Recherches expérimentales sur un nouveau mode de l'action électrique, par Ant. Cl. Gerboin. Strasbourg, Chez F.G. Levrault, 1808.
vi, 358, [1] p. 1 fold. plate. 22.8 cm.
Provenance: David P. Wheatland (bookplate)
In Ronalds, Wheeler 687.
Includes experiments on the action of mercury when a voltaic current is passed through it.

German Electric Belt Agency.
The German Electric Belts and appliances, made under foreign patents granted to Prof. conrad Ziegenfust and under U.S. patent no. 357,647, granted to Prof. P.H. Van der Weyde, M.D., manufactured and sold by the German Electric Belt Agency. Brooklyn [ca. 1890]
24p. illus. 17.4cm.

German Electric Belt Agency.
The German Electric Belts and appliances, made under U.S. patent no. 357,647, granted to Prof. P.H. Van der Weyde, M.D., manufactured and sold by the German Electric Agency. New York [ca. 1893]
24 p. illus. 17.3 cm.

Germe, Léon, 1844-
Recherches sur les lois de la circulation pulmonaire sur la fonction hémodynamique de la respiration et l'asphyxie suivies d'une étude sur le mal de montagne et de ballon, par Léon Germe. Paris, G. Masson, 1895.
viii, 429 p. 13 plates. 24.7 cm.
With this is bound his Recherches sur les causes des mouvements du coeur. Paris, 1897.
Provenance: Collège de France Corps organisés Legs Marey 1905 (stamp)

Germe, Léon, 1844-
Recherches sur les causes des mouvements du coeur sur son innervation et son indépendance motrice, par Léon Germe. Paris, G. Masson, 1897.
[1], xvi, 218 p. 14 plates (part. fold.) 24.7 cm.
Bound with his Recherches sur les lois de la circulation pulmonaire. Paris, 1895.
Provenance: A m. le Professeur Nearcy d'Institut Sympathique hommage le haute utirne Germe (inscription)

Ghirelli, F.
Electro-homeopathic medicine or treatment of maladies by means of complex homeopathic remedies, by F. Ghirelli & D.P. Ponzio. Nice, Printing Office V.E. Gauthier, 1887.
xv, 466, [2] p. diagr. 18.4 cm.

Ghirlanda, Gasparo.
Degli effetti del galvanismo in una paralisi. Memoria d' ... Gasparo Ghirlanda. 1808 12 Maggio.
[12] p., bound. 37 cm. [manuscript]

Giboux
Le microphone et ses applications en médecine, par Giboux. Paris, J.B. Baillière, 1878.
46 p. illus. 24 cm.

Gielkens, Emile, 1849-
A l'academie royale de médecine de Belgique [par] Emile Gielkens. Bruxelles, J. Lebègue, 1896.
37, [1] p. 21.4 cm.
Warns, in verse, against medical electricity.

Gilbert, William, 1540-1603.
... On the loadstone and magnetic bodies, and on the great magnet the earth. A new physiology, demonstrated with many arguments and experiments. A translation by P. Fleury Mottelay. New York, J. Wiley, 1893.
xxvii, xxxi-liv, 368 p. illus., facsims., front., port. 24.4 cm.
Provenance: Louis Duncan (inscription)

Gilbert, William, 1540-1603.
On the magnet, magnetick bodies also, and on the great magnet the earth; a new physiology, demonstrated by many arguments & experiments. London, Chiswick Press, 1900.
[16], 246, [1], iv, 67 p. illus., fold. diagr. 30 cm.

Gillet de Grandmont, Anatole Pierre, 1824-
De l'action des courants électriques continus appliqués au voisinage du cerveau et des résultats qu'ils produisent en particulier dans l'oeil, par Gillet de Grandmont. Paris, A. Coccoz, 1883.
[3], 38 p. 24.2 cm.

Girard, J J Amédée.
De l'emploi de la lumière comme moyen de diagnostic, ou essai de photologie diagnostique [par] J.J. Amédée Girard. Paris, Rignoux, 1851.
36 p. 24.5 cm.

Glenn, James.
The real nature of the electric fluid, explained and illustrated by numerous facts; and also a cause assigned for the polarity of the magnet, by James Glenn. Morrisville [N.Y.] Printed by J. & E. Norton, 1840.
16 p. 20.9 cm.

Gliddon, Aurelius J L
Stepping stones to electro-homoeopathy (Count Mattei's system of medicine), by A.J.L. Gliddon. 2nd ed. enl. London, Central Mattei depot, 1892.
vii, 251, [17] p. 1 fold. plate, tables. 18.8 cm.
Provenance: A. W. Short (inscription)

Gliddon, Aurelius J L
Stepping stones to electro-homoeopathy (Count Mattei's system of medicine), by A.J.L. Gliddon. 3rd ed., rev. London, Central Mattei depot, 1893.
vii, [1], 296 p. 1 fold. plate (col.) 19 cm.

Glover, Henri, 1898- .
L'auscultation electrique en physiologie et en clinique, par Henri Glover. Paris, Fumouze [n.d.].
224, [1] p. illus., plates (part. fold.) 24 cm.

Goddard, Paul Beck, 1811-1866.
Plates of the cerebro-spinal nerves, with references; for the use of medical students, by Paul B. Goddard. Philadelphia, J.G. Auner, 1837.
60 p. 12 plates. 29.5 cm.
Provenance: Josiah Kern (inscription); Presented by Mrs. Kern to H. E. Guth (inscription); H. E. Guth, M.D. (inscription)

Godfrey, Mrs.
On the nature, prevention, treatment, and cure of spinal curvatures, and deformities of the chest and limbs, without artificial supports or any mechanical appliances, by Mrs. Godfrey. 3rd ed., rev. and enl. London, J. Churchill, 1860.
xv, 131 p. 22.8 cm.

Goedel, Gustavus.
De methodo galvanocaustica eiusque usu in clinico Gryphiswaldensi. Auctor Gustavus Goedel. Gryphiae, F.G. Kunike, 1860.
[4], 59 p. 1 fold. plate. 18.5 cm.
Describes equipment and its use in treatment of eighty cases.

Goelet, Augustin H.
The electrotherapeutics of gynaecology, by Augustin H. Goelet. Detroit, Mich., G.S. Davis, 1892.
2 v. illus. 19.2 cm.

Goelet, Augustin H.
The treatment of diseases of the uterine appendages by electricity.
p. G90-G134. 24.2 cm.
(In Bigelow, H.R., ed. An international system of electro-therapeutics. Philadelphia, 1894.)

Görres, Johann Joseph von, 1776-1848.
Exposition der Physiologie, von J. Görres. Organologie. Koblenz, Lassaulx, 1805.
[1], xxxii, 344, [4] p. 21.3 cm.
Provenance: Aus der Bibliothek Joseph von Gorres und Guido Görres Dr. Hamm (bookplate)

Golitsyn, Boris Borisovich, Kniaz, 1862-1916.
Über die Ausgangspunkte und Polarisation der X-Strahlen, von Fürst B. Galitzin and A. v. Karnojitzky. (Vorgelegt der Akademie am 6. März 1896.) St. Pétersbourg, Commissionnaires de l'Académie Impériale des Sciences, 1896.
13 p. 13 plates. 32.5 cm.

Gollmann, Wilhelm.
The homoeopathic guide, in all diseases of the urinary and sexual organs, including the derangements caused by onanism and sexual excesses; with a strict regard to the present demands of medical science, and accompanied by an appendix on the use of electro-magnetism in the treatment of these diseases, by Wm. Goldmann. Tr., with additions, by Chas. J. Hempel. Philadelphia, Radmacher & Sheek, 1855.
xiv, [9]-309 p. 22.3 cm.
Provenance: E. P. Miller (inscription); This book belongs to Dr. E. P. Miller's Private Library No 32 New York City (bookplate)

Goltz, Friedrich Leopold, 1834-1902.
Beiträge zur Lehre von den Functionen der Nervencentren des Frosches, von Friedrich Goltz. Berlin, A. Hirschwald, 1869.
[5], 130 p. illus. 22.5 cm.
Provenance: Weed (ink stamp)

Gordon, James Edward Henry, 1852-1893.
A physical treatise on electricity and magnetism, by J.E.H. Gordon. 3rd ed. London, S. Low, Marston, Searle, & Rivington, 1891.

2 v. illus., diagrs., 73 plates (part col., part fold.) 22.5 cm.

Provenance: Nelson Royesh Sept 10, 95 Mt. Vernon N.Y. (inscription)

Gotch, Francis.

The electrical response of nerve to two stimuli, by Francis Gotch and G.J. Burch. [n.p.] 1899.

[1], [410]-426 p. illus. 24 cm.

"Reprinted from the Journal of Physiology. Vol. XXIV. No. 5, July 28, 1899."

Gotch, Francis.

Electrical response of nerve to two successive stimuli, by F. Gotch and G.J. Burch. [n.p.] 1899.

[1] p. 23.5 cm.

"From the Proceedings of the Physiological Society, Jan. 21, 1899."

Gotch, Francis.

Note on the electromotive force of the organ shock and the electrical resistance of the organ in Malapterurus electricus, by Francis Gotch and G.J. Burch. London, 1899.

[434]-445 p. charts, diagr. 21.5 cm.

"From the Proceedings of the Royal Society, vol. 65."

Goubely, L

La vie dévoilée par l'électro-chimie, par L. Goubely. Lyon, Impr. de Dumoulin et Ronet, 1849.

[5]-42 [i.e. 92] p. 20.5 cm.

Gourdon, Victor Pierre.

Notice sur l'électricité, employée comme moyen thérapeutique dans quelques spécialités, par V. Gourdon. Paris, Impr. C. Thomas, 1836.

8 p. 22 cm.

"Extraite du Journal des connaissances médicales pratiques et de pharmacologie."

Graells, Ignacio.

Noticias del magnetismo, y de sus efectos portentosos sobre la economia animal, recopiladas por Don Ignacio Graells. Madrid, En la imprenta de Fuentenebro, 1816.

56 p. 15 cm.

Grand

The electrical treatment of fibroid tumors of the uterus, by Grand and Famarque.

p. G22-G52. 24.2 cm.

(In Bigelow, H.R., ed. An international system of electro-therapeutics. Philadelphia, 1894.)

Grandin, Egbert Henry, 1855-

Practical treatise on electricity in gynaecology, by Egbert H. Grandin and Josephus H. Gunning. New York, W. Wood, 1891.

viii, 171 p. illus. 23 cm.

Granville, Joseph Mortimer, 1833-1900.

Nerve-vibration and excitation as agents in the treatment of functional disorder and organic disease, by J. Mortimer Granville. London, J. & A. Churchill, 1883.

128 p. illus. 22.5 cm.

Describes treatment with the "Percuteur," an electrotherapeutic device invented by Granville.

Grapengiesser, Karl Johann Christian, 1773-1813.

Versuche den Galvanismus zur Heilung einiger Krankheiten anzuwenden. Angestellt und beschreiben von C.J.C. Grapengiesser. Berlin, In der Myliussischen Buchhandlung, 1801.

[1], iv, [3]-256 p. 2 fold. plates. 17 cm.

With this is bound Cappel, L.C.W. Beytrag zur Beurtheilung des Brownischen Systems. Gottingen, 1797.

In Ronalds.

Graves, William Washington, 1865-1949.

A preliminary report on a method of overcoming high resistance in Crookes' tubes: a possible step toward maximum radiance, by Wm. W. Graves. St. Louis, Mo., American X-ray Publishing, 1898.

15 p. 4 plates. 25.3 cm.

"Reprint from The American X-ray Journal, April, 1898."

Provenance: Johns Hopkins Hospital Library May 16, 1898 (ink stamp); with Author's compliments (ink stamp)

Gray, Andrew, 1847-1925.

The theory and practice of absolute measurements in electricity and magnetism, by Andrew Gray. London, Macmillan, 1888-1893.

2 v. in 3. illus., diagrs., tables. 19.2 cm.

Gray, John, B. Sc., F.R.A.I.

Les machines électriques a influence. Exposé complet de leur histoire et de leur théorie, suivi d'instructions pratiques sur la manière de les construire, par John Gray. Traduit de l'anglais et

annoté par Georges Pellissier. Paris, Gauthier-Villars, 1892.
ix, 230 p. illus., diagrs., front. (fold.) 22.8 cm.
Provenance: H. Isopping. 54 Bd Clichy Paris 1916 (inscription)

Great Britain. Patent Office.
Specification of Sir William Thomson: regulating electric currents, &c. ... London, Commissioners of Patents' Sale Dept., 1882.
11 p. 3 fold. plans. 27.5 cm.

Green, George, 1793-1841.
An essay on the application of mathematical analysis to the theories of electricity and magnetism, by George Creen. Nottingham, Printed for the author by T. Wheelhouse, 1828.
viii, [1], 72 p. 28.6 cm.
In Ronalds, Wheeler 840, Gartrell 746.
Considered the first to use the term potential function in electricity.

Green, George, 1793-1841.
Mathematical papers of the late George Green, ed. by N.M. Ferrers. London, Macmillan, 1871.
x, [2], 336 p. 22.7 cm.
Provenance: Ernest Lemperley Queens Coll. 1873 (inscription); Library N.Y. Univ. (stamp); Physics (ink stamp)
Wheeler 1801.

[Green, Jacob] 1790-1841.
An epitome of electricity & galvanism, by two gentlemen of Philadelphia. Philadelphia, Printed by J. Aitken, 1809.
[8], xlviii, [3], 159, [8] p. front. 22 cm.
Wheeler 697, Gartrell 748.

Greene, Charles Wilson, 1866-1947.
The phosphorescent organs in the toadfish, Porichthys notatus Ginard, by Charles Wilson Greene. Boston, Ginn, 1899.
[1], [667]-696 p. 3 fold. plates. 25.2 cm.
"Reprinted from Journal of Morphology, Vol. XV, no. 3, 1899."
Provenance: Dear W. H. Welch with the regards of C. W. Greene (inscription)

Gregory, George, 1754-1808.
The economy of nature explained and illustrated on the principles of modern philosophy, by G. Gregory. 3rd ed., with considerable additions. London, Printed for J. Johnson, 1804.
3 v. 47 plates. 21.7 cm.
Provenance: George de Ligne Gregory (bookplate)
Popularized treatment of science, including magnetism and electricity.

Gregory, William, 1803-1858.
Animal magnetism; or, Mesmerism and its phenomena, by the late William Gregory. 2nd rev. and abridged ed. London, W.H. Harrison, 1877.
viii, 253 p. 21.8 cm.

Gregory, William, 1803-1858.
Letters to a candid inquirer on animal magnetism, by William Gregory. London, Taylor, Walton, and Maberly, 1851.
xxii, [1], 528 p. 20 cm.
Provenance: M.D. Cooper (inscription); M.D. Cooper (ink stamp)

Gressot, François.
Des fibromes utérins specialement au point de vue de leur traitement par les courants continus a intermittences rythmées, par François Gressot. Lyon, Pitrat Ainé, 1883.
70 p. 26 cm.

Grier, M[atthew] J [1838-]
The treatment of some forms of sexual debility by electricity [by] M.J. Grier. Philadelphia, Medical Press, 1891.
16 p. 18 cm.
"Reprinted from The Times and Register, Nov. 21, 1891."

Griesinger, Wilhelm, 1817-1868.
Mental pathology and therapeutics, by W. Griesinger, trans. from the German (2nd ed.) by C. Lockhart Robertson and James Rutherford. New York, W. Wood, 1882.
viii, 375 p. 23.1 cm.
Provenance: Presented to Louisiana State Medical Society by Doctor P.B. McCutchon, New Orleans, Thanksgiving Day, November 25, 1926 (inscription); P.B. McCutchon, M.D. New Orleans, La July 1882 (inscription)

Grimelli, Geminiano, 1802-1878.
Memoria sul galvanismo, del Geminiano Grimelli. Bologna, Tipografia dell'Istituto delle scienze, 1849.
[8], 193, [1] p. 32 cm.
"Premiata dall'Accademia delle scienze dell'istituto di Bologna a norma del suo

programma 6 settembre 1845 e del relativo giudizio accademico 30 aprile 1848."
In Ronalds, Gartrell 751.

Grimelli, Geminiano, 1802-1878.
Osservazioni ed esperienze elettro-fisiologiche dirette ad instituire la elettricità medica [del G. Grimelli] Modena, Coi tipi Vincenzi e Rossi, 1839.
[8], 336 p. 1 fold. plate. 22.7 cm.
In Ronalds.
Observations on electrophysiology and electrotherapeutics, including the use of electricity as anesthesia.

Grimes, James Stanley, 1807-1903.
Compend of the phreno-philosophy of human nature, by J. Stanley Grimes. Boston, J. Munroe, 1850.
vii (i.e., v), 121 p. illus. 20.5 cm.
Issued with his Etherology, and the phreno-philosophy of mesmerism and magic eloquence. Boston, 1850.

Grimes, James Stanley, 1807-1903.
Etherology, and the phreno-philosophy of mesmerism and magic eloquence: including a new philosophy of sleep and of consciousness, with a review of the pretensions of phreno-magnetism, electro-biology, &c., by J. Stanley Grimes. Rev. and ed. by W.G. LeDuc. Boston, J. Munroe, 1850.
251, vii (i.e., v), 121 p. illus. 20.5 cm.
With, as issued, his Compend of the phreno-philosophy of human nature. Boston, 1850.
Gartrell 1179a.

Groh, Franz, 1823?-1899.
Die Elektrolyse in der Chirurgie. Klinische Studien von Franz Groh. Wien, E. Holzel, 1871.
[5], 77 p. 22.7 cm.

Groneman, Florentius Goswin.
Over den veranderlijken toestand van den galvanischen stroom gedurende zijn ontstaan, door Florentius Goswin Groneman. Utrecht, T. de Bruyn, 1863.
x, 84 p. 1 fold. plate. 23.4 cm.

Grothe, D.
Die Experimental-Physik, von D. Grothe. Hagen, G. Butz, 1850.
viii, 94, [1] p. 29 plates (part col.) 34.2 cm.

Grothuss, Theodor, freiherr von, 1785-1822.
Mémoire sur la décomposition de l'eau et des corps qu'elle tient en dissolution à l'aide de l'électricité galvanique, par C.J.T. de Grotthus. Rome, 1805.
[1], 22 p. fold. plate. 17 cm.
In Ronalds.

Groux, Eugen Alexander, 1833-1878.
Fissura sterni congenita. New observations and experiments made in Amerika [sic] and Great Britain with illustrations of the case and instruments, by Eugène Groux. 2nd ed. Hamburg, J.E.M. Köhler, 1859.
[1] l., [7], 12 p. illus., facsims., 6 plates, port. 31 cm.

Gubler, Adolphe, 1821-1879.
Mémoire sur les paralysies alternes en général et particulièrement sur l'hémiplégie alterne avec lésion de la protubérance annulaire, par Ad. Gubler. Paris, V. Masson, 1859.
[3], 79 p. illus. 22 cm.
"Extrait de la Gazette hebdomadaire de médecine et de chirurgie."

Gütle, Johann Conrad, 1747-
Beschreibung und Abbildung einer neu eingerichteten sehr wirksamen elektrischen einfachen Glasscheibenmaschine zur Hervorbringung beider Elektrizitäten. Ein Beitrag zur Beschreibung verschiedener Elektrisirmaschinen, von Johann Konrad Gütle. Nürnberg, A.G. Schneider und Weigel, 1811.
40 p. fold. plate. 17.3 cm.
In Ronalds.

Guibert, Jean Louis.
Essai sur les lois des effets physiologiques des courants électriques et les règles qu'il faut en déduire pour les applications thérapeutiques. Paris, Rignoux, 1860.
43 p. 24.6 cm.
Provenance: A mon colleague Poy et ? de l'hopital Guibert à ? (inscription)

Guillaume, Charles Edouard, 1861-1938.
Les rayons x et la photographic a travers le corps opaques, par Ch. Ed. Guillaume. 2è. éd. Paris, Gauthier-Villars, 1896.
viii, 144 p. illus., diagrs., 8 plates. 22 cm.
Provenance: H.T. Burbury, 1897 (signature)

Guillemin, Amédée Victor, 1826-1893.
Electricity and magnetism, translated from the French of Amédée Guillemin. Rev. and ed. by Silvanus P. Thompson. London, MacMillan, 1891.
xxxiii, [1], 976 p. illus., diagrs., maps, 20 plates (incl. col. front., fold. map), ports. 25.5 cm.
Provenance: Douglas MacFarlan, from his father, October 14, 1903 (inscription)

Guiollot, Louis Denis.
Recherches médicales sur le somnambulisme; presentées et soutenues à la Faculté de Médecine de Paris, le 28 mai 1813, par Louis-Denis Guiollot. Paris, l'Impr. de Didot jeune, 1813.
42 p. 26.5 cm.
Provenance: de la part de l'auteur (inscription)

Guitard, Pierre Isidore Catherine, 1821-
Applications electro-médicales, par Guitard. Toulouse, Impr. de Bonnal et Gibrac, 1860.
68 (i.e. 86), [1] p. 20.2 cm.
Provenance A m. le d. Yoby, Professeur à l'ecole de med et a la? hommage de l'auteur Guitard (inscription)

Guitard, Pierre Isidore Catherine, 1821-
Histoire de l'électricité medicale, comprenant l'étude des instruments et appareils, le résumé des auteurs, un choix d'observations, par I. Guitard. Paris, V. Masson, 1854.
xii, 396 p. 6 fold. plates. 18.2 cm.
In Ronalds.

Guitard, Pierre Isidore Catherine, 1821-
Histoire de l'électricité médicale, comprenant l'étude des instruments et appareils, le résumé des auteurs, un choix d'observations, par I. Guitard. Paris, V. Masson, 1854.
xii, 396 p. 6 fold. plates. 18 cm.

Gurney, Edmund, 1847-1888.
Phantasms of the living, by Edmund Gurney, Frederick W.H. Myers, and Frank Podmore. London, Rooms of the Society for Physhical Research, 1886.
2 v. illus., diagrs., tables. 22.8 cm.
Provenance: Robert Capper 4 xii 86 (ink stamp); Jas Owen Jones Geynfyd Heanfield Swansen (inscription)

Guthrie, Frederick, 1833-1886.
Magnetism and electricity, by Frederick Guthrie. New York, G.P. Putnam's Sons [1875?]
[1], 364 p. illus. 17.7 cm.
Provenance: D.W. Church (inscription); Long Willett and Co. (inscription); L.M. Long and G. Willett inco. (inscription)
Wheeler 1981.

Haase, Carolus Ludovicus, 1832-
De exstirpatione linguae ope galvanocaustica ... auctor Carolus Haase. Vratislaviae, Typis Leopoldi Freund, 1858.
22, [1] p. 18.5 cm.
Dissertation on galvanocautry by a student of A.T. Middledorpf who first introduced the technique into major surgery.
Disbound.

Hachette, Jean Nicolas Pierre, 1769-1834.
Sur les expériences électro-magnétiques de M.M. Oersted et Ampère, par Hachette. [Paris] De l'Imprimerie de Huzard-Courcier, 1820.
8 p. 26 cm.
"Extrait du Journal de Physique, Septembre 1820."
In Ronalds, Wheeler 768.

Haddock, Joseph W
Psychology; or The science of the soul, considered physiologically and philosophically. With an appendix, containing notes of mesmeric and psychical experience, by Joseph Haddock. New York, Fowler & Wells, c1849.
112 p. illus. 19 cm.
(In Library of mesmerism and psychology. New York [n.d.] v. 2.)

Hahnemann, Samuel, 1755-1843.
The lesser writings of Samuel Hahnemann. Collected and tr. by R.E. Dudgeon with additions by an American physician. New York, W. Radde, 1852.
[2], xvi, 784 p. 23.5 cm.

Hahnemann, Samuel, 1755-1843.
Materia medica pura, by Samuel Hahnemann. Tr. and ed. by Charles Julius Hempel. New York, W. Radde, 1846.
4 v. in 1. 22.5 cm.
Discusses cures by artificial magnets.

Hahnemann, Samuel, 1755-1843.
Organon der rationellen Heilkunde, von Samuel Hahnemann. Dresden, Arnoldische Buchhandlung, 1810.
[1], xlviii, 222, [1] p. 20.6 cm.

Hahnemann, Samuel, 1755-1843.
Organon of homoeopathic medicine, by Samuel Hahnemann. First American, from the British tr. of the 4th German ed., with improvements and additions from the 5th, by the North American academy of the homoeopathic healing art. Allentown, Pa., Academical Bookstore, 1836.
xxiii, [9]-212 p. 22.1 cm.

Hahnemann, Samuel, 1755-1843.
Reine Arzneimittellehre, von Samuel Hahnemann. Dresden, Arnoldische Buchandlung, 1825-33.
6 v. in 3. 20.9 cm.

Haldat du Lys, Charles Nicolas Alexandre, 1770-1852.
Essai historique sur le magnétisme et l'universalité de son influence dans la nature, par de Haldat. Nancy, Libraire de Grimblot et veuve Raybois, 1849.
21, [1] p. 22 cm.
In Ronalds.

Hall, Marshall, 1790-1857.
Abhandlungen über das Nervensystem [von] Marshall Hall. Aus dem Englischen mit Erläuterungen und Zusätzen von G. Kürschner. Marburg, N.G. Elwert, 1840.
x, 217, [1] p. 1 fold. chart, 1 fold. plate. 21.5 cm.
Provenance: illegible inscription; Aus der Bibliothek des Geh. Raths Prof. Joseph Meyer (ink stamp)

Hall, Marshall, 1790-1857.
A critical and experimental essay on the circulation of the blood; especially as observed in the minute and capillary vessels of the Batrachia and of fishes, by Marshall Hall. London, R.B. Seeley and W. Burnside, 1831.
[2], xviii, 187, [2] p. 10 plates. 23.5 cm.
Provenance: illegible inscription

Hall, Marshall, 1790-1857.
Essays chiefly on the theory of paroxysmal diseases of the nervous system, by Marshall Hall. [London] J. Mallett, Printer [1849?]
[2], 54 p. 21.7 cm.
Bound with his Essays on the theory of convulsive diseases. London [1848]

Hall, Marshall, 1790-1857.
Essays on the theory of convulsive diseases ... by Marshall Hall. London, Printed by J. Mallett [1848]
71, [1] p. 21.7 cm.
With this are bound his Essays chiefly on the theory of paroxysmal diseases of the nervous system. Soho [London, 1849]; and his On the neck as a medical region. London, 1849.
Provenance: With the author's comps. (inscription); Medical Society Edenburgh (ink stamp)

Hall, Marshall, 1790-1857.
Mémoire sur la vraie moelle épinière ou moelle épiniere proprement dite, et sur un système de nerfs excito-moteur, traduit de l'ouvrage anglais de Marshall Hall par Gariel. Paris, P. Renouard, 1838.
[4], 321-370 p. 22.5 cm.

Hall, Marshall, 1790-1857.
On the neck as a medical region, and on trachelismus; On hidden seizures; On paroxysmal apoplexy, paralysis, mania, syncope; &c., by Marshall Hall. [London] J. Mallett, Printer, 1849.
63, [1] p. 21.7 cm.
"The following pages present a reprint of some Papers published in the Lancet, between February and July, 1849."
Bound with his Essays on the theory of convulsive diseases. London [1848]

Hall, Marshall, 1790-1857.
Principles of the theory and practice of medicine, by Marshall Hall. 1st Amer. ed. Rev. and much enl., by Jacob Bigelow and Oliver Wendell Holmes. Boston, C.C. Little and J. Brown, 1839.
iv, 724 p. illus. 22.2 cm.

Hall, Marshall, 1790-1857.
Über die Krankheiten und Störungen des Nervensystems in ihren primären, so wie in ihren nach Alter, Geschlecht, Konstitution, erblicher Anlage und andern Umständen modifizierten Formen, von Marshall Hall. Getreu ins Deutsche übertragen unter Aufsicht und unter Bevorwortung des Fr. J. Gehter Aufsicht und unter Bevorwortung des F. J. Behrend. Leipzig, C.E. Kollmann, 1842.

xxviii, 411, [1] p. 8 plates (accompanied by descriptive leaves). 21 cm.
Provenance: Ernst von Leyden (bookplate); Prof. Dr. E. Leyden (ink stamp)

Hall, Thomas, firm, Boston.
Illustrated catalogue of electro-medical instruments, manufactured and sold by Thomas Hall, ... manufacturer and importer of magnetic, galvanic, and telegraphic instruments. 5th ed. Boston, 1864.
[6], 36, [4] p. illus. 18.9 cm.
Bound with Channing, William Francis. The medical application of electricity. Boston, 1865.

Halliday, Daniel.
Considérations pratiques sur les névralgies de la face, par Halliday. Paris, A. Pinard, 1832.
[3], 175 p. 21 cm.

Halperson, Clara.
Beiträge zur elektrischen Erregbarkeit der Nervenfasern, von Clara Halperson. Bern, P. Haller, 1884.
42 p. plate. 20 cm.

Halse, William Hooper.
On the extraordinary remedial efficacy of medical galvanism, when scientifically administered. London, [after 1846].
32 p. 17.5 cm.
Bound with Caplin, J. The electro-chemical bath. London, 1857.

Hamilton, Allan McLane, 1848-1919.
Clinical electro-therapeutics, medical and surgical: a handbook for physicians in the treatment of nervous and other diseases, by Allan McLane Hamilton ... New York, D. Appleton, 1873.
184, [24] p. illus. 22.7 cm.
Provenance: Medical Library of the New York State Lunatic Asylum (b.p.); From D. Appleton Co. August 1873 (inscription)

Hamilton, Allan McLane, 1848-1919.
Nervous diseases: their description and treatment. A manual for students and practitioners of medicine, by Allan McLane Hamilton ... 2d ed., rev. and enl. With 72 illustrations. Philadelphis, H.C. Lea's son, 1881.
[iii]-xvi, 17-598, [32] p. illus. 24.2 cm.
Provenance: Medical Society of the County of Queens, Inc. 112-20 Queens Boulevard, Forest Hills (stamp)

Hammer, H G
Die Electricität als fortlaufend bildende und erhaltende Kraft, von ihrem atomistischen Ursprung bis zur vollständigen Ausbildung der Organe, hrsg. von H.G. Hammer. Dresden, Adler & Dietze, 1855.
vii, 144 p. 19 cm.

Hammond, Robert.
The electric light in our homes, by Robert Hammond ... London, F. Warne [1884?]
xii, 188 p. illus., 2 plates. 19.5 cm.
Wheeler 2359.

Hammond, William Alexander, 1828-1900.
A treatise on diseases of the nervous system, by William A. Hammond ... New York, D. Appleton, 1871.
xxv, [33]-754 p. illus. 22.9 cm.
Provenance: M.S. Netsky July 1 1946 (inscription)

Hamonic, Paul Louis Marie, 1858-
La chirurgie et la médecine d'autrefois d'après une première série d'instruments anciens renfermés dans mes collections, par P. Hamonic. Paris, A. Maloine, 1900.
xvi, 140, [4], 55, [1] p. illus. 25.2 cm.
Provenance: Ex-Libris C.M. Gariel Paris 19.. (b.p.)

Hanriot, Maurice, 1854-
De l'électricité musculaire, par Maurice Hanriot. Paris, A. Derenne, 1880.
35, [1] p. illus. 26 cm.

Hansteen, Christopher, 1784-1873.
Untersuchungen über den Magnetismus der Erde, von Christopher Hansteen. Übersetzt von P. Treschow Hanson. Erster theil. Die mechanischen Erscheinungen des Magneten. Christiania, gedruckt bey J. Lehmann und C. Gröndahl, 1819.
xxx, 502, [2], 148 p. 5 fold. plates. 26.5 cm. and atlas (fold. t.p. and 7 fold. maps) 20x26 cm.
Provenance: Ex Libris Herbert McLean Evans; Ex Libris Robert B. & Marian S. Honeyman.
In Ronalds, Wheeler 756.

Hardy, William.
The infused sulphur water bath; being an improved mode of bathing in the waters of Harrogate ... also The electro-chemical purifying bath, for the removal of mineral and metallic poisons from the human organism ... also Remarks on the electro-chemical treatment in general, by W. Hardy. Harrogate, Hollis and Moxon, Printers [n.d.]
52 p. 17.4 cm.

Hardy, William.
The infused sulphur water bath; being an improved mode of bathing in the waters of Harrogate, by which it is proposed to render the body capable of absorbing more of the medical properties of the water in one bath, than can be by several in the usual mode of bathing, by W. Hardy. Also the electro-chemical purifying bath for the removal of mineral and metallic poisons from the human organism, such as mercury, lead, silver, gold, arsenic, antimony, &c. This bath is shown to be valuable in removing morbific substances, such as are found in gout, rheumatism, scorbutic constitutions &c. Also, remarks on the electro-chemical treatment in general. Harrogate, Hollins and Moxon [1857?]
52 p. 17.5 cm.
Bound with Caplin, J. The electro-chemical bath. London, 1857.

Hare, Robert, 1781-1858.
Animadversions, by Dr. Hare, on the review of his Theory of galvanism by Dr. Patterson, published in the first number of the Philadelphia medical and physical journal. [Philadelphia? 1820?]
18, [1] p. 21 cm.
Bound with his A memoir on some new modifications of galvanic apparatus. [n.p., ca. 1821]

Hare, Robert, 1781-1858.
[Apparatus and processes] by Robert Hare. [n.p., 1833?]
4 p. 4 plates. 14.8 cm.
Reprint of four successive articles which appeared in the American journal of science and arts, v. 24 (1833), p. 247-252, and in the Journal of the Franklin Institute, v. 11, no. 5 (May 1833), p. 289-296.
With, as issued, his Remarks on the error of supposing that a communication with the earth is necessary to the efficacy of electrical machines. [n.p., 1833?]

Hare, Robert, 1781-1858.
Apparatus contrived by Dr. Hare for separating carbonic oxide from carbonic acid, by means of lime water [by Robert Hare. n.p., 1833?]
(In his [Apparatus and processes. n.p., 1833?] p. 4.)

Hare, Robert, 1781-1858.
Apparatus for evolving silicon from fluo-silicic acid gas, by Robert Hare. [n.p., 1833?]
(In his [Apparatus and processes. n.p., 1833?] p. [1]-2.)

[Hare, Robert] 1781-1858.
Appendix, to lectures on electricity, galvanism, &c. [n.p., 18--]
23 p. 4 plates. 23.5 cm.
Bound with his On electricity. [n.p., 18--]

Hare, Robert, 1781-1858.
Art. IV. Improved eudiometrical apparatus, by R. Hare. [n.p., 182-?]
23-37 p. illus. 21 cm.

Hare, Robert, 1781-1858.
Art. X. Letter from Robert Hare to B. Silliman on some improved forms of the galvanic deflagrator; on the superiority of its deflagrating power: also, an account of an improved single leaf electrometer; of the combustion of iron by a jet of sulphur, in vapour; and of an easy mode of imitating native chalybeate waters. Reprinted, with corrections and additions, from Silliman's journal, no.1. vol. vii. [Philadelphia, Printed by W. Fry, 1824]
118-124 p. plate. 21.3 cm.

Hare, Robert, 1781-1858.
Art. XII. A brief account of some electro-magnetic and galvanic experiments, by Robert Hare. [n.p., 182-?]
142-143 p. 21.3 cm.

Hare, Robert, 1781-1858.
A brief exposition of the science of mechanical electricity, or electricity proper; subsidiary to the course of chemical instruction in the University of Pennsylvania: with engravings and descriptions of the apparatus employed, by Robert Hare. Philadelphia, J.G. Auner, 1840.
vii, 56 p. illus. 23.5 cm.

With this is bound his On the origin and progress of galvanism, or voltaic electricity. [Philadelphia, 1840?]
Provenance: Franklin Institute Library Philadelphia Reference (bp); Memorial Library of the International Electrical Exposition 1884 Presented by Mrs. G. Dawson Coleman 84 (bp and ink stamp)
Gartrell 762.

Hare, Robert, 1781-1858.
A brief exposition of the science of mechanical electricity, subsidiary to the course of chemical instruction in the University of Pennsylvania, by Robert Hare. Philadelphia, J.G. Auner, 1835.
viii, 48 p. illus., front., plates. 22 cm.
Wheeler 895, Gartrell 761.

Hare, Robert, 1781-1858.
A compendium of the course of chemical instruction in the medical department of the University of Pennsylvania, by Robert Hare. Printed for the use of his pupils. 2d. ed. Philadelphia, J.G. Auner, 1834.
xx, 362, [1], 90 p., illus., plates. 22 cm.
With this are bound his Brief exposition of the science of mechanical electricity. Philadelphia, 1835; his On the origin and progress of galvanism, or voltaic electricity. [n.p., n.d.]; and his Some encomiums upon the excellent treatise of chemistry, by Berzelius. [Philadelphia, 1834?]

Hare, Robert, 1781-1858.
Description of the valve cock, a perfectly airtight substitute for the common cock [by Robert Hare. n.p., 1833?]
(In his [Apparatus and processes. n.p., 1833?] p. 3-4.)

Hare, Robert, 1781-1858.
An essay on the question whether there be two electrical fluids, or one. Also, a description of an electrical plate machine, the plate mounted horizontally, and so as to show both positive and negative electricity; and of a blowpipe by alcohol, by Robert Hare. [New Haven? 1824?]
10 p. 1 plate. 23.1 cm.
Reprint of three successive articles which appeared first in Tilloch's Philosophical magazine and journal, v. 62 (1823), p. 3-7, and then in the American journal of science and arts, v. 7 (1824), p. 103-108.

Hare, Robert, 1781-1858.
Improved process for the evolution of boron [by Robert Hare. n.p., 1833?]
(In his [Apparatus and processes. n.p., 1833?] p. 2-3.)

Hare, Robert, 1781-1858.
A memoir on some new modifications of galvanic apparatus, with observations in support of his new theory of galvanism, by R. Hare. [n.p., ca. 1821]
17 p. 1 plate. 21 cm.
Reprint of article which appeared in the American journal of science and arts, v. 3 (1821), p. 105-117, as well as in several other periodicals.
With this is bound his Animadversions ... on the review of his Theory of galvanism by Dr. Patterson. [n.p., 1820?]
Provenance: To Dr. Mawran with the compliments of the author (inscription); Butler Hospital Isaac Ray Memorial Library Providence, RI (embossed stamp)

Hare, Robert, 1781-1858.
Objections to the theories severally of Franklin, Dufay and Ampere, with an effort to explain electrical phenomena, by statical, or undulatory polarization, by Robert Hare. [n.p., ca. 1848]
24 p. 24 cm.

[**Hare, Robert**] 1781-1858.
On electricity. [n.p., 18--]
40 p. 23.5 cm.
With this bound his Appendix, to lectures on electricity, galvanism, &c. [n.p., 18--]
Provenance: Franklin Institute Library Philadelphia Reference (bp); Memorial Library of the International Electrical Exhibition 1884 Presented by D.R. Buchanan 8.22.84 (bookplate and ink stamp)

Hare, Robert, 1781-1858.
On the origin and progress of galvanism, or voltaic electricity. [n.p., n.d.]
49 p. illus. 24.2 cm.
Provenance: from Dr. Hare (inscription); Medical Library Association of Brooklyn (ink stamp)

Hare, Robert, 1781-1858.
On the origin and progress of galvanism, or voltaic electricity. [n.p., 18--]
24 p. illus., plate. 22 cm.

Bound with his Compendium of the course of chemical instruction. Philadelphia, 1834.
Gartrell 778.

Hare, Robert, 1781-1858.
On the origin and progress of galvanism, or voltaic electricity. [Philadelphia, 1840?]
80 p. illus. 23.5 cm.
Bound with his A brief exposition of the science of mechanical electricity, or electricity proper. Philadelphia, 1840.

Hare, Robert, 1781-1858.
Queries and strictures, by Dr. Hare, respecting Espy's meteorological report to the Naval Department. Also, the conclusion arrived at by a committee of the Academy of Sciences of France, agreeably to which, tornadoes are caused by heat; while, agreeably to Peltier's report to the same body, certain insurers had been obliged to pay for a tornado as an electrical storm. With abstracts from Peltier's report. Philadelphia, R.W. Barnard & Sons, Printers, 1852.
16 p. 22.8 cm.
"From the Journal of the Franklin Institute": at the head of p. 3.

Hare, Robert, 1781-1858.
Remarks on the error of supposing that a communication with the earth is necessary to the efficacy of electrical machines, by R. Hare. [n.p., 1833?]
5-7 p. 23.5 cm.
With, as issued, his [Apparatus and processes. n.p., 1833?]
Reprinted from the American journal of science and arts, v. 24 (1833), p. 253-256, and from the Journal of the Franklin Institute, v. 11, no. 5 (May 1833), p. 296-299.

Hare, Robert, 1781-1858.
Some encomiums upon the excellent treatise of chemistry, by Berzelius; also objections to his nomenclature, and suggestions respecting a substitute, deemed preferable, in a letter to Silliman, by Robert Hare. [Philadelphia, 1834?]
11 p. 22 cm.
Bound with his Compendium of the course of chemical instruction. Philadelphia, 1834.

Hare, Robert, 1781-1858.
Strictures in reply to remarks on the calorimotor, published at different times in the American Medical Recorder, by Robert Hare. Philadelphia, W. Brown, Printer, 1820.
28 p. plate. 21.5 cm.

Harless, Emil, 1820-1862.
Molekuläre Vorgänge in der Nervensubstanz, von E. Harless. München, Verlag der K. Akademie, in Commission bei G. Franz, 1858-1860.
67, [1], 95, 65, 63 p. 5 fold. plates. 25.7 cm.
"Aus den Abhandlungen der K. Bayer. Akademie d. W. II Cl. VIII Bd. II Abth.; [II. Cl. VIII Bd. III Abth.; II Cl. IX Bd. I Abth.]"
With this is bound his Das Problem der Ermudung und Erholung. Munchen, 1861.

Harless, Emil, 1820-1862.
Die Muskelirritabilität, von E. Harless. [München, 1851]
[481]-510 p. 25.5 cm.
Extract from Abhandlungen der II. Cl. d. k. AK. d. Wiss. V. Bd. II. Abthl.

Harless, Emil, 1820-1862.
Das Problem der Ermüdung und Erholung, von Emil Harless. München, 1861.
3 p. 25.7 cm.
Bound with his Molekuläre Vorgänge in der Nervensubstanz. München, 1858-1860.
Extract from Aerztliches Intelligenz-Blatt, 5 Januar 1861.

Harris, Sir William Snow, 1791-1867.
Observations on the effects of lightning on floating bodies; with an account of a new method of applying fixed and continuous conductors of electricity to the masts of ships. In a letter addressed to Vice-admiral Sir Thomas Byam Martin ... by William Snow Harris. London, Printed by W. Nicol, 1823.
[1], 89, [1] p. 5 plates. 30.3 cm.
Provenance: From the author (inscription); N.Y. Academy of Sciences Library (ink stamp)
In Ronalds, Wheeler 801.

Harris, Sir William Snow, 1791-1867.
On the nature of thunderstorms; and on the means of protecting buildings and shipping against the destructive effects of lightning, by W. Snow Harris. London, J.W. Parker, 1843.
xvi, 226 p. illus., plates, diagrs. 22.8 cm.
In Ronalds, Wheeler 1043, Gartrell 783.
Describes his invention of a lightning rod for ships and defends his theory.
Provenance: H. Hall Sutton Athone (inscription)

Harris, Sir William Snow, 1791-1867.
Remarkable instances of the protection of certain ships of Her Majesty's Navy, from the destructive effects of lightning, collected from official and other authenticated documents; to which is added a list of 220 cases of ships of Her Majesty's Navy struck and damaged by lightning, abridged from the official log of the ships, by W. Snow Harris. London, Printed for the author by R. Clay, 1847.
61 p. illus. 2 plates. 21.2 cm.

Harris, Sir William Snow, 1791-1867.
Rudimentary electricity showing the general principles of electrical science and the purposes to which it has been applied, by Sir W. Snow Harris. 6th ed. with additions, including extracts from the Cavendish papers, and a general index. London, Lockwood, 1872.
vi, 200 p. illus. 17.7 cm.

Harris, Sir William Snow, 1791-1867.
Rudimentary magnetism: being a concise exposition of the general principles of magnetical science and the purposes to which it has been applied ... Parts I and II, by Sir W. Snow Harris. London, J. Weale, 1850.
[iii]-vi, 159 p. illus. 17.2 cm.
With this is bound Heather, J.F. A treatise on mathematical instruments ... London, 1849.
Wheeler 1180.

Harris, Sir William Snow, 1791-1867.
Rudimentary treatise on galvanism and the general principles of animal and voltaic electricity, with brief notices of the purposes to which it has been applied, by Sir William Snow Harris. London, J. Weale, 1856.
xi, 215 p. illus. 18 cm.
Provenance: Cheltenham College Apr 1889 (ink stamp)
Wheeler 1359.

Harris, Sir William Snow, 1791-1867.
Rudimentary treatise on galvanism and the general principles of animal and voltaic electricity, by Sir William Snow Harris. A new ed., rev., with considerable additions by Robert Sabine. London, Strahan, 1869.
xi, 247 p. illus. 18.1 cm.
Wheeler 1359a.

Harris, Sir William Snow, 1791-1867.
A treatise on frictional electricity, in theory and practice, by Sir William Snow Harris. Ed. with a memoir of th author, by Charles Tomlinson. London, Virtue, 1867.
xxxiv, 291 p. illus. 22.4 cm.
Wheeler 1676.

Hartmann, Georg, 1489-1564.
Neigung der Magnetnadel [von] Georg Hartmann.
2 p. 4 facsims. 26.5 cm.
(In Hellmann, Gustav, ed. Rara magnetica, 1269-1599. Berlin, 1898.)

Harvey, William, 1578-1657.
La circulation du sang; des mouvements du coeur chez l'homme et chez les animaux. Deux réponses a Riolan [par] Harvey. Traduction française avec une introduction historique et des notes par Charles Richet. Paris, Masson, 1879.
[4], iii, 287 p. illus. 22 cm.

Harvey, William, 1578-1657.
The works of William Harvey, M.D. Tr. from the Latin with a life of the author, by Robert Willis. London, Sydenham Society, 1847.
xcvi, 624 p. illus. 23 cm.

Haskins, Clark Caryl.
Electricity made simple and treated non-technically; an invaluable treatise for engineers, dynamo men, firemen, linemen, wiremen and learners for study or reference, by Clark Caryl Haskins. Chicago, F. J. Drake, c1899.
[3], vi, 5-[233] p. illus., diagrs. 19.6 cm.
Provenance: The Property of C.E. Barrie (stamp)

Haüy, René Just, 1743-1822.
An elementary treatise on natural philosophy. Trans. from the French of R.J. Haüy by Olinthus Gregory, with notes by the translator. London, Printed for G. Kearsley, 1807.
2 v. 24 fold. plates. 22.5 cm.

Haüy, René Just, 1743-1822.
Nouvelles observations sur la faculté conservatrice de l'électricité acquise à l'aide du frottement, par Haüy. [n.p.] 1819.
7 p. 26.1 cm.
"Extrait du Journal de Physique, Décembre 1819."

Provenance: A Monieur Tavernier hommage de l'auteur (inscription)
Gartrell 240.

Haüy, René Just, 1743-1822.
Traité des caractères physiques de pierres précieuses, pour servir a leur détermination lorsqu'elles ont été taillées; par l'abbe Hauy. Paris, Mme. Ve. Courcier, 1817.
xvi, xxii, 253 p. 3 fold. plates. 21.1 cm.
In Ronalds.

Haüy, René Just, 1743-1822.
Traite elementaire de physique, par R.-J. Hauy ... Paris, Impr. de Delance et Legueur, 1803.
2 v. 24 plates (part. fold.) 21.4 cm.
In Ronalds, Gartrell 242.

Haughton, Samuel, 1821-1897.
Principles of animal mechanics, by Samuel Haughton. London, Longmans, Green, 1873.
xiv, 495 p. illus. 22.2 cm.
Provenance: Huddersfield Medical Library August 1873 (inscription); Huddersfield Medical Library (circulation slip); Huddersfield Medical Library (inscription)

Hauptmann, Carl Ferdinand Maximilian, 1858-1921.
Die Metaphysik in der modernen Physiologie; eine kritische Untersuchung, von Carl Hauptmann. Dresden, L. Ehlermann, 1893.
[9], 388 p. 22.6 cm.

Hawkins, Nehemiah, 1833-
New catechism of electricity; a practical treatise ... relating to the dynamo and motor; wiring; the electric railway; electric bell fitting; electric lamps; electric elevators; electric lighting; electro plating; the telegraph and telephone; measurements; and tables, by N. Hawkins. New York, T. Audel, c1896.
541 p. illus., diagrs., ports. 16.2 cm.
Provenance: Ralph Chalenburg P.O. Box 733 Starbuck, Mn 56361 (ink stamps)

Hayd, Herman E 1858-
Electricity in gynecological practice, by Herman E. Hayd. [n.p., 1890?]
7 p. 22.8 cm.
"Reprinted from the Buffalo Medical and Surgical Journal. May 1890."
Provenance: Johns Hopkins Hospital Library Jul 6 1905 (ink stamp)

Hayem, Georges, 1841-1935.
Leçons de thérapeutique, par Georges Hayem. Paris, G. Masson, 1887-94.
5 v. illus. 24.5 cm.

Hayem, Georges, 1841-1935.
Physical and natural therapeutics: the remedial uses of atmospheric pressure, climate, heat and cold, hydrotherapeutic measures, mineral waters and electricity, by Georges Hayem. Ed. by Hobart Amory Hare ... Philadelphia, Lea Bros., 1895.
[11]-426 p. illus. 24.1 cm.
Provenance: L.H. Jones 1895 Atlanta 6 (inscription)

Hayes, Justin.
Therapeutic use of faradaic and galvanic currents in the electro-thermal bath, with history of cases, by Justin Hayes. Chicago, Jansen, McClurg, 1877.
112 p. 2 plates. 19.6 cm.

Hayes, Plymmon S
Electricity and the methods of its employment in removing superfluous hair and other facial blemishes, by Plym. S. Hayes. Hammond, Ind., F.S. Betz [n.d.]
vi, 132 p. illus. 17.3 cm.

Hayes, Plymmon S
Electricity and the methods of its employment in removing superfluous hair and other facial blemishes, by Plym. S. Hayes. Chicago, W.T. Keener, 1889.
vi, 128 p. illus. 17.5 cm.

Hayes, Plymmon S
Electricity and the methods of its employment in removing superfluous hair and other facial blemishes, by Plym. S. Hayes. Chicago, McIntosh Battery and Optical Co., 1894, c1889.
vi, 128 p. illus. 17.5 cm.

Hayes, Plymmon S
Electricity in diseases of the skin.
p. H9-H38. 24.2 cm.
(In Bigelow, H.R., ed. An international system of electro-therapeutics. Philadelphia, 1894.)

Haynes, Celia M
Elementary principles of electro-therapeutics for the use of physicians and students ... prepared by C.M. Haynes. 3d ed. Chicago, McIntosh Galvanic & Faradic Battery Co., c1884.

v, 426 p. illus. 23.7 cm.
Provenance: S.D. Bugg MD. Groesbeck Texas March 28, 1886 (inscription)

Haynes, Celia M
Elementary principles of electro-therapeutics for the use of physicians and students. Prepared by C.M. Haynes. 5th ed. Chicago, W.T. Keener, 1889.
v, 426 p. illus. 23.6 cm.

Haynes, Celia M.
Elementary principles of electro-therapeutics for the use of physicians and students ... prepared by C.M. Haynes. Rev. ed. Chicago, W.T. Keener, 1896.
v, 19, 19-507, [5] p. illus. 22.9 cm.

Heather, John Fry, -1886.
A treatise on mathematical instruments, including most of the instruments employed in drawing, for assisting the vision, in surveying and levelling, in practical astronomy, and for measuring the angles of crystals: in which their construction, and the methods of testing, adjusting, and using them are concisely explained, by J.F. Heather. London, J. Weale, 1849.
[1], vi, 183, [1] p. illus., 2 plates. 17.3 cm.
Bound with Harris, Sir W. Snow. Rudimentary magnetism ... London, 1850.

Heberden, William, 1710-1801.
Commentaries on the history and cure of diseases, by William Heberden. 2d ed. London, T. Payne, 1803.
xii, 517, [1] p. 21.7 cm.

Hébert, Alexandre.
La technique des rayons X; manuel opératoire de la radiographie et de la flouroscope a l'usage des médecins, chirurgiens et amateurs de photographie, par Alexandre Hébert. Paris, G. Carré et C. Naud, 1897.
[3], iv, 136, [1] p. illus., 10 fold. plates. 22.2 cm.

Hedley, William Snowdon.
Current from the main: the medical employment of electric lighting currents, by W.S. Hedley. London, H.K. Lewis, 1896.
[5], 34 p. illus. 22.2 cm.

Hedley, William Snowdon.
The hydro-electric methods in medicine, with chapters on current from the main, cure-gymnastics, etc. ... by W.S. Hedley. London, H.K. Lewis, 1892.
x, 156 p. illus., diagrs. 22.3 cm.

Hedley, William Snowdon.
Therapeutic electricity and practical muscle testing, by W.S. Hedley. Philadelphia, P. Blakiston's Son, 1900.
ix, 278 p. illus. 24.2 cm.

Heidenhain, Rudolf Peter Heinrich, 1834-1897.
Hypnotism, or animal magnetism; physiological observations, by Rudolf Heidenhain. Tr. from the 4th German ed. by L.C. Wooldridge, with a preface by G.J. Romanes. 4th ed. London, Kegan Paul, Trench, Trubner, 1899.
xiv, 103 p. 18.1 cm.

Heidenhain, Rudolf Peter Heinrich, 1834-1897.
Mechanische Leistung, Wärmeentwicklung und Stoffumsatz bei der Muskelthätigkeit. Ein Beitrag zur Theorie der Muskelkräfte, von Rudolf Heidenhain. Leipzig, Breitkopf und Härtel, 1864.
viii, 184 p. illus., plate. 21.7 cm.
Provenance: Dr. Ludwig Hert (ink stamp)

Heidenhain, Rudolf Peter Heinrich, 1834-1897.
Der sogenannte thierische Magnetismus; physiologische Beobachtungen, von Rudolf Heidenhain ... Leipzig, Breitkopf und Härtel, 1880.
[2], 40 p. 22.8 cm.

Heidmann, Johann Anton, 1775-1855.
Vollstandige auf Versuche und Vernunftschlusse gegrundete Theorie der Elektricitat fur Aerzte, Chymiker und Freunde der Naturkunde, von Joh. Anton Heidmann. Wien, Gedruckt mit J.C. Schuender'schen Schriften im k.k. Taubstummen-Institute, 1799.
2 v. 5 fold. plates. 20.1 cm.
Provenance: Doct. Coll der Wiener Medic Facultät (ink stamp)
In Ronalds.

Heinrichsen, Heinrich.
Ideen über das wechselseitige Electritätsverhältniss zwischen dem thierischen Organismus und der äussern Natur, mit Entfaltung zweier, bisher übergangener, alle Processe des

Lebens bedingender Naturkräfte, von Heinrich Heinrichsen. Leipzig, L. Schumann, 1839.
xiv, 330 p. 21.7 cm.
In Ronalds.

Hellmann, Gustav, 1854-1939, ed.
Rara magnetica, 1269-1599 ... Mit einer Einleitung. Berlin, A. Asher, 1898.
1 v. (various pagings) illus., charts, diagrs., facsims. (part fold.) 26.5 cm.
Collects facsimiles and reprints of ten classic writings on geomagnetism that appeared from 1269 through 1599.

Hellmann, Gustav, 1854-1939, ed.
Ueber Luftelektricität 1746-1753, hrsg. von G. Hellmann. Mit einer Einleitung. Berlin, A. Asher, 1898.
[49] p. illus. 24 cm.

Hellwag, Christoph Friedrich, 1754-1835.
Erfahrungen uber die Heilkräfte des Galvanismus, und Betrachtungen über desselben chemische und physiologische Wirkungen; mitgetheilt von Christoph Friedrich Hellwag, und Beobachtungen bey der medicinischen Anwendung der Voltaischen Säule, von Maximilian Jacobi. Hamburg, F. Perthes, 1802.
viii, 184 p. 1 fold. plate. 18.3 cm.
In Ronalds.

Helmholtz, Hermann Ludwig Ferdinand von, 1821-1894.
Correctur an dem Vortrag vom 22. Mai 1868 die thatsächlichen Grundlagen der Geometrie betreffend, von H. Helmholtz. [Heidelberg? 1869?]
3[5]7-258 (i.e. 358) p. 21.2 cm.
Together with his Ueber die physiologische Wirkung kurz dauernder elektrischer Schläge im Innern von ausgedehnten leitenden Massen. [Heidelberg? 1869?]

Helmholtz, Hermann Ludwig Ferdinand von, 1821-1894.
Handbuch der physiologischen Optik, bearb. von H. Helmholtz. Leipzig, L. Voss, 1867.
xiv, 874, [1] p. illus., 11 plates (2 fold.) 23 cm.
Provenance: Biblioth duc Altenburg (stamp)

Helmholtz, Hermann Ludwig Ferdinand von, 1821-1894.
Handbuch der physiologischen Optik, von H. von Helmholtz. 2. umgearb. Aufl. Hamburg, L. Voss, 1896.
xix, [3]-1334, [1] p. illus., 8 plates (1 col., fold.) 23.4 cm.

Helmholtz, Hermann Ludwig Ferdinand von, 1821-1894.
The mechanism of the ossicles and the membrana tympani, by Helmholtz. London, 1874.
[97]-160 p. illus. 22.5 cm.
Bound with Troeltsch, Anton. The surgical diseases of the ear. London, 1874.

Helmholtz, Hermann Ludwig Ferdinand von, 1821-1894.
Die neueren Fortschritte in der Theorie des Sehens [von] H. Helmholtz. Berlin, Druck von George Reimer [n.d.]
83 p. 23.7 cm.
"Abdruck aus dem XXI Bande der Preussischen Jahrbucher."

Helmholtz, Hermann Ludwig Ferdinand von, 1821-1894.
On the sensations of tone as a physiological basis for the theory of music, by Hermann L.F. Helmholtz. Tr. with the author's sanction from the 3d German ed., with additional notes and an additional appendix, by Alexander J. Ellis. London, Longmans, Green, 1875.
xxiv, 824 p. illus., music. 23.1 cm.
Provenance: John Feske (bookplate)

Helmholtz, Hermann Ludwig Ferdinand von, 1821-1894.
On the sensations of tone as a physiological basis for the theory of music, by Hermann L.F. Helmholtz. Tr., thoroughly rev. and corr., rendered conformable to the 4th ... German ed. of 1877, with numerous additional notes and a new additional appendix bringing down information to 1885 and especially adapted to the use of musical students, by Alexander J. Ellis. 3d ed. London, New York, Longmans, Green, 1895.
xix, 576 p. illus., music. 26.2 cm.

Helmholtz, Hermann Ludwig Ferdinand von, 1821-1894.
Popular lectures on scientific subjects, by H. Helmholtz. Tr. by E. Atkinson, with an

introduction by Prof. Tyndall. New York, D. Appleton, 1873.
xvi, 397 p. illus. 20.2 cm.

Helmholtz, Hermann Ludwig Ferdinand von, 1821-1894.
Über die auf das Innere magnetisch oder dielektrisch polarisirter Körper wirkenden Kräfte [von] Helmholtz. Berlin, Buchdr. der Königl. Akademie der Wissenschaften (G. Vogt), 1881.
24 p. 21.5 cm.
(In Electrical papers 1884. [n.p.] 1884.)
Wheeler 2232.

Helmholtz, Hermann Ludwig Ferdinand von, 1821-1894.
Ueber die physiologische Wirkung kurz dauernder elektrischer Schläge im Innern von ausgedehnten leitenden Massen [von Hermann von Helmholtz. Heidelberg? 1869?]
4 p. 21.2 cm.
With this is his Ueber elektrische Oscillationen. [Heidelberg? 1869?]; and his Correctur an dem Vortrag vom 22. Mai 1868 die thatsächlichen Grundlagen der Geometrie betreffend. [Heidelberg? 1869?]
Provenance: Ludwig Collection (stamp); Weed (stamp)

Helmholtz, Hermann Ludwig Ferdinand von, 1821-1894.
Ueber elektrische Oscillationen [von Hermann von Helmholtz. Heidelberg? 1869?]
[353]-357 p. 21.2 cm.
Together with his Ueber die physiologische Wirkung kurz dauernder elektrischer Schläge im Innern von ausgedehnten leitenden Massen. [Heidelberg? 1869?]

Helmholtz, Hermann Ludwig Ferdinand von, 1821-1894.
Vorlesungen über die elektromagnetische Theorie des Lichts, von H. von Helmholtz. Hrsg. von Arthur König und Carl Runge. Mit 54 Figuren im Text. Hamburg, L. Voss, 1897.
xii, 370 p. diagrs. 26 cm.
Provenance: Burndy Library Gift of Bern Debner (bp)

Helmholtz, Hermann Ludwig Ferdinand von, 1821-1894.
Vorträge und Reden, von Hermann von Helmholtz. Zugleich 3. Aufl. der "Populären wissenschaftlichen Vorträge" des Verfassers. Braunschweig, F. Vieweg, 1884.
2 v. illus. 21.8 cm.
Provenance: Ex Libris Doctoris I. Liebmann Frankfurt (bp)

Hénin de Cuvillers, Étienne Félix, baron d', 1755-1841.
Le magnétisme éclairé, ou introduction aux Archives du magnétisme animal, par le Baron d'Hénin de Cuvillers. Paris, Barrois l'aîne, 1820.
[3], 252 p. 21.3 cm.
Gartrell 1184.

Henrici, Friedrich Christoph, 1795-1885.
Ueber die Elektricität der galvanischen Kette, von F.C. Henrici. Göttingen, Vandenhoeck und Ruprecht, 1840.
iv, [4], 227, [1] p. 1 fold. plate. 20.8 cm.
In Ronalds.

Henry
Précis descriptif sur les instruments de chirurgie anciens et modernes; contenant la description de chaque instrument, le nom de ceux qui y ont apporté des modifications, ceux préférés aujourd'hui par nos meilleurs praticiens, et l'indication des qualités que l'on doit rechercher dans chaque instrument, par Henry. Paris, chez l'auteur, 1825.
[6], viii, [5]-261 p. 18 plates (accompanied by descriptive leaves). 20.8 cm.

Henry, William, 1774-1836.
The elements of experimental chemistry, by William Henry. The 2nd American from the 8th London ed. Together with An account of Dr. Wollaston's scale of chemical equivalents. Also, A substitute for Woulfe's or Nooth's apparatus, and A theory of galvanism, by Robert Hare. Philadelphia, R. Desilver, 1822-23.
2 v. 13 plates. 22.2 cm.

Herdman, William James, 1848-1906.
The necessity for special education in electrotherapeutics.
p. xxv-xxxii. 24.2 cm.
(In Bigelow, H.R., ed. An international system of electrotherapeutics. Philadelphia, 1894.)

Hérisson, Jules.
The sphygmometer, an instrument which renders the action of the arteries apparent to the eye. The utility of this instrument in the study of

disease. Researches on the affections of the heart, and on the proper means of discriminating them considered ... by Julius Hérisson; with an improvement of the instrument and prefatory remarks by the translator, E.S. Blundell. London, Longman, Rees, Orme, Brown, Green, and Longman, 1835.
xvi, 46, [1] p. illus. 22.6 cm.
Provenance: From the Library of Carleton B. Chapman, M.D. (bp); Academy of Natural Sciences of Philadelphia James Aitken Meigs Library 1895 (stamp)

Hermann, Ludimar, 1838-1914, ed.
Handbuch der Physiologie, bearb. von H. Aubert [et al.]. Hrsg. von L. Hermann. Leipzig, F.C.W. Vogel, 1879-83.
6 v. illus., diagrs. 22.8 cm.

Hermann, Ludimar, 1838-1914.
Zur electrophysiologischen Literaturgeschichte, von L. Hermann. Bonn, E. Strauss, 1883.
[620]-624 p. 22.9 cm.
"Separat-Abdruck aus Pfluger's Archiv f. d. ges. Physiologie. Bd. XXX."
Provenance: Ludwig Collection (stamp); Weed (stamp)

Hertz, Heinrich Rudolph, 1857-1894.
Electric waves; being researches on the propagation of electric action with finite velocity through space, by Heinrich Hertz. Authorized English tr. by D.E. Jones ... with a preface by Lord Kelvin ... London, Macmillan, 1893.
xv, [1], 278, [1] p. diagrs. 22.7 cm.

Hertz, Heinrich Rudolph, 1857-1894.
The principles of mechanics presented in a new form, by Heinrich Hertz, with an introduction by H. von Helmholtz. Authorized English translation by D.E. Jones and J.T. Walley. London, Macmillan, 1899.
[xxviii], 276 p. 22.5 cm.

Hertz, Heinrich Rudolph, 1857-1894.
Ueber die Beziehungen zwischen Licht und Elektricität ... von Heinrich Hertz. 2. Aufl. Bonn, E. Strauss, 1889.
[1], 27 p. 22.5 cm.

Hertz, Heinrich Rudolph, 1857-1894.
Untersuchungen ueber die Ausbreitung der elektrischen Kraft, von Heinrich Hertz. Leipzig, J.A. Barth, 1892.
vi, 295, [1] p. diagrs. 22.9 cm.
Provenance: H.V.I. Kamp (stamp)

Hervieu, Jean Louis François.
Essai sur l'électricité atmosphérique, et son influence dans les phénomènes météorologiques, par l'Abbé Hervieu. Paris, F. Didot, 1835.
xxiv, xxxvi, 266, [1] p. 21.7 cm.

Hewson, Addinell, 1828-1889.
On localized galvanism as a remedy for the photophobia of strumous ophthalmia, by Addinell Hewson. [n.p.] 1860.
5 p. 24.3 cm.
"Extracted from The American Journal of the Medical Sciences for January, 1860."
Provenance: Johns Hopkins Hospital Library Jul 20 1905 (ink stamp)

Heyden, Carolus Guilelmus von der, 1801-
De acupunctura ... Auctor Carolus Guilelmus von der Heyden. Bonnae, Typis Petri Neusseri, 1826.
x, 21, [1] p. 18.5 cm.
Treats briefly the use of electricity in acupuncture and mentions Sarlandiere, Cloquet, Cararo, and Harless among those who use it.

Higgins, William, 1763-1825.
Experiments and observations on the atomic theory, and electrical phenomena, by William Higgins. Dublin, Printed by Graisberry and Campbell ... and sold by Gilbert and Hodges, 1814.
[6], 180 p. diagrs. 23.6 cm.
Provenance: To the Right Hon*ble* the Earl of chichester from the author (inscription)
In Ronalds, Wheeler 722, Gartrell 790.

Hill, Sir Leonard Erskine, 1866-
The physiology and pathology of the cerebral circulation; an experimental research, by Leonard Hill. London, J. & A. Churchill, 1896.
xvi, 208 p. illus., diagrs. 25.5 cm.

Hirschberg, Julius, 1843-1925.
Die Magnet-Operation in der Augenheilkunde; nach eigenen Erfahrungen dargestellt von J. Hirschberg. 2. vollständig neu bearb. Aufl. Leipzig, Veit, 1899.
viii, 134 p. illus. 22 cm.
Discusses the use of the electromagnet in ophthalmology, a use that Julius Hirschberg pioneered in the early 1800s.

Hirschmann, W A
Apparate zur Anwendung der Elektricität in der Medicin, von W.A. Hirschmann, Mechaniker. Berlin, 1890.
53 p. illus. 27.3 cm.

Hirt, Ludwig, 1844-1907.
Lehrbuch der Elektrodiagnostik und Elektrotherapie. Für Studirende und Ärzte verfasst von L. Hirt. Stuttgart, F. Enke, 1893.
x, 224 p. illus. 25.3 cm.

His, Wilhelm, 1831-1904.
Abbildungen über das Gefässsystem der menschlichen Netzhaut und derjenigen des Kaninchens, von Wilhelm His. [n.p., 1878?]
[224]-231 p. 2 fold. col. plates. 23.1 cm.
"Separat-abdruck aus dem Archiv fur Anatomie und Physiologie ... Anatomische Abtheilung. Jahrgang 1878."
Provenance: Kaantonsbibliothek Graubünden-Chur (ink stamps)

His, Wilhelm, 1831-1904.
Address upon the development of the brain, by Wilhelm His. Dublin, Printed by J. Falconer, 1897.
21 p. illus., 4 plates. 21.3 cm.
"Reprinted from the Transactions of the Royal Academy of Medicine in Ireland, 1897."
Provenance: Kantonsbibliothek Graubünden-Chur (ink stamp)

His, Wilhelm, 1831-1904.
Die Entwickelung der ersten Nervenbahnen beim menschlichen Embryo. Uebersichtliche Darstellung. Die morphologische Betrachtung der Kopfnerven. Eine kritische Studie, von Wilhelm His. [Leipzig, 1887]
[368]-453 p. illus. 23.1 cm.
"Separat-Abzug aus Archiv für Anatomie und Physiologie. Anatomische Abtheilung."

His, Wilhelm, 1831-1904.
Die Entwickelung der menschlichen und thierische [sic] Physiognomien, von Wilhelm His. [n.p., 1892?]
[384]-424 p. illus. 22.9 cm.
"Separat-Abzug aus Archiv fur Anatomie und Physiologie. Anatomische Abtheilung. 1892."
Provenance: Kantonsbibliothek Graubünden-Chur (ink stamp)

His, Wilhelm, 1831-1904.
Die Entwickelung des menschlichen Rautenhirns vom Ende des ersten bis zum Beginn des dritten Monats; I. Verlängertes Mark, von Wilhelm His. Leipzig, S. Hirzel, 1890.
[3], 74 p. illus., 4 plates. 28.7 cm.
Provenance: Kantonsbibliothek Graubünden-Chur (ink stamp)

His, Wilhelm, 1831-1904.
Der Keimwall des Hühnereies und die Entstehung der parablastischen Zellen, von Wilhelm His. [1876]
[274]-289 p. plate. 23.3 cm.

His, Wilhelm, 1831-1904.
Die Lehre vom Bindesubstanzkeim (Parablast). Rückblick nebst kritischer Besprechung einiger neuerer entwickelungsgeschichtlicher Arbeiten, von Wilhelm His. [n.p., 1882]
[62]-108 p. 23 cm.
Provenance: Kantonsbibliothek Graubünden-Chur (ink stamp)

His, Wilhelm, 1831-1904.
Die Lehre vom Bindesubstanzkeim (Parablast); Rückblick nebst kritischer Besprechung einiger neuerer entwickelungsgeschichtlicher Arbeiten, von Wilhelm His. [n.p., 1882?]
[62]-108 p. 23.2 cm.
Reprinted from Archiv für Anatomie und Entwickelungsgeschichte. Anatomische Abtheilung. 1882.

His, Wilhelm, 1831-1904.
Die morphologische Betrachtung der Kopfnerven; eine kritische Studie, von Wilhelm His. [n.p., 1887?]
[379]-453 p. illus. 23 cm.
"Separat-Abzug aus Archiv für Anatomie und Physiologie. Anatomische Abtheilung."
Provenance: Kantonsbibliothek Graubünden-Chur (ink stamp)

His, Wilhelm, 1831-1904.
Die Neuroblasten und deren Entstehung im embryonalen Mark. Mit 4 Tafeln. Leipzig, S. Hirzel, 1889.
[3] , [313]-372 p. 4 fold. plates. 28.8 cm.
Provenance: Kantonsbibliothek Graubünden-Chur (ink stamp)

His, Wilhelm, 1831-1904.
Offene Fragen der pathologischen Embryologie, von Wilhelm His. [n.p., 1891?]
17, [3] p. illus., facsim., 1 col. plate. 26.4 cm.
Provenance: Kantonsbibliothek Graubünden-Chur (ink stamp)

His, Wilhelm, 1831-1904.
Protoplasmastudien am Salmonidenkeim, von Wilhelm His. Leipzig, B.G. Teubner, 1899.
[3], [159]-218 p. illus., 3 plates. 28.7 cm.
Provenance: Kantonsbibliothek Graubünden-Chur (ink stamp)

His, Wilhelm, 1831-1904.
Ueber das frontale Ende des Gehirnrohres, von Wilhelm His. [n.p., 1893?]
[157]-171 p. illus. 23.5 cm.
"Separat-Abzug aus Archiv für Anatomie und Physiologie. Anatomische Abtheilung. 1893."
Provenance: Kantonsbibliothek Graubünden-Chur (ink stamp)

His, Wilhelm, 1831-1904.
Ueber den Keimhof oder Periblast der Selachier; eine histogenetische Studie: I, von Wilhelm His. [n.p., 1897?]
64 p. illus. 23 cm.
"Separat-Abzug aus Archiv für Anatomie und Physiologie. Anatomische Abtheilung. 1897."
Provenance: Kantonsbibliothek Graubünden-Chur (ink stamp)

His, Wilhelm, 1831-1904.
Uber die Aufgaben und Zielpunkte der wissenschaftlichen Anatomie, von Wilhelm His ... Leipzig, F.C.W. Vogel, 1872.
18 p. 23.3 cm.
Provenance: Kantonsbibliothek Graubünden-Chur (ink stamp)

His, Wilhelm, 1831-1904.
Ueber die Entdeckung des Lymphsystems. Lipsiae, Typis A. Edelmanni [1874?]
19 p. 25.7 cm.
Provenance: Kantonsbibliothek Graubünden-Chur (ink stamp)

His, Wilhelm, 1831-1904.
Ueber die Vorstufen der Gehirn- und der Kopfbildung bei Wirbelthieren. Sonderung und Charakteristik der Entwickelungsstufen junger Selachierembryonen, von Wilhelm His. [n.p., 1894?]
[313]-354 p. illus., 1 fold. plate. 23.1 cm.
"Separat-Abzug aus Archiv für Anatomie und Physiologie. Anatomische Abtheilung. 1894."
Provenance: Kantonsbibliothek Graubünden-Chur (ink stamp)

His, Wilhelm, 1831-1904.
Ueber mechanische Grundvorgänge thierischer Formenbildung, von Wilhelm His. [n.p., 1894?]
80 p. illus. 23.1 cm.
"Separat-Abzug aus Archiv für Anatomie und Physiologie. Anatomische Abtheilung. 1894."
Provenance: Kantonsbibliothek Graubünden-Chur (ink stamp)

His, Wilhelm, 1831-1904.
Über Verwertung der Photographie zu Zwecken anatomischer Forschung, von Wilhelm His. [n.p., 1891?]
[25]-30 p. 22.5 cm.
"Sonderabdruck aus: Anatomischer Anzeiger ... VI. Jahrgang (1891), Nr. 1."
Provenance: Kantonsbibliothek Graubünden-Chur (ink stamp)

His, Wilhelm, 1831-1904.
Über Zellen- und Syncytienbildung; Studien am Salmonidenkeim, von Wilhelm His. Leipzig, B.G. Teubner, 1898.
[3], [401]-468 p. illus., 1 plate. 28.8 cm.
Provenance: Kantonsbibliothek Graubünden-Chur (ink stamp)

His, Wilhelm, 1831-1904.
Die Umschliessung der menschlichen Frucht während der frühesten Zeiten der Schwangerschaft, von Wilhelm His. [n.p., 1897?]
[399]-430 p. 2 plates (1 fold.) 23.2 cm.
"Separat-Abzug aus Archiv für Anatomie und Physiologie. Anatomische Abtheilung. 1897."
Provenance: Kantonsbibliothek Graubünden-Chur (ink stamp)

His, Wilhelm, 1831-1904.
Untersuchungen über die Bildung des Knochenfischembryo (Salmen), von Wilhelm His. Leipzig, Veit, 1878.
[180]-221 p. illus., col. fold. plate. 23 cm.
"Separat-Abdruck aus dem Archiv für Anatomie und Physiologie, hrsg. von His u. Braune und von E. du Bois-Reymond. Anatomische Abtheilung. Jahrgang 1878."

His, Wilhelm, 1831-1904.
Vorschläge zur Eintheilung des Gehirns, von Wilhelm His. [n.p., 1893?]
[172]-179 p. illus. 23 cm.
"Separat-Abzug aus Archiv für Anatomie und Physiologie. Anatomische Abtheilung. 1893."
Provenance: Kantonsbibliothek Graubünden-Chur (ink stamp)

His, Wilhelm, 1831-1904.
Zur Frage der Längsverwachsung von Wirbeltierembryonen [von] His. Jena, G. Fischer [1891?]
[1], 70-83 p. illus. 23.1 cm.
"Sonderabdruck aus den Verhandlungen der Anatomischen Gesellschaft auf der fünften Versammlung zu München, 1891."
Provenance: Kantonsbibliothek Graubünden-Chur (ink stamp)

His, Wilhelm, 1831-1904.
Zur Kritik jüngerer menschlicher Embryonen. Sendschreiben an Herrn Prof. W. Krause in Göttingen, von Wilhelm His. [n.p., 1880?]
[407]-420 p. 23.1 cm.
Reprinted from Archiv für Anatomie und Entwickelungsgeschichte. Anatomische Abtheilung. 1880.
Provenance: Kantonsbibliothek Graubünden-Chur (ink stamp)

His, Wilhelm, jun., 1863-1934.
Die Entwickelung des Herznervensystems bei Wirbelthieren, von Wilhelm His, jun. Leipzig, S. Hirzel, 1891.
64, [1] p. illus., 3 plates. 23 cm.

Hitzig, Eduard, 1838-1907.
Untersuchungen über das Gehirn; Abhandlungen physiologischen und pathologischenlnhalts, von Eduard Hitzig. Berlin, A. Hirschwald, 1874.
xiii, 276 p. illus., charts. 22.5 cm.
Contains reprints of Eduard Hitzig's articles delimiting the motor area of the cerebral cortex, as well as that with Gustav Theodor Fritsch on the electrical stimulation of the frontal cortex and the first demonstration of motor area.

Hodgkin, Thomas, 1798-1866.
Dissertatio physiologica inauguralis de absorbendi functione ... subjicit Thomas Hodgkin.
p. [343]-413. 23 cm.
(In Edwards, W.F. On the influence of physical agents on life. London, 1832.)

Hodgkin, Thomas, 1798-1866.
On the uses of the spleen [by] Thomas Hodgkin.
p. 448-461. 23 cm.
(In Edwards, W.F. On the influence of physical agents on life. London, 1832.)
"From the Edinburgh Medical and Surgical Journal, Jan. 1822."

Hoedemaker, Herman ten Cate.
Ueber die von Erb zuerst beschriebene combinirte Lähmungsform an der oberen Extremität, von H. ten Cate Hoedemaker. Berlin, Gedruckt bei L. Schumacher, 1879.
15 p. 22.3 cm.
"Separat-Abdruck aus dem Archiv fur Psychiatrie. Bd. IX, Heft 3."
Provenance: Kantonsbibliothek Graubünden-Chur (ink stamp)

Hoffmann, Friedrich Wilhelm, 1784 or 5-1869.
Otto von Guericke, Burgermeister der Stadt Magdeburg. Ein Lebensbild aus der deutschen Geschichte des siebzehnten Jahrhunderts, von Friedr. Wilh. Hoffmann, hrsg. von Julius Otto Opel. Magdeburg, E. Baensch, 1874.
vi, 250 p. front. (port.) 20.5 cm.
Provenance: Bibliothek der Polytechnischen Gesellschaft Frankfurt M. (stamp)
Wheeler 1912.

Hofmeister, B
Diabetes mellitus, by B. Hofmeister.
p. [151]-201. 22 cm.
(In Clinical lectures on subjects connected with medicine and surgery. London, 1894.)

Holden, Edgar, 1838-1909.
The sphygmograph: its physiological and pathological indications ... [by] Edgar Holden. Philadelphia, Lindsay & Blakiston, 1874.
169 p. illus. 24 cm.
Provenance: Library of Edward Warren Sawyer A M.M.D. Chicago (bp); E.A. Bassett, MD (stamp)

Holmes, Oliver Wendell, 1809-1894.
Homoeopathy, and its kindred delusions; two lectures delivered before the Boston society for the diffusion of useful knowledge, by Oliver Wendell Holmes. Boston, W.D. Ticknor, 1842.
72 p. 19 cm.

Provenance: James R. Chadwick Boston Mar 9/79 (inscription)
Exposes quackery, especially Perkins' metallic tractors.

Holmes, Oliver Wendell, 1809-1894.
Medical essays, 1842-1882, by Oliver Wendell Holmes. Boston, Houghton Mifflin, c1892.
xvii, [3], 445 p. illus., port., plates. 19.6 cm.

Holmes, Oliver Wendell, 1809-1894.
The professor at the breakfast table; with the story of Iris, by Oliver Wendell Holmes. Boston, Ticknor and Fields, 1860.
[4], 410 p. 19.5 cm.
Provenance: Jacob Rechter (bp)
Satirizes the use of electricity in medicine in one of the poems in this collection of stories and poems.

Homans, John, 1836-1903.
The treatment of fibroid tumors of the uterus after the method of Dr. Apostoli, by John Homans. Boston, Damrell & Upham, 1891.
38 p. 16.8 cm.
"Reprinted from the Boston Medical and Surgical Journal of March 12 and 19, 1891."

Hood, Samuel.
Analytic physiology, by Samuel Hood. Liverpool, J. Smith, 1822.
[3], vi, [2], 190 p. 23 cm.
Provenance: To the Phrenological Society of Washington from the author Liverpool 1898 (inscription); New Jersey Historical Society (ink stamp)

Hopkinson, John, 1849-1898.
Group-flashing lights [by] J. Hopkinson. [Printed by J. Allen, Birmingham, Eng.] 1874.
8 p. 2 fold. plates. 21.8 cm.
Provenance: From the Author (inscription)

Hoppe, Edmund, 1854-
Geschichte der Elektrizität, von Edm. Hoppe. Leipzig, J.A. Barth, 1884.
xx, 622 p. diagrs. 23 cm.

Horn, Franz Xaver Hermann, 1815-
Das Leben des Blutes und die Gesetze des Kreislaufs, nach neuen Untersuchungen bearbeitet, von Hermann Horn. Wurzburg, Stahel, 1842.
[3], iv, 171, [1] p. 2 fold. plates. 21.5 cm.
Includes discussion of blood analysis with an electro-magnetical machine.

Hospitalier, Édouard, 1852-1907, ed.
L'Electricité à l'exposition de 1900. Publiée avec le concours et sous la direction technique de E. Hospitalier [et] J.A. Montpellier, avec la collaboration d'ingénieurs et d'industriels électriciens. Paris, Vve. C. Dunod, 1900-02.
3 v. illus., diagrs., fold. plates. 31 cm.
Provenance: Institute Industriel Bibliotheque du Nord de la France (stamp)

Hospitalier, Édouard, 1852-1907.
The modern applications of electricity, by E. Hospitalier. Tr. and enl. by Julius Maier. London, Kegan Paul, Trench, 1882.
viii, 463 p. illus., plates. 22.8 cm.

Hospitalier, Édouard, 1852-1907.
La physique moderne; les principales applications de l'électricité, par E. Hospitalier. 2. ed. Paris, G. Masson, 1882.
viii, 325, [1] p. illus., 4 plates. 24.9 cm.

The Housekeepers' Friend, containing valuable receipts, for those who regard economy as well as excellence, ladies' needlework companion, almanac, etc. 1881. Boston, C.D. Cobb, 1881.
1 v. (unpaged) illus. 17.5 cm.

Houston, Edwin James, 1847-1914.
Electricity in electro-therapeutics, by Edwin J. Houston and A.E. Kennelly. New York, W.J. Johnston, 1896.
vii, 402 p. illus., diagrs. 17 cm.
Provenance: Worcester Insane Asylum (ink stamp)

Houston, Edwin James, 1847-1914.
A dictionary of electrical words, terms and phrases, by Edwin J. Houston. 2d ed., rewritten and greatly enl. New York, W.J. Johnston, 1892.
vi, [3]-662 p. illus., charts, diagrs., maps. 25.2 cm.

Houston, Edwin James, 1847-1914.
Electricity one hundred years ago and to-day; with copious notes and extracts, by Edwin J. Houston. New York, W.J. Johnston, 1894.
[2], 199 p. illus. 17.9 cm.
Provenance: E.A. Johnson (stamp)

Howard, Luke, 1772-1864.
Extract from an essay on some of the phaenomena of atmospheric electricity, by Luke Howard.
p. 320-342. 23 cm.
(In Edwards, W.F. On the influence of physical agents on life. London, 1832.)

Huang-ti nei ching. Selections.
(Ling shu su wen chieh yao ch'ien chu) [n.p., 1866]
6 v. (double leaves) illus. 22.2 cm.

Huchard, Henri, 1844-1911.
Maladies du coeur et des vaisseaux; artëriosclérose, aortites, cardiopathies artérielles angines de poitrine, etc., par Henri Huchard. Paris, O. Doin, 1889.
[1], xvi, 917, [4] p. 4 plates (3 col.) 23.4 cm.

Hünerfauth, Georg.
Ueber die habituelle Obstipation und ihre Behandlung mit Electricität, Massage und Wasser, von Georg Hünerfauth. Wiesbaden, J.F. Bergmann, 1885.
viii, [1], 50 p. 22.7 cm.
Provenance: Dr. Emil Stockmayer Liedenheim a R. (stamp)

Hufeland, Christoph Wilhelm, 1762-1836.
Lehrbuch der allgemeinen Heilkunde, von Christoph Wilhelm Hufeland ... 2. Aufl. Jena, F. Frommann, 1830.
xxxv, 276 p. 21.1 cm.
Provenance: Ex Libris H.C. Heer (inscription)

Hufeland, Christoph Wilhelm, 1762-1836.
Makrobiotik, oder die Kunst das menschliche Leben zu verlängern, von Christoph Wilhelm Hufeland. 7. durchgesehene und verb. Aufl. Berlin, G. Reimer, 1853.
xvi, 456 p. front. 18.3 cm.
Provenance: Claire Johent (inscription)

Huff, Gershom.
Electro-physiology: scientific, popular, and practical treatise on the prevention, causes, and cure of disease; or, electricity as a curative agent, supported by theory and fact, by Gershom Huff. New York, A.S. Barnes, 1853.
xv, [19]-385 p. illus. 18.8 cm.

Huff, Gershom.
Electro-physiology: scientific, popular, and practical treatise on the prevention, causes, and cure of disease; or, electricity as a curative agent, supported by theory and fact, by Gershom Huff. 2d ed. New York, D. Appleton, 1853.
xv, [19]-385 p. illus., plate. 20.1 cm.

Humboldt, Alexander, freiherr von, 1769-1859.
ΚΟΣΜΟΣ: a general survey of the physical phenomena of the universe, by Alexander von Humboldt. London, H. Baillière, 1845-48.
2 v. 20.3 cm.
Provenance: Inner Temple (ink stamp)

Humboldt, Alexander, freiherr von, 1769-1859.
Correspondance inédite scientifique et littéraire, recueillie et publiée par de La Roquette. Suivie de la biographie des principaux correspondants de Humboldt et de notes ... Paris, L. Guérin, 1869.
2 v. in 1. illus., ports., diagrs., facsims. 22.7 cm.
Provenance: Bellevue Baigts de Bearn (bp)

Humboldt, Alexander, freiherr von, 1769-1859.
Kosmos. Entwurf einer physischen Weltbeschreibung, von Alexander von Humboldt. Stuttgart, J.G. Cotta, 1845-62.
5 v. 21.7 cm.
Atlas zu Alex. v. Humboldt's Kosmos in zweiundvierzig Tafeln mit erlauterndem Texte, hrsg. von Traugott Bromme. Stuttgart, Krais & Hoffmann [n.d.]
[1], 136, [1] p. illus., charts, 43 plates (part col.) 28.9 x 35 cm.
Provenance: Stadt Bibliothek Aarau (stamp); Kanzlei Des obergerichts Aargau (stamp)

Humboldt, Alexander, freiherr von, 1769-1859.
Recueil d'observations de zoologie et d'anatomie comparée, faites dans l'océan Atlantique, dans l'intérieur du noveau continent et dans la mer du sud pendant les années 1799, 1800, 1801, 1802 et 1803, par Al. de Humboldt et A. Bonpland. Paris, F. Schoell, G. Dufour, 1811-[33].
2 v. in 1. 34 plates (part col.) 36.8 cm.
Includes Humboldt's study of the *gymnotus electricus* and an hand-colored engraving of the eel made from Humboldt's drawing.

Huschke, Emil, 1797-1858.
Schaedel, Hirn und Seele des Menschen und der Tyhiere nach Alter, Geschlecht und Race.

Dargestellt nach neuen Methoden und Untersuchungen von Emil Huschke. Jena, F. Mauke, 1854.
viii, 194 p. 6 col. plates. 38.5 cm.
Provenance: Ex Libris Richard N. Wegner

Hutchinson, William Francis, 1838-1893.
Practical electro-therapeutics, by William F. Hutchinson. Philadelphia, Records, McMullin, 1888.
10, 9-247 p. illus. 18.9 cm.

Hutchinson, William Francis, 1838-1893.
The present status of electricity in medicine, being the semi-annual address before the Rhode Island Medical Society, by William F. Hutchinson. Providence, Providence Press Co., 1875.
29 p. 19.9 cm.

Idjiez, B Victor.
Dissertation historique et scientifique sur la trinité Egyptienne, précédée d'un coup-d'oeil historique sur l'histoire, de documents pour servir à l'historique, du magnétisme-animal, et d'un essai de bibliographie magnétique [par] B. Victor Idjiez. Bruxelles, Impr. Balleroy, 1844.
[2], viii, 248, [1] p. 15 cm.
Provenance: Offert a monsieur van der Belen reprisentant de la part de l'auteur Victor Idjiez (inscription); Musee Phrenologique Bruxelles B. Victor Idjiez fondateur (stamp)

Immelmann, Max, 1864-1923.
Röntgen-Atlas des normalen menschlichen Körpers, von Max Immelmann. Berlin, A. Hirschwald, 1900.
[18] p. 28 plates. 46 cm.
First edition containing the first complete Roentgen atlas of the human body.

Institut de France, Paris.
Séance publique annuelle des cinq acádemies du mardi 25 octobre 1881. Paris, Typ. de Firmin-Didot, 1881.
111 p. 27.9 cm.
Bound with Dumas, J.B.A. Éloge historique de Henri Victor Regnault. Paris, 1881.

Institutio unica de re electrica. [18--]
[32] p., bound. 16 cm.

Instructions for the adjustment of Sir William Thomson's patent compass with revolving corrector. [n.p., n.d.]
15 p. illus. 21.5 cm.
(In Electrical papers 1884. [n.p., 1884.)

International Correspondence Schools, Scranton, Pa.
A system of electrotherapeutics as taught by the International correspondence schools, Scranton, Pa. ... 1st ed. Scranton, Colliery Engineer Co. [etc.], 1899-1902.
6 v. illus., diagrs., plates (1 col.) 23 cm.

International text-book of medical electro-physics and galvanism; for the use of medical students and practitioners, by William J. Herdman [et al.] Philadelphia, F.A. Davis, 1895.
iv, xxv-xxxii, A-309, B-58, C-20, 11 p. illus., diagrs. 24.2 cm.

Itard, Jean Marc Gaspard, 1775-1838.
De l'éducation d'un homme sauvage, ou des premiers développemens physiques et moraux du jeune sauvage de l'Aveyron, par E.M. Itard. Paris, Goujon, Vendemiaire, An X (l801).
[6], 100 p. port. 19.5 cm.
Bound with Le Bouvier Desmortiers, U.R.T. Mémoire ou considérations sur les sourds-muets de naissance. Paris, An VIII [1800]

Itard, Jean Marc Gaspard, 1775-1838.
Rapport fait à son excellence, le Ministre de l'Intérieur, sur les nouveaux développemens et l'état actuel du sauvage de l'Aveyron, par E.M. Itard. Paris, l'Impr. impériale, 1807.
[3], 85 p. 19.5 cm.
Bound with Le Bouvier Desmortiers, U.R.T. Mémoire ou considérations sur les sourds-muets de naissance. Paris, An VIII [1800]

Ives, John, M.D., of New York.
Electricity as a medicine, and its mode of application, by John Ives. New York, J.T. Ives, 1879.
123 p. illus. 19.5 cm.
Provenance: Dr. G. Benton (inscription)

Ives, John, M.D., of New York.
Electricity as a medicine, and its mode of application, by John Ives. New York, Galvano-Faradic M'f'g Co., 1887.
123 p. illus. 20 cm.

Izarn, Joseph, 1766-1834?
Manuel du galvanisme, ou description et usage des divers appareils galvaniques employés jusqu'à

ce jour, tant pour les recherches physiques et chimiques, que pour les applications médicales, par Joseph Izarn. Paris, J.F. Barrau, An XII - 1804.
[3], xxii, 304 p. 6 fold. plates. 20.3 cm.
In Ronalds, Wheeler 664, Gartrell 801.
Provenance: Ex Bibliotheca H. Mouchet, S.D. (bookplate)

Izarn, Joseph, 1766-1834?
Manuel du galvanisme, ou description et usage des divers appareils galvaniques employes jusqu'a ce jour, tant pour les recherches physiques et chimiques, que pour les applications medicales, par Joseph Izarn. Paris, Levrault, Schoel, An XIII (1805).
[3], xxii, 304 p. 6 fold. plates. 21.1 cm.

Jacobi, Mary Putnam, 1842-1906.
Electricity in diseases of childhood.
p. Q1-Q50. 24.2 cm.
(In Bigelow, H.R., ed. An international system of electro-therapeutics. Philadelphia, 1894.)

Jacobi, Mary Putnam, 1842-1906.
Essays on hysteria, brain-tumor and some other cases of nervous disease, by Mary Putnam Jacobi. New York, G.P. Putnam's Sons, 1888.
iii, 216 p. 1 fold. diagr. 23.6 cm.
Provenance: Martin G. Netsky, M.D. 100 E. Gun Hill Road New York 67, N.Y. (stamp); The Stormont Medical Library Kansas State Library Oct 21 1893 (stamp)
Includes Jacobi's brief discussion on the use of electrotherapy for hysterical pain.

Jacoby, George W 1856-1940.
The electrotherapeutic control of currents from central stations, by George W. Jacoby. [n.p.] c1898.
37 p. illus., diagrs., 1 fold. plate. 18.8 cm.
"Reprinted from the New York Medical Journal for December 3 and 10, 1898."
Provenance: Johns Hopkins Hospital Library Jul 20 1905 (stamp)

Jakubowska, Félicia, M.D.
Des résultats immédiats et éloignés du traitement électrique des fibromes utérins par la méthode du docteur Apostoli, par Félicia Jakubowska. Paris, O. Doin, 1890.
90, [1] p. 1 fold. chart. 25.5 cm.

James, Constantin, 1813-1888.
L'hypnotisme expliqué dans sa nature et dans ses actes; mes entretiens avec S.M. l'Empereur Don Pedro sur la Darwinisme, par Constantin James. Paris, Libraire de la Sociéte Bibliographique, 1888.
[4], 92 p. 22.6 cm.

James, Constantin, 1813-1888.
Observation de guérison d'une paralysie du mouvement de la totalité de la face; recueillie dans le service de M. Magendie; suivie de considérations générales sur les causes et le traitement de ces paralysies; par Constantin James. Paris, Fortin, Masson, 1841.
24 p. 25 cm.
Provenance: Kantons-Bibliothek Graubunden-Chur (bookplate); D. Kaiser (inscription)

James, Constantin, 1813-1888.
Observation de guérison d'une paralysie de la sensibilité de la face, avec perte de la vue, du gout, de l'ouie et de l'odorat, présentée à l'Académie royale de médecine (le 20 Octobre 1840); suivie de considérations générales sur les causes et le traitement de ces paralysies, par Constantin James. Paris, Fortin, Masson, 1843.
28 p. 24.5 cm.
"Observation insérée dans le Bulletin de l'Académie royale de médecine (compte rendu de la séance du 20 Octobre 1840)."
Provenance: Kantons-Bibliothek Graubünden-Chur (bookplate); D. Kaiser (inscription)

James, Constantin, 1813-1888.
Recherches theoriques et pratiques sur les nevralgies et leur traitement, par C. James. [Paris] Impr. et lithographie de F. Malteste [n.d.]
44 p. 23 cm.
"Extrait de la Gazette medicale de Paris."
Provenance: Kantons-Bibliothek Graubunden-Chur (bookplate); D. Kaiser (inscription)

Jamin, Jules Célestin, 1818-1886.
Cours de physique de l'École polytechnique, par J. Jamin. Paris, Mallet-Bachelier, 1858-66.
3 v. illus., fold. plates, diagrs. 21.6 cm.
Wheeler 1416.

Jamin, Jules Célestin, 1818-1886.
Cours de physique de l'Ecole polytechnique, par J. Jamin. 2. éd. Paris, Mallet-Bachelier, 1863-69.
3 v. illus., plates (part fold.), diagrs. 22.6 cm.

Jaxa-Kwiatkowski [Antoine Justin]
Note sur les amputations faites par la methode galvano-caustique, par Jaxa-Kwiatkowski. Saint Etienne, J. Pichon, 1873.
28 p. 21.8 cm.
Provenance: Bibliotheque des facultes catholiques de Lille don de M. Simonin (bookplate); 4-A-37 A Monsieur le Docteur E. Simonin directeur de l'ecole de medecin a Nancy l'hommage respecteux D. Jaxa (inscription); Arch. Gymnas. Insulensis Cathol. (stamp)

Jenkin, Fleeming, 1833-1885, ed.
Reports of the Commmittee on electrical standards appointed by the British associaiton for the advancement of science, reprinted by permission of the council. Rev. by Sir W. Thomson, J.P. Joule, J. Clark Maxwell, and F. Jenkin, with a report to the Royal Society on units of electrical resistance, by F. Jenkin; and the Cantor Lectures delivered by Jenkin before the Royal society of arts. Ed. by Fleeming Jenkin. London, E. & F.N. Spon, 1873.
[3], 248 p. illus., 2 fold. tables, 7 plates (6 fold.) 22 cm.
Provenance: Burndy Library Gift of Bern Dibner (bookplate); Library, the institution of Civil Engineers Purchased 1884 (bookplate); purchased December 1884 (inscription); The Institution of Civil Engineers Duplicate (stamp); illegible inscription

Jobert, Antoine Joseph, de Lamballe, 1799-1867.
Des appareils électriques des poissons électriques, par A.J. Jobert (de Lamballe). Paris, J.B. Baillière, 1858.
xiii, 104 p. 24.5 cm. and atlas (2 l., 11 plates in portfolio) 42.5 x 59.5 cm.
Contains a chapter on the use of electrical fish in the treatment of diseases.

Johnson, Henrietta P.
Facial blemishes.
p. H1-H8. 24.2 cm.
(In Bigelow, H.R., ed. An international system of electro-therapeutics. Philadelphia, 1894.)

Jolly, Friedrich, 1844-1904.
Untersuchungen über den elektrischen Leitungswiderstand des menschlichen Körpers. Festschrift dargebracht zur Feier des 50 jährigen Doctor- und Docenten-jubiläums seines Vaters, von Friedrich Jolly. Strassburg, K.J. Trübner, 1884.
[3], 42 p. illus. 34.8 cm.

Jolyet, Félix, 1840-1922.
Recherches sur la torpille électrique, par F. Jolyet. Bordeaux, Féret et fils, 1883.
[17]-36 p. illus. 24.8 cm.
Extract from Annales des sciences naturelles de Bordeaux et du Sud-Ouest.
Provenance: Ludwig Collection (stamp); Weed (stamp); A monsieur le prof. Ludwig hommage de ? consideration F. Jolyet (inscription)

Jolyet, Félix, 1840-1922.
Ueber das Vorkommen eigenthümlicher Bänder am Rückenmarke der Schlangen, von F. Jolyet und R. Blanchard. [n.p.] 1879.
[2] p. 23 cm.
Provenance: 21.6.79. (inscription); Herrn Doctor Hesse freundlichst R. Blanchard (inscription)

Jones, Henry Bence, 1814-1873.
The life and letters of Faraday, by Bence Jones. London, Longmans, Green, 1870.
2 v. illus., fronts. (ports.) 22 cm.
Provenance: Joseph Gundry (bookplate)

Jones, Henry Lewis, 1857-1915.
Medical electricity; a practical handbook for students and practitioners, by H. Lewis Jones. Being the 2d ed. of "Medical electricity," by W.E. Steavenson and H. Lewis Jones. London, H.K. Lewis, 1895.
xiii, 474 p. illus., plates, diagrs. 18.7 cm.
Provenance: D.L. (inscription)

Jones, John, writer on astronomy.
First steps to a new selenography: in which it will be recognised that the moon was once an inhabited world, by John Jones. Author's ed. Dundee, J. Leng, 1881.
20 p. 18.4 cm.
Bound with his The sun a magnet. Dundee, 1880.

Jones, John, writer on astronomy.
The sun a magnet, by John Jones. Dundee, J. Leng, 1880.
44 p. illus. 18.4 cm.
With this are bound his Undulation of the sun's magnetic nucleus. Dundee, 1880; and his First steps to a new selenography. Dundee, 1881.

Provenance: With the authors compliments (inscription); 197 Princes Street Dundee May 14th 1883 Dear Sir, Yours of the 12th with "Historic Notes on the Telephone" to hand, for which accept my thanks. I hope to forward you the pamphlets in a few days and thank you for your intrest in the subject. Yours truely J.J. Fahlie Esq. J. Jones (inscription); 3 other letter inscriptions
Wheeler 2200.

Jones, John, writer on astronomy.
Undulation of the sun's magnetic nucleus, by John Jones. Dundee, J. Leng, 1880.
24 p. 18.4 cm.
Bound with his The sun a magnet. Dundee, 1880.

Jones, Owen, 1809-1874.
The grammar of ornament, by Owen Jones. Illustrated by examples from various styles of ornament. London, B. Quaritch, 1868.
[3], 157 p. illus., C (i.e. 112) plates (part col., 1 fold.) 33.5 cm.

Jorge, Ricardo d'Almeida, 1858-1939.
De l'électrométrie et de l'électro-diagnostic à propos de la paralysie faciale de Ch. Bell, par Ricardo Jorge. Porto, Typographia Occidental, 1888.
[3], 37, [2], [43]-93, [1] p. plates (part col.) 24.1 cm.

Joubert, Jules François, 1834-1910.
Études sur les machines magnéto-électriques, par J. Joubert. Paris, Gauthier-Villars, 1881.
46 p. diagrs. 27.9 cm.
Bound with Dumas, J.B. Éloge historique de Henri Victor Regnault. Paris, 1881.
"Extrait des Annales de l'Ecole Normale supérieure, t. X, 1881."
Wheeler 2238.

Joyce, Jeremiah, 1763-1816.
Scientific dialogues, intended for the instruction and entertainment of young people: in which the first principles of natural and experimental philosophy are fully explained, by J. Joyce. A new ed., with additions and improvements. London, Printed for Baldwin, Cradock, and Joy; and R. Hunter, 1821.
6 v. illus. 13.4 cm.

Joyce, Jeremiah, 1763-1816.
Scientific dialogues; intended for the instruction and entertainment of young people; in which the first principles of natural and experimental philosophy are fully explained, by J. Joyce. A new ed., with numerous cuts, and other additions and improvements, by Olinthus Gregory. London, Printed for Baldwin and Cradock; R. Hunter; J. Booker; and Simpkin and Marshall, 1833.
3 v. illus. 14.5 cm.
Provenance: Augustus Keppel Stephenson 46, Ennismore Gardens London (bookplate); Barkes Tomlin Sept. 20th 1838 (inscription)
Treats electricity, galvanism, and magnetism extensively in a book aimed at children.

Judel, Renée-Francois.
Considérations sur l'origine, la cause et les effets de la fièvre, sur l'électricité médicale et sur le magnétisme animal, par Judel. Paris, Treuttél et Wurts, Gabon; Versailles, Jacob, 1808.
xii, 149, [1] p. 19.4 cm.
Gartrell 808a.

Jumné, D. de.
Causerie a propos d'une excursion en mer, par D. de Jumné. Gand, C. Annoot-Braeckman, 1856.
120 p. 20.4 cm.
Bound with the author's De l'électricité appliquée aux bains de mer. Ostende, 1854.

Jumné, D. de.
De l'électricité appliquée aux bains de mer, par D. de Jumné. Ostende, M. Kornicker, 1854.
18 p. 20.3 cm.
With this is bound Jumné's Causerie a propos d'une excursion en mer. Gand, 1856; Wetzlar, L. Traité pratique des propriétés curatives des eaux thermales sulfureuses d'Aix-la-Chapelle. Bonn, 1856; On the medicinal properties of the mineral waters of Vichy. London, 1856; Eisenmann, G. L'eau amère de Friedrichshall. Wurzbourg, 1855; Löschner, J.W. Exportaion of the Carlsbad mineral waters. Carlsbad, 1848; Compagnie Hydrologique Allemande. Notice médicale sur les eaux minérales d'Ems. Paris, 1857; Georgii, A. The movement-cure. London, 1853; Stenhouse, L. On the economical applications of charcoal to sanitary purposes. London, 1855.

Kaplan-Lapina, Mina, 1864-
Du courant alternatif sinusoïdal en gynécologie, par Mina Kaplan-Lapina. Paris, A. Maloine, 1893.
134, [6] p. illus., diagrs. 22.5 cm.
Provenance: Dr. Charpentier (bookplate)

Karsten, Karl Johann Bernhard, 1782-1853.
Über contact Electricität; Schreiben an Alexander von Humboldt, von C.J.B. Karsten. Berlin, Haude und Spener, 1836.
vi, 150 p. fold. plate. 21 cm.
In Ronalds, Wheeler 908, Gartrell 810.
Provenance: Eblin Thomson (inscription)

Kavanaugh, Benjamin Taylor, 1805-1888.
The electric theory of astronomy, by B.T. Kavanaugh. With an introduction by R.H. Rivers. Cincinnati, Printed for the author by Cranston & Stowe, 1886.
241 p. 17.6 cm
Provenance: Afectionately presented to my cousin Mrs. J.M. Walker as a token of esteen by the author Mrs. Walker will afford her relatives and friends an opportunity to read this book as far as desirable. B.T. Kavanaugh Lancaster, KY. Nov. 23, 1886 (inscription)

Keith, Skene, 1858-1919.
Introduction to the treatment of disease by galvanism, by Skene Keith. London, Truslove and Shirley [1889]
62 p. illus. 21.5 cm.

Kellie, George.
Disputatio physiologica inauguralis, quaedam de electricitate animali complectens; quam ... ex auctoritate ... Georgii Baird ... Academiae Edinburgenae praefecti ... pro gradu doctoris ... eruditorum examini subjicit Georgius Kellie ... Edinburgi, Alex. Smellie, 1803.
[8], 43 p. 20.9 cm.

Kellogg, John Harvey, 1852-1943.
A discussion of the electro-therapeutic methods of Apostoli and others.
p. G53-G89. 24.2 cm.
(In Bigelow, H.R., ed. An international system of electro-therapeutics. Philadelphia, 1894.)

Kellogg, John Harvey, 1852-1943.
The graphic study of electrical currents in relation to therapeutics, with special reference to the sinusoidal current, by J.H. Kellogg ... Battle Creek, Mich., Modern Medicine Pub. Co., 1894.
3-20 p. illus., diagrs., plates. 21.6 cm.
"Reprinted from the Journal of the American Medical Association."

Kelly, Howard Atwood, 1858-1943.
Electric illumination of the field in abdominal surgery, by Howard A. Kelly. New York, W. Wood, 1894.
6 p. illus. 24 cm.
"Reprinted from The American Journal of Obstetrics, Vol. XXX, No. 3, 1894."

Kelly, Howard Atwood, 1858-1943.
Examination of the ureters, by Howard A. Kelly. Philadelphia, W.J. Dornan, 1888.
14 p. illus. 22.2 cm.
"Reprinted from the Transactions of the American Gynecological Society, vol. XIII. 1888."

Kelly, Howard Atwood, 1858-1943.
Extra uterine pregnancy; a brief review of its historical and present practical aspects, by H.A. Kelly. [n.p., 1890?]
16 p. illus. 23.2 cm.
Provenance: compliments of the author (stamp)

Kelvin, William Thomson, 1st baron, 1824-1907.
Reprint of papers on electrostatics and magnetism, by Sir William Thomson. London, Macmillian & Co., 1872.
xv, 592 p. illus., diagrs., 3 plates. 23 cm.
Provenance: 1789 W. Spurway S.I.C. Cambridge (inscription)

Kemp, Philip, 1887- , ed.
General electrical engineering: a comprehensive introduction for students, apprentices and all connected with the electrical engineering industry, ed. by Philip Kemp. London, Odhams Press [n.d.]
448 p. illus., diagrs. 22.8 cm.

Key, Axel, 1832-1901.
Studien in der Anatomie des Nervensystems und des Bindegewebes, von Axel Key und Gustaf Retzius. Stockholm, Samson & Wallin, 1875-76.
2 v. 75 plates (part fold., part col.) 41.8 cm.

Keyt, Alonzo Thrasher, 1827-1885.
The claims of the graphic method, by A.T. Keyt. [Cincinnati, Ohio, 1882?]
12 p. illus. 24.1 cm.
"Reprint from The Cincinnati Lancet and Clinic, June 3, 1882."

Kidder, Jerome.
Dr. Jerome Kidder's highest premium, vitalizing, genuine six and nine current electro-medical apparatuses. New York, c1871.
9, [2], 10-18 p. illus. 22.8 cm.

Kieser, Dietrich Georg, 1779-1862.
System des Tellurismus oder thierischen Magnetismus; ein Handbuch für Naturforscher und Aerzte, von D.G. Kieser. Neue Ausg. Leipzig, F.L. Herbig, 1826.
2 v. illus., 1 fold. chart, 2 plates (1 fold.) 22 cm.
Provenance: A. Maneger Med. Stud. (inscription)

Kilian, Konrad Joseph, 1771-1811.
Differenz der echten und unechten Erregungstheorie in steter Beziehung auf die Schule der Neubrownianer, von C.J. Kilian. Jena, F. Frommann, 1803.
[9], 294 p. 20 cm.

King, William, electrician, of Newbern, N.C.
A manual of electricity: containing observations on the electrical phenomena, and directions for the construction of metallic conductors. Also, for the making of electric machines & galvanic troughs, with instructions for applying their influence in aid of medicine, and in restoring suspended animation, by Wm. King. Newbern, N.C., 1825.
83 p. I illus. 15.1 cm.

King, William Harvey, 1861-
Electro-therapeutics, or electricity in its relation to medicine and surgery, by William Harvey King. New York, A.L. Chatterton, c1889.
vii, [1], 13-153 p. illus., diagrs. 23.9 cm.
Provenance: Joseph Dutra M.D. B.U.S.M. Worcester (inscription)

Kirby, Edmund Adolphus.
A pharmacopoeia of selected remedies, with therapeutic annotations, notes on alimentation in disease, air, massage, electricity and other supplementary remedial agents, and a clinical index; arranged as a handbook for prescribers, by Edmund A. Kirby. 6th ed., enl. and rev. London, H.K. Lewis, 1883.
viii, 134 p. illus. 28.4 cm.
Provenance: Radcliffe Library University Museum Oxford 8.Jan.85 (stamp)

Kirchner, Carolus Julius, 1831-
De amputatione penis ope gavanocaustica comparata cum ceteris hujus operationis methodis. Auctor Carolus Julius Kirchner. Francosaxi, Typis expressit A.E. Lonsky, 1856.
[6], 25, [1] p. 18.4 cm.

Kirk, Hyland Clare, 1846-1917.
Is the human body a storage-battery? By Hyland C. Kirk. [New York, 1889]
76-80 p. 22.1 cm.
Disbound from Popular science monthly, v. 36, Nov. 1889.

Kirkes, William Senhouse, 1823-1864.
Manual of physiology, by William Senhouse Kirkes, assisted by James Paget. 2d American, from the 2d London ed. Philadelphia, Blanchard and Lea, 1853.
xx, [13]-568 p. illus. 20 cm.
Provenance: George M. Beakers Columbus Ohio 1857 (inscription)

Klose, Karl Ludwig, 1791-1865.
Dissertatio inauguralis medica exhibens historiam mesmerismi criticam ... Auctor: Carolus Ludovicus Klose. Regiomonti, Typis H. Degen, 1812.
[8], 28 p. 20.3 cm.

Kluge, Karl Alexander Ferdinand, 1782-1844.
Proeve eener voorstelling van het dierlijk magnetismus als geneesmiddel, door Carl Alexander Ferdin. Kluge. Uit het hoogduitsch, met eenige byvoegselen door F. van der Breggen. Amsterdam, E. Maaskamp, 1812.
[3], xx, [2], 551 p. 22.1 cm.
Wheeler 712.

Kluge, Karl Alexander Ferdinand, 1782-1844.
Versuch einer Darstellung des animalischen Magnetismus, als Heilmittel, von Carl Alexand. Ferdin. Kluge. Berlin, C. Salfeld, 1811.
[1], xiv, 612, [3] p. 19.9 cm.
Provenance: Illegible letter
Gartrell 1194.

Kluge, Karl Alexander Ferdinand, 1782-1844.
Versuch einer Darstellung des animalischen Magnetismus, als Heilmittel, von Carl Alex. Ferdin. Kluge. Wien, F. Haas, 1815.
511 p. 19.4 cm.
Provenance: A.K. (stamp)

Knapp, Philip Coombs, 1858-1920.
Accidents from the electric current: a contribution to the study of the action of currents of high potential upon the human organism, by Philip Coombs Knapp. Boston, Damrell & Upham, 1890.
[2], 43 p. illus., charts, facsim. 17 cm.
"Reprinted from the Boston Medical and Surgical Journal of April 17 and 24, 1890."
Provenance: Johns Hopkins Hospital Library Jul 20 1905 (stamp)

Knight, James, 1810-1887.
A paper read before the Academy of Medicine, June 15th, 1882, by James Knight. New York, E.W. Sackett, Printers and Stationers, 1882.
15 p. 23.2 cm.

Knochenhauer, Karl Wilhelm, 1805-1875.
Beiträge zur Elektricitätslehre, von K.W. Knochenhauer. Mit einer Figurentafel. Berlin, G. Reimer, 1854.
iv, 127, [1] p. 1 fold. plate. 22.7 cm.

Kölle, August, -1856.
Ueber das Wesen und die Erscheinung des Galvanismus, oder Theorien des Galvanismus und der geistigen Gährung, nebst Andeutungen über den materiellen Zusammenhang der Naturreiche, von August Koelle. Stuttgart, J.G. Cotta, 1825.
viii, 303, [1] p. illus., diagrs. 18.7 cm.
Discusses the theory of galvanism and its presence in nature, the latter including reports on electric fish.
Provenance: Bayer. Staatsministerium. 1 Ernährang Lazawirischaftn. Forsten. Ministrerialforst abteilung Budierei (stamp); illegible stamp

Kölliker, Albert von, 1817-1905.
Manual of human histology, by A. Kölliker. Trans and ed. by George Busk and Thomas Huxley. London, Printed for the Sydenham Society, 1853-54.
2 v. illus. 23 cm.

Kölliker, Albert von, 1817-1905.
Die Selbständigkeit und Abhängigkeit des sympathischen Nervensystems, durch anatomische Beobachtungen bewiesen, von A. Kölliker. Zurich, Meyer und Zeller, 1845.
40 p. 29 cm.

König, Gyula, 1849-1913.
Beiträge zur Theorie der elecktrischen Nervenreizung ... von Julius König. [Wien, 1870?]
10 p. 21.2 cm.
"Aus dem LXII. Bde. d. Sitz. d. k. Akad. d. Wissensch. II. Abth. Oct.-Heft. Jahrg. 1870."
Provenance: Library of the Physicians to the German Hospital and Dispensary New York (stamp)

Körber, Carl Friedrich.
Der neue Albertus Magnus; oder, Die Sympathie und ihre Anwendung bei menschlichen Krankheiten und Gebrechen, von Carl Friedrich Körber. Philadelphia, zu haben bei Schäfer und Koradi [n.d.]
xx, 348 p. 14.4 cm.

Kohlrausch, Friedrich Wilhelm Georg, 1840-1910.
Guide de physique pratique, avec un appendice sur le système de mesures absolues électriques et magnétiques, par F. Kohlrausch. Tr. par J. Thoulet [et] H. Legarde. Paris, Vve Ch. Dunod, 1886.
[4], xvii, [1], 395, [1] p. illus. 23 cm.
Provenance: Ecole Ecclesiastique des hautes études Lyon (stamp)

Kolbé, D.W., & son, Philadelphia.
Orthopaedic apparatus and description of the mechanical appliances employed in the treatment of deformities and deficiencies of the body, with directions for taking measurements for their application, by D.W. Kolbé. Philadelphia, Collins, Printer, 1868.
37 p. illus. 22.5 cm.
Provenance: Kon. Pr. Med. Chir. Friedr. Wilh. Institut. Bibliothek (stamp); Surgeon Genl's Library Washington (stamp)

Kolle, Frederick Strange, 1871-1929.
The X rays; their production and application, by Frederick Strange Kolle. New York, J.S. Ogilvie, c1898.
191 p. illus., diagrs., plates. 18.9 cm.
Provenance: To Dr. Sdes Morgan with sincere regards of the author, Frederik Kolle (inscription)

Kopp, Johann Heinrich, 1777-1858.
Aerztliche Bemerkungen, veranlaszt durch eine Reise in Deutschland und Frankreich im Frühjahre und Sommer 1824, von Johann Heinrich Kopp. Frankfurt am Main, Hermann, 1825.
viii, 256 p. 2 fold. charts. 20.2 cm.
Provenance: Dr. E. Ebstein (bookplate)

Relates his medical travels and his observations on galvanic treatments for several disorders, including goiter.

Krafft-Ebing, Richard, Freiherr von, 1840-1902.
Hypnotische Experimente, von R. v. Krafft-Ebing. 2. verm. Aufl. Stuttgart, F. Enke, 1893.
47 p. facsims. 24.3 cm.
Provenance: Kantons-Bibliothek Graubünden-Chur (bookplate); Fraiser B. (inscription)

Krause, Wilhelm, 1833-1910.
Die terminalen Körperchen der einfach sensiblen Nerven; anatomisch-physiologische Monographie, von W. Krause. Hannover, Hahn, 1860.
[7], 250, [2], [251]-271, [1] p. illus., 3 fold. charts, 4 fold. plates. 21.7 cm.
Provenance: Suscipere et finire bibliotheca MD ? comm Drnesti Aug (stamp)

Krauss, Aloysius Franciscus.
De viribus electricitatis communis, ejusque indicationibus medicis. Auctore Aloysio Francisco Krauss. Pragae, Typis Sommerianis, 1829.
54, [2] p. 19.8 cm.

Kühne, Willy, 1837-1900.
Myologische Untersuchungen, von Willie Kühne. Leipzig, Veit, 1860.
[7], 226 p. illus., 1 fold. plate. 23.3 cm.

Kühne, Willy, 1837-1900.
Ueber das Verhalten des Muskels zum Nerven, von W. Kühne. Heidelberg, C. Winter's Universitätsbuchhandlung, 1877 [i.e. 1880?]
148 p. 1 fold. plate. 22 cm.
"Sonderabdruck aus den Untersuchungen des physiologischen Instituts der Universität Heidelberg. Band III. Heft 1."
Provenance: College de France Corps Organises (stamp); ? Marey 1905 (stamp)

Kühne, Willy, 1837-1900.
Über electrische Vorgänge im Sehorgane, von W. Kühne und J. Steiner. Heidelberg, C. Winter's Universitätsbuchhandlung, 1881.
[2], 106 p. illus., 2 plates (1 fold.) 22.8 cm.

Kühne, Willy, 1837-1900.
Untersuchungen über das Protoplasma und die Contractilität, von W. Kühne. Leipzig, W. Engelmann, 1864.
vii, 158 p. illus., 8 plates. 23 cm.

Kupffer, Karl Wilhelm, Ritter von, 1829-1902.
Ueber den feineren Bau des elektrischen Organs beim Zitter-Aal (Gymnotus electricus) mit Rücksicht auf den Bau bei andren elektrischen Fischen, insbesondre bei Mormyrus oxyrhynchus, von Carl Kupffer ... und Wilhelm Keferstein ... mit nachträglichen Bemerkungen über die Endigungen der Nerven im Allgemeinen, von Rudolph Wagner. [n.p., 1857]
[253]-268 p. 19 cm.

Kyan, John Howard, 1774-1850.
On the elements of light, and their identity with those of matter, radiant and fixed, by John Howard Kyan. London, Longman, Orme, Brown, Green, and Longman, 1838.
xiv, 130 p. 4 plates (2 col.) 25.5 cm.
Wheeler 936.
Provenance: To the ? Archedon King. : with the authors kind respects (inscription)

Kym, Andreas Ludwig, 1822-1899.
Über die menschliche Seele, ihre Selbstrealität und Fortdauer; eine psychologisch-principielle Untersuchung, von A.L. Kym. Berlin, K. Brachvogel, 1890.
46 p. 19.4 cm.
Provenance: Herrn t. Vogeli-Bodmer, Oberst. Zu Ulsan ?: Kym (inscription)

La Beaume, Michael.
Du galvanisme appliqué a la médecine, et de son efficacité dans le traitement des affections nerveuses, de l'asthme, des paralysies, des douleurs rhumatismales, des maladies chroniques en général, et particulièrement des maladies chroniques de l'estomac, des intestins, du foie, etc. Avec des notes sur quelques remèdes auxiliares par La Beaume; ouvrage traduit de l'anglais, et précédé de remarques, de considérations physiologiques, et d'observations pratiques sur le galvanisme, par B.R. Fabré-Palaprat...Paris, Selligue, 1828.
xxvi, [9]-438 p. 20.5 cm.
In Ronalds, Wheeler 843, Gartrell 818.

La Beaume, Michael.
Observations on the properties of the air-pump vapour-bath, in the cure of gout, rheumatism, palsy, &c. with occasional remarks on the efficacy of galvanism, in disorders of the stomach, liver, & bowels, with some new and remarkable cases, by

La Beaume. 2nd ed. greatly enl. London, Printed by F. Warr, 1819.
10, [1], xii, [13]-275 p. 18.5 cm.

Laborde, Jean Baptiste Vincent, 1830-1903.
De la paralysie (dite essentielle) de l'enfance; des déformations qui en sont la suite et des moyens d'y remédier, par J.V. Laborde. Paris, A. Delahaye, 1864.
[5], xiv, 253, [1] p. 2 plates (1 col.) 22 cm.

Ladame, Paul Louis, 1842-1919.
La névrose hypnotique; ou, Le magnétisme dévoilé; étude de physiologie pathologique sur le système nerveux, par P. Ladame. Paris, Librairie Sandoz & Fischbacher, 1881.
212, [1] p. 18.5 cm.

Ladd, William, firm, London.
Catalogue of optical mathematical, and philosophical instruments, manufactured and sold by William Ladd ... London, 1861.
16 p. 17 cm.
(In Noad, H.M. The improved induction coil. London, 1861.)

Läkemedel, Matteis.
Elektrohomöopatisk husmedicin eller praktisk vägledning vid begagnandet af Matteis Läkemedel. Med en föregaende redogörelse för Matteis Lärosatser. Stockholm, Looström & Komp, 1883.
191 p. fold. plate. 19 cm.

Laennec, Mériédec.
A manual of auscultation and percussion, principally compiled from Meriédec Laennec's edition of Laennec's great work, by James Birch Sharpe. 3rd ed., with important additions. London, S. Highley, 1839.
xxiv, 118 p. plate (front.) 15.5 cm.

Laennec, René Théophile Hyacinthe, 1781-1826.
De l'auscultation médiate, ou traité du diagnostic des maladies des poumons et du coeur, fondé principalement sur ce nouveau moyen d'exploration. Par R.T.H. Laennec. Paris, J.A. Brosson, 1819.
2 v. 4 fold. plates. 21 cm.

Laennec, René Théophile Hyacinthe, 1781-1826.
A treatise on the diseases of the chest, in which they are described according to their anatomical characters, and their diagnosis established on a new principle by means of acoustick instruments. Tr. from the French of R.T.H. Laennec with a preface and notes, by John Forbes. 1st American ed. Philadelphia, J. Webster, 1823.
viii, 319 p. 8 plates. 22 cm.
Provenance: Charles McLean (inscription); Medical and Chirurgical Faculty Library of Maryland (stamp)

Lafontaine, Charles.
L'art de magnétiser; ou, Le magnétisme animal considéré sous le point de vue théorique, pratique et thérapeutique, par Ch. Lafontaine. 2. éd. considérablement augm. Paris, Germer Baillière, 1852.
vii, 356 p. 22 cm.
Provenance: Ex Libris Marques d. Ceralbo (bookplate)

Lafont-Gouzi, Gabriel Grégoire, b.1777.
Traité du magnétisme animal, considéré sous le rapport de l'hygiene, de la médecine légale et de la thérapeutique, par G.G. Lafont-Gouzi. Toulouse, Chez Senac, Impr. d'A. Manavit, 1839.
[vi], 176 p. 22.5 cm.

Lake, Henry.
Is electricity life? By Henry Lake. [n.p. 1873?]
477-485 p. 22.5 cm.
From The Popular Science Monthly [Febr. 1873?]

Lamansky, S
Untersuchungen über die Natur der Nervenerregung durch kurzdauernde Ströme, von S. Lamansky. [Breslau, 1868?]
[1], [146]-225 p. charts. 22.7 cm.
"Aus den Studien des physiol. Intituts zu Breslau, Heft. IV, besonders abgedruckt."
Provenance: Herrn Prof. Sr. G. Mach ? (inscription)

Lamarck, Jean Baptiste Pierre Antoine de Monet de, 1744-1819.
Recherches sur l'organisation des corps vivans, et particulièrement sur son origine, sur la cause de ses développemens et des progrès de sa composition, et sur celle qui, tendant continuellement à la détruire dans chaque individu, amène nécessairement sa mort; précédé du discours d'ouverture du Cours de Zoologie, donné dans le Muséum National d'Histoire Naturelle, l'an

X de la République, par J.B. Lamarck. Paris, chez l'auteur [1802?]
viii, 216 p. 1 fold. plate. 21.6 cm.

Lambling, Eugène.
Des origines de la chaleur et de la force chez les êtres vivants, par E. Lambling. Paris, G. Steinheil, 1886.
xiii, 147, [1] p. 23.2 cm.

La Métherie, Jean Claude de, 1743-1817.
Considérations sur les êtres organisés, par J.C. Delamétherie. Paris, Impr. de H.L. Perronneau, 1804-06.
3 v. 1 fold. chart, 3 fold. plates. 20 cm.
Provenance: recu de l'auteur a Paris le 21.8[bre].1804. Patriny (inscription)

Lampadius, Wilhelm August, 1772-1842.
Systematischer Grundriss der Atmosphärologie, von Wilhelm August Lampadius. Freyberg, Craz und Gerlach, 1806.
[1], xvi, 392 p. 17.9 cm.
Provenance: New York Academy of Sciences Library (bookplate and stamp); A.M.N.H. Cancelled (stamp)
In Ronalds.
Includes discussion of the medical aspects of atmospheric electricity.

Lande, Mannheimerus.
Methodus galvanocaustica et écrasement linéaire inter se comparentur. Auctor Mannheimerus Lande. Vratislaviae, R. Lucae [1856?]
32 p. 1 plate. 18.3 cm.

Landgren, Gustaf.
Afhandling om acupuncturen, under inseende af Carl Zetterström ... af Gustaf Landgren. Upsala, Palmblad, 1829.
[2], 32 p. 19.7 cm.

Landouzy, Hector, 1812-1864.
Effets du l'électrisation sur l'exaltation de l'ouïe dans la paralysie faciale, par H. Landouzy. [Reims, 1856]
4 p. 22 cm.
"Extrait des Travaux de l'Académie Impériale de Reims. 1856."

Langermeersch, Ate. van.
L'électricité en médecine, par Ate. van Langermeersch. Anvers, Impr. J.E. Buschmann, 1891.
118 p. illus. 22 cm.
Provenance: Krausser & Koeberlin Nurnberg (stamp)

Lapanne, J Désiré.
Du traitement des anéurysmes par l'électro-puncture, par J. Désiré Lapanne. Paris, Rignoux, 1851.
38 p. 24.5 cm.

Lapostolle, Alexandre Ferdinand Léonce, 1749-1831.
Traité des parafoudres et des paragréles en cordes de paille; précédé d'une météorologie électrique, présentée sous un nouveau jour, et terminé par l'analyse de la bouteille de Leyde, par Lapostolle. Amiens, L'Impr. de Caron-Vitet, 1820.
[4], v, 320, [2] p. 1 fold. chart., 1 fold. plate. 21 cm.
Provenance: Author's signature on verso of title.
In Ronalds, Wheeler 771.
Describes Lapostolle's straw-rope lightning rod.

Larat, Jules Louis Francois Adrien, 1857-
Intestinal occlusion treated by electricity.
p. D1-D14. 24.2 cm.
(In Bigelow, H.R., ed. an international system of electro-therapeutics. Philadelphia, 1894.)

Larat, Jules Louis Francois Adrien, 1857-
Précis d'électro-thérapie, par Larat. Paris, Lecrosnier et Babé, 1890.
x, 390 p. illus. 18 cm.

Larat, Jules Louis François Adrien, 1857-
Traité pratique d'électricité médicale, par J. Larat. Paris, J. Rueff, 1900.
[3], 870, [1] p. illus. 25 cm.

Lardner, Dionysius, 1793-1859.
Hand-book of natural philosophy and astronomy, by Dionysius Lardner. London, Taylor, Walton, and Maberly, 1851-53.
3 v. in 3. illus., 1 fold. plate. 19.5 cm.
Provenance: Lester Sarl of South George St. Dundee (inscription); Garry Cottage (inscription)

Lardner, Dionysius, 1793-1859.
Handbook of natural philosophy; electricity, magnetism, and acoustics, by Dionysius Lardner. London, Walton and Maberly, 1856.
xix, 425, [1] p. illus., front. 19 cm.
Provenance: ? Lester Sarl of South George St. Dundee (inscription); Garry Cottage (inscription)

Lardner, Dionysius, 1793-1859.
A manual of electricity, magnetism, and meteorology, by Dionysius Lardner. London, Printed for Longman, Brown, Green & Longmans, 1841-44.
2 v. illus., 5 fold. plates. 17 cm.
In Ronalds, Wheeler 1062, Gartrell 824.

Lardner, Dionysius, 1793-1859, ed.
The museum of science & art, edited by Dionysius Lardner. London, Walton and Maberly, 1854-56.
12 v. in 6. illus. 18.7 cm.

La Rive, Auguste Arthur de, 1801-1873.
Coup d'oeil sur l'état actuel de nos connaissances en électricité, par A. De La Rive. Archives de l'Électricité, 1841.
30 p. 22.5 cm.
"Extrait des Archives de l'Electricité, Supplément à la Bibliothèque Universelle de Genève."
In Ronalds, Wheeler 996.

La Rive, Auguste Arthur de, 1801-1873.
Esquisse historique des principales découvertes faites dans l'électricité depuis quelques années, par Auguste de La Rive. Genève, Impr. de la Bibliothèque Universelle, 1833.
[2], 239, [3] p. 20.8 cm.
In Ronalds.

La Rive, Auguste Arthur de, 1801-1873.
Notice sur Michel Faraday, sa vie et ses travaux, par A. de la Rive. Genève, Ramboz et Schuchardt, 1867.
48 p. 22.3 cm.
"Tiré des Archives des sciences de la bibliothèque universelle octobre 1867"

La Rive, Auguste Arthur de, 1801-1873.
Recherches sur la cause de l'électricité voltaique, par Aug. De La Rive. Geneve, 1828-1836.
174 p. plate. 26.5 cm.
"Extrait des Mémoires de la Société de Physique et d'Histoire Naturelle de Genève."
In Ronalds, Wheeler 902.

La Rive, Auguste Arthur de, 1801-1873.
Traité d'électricité théorique et appliquée, par A. de La Rive. Paris, J.B. Baillière, 1854-58.
3 v. illus. 22.5 cm.

La Rive, Auguste Arthur de, 1801-1873.
A treatise on electricity, in theory and practice, by Aug. De La Rive. London, Longman, Brown, Green, and Longmans, 1853-58.
3 v. illus., tables, diagrs. 23 cm.
Provenance: From the Publishers (inscription)
In Ronalds.
Contains substantial chapters on electrophysiology and electrotherapeutics with historical coverage included.

Larrey, Dominique Jean, baron, 1766-1842.
Observations on wounds, and their complications by erysipelas, gangrene and tetanus, and on the principal diseases and injuries of the head, ear and eye, by the Baron D.J. Larrey. Tr. from the French by E.F. Rivinus. Philadelphia, Key, Mielke & Biddle, 1832.
viii, 332 p. 2 plates. 21.5 cm.
Includes a comparison of the electrical activity of the nervous system with the telegraph invented by Samuel Thomas Soemmering.

Lasègue, Ernest Charles, 1816-1885.
Études médicales du Ch. Lasègue. Paris, Asselin, 1884.
2 v. 22.8 cm.

Lasswitz, Kurd, 1848-1910.
Gustav Theodor Fechner, von Kurd Lasswitz. Stuttgart, F. Frommans, 1896.
viii, 207 p. 22 cm.

La Torre, Felice, 1846-1923.
Fibromes utérins; leur traitement par l'électrolyse (méthode Apostoli) et leur élimination fréquente sous-muqueuse par l'action de l'électricité, par La Torre. Paris, O. Doin, 1889.
47 p. 24 cm.
"Extrait, revu et augmenté, des Archives de Tocologie, Décembre 1888, Janvier et Février 1889."

La Torre, J
De l'action de l'électricité sur les fibrômes de l'utérus.
In Gautier, G., ed. Le courant continu en gynécologie. Paris, 1890.
24.2 cm. p.51-52

Lautenbach, B Franklin.
The effect of irritation of a polarized nerve - "Pfluger's electrotonus," by B.F. Lautenbach. [n.p., n.d.]
361-419 p. charts. 22.5 cm.
Extract from Smithsonian institution. Annual report, 1878. Washington, 1879.(?)

Laverine, Gabriel, 1773-1860.
Phénomène extraordinaire du règne animal ou sarcocèle d'une grosseur énorme guéri par une opération hardie faite à l'hôpital militaire de Véronne le 16. Fructidor an 10, par le cítoyen Lavérine. Como, Chez p. Ostinelli [1802]
40 p. 19 cm.

Lawrance, Richard Moore, 1822-
On localized galvanism applied to the treatment of paralysis and muscular contractions, by Richard Moore Lawrance. London, H. Renshaw, 1858.
xi, 164 p. 18.6 cm.
Wheeler 1419.

Lawrance, Richard Moore, 1822-
On the application and effect of electricity and galvanism in the treatment of cancerous, nervous, rheumatic, and other affections. By Richard Moore Lawrance. London, H. Renshaw, 1853.
vii, 101, [1] p. illus. 20.5 cm.
Provenance: Library of the Medical Society of the Co. of Kings Given by C.H. Schapps M.D. (bookplate with withdrawn stamp); C.H. Schapps 1863 (inscription); Med. Soc. County of Kings Library (stamp); Library Medical Society, Co. of Kings 356 Bridge St. , B'klyn, NY (stamp)

Le Bouvier-Desmortiers, Urbain René Thomas, 1739-1827.
Examen des principaux systèmes sur la nature du fluide électrique et sur son action dans les corps organisés et vivants, par Le Bouvier Desmortiers. Paris, chez l'auteur, 1813.
360 p. 2 fold. plates. 20.5 cm.
In Ronalds, Gartrell 826.

Le Bouvier-Desmortiers, Urbain René Thomas, 1739-1827.
Mémoire ou considérations sur les sourds-muets de naissance, et sur les moyens de donner l'ouie et la parole à ceux qui en sont susceptibles, par U.R.T. Le Bouvyer Desmortiers. Avec une gravure. Paris, F. Buisson, An VIII [1800?]
[4], 266 p. 1 fold. plate. 21.5 cm.

Le Cat, Claude Nicolas, 1700-1768.
Traite de l'existance [sic], de la nature et des proprietes du fluide des nerfs, et principalement de son action dans le mouvement musculaire, ouvrage couronne en 1753 par l'Academie de Berlin; suivi des dissertations sur la sensibilite des meninges, des tendons, &c., l'insensibilite du cerveau, la structure des nerfs, l'irritabilite Hallerienne, &c., par Le Cat. Berlin, 1765.
[8], 331, [1] p. illus., 6 fold. plates. 19.6 cm.
In Ronalds.

Lecercle, L.
Traité élémentaire d'électricité médicale, par L. Lecercle. 2. éd. entièrement refondue. Montpellier, C. Coulet, 1893-94.
2 v. illus. 24 cm.

Legallois, Julien Jean César, 1770-1814.
Expériences sur le principe de la vie, notamment sur celui des mouvemens du coeur, et sur le siège de ce principe; suivies du Rapport fait à la première classe de l'Institut sur celles relatives aux mouvemens du coeur, par Legallois. Paris, Chez d'Hautel, 1812.
[5], xxiv, 364, [1] p. fold. plate. 20.3 cm.

Legallois, Julien Jean César, 1770-1814.
Experiments on the principle of life, and particularly on the principle of the motions of the heart, and on the seat of this principle: including the report made to the first class of the Institute, upon the experiments relative to the motions of the heart, by Legallois. Tr. by N.C. and J.G. Nancrede. Philadelphia, M. Thomas, 1813.
viii, 328 p. 1 fold. plate. 21.2 cm.
Provenance: American College of Surgeons Ex Libris Charles L. Willmarth M.D., F.A.C.S. (bookplate); Chad G. Greene 1827 (inscription); A.B. Livre Boston 1837 (inscription)

Legallois, Julien Jean César, 1770-1814.
Le sang, est-il identique dans tous les vaisseaux qu'il parcourt? Dissertation inaugurale presentée et soutenue à l'Ecole de Médecine de

Paris le 21 Fructidor an 10, par Legallois. Paris, Chez l'auteur. De l'Impr. de Lesguilliez Frères, An X. - 1081 [i.e. 1801]
[2], [5]-149, [1] p. 20.3 cm.

Leger, Théodore.
The magnetoscope. A philosophical and experimental essay on the magnetoid characteristics of elementary principles and their relations to the organisation of man, by T. Leger. London, Bailliere, 1852.
iv, 67 p. illus., charts, diagrs. 20.8 cm.

Lehmann, Karl Gotthelf, 1812-1863.
Beiträge zur Kenntniss der Verhaltens der Kohlensäureexhalation unter verschiedenen physiologischen und pathologischen Verhältnissen, von C.G. Lehmann.
p. [461]-484. 26.5 cm.
(In Fuerstlich Jablonowskische Gesellschaft der Wissenschaften, Leipzig. Abhandlungen bei Begründung. Leipzig, 1846.)

Lehr, G.
Die hydro-elektrischen Bäder, ihre physiologische und therapeutische Wirkung. Nach eignen Beobachtungen dargestellt von G. Lehr. Wiesbaden, J.F. Bergmann, 1885.
viii, 102 p. illus., charts. 23 cm.
Provenance: Hofrath Dr. Heiligenthal Grossh. Badearzt Baden-Baden (stamp)

Leibnitz, Gottfried Wilhelm, freiherr von, 1646-1716.
Briefe von Liebniz an Christian Philipp, hrsg. von W. Wachsmuth.
p. [1]-44. 26.5 cm.
(In Fuerstlich Jablonowskische Gesellschaft der Wissenschaften, Leipzig. Abhandlungen bei Begrundung. Leipzig, 1846.)

Leiter, Josef.
Catalog chirurgischer Instrumente, physikalischer Apparate, Bandagen, orthopädischer Maschinen und künstlicher Extremitäten, von Josef Leiter. Wien, Im Selbstverlage und in Commission bei Wilhelm Braumüller & Sohn, 1870.
[8], 144 p. illus., 32 plates (part fold.) 25.7 cm.

Leitheid, William.
Electricity; its nature, operation, and importance in the phenomena of the universe, by William Leithead. London, Longman, Orme, Brown, Green, and Longmans, 1837.
xiv, [1], 399, [1] p. illus. 17.5 cm.
In Ronalds, Wheeler 924, Gartrell 829.

Lemarchand, Michel Constant.
Hystéro-épilepsie guérie par l'hydrothérapie et la métallotherapie, par Lemarchand. Paris, A. Parent, A. Davy, successeur, 1881.
38 p. 22.7 cm.
(In Electrotherapie. Amussat, Danion, Lemarchand, Chazarain. [Paris? after 1894])
"Extrait des Annales de la Société d'hydrologie médicale de Paris, tome 26."

Le-Noble d'Autun, le C.en.
Découverte sur le galvanisme, comme cause des sons, ou quelques idées philosophiques sur nos sens, par le C.en Le-Noble d'Autun. Milan, Chez J.L. Nyon, 1803. An XI.
[6], 36, [2] p. 29.5 cm.

Leo-Wolf, William.
Remarks on the abracadabra of the nineteenth century; or on Dr. Samuel Hahnemann's homeopathic medicine, with particular reference to Dr. Constantine Hering's "Concise view of the rise and progress of homeopathic medicine," Philadelphia, 1833, by William Leo-Wolf. New York, Carey, Lea and Blanchard, 1835.
272 p. 25.4 cm.
Provenance: H. Green's from his friend Dr. A. Sidney Joans (inscription)

Le Roux, Francois Pierre.
De l'induction et des appareils électro-médicaux par F.P. Le Roux. Paris, J.B. Baillière, 1869.
63 p. illus. 26.6 cm.
Provenance: A monsieur de Quatrefages membre de l'institut, etc. hommage de l'auteur (inscription)
Thesis on the electrotherapeutic equipment used in that period.

Leroy, Alphonse.
Cours d'électricité, par Alphonse Leroy and Bianchi. [Paris? n.d.]
2 p. 21 cm.

Leroy-d'Étiolles, Jean Jacques Joseph, 1798-1860.
De la cautérisation d'avant en arrière, de l'électricité et du cautére èlectrique dans le

traitement des rétrécissemens de l'urètre, par Leroy-d'Étiolles. Paris, J.B. Baillère, 1852.
47 p. illus. 21 cm.

Leroy-d'Étiolles, Jean Jacques Joseph, 1798-1860.
Lettres adressées à l'Académie des sciences sur diverses questions de physiologie et de chirurgie par Leroy-d'Étiolles. [Paris?] Lacrampe, [18--]
15 p. 19.8 cm.

Leroy d'Étiolles, Jean Jacques Joseph, 1798-1860.
Recueil de lettres et de mémoires adressés a l'Académie des sciences pendant les années 1842 et 1843, par Leroy d'Étiolles. Paris, J.B. Baillière, 1844.
[4], ii, 366 p. illus. 22 cm.

Leroy d'Étiolles, Raoul, 1823-
Des paralysies des membres inférieurs ou paraplégies. Recherches sur leur nature, leur forme et leur traitement, par Raoul Leroy d'Étiolles. Paris, Librairie de V. Masson, 1856-57.
2 v. 21.5 cm.
Provenance: A m. le docteur Hesiari hommage ? Dr. Raoul Leroy d'Etiolles (inscription)

Lesure, Alfred, 1857-
Expériences relatives a l'action des courants électriques sur les nerfs, par Alfred Lesure. Paris, Rignoux, 1857.
36 p. illus. 24.5 cm.

Leszynsky, William M.
On the use of electricity in the treatment of diseases of the peripheral nerves.
p. K133-K148. 24.2 cm.
(In Bigelow, H.R., ed. An international system of electro-therapeutics. Philadelphia, 1894.)

Leuret, François, 1797-1851.
Anatomie comparée du système nerveux, considéré dans ses rapports avec l'intelligence, comprenant la description de l'encéphale et de la moelle rachidienne, des recherches sur le développement, le volume, le poids, la structure de ces organes chez l'homme et les animaux vertébrés; l'histoire du système ganglionaire des animaux articulés et des mollusques, et l'exposé de la relation qui existe entre la perfection progressive de ces centres nerveux et l'état des facultés instinctives, intellectuelles et morales, par Fr. Leuret. Paris, J.B. Bailliere, 1839-57.
2 v. and atlas. 32 plates. 21.8 cm. [atlas: 40.5 cm.]

Lewandowski, Rudolf, 1847-1902.
Die Anwendung der Elektricität in der praktischen Heilkunde, von Rudolf Lewandowski. Wien, Urban & Schwarzenberg, 1878.
[1], 56 p. 25 cm.
"Separat-Abdruck aus der 'Wiener Klinik.'"

Lewandowski, Rudolf, 1847-1902.
Elektrodiagnostik und Elektrotherapie einschliesslich der physikalischen Propädeutik für praktische Ärzte, von Rudolf Lewandowski. 2. mit einem Anhang verm. Aufl. Wien, Urban & Schwarzenberg,1892.
ix, 476 p. illus. 24.9 cm.
Provenance: Ex Libris James Douglas Nisbet (bookplate)

Lewandowski, Rudolf, 1847-1902.
Über die Anwendung der Galvanokaustic in der praktischen Heilkunde, von Rudolf Lewandowski. Wien, Urban & Schwarzenberg, 1886.
[ii], 72 p. illus. 23.8 cm.
"Separat-Abdruck aus der Wiener Klinik."

Leymerie, A
Notice familiére sur la géologie du Mont-d'Or Lyonnais, par. A. Leymerie. Lyon, Impr. de G. Rossary, 1838.
[3], iv, 84 p. illus., charts, 1 fold. plate. 20.8 cm.
Bound with Ampère, A.M. Exposé des nouvelles découvertes sur l'électricité et le magnétisme. Paris, 1822.

Library of mesmerism and psychology. Comprising philosophy of mesmerism, on fascination, electrical psychology, the macrocosm, science of the soul. New York, Fowler and Wells [n.d.]
2 v. illus. 19 cm.

Liebig, Gustav A
Practical electricity in medicine and surgery, by G.A. Liebig, jr. and George H. Rohé. Philadelphia, F.A. Davis, 1890.
viii, 383 p. illus., 2 plates. 24.5 cm.

Lincoln, David Francis, 1841-1916.
Electro-therapeutics: a condensed manual of medical electricity, by D.F. Lincoln. Philadelphia, H.C. Lea, 1874.
xii, [13]-186 p. illus. 19.7 cm.
Provenance: O.W. Holmes, M.D. with compliments of D.F. Lincoln July 1874 (inscription)

Lippmann, Gabriel, 1845-1921.
Relations entre les phénomènes électriques et capillaires, par Gabriel Lippmann. Paris, Gauthier-Villars, 1875.
58 p. illus. 26.6 cm.
Provenance: A Monsieur du mes hommage respecteaux G. Lippmann (inscription)

Lippmann, Gabriel, 1845-1921.
Unités électriques absolues; leçons professées a la Sorbonne, par G. Lippmann. Rédigées par A. Berget. Paris, G. Carré et C. Naud, 1899.
[3], ii, 240 p. illus. 25 cm.

Lissner, Nathan, 1836-
De electropuncture usu in aneurysmate et varice, auctor Nathan Lissner. Berolini, G. Lange, 1858.
32 p. 18.4 cm.

Lister, Joseph Jackson, 1786-1869.
On the microscopic characters of some of the animal fluids and tissues, by J.J. Lister and Hodgkin.
p. 424-447. 23 cm.
(In Edwards, W.F. On the influence of physical agents on life. London, 1832.)

Lobb, Harry William, 1829-1881.
On some of the more obscure forms of nervous affections: their pathology and treatment. With an introduction, on the physiology of digestion and assimilation, and the generation, and distribution, of nerve force, based upon microscopical observations by Harry William Lobb. London, J. Churchill, 1858.
iv, 312 p. illus. 22.8 cm.

Lobb, Harry William, 1829-1881.
On some of the more obscure forms of nervous affections: their pathology and treatment. With an introduction on the physiology of digestion, and assimilation, and the generation, and distribution, of nerve force. Based upon original microscopical observations, by Harry William Lobb. London, J. Churchill, 1858 [reissued 1863]
[2], iv, 312 p. illus. 22.8 cm.

Lobb, Harry William, 1829-1889.
On some of the more obscure forms of nervous affections: their pathology and treatment. With an introduction on the physiology of digestion and assimilation, and the generation, and distribution, of nerve force, based upon original microscopical observations. By Harry William Lobb. London, J. Churchill, 1858 [i.e. 1863].
[2], iv, 311, [305]-312 p. illus. 23 cm.

Lobb, Harry William, 1829-1889.
On the curative treatment of paralysis and neuralgia, and other affections of the nervous system with the aid of galvanism by Harry Wm. Lobb. 2nd ed. London, Bailliere, 1859.
viii, 152 p. illus. 18.8 cm.
Wheeler 1460.

Lockwood, Thomas Dixon, 1848-1927.
Electrical measurement and the galvanometer; its construction and uses, by T.D. Lockwood. New York, J.H. Bunnell, 1883.
[2], iii, 137 p. illus. 18.6 cm.
Wheeler 2329.

Lodge, Sir Oliver Joseph, 1851-1940.
Lightning conductors and lightning guards. A treatise on the protection of buildings, of telegraph instruments and submarine cables, and of electric installations generally, from damage by atmospheric discharges, by Oliver J. Lodge. London, Whittaker, 1892.
xii, 544 p. illus., diagrs., front., 18 plates. 19.5 cm.
Provenance: G. Constanzo (stamp)

Loeb, Jacques, 1859-1924.
Comparative physiology of the brain and comparative psychology, by Jacques Loeb. New York, G.P. Putnam, 1900.
[3], x, [1], 309 p. illus. 21.3 cm.
Provenance: F.X. Dircum (inscription)

Loeb, Jacques, 1859-1924.
On the nature and seat of the elctromotive forces manifested by living organs [by] Jacques Loeb and Reinhard Beutner. [n.p., n.d.]
3 p. 25.3 cm.
"Reprinted from Science, N.S., vol. XXXIV., No. 886, p. 884-887, December 22, 1911."

Loeb, Jacques, 1859-1924.
Zur Theorie des Galvanotropismus, von Jacques Loeb und S.S. Maxwell. Bonn, E. Strauss, 1896.
121-144 p. illus., 1 fold. plate. 23 cm.
"Separat-Abdruck aus dem Archiv fur die ges. Physiologie Bd. 63."

Loeb, Jacques, 1859-1924.
Zur Theorie des Galvanotropismus. IV. Mittheilung. Ueber die Ausscheidung electropositiver Jonen an der aüsseren Anodenfläche protoplasmatischer Gebilde als Ursache der Abweichungen vom Pfluger'schen Erregungsetz. Von Jacques Loeb und Sidney P. Budgett. Hierzu eine Tafel. Bonn, E. Strauss, 1897.
518-534 p. 2 plates. 23.5 cm.
"Separat-Abdruck aus dem Archiv fur die ges. Physiologie Bd. 65."
Provenance: Johns Hopkins Hospital Library Jul 20 1905 (ink stamp)

Löbenstein-Löbel, Eduard Leopold, 1779-1819.
Wesen und Heilung der Epilepsie, von Eduard Löbenstein-Löbel. Leipzig, Liebeskind, 1818.
xii, 364, [1] p. 20.5 cm.

Löschner, Joseph Wilhelm, freiherr von, 1809-1888.
Exportation of the Carlsbad mineral-waters, their effects upon the human frame, their application and manner of use, by Loeschner. Carlsbad, Printed by Franieck brothers, 1848.
14 p. 20.3 cm.
Bound with Jumne, D. de. De l'electricite appliquee aux bains de mer. Ostende, 1854.

Löwenfeld, Leopold, 1847-1924.
Experimentelle und kritische Untersuchungen zur Electrotherapie des Gehirns insbesonders über die Wirkungen der Galvanisation des Kopfes, von L. Löwenfeld. München, J.A. Finsterlin, 1881.
viii, 146, [1] p. 21.5 cm.
With this is bound the author's Untersuchungen zur Elektrotherapie des Rückenmarkes. München, J.A. Finsterlin, 1883.

Löwenfeld, Leopold, 1847-1924.
Recent advances in the treatment of chronic disease of the spinal cord, by L. Lowenfeld, trans. by A.M. Stalker.
p. [345]-393. 22 cm.
(In Clinical lectures on subjects connected with medicine and surgery. London, 1894.)

Löwenfeld, Leopold, 1847-1924.
Untersuchungen zur Elektrotherapie des Rückenmarkes von L. Löwenfeld. Munchen, J.A. Finsterlin, 1883.
[v], 74 p. 21.5 cm.
Bound with the author's Experimentelle und kritische Untersuchungen zur Electrotherapie des Gehirns inbesonders über die Wirkungen der Galvanization des Kopfes. München, J.A. Finsterlin, 1881.
Provenance: Grosh. Hess. Direction Der Landes-Jrrenanstalt (stamp)

Les Lois fondamentales et la technique de l'électroanesthésie par le courant d'Araya.
[Paris?] Fecamp [n.d.]
14, [1] p. 24.5 cm.

Loisson de Guinaumont, Claude Marie Louis, 1773-1849.
Somnologie magnétique, ou recueil de faits et opinions somnambuliques, pour servir à l'histoire du magnétisme humain, par Loisson de Guinaumont. Paris, G. Baillière [n.d.]
324 (i.e. 420) p. 21 cm.

Lombard, A aîné.
Les dangers du magnétisme animal, et l'importance d'en arrêter la propagation vulgaire, par A. Lombard aîné. Paris, Chez Dentu, libraire [et] A. Bailleul, Imprimeur-libraire, 1819.
148 p. 20.2 cm.

Lombroso, Cesare, 1835-1909.
Pensiero e meteore. Studii di un alienista pel [sic] Prof. Cesare Lombroso; seguite dall' osservazioni psichiatrico-meteorologiche del Prof. A. Tamburini e dalle note sugli abitanti dei paesi in grandi altezze del Prof. G. Marinelli. Milano, Dumolard, 1878.
x, 227 p. 3 col. fold. charts. 21.2 cm.

Londe, Albert, 1858-1917.
La photographie médicale. Application aux sciences médicales et physiologiques, par Albert Londe. Paris, Gauthier-Villars, 1893.
x, 220 p. illus., 19 plates. 24.5 cm.
Provenance: A monsieur Baroy hommage ? respecteaux Albert Londe (inscription)

Londe, Albert, 1858-1917.
Traité pratique de radiographie et de radioscope; technique et applications médicales, par A. Londe. Paris, Gauthier-Villars, 1898.
xii, 244 p. illus. 24.5 cm.
Provenance: Ex Libris Dr. Pierre Pizon 1938 (bookplate); Ex Libris Pierre Pizon (ink stamp)

London. Great Exhibition of the Works of Industry of all Nations, 1851.
Official descriptive and illustrated catalogue. By authority of the Royal Commission. London, Royal Commission, 1851.
3 v. illus., charts, diagrs., plans, plates (part col., part fold.) 26.8 cm.

London. Great Exhibition of the Works of Industry of all Nations, 1851.
Reports by the juries on the subjects in the thirty classes into which the exhibition was divided. Presentation copy. London, Printed for the Royal Commission, by William Clowes & Sons, 1852.
[6], cxx, 867, [1] p. illus., charts, 3 col. plates. 26.8 cm.

Longet, François Achille, 1811-1871.
Anatomie et physiologie du système nerveux de l'homme et des animaux vértébres; ouvrage cotenant des observations pathologiques relatives au système nerveux et des expériences sur les animaux des classes supérieures, par F.A. Longet. Paris, Chez Fortin, Masson, 1842.
2 v. 8 fold. plates. 21.8 cm.

Longet, François Achille, 1811-1871.
Recherches expérimentales sur les conditions nécessaires à l'entretien et a la manifestation de l'irritabilité musculaire avec applications à la pathologie, par F.A. Longet. Paris, Bechet et Labé, 1841.
36 p. 20.1 cm.
In Ronalds.

Longet, François Achille, 1811-1871.
Sur la relation qui existe entre le sens du courant électrique et les contractions musculaires dues à ce courant, (premier mémoire) par A. Longet et C. Matteucci. Paris, Fortin, Masson, 1844.
15 p. 20 cm.
In Ronalds.

Longet, François Achille, 1811-1871.
Traité de physiologie, par F.A. Longet. Paris, V. Masson, 1850-61.
2 v. illus. 23.2 cm.

Lorain, Paul Joseph, 1827-1875.
Études de médecine clinique faítes avec l'aide de la méthode graphique et des appareíls enregistreurs. Le pouls, ses variations, et ses formes diverses dans les maladies, par P. Lorain. Paris, J.B. Bailliere, 1870.
xii, 372 p. illus. 24.7 cm.

Lorentz, Hendrik Antoon, 1853-1928.
Le théorie électromagnétique de Maxwell et son application aux corps mouvants, par H.A. Lorentz. Leide, E.J. Brill, 1892.
190 p. 22.8 cm.
"Extrait des Archives néerlandaises des Sciences exactes et naturelles, T. XXV."

Lorgeril, Paul de.
Des opérations économiques dans les tumeurs blanches du poignet et du coup [sic?] de pied chez l'adulte, [par] Paul de Lorgeril. Paris, H. Jouve, 1897.
132 p. 4 plates. 24 cm.

Lostalot-Bachoué, Jean Pierre.
Exposition d'un nouveau mode de traitement des douleurs rhumatismales, nerveuses, goutteuses et syphilitiques; des maladies des nerfs chez l'homme et chez la femme; et d'une nouvelle formule préservative de la maladie syphilitique, en détruisant le principe de cette maladie avant sa transmission d'individu à individu, par J.P. de Loustalot-Bachoué. 2. éd. Précédée d'une Nouvelle théorie de la vie ou de l'Action nerveuse, suivie du rapport fait à l'Academie royale de médicine de Paris, par Adelon, Hippolyte Cloquet et Ollivier d'Angers. Paris, Chez l'auteur, 1830.
[1], viii, [11]-199, [1] p. 21.5 cm.
Gartrell 846.

L[oubert, Jean Baptiste]
Défense théologique de magnétisme humain ou le magnétisme est-il superstition, magie? Est-il condamné a Rome? Les magnétiseurs et les somnambules sont-ils en surete de conscience? Peuvent-ils être admis a la participation des sacrements? Par J.-B. L. ... Paris, Poussielgue-Rusand, 1846.
[iii], 329, [1] p. 18.5 cm.

Loubert, Jean Baptiste.
Le magnétisme et le somnambulisme devant les corps savants, la cour de Rome et les théologiens, par J.B.L. Paris, G. Bailliére, 1844.
[iii], 702, [l] p. 22.5 cm.
Another issue.
[iii], 697, [2], [699]-702 p.
Provenance: Illegible stamp
Gartrell 1201.

Lucas, Félix Benjamin, 1836-1914.
Électricité médicale; traité théorique et pratique. Précis d'électricité, appareils et instruments électro-médicaux, applications thérapeutiques, par Félix Lucas et André Lucas. Paris, C. Béranger, 1900.
[3], ii, 403 p. illus. 18 cm.
Provenance: Dr. Maurice D'Halluin 15 Boulevard Bigo-Danel Lille (stamp)

Ludwig, Carl Friedrich Wilhelm, 1816-1895.
Beiträge zur Kenntniss des Einflusses der Respirationsbewegungen auf den Blutlauf im Aortensystem, von C. Ludwig. [n.p.] 1847.
[242]-302 p. 22.7 cm.
Extract from Muller's Archiv, 1847.

Lugt, H
Korte beschrijving eener electrizeer-machine, met geïzoleerde wrijvers, &c. van een'nieuwe constructie, alsmede, eenige proeven met dezelve genomen, door H. Lugt. Rotterdam, J. Hofhout & Zoon, 1802-03.
2 v. in 1. illus., 1 fold. plate. 22 cm.

Mabru. G
Les magnétiseurs jugés par eux-mêmes, nouvelle enquête sur le magnétisme animal ..., par G. Mabru. Paris, Mallet-Bachelier, 1858.
[3], 564 p. 24 cm.

McArthur, G A D
La ionizacion de zinc en la otorrea cronica, por G.A.D. McArthur. Chicago, Victor X-ray Corp. [19--]
10, [1] p. 24.6 cm.
"Tomado de The American Journal of Physical Therapy, Septiembre de 1927, Vol. IV, No. 6."

MacDonald, Carlos Frederik, 1845-
Report of Carlos F. MacDonald on the execution by electricity of William Kemmler alias John Hart. Albany, Argus, 1890.
20 p. 23.4 cm.
Provenance: Private Library of S.E. Lawton (stamp)
Describes in detail the equipment used in and the autopsy findings of the first execution by electricity.

Macfadden, Bernarr Adolphus, 1868-
Fasting - Hydropathy - Exercise. Nature's wonderful remedies for the cure of all chronic and acute diseases, by Bernarr Macfadden and Felix Oswald. New York, Physical Culture Publishing, 1900.
217 p. 22 plates. 19 cm.
Provenance: H.A. Rudolphi, 3927 Upton Ave So. Minneapolis, Minn. (inscription)

MacFadden, Carl K.
The practical application of dynamo electric machinery, by Carl K. MacFadden [and] William D. Ray. Chicago, Laird & Lee, c1895.
167 p. illus., 3 ports. 14.5 cm.
Provenance: J.N. Cook Coyowill N.D. (inscription)

MacGinnis, E L H
Electrothérapie de l'Hôpital des femmes de New York.
24.2 cm.
(In Gautier, G., ed. Le courant continu en gynécologie. Paris, 1890.)

Mach, Ernst, 1838-1916.
Compendium der Physik für Mediciner, von Ernst Mach. Wein, W. Braumuller, 1863.
x, 274 p. illus. 23.3 cm.

Mach, Ernst, 1838-1916.
Grundlinien der Lehre von den Bewegungsempfindungen, von E. Mach. Leipzig, W. Engelmann, 1875.
iv, 127, [1] p. illus. 24.3 cm.

Machado, Virgilio Cesar da silveira, 1859-
As applicações medicas e cirurgicas de electricidade, por Virgilio Machado. Lisboa, Academia Real das Sciencias, 1895.
463 p. illus. 25 cm.
Imperfect copy: p.321-463 lacking.

Machelard, Edouard.
Quelle est l'influence du pneumogastrique sur les phenomenes mechaniques et chimiques de la

respiration? ... Paris, Impr. et fonderie de Rignoux, 1841.
163 p. 25.5 cm.

McIntosh Electrical Corporation, Chicago.
Illustrated catalogue of McIntosh combined galvanic and faradic battery: office battery, electric bath apparatus, electrodes, solar microscope stereoptican, etc. Chicago, McIntosh Galvanic and Faradic Battery Co. [1885] c1881.
63 p. illus. 23.2 cm.

McIntosh Electrical Corporation, Chicago.
The McIntosh combined galvanic and faradic battery; the first and only portable combination offered to the profession. Manufactured by the McIntosh Galvanic and Faradic Battery Co., Chicago, Ill. [ca. 1882]
[8] p. illus. 24 cm.

Mackintosh, T Simmons.
Mackintosh's electrical theory of the universe of the elements of natural philosophy combining physics and morals in one science and deducing the actions and reactions of mind and matter, from the ultimate and universal forces of attraction and repulsion, by T. Simmons Mackintosh. Manchester [England] A. Heywood [n.d.]
[2], 468 p. illus., 1 fold. plate. 18 cm.

Mackintosh, T Simmons.
The "electrical theory" of the universe, or the elements of physical and moral philosophy, by T.S. Mackintosh. First American, republished from the London editon. Boston, J.P. Mendum, 1846.
xii, 423 p. fold. chart, diagrs. 19 cm.

McWilliam, John Alexander, 1857-
Inquiries in cardiac physiology and pathology, by John A. McWilliam. London, British Medical Association, 1889.
14 p. 20.5 cm.
"Reprinted for the author from The British Medical Journal, Jan. 5, and Feb. 16, 1889."
Provenance: Professor Grainger Stewart from the author (inscription)

Magendie, François, 1783-1855.
An elementary compendium of physiology; for the use of students, by F. Magendie. Tr. from the French, with copious notes, tables, and illustrations, by E. Milligan. 2nd ed., greatly enl. Edinburgh, J. Carfrae, 1826.
xix, 618 p. 2 plates, 1 fold. chart. 23 cm.

Magendie, François, 1783-1855.
Phénomènes physiques de la vie. Leçons professées au Collège de France, par Magendie. Paris, J.B. Baillière, 1842.
4 v. 21 cm.

Magendie, François, 1783-1855.
Précis élémentaire de physiologie, par F. Magendie. Paris, Méquignon-Marvis, 1816-17.
2 v. 20.7 cm.
Provenance: David Gibson M.D. (bookplate)

Magie, William Francis, 1858-1943.
The clinical application of the Röntgen rays. I. The apparatus and its use, by William Francis Magie. II. The Surgical diagnosis, W.W. Keen. III. The Study of the infant's body and of the pregnant womb by the Röntgen rays, by Edward P. Davis. The American Journal of the Medical Sciences, 1896.
20 p. illus., 8 plates. 23.5 cm.
"Extracted from The American Journal of the Medical Sciences, March, 1896."
Provenance: H.A. Kelly (stamp)

Le magnétisme humain appliqué au soulagement et a la guérison des malades. Rapport général d'après le Compte rendu des séances du congrès. Paris, G. Carré, 1890.
vii, 570, [2] p. 25 cm.

Magnus, Heinrich Gustav, 1802-1870.
Über thermoelectrische Ströme, von G. Magnus. Berlin, Königlichen Akademie der Wissenschaften, 1851.
[1], 32 p. plate. 26 cm.
Wheeler 1210.

Mailath, János Nepomuck József, gróf., 1786-1855.
Der animalische Magnetismus als Heilkraft von Johann Grafen Mailáth. Regensburg, G.J. Manz, 1852.
viii, 299 p. 3 fold. plates. 21 cm.
Provenance: Bernstorr Bibliothek (stamp)

Mailliot, Jean Louis Léon.
A practical treatise on percussion, or An exposition of the applications of this method of exploration to the states of health and disease, by

L. Mailliot. Tr. with notes by George Smith. Madras, R. Twig, 1847.
xxix, 220 p. 17.7 cm.
Provenance: Illegible inscription

Maindron, Ernest, 1838-1908.
L'Académie des sciences. Histoire de l'académie, fondation de l'Institut national, Bonaparte membre de l'Institut national, par Ernest Maindron. Paris, F. Alcan, 1888.
[6], 344 p. illus., facsims., front., plates (part. fold.), ports. 24 cm.

Mairan, Jean Jacques Dortous de, 1678-1771.
Traite physique et historique de l'aurore boreale, par de Mairan. 2. ed. Revue & augmentee de plusieurs eclaircissemens. Paris, de l'Impr. Royale, 1754.
[12], 570, xxii p. charts, 17 fold. plates. 26.2 cm.
Provenance: Bookplates with names removed

Manni, Pietro, d. 1839.
Manuale pratico per la cura degli apparentemente morti premessevi alcune idee generali di polizia medica per la tutela della vita negli asfittici opera di Pietro Manni. 3. ed. Firenze, L. Ciardetti, 1834.
xxvii, 236 p. 8 fold. plates. 23 cm.
Discusses resuscitation by means of electricity from death by suffocation, including suffocation of the newborn.

Marchand, Richard, 1851-
Das "plexiforme Neurom" (cylindrische Fibrom der Nervenscheiden) [von] Richard Marchand. Halle a. S., Plotz, 1876.
38, [2] p. 20.7 cm.

Marchant
Résultat général des observations météorologiques faites à Besançon pendant l'an 10, par Marchant. [n.p., 1802]
18 p. fold. chart. 21.2 cm.
Bound with Beauchêne, E.P.C. de. De l'influence des affections de l'ame dans les maladies nerveuses des femmes. Amsterdam, 1783.

Marcillet
Almanach du magnétisme et du somnambulisme 1854 avec un aperçu de l'art de Magnetiser, par Marcillet. Paris, Simon, 1854.
192 p. illus. 14 cm.
Provenance: Biblioteque du magnetisme (bookplate); Bibliotheque de M. Rene Amedee Choppin (de Villy) (bookplate)

Marey, Étienne Jules, 1830-1904.
Analyse cinématique de la course de l'homme. Parallèle de la marche et de la course, suivi du mécanisme de la transition entre ces deux allures, par Marey et Demeny. Paris, Gauthiers-Villars, 1886.
14 p. illus. 27.5 cm.

Marey, Étienne Jules, 1830-1904.
... Animal mechanism: a treatise on terrestrial and aerial locomotion. By E.J. Marey ... New York, D. Appleton and co., 1874.
xvi, 283 p. illus., tab., diagr. 19.5 cm.
Provenance: Illegible inscription

Marey, Étienne Jules, 1830-1904.
Animal mechanism: a treatise on terrestrial and aerial locomotion, by E.J. Marey. New York, D. Appleton, 1893.
xvi, 283 p. illus. 19.5 cm.

Marey, Étienne Jules, 1830-1904.
La chronophotographie, par E.J. Marey. Paris, Gauthier-Villars, 1899.
40 p. illus. 22.5 cm.
Extraite des Annales de Conservatoire des Arts et Metiers, 3.S, t. 1.

Marey, Étienne Jules, 1830-1904.
La circulation du sang, a l'état physiologique et dans les maladies, par E.J. Marey. Paris, G. Masson, Libraire de l'académie de medicine, 1881.
[6], 745 p. illus. 25 cm.

Marey, Étienne Jules, 1830-1904.
De la locomotion terrestre chez les bipèdes et les quadrupèdes, par Marey. [Paris, Impr. E. Martinet, 1873]
[42]-80 p. illus. 21.6 cm.
"Extrait du Journal de l'anatomie et de la physiologie de Ch. Robin. (No. de janvier 1873.)"

Marey, Étienne Jules, 1830-1904.
De la mesure des forces qui agissent dans le vol de l'oiseau.
p. 9-13. 27.5 cm.
(In his Figures en relief représentant les attitudes successives d'un pigeon pendant le vol. Paris, 1887.)

"Extrait des Comptes rendus des séances de l'Académie des Sciences, t. CV; séance du 26 septembre 1887."

Marey, Étienne Jules, 1830-1904.
Des mouvements que certains animaux exécutent pour retomber sur leurs pieds, lorsqu'ils sont précipités d'un lieu élevé, par Marey. Paris, Gauthier-Villars, 1894.
4 p. illus. 27.5 cm.

Marey, Étienne Jules, 1830-1904.
Du movement dans les fonctions de la vie, lecons faites au Collège de France, par E.J. Marey. Paris, G. Baillière, 1868.
vii, 479 p. illus. 22.5 cm.
Provenance: A m. Blanchard d'institut hommage respecteaux Marey (inscription)

Marey, Étienne Jules, 1830-1904.
Du travail mécanique dépensé par le goéland dans le vol horizontal.
p. 15-21. 27.5 cm.
(In his Figures en relief représentant les attitudes successives d'un pigeon pendant le vol. Paris, 1887.)
"Extrait des Comptes rendus des séances de l"Académie des Sciences, t. CV; séance du 10 octobre 1887."

Marey, Étienne Jules, 1830-1904.
Études sur la marche de l'homme au moyen de l'odographe, par Marey. Paris, Gauthier-Villars, 1884.
6 p. illus. 26.5 cm.

Marey, Étienne Jules, 1830-1904.
Figures en relief représentant les attitudes successives d'un pigeon pendant le vol, par Marey. [Paris, Gauthier-Villars, 1887]
21 p. illus. 27.5 cm.

Marey, Étienne Jules, 1830-1904.
Locomotion comparée: mouvement du membre pelvien chez l'homme, l'éléphant et le cheval, par Marey et Pagès. Paris, Gauthier-Villars, 1887.
8 p. illus. 27 cm.

Marey, Étienne Jules, 1830-1904.
La machine animale, locomotion terrestre et aérienne, par E.J. Marey. Paris, G. Baillière, 1873.
x, 299 p. illus. 21.5 cm.

Marey, Étienne Jules, 1830-1904.
La machine animale, locomotion terrestre et aérienne, par E.J. Marey. 2. éd. Paris, G. Baillière, 1878.
x, 299 p. illus. 21.5 cm.

Marey, Étienne Jules, 1830-1904.
Memoire sur la contractilité vasculaire, par J. Marey. [Paris, 1858]
[53]-88 p. 20 cm.
Bound with his Recherches hydrauliques sur la circulation du sang. [Paris, 1857]

Marey, Étienne Jules, 1830-1904.
La methode graphique dans les sciences expérimentales et particulierement en physiologie et en médecine, par E.J. Marey. Paris, G. Masson, 1878.
[4], xix, 673, [1] p. illus. 26 cm.

Marey, Étienne Jules, 1830-1904.
Le mouvement, par E.J. Marey. Paris, G. Masson, 1894.
vi, 335 p. illus., 3 plates (1 fold.) 19.7 cm.

Marey, Étienne Jules, 1830-1904.
Le mouvement du coeur, étudié par la chronophotographie, par Marey. Paris, Gauthier-Villars, 1892.
6 p. illus. 27.7 cm.

Marey, Étienne Jules, 1830-1904.
Movement, by E.J. Marey. Tr. by Eric Pritchard. New York, D. Appleton, 1895.
xv, 323 p. illus. 19.5 cm.

Marey, Étienne Jules, 1830-1904.
La photographie du mouvement; les méthodes chronophotographiques sur plaques fixes et pellicues mobiles; techniques des procédés et description des appareils; résultats scientifiques; représentation des objets animés; analyse du mouvement dans les fonctions de la vie; exemples d'application. Paris, G. Carré, 1892.
[2], 97 p. illus. 21.5 cm.
"Extrait de la Revue Générale des sciences du 15 Novembre 1891."
Provenance: Librairie J. Jullien A Geneve (bookplate)

Marey, Étienne Jules, 1830-1904.
Physiologie médicale de la circulation du sang basée sur l'étude graphique des mouvements du coeur et du pouls artériel avec application aux

maladies de l'appareil circulatoire, par E.J. Marey. Paris, A. Delahaye, 1863.
viii, 568 p. illus. 22.3 cm.
Provenance: A m. Roger hommage respectieux Marey (inscription); copy 2 A m. Matthieu hommage de l'auteur (inscription)

Marey, Étienne Jules, 1830-1904.
Recherches hydrauliques sur la circulation du sang, par J. Marey. [Paris, 1857]
[329]-364 p. fold. plate. 20 cm.
Extract from Annales des sciences naturelles, 4e série, tome 8.
With this is bound his Memoire sur la contractilite
vasculaire. [Paris, 1858]

Marey, Étienne Jules, 1830-1904.
Recherches sur la circulation du sang, a l'état physiologique et dans les maladies, par Étienne-Jules Marey. Paris, Rignoux, 1859.
119 p. illus. 25 cm.
Provenance: A m. le professeur Malgaig ? E. Marey (inscription)

Marey, Étienne Jules, 1830-1904.
Recherches sur la circulation sanguine, par J. Marey. Paris, Impr. par. E. Thunot, 1858.
16 p. illus. 23 cm.
"Extrait de la Gazette Médicale de Paris."

Marey, Étienne Jules, 1830-1904.
Le vol des oiseaux, par E.J. Marey. Paris, G. Masson, 1890.
xvi, 394 p. illus., plate. 26 cm.

Marianini, Stefano Giovanni, 1790-1866.
Memoria, sopra la scossa che provano gli animali nel momento che cessano di fare arco di comunicazione fra i poli d'un elettromotore e sopra qualche altro fenomeno fisiologico dell' elettricita, del Stefano Marianini. Venezia, Alvisopoli, 1828.
32 p. 23 cm.
In Ronalds.
Reports Marianini's experiments on the electrophysiology of muscles; reviews earlier work on the same topic.

Marianini, Stefano Giovanni, 1790-1866.
Saggio di esperienze elettrometriche [del] Marianini. Venezia, Alvisopoli, 1825.
206, [1] p. 23.5 cm.
In Ronalds.

Marie, Alexandre.
De l'application de l'électricité a la thérapeutique, par Alexandre Marié. Montpellier, Impr. de Ricard Frères, 1854.
80 p. 26 cm.
Another issue.
77 p. 21 cm.
In Ronalds.

Marié Davy, Edme Hippolyte, 1820-1893.
Recherches théoriques et experimentales sur l'électricité considérée au point de vue mécanique, par Marie Davy. Paris, V. Masson, 1861.
[3], viii, 96 p. 22 cm.
Wheeler 1525.

Marquis, Raoul, 1863- ed.
Les canalisations electriques, publiée sous la direction de Henry de Graffigny. Paris, E. Bernard, 1896.
160 p. illus. 17.7 cm.

Martens, Franz Heinrich, 1778-1805, ed.
Abbildung und Beschreibung einer sehr bequemen tragbaren Voltaischen Säule nach einer durchaus neuen Einrichtung, vorzüglich für die Fälle brauchbar, wo der Arzt täglich mehrere Kranke in verschiedenen Häusern galvanisiren muss, nebst Abbildung und Beschreibung einiger andern zur medizinischen Anwendung des Galvanismus gehörigen Instrumente, hrsg. von Franz Heinrich Martens. Leipzig, Baumgärtnerische Buchhandlung, 1803.
31 p. 2 fold. plates. 19.5 cm.
In Ronalds.

Martin, Aimé.
Des fibro-myomes utérins et de leur traitement par l'action électro-atrophique des courants continus, par Aimé Martin. Paris, H. Lauwereyns, 1879.
45 p. illus. 22 cm.
"Extrait des Annales de Gynécologie, Février 1879."
Provenance: Dr. Aimé Martin Médecin de Saint-Lazare 5, rue de Châteaudun, 5, de 3h, a 5 heures (ink stamp)

Martin, Franklin Henry, 1857-1935.
Electricity, diseases of women and obstetrics, by Franklin H. Martin. Chicago, W.T. Keener, 1892.
xiv, 252 p. illus. 24 cm.

Provenance: Maria W. Nomi Grand Rapids Michigan November 1892 (inscription); My 3' 23WP (ink stamp); Dr Smith does not recommend (inscription)

Martin, Franklin Henry, 1857-1935.
Lectures on the treatment of fibroid tumors of the uterus; medical, electrical and surgical, by Franklin H. Martin. Philadelphia, F.A. Davis, 1897.
174, iv p. illus., 3 plates. 20 cm.
Provenance: acku- from the author March .99 (inscription)

Martin, Franklin Henry, 1857-1935.
Treatment of diseases of the female urethra by electricity.
p. G195-G198. 24.2 cm.
(In Bigelow, H.R., ed. An international system of electro-therapeutics. Philadelphia, 1894.)

Martin, Thomas Commerford, 1856-1924.
The inventions, researches and writings of Nikola Tesla with special reference to his work in polyphase currents and high potential lighting, by Thomas Commerford Martin. 2nd ed. New York, Electrical Engineer, 1894.
[1], xi, 496 p. illus. 23.5 cm.
Provenance: Chas. U. Armstrong Auditorium Tower Chicago Ill. (inscription)

Mascarel, Jules.
Observations nouvelles de paralysies générales progressives rebelles a toute sorte de medications cessation graduelle de tous les accidents sous l'influence des eaux thermales du mont-dore, par Jules Mascarel. Paris, L'Union Medicale, 1864.
12 p. 23 cm.
Extract from L'Union Médicale (Nouvelle séries.) des 12 et 21 Avril, 1864.

Mascart, Éleuthére Élie Nicolas, 1837-1908.
Leçons sur l'electricité et le magnétisme de E. Mascart et J. Joubert. 2. éd. entièrement refondue par E. Mascart. Paris, Masson, 1896-97.
2 v. illus. 24.5 cm.

Mascart, Éleuthére Élie Nicolas, 1837-1908.
Traité d'électricité statique, par E. Mascart. Paris, G. Masson, 1876.
2 v. illus., diagrs. 23.5 cm.
Provenance: Pretres de S.I. (bookplate on spine)
Wheeler 1987.

Mascart, Éleuthére Élie Nicolas, 1837-1908.
A treatise on electricity and magnetism, by E. Mascart and J. Joubert, tr. by E. Atkinson. London, T. De La Rue, 1883, 1888.
2 v. 23 cm.
Provenance: Frank F. Almy Nov. 20 1890 (inscription)
Wheeler 2288a.

Mason, John James.
The polar action of electricity in physiology, by John J. Mason. New York, D. Appleton, 1874.
15 p. 3 plates. 23.5 cm.
"Reprinted from the New York Medical Journal, Dec., 1874."
Provenance: Prof. Austin Flin M.D. 603 Fifth Ave (inscription); Library of the Medical Society of the Co. of Kings Given by Sidney Allen Fox M.D. (bookplate)

Massé, Jules.
Quelques mots sur l'appareil galvano-electrique portatif (cataplysme galvanique) du Récamier. Revue des maladies contre lesquelles cet appareil peut être employé avec succés, par Jules Massé. Paris, J.B. Baillière, 1851.
32 p. 20.2 cm.
In Ronalds.

Massey, George Betton, 1856-1927.
Conservative gynecology and electrotherapeutics. A practical treatise on the diseases of women and their treatment by electricity, by G. Betton Massey. 3rd ed., rev., rewritten and greatly enl. Philadelphia, F.A. Davis, 1898.
xv, 394 p. illus., 24 plates (part col.) 24.5 cm.
Provenance: G.S. Wallace 1903 Boston Mass. (inscription)

Massey, George Betton, 1856-1927.
Conservative gynecology and electro-therapeutics; a practical treatise on the diseases of women and their treatment by electricity, by George B. Massey. 3rd ed., rev., rewritten, and greatly enl. Philadelphia, F.A. Davis, 1900.
xv, 394 p. illus., 24 plates (part col.) 24.5 cm.
Provenance: Library of Dr. L.E. Whitney Carthage, Mo. (bookplate)

Massey, George Betton, 1856-1927.
Diseases of the uterus.
p. G1-G21. 24.2 cm.

(In Bigelow, H.R., ed. An international system of electro-therapeutics. Philadelphia, 1894.)

Massey, George Betton, 1856-1927.
Electricity in the diseases of women, with special reference to the application of strong currents, by G. Betton Massey. Philadelphia, F.A. Davis, 1889.
viii, 210 p. illus. 19.8 cm.
Provenance: Elliot Memorial Gift. Presented by Mrs. M. Schuyler Elliot (bookplate with A.M.N.H. cancelled stamp); American Museum of Natural History Central Park, New York (ink stamp)

Massey, George Betton, 1856-1927.
... Electricity in the diseases of women, with special reference to the application of strong currents. By G. Betton Massey ... 2d ed. Rev. and enl. Philadelphia and London, F.A. Davis, 1890.
xii, 240 p. illus. 19.5 cm.

Massey, George Betton, 1856-1927.
Electricity vs. trachelorraphy in metritis with lacerations of the cervix, by G. Betton Massey. Philadelphia, University of Pennsylvania Press, 1890.
7 p. 15 cm.
"Reprinted from Annals of Gynecology and Pediatry, December, 1890."

Massey, George Betton, 1856-1927.
Electro-puncture, its most useful modifications and its value in the treatment of fibroid tumors, by G. Betton Massey. The Medical News, 1892.
7 p. 19.5 cm.
"Reprinted from The Medical News, February 6, 1892."

Massey, George Betton, 1856-1927.
The galvanic current in catarrhal affections of the uterus, by G. Betton Massey. Chicago, American Medical Association, 1895.
4 p. 1 fold. chart. 19.5 cm.
"Reprinted from the Journal of the American Medical Association, April 13, 1885."

Massey, George Betton, 1856-1927.
A large oedematous myoma treated by abdominal electro-puncture, by G. Betton Massey. [n.p.] J.D. Emmet, 1895.
1 p. 24.5 cm.
"Reprinted from the American Gynecological and Obstetrical Journal for July, 1895."

Massey, George Betton, 1856-1927.
Notes of some fibroid tumors treated by electricity, by G. Betton Massey. [n.p.] 1892.
8 p. 23.8 cm.
"Reprinted from the Transactions of the Philadelphia County Medical Society."
Provenance: Compliments of the author (ink stamp); Dr. H.A. Kelly 1418 Eutaw Pl. Balto. MD (ink stamp)

[**Massey, George Betton,** 1856-1927]
Report of recent electro-therapeutic work in Dr. G. Betton Massey's private hospital, 212 South fifteenth Street, Philadelphia, together with a short account of the institution and its aims and purposes. [Philadelphia, 1893]
8 p. front. 23 cm.
Provenance: B.M.J. (inscription); Library of the Medical Society of the Co. of Kinks Given by Bklyn Med Journal (bookplate)

Masson, Victor Pierre.
Notice scientifique contenant des observations médicales sur les buscs électro-magnétiques de Nicolle, par V. Masson. 5 éd., rev. corr. et augm. Paris, Chez Nicolle, 1857.
31, [1] p. illus. 24.5 cm.

Masson-Saint-Felix, Jacques-Antoine de.
Dissertation sur les effets de l'électricité médicale, par Jacques-Antoine de Masson-Saint-Felix. Montpellier, A. Ricard, 1806.
31 p. 25.5 cm.
Provenance: Mr. Beson (inscription)

Mattei, Cesare, conte.
Électro-homoeopathie; principes d'une science nouvelle découverte, par le comte César Mattei. Première éd. francaise par l'inventeur. Nice, V.E. Gauthier, 1879.
253, [1] p. fold. plate, port. 19 cm.

Mattei, Cesare, conte.
Électro-homoeopathie principes d'une science nouvelle decouverte, par Cesar Mattei. 2. éd. française, par l'inventeur. Bologne, Mareggiani, 1880.
[7], 233 [i.e. 225] p. port., 2 fold. charts. 18.5 cm.
Provenance: illegible inscription

Mattei, Cesare, conte.
Elektro-homoeopathie grundsätze einer neuen Wissenschaft, dargelegt vom Grafen Cesare

Mattei. Vom Verfasser einzig autorisirte deutsche Ausgabe. Zweite verbesserte Aufl. Stadtamhof, M. Fusangel, 1881.
[4], 276 p. 1 fold. plate. 17.9 cm.
Provenance: Hochschulbibliothek Bamberg (ink stamp); Lyzeums Bibliothek Bamberg (ink stamp); Phil. Theol. Hochschule Bamberg (ink stamp); G.H.B. Bamberg ausgeschieden (ink stamp)

Mattei, Cesare, conte.
Elettromiopatia del Conte Cesare Mattei. Scienza nuova che cura il sangue e sana l'organismo. Libro dettato dal Conte Cesare Mattei a bene dei popoli che la massima parte dei medici rifiuta di curare coll' electtromiopatia. Casale Monferrato, P. Bertero, 1878.
168 p. front. (port.), fold. plate. 19.3 cm.

Mattei, Cesare, conte.
Médecine électro-homéopathique ou nouvelle thérapeutique expérimentale, par le compte César Mattei. Nice, Gauthier, 1883.
508, [4] p. port. 22 cm.

Mattei, Cesare, conte.
Nouveau guide practique de l'electro-homoeopathie, par le compte César Mattei. Nice, V.E. Gauthier, 1881.
xi, 89, [3] p. illus., port. 18.5 cm.
Provenance: illegible inscription

Mattei, Cesare, conte.
Spécifiques électro-homeopathiques du comte Mattei. Avec les indications nécessaires pour la guerison de toutes les maladies et spécialement des maladies incurables. Science nouvelle. Genève, C. Menz, 1877.
211 p. plate. 19 cm.
Provenance: Miriam Bischaft (inscription)
Wheeler 2038.

Matteucci, Carlo, 1811-1868.
Corso di elettro-fisiologia in sei lezioni date in Torino dal Carlo Matteucci. Raccolte stenograficamente e rivedute dall' autore. Torino, Castellazzo e Vercellino, 1861.
6 v. 22.5 cm.

Matteucci, Carlo, 1811-1868.
Cours d'électro-physiologie, par Ch. Matteucci. Paris, Mallet-Bachelier, 1858.
[7], 177 p. 2 fold. plates. 21.5 cm.
With this is bound his Traité des phénomènes électro-physiologiques des animaux. Paris, 1844.
Wheeler 1422.

Matteucci, Carlo, 1811-1868.
Cours special sur l'induction, le magnétisme de rotation, le diamagnétisme, et sur les relations entre la force magnetique et les actions moleculaires, par Ch. Matteucci. Paris, Mallet-Bachelier, 1854.
viii, 278 p. illus. (2 fold. plates.) 22 cm.
Provenance: Lycee Imperial de Versailles (Seal on cover)

Matteucci, Carlo, 1811-1868.
Electro-physiological researches, by Carlo Matteucci. communicated by W.R. Grove. London, 1850.
287-296 p. 27.5 cm.
From the Philosophical Transactions of the Royal Society of London, vol. 140, XIV. Electro-physiological researches. - Eighth series.

Matteucci, Carlo, 1811-1868.
Essai sur les phénomènes électriques des animaux, par Ch. Matteucci. Paris, Carillan-Goeury et Dalmont, 1840.
viii, 88, iii p. 1 fold. plate. 22.5 cm.
In Ronalds, Wheeler 985.

Matteucci, Carlo, 1811-1868.
Laws of the electric discharge of the torpedo and other electric fishes, theory of the production of electricity in these animals, by Carlo Matteucci. Communicated by Michael Faraday. London, 1847.
239-241 p. 27.5 cm.
From the Philosophical Transactions of the Royal Society of London, vol. 137, XIV. Electro-physiological researches. Sixth series.

Matteucci, Carlo, 1811-1868.
Leçons sur les phénomènes physiques des corps vivants, par C. Matteucci. Éd. française pub., avec des additions considérables sur la 2. éd. italienne. Paris, V. Masson, 1847.
[3], ii, [1], 406, [1] p. illus. 18.3 cm.
In Ronalds.

Matteucci, Carlo, 1811-1868.
Lectures on the physical phenomena of living beings, by Carlo Matteucci, Tr. under the superintendence of Jonathan Pereira. London,

Longman, Brown, Green, and Longmans, 1847.
x, [1], 435 p. illus. 18.5 cm.
In Ronalds.

Matteucci, Carlo, 1811-1868.
Lectures on the physical phenomena of living beings, by Carlo Matteucci. Tr. under the superintendence of Jonathan Pereira. Philadelphia, Lea & Blanchard, 1848.
[xi], [17]-388 p. illus. 20 cm.
Provenance: W. Parller (inscription)
Gartrell 860.

Matteucci, Carlo, 1811-1868.
Lezioni di elettricità applicate alle arti industriali all' economia domestica e alla terapeutica, di Carlo Matteucci. Torino, C. Pomba, 1852.
199, [1] p. illus. 17 cm.

Matteucci, Carlo, 1811-1868.
Lezioni di fisica di Carlo Matteucci. Date nell' I. e R Università di Pisa. 2. ed., corretta ed ampliata. Pisa, Rocco Vannucchi, 1844.
473, viii, [1] p. illus. 22 cm.
Provenance: C. Matteucci (inscription)
In Ronalds.

Matteucci, Carlo, 1811-1868.
Lezioni di fisica di Carlo Matteucci. 4. ed., ampliata di nuovo lezioni. Pisa, Pieraccini, 1850.
[4], 562, [537]-542, 443-444 [i.e., 570] p. illus. 22.5 cm.
Provenance: C. Matteucci (ink stamp)

Matteucci, Carlo, 1811-1868.
Lezioni sui fenomeni fisico-chimici dei corpi viventi, del Carlo Matteucii. 2. ed. Firenze, Ricordi e Jouhand, 1847.
[4], 328, [3] p. illus. 22.5 cm.

Matteucci, Carlo, 1811-1868.
Manuale di telegrafia electtrica, di C. Matteucci. 2. ed. Pisa, Fratelli Nistir, 1851.
224 p. illus., map. 17.5 cm.

Matteucci, Carlo, 1811-1868.
The muscular current, by Carlo Matteucii. Communicated by Michael Faraday. London, 1845.
283-295 p. 30 cm.
From the Philosophical Transactions of the Royal Society of London, XI. Electro-physiological researches -- First memoir. 1845.

Matteucci, Carlo, 1811-1868.
On induced contractions, by Carlo Matteucci. Communicated by W. Bowman. London, 1845.
303-317 p. plate. 30 cm.
From the Philosophical Transactions of the Royal Society of London, XIII. Electro-physiological researches -- Third memoir. 1845.

Matteucci, Carlo, 1811-1868.
On induced contraction, by Carlo Matteucci. Communicated by W.R. Grove. London, 1850.
645-649 p. plate. 27.5 cm.
From the Philosophical Transactions of the Royal Society of London, vol. 140, XXXI. Electro-physiological researches. -- Ninth series.

Matteucci, Carlo, 1811-1868.
On the proper current of the frog, by Carlo Matteucci, Communicated by Michael Faraday. London, 1845.
297-301 p. 30 cm.
From the Philosophical Transactions of the Royal Society of London, XII. Electro-physiological researches -- Second memoir. 1845.

Matteucci, Carlo, 1811-1868.
On the secondary electro-motor power of nerves, and its application to the explanation of certain electro-physiological phenomena, by Carlo Matteucci, Communicated by General Sabine. London, 1861.
363-372 p. 27.5 cm.
From the Philosophical Transactions of the Royal Society of London, vol. 151, XVIII. Electro-physiological researches. --Eleventh series.

Matteucci, Carlo, 1811-1868.
Physical and chemical phenomena of muscular contraction, Part I, by Carlo Matteucci. Communicated by Michael Faraday. London, 1857.
129-143 p. 27.5 cm.
From the Philosophical Transactions of the Royal Society of London, vol 147, IX. Electro-physiological researches -- Tenth series.

Matteucci, Carlo, 1811-1868.
The physiological action of the electric current, by Carlo Matteucci, Communicated by Michael Faraday. London, 1846.
483-499 p. 30 cm.
From the Philosophical Transactions of the Royal Society of London, XXV. Electro-physiological researches -- Fourth memoir. 1846.

Matteucci, Carlo, 1811-1868.
Sur le courant electrique ou propre de la grenouille; second mémoire sur l'electricité animale, faisant suite à celui sur la torpille. [Paris, 1838]
[93]-106 p. 21.3 cm.

Matteucci, Carlo, 1811-1868.
Traite des phénomènes électro-physiologiques des animaux, par C. Matteucci. Suivi d'études anatomiques sur le système nerveux et sur l'organe électrique de la torpille, par Paul Savi. Paris, Fortin, Masson, 1844.
[2], xix, 348 p. fold. table, 6 fold. plates. 21 cm.
In Ronalds, Wheeler 1064, Gartrell 862.

Matteucci, Carlo, 1811-1868.
Traité des phénomènes électro-physiologiques des animaux, par C. Matteucci, suivi d'Études anatomiques sur le systeme nerveux et sur l'organe électrique de la torpille par Paul Savi. Paris, Fortin, Masson, 1844.
[4], xii, [xvii]-xix, 348 p. 6 fold. plates. 22.3 cm.

Matteucci, Carlo, 1811-1868.
Upon induced contractions, by Carlo Matteucci. Communicated by Michael Faraday. London, 1847.
231-237 p. 27.5 cm.
From the Philosophical Transactions of the Royal Society of London, vol. 137, XXVI. Electro-physiological researches. Fifth series.

Matteucci, Carlo, 1811-1868.
Upon the relation between the intensity of the electric current, and that of the corresponding physiological effect, by Carlo Matteucci. Communicated by Michael Faraday. London, 1847.
243-248 p. 27.5 cm.
From the Philosophical Transactions of the Royal Society of London, Vol. 137, XIV. Electro-physiological researches. Seventh and last series.

Mattison, Jansen Beemer, 1845-
New improved galvanic and faradic batteries, with new and original electrodes in the treatment of narcotic habitues, by J.B. Mattison. New York, G. Tiemann, 1891.
4 p. illus. 20.5 cm.
Reprint from Weekly Medical Review, July 13, 1891.

Maurice, Jean Baptiste Philibert Fr.
D'électricité medicale, par F. Maurice. Paris, Patris, 1810.
xii, 251 p. 17 cm.
In Ronalds.

Maurin, François Amédée.
De l'électricite médicale, par François Amédée Maurin. Paris, Rignoux, 1855.
79 p. 24.5 cm.

Maxwell, James Clerk, 1831-1879.
...An elementary treatise on electricity. By James Clerk Maxwell...Ed. by William Garnett...Oxford, At the Clarendon press, 1881.
xvi, 208 p. illus., VI pl., diagrs. 23 cm.
Provenance: Free Public Library Pawtucket, RI (ink stamp and embossed stamp)
Wheeler 2243.

Maxwell, James Clerk, 1831-1879.
A treatise on electricity and magnetism, by James Clerk Maxwell. 2nd ed. Oxford, Clarendon Press, 1881.
2 v. illus., 20 plates. 23 cm.
Provenance: Hille (inscription)
Wheeler 1872a.

Mayer, Alfred Marshall, 1836-1897.
Observations on the variation of the magnetic declination in connection with the aurora of Oct. 14, 1869. With remarks on the physical connection between changes in area of disturbed solar surface and magnetic perturbations, by Alfred M. Mayer. [New Haven] 1871.
6 p. illus. 21.5 cm.
(In Electrical papers 1884. [n.p.] 1884.)
"From the American Journal of Science and Arts, Vol. I, Fea. [sic] 1871."

Mayer, Alfred Marshall, 1836-1897.
On a method of fixing, photographing, and exhibiting the magnetic spectra, by Alfred M. Mayer. [New Haven?] 1871.
4 p. 21.5 cm.
(In Electrical papers 1884. [n.p.] 1884.)
"From the American Journal of Science and Arts, Vol. I, April, 1871."

Mayo, Herbert, 1796-1852.
Letters on the truths contained in popular superstitions, by Herbert Mayo. Frankfort, J.D. Sauerlaender, 1849.
152 p. 19.4 cm.

Meadowcroft, William Henry, 1853-
The A B C of the x rays, by William H. Meadowcroft. New York, Excelsior, c1896.
189 p. illus. 18.5 cm.
One of three American books on the x-ray published in 1896.

Medici, Michele.
Elogio di Luigi Galvani, detto da Michele Medici nel teatro anatomico dell'antico Archiginnasio di Bologna in occasione d'una radunanza semipubblica tenutavi dalla Società medico-chir. il 6 novembre 1844. Bologna, Tip. Gov. alle Volpe, 1845.
[4], 29 p. front. (port.) 26.5 cm.
"Estratto dal vol. IV delle Memorie della Società medico-chirurgica di Bologna."

Medizinische Privatgesellschaft zu Mainz.
Galvanische und elektrische Versuche an Menschen- und Thierkörpern, angestellt von der medizinischen Privatgesellschaft zu Mainz. Frankfurt am Main, Andreä, 1804.
xiv, 50 p. 25.8 cm.
Provenance: G. Valentin (ink stamp)

Meige, Achille.
De l'application de la galvano-puncture au traitement des anévrysmes, par Achille Meige. Paris, Rignoux, 1851.
44 p. 24.5 cm.

Meijer, Bernardus Jodocus.
Een woord ter verdediging van het dierlijk magnetismus en somnambulismus, tegen F. van der Breggen Cornz., te Amsterdam, door B.J. Meijer. Rotterdam, T.J. Wijnhoven Hendriksen, 1829.
[3], iv, 112 p. 22 cm.

Meijlink, B.
Iets over het dierlijk magnetismus, ook in verband met het zieleleven; door B. Meijlink. Te Deventer, A. Ter Gunne, 1837.
viii, 103 p. 23 cm.

Ménière, Emile Antoine, 1839-1905.
Du traitement de l'otorrhée purulente chronique; quelques considérations sur la maladie de Ménière, par Emile Ménière. Paris, Germer-Baillière, 1880.
46 p. 23.3 cm.
Provenance: Hommage de l'auteur Dr. E. Meniere (inscription)

Mercator, Gerardus, 1512-1594.
De ratione magnetis circa navigationem. [Auctor] Gerhard Mercator.
2 p. 26.5 cm.
(In Hellmann, Gustav, ed. Rara magnetica, 1269-1599. Berlin, 1898.)

Mesmer, Franz Anton, 1734-1815.
Allgemeine Erläuterungen über den Magnetismus und den Somnambulismus, als vorläufige Einleitung in das Natursystem [von] F.A. Mesmer. [n.p.] 1818.
79 p. 18 cm.
Provenance: Wilh. Weder pract. magnetopath and Naturheilkundiger Nurnberg (ink stamp)

Mesmer, Franz Anton, 1734-1815.
Mesmerismus; oder, System der Wechselwirkungen, Theorie und Anwendung des thierischen Magnetismus als die allgemeine Heilkunde zur Erhaltung des Menschen, von Friedrich Anton Mesmer. Hrsg. von Karl Christian Wolfart. Berlin, In der Nikolaischen Buchhandlung, 1814.
lxxiv, 356 p. 6 plates (part col.), port. 20.1 cm.
With this is bound Wolfart, K.C. Erläuterungen zum Mesmerismus. Berlin, 1815.

Metcalfe, Samuel Lytler, 1798-1856.
Calorie: its mechanical chemical and vital agencies in the phenomena of nature, by Samuel L. Metcalf. London, W. Pickering, 1843.
2 v. (xix, 1100, [36] p.) 22.8 cm.
Provenance: Library 30, Bloomsbury Square, London, W.C. Institute of Chemistry of Great Britain and Ireland, Presented by W. Faulkes Lowe. H.C. July 1911 (bookplate)

Meyer, Curt W., firm, New York.
Illustrated catalogue and price-list of physical and chemical, electro-medical, optical and scientific instruments, school apparatus, &c., &c. [available from] Curt W. Meyer, manufacturing electrician and importer. New York [1886?]
64 p. illus. 26.1 cm.

Meyer, Georg Hermann, 1815-1892.
Untersuchungen über die Physiologie der Nervenfaser, von Georg Hermann Meyer. Tübingen, H. Laupp, 1843.
vi, 316 p. 21.2 cm.
Provenance: Professor Dr. Med. Sigmund Mayer (bookplate); illegible ink stamp

Meyer, Moritz, 1821-1893.
Die Electricität in ihrer Anwendung auf practische Medicin, von Moritz Meyer. Berlin, A. Hirschwald, 1854.
xiii, 167 p. 10 fold. plates. 22.7 cm.

Meyer, Moritz, 1821-1893.
Die Electricität in ihrer Anwendung auf practische Medicin, von Moritz Meyer. 2. gänzlich umgearbeitete und vermehrte Aufl. Berlin, A. Hirschwald, 1861.
xx, 373, [1] p. illus. 21.7 cm.

Meyer, Moritz, 1821-1893.
Die Electricität in ihrer Anwendung auf practische Medicin, von Moritz Meyer. Dritte gänzlich umgearbeitete und vermehrte Aufl. Berlin, A. Hirschwald, 1868.
xx, 423 p. illus. 22.7 cm.
Provenance: College of France corps organises (ink stamp); Legs Marey 1905 (ink stamp)

Meyer, Moritz, 1821-1893.
Electricity in its relations to practical medicine, by Moritz Meyer. Tr. from 3rd German ed., with notes and additions, by William A. Hammond. New York, Appleton, 1869.
xxi, 497 p. illus. 24 cm.

Meyrowitz, E.B., Surgical Instruments Co., inc., New York.
Illustrated catalogue of ophthalmological apparatus and eye, ear, nose and throat instruments manufactured by E.B. Meyrowitz ...4th ed. New York, c1898.
70, [1], 71-218 p. illus. 26 cm.

Meyrowitz Brothers, New York.
The "M.B." Storage Battery; electrodes, illuminators, snares and handles, "M.B." motors, drills and trephines. New York [1893]
48 p. illus. 14.4 x 21.3 cm.
Provenance: Library of the Med. Soc. of the County of Kings (ink stamp)

Mialle.
Exposé par ordre alphabetique des cures opérées en France par le magnétisme animal, depuis Mesmer jusqu'a nos jours (1774-1826), ouvrage où l'on a réuni les attestations de plus de 200 médecins, tant magnétiseurs que témoins, ou guéris par le magnétisme. Suivi d'un catalogue complet des ouvrages français qui ont été publiés pour, sur ou contre le magnétisme, par M.S. Paris, J.G. Dentu, 1826.
2 v. 20.5 cm.

Mias, Edme Jules, 1874-
De la valeur thérapeutique des courants continus dans le traitment de la nevralgie du Trijumeau, par Edme Jules Mias. Bordeaux, Impr. du Midi, P. Cassignol, 1898.
113 p. illus. 23 cm.

Middeldorpf, Albrecht Theodor.
Die Galvanocaustik ein Beitrag zur operativen Medicin, von Albrecht Theodor Middeldorpf. Breslau, J. Max, 1854.
xvi, 272 p. 4 fold. plates. 22.7 cm.
Provenance: Presented to the Library of the Medical Society of the County of Kings by New York Academy of Medicine (bookplate); Withdrawn Downstate Med. Lib. (ink stamp); The Property of the New York Hospital Apr 23 1892 (ink stamp)
Case histories of operations utilizing galvanocautery by the surgeon who introduced it to surgery.

Miles, Francis Turquand, 1827-1903.
Electricity in medicine, by F.T. Miles. Baltimore, J.H. Foster, 1878.
17 p. 23 cm.
Provenance: Compliments of Dr. Miles (inscription)
"Reprint from Maryland Medical Journal, for March & April 1878."

Mills, Wesley, 1847-1915.
Animal electricity.
p. A67-A83. 24.2 cm.
(In Bigelow, H.R., ed. An international system of electro-therapeutics. Philadelphia, 1894.)

Mitchell, Silas Weir, 1829-1914.
The autobiography of a quack, by S. Weir Mitchell. With pictures by Arthur J. Keller. [New York, c1900]
Various pagings. illus. 26 cm.

Mitchell, Silas Weir, 1829-1914.
Doctor and patient, by S. Weir Mitchell. Philadelphia, J.B. Lippincott, 1888.
177 p. 19.9 cm.

Mitchell, Silas Weir, 1829-1914.
Fat and blood: and how to make them, by S. Weir Mitchell. Philadelphia, J.B. Lippincott, 1877.
101 p. 17.8 cm.
Provenance: F.A. Howe 1877 (inscription)
Recommends electrotherapy as one of the elements in his rest cure program.

Mitchell, Silas Weir, 1829-1914.
Fat and blood: an essay on the treatment of certain forms of neurasthenia and hysteria, by S. Weir Mitchell. 4th ed., rev., with additions. Philadelphia, J.B. Lippincott, 1885.
166 p. 20.5 cm.
Provenance: 27 March 1886 (inscription); I.E. 73 (inscription); Royal Medical Society Edinburgh (ink stamp)

Mitchell, Silas Weir, 1829-1914.
Gunshot wounds and other injuries of nerves, by S. Weir Mitchell, George R. Morehouse, and William W. Keen. Philadelphia, J.B. Lippincott, 1864.
vi, 164 p. 19.5 cm.
Provenance: George W. Mears, M.D. Memorial Medical Library presented by Ewing Mears M.D. (bookplate); Ex Libris Indianapolis Medical Society Generously donated to Indiana University School of Medicine (bookplate and withdrawal stamp)
Includes discussion of the applications of electricity in the diagnosis and treatment of nerve injuries.

Mitchell, Silas Weir, 1829-1914.
Injuries of nerves and their consequences, by S. Weir Mitchell. Philadelphia, J.B. Lippincott, 1872.
377 p. 21.5 cm.

Mocchetti, Francesco, 1766-1839.
Elogio del Conte Alessandro Volta, patrizio comasco. Como, Presso i figli di C. Ostinelli, 1833.
ix, [1], 82, [2] p. 26.4 cm.
Provenance: 8.9.62 Dal Gugoln (inscription)

Möbius, August Ferdinand, 1790-1868.
Über eine neue Behandlungsweise der analytischen Sphärik, von A.F. Möbius.
p. [45]-86. 26.5 cm.
(In Fuerstlich Jablonowskische Gesellschaft der Wissenschaften, Leipzig. Abhandlungen bei Begründung. Leipzig, 1846.)

Moerman, Théophile.
Notice sur l'électrométallurgie, ou, Extraction économique et rapide des métaux précieux de leurs minerais, basé sur l'emploi de l'électricité pour toute faire, par Théophile Moerman. Bruxelles, Decq et Huhent, 1882.
43 p. 22.3 cm.
Bound with Bouilhet, H. Les origines et les progrès récents de la galvanoplastie. Paris, 1866.
Wheeler 2291.

Moilin, Tony, d. 1871.
Traité élémentaire théorique et practique de magnétisme contenant toutes les indications nécessaires pour traiter soi-même, a l'aide du magnétisme animal, les maladies les plus communes, par Tony Moilin. Paris, Libraire Internationale, 1869.
viii, 335 p. illus. 19 cm.

Moleschott, Jacob, 1822-1893.
Der Kreislauf des Lebens, von Jac. Moleschott. 5 umgearb. Aufl. Mainz, V. von Zabern, 1875.
vi, 63 p. 21 cm.

Moll, Albert, 1862-
Der Hypnotismus, von Albert Moll. Berlin, Fischer's Medicinische Buchhandlung, 1889.
vii, 279, [1] p. 23 cm.
Provenance: illegible inscription to Prof. Turel

Moll, Albert, 1862-
Der Rapport in der Hypnose; Untersuchungen über den thierischen Magnetismus, von Albert Moll. Leipzig, A. Abel, 1892.
[273]-514 p. 24 cm.

Monell, Samuel Howard, 1857-1918.
Crookes tubes and static machines, by S.H. Monell. New York, The Publisher's Printing Co., 1897.
10 p. 19 cm.
"Reprint from the Medical Record, February 6, 1897."

Monell, Samuel Howard, 1857-1918.
Elements of correct technique. Clinics from the New York school of special electro-therapeutics, by S.H. Monell. New York, E.R. Pelton, 1900.
314 p. 23.7 cm.

Monell, Samuel Howard, 1857-1918.
Manual of static electricity in x-ray and therapeutic uses, by S.H. Monell. 2nd ed., with appendix. New York, W. B. Harison, 1897.
[2], 630 p. illus., front. 23.5 cm.

Monell, Samuel Howard, 1857-1918.
Rudiments of modern medical electricity. Arranged in the form of questions and answers prepared especially for students of medicine, by S.H. Monell. New York, E.R. Pelton, 1900.
165 p. illus. 17.5 cm.
Provenance: Owner signature, "George F. Little", Library stamp, "Lib. Med. Soc. Co. Kings".
Monell, a pioneer American roentgenologist, had an extensive electrotherapeutic and x-ray practice in New York.

Monell, Samuel Howard, 1857-1918.
The treatment of disease by electric currents; a handbook of plain instructions for the general practitioner, by S.H. Monell. New York, W.B. Harison, 1897.
1100 p. illus. 23.7 cm.

Monell, Samuel Howard, 1857-1918.
The treatment of disease by electric currents; a handbook of plain instructions for the general practitioner, by S.H. Monell. 2d ed. New York, E.R. Pelton, 1900.
1100 p. illus. 24 cm.

Mongiardini, Giovanni Antonio.
Dell' applicazione de galvanismo alla medicina, memoria prima, dell Mongiardini. Genova, Societa Medica di Emulazione, 1803.
25 p. 18.5 cm.
In Ronalds.

Mons, Jean Baptiste van, 1765-1842.
Grundsätze der Electricitätslehre zur Bestätigung der Franklin'schen Theorie in einem Briefe an Brugnatelli aufgestellt von J.B. van Mons. Aus dem Französischen übersetzt von Ferdinand Wurzer. Marburg, Krieger, 1812.
viii, 236, [2] p. 17.7 cm.
In Ronalds.

Montague, J H manufacturer.
Illustrated catalogue of surgical instruments, appliances and cutlery, manufactured and sold by J.H. Montague. London, 1897.
iv, 464 p. illus. 22.7 cm.

Montegre, Antoine François Jenin de, 1779-1818.
Du magnétisme animal et de ses partisans, ou recueil de pièces importantes sur cet objet, précédé des observations récemment publiées, par A.J. de Montegre. Paris, D. Colas, 1812.
[2], 139 p. 21.5 cm.
Gartrell 1207.

Montferrier, Alexandre André Victor Sarrazin de, 1792-1863.
Des principes et des procédés du magnétisme animal, et de leurs rapports avec les lois de la physique et de la physiologie, par De Lausanne. Paris, J.G. Dentu, 1819.
2 v. in 1. 21 cm.

Morand, J.
Mémoire sur l'acupuncture suivi d'une série d'observations recueillies sous les yeux de Jules Cloquet, par Morand. Paris, Crevot, 1825.
56 p. 20.2 cm.

Morand, Jean Salvy.
Le magnétisme animal (hypnotisme et suggestion) étude historique et critique, par J.S. Morand. Paris, Garnier, 1889.
489 p. illus. 18.5 cm.

Moratelli, Giambatista.
Memorie fisico-chimiche, di Giambatista Moratelli. Venezia, Presso A. Curti q. Giacomo, 1805.
[8], 433, [3] p. 21 cm.
Provenance: Antomianum Coll. Univ. Bibl. (ink stamp)
In Ronalds.

Moreau, François Armand.
Mémoires de physiologie, vessie natatoire - torpille électrique, intestin - nerfs vasculaires, par François Armand Moreau. Paris, G. Masson, 1877.
viii, 228 p. 6 plates. 24.5 cm.
Provenance: P. Portier (ink stamp)
Includes reports of Moreau's research on the electricity of the torpedo.

Morel, Auguste Désiré Cornil, 1868-
Étude historique, critique et expérimentale de l'action des courants continus sur le nerf acoustique à l'état sain et à l'état pathologique, par A.C. Morel. Bordeaux, Impr. E. Dupuch, 1892.
121 p. 23 cm.

Provenance: A monsieur le docteur Pitres Doyen de la Faculte de Medecine Ecole Pharmacie de Bordeaux hommagae respecteux de son etene Dr. A. Morel (inscription)

Morgan, Charles E 1836-1867.
Electro-physiololgy and therapeutics; being a study of the electrical and other physical phenomena of the muscular and other systems during health and disease, including the phenomena of the electrical fishes. By Charles E. Morgan ... [Ed. by W.A. Hammond] New York, W. Wood & Co., 1868.
xvi, 714 p. illus., diagrs. 24 cm.
Wheeler 1726.

Morgan, Gulielmus Isaacus.
De usu electricitatus in re medica; quam ... ex auctoritate reverendi admodum viri Georgii Baird ... eruditorum examini subjicit Gulielmus Isaacus Morgan ... Edinburgi, Excudebat R. Allen, 1815.
[7], 30 p. 21.1 cm.
Provenance: To doctor Maw From the author (inscription)

Morichini, Domenico Lino, 1773-1836.
Seconda memoria sopra la forza magnetizante del lembo estremo del raggio violetto, letta nell' Accademia de'Lincei li 22 Aprile 1813, da Domenico Morichini. Roma, Stamperia de Romanis, 1813.
viii, 32 p. fold. plate, 2 fold. charts. 21 cm.
Bound with his Sopra la forza magnetizante. Roma, 1812.
In Ronalds.

Morichini, Domenico Lino, 1773-1836.
Sopra la forza magnetizante del lembo estremo del raggio violetto. Memoria letta nell' Accademia de'Lincei li 10 Settembre 1812, da Domenico Morichini. Roma, Stamperia de Romanis, 1812.
16 p. 21 cm.
With this is bound his Seconda memoria sopra la forza magnetizante. Roma, 1813.
In Ronalds.

Morin, André Saturnin, 1807-1888.
Du magnétisme et des sciences occultes, par A.S. Morin. Paris, G. Baillière, 1860.
ix, 532 p. 22 cm.

Morin, Edmond, 1831-1869.
Lois générales de la chaleur rayonnante, par Edmond Morin. Paris, A. Parent, 1863.
[2], 81 p. 25.7 cm.

Morin, Pierre Étienne, 1792-1848.
Essai sur la nature et les propriétés d'un fluide impondérable ou nouvelle théorie de l'univers matériel, par P.E. Morin. Au Pay, J.G. Guilhaume, 1819.
xiv, 253 p. 20 cm.
Provenance: Morin (inscription)

Morton, William James, 1846-1920.
Cases of sciatic and brachial neuritis and neuralgia - treatment and cure by electrostatic currents, by William J. Morton. New York, Publisher's Printing, 1899.
24 p. 18 cm.
"Reprinted from the Medical Record, April 15, 1899."

Morton, William James, 1846-1920.
"Cataphoresis" or electric medicamental diffusion as applied in medicine, surgery and dentistry, by William James Morton. London, Swan, Sonnenschein, 1898.
6, 3-267 p. illus. 23 cm.

Morton, William James, 1846-1920.
Diseases of the spinal cord.
p. K71-K132. 24.2 cm.
(In Bigelow, H.R., ed. An international system of electro-therapeutics. Philadelphia, 1894.)

Morton, William James, 1846-1920.
Electric medicamental diffusion. Metallic electrolysis - cataphoresis - soluable metallic electrodes with illustrative cases of tinnitus aurium, trachoma, nasal and post-nasal catarrh, urethritis, tonsillitus, vascular tumor, dermoid cyst, naevi, sycosis, etc., by William James Morton. Chicago, American Medical Association, 1895.
27 p. illus. 19.6 cm.
"Reprinted from the Journal of the American Medical Association, May 4, 1895."

Morton, William James, 1846-1920.
Electrostatic currents and the cure of locomotor ataxia, rheumatoid arthritis, neuritis, migraine, incontinence of urine, sexual impotence, and uterine fibroids, by William James Morton. New York, Publisher's Printing, 1899.

16 p. 18.5 cm.
"Reprinted from the Medical Record, December 9, 1899."

Morton, William James, 1846-1920.
The Franklinic interrupted current, or, my new system of therapeutic administration of static electricity, by William James Morton. New York, Trow's Printing and Bookbinding, 1891.
8 p. illus. 35.8 cm.
"Reprinted from the Medical Record, January 24, 1891."

Morton, William James, 1846-1920.
The x-ray or photography of the invisible and its value in surgery, by William J. Morton. Written in collaboration with Edwin W. Hammer. London, Simpkin, Marshall, Hamilton, Kent, 1896.
196 p. illus., 32 plates. 19.3 cm.
One of three American books on the x-ray published during 1896.

Mosso, Angelo, 1846-1910.
Die Diagnostik des Pulses in Bezug auf die localen Veränderungen desselben, von A. Mosso. Leipzig, Veit, 1879.
vii, [1], 65 p. illus., 8 fold. plates. 23.7 cm.

Mott, Sir Frederick Walker, 1853-1926.
Experiments upon the influence of sensory nerves upon the movement and nutrition of the limbs. Preliminary communication, by F.W. Mott and C.S. Sherrington. [n.p.] 1895.
[481]-488 p. 21.5 cm.
"From the Proceedings of the Royal Society, Vol. 57."
Provenance: Johns Hopkins Hospital Library Jul 17 1905 (ink stamp)

Müller, Carl Wilhelm, of Wiesbaden.
Zur Einleitung in die Elektrotherapie, von C.W. Müller. Weisbaden, J.F. Bergmann, 1885.
xii, 187 p. 22 cm.
Provenance: Grosh. Hess. Direction Der Landes-Irrenanstalt (ink stamp)

Müller, Carl Wilhelm, of Wiesbaden.
Zur Einleitung in die Elektrotherapie, von C.W. Müller. Wiesbaden, J.F. Bergmann, 1885.
xii, 187 p. diagr., tables. 22.5 cm.
Provenance: Library of Dr. Jacoby (bookplate); Iser W. Jacoby (bookplate)

Müller, Hugo, 1870-
Roentgen's X-Strahlen, Gemeinverständlich dargestellt, von Hugo Müller. I. Aufl. Berlin, K. Siegismund, 1896.
2 v. illus., 4 plates. 22 cm.
Provenance: Bibliotheca Abb' B. Mariae V. AD Lacv. (ink stamp)

Müller, Johann Heinrich Jakob, 1809-1875.
Kurze Darstellung des Galvanismus nach Turner, mit Benutzung der Original-Abhandlungen Faraday's bearbeitet von Johann Müller. Mit einem Vorwort von J. Liebig. Darmstadt, L. Pabst, 1836.
vi, 101 p. illus. 21 cm.
Provenance: 35 Georgii Bookah (inscription)
In Ronalds, Wheeler 911, Gartrell 867.

Müller, Johannes, 1801-1858.
Handbuch der Physiologie des Menschen für Vorlesungen, von Johannes Müller. Coblenz, J. Hölscher, 1838-1840.
2 v. 1 fold. plate. 22 cm.

Müller, Johannes, 1801-1858.
Manuel de physiologie par J. Muller, traduit de l'allemand sur la 4. éd. (1844), avec des annotations, par A.J.L. Jourdan. Paris, Chez J.B. Baillière, 1845.
2 v. illus., 4 fold. plates. 22.5 cm.

Müller, Johannes, 1801-1858.
The physiology of the senses, voice, and muscular motion, with the mental faculties, by J. Müller. Trans. from the German, with notes, by William Baly. London, Taylor, Walton, and Maberly, 1848.
xvii, 849-1419, 32, 22 p. illus., diagrs., music. 22.7 cm.
Provenance: Physiology Tufts College Library From the Library of Howard Franklin Damon, M.D., C.A. Damon donor (bookplate); Tufts College Library (ink stamp)

Müller, Johannes, 1801-1858.
Progress of the anatomy and physiology of the nervous system during the year 1836, by Muller.
p. [229]-240. 23 cm.
(In Essays on physiology and hygiene. Philadelphia, 1838.)
Bound with Edwards, W.F. On the influence of physical agents on life. Philadelphia, 1838, copy 2.

Müller, Johannes, 1801-1858.
Ueber die phantastischen Gesichtserscheinungen. Eine physiologische Untersuchung mit einer physiologischen Urkunde des Aristoteles über den Traum, den Philosophen und Aerzten gewidmet, von Johannes Müller. Coblenz, J. Holscher, 1826.
x, 117, [1] p. 22.5 cm.

Müller, Johannes, 1801-1858.
Ueber die phantastischen Gesichtserscheinungen. Eine physiologische Untersuchung mit einer physiologischen Urkunde des Aristoteles uber den Traum, den Philosophen und Aerzten gewidmet, von Johannes Muller. Coblenz, J. Holscher, 1826.
p. [77]-187. 18 cm.
(In Ebbecke, Ulrich. Johannes Muller; der grosse rheinische Physiologe. Hannover, 1951.)

Muncke, Georg Wilhelm, 1772-1847.
Sacra natalitia divi Caroli Friderici magni ducis badarum rel... praemissae sunt disquisitiones de relatione mutua inter tellurem et atmosphaeram quoad calorem et fluidum electricum renuntiat Georg. Guil. Muncke... Heidelbergae: typis Joannis Michaelis Gutmanni, 1819.
[2], 42, [3] p., 2 fold. leaves of plates. 23.5 cm.

Munde, Carl.
Hydrotherapie, oder, die Kunst die Krankheiten des menschlichen Körpers ohne Hülfe von Arzneien durch Luft, Wasser, Diät und Bewengung zu heilen und durch eine naturgemässe Lebensweise zu verhuten. Ein Handbuch für Richtärzte, namentlich auch für junge Frauen und Mütter, welche sich uber einige ihrer wichtigsten Lagen und Pflichten belehren wollen, von Carl Munde. 11, nach einer dreiunddreizigjährigen Erfahrung und dem heutigen Stande der Wissenschaft gänzlich umgearbeitete Aufl. Leipzig, Arnoldische Buchhandlung, 1868.
xiv, [2], 630 p. illus., port. 22 cm.

Mundé, Paul Fortunatus, 1846-1902.
De l'électricité comme agent thérapeutique en gynécologie, Par Paul F. Mundé. Traduit avec l'autorisation de l'auteur et annoté par P. Ménière. Avec 12 figures dans le texte. Paris, O. Doin, 1888.
[5], 72 p. illus. 24.5 cm.

Munro, John.
Electricity and its uses, by John Munro. 4th ed., rev. and enl. London, The Religious Tract Society, 1898.
224 p. illus., front. 18.8 cm.

Munro, John.
Pioneers of electricity; or, Short lives of the great electricians, by J. Munro. London, Religious Tract Society, 1890.
256 p. ports. 19 cm.
Provenance: Groes Calvinistic Methodist Sunday School Library (bookplate); Groes C.M. Chapel (ink stamp)

Munro, John.
The romance of electricity, by John Munro. London, The Religious Tract Society, 1893.
320 p. illus., front., port., plates. 20.5 cm.

Munro, John.
The story of electricity, by John Munro. London, G. Newnes, 1896.
194 p. illus. 15.8 cm.

Muoni, Damiano, 1820-1894.
Elementi di magnetismo animali; lezione poplaire, di Damiano Muoni. Milano, Centenari, 1850.
87, [2] p. 18.5 cm.

Murphy, Patrick, 1782-1847.
Rudiments of the primary forces of gravity, magnetism, and electricity, in their agency on the heavenly bodies, by P. Murphy. London, Whittaker, Treacher, 1830.
xlviii, [1], 513, [1] p. 23.5 cm.
In Ronalds, Wheeler 855.

Murray, Sir James, 1788-1871.
Electricity as a cause of cholera, or other epidemics, and the relation of galvanism to the action of remedies, by Sir James Murray. London, J. McGlashan, 1849.
[1], 155 p. 19.8 cm.
Provenance: Med. Soc. County of Kings Library (ink stamp)
Wheeler 1162.

Murray, John, d. 1820.
Elements of materia medica and pharmacy, by J. Murray. Philadelphia, B. and T. Kite, 1808.

2 v. in 1 (447 p.) 22 cm.
Provenance: Doctor Fowler, Stornville N.Y. (inscription)

Muybridge, Eadweard, 1830-1904.
Animals in motion -- an electro-photographic investigation of consecutive phases of animal progressive movements, by Eadweard Muybridge. London, Chapman & Hall, 1899.
[5], 264 p. illus., plates, port. 24.5 cm.
Provenance: L. Kay May 20th 1904 Mayfield Haywood (inscription); Faithfully yours Eadweard Muybridge (inscription)

Naccari, Andrea.
Sul riscaldamento degli elettrodi prodotto dalla scintilla d'induzione nell'aria molto rarefatta. Nota de A. Naccari e G. Guglielmo. Torino, E. Loescher, 1884.
9 p. plate. 21.5 cm.
(In Electrical papers 1884. [n.p.] 1884.)
"Estr. dagli Atti della R. Accademia delle Scienze di Torino, Vol. XIX. Adunanza del 13 Gennaio 1884."

Naegele, Herman Franz Joseph, 1810-1851.
Traité pratique de l'art des accouchements, par H.F. Naegele [et] W.L. Grenser. 2. éd. française. Tr. sur la 8. et derniére éd. allemande, annotée et mise au courant des derniers progrés de la science, par G.A. Aubenas. Ouvrage précédé d'une introduction par J.A. Stoltz. Paris, J.B. Baillière, 1880.
xxxii, 816 p. illus. 24.3 cm.
Provenance: Ygnacio Hidalgo (inscription); Luiro Borravit (inscription); Julian Borravit (inscription)

Nägeli, Karl Wilhelm, 1817-1891.
Ueber selbstbeobachtete Gesichtserscheinungen, von C. Nägeli. München, F. Straub, 1868.
32 p. 22.3 cm.
Provenance: Kanton's bibliothek Gravbünden-chur (ink stamp)

Naumann, Karl Friedrich, 1797-1873.
Über die Spiralen der Conchylien, von C.F. Naumann.
p. [151]-196. 26.5 cm.
(In Fuerstlich Jablonowskische Gesellschaft der Wissenschaften, Leipzig. Abhandlungen bei Begründung. Leipzig, 1846.)

Neftel, William Basil, 1830-1906
Galvano-therapeutics. The physiological and therapeutical action of the galvanic current upon the acoustic, optic, sympathetic, and pneumogastric nerves. By William B. Neftel, M.D. New York, D. Appleton and company, 1871.
161 p. 19.5 cm.
Provenance: Doctor Woodhill with compliments of the author (inscription); Presented to the Library of the Medical Society of the County of Kings by Mrs. Dr. Woodhill (bookplate); Library Med. Soc. Co. Kings (ink stamp); Withdrawn Downstate Med. Lib. 1969/71 (ink stamp)

Neftel, William Basil, 1830-1906.
Galvano-therapeutics; the physiological and therapeutical action of the galvanic current upon the acoustic, optic, sympathetic and pneumogastric nerves, by William B. Neftel. New York, D. Appleton, 1875.
161 p. 19.2 cm.
Provenance: L.F. Hammond New York 6 August 1875 (inscription); Med. Soc. County of Kings Library (ink stamp)

Neftel, William Basil, 1830-1906.
Galvano-therapeutics; the physiological and therapeutical action of the galvanic current upon the acoustic, optic, sympathetic, and pneumogastric nerves, by William B. Neftel. 4th ed. New York, D. Appleton, 1880.
161 p. 19 cm.
Provenance: Presented to the Library of the Medical Society of the County of Kings by Med. Soc. State N.Y. 1910 (bookplate); Library of the New York State Medical Association (ink stamp); Med. Soc. County of Kings Library (ink stamp)

Negro, Salvator dal, 1768-1839.
Dell'elettricismo idro-metallico; opuscolo dell' ab. Salvator D. Dal Negro. Padova, per li Fratelli Conzatti, 1802-03.
2 v. fold. plate. 23.2 cm.

Negro, Salvator dal, 1768-1839.
Nuovi esperimenti sul magnetismo temporario. Memoria III dell'abate Salvatore dal Negro. Letta all'Accademia di scienze, lettere ed arti di Padova, il dì 28 aprile 1835. Padova, coi tipi del Seminario, 1835.
13 p. 28.5 cm.
Provenance: Sig ab Bettio l'autore (inscription)

Neisser, Alfred.
Untersuchungen über die electrische Erregbarkeit der verschiedenen Schichten der Grosshirnrinde, von Alfred Neisser. Berlin, L. Simion, 1886.
50 p. 21.7 cm.
Provenance: Ludwig Collection (ink stamp)

Neiswanger, Charles Sherwood, 1849-
Electro-therapeutical practice. A ready reference guide for physicians in the use of electricity, by Chas. S. Neiswanger. Chicago, E.H. Colegrove, 1895.
80 p. illus. 19.5 cm.

Neiswanger, Charles Sherwood, 1849-
Electro-therapeutical practice. A ready reference guide for physicians in the use of electricity, by Chas. S. Neiswanger. 5th ed., rev., rewritten and greatly enl. Chicago, E.H. Colegrove, 1898.
134 p. illus. 19.5 cm.

Neuffer, Carl.
Anleitung zum Aufbau der Galvanischen Saule und zur Anwendung derselben auf verschiedene Krankheiten, von Carl Neuffer. Ulm, Becker, 1802.
58, [3] p. fold. plate. 16.5 cm.
Provenance: Scipio Rineck (ink stamp)
In Ronalds.
Explains the construction of a Voltaic pile and discusses its medical uses.

Neumann, Emile.
Les appareils electromédicaux a l'exposition d'électricité [par Neumann]. Paris, Typog. F. Malteste [1882]
32 p. 24.1 cm.
(Electrotherapie. Amussat, Danion, Lemarchand, Chazarain. [Paris? after 1894])

Neumann, Franz Ernst, 1798-1895.
Vorlesungen über theoretischen Optik gehalten an der Universität zu Königsberg, von F. Neumann. Hrsg. von E. Dorn. Leipzig, B.G. Teubner, 1885.
viii, 310 p. illus., front. (port) 24.5 cm.

New Sydenham Society, London.
Selected monographs: Czermak on the practical uses of the laryngoscope; Dusch on thrombosis of the cerebral sinuses; Schroeder van der Kolk on atrophy of the brain; Radicke on the application of statistics to medical enquiries; Esmarch on the uses of cold in surgical practice. London, New Sydenham Society, 1861.
xiv, 175 p., 6 l., [183]-329 p. illus., 5 plates. 22.3 cm.

Newman, John B.
Fascination, or the philosophy of charming, illustrating the principles of life in connection with spirit and matter, by John B. Newman. New York, Fowler and Wells, c1847.
176 p. illus. 19 cm.
(In Library of mesmerism and psychology. New York n.d.] v. I.)

Newman, Robert, d. 1903.
Accumulators and their medical use, by Robert Newman. New York, 1889.
24 p. 16.5 cm.
"Reprinted from the Philadelphia Medical Times, April 15, 1889."

Newman, Robert, d. 1903.
Electric treatment in gout and the uric-acid diathesis, by Robert Newman. New York, Publisher's Printing, 1897.
16 p. 18.5 cm.
"Reprint from the Medical Record, December 11, 1897."

Newman, Robert, d. 1903.
Electrolysis in the treatment of stricture of the urethra, by Robert Newman. New York, T.L. Clacher, 1874.
32 p. 22.5 cm.
"Reprinted from Dr. Beard's Archives of Electrology and Neurology for May, 1874."
Provenance: Compliments of the author (inscription)

Newman, Robert, d. 1903.
The failure of Dr. J.B. Thomas' treatment of urethral strictures by electrolysis, by Robert Newman. Chicago, American Medical Association, 1888.
15 p. illus. 19.5 cm.
"Reprinted from the Journal of the American Medical Association, September 8, 1888."

Newman, Robert, d. 1903.
Results of (chemical) electrolysis versus divulsion or cutting in the treatment of urethral strictures, by Robert Newman. New York, Publisher's Printing, 1897.

12 p. 18.5 cm.
"Reprint from the Medical Record, March 27, 1897."

Newman, Robert, d. 1903.
Treatment of strictures by electrolysis; hypertrophy of the prostate.
p. M1-M56. 24.2 cm.
(In Bigelow, H.R., ed. An international system of electro-therapeutics. Philadelphia, 1894.)

Newman, Robert, d. 1903.
The want of college instruction in electro-therapeutics, by Robert Newman. Chicago, Electrical Journal, 1896.
8 p. 19.5 cm.
"Reprinted from and published by the Electrical Journal, Chicago, October 1, 1896."

Newnham, William, 1790-1865.
Human magnetism; its claims to dispassionate inquiry. Being an attempt to show the utility of its application for the relief of human suffering, by W. Newnham. New York, Wiley and Putnam, 1845.
396 p. 19.5 cm.
Gartrell 1208.

Niaudet, Alfred, 1835-1883.
Elementary treatise on electric batteries, by Alfred Niaudet. Tr. by L.M. Fishback. New York, J. Wiley, 1880.
xi, 266 p. illus. 19.5 cm.

Niaudet, Alfred, 1835-1883.
Elementary treatise on electric batteries, from the French of Alfred Niaudet, tr. by L.M. Fishback. 5th ed. New York, J. Wiley, 1888.
xi, 266 p. illus. 19.5 cm.
Provenance: Anson W. Burchard Danbury, Conn (ink stamp)

Niaudet, Alfred, 1835-1883.
Machines électriques a courant continus systèmes gramme et congénères, par Alfred Niaudet. 2. éd. Paris, J. Baudry, 1881.
viii, 203 p. illus., 1 fold. plate. 22 cm.
Bound with the author's Traité élémentaire de la pile électrique, Paris, 1880.

Niaudet, Alfred, 1835-1883.
Traité élémentaire de la pile électrique, par Alfred Niaudet. 2. éd., rev. et augm. Paris, J. Baudry, 1880.
viii, 264 p. illus. 22 cm.
With this is bound the author's Machine électriques a courant continus systèmes gramme et congénères, Paris, 1881.

Nicholson, William, 1753-1815.
The British encyclopedia, or dictionary of arts and sciences. Comprising an accurate and popular view of the present improved state of human knowledge, by William Nicholson. London, Printed by C. Whittingham for Longman, Hurst, Rees, and Orme, 1809.
6 v. plates (part. fold.), diagrs. 22.1 cm.
In Ronalds, Wheeler 699.

Nicholson, William, 1753-1815.
An introduction to natural philosophy, by William Nicholson. The 5th ed., with improvements. London, Printed for J. Johnson, 1805.
2 v. 26 fold. plates. 21.5 cm.
Provenance: Dr. Wayte 1822 (inscription); John Chadwick 1849 (inscription)

Niderburg, Nicolas.
Cultivo del galvanismo y uso de sus virtudes por la medicina. Su autor Nicolas Niderburg. Habana, En la Imp. de Palmer, 1807.
[5], 22 p. 13.7 cm.

Nivelet, François, 1809-1901.
Application de l'électricité d'induction au traitement de la goutte sciatique et des névralgies en général, par Nivelet. Paris, Librairie Leiber, 1863.
22 p. 23 cm.
In Ronalds.

Noad, Henry Minchin, 1815-1877.
The improved induction coil; being a popular explanation of the electrical principles on which it is constructed. With the description of a series of beautiful and instructive experiments, illustrative of the phenomena of the induced current, by Henry M. Noad. London, W. Ladd, 1861.
79, 16 p. front., illus. 17 cm.
Provenance: D. Tunks Watchmaker & Jeweller Accrington (bookplate); D. Tunks Accrington (inscription); Steppenson 81 Blackburn Road Accrington (inscription)

Noad, Henry Minchin, 1815-1877.
Lectures on electricity, comprising galvanism, magnetism, electro-magnetism, magneto- and

thermo-electricity, by Henry M. Noad. A new and greatly enl. ed. London, G. Knight, 1844.
ix, 457 p. illus., front., engr. 22 cm.
Provenance: Awarded to Joseph Deas as a prize in the 2nd class of Mathematics in the University of Edinburgh April 1865 Phillip Viellard Profsr (bookplate)
In Ronalds, Wheeler 1065, Gartrell 871.

Noad, Henry Minchin, 1815-1877.
The student's text-book of electricity, by Henry M. Noad. London, Lockwood, 1867.
viii, 519 p. illus. 18.3 cm.
Wheeler 1688.

Nobili, Leopoldo, 1784-1835.
Memoire ed osservazioni edite ed inedite del Leopoldo Nobili. Colla discrizione ed analisi de' suoi apparati ed istrumenti. Firenze, D. Passigli, 1834.
2 v. in 1. 16 fold. plates, 1 fold. table. 22.5 cm.
Provenance: Soc. Cub. Prof. Phys. et math. (inscription)
In Ronalds, Wheeler 887, Gartrell 874.

Nobili, Leopoldo, 1784-1835.
Memoria su l'andamento e gli effetti delle correnti elettriche dentio le masse conduttrici, del L. Nobili. Firenze, Presso la Tipografia Galileiana, 1835.
51 p. charts. 24 cm.
In Ronalds, Gartrell 873.

Noizet, Francois Joseph, 1792-
Mémoire sur le somnambulisme et le magnétisme animal. Adressé en 1820 a l'Académie Royale de Berlin et publié en 1854, par le géneral Noizet. Paris, Typographie de Plon Frères, 1854.
[3], xx, 428 p. 24 cm.
Provenance: Offert par l'auteur a Monsieur le Commandans ? der birailleurs Algiers - 1865 (inscription)

Nolen, Willem, of Rotterdam.
Het zoogenaamde dierlijk magnetisme of hypnotisme (catalepsie, lethargie, somnambulisme, fascinatie) populair beschreven en toegelicht door W. Nolen. Rotterdam, W.J. Van Hangel, 1886.
45 p. 22 cm.

Norman, Robert, fl. 1590.
The new attractive [by Robert Norman]
22, [1] p. facsims. 26.5 cm.
(In Hellmann, Gustav, ed. Rara magnetica, 1269-1599. Berlin, 1898.)

Norris, George William, 1875-
Diseases of the chest and the principles of physical diagnosis, by George William Norris and Henry R.M. Landis, with a chapter on the electrocardiograph in heart disease, by Edward B. Krumbhaar. 3rd ed., rev. Philadelphia, W.B. Saunders, 1924.
907 p. illus., plates (part col.) 25 cm.

Norton, Sidney Augustus, 1835-1918.
The elements of natural philosophy, by Sidney A. Norton. Cincinnati, Van Antwerp, Bragg, 1870.
468 p. illus. 19 cm.
Provenance: Kathy Howe Sept. 16 '87 (inscription); Louise A. Howe Sept 16 '87 (inscription); list of names

Notice médicale sur les eaux minérales d'Ems.
Paris, Compagnie Hydrologique Allemande, 1857.
29, [1] p. 20.3 cm.
Bound with Jumné, D. de. De l'électricité appliquée aux bains de mer. Ostende, 1854.

Notice sur les bains romains; bains de vapeur, hydrothérapie, bains hydro-électriques, précédée d'un historique des établissements de bains publics de Paris. Établissement. 4, Rue des Rosiers, 4 a Paris. Paris, Impr. V. Goupy [n.d.]
23 p. illus. 21.5 cm.

Noyes Bros. & Cutler, St. Paul.
1891 catalogue [of] Noyes Bros. & Cutler, inporters and wholesale dealers in drugs, chemicals, patent medicines, paints and oils, varnishes, window glass, druggists' sundries, etc. Saint Paul, 1891.
1 v. (various pagings) illus. (part col.) 23.5 cm.

Numan, Alexander, 1780-1852.
Verhandeling over het dierlijk magnetismus, als den grondslag ter verklaring der physische levens-betrekkingen of sympathie tusschen de dierlijke ligchamen. Voorgelezen bij het Natuur-en Scheikundig genootschap te Groningen, op den 10

Februarij 1815, door A. Numan. Groningen, R.J. Schierbeek, 1815.
[1], viii, 60 p. 22.5 cm.

Nunes, Pedro, 1502-1579.
Estromento de sombras [por] Pedro Nunes.
1 l. 26.5 cm.
(In Hellmann, Gustav, ed. Rara magnetica, 1269-1599. Berlin, 1898.)
Extract from his Tratado da sphera (1537) which is a translation of Sacro Bosco's Sphaera mundi.

Nysten, Pierre Humbert, 1771-1818.
Dictionnaire de médecine de chirurgie, de pharmacie, des sciences accessories et de l'art vétérinaire de P.H. Nysten. 10e. éd. entièrement refondue par É. Littre [et] Ch. Robin. Ouvrage augmenté de la synonymie Grecque, Latine, Allemande, Anglaise, Espagnole et Italienne et suivi d'un glossaire de ces diverses langues. Paris, J.B. Baillière, 1855.
[8], 1485 p. illus. 26 cm.

Nysten, Pierre Humbert, 1771-1818.
Dictionnaire de médecine de chirurgie, de pharmacie, des sciences accessoires et de l'art vétérinaire d'apres le plan suivi par Nysten. 12. éd. entièrement refondue par E. Littré [et] Ch. Robin. Ouvrage contenant la synonymie Latine, Grecque, Allemande, Anglaise, Italienne et Espagnole et la glossaire de ces diverses langues. Paris, J.B. Baillière, 1865.
viii, 1795 p. illus. 26 cm.

Nysten, Pierre Humbert, 1771-1818.
Nouvelles expériences galvaniques, faites sur les organes musculaires de l'homme et des animaux à sang rouge; dans lesquelles, en classant ces divers organes sous le rapport de la durée de leur excitabilité galvanique, on prouve que le coeur est celui qui conserve le plus long-temps cette propriété, par P.H. Nysten. Paris, Levrault, an XI [i.e. 1802]
[3], 144 p. fold. table. 19 cm.
Provenance: Societe anatomique 12 janvier 1826

Oersted, Hans Christian, 1777-1851.
Der Geist in der Natur, von Hans Christian Oersted. Deutsche Original, ausgabe des Verfassers. München, Cotta, 1850-51.
2 v. in 1. 17 cm.

Oersted, Hans Christian, 1777-1851.
Recherches sur l'identité des forces chimiques et électriques, par H.C. Oersted. Traduit de l'allemand par Marcel de Serres. Paris, J.G. Dentu, 1813.
[5], xx, 258, [2] p. plate. 21 cm.
In Ronalds, Gartrell 878.
Provenance: A monsieur Becquerell temoiynage de l'esteme de l'auteur (inscription)

Oersted, Hans Christian, 1777-1851.
Zur Entdeckung des Elektromagnetismus. Abhandlungen von Hans Christian Oersted und Thomas Johann Seebeck (1820-1821.) Hrsg. von A.J. v. Oettingen. Leipzig, W. Engelmann, 1895.
83, [1] p. illus. 19.2 cm.

Ohio Electric Works, Cleveland.
Illustrated catalogue of the leading electric novelties and appliances...Battery lamps, carriage lights, necktie and cap lights, batteries, motors, fans, telephones, telegraph outfits, magnet wire, books and supplies. Cleveland [189-?]
32 p. illus. 15cm.

Ohm, Georg Simon, 1787-1857.
Die galvanische Kette, mathematisch bearbeitet, von G.S. Ohm. Berlin, T.H. Riemann, 1827.
iv, 245, [1] p. 1 fold. plate. 19.5 cm.
In Ronalds, Wheeler 835.
Contains Ohm's Law.

Ohm, Georg Simon, 1787-1857.
Théorie mathèmatique des courants électriques, par G.S. Ohm. Traduction, préf., et notes de J.M. Gaugain. Paris, L. Hachette, 1860.
[4], 202, [1] p. diagrs. 22 cm.
Provenance: Wm. Wilson 1 Nov 1916 (inscription)

Olfers, Ignáz Franz Werner Maria von, 1793-1872.
Die Gattung Torpedo in ihren naturhistorischen und antiquarischen Beziehungen erläutert, von J.F.M. v. Olfers. Berlin, Königlichen Akademie der Wissenschaften, 1831.
35, [1] p. 3 plates (2 col.) 26 cm.
Provenance: Ex biblioth Gymnasii regii joachimici (ink stamp); Histor. Natur. L. Zoologia (inscription)
In Ronalds.

Royal Institution
September 6th 1832.

My dear Sir

I hasten to write to you in return for your letter which I received yesterday and to thank you most sincerely for your kindness and through you also to offer my respectful thanks to the Royal Society of Copenhagen for the high honor which it has done me of enrolling me among its members. Such testimonies of approbation are amongst those which I most highly prize and I hope by further exertion to convince the Society that its approbation has strong influence

Manuscript letter from Faraday to Oersted (1832)

Oliveira, Augusto Carlos Chaves d'.
Da electricidade applicada á therapeutica especialmente das molestias cirurgicas...Defendida José Pereira Reis, pelo alumno da mesma Eschola Augusto Carlos Chaves d'Oliveira. Porto, Na typographia da Revista, 1861.
56 p. fold. plate. 25 cm.
Provenance: A mme Nedoucsio do Diavio Mercantil offerice Dantor (inscription)

Olivier, Joseph.
Traité de magnetisme suivi des paroles d'un somnambule et d'un recueil de traitements magnetiques, par Joseph Olivier. Toulouse, L. Jougla, 1849.
521 p. 22.7 cm.

Ollivier, Auguste Adrien, 1833-1894.
Des atrophies musculaires, par Auguste Ollivier. Paris, A. Delahaye, 1869.
192 p. 23.5 cm.

On the medicinal properties of the mineral waters of Vichy. London, Vichy Waters Co., 1856.
27 p. 20.3 cm.
Bound with Jumné, D. de. De l'électricité appliquée aux bains de mer. Ostende, 1854.

Onimus, Ernest Nicolas Joseph, 1840-
De la différence d'action des courants induits et des courants continus sur l'économie, par Onimus. Paris, Impr. E. Martinet, 1874.
[449]-448 p. illus. 24 cm.
Provenance: Author's signed presentation copy to M. la Professeur Gubler.

Onimus, Ernest Nicolas Joseph, 1840-
De la théorie dynamique de la chaleur dans les sciences biologiques, par Ernest Onimus. Paris, 1866.
96 p. 24.5 cm.

Onimus, Ernest Nicolas Joseph, 1840-
Des erreurs qui ont pu être commises dans les expériences physiologiques par l'emploi de l'électricité, par Onimus. Paris, G. Masson, 1877.
54 p. 20 cm.
Provenance: Hommage de l'auteur Dr. Onimus (inscription)

Onimus, Ernest Nicolas Joseph, 1840-
Deux leçons sur l'emploi medical de l'électricité, par Onimus. Paris, Impr. S. Raçon, 1873.
40 p. illus., 2 plates. 24 cm.
Provenance: A m. le Professeur ? hommage derme Dr. Onimus (inscription)

Onimus, Ernest Nicolas Joseph, 1840-
Guide practique d'électro-thérapie, rédigé d'après les travaux et les leçons du docteur Onimus, par E. Bonnefoy. Paris, G. Masson, 1877.
xvi, 234 p. illus. 16.5 cm.
Provenance: Dr. Szigethy (inscription); presented to the Medical Society of the County of Kings by Dr. Chas. de Szigethy of Brooklyn (bookplate); Med. Soc. County of Kings Library (ink stamp)

Onimus, Ernest Nicolas Joseph, 1840-
Guide pratique d'électrothérapie rédigé d'après les travaux et les leçons du docteur Onimus, par E. Bonnefoy. 3. éd., augm. d'un chapitre sur l'électricité statique par Danion. Paris, G. Masson, 1889.
[3], xxiv, 372 p. illus. 16.5 cm.
Provenance: Instituto Electroterapeotico Doctor J. Mestre Sancho Rda Universidad ?-pral Barcelona (stamp)

Onimus, Ernest Nicolas Joseph, 1840-
Traité d'électricité médicale; recherches physiologiques et clinques, par E. Onimus et Ch. Legros. Paris, G. Baillière, 1872.
vii, 802 p. illus. 21.5 cm.
Provenance: Massachusetts General Hospital Treadwell Library Gift of Dr. H.J. Bigelow (bookplate)

Onimus, Ernest Nicolas Joseph, 1840-
Traité d'électricité médicale recherches physiologiques et clinques, par E. Onimus et Ch. Legros. 2. éd., revue et considérablement augmentée par E. Onimus. Paris, Baillière, 1888.
vii, 1088 p. illus. 22 cm.

Onimus, Ernest Nicolas Joseph, 1840-
Traité d'électricité médicale recherches physiologiques et clinques, par E. Onimus et Ch. Legros. 2. éd., revue et considérablement augm., par E. Onimus. Paris, F. Alcan, 1888.
vii, 1088 p. illus. 22.2 cm.

Orfila, Matthieu Joseph Bonaventure, 1787-1853.
Rapport sur les moyens de constater la présence de l'arsenic dans les empoisonnemens par ce toxique, au nom de l'Académie royale de médecine, par Husson et al., suivi de l'extrait du

rapport par Thenard et al., et d'une réfutation des opinions de Magendie et Gerdy sur cette question, par Orfila. Paris, J.B. Baillière, 1841.
53 p. illus. 20.8 cm.
Bound with Ampère, A.M. Exposé des nouvelles découvertes sur l'électricité et le magnétisme.
"Extrait du tome VIe du Bulletin de l'Académie royale de Médecine."

Osler, Sir William, bart., 1849-1919.
The principles and practice of medicine, designed for the use of practitioners and students of medicine, by William Osler ... New York, D. Appleton and company, 1892.
xvi p., 1 l., 1079 p. illus., diagrs. 24.5 cm.
Provenance: Illegible stamp; H.S. Fischer D.C.M. Detroit Mich. Jan "93" (inscription)

Owen, James J b. 1827.
"Our little doctor" Helen Craib-Beighle and the magic power of her electric hand, by J.J. Owen. San Francisco, Hicks-Judd, 1893.
134 p. ports. 17.5 cm.
Provenance: To Mrs. Geo. C. Perkins with affectionate regard of Mattie P. Owen (inscription)

Ozanam, Charles, 1824-1890.
Photographies du pouls [par] Ch. Ozanam. [Paris? 18--]
1 portfolio (1 l., 14 plates of photographs) 23.5 cm.

Pallas, Emmanuel, 1792-
De l'influence de l'électricité atmosphérique et terrestre sur l'organisme, et de l'effet de l'isolement électrique considére comme moyen curatif et presérvatif d'un grand nombre de maladies, par Emm. Pallas. Paris, V. Masson, 1847.
xii, 355 p. 22 cm.
Provenance: Bibliotheque de M. Rene Amedee Choppin de Villy (bookplate)
In Ronalds, Gartrell 885.

Palmer, Chauncey D 1839-1917.
The gynecological uses of electricity, by Chauncey D. Palmer. [n.p., 1894?]
26, [1] p. 23.5 cm.
Provenance: Dr. Alexander J.C. Skene with compliments of the author (inscription)

Palmer, Edward, philosophical instrument maker.
Palmer's new catalogue, with three hundred engravings of apparatus, illustrative of chemistry, pneumatics, frictional & voltaic electricity, electro magnetism, optics, &c. &c., manufactured and sold by him ... London, Printed by W. Gilbert, 1840.
iv, 64 p. illus. 21.4 cm.
Bound with Smee, Alfred. Elements of electro-metallurgy. London, 1841.

Pansier, Pierre, 1864-
Traité d'électrothérapie oculaire, par P. Pansier. Avec une préface de E. Valude. Paris, A. Maloine, 1896.
[4], iv, 479 p. illus. 19 cm.
Discusses the uses of electrotherapeutics in ophthalmology; includes a brief history of static, galvanic, and faradic electricity.

Papillon, Fernard, 1847-1874.
Electricity and life, by Fernand Papillon. Tr. by A.R. MacDonough. [n.p., 1873]
526-541 p. 22.4 cm.
Extract from Popular Science Monthly, March 1873.

Papyrus Ebers.
Papyros Ebers. Das älteste Buch über Heilkunde. Aus dem Aegyptischen zum erstenmal vollständig übersetzt, von H. Joachim. Berlin, G. Reimer, 1890.
xx, 214, [1] p. 20.2 cm.

Paris. Exposition internationale d'électricité, 1881.
L'électricité et ses applications. Exposé sommaire et notices sur les differentes classes de l'exposition, rédiges par Armengaud, Ed. Becquerel, H. Becquerel et al. Paris, A. Lahure, 1881.
[3], 174 p. illus. 23.8 cm.
(In Electrotherapie. Amussat, Danion, Lemarchand, Chazarain. [Paris?, after 1894])

Paris de Boisrouvray, le baron.
Un mot sur l'électricité, par le baron Paris de Boisrouvray. Paris, Didot, 1823.
71 p. 21.5 cm.

Parker, Francis Wayland, 1837-1902.
The necessity and present opportunity for the establishment of a technological institution, with physical laboratory and museum of mechanical

arts, in Chicago, by Francis W. Parker. Chicago, Barnard & Gunthorp, 1892.
22 p. 23.5 cm.
Provenance: Med. Lib. Assoc. of Brooklyn (stamp)

Parker, Moses Greeley, 1842-
Lightning. The peculiar rotary motions found in lightning and other electrical currents, by Moses Greeley Parker. [n.p.] 1889.
8 p. illus. 23 cm.

Parker, Richard Green, 1798-1869.
The Boston school compendium of natural and experimental philosophy, embracing the elementary principles of mechanics, pneumatics, hydralics, hydrostatics, acoustics, pyronomics, optics, astronomy, electricity, galvanism, magnetism, and electro-magnetism; with a description of the steam and locomotive engines, by Richard Green Parker. Boston, Marsh, Capen & Lyon, 1837.
6, [1], [5]-229, [21] p. illus., 21 plates. 19 cm.

Parkyn, Herbert Arthur.
Suggestive therapeutics and hypnotism; being a special mail course of thirty-eight lessons on the uses and abuses of suggestion, by Herbert A. Parkyn. Chicago, Suggestion Publ., 1900.
xxvii, [1], 334 p. front. port., plates. 23.2 cm.

Parsons, John Inglis, 1857-
Treatment of cancer of the uterus by electricity.
p. G224-G234. 24.2 cm.
(In Bigelow, H.R., ed. An international system of electro-therapeutics. Philadelphia, 1894.)

Parville, Henri de, 1838-1909.
L'électricité et ses applications [par] Henri de Parville. Exposition de Paris. Paris, G. Masson, 1882.
[3], 536 p. illus., front. 18 cm.

Pascheles, Wolf, 1814-1857.
Methode zur Bestimmung des elektrischen Leitungswiderstandes der Haut, von W. Pascheles. [Prague] 1891.
7 p. illus. 23 cm.
Sonderabdruck a.d. Prag. Med. Wochenschrift. 1891. Nr. 36.
Provenance: Seinem verehrien Lehrer ab reg. rath Prof. Dr. Mach fur sielfache inregung und Forderung der arbeit dankend der Verf. (inscription)

Passavant, Johann Karl, 1790-1857.
Untersuchungen über den Lebensmagnetismus und das Hellsehen, von Johann Carl Passavant, Frankfurt a. M., H.L. Brünner, 1821.
xii, 430, [5] p. 21 cm.

Pegoud, Albert, 1853-
De la valeur des courants continus dans le traitement des tumeurs fibreuses de l'utérus, par Albert Pegoud. Paris, A. Derenne, 1881.
43, [2] p. 25.3 cm.
Provenance: A mon vieux comarade, le Dr. Nicholas au souvenir de nos belles annees passe en assemble à Grenoble et á Paris Je Pegoud (inscription); Dr Nicholas (inscription)

Pellat, Henri, 1850-1909.
Leçons sur l'électricité (électrostatique, pile, électricité atmosphérique), faites à la Sorbonne en 1888-89, par H. Pellat. Paris, G. Carré, 1890.
[8], 415 p. illus. 24.7 cm.
Provenance: Ecole ecclesiastique des hautes etudes Lyon (ink stamp)

Pelletan, Pierre, 1782-1845.
Notice sur l'acupuncture, son historique, ses effets et sa théorie, d'après les experiénces, par Pelletan fils. Paris, Chez Gabon, 1825.
32 p. 20.5 cm.
Bound with Sarlandière, Jean Baptiste. Mémoires sur l'électro-puncture. Paris, 1825.

Peltier, Jean Charles Athanase, 1785-1845.
Observations sur les multiplicateurs et sur les piles thermo-electriques; par Peltier. [Paris, Impr. de E.J. Bailly, 18--]
14 p. 22 cm.
In Ronalds, Wheeler 967.

Peltier, Jean Charles Athanase, 1785-1845.
Expériences électro-magnétiques, par Peltier. [Paris] E.J. Bailly [1835]
11 p. 21.5 cm.
"Extrait des Annales de Chimie et de Physique."

Peltier, Jean Charles Athanase, 1785-1845.
Mémoire sur la formation des tables des rapports qu'il y a entre la force d'un courant électrique et la déviation des aiguilles des multiplicateurs; suivi de recherches sur les causes

de pertubation des couples thermo-électriques et sur les moyens de s'en garantir dans leur emploi a la mesure des températures moyennes, par Peltier. [Paris] E.J. Bailly [1839]

89 p. charts. 22 cm.

"Extrait des Annales de Chimie et de Physique."

Provenance: A Msr. Magendie hommage de l'auteur Peltier (inscription)

In Ronalds.

Peltier, Jean Charles Athanase, 1785-1845.

Recherches sur la cause des phénomènes électrique de l'atmosphère, et sur les moyens d'en recueiller la manifestation; par A. Peltier. Paris, Impr. de Bachelier, 1842.

[1], 49 p. fold. plate. 22.5 cm.

"Extrait des Annales de chimie et de physique, 3e série, t. IV."

In Ronalds, Wheeler 1026.

Peluso, Antonio.

Saggio sugli effetti dell'elettrico nell'umano organismo, del Antonio Peluso. Milano, P.A. Molina, 1839.

123 p. 22.5 cm.

In Ronalds.

Pepper, John Henry, 1821-1900.

The boy's playbook of science: including the various manipulations and arrangements of chemical and philosophical apparatus required for the successful performance of scientific experiments, in illustration of the elementary branches of chemistry and natural philosophy, by John Henry Pepper. New ed. London, Routledge, Warne, and Routledge, 1862.

vii, 440 p. illus., fronts., 4 plates. 18.5 cm.

Provenance: Londinean.sis.Schola.civitatis (crest on cover)

Includes nearly a hundred pages on electricity; written for children.

Pepper, John Henry, 1821-1900.

Magnetism. Embracing electro-magnetism, magneto-electricity, thermo-electricity - dia-magnetism - Wheatstone's telegraphs, by J.H. Pepper. London, F. Warne [1874?]

[3], 87 p. illus. 19 cm.

Wheeler 1878.

Provenance: John Turner 67 Slate St Olive Grove (inscription); Walter F. Gases with Miss Gibbons' good wishes Christmas 1874 (inscription)

Percival, Edward.

Case of paralysis of the face, succeeded by certain nervous disorders, by Edward Percival, communicated by Sir Gilbert Blane, bart. [n.p., 1813]

[17]-24 p. 21 cm.

Peres Furtado Galvão, Januario.

Curso elementar d'hygiene, por Januario Peres Furtado Galvão. Porto, Typographia Commercial, 1845.

[4], 276, [3] p. 20.5 cm.

Perrelet, Louis, 1865-

Recherches cliniques sur la réaction électrique de l'appareil auditif, par Louis Perrelet. Lyon, Pitrat Ainé, 1890.

[4], 52 p. 26 cm.

Perrin, Jean Baptiste, 1870-1942.

Rayons cathodiques et rayons de Röntgen, par Jean Perrin. Paris, Gauthier-Villars, 1897.

vi, 63, [1] p. diagrs. 24.2 cm.

Perry, John, 1850-1920.

The specific inductive capacity of gases, by John Perry and W.E. Ayrton. Yokohama, Printed at the "Japan Mail" Office, 1877.

[1], 15 p. 4 plates (3 fold.) 21.5 cm.

(In Electrical papers 1884. [n.p.] 1884.)

Wheeler 2043.

Person, Charles Cléophas, 1801-1884.

Résumé d'un mémoire présenté à la Société Royale de Médicine, le 21 mars 1843 sur les resultats du galvanisme, appliqué dans les maladies des yeux et dans les maladies nerveuses, par Person. Bordeaux, Impr. de Balarac, 1843.

16 p. 20 cm.

In Ronalds.

Person, Charles Cléophas, 1801-1884.

Theorie du Galvanisme, par Charles Cléophas Person. Paris, Didot le jeune, 1831.

38 p. 1 plate. 24.7 cm.

In Ronalds, Gartrell 893.

Peschel, Karl Friedrich, 1793-1852.

Elements of physics, by C.F. Peschel. Tr. from the German, with notes, by E. West. London, Longman, Brown, Green, and Longmans, 1846-54.

3 v. illus. 17 cm.

In Ronalds, Wheeler 1082, Gartrell 894.

Peter, Michel, 1824-1893.
Traité clinique et pratique des maladies du coeur et de la crosse de l'aorte, par Michel Peter. Paris, J.B. Baillière, 1883.
xii, 844, [4] p. illus., 4 col. plates. 22 cm.

Peters, Hermann, 1847-1920.
Der Arzt und die Heilkunst in der deutschen Vergangenheit [von] Hermann Peters. Leipzig, E. Diederichs, 1900.
136 p. illus., 3 fold. plates. 26.5 cm.
Provenance: Ex Libris Dr. Zelista (bookplate)

Peters, Hermann, 1847-1920.
Pictorial history of ancient pharmacy; with sketches of early medical practice, by Hermann Peters, trans. from the German, and rev., with numerous additions, by William Netter. 2nd ed. Chicago, G.P. Engelhard, 1899.
xiv, [3]-184 p. illus., diagrs., music, ports. 23.1 cm.

Peterson, Frederick, 1859-
Cataphoresis, anodal diffusion, electrical osmosis, or voltaic narcotism.
p. C1-C20. 24.2 cm.
(In Bigelow, H.R., ed. An international system of electro-therapeutics. Philadelphia, 1894.)

Petetin, Jacques Henri Désiré, 1744-1808.
Electricité animale, prouvée par la decouverte des phénomènes physiques et moraux de la catalepsie hysterique, et de ses variétés; et par les bons effets de l'électricité artificielle dans la traitement de ces maladies, par Petetin. Lyon, Bruyset et Buyand, an XIII [i.e. 1805]
[4], xii, 156 p. 20.3 cm.
In Ronalds.

Petetin, Jacques Henri Désiré, 1744-1808.
Électricite animalé, prouvée par la découverte des phénomènes physique et moraux de la catalepsie hystérique, et de ses variétes; et par les bons effets de l'électricité artificielle dans le traitement de ces maladies, par Petetin, père. Paris, Brunot-Labbe, 1808.
xvi, 121, 382 p. port. 21.2 cm.
In Ronalds, Gartrell 896.

Petetin, Jacques Henri Désiré, 1744-1808.
Nouveau méchanisme de l'électricité, fondé sur les lois de l'équilibre & du mouvement, démontré par des expériences qui renversent le systême de l'électricité positive & negative, & qui établissent ses rapports avec le mécanisme caché de l'aimant, dont il explique les principaux phénomènes: et l'heureuse influence du fluide électrique dans le traitement des maladies nerveuses, par Jacques Henri Désiré Petetin. Lyon, Bruyset, an 10 [i.e. 1802]
[4], iv, xxviii, 300 p. 10 fold. plates. 20.5 cm.
Wheeler 640, Gartrell 897.
Disagrees with the electrical theories of both Benjamin Franklin and Jean Antoine Nollet; reports Petetin's electrical experiments, and includes a paper on the electrical treatment of mental diseases.

Pétetin, Jacques Henri Desire, 1744-1808.
Théorie du galvanisme; ses rapports avec le nouveau mecanisme de l'électricité, publie en l'an 10, par J.H.D. Pétetin. Paris, Chez Brunot et a Lyon, Chez Reymann, an XI (1803)
[2], viii, 44 p. 19.7 cm.
In Ronalds.
Provenance: 26 germinal an 11e coute 12 (inscription)

Petit, Louis Henri, 1847-1900.
Sur la métallothérapie ses origines et les procédés thérapeutiques qui en dérivent, par L.H. Petit. Paris, O. Doin, 1879.
67 p. 22.5 cm.
"Extrait du Bulletin de thérapeutique médicale et chirurgicale, numéros de juillet 1879 et suivants."
Deals with anesthesia created by the application of metal rods.

Pétrequin, Joseph Pierre Elénor, 1809-1876.
De l'application de la galvano-puncture au traitement des anévrysemes, par J.E. Pétrequin. [Paris] H. Nrayet de Surcy, 1850.
8 p. 22 cm.
Describes the use of inserted electrified needles to treat aneuryms.

Pétrequin, Joseph Pierre Elénor, 1809-1876.
Galvano-puncture et injections coagulantes dans les anevrysmes, les varices, les tumeurs sanguines &c [par] J.E. Petrequin. [Paris et Lyon, 1845-1853]
1 v. (various pagings) illus. 22.5 cm.

Pétrequin, Joseph Pierre Elénor, 1809-1876.
Note pour servir a l'histoire de la galvano-puncture et des injections coagulantes, par

Pétrequin. Lyon, Aime Vingtrinier, 1853.
8 p. 21.5 cm.
"Extrait de la Gazette Médicale de Lyon."

Pétrequin, Joseph Pierre Elénor, 1809-1876.
Nouvelle méthode pour guérir certains anévrysmes sans opération, a l'aide de la galvano-puncture, par J.E. Pétrequin. Lyon, Marle, 1846.
[1], 14 p. 21.5 cm.

Pétrequin, Joseph Pierre Elénor, 1809-1876.
Nouvelles recherches sur le traitement de certains anévrysmes sans opération sanglante, a l'aide de la galvano-puncture, par J.E. Pétrequin. [Lyon] Hennuyer, 1849.
8 p. illus. 22.5 cm.
"Extrait du Bulletin Generale de Therapeutique (Octobre 1849)."

Pétrequin, Joseph Pierre Elénor, 1809-1876.
Sur une methode particuliére pour guérir l'hydrocéle sans opération chirurgicale, par J.E. Pétrequin. Paris, F. Thonot, 1859.
9 p. 24.5 cm.
"Extrait de la Gazette Médicale de Paris. Annee 1859."

Petřina, Franz Adam, 1799-1855.
Magneto-electrische Maschine von der vortheilhaftesten Einrichtung für den ärztlichen und physikalischen Gebrauch nebst einer theoretischen Begrundung, leichtfasslichen Erläuterung und Gebrauchsanweisung, von Franz Petrina. Linz, Aus der Eurich'schen Buchdruckerei, 1844.
viii, 56, [1] p. illus. 20 cm.
Provenance: Collegium Sims LHS (stamp)
Wheeler 1066.
Describes a magneto-electric therapeutic device invented by the author, Petrina, who discusses how to use it.

Petřina, Franz Adam, 1799-1855.
Neue Theorie des Elektrophors, und ein neues Harzkuchen-Elektroskop, von Franz Petrina. Prag, Druck der k.k. Hofbuch-druckerei von G.H. Söhne, 1846.
22 p. plate. 26 cm.
"Aus den Abhandlungen der königl. Bohm. Gesellschaft der Wissenschaften (V. Folge, Band 4) besonders abgedruckt."
In Ronalds, Wheeler 1102.

Petrus Peregrinus, of Maricourt, 13th cent.
Epistola Petri Peregrini de Maricourt ad Sygerum de Foucaucourt militem: De magnete.
[1], 12 p. facsims. 26.5 cm.
(In Hellmann, Gustav, ed. Rara magnetica, 1269-1599. Berlin, 1898.)

Pettigrew, James Bell, 1834-1908.
Animal locomotion, or Walking, swimming, and flying, with a dissertation on aeronautics, by J. Bell Pettigrew. New York, D. Appleton, 1874.
xiii, [5], 264 p. illus., front., plates. 19.5 cm.

Peyer, Alexander.
Asthma and diseases of the generative organs, by Alexander Peyer, trans. by Frank H. Barendt.
p. [269]-300. 22 cm.
(In Clinical lectures on subjects connected with medicine and surgery. London, 1894.)

Peyer, Alexander.
The causes and treatment of severe and obstinate cases of enuresis nocturna in males, by Alexander Peyer, trans. by Frank H. Barendt.
p. [327]-344. 22 cm.
(In Clinical lectures on subjects connected with medicine and surgery. London, 1894.)

Peytavin, Jean Baptiste.
Nouvelle théorie de l'électricité, relativement aux corps organisés, suivie d'un appendice sur le somnambulisme magnétique, par Jean Baptiste Peytavin. Nantes, Mellinet-Malassis, 1826.
[1], 98, [1] p. 21.5 cm.
Gartrell 898.

Pfaff, Christian Heinrich, 1773-1852.
Der Elektro-Magnetismus, eine historisch kritische Darstellung der bisherigen Entdeckungen auf dem Gebiete desselben; nebst eigenthuemlichen Versuchen, von C.H. Pfaff. Hamburg, Perthes und Besser, 1824.
xiv, 288 p. 8 fold. plates. 19.5 cm.
In Ronalds, Wheeler 812, Gartrell 899.

Pfaff, Christian Heinrich, 1773-1852.
Over en tegen het dierlijk magnetismus, in deszelfs thans heerschende gestalte; naar het hoogduitsch, von C.H. Pfaff. Rotterdam, Arbon en Krap, 1818.
[2], xviii, iv, 164 p. 22.5 cm.

Pfaff, Christian Heinrich, 1773-1852.
Parallele der chemischen Theorie und der Volta'schen Contacttheorie der galvanischen Kette...von C.H. Pfaff. Kiel, Universitäts-Buchhandlung, 1845.
vii, 145, [3] p. fold. plate. 21 cm.
Bound with his Revision der Lehre vom Galvano-Voltaismus. Altona, 1837.
In Ronalds, Wheeler 1083.

Pfaff, Christian Heinrich, 1773-1852.
Revision der Lehre vom Galvano-Voltaismus mit besonderer Rucksicht auf Faradaij's, de la Rive's, Becquerels, Karstens u.a. neuste Arbeiten uber diesen Gegenstand, von C.H. Pfaff. Altona, J.F. Hammerich, 1837.
227, [1] p. fold. plate. 21 cm.
With this are bound his Parallele der chemischen Theorie und der Volta'schen Contacttheorie der galvanischen Kette. Keil, 1845; and Poulsen, Christian Marinus. Die Contact-Theorie. Heidelberg, 1845.
In Ronalds.

Pfaff, Christian Heinrich, 1773-1852.
Ueber und gegen den thierischen Magnetismus und die jetzt vorherrschende Tendenz auf dem Gebiete desselben, von C.H. Pfaff. Hamburg, Perthes & Besser, 1817.
xxii, [1], 184 p. 17.5 cm.
In Ronalds.

Pfeffer, Wilhelm Friedrich Philipp, 1845-1920.
Studien zur Energetik der Pflanze, von W. Pfeffer. Leipzig, S. Hirzel, 1892.
[6], [151]-276 p. 27.3 cm.
Extract from Abhandlungen der Mathematische-physichen classe der königl. sächsischen Gesellschaft der Wissenschaften. XVIII. Bd., No. III.

Pflüger, Eduard Friedrich Wilhelm, 1829-1910.
Disquisitiones de sensu electrico. Commentatio qua ed audiendam orationem pro aditu muneris professoris ordinarii in ordine medicorum universitatis Fridericae Guilelmiae Rhenanae. Auctor E.F.W. Pflueger. Bonnae, C. Georgi, 1860.
16 p. 26.7 cm.
Discusses in his inaugural lecture additional research he had conducted on electrotonus.

Pflüger, Eduard Friedrich Wilhelm, 1829-1910.
Untersuchungen über die Physiologie des Electrotonus, von Eduard Pflüger. Berlin, A. Hirschwald, 1859.
xv, [1], [500] p. 5 plates (incl. 1 fold. plate.) 22.3 cm.
Establishes the laws dealing with galvanic stimulation of the nerve.

Philbrook, Harry B
Cause and cure of disease. Offices of electricity in the origin and removal of the disorders and injuries of the organization of the human body. A description of the construction or growth, and possible diseases and injuries of the human organization, and all the remedies for its diseases and injuries, by H.B. Philbrook. New York, The Office of "Problems of Nature," 1886.
ix, 302, [1] p. 18.7 cm.
Provenance: T. Cashmore (inscription)

Philbrook, Harry B
The work of electricity in nature. A discussion of all the physical sciences, by H.B. Philbrook. New York, H.B. Philbrook, 1886.
1 v. (various pagings) 1 fold. chart. 23 cm.

Philip, Alexander Philip Wilson, 1770?-1851?
An experimental inquiry into the laws of the vital functions, with some observations on the nature and treatment of internal diseases, by A.P. Wilson Philip. Philadelphia, Edward & Richard Parker, 1818.
xii, 335 p. 21.5 cm.
"In part re-published, by permission of the president of the Royal Society, from the Philosophical transactions of 1815 & 1817, with the report of the National Institute of France on the experiments of M. Le Gallois and observations on that report."

Philip, Alexander Philip Wilson, 1770?-1851?
A treatise on indigestion and its consequences, called nervous and bilious complaints; with observations on the organic diseases, in which they sometimes terminate, by A.P.W. Philip. 3rd ed., with some additional observations. Philadelphia, H.C.Carey and I. Lea, 1823.
viii, [9]-195 p. 22 cm.

Philipeaux, Jean Marie.
Aphonie complète traitée sans succès pendant 20 mois par les médications les plus variées et guérie instantanément par l'excitation electrique

du nerf laryngé inférieur, par R. Philipeaux. Lyon, Aimé Vingtrinier, 1856.
15 p. 22 cm.
"Extrait de la Gazette Médicale de Lyon."
Provenance: A mon excellent ami Dr. Pouret Philipeaux (inscription)

Philipeaux, Raymond.
Études sur l'électricité appliquée au diagnostic et au traitement des paralysies, par R. Philipeaux. Paris, J.B. Baillière, 1857.
106 p. 21 cm.
Provenance: A mon ami M. le Dr. Jacquemet professeur agrexe a la faculte de medecine de ? hommage Philipeaux (inscription)

Philipeaux, Raymond.
Traité pratique de la cautérisation, d'aprés l'enseignement clinique de A. Bonnet, de Lyon, par R. Philipeaux. Ouvrage couronné par la société des sciences médicales et naturelles de Bruxelles. Paris, J.B. Baillière, 1856.
xx, 626 p. illus. 22 cm.
Provenance: Du Docteur Nisseron (bookplate)

Phipson, Thomas Lamb, 1833-1908.
Phosphorescence; or, the emission of light by minerals, plants, and animals, by T.L. Phipson. London, L. Reeve, 1862.
xv, 210 p. illus., col. front. 18 cm.
Provenance: Albau Meredith 1862 (inscription); to Dr. Perry (inscription); L. Walden Dec. 1935 (inscription)

Pianciani, Giovanni Battista, 1784-1862.
Saggio d'appicazione del principio dell'induzione elettro-dinamica a' fenomeni elettro-fisiologici e in particolare a quelli delle torpedini, di Gio. Battista Pianciani. Modena, Camerale, 1839.
43 p. 30.5 cm.
Provenance: M. Sig. Onca di Rignano in effetteto di itime e riconopus l'aut. (inscription)

Pictet, Raoul, 1846-1929.
Étude critique du matérialisme et du spiritualisme par la physique expérimentale, par Raoul Pictet. Genéve, Georg, 1896.
xix, 596 p. 3 fold. plates. 25.5 cm.
Provenance: A madame le Frirche Brancovan souvenir de reconnaisance Raoul Pictet 18 Aout 1896 (inscription)

Pierson, Reginald Henry, 1846-1906.
Compendium der Electrotherapie. Zum Gebrauche für Studirende und practische Aerzte, von R.H. Pierson. Leipzig, Ambrosius Abel, 1875.
[iii]-viii, 165 p. 17.5 cm.
Contains a history of 19th century electrotherapy and an unusual chapter on electricity in forensic medicine and psychiatry.

Pigault-Lebrun, Charles Antoine Guillaume Pigault de l'Épinoy, called, 1753-1835.
Encore du magnétisme! par Pigault-Lebrun. Paris, Chez Barba, 1817.
xvi, 71 p. 21 cm.

Pigeaire, Jules.
Puissance de l'électricité animale ou du magnétisme vital et de ses rapports avec la physique, la physiologie et la médecine, par J. Pigeaire. Paris, Dentu, 1839.
[4], 316 p. 22 cm.
Gartrell 1212.

Pilkington, James.
The artist's guide and mechanic's own book, embracing the portion of chemistry applicable to the mechanic arts, with abstracts of electricity, galvanism, magnetism, pneumatics, optics, astronomy, and mechanical philosophy. Also mechanical exercises in iron, steel, lead, zinc, copper, and tin soldering: and a variety of useful receipts, extending to every profession and occupation of life; particularly dyeing, silk, woollen, cotton, and leather, by James Pilkington. New York, A.V. Blake, 1845.
490 p. illus., front. 19.5 cm.

Pilla, Niccola.
Il galvanismo nel suo rapporto colla riproduzione animale ovvero teoria della generazione, de Niccola Pilla. Napoli, Vincenzo Orsini, 1817.
152 p. 21 cm.

Pitaro, Antonio, 1774-1833?
Parallèle physico-chimique entre le calorique, la lumière, l'électricité, le magnétisme, le galvanisme animal et le galvanisme métallique, ou introduction a la théorologie galvanique, suivi de trois autres mémoires, dont un sure le tarentulisme, par A. Pitaro. Ier. V. Paris, Giguet et Michaud, 1805.
183 p. 20.8 cm.
Provenance: L'auteur A madame de Guibert (inscription)

Pitzer, George Calvin, 1835-1909.
Electricity as a remedial agent [by] Geo. C. Pitzer. St. Louis, Mo., 1885.
15 p. illus. 23.5 cm.
Provenance: Bell Coll. (inscription); Med. Lib. Assoc. of Brooklyn (stamp)

Planté, Gaston, 1834-1889.
Lumière électrosilicique, par Gaston Planté. Paris, Gauthier-Villars, 1877.
3 p. 27.9 cm.
Bound with Dumas, J.B. Éloge historique de Henri Victor Regnault. Paris, 1881.

Planté, Gaston, 1834-1889.
Machine rhéostatique, par Gaston Planté. Paris, Gauthier-Villars, 1877.
3 p. illus. 27.9 cm.
Bound with Dumas, J.B. Éloge historique de Henri Victor Regnault. Paris, 1881.

Planté, Gaston, 1834-1889.
Phénomènes électriques de l'atmosphère, par Gaston Planté. Paris, J.B. Bailliere, 1888.
323 p. illus. 18.4 cm.
Provenance: A mon cher ami Monsieur Gaston Sciama Ingenieur du mines Directeur de la maison Breguet. Hommage affectueux Gaston Plante (inscription)

Planté, Gaston, 1834-1889.
Recherches sur l'électricité, par Gaston Planté. Paris, A. Fourneau, 1879.
[7], 271 p. illus. 23 cm.
Provenance: A monsieur Gaston Tissandier Ridacteur un chef de "la Nature" Hommage affecteux Gaston Plante (inscription)
Wheeler 2162.

Planté, Gaston, 1834-1889.
Recherches sur l'électricité, par Gaston Planté. Paris, Aux Bureau de la Revue La Lumière Électrique, 1883.
[10], 322 p. illus. 23 cm.

Planté, Gaston, 1834-1889.
The storage of electrical energy and researches in the effects created by currents combining quantity with high tension, by Gaston Plante. Tr. from the French by Paul Bedford Elwell. London, Whittaker, 1887.
[10], 268 p. illus., port. 22 cm.
Provenance: Gaston Plante (inscription under photo); F. Wright Linitr. Ph.D. F.F.A.S.C.E. (inscription)
Wheeler 2425.

Planté, Gaston, 1834-1889.
Suite de recherches sur les effets produits par des courants électriques de haute tension, et sur leurs analogies avec les phénomènes naturels, par Gaston Planté. Paris, Gauthier-Villars, 1877.
4 p. illus. 27.9 cm.
Bound with Dumas, J.B. Éloge historique de Henri Victor Regnault. Paris, 1881.

Planté, Gaston, 1834-1889.
Sur la formation de la grêle, par Gaston Planté. Paris, Gauthier-Villars, 1875.
4 p. 27.9 cm.
Bound with Dumas, J.B. Éloge historique de Henri Victor Regnault. Paris, 1881.

Planté, Gaston, 1834-1889.
Sur la formation de la grêle (deuxième note), par Gaston Planté. Paris, Gauthier-Villars, 1876.
4 p. illus. 27.9 cm.
Bound Dumas, J.B. Éloge historique de Henri Victor Regnault. Paris, 1881.

Planté, Gaston, 1834-1889.
Sur la foudre globulaire, par Gaston Planté. Paris, Gauthier-Villars, 1884.
4 p. illus. 27.9 cm.
Bound with Dumas, J.B. Éloge historique de Henri Victor Regnault. Paris, 1881.

Planté, Gaston, 1834-1889.
Sur les aurores polaires, par Gaston Plante. Paris, Gauthier-Villars, 1876.
4 p. illus. 27.9 cm.
Bound with Dumas, J.B. Éloge historique de Henri Victor Regnault. Paris, 1881.

Planté, Gaston, 1834-1889.
Sur les trombes, par Gaston Planté. Paris, Gauthier-Villars, 1876.
4 p. illus. 27.9 cm.
Bound with Dumas, J.B. Éloge historique de Henri Victor Regnault. Paris, 1881.

Plantou, Anthony.
Observations on the yellow fever, with an account of a new mode of treatment and cure for the same, as well as for putrid and malignant diseases in general, applicable also to cases of

poisoning by mineral or vegetable substances: a parallel between the yellow fever and the plague; their causes; the rational treatment of the latter, with the means of retarding or preventing the return of both. Remarks on caloric and cold, as connected with electricity and magnetism, and their influence on the system of the universe, by Anthony Plantou. 2nd ed. Philadelphia, 1822.
58 p. 20.5 cm.
Provenance: Fonseca Magalhães (embossed stamp)
Includes in the final remarks comments on the use of electricity for resuscitation.

Plateau, Joseph Antoine Ferdinand, 1801-1883.
Sur un problème curieux de magnetisme, par J. Plateau. Bruxelles, 1864.
37 p. 25 cm.
In Ronalds.

Pleasonton, Augustus James, 1808-1894.
The influence of the blue ray of the sunlight and of the blue colour of the sky, in developing animal and vegetable life; in arresting disease, and in restoring health in acute and chronic disorders to human and domestic animals, as illustrated by the experiments of Gen. A.J. Pleasonton and others, between the years 1861 and 1876. Addressed to the Philadelphia Society for Promoting Agriculture. Philadelphia, Claxton, Remsen & Haffelfinger, 1876.
[2], iv, 38, 185 p. front. 23.5 cm.

Pleasonton, Augustus James, 1808-1894.
The influence of the blue ray of the sunlight and of the blue colour of the sky, in developing animal and vegetable life; in arresting disease, and in restoring health in acute and chronic disorders to human and domestic animals, as illustrated by the experiments of Gen. A.J. Pleasonton and others, between the years 1861 and 1876. Addressed to the Philadelphia Society for Promoting Agriculture. Philadelphia, Claxton, Remsen & Haffelfinger, 1877.
[2], iv, [3], 6-38, [1]-185 p. front. 23.5 cm.
Wheeler 1995.

Poe, Edgar Allan, 1809-1849.
The works of the late Edgar Allan Poe, with notices of his life and genius, by N.P. Willis, J.R. Lowell, and R.W. Griswold. New York, J.S. Redfield, 1850.
2 v. 2 ports. 19 cm.
Provenance: Volume 2- Belle Kermit Roosevelt (bookplate); Kermit Roosevelt Oct. 10, 1911 Boston (inscription)

Pohl, Georg Friedrich, 1788-1849.
Der Elektromagnetismus, theoretisch-praktisch dargestellt, von Georg Friedrich Pohl. Erste Abth. Berlin, Duncker und Humblot, 1830.
x, 292, [1] p. 3 fold. plates. 20.2 cm.
Provenance: V. Reudigersche Stadtbiblioteek Breslau (stamp)
In Ronalds.

Pohl, Georg Friedrich, 1788-1849.
Der Process der galvanischen kette, von Georg Friedrich Pohl. Leipzig, J.A. Barth, 1826.
xxiv, 430 p. 23 cm.
In Ronalds, Wheeler 825, Gartrell 903.

Poore, George Vivian, 1843-1904.
Nervous affections of the hand and other clinical studies, by George Vivian Poore. London, Smith, Elder, 1897.
[12], 306, [1] p. illus. 19.4 cm.
Provenance: K.G. Trevethick ? Pharmacist (stamp)

Poore, George Vivian, 1843-1904.
A text-book of electricity in medicine and surgery for the use of students and practitioners, by George Vivian Poore. London, Smith Elder, 1876.
xii, 291 p. illus. 19.5 cm.
Wheeler 1997.

Pope, William.
The triumphal chariot of friction; or, a familiar elucidation of the origin of magnetic attraction &c. &c., by William Pope. London, Printed for the author, 1829.
[1], vii, 108 p. port., 10 plates. 19.5 cm.
In Ronalds, Wheeler 851, Gartrell 906.

Portal, Antoine, 1742-1832.
Observations sur la nature et le traitement de l'épilepsie, par le baron Portal. Paris, J.B. Baillière, 1827.
[xxiii], 472 p. 22 cm.
Mentions treating epilepsy with electricity.

Potain, Pierre Carl Édouard, 1825-1901.
Des mouvements et des bruits qui se passent dans les veines jugulaires, par Potain. Paris, J.B. Baillière, 1868.

31 p. 1 diagr. 21 cm.
"Extrait des mémoires de la Société medicale des hôpitaux de Paris pour 1867."

Pouillet, Claude Servais Mathias, 1791-1838.
On atmospheric electricity, by Pouillet.
p. 316-319. 23 cm.
(In Edwards, W.F. on the influence of physical agents on life. London, 1832.)
Gartrell 695.

Poulsen, Christian Marinus.
Die Contact-theorie, vertheidigt gegen Faraday's Abhandlung: "über die Quelle der Kraft in der Volta'schen Säule," von Chr. M. Poulsen. Heidelberg, K. Winter, 1845.
52 p. 21 cm.
Bound with Pfaff, C.H. Revision der Lehre vom Galvano-Voltaismus. Keil, 1845.
In Ronalds.

Poupin, Théodore.
Caractères phrénologiques et physiognomoniques des contemporains les plus célèbres, selon les systémes de Gall, Spruzheim, Lavater, etc., avec des remarques bibliographiques, historiques, physiologiques et littéraires. Paris, G. Bailliere, 1837.
16, 281 p. 40 plates (incl. 37 ports.) 21 cm.

Powell, George Denniston.
The practice of medical electricity, showing the most approved apparatus, their methods of use, and rules for the treatment of nervous diseases, more especially paralysis and neuralgia, by G.D. Powell. Dublin, Fannin, 1869.
vii, 165 p. illus. 17 cm.

Powers & Anderson, inc., Richmond, Va.
Illustrated catalogue: surgeon's instruments, physicians supplies, microscopes and accessories, laboratory apparatus, hospital and office furniture, sterilizing apparatus, invalid's furniture, sick room utensils, electrical and x ray apparatus, orthopedic apparatus, elastic hosiery and supporters, trusses, crutches, etc., etc. 2d ed. Richmond, Va., [n.d.]
[1], 576, xvi p. illus. 23.6 cm.

Poyen, Saint Sauveur, Charles.
A letter to Col. Wm. L. Stone, of New York, on the facts related in his letter to Dr. Brigham, and a plain refutation of Durant's exposition of animal magnetism, &c., by Charles Poyen, with remarks on the manner in which the claims of animal magnetism should be met and discussed, by a member of the Massachusetts bench. Boston, Weeks, Jordan, 1837.
72 p. 20 cm.
Gartrell 1213

Priestley, Joseph, 1733-1804.
Memoirs of Joseph Priestley. Written by himself (to the year 1775). With a continuation to the time of his decease, by his son, Joseph Priestly. Reprinted from the ed. of 1809. London, 1893.
[4], 132 p. 18.5 cm.

Prince, Morton, 1854-1929.
Neuroses.
p. K26-K70. 24.2 cm.
(In Bigelow, H.R., ed. An international system of electro-therapeutics. Philadelphia, 1894.)

Prochaska, Georg, 1749-1820.
Disquisitio anatomico-physiologica organismi corporis humani ejusque proces sus vitalis, auctore Georgio Prochaska. Cum tabulis aeneis. Viennae, Antonii de Haykul, 1812.
xvi, 182 p. engr. port., 11 fold. plates. 23.5 cm.
Provenance: To the Library of the Royal Medical Society from the Library of the University of Edinb. (inscription)

Public hygiene.
p. [173]-198. 23 cm.
(In Essays on physiology and hygiene. Philadelphia, 1838.)
Bound with Edwards, W.F. On the influence of physical agents on life. Philadelphia, 1838, copy 2.

Puccinotti, Francesco, 1794-1872.
Esperienze sulla esistenza e le leggi delle correnti elettro-fisiologiche, negli animali a sangue caldo esequite dai Francesco Puccinotti e Luigi Pacinotti. Pisa, Presso I Fratelli Nistri, 1839.
82, [viii] p. 1 fold. plate. 21.5 cm.
In Ronalds.

Puisaye, Charles de.
De l'électricité considérée comme moyen thérapeutique, par Charles de Puisaye. Paris, Rignoux, 1844.
62 p. 24 cm.
Gartrell 910.

Pulvermacher, J L
Galvanic electricity; its pre-eminent power and effects in preserving and restoring health made plain and useful, by J.L. Pulvermacher. London, Galvanic Establishment, 1857.
[1], 104 p. 19 cm.
Wheeler 1953.

Pulvermacher Galvanic Co.
Pulvermacher's electric belts &c.; self-applicable, for the cure of nervous and chronic diseases without medicine. [Cincinnati, Ohio ca. 1887]
15, [2], 16-30, [16] p. illus., fascims., plates. 19.2 cm.

Pulvermacher Galvanic Co.
Pulvermacher's electric belts &c.; self-applicable for the cure of nervous and chronic diseases without medicine. [Cincinnati, Ohio, ca. 1890] c1879.
15, [2], 16-30, [16] p. illus., facsims. 18.8cm.
"Open Circular Letter" (1 fold. sheet) inserted loosely.

Purkyně, Jan Evangelista, 1787-1869.
Beytrage zur Kenntiss des Sehens in subjectiver Hinsicht, von Johann Purkinje. Prag, Fr. Vetterl Edlen von Wildenbrunn, 1819.
[15], [3]-176, [1] p. 1 fold. plate. 18.3 cm.
Provenance: Ex Libris Starrensteid (bookplate)
Describes subjective visual figures elicited by galvanic stimulation.

Puységur, Armand Marie Jacques de Chastenet, marquis de, 1751-1825.
Appel aux savans observateurs du dix-neuvième siècle, de la décision portée par leurs prédécesseurs contre le magnétisme animal, et fin du traitement du jeune Hébert, par A.M.J. Chastenet de Puységur. Paris, J.G. Dentu, 1813.
[3], 11, 91, 109, [1], 127, [1] p. 21 cm.
Gartrell 1106.

Puységur, Armand Marie Jacques de Chastenet, marquis de, 1751-1825.
Du magnétisme animal, considéré dans ses rapports avec diverses branches de la physique générale, par A.M.J. Chastenet de Puységur ... Paris, Impr. de Cellot; chez Desenne, Libraire, 1807.
[1], 478, [1] p. 1 diagr. 21.7 cm.

Puységur, Armand Marie Jacques de Chastenet, marquis de, 1751-1825.
Les vérités cheminent, tot ou tard elles arrivent, par A.M.J. Chastenet de Puységur. Paris, J.G. Dentu, 1814.
[1], 14 p. 21 cm.
Bound with Strombeck, Friedrich Karl de. Histoire de la guérison d'une jeune personne. Paris, 1814.

Puységur, Armand Marie Jacques de Chastenet, marquis de, 1751-1825.
Recherches, experiences et observations physiologiques sur l'homme dans l'état de somnambulisme naturel, et dans le somnambulisme provoqué par l'acte magnétique, par A.M.J. Chastenet de Puységur. Paris, J.G. Dentu ... et chez l'auteur, 1811.
[8], 430, [1] p. 20.3 cm.

Quet, Jean Antoine, 1810-1884.
De l'électricité, du magnétisme et de la capillarité, par Quet. Paris, A l'Imprimerie Impériale, 1867.
[3], 274 p. illus. 27 cm.

Raccolta Voltiana, edita per cura della Societa storica comense e del Comitato esecutivo per le onoranze a Volta. Como, Tipografia editrice Ostinelli di B. Nani, 1899.
1 v. (various pagings). illus., facsims., geneal. table, plates. 26 cm.

Radau, Rodolphe, 1835-1911.
The velocity of the will, by R. Radau. Tr. by A.R. MacDonough. [n.p., 1873]
360-365 p. 21.5 cm.
Extract from Popular Science Monthly [January 1873]

Radcliffe, Charles Bland, 1822-1889.
Dynamics of nerve & muscle, by Charles Bland Radcliffe. London, Macmillan, 1871.
xiv, [1], 288 p. illus. 20.5 cm.

Radcliffe, Charles Bland, 1822-1889.
Lectures on epilepsy, pain, paralysis, and certain other disorders of the nervous system, delivered at the Royal College of Physicians in London, by Charles Bland Radcliffe. London, J. Churchill & Sons, 1864.
xxiii, 340 p. 19 cm.

Provenance: Sir Wm. Ferguson, Bart, with the author's kind regards (inscription)
Wheeler 1605.

Radcliffe, Charles Bland, 1822-1889.
Lectures on epilepsy, pain, paralysis and certain other disorders of the nervous system, by Charles Bland Radcliffe. Philadelphia, Lindsay and Blakiston, 1866.
[v]-280 p. 20 cm.
Provenance: Soli deo Gloria Bibliotheca nevro logica Covrvilli (bookplate); Bibliotheca Nevrologica Covrvilli (stamp)

Radcliffe, Charles Bland, 1822-1889.
Vital motion as a mode of physical motion, by Charles Bland Radcliffe. London, Macmillan, 1876.
vi, [1], 252 p. illus. 21.5 cm.
Wheeler 1999.

Radicke, Gustav, 1810-
On the importance and value of arithmetic means; with especial reference to recent physiological researches on the determination of the influence of certain agencies upon the metamorphosis of tissue; with rules for accurately estimating the same, by Radicke. Tr. by Francis T. Bond. London, The New Sydenham Society, 1861.
p. [181]-275. 22.3 cm.
(In New Sydenham Society, London. Selected mongraphs. London, 1861.)

Rae, J H
The application of electricity as a therapeutic agent, by J.H. Rae. New York, Boericke & Tafel, 1877.
132 p. illus. 20 cm.

Rafélis de Broves, l'Abbé.
Le professeur François Boissier de Sauvages dit le "Médecin de l'amour," par l'Abbé Rafélis de Broves. Alais, Impr. J. Brabo, 1897.
240 p. 25.2 cm.

Ragazzi, Bernard.
Cours de magnétisme humain en neuf leçons, par Bernard Ragazzi. Genève, Impr. Pfeffer et Puky, 1875.
125, [2] p. 19.3 cm.

Rainear, A Rusling.
Electricity in the treatment of male sexual disorders, by A.R. Rainear. [Philadelphia, 1896]
[4] p. 23.5 cm.
"Reprinted from Codex Medicus for November, 1896."

Rains, George Washington, 1817-1898.
Practical observations on the generation of statistical electricity by the electrical machine, by George W. Rains. New Haven, B.L. Hamlen, 1845.
23 p. 23.5 cm.

Ramsay, Alexander, 1754-1824.
A series of plates of the heart, cranium, and brain, in imitation of dissections, by Alexander Ramsay. 2nd ed., much enl. Edinburgh, Printed by G. Ramsay, 1813.
1 v. (15 col. plates). 29 cm.

Ranney, Ambrose Loomis, 1848-1905.
Lectures on nervous diseases from the standpoint of cerebral and spinal localization, and the later methods employed in the diagnosis and treatment of these affections, by Ambrose L. Ranney. Philadelphia, F. A. Davis, 1888.
xiv, [1], 778 p. illus. (part col.) 24 cm.
Provenance: Library of William H. Dieffenbach, M.D. (bookplate); The Medical Library of the New York Polyclinic Medical School and Hospital (bookplate with withdrawn stamp); Given to the Medical Library New York Polyclinic Medical School and Hospital through the generosity and consideration of A.J. Hanania, M.D. (bookplate with withdrawn stamp); H.S. Mulch, M.D. (inscription)

Ranney, Ambrose Loomis, 1848-1905.
Lectures on nervous diseases from the standpoint of cerebral and spinal localization, and the later methods employed in the diagnosis and treatment of these affections, by Ambrose L. Ranney. Philadelphia, F.A. Davis, 1892.
xiv, 778 p. illus. (part col.) 24 cm.

Ranney, Ambrose Loomis, 1848-1905.
Practical suggestons respecting the varieties of electric currents and the uses of electricity in medicine. With hints relating to the selection and care of electrical apparatus, by Ambrose L. Ranney. New York, D. Appleton, 1885.
ix, 147 p. 1 fold. plate, 13 plates. 19 cm.

Rapou, Auguste.
Histoire de la doctrine médicale homeopathique son état actuel dans les principales contrées de

l'Europe. Application pratique des principes et des moyens de cette doctrine au traitment des maladies, par Aug. Rapou. Paris, J.B. Baillière, 1842-1847.
2 v. port. 21.5 cm.

Raulin, O A
Observations pratiques sur l'action de l'électricité dans les névroses en genéral, spécialement dans l'épilepsie, et sur les principaux moyens propres a combattre ces affections, par O.A. Raulin. Paris, Labé, 1852.
[3], 141, [1] p. 22.5 cm.

Raynaud, Paul, 1866-
Des érythemes produits par la lumière naturelle et artificielle, par Paul Raynaud. Lyon, Pitrat Ainé, 1892.
72 p. 24.5 cm.
Provenance: Monsieur le medecin Major Mignon (inscription); A monsieur le medecin Major Mignon hommage respectueux et reconnaissants P. Raynaud (inscription)

Reading, L Willard.
The treatment of uterine fibroids by electricity, with a few cases, by L. Willard Reading. [Philadelphia, 1891]
10 p. 21.3 cm.
"Reprinted from the Hahnemannian Monthly, September, 1891."

Rederne
Des modes accidentels de nos perceptions, ou examen sommaire des modifications, que des circonstances particulières apportent a l'exercice de nos facultés et a la perception des objets exterieurs [par le comte de Rederne] Paris, Delaunay, 1815.
64 p. 21 cm.
Bound with Strombeck, Friedrich Karl von. Histoire de la guérison d'une jeune personne. Paris, 1814.

Reece, Richard, 1775-1831.
The medical guide for the use of the clergy, heads of families, and practitioners in medicine and surgery. Comprising a domestic dispensatory, and practical treatise on the symptoms, causes, prevention, and cure, of the diseases incident to the human frame, with the latest discoveries in medicine, by Richard Reece. 13th ed., with additions. London, Longman, Hurst, Rees, Orme, and Brown, 1820.
xvi, 416 p. 23.5 cm.
Provenance: W.E.R. Freeman (stamp); T.P. Summerly Hoburn Lanes Boats 1891 ? (inscription)
Includes discussion of electrical method of resuscitation.

Reed, Frank M New York, pub.
Old secrets and new discoveries. Containing information of rare value. New York, F.M. Reed, 1874.
32 p. 22.5 cm.

Regnard, Paul, 1850-1927.
Études sur l'attaque hystéro-épileptique faites a l'aide de la méthode graphique, par P. Regnard et P. Richer. Paris, G. Baillière, 1878.
[641]-661 p. 8 charts. 25 cm.
Provenance: William J. Morton 19 E. 28th St New York (inscription)

Regnier, Louis Raoul, 1861-
Formulaire électrothérapique du praticien; courants électriques, lumière électrique, par L.R. Regnier. Paris, J.B. Bailliere, 1899.
255, [1] p. illus. 16.2 cm.

Reich, Ferdinand, 1799-1882.
Elektrische Versuche, von F. Reich.
p. [197]-208. 26.5 cm.
(In Fuerstlich Jablonowskische Gesellschaft der Wissenschaften, Leipzig. Abhandlungen bei Begründung. Leipzig, 1846.)
In Ronalds.

Reichenbach, Karl Ludwig Friedrich, Freiherr von, 1788-1869.
Lettres odiques-magnétiques, du Reichenbach. Traduites de l'allemand. Paris, Cahagnet, 1853.
126 p. 18.5 cm.

Reichenbach, Karl Ludwig Friedrich, Freiherr von, 1788-1869.
Odisch-magnetische Briefe. Erste Reihe, von Freiherrn von Reichenbach. 2e Ausg. Stuttgart, J.G. Cotta, 1856.
xvi, 201 p. 19.5 cm.

Reichenbach, Karl Ludwig Friedrich, Freiherr von, 1788-1869.
Physico-physiological researches on the dynamics of magnetism, electricity, heat, light, crystallization, and chemism, in the relations to vital force, by Baron Charles von Reichenbach.

The complete work from the German 2nd ed. With the addition of a preface and critical notes, by John Ashburner. 1st American ed. New York, J.S. Redfield, 1851.

456 p. diagrs., fold. plate. 19 cm.

Provenance: H. Williamson, M.D. (inscription)

Discusses od, a universal force similar to electricity and magnetism, which Reichenbach discovered.

Reichenbach, Karl Ludwig Friedrich, freiherr von, 1788-1869.

Physico-physiological researches on the dynamics of magnetism, electricity, heat, light, crystallization, and chemism, in their relations to vital force, by Baron Charles von Reichenbach. The complete work, from the German 2nd ed. With the addition of a preface and critical notes, by John Ashburner. London, H. Baillière, 1851.

[1], xx, 609 p. diagrs., fold. plate. 23 cm.

Provenance: ...Devonport April 1869 (inscription)

Reichenbach, Karl Ludwig Friedrich, freiherr von, 1788-1869.

Physico-physiological researches in the dynamics of magnetism, electricity, heat, light, crystallization, and chemism, in their relations to vital force, by Baron Charles von Reichenbach. Complete from the German second edition. With the addition of a preface and critical notes by John Ashburner. 2nd American ed. New York, Partridge & Brittan, [1853]

456 p. illus. 20 cm.

Provenance: A. Mendenhall's book (inscription)

Reichenbach, Karl Ludwig Friedrich, freiherr von, 1788-1869.

Researches on magnetism, electricity, heat, light, crystallization, and chemical attraction, in their relations to the vital force, by Karl, Baron von Reichenbach. Tr. and ed., at the express desire of the author, with a preface, notes, and appendix, by William Gregory. Parts I. and II., including the second ed. of the first part, corrected and improved. London, Taylor, Walton, and Maberly, 1850.

xlv, [3], 463 p. diagrs., 3 fold. plates. 23 cm.

Provenance: Signit Library 21st May 1850 (inscription)

In Ronalds, Wheeler 1188, Gartrell 918.

Reichenbach, Karl Ludwig Friedrich, freiherr von, 1788-1869.

Wer ist sensitiv, wer nicht? oder Kurze Anleitung, sensitive Menschen mit Leichtigkeit zu finden, von Freiherrn von Reichenbach. Wien, W. Braumüller, 1856.

[1], viii, 70 p. 22.3 cm.

Reid, John, 1776-1822.

An experimental investigation into the functions of the eighth pair of nerves, or the glossophryngeal, pneumogastric, and spinal accessory, by John Reid.

p. [5]-66. 23 cm.

(In Essays on physiology and hygiene. Philadelphia, 1838.) Bound with Edwards, W.F. On the influence of physical agents on life. Philadelphia, 1838, copy 2.

Reil, Johann Christian, 1759-1813.

Kleine Schriften wissenschaftlichen und gemeinnützigen Inhalts [von] J.C. Reil. Halle, Curtsche Buchhandlung, 1817.

[1], viii, 323 p. plate. 20 cm.

Provenance: illegible stamp; Bk. 1900 Ent. Nov. 5, 95 H.R. (inscription)

Reimarus, Johann Albert Heinrich, 1729-1814.

Neuere Bemerkungen vom Blitze; dessen Bahn, Wirkung, sichern und bequemen Ableitung; aus zuverlassigen Wahrnehinungen von Wetterschlagen dargelegt [von] J.A.H. Reimarus. Hamburg, C.E. Bohn, 1794.

xii, 386 p. 7 fold. plates. 20.5 cm.

Provenance: Offentliche Bibliothek Weisbaden (stamp)

In Ronalds, Gartrell 457.

Discusses lightning and lightning conductors. The introduction of the lightning rod into Germany is attributed to Reimarus.

Reiner, H

Catalog medicinisch-chirurgischer Instrumente u. Apparate, Bandagen, orthopädischer Maschinen, künstlicher Extremitäten, galvanokaustischer und elektrotherapeutischer Apparate, von H. Reiner. Wien, im Selbst-verlage, 1894.

[7], 281 p. illus. 26.5 cm.

Reiniger, Gebbert & Schall, Erlangen.
[Elektro-medizinische Apparate, ihre Handhabung und Preise] 6. Aufl. Erlangen, 1897.
[2], xlii, [1], A-D, 165, [1] p. illus., plates. 25.2 cm.

Reiniger, Gebbert & Schall, Erlangen.
Elektro-medizinische Apparate, ihre Handhabung und Preise. [Erlangen, 1894]
[2], xxxvi, [2], A-D, 113, [1] p. illus. 24.4 cm.

Reinsch, Hugo, 1809-1884.
Versuch einer neuen Erklärungsweise der electrischen Erscheinungen, von Hugo Reinsch. Nürnberg, Bauer & Raspe, 1841.
viii, 120, [1] p. diagrs. 18.5 cm.
In Ronalds, Wheeler 1004.

Remak, Ernst Julius, 1849-1911.
Grundriss der Elektrodiagnostik und Elektotherapie für praktische Ärtze, von Ernst Remak. Wien, Urban & Schwarzenberg, 1895.
viii, 196 p. illus. 25 cm.

[Remak, Robert] 1815-1865.
Application du courant constant au traitement des névroses. Paris, Impr. de E. Martinet [1865]
41 p. 22 cm.
Bound with Deloulme, P. De l'électrothérapie dans les maladies des appareils génital et urinaire. Paris, 1872.
In Ronalds.

Remak, Robert, 1815-1865.
Application du courant constant ou traitment des névroses. Leçons faites a l'hopital de la charité, par Remak. Paris, G. Baillière, 1865.
[3], 41 p. 21 cm.
"Extrait de la Revue des cours scientifiques."
In Ronalds.

Remak, Robert, 1815-1865.
Galvanotherapie der Nerven- und Muskelkrankheiten, von Robert Remak. Berlin, A. Hirschwald, 1858.
xv, 461 p. 22 cm.

Remak, Robert, 1815-1865.
Galvanotherapie der Nerven- und Muskelkrankheiten, von Robert Remak. Berlin, A. Hirschwald, 1858.
xv, 461 p. 22 cm.
Bound with Rosenthal, Moriz. Die Elektrotherapie. Wien, 1865.

Remak, Robert, 1815-1865.
Galvanothérapie ou, de l'application du courant galvanique constant au traitement des maladies nerveuses et musculaires, par Robert Remak. Tr. de l'Allemand par Alp. Morpain, avec les additions de l'auteur. Paris, J.B. Baillière, 1860.
xx, 467 p. 22 cm.
Provenance: Library of the University of Pennsylvania (ink stamp)

Remak, Robert, 1815-1865.
Neurologische Beobachtungen, von R. Remak. Berlin, G. Reimer [1855]
6 p. 21 cm.
"Deutsche Klinik no. 27 vom 7. Juli 1855."

Remak, Robert, 1815-1865.
Observationes anatomicae et microscopicae de systematis nervosi structura, auctore Roberto Remak. Berolini, sumtibus et formis Reimerianis, 1838.
vi, 41, [1] p. 2 plates. 31.5 cm.

Remak, Robert, 1815-1865.
Ueber ein selbständiges Darmnervensystem, von Robert Remak. Berlin, G. Reimer, 1847.
[6], 37, [1] p. 2 plates. 43.5 cm.

Remak, Robert, 1815-1865.
Über methodische Electrisirang gelähmter Muskeln, von Remak. Berlin, A. Hirschwald, 1855.
31 p. 21 cm.
Provenance: Library of the Physicians to the German Hospital and Dispensary New York (stamp); Copy 2- Herbert McLean Evans Library of Medical Classics (bbokplate)
Is Remak's earliest publication on electrotherapy.

Remsen, Ira, 1846-1927.
Chemical action in a magnetic field, by Ira Remsen. [n.p.] 1881.
7 p. fold. plate. 21.5 cm.
(In Electrical papers 1884. [n.p.] 1884.)
"From American Chemical Journal, Vol. III, No. 3, June, 1881."

Réponses aux critiques de l'ouvrage du docteur Broussais sur l'irritation et la folie. Paris, Delaunay, 1829.
132 p. 20.4 cm.
"Extrait des Annales de la Médicine physiologique."

Reveil, Pierre Oscar, 1821-1865.
Formulaire raisonne des médicaments nouveaux et des médications nouvelles suivi de notions sur l'aérotherapie, l'hydrothérapie, l'électrothérapie, la kinésithérapie et l'hydrologie médicale, par O. Reveil. 2. éd., rev. et corr. Paris, J.B. Baillière, 1865.
xii, 696 p. illus. 18 cm.

Reviving the long lost past; contains an abstract of events in our ancient history; the most wonderful, almost surpassing belief, will be found in the American charts; $... [n.p.] c1890.
[24] fl. 35 cm.

Reynders, John, & Co., New York.
John Reynders & Co's illustrated catalogue and price-list of surgical instruments, orthopaedical apparatus, trusses, etc. 3d ed. New York, [1880]
vii, [1], 262, [1] p. illus. 25.3 cm.

Reynier, Émile.
The voltaic accumulator: an elementary treatise, by Émile Reynier. Trans. from the French by J.A. Berly. London, E. & F.N. Spon, 1889.
xv, 202 p. illus. 22.6 cm.

Reynolds, Sir John Russell, bart., 1828-1896.
Leçons cliniques sur l'electrothérapie, par J. Russel Reynolds. Paris, A. Delahaye, 1875.
[1], 62, [1] p. 23 cm.
"Extrait de la France Médical (octobre et novembre 1874.)"
Provenance: Jeanty, docteur Virton (bookplate)

Reynolds, Sir John Russell, bart., 1828-1896.
Lectures on the clinical uses of electricity delivered in University College Hospital, by J. Russell Reynolds. Philadelphia, Lindsay and Blakiston, 1872.
vii, 112 p. 19.5 cm.
Provenance: Ex Libris Charles Atwood Kofoid (bookplate); Copy 2- illegible inscription; New York Medical Book Club (embossed stamp)

Reynolds, Sir John Russell, bart., 1828-1896.
Lectures on the clinical uses of electricity delivered in University College Hospital, by J. Russell Reynolds. 2nd ed. London, J. and A. Churchill, 1873.
vii, 116 p. 20 cm.

Reynolds, Sir John Russell, bart., 1828-1896.
Lectures on the clinical uses of electricity delivered in University College Hospital, by J. Russell Reynolds. 2nd ed. Philadelphia, Lindsay & Blakiston, 1874.
118 p. 19.5 cm.
Provenance: Laurence Johnson, M.D. Library (bookplate); Purple Collection presented to the Library of the Medical Society of the County of Kings by Twelve Members of the Society May 1901 (bookplate); Laurence Johnson, M.D. (inscription); Med. Soc. County of Kings Library (stamp); Copy 2-Clinton Hall for the use of Mercantile Library Association N.Y. (stamp)

Riadore, J Evans.
On the remedial influence of oxygen, nitrous oxyde, and other gases, electricity and galvanism, in restoring the healthy functions of the principal organs of the body, and the nerves supplying the respiratory, digestive and muscular systems, by J. Evans Riadore. London, J. Churchill, 1853.
[1], viii, viii, 177 p. 21.7 cm.
Provenance: Benjamin Duprat Libraire de l'Institut, de la bibliotheque imperiale etc Langues et Litteratures Orientales Paris, Cloitre-Saint Benoit 7 (bookplate)

Riadore, J Evans.
A treatise on irritation of the spinal nerves as the source of nervousness, indigestion, functional and organical derangements of the principal organs of the body, and on the modifying influence of temperment and habits of man over diseases, and their importance as regards conducting successfully the treatment of the latter; and on the therapeutic use of water, by J. Evans Riadore. London, J. Churchill, 1842.
[1], v, vii, 306 p. 21 cm.

Richelot, Louis Gustave, 1844-1924.
L'Électricité, la castration ovarienne et l'hystérectomie, par L.G. Richelot. Paris, Le Crosnier et Babé, 1890.
64 p. 21 cm.
Provenance: Hommage de l'auteur (stamp)

Richer, Paul Marie Louis Pierre, 1849-1933.
Études cliniques sur le grand hystérie ou hystéroépilepsie, par Paul Richer. Précedé d'une lettre-préface de J.M. Charcot. 2. éd., rev. et considérablement augmentée. Paris, A. Delahaye et E. Lecrosnier, 1885.

From manuscript of Richer, *Paralysies et contractures hysteriques* (1833)

xv, 975, [1] p. illus., 10 engr. plates. 24.5 cm.
Provenance: Psychiatrische Kliniek Groningen (stamp)

Richer, Paul Marie Louis Pierre, 1849-1933.
Paralysies et contractures hysteriques. Mémoire presenté au concours de l'année 1883 pour le prix fondé par M. Bernard de Civrieux. 1883.
[18], 449 l., 23 l. of plates, bound. illus., fold. charts. 29.3 cm. [Manuscript]
Manuscript.

Richer, Paul Marie Louis Pierre, 1849-1933.
Paralysies et contractures hysteriques, by Paul Richer. Paris, O. Doin, 1892.
viii, 223 p. illus. 24 cm.

Richet, Charles Robert, 1850-1935.
Physiologie des muscles et des nerfs. Leçons profésees à la Faculté de médecine en 1881, par Charles Richet. Paris, G. Baillière, 1882.
viii, 924 p. illus. 22.7 cm.
Provenance: A mon excellant ami Fr. Franck Ch. Richet (inscription); College de France corps organises (stamp)

Richet, Charles Robert, 1850-1935.
Recherches expérimentales et cliniques sur la sensibilité, par Charles Richet. Paris, G. Masson, 1877.
341, [1] p. graphs. 22 cm.

Richet, Charles Robert, 1850-1935.
Structure des circonvolutions cérébrales (anatomie et physiologie), par Charles Richet. Paris, G. Baillière, 1878.
[3], 172, [2] p. illus., 2 plates, 1 fold. chart. 22.8 cm.

Ricketson, Shadrach.
Means of preserving health, and preventing diseases: founded principally on an attention to air and climate, drink, food, sleep, exercise, clothing, passions of the mind, and retentions and excretions. With an appendix, containing observations on bathing, cleanliness, ventilation, and medical electricity; and on the abuse of medicine. Enriched with apposite extracts from the best authors. Designed not merely for physicians, but for the information of others. To which is annexed, a glossary of the technical terms contained in the work, by Shadrach Ricketson. New York, Collins, Perkins, 1806.
[2], x, 298 p. 17 cm.
Provenance: Frank E. Curran (inscription)

Ridolfi, Cosimo, marchese, 1794-1865.
Pensiere intorno ai singolari fenomeni elettromagnetici, del marchese C. Ridolfi. Firenze, L. Pezzati, 1821.
31 p. 24 cm.
Provenance: Ex Libris Pierigerini (bookplate)
In Ronalds.

Rieger, Conrad, 1855-1939.
Grundriss der medicinischen Elektricitätslehre für Aerzte und Studirende von Conrad Rieger... 2e. Aufl. Jena: G. Fischer, 1887.
viii, 63 p.: 24 plates (part col.); 23.5 cm.

Riggs, Charles Eugene, 1853-1930?
Diseases of the brain.
p. K1-K25. 24.2 cm.
(In Bigelow, H.R., ed. An international system of electro-therapeutics. Philadelphia, 1894.)

Ritter, Johann Wilhelm, 1776-1810.
Das electrische System der Körper; ein Versuch, von J.W. Ritter. Leipzig, C.H. Reclam, 1805.
[3], 412 p. 10 fold. tables. 23 cm.
In Ronalds, Wheeler 673, Gartrell 920.

Robert, [Antoine Joseph François]
Recherches et considerations critiques sur le magnétisme animal, avec un programme relatif au somnambulisme artificiel ou magnétique, traduit de latin du docteur Metzger, accompagné de notes, et suivi de réflexions morales ou pensées détachées, applicables au sujet, par Robert. Paris, Baillère, 1824.
[4], xvi, 394, [2] p. 22 cm.

Roberts, George.
A catechism of electricity, being a short introduction to that science; written in easy and familiar language. Intended for the use of young people, by G. Roberts. 2nd ed. London, G. & W.B. Whittaker, 1822.
[2], 71 p. illus., port. 14 cm.
Wheeler 790.
Introduces children to electricity and its uses; covers medical electricity and electrical fish.

Roberts, Milton Josiah.
The electro-osteotome. A new instrument for the performance of the operation of osteotomy,

by Milton Josiah Roberts. New York, J.J. O'Brien, 1883.
8 p. illus. 23.5 cm.
Reprinted from the Medical Record, New York, October 27th, 1883.

Robiano, Louis Marie Joseph François de Sales, comte de, dit Aloïs de.
Névrurgie ou le magnétisme animal. Devenant une science physico-mathématique et le fluide innervateur rendu visible, appréciable, en force et en vitesse avec plusieurs phénomènes, nouvellement découverts et du plus haut intérêt, par l'Abbé Comte de Robiano. Seconde éd. Bruxelles, Wouters Frères, 1846.
[3], 149 p. 23.3 cm.

Robin, Charles Philippe, 1821-1885.
Physiologie comparée. Memoire sur les phénomènes et la direction de la décharge donnée par l'appareil électrique des Raies; par Ch. Robin.
239-243 p. 26.4 cm.
Extract from Compte rendu des séances de l'académie des sciences. Séance du lundi 7 Aout 1865.

Robin, Charles Philippe, 1821-1885.
Recherches sur un appareil qui se trouve sur les poissons du genre des raies (Raia, C.), et qui présente les charactères anatomiques des organes électriques [par] Ch. Robin. Paris, L. Martinet, 1847.
iv, 114 p. 2 plates. 25.5 cm.
"Extrait des Annales des Sciences Naturelles, tome vii. Avril - Mai 1847."
In Ronalds.

Robin, Laurent Aristide.
De l'électro-puncture dans la cure des anévrysmes intra-thoraciques. Études experimentale et clinique, par Laurent Robin. Paris, F. Henry, 1880.
135, [1] p. illus., 2 plates. 20 cm.
Provenance: A mon docteur ? Dr Bouilly L. Robin (inscription)

Robineau, Georges, 1875-
Contribution a l'étude des courants de haute fréquence et de leurs applications medicales, par Georges Robineau. Paris, L. Boyer, 1900.
68 p. illus. 24 cm.
Provenance: Library stamp, "Societe De Medecine Du Loiret".
A thesis on medical electricity defended at the Medical Faculty of Paris under the presidency of George Dieulafoy.

Robinson, William Francis.
Electro-diagnosis.
p. B46-B58. 24.2 cm.
(In Bigelow, H.R., ed. An international system of electro-therapeutics. Philadelphia, 1894.)

Robinson, William Francis.
Incontinence of urine; orchitis; hydrocele; spermatorrhoea; gonorrhoea.
p. O1-O18. 24.2 cm.
(In Bigelow, H.R., ed. An international system of elctro-therapeutics. Philadelphia, 1894.)

Rockwell, Alphonso David, 1840-1925.
A brief résumé of the indications for the use of electricity in disease, by A.D. Rockwell. New York, W. Wood, 1875.
4 p. 18.3 cm.

Rockwell, Alphonso David, 1840-1925.
Central galvinization, by A.D. Rockwell. New York, D. Appleton, 1873.
18 p. 22.5 cm.
"Reprinted from the N.Y. Medical Journal, May 1873."

Rockwell, Alphonso David, 1840-1925.
Clinical researches in electro-surgery, by A.D. Rockwell and Geo. M. Beard. New York, W. Wood, 1873.
72 p. illus. 18.5 cm.
Provenance: This book has been loaned by the Long Island Historical Society to the Library of Medical Society of the County of Kings 1901 (bookplate); Long Island Historical Society (stamp); Copy 2- Library Med. Soc. Co. Kings (stamp); Library of the Medical Society of the Co. of Kings Given by Mrs. Dr. Corey (bookplate)

Rockwell, Alphonso David, 1840-1925.
Diseases of the alimentary tract; diseases of the liver and kidney; gout and rheumatism.
p. E1-E34. 24.2 cm.
(In Bigelow, H.R., ed. An international system of electro-therapeutics. Philadelphia, 1894.)

Rockwell, Alphonso David, 1840-1925.
Electricity as a means of diagnosis. With a tabulated statement of 500 cases of disease, treated mainly by the method of general

electrization, by A.D. Rockwell. New York, Trow & Smith, 1869.
20 p. 1 plate, 2 charts. 23 cm.
Provenance: The Purple Collection (stamp)

Rockwell, Alphonso David, 1840-1925.
Electrization in the treatment of the diseases of the organs of digestion, by A.D. Rockwell. New York, 1871.
20 p. 22 cm.
Reprinted from the columns of 'The Medical Gazette' of January 7th, 1871.

Rockwell, Alphonso David, 1840-1925.
Electrolysis, and its application to the treatment of disease, by A.D. Rockwell. New York, D. Appleton, 1871.
16 p. 22 cm.
"Reprinted from the New York Medical Journal, July 1871."

Rockwell, Alphonso David, 1840-1925.
The electrolytic treatment of cancer, by A.D. Rockwell. [New York, 1874]
12 p. 18 cm.
Provenance: Dr. S.S. Purple comp. of the author (inscription); The Purple Collection (ink stamp)

Rockwell, Alphonso David, 1840-1925.
Electro-therapeutics of the male genital organs, by A.D. Rockwell. New York, W. Wood, 1874.
12 p. 18 cm.
Reprinted from the New York Medical Record, July 15, 1874.
Provenance: Dr. Alpro Carroll comp. of the author (inscription)

Rockwell, Alphonso David, 1840-1925.
Lectures on electricity in its relations to medicine and surgery, by A.D. Rockwell. New York, W. Wood, 1879.
[3], 99 p. illus. 23.5 cm.
Provenance: Mr. Saul Hawk with the authors compliments (inscription)
Wheeler 2169.

Rockwell, Alphonso David, 1840-1925.
Lectures on electricity (dynamic and franklinic) in its relations to medicine and surgery, by A.D. Rockwell. [2nd ed.] New York, W. Wood, 1881.
122 p. illus. 24 cm.
Provenance: Presented to the Library of the County of Kings by Ass. M. Librar. Dec. 8, 1913 (bookplate); J.M. Birhole 2 Irving Place New York (inscription); Med. Soc. County of Kings Library (ink stamp)

Rockwell, Alphonso David, 1840-1925.
The medical and surgery uses of electricity, by A. D. Rockwell. New ed. New York, W. Wood, 1896.
xvi, 612 p. illus. 24 cm.
Provenance: Medical Society County of Kings Library (stamp)

Rockwell, Alphonso David, 1840-1925.
[Notebook-Scrapbook, ca. 1865-ca. 1900]
ca. 300 p. 25.8 cm.
Contains newspaper clippings on execution by electrocution and ms. notes on patients, expenses, electrotherapeutics, etc.

Rockwell, Alphonso David, 1840-1925.
Observations on the physiological and therapeutical effects of galvanization of the sympathetic, by A.D. Rockwell and George M. Beard. New York, New York Printing, 1870.
16, [1] p. illus. 23 cm.

Rockwell, Alphonso David, 1840-1925.
On the application of electricity to the central nervous system (central galvanization) by A.D. Rockwell. [New York, 187?]
20 p. 23 cm.
Reprinted from the N.Y. Medical Journal.

Rockwell, Alphonso David, 1840-1925.
On the differential indications for the use of the faradic and galvanic currents, by A.D. Rockwell. New York, D. Appleton, 1877.
10 p. 23.2 cm.
Reprinted from the New York Medical Journal, Feb., 1877.
Provenance: The Purple Collection (ink stamp); Dr Saul S. Purple comp. of A.D. Rockwell (inscription)

Rockwell, Alphonso David, 1840-1925.
On the treatment of paralysis by electrization, with an explanation of a new galvanic apparatus, by A.D. Rockwell. [New York] The New York Printing Co., 1869.
14 p. 22.5 cm.

Rockwell, Alphonso David, 1840-1925.
The physiological and therapeutical relations of electricity to the nervous system, by A.D. Rockwell. New York, W. Wood, 1875.
12 p. 18.2 cm.
Provenance: Dr. S.S. Purple comp. of the author (inscription)

Rockwell, Alphonso David, 1840-1925.
Present state of electro-therapeutics, by A.D. Rockwell. Louisville, J.P. Morton, 1872.
22 p. 22 cm.
Reprinted from the American Practitioner for May, 1872.
Provenance: Dr. Ellery Denison comp. of the author (inscription)

Rockwell, Alphonso David, 1840-1925.
The relation of electro-therapeutics to electro-physiology, by A.D. Rockwell. New York, W. Wood, 1875.
11 p. 18.5 cm.
Provenance: Memorial Library 1884 International Electrical Exhibition Franklin Institute (stamp)

[Rocquet]
Projet d'un essai sur la vitalité, ou Sur le principe des phénomènes de l'organisation, précédé d'un rapport fait a l'Académie de Médecin, par Andral. Paris, Librairie de D. Cavellin, 1835.
x, 307, [1] p. 1 fold. chart. 21.7 cm.
Contains ideas regarding the role of electricity in regulating biological systems.

Röhmann, Franz, 1856-1919.
Ueber den Stoffumsatz in dem thätigen elektrischen Organ des Zitterrochen nach Versuchen an der zoologischen Station zu Neapel, von F. Röhmann. [n.p., 1893]
[423]-482 p. 23 cm.

Röntgen, Wilhelm Conrad, 1845-1923.
Ueber eine neue Art von Strahlen, II. Mittheilung [von] W.C. Röntgen.
p. 11-19. 24.3 cm.
(In Physikalisch-medicinische Gesellschaft, Würzburg. Sitzungsberichte. Würzburg. 1896, no.1-2.)

Röntgen, Wilhelm Conrad, 1845-1923.
Weitere Beobachtungen über die Eigenschaften der X-Strahlen, von W.C. Röntgen.
p. 576-592. 26.7 cm.
(In Akademie der Wissenschaften, Berlin. Sitzungsberichte. Berlin. v. 26 (1897).)

Rogers, Edward Coit.
A discussion on the automatic powers of the brain; being a defence against Rev. Charles Beecher's attack upon the philosophy of mysterious agents, in his review of "spiritual manifestations", by E.C. Rogers. Boston, J.P. Jewett, 1853.
64 p. 20 cm.
Bound with the author's Philosophy of mysterious agents. Boston, 1853.

Rogers, Edward Coit.
Philosophy of mysterious agents, human and mundane: or the dynamic laws and relations of man. Embracing the natural philosophy of phenomena styled "spiritual manifestations", by E.C. Rogers. Boston, J.P. Jewett, 1853.
336 p. 20 cm.
With this is bound the author's A discussion on the automatic powers of the brain, being a defence against Rev. Charles Beecher's attack on the philosophy of mysterious agents, in his review of "spiritual manifestations". Boston, 1853.
Provenance: James Gowans Edinburgh (inscription)

Roget, Peter Mark, 1779-1869.
Animal and vegetable physiology considered with reference to natural theology, by Peter Mark Roget. 2d American, from the last London ed. Philadelphia, Lea & Blanchard, 1839.
2 v. illus. 23.5 cm.
Provenance: Rufus Holden jan 28.1842 (inscription)

Roget, Peter Mark, 1779-1869.
Darstellung der Elektrizität, von P.M. Roget. Hrsg. von der Gesellschaft zur Verbreitung nützlicher Kenntnisse. Aus dem Englischen von Franz Kottenkamp. Stuttgart, Die Expedition der Wochenbände, 1847.
128 p. illus. 15.8 cm.
In Ronalds.

Roget, Peter Mark, 1779-1869.
Darstellung des Galvanismus, von P.M. Roget. Hrsg. von des Gesellschaft zur Verbreitung nützlicher Kenntnisse. Aus dem Englischen von

Franz Kottenkamp. Stuttgart, Die Expedition der Wochenbände, 1847.
75, [1] p. illus. 15.8 cm.

Roget, Peter Mark, 1779-1869.
Treatises on physiology and phrenology: from the 7th ed. of the Encyclopaedia Britannica, by P.M. Roget. Edinburgh, A. and C. Black, 1838.
2 v. 21 cm.
Provenance: From the Library of Anthony A. Walsh West Harwich, Massachusetts (ink stamp); Essex Institute Library of Francis Peabody presented by Mrs. Martha Peabody (bookplate)

Rohé, George Henry, 1851-1899.
Electrolysis and some of its applications in medicine and surgery, by George H. Rohé. Baltimore, 1886.
[53]-60 p. illus. 23.8 cm.
Extract from the Maryland Medical Journal. Nov. 20, 1886.

Rohrbeck and Goebeler.
List of chemical preparations, pure reagents, minerals, &c. ... for sale by Rohrbeck & Goebeler ... New York [1871?]
52 p. illus. 21.5 cm.

Romanes, George John, 1848-1894.
Further observations on the locomotor system of Medusae, by George J. Romanes. London, Trubner, 1878.
[2], [659]-752 p. illus., 2 plates (part col.) 29.5 cm.
"From the Philosophical Transactions of the Royal Society.--Part II. 1877."

Romanes, George John, 1848-1894.
Preliminary observations on the locomotor system of Medusae, by George J. Romanes. London, Trubner, 1876.
[2], [269]-313 p. illus, 2 col. plates. 29.5 cm.
"From the Philosophical Transactions of the Royal Society.--Part I. 1876."

Romershausen, Elard, 1784-1857.
Der einfache Galvano-electrische Bogen als Heil und Schutzmittel nebst einigen allgemeinen Bemerkungen uber vitale Electrizität, von Elard Romershausen. Halle, Ed. Heynemann, 1849.
28 p. diagrs. 19.5 cm.
Provenance: Bibliothek der Hom. Central-Apotheke Dr. Willmar Schwabe Leipzig (stamp)

Romershausen, Elard, 1784-1857.
Die Heilkräfte der Electricität und des Magnetismus, von Elard Romershausen. Nebst Zeichnung und Beschreibung der zweckmässigsten und billigsten Heilapparate. 2e. Aufl. Marburg, N.G. Elwert, 1853.
viii, [1], 28, 7 p. plate. 20.8 cm.
Provenance: Land Thüringen Landesbücherei Memierzen (ink stamp)

Romershausen, Elard, 1784-1857.
Die magneto-electrische Rotationsmaschine und der Stahlmagnet als Heilmittel nebst einigen Betrachtungen über das Wesen und die Eigenschaften der dabei wirksamen Naturkräfte und ihrer gegenseitigen dynamischen Reaction. Eine physikalisch-technische Mittheilung, von Elard Romershausen. Mit einer Steinzeichnung. Halle, Etleynemann, 1847.
vi, 42 p. fold. plate. 22 cm.

Romershausen, Elard, 1784-1857.
Dr. Romershausen's mathematisehe[sic] Instrumente und physikalische Apparate.
(In his Die Heilkräfte der Electricität und des Magnetismus. Marburg, 1853. 19.3 cm. 7 p.)

Ronalds, Sir Francis, 1788-1873.
Descriptions of an electrical telegraph, and of some other electrical apparatus, by Francis Ronalds. London, R. Hunter, 1823.
[4], 83 p. 10 plates, port. 22 cm.
In Ronalds, Wheeler 803.
Provenance: copy of Latimer Clark, with his signature stamped in gold on front cover; his library stamp and his signature on the title page; Ronalds's original pen and ink drawings for plates 5 and 7 tipped in facing the printed versions; two autograph letters signed from Ronalds to Clark (9 December 1866, December 1871) and Clark's autography copy of his letter to Ronalds (23 April 1869) tipped in. Latimer Clark (inscription); Westminster Chambers ? Latimer Clark (stamp)
Reports the invention of the first electric telegraph as well as other electrical devices.

Roosa, Daniel Bennett St. John, 1838-1908.
The determination of the necessity for wearing glasses, by D.B. St. John Roosa. Detroit, G.S. Davis, 1887.
[5], 73, [3] p. 19 cm.
Provenance: Private Library, H.C. Bennett, M.D. (bookplate)

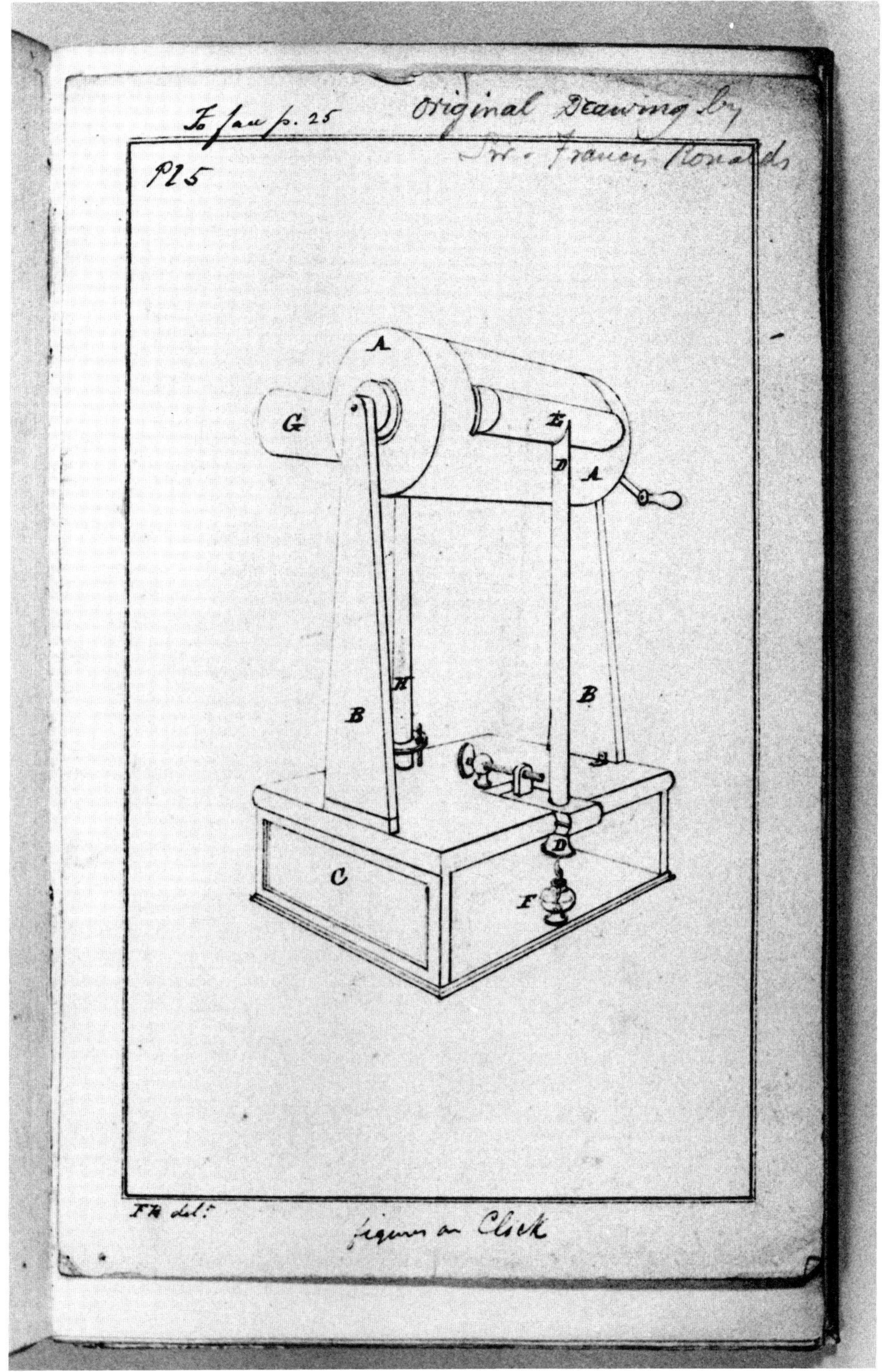

Original pen & ink drawing by Sir Francis Ronalds,
tipped in his *Descriptions of an Electrical Telegraph...* (1823)

Rosenberger, Ferdinand, 1845-1899.
Die moderne Entwicklung der elekrischen Principien. Fünf Vorträge von Ferd. Rosenberger. Leipzig, J.A. Barth, 1898.
[6], 170 p. 22.7 cm.
Provenance: Aus der Bückerei von Walter König (bookplate); W. König (ink stamp)

Rosenthal, Isidor, 1836-1915.
Allgemeine Physiologie der Muskeln und Nerven, von I. Rosenthal. Leipzig, F.A. Brockhaus, 1877.
xv, 316 p. illus. 18.8 cm.
Provenance: Ruiz Metz (inscription)

Rosenthal, Isidor, 1836-1915.
Die Athembewegungen und ihre Beziehungen zum Nervus Vagus, von J. Rosenthal. Berlin, A. Hirschwald, 1862.
vii, 272 p. 3 plates, incl. 2 fold. plates. 23 cm.

Rosenthal, Isidor, 1836-1915.
Electricitätslehre für Mediciner, von J. Rosenthal. Mit 33 in den Text eingedruckten Holzschnitten. Berlin, A. Hirschwald, 1862.
vi, 185 p. illus. 22 cm.
Provenance: Presented to the Library of the Medical Society of the County of Kings by the late Dr. Oswald Joerg, June 22, 1921 (bookplate); Medical Society County of Kings Library (ink stamp)

Rosenthal, Isidor, 1836-1915.
Elektrizitätslehre für Mediziner und Elektrotherapie, von J. Rosenthal und M. Bernhardt. 3. Aufl. Berlin, A. Hirschwald, 1884.
vi, [1], 521 p. illus. 24.6 cm.
Provenance: Grosh. Hess. Direction der Landes-Irrenanstalt (ink stamp)

Rosenthal, Isidor, 1836-1915.
General physiology of muscles and nerves, by I. Rosenthal. New York, D. Appleton, 1881.
xv, 324 p. illus., diagrs. 19.5 cm.
Provenance: Lommen Health Sciences Library, School of Medicine, University of South Dakota, Vermillion, South Dakota 57069. Presented by Grand Lodge A.F. and A.M. of South Dakota (bookplate); USD Lommen Health Sciences Library (ink stamp); to A.N., Tufts from Mr. Frazier, New York (inscription)

Rosenthal, Isidor, 1836-1915.
Les nerfs et les muscles, par J. Rosenthal. Paris, G. Bailliere, 1878.
[4], 268 p. illus. 22 cm.

Rosenthal, Moriz, 1833-1889.
A clinical treatise on the diseases of the nervous system, by M. Rosenthal. With a pref. by Charcot. Tr. from the author's rev. and enl. ed., by L. Putzel. New York, W. Wood, 1879.
2 v. illus. 23.5 cm.

Rosenthal, Moriz, 1833-1889.
Die Elektrotherapie, ihre Begründung und Anwendung in der Medizin. Für praktische Ärzte bearbeitet von Moriz Rosenthal. Wien, W. Braumüller, 1865.
xiv, 256, [1] p. illus. 21 cm.

Rosenthal, Moriz, 1833-1889.
Die Elektrotherapie, ihre Begründung und Anwendung in der Medizin für praktische Ärzte, bearbeitet von Moriz Rosenthal. Wien, W. Braumüller, 1865.
xiv, 256, [1] p. illus. 22 cm.
With this is bound Remak, Robert. Galvanotherapie der Nerven- und Muskelkrankheiten. Berlin, 1858.
Provenance: The Property of the New York Eye and Ear Infirmary Library, Second Avenue and 13th Street, presented by Dr. H.D. Noyes (bookplate)

Rosenthal, Moriz, 1833-1889.
Die Elektrotherapie und deren besondere Verwerthung in Nerven- und Muskelkrankheiten. Ein Handbuch fur praktische Arzte, von Moriz Rosenthal. 2 neubearb. und stark vermehrte Aufl. Wien, W. Braumuller, 1873.
xix, 390 p. illus. 23.5 cm.

Rosenthal, Moriz, 1833-1889.
Handbuch der Diagnostik und Therapie der Nervenkrankheiten, von Moriz Rosenthal. Erlangen, F. Enke, 1870.
xv, [1], 572 p. 24 cm.

Ross, James, 1837-1892.
A treatise on the diseases of the nervous system, by James Ross. 2nd. ed., rev. and enl. London, J. & A. Churchill, 1883.
2 v. illus., 6 plates. 23 cm.
Provenance: From the library of Dr. Michael Jefferson (bookplate)

Rothschild, Saly.
Ueber den Anus artificialis mit besonderer Berücksichtigung der Amussat'schen Methode, von Saly Rothschild. Friedberg, Beindernagel & Schimpff, 1861.
42 p. charts. 21.5 cm.

Roucher-Deratte, Claude.
Discours sur les progrès de la physique (I), par Roucher-Deratte. Montpellier, an XII [1804]
[1], 24 p. 21.5 cm.
Bound with his Discours sur l'utilité des sciences et des arts. Montpellier, an XII [1804]

Roucher-Deratte, Claude.
Discours sur l'utilité des sciences et des arts, et notamment entre autres des sciences et des arts physiques; prononcé, en deux séances, à l'ouverture du Cours de Physique, le 6 frimaire an XII; par C. Roucher-Deratte. Montpellier, G. Izar et A. Ricard, an XII [1804]
117 p. 21.5 cm.
With this is bound his Discours sur les progres de la physique (I). Montpellier, an XII [1804]
Covers applications of the various sciences including a section on electricity that contains comments on medical electricity.

Roullier, Auguste.
Exposition physiologiques des phénomènes du magnétisme animale et du somnambulisme, contenant des observations pratiques sur les advantages et l'emploi de l'un et de l'autre dans le traitement des maladies aiguës et chroniques, par Auguste Roullier. Paris, J.G. Dentu, 1817.
[4], xiv, 234 p. 21.3 cm.

Rowland, Henry Augustus, 1848-1901.
On the diamagnetic constants of bismuth and calc-spar in absolute measure. Part I., by H.A. Rowland. Part II, by W.W. Jacques. [n.p.] 1879.
[359]-371 p. 21.5 cm.
(In Electrical papers 1884. [n.p.] 1884.)
"From the American Journal of Science and Arts, Vol. XVIII, Nov., 1879."

Rowland, Henry Augustus, 1848-1901.
On the magnetic effect of electric convection, by Henry A. Rowland. [n.p.] 1878.
[30]-38 p. charts. 21.5 cm.
(In Electrical papers 1884. [n.p] 1884.)
"From the American Journal of Science and Arts, Vol. XV, Jan., 1878."

Roy, Louis, 1882-
De la guérison prompte & durable du Larmoiement consécutif aux rétrécissements du canal nasal par l'application de la galvanocaustique chimique neutre, par Louis Roy. Paris, Prissette, 1878.
5-62 p. 23.5 cm.

Rudisch, Julius.
Galvanic batteries in medicine with description of a new selector, by Julius Rudisch and George W. Jacoby. New York, G.P. Putnam's Sons, 1884.
15 p. illus. 21.5 cm.
"Reprinted from the Journal of Nervous and Mental Disease, Vol. xi, No. 1, January, 1884."

Russell, Edwin P
Effecto de las radiaciones ultravioletas en ninos desnutridos, por Edwin P. Russell. Chicago, Victor X-ray Corp. [19--]
4 p. 24.6 cm.
"Tomado de Clinical Medicine, Noviembre, de 1926, Vol. 33, No. 11."

Rutter, John Obadiah Newell, 1799-1888.
Human electricity: the means of its development, illustrated by experiments. With additional notes, by J.O.N. Rutter. London, J.W. Parker, 1854.
vi, 182, lxii p. illus., fronts. 19.5 cm.
Provenance: Essex Institute Library of Francis Peabody, presented by Mrs. Martha Peabody (bookplate with released E.I. 1967 ink stamp)

Rutter, John Obadiah Newell, 1799-1888.
Magnetoid currents, their forces and directions; with a description of the magnetoscope: a series of experiments, by J.O.N. Rutter. To which is subjoined a letter from William King. London, J.W. Parker, 1851.
[3], 47 p. illus. 21 cm.
In Ronalds, Wheeler 1213.

Sabine, Robert.
The electric telegraph, by Robert Sabine. London, Virtue Brothers, 1867.
xv, 428 p. illus. 23 cm.
Wheeler 1698.

Sachs, Karl, 1853-1878.
Untersuchungen am Zitteraal gymnotus electricus nach seinem Tode bearbeitet von Emil

du Bois-Reymond mit zwei Abhandlungen von Gustav Fritsch. Leipzig, Veit, 1881.
xxviii, 446 p. illus., 8 fold. plates. 24.5 cm.

Sage, Balthazer Georges, 1740-1824.
Description des colonnes électrifères, et de leurs effets, par B.G. Sage. Paris, de l'impr. de F. Didot, 1814.
8 p. 19.5 cm.
In Ronalds.

Sageret, Jules, 1861-
Les applications de l'électricité transformations de l'énergie électrique, par J. Sageret. Paris, Librairies-imprimeries Réunies [1899?]
[3], 346 p. illus. 22.5 cm.
Provenance: Lycee Louis le Grand Universite de France (crest on binding); Lycee Louis-le-Grand Annee Scolaire 1898-99 (bookplate)

Saillard de Raveton.
Electrothérapie; médication électrique appliquée aux maladies nerveuses et organiques chroniques et aiguës, par Saillard de Raveton. Paris, N. Chaix, 1860.
8 p. 23 cm.

St. Clair, R Wallace.
The practical application of electricity in medicine and surgery. The beginner's vade mecum, by R.W. St. Clair. Philadelphia, R.H. Andrews, 1890.
[4], 230 p. illus. 23.5 cm.
Provenance: Dennis & Bugg, Groesbeak, Texas (inscription)

Sajous, Charles Euchariste de Medicis, 1852-1929, ed.
Annual of the Universal Medical Sciences, a yearly report of the progress of the general sanitary sciences throughout the world. Edited by Charles E. Sajous and seventy associate editors, assisted by over 200 corresponding editors, collaborators, and correspondents. Vol. 5. Philadelphia, F.A. Davis, 1895.
Various pagings. illus. 24.5 cm.
Provenance: Arthur L. McLane (inscription)

Sajous, Charles Euchariste de Medicis, 1852-1929.
Diseases of the nose, naso-pharynx, pharynx, and larynx.
p. I1-I36. 24.2 cm.
(In Bigelow, H.R., ed. An international system of electro-therapeutics. Philadelphia, 1894.)

Sallis, Johann G.
Der tierische Magnetismus (Hypnotismus) und seine Genese. Ein Beitrag zur Aufklärung und eine Mahnung an die Sanitätsbehörden, von Joh. G. Sallis. Leipzig, E. Günthers, 1887.
[2], 96 p. 22.5 cm.

Salt and son, Birmingham, England.
A practical description of every form of medico-electric apparatus in modern use, with plain directions for mounting, charging, and working. London, J. & A. Churchill, 1875.
vi, [1], 66 p. illus. 22.5 cm.

Salt and son, Birmingham, England.
A practical description of every form of medico-electric apparatus in modern use with plain directions for mounting, charging, and working. 2nd ed., revised and corrected and brought down to the present time. London, J. & A. Churchill, 1877.
x, [1], 79 p. illus. 22.5 cm.
Presented to the Library of the Medical Society of the County of Kings by John C. Macevih, M.D., June 6 1934 (bookplate); Herman Dittmann Electric Instruments, New York (inscription); Medical Society of the County of Kings and Academy of Medicine of Brooklyn Library (ink stamp)

Salvage, Jean Galbert.
Anatomie du gladiateur combattant, applicable aux beaux arts, ou Traité des os, des muscles, du méchanisme des mouvemens, des proportions et des caractères du corps humain. Paris, Chez l'auteur; De l'Impr. de Mame, 1812.
[5], iv, 64 p. 22 plates, incl. front. (part col.) 55 cm.

Salzer, Friedrich A.
On the healing-in of foreign bodies, by Fritz A. Salzer, trans. by Ferd. Adalbert Junker von Langegg.
p. [107]-149. 22 cm.
(In Clinical lectures on subjects connected with medicine and surgery. London, 1894.)

Sanctis, Leone de.
Embriogenia degli organi elettrici delle torpedini e degli organi pseudo - elettrici delle raie.

Memoria premiata de Leone de Sanctis. Napoli, Stamperia del Fibreno, 1872.
69 p. 4 plates (incl. 1 col. plate). 30.3 cm.
Provenance: A M. le Prof. Ed. Bequeret de l'Institut hommage de l'auteur (inscription)
Covers the embryological development of the electric organs in torpedos.

Sanden, A T
Dr. A.T. Sanden, originator of the celebrated home treatment for the cure of all chronic, nervous and wasting diseases, without drugs or medicines. New York, Prout & Ward, Printers [ca. 1895]
[4], 95 p. illus. (part. col.), port. 16 cm.

Sansom, Arthur Ernest, 1839-1907.
Chloroform: its action and administration. A handbook, by Arthur Ernest Sansom. London, J. Churchill and Sons, 1865.
viii, 192 p. illus. 19 cm.
Provenance: M.H.A.D. (ink stamp); Jacob Woodby with the author's compliments (inscription)

Santini, Emmanuel Napoleon, 1847-
La photographie a travers les corps opaques par les rayons électriques, cathodiques et de Röntgen. Avec une étude sur les images photofulgurales, par E.N. Santini. Paris, Ch. Mendel [1875?]
[4], 102 p. illus., port. 18.5 cm.
Provenance: Offert a mon cher fils Gabriel Marfulleie 10 Mars 1876, H.S. Delaune (inscription)

Sappey, Philibert Constant, 1810-1896.
Traité d'anatomie descriptive, par Ph. C. Sappey. 2. éd. entièrement refondue. Paris, A. Delhaye, 1867-[74?].
4 v. illus. (part col.) 23.5 cm.
Provenance: vol. 2, Libreria de medicina Calle de Cadera num 14 Mexico (bookplate)

Sarlandière, Jean Baptiste, 1787-1838.
De la paralysie partielle de la face et de son traitement [par Sarlandière] [n.p.] Impr. A. P. Delaforest [18--]
26 p. 20.5 cm.

Sarlandière, Jean Baptiste, 1787-1838.
Mémoires sur l'électro-puncture, considerée comme moyen nouveau de traiter efficacement la goutte, les rhumatismes et les affections nerveuses, et sur l'emploi du Moxa japonais en France; suivis d'un traité de l'acupuncture et du moxa, principaux moyens curatifs chez les peuples de la Chine, de la Corée et du Japon; ornés de figures japonaises, par le chevalier Sarlandière. Paris, Chez l'Auteur, 1825.
[4], iv, 150 p. 2 col. fold. plates. 20.5 cm.
With this is bound Pelletan, Pierre. Notice sur l'acupuncture, son historique ses effets et sa théorie. Paris, 1825; and Cloquet, Jules. Traité de l'acupuncture. Paris, 1826.
In Ronalds, Gartrell 946.

Sarlandière, Jean Baptiste, 1787-1838.
Physiologie de l'action musculaire appliquée aux arts d'imitation, par Sarlandière. Paris, de l'imprimerie de Lachevardiere, 1830.
48 p. 2 plates. 22.5 cm.

Sartre, professor of physics.
Cahier de physique, rédigé par Sartre. [18__]
[177] p., bound. illus. 20.3 cm.

Saturnus, S I, pseud.
Iatrochimie et électro-homéopathie. Etude comparative sur la médecine du moyen-age et celle des temps modernes. Traduit de l'allemand. Orné de deux portraits et d'une planche hors texte. Paris, Chamuel, 1897.
75 p. diagr., col. fold. plate, 2 ports. 18.3cm.

Saur, Friedrich Ulrich Ludwig, 1796-1835.
Betrachtungen über die Electricität, vom L. Saur. Berlin, L. Oehmigke, 1832.
88 p. 17.5 cm.
Provenance: Amico Carissimo Viro Humanissimo Wieler Rei Pharmaceuticae Gnarissimo auetor (inscription); 1935 C. Twetur (inscription)
In Ronalds.

Saurel, Louis Jules, 1825-1860.
Observation clinique suivie de reflexions sur un cas de paralysie musculaire atrophique, guérie par l'usage de l'électricité et des eaux minérales de Balaruc, par Louis Saurel. Montpellier, J. Martel, 1854.
32 p. 20.5 cm.

Saxtorph, Friderich, d. 1808.
Electricitets-Laere, grundet paa Erfaring og Forsög, og sammenlignet med de meest bekiendte

hypotheser, af Friderich Saxtorph. Kiobenhavn, Arentzen og Hartier, 1802-03.
2 v. (xxviii, 1287, [35] p.) 8 fold. plates. 19.5 cm.
Provenance: Stockholms Universitet Kungl Vetenskapsakademiens Bibliotek (bookplate); Stockholms Hogskola (ink stamp); Det Store Kgl. Bibliothek Dupletv. Kjobenhavn (ink stamp)
In Ronalds.

Scarpa, Antonio, 1757-1832.
Engravings of the cardiac nerves, the nerves of the ninth pair, the glosso-pharyngeal, and the pharyngeal branch of the pneumo-gastric; copied from the "tabulae neurologicae" of Antonio Scarpa, by Edward Mitchell, engraver. With letter-press description, tr. from the original Latin, by Dr. Knox. 3rd ed. Edinburgh, MacLachlan & Stewart, 1832.
1 v., various pagings. 30 col. plates. 29 cm.
Provenance: Henry Anderson, Coll. Edin., 1839 (inscription)

Schaffer, Johann Gottlieb, 1720-1795.
Die Kraft und Wirkung der Electricitet in dem menschlichen Korper und dessen Krankheiten besonders bey gelahmtem Gliedern aus Vernunftgrunden erlautert und durch Erfahrungen bestatiger, von Johann Gottlieb Schaffer. Regensburg, E.F. Bader, 1752.
[13], 92 p. front. 16 cm.
In Ronalds.

Schaffers, V.
Essai sur la théorie des machines électriques a influence, par V. Schaffers. Paris, Gauthier-Villars, 1898.
[4], 139 p. illus. 25 cm.
"Extrait des Annales de la Société scientifique de Bruxelles, 1898."
Provenance: S.J. Barnett (inscription)

Schall, Hector, 1865-
Troubles trophiques provoqués chez l'homme par l'ampoule de Crookes, par Hector Schall. Lyon, A.H. Storck, 1897.
[2], 65 p. illus. 25.5 cm.

Schede, Max Eduard Hermann Wilhelm, 1844-1902.
Die angeborene Luxation des Hüftgelenkes, von Max Schede. Hamburg, Lucas Gräfe & Sillem, 1900.
[2], 26 p. 8 plates. 29 cm.

Scheider, Carolus Augustus Ludovicus, 1776-
De acupunctura, auctor C.A. Ludovicus Sgheider [sic] Berolini, Formis Bruschckianis, 1825.
32 p. plate. 18.5 cm.

Scheppegrell, William, 1860-
Electricity in the diagnosis and treatment of diseases of the nose, throat and ear, by W. Scheppegrell. New York, G.P. Putnam's Sons, 1898.
xiv, [1], 403 p. illus. 24 cm.
Provenance: Otis Clapp and Son, Established 1840, 10 Park Square, Boston (bookplate); William J. Welch, 97 Stearns Ave., Lawrence, Mass (inscription)

Schiller, Johann Christoph Friedrich von, 1759-1805.
The ghost-seer! From the German of Schiller. In 2 volumes. Vol. 1. London, H. Colburn and R. Bentley, 1831.
[1], 163, [1] p. 17 cm.
Bound with [Shelley, M.W. (Godwin)] Frankenstein. London, 1831.

Schilling, Joh. Friedrich Wilhelm, 1855-
Kompendium der ärztlichen Technik, von F. Schilliing. Leipzig, H. Hartung, 1897.
x, 397 p. illus., col. plate. 18.5 cm.

Schivardi, Plinio.
Manuale teorico pratico di elettroterapia; esposizione critico-sperimentale di tutte le applicazioni elettrojatriche, per Plinio Schivardi. Milano, Editori della Biblioteca, 1864.
492 p. illus. 16.5 cm.

Schnitzer, Adolph, 1802-1883.
Ueber die rationelle Amvendung des mineralischen Magnetismus in verschiedenen Krankheitszuständen, nebst einer Anweisung zur Anfertigung von Stahlmagneten, von Adolph Schnitzer. Berlin, J.F.J. Stackebrandt, 1837.
viii, 131 p. 21 cm.

Schoentjes, H , 1848-
L'électricité et ses applications, par H. Schoentjes. Paris, G. Masson, 1886.
vii, [1], [5]-488 p. illus., 2 plates. 24.5 cm.

Schroeder van der Kolk, Jacob Lodewijk Koenraad, 1797-1862.

Bau und Functionen der Medulla Spinalis und Oblongata und nächste Ursache und rationelle Behandlung der Epilepsie, von J.L.C. Schroeder van der Kolk. Aus dem Höllandischen Übertragen von Friedrich Wilhelm Theile. Braunschweig, F. Viewag, 1859.

viii, [1], 274 p. 8 plates. 23 cm.

Provenance: Librairie pour les Sciences et les langues etrangeres Friedrich Klinckshieck 11, Rue de Lille, Paris (bookplate)

Schroeder van der Kolk, Jacob Lodewijk Koenraad, 1797-1862.

Over het fijnere zamenstel en de werking van het verlengde ruggemerg en over de haaste oor zaak van epilepsie en hare rationele behandeling, door J.L.C. Schroeder van der Kolk. Uitgegeven door de koninklijke Akademie van Wetenschappen. Amsterdam, G.C. Van der Post, 1858.

[1], 204 p. 3 plates. 28.5 cm.

Schroeder van der Kolk, Jacob Lodewijk Koenraad, 1797-1862.

Die Pathologie und Therapie der Geisteskrankheiten auf anatomisch-physiologischer Grundlage, von J.L.C. Schroeder van der Kolk. Braunschweig, F. Vieweg, 1863.

x, 217 p. 24.5 cm.

Provenance: Librairie pour les sciences et les langues etrangeres Friedrich Klinckshieck 11, Rue de Lille a Paris (bookplate)

Schroeder van der Kolk, Jacob Lodewijk Koenraad, 1797-1862.

The pathology and therapeutics of mental diseases, by J.L. C. Schroeder van der Kolk. Tr. from the German by James T. Rudall. London, J. Churchill, 1870.

158 p. 23 cm.

Provenance: Clinton Hall for the use of the Mercantile Library Association, N.Y. (ink stamp)

Schroeder van der Kolk, Jacob Lodewijk Koenraad, 1797-1862.

Professor Schroeder van der Kolk on the minute structure and functions of the spinal cord and medulla oblongata and on the proximate cause and rational treatment of epilepsy, by Schroeder van der Kolk. Tr. from the original (with emendations and copious additions from manuscript notes of the author) by William Daniel Moore. London, New Sydenham Society, 1859.

ix, [2], 291 p. 4 plates. 22 cm.

Provenance: Library of School of Medicine and Dentistry U.R. (bookplate, withdrawn stamp); University Library Rochester, N.Y. (embossed)

Schroeder van der Kolk, Jacob Lodewijk Koenraad, 1797-1862.

Seele und Leib in Wechselbeziehung zu einander. Sechs Vorträge in der physikalischen Gesellschaft zu Utrecht vor Ärzten und Laien gehalten, von J.L.C. Schroeder van der Kolk. Braunschweig, F. Vieweg, 1865.

viii, [1], 192 p. 22 cm.

Provenance: Dr. M. Lendan (inscription)

Schroeder van der Kolk, Jacob Lodewijk Koenraad, 1797-1862.

Voorlezing over den Invloed van sterken drank op het ligchaam. Voorgedragen in het Natuurkundig Gezelschap te Utrecht door J.L.C. Schroeder van der Kolk. Utrecht, C. van der Post, 1850.

57 p. 23 cm.

Schwartze, Theodor.

Licht und Kraft; die Elektricität und ihre Anwendung im täglichen Leben; ein Handbuch für jedermann, von Th. Schwartze. 2. Aufl. Stuttgart, Union Deutsche Verlagsgesellschaft, 1900.

xii, 412 p. illus. 23 cm.

Schweig, George M

Cerebral exhaustion with special reference to its galvano-balneological treatment, by George M. Schweig. New York, Cosmopolitan Printing Office, 1876.

15 p. 22 cm.

From "The Medical Record" of November 4, 1876.

Schweig, George M

The electric bath, its medical uses, effects and appliance, by George M. Schweig. New York, G.P. Putnam's Sons, 1877, c1876.

134 p. 19 cm.

Provenance: Dr. Joseph H. Hunt (bookplate); Presented to the Medical Society of the County of Kings by Dr. Joseph H. Hunt of Brooklyn (bookplate); J.H. Hunt, M.D. (inscription); Med. Soc. County of Kings Library (ink stamp)

Schweigger, Johann Salomon Christoph, 1779-1857.
Geschichte des Elektromagnetismus und der sich ihm anreihenden physikalischen Bildersprache, von J.S.C. Schweigger. Zum Geschenke bestimmt fut offentliche Bibliotheken. Halle, 1856.
xxiv, 136 p. 3 fold. plates. 21 cm.
Provenance: ...Bibliothek Breslau (ink stamp)

Scoresby, William, 1789-1857.
Magnetical investigations, by William Scoresby. London, Longman, Orme, Brown, Green, and Longmans, 1839-1843.
2 v. 2 plates. 23 cm.
Provenance: From the author (inscription)
Wheeler 1070.

Scott, Robert Eden, 1770-1811.
Inquiry into the limits and peculiar objects of physical and metaphysical science, tending principally to illustrate the nature of causation; and the opinions of philosophers, ancient and modern, concerning that relation, by R.E. Scott. London, 1810.
viii, ii, 307 p. 21.2 cm.
Bound with Bywater, J. An essay on the history, practice, and theory of electricity. London, 1810.

Scoutetten, Henri, 1799-1871.
De l'électricité considérée comme cause principale de l'action des eaux minérales sur l'organisme, par H. Scoutetten. Paris, J.B. Baillière, 1864.
xi, 420 p. 21.5 cm.

Scoutetten, Henri, 1799-1871.
Électro-physiologie. Expériences constatant l'électricité du sang chez les animaux vivants, par H. Scoutetten; Objections. - Résponse. Paris, F. Blanc, 1863.
[1], 23, 16 p. 20.5 cm.
"Note extraite des Comptes rendus hebdomadaires des séances de l'Académie des sciences, par MM. les Secrétaires perpétuels. Tome LVII, no. 4. Séance du lundi 27 juillet 1863."

Scoutetten, Henri, 1799-1871.
L'ozone; ou, Recherches chimiques, météorologiques physiologiques et médicales sur l'oxygène électrisé, par H. Scoutetten. Paris, V. Masson, 1856.
[13], [7]-287 p. 7 fold. plates (1 col.) 19 cm.
In Ronalds, Wheeler 1372.

Scripture, Edward Wheeler, 1864-
Thinking, feeling, doing, by E.W. Scripture. New York, Chautauqua-Century Press, 1895.
304 p. col. front., illus. 20 cm.

Sechenov, Ivan Mikhaĭlovich, 1829-1905
(Komu i kak" razrabotyvat' psikhologiiu?)
Кому и какъ разработывать психологію?
p. [143]-225. 22.4 cm.
(in his Психологическіе этюды. С. - Петербургь, 1873)

Sechenov, Ivan Mikhaĭlovich, 1829-1905
(O zhivotnom" ėlektrichestvi͡e)
О животномъ электричествѣ. И. Сѣченова. Сь 75 политипажными рисунками. Санктпетербургъ, печанано въ типографіи Якова Трея, 1862.
vi, 202 p. 16 fold. plates. 22.4 cm.
Bound with his Психологическіе этюду. С.- Петербургъ, 1873.
Covers his research on animal electricity.

Sechenov, Ivan Mikhaĭlovich, 1829-1905
(Psikhologicheskie etiudy)
Психологическіе этюды. И. Сѣченова. С. - Петербургъ, въ типографіи Ф. С. Сущинскаго, 1873.
225 p. illus. 22.4 cm.
With this is bound his О животномъ электричествѣ. Санктпетербургъ, 1862.

Sechenov, Ivan Mikhaĭlovich, 1829-1905
(Refleksy golovnago mozga)
Рефлексы головнаго мозга.
p. 1-102. 22.4 cm.
(In his Психологическіе этюды. С.- Петербургь, 1873)

Sechenov, Ivan Mikhaĭlovich, 1829-1905
Ueber die elektrische und chemische Reizung der sensiblen Rückenmarksnerven des Frosches, von J. Setschenow. Graz, Leuschner & Lubensky, 1868.
69 p. 23 cm.

Sechenov, Ivan Mikhaĭlovich, 1829-1905
(Zamiechaniia na knigu G. Kavelina: "Zadachi psikhologii.")
Замѣчанія на книгу Г. Кавелина: "Задачи психологіи."

p. [103]-141. 22.4 cm.
(In his Психологическiе этюды. С.-Петербургъ, 1873)

Seebeck, August, 1805-1849.
Über die Schwingungen der Saiten, von A. Seebeck.
p. [129]-150. 26.5 cm.
(In Fuerstlich Jablonowskische Gesellschaft der Wissenschaften, Leipzig. Abhandlungen bei Begründung. Leipzig, 1846.)

Seiler, J
De la galvanisation par influence appliquée au traitement des déviations de la colonne vertébrate, des maladies de la poitrine, des abaissements de l'utérus, etc., par J. Seiler. Paris, J.B. Baillière, 1860.
157, [1] p. 23 cm.

Sellenati, Andreas Carolus.
De electricitatis influxa in affinitate chemica disceptatio inauguralis, ab Andrea Carolo Sellenati. Patavii, Ex officina sociorum titulo Minerva, 1830.
15 p. 22 cm.
Provenance: Withdrawn University of Minnesota Library (ink stamp)

Serre, Henri Auguste, 1802-1870.
Essai sur les phosphènes ou anneaux lumineux de la rétine considérés dans leurs rapports avec la physiologie et la pathologie de la vision, par Serre. Paris, V. Masson, 1853.
xx, 472 p. illus., tables. 21.5 cm.

Sewall, Henry, 1855-1936.
Plethysmographic studies of the human vasomotor mechanism when excited by electrical stimulation, by Henry Sewall and Elmer Sanford. [n.p., 1890]
[179]-207 p. 2 fold. plates. 23.5 cm.
Reprinted from the Journal of Physiology, Vol. XI. No. 3, 1890.

Seyffer, Otto Ernst Julius.
Geschichtliche Darstellung des Galvanismus, von Otto Ernst Julius Seyffer. Stuttgart, J.G. Cotta, 1848.
xxiv, 638 p. 22 cm.
Provenance: Ex Libris J.M.W. Baumanni (bookplate)
In Ronalds, Gartrell 954.

Seymour, P W
Electricity and magnetism as curative agents, by P.W. Seymour. 2nd. ed., rev. and enl. Battersea [England] Published by the author [1872?]
36 p. 18 cm.

Sharpey-Schafer, Sir Edward Albert, 1850-1935, ed.
Textbook of physiology, ed. by E.A. Schafer. Edinburgh, Y.J. Pentland, 1898-1900.
2 v. illus., 3 col. plates. 25.5 cm.
Provenance: Ex Libris Herbert McLean Evans (bookplate); Dr. H. Walter (ink stamp)

[**Shelley, Mary Wollstonecraft (Godwin)**] 1797-1851.
Frankenstein; or, The modern Prometheus. London, Printed for Lackington, Hughes, Harding, Mavor, & Jones, 1818.
3 v. 19.6 cm.
Influenced by scientific reports on physiology, electrophysiology, and resuscitation

[**Shelley, Mary Wollstonecraft (Godwin)**] 1797-1851.
Frankenstein; or, The modern Prometheus, by the author of The last man, Perkin Warbeck &c. Rev., corr., and illus. with a new introd., by the author. London, H. Colburn and R. Bentley, 1831.
xii, 202 p. front. 17 cm.
With this is bound Schiller, J.F.C. von. The Ghost-seer. London, 1831.

Shelley, Mary Wollstonecraft (Godwin), 1797-1851.
Frankenstein; or the modern Prometheus, by Mary W. Shelly [sic]. Philadelphia, Carey, Lea & Blanchard, 1833.
2 v. in 1. 18 cm.
Provenance: H.P. Edwards (inscription)

Sherrington, Sir Charles Scott, 1857-1952.
Further experimental note on the correlation of action of antagonistic muscles, by C.S. Sherrington. [London, Harrison] 1893.
[407]-420 p. 21.5 cm.
"From the Proceedings of the Royal Society, Vol. 53."

Sherrington, Sir Charles Scott, 1857-1952.
Note on the knee-jerk and the correlation of action on antagonistic muscles, by C.S. Sherrington. [London] 1893.

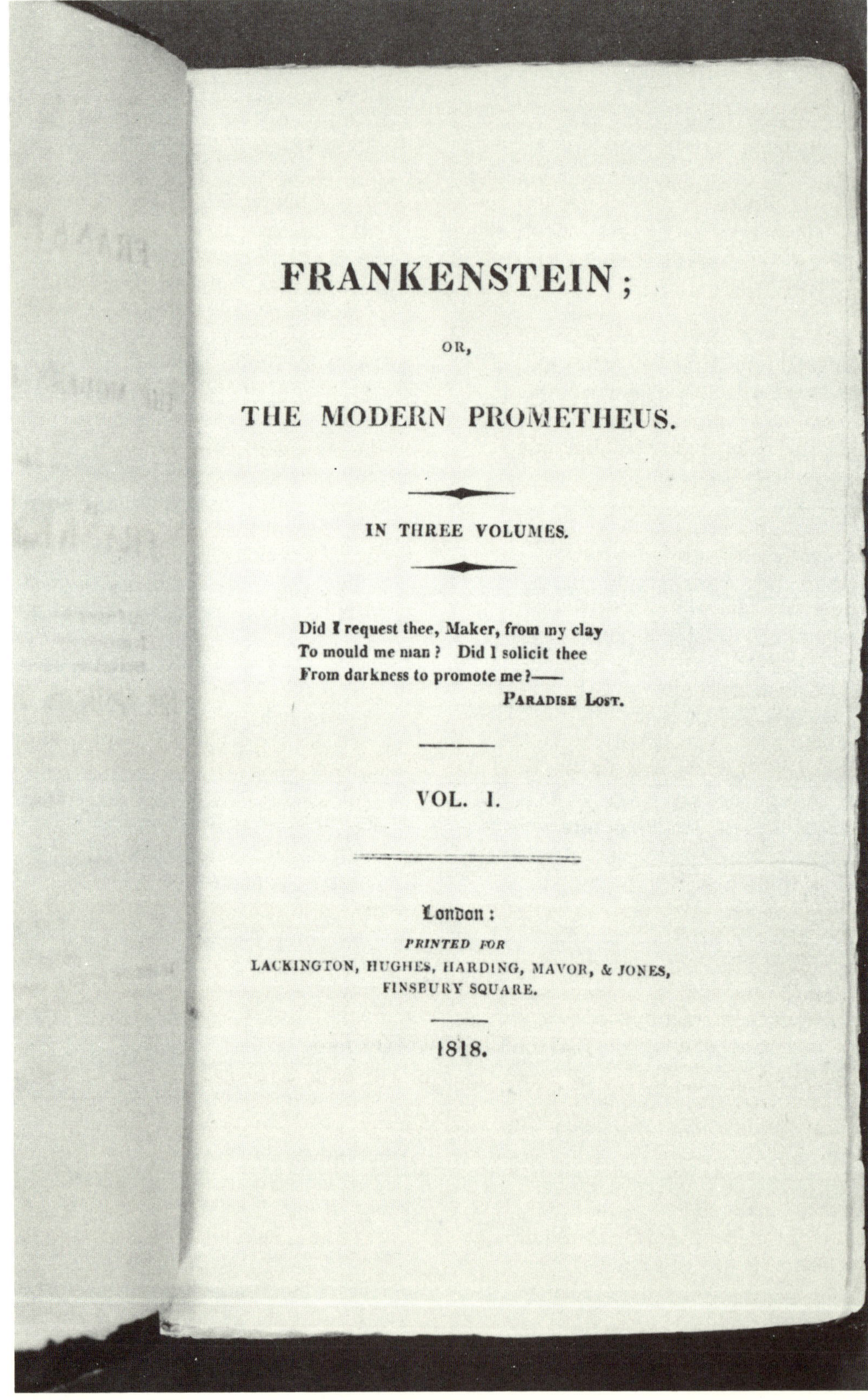
FRANKENSTEIN;

OR,

THE MODERN PROMETHEUS.

IN THREE VOLUMES.

Did I request thee, Maker, from my clay
To mould me man? Did I solicit thee
From darkness to promote me?——
PARADISE LOST.

VOL. I.

London:
PRINTED FOR
LACKINGTON, HUGHES, HARDING, MAVOR, & JONES,
FINSBURY SQUARE.

1818.

Title page of Shelley, *Frankenstein* (1818)

[556]-564 p. illus. 21.5 cm.
"From the Proceedings of the Royal Society, Vol. 52."

Sherrington, Sir Charles Scott, 1857-1952.
On the spinal animal, being the Marshall Hall prize address, by Charles S. Sherrington. London, Royal Medical and Chirurgical Society, 1899.
31 p. 5 plates. 22 cm.
"From Volume 82 of the 'Medico-Chirurgical Transactions.' Read May 23rd, 1899."

Sherwood, Henry Hall.
The astro-magnetic almanac, for 1843. In which all the motions of the earth are demonstrated, in accordance with the theory of the ancient eastern nations, by H.H. Sherwood. Calendar by David Young. No. 1. - To be continued annually. Note. - Calculated for the horizon and meridian of Boston, and serving for New England, western New York, upper Canada, and Michigan. New York [1842?]
72 p. illus. 19 cm.

Sherwood, Henry Hall.
Electro-galvanic symptoms and remedies, in chronic diseases of the class hypertrophy, or chronic enlargements of the organs and limbs, including all the forms of scrofula, by H.H. Sherwood. 3rd ed., rev. and enl. New York, J.W. Bell, 1837.
[4], [9]-86 p. illus. 18 cm.
Gartrell 958.

Sherwood, Henry Hall.
Manual for magnetizing, with the rotary and vibrating magnetic machine, in the duodynamic treatment of diseases, by H.H. Sherwood. 6th ed., enl. New York, Wiley and Putnam, 1845.
219, [5] p. illus. 13 cm.

Sherwood, Henry Hall.
The motive power of organic life, and magnetic phenomena of terrestrial and planetary motions, with the application of the ever-active and all-pervading, agency of magnetism, to the nature, symptoms, and treatment of chronic diseases, by Henry Hall Sherwood. New York, H.A. Chapin, 1841.
196 p. 24 plates. 23.5 cm.
Provenance: Gorda, S (inscription)
Gartrell 1219.

Sherwood, Henry Hall.
The motive power of the human system, with the symptoms and treatment of chronic diseases, by H.H. Sherwood. New York, Printed by J.W. Bell, 1840.
[2], iv, [2], [9]-120, [2] p. illus. 21 cm.
Provenance: American Institute Library (embossed stamp)

Sherwood, Henry Hall.
The motive power of the human system, with the symptoms and treatment of chronic diseases, by H.H. Sherwood. 6th ed. New York, 1843, c1842.
[3], iv, [2], 9-155, [2] p. illus. 21 cm.

Shufeldt, Robert Wilson, 1850-1934.
The Georgia wonder-girl and her lessons [by R.W. Shufeldt] [n.p.] 1885.
189-190 p. 24.5 cm.
Extract from Science, March 6, 1885.

Siemens, Sir Charles William, 1823-1883.
The dynamo-electric current in its application to metallurgy, to horticulture, and to locomotion, by C. William Siemens. [London, M'Corquodale] 1880.
26 p. fold. plate. 21.5 cm.
(In Electrical papers 1884. [n.p.] 1884.)
"From the Journal of the Society of Telegraph Engineers."

Siemens, Sir Charles William, 1823-1883.
Electrical resistance thermometer and pyrometer by C. William Siemens. London, Harrison, 1875.
[3]-44 p. illus., 3 fold. plates. 21.5 cm.
(In Electrical papers 1884. [n.p.] 1884.)
"Extract from the Transactions of the Society of Telegraph Engineers."

Siemens, Sir Charles William, 1823-1883.
On measuring temperatures by electricity [by] C. William Siemens. [n.p.] 1872.
11 p. illus. 21.5 cm.
(In Electrical papers 1884. [n.p.] 1884.)

Siemens, Sir Charles William, 1823-1883.
On some applications of electric energy to horticulture and agriculture; and a contribution to

the history of secondary batteries, by C. Wm. Siemens. London, Printed by W. Clowes, 1881.
16 p. illus. 21.5 cm.
Provenance: With the author's compliments (inscription)
Wheeler 2258.

Siemens, Sir Charles William, 1823-1883.
The scientific works of C. William Siemens. A collection of papers and discussions, ed. by E.F. Bamber. Vol. II. Electricity and miscellaneous. London, J. Murray, 1889.
viii, [1], 493 p. 37 plates (part fold.) 22.7 cm.
Provenance: F.T. Bacon (inscription)

Siemens, Werner von, 1816-1892.
Lebenserinnerungen, von Werner von Siemens. Berlin, J. Springer, 1892.
317 p. front. (port.) 23.4 cm.

Sigaud-Lafond, Joseph Aignan, 1730-1810.
De l'électricité médicale par Sigaud la Fond. Paris, Delaplace & Goujon, 1802.
[3], xxxii, 586 p. 4 fold. plates. 20.5 cm.
In Ronalds.

Sigmond, H W
Tratamiento de las hemorroides por medio del galvanismo positivo, por H.W. Sigmond. Chicago, Victor X-ray Corp. [19--]
7, [1] p. illus. 24.6 cm.
"Tomado de Victor Service-Suggestions, Edicion de Julio-Agosto, 1924."

Sihleanu, Stefano St.
De'pesci elettrici e pseudo-elettrici, par Stefano St. Sihleanu. Napoli, Accademia delle Scienze Fisiche e Matematiche, 1876.
68 p. fold. plate. 25.5 cm.
Provenance: Hommage a Mr. le Professeur Becquerel l'auteur (inscription)

Singer, George John, 1786-1817.
Élémens d'électricite et de galvanisme, par George Singer. Ouvrage traduit de l'anglais, et augm. de notes, par Thillaye. Paris, Bachelier, 1817.
viii, 655 p. 5 fold. plates. 21 cm.
Provenance: crest (embossed stamp)
In Ronalds, Wheeler 725a, Gartrell 962.

Sinnett, Alfred Percy, 1840-1921.
The rationale of Mesmerism; a treatise on the occult laws of nature governing Mesmeric phenomena, by A.P. Sinnett. 2nd ed. London, G. Redway, 1896.
[4], 163 p. 19.5 cm.
Provenance: The International Institute for Psychic Investigation (bookplate)

[Sitwell, Francis]
What is Mesmerism? And what its concomitants clairvoyance and necromancy? 2nd ed., enl. London, Bosworth & Harrison, 1862.
32 p. 16.3 cm.

Skene, Alexander Johnston Chalmers, 1837-1900.
Electro-haemostasis in operative surgery, by Alexander J.C. Skene. New York, D. Appleton, 1899.
x, 173 p. illus., 2 col. plates. 24 cm.
Provenance: Dr. H.E. Waite, New York City (inscription)

Skene, Alexander Johnston Chalmers, 1837-1900.
The treatment of neoplasms of the skin and mucous membrane with the galvano cautery and electrolysis, by Alex. J.C. Skene. [N.Y.] 1898.
10 p. 17 cm.
"Reprint from American Medico-Surgical Bulletin. March 10, 1898."

Sloane, Thomas O'Conor, 1851-1940.
Electricity simplified; the practice and theory of electricity; including a popular review of the theory of electricity, with analogies and examples of its practical application in everyday life, by T. O'Conor Sloane. New York, N.W. Henley, 1891.
viii, 158 p. illus. 18 cm.

Sloane, Thomas O'Conor, 1851-1940.
Electric toy making for amateurs, including batteries, magnets, motors, miscellaneous toys and dynamo construction, by T. O'Conor Sloane. New York, Norman W. Henley, 1897.
140 p. illus. 18 cm.

Smee, Alfred, 1818-1877.
De la vision dans son état de santé et de maladie, avec des détails sur les verres employés pour son amélioration, et les dangers que présente leur abus; résumé d'un cours fait sur ce sujet a l'hopital ophthalmique central de Londres.
p. [201]-304. 16.5 cm.
(In his Nouveau manuel d'electricité médicale. Paris, 1850.)

Smee, Alfred, 1818-1877.
Elements of electro-biology, or the voltaic mechanism of man; of electro-pathology, especially of the nervous system; and of electro-therapeutics, by Alfred Smee. London, Longman, Brown, Green & Longmans, 1849.
xii, [2], 164 p. illus. 23 cm.
Provenance: Henry Thomas Griffith, BA, Smallburgh Rectory, Norwich (bookplate)
In Ronalds, Wheeler 1165, Gartrell 965.

Smee, Alfred, 1818-1877.
Elements of electro-metallurgy, or The art of working in metals by the galvanic fluid; containing the laws regulating the reduction of the metals, the states in which the deposit may take place, the apparatus to be employed, and the application of electro-metallurgy to manufacturers; with minute descriptions of the processes for electro-gilding, plating, coppering, &c.; the method of etching by galvanism, the art of working in gold, silver, platinum and copper, with full directions for conducting the electrotype ... by Alfred Smee. London, E. Palmer and Longman, Rees, Orme, Brown, and Longman, 1841.
xxviii, 163, [1] p. 1 plate. 21.4 cm.
With this is bound Palmer, Edward. Palmer's new catalogue. London, 1840.
Provenance: Ex Libris Franz Sondheimer (bookplate); C.F. Chandler (ink stamp); The Chemists' Club (binding crest); The Chemists' Club Library (embossed stamp)

Smee, Alfred, 1818-1877.
Elements of electro-metallurgy, by Alfred Smee. 2nd. ed., rev., corr., considerably enl. London, E. Palmer, 1843.
[2], xxx, 338 p. illus., front. 23 cm.
Provenance: Dr. Elsner (bookplate); John J. Brooke, 1851 (inscription)
In Ronalds, Wheeler 1006a, Gartrell 967.

Smee, Alfred, 1818-1877.
Instinct and reason: deduced from electro-biology, by Alfred Smee. London, Reeve, Benham, and Reeve, 1850.
xxxiv, 320 p. illus., 10 plates (part col.). 23 cm.
Provenance: Hankey Thomson (bookplate)
In Ronalds, Gartrell 968.

Smee, Alfred, 1818-1877.
Lecture on electro-biology; or The voltaic mechanism of man; delivered at the London Institution. [London, 1849]
16 p. illus. 20.5 cm.
"Reprinted from 'The Lancet', April, 21st, 1849."

Smee, Alfred, 1818-1877.
The mind of man: being a natural system of mental philosophy, by Alfred Smee. London, G. Bell, 1875.
xx, 262 p. port., illus. 22.5 cm.
Provenance: William Fooks from the author (inscription); Please deliver bearer the copy my Mind, Nov. 4 1875 Nefs Bell Dr. Smee (inscription)

Smee, Alfred, 1818-1877.
Nouveau manuel d'éléctricité médicale ou, Élements d'électro-biologie suivi d'un traité sur la vision, par A. Smee. Traduit de l'Anglais par Magnier. Paris, Roret, 1850.
x, 308, [i.e. 310] p. 2 fold. plates. 16.5 cm.

Smee, Alfred, 1818-1877.
Principles of the human mind, deduced from physical laws; together with a lecture on electrobiology, or the Voltaic mechanism of man, by Alfred Smee. New York, Fowlers and Wells, 1852.
64 p. illus. 19.5 cm.

Smith, Arthur Lapthorn, 1855-
Disorders of menstruation.
p. G148-G194. 24.2 cm.
(In Bigelow, H.R., ed. An international system of electro-therapeutics. Philadelphia, 1894.)

Smith, Willoughby.
Selenium: its electrical qualities and the effect of light thereon, by Willoughby Smith. [London] Hayman Bros. and Lilly, Printers, 1877.
21 p. diagr. 21.5 cm.
(In Electrical papers 1884. [n.p.] 1884.)
Wheeler 2049.

Snijders, Theodorus Johannes Hendrik.
De therapeutische aanwending der statische electriciteit, door Theodorus Johannes Hendrik Snijders. Middelburg [Neth.] J.C. & W. Altorffer, 1886.
[5], 70, [1] p. 23 cm.

Solvay, Ernest, 1838-1938.

The part played by electricity in the phenomena of animal life, address delivered by Ernest Solvay, on December 14, 1893, at Brussels, with an appendix containing official documents in relation of the establishment of the Solvay Institute of the city of Brussels. Tr., at the author's request, by J.W. Mallet. New York, H. Bartsch, 1896.

72 p. 27 cm.

La Somnambule, ou souvenirs de Dresde, 1815, par Madame S*.** Paris, A. Guyot, 1834.

[4], 380 p. 20.5 cm.

Sonnenberg, Albert.

Arithmonomia naturalis seu de numeris in rerum natura tentamen e mineralogia, botanice et zoologia, auctore Alberto Sonnenburg. Dresdae, Libraria Arnoldia, 1838.

vi, 124, [1] p. plate. 26.5 cm.

Soret, Jacques Louis, 1827-1890.

Auguste de La Rive; notice biographique, par J. Louis Soret. Genève, Ramboz et Schuchardt, 1877.

277, [1] p. port. (front.) 23.5 cm.

Soubeiran.

Du choix des appareils d'induction au point de vue de leur application a la thérapeutique et a l'étude de certains phénomènes électro-physiologiques et pathologiques, mémoire présenté a l'Académie de médecine par Duchenne (de Boulogne). Appareils volta et magnéto-électriques (faradiques) a double courant, présentés a l'Académie de médecine par Duchenne (de Boulogne). Extrait du rapport fiat a l'Académie nationale de médecine, dans la séance du ler Avril 1851, par Soubeiran. Paris, J.B. Baillière, 1851.

16 p. 22.1 cm.

"Extrait du Bulletin de l'Académie nationale de médecine, Tome XVI, p. 656."

Copy 2.

(In Duchenne, G.B.A. Contributions a l'etude du système nerveux. Paris [187-])

South Kensington Museum, London.

Catalogue of the science collections for teaching and research in the South Kensington Museum. Parts I-VII. London, Printed by Eyre and Spottiswoode, 1891-95.

7 parts in 1. 24.5 cm.

[Southcott] Joanna, 1750-1814.

The millenium, containing a congratulatory address to the sealed people, and a dialogue between Joanna and the devil. [n.p., 18--?]

14 p. 23 cm.

Bound with Garrett, J.L. Outlines of a course of lectures on medical electricity, optics, &c. [Exeter, 18--?]

Spamer, Karl, 1842-1892.

Physiologie der Seele. Die seelischen Erscheinungen vom Standpunkte der Physiologie und der Entwickelungsgeschichte des Nervensystems aus wissenschaftlich und gemeinverstandlich dargestellt, von Karl Spamer. Stuttgart, F. Enke, 1877.

viii, 312 p. illus. 23 cm.

Sperling, Arthur, 1860-

Lehrbuch der Elecktrotherapie, bearb. von Arthur Sperling. 6. Aufl. Leipzig, A. Abel, 1893.

xiv, 420 p. illus., plate. 17.5 cm.

Provenance: Library of William Dieffenbach, MD (bookplate)

Spindler, Johann, 1777-1840.

Über das Princip des Menschen-Magnetismus, von Joh. Spindler. Nürnberg, F. Campe, 1811.

x, 102 p. illus. 20.5 cm.

Sprague, Alfred White, 1821-1891.

The elements of natural philosophy; copiously illustrated by familiar experiments, and containing descriptions of intruments, with directions for using. Designed for the use of schools and academies, by A.W. Sprague. 2nd ed. Boston, Phillips, Sampson, 1856.

363 p. illus., front., 1 plate. 19 cm.

Sprague, John T

Electricity: its theory, sources, and applications, by John T. Sprague. London, E. & F.N. Spon, 1875.

iv, 384 p. illus. 19 cm.

Sprague method of applying superheated dry air in the treatment of rheumatism, gout, sciatica, lumbago, neuritis and all conditions arising from imperfect elimination of the morbid products of the body, as well as for stiffness from accidents or following splint or plaster cast treatment. New York, The Sprague Institute [1900?]

47, [1] p. illus. 17 cm.

Spurzheim, Johann Gaspar, 1776-1832.
The anatomy of the brain, with a general view of the nervous system, by G. Spurzheim. Tr. from the unpublished French ms., by R. Willis. London, S. Highley, 1826.
xxiv, 234 p. 11 plates. 22 cm.
Provenance: L.D. Holm (bookplate); New Years Gift from the author 1829 (inscription)

Spurzheim, Johann Gaspar, 1776-1832.
Appendix to the anatomy of the brain, containing a paper read before the Royal Society on the 14th of May, 1829, and some remarks on Mr. Charles Bell's animadversions on phrenology, by G. Spurzheim. London, Treuttel, Wurtz, and Richter, 1830.
31 p. 7 plates. 21 cm.
Provenance: L.D. Holm (bookplate)

Stanhope, Leonard E.
Magnetic healing explained, by L.E. Stanhope. [Nevado, Mo., 1900]
108, [1] p. port. 17 cm.
Provenance: A.J. Whittemore, Oct. 13, 1914 (inscription)

Stannius, Hermann, 1808-1883.
Zwei Reihen physiologischer Versuche, von Stannis. Rostock, Adler, 1851.
16 p. 22.2 cm.

Starling, Ernest Henry, 1866-1927.
Principles of human physiology, by Ernest H. Starling. London, J.A. Churchill, 1912.
xii, 1423 p. illus. 23.5 cm.

Starr, Moses Allen.
Electricity in relation to the human body, by M. Allen Starr. [n.p., 1889?]
589-599 p. 23 cm.

Stauffer, Henri.
Étude sur la quantité des courants d'induction employés électrothérapie, par Henri Stauffer. Berne, K.J. Wyss, 1890.
72-120 p. illus., 3 plates. 22.5 cm.
Provenance: W. H. Cox ARTS (ink stamp)

Steavenson, William Edward, 1850-1891.
Electricity and its manner of working in the treatment of disease, by W.E. Steavenson, 1884. To which is appended an inaugural medical dissertation on electricity, by Robert Steavenson, 1778, with a translation by Frederick Robert Steavenson. London, J. & A. Churchill, 1884.
43 p. 22.5 cm.

Steavenson, William Edward, 1850-1891.
Medical electricity; a practical handbook for students and practitioners, by W.A. Steavenson and H. Lewis Jones. London, H.K. Lewis, 1892.
xv, 446 p. illus., 11 plates, 1 fold. table. 18.7 cm.
Provenance: With Dr. Lewis Jones' compliments (inscription)

Steavenson, William Edward, 1850-1891.
The uses of electrolysis in surgery, by W.E. Steavenson. London, J. & A. Churchill, 1890.
xii, 186 p. illus. 19 cm.

Steele, Albert J.
Theory and practice of electrical therapeutics or electricity as a curative agent, by Albert J. Steele. New York, American News Co., 1871.
xv, 192 p. illus., 5 col. plates, port. 18.5 cm.

Steffens, Heinrich.
Ueber die elektrischen Fische, von Heinrich Steffens. Frankfurt, Hermann, 1818.
[1], 26 p. 21 cm.
Reviews history of observations of and experiments with electric fish.

Stein, Sigmund Theodor, 1840-1891.
Lehrbuch der allgemeinen Elektrisation des menschlichen Körpers. Elektrotherapeutische Beiträge zur ärztlichen Behandlung der Neurasthenie und Hysterie sowie verwandter allgemeiner Neurosen, von Sigmund Theodor Stein. Dritte, vielfach vermehrte Aufl. Halle, W. Knapp, 1886.
xii, 256 p. illus., front. 23.5 cm.

Steinmetz, Charles Proteus, 1865-1923.
Theory and calculation of alternating current phenomena, by Charles Proteus Steinmetz, with the assistance of Ernst J. Berg. New York, W.J. Johnston, 1897.
xvii, 431 p. diagrs. 23.7 cm.
Contains earliest mathematical formulation of alternating current.

Stenhouse, John, 1809-1880.
On the economical applications of the charcoal to sanitary purposes ... by John Stenhouse. 3d ed. London, S. Highley, 1855.

28, 6, 6 p. 20.3 cm.
Bound with Jumné, D. de. De l'électricité appliquée aux bains de mer. Ostende, 1854.

Sternberg, Caspar Reichsgrafen von.
Galvanische Versuche in manchen Krankheiten, hrsg. und mit einer Einleitung: über Galvanismus in Bezug auf Erregungstheorie, begleitet von lohann Ulr. Gottlieb Schäffer. Stadtamhof an Regensburg, im Verlage der neuen Kunst-Musik-und Buchhandlung,
1803.
[3]-134, [1] p. 18.5 cm.

Stevens, Alexander Hodgdon, 1789-1869.
Electropathy. A new and complete system of medical electricity, by A.H. Stevens. Philadelphia [T. Sinex, printer, 1864]
16 p. 23 cm.

Stevin, Simon, 1548-1620.
De havenvinding [door] Simon Stevin.
7, [1] p. facsims. 26.5 cm.
(In Hellmann, Gustav, ed. Rara magnetica, 1269-1599. Berlin, 1898.)

Stewart, David Denison, 1859-1905.
Essentials of medical electricity, by D.D. Stewart and E.S. Lawrance. Philadelphia, W.B. Saunders, 1895.
v, 17-158 p. illus. 18.5 cm.
Provenance: Mrs. M. Collins, San Francisco (inscription)

Stieda, Ludwig.
Geschichte der Entwickelung der Lehre von den Nervenzellen und Nervenfasern während des XIX. Jahrhunderts. I. Teil: Von Sömmering bis Dieters, von Ludwig Stieda. Jena, G. Fischer, 1899.
[3], 118, [7] p. 2 plates. 35.7 cm.

Stieglitz, Johann, 1767-1840.
Ueber den thierschen Magnetismus, dor Johann Stieglitz. Hannover, Brubern Hahn, 1814.
xx, 671 p. 17.5 cm.
Provenance: Medie. Chirurg. Bibliothek. Allenburg (ink stamp)

Stintzing, Roderich, 1854-
Die Elektro-medicin in der internationalen Elektricitäts-Ausstellung zu München im Jahre 1882, von R. Stintzing. Nebst einem Anhang über die Verwendung der elektrischen Beleuchtung bei anatomischen, mikroskopischen und spektroskopischen Arbeiten von C. von Voit. München, Autotypie-Verlag, 1883.
37 p. illus., plate. 32 cm.
"Separat-Abdruck aus dem officiellen Berichte der internationalen Elektricitats-Ausstellung im kgl. Glaspalaste zu Munchen 1882."
Provenance: Professor Dr. Rüdinger (ink stamp)

Stirling, William, 1851-1932.
Outlines of practical physiology: being a manual for the physiological laboratory, including chemical and experimental physiology, with reference to practical medicine, by William Stirling. London, C. Griffin, 1888.
xvi, 309 p. illus. 20 cm.
Provenance: J. Whyte (inscription); H. Summerfield (inscription)

Stokes, Sir George Gabriel, bart., 1819-1903.
On the nature of the Rontgen rays (the Wilde lecture), by Sir G.G. Stokes.
p. [41]-66. 21 cm.
(In Barker, George Frederick, ed. and tr. Rontgen rays. New York, 1899.)
"Memoirs and Proceedings of the Manchester Literary and Philosophical Society, 41, Part IV, 1896-7."

Stokes, William, 1804-1878.
The diseases of the heart and aorta, by William Stokes. Dublin, Hodges and Smith, 1854.
xvi, 689 p. 23 cm.
Provenance: C. Mennend (inscription); Medical Society of Edinburgh (ink stamp)

Stokes, William, 1804-1878.
A treatise on the diagnosis and treatment of the diseases of the chest, by William Stokes. With a memoir by Dr. Acland. Ed. for the New Sydenham Society by Alfred Hudson. London, New Sydenham Society, 1882.
lv, 596 p. 22.5 cm.
Provenance: Ex Libris The Medical Society of the City and County of Denver 1871 Presented by William Walter Grevlich (bookplate); The Medical Society of the City and County of Denver (ink stamp)

Stone, G W
Electro-biology or, the electrical science of life, by G.W. Stone. Liverpool, Willmer & Smith, 1850.
48 p. 17.5 cm.

Stone, William Henry, 1830-1891.
On the electrical resistance of the human body, by W.H. Stone. London, Printed by J.E. Adlard [1882]
11 p. 21.5 cm.
(In Electrical papers 1884. [n.p.] 1884.)
"Reprinted from Vol. XII of 'St. Thomas's Hospital Reports.'"

Stone, William Leete, 1792-1844.
Letter to Dr. A. Brigham, on animal magnetism: being an account of a remarkable interview between the author and Miss Loraina Brackett while in a state of somnabulism, by William L. Stone. 4th ed., with additions. New York, G. Dearborn, 1837.
76 p. 22 cm.

Strambio, Gaetano, 1820-
Galvano-ago-puntura dei vasi sanguigi per curare gli aneurismi e le varici studj storico-critici, del Gaetano Strambio. Milano, G. Chiusi, 1847.
195, [2] p. 25 cm.
In Ronalds.

Strambio, Gaetano, 1820-
Sperimenti di galvano-ago-puntura istituiti sulle arterie e sulle vene dei bruti, dai G. Strambio et al. Relazione con poscritto e note addizionali del Gaetano Strambio. Milano, Tipo. e libr. di G. Chiusi, 1847.
86, [2] p. fold. plate. 25 cm.
Provenance: Doppio (inscription)
In Ronalds.

Stricker, Salomon, 1834-1898.
Neuro-elektrische Studien, von S. Stricker. Wein, W. Braumüller, 1883.
v, [1], 60 p. graphs. 23.7 cm.
Reports neuro-electrical experiments carried out in 1882 at the University of Vienna.

Strombeck, Friedrich Karl von, 1771-1848.
Histoire de la guérison d'une jeune personne, par le magnétisme animal, produit par la nature elle-même. Par un témoin oculaire de ce phénomene extraordinaire. Traduit de l'Allemand du Baron Fréd. Charles de Strombeck. Avec une préf. du Marcard. Paris, La librairie Grecque, Latine, Allemande, 1814.
[3], 200 p. 21.3 cm.
Provenance: Chateau de Veauce (bookplate)
Gartrell 1226.
Describes the cure of a young servant by self-hypnosis.

Strombeck, Friedrich Karl von, 1771-1848.
Histoire de la guérison d'une jeune personne, par le magnétisme animal, produit par la nature elle-même. Par un témoin oculaire de ce phénomène extraordinaire. Traduit de l'Allemand du Baron Fréd. Charles de Strombeck. Avec une préf. du Marcard. Paris, La Libraire Grecque, Latine, Allemande, 1814.
[3], 200, [1] p. 21 cm.
With this is bound Rederne, le comte de. Des modes accidentels de nos perceptions. Paris, 1815; and Chastenet de Puységur, A.M.S. Les vérités cheminent. Paris, 1814.
Provenance: Bibliotheque du Magnetisme (bookplate)
Gartrell 1226.

Stromeyer, George Friedrich Louis, 1804-1876.
On the combination of motor and sensitive nervous activity, or, On the production of sensations by motions, by Stromeyer. Tr. from the "Gottingishe gelehrte anzeigen," with additions communicated by the author by W. Little.
p. [113]-138. 23 cm.
(In Essays on physiology and hygiene. Philadelphia, 1838.) Bound with Edwards, W.F. On the influences of physical agents on life. Philadelphia, 1838, copy 2.

Strümpell, Adolf von, 1853-1925.
Traumatic neuroses, by Adolf Strümpell, trans. by A.M. Stalker.
p. [301]-325. 22 cm.
(In Clinical lectures on subjects connected with medicine and surgery. London, 1894.)

Struve, Christian August, 1767-1807.
Galvanodesmus, ein besonders in Krankheiten nützlicher, leicht transportabler, und unverzüglich anwendbarer galvanischer Apparat, erfunden und beschrieben, von Christ. Aug. Struve. Der Anhang enthält eininge Bemerkungen über den Galvanismus, und über des Verfassers System der medizinischen Elektrizitatslehre. Hannover, Hahn, 1804.
48 p. fold. plate. 20.3 cm.
In Ronalds.
Describes Struve's galvanic apparatus, Galvanodesmus, and its therapeutic uses.

Struve, Christian August, 1767-1807.
A practical essay on the art of recovering suspended animation: together with a review of the most proper and effectual means to be adopted in cases of imminent danger. Trans. from the German of Christian Augustus Struve. Albany, Whiting, Backus & Whiting, 1803.
xxiv, 210 p. 15.5 cm.
Provenance: Essex Institute Library deposited by the Essex South District Medical Society, received October 6, 1906 (bookplate); Ex Libris R. Plato Schwartz M.D. Professor of Orthopedic Surgery University of Rochester School of Medicine and Dentistry (bookplate)

Sturgeon, William, 1783-1850.
A course of twelve elementary lectures on galvanism, by William Sturgeon. London, Sherwood, Gilbert, and Piper, 1843.
xi, 231 p. illus., front. 19 cm.
Wheeler 1054.

Sturgeon, William, 1783-1850.
Lectures on electricity, delivered in the Royal Victoria gallery, Manchester, during the session of 1841-42, by William Sturgeon. London, Sherwood, Gilbert, and Piper, 1842.
xi, 240 p. illus., front. 19 cm.
Provenance: A.W. Clark (ink stamp)

Sturgeon, William, 1783-1850.
Scientific researches, experimental and theoretical, in electricity, magnetism, and electro-chemistry, by William Sturgeon. Bury, T. Crompton, 1850.
viii, 563, [3] p. 19 plates. 32.5 cm.
In Ronalds, Wheeler 1190, Gartrell 989.
Contains Sturgeon's collected works of his electrical inventions, discoveries, and experiments.

Suchard, E
Recherches sur la structure des corpuscules nerveux terminaux de la conjonctive & des organes genitaux, par E. Suchard. Paris, Rougier, 1885.
[1], 37, [2] p. plate. 26 cm.

Sue, Jean Joseph, 1760-1830.
Recherches physiologiques, et expériences sur la vitalité, et le galvanisme, par Jean Joseph Sue. 3. éd. Paris, Gabon, an XI - 1803.
vi, 86 p. 4 plates. 20 cm.
In Ronalds.
Contains physiological observations and reports on galvanic experiments.

Sue, Pierre, 1739-1816.
Histoire du galvanisme; et analyse des différens ouvrages publiés sur cette découverte, depuis son origine jusqu'a ce jour, par P. Sue. Paris, Bernard, 1802.
2 v. fold. plate 20 cm.
Provenance: Safstaholms Bibliothek (bookplate)

Sue, Pierre, 1739-1816.
Histoire du galvanisme; et analyse des différens ouvrages publiés sur cette découverte, depuis son origine jusqu'à ce jour, par P. Sue. Paris, Bernard, 1802.
4 v. plates. 20.5 cm.
In Ronalds, Wheeler 630, Gartrell 990.

Suerman, Bernardus Franciscus, 1783-1861.
Oratio de magnetismo, qui vocatur, animali veteribus omnino incognito, nostra demum aetate invento, si bene adhibeatur, novum fortasse physiologis lumen et salutare medicis remedium aliquando allaturo [auctore] Bernardi Francisci Suerman. Traiecti ad Rhenum, Otton. Ioann, van Paddenburg, et I. van Schoonhoven, 1816.
[2], 50 p. 22.5 cm.
Provenance: Bibliotheque A. Dareac 1914 (ink stamp)

Süskind, Johann Gottlob.
Handbuch der Naturlehre, enthaltend das Wissenswürdigste und Gemeinnützigste aus derselben, zum Selbstunterrichte und zum Unterrichte Anderer, von Johann Gottlob Süskind. Stuttgart, J.F. Steinkopf, 1812.
xvi, 576 p. 7 fold. plates. 20 cm.

Sundelin, Karl Heinrich Wilhelm, 1791-1834.
Anleitung zur medizinischen Anwendung der Elektrizität und des Galvanismus. Aus vorhandenen Schriften und aus der Erfahrung zusammengetragen, von Karl Sundelin. Berlin, G. Reimer, 1822.
iv [i.e. viii], 115, [1] p. 2 fold. plates. 20.4 cm.
In Ronalds.

Swan, Joseph, 1791-1874.
A demonstration of the nerves of the human body, by Joseph Swan. London, Longman, Rees, Orme, Brown, and Green, 1830.
[5], 36, [25] p. 50 engr. plates. 67.5 cm.

Swedenborg, Emanuel, 1688-1772.
The brain considered anatomically, physiologically and philosophically, by Emanuel Swedenborg. Ed., trans., and annotated by R.L. Tafel. London, J. Speirs, 1882-87.
4 v. illus. 22.5 cm.

Swett & Lewis Company, Boston.
The Kinraide coil. Boston [n.d.]
16 p. illus. 14.4 x 21.7 cm.

Szápary, Ferencz, graf, 1804-1875.
Handbuch der Magnetotherapie, vom Grafen Szápary. Aus dem Französischen übersetzt, vom von Wallenstedt. Berlin, F. Schneider [185-?]
[1], iv, [1], 240 p. 18 cm.

Szápary, Ferencz, graf, 1804-1875.
Katechismus des Vital-Magnetismus zur leichteren Direction der Laien-Magnetiseur Zusammengetragen während seiner zehnjährigen magnetische Laufbahn nach Ausfagen von Somnambulen und vieler Autoren, von Franz Grafen Szapary. Leipzig, O. Wigand, 1845.
viii, 416 p. 23.2 cm.

Szápary, Ferencz, graf, 1804-1875.
Magnétisme et magnétothérapie, par le Comte de Szapary. Paris, Chez l'auteur, 1853.
304 p. 22.5 cm.

Tarn, H C
Magnetism and electricity for the use of students in schools and science classes, by H.C. Tarn. London, W. & R. Chambers, 1889.
viii, [5]-188 p. illus. 17 cm.
Provenance: W. Beavis, Nelson Street, Newcastle on Tyne (bookplate); W.J. Parlin (inscription)

Taylor, George Henry, 1821-1896.
Paralysis, and other affections of the nerves: their cure by vibratory and special movements, by Geo. H. Taylor. New York, S.R. Wells, 1871.
[2], 161 p. 19 cm.
Provenance: James A. Throop (bookplate); R.B. Throop, Pleasant Corner, May 1875 (inscription)

Taylor, George Henry, 1821-1896.
Paralysis and other affections of the nerves: their cure by transmitted energy and special movements, by Geo. H. Taylor. New York, American Book Exchange, 1880.
[2], 179 p. 16.5 cm.

Taylor, T K
The medical pocket companion, or domestic adviser; designed for both married and single; containing a brief description of the causes, symptoms, and treatment of the most common and obstinate diseases, which affect humanity; together with many valuable hints upon the preservation of health and the proper management of infancy and childhood, by T.K. Taylor. New stereotype ed. Boston, Published by the author, 1856.
222 p. 16.5 cm.

Teissier, Joseph, 1851-1926.
De la valeur thérapeutique des courants continus, par L.J. Teissier. Paris, J.B. Baillière, 1878.
176 p. illus. 21 cm.

Tesla, Nikola, 1856-1943.
Experiments with alternate currents of high potential and high frequency, by Nikola Tesla. A lecture delivered before the Institution of Electrical Engineers, London. New York, W.J. Johnston, 1892.
ix, 146 p. illus., port. 18 cm.
Provenance: H.D. Crumtre 1896 (inscription)

Tesla, Nikola, 1856-1943.
Experiments with alternate currents of high potential and high frequency, by Nikola Tesla. A lecture delivered before the Institution of Electrical Engineers, London. New York, W.J. Johnston, 1896.
ix, 146 p. illus., port. 18 cm.
Provenance: W.S. Gurnee (inscription); W.S. Gurnee 3rd (ink stamp)

Teste, Alphonse, 1814-
Le magnétisme animal expliqué; ou, Leçons analytiques, sur la nature essentielle du magnétisme, sur ses effets son histoire, ses applications les diverses manières de le pratiquer, etc., par Alph. Teste. Paris, Chez J.B. Ballière, 1845.
vii, 479, [1] p. 21.2 cm.

Teste, Alphonse, 1814-
Manuel pratique de magnétisme animal. Exposition méthodique des procédés employés pour produire les phénomènes magnétiques et leur application a l'étude et au traitment des maladies, par Alph. Teste. Paris, J.B. Baillière, 1840.
viii, 476 p. 18 cm.

Testut, Léo, 1849-1925.
Traité d'anatomie humaine, par L. Testut. 4. éd., rev., corr. et augm. Paris, O. Doin, v. 3, 1899-1901.
1 v. illus., part col. 27 cm.

Thacher, James, 1754-1844.
The American new dispensatory containing general principles of pharmaceutic chemistry. Chemical analysis of the articles of materia medica. Pharmaceutic operations. Materia medica, including several new and valuable articles, the production of the United States. Preparations and compositions. With an appendix, containing an account of mineral waters. Medical prescriptions. The nature and medical uses of the gases. Medical electricity. Galvanism. An abridgement of Dr. Currie's reports on the use of water. The cultivation of the poppy plant and the method of preparing opium. And several useful tables, the whole comprised from the most approved authors, both European and American, by James Thacher. 2nd ed. Boston, T.B. Wait, 1813.
xxvii, [25]-732 p. 22.5 cm.

Théodoroff, Alexandre IV., 1874-
Extraction des corps étrangers métalliques (éclats de fer ou d'acier) du globe de l'oeil par l'électro-aimant, par Alexandre IV. Theodoroff. Lyon, A. Storck, 1900.
[3], 115 p. plate. 25 cm.

Theoriae electro-dynamicae synopsis. Romae, ex Salviucciana typographia, 1825.
42, [1] p. 21.3 cm.

Thillaye, L J S
Essai sur l'emploi médical de l'électricité et du galvanisme, par Thillaye. Paris, 1803.
80 p. 20.5 cm.
In Ronalds.

Thilly, Léon, 1864-
Des déviations et épaississements de la cloison nasale et de leur traitement l'électrolyse, par Léon Thilly. Lyon, Imprimerie Nouvelle, 1890.
60 p. 26 cm.

Thomas, A P J Come.
Considerations sur l'électricité appliquée a la pathologie, par A.P.J. Côme Thomas. Montpellier, J. Martel, 1812.
34, [1] p. 25 cm.

Thompson, Edward Pruden.
Roentgen rays and phenomena of the anode and cathode. Principles, applications and theories, by Edward P. Thompson. Concluding chapter by William A. Anthony. New York, D. Van Nostrand Co., c1896.
[2], xviii, 190 p. illus., front., plates. 24 cm.
Provenance: Library of the Medical Society of the Co. of Kings (bookplate with withdrawal stamp)
One of three American books on the x-ray published during 1896.

Thompson, Silvanus Phillips, 1851-1916.
Dynamo-electric machinery: manual for students of electro-technics, by Silvanus P. Thompson. 2nd ed., enl. and rev. London, E. & F.N. Spon, 1886.
xviii, 527 p. illus. 22.5 cm.
Provenance: F. Wise Howarth (signature)
Wheeler 2376a.

Thompson, Silvanus Phillips, 1851-1916.
The electromagnet, and electromagnetic mechanism, by Silvanus P. Thompson. London, E. & F.N. Spon, 1891.
xx, 450 p. illus. 21.5 cm.
Provenance: Carl Hering (inscription); Author's printed presentation slip tipped in

Thompson, Silvanus Phillips, 1851-1916.
Elementary lessons in electricity & magnetism, by Silvanus P. Thompson. London, Macmillan, 1893.
xiv, 456 p. illus., 2 fronts. 16 cm.

Thompson, Silvanus Phillips, 1851-1916.
Light visible and invisible; a series of lectures delivered at the Royal Institution of Great Britain, at Christmas, 1896, by Silvanus P. Thompson. New York, Macmillan Co., 1897.
xii, 294 p. illus., plates. 19 cm.
Provenance: Property of the U.S. Weather Bureau (ink stamp); Station Library S3381 (ink stamp, with condemned ink stamp)

Thompson, Silvanus Phillips, 1851-1916.
Polyphase electric currents and alternate-current motors, by Silvanus P. Thompson. New York, American Technical Book, 1896.
vi, [1], 261 p. illus., 2 fold. plates. 22 cm.
Provenance: Burndy Library (bookplate)

Thomson, Sir Joseph John, 1856-1940.
Notes on recent researches in electricity and magnetism, intended as a sequel to Professor Clerk-Maxwell's treatise on electricity and magnetism, by J.J. Thomson. Oxford, Clarendon Press, 1893.
xvi, 578 p. illus. 23 cm.
Provenance: Sarah L. Bennett, Mendon, Mar 19 '97 (inscription)
Deals with a number of electrical issues including the first English account of the discharge of electricity through gases.

Thomson, Sir Joseph John, 1856-1940.
A theory of the connection between cathode and Röntgen rays, by J.J. Thomson.
p. [67]-73. 21 cm.
(In Barker, George Frederick, ed. and tr. Röntgen rays. New York, 1899.)
"Philosophical Magazine, February, 1898."

Thomson, Thomas, 1773-1852.
An outline of the sciences of heat and electricity, by Thomas Thomson. London, Baldwin & Craddock, 1830.
xii, 583 p. illus., front. 23 cm.
Provenance: Dr. Niope from the Author (inscription)
In Ronalds, Gartrell 991.

Thomson, Thomas, 1773-1852.
A system of chemistry in four volumes, by Thomas Thomson. From the 5th London ed., with notes by Thomas Cooper. Philadelphia, A. Small, 1818.
4 v. diagrs., tables. 22 cm.
Provenance: Alex Madell (inscription)

Tibbits, Herbert, 1838-
Electrical and anatomical demonstrations delivered at the School of massage and electricity, by Herbert Tibbits. A handbook for trained nurses and masseuses. London, J. & A. Churchill, 1887.
viii, 94 p. illus. 19.5 cm.
Provenance: Clara Winterbone, Brancaster Haith nr Lyurs, Norfolk (inscription)

Tibbits, Herbert, 1838-
A handbook of medical and surgical electricity, by Herbert Tibbits. 2nd ed., rev. and enl. London, J. & A. Churchill, 1877.
xix, 254 p. illus. 23 cm.
Provenance: Library of the Medical Society of the County of Kings (bookplate); Downstate Medical Library (ink withdrawal stamp); E. Reynolds, MD. London April 6/79

Tibbits, Herbert, 1838-
A handbook of medical electricity, by Herbert Tibbits. With 64 illustrations. London, J. & A. Churchill, 1873.
xvi, 149 p. illus. 23 cm.
Provenance: Edward Thomas Tylecote (bookplate with crest & motto)
Wheeler 1892.

Tibbits, Herbert, 1838-
A handbook of medical electricity, by Herbert Tibbits. Philadelphia, Lindsay and Blakiston, 1873.
xii, 17-164 p. illus. 22.5 cm.

Tibbits, Herbert, 1838-
How to use a galvanic battery in medicine and surgery; a discourse delivered before the Hunterian Society, by Herbert Tibbits. 3rd ed., rev. and incorporating three lectures upon electro-therapeutics. London, J. & A. Chruchill, 1886.
x, 96 p. illus. 22 cm.

Tibbits, Herbert, 1838-
Improved apparatus and improved methods for applying static electricity (Franklinism), by Herbert Tibbits. London, J. & A. Churchill, 1886.
15 p. illus. 21.5 cm.

Tiemann, George, & Co., New York.
The American armamentarium chirurgicum. New York, c1889.
xvi, 846 p. illus. 28.9 cm.

Tipton, Albert W.
A new theory on the circulation of the blood on the electro-magnetic principle. Also, of the trance state, by A.W. Tipton. Chicago, Libby & Sherwood, 1892.
92 p. port. 22 cm.
Provenance: Drs. Haag & Haag, Drugless Physicians, 255 Main Street.--Room 300 Phone: Wasatach 5713 (ink stamp)

Tipton, Albert W
A rev. and enl. ed. of Clark's new system of electrical medication, by A.W. Tipton. Chicago, C.J. Johnson, 1882.
264 p. illus., port. 24 cm.

Tipton, Albert W , ed.
A rev. and enl. ed. of Clark's new system of electrical medication, by A.W. Tipton. Chicago, C.J. Johnson, 1885.
264 p. illus., port. 24 cm.
Provenance: Alvin L. Fisher, Jr. (bookplate); Henry E. Waite M.D....March 29, 1904 (inscription)

Tipton, Albert W , ed.
A rev. and enl. ed. of Clark's new system of electrical medication, by A.W. Tipton. Chicago, C.J. Johnson, 1886.
264 p. illus., port. 23.5 cm.
Provenance: Library of the Medical Society of the County of Kings (bookplate); Downstate Med. Lib. (ink withdrawal stamp)

Tissot, Joseph Xavier, 1780-1864.
L'anti-magnétisme animal, ou collection de mémoires, dissertations, theologiques, physico-medicales des plus savants theologiens et médecins, sur le magnétisme, la magie, les pratiques superstitieuses, etc. Ouvrage utile et necessaire, spécialement aux ecclésiastiques et aux médecins, par Tissot. Bagnols, A. Broche, 1841.
[4], 251, [1] p. 19 cm.

Tizzani, Vincenzo, 1809-1892.
Svl magnetismo animale discorso istorico-critico letto all'Accademia di religione cattolica il di 2l lvglio 1842, da Vincenzo Tizzani. Roma, Salvivcci, 1842.
160, [2] p. 20.5 cm.

Tocchi, Esprit.
Essai de statique électrique d'après un nouveau point de vue sur l'electricité, ou l'on ne considère qu'une seule électricité, et de laquelle on déduit l'affinité chimique et la cohésion, par Esprit Tocci. Marseille, Impr. d'Achard, 1828.
xvi, 106 p. 1 plate, (diagrs.) 22.8 cm.
In Rolands.

Todd, Robert Bentley, 1809-1860, ed.
The cyclopedia of anatomy and physiology, ed. by Robert B. Todd. London, Longman, Brown, Green, Longmans & Roberts, 1835-36.
5 v. in 6. illus. 25 cm.

Tomlinson, Charles, 1808-1897.
The magnet: familiarly described and illustrated by a box of magnetic toys, by Charles Tomlinson. London, Joseph, Myers, 1857.
47 p. illus. 16 cm.

Tommasi, Donato, 1848-1907.
Traité des pile électriques, piles hydro-électriques - accumulateurs, piles thermo-électriques et pyro-électriques, par Donato Tommasi. Paris, G. Carré, 1889.
[4], ii, 680, [1] p. illus. 20 cm.

Towne, Edward Cornelius, 1834-1911.
The causes of life, structure, and species, by Edward C. Towne. Manchester, Tubbs & Brook, 1878.
71, [1] p. 19 cm.
Wheeler 2113.

Towne, Edward Cornelius, 1834-1911
Electricity and life; or, the electro-vital theory of nature, by Edward C. Towne. Cambridge, C.W. Sever, 1887.
32 p. 23 cm.

Townshend, Chauncy Hare, 1798-1868.
Facts in Mesmerism with reasons for a dispassionate inquiry into it, by Chauncy Hare Townshend. New York, Harper & Brothers, 1841.
388 p. 2 plates. 19.5 cm.
Provenance: Ilza Veith (ink stamp)
Gartrell 1234.

Townshend, Chauncy Hare, 1798-1868.
Facts in Mesmerism with reasons for a dispassionate inquiry into it, by Chauncy Hare Townshend. London, H. Bailliere, 1844.
xxxv, 390 p. 23 cm.
Provenance: Thomas Dreury Passmore (inscription)

Travers, Benjamin, 1783-1858.
An inquiry concerning that disturbed state of the vital functions usually denominated constitutional irritation, by Benjamin Travers. 2nd ed., rev. London, Longman, Rees, Orme, Brown, and Green, 1827.
xv, [1], 438 p. 23 cm.
Provenance: Henry Brouron 1840 (inscription)

Treviranus, Gottfried Reinhold, 1776-1837.
Biologie, oder Philosphie der lebenden Natur für Naturforscher und Aerzte, von Gottfried Reinhold Treviranus. Göttingen, J.F. Röwer, 1802-22.
6 v. 4 fold. charts, 4 plates. 20 cm.

Tripier, Auguste Élisabeth Philogène, 1830-
Applications de l'électricité a la médecine et a la chirurgie état actuel de la question, par A. Tripier. 2. éd. Paris, J.B. Baillière, 1874.
[4], 88 p. 22.5 cm.

Tripier, Auguste Élisabeth Philogène, 1830-
L'électricite en médecine, par A. Tripier. Paris, O. Doin, 1882.
32 p. 22.5 cm.
"Extrait du Bulletin de Thérapeutique Médicale et Chirurgicale, Numéros des 30 août et 15 septembre 1882."

Tripier, Auguste Élisabeth Philogène, 1830-
Engorgement and displacements of the uterus.
p. G135-G147. 24.2 cm.
(In Bigelow, H.R., ed. An international system of electro-therapeutics. Philadelphia, 1894.)

Tripier, Auguste Élisabeth Philogène, 1830-
Franklinisation, par A. Tripier. Bordeaux [1897]
24 p. illus. 24.5 cm.
Offprint from the Archives d'electricite medicale, October 1896.

Tripier, Auguste Élisabeth Philogène, 1830-
Leçons cliniques sur les maladies des femmes; therapeutique générale et applications de l'électricité a ces maladies, par A. Tripier. Paris, O. Doin, 1883.
vi, 590 p. 22 cm.

Tripier, Auguste Élisabeth Philogène, 1830-
Manuel d'electrothérapie exposé pratique et critique des applications médicales et chirurgicales de l'électricite, par A. Tripier. Paris, J.B. Baillière, 1861.
xii, 624 p. illus. 18 cm.

Tripier, Auguste Élisabeth Philogène, 1830-
Note sur l'hémostase électrique et ses applications en gynécologie. Bordeaux, Impr. G. Gounouilhou, 1896.
12 p. 24.7 cm.
Bound with his Paralysies du mouvement; note sur le role de l'examen électromusculaire dans leur histoire. Bordeaux [ca. 1893]
"Extrait des Archives d'Électricité Médicale. 4e année, no. 43, 15 juillet 1896."

Tripier, Auguste Élisabeth Philogène, 1830-
Paralysies du mouvement; note sur le role de l'examen électromusculaire dans leur histoire, par A. Tripier. Bordeaux [ca. 1893]
8 p. illus. 24.7 cm.
With this is bound his Note sur l'hémostase électrique et ses applications en gynécologie. Bordeaux, 1896.

Troeltsch, Anton Friedrich, Freiherr von, 1829-1890.
The surgical diseases of the ear, by von Tröltsch. London, The Sydenham Society, 1874.
vii, [1], 95, [1] p. illus., plate. 22.5 cm.
With this is bound Helmholtz, Hermann. Mechanism of the ossicles. London, 1874.

Troisier.
Anatomie et physiologie pathologique; cours de Vulpian [par] Troisier. 1868-1872.
5 v., bound. illus. 21 cm. [manuscript]

Trommsdorff, Johann Bartholomäus, 1770-1837.
Geschichte des Galvanismus oder der galvanischen Elektricität vorzüglich in chemischer Hinsicht [von] Johann Bartholomä Trommsdorff. Erfurt, Hennings, 1803.
[6], 260, [4] p. 20 cm.

Trouvé, Gustave, 1839-1902.
Manuel théorique, instrumental et pratique d'électrologie médicale, par G. Trouvé. Éd. honorée d'une préface de Vigouroux. Paris, O. Doin, 1893.
[3], xxii, 788 p. illus. 18 cm.

Trowbridge, John, 1843-1923.
Influence of magnetism upon thermal conductivity, by John Trowbridge and Charles Bingham Penrose. [Boston] 1883.
210-213 p. 21.5 cm.
(In Electrical papers 1884. [n.p.] 1884.)
Extract from Proceedings of the American Academy of Arts and Sciences.

Trowbridge, John, 1843-1923.
On the heat produced in iron and steel by reversals of magnetization, by John Trowbridge and Charles Bingham Penrose. [n.p.] 1883.
204-209 p. 21.5 cm.

(In Electrical papers 1884. [n.p.] 1884.)
Extract from Proceedings of the American Academy of Arts and Sciences.

Trowbridge, John, 1843-1923.
On the heat produced in iron and steel by reversals of magnetization, by John Trowbridge and Walter N. Hill. [Boston] 1883.
197-204 p. charts. 21.5 cm.
(In Electrical papers 1884. [n.p.] 1884.)
Extract from Proceedings of the American Academy of Arts and Sciences.

Trowbridge, John, 1843-1923.
Papers on thermo-electricity. - No. 1, by John Trowbridge and Charles Bingham Penrose. [Boston] 1883.
214-220 p. 21.5 cm.
(In Electrical papers 1884. [n.p.] 1884.)
Extract from Proceedings of the American Academy of Arts and Sciences.

Truax, firm, manuf. of surgical instruments, Chicago.
(1893. Truax, Greene & Co. (incorporated)).
Price list of physicians' supplies [available from] Chas. Truax, Greene & Co., manufacturers, jobbers, and importers of surgical instruments, pharmaceutical preparations and ... drugs. 6th ed. Chicago, c1893.
1 v. (various pagings) illus., plates (incl. coupons) 24.7 cm.

Tuckett, T
A guide to health, and lost property, to which is added, a short account of the Bradninch ghost, by T. Tuckett. 125th ed. [n.p., 18--?]
[2], 15 p. 21.5 cm.
Bound with Garrett, J.L. Outlines of a course of lectures on medical electricity, optics, &c. [Exeter, 18--?]

Tuke, Daniel Hack, 1827-1895, ed.
A dictionary of psychological medicine, giving the definition, etymology and synonyms of the terms used in medical psychology, with the symptoms, treatment, and pathology of insanity, and the law of lunacy in Great Britain and Ireland, edited by D. Hack Tuke. London, J. & A. Churchill, 1892.
2 v. (xv, [1], 1477 p.) illus., charts, diagrs., facsims., front., plates, ports. 24.3 cm.

Tunmer, James R
Electricity in the treatment of disease. A practical guide to its application; what it is, & what it will accomplish, by James R. Tunmer. London, E.W. Allen, 1886.
[7], ii, [7]-108, iv, 24 p. illus., front., 3 plates. 18.5 cm.

Tupper, James Perchard.
An essay on the probability of sensation in vegetables; with additional observations on instinct, sensation, and irritability, etc., by J.P. Tupper. 2nd ed. London, Longman, Hurst, Rees, and Brown, 1818.
[xi], 142 p. 23 cm.
Provenance: With the author's very respectful compls. (inscription)

Tyndall, John, 1820-1893.
Faraday as a discoverer, by John Tyndall. New ed. London, Longmans, Green, 1870.
xii, 208 p. ports. 18.5 cm.

Tyndall, John, 1820-1893.
Lessons in electricity at the Royal Institution 1875-6, by John Tyndall. London [1876]
[4], 91 p. illus. 18.5 cm.
Wheeler 2010.

Tyndall, John, 1820-1893.
Light and electricity: notes of two courses of lectures before the Royal Institution of Great Britain, by John Tyndall. New York, D. Appleton, 1871.
194 p. diagrs. 20.4 cm.
Provenance: G.W. Heywood (bookplate)

Tyndall, John, 1820-1893.
Notes of a course of seven lectures on electrical phenomena and theories, delivered at the Royal Institution of Great Britain, April 28 - June 9, 1870, by John Tyndall. London, Longmans, Green, 1870.
40 p. 18 cm.
Provenance: Radcliffe Library Oxford (ink stamp)
Wheeler 1785.

Tyndall, John, 1820-1893.
The older electricity - its phenomena and investigators [by] John Tyndall. London, 1884.
4, 5, 5, 5, 6, 8 p. 20.5 cm.

Tyndall, John, 1820-1893.
Researches on diamagnetism and magne-crystallic action, including the question of diamagnetic polarity, by John Tyndall. London, Longmans, Green, 1870.
xix, 361 p. diagrs., front., plates (part. fold.) 23 cm.
In Ronalds, Wheeler 1786.

U.S. Surgeon-general's office.
The use of the Röntgen ray by the Medical department of the United States army in the war with Spain. (1898) Prepared under the direction of George M. Sternberg, by W.C. Borden. Washington, Govt. Print. Off., 1900.
98 p. illus., 38 plates. 29.5 cm.
Another issue.
Provenance: Stevens S. Sanderson, M.D. (bookplate)

Unzer, Johann Augustus, 1727-1799.
The principles of physiology, by John Augustus Unzer; and A dissertation on the functions of the nervous system, by George Prochaska. Tr. and ed. by Thomas Laycock. London, Printed for the Sydenham society, 1851.
xii, xv, 463, [1] p. 22.7 cm.
Provenance: Mass. Gen. Hospital 1848 (ink stamp)

Urbanitzky, Alfred, Ritter von, 1852-1906.
Elektricität und Magnetismus im Alterthume, von Alfred Ritter von Urbanitzky. Wein, A. Hartleben, 1887.
xiv, [1], 284 p. illus. 18.2 cm.
Provenance: Bibliotheca Domus Professaes. J. Viennensis (ink stamp)

Urbanitzky, Alfred, Ritter von, 1852-1906.
Electricity in the service of man: a popular and practical treatise on the applications of electricity in modern life. From the German of Alfred, Ritter von Urbanitzky. Ed., with copious additions, by R. Wormell; partly rev. and enl. by R. Mullineux Walmsley, with an introd. by John Perry. London, Cassell, 1890.
xxxii, 891 p. illus., diagrs. 23.2 cm.

Urbanitzky, Alfred, Ritter von, 1852-1906.
Electricity in the service of man: a popular and practical treatise on the applications of electricity in modern life, by R. Wormell. (From the German of A.R. von Urbanitzky.) Rev. and enl. by R. Mullineux Walmsley. London, Cassell, 1897.
xx, 976 p. illus., diagrs. 23.5 cm.
Provenance: E. A. Fella 1898 (inscription)

Ure, Andrew, 1778-1857.
[Andrew Ure] On galvanism. An extract from his "Dictionary of chemistry." For private distribution. London, Baines & Scarsbrook, Printers [18--]
33 p. port. 19 cm.
Provenance: W. Arthur Boord 24th Dec. 1890 (inscription)

Urquhart, John W
Electric light; its production and use, embodying plain directions for the working of galvanic batteries, electric lamps, and dynamo-electric machines, by J.W. Urquhart. Ed. by F.C. Webb. London, Crosby Lockwood, 1880.
xiv, 290 p. illus. 19 cm.
Provenance: Leicester University Library (bookplate with withdrawal stamp)
Wheeler 2216.

Uwins, David, 1780?-1837.
A treatise on those disorders of the brain and nervous system, which are usually considered and called mental, by David Uwins. London, Renshaw and Rush, 1833.
iv, 235 p. 22.8 cm.

Uwins, David, 1780?-1837.
Lehrbuchder... 1844
2v.

Valentin, Gabriel Gustav, 1810-1883.
Grundriss der Physiologie des Menschen. Für das erste Studium und zur Selbstbelehrung, von G. Valentin. Braunschweig, F. Vieweg, 1846.
vi, [2], 440 p. illus. 21 cm.

Van der Weyde, Peter Henri, 1813-1895.
The comparative dangers of alternate vs. direct electric currents. Abstract from a paper read before the 8th convention of the National Electric Light Association (held at the Hotel Brunswick. New York, August 29, 30 and 31, 1888), by P.H. Van der Weyde. [n.p., 1888]
8 p. 20.5 cm.
"Reprint from The Electrical Engineer; The Electrical Review; The Electrical World."

Varigny, Henry de, 1855-
Recherches expérimentales sur l'excitabilité électrique des circonvolutions cérébrales et sur la

période d'excitation latente du cerveau, par Henry Crosnier de Varigny. Paris, A. Parent, 1884.
140 p. 23.2 cm.

Varigny, Henry de, 1855-
Recherches expérimentales sur l'excitabilité électrique des circonvolutions cérébrales et sur la période d'excitation latente du cerveau, par Henry C. de Varigny. Paris, F. Alcan, 1884.
[2], 138, [1] p. 23 cm.

Vassalli-Eandi, Antonio Maria, 1761-1825.
Rapport présenté a la classe des sciences exactes de l'Académie de Turin le 27 thermidor, sur les expériences galvaniques faites les 22 et 26 du même mois, sur la tête et le tronc de trois hommes, peu de tems après leur décapitation, par Vassalli, Giulio et Rossi. Turin, Impr. nationale, an X [1802]
19 p. 26 cm.
In Ronalds, Wheeler 642.

Vassalli-Eandi, Antonio Maria, 1761-1825.
Rapport présenté a la classe des sciences exactes de l'Académie de Turin dans la séance du 2 nivôse an 11, sur l'action du galvanisme et sur l'application de ce fluide et de l'électricité a l'art de guérir, par Antoine Marie Vassalli-Eandi. Turin, L'Impr. Nationale [1803]
12 p. 25 cm.
In Ronalds.

Veau de Launay, Claude Jean, 1755-1826.
Manuel de l'électricité, comprenant les principes élémentaires, l'exposition des systêmes, la description et l'usage des différens appareils électriques, un exposé des méthodes employées dans l'électricité médicale; suivi d'une table chronologique de tous les ouvrages relatifs à l'électricité, par Claude Veau Delaunay. Paris, Chez l'auteur, 1809.
[6], iv, 80, 272 p. 13 fold. plates. 20.3 cm.
Gartrell 1002.
Contains descriptions of electrical machines; covers medical electricity and the history of electricity.

Vegetable physiology.
p. [139]-172. 23 cm.
(In Essays on physiology and hygiene. Philadelphia, 1838.)
Bound with Edwards, W.F. On the influence of physical agents on life. Philadelphia, 1838, copy 2.

[Vely]
Du fluide-universel; de son activité et de l'utilité de ses modifications par les substances animales dans le traitement des maladies. Aux étudians qui suivent les cours des toutes les parties de la physique [par Vely] Paris, de l'impr. de Delance, 1806.
[3], xv, 218, [2] p. 21 cm.

Verati, Lisimaco.
Sulla storia teoria e pratica del magnetismo animale e sopra vari altri temi relativi al medesimo. Trattato critico [di] Lisimaco Verati. Firenze, Presso V. Bellagambi, 1845-46.
4 v. 22.8 cm.
In Ronalds.
Comprehensive coverage of animal magnetism.

Vergnes
Electro-chemistry considered in its application to medicine, by Vergnes. New York, Phair & Co., Printers, 1855.
15 p. 22.3 cm.

Vierordt, Hermann, 1853-1943.
Anatomische physiologische und physikalische Daten und Tabellen zum Gebrauche für Mediciner, von Hermann Vierordt. 2. vollständig umgearb. Aufl. Jena, G. Fischer, 1893.
vi, 400 p. charts, tables. 25 cm.
Provenance: Library of the Philadelphia County Medical Society (bookplate)

Vierordt, Karl von, 1818-1884.
Die Erscheinungen und Gesetze der Stromgeschwindigkeiten des Blutes. Nach Versuchen, von Karl Vierordt. Frankfurt a.M., Meidinger, 1858.
viii, 208 p. illus., 2 fold. plates. 22 cm.
Provenance: Emmet F. Horine (inscription); Carleton B. Chapman, M.D. (bookplate)

Vierordt, Karl von, 1818-1884.
Die Erscheinungen und Gesetze der Stromgeschwindigkeiten des Blutes. Nach Versuchen, von Karl Vierordt. 2. unveränderte Ausg. mit einem Nachtrag des Verfassers. Berlin, M. Hirsch, 1862.
viii, 212 p. illus., 2 fold. plates. 23 cm.
Provenance: Wm H. Honell, J.H.U., Oct. 1882 (inscription); Carleton B. Chapman, M.D. (bookplate)

Vierordt, Karl von, 1818-1884.
Die Lehre vom Arterienpuls in gesunden und kranken Zuständen. Gegründet auf eine neue Methode der Bildlichen Darstellung des menschlichen Pulses, von Karl Vierordt. Braunschweig, F. Vieweg, 1855.
viii, 271, [1] p. illus., 6 fold. charts. 22 cm.

Vigouroux, Paul.
De l'électricité statique et de son emploi en thérapeutique. Mémoire par Paul Vigouroux. Paris, J.B. Baillière, 1882.
103, [1] p. illus., 6 plates. 25 cm.

Villain, B
Dissertation philosophique, physiologique et métaphysique sur l'identité de la vie intellectuelle et matérielle de tous les êtres qui vivent ou végètent sur la terre. Théorie électrique thérapeutique, par Villain. Paris, Chez Germer-Baillière, 1833.
xx, 109, [1] p. 22 cm.

Villers, Charles Joseph de, 1724-1809.
Journees physiques [par Ch. Devillers] Lyon, J. De Ville, 1761.
2 v. 17.2 cm.

Virey, Julien Joseph, 1775-1846.
Vues physiologiques sur les causes des déformations dans les êtres organisés, par J.J. Virey. [Montpellier?] Impr, de C.J. Trouvé [n.d.]
12 p. 21.2 cm.
Bound with Delpech, J.M. De l'orthomorphie. Paris, 1828.
"(Extrait du Journal Universel des Sciences médicales, t. XXXVII, p. 257)."

Vital statistics.
p. [209]-227. 23 cm.
(In Essays on physiology and hygiene. Philadelphia, 1838.)
Bound with Edwards, W.F. On the influence of physical agents on life. Philadelphia, 1838, copy 2.

Voisin, Auguste Félix, 1858-
De l'anesthésie cutanée hystérique. Mémoire lu à la société de médecine de Paris, par Aug. Voisin. Paris, V. Masson, 1858.
39 p. 21 cm.
"Extrait de la Gazette hebdomadaire de médecine et de chirurgie."

Vollmer, Carl Gottfried Wilhelm, 1797-1864.
Magnetismus und Mesmerismus, oder physische und geistige Kräfte der Natur. Der mineralische und thierische Magnetismus sowohl in seiner wirtlichen Heilkraft, als in dem Miscbrauch, der von Betrügern und Narren damit getrieben worden, im Zusammenhange mit der Geisterklopferei - der Tischrückerei - dem Spiritualismus, dargestellt von W.F.A. Zimmerman. Leipzig, E. Wartig [n.d.]
[3], 692 p. 3 plates. 23 cm.

Volta, Alessandro Giuseppe Antonio Anastasio, conte, 1745-1827.
Briefe über thierische Elektricität, von Alessandro Volta. (1792) Hrsg. von A.J. von Oettingen. Leipzig, W. Engelmann, 1900.
161, [1] p. 19 cm.

Volta, Alessandro Giuseppe Antonio Anastasio, conte, 1745-1827.
Collezione dell'opere del cavaliere conte Alessandro Volta. Firenze, nella Stamperia di G. Piatti, 1816.
3 v. in 5. 7 fold. plates, port. 20.8 cm.

Volta, Alessandro Giuseppe Antonio Anastasio, conte, 1745-1827.
L'identità del fluido elettrico col cosi detto fluido galvanico vittoriosamente dimostrata con nuove esperienze ed osservazioni, memoria comunicata al Pietro Configliachi. Pavia, Da G.G. Cappelli, 1814.
vi, [2], 145, vii p. port. 29cm.
Provenance: Bibliothec. S. Bernardini (ink stamp)
In Ronalds, Wheeler 726
Reviews Volta's position on animal electricity

Volta, Alessandro Giuseppe Antonio Anastasio, conte, 1745-1827.
Sulla formazione della grandine; memoria del signor conte Alessandro Volta, con un articolo sul medesimo argomento [di] Angelo Bellani. Milano, Dalla tipografia e libreria Manini, 1824.
170, [2] p. 22 cm.

Volta, Alessandro Giuseppe Antonio Anastasio, conte, 1745-1827.
[Volta's] neueste Versuche über Galvanismus. Beschreibung eines neuen Galvanometers und andere kleine Abhandlungen über diesen Gegenstand. Mit zwey Kupfern. Wien, Camesinaischen, 1803.

[4], 130 p. 2 fold. plates. 18 cm.
Provenance: Ex Libris Luyken Landfort (bookplate); Haus Landfort (ink stamp)

Voltaic Belt & Appliance Co.
Beskrivelse af the Voltaic Belt & Appliance Co's elektriske baelter og apparater, bestaaende af baelter og baerebind, brystplader, indsaaler, hovebaand, ryg-, skulder - og laendebaand. Marshall, Mich. [189 -]
30, [1] p. illus. 15 cm.

Voltolini, Friedrich Eduard Rudolph, 1819-1889.
Die Anwendung der Galvanokaustik im Innern des Kehlkopfes und Schlundkopfes nebst einer kurzen Anleitung zur Laryngoskopie und Rhinoskopie, von Rudolph Voltolini. Wien, W. Braumüller, 1867.
vi, 73, [1] p. illus. 23.2 cm.

Vrolik, Willem, 1801-1863.
Levensberigt van J.L.C. Schroeder van der Kolk, door W. Vrolik. Amsterdam, C.G. van der Post, 1862.
[1], 31 p. front. (port.) 24.3 cm.
"Overgedrukt uit het Jaarboek der Koninklijke Akademie van Wetenschappen, voor den jahre 1862."

Vulpian, Alfred, 1826-1877.
Leçons sur la physiologie générale et comparée du systéme nerveux, faites au Muséum d'histoire naturelle, par A. Vulpian, rédigées par Ernest Brémond, revues par le professeur. Paris, G. Baillière, 1866.
[6], 920 p. 22.2 cm.
Provenance: College de France (ink stamp)

Vulpian, Alfred, 1826-1877.
Recherches expérimentales sur la contractilité des vaisseaux, du foie et des reins, des uretères, et sur la durée de la contractilité du coeur après la mort chez les mammifères, par A. Vulpian. Paris, Imprimé par E. Thunot [n.d.]
30 p. 23.1 cm.

Wagner, R.V., Co., Chicago.
Catalog of electrical instruments for physicians and surgeons. 6th ed. Chicago, c1900.
[2], 125, [1] p. illus. 23.4 cm.

Wagner, Rudolph, 1805-1864.
Über den feineren Bau des elektrischen Organs im litterrochen, von Rudolph Wagner. Göttingen, Dieterich, 1847.
28 p. 25.8 cm.

Waite & Bartlett Manufacturing Co.
Illustrated price list; electro-medical and electro-surgical instruments. New York [ca.1890?]
48 p. illus. 23.5 cm.

Walker, Sydney Ferris.
Electricity in our homes and workshops. A practical treatise on auxiliary electrical apparatus, by Sydney F. Walker. London, Whittaker, 1889.
xv, 320 p. illus. 18 cm.
Introduces lay-persons to the way their electrical equipment works.

Wallace, William Clay.
An attempt to show that light, heat, electricity, and magnetism are effects of the law of gravitation, by W. Clay Wallace. New York, D. Fanshaw, 1854.
[1], 15 p. illus. 23.3 cm.
Wheeler 1306.

Waller, Augustus Désiré, 1856-1922.
An introduction to human physiology, by Augustus D. Waller. London, Longmans, Green, 1891.
x, [2], 612 p. illus. 23.5 cm.
Provenance: Arthur H. Evans (inscription)

Waller, Augustus Désiré, 1856-1922.
Lectures on physiology: first series, On animal electricity, by Augustus D. Waller. London, Longmans, Green, 1897.
viii, 144 p. illus., diagrs., fold. plate. 22 cm.

Waller, Augustus Désiré, 1856-1922.
Note of observations on the rate of propagation of the arterial pulse-wave, by Augustus Waller. [n.p., 1882-1883?]
[1], 11 p. illus. 23 cm.
Provenance: With the author's compliments (inscription)

Waller, Augustus Désiré, 1856-1922.
Tierische Elektrizität. Vorlesungen von Augustus D. Waller. Übers. von Estelle du Bois-Reymond. Leipzig, Veit, 1899.
vi, 152 p. illus. 22.2 cm.

Walling, William Henry, 1836-1910
Abscesses; adenomas; adipose tumors; aneurisms; callosities; haemorrhoids; torticollis; specific and malignant diseases of the rectum, and ulcerations.
p. N1-N28. 24.2 cm.
(In Bigelow, H.R., ed. An international system of electro-therapeutics. Philadelphia, 1894.)

Walling, William Henry, 1836-1910.
Electricity as a remedy in disease, both chronic and acute, with cases, by W.H. Walling. [Philadelphia, 1890-91?]
15 p. 14.5 cm.

Walton, C S
Electricity and the architect, by C.S. Walton. [n.p.] Southern California Edison Co. [n.d.]
323-327 p. 24 cm.

Wanner, J B E
Traité de l'action régulatrice et vivifiante du fluide électrique ou magnétique dans l'économie animale, par Wanner, De By. Paris, Germer Baillière, 1839.
57, [2] p. 19.7 cm.

Wappler Electric Company, New York.
X-ray and high frequency accessories. New York, Wappler Electric Mfg. Co. [n.d.]
52 p. illus. 22.3 cm.

Warner, Samuel.
Electricity the great acting power of nature [by] Samuel Warner. [n.p., n.d.]
151-152 p. 22.2 cm.

Watkins, Francis.
A popular sketch of electro-magnetism, or electro-dynamics; with plates of the most approved apparatus for illustrating the principal phaenomena of the science, and outlines of the parent sciences: electricity and magnetism, by Francis Watkins. London, Printed for J. Taylor, 1828.
iv, 83 p. 3 plates. 23.2 cm.

Watkins and Hill, London.
A new and enlarged descriptive catalogue of optical, mathematical, philosophical, and chemical instruments and apparatus, constructed and sold by Watkins and Hill. London, 1838 [cover 1840]
112 p. 17.9 cm.

Watteville, Armand de, 1846-1925.
Introduction à l'étude de l'electrotonus des nerfs moteurs et sensitifs chez l'homme, par Armand de Watteville. Londres, Ranken, 1883.
vii, 58 p. 2 plates. 21.8 cm.

Watteville, Armand de, 1846-1925.
A practical introduction to medical electricity, with a compendium of electrical treatment, tr. from the French of Onimus, by A. de Watteville. London, H.K. Lewis, 1878.
xii, 152 p. illus. 22 cm.
Provenance: Library of the M.S. of the County of Kings (bookplate, ink stamp); Downstate Med. Lib. (ink withdrawal stamp)
Wheeler 2117.

Watteville, Armand de, 1846-1925.
A practical introduction to medical electricity, by A. de Watteville. 2nd ed. London, H.K. Lewis, 1884.
xii, 208, [4] p. illus, 6 plates with descriptive text. 22.3 cm.

Webb, Ezekiel.
The philosophy of medicine, deduced from analyzing the constitution of man, into its legitimate structure and action, by Ezekiel Webb. 2nd ed., with the addition of preliminary observations, fully developing both the legitimate principles pertaining to the philosophy of medicine and constitution of human nature; and an appendix, containing some of the principal corollaries, consequential to the premises, supporting both the text and introduction. New York, Printed for the author, 1834.
xxix, [1], [5]-232, xv p. 22.5 cm.
Provenance: The Medical Society of the City and County of Denver (bookplate, ink stamp)

Weber, A Sigismond.
Traitement par l'électricité et le massage, par A.S. Weber. Paris, A. Coccoz, 1889.
116 p. 25 cm.

Weber, Eduard Friedrich Wilhelm, 1806-1871.
Quaestiones physiologicae de phaenomenis galvano-magneticis in corpore humano observatis. Auctore Eduardo Weber. Lipsiae, Literis G. Staritzii [1838]
[2], 26 p. diagrs., tables. 22 cm.

Weber, Ernst Heinrich, 1795-1878.
Wellenlehre auf Experimente gegründet oder über die Wellen tropfbarer Flüssigkeiten mit Anwendung auf die Schall- und Lichtwellen, von Ernst Heinrich Weber und Wilhelm Weber. Leipzig, G. Fleischer, 1825.
xxviii, 574, [1] p. 18 fold. plates, fold. table. 21.3 cm.

Weber, Ernst Heinrich, 1795-1878.
Zusätze zur Lehre vom Baue und den Verrichtungen der Geschlechtsorgane, von E.H. Weber.
p. [379]-459. 26.5 cm.
(In Fuerstlich Jablonowskische Gesellschaft der Wissenschaften, Leipzig. Abhandlungen bei Begründung. Leipzig, 1846.)

Weber, Joseph, 1753-1831.
Der Galvanismus und Theorie desselben, von Joseph Weber. München, J. Giel, 1815.
64 p. 17.2 cm.
Provenance: Ludwig Reiser...1816 (inscription)

Weber, Joseph, 1753-1831.
Der thierische Magnetismus, oder das Geheimniss des meschlichen Lebens, aus dynamisch-psychischen Kräften verständlich gemacht, von Joseph Weber. Landshut, in der Weber'schen Buchhandlung, 1816.
viii, 117, [1] p. 19.5 cm.
Provenance: Medic. Chirurg. B...Altenburg (ink stamp)

Weber, Wilhelm Eduard, 1804-1891.
Abhandlungen über elektrodynamische Maassbestimmungen, von Wilhelm Weber. Leipzig, Wiedmann, 1852.
viii, [1], [211]-378, [1], [199]-577, [1] p. 26.1 cm.

Weber, Wilhelm Eduard, 1804-1891.
Elektrodynamische Maassbestimmungen, von Wilhelm Weber.
p. [209]-378. 26.5 cm.
(In Fuerstlich Jablonowskische Gesellschaft der Wissenschaften, Leipzig. Abhandlungen bei Begrundung. Leipzig, 1846.)
In Ronalds, Wheeler 1110.

Weiler, W
Wörterbuch der Elektricität und des Magnetismus. Ein Hand- und Nachschlagebuch zur Erklärung, Erläuterung und Beschreibung der elektrischen und magnetischen Ausdrücke, Gesetze, Vorgänge, Apparate, Instrumente und Maschinen nebst Hilfswissenschaften und Anwendungen in Gewerbe, Kunst und Wissenschaft, mit Formeln, Tabellen, biographischen und geschichtlichen Angaben, deutschen, englischen und französischen Worterklärungen u.s.w. Hrsg. von W. Weiler. Leipzig, M. Schafer, 1898.
[3], iv, 632 p. illus., charts, diagrs. 27.3 cm.

Weiss, Jacob, 1849-
Die cerebralen Grundzustände der Psychosen, von J. Wiess. Stuttgart, F. Enke, 1877.
iv, [1], 46 p. 22.9 cm.
Provenance: Kantonsbibliothek Graubunden

Wells, S M
The electropathic guide: prepared with particular reference to home practice; containing hints on the care of the sick, the treatment of disease, and the use of electricity; with full directions for treating over 100 diseases, by S.M. Wells. 3rd ed. New York, American news co., c1872.
viii, 11-96 p. 19.2 cm.
Provenance: Library of the Medical Society of the County of Kings (bookplate)

Wells, S M
The electropathic guide: prepared with particular reference to home practice; containing hints on the care of the sick, the treatment of diseases, and the use of electricity: with full directions for treating over 100 diseases, by S.M. Wells. 10th ed., rev. New York, J.H. Bunnell, 1895.
viii, 11-96 p. 19.2 cm.

Wells, W R
A new theory of disease; based upon the principle that man is a compound electrical magnet. Also, a new method of cure, by means of the various qualities of electricity, by W.R. Wells. Rochester, N.Y., Steam press of C.D. Tracy, Evening express office, 1862.
144 p. 17.4 cm.

Wells, W R
A new theory of disease; based upon the principle that man is an compound electrical magnet; also a new method of cure, by means of the various qualities of electricity, by W.R. Wells.

Rev. and enl. ed. Rochester, N.Y., Printing house of Tracy & Rew Express Office, 1869.
178 p. 19.6 cm.
Provenance: Compliments of the author (inscription); Return to H.E. Waite, M.D. 108 E. 23rd New York NY (inscription)

Werigo, Bronislaw Fortunovich, 1860-
Effecte der Nervenreizung durch intermittirende Kettenströme. Ein Beitrag zur Theorie des Electrotonus und der Nervenerregung, von Br. Werigo. Berlin, A. Hirschwald, 1891.
v, 237 p. illus., 9 plates (part fold.) 24.2 cm.

Wesley, John, 1703-1791.
The desideratum: or, Electricity made plain and useful, by a lover of mankind and of common sense, John Wesley, 1759. 2nd ed., with an appendix on the electricity of modern times. London, Baillière, Tindall, and Cox, 1871.
[3], 79 p. 19 cm.
Provenance: With the publishers' compliments

Wesley, John, 1703-1791.
The desideratum: or, Electricity made plain and useful, by a lover of mankind and of common sense, by John Wesley, 1759. London, Baillière, Tindall, and Cox, 1871.
[3], 72 p. 19 cm.

Wesley, John, 1703-1791.
Primitive physic: or, An easy and natural method of curing most diseases, by John Wesley. 24th ed. rev. and enl. by William M. Cornell. Boston, C. Stone, 1858.
151 p. 18.1 cm.
With this is bound Cornell, W.M. The ship and shore physician and surgeon. Boston, 1858.

Wesley, John, 1703-1791.
Primitive physic: or An easy and natural method of curing most diseases, by John Wesley. 28th ed. London, Printed at the Conference office by T. Cordeux, 1815.
108 p. 17.5 cm.
Provenance: Elizabeth Pope, Kingcombe Dorset 1820 (inscription)

Wesley, John, 1703-1791.
Wesley his own biographer. Selections from the Journals of the Rev. John Wesley, A.M., sometime fellow of Lincoln college, Oxford. London, C.H. Kelly, 1890.
ix, [1], [7]-640 p. illus., plates, port. 24 cm.

Wetzlar, Lazarus, 1810-1880.
Traité pratique des propriétés curatives des eaux thermales sulfureuses d'Aix-la-Chapelle et du mode de leur emploi, par L. Wetzlar. Bonn, Henry & Cohen, 1856.
xii, 82, [1] p. 20.3 cm.
Bound with Jumné, D. de. De l'électricité appliquée aux bains de mer. Ostende, 1854.

Wetzler, Johann Evangelist, 1774-1850.
Beobachtungen über den Nutzen und Gebrauch des Keil'schen Magnet-Electrischen Rotations-Apparates in Krankheiten, besonders in chronischnervösen, rheumatischen und gichtischen, gesammelt zu München, Augsburg, Würzburg und Kissingen, von J.E. Wetzler. Leipzig, K.F. Köhler, 1842.
[6], 182, [6] p. 18.5 cm.
Provenance: Medic. Chirurg. Bibliotheck (ink stamp)

Weyl, Theodor, 1851-1913.
Physiologische und chemische Studien an Torpedo, von Th. Weyl. [n.p., n.d.]
[117]-124 p. charts. 22.2 cm.

Weyl, Theodor, 1851-1913.
Physiologische und chemische Studien an Torpedo. IX. Einiges uber den Stoffwechsel des elektrischen Organs, von Th. Weyl. [n.p., n.d.]
[316]-324 p. charts. 23.3 cm.

Wharton, Francis, 1820-1889.
Precedents of indictments and pleas, adapted to the use both of the courts of the United States and those of all the several states: together with notes on criminal pleading and practice, embracing the English and American authorities generally, by Francis Wharton. Philadelphia, J. Kay, 1849.
xviii, [1], 694 p. 23.5 cm.
Provenance: A.R. Ladd Notary Public Lafayette Co. Wisc. (embossed stamp)

Whewell, William
Astronomy and general physics, 1834
Provenance: East Indian College (binding with crest and motto)

White, S.S., Dental Manufacturing Company.
Catalogue of dental materials, furniture, instruments, etc., for sale by Samuel S. White. [Philadelphia?] 1876.
408 p. illus. (part col.) 24.8 cm.

White, William, 1815-
Medical electricity. A manual for students. Showing its most scientific and rational application to all forms of acute and chronic disease, by the different combinations of electricity, galvanism, electro-magnetism, magneto-electricity, and human magnetism, by William White. New York, S.R. Wells, 1872.
203 p. 19.3 cm.

White, William, 1815-
Medical electricity. A manual for students. Showing its most scientific and rational application to all forms of acute and chronic disease, by the different combinations of electricity, galvanism, electro-magnetism, magneto-electricity, and human magnetism, by William White. New York, S.R. Wells, 1873.
203 p. 19.3 cm.
Provenance: Private Library F L Hubbard (bookplate)

White, William, 1815-
Medical electricity. A manual for students. Showing its most scientific and rational application to all forms of acute and chronic disease, by the different combinations of electricity, galvanism, electro-magnetism, magneto-electricity, and human magnetism, by William White. New York, S.R. Wells, 1877.
203 p. 19.3 cm.

White, William, 1815-
The student's manual of medical electricity. Showing its most scientific and rational application to all forms of acute and chronic disease, by the different combinations of electricity, galvanism, electro-magnetism, magneto-electricity, and human magnetism, by William White. Boston, Publ. by the author, 1869.
191 p. 19.7 cm.

Whiter, Walter, 1758-1832.
A dissertation on the disorder of death; or that state of the frame under the signs of death called suspended animation; to which remedies have been sometimes successfully applied, as in other disorders, in which it is recommended, that the same remedies of the resuscitative process should be applied to cases of natural death, as they are to cases of violent death, drowning, &c. under the same hope of sometimes succeeding in the attempt, by Walter Whiter. London, Printed for the author, sold by S. Hayes, 1819.
[6], x, 480, [1] p. 20.5 cm.
Provenance: Author's signed presentation letter dated Oct 20, 1824 to Charles M. Clarke tipped in; Charles M. Clarke (inscription)

Wiedemann, Gustav Heinrich, 1826-1899.
Die Lehre vom Galvanismus und Elekromagnetismus, von Gustav Wiedemann. 2. neu bearb. und verm. Aufl. Braunschweig, F. Vieweg, 1872-74.
2 v. in 4 . illus. 22 cm.

Wiedemann, Gustav Heinrich, 1826-1899.
Die Lehre von der Elektricität, von Gustav Wiedemann. 2. umgearb. und verm. Aufl. Braunschweig, F. Vieweg, 1893-98.
4 v. illus., fold. diagrs. 22.5 cm.

Wightman, Joseph Milner, 1812-1885.
A catalogue of philosophical, astronomical, chemical and electrical apparatus, imported, manufactured and sold by Joseph M. Wightman. Boston, Printed by Damrell and Moore, 1853.
44, 40 p. illus. 19.5 cm.
Bound with his Companion to the air-pump. Boston, 1853.

Wightman, Joseph Milner, 1812-1885.
A companion to electricity: comprising a brief history of the science: with a description of the various kinds of electrical machines and apparatus; including a great variety of recent and interesting experiments, by Joseph M. Wightman. Boston, S.N. Dickinson, 1843.
63 p. illus. 18 cm.
Gartrell 1010.

Wightman, Joseph Milner, 1812-1885.
A companion to the air-pump with a description of the improved patent portable lever air-pump, and a description explanation of a great variety of apparatus and interesting experiments, illustrative of the subject of pneumatics, by Joseph M. Wightman. 3rd rev. ed. Boston, published by J.M. Wightman at his apparatus rooms, 1853.
72 p. illus. 19.5 cm.
With this is bound his Catalogue of philosophical, astronomical, chemical and electrical apparatus. Boston, 1853.

Wilbrand, Johann Bernhard, 1779-1846.
Das Gesetz des polaren Verhaltens in der Natur dargestellt in den magnetischen, electrischen und

chemischen Naturerscheinungen; in dem Verhalten der unorganischen Natur zur organschen Schöpfung; in den Erscheinungen des Pflanzen - und Thierlebens; in dem Verhalten unsers Weltkörpers zu dem umgebenden Planetensystem. Zur Begründung einer wissenschaftlichen Physiologie. Naturforschern, Physiologen und wissenschaftlichen Aertzen gewidmet. Von Johann Bernhard Wilbrand. Giessen, C.G. Müller, 1819.

[1], iv [i.e. vi], 353, [1] p. 16.5 cm.

Wilkinson, Charles Henry.

Elements of Galvanism in theory and practice; with a comprehensive view of its history, from the first experiments of Galvani to the present time. Containing also, practical directions for constructing the Galvanic apparatus, and plain systematic instructions for performing all the various experiments, by C.H. Wilkinson. London, J. Murray, 1804.

2 v. front., 10 plates (2 fold., 1 col.). 22.8 cm.

Williams, B Brown.

A treatise on mental alchimy, electro-psychology, biology, magnetism and mesmerism, with the cards of classes, editorials, &c. (making known their importance and remedial tendencies), as presented by B. Brown Williams. Brooklyn, Shannon ... Printers, 1852.

91, [1] p. 17.8 cm.

Williams, Francis Henry, 1852-1936.

A method for more fully determining the outline of the heart by means of the fluorescope together with other uses of this instrument in medicine, by Francis H. Williams. Boston, Damrell & Upham, 1896.

6 p. 1 fold. plate. 19.5 cm.

"Reprinted from the Boston Medical and Surgical Journal of October 1, 1896."

Provenance: Johns Hopkins Hospital Library Jul. 12 1905 (ink stamp)

Williams, Francis Henry, 1852-1936.

Röntgen ray examinations in incipient pulmonary tuberculosis, by Francis H. Williams. [n.p.] 1899.

16 p. 23.3 cm.

Williams, Francis Henry, 1852-1936.

The Röntgen rays in thoracic diseases, by Francis H. Williams. [n.p.] 1897.

23 p. illus. 23.2 cm.

"Reprinted from the American Journal of the Medical Sciences, December, 1897."

Provenance: Johns Hopkins Medical School Library (ink stamp)

Williams, Francis Henry, 1852-1936.

A study of the adaptation of the X-rays to medical practice, by Francis H. Williams. Boston, Press of Rockwell and Churchill, 1897.

59 p. illus. 23.1 cm.

"Reprinted from Medical and Surgical Reports of the Boston City Hospital, 1897."

Provenance: Johns Hopkins Medical School Library (ink stamp)

Williams, John, Esq.

The climate of Great Briain; or Remarks on the change it has undergone, particulary within the last fifty years. Accounting for the increasing humidity and consequent cloudiness and coldness of our springs and summers; with the effects such ungenial seasons have produced upon the vegetable and animal economy. Including various experiments to ascertain the causes of such change. Interspersed with numerous physiological facts and observations, illustrative of the process in vegetation, and the connection subsisting between the phenomena of the weather and the productions of the soil, by John Williams. London, Printed for C. and R. Baldwin, 1806.

viii, [1], 358 p. 21.8 cm.

Windle, Sir Bertram Coghill Alan, 1858-1929.

On the effects of electricity and magnetism of development, by Bertram C.A. Windle. [n.p., 189-]

[346]-351 p. 21 cm.

"From the Journal of Anatomy and Physiology, Vol. XXIX."

Provenance: With the Author's compts. (ink stamp)

Windler, Hermann.

Preis-Verzeichniss der Fabrik chirurgischer Instrumente und Bandagen, von H. Windler. Berlin, im Selbstverlage, 1888.

[iv], 252 p. illus. 27.2 cm.

Winslow, Forbes Benignus, 1810-1874.

Light: its influence on life and health, by Forbes Winslow. New York, Moorhead, Simpson & Bond, 1868.

xvi, 200 p. 19.5 cm.
Provenance: Mary A. Dana From Paul Belindin, Christmas 1877 (inscription)

Wirth, Johann Ulrich, 1810-1859.
Theorie des Somnambulismus oder des thierischen Magnetismus. Ein Versuch, die Mysterien des magnetischen Lebens, den Rapport der Somnambülen mit dem Magnetiseur, ihre Ferngesichte und Ahnungen, und ihren Verkehr mit der Geisterwelt vom Standpunkte vorurtheilsfreier Kritik aus zu erhellen und zu erklären für Gebildete überhaupt, und für Mediciner und Theologen insbesondere, von J.U. Wirth. Leipzig, J. Scheible, 1836.
x, 334, [2] p. 19.6 cm.

Wocher, Max, & Son, Cincinnati.
Illustrated catalogue and price list of Max Wocher & Son ... 2d ed. Cincinnati, c1896.
[2], 533 p. illus. 25 cm.

Wolfart, Karl Christian, 1778-1832.
Erläuterungen zum Mesmerismus, von Karl Christian Wolfart. Berlin, In der Nikolaischen Buchhandlung, 1815.
xvi, 296 p. 20.1 cm.
Bound with Mesmer, F.A. Mesmerismus. Berlin, 1814.

Wollaston, William Hyde, 1766-1828.
Experiments on the chemical production and agency of electricity, by William Hyde Wollaston. [London, Printed by W. Bulmer, 1801]
427-434 p. 27 cm.
Disbound from the Philosophical Transactions of the Royal Society of London, vol. 91 (1801), p. 427-434.

Wollny, Ewald, 1846-1901.
Über die Anwendung der Elektricität bei der Pflanzenkultur. Für die Bedürfnisse der Landwirthschaft und des Gartenbaues, dargestellt von Ewald Wollny. München, T. Ackermann, 1883.
37, [1] p. illus. 23.7 cm.
Provenance: Columbia University in the City of New York, The Libraries (bookplate); Columbia University Library (perforated stamp)

Wood, A L
Mechanico-therapeutics: a scientific and natural method of treating chronic diseases, deformities, local weaknesses and physical defects, by the use of manual and mechanical motion or force and the Swedish system of movements or medical gymnastics; its application to the special physical training of children, by A.L. Wood. Brooklyn, Brooklyn Mechanico-therapeutic institute, 1890.
31, [1] p. illus. 19.5 cm.

Wood, A L
The medical and surgical uses of electricity. The nature, varieties and effects of electrical energy, and the latest improvements in instruments and methods of application, by A.L. Wood and B.C. Woodruff. Brooklyn, The Brooklyn Turkish Bath Co., 1893.
95 p. illus. 19.5 cm.

Wood, Jacob A , 1810-1879.
Beneficial results from the use of mechanical appliances in Pott's disease of the spine, illustrated with cases, by Jacob A. Wood. New York, Steam Printing house, 1870.
29 p. illus. 21 cm.
"From the New York Journal of Medicine and The American Medical Times."

Woolley, James, Sons & Co., London.
Catalogue of surgical instruments and medical appliances, electro-therapeutic apparatus, sundries for the surgery and sick-room. Manchester, 1890.
xii, 94 p. illus. 21.3 cm.

Woost, Gustav Ed., [1792-
Qvaedam de acvpvnctvra orientalivm ex oblivionis tenebris ab evropaeis medicis nvper revocata ... praeside Carolo Avg. Kvhlio ... die XVIII Aprilis ... MDCCCXXVI publice defendet avctor Gvstavvs Edvardvs Woostivs ... Lipsiae, ex officine Richteria, 1826.
[4], 47, [1] p. plate. 22.3 cm.
Provenance: Hasleford (inscription)

Worm-Müller, Jacob, 1834-1889.
Versuche über die Einflusse der Wärme und chemischer Agentien auf die electromotorischen Kräfte der Muskeln und Nerven. Vorläufige Mittheilung von Jakob Worm Müller. Würzburg, Stahel, 1868.
11 p. 21.8 cm.
Provenance: Herrn Privat Docent Dr. Nasse...Verfasser (inscription)

Wunderlich, Karl Reinhold August, 1815-1877.
Das Verhalten der Eigenwärme in Krankheiten, von C.A. Wunderlich. Leipzig, O. Wigand, 1868.
viii, 384 p. charts, 7 fold. plates. 20 cm.

Wunderlich, Karl Reinhold August, 1815-1877.
On the temperature in diseases: a manual of medical thermometry, by C.A. Wunderlich. Tr. from the 2nd German ed. by W. Bathurst Woodman. London, The New Sydenham society, 1871.
xii, 468 p. charts, 7 fold. plates. 22.3 cm.
Provenance: Martin G. Netsky, M.D., 1030 Deepwood Court, Winston-Salem NC (ink stamp); July 1956 (inscription)

Wundt, Wilhelm Max, 1832-1920.
Grundriss der Psychologie, von Wilhelm Wundt. 2 Aufl. Leipzig, W. Engelmann, 1897.
xvi, 392 p. 21.9 cm.
Provenance: Arthur Bucky, Mai 97 (inscription)

Wundt, Wilhelm Max, 1832-1920.
Grundzüge der physiologischen Psychologie, von Wilhelm Wundt. Leipzig, W. Engelmann, 1874.
xii, 870, [2] p. illus. 23.5 cm.

Wundt, Wilhelm Max, 1832-1920.
Handbuch der medicinischen Physik, von Wilhelm Wundt. Erlangen, F. Enke, 1867.
xvi, 555, [1] p. illus. 24.7 cm.

Wundt, Wilhelm Max, 1832-1920.
Lehrbuch der Physiologie des Menschen, von Wilhelm Wundt. Erlangen, F. Enke, 1865.
[1], xiii, 661, [1] p. illus. 23.7 cm.
Provenance: Hans Lehermbacher (inscription)

Wundt, Wilhelm Max, 1832-1920.
Spiritualism as a scientific question. An open letter to Hermann Ulrici, of Halle, by Wilhelm Wundt. Tr. from the German by Edwin D. Mead. [n.p.] 1879.
[577]-593 p. 22.5 cm.
Extract from the Popular science monthly, vol. XV, September, 1879.

Wundt, Wilhelm Max, 1832-1920.
Traité élémentaire de physique médicale, par W. Wundt. Tr. avec de nombreuses additions par Ferdinand Monoyer. 2. éd. française, revue et augmentée par Armand Imbert. Paris, J.B. Baillière, 1884.
xx, 796 p. illus. 24 cm.

Wundt, Wilhelm Max, 1832-1920.
Untersuchungen zur Mechanik der Nerven und Nervencentren, von Wilhelm Wundt. Stuttgart, F. Enke, 1876.
2 v. in 1. illus. 25 cm.

Wurm, Wilhelm, 1831-1913.
Darstellung der mesmerischen Heilmethode nach naturwissenschaftlichen Grundsätzen. Nebst der ersten vollständigen Biographie Mesmer's und einer fasslichen Anleitung zum Magnetisiren, von Wilh. Wurm. München, J. Palm, 1857.
viii, 182, [2] p. 21.8 cm.

Yatman, Matthew.
A familiar analysis, of the fluid capable of producing the phenomena of electricity and galvanism; or combustion. With some remarks on simple galvanic circles, and their influence upon the vital principle of animals. Illustrated by the theories and experiments of Galvani, Garnet, Davy, Young, Thomson, &c. &c., by Matthew Yatman. London, Printed by G. Hayden, 1810.
73 p. 21 cm.

Yelin, 1771-1826.
Neue electro-magnetische Versuch; die magneto-motorische Wirkung der flüssigen Säuren, Basen und Salze mittelst einfacher metallischer Leiter und eine einfache Ladungssäule mit trennoaren einpoligten Elementen, dargestellt von Julius v. Yelin. München, I.J. Lentnar, 1823.
15 p. 25 cm.

Young, Charles B
Receipts in the arts & sciences &c. Experiments in chemistry, galvanism, electricity &c. 1855 March 1.
[3], 91, [233, incl. 83 blank] p., bound. illus. 12.5 x 19.5 cm. [manuscript]

[Young, Martin] fl. 1873-1913.
The secrets of clairvoyance!! and how to become an operator. Mesmerism and psychology and how to become a mesmerizer and psychologist, being a complete embodiment of all the curious facts connected with the above strange sciences, with instructions how to become a medium. New York, M. Young, c1880.
95 p. illus. 18.3 cm.

Young, Thomas, 1773-1829.
A course of lectures on natural philosophy and the mechanical arts, by Thomas Young. London, J. Johnson, 1807.
2 v. illus., 43 plates (part col.), maps. 27.8 cm.

The young man's book of amusement. Containing the most interesting and instructive experiments in various branches of science. To which is added all the popular tricks and changes in cards; and the art of making fire works. Halifax, Printed and published by W. Milner, 1840.
[1], 384 p. illus. 12.5 cm.
Provenance: L.H. Kettle, Dec 14, 1848

Zamboni, Giuseppe, 1776-1846.
Della pila elettrica a secco. Dissertazione dell' ab. Giuseppe Zamboni. Verona, D. Ramanzini, 1812.
55 p. 3 fold. plates. 20.3 cm.
In Ronalds, Wheeler 714, Gartrell 1011.

Zamboni, Giuseppe, 1776-1846.
L'elettromotore perpetuo; trattato, dell' Giuseppe Zamboni. Verona, Tip. E. Merlo, 1820-22.
2 v. in 1. illus. 23 cm.

Zantedeschi, Francesco, 1797-1873.
Memoria sulle leggi fondamentali che governo l'elettromagnetismo, di Francesco Zantedeschi. Verona, A. Steffanini, 1839.
21 p. diagr. 22.7 cm.
In Ronalds, Gartrell 1021.

Zantedeschi, Francesco, 1797-1873.
Saggi dell'elettro-magnetico e magneto-elettrico, di Francesco Zantedeschi. Venezia, Tipografia Armena di S. Lazzaro, 1839.
[12], 169, [2] p. 3 fold. plates. 21 cm.

Zantedeschi, Francesco, 1797-1873.
Trattato del magnetisimo e della elettricità, dell' ab. Francesco Zantedeschi. Venezia, S. Lazzaro, 1844-45.
2 v. 7 fold. plates. 21.7 cm.
Wheeler 1090.

Zentral-Verein deutscher Zahnärzte.
Mitteilungen des Central-Vereines deutscher Zahnärzte. Hrsg. von Moriz Heider. Wien, C. Gerold's Sohn, 1860.
[6], 198 p. illus. 21.1 cm.

Zervas, Josef.
A manual of the treatment of diseases by electricity employing the faradic current; alphabetically arranged as a ready reference for experts, and for self-instruction in general, by Josef Zervas. 2nd ed. Jersey City, N.J., F.G. Otto, c1888.
48 p. illus. 16.1 cm.

Ziemssen, Hugo Wilhelm von, 1829-1902.
Clinical lecture on the cause of tuberculosis, by H. von Ziemssen, trans. by A.M. Stalker.
p. [87]-106. 22 cm.
(In Clinical lectures on subjects connected with medicine and surgery. London, 1894.)

Ziemssen, Hugo Wilhelm von, 1829-1902.
Clinical lecture on neurasthenia and its treatment, by H.V. Ziemssen, trans. by Edmond J. McWeeney. 2nd ed.
p. [53]-86. 22 cm.
(In Clinical lectures on subjects connected with medicine and surgery. London, 1894.)

Ziemssen, Hugo Wilhelm von, 1829-1902.
Die Electricität in der Medicin. Studien von Hugo Ziemssen. Berlin, A. Hirschwald, 1857.
viii, [1], 82 p. 4 plates. 23 cm.

Ziemssen, Hugo Wilhelm von, 1829-1902.
Die Electricität in der Medicin. Studien von Hugo Ziemssen. 2., gänzlich umgearb. Aufl. Berlin, A. Hirschwald, 1864.
xx, 169 p. illus., 1 plate. 22.7 cm.
Provenance: Zu andrer nutz ich mich vernutz, Johann Veit (bookplate); J Veit (inscription)

Ziemssen, Hugo Wilhelm von, 1829-1902.
Die Electricität in der Medicin. Studien von Hugo Ziemssen. 3. verm. und verb. Aufl. Berlin, A. Hirschwald, 1866.
xxiv, 248 p. illus., 1 plate. 23.1 cm.

Ziemssen, Hugo Wilhelm von, 1829-1902.
[Die Electricität in der Medicin. Studien von Hugo Ziemssen. 4. Aufl.] Erste Hälfte (Physical.-physiolog. Theil.) [Berlin, A. Hirschwald, 1872]
xv, [1], 308 p. illus., 1 plate. 22.3 cm.

Ziemssen, Hugo Wilhelm von, 1829-1902.
Die Elektricität in der Medicin. Studien von Hugo v. Ziemssen. 4., ganz umgearb. Aufl. Berlin, A. Hirschwald, 1885.
xv, [1], 308, vii, 190 p. illus., 1 plate. 22.6 cm.

Ziemssen, Hugo Wilhelm von, 1829-1902.
Die Elektricität in der Medicin. Studien von Hugo v. Ziemssen. 5. gänzlich umgearb. Aufl. Berlin, A. Hirschwald, 1887.
viii, [1], 462 p. illus, 1 plate. 24.7 cm.

Ziemssen, Hugo Wilhelm von, 1829-1902.
Syphilis of the nervous system, by H. von Ziemssen, trans. by A.M. Stalker.
p. [203]-229. 22 cm.
(In Clinical lectures on subjects connected with medicine and surgery. London, 1894.)

Zimpel, Charles Franz, 1800-1878.
Die Reibungs-Elektricität in Verbindung mit Imponderabilien als Heilmittel. Nach dem System von C. Beckensteiner ausgeübt von Chas. F. Zimpel. Stuttgart, E. Schweizerbart'sche, 1859.
xiv, [1], [207], [1] p. 21 cm.
Provenance: Bibliothek der Hom. Sentral-Apotheke Dr. Willmar Schwabe Leipzig (ink stamp); ausgeschieden (ink stamp)

TWENTIETH CENTURY WORKS IN THE BAKKEN

At the turn of the twentieth century, electricity became a symbol of a new age in both art and science. On both sides of the Atlantic the electrical industry promised a bright, clean, cheerful toil-free world with "science's greatest gift to the world -- electricity," as it battled with the gas industry for customers. Italian futurists spoke of a new theatre: Electric -- vibrating -- luminous, that was "the synthetic-symptomatic and aesthetic expansion of pure work." Cinematography and the recording of sound became popular art forms. And the physician's armamentarium was being strenghthened by the latest advances in physics -- diathermy, the light bulb, the x-ray, and radiation treatment, became part of it during the early decades of the twentieth century.

Heinrich Hertz (1857-1894) demonstrated the existence of electromagnetic waves that led to the development of radiotelegraphy after 1895. Nikola Tesla (1856-1953), inventor of the first alternating current motor and major proponent of high voltage alternating current for the transmission of power, referred to the physiological effects of high-frequency current in 1891, and the physiologist Arsène d'Arsonval (1851-1940) subsequently developed high-frequency treatment (d'Arsonvalization). He applied induced high-frequency current (auto-conduction) to patients by enclosing them in a large solenoid. The warming effect, coined "diathermy' by Carl Nagelschmidt in 1906, was thought to be a stimulant in cases of neuralgia, lumbago, rheumatism, and other muscular conditions. High-frequency current also became an integral part of surgery as a coagulant, a dessicant, and a replacement for the scalpel. By the 1930s there was an extensive literature on the electrosurgery of various cancers using high-frequency current.

The invention of the incandescent light bulb by Joseph Swan in 1878 and Thomas Edison's carbon filament lamps of 1881 and 1882 solved the problem of lighting private homes. Out of this came the unexpected use of light as a source of heat in the treatment for debilitation. Light baths lined with mirrors and housing numerous light bulbs were popular in health spas throughout the early part of the twentieth century. The intense heat created a "dry sauna" to "cleanse" the blood. These light baths are not to be confused with the light baths of Niels Finsen (1860-1904), the "founder of the scientific natural and artificial light treatment." Finsen used a carbon-arc lamp to successfully treat cases of Lupus vulgaris, a serious and disfiguring disease of tubercular origin. In 1903, Finsen was awarded the Nobel prize in medicine for his pioneering work.

During the 1890s another band of the electromagnetic spectrum, x-rays, came into use. Wilhelm Röntgen (1845-1923) discovered x-rays in 1895, and electrotherapists began to use electrostatic generators to power the cathode-ray tube to treat skin diseases and tubercular conditions, and various tumors inside the body. Finally, following the discovery of radioactivity by Antoine Henri Becquerel (1896) and of radium by the Curies (1898), radium treatment became available by the 1920s to treat certain types of cancer.

Other important medical advances utilized electricity not as a form of treatment per se, but as an aid to diagnosis. Endoscopy and electrocardiography developed in the 19th century and electroencephalography by 1930. The impact of these scientific and medical advances coupled with the growth of the medical specializations of radiology and rehabilitation medicine changed the electrical medicine from being a controversial yet popular mode of treatment for all manner of diseases in the 1880s into one few would recognize by 1920.

As a form of treatment, electricity faced enormous skepticism at the turn of the century both within and without the medical profession. Electrotherapy's image had been tarnished by electric belts, corsets, brushes, baths and wristbands that were sold to cure everything from baldness and dyspepsia to cancer. "Electricity is Life" declared one drugstore self-stimulator, and for one cent a cure could be had for neuralgia, headache and rheumatism. As the occult world of electromagnetic forces was made physical by Maxwell and Hertz, a conventional practitioner called Albert Abrams formulated a theory which made him, for many, the most notorious quack of all time. He claimed that his "oscilloclast" could detect aberrant electrical vibrations in blood samples that corresponded with particular diseased states like syphilis or cancer. His ERA theory (Electronic Reactions of Abrams) has weathered the storms of criticism until this day. Another pseudo-medical cult was built around Dinshah Ghadiali's Spectrochrome, a projector with color slides which he claimed could cure all diseases. Revigators (radium water dispensors) and violet-ray discharge tubes were also part of electromagnetism's "alternative" armamentarium.

Apart from its association with quackery, other factors attributable to electrotherapy's demise were improved standards of health and nutrition that eliminated the debilitating effects of many infectious diseases for which electrotherapy was commonly prescribed, and the shift in research from clinical cases in America to laboratory research in electrophysiology being carried out in Great Britain by Adrian, Sherrington, and Lucas.

The newly formed specialty, radiology, undermined electrotherapy's claim that it alone could affect harmlessly the internal organs. Both x-ray and radium had dramatic effects on the body in treatment and in diagnosis. Electrotherapy was also subsumed by the professionalisation of physiotherapy which assigned electrostimulation of nerve and muscle the same role as ordinary physical and mechanical message.

Unlike America, the electrotherapist tradition in France did not wane so rapidly. The waveform of interruped galvanic and alternating currents (including the faradic) and their new effects on muscle physiology were of particular interest to researchers. Luduc, for example, became an eponym for a type of low-voltage current he introduced into electrotherapy. By World War I, a French electrotherapeutic machine could deliver as many as eleven different types of low-frequency currents, the faradic current, surged or unsurged, with or without reversal, sinusoidal; combined galvanic and faradic, and pulses of trapezoidal form.

In 1902, Stéphane Leduc (1853-1939) pioneered the use of pulsed DC current to induce general anesthesia. He also believed mental disease could be treated by such a method. Some thirty to forty years later his idea became a reality. Ivan Pavlov (1849-1936) and other Russian physiologists established the procedure of experimentally inducing epiletic convulsions with electric shock. Ugo Cerletti (1877-1963) introduced the modern electroshock treatment for severe mental disease in 1938. The idea of a safe general anesthetic using pulsed electricity remains elusive, however. Leduc also made important contributions to another branch of electrotherapy -- iontophoresis -- the deliverance of medication through the skin by means of a galvanic current. Leduc showed how ions penetrated the body according to the laws of electrolysis and went on to claim that when a patient was taking medication, a local effect was preferable to a general one. Iontophoresis today is thought to have no advantage over the hypodermic syringe for a general action on the body. However, iontophoresis continues to be used as a diagnostic tool in pain studies where a local anesthetic is required, and is the diagnostic test for cystic fibrosis.

Electrotherapy, as is readily apparent today, did not become just another chapter in the history of medicine. Electricity is being used today in the pacing of the heart, treating broken bones, relieving pain in transcutaneous electrical nerve stimulation, stimulating muscles in rehabilitation medicine, and in the treatment of cancer, using diathermy. This resurgence in interest in electrotherapy can be attributed to a large extent to a greater appreciation of how minute electrical and magnetic forces can affect physiological processes and behavioral patterns.

In 1940 the Nobel Laureate, Albert Szent-Gyorgi, argued against the prevailing chemical paradigm in biology and declared that the exquisite sensitivity of living organisms could better be explained by the subtle force of electromagnetism. Some twenty years later the superconductor quantum interference detecting magnetometer (SQUID) demonstrated the existence of true electric current flowing in the central nervous system by detecting the magnetic field that is produced. Today the Swedish radiologist Björn Nördenstrom treats cancer patients with DC current based on his "revolutionary" concept of biologically closed electrical circuits. In view of such developments, it is appropriate to be reminded of the words of Arsène d'Arsonval who pronounced in 1881, "I am convinced that the therapy of the future will employ as remedial agents physical modifiers, that is heat, light, electricity, and agents yet unknown...and that toxic drugs of chemistry shall cede their place to physical agents...."

Aalsmeer, W C
Herz und Kreislauf bei der Beri-beri-Krankheit, von W.C. Aalsmeer und K.F. Wenckebach. Berlin, Urban & Schwarzenberg, 1929.
[4], 81, [1] p. 2 plates (1 fold.) 26.5 cm.
Provenance: Owner bookplate, "Emmet Field Horine" and typed note "From the Library of Carelton B. Chapman MD".

Abbot, Charles Greeley, 1872-
Great inventions, by Charles Greeley Abbot. New York, Smithsonian Institution Series, 1932.
[15], 383 p. illus., diagrs., fold. col. front., 123 plates, ports. 23.9 cm.

Abbot, Charles Greeley, 1872-
The sun and the welfare of man, by Charles Greeley Abbot. New York, Smithsonian Institution Series, 1929.
[10], [1], 322 p. illus., charts, diagrs., col. front., 81 plates, ports. 23.9 cm.

Abbott, William Norman.
A collection of articles on the electrical factor in metabolism [by] W.N. Abbott and E.F. Fowler. Wellington, N.Z., Printed by The Commercial Print. Co., 1943.
ix, 172 p. illus. 25 cm.

Abraham, Henri Azariah, 1868- , ed.
Les quantités élémentaires d'électricité, ions, électrons, corpuscles. Mémoires réunis et publiés par Henri Abraham et Paul Langevin. Paris, Gauthier-Villars, 1905.
2 v. (xvi, 1138 p.) illus., charts. diagrs. 25 cm.

Abrams, Albert, 1863-1924.
Autointoxication and indicanuria, by Albert Abrams. New York, W. Wood, 1908.
6 p. 19.5 cm.
"Reprinted from The Medical Record, April 25, 1908."
An orthodox trained American physician with an MD from Heidelberg, and inventor of an electronic stethoscope, Abrams claimed on the basis of his "Electronic Reactions of Abrams" that disease could be diagnosed from blood samples with instruments called oscilloclasts or haemodimagnometers. By 1923, a year before his death, the controversial nature of his ideas had incurred the wrath of the medical establishment. Some forty years later, controversy still surrounded his ideas and techniques.

Abrams, Albert, 1863-1924.
The blues (splanchnic neurasthenia) causes and cure, by Albert Abrams. New York, E.B. Treat, 1904.
240 p. illus., 6 plates. 20.5 cm.
Provenance: Library bookplate, "University of Colorado Medical Center" and withdrawn stamp.

Abrams, Albert, 1863-1924.
The blues (splanchnic neurasthenia) causes and cure, by Albert Abrams. 3rd ed., rev. and enl. New York, E.B. Treat, 1908.
[7], 287 p. illus., 9 plates (1 col.) 20.6 cm.

Abrams, Albert, 1863-1924.
Catechism of the electronic methods of Dr. Albert Adams [sic]
p. [375]-384. 24 cm.
(In his New concepts in diagnosis and treatment. San Francisco, 1922.)

Abrams, Albert, 1863-1924.
Diagnostic therapeutics. A guide for practitioners in diagnosis by aid of drugs and methods other than drug-giving, by Albert Abrams. New York, Rebman, c1910.
xviii, 1039 p. illus., 28 plates (part col.) 25.3 cm.

Abrams, Albert, 1863-1924.
Diary of a physician, by Albert Abrams; illustrated by William Gropper. New York, Modern Press, c1923.
96 p. illus. 20 cm.

Abrams, Albert, 1863-1924.
The electronic reactions of Abrams.
p. [337]-373. 24 cm.
(In his New concepts in diagnosis and treatment. San Francisco, 1922.)

Abrams, Albert, 1863-1924.
Human energy, by Albert Abrams. San Francisco, n.p., 1914.
[2], 53 p. illus. 23 cm.

Abrams, Albert, 1863-1924.
Man and his poisons; a practical exposition of the causes, symptoms and treatment of self-poisoning, by Albert Abrams. New York, E.B. Treat, 1906.
268 p. illus., 1 plate. 20.5 cm.

Abrams, Albert, 1863-1924.

New concepts in diagnosis and treatment, physico-clinical medicine, the practical application of the electronic theory in the interpretation and treatment of disease, by Albert Abrams. 5th ed. San Francisco, Physico-Clinical Co., 1924, c1916.

xvii, 430 p. illus. 23.5 cm.

Abrams, Albert, 1863-1924.

New concepts in diagnosis and treatment, physico-clinical medicine, the practical application of the electronic theory in the interpretation and treatment of disease, with an appendix on new scientific facts, by Albert Abrams. San Francisco, Philopolis Press, 1916.

xvii, [1], 35 p. illus., 1 plate. 24.5 cm.

Chief exposition of "Electronic Reactions of Abrams" (ERA): disease was simply a dyscrasis in the body's electrical oscillations. These electrical oscillations varied according to the type of disease and their nature and degree were determined by the oscilloclast and haemodimagnometer. Treatment called for restoring the body's electrical oscillations to equilibrium.

Abrams, Albert, 1863-1924.

Papers, ca. 1908-1921.

8 boxes (ca. 1750 items) and 3 cases.

Approximately 75 miscellaneous items including bills, circulars, contracts, memoranda, membership lists and certificates, diagrams of apparatus, construction specifications, 11 family photographs (some identified), instruction sheets, and business cards, and 1025 pieces of typed and handwritten correspondence. All but about 50 pieces are dated covering the period 1909 - June 1921, the bulk of it from the years 1917 - 1920, and consisting almost entirely of letters to Abrams. Approximately 45 are personal, and most of these are from his sister, Flora A. Bibo, and her children. There are also carbon copies of 14 letters written by Abrams to family, most of them to his sister. Of the handful of other replies written by Abrams, most take the form of handwritten notes scribbled on the bottoms or backs of letters he received. Another correspondent Dr. J. W. King can be singled out who sent Abrams 55 letters over the period Oct. 1919 - May 1921.

Except for personal letters, topics included requests for information about or orders to buy Abrams book or to subscribe to or cancel his journal *Physico-Chemical Medicine*, requests for information about studying with Abrams or about his medical approaches, including orders to buy instruments, or letters discussing the design of specific instruments, notes or letters from patients discussing medical problems or paying bills, correspondence from other doctors discussing Abrams techniques and apparatus or detailing case histories, often accompanying a blood smear submitted to Abrams for diagnosis; legal and matters and financial investments. Also 75 miscellaneous items covering virtually all aspects of Abrams practice and business dealings. Correspondence arranged chronologically.

Approximately 650 small envelopes containing blood smears diagnosed by Abrams' method; some contain correspondence from referring physicians.

Autographed and typed manuscripts of chapters to two books by Abrams, *Spondlylotherapy*, 1912 and *New Concepts in Treatment*, 1916.

The three cases contain i) Abrahms' business ledger, 1908 - 1912 with a few letters from lawyers and collection agencies; ii) two memorandum books for 1910 and 1919; iii) one autograph notebook corresponding to section of his *Diagnostic Therapeutics*, 1910.

Abrams, Albert, 1863-1924.

Progressive spondylotherapy, 1913; a summary of new clinico-physiologic and reflexologic data; with an appendix on the physiological physics of the various forms of force, by Albert Abrams. Representing the additional subject-matter included in the 5th ed. of Spondylotherapy (physio-therapy of the spine based on a study of clinical physiology). San Francisco, Philopolis Press, 1913.

[5], 217, [1] p. illus. 24 cm.

Bound with the author's Spondylotherapy. San Francisco, 1922.

Abrams, Albert, 1863-1924.

Progressive spondylotherapy, 1914 [by Albert Abrams] San Francisco [Philopolis Press?] 1914.

[2], 151 p. illus. 24 cm.

Bound with the author's Spondylotherapy. San Francisco, 1922.

Abrams, Albert, 1863-1924.

Spondylotherapy; physio and pharmaco-therapy and diagnostic methods based on a study of clinical physiology by Albert Abrams. 6th ed. San Francisco, Physico-Clinical Co., 1922.

[3], xxiv, 673 p. illus. 24 cm.

With this is bound the author's Progressive spondylotherapy. San Francisco, 1913, and his Progressive spondylotherapy, 1914.
[San Francisco?] 1914.

Abrams, Albert, 1863-1924.
Spondylotherapy; physio-therapy of the spine based on a study of clinical physiology, by Albert Abrams. 3rd ed., enl. San Francisco, Philopolis Press, 1912.
xxiv, 673 p. illus. 24.5 cm.

Abrams, Albert, 1863-1924.
Spondylotherapy; spinal concussion and the application of other methods to the spine in the treatment of disease, by Albert Abrams. San Francisco, Philopolis Press, 1910.
xvii, 400 p. illus. 24.5 cm.
Provenance: Owner stamp, "D. L. Cecil DC ... Paterson, NJ".

Abu al-Qasim Khalaf ibn 'Abbas al-Zahrawi, d. 1013?
Albucasis on surgery and instruments; a definitive ed. of the Arabic text with English translation and commentary by M.S. Spink and G.L. Lewis. London, Wellcome Institute of the History of Medicine, 1973.
xv, 850 p. illus. 28 cm.

Achalme, Pierre Jean, 1866-
Électronique et biologie: études sur les actions catalytiques, les actions diastasiques et certaines transformations vitales de l'énergie. Photobiogénèse; électrobiogénèse; fonction cholorphyllienne, par P. Achalme. Paris, Masson, 1913.
xvi, 728 p. 25 cm.
Provenance: Book stamp, "Etudes Bibliotheque, I.H.S."

Adam, A
Les courants aperiodiques de basse frequence, par A. Adam. [Bruxelles? 19 --]
ii-x, [17] l. col. diagrs. 26.9 cm.

Adam, George, 1846-
Electricity, the chemistry of ether; a treatise generalizing a fundamental hypothesis as applied to electricity, chemistry, physics, physiology, and pathology, with chapters on general and gynecological electro-therapuetics, by George Adam. Containing tabulations of polar differentations, and of current-comparisons. San Francisco, Whitaker & Ray, 1904.
xxxii, 630 p. illus. 24 cm.

Adams-Morgan Co., Upper Montclair, N.J.
Electrical apparatus and supplies, dynamos, motors, chemicals, wireless telegraph and telephone instruments, books and tools ... Upper Montclair, N.J. [ca.1911]
48 p. illus. 19.1 cm.

Adrian, Edgar Douglas Adrian, baron, 1889-1977.
The basis of sensation; the action of the sense organs, by E.D. Adrian. London, Christophers, 1928.
122 p. illus., charts. 22 cm.
Provenance: Owner signature, "J. M. D. Olmsted".
Adrian was a British electrophysiologist who showed how information is transmitted throughout the nervous system by frequency coding of trains of axon discharges.

Adrian, Edgar Douglas Adrian, baron, 1889-1977.
The mechanism of nervous action; electrical studies of the neurone, by E.D. Adrian. Philadelphia, University of Pennsylvania Press, 1932.
x, 103 p. illus. 23.5 cm.
First edition: Adrian shared the Nobel Prize with Sir Charles Sherrington in 1932 for discoveries on the neurone. After working with single sensory endings and single motor nerve fibres he worked from 1934 on on the electrical activity of the brain itself and pioneered research on epilepsy and on the location of cerebral lesions.

Adrian, Edgar Douglas Adrian, baron, 1889-1977.
The mechanism of nervous action; electrical studies of the neurone, by E.D. Adrian. Philadelphia, University of Pennsylvania Press, 1935.
x, 103 p. illus. 23.5 cm.

Adrian, Edgar Douglas Adrian, baron, 1899-1977
The physical background of perception, by E.D. Adrian. Oxford, Clarendon press, 1947.
[8], 95 p. illus., 2 plates. 22.5 cm.
Provenance: Library stamp and embossed, "West Virginia University Library ..."

Agricola, Georg, 1494-1555.
[Georgii Agricolae] De re metallica libri XII qvibus officia, instrumenta, machinae, ac omnia

deniq^3 ad metallicam spectantia, non modo luculentissimè describuntur, sed & per effigies, suis locis insertas, adiunctis Latinis, germanicis' q^3 appellationibus ita ob oculos ponuntur, ut clarius tradi non possint. Eivsdem De animantibvs svbterraneis liber, ab autore recognitus: cum indicibus diuersis, quicquid in opere tractatum est, pulchrè demonstrantibus. Basileae, Froben, 1556. Bruxelles, Culture et Civilisation, 1967.
[11], 538 [i.e., 502], [74] p. illus., plates, diagrs. 32.6 cm.

Albers-Schönberg, Heinrich Ernst, 1865-1921.
Die Röntgentechnik; Lehrbuch für Ärzte und Studierende, von H. Albers-Schönberg. Hamburg, L. Gräfe & Sillem, 1903.
x, 264 p. illus., 2 fold. plates. 24.7 cm.
First edition from one of Germany's first full time radiology specialists: he was the inventor of the Albers Schonberg compression diaphragm for focusing x-rays.

Albers-Schönberg, Heinrich Ernst, 1865-1921.
Die Röntgentechnik. Lehrbuch für Ärzte und Studierende, von Albers-Schönberg. 2. umgearb. Aufl. Hamburg, Grafe & Sillem, 1906.
xv, 428 p. illus., 1 fold. chart, diagrs. 24 cm.
Provenance: Owner stamp, "Dr. G. Bucky".

Albers-Schönberg, Heinrich Ernest, 1865-1921.
Das Röntgenverfahren in der Chirurgie, von Albers-Schönberg.
p. 115-134. 23.8 cm.
(In Zentralkomitee für das ärztliche Fortbildungswesen in Preussen. Elektrizität und Licht in der Medizin. Jena, 1909.)

Albert-Weil, Ernst, 1869-1919.
Manuel d'électrothérapie et d'électrodiagnostic, par E. Albert-Weil. Paris, F. Alcan, 1902.
[4], 331 p. illus. 19 cm.

Albert-Weil, Ernst, 1869-1919.
Manuel d'électrothérapie et d'électrodiagnostic, par E. Albert-Weil. Préface de A. Gilbert. 2. éd., rev. Paris, F. Alcan, 1906.
[4], iii, 351 p. illus. 19 cm.
Provenance: Author's signed presentation copy to, "M. le Dr. Le Gendre."

Allen, Charles Warrenne, 1854-1906.
High-frequency currents in the treatment of skin diseases, by Charles W. Allen. New York, W. Wood, 1904.
15, [1] p. 19.5 cm.
"Reprinted from The Medical Record, February 20, 1904."
First edition of textbook detailing uses of electrotherapy in skin diseases by one of America's most distinguished dermatologists.

Allen, Charles Warrenne, 1854-1906.
Radiotherapy and phototherapy, including radium and high-frequency currents, their medical and surgical applications in diagnosis and treatment. For students and practitioners. With the cooperation of Milton Franklin and Samuel Stern. New York, Lea, 1904.
x, [17]-618 p. illus., 27 plates (2 col.) 24 cm.

Allen & Hanburys, ltd., London.
A reference list of surgical instruments and medical appliances, orthopaedic and deformity apparatus, hospital furniture and equipment, electro-medical and surgical apparatus, etc. London, 1930.
[16], 1056, 1201-1848, 1848A-D, 1849-1974, lxxxix p. illus., plates. 24.8 cm.
Provenance: Owner signature, "D. W. Bawtree, May 1931".

Amar, Jules, 1879-
Organisation physiologique du travail, par Jules Amar. Préface de Henry le Chatelier. Paris, H. Dunod et E. Pinat, 1917.
xii, 374 p. illus. 25 cm.

Amberg, Gustav.
Die Elektrizität, von Gustav Amberg. Berlin, H. Hillger, 1904.
94, [1] p. illus. 18.5 cm.

Ambiès,
Les cures remarquables obtenues par les rayons violets de haute fréquence (d'Arsonvalisation), par Ambiès. Paris, 1946.
[1], 21 p. 21 cm.

[American Congress of Radiology]
The science of radiology, ed. by Otto Glasser. Springfield, Ill., C.C. Thomas, 1933.
xiii, [1], 450 p. illus., charts, diagrs. 24.8 cm.
Provenance: Owner signature, "Samuel M. Baum".

American Medical Association.
Nostrums and quackery and pseudo-medicine. Chicago, Press of American medical association [1911]-36.
3 v. illus. 21.7 cm.
Provenance: Owner signature, "Ronald Abercrombie".

American Medical Association.
Nostrums and quackery. Articles on the nostrum evil and quackery reprinted, with additions, and modifications, from the Journal of the American Medical Association. ... 2nd ed. Chicago, American medical association press, 1912.
708 p. illus. 22 cm.

Amirov, Rasim Zakareevich.
Elektrokardiotopographie (topographische Elektrokardiographie) [von] R.S. Amirow. In deutscher Sprache hrsg. von E. Schubert. Berlin, Akademie-Verlag, 1974.
xii, 213 p. illus. 24.4 cm.
Provenance: Library bookplate, "Treadwell Library, Massachusetts General Hospital - Gift of Mr. R. S. Hale".

Ampère, André Marie, 1775-1836.
Correspondance du grand Ampère, publiée par L. de Launay avec le concors de l'Académie des sciences (Fondation Loutreuil) et du Ministère de l'éducation nationale. Paris, Gauthier-Villars, 1936-1943.
3 v. (xii, 973 p.) illus., facsims., geneal. table, map, plates, ports. 23.5 cm.

Angers, Albert d'
Magnétisme et guérisons a l'usage des malades et des jeunes magnétiseurs, par Albert d'Angers. 3e éd. Paris, Librairie du magnétisme [ca.1906]
72, 35, [1] p. illus., port. 17.5 cm.
Provenance: Owner signature, "F. Peratte".

Apostoli, Georges, 1847-1900, ed.
Électrothérapie gynécologique. Derniers travaux de recherche et de critique, par G. Apostoli. Publiés par A. Laquerrière avec la collaboration de Louis Delherm. Paris, J.B. Baillière, 1902.
[3], xviii, 632 p. illus., port. 25 cm.
Provenance: Signed presentation copy from Louis Delherm to Bloch.
Contains reports of German, Belgian, Danish, Austrian and Italian Studies on electrotherapy in gynecology.

Arago, Dominique Francois Jean, 1786-1853.
Historical eloge of James Watt [by] Arago. New York, Arno Press, 1975.
ix, 261 p. 21 cm.

Arbez, Socrate, 1887-
Contribution à l'étude de l'extraction des corps etrangers magnétiques intra-oculaires par les électro-aimants géants [par] S. Arbez. Saint-Êtienne, Impremerie de "La Loire Republicaine," 1912.
117, [1] p. 24.5 cm.
Provenance: Owner stamp, "Ch. Dunet".

Armstrong, William H., & Co., Indianapolis.
[Catalogue of surgical instruments; deformity apparatus, asceptic furniture and hospital supplies. 4th ed. Indianapolis, Ind., 1901.]
iii-xxxi, 3-800 p. illus. 26.6 cm.

Arnold & Sons, London.
Catalogue of surgical instruments and appliances. London [ca.1904]
[3], iv, [iii]-lxvi, 1864 p. illus., plates. 25.3 cm.

Arsonval, Arsène d', 1851-1940, ed.
Traité de physique biologique publié sous la direction de MM. D'Arsonval, Gariel, Chauveau, Marey. Paris, Masson, 1901-03.
2 v. illus. 25 cm.

Arthuis, Arthur, 1842-
Guide pratique des applications médicales de l'électricité statique, par A. Arthuis. Paris, A. Maloine, 1907.
62 p. illus. 22.5 cm.
Provenance: Author's signed presentation copy to, "Dr. Le Vestre".
4th edition of comprehensive text on the therapeutic use of static electricity, containing several references to and quotations from Charcot, Freud's teacher.

Arzt, Leopold, 1883-1955.
Röntgen-Hauttherapie; ein Leitfaden für Ärzte und Studierende, von L. Arzt und H. Fuhs. Wien, J. Springer, 1925.
vi, [2], 156 p. illus. (part col.) 23.5 cm.

Ashcroft, E W
Faraday [by E.W. Ashcroft]. London, The British Electrical and Allied Manufacturers Association, 1931.
132, [2] p. port. 21.7 cm.

Assmann, Herbert, 1882-
Die klinische Röntgendiagnostik der inneren Erkrankungen, von Herbert Assmann. 2. umgearb. und verstärkte Aufl. Leipzig, F.C.W. Vogel, 1922.
vi, [2], 795 p. illus., 20 plates. 27 cm.
Provenance: Owner signature, "A. Bonis, Leipzig 1922".
First edition of one of the most important early German textbooks on clinical radiology by Assmann, who was Professor and Director of the Medical Clinic at the University of Konigsberg.

Assmann, Herbert, 1882-
Die klinische Röntgendiagnostik der inneren Erkrankungen, von Herbert Assmann. 3. umgearb. und verstärkte Aufl. Leipzig, F.C.W. Vogel, 1924.
[3], [vii]-ix, [2], 910 p. illus., 20 plates. 27 cm.
Provenance: Bookplate and Library Stamp: "Presented to the Library of the Medical Society of Kings and Academy of Medicine of Brooklyn, by Charles Shookhoff MD, Mar. 23, 1961".

Assmann, Herbert, 1882-
Die klinische Röntgendiagnostik der inneren Erkrankungen, von Herbert Assmann. 4. umgearb. und verstarkte Aufl. Leipzig, F.C.W. Vogel, 1929.
[8], 1071 p. illus., 20 plates. 27 cm.

Assmann, Herbert, 1882-
Die Röntgendiagnostik der inneren Erkrankungen, von Herbert Assmann. Leipzig, Vogel, 1921.
696 p. illus., 20 plates. 27 cm.

Association for research in nervous and mental disease.
Epilepsy; proceedings of the Association, held jointly with the International League against Epilepsy, December 13 and 14, 1946, New York. Baltimore, Williams & Wilkins, 1947.
xix, 654 p. illus. 23.3 cm.
Provenance: Owner signature, "Martin Netsky".

Aubourg, Paul.
Constipation chronique traitée par des applications de négativation électrique sur les points vertébraux d'Abrams [par] P. Aubourg. [Paris, 1933?]
[8] p. 23.9 cm.
"Extrait des Bulletins et Mémoires de la Société de Médécine de Paris. No 3, Séance du 10 Fevrier 1933."

Aubourg, Paul.
La négativation électrique dans le traitement des algies chirurgicales [par] Paul Aubourg. Paris, Impr. H. Diéval, 1933.
[8] p. 24.2 cm.
"Extrait des Bulletins et Mémoires de la Société des Chirurgiens de Paris (Séance du 17 Mars 1933)."

Aubourg, Paul.
La négativation électrique; théorie, premiers résultats cliniques [par] P. Aubourg, C. Laville, et P. Le Go. Paris, Masson, 1934.
146, [1] p. 23.2 cm.

Audiat, Jacques.
Action des rayonnements ultra-violet et X sur les propriétés électro-physiologiques du nerf isole, par Jacques Audiat. Paris, Masson, 1935.
[3], 88, [1] p. illus. 24.4 cm.
Provenance: Author's signed presentation copy to, "Rene Legendre".

Austin, Mary, 1868-1934.
A subjective study of death, by Mary Austin.
p. [112]-119. 23.5 cm.
(In Murchison, Carl. The case for and against psychical belief. Worchester, Mass., 1927.)

Avicenna, 980-1037.
Liber canonis medicine. Cum castigatio nibus Andreę Bellunensis. Bruxellis, 1971.
[4], 445, [1] l. 36 cm.

Ayrton, Hertha Marks, 1854-1923.
The electric arc, by Hertha Ayrton. London, "The Electrician" [1902]
[1], xxv, [1], 479 p. illus., 5 plates. 22 cm.
First edition of a comprehensive work on the electric arc by an early female electrical researcher who was awarded the Royal Society's Hugh's medal and made many other important contributions including research on electric search lights and motion of the water.

Babinski, Joseph François Félix, 1857-1932.
Contracture généralisée due a une compression de la moelle cervicale, très améliorée à la suite de l'usage des rayons X., par J. Babinski. Paris, Maretheux, Imprimeur, 1906.
6 p. 24.1 cm.
"Extrait des Bulletins et mémoires de la Société médicale des Hôpitaux de Paris. (Séance du 30 Novembre 1906.)"

Babinski was a renowned French neurologist who succeeded Charcot at Salpetriere in 1893 and devoted his life to clinical neurology. He was the first to recognize the diagnostic significance of the cutaneous plantor reflex in 1898. (Babinski sign, a lesion of the pyramidal tract that produces extension of the great toe and flexing of the other toes when the sole of the foot is stroked.)

Babinski, Joseph François Félix, 1857-1932.
De l'influence de la ponction lombaire sur le vertige voltaïque et sur certains troubles auriculaires. (Présentation de malades), par J. Babinski. Paris, 1902.
4 p. 24.2 cm.
"Extrait des Bulletins et mémoires de la Société des Hôpitaux de Paris. (Séance du 7 Novembre 1902)."
Offprint of one of Babinski's papers on medical electricity.

Babinski, Joseph François Félix, 1857-1932.
De l'influence des lésions de l'appareil auditif sur le vertige voltaïque, par J. Babinski. Paris, 1901.
3 p. 24.2 cm.
"Extrait des Comptes rendus des séances de la Société de Biologie (Séance du 26 janvier 1901)."
Offprint of one of Babinski's papers on the electrical investigations of the auditory apparatus.

Babinski, Joseph François Félix, 1857-1932.
Exposé des travaux scientifiques, du J. Babinski. Paris, Masson, 1913.
234 p. 24.9 cm.
Provenance: Author's signed presentation copy to, "Emile Picard".
First edition of Babinski's own summary of his scientific work.

Babinski, Joseph François Félix, 1857-1932.
Sur le méchanisme du vertige voltaïque, par J. Babinski. Paris, L. Maretheux, Imprimeur, 1903.
[4] p. 24.3 cm.
"Extrait des Comptes rendus des séances de la Société de Biologie. (Séance du 14 Mars 1903. - T. LV, p. 350.)"

Babinski, Joseph François Félix, 1857-1932.
Sur les mouvements d'inclination et de rotation de la tête dans le vertige voltaïque, par J. Babinski. Paris, L. Maretheux, Imprimeur, 1903.
[3] p. 24 cm.
"Extrait des Comptes rendue des séances de la Société de Biologie. (Séance du 25 Avril 1903. - T. LV, p. 513.)"

Bach, Hugo, 1859-
Anleitung und Indikationen für Bestrahlungen mit der Quarzlampe "Künstliche Höhensonne," von Hugo Bach. 2., ergänzte Aufl. Würzburg, C. Kabitzsch, 1916.
[2], 42 p. illus. 24 cm.
Provenance: Owner stamp, "Dr. E. Bucky".

Bach, Hugo, 1859-
Irradiation with the Alpine Sun quartz lamp including some account of luminous heat rays, by Hugo Bach with the assistance of Ferdinand Rohr. Authorised English ed., ed. by R. King Brown. Slough [England] Sollux, 1930?
218 p. illus. 22 cm.

Bach, Hugo, 1859-
Ultra-violet light by means of the Alpine sun lamp; treatment and indications, by Hugo Bach. Authorized trans. from the German. New York, P.B. Hoeber, 1916.
114 p. illus., diagrs., plates. 19.3 cm.
Provenance: Owner bookplate, "Nathan H. Polmer MD".

Bachrach, Robert.
Über endovesikale und endourethrale Behandlung mit Hochfrequenzströmen, von Robert Bachrach. Mit Tafel XIV. Leipzig, Klinkhardt, 1913.
[685]-692 p. col. plate. 24.5 cm.
"Sonderabdruck aus Folia urologica. Internationales Archiv für die Krankheiten der Harnorgane... Band VII, 1913."
"Aus der chirurgischen Abteilung des Rothschildspitales in Wien, Vorstand Prof. Dr. O. Zuckerkandl."
Provenance: Owner stamps, "N. A. Kelly" and "Vom Verfasser uber?"

Bagnall, Oscar.
The origin and properties of the human aura, by Oscar Bagnall. New York, E.P. Dutton, 1937.
vii, 196, [1] p. illus., 4 plates. 22.5 cm.
A continuation of the work of Walter J. Kilner investigating the radiations emanating from the human body.

Baille, Henri, 1892-
Contributions à l'étude du traitement endovésical des tumeurs de la vessie par les courants de haute fréquence, par Henri Baille. Lyon, Impr. J. Poncet, 1918.
72 p. 25.5 cm.
Provenance: Library stamp, "Laboratoire de recherches physiologiques et pharmcodynamiques ..."

Bainbridge, William Seaman, 1870-1947.
Fulguration and thermo-radiotherapy, by William Seaman Bainbridge and Diathermy (Nagelschmidt) and electro-coagulation (Doyen), by Worthington Seaton Russell. [New York] 1913.
[15] p. illus. 22.6 cm.
"Reprinted from the Journal of Advanced Therapeutics for January, 1913."
Provenance: Library stamp, "Johns Hopkins Hospital Library" 1913.

Baines, Arthur E.
Electro-pathology and therapeutics; an account of many years' research work; the discovery of the electro-pathology of local pyrexia, and of an effective means of staying inflammation, by Arthur E. Baines, together with a prefatory treatise upon the nervous system in its relation to neuro-electricity, by F.H. Bowman. London, Ewart, Seymour [1914].
v, [2], 120 p. illus. 22 cm.

Baines, Arthur E.
Studies in electro-physiology (animal and vegetable), by Arthur E. Baines. Illustrating the electrical structure of fruits and vegetables, by Gladys T. Baines. New York, E.P. Dutton, 1918.
xxix, 291 p. illus, col. plates. 21.8 cm.
Provenance: Bookseller plate, "Brentano's, New York".

Bainton, Joseph Hector, 1876-1935.
Illustrative electrocardiography, by Julius Burstein; originally written by Joseph H. Bainton. 2nd ed. New York, D. Appleton-Century, c1940.
xviii, [2], 292 p. 106 plates. 17.1 x 24.5 cm.
Provenance: Library plate and stamp, "Medical Society of the County of Queens, Forest Hills."

Bancroft, Frank Watts, 1871-1923.
On the validity of Pfluger's law for the galvanotropic reactions of paramecium, by Frank W. Bancroft. Berkeley, The University Press, 1905.
[193]-215 p. illus. 27 cm.
Pfluger's laws pertain to the polar excitation of nerves and muscular contraction.

Barbarin, Georges.
Qu'est-ce que la radiesthésie? ses origines, ses méthodes, l'homme radiant, radiesthésie médicale, radiations nocives, téléradiesthésie, échecs et succès, les possibilités d'avenir [par] Georges Barbarin. Paris, Plon, c1937.
[6], 305, [1] p. 18 cm.

Barbieri, Lodovico.
La scoperta dell' elettricità animale nella corrispondenza inedita fra Luigi Galvani e Lazzaro Spallanzani, con due lettere di Mariano Fontana e Bartolomeo Ferrari [di] Lodovico Barbieri. Bologna, Presso la R. Deputazione di Storia Patria, 1938.
31 p. 24.5 cm.
"Estratto dagli Atti e Memorie della R. Deputazione di Storia Patria per l'Emilia e la Romagna vol. III, 1937-38, a.XVI."
Provenance: Author's signed presentation copy to, "Dr. J. P. Webster".
Contains previously unpublished correspondence of Galvani and Spallanzini on animal electricity.

Barclay, Alfred Ernest, 1876-1949.
The digestive tract, a radiological study of its anatomy, physiology, and pathology, by Alfred E. Barclay. Cambridge [Eng.] The University Press, 1933.
xxviii, 395, [1] p. illus., 23 plates (2 col., 1 fold.) on 18 l. 25.5 cm.

Barjon, François, 1867-
Radiodiagnostic des affections pleuropulmonaires, par F. Barjon. Paris, Masson, 1916.
vi, 186 p. illus., 26 plates. 23.7 cm.

Barker, Lewellys Franklin, 1867-1943.
The nervous system and its constituent neurones; designed for the use of practitioners of medicine and of students of medicine and psychology, by Lewellys F. Barker. New York, D. Appleton, 1901.
xxxii, 1122 p. illus. (part col.), 2 fold. col. plates. 24 cm.
Provenance: Private Library W.G. Schulte (ink stamp); W.G. Schulte, ΘΔχ House (signature); W.G. Schulte, Stanford 103, Sept. 10/03 (signature).

Barker, Lewellys Franklin, 1867-1943.
On the treatment of some of the forms of cardiac failure, by L.F. Barker. Baltimore, 1911.
17 p. 21.7 cm.
"An address delivered before the Medical Society of Virginia at its forty-first annual session at Norfolk, October 25-28, 1910. Reprinted from the Virginia Medical Semi-Monthly, Vol. XV, 1911, 457; 486."
Provenance: Owner stamp, "W. S. Andrews".
An American pioneer in electrocardiography, Barker was professor of medicine at Johns Hopkins University where the first EKG machine was used in America in 1909.

Barker, Lewellys Franklin, 1867-1943.
Some comments upon the increase of precision in the methods of studying cardiovascular states and upon the application of the principle of protection and the principle of exertion in the treatment of the failing heart, by Lewellys F. Barker. Cleveland, 1911.
16 p. 22.6 cm.
"Reprint from the Cleveland Medical Journal, April, 1911, Vol. X, p. 269."
Important review of the application of modern physiology to the study of cardiovascular disease.

Barnes, Arlie Ray, 1892-
Electrocardiographic patterns, their diagnostic and clinical significance, by Arlie R. Barnes. Springfield, Ill., C.C. Thomas, 1940.
[9], 197, [1] p. illus., plate. 26 cm.
Provenance: Owner signature, "G. Shepherd 12/39 1/40".

Barr, Sir James, 1849- , ed.
Abrams' methods of diagnosis & treatment, ed. by Sir James Barr. London, W. Heinemann, 1925.
xxxi, 122 p. port., diagr. 22.5 cm.
This is the only edition of a serious defense of Abrams' theories by one of his most distinguished supporters.

Barratt, John Oglethorpe Wakelin, 1862-1956.
Observations on electro-osmosis, by J.O. Wakelin Barratt and A.B. Harris. [n.p.] 1912.
315-332 p. illus. 24.9 cm.
"From the Bio-Chemical journal, vol. VI, Part 3."

Bartoli, F
Contribution à l'etude du test electrique de l'angle d'impédance; sa valeur dans les thyréotoxicoses, par F. Bartoli. [n.p.] 1937.
9-18 p. illus. 29 cm.
Extract from Provence medicale, v. LXXIII. - 9. 15 Octobre 1937.

Barton, Wilfred Mason, 1871-1930.
Symptom diagnosis, regional and general, by Wilfred M. Barton ... and Wallace M. Yater ... New York, London, D. Appleton and company, 1927.
viii p., 2 l., 3-851 p. 25 cm.

Bauer, Julius, 1887-
Über Röntgenbefunde bei Kropfherzen [von] Julius Bauer und Friedrich Helm. Leipzig, F.C.W. Vogel, 1912.
[73]-84 p. illus. 22.5 cm.
"Sonderabdruck aus dem deutschen Archiv für klinische Medizin, 109. Band."

Bayle, Maurice, 1877-
Contribution à l'étude de la photothérapie (méthode de Finsen), par Maurice Bayle. Lyon, A. Rey, 1901.
82, [2] p. 3 plates. 25.2 cm.

Bayliss, Sir William Maddock, 1860-1924.
On the origin from the spinal cord of the vaso-dilator fibres of the hind-limb, and on the nature of these fibres, by W.M. Bayliss. [n.p.] 1901.
[173]-209 p. illus. 23.2 cm.
"Reprinted from the Journal of physiology. Vol. XXVI, No. 3, 1901."
Together with Starling, Bayliss made many important contributions to electrophysiology.

Bayliss, Sir William Maddock, 1860-1924.
Principles of general physiology, by William Maddock Bayliss ... 3d ed., rev. ... London, New York [etc.] Longmans, Green, and co., 1920.
xxvi, 862 p. illus. (incl. ports.) facsims, diagrs. 25.5 cm.
Text contains discussions on electrophysiology, chapters on excitation and inhibition, nervous system, reflex action and electrical changes in tissues.

Beach, Robin, 1889-
Electricity and magnetism; the science of power, by Robin Beach and Ernest J. Streubel. New York, P.F. Collier, c1922.
2 v. illus., plates. 20 cm.

Beaman, G B Jr.
Block of the spinal cord produced by cold, by G.B. Beaman, Jr. and H. Davis. [n.p.] 1931.
399-405 p. diagrs. 26.9 cm.
(In Davis reprints, 1926-47. [n.p., n.d.])
"Reprinted from The American Journal of Physiology, Vol. 98, No. 3, October, 1931."

Beaumont, William.
Infra-red irradiation, by William Beaumont. With a foreward by Lord Horder. London, H.K. Lewis, 1936.
ix, 139 p. illus. 19 cm.
Provenance: Owner signature, "C. Rogers".
First edition of important text detailing the use of infra-red in treatment by the director of "Institute of Ray Therapy" at Westminster Hospital.

Beaumont, William.
Infra-red irradiation, by William Beaumont. With a foreward by Lord Horder. 2nd ed. London, H.K. Lewis, 1939.
xi, 139 p. illus. 19 cm.
Provenance: Owner signature, "C. H. C. Pratt 1944".

Beck, Carl, 1856-1911.
Rontgen ray diagnosis and therapy, by Carl Beck. New York, D. Appleton, 1904.
xix, 460 p. illus. 22.4 cm.
Provenance: Library plate and stamp, "Riverside Nurses' Library", "Riverside Hospital, Jacksonville, Florida".

Beck, Carl, 1856-1911.
The value of the Roentgen rays in the treatment of carcinoma, by Carl Beck. [n.p.] 1902.
13 p. illus. 19.9 cm.
Provenance: Owner bookplate, "C. H. Bates MD, Ludlow, VT".

Behan, Richard Joseph, 1879-
Pain; its origin, conduction, perception and diagnostic significance, by Richard J. Behan. New York, D. Appleton, 1915.
xxviii, 920 p. illus., 3 fold. tables. 24 cm.
Provenance: Owner bookplate, "C. H. Bates MD, Ludlow, VT".

Behan, Richard Joseph, 1879-
Pain; its origin, conduction, perception and diagnostic significance, by Richard J. Behan. New York, D. Appleton, 1921.
xxviii, 920 p. illus., 3 fold. tables. 24 cm.
Provenance: Owner signature, "P. E. Kuchbaum MD. May 1922".

Bekhterev, Vladimir Mikhailovich, 1857-1927
(Kollektivnaia refleksologiia)
Коллективная рефлексология. Петроград, "Колос," 1921.
432 p. 27.9 cm.
Provenance: Signed, "J. Kasamir".

Bekhterev, Vladimir Mikhailovich, 1857-1927
(Obshchie osnovy refleksologii cheloveka)
Общие основы рефлексологии человека; руководство к объективно-биологическому изучению личности. 2. иед., испр. и значительно доп. Москва, Гос. изд-во, 1923.
viii, 408 p. illus. 28.2 cm.
The general bases of human reflexology: a guide to the objective biological study of the personality. 2nd Edition.
Provenance: Signed, "Jacob Kasamir".
Details the nervous impulse as the qualifying type of protoplasmic excitement, the source of energy lying at the basis of each nerve impulse, the digestive organs as the transformers of external energy, and hypothesis of levels in the process of conduction.

Belot, Joseph, 1876-
La radiothérapie; son application aux affections cutanées, par Joseph Belot. Paris, G. Steinheil, 1904.
520 p. illus., 13 plates. 22.8 cm.

Belot, Joseph, 1876-
Traité de radiothérapie, par J. Belot. 2. éd., revue et augm. Préf. de Brocq. Paris, G. Steinheil, 1905.
628 p. illus., 13 plates. 24.6 cm.

Bender, Xavier.
La haute-fréquence en gynécologie, par Xavier Bender. Avec la collaboration de Max Leydier. Paris, l'Expansion Scientifique Française, 1933.
xiv, 426, [1] p. illus. 23.8 cm.

Provenance: Dealer Bookplate, "Libraire Maloine, Societe Anonyme d'Editions Medicals et Scientifiques, ... Paris".

Benedikt, Moriz, 1835-1920.
Biomechanical laws in medicine, by Moriz Benedikt. San Francisco, 1903.
191-195, 207-233 p. 24.5 cm.
Occidental Medical Times, v. XVIII, n. 5, May 1903, n. 6, June 1903.
Provenance: Bookplate, "Ex Libris Medet Phil Dr. Max Neuburger Histor.Art.Medic. Professor, P.E. Vindobon" Library Stamp, "Institut fur Geschichte der Medizin, Wien".
Important review on the biomechanical laws of "cell life, blood current and reproduction" written in the light of recent advances in bacteriology, cellular pathology and neurone theory.

Benedikt, Moriz, 1835-1920.
Biomechanische Grundfragen, offenes Sendschreiben an Herrn Hofrat Ernst Ludwig, von Moriz Benedikt. Leipzig, W. Engelmann, 1910.
[163]-174 p. 25 cm.
Provenance: Library stamp, "Institut fur Geschichte der Medizin, Wien".
Sonderabdruck aus dem Archiv für Entwicklungsmechanik der Organismen, XXXI. Band, 1. Heft. Ausgegeben am 8. November 1910.
Another issue.
11 p.
Provenance: Library stamp, "Institut für Geschichte der Medizin, Wien", plus incomplete stamp, "Greitkopf & Haertel Leipzig - 1910".

Benedikt, Moriz, 1835-1920.
Die Karbolsäure in der inneren Medizin, von Moritz Benedikt. Berlin, G. Reimer, 1901-2.
[681]-684 p. 23.1 cm.
"Sonderabdruck aus 'Die Krankenpflege,' Band I, Heft 8, 1901/2."
Provenance: Library plate, "Institute fur Geschichte der Medizin, Wien".

Benedikt, Moriz, 1835-1920.
Kristallisation und Morphogenesis, ein literarischer Nachtrag, von Moriz Benedikt. Berlin, Urban & Schwarzenberg, 1904.
6 p. diagr. 24.1 cm.
"Wiener Medizinische Presse. Separat-Abdruck aus Nr. 28, 1904."
Provenance: Library plate, "Institut fur Geschichte der Medizin, Wien".

Benedikt, Moriz, 1835-1920.
Krystallisation und Morphogenesis; biomechanische Studien, von Moriz Benedikt. Wien, M. Perles, 1904.
68 p. illus. 24 cm.
Provenance: Bookplate, "Ex Libris Med et Phil Dr. Max Neuburger Histor. Art. Medic. Professor P. E. Vindobon" and Library stamp, "Institut fur Geschichte der Medizin, Wien".

Benedikt, Moriz, 1835-1920.
Die latenten (Reichenbach'schen) Emanationen der Chemikalien, eine experimentelle Studie, von Moriz Benedikt. Wien, C. Konegen, 1915.
51 p. 22.9 cm.
Provenance: Author's presentation copy.
Provenance: Bookplate, "Ex Libris Med et Phil Dr. Max Neuburger Histor.Art.Medic. Professor P. E. Vindobon" and Library stamp, "Institut fur Geschichte der Medizin, Wien".

Benedikt, Moriz, 1835-1920.
Die Privat-Irrenanstalten und die private Irrenpflege, Enquête-Referat, von Moriz Benedikt. Wien, W. Braumüller, 1901.
12 p. 20.1 cm.
"Separatabdruck aus der Wiener klinischen Wochenschrift, Jahrgang 1901, Nr. 44."
Provenance: Library plate, "Institut fur Geschichte der Medizin, Wien".

Benedikt, Moriz, 1835-1920.
Die Rute und die Dunkelkammer in der Physiologie und Pathologie des Menschen, von Moriz Benedikt. Jena, G. Fischer, 1917.
12 p. 23.8 cm.
"Abdruck aus der Zeitschrift für ärztliche Fortbildung."
Provenance: Library plate, "Institut fur Geschichte der Medizin, Wien".

Benedikt, Moriz, 1835-1920.
Ruten- und Pendellehre, von Moriz Benedikt. Wien, A. Harleben, 1917.
xvi, 110 p. illus., port. 21.3 cm.
Provenance: Library stamp and plate, "Institut für Geschichte der Medizin, Wien".

Benedikt, Moriz, 1835-1920.
Tabes-Fragen vom Standpunkte der Erfahrung und der Biomechanik, von Moriz Benedikt. Berlin, Urban & Schwarzenberg, 1901.
[4], 59 p. 23.7 cm.

Provenance: Bookplate, "Ex libris Max Neuburger" and stamp, "Institut fur Geschichte der Medezin, Wien".

Benedikt, Moriz, 1835-1920.
Tuberculosefragen, von Moriz Benedikt. Wien, Urban & Schwarzenberg, 1902.
25 p. 21.8 cm.
"Wiener Medizinische Presse, Separat-Abdruck, 1902."
Provenance: Stamp, "Institut fur Geschichte der Medezin Wien".

Benedikt, Moriz, 1835-1920.
"Die Vorgeschichte der antitoxischen Therapie der acuten Infectionskrankheiten" von Max Neuburger; Kritische Studie, von Moriz Benedikt. Wien, M. Perles, 1901.
4 p. 25 cm.
"[Separat-Abdruck] aus der 'Wiener Medicinischen Wochenschrift' (Nr. 47, 1901.)"
Provenance: Library stamp, "Institut fur Geschichte der Medezin Wien" and owner stamp "Bibliothek Der K.K. Gesellschaft der Artze. In Wien".

Benedikt, Moriz, 1835-1920.
Ein weiterer Beitrag zur Radiologie der Kopftraumen, von Moritz Benedikt. [n.p.] 1904.
20 p. fold. plate. 23 cm.
"Separat-Abdruck aus dem Heft 7 der Zeitschrift für Elektrotherapie und die physikalischen Heilmethoden."
Provenance: Stamp, "Institut fur Geschichte der Medezin, Wien".

Benedikt, Moriz, 1835-1920.
Die Wiener Schule und die Criminal-Anthropologie, von Moriz Benedikt. Wien, "Medicinische Blatter", 1902.
6 p. 24.1 cm.
"[Separat-ab]druck aus 'Medicinische Blätter' Nr. 3 - 1902."
Provenance: Library plate and stamp, "Institut fur Geschichte der Medezin, Wien".

Bennett, Homer Clark, 1865-
The electro-therapeutic guide, or a thousand questions asked and answered, by Homer Clark Bennett. 8th ed., rev. and condensed. Lima, Ohio, Literary Dept. of the National College of Electro-Therapeutics, c1907.
319, [1] p. illus., port. 23 cm.

Bennett, Homer Clark, 1865-
Aetheronics. [ca. 1933]
ca. 175 p. illus. (part col.) 23 cm.
Looseleaf notebook-scrapbook, containing newspaper and magazine clippings and advertisements, several small pamphlets, and ms. and ts. notes, all arranged alphabetically.

Bennett, Homer Clark, 1865-
The electro-therapeutic guide, or a thousand questions asked and answered, by Homer Clark Bennett. 9th ed., rev. and enl. Lima, Ohio, Literary Dept. of the National College of Electro-Therapeutics, c1912.
452 p. illus. 24.4 cm.

Bennett, Reginald Arthur Renaud, 1866-
How to make electrical machines. Containing full directions for making electrical machines, induction coils, dynamos, and many novel toys to be worked by electricity, by R.A.R. Bennett. New York, F. Tousey, c1902.
62 p. illus. 16.2 cm.

Benz, Ernst, 1907-
Theologie der Elektrizität; zur Begegnung und Auseinandersetzung von Theologie und Naturwissenschaft im 17. und 18. Jahrhundert, von Ernst Benz. Mainz, Verlag der Akademie der Wissenschaften und der Literatur, c1971.
[2], 98, [2] p. 24.5 cm.
The emminent German historian of religion looks at the religious aspects of electricity in the 18th century.

Bergansius, Franciscus Leonardus.
Die Messung von roten Blutkörperchen mittels der dadurch erzeugten Beugungserscheinungen, von F.L. Bergansius. Berlin, J. Springer, 1921.
[118]-129 p. illus. 22.3 cm.
Bound with Einthoven, Willem. Die Konstruktion des Saitengalvanometers. Bonn, 1909.
"Pflügers Archiv für die gesamte Physiologie des Menschen und der Thiere. Sonderabdruck aus 192. Band, Heft 1/3."

Berger, Hans, 1873-1941.
Das Elektroenkephalogramm des Menschen, von Hans Berger. Halle (Saale), Buchdruckerei des Waisenhauses, 1938.
[2], [173]-309 p. illus. 25.2 cm.
Provenance: Dealer plate, "Herbert Preidel, Medezin Antiquariat, 3011 Gehrden/Han. Bismarckstrasse 20".
A psychiatrist at the University of Jena, Berger first succeeded in recording electrical activity through the scalp using a vacuum tube as an amplifier and a double coil galvanometer by Siemens Co., Germany in 1924, but did not publish his results until 1929. After that time he published a long series of papers on the human electroencephalogram.
A central theme to Berger's work was the search for a correlation between the objective reality of the brain and subjective psychic phenomena.

Berger, Hans, 1873-1941.
Hans Berger on the electroencephalogram of man; the fourteen original reports on the human electroencephalogram [by Hans Berger] Tr. from the original German and ed. by Pierre Gloor. Amsterdam, Elsevier, 1969.
xi, 350 p. illus. 27 cm.

Berger, Hans, 1873-1941.
Psychophysiologie in 12 Vorlesungen, von Hans Berger. Jena, G. Fischer, 1921.
[4], 110 p. 24.5 cm.

Berger, Hans, 1873-1941.
Über die körperlichen Aüsserungen psychischer Zustände. Weitere experimentelle Beiträge zur Lehre von der Blutzirkulation in der Schädelhöhle des Menschen, von Hans Berger. Jena, G. Fischer, 1904-1907.
4 parts in 1 (various pagings) illus., 29 plates (part fold.) 31.7 cm.
Provenance: Owner bookplate, "Philip Schwartz".
Berger performed numerous experiments on the blood circulation to determine whether or not it could be a measurable expression of the psychic condition.

Berger, Hans, 1873-1941.
Zur Lehre von der Blutzirkulation in der Schädelhöhle des Menschen namentlich unter dem Einfluss von Medikamenten; experimentelle Untersuchungen, von Hans Berger. Jena, G. Fischer, 1901.
[6], 78 p. illus., 5 fold. plates. 25.5 cm.

Bergonie, Jean Alban, 1857-
Interprétation de quelques résultats de la radiothérapie et essai de fixation d'une technique rationnelle. Note de J. Bergonié et L. Tribondeau, présentée par d'Arsonval. [n.p.] 1906.
983-985 p. 28.5 cm.
Extract from Académie des sciences. Séance du 10 décembre 1906.
First edition of important paper in which Bergonie and Tribondeau publish their famous law named after them, "the sensitivity of cells to radiation varies directly with reproductive capacity of the cells and inversely with their degree of differentation."

Beritashvili, Ivan Solomonovich, 1884-
(Individual'no-priobretennai͡a dei͡atel'nost' t͡sentral'noĭ nervnoi sistemy)
Индивидуально-приобретенная деятельность центральной нервной системы. Тифлис, Гос. изд-во, 1932.
xiv, 470 p. illus. 23.7 cm.
Individual acquisitive activity of the central nervous system.
Provenance: Author's presentation copy to Jacob Kasanin.

Bermingham, Francis H
Electro-therapeutics in some of the diseases of the genito-urinary tract, by Francis H. Bermingham. [New York] 1909.
9 p. 22.8 cm.
"Reprinted from the American journal of surgery, June, 1909."
Provenance: Library stamp, "Johns Hopkins Hospital July 2 1909".

Bernard, Claude, 1813-1878.
Introduction a l'étude de la médecine expérimentale, par Claude Bernard. 4. éd. Paris, Librairie Delagrave, 1920.
364 p. port. 22.2 cm.
Provenance: Library plate, "Libraire Rene Fonteyn, Louvain".

Bernard, Claude, 1813-1878.
An introduction to the study of experimental medicine, by Claude Bernard. Tr. by Henry Copley

Greene. With an introd. by Lawrence J. Henderson. New York, Macmillan, 1927.
xix, [3], 226 p. 23.9 cm.

Bernhard, Oskar, 1861-1939.
Heliotherapie im Hochgebirge, mit besonderer Berücksichtigung der Behandlung der chirugischen Tuberkulose, von Oskar Bernhard. Stuttgart, F. Enke, 1912.
[4], 96 p. 11 plates. 25.3 cm.
Classic work on the treatment of infected wounds and surgical tuberculosis (forms of TB demanding radical excision) by the famous Swiss physician, Bernhard, a key advocate of heliotherapy in the treatment of non-pulmonary tuberculosis.

Bernhard, Oskar, 1861-1939.
Light treatment in surgery, by O. Bernhard. Tr. by R. King Brown. London, E. Arnold, 1926.
xii, 317 p. illus. 23.3 cm.

Bernhardt, Martin, 1844-1915.
Die bisherigen Methoden der Elektrotherapie und ihre praktische Anwendung.
p. 1-25. 23.8 cm.
(In Zentralkomitee für das ärztliche Fortbildungswesen in Preussen. Elektrizität und Licht in der Medizin. Jena, 1909.)

Bernhardt, Martin, 1844-1915.
Die Erkrankungen der peripherischen Nerven, von M. Bernhardt. 2., neu bearb. und verm. Aufl. Wien, A. Hölder, 1902-4.
2 v. illus., 6 plates. 24.8 cm.
Bernhardt was a leading Berlin neurologist and electrotherapist who drew attention in 1878 to meralgia paraesthetica in the leg ("Bernhardt's Disease") due to lesion of external cutaneous nerve of thigh.

Bernstein, Julius, 1839-
Elektrobiologie, die Lehre von den elektrischen Vorgangen im Organismus, auf moderner Grundlage, von Julius Bernstein. Braunschweig, F. Vieweg, 1912.
215 p. illus. 21.5 cm.
Provenance: Signed, "I. Postier".

Berry, Charles Miles, 1917-
The electrical activity of regenerating nerves in the cat [by] Charles M. Berry, Harry Grundfest and Joseph C. Hinsey. [n.p.] 1944.
[103]-115 p. charts. 24.6 cm.
"Reprinted from J. Neurophysiol., 1944, 7: 103-115."

Bertwistle, Alfred Pilkington, 1896-
A descriptive atlas of radiographs, an aid to modern clinical methods, by A.P. Bertwistle. 5th ed., rev. and enl. St. Louis, C.V. Mosby, 1944.
xxxii, 584 p. illus. 25 cm.
Provenance: Owner signature, "C Pratt, 1943": Booksellers plate, "W & G Foyle Ltd, London".
This is a comprehensive compendia with an historical introduction and contributions from over 50 leading clinicians, radiologists and radiographers.

Bettesworth, George W
An ancient American work -- the science of the universe from which all peoples in all ages have obtained their learning ... A perpetual universe, how it is saved, by the the [sic] "Science" of the "Bible" [by] George W. Bettesworth. Marshalltown, Iowa, 1908.
[20] p. 30 cm.

Bettesworth, George W
The greatest discovery ever made; the model for all the electric arts! It is over 5000 years old; all the ancient learning summed up in this wonderful art formula ... [by] George W. Bettesworth. [Iowa, ca. 1908]
viii, [3] p. 28.5 cm.

Bettesworth, George W
The hymn of the alternating current ... [by] George W. Bettesworth. [Marshalltown, Iowa, 1906]
[12] p. 31 cm.

Bettesworth, George W
The new "Principia" of the Universe, giving a full account of its, *electric*, organization and operation, restoring the literature of the lost "*arts* and *sciences*," as presented in the most ancient learning [by] George W. Bettesworth. [Marshalltown, Iowa, 1905]
[24] p. 32 cm.

Bettesworth, George W
The school-master of the Orient ... A word of a thousand names, the alternating current, the saviour of the universe [by] George W. Bettesworth. [Marshalltown, Iowa, 1906]
[16] p. 32 cm.

Bettesworth, George W
The solar system; the dynamo of the universe [by] George W. Bettesworth. Marshalltown, Iowa, 1909.
[4] p. 30 cm.

Beutner, Reinhard, 1885-
Die Entstehung elektrischer Ströme in lebenden Geweben, und ihre künstliche Nachahmung durch synthetische organische Substanzen; experimentelle Untersuchungen, von R. Beutner. Mit einem Geleitwort von R. Höber. Stuttgart, F. Enke, 1920.
[5], 157, [1] p. illus. 24.8 cm.
Provenance: Owner inscription, "Property of H. Armetz from Dr. Beutner Jan 1925".

Beutner, Reinhard, 1885-
The relation of life to electricity; experimental investigations, by R. Beutner, J. Lozner and other collaborators. [n.p.] 1933.
Various pagings. illus., 2 col. mounted plates. 24 cm.
"Reprinted from 'Protoplasma', International Journal of the Physical Chemistry of Protoplasma, 1930-33."
Provenance: Author's signed presentation copy to, "Dr. H. M. Evans".

Bible. English. Authorized. 1611.
The Holy Bible, conteyning the Old Testament, and the New; newly translated out of the originall tongues: & with the former translations diligently compared and revised, by His Maiesties speciall commandement. Appointed to be read in churches. London, R. Barker, 1611. [London, G. Rainbird, 19 --]
1 v. (unpaged) charts, map. 40 cm.

Bichat, Ernest, 1845-1905.
Introduction a l'étude de l'électricité statique et du magnétisme, par E. Bichat [et] R. Blondlot. Paris, Gauthier-Villars, 1904.
x, 192 p. illus. 22.5 cm.
Provenance: Inscribed: "Demeson Paul".

Bier, August Karl Gustav, 1861-1949.
Hyperämie als Heilmittel, von August Bier. 5. umgearb. Aufl. Leipzig, F.C.W. Vogel, 1907.
viii, 478 p. illus. 24.7 cm.
Provenance: Owner signature "Dr. Gustav Bucky 07".

Bierman, William, 1893-
The medical applications of the short wave current, by William Bierman. Including a discussion of its physical and technical aspects, by Myron M. Schwarzschild. Baltimore, W. Wood, 1938.
xvii, 379 p. illus., plates. 23.5 cm.
Provenance: Owner inscription " D. Warren Eatkins ... Bloomington, Illinois".

Bierman, William, 1893-
The medical applications of the short wave current, by William Bierman. With a chapter on physical and technical aspects, by Myron M. Schwarzschild. 2nd ed. Baltimore, Williams & Wilkins, 1942.
xvii, 344 p. illus. 23.5 cm.

Bierman, William, 1893- ed.
Physical medicine in general practice. With twenty-two contributors, ed. by William Bierman and Sidney Licht. 3rd ed. New York, P.B. Hoeber, 1952.
xviii, [2], 798 p. illus., front. 24 cm.

Bijtel, Johannes.
Psycho-galvanic-reflex phenomenon in sense organs, especially the nose, by J. Bijtel and C.J.A. van Iterson. Stockholm, Kungl. boktryckeriet, P.A. Norstedt, 1924.
[31]-40 p. illus. 22.3 cm.
Bound with Einthoven, Willem. Die Konstruktion des Saitengalvanometers. Bonn, 1909.
"Extrait. Vol. VII. Fasc. 1. Acta Oto-laryngologica."

(Biologicheskoe deĭstvie ul'travysokoĭ chastoty)
Биологическое действие ультравысокой частоты (ультракоротких волн). Под общей редакцей П.С. Купалова и Г.Л. Френкеля, с предисловием Л.Н. Федорова. Москва, Изд-во Всесоюзного института экспериментальной медицины им. Горького, 1937.
471, [1] p. illus., charts, diagrs., plates (part col.) 22.7 cm.
This is a first edition of a comprehensive Russian study on the biological applications of ultra high frequency waves.

Bishop, Carl Whiting.
Man from the farthest past, by Carl Whiting Bishop, with the collaboration of Charles Greeley

Abbot and Ales Hrdlicka. New York, Smithsonian Institution Series, 1930.
[12], iii, 375 p. illus., charts, diagrs., col. front., map, 100 plates. 23.9 cm.
Provenance: All Bishop entries are from the collection of Dr. Herbert M. Evans.

Bishop, George Holman, 1889-1973.
Action of formalin and histamine on tension and potential curves of a striated muscle, the retractor penis of a turtle, by G. H. Bishop and A.I. Kendall. [n.p.] 1929.
77-86 p. illus. 25.4 cm.
"Reprinted from The American journal of physiology, vol. 88, no. 1, February, 1929."

Bishop, George Holman, 1889-1973.
Action potentials accompanying the contractile process in skeletal muscle, by George H. Bishop and Arthur S. Gilson, Jr. [n.p.] 1927.
478-495 p. illus. 25.4 cm.
"Reprinted from The American journal of physiology, vol., LXXXII, no. 2, October, 1927."

Bishop, George Holman, 1889-1973.
The action potentials at normal and depressed regions of non-myelinated fibers, with special reference to the 'monophasic' lead [by] George H. Bishop. Philadelphia, Wistar Institute Press, 1934.
151-169 p. illus. 25.4 cm.
"Reprinted from the Journal of cellular and comparative physiology, vol. 5, no. 2, October, 1934."
Bishop was a renowned American neurophysiologist who made major contributions to electrophysiology, especially nerve impulse activity in unmyelinated fibres.

Bishop, George Holman, 1889-1973.
Action potentials from skeletal muscle [by] George H. Bishop and Arthur S. Gilson, Jr. [n.p.] 1929.
135-151 p. illus. 25.3 cm.
"Reprinted from The American journal of physiology, vol. 89, no. 1, June, 1929."

Bishop, George Holman, 1889-1973.
The afferent functions of non-myelinated or C fibers, by Geo. H. Bishop and Peter Heinbecker. [n.p.] 1935.
179-193 p. illus. 25.5 cm.
"Reprinted from The American journal of physiology, vol. 114, no. 1, December, 1935."

Bishop, George Holman, 1889-1973.
Body fluids of the honey bee larva, II. chemical constituents of the blood, and their osmotic effects, by G.H. Bishop and A.P. Briggs and E. Ronzoni. Baltimore, Waverly Press, 1925.
77-88 p. 22.4 cm.
"Reprinted from The journal of biological chemistry, vol. LXVI, no. 1, November, 1925."

Bishop, George Holman, 1889-1973.
Differentiation of axon types in visceral nerves by means of the potential record, by G.H. Bishop and Peter Heinbecker. [n.p.] 1930.
170-200 p. illus. 25.3 cm.
"Reprinted from The American journal of physiology, vol. 94, no. 1, July 1930."

Bishop, George Holman, 1889-1973.
Distortion of action potentials as recorded from the nerve surface, by Geo. H. Bishop, Joseph Erlanger and H.S. Gasser. [n.p.] 1926.
592-609 p. 25.2 cm.
"Reprinted from The American journal of physiology, vol. LXXVIII, no. 3, November 1926."

Bishop, George Holman, 1889-1973.
The effect of nerve reactance on the threshold of nerve during galvanic current flow, by George H. Bishop. [n.p.] 1928.
417-431 p. illus. 25.4 cm.
"Reprinted from The American journal of physiology, vol. LXXXV, no. 3, July, 1928."

Bishop, George Holman, 1889-1973.
Effects of histamine, formaldehyde and anaphylaxis upon the responses to electrical stimulation of guinea-pig intestinal muscle. I. Agents applied to serous aspect of intestine, by George H. Bishop and Arthur Isaac Kendall. II. Agents applied to mucosal aspect of intestine, by Arthur Isaac Kendall and George H. Bishop. [n.p.] 1928.
546-568 p. illus. 25.4 cm.
"Reprinted from The American journal of physiology, vol. LXXXV, no. 3, July, 1928."

Bishop, George Holman, 1889-1973.
The effects of polarization upon the activity of vertebrate nerve, by G.H. Bishop and Joseph Erlanger. [n.p.] 1926.
630-657 p. diagrs. 25.4 cm.
"Reprinted from The American journal of physiology, vol. LXXVIII, no. 3, November, 1926."

Bishop, George Holman, 1889-1973.
The effects of polarization upon the steel wire-nitric acid model of nerve activity, by George H. Bishop. Baltimore, Waverly Press, 1927.
159-174 p. diagrs. 25.3 cm.
"Reprinted from The Journal of general physiology, November 20, 1927, vol. XI, no. 2, pp. 159-174."

Bishop, George Holman, 1889-1973.
Electrical responses accompanying activity of the optic pathway [by] George H. Bishop. Chicago, American Medical Association, 1935.
28 p. illus. 25.2 cm.
"Reprinted from the Archives of ophthalmology, December, 1935, vol. 14, pp. 992-1019."

Bishop, George Holman, 1889-1973.
Electrophysiology of the brain [by] George H. Bishop. New York, McGraw-Hill, 1934.
120-132 p. 22.8 cm.
"Reprinted from The problem of mental disorder, a study undertaken by The Committee on Psychiatric Investigations, National Research Council. Members of the Committee Madison Bentley, E.V. Cowdry."

Bishop, George Holman, 1889-1973.
The form of the record of the action potential of vertebrate nerve at the stimulated region, by Geo. H. Bishop. [n.p.] 1927.
462-477 p. illus. 25.2 cm.
"Reprinted from The American journal of physiology, vol. LXXXII, no. 2, October, 1927."

Bishop, George Holman, 1889-1973.
A functional study of the nerve elements of the optic pathway by means of the recorded action currents, by George H. Bishop and S. Howard Bartley. [n.p.] 1934.
995-1007 p. illus. 24.9 cm.
"Reprinted from American journal of ophthalmology, vol. 17, no. 11, November, 1934."

Bishop, George Holman, 1889-1973.
The reactance of nerve and the effect upon it of electrical currents, by George H. Bishop. [n.p.] 1929.
618-639 p. diagrs. 25.1 cm.
"Reprinted from The American journal of physiology, vol. 89, no. 3, August, 1929."

Bishop, George Holman, 1889-1973.
The relation between the threshold of nerve response and polarization by galvanic current stimuli, by George H. Bishop. [n.p.] 1928.
417-436 p. illus. 25.3 cm.
"Reprinted from The American journal of physiology, vol. 84, no. 2, March, 1928."

Bishop, George Holman, 1889-1973.
Responses of mammalian nerve to strong shocks [by] George H. Bishop and Peter Heinbecker. [n.p.] 1935.
[4] p. illus. 24.8 cm.
"Reprinted from the Proceedings of the Society for Experimental Biology and Medicine, 1935, 32, 1278-1280."

Bishop, Louis Faugeres, 1864-1941.
A key to the electrocardiogram, by Louis Faugeres Bishop. New York, W. Wood, 1923.
viii, 96 p. illus. 25 cm.

Black, Jonathan, 1939-
Electrical stimulation; its role in growth, repair, and remodeling of the musculoskeletal system [by] Jonathan Black. New York, Praeger, c1987.
x, 225, [1] p. diagrs. 24 cm.

Blair, Edgar Allan, 1902-
On the effects of polarization of nerve fibers by extrinsic action potentials, by E.A. Blair and Joseph Erlanger. [n.p.] 1932.
559-564 p. illus. 25.3 cm.
"Reprinted from The American Journal of Physiology. Vol. 101, No. 3, August, 1932."

Blanc, Ed H
La beauté de la peau; son entretien par l'électricité, par Ed. H. Blanc. Paris, G. Steinheil, 1910.
106, [1] p. illus. 18.5 cm.

Blanchard, Charles Elton, 1868-
An epitome of ambulant proctology, by Charles Elton Blanchard. Youngstown, Ohio, Medical Success Press, 1924.
158 p. 23.3 cm.
Provenance: Author's presentation copy to, "Dr. H. O. Bennett", "See page 131".

Blech, Gustavus Maximilian, 1870-
Clinical electrosurgery, by Gustavus M. Blech ... with chapters by Hector Alfred Colwell ... and

Brian Wellington Windeyer ... London, New York [etc.] Oxford university press [c1938]
xxvii, 389 p. illus., diagr. 22 cm.

Blonder, Edwin J
The clinical application of the galvanic falling reaction [by] Edwin J. Blonder. [n.p.] 1938.
7 p. 24 cm.
"Reprinted from Annals of Otology, Rhinology and Laryngology, June, 1938, vol. 47, no. 2, page 384."
Blonder's investigations on the diagnostic use of galvanic stimulation of the inner ear were significant contributions to the field of audiology. Stimulation through the labyrinth when circuit is closed produced anodal falling and nystagamus; toward the cathode and, on opening the circuit, a reversal of the direction of both nystagamus and falling.

Blonder, Edwin J
The galvanic falling reaction in patients with verified intracranial neoplasms [by] Edwin J. Blonder and Loyal Davis. [Chicago] American Medical Association, 1936.
6 p. 24 cm.
"Reprinted from The Journal of the American Medical Association, August 8, 1936, vol. 107, pp. 411 and 412."

Blonder, Edwin J
The galvanic falling reaction in patients with verified intracranial neoplasms [by] Edwin J. Blonder and Loyal Davis. [n.p.] 1936.
6 p. 24.1 cm.
"Reprinted from The Journal of the American Medical Association, August 8, 1936, vol. 107, pp. 411 and 412."
Provenance: Owner signature, "R. Hawkin".

Blonder, Edwin J
Galvanic falling in clinical use [by] Edwin J. Blonder. Chicago, American Medical Association, c1937.
5 p. 25.5 cm.
"Reprinted from the Archives of Neurology and Psychiatry, January 1937, vol. 37, pp. 137-141."
Provenance: Owner signature, "R. Hawkin".

Blonder, Edwin J
Galvanic falling in clinical use [by] Edwin J. Blonder. [n.p.] 1937.
5 p. 24 cm.
"Reprinted from the Archives of Neurology and Psychiatry, January 1937, vol. 37, pp. 137-141."

Blunt, Katharine.
Ultraviolet light and vitamin D in nutrition, by Katharine Blunt and Ruth Cowan. Chicago, University of Chicago Press, 1903.
xiii, 229 p. illus., charts. 21.4 cm.
Provenance: Owner bookplate, "Nathan H. Polmer, MD".

Boas, Ernst Philip, 1891-
The heart rate, by Ernst P. Boas ... and Ernst F. Goldschmidt ... Springfield, Ill., Baltimore, Md., C.C. Thomas, 1932.
xi, 166 p., 1 l. incl. illus., tables, diagrs. 24 cm.
First edition by the inventor of the cardiotachometer (1928) that allowed the registration of each heart beat for indefinite periods of time while the subject could pursue his ordinary business.

Boden, Erich, 1883-
Elektrokardiographie für die ärztliche Praxis. 14 Vorlesungen zur Einführung in die elektrische Untersuchungs-methode des Herzens und ihre praktischen Ergebnisse bei rhythmischem und arrhythmischem Herzschlag, von Erich Boden. 2. erg. Aufl. Dresden, T. Steinkopff, 1934.
xvi, 161 p. illus. 22.6 cm.

Bolk, Louis, 1866-1930.
Over de physiologische beteekenis van het cerebellum, door Louis Bolk. Haarlem, E.F. Bohn, 1903.
[2], 51 p. 23.3 cm.
Provenance: Owner signature and bookplate, "Heinrich Hirschfeld".

Bond, Frederick Bligh, 1864-1945.
The pragmatist in psychic research, by Frederick Bligh Bond.
p. [25]-64. 23.5 cm.
(In Murchison, Carl. The case for and against psychical belief. Worchester, Mass., 1927.)

Bonnefoi, L
Les phénomènes électriques dans les gaz raréfiés, par L. Bonnefoi. Troyes, Impr. et lithographie P. Nouel, 1910.
21, [1] p. diagrs. 24 cm.
Provenance: Owner stamp, "Bibliotheque d'Histoire Naturelle du Dr. Maurice Royer".

Bonnenfant, Pierre Joseph Albert, 1833-
Action du courant galvanique à interruptions rapides sur la nutrition, traitement de l'obésité, par Pierre-Joseph-Albert Bonnenfant. Lyon, Impr. Waltener, 1906.
103, [1] p. 25 cm.

Bonnet-Lemaire
Acuponcture chinoise appliquée; règles du choix des points, suivies d'un répertoire de leurs indications cliniques [par] Bonnet-Lemaire. Paris, Librairie Maloine, 1940.
[4], 120 p. 25.1 cm.

Bonnette, P
Broussais; sa vie, son oeuvre, son centenaire; 1772-1838 [par] P. Bonnette. Paris, Jouve, 1939.
69 p. illus., facsims., geneal. table, ports. 25 cm.

Bordeaux, Delmar Emil, 1912-
Cosmetic electrolysis and the removal of superfluous hair, by Delmar E. Bordeaux. [Rockford? Ill.] Bellevue Books, c1942.
98 p. illus., 2 plates. 19.3 cm.

Bordier, Henri, 1863-1942.
Diathermie et diathermothérapie, par H. Bordier. Préface de Bergonié. 2. éd., revue et augm. Paris, J.B. Baillière, 1925.
vii, 582 p. illus. 19.8 cm.
Provenance: Deaccession library stamp, "McGill Medical Library".
Provenance: Owner signature, "Ph. Baeuvaeus".
Textbook on diathermy and its therapeutic uses by one of France's foremost authorities on the use of high frequency currents in medicine and surgery, and a pioneer radiologist. In this edition he reports of his improved design of the apparatus using triode valves to give sustained undamped oscillations, however the cost was too high to put into production.

Bordier, Henri, 1863-1942.
Diathermie et diathermotherapie, par H. Bordier. Pref. de Bergonie. 5. ed., revue et augm. Paris, J.B. Bailliere, 1929.
670 p. illus. 20.7 cm.

Bordier, Henri, 1863-1942.
Précis d'électrothérapie, galvanisation, voltaïsation sinusoïdale, faradisation, franklinisation, franklinisation hertzienne, haute fréquence, électrophysiologie, électrodiagnostic et électrothérapie proprement dite, par H. Bordier. Préf. d'Arsonval. 2. éd., revue et augm. Paris, J.B. Baillière, 1902.
xii, 516 p. illus. 18.2 cm.
Another issue.
599 p.
The term, "Franklinisation hertzienne" was introduced by Bordier to describe the static induced and wave currents of Morton. Static generators could replace the induction coil or dynamo in the D'Arsonval circuit for the production of high frequency currents and associated radio waves, however, he assumed that high frequency oscillations could occur whatever form of circuit was connected to the apparatus. Due to the higher resistance of a human body and its low inductance it was later pointed out (Lewis) that the static induced current could not be oscillatory.

Boruttau, Heinrich Johannes, 1869-1923.
Die Actionsströme und die Theorie der Nervenleitung, eine elektrophysiologische Studie, von H. Boruttau. Bonn, E. Strauss, 1902.
[1], 153, [1] p. illus., 2 fold. tables. 23 cm.

Boruttau, Heinrich Johannes, 1869-1923.
Die Anwendung hochgespannter Ströme und des Electromagnetismus in der Therapie, von H. Boruttau.
p. 69-83. 23.8 cm.
(In Zentralkomitee für das ärztliche Fortbildungswesen in Preussen. Elektrizität und Licht in der Medizin. Jena, 1909.)

Boruttau, Heinrich Johannes, 1869-1923.
Elektrophysiologie, von H. Boruttau. Leipzig, W. Klinkhardt, 1909.
[348]-472 p. illus., diagrs. 26.8 cm.
Reprinted from his Handbuch der gesamten medizinischen Anwendungen der Elektrizitat einschliesslich der Rontgenlehre, Bd. 1, p. [348]-472.

Boruttau, Heinrich Johannes, 1869-1923.
Handbuch der gesamten medizinschen Anwendungen der Elektrizität, einschliesslich der Röntgenlehre in drei Banden ... Hrsg. von H. Boruttau und L. Mann. Mitherausgeber für den Röntgenband: M. Levy-Dorn und P. Krause. Leipzig, Dr. W. Klinkhardt, 1909-24.
3 v. illus., 4 plates (3 col.), diagrs. 27.3 cm.

Provenance: Owner bookplate, "From the Library of Emmett Field Horine" with typed note, "From the Library of Carleton B. Chapman, MD".

Bose, Sir Jagadis Chunder, 1858-1937.
Comparative electro-physiology, a physico-physiological study, by Jagadis Chunder Bose ... London, New York [etc.], Longmans, Green, and co., 1907.
xiiii, 760 p. illus. 22.5 cm.

Bose, Sir Jagadis Chunder, 1858-1937.
Électrophysiologie comparée, par Sir Jagadis Chunder Bose. Tr. par Pierre Lehmann. Paris, Gauthier-Villars, 1927.
liii, 583 p. illus. 22 cm.

Bose, Sir Jagadis Chunder, 1858-1937.
Plant autographs and their revelations, by Sir Jagadis Chunder Bose. London, Longmans, Green, 1927.
xiv, 231, [1] p. illus., port. 22 cm.
Provenance: Owner signature, "A. F. Moore".

Bose, Sir Jagadis Chunder, 1858-1937.
Plant autographs and their revelations, by Sir Jagadis Chunder Bose. New York, Macmillan, 1927.
xvi, [1], 240 p. illus., port. 20.2 cm.

Bose, Sir Jagadis Chunder, 1858-1937.
Response in the living and non-living, by Jagadis Chunder Bose. London, Longmans, Green, 1902.
xix, 199 p. illus. 22.5 cm.
Provenance: Owner bookplate, "Oscar Wanscher 1899" and stamp, "Prof. O. Wanscher Nytorv 7. Kjobenhavn". Two letters in Danish pasted onto rear endpapers.
First edition containing Bose's results of experiments on the quasi-optical properties of very short radio waves. Bose was a physiologist and physics professor at Calcutta and attracted world wide attention with his studies on the similarities in response of plant and animal tissues to these frequencies.

Bouchard, Charles Jacques, 1837-1915, ed.
Traité de radiologie médicale, publié sous la direction de Ch. Bouchard. ... Paris, G. Steinheil, 1904.
[2], iii, 1100 p. illus., 7 plates. 27 cm.
Provenance: Owner bookplate, "Ex Libris Dr. Pierre Pizon, 1938" and stamp, "Ex Libris Pierre Pizon". Original paper covers bound in letter from Dr. Robert Pierret to Dr. Pierre Pizon pasted in. Typescript page signed by Pizon tipped in.

Bourdoux, Jean Louis, 1876-1963.
Notions pratiques de radiesthésie pour les missionnaires. 2. éd. entièrement refondue et considérablement augm. Tournai (Belgique) Casterman; Paris, Maison de la radiesthésie, 1939.
310 p. illus., fold. diagr. 19.5 cm.

Boyle, Hon. Robert, 1627-1691.
Electricity and magnetism 1675-6 [by] Robert Boyle. Oxford, Printed by J. Johnson, 1927.
[5], 38, [3], 20 p. 16.7 cm.

Boyle, Hon. Robert, 1627-1691.
Experiments and considerations touching colours. First occasionally written, among some other essays, to a friend; and now suffer'd to come abroad as the beginning of an experimental history of colours, by Robert Boyle. A facsimile of the 1664 edition with a new introduction by Marie Boas Hall. New York, Johnson Reprint, 1964.
xxvi, [40], 423 p. fold. diagram. 18.5 cm.

Braasch, William Frederick, 1878-
Urography, by William F. Braasch. In collaboration with Benjamin H. Hager. 2nd ed., rev. and enl. Philadelphia, W.B. Saunders, 1927.
[2], 11-480 p. illus. 24.1 cm.
Provenance: Owner signature, "Dr. Max Friedman ... Bronx".

Bragg, Sir William Henry, 1862-1942.
X-rays and crystal structure, by W.H. Bragg and W.L. Bragg. 3d ed. London, G. Bell, 1918.
vii, [1], 22i, [1] p. diagrs., 4 plates. 22 cm.
Provenance: Library stamp, "Marymount College, Tarrytown, NY, Pellisfer Library" and owner signature, "E. A. Milne - 1920".
Text containing pioneering work on crystalography using x-ray diffraction patterns.

Brailsford, James Frederick, 1888-
The radiology of bones and joints, by James F. Brailsford. Baltimore, W. Wood, 1934.
xx, 500 p. illus. 25.4 cm.

Brard, René, 1877-
Balance pendulaire de précision; études théoriques, dosages, prospections, par R. Brard et Ch. Gorceix. Suivi des Expériences théoriques et

données pratiques, de C. Voillaume. Préface du H. de France. Paris, Librairie Scientifique de P. Lechevalier, 1934.
196 p. diagrs., 2 fold. plates. 25 cm.

Braun, Adolphe Armand, 1869-
The radio-orbicular (spider-web) process of thought, based on a new philosophy of equal compensation, discovered by A.A. Braun. The master key to universal knowledge, achievement, wisdom and morality. London, Published for the Postal University by Grafton, c1921.
161, [7] p. 24.1 cm.

Bredig, Georg, 1868-
Elektrochemie und ihre Beziehungen zur Medizin, von G. Bredig.
p. 135-216. 23.8 cm.
(In Zentralkomitee für das ärztliche Fortbilfungswesen in Preussen. Elektrizität und Licht in der Medizin. Jena, 1909.)

Breiger
Der heutige Stand der Diathermie; ihre Technik u. Anwendung bei den verschiedenen Krankheiten und zur Elektrokoagulation, von Breiger. Berlin Electricitatsgesellschaft "Sanitas" [n.d.]
72 p. illus. 20.7 cm.

Breuer, Josef.
Über den Galvanotropismus (Galvanotaxis) bei Fischen, von Josef Breuer. Wein, aus der kaiserlich-königlichen hof- und Staatsdruckerei, 1905.
30 p. 24.5 cm.
"Aus den Sitzungsberichten der kaiserl. Akademie der Wissenschaften in Wien. Mathem.-naturw. Klasse; Bd. CXIV. Abt. III. März 1905."
Provenance: Owner signature, "Trotti 23.4.1905".

Brochenin, Germain.
Traité de radiesthésie et téléradiesthésie; diagnostic radiesthésique télédiagnostic; procédés inédits [par] Germain Brochenin. Paris, Maison de la Radiesthésie, 1937.
334, [2] p. illus. 18.4 cm.

Broglie, Louis, prince de, 1892-
Physics and microphysics, by Louis De Broglie. Tr. by Martin Davidson. With a foreword by A. Einstein. New York, Harper, 1960.
286 p. illus. 20 cm.

Brown, Philip King, 1869-
The effect of a momentary contact with an 18,000 volt current, by Philip King Brown. [n.p.] 1913.
6 p. 18.1 cm.
"Reprint from the California State Journal of Medicine, August, 1913."

Browne, John, ca. 1642-1700.
Myographia nova: or a graphical description of all the muscles in humane body, as they arise in dissection: distributed into six lectures; at the entrance into every of which, are demonstrated the muscles properly belonging to each lecture now in general use at the theatre in Chyrurgeons-Hall, London; and illustrated with one and forty copper plates, accurately engraved after the life, with their names on the muscles, as much as can be expressed by figures: as also with their originations, insertions, uses, and divers new observations of the authors, and other modern anatomists. Together, with an accurate and concise discourse of the heart, and its use; as also of the circulation of the blood, and the arts of which the sanguinary mass is made and framed. Written by the late learned Dr. Lower. Digested into this new method, by the care and study of John Browne. London, Printed by T. Milbourn, for the author, 1697. [New York, Editions Medicina Rara, 1971?]
[40], 109, [1] p. front. (port.), 40 plates. 31.5 cm.

Brugia, Raffaele.
Révision de la doctrine des localisations cérébrales, unité segmentaire des réflexes [par] R. Brugia. Préf. du Pierre Marie. Paris, Masson, 1929.
[4], iii, 195, [1] p. 24.2 cm.

Bruker, Mendel, 1891-
Contribution a l'étude des applications thérapeutiques des ions, par Mendel Bruker. Paris, A. Maloine, 1917.
82, [1] p. 23 cm.

Brunton, Sir Thomas Lauder, 1844-1916.
Collected papers on circulation and respiration. First series, chiefly containing laboratory researches, by Sir Lauder Brunton. London, Macmillan, 1907.
xiii, 696 p. illus. 22 cm.
Provenance: Deaccession library stamp "Pharmacological Laboratory Western Reserve

Medical College, Cleveland, Ohio", and inscription, "Pharmacology WRH"

First edition of Vol. I of the great British pharmacologist's papers containing his classic paper introducing the use of amyl nitrite for the alleviation of angina as well as his papers on electrostimulation.

Brunton, Sir Thomas Lauder, 1844-1916.

Hallucinations and allied mental phenomena, by Sir Lauder Brunton. London, Printed by Adlard, 1902.

[1], 31 p. illus., 4 plates. 23.6 cm.

"Reprinted from the 'Journal of Mental Science,' April, 1902."

Rare offprint of Brunton's paper on ESP dealing with folklore, history and neurology.

Bryan, George Sands, 1879-

Edison; the man and his work [by] George S. Bryan. Garden City, N.Y., Garden City Pub., 1926.

ix, 350 p. 6 plates, port. 20.5 cm.

Provenance: Owner signature, "Richard W. Hardt".

Buchanan, Joseph Rodes, 1814-1899.

Therapeutic sarcognomy, a scientific exposition of the mysterious union of soul, brain and body, and a new system of therapeutic practice without medicine, by the vital nervaura, electricity and external applications. Giving the only scientific basis for therapeutic magnetism and electro-therapeutics, by Joseph Rodes Buchanan... Volume 1st Nervauric and electric. Mokelumne Hill, Ca., Health Research [1973?]

v 1 2 plates. 21.7 cm.

Bucky, Gustav, 1880-1963.

Anleitung zur Diathermiebehandlung, von G. Bucky. Berlin, Urban & Schwarzenberg, 1921.

viii, 160 p. illus. 21.1 cm.

Popular text on diathermy by one of Germany's pioneer radiologists who also originated Grenz ray therapy.

Bucky, Gustav, 1880-1963.

Anleitung zur Diathermiebehandlung, von G. Bucky. Berlin, Urban & Schwarzenberg, 1921.

[iii]-viii, 160 p. illus. 21.1 cm.

Bucky, Gustav, 1880-1963.

Anleitung zur Diathermiebehandlung, von G. Bucky. 2. umgearb. Aufl. Berlin, Urban & Schwarzenberg, 1927, c1926.

viii, 200 p. illus. 22.3 cm.

Bucky, Gustav, 1880-1963.

Anleitung zur Diathermiebehandlung, von G. Bucky. 3., umgearb. Aufl. Berlin, Urban & Schwarzenberg, 1929.

viii, 224 p. illus. 21.6 cm.

Provenance: Owner stamp "Dr. Steinharter, Fachartz fur innere krankheiten Innsbrucker Str. 8".

Bucky, Gustav, 1880-1963.

Grenzstrahl-therapie, von Gustav Bucky... mit beiträgen von Dr. Otto Glasser ... und Dr. Olga Becker-Manheimer ... Leipzig, S. Hirzel, 1928.

viii, 153, [1] p. illus., diagrs. 23 cm.

Provenance: Bookseller plates, "B. Westermann Co and Inc., New York" and "Orientalia, Inc., New York".

Bucky, Gustav, 1880-1963.

La diatermia (applicazione termotherapica della corrente ad alta frequenza); guida pratica per medici e studenti [del] G. Bucky. Traduzione dal tedesco dell'Ing. [U.] Tallarico e Dott. S. Nervi. Torino, S. Lattes [1921?]

[5], ii, [9]-200 p. illus., diagrs. 23.4 cm.

Bucky, Gustav, 1880-1963.

Die Röntgenstrahlen und ihre Anwendung, von G. Bucky. 2. verm. und verb. Aufl. Leipzig, B.G. Teubner, 1924.

[4], 120 p. illus., diagrs., 4 plates. 18.2 cm.

Text details the uses of x-rays. Bucky invented the "Potter-Bucky" diaphragm - a grid-like device for focusing the x-ray beam, the Bucky camera and with Albert Einstein an automatic exposure device.

Bucy, Paul Clancy, 1904- , ed.

The precentral motor cortex ..., ed. by Paul C. Bucy. Urbana, Ill., The University of Illinois Press, 1944.

xiv, 605 p. illus. 27.2 cm.

Provenance: Owner signature, "Martin Netsky. 27 Dec 1945".

Budge, Sir Ernest Alfred Thompson Wallis, 1857-1934, ed. and tr.

Syrian anatomy, pathology and therapeutics or "The book of medicines." The Syriac text, ed. from a rare manuscript, with an English

translation, etc., by E. Wallis Budge. Oxford, University Press, 1913.
2 v. 22.2 cm.
Text mentions briefly electrical shock from torpedos and its effect on the nerves.

Büben, Iván.
Die klinische Anwendung der Diathermie, von Iwan von Büben. Mit einem Geleitwort von Béla v. Kelen. Leipzig, J.A. Barth, 1926.
viii, 175 p. illus. 24.5 cm.

Bütschli, Otto, 1848-1920.
Vorlesungen über vergleichende Anatomie, von Otto Bütschli. Leipzig, Engelmann, 1910-34.
6 v. in 3. illus. (part. col.) 25.1 cm.
Provenance: Owner signature, " Leon Fredone".

Bulkley, Lucius Duncan, 1845-1928.
Cancer of the breast, with a study of 250 cases in private practice, by L. Duncan Bulkley. Philadelphia, F.A. Davis, 1924.
x, 336 p. illus. (1 col.) 22.5 cm.
Bulkley was a prominent New York dermatologist and precursor oncologist who emphasized the non-surgical treatment of cancer.

Bulkley, Lucius Duncan, 1845-1928.
The cure of psoriasis, with a study of 500 cases of the disease, observed in private practice [by] L. Duncan Bulkley. Chicago, Press of the American Medical Association, 1906.
18 p. 21.3 cm.
"Reprinted from The American Medical Association, November 17, 1906, vol. xlvii, pp. 1630-1636."

Bullard, Edward C
Electromagnetic induction in a rotating sphere, by E.C. Bullard. Cambridge, Printed at the University Press, 1949.
413-443 p. 24.3 cm.
"Reprinted without change of pagination from the Proceedings of the Royal Society, A, vol. 199, 1949."
An important contribution to the idea that the earth's magnetic field is due to the earth acting as a self-exciting dynamo as originally suggested by Larmor in 1919.

Bum, Anton, 1856-1925, ed.
Therapeutisches Lexikon für praktische Ärzte, hrsg. von Anton Bum. 3., verm. und verb. Aufl. Berlin, Urban & Schwarzenberg, 1900-01.
2 v. illus. 24.7 cm.
Well illustrated medical encyclopedia containing articles on medical electricity as well as a little known article on hypnosis by Sigmund Freud.

Bumke, Oswald, 1877-1950, ed.
Handbuch der Neurologie, hrsg. von O. Bumke und O. Foerster. Berlin, J. Springer, 1935-37 [v. 17, 1935]
17 v. in 18. illus. (part col.) 25.1 cm.
Only edition of one of the most important neurological handbooks ever published, containing well illustrated monographs by most of the leading neurologists of the period.

Burdick, Gordon Granger, 1862-
X-ray and high frequency in medicine, by Gordon G. Burdick. [Chicago?] Physical Therapy Library Pub. Co., c1909.
318, [10] p. illus. 22 cm.

Burr, Harold Saxton, 1889-
Bio-electric correlates of development in amblystoma [by] H.S. Burr and C.I. Hovland. [n.p.] 1937.
[541]-549 p. plate. 26.9 cm.
"Reprinted from The Yale Journal of Biology and Medicine, Vol. 9, No. 6, July, 1937."
Provenance: Library stamp, "Library of the School of Medicine, Yale University".

Burr, Harold Saxton, 1889-
Bio-electric correlates of human ovulation [by] H.S. Burr, L.K. Musselman, Dorothy Barton, and Naomi B. Kelly. [n.p.] 1937.
[155]-160 p. plate. 26.9 cm.
"Reprinted from The Yale Journal of Biology and Medicine, Vol. 10, No. 2, December, 1937.
Provenance: Library stamp, "Library of the School of Medicine, Yale University".

Burr, Harold Saxton, 1889-
Bio-electric correlates of methyl-colanthrene-induced tumors in mice [by] H.S. Burr, L.C. Strong, and G.M. Smith. [n.p.] 1938.
[539]-544 p. 26.6 cm.
"Reprinted from The Yale Journal of Biology and Medicine, Vol. 10, No. 6, July, 1938."
Provenance: Owner stamp, "C. M. Gross".

Burr, Harold Saxton, 1889-
Electrical characteristics of living systems [by] H.S. Burr and C.T. Lane. [n.p.] 1935.
[31]-35 p. 27 cm.
"Reprinted from The Yale Journal of Biology and Medicine, Vol. 8, No. 1, October, 1935."
Provenance: Library stamp, "Yale Medical Library, General".

Burr, Harold Saxton, 1889-
An electro-dynamic theory of development suggested by studies of proliferation rates in the brain of amblystoma [by] Harold Saxton Burr. Philadelphia, The Wistar Institute Press, 1932.
347-371 p. illus. 26.4 cm.
"Reprinted from The Journal of Comparative Neurology, Vol. 56, No. 2, December, 1932."
Provenance: Owner stamp, "C. M. Gross".

Burr, Harold Saxton, 1889-
Electrometric studies of tumors induced in mice by the external application of benzpyrene [by] H.S. Burr, G.M. Smith, and L.C. Strong. [n.p.] 1940.
[711]-717 p. 26.6 cm.
"Reprinted from The Yale Journal of Biology and Medicine, Vol. 12, No. 6, July, 1940."

Burr, Harold Saxton, 1889-
An electrometric study of the healing wound in man [by] H.S. Burr, M. Taffel, and S.C. Harvey. [n.p.] 1940.
[483]-485 p. diagr. 26.6 cm.
"Reprinted from The Yale Journal of Biology and Medicine, Vol. 12, No. 5, May, 1940."

Burr, Harold Saxton, 1889-
The relationship between the bio-electric potential of rats and certain drugs [by] H.S. Burr and Paul K. Smith. [n.p.] 1938.
[137]-140 p. diagr. 25.8 cm.
"Reprinted from The Yale Journal of Biology and Medicine, Vol. 11, No. 2, December, 1938."

Burr, Harold Saxton, 1889-
A vacuum tube microvoltmeter for the measurement of bioelectric phenomena [by] H.S. Burr, C.T. Lane, and L.F. Nims. [n.p.] 1936.
[65]-76 p. illus., plate. 26.8 cm.
"Reprinted from The Yale Journal of Biology and Medicine, Vol. 9, No. 1, October, 1936."
Provenance: Library stamps, "Library of the School of Medicine, Yale University," and Yale Medical Library, General".

Burridge, William, 1885-1955.
Excitability, a cardiac study, by W. Burridge. London, Oxford university press, H. Milford, 1932.
ix, [1], 208 p. 22.3 cm.
Provenance: Owner stamp, "Penn Mutual Life Insurance Co., Medical Director, 1933."

Burridge, William, 1885-1955.
A new physiology of sensation based on a study of cardiac action, by W. Burridge. London, Oxford university press, H. Milford, 1932.
70, [1] p. 22.2 cm.
Provenance: Cancellation dates.

Burton manufacturing co., inc.
Indicative oral diagnosis, dealing with transvisualization as a new aid to dental diagnosis and some observations on the subject of dental economics as compiled by an economist. Also concerning a treatise on the determination of the vitality and degree of vitality of the teeth by the use of signalized pulsations of high electromotive force. 2nd ed. Chicago, Burton manufacturing co., c1934.
48 p. illus. (part. col.) 20.7 cm.

Butler, Glentworth Reeve, 1855-1926.
The diagnostics of internal medicine: a clinical treatise upon the recognised principles of medical diagnosis, prepared for the use of students and practitioners of medicine, by Glentworth Reeve Butler. New York, D. Appleton, 1901.
xxviii, 1059 p. illus. (part col.), charts (part col.), 4 col. plates. 23.8 cm.
Provenance: Owner signature, "E. B. Powers, San Diego".

Butler, Thomas Harrison, 1871-1945.
An illustrated guide to the slit-lamp, by T. Harrison Butler. London, H. Milford, Oxford University Press, 1927.
xiii, 144 p. illus., 5 col. plates. 25.5 cm.
Provenance: Bookseller plate, "Berkelouw Bookdealers, Sidney".

Buttersack, Felix Eberhard, 1865-
Seelenstrahlen und Resonanz, Beobachtungen und Schlusse, von F. Buttersack. Leipzig, W. Engelmann, 1937.
115 p. 23.4 cm.

Buytendijk, Frederik Jacobus Johannes, 1887-
A contribution to the physiology of the electrical organ of Torpedo, by F.J.J. Buytendijk. [Amsterdam, 1922]
14 p. illus. 26.5 cm.
"Reprinted from: Proceedings Vol. XXV. Nos. 3 and 4."
Provenance: Author's presentation copy.

Byrne, Joseph Grandson, 1870-
Functions of the cervical sympathetic as manifested by its action currents, by Joseph Byrne and Wm. Einthoven. [n.p.] 1923.
350-362 p. illus. 25.5 cm.
"Reprinted from The American Journal of Physiology, Vol. LXV, No. 2, July, 1923."
With this is bound Roos, J. Auricular fibrillation in the domestic animals. [n.p.] 1924.

Bythell, William James Storey.
X-ray diagnosis and treatment, a text-book for general practitioners and students, by W.J.S. Bythell and A.E. Barclay. London, H. Frowde, 1912.
xii, 147 p. 104 plates. 21.7 cm.
Provenance: Library bookplate and stamp, "Jersey Medical Society".

Cabanès, Augustin, 1862-1928.
La princesse de Lamballe intime (d'après les confidences de son médecin); sa liaison avec Marie-Antoinette, son rôle secret pendant la revolution [par] Cabanès ... Paris, A. Michel [1922]
[4], 512 p. illus., facsims., ports. 21 cm.

Callaghan, John C
An electrical artificial pacemaker for standstill of the heart [by] J.C. Callaghan and W.G. Bigelow. Philadelphia, J.B. Lippincott, 1951.
8-17 p. illus. 25.3 cm.
"Reprinted from Annals of surgery, Vol. 134, no. 1, July, 1951."
This paper ushers in the modern era of cardiac pacing.

Cameron, William John, 1879-1955.
Diagnosis by transillumination; a treatise on the use of transillumination in diagnosis of infected conditions of the dental process and various air sinuses with a chapter on the electric test for pulp vitality, by W.J. Cameron. 5th ed. Chicago, Cameron, c1924.
64 p. illus. (part col.), col. fold. plate, port. 22.7 cm.

Cameron, William John, 1879-1955.
Diagnosis by transillumination; a treatise on the use of transillumination in diagnosis of infected conditions of the dental process and various air sinuses with a chapter on the electric test for pulp vitality, by W.J. Cameron. 7th ed. Chicago, Cameron, c1928.
64 p. illus. (part col.), col. plate, port. 22.5 cm.

Campbell, Alfred Walter.
Histological studies on the localisation of cerebral function, by Alfred W. Campbell. Cambridge, University Press, 1905.
xix, 360 p. illus., 29 plates. 30 cm.
First edition: Campbell was a pioneer in the study of the architectonics of the cerebral cortex. The precentral area of the cerebral cortex is known as Campbell's area.

Camus, Jean, physician.
Isolement et psychothérapie; traitement de l'hystérie et de la neurasthénie pratique de la rééducation morale et physique, par Jean Camus et Philippe Pagniez. Préface du J. Dejerine. Paris, F. Alcan, 1904.
viii, 407, [1] p. 25 cm.

Cardot, Henry, 1896-
Les actions polaires dans l'excitation galvanique du nerf moteur et du muscle, par Henry Cardot. Paris, Masson, 1912.
[3], 193 p. illus. 25.5 cm.
Provenance: Author's signed presentation copy.

Carrayrou, Alphonse, 1888-
Des corps étrangers magnétiques chorio-rétiniens visibles à l'ophtalmoscope et des indications de leur extraction à l'aide de l'électro-aimant géant, par Alphonse Carrayrou. Lyon, Legendre, 1919.
46, [1] p. 25 cm.
Provenance: Library stamp, "Laboratoire Recherche ..." Illegible.

Carrel, Alex, 1873-1944.
Man the unknown, by Alexis Carrel. 31st ed. New York, Harper, c1935.
xv, [1], 346 p. 22.1 cm.

Carus, Karl Gustav, 1789-1869.
Symbolik der menschlichen Gestalt, ein Handbuch zur Menschenkenntnis, von Carl Gustav Carus. Neu bearb. und erw. von Theodor Lessing. 3. vielfach verm. Aufl. Celle, N. Kampmann, 1925.
534 p. illus. 22.6 cm.

Carvallo, Moise Emmanuel, 1856-
Leçons de l'électricité, par E. Carvallo. Paris, Librairie Polytechnique, 1904.
xi, [1], 259 p. illus. 24.5 cm.
Provenance: Library stamps and inscriptions, "Cabinet de Physique, Seminaire Saint Paul, Cannes (A-M)" and "Seminaire St. Paul" respectively.

Cary, Ferdinand Ellsworth, 1848- ed.
The standard book of knowledge: an American home educator; ten great books in one volume. The culmination of centuries of human effort, showing the newest conditions of industry, commerce, invention, science, art, literature, philosophy, etc., etc. Including also, self-instruction in bookkeeping, computation, correspondence, points of law and legal forms, penmanship, and shorthand; supplemented by review questions for students. Editor-in-chief, Ferdinand Ellsworth Cary ... assisted by Morton MacCormac, Edward J. Dahms, A.N. Palmer ... [n.p.] c1904.
702 p. illus. 24.5 cm.

Casserio, Giulio, 1556-1616.
Tabvlae anatomicae LXXIIX, omnes nouae nec ante hac visae. Daniel Bvcretivs ... XX que deerant suppleuit et omnium explicationes addidit. Venetiis, Apud E. Deuchinum, 1627. Editions Medicina Rara [1971?]
[3], 95 [i.e. 97] l., 28-44, [2] p. (chiefly plates) 42.5 cm.

Castex, Edmond, 1868-
Précis d'électricité médicale; technique, électrophysiologie, électrodiagnostic, électrothérapie, radiologie, photothérapie, par E. Castex. Paris, F.R. de Rudeval, 1903.
vii, 672 p. illus., charts, diagrs. 18.5 cm.
Provenance: Owner bookplate, "George W. Jacoby".

Castex, Edmond, 1868-
Précis d'électricité médicale; technique, électrophysiologie, électrodiagnostic, électrothérapie, radiologie, photothérapie, par E. Castex. 3. éd., revue et augm. Paris, J. Lamarre, 1916.
viii, 1126 p. illus. 18.4 cm.

Cathcart, George Clark.
The treatment of chronic deafness by the electrophonoide method of Zund-Burguet, by George C. Cathcart. London, H. Milford, Oxford University Press, 1926.
viii, 88 p. illus. 19.2 cm.
Provenance: Author's presentation copy, 1927.

Cau, Giovanni.
Alessandro Volta, l'uomo, la sua scienza, il suo tempo [di] Giovanni Cau. Milano, G. Agnelli, 1927.
[4], 215 p. plates, ports. 20.5 cm.

Cauvet, Marguerite, 1904-
La physiothérapie en esthétique [par] Marguerite Cauvet. Paris, M. Vigné, 1930.
54, [1] p. 25.2 cm.

Cave, Francis A
The electronic reactions of Abrams [by] Francis A. Cave.
p. 385-414. 24 cm.
(In Abrams, Albert. New concepts in diagnosis and treatment. San Francisco, 1922.)

Central Scientific Company, Chicago.
Laboratory apparatus and chemicals for chemical, industrial, metallurgical, bacteriological, biological, board of health, clinical, hospital and commercial testing laboratories, manufactured and sold by Central Scientific Company. Chicago, c1931.
1 v. (various pagings) illus. 27.5 cm.

Chaffee, Emory Leon, 1885-
A method for the remote control of electrical stimulation of the nervous system [by] E. Leon Chaffee and Richard U. Light. [n.p.] 1934.
[83]-128 p. illus. 28.1 cm.
"Reprinted from The Yale Journal of Biology and Medicine, Vol. 7, No. 2, December, 1934."

Chantereine, Jacqueline.
Ondes et radiations humaines, detection; étude biologique expérimentale et applications [par] Jacqueline Chantereine [et] Camille Savoire. 2. éd. Paris, Editions Dangles [1932?]
[1], 125 p. illus. 23 cm.

Chantereine, Jacqueline.
Ondes et radiations humaines, détection; étude biologique expérimentale et applications [par] Jacqueline Chantereine [et] Camille Savoire. Strasbourg, Impr. O. Boehm, 1933.
125, [1] p. illus., plates (1 fold.) 18.3 cm.

Chapuis, Alfred, 1880-
Le monde des automates, etude historique et technique [par] Alfred Chapuis et Edouard Gélis. Préf. de Edmond Haraucourt. Paris, Impressions Blondel La Rougery, 1928.
2 v. illus. 28 cm.

Charbonnel-Duteil, Edmond, 1913-
Les débuts de l'électrotherapie en France, par Edmond Charbonnel-Duteil. Paris, Jouve, 1943.
[1], 92 p. 24.1 cm.
Provenance: Date stamp, "17 Fev 1943".
First edition of a thesis by a student of E. J. Marey and Paul Bent dealing mainly with the history of electrical excitation.

Chardin, Charles, 1850-
Exposé sons forme de dictionnaire des maladies humaines et de leur traitement. Thérapeutique électrique, par Charles Chardin... 8. éd. Préface de la 5 éd. (1923) et Action thérapeutique des petits courants galvaniques (1927) par Peytoureau. Paris, C. Chardin, 1927.
320 p. illus., port. 19 cm.

Chardin, Charles, 1850-
Exposé sous forme de dictionnaire de toutes les maladies humaines et de leur traitement unique à l'usage du public. Considérations sur la médecine et la société, ce qu'elles sont et ce qu'elles devraient être, par Charles Chardin. Paris, C. Chardin, 1921.
312 p. illus. 18.8 cm.

Chardin, Charles, 1850-
Précis d'électricité médicale ramenant tous les principes de l'électrothérapie en un seul servant de base à la méthode speciale dite électro-cinésique vasculaire, par Ch. Chardin. 2. éd. Paris, Chez l'auteur, 1909.
418, [1] p. illus. 18.8 cm.

Chardin, Charles, 1850-
Le sublime erreur de Duchenne de Boulogne et les complications pratiques qui en découlent; erreur invoquée journellement et ayant traversé plus d'un semi-siécle sans être remarquée...[par Ch. Chardin] Paris, A. Reiff, 1902.
194 p. illus. 18.5 cm.

Chassard, Marcel, 1889-
Du traitment des névralgies par les applications directes et indirectes de l'électricité, par Marcel Chassard. Paris, A. Leclerc, 1914.
[4], [5]-280 p. 22.6 cm.
Bound with Hamon, Francisque. La contraction galvanotonique au cours de la reaction de degenerescence. Paris, 1914.

Chatin, Alfred, 1873-1925.
Photothérapie; la lumière agent biologique et thérapeutique, par A. Chatin et M. Cerle. Avec une préface de D'Arsonval. Paris, Masson [1903]
180 p. illus. 18.7 cm.
Provenance: Bookseller advertisement, "Libraire Joseph Gilbert, Paris".

Chaumery, L
Traité expérimental de physique radiesthésique [par] L. Chaumery et A. de Bélizal. Paris, Éditions Dangles, 1939.
195, [5] p. illus. 22.7 cm.

Chauvois, Louis, 1881-
D'Arsonval; soixante-cinq ans à travers la science [par] Louis Chauvois. Paris, J. Oliven, 1937.
437 p. illus., diagrs., facsims., ports. 25.2 cm.
Provenance: Author's signed presentation copy to, "Dr. R. Molinery?"

Chauvois, Louis, 1881-
D'Arsonval; une vie, une époque, 1851-1940 [par] Louis Chauvois. Paris, Plon [1941]
[4], 152, [1] p. illus., facsims., plates, ports. 18.5 cm.
Provenance: Illegible inscription.

Chemical and Electrical Co., New York.
For you; we can if we will, destroy all disease germs and so be rid of all germ diseases. New York, 1901.
[1], [3], 96, [3] p. illus., diagrs., plates. 20 cm.

Chevallier, Pierre, 1909-
Electronisation (homéotherapie électrique) par Pierre Chevallier. Paris, A. Legrand, 1947.
69, [2] p. 17.7 cm.

Chevrier, Georges, writer on theosophy.
Le phénomène vibratoire [par] G. Chevrier. Paris, Adyar, 1923.
31 p. 23.8 cm.

Chizhevskii, Alexsandr Leonidovich, 1897-
Les épidémies et les perturbations électro-magnétiques du milieu extérieur [par] A.L. Tchijevsky. Paris, Éditions Hippocrate, 1938.
238, [2] p. illus., 16 plates. 24.5 cm.
An historical analysis of the relationship between epidemics and electromagnetic phenomenon associated with meteorology, geophysics and cosmology.

Chloride of Silver Dry Cell Battery Company, Baltimore, Md.
Chloride of silver dry cell batteries, electrodes and accessories: general catalogue. Baltimore [ca. 1902].
63 p. illus. 20.6 x 26.7 cm.

Cholnoky, Tibor de, 1904-
Short-wave diathermy, by Tibor de Cholnoky. New York, Columbia University Press, 1937.
xiii, 310 p. illus. 24 cm.

Chrapowicki, Maryla de.
Biotonic therapy; therapeutic use of life energy, by Maryla de Chrapowicki. Foreword by Cyril Scott. London, C.W. Daniel [1952]
76 p. plate. 22.1 cm.
Provenance: Owner signature, "Mary Daniels Pye" and Dealer bookplate, "Chimes. Brea, Col".

Chrapowicki, Maryla de.
Spectro-biology, by Maryla de Chrapowicki. London, C.W. Daniel [1938]
62 p. illus. 22.2 cm.

Christie, Arthur Carlisle, 1879-
Roentgen diagnosis and therapy, by Arthur C. Christie. Philadelphia, J.B. Lippincott, c1924.
vi, [1], 320 p. illus. 23.3 cm.
Provenance: Cancelled library bookplate and stamp, "Library of the Medical Society of the County of Kings".

Christophe, Émile.
Apologie du sourcier; la téléradiesthésie [par] Emile Christophe. Paris, Édition de la "Revue des Indépendants", 1933.
222, [1] p. 19.3 cm.

Chuchmarev, Zakharii Ivanovich, 1888-
(Podkorkovaia psikhofiziologiia)
Подкорковая психофизиология; зкспериментальное изучение поведения энцефалитиков-паркинсоников. С предисловием К.Н. Корнилова и вступительной статьей А.И. Геймановича: "Неврологическая психиатрия и подкорковая патопсихология." Харкiв, Гос. изд-во Украины, 1928.
549, [5] p. illus. 25.4 cm.
Subcortical psychophysiology: An experimental study of the behavior of Parkinson encephalitis victims. Contains considerable research using electroencephalograms.

Clark, George.
The liberation of a pressor hormone following stimulation of the hypothalamus [by] George Clark and S.C. Wang. [n.p.] 1939.
597-601 p. chart, diagrs. 24 cm.
"Reprinted from The American Journal of Physiology, vol. 127, no. 3, October, 1939."

Claude, Georges, 1870-
L'électricité a la portée de tout le monde. Courant continu, courants variables, courants alternatifs simples et polyphasés, le radium et les nouvelles radiations, par Georges Claude. 7. éd., revue et augm. Paris, H. Dunod et E. Pinat, 1911.
517, [1] p. illus. 24.5 cm.

Clayton, Edward Bellis, 1882-
Electrotherapy with the direct and low frequency currents, by E.B. Clayton. London, Bailliere, Tindall and Cox, 1947.
viii, 271 p. diagrs. 20.5 cm.

Cleaves, Margaret Abigail, 1848-1917.
Light energy, its physics, physiological action and therapeutic applications, by Margaret A. Cleaves. New York, Rebman, c1904.
xiv, 827 p. illus., 18 plates (1 col.) 24.2 cm.
Provenance: Owner signature, "Geo. B. Smith - '74".

Cleveland Armature Works, comp.
Practical electricity with questions and answers. 3rd ed. Cleveland, Ohio, Cleveland Armature Works, 1901.
[5], 449 p. illus. 15.5 cm.

Clinical experiences of nervous & chronic diseases. Being a rev. and enl. ed. of the original volume, by the consulting staff of specialists, Electro-Medical & Surgical Institute. Sydney [Freeman & Wallace] Electro-Medical & Surgical Institute [ca. 1903]

xxxi, [1], 510, [2] p. illus., plates, ports. 18.4 cm.

Provenance: Owner inscription, "Arthur J. Bolitho, Fairview Farm, Gillies' Plains S.A. 1904".

Cohen, I Bernard, 1914-

Some early tools of American science; an account of the early scientific instruments and mineralogical and biological collections in Harvard University [by] I. Bernard Cohen. With a foreword by Samuel Eliot Morison. Cambridge, Mass., Harvard University Press, 1950.

xxi, 201 p. plates. 24 cm.

Provenance: Presentation copy to Bakken Library signed by author, April 20, 1982.

Cohn, Toby, 1866-1929.

Electro-diagnosis and electro-therapeutics. A guide for practitioners and students, by Toby Cohn. Tr. from the 2nd German ed. and ed. by Francis A. Scratchley. New York, Funk & Wagnalls, 1907, c1904.

xiii, [3], 280 p. illus., 8 plates. 21 cm.

Provenance: Cancelled library bookplate, "Worcester State Hospital Medical Society".

Coleman, William Franklin, 1838-

Electricity in diseases of the eye, ear, nose and throat, by W. Franklin Coleman. [Lincoln, Ill.] The Courier-Herald Press, 1912.

[7], 595 p. illus. 22.3 cm.

Collegium Privatum, Amsterdam.

Observationes anatomicae selectiores. Amstelodamensium 1667-1673. Ed. with an introd. by F.J. Cole. [Reading] Eng., University of Reading, 1938.

2 v. in 1. illus., 10 plates (incl. 3 fold.), port. 17 cm.

Collins wireless telephone co., Newark, N.J.

Links in the chain of change. [n.p.] ca. 1909.

20 p. illus. 15.5 cm.

Colwell, Hector Alfred, 1875-

An essay on the history of electrotherapy and diagnosis, by Hector A. Colwell. London, W. Heinemann, 1922.

xv, 180 p. illus., facsims., fold. plate, ports. 22 cm.

Provenance: Library bookplate, "British Dental Association".

Colwell, Hector Alfred, 1875-

The method of action of radium and X-rays on living tissues, by Hector A. Colwell. London, Oxford university press, H. Milford, 1935.

xii, 164 p. illus. 22.3 cm.

Colwell, Hector Alfred, 1875-

Radium, X rays and the living cell, with physical introduction, by Hector A. Colwell and Sidney Russ. London, G. Bell, 1915.

x, 324 p. illus., 2 col. plates. 23.2 cm.

Provenance: Presentation bookplate, "The Middlesex Hospital Medical School Physics prize awarded to Mr. E. W. Riches, 1919-20".

Colwell, Hector Alfred, 1875-

X-ray and radium injuries, prevention and treatment, by Hector A. Colwell and Sidney Russ. London, Oxford university press, H. Milford, 1934.

x, [1], 212 p. 22.4 cm.

Colville, William Wilberforce Juvenal, 1862-1917.

Auras and colors; four instructive and valuable lectures, by W.J. Colville. Rochester, N.Y., Austin, c1911.

60 p. 19.5 cm.

Provenance: Owner signature, "Irma S. Morris".

Comitato per le onoranze a Volta.

Como ad Alessandro Volta nel il centenario della nascita (1745-1945), edito a cura del Municipio di Como e del Comitato per le onoranze a Volta. Como, C. Marzorati [1945]

232, [2] p. illus., plates (facsims., ports.) 25 cm.

Comstock, Daniel Frost, 1883-

The nature of matter and electricity, an outline of modern views, by Daniel F. Comstock and Leonard T. Troland. New York, D. van Nostrand, 1917.

xxii, 203 p. illus., diagrs., front. (port.), 5 plates. 20 cm.

Provenance: Owner signature, " H. P. Hollnagel".

Congrés international de physiothérapie, 3d, Paris, 1910.
L'exposition du troisième Congrès international de physiothérapie. Paris 29 mars-2 avril 1910. [Paris, 1910]
122, [1] p. illus. 24.2 cm.

Contributions to radiology in honor of Dr. I. Seth Hirsch by his pupils and friends, 1939. [Syracuse, Radiological Society of North America, c1940]
[10], 402 p. illus., charts (1 fold.), diagrs., port. 27.2 cm.
Provenance: Signed presentation copy to Doctor Gustav Bucky from I. Seth Hirsch, 1940.

Coombes, R H
Soil warming by electricity [by] R.H. Coombes. New York, Philosophical Library, 1955.
xi, 116 p. plates. 18.9 cm.

Cooper, James Fryer, 1880-1931.
Technique of contraception, the principles and practice of anti-conceptional methods, by James F. Cooper. New York, Day-Nichols, c1928.
xvi, 271 p. illus. 23.5 cm.

Coover, John Edgar, 1872-1938.
Metapsychics and the incredulity of psychologists, by John E. Coover.
p. [229]-264. 23.5 cm.
(In Murchison, Carl. The case for and against psychical belief. Worchester, Mass., 1927.)

Corbus, Budd Clarke, 1876-
Diathermy in the treatment of genito-urinary diseases, with especial reference to cancer, by Budd C. Corbus and Vincent J. O'Conor. St. Paul, Bruce, 1925.
194 p. illus. 22.6 cm.
Provenance: Bookseller plate, " H G Fischer & Co." and owner signature, "Dr. Harry Bougston".
Another issue.
192 p.

Coulter, John Stanley, 1885-
Heating of human tissues by short wave diathermy [by] John S. Coulter and Howard A. Carter. [n.p.] c1936.
9 p. diagrs. 21.3 cm.
"Reprinted from the Journal of the American Medical Association. June 13, 1936, Vol. 106, pp. 2063-2066."

Coulter, John Stanley, 1885-
Physical therapy, by John S. Coulter. New York, P.B. Hoeber, 1932.
xvii, 142 p. illus., front. 17 cm.
Provenance: Owner bookplate, "George Hathorn Smith" and, "For Review", stamp.

Courtade, Denis, 1857-
Notions pratiques d'électrothérapie appliquée a l'urologie, par Denis Courtade. Paris, F. Gittler, 1914.
[3], 212 p. illus., diagrs. 25 cm.

Covey, Alfred Dale, 1869-
Profitable office specialties, by A. Dale Covey ... 1st ed. Detroit, Mich., Physicians supply company [c1912]
398 p. illus. 23 cm.

Crandon, Le Roi Goddard, 1873-
The Margery mediumship, by L.R.G. Crandon.
p. [65]-109. 23.5 cm.
(In Murchison, Carl. The case for and against psychical belief. Worchester, Mass., 1927.)

Creed, Richard Stephen, 1898-
Reflex activity of the spinal cord, by R.S. Creed, D. Denny-Brown, J.C. Eccles, E.G.T. Liddell and C.S. Sherrington. Oxford, Clarendon Press, 1932.
vi, [2], 183, [1] p. plates. 22 cm.
Provenance: Owner bookplate, "Walter Richard Miles".
First edition containing the classical studies on the reflex activity of the spinal cord by Sherrington and his now famous pupils.

Crémieu, Victor.
Recherches expérimentales sur l'électrodynamique des corps en mouvement, par Victor Crémieu. Paris, Gautier-Villars, 1901.
[5], 117, [2] p. illus. 24.2 cm.

Crile, George Washington, 1864-1943.
Anoci-association by George W. Crile and William E. Lower. Amy F. Rowland. Philadelphia, W.B. Saunders, 1914.
259 p. illus., plates (1 fold.) 24.1 cm.
Text details discovery of method for preventing traumatic shock in surgery called "anoci-association". Crile made many other major contributions to surgical technique especially thyroid surgery. He devised methods for blood transfusions in 1905, popularized the use of blood

pressure monitoring in surgery and introduced epinephrine and saline solutions for patients in shock. He called attention to the effects of emotion on the adrenal and thyroid glands and the mental state of the patient before surgery.

Crile, George Washington, 1864-1943.
Bio-physical studies of the effects of various drugs upon the temperature of the brain and the liver. I - Strychnin, II - morphin, III - bromides, IV - curare, V - Atropin, VI - caffein, VII - alcohol [by] George W. Crile, Amy F. Rowland and S.W. Wallace. [n.p.] 1923.
429-442 p. illus. 26.5 cm.
"Reprinted from The Journal of Pharmacology and Experimental Therapeutics, Vol. XXI, No. 6, July, 1923."
Provenance: Owner stamp, "Dr. Herbert M. Evans".

Crile, George Washington, 1864-1943.
Diseases peculiar to civilized man; clinical management and surgical treatment, by George Crile. Ed. by Amy Rowland. New York, Macmillan, 1934.
xi, 427 p. illus., fold. chart, 2 col. plates. 22.2 cm.
Provenance: Owner bookplate, "A Portman" Inscribed, "A Portman MD, Islington, Mass."

Crile, George Washington, 1864-1943.
An electro-chemical interpretation of shock and exhaustion, by George W. Crile. Chicago, Surgical Pub. Co., 1923.
30 p. 19 cm.
"Reprint from Surgery, gynecology and obstetrics, September, 1923, pages 342-352."

Crile, George Washington, 1864-1943.
The kinetic system, by George W. Crile. Brooklyn, Eagle Press, 1914.
51, [1] p. illus. 19.8 cm.
"Reprinted from the New York State Journal of Medicine. Published monthly by the Medical Society of the State of New York. May, 1914."
Provenance: Owner stamps, "Dr. Herbert M. Evans", "Ex libris Dr. Herbert Mclean Evans".

Crile, George Washington, 1864-1943.
Man - an adaptive mechanism, by George W. Crile. Ed. by Annette Austin. New York, Macmillan, 1916.
xvi, [1], 387 p. illus. 21.8 cm.

Crile, George Washington, 1864-1943.
A mechanistic view of psychology [by] G.W. Crile. [n.p.] 1913.
12 p. 27 cm.
"Reprinted from Science, N.S., Vol. XXXVIII, No. 974, Pages 283-295, August 29, 1913."
Provenance: Owner stamps, "Dr. Herbert M. Evans", "Ex libris Dr. Herbert Mclean Evans".

Crile, George Washington, 1864-1943.
The origin and nature of the emotions. Miscellaneous papers, by George W. Crile. Ed. by Amy F. Rowland. Philadelphia, W.B. Saunders, 1915.
vii, 240 p. illus. 24.1 cm.

Crile, George Washington, 1864-1943.
The phenomena of life, a radio-electric interpretation, by George Crile. Ed. by Amy Rowland. 1st ed. New York, W.W. Norton, c1936.
379 p. illus., plates. 22.2 cm.
Another issue.
Text outlines an electromagnetic view of life and disease based on his radio, electric theory, "all living organisms are biopolar mechanisms constructed and energised by radiant and electric energy".

Crile, George Washington, 1864-1943.
Phylogenetic association in relation to certain medical problems, by G.W. Crile. Boston, W.M. Leonard, 1910.
39 p. 20.3 cm.
"Reprinted from the Boston Medical and Surgical Journal, Vol. clxiii, No. 24, pp. 893-904, Dec. 15, 1910."
Provenance: Owner stamp, "Dr. Herbert M. Evans".

Crile, George Washington, 1864-1943.
A physical interpretaton of shock, exhaustion, and restoration. An extension of the kinetic theory, by George W. Crile. Ed. by Amy F. Rowland. London, H. Frowde, 1921.
xvi, 232 p. illus. 25.2 cm.
Provenance: Library bookplate, "Laird Memorial Hospital".

Crile, George Washington, 1864-1943.
Studies in exhaustion. V. Hemorrhage [by] G.W. Crile. Chicago, American Medical Association, 1923.
12 p. illus. 25.4 cm.

"Reprinted from the Archives of Surgery, July, 1923, Vol. 7, pp. 154-165."
Provenance: Owner stamp, "H. M. Evans".

Crile, George Washington, 1864-1943.
Surgical shock and the shockless operation through anoci-association, by George W. Crile and William E. Lower. 2nd ed. of "Anoci-Association" thoroughly rev. and rewritten. Ed. by Amy F. Rowland. Philadelphia, W.B Saunders, 1920.
272 p. illus. (part col.) 24 cm.

Critchley, Macdonald.
Neurological effects of lightning and of electricity, by Macdonald Critchley. London, The Lancet Office, 1934.
12 p. illus. 21.4 cm.
"Reprinted from The Lancet, Jan. 13th, 1934, p. 68."

Crook, Herbert Evelyn.
High frequency currents; their production, physical properties, physiological effects, and therapeutical uses, by H. Evelyn Crook. New York, W. Wood, 1906.
x, 206 p. illus., diagrs. 22 cm.

Crook, Herbert Evelyn.
High frequency currents; their production, physical properties, physiological effects, and therapeutical uses, by H. Evelyn Crook. 2nd ed. New York, W. Wood, 1909.
xii, 232 p. illus. 22 cm.

Crookes, Sir William, 1832-1919.
Modern views on matter: the realisation of a dream, by Sir William Crookes. An address delivered before the Congress of Applied Chemistry at Berlin, June 5, 1903. London, E.J. Dana, Printer, 1903.
16 p. 24.4 cm.
Provenance: Author's presentation copy.
An undying curiosity about the afterlife underlay Crookes physical investigation into the effects of low pressures on discharges in vacuum tubes. He demonstrated that cathode rays travel in straight lines and discovered the element tellurium.

Crookes, Sir William, 1832-1919.
Sir William Crookes' researches into the phenomena of modern spiritualism. 2nd ed. Manchester, The "Two Worlds" Pub. Co., 1904.
52 p. illus. 21.3 cm.
Provenance: Inscribed, "L. Cope Canford from Alman Wyle. 1921".
His "Researches" are an important contribution to the history of the vain attempts to study psychical phenomena employing sophisticated electronic measuring devices in various experiments.

Cross, Harold H. U.
Electro-therapy and ionic medication; a technical and clinical compendium expressly written to meet the needs of general practice, by Harold H. U. Cross. London, C. Griffin, 1925.
xii, 253 p. illus. 20 cm.

Cruikshank, Omar T 1874-
Electro-therapy in the abstract for the busy practitioner, by Omar T. Cruikshank. With valuable contributions from Albert C. Geyser; practical notes on treatment of pulmonary tuberculosis and pneumonia by the author, and chapters descriptive of apparatus, H.A. Thompson. Thompson-Plaster ed. Philadelphia, Dando, 1917, c1918.
[4], 140 p. illus., 15 plates. 19.6 cm.

Cruikshank, Omar T 1874-
Electro-therapy in the abstract for the busy practitioner, by Omar T. Cruikshank. With valuable contributions from Albert C. Geyser; practical notes on treatment of pulmonary tuberculosis and pneumonia by the author, and chapters descriptive of apparatus, by H.A. Thompson. Thoroughly rev. Thompson-Plaster ed. Philadelphia, Dando, 1919.
[4], 140 p. illus., 13 plates. 19.6 cm.
Provenance: Bookseller stamp, "J. B. Small, Pittsburgh PA".

Cullen, Thomas Stephen, 1868-
A simple electric female cystoscope, by Thomas S. Cullen. [n.p.] 1903.
2 p. 2 plates. 23 cm.
Provenance: Owner and library stamp, "George Blumer" and "Yale University Library Oct. 25, 1906", respectively.

Cumberbatch, Elkin Percy, 1880-1939.
Diathermy: its production and uses in medicine and surgery, by Elkin P. Cumberbatch. St. Louis, C.V. Mosby, 1921.
[iii]-x, 193, [1] p. illus., diagrs., charts, plates. 21.6 cm.
The author was a pioneer of long wave high frequency therapy and successor to Lewis Jones at St. Bartholomews Hospital.

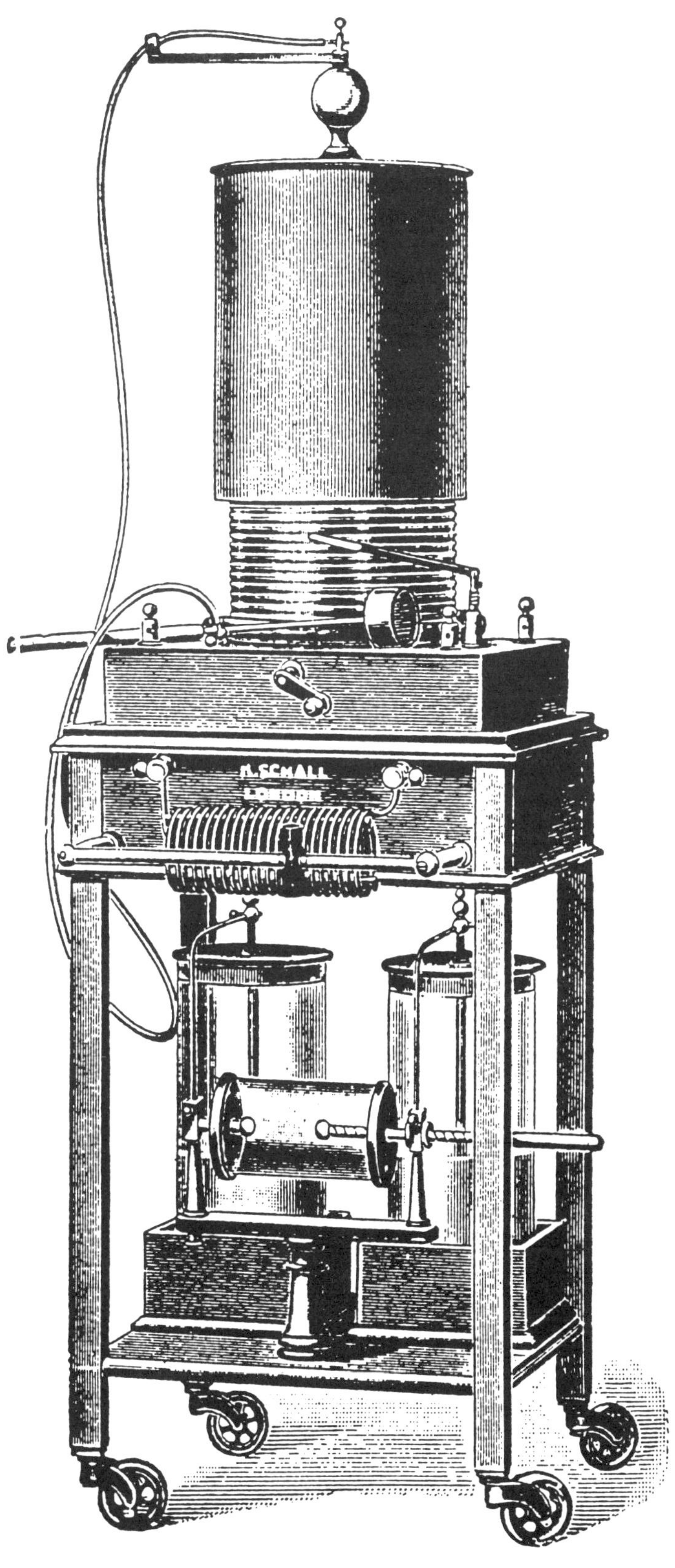

Early medical high-frequency generator from Cumberbatch
Diathermy, its Production and Uses in Medicine and Surgery (1928)

Cumberbatch, Elkin Percy, 1880-1939.
Diathermy: its production and uses in medicine and surgery, by Elkin P. Cumberbatch. 2d ed. St. Louis, C.V. Mosby, 1928.
xiii, 332 p. illus., diagrs., charts, plates. 21.5 cm.
Provenance: Owner inscriptions.

Cumberbatch, Elkin Percy, 1880-1939.
Essentials of medical electricity, by Elkin P. Cumberbatch. 5th ed., rev. and enl. St. Louis, C.V. Mosby, 1924, c1921.
xv, 388 p. illus., plates. 18.8 cm.
Provenance: Owner signature, "C. E. Buchanan".
Cumberbatch approached electrotherapeutics conservatively. He recommended UV light treatment just for lupus, acne, boils and impetigo and emphasized the limitations of iontophoresis, since the ions penetrated for very short distances only.

Cumberbatch, Elkin Percy, 1880-1939.
Essentials of medical electricity, by Elkin P. Cumberbatch. 7th ed., rev. and enl. London, H. Kimpton, 1933.
xiv, 508 p. illus., plates. 22 cm.
Provenance: Owner signature, "C. Pratt 1933".

Cumberbatch, Elkin Percy, 1880-1939.
Essentials of medical electricity, by Elkin P. Cumberbatch. 8th ed., rev. and enl. London, H. Kimpton, 1939.
xiv, 528 p. illus., 15 plates. 22 cm.
Provenance: Inscribed, "Vernon W. Smithy, for Review", plus bookstamp, "Journal of the Royal Army Medical College -- 1938".

Curie, Eve, 1904-
Madame Curie; a biography, by Eve Curie. Trans. by Vincent Sheean. Garden City, N.Y., Doubleday, Doran, 1938, c1937.
xi, 412 p. illus., ports. 23.5 cm.
The story of the discovery radioactivity; following Antoine Henri Becquerel's first discoveries in 1896 that uranium compounds were capable of discharging electrified bodies the Curies identified the radioactive properties of other radioactive elements and isolated and determined the atomic weight of radium in 1902.

Curie, Marie Sklodowska, 1867-1934.
Pierre Curie, by Marie Curie. Trans. by Charlotte and Vernon Kellogg, with an introd. by Mrs. William Brown Meloney, and autobiographical notes by Marie Curie. New York, Macmillan, 1923.
242 p. front., plates (ports.) 21.5 cm.
Provenance: Inscribed, "H. C. Hewius, Christmas 1924 from F. E. S."

Curie, Marie Sklodowska, 1867-1934.
Radio-active substances, by Mdme. Sklodowska Curie. 2nd ed. London, Chemical news office, 1904.
94 p. illus., diagrs. 22 cm.
"Reprinted from the Chemical News, 1903, vol. 88, p. 85 et seq."

Curie, Marie Sklodowska, 1867-1934.
Radio-active substances, by Mdme. Sklodowska Curie. 2nd ed. London, Chemical News office, 1904. [St. Louis? 1967]
94 p. illus. 21.2 cm.
Facsimile of the London ed., distributed in the U.S. by Van Nostrand, New York, 1904.
"Reprinted from the Chemical News, 1903, vol. 88, p. 85 et seq."
In case, as issued, with her Recherches sur les substances radioactives. Paris, 1903. [St. Louis? 1967] and Klickstein, H.S. Maria Sklodowska Curie. [St. Louis?] 1966 [i.e. 1967]
Provenance: Dedicatory inscription, "To the Bakken Museum from Jeremy Norman Inc."

Curie, Marie Sklodowska, 1867-1934.
Les rayons α, ß, γ des corps radioactifs en relation avec la structure nucléaire, par madame Pierre Curie. Paris, Hermann, 1933.
40 p. illus. 25 cm.

Curie, Marie Sklodowska, 1867-1934.
Recherches sur les substances radioactives. Paris, Gauthier-Villars, 1903. [St. Louis? 1967]
[1], 142, [1] p. illus. 23.8 cm.
In case, as issued, with her Radio-active substances. London, 1904. [St. Louis? 1967] and Klickstein, H.S. Marie Sklodowska Curie. [St. Louis?] 1966 [i.e. 1967]

Curie, Marie Sklodowska, 1867-1934.
Traité de radioactivité, par Madame P. Curie. Paris, Gauthier-Villars, 1910.
2 v. illus., front., 7 plates. 23.8 cm.
Provenance: Bookseller stamp, "Libraire Francais, Santiago".

Curie, Marie (Sklodowska), 1867-1934.
Untersuchungen über die radioaktiven Substanzen, von Mme. S. Cure. Übersetzt und mit Litteratur-Erganzungen versehen, von W. Kaufmann. 3. unveränderte Aufl. Braunschweig, F. Vieweg, 1904.
viii, 132 p. illus., charts, diagrs. 21.5 cm.
Provenance: Owner signature, "W. Kaufmann". Another owner bookstamp, "Dr. Hugo Lieber, New York" and library bookplate, "The Lennox Hill Hospital, N.Y. City".

Curie, Pierre, 1859-1906.
Oeuvres de Pierre Curie publiées par les soins de la Société française de physique. Paris, Gauthier-Villars, 1908.
xxii, 621, [1] p. illus., 2 plates, port. 24.5 cm.

Curtis, John Green, 1844-1913.
Harvey's views on the use of the circulation of the blood, by John G. Curtis. Based on a lecture delivered in 1907, before the Johns Hopkins Hospital Club at Baltimore. New York, Columbia University Press, 1915.
xi, 194 p. 5 plates, facsims. 20.l cm.

Curtis, Thomas Stanley, 1889-
High frequency apparatus; its construction and practical application, by Thomas Stanley Curtis. New York, Everyday Mechanics, c1916.
xvi, 243, [2] p. illus. 18 cm.

Curtis, Thomas Stanley, 1889-
High frequency apparatus; design, construction and practical application; a practical treatise for electrical engineers, electricians, physicians, students and experimenters. Covers the design and construction of all kinds of high frequency apparatus for use in experimental, medical and plant cultivation work. Includes also directions for the construction of a complete stage outfit for both low and high potential work, by Thomas Stanley Curtis. 2nd ed., rev. and enl. New York, N.W. Henley, 1920.
269 p. illus., diagrs. 19.3 cm.

Cushing, Harvey Williams, 1869-1939.
Consecratio medici, and other papers, by Harvey Cushing. Boston, Little, Brown, 1928.
[5], 276 p. 21.2 cm.
Provenance: Library bookstamp, "King's County Medical Society, N.Y."

Cushing, Harvey Williams, 1869-1939.
Electro-surgery as an aid to the removal of intracranial tumors, by Harvey Cushing. With a preliminary note on a new surgical current generator of W.T. Bovie. [n.p.] 1928.
34 p. illus., plate. 26.3 cm.
"Reprint from Surgery, gynecology and obstetrics, December, 1928, pages 751-784."
First edition and first published description of pioneering operation using high frequency currents in the removal of meningiomas. Dr. W. T. Bovie developed the apparatus designed to either cut tissue without bleeding or to coagulate bleeding points and assisted Cushing in the first surgical trial of these new currents on October 1, 1926.

Cushing, Harvey Williams, 1869-1939.
Meningiomas, their classification, regional behaviour, life history, and surgical end results, by Harvey Cushing with the collaboration of Louise Eisenhardt. Springfield, Ill., C.C. Thomas, 1938.
xiv, 785, [1] p. illus. (part col.), front. 26 cm.
Provenance: Owner signature, "A. E. Bennett".
First edition of what is regarded as Cushing's greatest clinical monograph.

Cushing, Harvey Williams, 1869-1939.
A note upon the faradic stimulation of the postcentral gyrus in conscious patients, by Harvey Cushing. London, Macmillan, 1909.
[44]-53 p. illus. 25.2 cm.
Extract from Brain, a journal of neurology. Vol. XXXII, Part CXXV.
Provenance: Library stamp and signature, "Herbert Mclean Evans".

Cushing, Harvey Williams, 1869-1939.
On the meningiomas arising from the olfactory groove and their removal by the aid of electro-surgery, by Harvey Cushing. [London] The Lancet Office, 1927.
11 p. illus. 28 cm.
"Reprinted from The Lancet, June 25th, 1927, p. 1329."
Provenance: Owner bookstamp, "Ralph Hawkins MD".
Reports the first use of electrosurgery for the removal of meningiomas.

Cuxson, Gerrard & Co., ltd.
Price list of aseptic and antiseptic surgical dressings, instruments, appliances, and hospital furniture. Birmingham and Oldbury [1910?]
[3], xx, [3], 417 p. illus., plates. 25 cm.

Cyon, Élie de, 1843-1913.

Die Nerven des Herzens. Ihre Anatomie und Physiologie, von E. von Cyon. Übersetzt von H.L. Hoesner. Neue vom Verfasser umgearbeitete und vervollständigte Ausgabe mit einer Vorrede für Kliniker und Ärzte. Berlin, J. Springer, 1907.

xx, 328 p. illus. 23.5 cm.

Provenance: Bookplate, "Carlton B. Chapman, M.D."

First edition of the German translation of Cyon's *Les nerfs du coeur* published in 1905. Cyon was an eminent Russian physiologist and anatomist who discovered the *nervi acelerantes cordis*, (Cyon's nerve - depressor nerve to the heart) and who made important contributions to the physiology of the ear.

Dacqué, Edgar, 1878-1945.

Die Urgestalt, der Schöpfungsmythus neu erzählt, von Edgar Dacqué. Leipzig, Insel Verlag, 1940.

189, [3] p. 20.9 cm.

Dänzer, Hermann, 1904-

Ultrakurzwellen in ihren medizinisch-biologischen Anwendungen, von H. Dänzer, H.E. Hollmann, B. Rajewsky, H. Schaefer und E. Schliephake. Leipzig, G. Thieme, 1938.

xii, 308 p. illus. 25.3 cm.

Provenance: Schliephake's signed presentation copy to Dr. Kobak, 1938.

Dahl, Bjarne, 1899-

De l'effet des rayons X sur les os longs en développement et sur la formation de cal; étude radiobiologique et anatomique chez le rat, par Bjarne Dahl. Oslo, I kommisjon hos J. Dybwad, 1936. [5], 149, [1] p. illus., 7 plates. 27.2 cm.

Provenance: Author's signed presentation copy to Dr. August Nemours?

Dahlgren, Ulric, 1870-

The production of light by animals, by Ulric Dahlgren. [Philadelphia] J.B. Lippincott, 1916-

v. illus. 23.5 cm.

Part III: Reprinted from the Journal of The Franklin Institute of May and June, 1916, and January, 1917; pt. IV: Reprinted from the Journal of The Franklin Institute of February, March, and May, 1917.

Dahlgren, Ulric, 1870-

Structure and polarity of the electric motor nerve-cell in torpedoes, by Ulric Dahlgren. [n.p.] 1915.

213-256 p. illus., 6 col. plates. 25.2 cm.

"Extracted from Publication No. 212 of the Carnegie Institution of Washington, 1915. Pages 213-256."

Dana, Charles Loomis, 1852-1935.

Text-book of nervous diseases for the use of students and practitioners of medicine, by Charles L. Dana ... 10th ed. New York, W. Wood and company, 1925.

lvi, 667 p. illus. (part col.) IV pl. (incl. front., 2 col. and 1 fold.) diagrs. 23.5 cm.

Provenance: Owner signature, "Martin Netsky, 1948".

Classic neurological text published in America by one of the first neurologists to incorporate the results of investigations in general pathology into his studies and teaching. His work on sclerosis of the spinal cord is of particular note.

Dandy, Walter Edward, 1886-1946.

Ménière's disease, its diagnosis and a method of treatment [by] Walter E. Dandy. Chicago, American Medical Association, 1928.

26 p. illus. 25.5 cm.

"Reprinted from the Archives of Surgery, June, 1928, Vol. 16, pp. 1127-1152."

First edition, Menieres disease - aural vertigo with nausea and tinnitis followed by deafness in one ear, was treated by sectioning the auditory nerve intracranially.

Dandy, Walter Edward, 1886-1946.

Röntgenography of the brain after the injection of air into the spinal canal, by Walter E. Dandy. Philadelphia, J.P. Lippincott, 1919.

397-403 p. plates. 24.6 cm.

"Reprinted from Annals of Surgery for October, 1919."

Provenance: Owner bookstamp, "Dr. John Howland".

First edition: The invention of ventriculography, a method of air encephalography for the visualization of the ventricular system.

Daniel, Gaston, 1891-

Micro et infra-micro-roentgenthérapie antiinfectieuse [par] Gaston Daniel. Paris, Masson, 1939.

32 p. illus. 23.6 cm.

"Supplément au No. 256 de Février 1939 des Bulletins et Mémoires de la Société d'Électro-Radiologie Médicale de France."

Provenance: Author's presentation copy to August Lumiere.

Danilevskiĭ, Vasiliĭ I͡Akovlevich, 1852-1939.

(Fizīologīia chelovi͡eka)

Физiологiя человѣка. Москва, Типографiя Т-ва И. Д. Сытина, 1913-15.

2 v. in 3. illus. (part col.), col. plates. 25.8 cm.

Contains observations on the electrical activity of the brain by the notable Russian physiologist.

Danilevskiĭ, Vasiliĭ I͡Akovlevich, 1852-1939

Die physiologischen Fernwirkungen der Elektricität. Untersuchungen, von Basile Danilewsky. Leipzig, Veit, 1902.

xvi, 228 p. illus. 23.3 cm.

Danne, Harold Alexander, 1886-

The life energy of species, by Harold Alexander Danne. New York, 1944.

27, [1] p. illus., fold. chart. 23.3 cm.

Danne, Jacques, 1882-1919.

Le radium; sa préparation et ses propriétés [par] Jacques Danne. Préf. de Ch. Lauth. Paris, Librairie Poly-technique C. Beranger, 1904.

84 p. illus. 21.7 cm.

Provenance: Owner signature, "Allan Winturom(?) 1904".

Jacques and his brother Gaston managed the first laboratory for radium therapy investigations at the Sorbonne under the direction of the Curies. The laboratory was attached to a factory established in 1904 by Arnet de Lisle for the commercial extraction of radium.

Darbois, Paul.

Note sur la médication électrique et radiothérapique a domicile [par] Paul Darbois. Paris, A. Pichat, 1907.

8 p. 22.3 cm.

Provenance: Author's signed presentation copy.

Dary, Georges, 1857-

A travers l'electricité ... [par] Georges Dary. 4. éd. Paris, Vuibert & Nony [19--]

[3], 456 p. illus. 30.5 cm.

Dary, Georges, 1857-

A travers l'électricité ... [par] Georges Dary. 2. éd. Paris, Nony, 1901.

[7], 453 p. illus., ports. 31 cm.

Daujat, Jean.

Origines et formation de la théorie des phénomènes électriques et magnétiques, par Jean Daujat. Paris, Hermann, 1945.

3 v. (526 p.) illus. 25 cm.

Provenance: Bookplate, "David P. Wheatland".

An history of electrical and magnetic concepts from antiquity through the 18th century published under the direction of G. Bachelard.

Davidoff, Leo Max, 1898-

The normal encephalogram, by Leo M. Davidoff and Cornelius G. Dyke. Philadelphia, Lea & Febiger, 1937.

224 p. illus. 24 cm.

Davies, Hugh.

Practical X-ray therapy, by Hugh Davies ... London, J. & A. Churchill, 1934.

viii, 134 p. illus., diagrs. 21 cm.

Davis, Hallowell, 1896-

The acoustics of the basilar membrane [by] Davis, H., Stevens, S.S. and Lurie, M.H. [n.p., 1935?]

[1] p. 26.9 cm.

(In Davis reprints, 1926-47. [n.p., n.d.])

"Reprinted from 'The Sechenov journal of Physiology of the USSR' vol. XXI No. 5-6."

Emeritus professor of physiology at Washington University, Davis made important contributions to central nervous and auditory physiology; audiology; psychoacoustics, EEG and electric response audiometry.

Davis, Hallowell, 1896-

Action potentials of the brain in normal persons and in normal states of cerebral activity [by] Hallowell Davis and Pauline A. Davis. Chicago, American Medical Association, 1936.

11 p. diagrs. 26.9 cm.

(In Davis reprints, 1926-47. [n.p., n.d.])

"Reprinted from the Archives of Neurology and Psychiatry. December 1936, Vol. 36, pp. 1214-1224."

Davis, Hallowell, 1896-

Analysis of the electrical response of the human brain to auditory stimulation during sleep

[by] H. Davis, P.A. Davis, A.L. Loomis, E.N. Harvey and G. Hobart. [n.p.] 1939.
[1] p. 26.9 cm.
(In Davis reprints, 1926-47. [n.p., n.d.])
"Reprinted from The American Journal of Physiology, Vol. 126, No. 3, pp. P474-P475, July, 1939."

Davis, Hallowell, 1896-
Bone conduction, vibration, and electrical stimulation [by] Hallowell Davis. [n.p.] 1936.
41-46 p. 26.9 cm.
(In Davis reprints, 1926-47. [n.p., n.d.])
"Reprinted from Annals of Otology, Rhinology, and Laryngology, September, 1936. Vol. 45, No. 3, Page 735."

Davis, Hallowell, 1896-
Changes in human brain potentials during the onset of sleep [by] H. Davis, P.A. Davis, A.L. Loomis, E.N. Harvey [and] G. Hobart. [n.p.] 1937.
2 p. diagr. 26.9 cm.
(In Davis reprints, 1926-47. [n.p., n.d.])
"Reprinted from Science, November 12, 1937, Vol. 86, No. 2237, pages 448-450."

Davis, Hallowell, 1896-
Chronaxie, by Hallowell Davis and Alexander Forbes. [n.p.] 1936.
407-441 p. diagrs. 26.9 cm.
(In Davis reprints, 1926-47. [n.p., n.d.])
"Reprinted from Physiological Reviews. Vol. 16, No. 3, July, 1936."

Davis, Hallowell, 1896-
The clarification of certain phases of the physiology of hearing [by] Hallowell Davis. St. Louis, 1940.
11 p. diagrs. 26.9 cm.
(In Davis reprints, 1926-47. [n.p., n.d.])
"Reprint from The Laryngoscope, St. Louis, August, 1940."

Davis, Hallowell, 1896-
The conduction of the nerve impulse, by Hallowell Davis. [n.p.] 1926.
547-595 p. 26.9 cm.
(In Davis reprints, 1926-47. [n.p., n.d.])
"Reprinted from Physiological reviews, Vol. VI, No. 4, October, 1926."

Davis, Hallowell, 1896-
Davis reprints, 1926-47. [n.p., n.d.]
Various pagings. 26.9 cm.
Provenance: Library bookplate, "Washington University Medical School".

Davis, Hallowell, 1896-
The effect of carbon dioxide on the action current of nerve, by H. Davis, W. Pascual and L.H. Rice. [n.p.] 1927.
[1] p. 26.9 cm.
(In Davis reprints, 1926-47. [n.p., n.d.])
"Reprinted from The American Journal of Physiology, Vol. LXXXI, No. 2, July, 1927."

Davis, Hallowell, 1896-
The electric response of the cochlea, by H. Davis, A.J. Derbyshire, M.H. Lurie and L.J. Saul. [n.p.] 1934.
311-332 p. illus. 26.9 cm.
(In Davis reprints, 1926-47. [n.p., n.d.])
"Reprinted from The American Journal of Physiology. Vol. 107, No. 2, February, 1934."

Davis, Hallowell, 1896-
The electrical activity of the brain: its relation to physiological states and to states of impaired consciousness, by Hallowell Davis and Pauline A. Davis. [n.p.] 1939.
50-80 p. diagrs. 26.9 cm.
(In Davis reprints, 1926-47. [n.p., n.d.])
"Reprinted from The Research Publications of the Association for Research in Nervous and Mental Disease, Volume XIX, pp. 50-80, 1939."

Davis, Hallowell, 1896-
The electrical activity of the human brain. Abstract by Hallowell Davis. [n.p.] 1937.
[3] p. 26.9 cm.
(In Davis reprints, 1926-47. [n.p., n.d.])
"Reprinted from the New England Journal of Medicine. Vol. 216, No. 3, pp. 97-98, Jan. 21, 1937."

Davis, Hallowell, 1896-
Electrical phenomena of the brain and spinal cord, by Hallowell Davis. [n.p.] 1939.
345-362 p. 26.9 cm.
(In Davis reprints, 1926-47. [n.p., n.d.])
"Reprinted from Annual Review of Physiology, Volume I, 1939."

Davis, Hallowell, 1896-
Electrical reactions of the human brain to auditory stimulation during sleep, by H. Davis, P.A. Davis, A.L. Loomis, E.N. Harvey, and G. Hobart. [n.p.] 1939.

[500]-514 p. diagrs. 26.9 cm.
(In Davis reprints, 1926-47. [n.p., n.d.])
"Reprinted from Journal of Neurophysiology, November 1939, II, 500-514."

Davis, Hallowell, 1896-
The electroencephalogram, by Hallowell Davis. Den Haag, Uitgeverij Dr. W. Junk, 1938.
[116]-131 p. diagrs. 26.9 cm.
(In Davis reprints, 1926-47. [n.p., n.d.])

Davis, Hallowell, 1896-
Fatigue in skeletal muscle in relation to the frequency of stimulation, by Hallowell Davis and Pauline A. Davis. [n.p.] 1932.
339-356 p. illus., diagrs. 26.9 cm.
(In Davis reprints, 1926-47. [n.p., n.d.])
"Reprinted from The American Journal of Physiology, Vol. 101, No. 2, July, 1932."

Davis, Hallowell, 1896-
Further analysis of the electrical phenomena of the auditory mechanism [by] H. Davis, A.J. Derbyshire and L.J. Saul. [n.p.] 1933.
[1] p. 26.9 cm.
(In Davis reprints, 1926-47. [n.p., n.d.])
"Reprinted from The American Journal of Physiology, Vol. 105, No. 1, July, 1933."

Davis, Hallowell, 1896-
Human brain potentials during the onset of sleep, by H. Davis, P.A. Davis, A.L. Loomis, E.N. Harvey and G. Hobart. [n.p.] 1938.
[23]-38 p. diagrs. 26.9 cm.
(In Davis reprints, 1926-47. [n.p., n.d.])
"Reprinted from Journal of Neurophysiology, Vol. 1, No. 1, January, 1938."

Davis, Hallowell, 1896-
Interpretation of the electrical activity of the brain, by Hallowell Davis. [n.p.] 1938.
[825]-834 p. diagrs. 26.9 cm.
(In Davis reprints, 1926-47. [n.p., n.d.])
"Reprinted from American Journal of Psychiatry, Vol. 94, No. 4, January, 1938."

Davis, Hallowell, 1896-
Interpretation of the electrogram of certain smooth muscles [by] H. Davis, A. Rosenbleuth and B. Rempel. Washington, D.C., 1936.
[1] p. 26.9 cm.
(In Davis reprints, 1926-47. [n.p., n.d.])
"Reprinted from The American Journal of Physiology. vol. 116, No. 1, p. 35, June, 1936."

Davis, Hallowell, 1896-
The measurement of combination tones in the electrical activity of the cochlea [by] H. Davis and S.S. Stevens. [n.p.] 1937.
[1] p. 26.9 cm.
(In Davis reprints, 1926-47. [n.p., n.d.])
"Reprinted from The American Journal of Physiology. Vol. 119, No. 2, p. 296, June, 1937."

Davis, Hallowell, 1896-
A modification of auditory theory [by] H. Davis, A.J. Derbyshire and M.H. Lurie. Chicago, American Medical Association, 1934.
6 p. 26.9 cm.
(In Davis reprints, 1926-47. [n.p., n.d.])
"Reprinted from the Archives of Otolaryngology, September 1934, Vol. 20, pp. 390-395."

Davis, Hallowell, 1896-
The neural mechanism of hearing. Animal investigations. Behavioral, electrical and anatomical studies of abnormal ears [by] H. Davis, S. Dworkin, M.H. Lurie and J. Katzman. St. Louis, 1937.
15 p. diagrs. 26.9 cm.
(In Davis reprints, 1926-47. [n.p., n.d.])
"Reprint from The Laryngoscope, St. Louis, July 1937."

Davis, Hallowell, 1896-
The physiology of hearing, by Hallowell Davis. Arranged by E.P. Fowler, Jr. New York, T. Nelson, 1939.
53 p. illus., diagrs. 26.9 cm.
(In Davis reprints, 1926-47. [n.p., n.d.])

Davis, Hallowell, 1896-
Quantitative studies of the nerve impulse. III. The effect of carbon dioxide on the action current of medullated nerve, by Hallowell Davis, Wenceslao Pascual and Lucinda H. Rice. [n.p.] 1928.
706-724 p. diagrs. 26.9 cm.
(In Davis reprints, 1926-47. [n.p., n.d.])
"Reprinted from The American Journal of Physiology, Vol. 86, No. 3, October, 1928."

Davis, Hallowell, 1896-
The recovery period of the auditory nerve and its significance for the theory of hearing [by] Hallowell Davis, Alexander forbes and A.J. Derbyshire. [n.p.] 1933.

[1] p. 26.9 cm.
(In Davis reprints, 1926-47. [n.p., n.d.])
"Reprinted from Science, December 8, 1933, Vol. 78, No. 2032, page 522."

Davis, Hallowell, 1896-
A search for changes in direct-current potentials of the head during sleep, by H. Davis, P.A. Davis, A.L. Loomis, E.N. Harvey, and G. Hobart. [n.p.] 1939.
[129]-135 p. diagrs. 26.9 cm.
(In Davis reprints, 1926-47. [n.p., n.d.])
"Reprinted from Journal of Neurophysiology, March 1939, II, 129-135."

Davis, Hallowell, 1896-
The selection of hearing aids [by] H. Davis, C.V. Hudgins, R.J. Marquis, R.H. Nichols, jr., G.E. Peterson, D.A. Ross [and] S.S. Stevens. [St. Louis?] 1946.
62 p. 26.9 cm.
(In Davis reprints, 1926-47. [n.p., n.d.])
"Reprinted from The Laryngoscope, Vol. 56, No. 3, pp. 85-115, March, 1946; and No. 4, pp. 135-163, April, 1946."

Davis, Hallowell, 1896-
Some aspects of the electrical activity of the cerebral cortex [by] Hallowell Davis. [n.p.] 1936.
285-291 p. 26.9 cm.
(In Davis reprints, 1926-47. [n.p., n.d.])
"Reprinted from Cold Spring Harbor Symposia on Quantitative Biology, Volume IV, 1936."

Davis, Hallowell, 1896-
Studies of the nerve impulse. I. A quantitative method of electrical recording, by Hallowell Davis and David Brunswick. [n.p.] 1926.
497-531 p. illus., diagrs. 26.9 cm.
(In Davis reprints, 1926-47. [n.p., n.d.])
"Reprinted from The American Journal of Physiology, vol. 75, No. 2, January, 1926."

Davis, Hallowell, 1896-
Studies of the nerve impulse. II. The question of decrement, by H. Davis, A. Forbes, D. Brunswick and A. McH. Hopkins. [n.p.] 1926.
448-471 p. diagrs. 26.9 cm.
(In Davis reprints, 1926-47. [n.p., n.d.])
"Reprinted from The American Journal of Physiology, Vol. LXXVI, No. 2, April, 1926."

Davis, Hallowell, 1896-
Temporary deafness following exposure to loud tones and noise [by] H. Davis, C.T. Morgan, J.E. Hawkins, jr., R. Galambos and F.W. Smith. [St. Louis?] 1946.
[3] p. 26.9 cm.
(In Davis reprints, 1926-47. [n.p., n.d.])
"Reprint from The Laryngoscope, Vol. 56, No. 1, pp. 19-21, January, 1946."

Davis, Pauline A
The effects of alcohol upon the electroencephalogram (brain waves), by Pauline A. Davis, Frederic A. Gibbs, Hallowell Davis, Walter W. Jetter [and] Lowell S. Trowbridge. [n.p.] 1941.
[626]-637 p. diagrs. (part col.) 26.9 cm.
(In Davis reprints, 1926-47. [n.p., n.d.])
"Reprinted from Quarterly Journal of Studies on Alcohol, Vol. I, No. 4, March, 1941."

Davis, Pauline A
The electroencephalograms of psychotic patients, by Pauline A. Davis and Hallowell Davis. [n.p.] 1939.
[1007]-1025 p. diagrs. 26.9 cm.
(In Davis reprints, 1926-47. [n.p., n.d.])
"Reprinted from American journal of psychiatry, Vol. 95, No. 5, March, 1939."

Davis, Pauline A
Progressive changes in the human electroencephalogram under low oxygen tension [by] P.A. Davis, H. Davis and J.W. Thompson. Baltimore, 1938.
[1] p. 26.9 cm.
"In Davis reprints, 1926-47. [n.p., n.d.])
"Reprinted from The American Journal of Physiology, Vol. 123, No. 1, pp. 51-52, July, 1938."

Davisson, Clinton Joseph, 1881-
Are electrons waves? By C.J. Davisson. [n.p.] Bell Telephone Laboratories, inc., 1928.
27 p. illus., diagrs. 22.9 cm.
"Reprint of address delivered before the Franklin Institute, Philadelphia, Pa., March, 1928. Published in Journal of the Franklin Institute, vol. 205, pp. 597-623, May, 1928."

Dee, John, 1527-1608.
A true and faithful relation of what passed for many years between John Dee and some spirits: tending (had it succeeded) to a general alteration of most states and kingdomes in the world ...

With a preface confirming the reality (as to the point of spirits) of this relation: and shewing the several good uses that a sober christian may make of all, by Meric. Casaubon. London, Printed by D. Maxwell for T. Garthwait, 1659. [Glasgow, Antonine, 1974]
[75], 448, 45, [7] p. front. (ports.), plates. 33.7 cm.

De Kraft, Frederic, 1861-1936.
Electricity in the treatment of gout, by Frederic de Kraft. [n.p., 1910?]
6 p. 23.1 cm.
"Reprinted from The Journal of Advanced Therapeutics, December, 1910."
Provenance: Owner bookstamp, "H. M. Kelly".

[**De Kraft, Frederic,** 1861-1936]
Report of Committee on high frequency currents. [n.p., 1912?]
6 p. illus. 22.6 cm.

Deland, Margaret Wade Campbell, 1857-1945.
A peak in Darien, by Margaret Deland.
p. [120]-146. 23.5 cm.
(In Murchison, Carl. The case for and against psychical belief. Worchester, Mass., 1927.)

Delario, Anthony James, 1901-
A handbook of Roentgen and radium therapy, by A.J. Delario. Philadelphia, F.A. Davis, 1938.
xiv, 362 p. illus., col. plate. 27 cm.
Provenance: Owner bookstamp and signature, "Dr. R. J. Behan, MD, Pittsburgh, PA".

Delherm, Louis, 1876-1953.
Action endothermique des courants de haute fréquence, par Delherm et Laquerrière. Paris, Impr. Levé, 1910.
16 p. 21 cm.
"Extrait de la Gazette des hopitaux du 26 juillet 1910."
A major figure in French physical medicine at the turn of the century, Delherm made fundamental contributions to the study of faradism, galvanism and high frequency current in clinical medicine.

Delherm, Louis, 1876-1953.
Les aperçus nouveaux sur la paralysie infantile envisagés au point de vue électrique, par Delherm et Laquerrière. Paris, Impr. Leve, 1911.
7 p. 21 cm.
"Extrait de la Gazette des hopitaux du 10 janvier 1911."

Delherm, Louis, 1876-1953.
Les courants continus et les courants faradiques, par L. Delherm [et] A. Laquerrière. Paris, Gauthier-Villars, 1929.
[2], vii, 90, [1] p. illus., diagrs. 20.2 cm.

Delherm, Louis, 1876-1953.
Électrologie, par Louis Delherm [et] Albert Laquerrière. 153 figs. Paris, A. Maloine, 1921.
[5], 324 p. illus. 21.9 cm.

Delherm, Louis, 1876-1953.
Goutte et agents physiques, par Louis Delherm. Paris, O. Doin [1909?]
12 p. 22.6 cm.
"Extrait des Archives des maladies de l'appareil digestif et de la nutrition, Septembre 1909."
Bound with Hamon, Francisque. La contraction galvanotonique au cours de la réaction de dégénerescence. Paris, 1914.

Delherm, Louis, 1876-1953.
L'ionothérapie électrique, par Louis Delherm [et] A. Laquerrière. Paris, J.B. Baillière, 1908.
96 p. illus. 18.5 cm.
Provenance: Owner library stamp, "Manuel D'Oliveira Teixeira, Medico Chirurgiao".

Delherm, Louis, 1876-1953.
L'ionothérapie électrique, par Delherm et Laquerrière. 2. éd. Paris, J.-B. Baillière, 1925.
152 p. illus. 18.2 cm.

Delherm, Louis, 1876-1953.
Les nouvelles méthodes d'électrisation dans les atrophies musculaires d'origine traumatique, par Delherm et Laquerrière. Paris, Masson, 1909.
24 p. illus. 21.5 cm.
"Extrait de La Presse Médicale (no. 13, 13 Février 1909)."

Delherm, Louis, 1876-1953.
Le role de l'électricité dans le traitement des états psychasthéniques, par Louis Delherm. [Paris?] Impr. spéciale de l'enseignement médico-mutuel international Meulan, 1912.
16 p. 21.1 cm.
"Extrait de L'enseignement medico-mutuel international. No. 58. Octobre 1912."

Delherm, Louis, 1876-1953.
Sur l'action des courants de haute fréquence chez les hypertendus, par Delherm et Laquerrière. Paris, O. Doin, 1907.
[1], 30 p. 21.5 cm.
"Extrait du Bulletin général de thérapeutique du 15 mai 1907."
Provenance: Inscribed, "Rapport presenté à la Société de Therapeutique".

Delherm, Louis, 1876-1953.
La thermopénétration médicale [par] Louis Delherm. Paris, Librairie H. Paulin, 1910.
8 p. 21.5 cm.
"Extrait du Médecin Practicien du 25 Octobre 1910."

Delherm, Louis, 1876-1953, ed.
Traité d'électro-radiothérapie, publié sous la direction de L. Delherm et A. Laquerrière; secrétaire général, H. Morel Kahn; secrétaire adjoint, H. Fischgold. Paris, Masson, 1938.
2 v. (32, [1], [5]-2015 p.) illus., charts, diagrs., facsims., ports. 24.6 cm.

Delherm, Louis, 1876-1953.
Le traitement de la constipation habituelle et de la côlite muco-membraneuse par l'électricité; ses résultats éloignés, par Louis Delherm. Paris, O. Doin, 1907.
20 p. 24.3 cm.
"Extrait des Archives des maladies de l'appareil digestif et de la nutrition. Septembre 1907."

Delherm, Louis, 1876-1953.
Traitement de la fissure sphinctéralgique par les courants de haute fréquence, par Louis Delherm. Paris, O. Doin, 1908.
15, [1] p. 24.3 cm.
"Extrait des Archives des maladies de l'appareil digestif et de la nutrition. No. 12. - décembre 1908."

Delherm, Louis, 1876-1953.
Traitement des atrophies musculaires chirurgicales par un nouvel appareil électrique provoquant la contraction physiologique, par Louis Delherm. Thouars, Impr. Thouarsaise, 1907.
4 p. illus. 23.8 cm.
"Extrait. (Août - Septembre 1907). Bulletin officiel de la Société française d'électrothérapie et de radiologie."

Delherm, Louis, 1876-1953.
Le traitement par l'électricité de la constipation habituelle et de la colite muco-membraneuse, par Louis Delherm. Paris, H. Jouve, 1903.
240, [1] p. 25 cm.
Provenance: Author's signed presentation copy to, "Dr. Tripets" dated 1903.

Delhoume, Léon, 1887-
De Claude Bernard a D'Arsonval [par] Léon Delhoume. Préface de J.L. Faure. Paris, J.B. Baillière, 1939.
ix, 601, [3] p. illus., facsims., ports. 25 cm.

Denoyés, Joseph.
Les courants de haute fréquence, propriétés physiques, physiologiques et thérapeutiques, par J. Denoyés. Paris, J.B. Baillière, 1902.
[3], 374, [1] p. illus. 25 cm.

Dental Manufacturing Co., ltd.
Catalogue. [London, ca. 1915]
1 v. (various pagings) illus. 26.8 cm.

Derbyshire, Arthur James.
The action potentials of the auditory nerve, by A.J. Derbyshire and H. Davis. [n.p.] 1935.
476-504 p. illus. 26.9 cm.
(In Davis reprints, 1926-47. [n.p., n.d.])
"Reprinted from The American Journal of Physiology, Vol. 113, No. 2, October, 1935."

Dériaud, Renée.
Recherches sur l'excitation électrique par interruption de courant, par Renée Dériaud. Paris, A. Chahine, 1929.
[3], vi, 129, [2] p. diagrs. 25 cm.

The Development of the electrocardiogram of the embryonic heart [by] Ebbe C. Hoff, T.C. Kramer, Delafield DuBois [and] B.M. Patten. [n.p., 1939?]
20 p. illus., diagrs. 25.2 cm.
"Reprinted from The American Heart Journal ... Vol. 17, No. 4, Pages 470-488, April, 1939."
Provenance: Library stamp, "Library of School of Medicine, Yale University".

DeVoe, Walter, 1874-
Healing currents from the battery of life. Teaching the doctrine of the positive and negative mind of God, and of the Lord Jesus Christ as the mediator between the two states of being; revealing how the truth awakens the soul to its

natural inheritance as an immortal co-worker with God, giving it dominion over sin, sickness, poverty, and death, by Walter DeVoe. Rev. ed. Brookline, Mass., For sale by The Eloist Ministry, c1919.
vii, [4], 243, [2] p. 19.7 cm.
Provenance: Owner signature, "Mrs. Haesser H. Fink".

Devons, Samuel.
Lewis Morris Rutherfurd, 1816-1892 [by] Samuel Devons. [n.p.] Optical Society of America, c1976.
1731-1740 p. illus., ports. 28.5 cm.
"Reprinted from Applied Optics, vol. 15, p. 1731, July 1976."

Dibner, Bern, 1897-1988.
Eloge; Ladislao Reti, 1901-1973, by Bern Dibner. [Philadelphia] History of Science Soc., c1974.
376-378 p. illus. 25.2 cm.
"Reprinted from Isis, vol. 65, no. 228."

Diderot encyclopedia; the complete illustrations, 1762-1777. New York, H.N. Abrams, 1978.
5 v. (chiefly plates). 17.2 cm.

Diemer, Theo.
Der galvanische Strom in seinen Beziehungen zur Hyperämie und Wundheilung, von Theo Diemer. [n.p., 1927]
[3]-14 p. 22.2 cm.

Dioscorides, Pedanius, of Anazarbos.
Codex Vindobonensis Med. Gr. 1 der Österreichischen Nationalbibliothek. Graz, Akademische Druck- u. Verlagsanstalt, 1965-70.
2 v. illus., plates. 40 cm.

Djourno, André, 1904-
De l'évolution des différences de potentiel électrotoniques a la surface du nerf après passage du courant galvanique, (phénomènes électromoteurs secondaires du nerf), par André Djourno. Alençon, Impr. Alenconnaise Maison Poulet-Malassis, 1940.
[4], 65 p. illus. 24 cm.

Doane, Leon Leo, 1857-
Guide to localized bi-terminal tonsillar coagulation, by L. Leo Doane. Butler, Pa., Washburn, c1931.
[12], 112 p. illus. 20.9 cm.
Provenance: Cancelled library stamp, "Med. Soc. of the Co. of Queens". Owner signature, "Harold Hugo".

Dochez, Alphonse Raymond.
Etiology of scarlet fever [by] A.R. Dochez.
p. 131-155. 20.7 cm.
(In Harvey Society. The Harvey lectures. Philadelphia, c1926.)

Documents médicaux. [Paris, Robert Lang, 1933?-34?]
15 no. in 1 v. plates. 31.9 cm.

Down Brothers, ltd., London.
A catalogue of surgical instruments and appliances; also of aseptic hospital furniture including a large number of original designs manufactured and sold by Down Bros., Ltd. ... London, 1906.
iv, 1407, [2000]-2247 p. illus., 2 plates. 24.6 cm.

Dowse, Thomas Stretch.
Lectures on massage & electricity in the treatment of disease, by Thomas Stretch Dowse. 5th and rev. ed. Bristol, J. Wright, 1903.
xii, 454 p. illus. 21.7 cm.
Provenance: Owner and library bookplates, "Dr. Charles Heaton Ellerslie, Westgate-on-Sea" and "Theosophy Library, Point Loma, California".
A comprehensive text on the use of massage and electricity in the treatment of diseases that details types of batteries and electrodes to be used, magnetism, dosage of electricity, faradization of the skin, electrization of brain and spinal cord and electric bath.

Doyle, Sir Arthur Conan, 1859-1930.
The case for spirit photography, by Arthur Conan Doyle. With corraborative evidence by experienced researchers and photographers. New York, G.H. Doran, c1923.
132 p. plates. 20.7 cm.
Provenance: Bookseller bookplate, "From the Sellon's Bookroom, Rye, NY".

Doyle, Sir Arthur Conan, 1859-1930.
Our second American adventure, by Arthur Conan Doyle. London, Hodder and Stoughton, 1923.
[5], 250 p. 9 plates. 22.1 cm.
Provenance: Author's signed presentation copy.

Describes his visits to Los Angeles where he met the Wicklands and learned of their electronic cures and to San Francisco where he was impressed with Albert Abrams' work.

Driesch, Hans Adolf Eduard, 1867-1941.
Psychical research and philosophy, by Hans Driesch.
p. [163]-178. 23.5 cm.
(In Murchison, Carl. The case for and against psychical belief. Worchester, Mass., 1927.)

Drown, Ruth Beymer, 1891-
The science and philosophy of the Drown radio therapy, by Ruth B. Drown. Los Angeles, Printed by the Ward Ritchie Press, 1938.
63 p. port., 3 plates. 23.4 cm.
Drown was a follower of Abram's "Electronic Reactions of Abram's" and radionics.

Drown, Ruth Beymer, 1891-
The theory and technique of the Drown H.V.R. and radio-vision instruments, by Ruth B. Drown. Vol. 1. London, Privately printed by Hatchard, 1939.
152 p. illus., port., 4 plates. 22.1 cm.

Drude, Paul Karl Ludwig, 1863-
Lehrbuch der Optik, von Paul Drude. 2[e] erweiterte Aufl. Leipzig, S. Hirzel, 1906.
xvi, 538 p. illus. 23 cm.

Dubois, Paul, 1848-1918.
The psychic treatment of nervous disorders. (The psychoneuroses and their moral treatment), by Paul Dubois. Tr. and ed. by Smith Ely Jelliffe and William A. White. 4th ed. New York, Funk & Wagnalls, 1908.
vi, [1], 466 p. 22.2 cm.
Provenance: Owner signature, "Allen H. Moore".

Du Bois-Reymond, Emil Heinrich, 1818-1896.
Reden, von Emil du Bois-Reymond. 2. vervollständigte Aufl. Mit einer Gedächtnisrede von Julius Rosenthal. Hrsg. von Estelle du Bois-Reymond. Leipzig, Veit, 1912.
2 v. 21.7 cm.

Du Bois-Reymond, Emil Heinrich, 1818-1896.
Two great scientists of the nineteenth century; correspondence of Emil Du Bois-Reymond and Carl Ludwig. Collected by Estelle Du Bois-Reymond; foreword, notes, and indexes by Paul Diepgen; trans. by Sabine Lichtner-Ayed; ed., with a foreword, by Paul F. Cranefield. Baltimore, Johns Hopkins University Press, c1982.
xix, 183 p. port. 24.1 cm.

Du Bois-Reymond, René, 1863-
Physiologie des Menschen und der Säugethiere, von René du Bois-Reymond. Berlin, A. Hirschwald, 1908.
xii, 696 p. illus. 23.9 cm.
Provenance: Inscribed, "Copy belonged to Lord Adrian and was bought by me from his son"; signed R. D. Gurney 1980 (bookdealer).

Du Bois-Reymond, René, 1863-
Physiologie des Menschen und der Säugethiere, von René du Bois-Reymond. 3. Aufl. Berlin, A. Hirschwald, 1913.
xii, 647, [1] p. illus. 23.8 cm.
Provenance: Owner signature, "Hans Fiebel" and Armonial Library stamp, "Kaiser Wilhelms-Akademie, F.D. Militararztl Bildungwesen".

Du Bois-Reymond, René, 1863-
Physiologie des Menschen und der Säugetiere, von René du Bois-Reymond. 4. Aufl. Berlin, A. Hirschwald, 1920.
xi, 618 p. illus. 24.8 cm.
Provenance: Owner signature, illegible.

Duck, J. J., Co.
Anything electrical ... Toledo, Ohio, c1912.
[3]-101, 101a-b, 102-318 p. illus. 18.5 cm.

Duclos, Henri, 1883-
Les traitments électriques du zona, leur pathogénie, leurs résultats, par H. Duclos. Paris, A. Michalon, 1909.
[4], [9]-135 p. 22.6 cm.
Bound with Hamon, Francisque. La contraction galvanotonique au cours de la reaction de degenerescence. Paris, 1914.

Dürer, Albrecht, 1471-1528.
Vier Bücher von menschlicher Proportion. Dietikon-Zürich, J. Stocker, 1969.
2 v. illus., plates (part fold.) 30.7 cm.

Dufestel, Louis George.
Ultra-violets et chaleur radiante. Traité d'actinologie pratique [par] L.G. Dufestel. Paris, A. Legrand, 1928.
viii, 402, [10] p. illus., 48 plates. 23.2 cm.

Dugan, William James, 1869-
Hand-book of electro-therapeutics, by William James Dugan. Philadelphia, F.A. Davis, 1910.
x, 242 p. illus., 3 plates. 21.3 cm.

Duhem, Paul, 1890-
La diathermie et ses applications médicales, par Paul Duhem. Paris, Gauthier-Villars, 1928.
x, 71 p. illus., diagrs. 20.2 cm.

Duhem, Pierre Maurice Marie.
L'électro-diagnostic, par P. Duhem. Préface de A. Souques. Paris, Gauthier-Villars, 1928.
xvi, 132 p. illus. 20.2 cm.
Provenance: Author's signed presentation copy to Dr. Richaurere.

Dumont, Theron Q
The advanced course in personal magnetism; the secrets of mental fascination, by Theron Q. Dumont. Chicago, Advanced Thought Pub. Co., c1914.
229 p. 19.6 cm.
Provenance: Owner signature, "Richard Spilss".
Do-it-yourself psychotherapy.

Dumont, Theron Q
The art and science of personal magnetism; the secrets of mental fascination, by Theron Q. Dumont. Chicago, Advanced Thought Pub. Co., c1913.
[6], 238 p. 19.7 cm.
Mental and physical magnetism discussed at length.

Durand, Victor, 1880-
Contribution a l'étude du traitement électrique de la maladie de Basedow, par Victor Durand. Lyon, Impr. Mougin-Rusand, 1902.
90, [1] p. 25.2 cm.
Text details the electrical treatment of exophthalmic goitre (Basedow's disease).

Dyson, John Newton.
The practice of ionization, by J. Newton Dyson. With a foreword by Elkin P. Cumberbatch. London, H. Kimpton, 1936.
xvi, 178 p. illus. 19 cm.
Provenance: Owner signature, "C. Pratt 1936".

ERA. Electronic reactions of Abrams. New York, Pearson's Magazine, c1922.
31 p. 26.5 cm.
"A remarkable series of articles on the most revolutionary discovery of the ages: the Abrams method of diagnosis and treatment." Reprinted from and compiled by Pearson's Magazine.

Eastman Kodak Co., Rochester, N.Y. Medical Division.
X-rays ... and you. [Rochester, N.Y., 194-?]
18, [2] p. illus. 26.7 cm.

Eberhart, Noble Murray, 1870-
A brief guide to vibratory technique, by Noble M. Eberhart. 2d. ed., rev. and enl. Chicago, New Medicine Publ., c1910.
160 p. illus. 20 cm.

Eberhart, Noble Murray, 1870-
A brief guide to vibratory technique, by Noble M. Eberhart. 4th ed., rev. and enl. Drawings by Margaret D. Eberhart. Chicago, New medicine pub. co., c1915.
160 p. illus., 10 plates. 19.9 cm.

Eberhart, Noble Murray, 1870-
A brief physiotherapy manual, by Noble M. Eberhart. Chicago, New Medicine Pub. Co., c1925.
271 p. illus. 19.8 cm.
Provenance: Author's signed presentation copy, 1927.

Eberhart, Noble Murray, 1870-
A brief physiotherapy manual, by Noble M. Eberhart. 2d. ed., rev. Chicago, New Medicine Publ., c1928.
301 p. illus. 19.5 cm.

Eberhart, Noble Murray, 1870-
Practical X-ray therapy, by Noble M. Eberhart. Chicago, G.P. Engelhard, 1907, c1997 [sic]
144 p. illus. 19.9 cm.

Eberhart, Noble Murray, 1870-
A working manual of high frequency currents, by Noble M. Eberhart. Chicago, New medicine pub. co., c1911.
303 p. illus., front. 20 cm.
Provenance: Owner book stamps, "Charles A. Pfender, M.D., Washington, D.C."
Writings by Eberhart, Head of the Department of Electro-therapy, Chicago College of Medicine and Surgery, were very popular, particularly this manual which went into multiple editions and printings.

Eberhart, Noble Murray, 1870-
A working manual of high frequency currents, by Noble M. Eberhart. 2nd ed. rev. and enl. Chicago, New medicine pub., c1913.
[v]-320 p. illus., diagrs., front. (port.) 20 cm.

Eberhart, Noble Murray, 1870-
A working manual of high frequency currents, by Noble M. Eberhart. 3rd ed., rev. and enl. Chicago, New medicine pub. co., c1915.
324 p. illus. 19.9 cm.
Provenance: Inscribed, "E. Shewell, Sept. 16, Charlotte, NC".

Eberhart, Noble Murray, 1870-
A working manual of high frequency currents, by Noble M. Eberhart. 4th ed., rev. and enl. Chicago, New medicine pub. co., c1916.
320 p. illus., ports. 20 cm.

Eberhart, Noble Murray, 1870-
A working manual of high frequency currents, by Noble M. Eberhart. 5th ed., rev. and enl. Chicago, New medicine pub. co., c1919.
319 p. illus., ports. 20 cm.
Provenance: Owner signature, "D. A. Memor, Sacramento".

Eberhart, Noble Murray, 1870-
A working manual of high frequency currents, by Noble M. Eberhart. 7th ed., rev. and enl. Chicago, New medicine pub. co., c1921.
320 p. illus., ports. 20 cm.

Eberhart, Noble Murray, 1870-
A working manual of high frequency currents, by Noble M. Eberhart. 8th ed., rev. and enl. Chicago, New medicine pub. co., c1923.
320 p. illus., ports. 20 cm.

Eccles, Sir John Carew.
The neurophysiological basis of mind. The principles of neurophysiology, by John Carew Eccles. Being the Waynflete lectures delivered in the College of St. Mary Magdalen, Oxford in Hilary term 1952. Oxford, Clarendon Press, 1956.
viii, [3], 314, [1] p. illus. 22.6 cm.
Provenance: Owner bookstamp, "Martin Neksky MD, N Carolina".
First edition of the Nobel Prize winner's classical lectures largely concerning electrophysiological investigations of the brain and how liaison between mind and brain can occur.

Edelman, Philip E 1894-
Experiments; a volume for all who are interested in progress, by Philip E. Edelman. A complete account of experimental work in science, invention, the industries and the amateur field, with practical instructions and working directions. Minneapolis, P.E. Edelman, c1914.
256 p. illus. 20.3 cm.
Provenance: Owner signature, "Francis H. Engel, 1916".

[Edgerly, Webster] 1852-1926.
Instantaneous personal magnetism; combining an absolutely new method with the best established teachings of the past. Now the standard work of the Magnetism Club of America, by Edmund Shaftesbury. 12th ed., enl. Meriden, Conn., Ralston University Press, 1926.
400 p. 24.5 cm.

[Edgerly, Webster] 1852-1926.
Thought transference or the radio-activity of the mind based on the newly discovered laws of radio-communication between brain and brain, by Edmund Shaftesbury. A complete and up-to-date system of lessons in the science and practice of thought-interpretation for all uses in life, preceded by 36 lessons in the study of mind and thought by the same author. Meriden, Conn., Ralston University Press, 1926.
[1], 407 p. illus. 24.5 cm.

Eggert, John, 1891-
Einführung in die Röntgenphotographie, von John Eggert. 5. Aufl. [n.p.] 1931.
122 p. illus. 22.7 cm.
Provenance: Owner inscription, "Bucky".

Ehrmann, Salomon, 1854-1926.
Die Anwendung der Elektrizität in der Dermatologie. Ein Leitfaden für praktische Ärtze und Studierende, von S. Ehrmann. Wien, J. Šafář, 1908.
viii, 203, [1] p. illus. 23.2 cm.

Eijkman, Pieter Hendrik, 1862-1914.
Bewegingsfotografie met Röntgenstralen, door P.H. Eijkman. Amsterdam, J. Muller, 1902.
12 p. 3 fold. plates. 25.1 cm.

Ėikhenval'd, Aleksandr Aleksandrovich, 1863-1944.
Vorlesungen über Elektrizität, von A. Eichenwald. Berlin, J. Springer, 1928.
vii, [1], 664 p. illus., diagrs. 25.7 cm.

Einthoven, Willem, 1860-1927.
Einthoven; personal reprints. n.p., 1885-1928.
2 v. illus. 27.5 cm.
Provenance: Library bookplate, "Myron Prinzmetal".
Einthoven was a Dutch physiologist who became the "father of electrocardiography". He began studying action potentials in 1894 using the capillary electrometer. Unlike Waller, he became convinced of the diagnostic value of the electrocardiogram. In a paper published in 1900, he reported on the differences between the normal ECG and abnormal one of cardiac patients. Dissatisfied with the prevailing technology, Einthoven then a professor at the University of Leyden, designed the first string galvanometer based on the earlier galvanometer of Deprez and D'Arsonval. It was an unwieldy device with a quartz string housed in a magnetic field and a camera attached, but it produced remarkably accurate ECGs. From 1902 on he produced a steady stream of important publications, the most notable being the classic paper published in 1908 establishing the string galvanometer as a clinical instrument.
The Prinzmetal Einthoven collection includes papers on the first electrocardiograms, taken with the capillary electrometer in the 1890's after Einthoven had worked out the calculation of the true curve of the action current of the heart, or the "electrocardiogram", but before he perfected the string galvanometer. Other papers report technical improvements in the electrocardiogram; research on heart sounds, the muscles, the cervical sympathetic nerve, and his acceptance speech for the Nobel Prize in physiology and medicine for 1924.

Einthoven, Willem, 1860-1927.
Die Konstruktion des Saitengalvanometers, von W. Einthoven. Bonn, M. Hager, 1909.
287-321 p. illus. 22.3 cm.
"Separat-Abdruck aus dem Archiv für die ges. Physiologie Bd. 130."
With this is bound:-[1] Bergansius, F.L. Die Messung von roten Blutkörperchen mittels der dadurch erzeugten Beugungserscheinungen. Berlin, 1921.-[2] Bijtel, J. and Iterson, C.J.A. van. Psycho-galvanic-reflex phenomenon in sense organs, especially the nose. Stockholm, 1924.-[3] Hoogerwerf, Simon. Elektrokardiographische Untersuchungen des Amsterdamer Olympiadekämpfer. Berlin, 1929.-[4] Rademaker, G.G.J. and Hoogerwerf, Simon. L'allure des muscles fléchisseurs et extenseurs du corde lors de la rigidité décérébrée. Harlem, 1929.-[5] Hoogerwerf, Simon. Considérations au sujet de la technique de l'enregistrement phonographique en usage dans l'étude dialectique. Harlem, 1930.
Provenance: Owner bookplate and signature, "Heinrich Hirschfield", 1924.

Einthoven, Willem, 1860-1927.
Neuere Ergebnisse auf dem Gebiete der tierischen Elektrizität, von W. Einthoven. Leipzig, F.C.W. Vogel, 1911.
36 p. illus. 23.2 cm.
Provenance: Owner signature, "Heinrich Hirschfield, 1924".

Einthoven, Willem, 1860-1927.
On the variability of the size of the pulse in cases of auricular fibrillation, by W. Einthoven and A.J. Korteweg. [London, 1915]
[107]-120 p. illus. 24.3 cm.
"Reprinted from 'Heart'. Vol. VI, No. 2, October 18, 1915."
Provenance: Owner signature, "J. H. J. Whaar(?)"

Einthoven, Willem, 1860-1927.
On vagus currents examined with the string galvanometer, by W. Einthoven (in collaboration with A. Flohil and P.J.T.A. Battaerd). London, C. Griffin, 1908.
[243]-245 p. illus. 25.1 cm.
Offprint from Quarterly journal of experimental physiology, vol. I, no. 3, Aug. 1908.
Provenance: Author's presentation copy, Owner bookstamp, "Dr. W. S. Thayer, Baltimore".

Einthoven, Willem, 1860-1927.
The relation of mechanical and electrical phenomena of muscular contraction, with special reference to the cardiac muscle [by] Willem Einthoven.
p. 111-130. 20.7 cm.
(In Harvey Society. The Harvey lectures. Philadelphia, c1926.)

Einthoven, Willem, 1860-1927.
Eine Vorrichtung zur photographischen Registrierung der Zeit, von W. Einthoven. Leipzig, J.A. Barth, 1913.
[1], 6 p. illus. 24.1 cm.
"Sonder-Abdruck aus 'Zeitschrift für biologische Technik und Methodik.' 1912. Band 3. Nr. 1."

Einthoven, Willem, 1860-1927.
Weiteres über das Elektrokardiogramm. Nach gemeinschaftlich mit B. Vaandrager angestellten Versuchen mitgeteilt, von W. Einthoven. Bonn, M. Hager, 1908.
517-584 p. illus., 2 fold. plates. 23.5 cm.
"Separatabdruck aus dem Archiv für die ges. Physiologie. Bd. 122."
Provenance: Author's presentation copy.

Eisenmenger, Gabriel.
L'électricité; ses phénomènes et ses applications. 12 conférences. Paris, P. Roger, 1913.
[4], 330 p. illus. 19.7 cm.
Provenance: Bookseller stamps, " Societe Des Ingenieurs Civils, Bibliotheque, 1918".

An Electric palate. [n.p.] 1933.
p. 23. illus. 28.7 cm.
Extract from The Literary Digest, January 21, 1933.

Electrical association for women.
The electrical handbook for women, ed. for The electrical association for women, by Caroline Haslett. London, Hodder & Stoughton, 1934.
416 p. illus., diagrs., fold. map., front, plates. 18cm.

Electro Surgical Instrument Co.
[Catalogue of electrically lighted diagnostic and surgical instruments] 9th ed. Rochester, N.Y., c1923.
79, [1] p. illus. 17.3 x 25.3 cm.

Electrocuting disease. [n.p.] 1929.
p. 34. illus. 30.2 cm.
Extract from The Literary Digest, May 4, 1929.

Energieumsatz.
Berlin, J. Springer, 1925-28.
2 v. (x, 1095, [1] p.) illus., diagrs. 25.2 cm.
Provenance: Library bookplate, "Library of the University of Pennsylvania Withdrawn". Bookseller plate, "Otto Harrassowitz, Leipzig".

Erlanger, Joseph, 1874-
The absolutely refractory phase of the alpha, beta and gamma fibers in the sciatic nerve of the frog, by Joseph Erlanger, H.S. Gasser and G.H. Bishop. [n.p.] 1927.
[1] p. 25.3 cm.
"Reprinted from The American Journal of Physiology. Vol. LXXXI, No. 2, July, 1927."
Provenance: Most Erlanger entries: Owner bookplate and stamp, "Dr. Herbert M. Evans".

Erlanger, Joseph, 1874-
The action of isotonic, salt-free solutions on conduction in medullated nerve fibers, by Joseph Erlanger and Edgar A. Blair. [n.p.] 1938.
341-359 p. diagrs. 25.3 cm.
"Reprinted from The American Journal of Physiology. Vol. 124, No. 2, November, 1938."

Erlanger, Joseph, 1874-
The action potential in fibers of slow conduction in spinal roots and somatic nerves, by Joseph Erlanger and H.S. Gasser. [n.p.] 1930.
43-82 p. illus. 25.3 cm.
"Reprinted from The American Jouranl of Physiology. Vol. 92, No. 1, February, 1930."

Erlanger, Joseph, 1874-
The action potential waves transmitted between the sciatic nerve and its spinal roots, by

Joseph Erlanger, G.H. Bishop and H.S. Gasser. [n.p.] 1926.
574-591 p. illus. 25.3 cm.
"Reprinted from The American Journal of Physiology. Vol. LXXVIII, No. 3, November, 1926."

Erlanger, Joseph, 1874-
Analysis of the action potential in nerve, by Joseph Erlanger. [n.p.] 1927.
90-113 p. illus., 7 plates. 20.3 cm.
"Reprinted from the Harvey Lectures. Series XXII, 1926-1927."

Erlanger, Joseph, 1874-
Comparative observations on motor and sensory fibers with special reference to repetitiousness, by Joseph Erlanger and E.A. Blair. [n.p.] 1938.
431-453 p. diagrs. 25.3 cm.
"Reprinted from The American Journal of Physiology. Vol. 121, No. 2, February, 1938."

Erlanger, Joseph, 1874-
The compound nature of the action current of nerve as disclosed by the cathode ray oscillograph, by Joseph Erlanger and H.S. Gasser with the collaboration, in some of the experiments, of George H. Bishop. [n.p.] 1924.
624-666 p. illus. 25.3 cm.
"Reprinted from The American Journal of Physiology. Vol. LXX, No. 3, November, 1924."
Provenance: Author's signed presentation copy.

Erlanger, Joseph, 1874-
The configuration of axon and "simple" nerve action potentials, by Joseph Erlanger and E.A. Blair. [n.p.] 1933.
565-570 p. illus. 25.3 cm.
"Reprinted from The American Journal of Physiology. Vol. 106, No. 3, December, 1933."

Erlanger, Joseph, 1874-
Electrical signs of nervous activity, by Joseph Erlanger and Herbert S. Gasser. Philadelphia, University of Pennsylvania Press, 1937.
x, 221 p. illus. 23.2 cm.
First edition of a classic in neurophysiology authored by two of America's leading physiologists.

Erlanger, Joseph, 1874-
Experimenatl [sic] analysis of the simple action potential wave in nerve by the cathode ray oscillograph, by Joseph Erlanger, G.H. Bishop and H.S. Gasser. [n.p.] 1926.
537-573 p. illus. 25.3 cm.
"Reprinted from The American Journal of Physiology. Vol. LXXVIII, No. 3, November, 1926."

Erlanger, Joseph, 1874-
The interpretation of the action potential in cutaneous and muscle nerves, by Joseph Erlanger. [n.p.] 1927.
644-655 p. illus. 25.2 cm.
"Reprinted from The American Journal of Physiology, Vol. LXXXII, No. 3, November, 1927."

Erlanger, Joseph, 1874-
The irritability changes in nerve in response to subthreshold induction shocks, and related phenomena including the relatively refractory phase, by Joseph Erlanger and Edgar A. Blair. [n.p.] 1931.
108-128 p. illus. 25.3 cm.
"Reprinted from The American Journal of Physiology. Vol. 99, No. 1, December, 1931."

Erlanger, Joseph, 1874-
Manifestations of segmentation in myelinated axons, by Joseph Erlanger and E.A. Blair. [n.p.] 1934.
287-311 p. illus. 25.5 cm.
"Reprinted from The American Journal of Physiology. Vol. 110, No. 2, December, 1934."

Erlanger, Joseph, 1874-
Observations on repetitive responses in axons, by Joseph Erlanger and E.A. Blair. [n.p.] 1936.
328-361 p. illus. 25.2 cm.
"Reprinted from The American Journal of Physiology. Vol. 114, No. 2, January, 1936."
For their discoveries regarding the functions of single nerve fibres Erlanger and Gasser shared the Nobel Prize in 1944.

Esch, Pieter van der.
Jacobus Ludovicus Conradus Schroeder van der Kolk, 1797-1862; leven en werken, door Pieter Van der Esch. [Amsterdam, 1954]
196, [1] p. facsims., geneal. table, ports. 24 cm.

Établissements André Walter.
Le bistouri électrique et la diathermie. Paris, André Walter, ingénieur-constructeur, 1929.
7 p. illus. 21.5 cm.

Établissements André Walter.
La d'Arsonvalisation: diathermie, ondes courtes, haute fréquence, bistouri diatherma. Paris, 1936.
12 p. illus. 21.2 cm.

Établissements André Walter.
La d'Arsonvalisation ondes courtes. Paris, 1936.
19 p. illus. 21.2 cm.

Établissements André Walter.
Haute fréquence, diathermie ... Paris, André Walter, ingénieur-constructeur, 1929.
25 p. illus. 21.5 cm.

The Evolution of the universe; or, Creation according to science, transmitted from Michael Faraday. Los Angeles, Cosmos Pub. Co., 1924.
[2], 176 p. plates, ports. 20 cm.

Ewart, Eliza Dalgleish, 1886-
A guide to anatomy for students of medical gymnastics, massage, and medical electricity, by E.D. Ewart. 3d. ed. London, H.K. Lewis, 1932.
xii, 338 p. illus., plates. 22 cm.
Provenance: Owner signature, "Prudence Scott-Holmes".

Ewing, James, 1866-1943.
Neoplastic diseases; a treatise on tumors, by James Ewing. 4th ed., rev. and enl. Philadelphia, W.B. Saunders, 1940.
xii, 1160 p. illus. 24.9 cm.

Fabricius, Hieronymus, ab Aquapendente, ca. 1533-1619.
De venarum ostiolis, 1603, of Hieronymus Fabricius, of Aquapendente (1533?-1619). Facsim. ed. with introd., translation, and notes by K.J. Franklin. Springfield, Ill., C.C. Thomas, 1933.
[11], 98, [1] p. illus., 2 plates. 24.8 cm.

Fannin & Co., ltd., Dublin.
Illustrated catalogue; surgical instruments, surgical appliances, hospital theatre furniture. [3d ed.] Dublin [1936?]
xxxiv, 575 p. illus. 25.4 cm.

Fano, Giulio, 1856-
Brain and heart; lectures on physiology, by Giulio Fano. Trans. by Helen Ingleby with a foreword by E.H. Starling. London, Oxford University Press, 1926.
xv, 142 p. illus. 21.5 cm.
Provenance: Owner bookplate, "Dr. Edwin C. Henry" and a signature, "Burthred Richard Stuehlis, 1943".
First edition in English: a pupil of Carl Ludwig and one of the most renowned Italian physiologists of his day, Fano details the relationship between excitability and automation that determines cardiac peristalis.

Faraday, Michael, 1791-1867.
Experimental researches in chemistry and physics, by Michael Faraday. Reprinted from the Philosophical Magazine, and other publications. London, R. Taylor and W. Francis, 1859. Bruxelles, Culture et civilisation, 1969.
[1], viii, 496 p. diagrs., 3 plates (1 fold.) 23.1 cm.

Faraday, Michael, 1791-1867.
Faraday's diary; being the various philosophical notes of experiemental investigation made by Michael Faraday during the years 1820-1862 and bequeathed by him to the Royal institution of Great Britain, now, by order of the managers, printed and published for the first time, under the editorial supervision of Thomas Martin, with a foreword by Sir William H. Bragg. London, G. Bell, 1932-36.
7 v. illus., facsims., plates. 26 cm.
Index. London, G. Bell, 1936.
64 p. 26 cm.

Faulhaber, Melchior, 1873-1916.
Die Röntgendiagnostik der Darmkrankheiten, von M. Faulhaber. Halle a.S., C. Marhold, 1913.
59 p. illus. 23.2 cm.

Fayet, Jean.
Les aiguilles chinoises dans la pratique courante [par] Jean Fayet. Paris, 1937.
368-370 p. port. 26.8 cm.
Extract from Le phare médical de Paris. Octobre 1937.

Fechner, Gustav Theodor, 1801-1887.
Die drei Motive und Gründe des Glaubens, von Gustav Theodor Fechner. 2. Aufl. Leipzig, Breitkopf & Härtel, 1910.
v, [1], 169 p. 23.1 cm.

Fechner, Gustav Theodor, 1801-1887.
Life after death [by] Gustav Theodor Fechner. Tr. by Mary Wadsworth. [n.p.] 1904.
[11]-90 p. 22.8 cm.
(In The origins of psychology: a collection of writings. New York. v. IV (1976) p. [403]-482])

Ferguson, John Bell, 1887-
The quartz mercury vapour lamp, its possibilities and uses in public health and general practice, by J. Bell Ferguson with an introd. by Sir Henry J. Fauvain. London, H.K. Lewis, 1926.
xii, 105, [1] p. illus., fold. diagr., plates. 22 cm.

Finney, John Miller Turpin, 1863-
The significance and effect of pain, by John M.T. Finney. Ether day address. Boston, Griffith-Stillings Press, 1914.
27 p. 22.2 cm.

Finsen, Niels Ryberg, 1860-1904.
Die Bekämpfung des Lupus vulgaris, von Niels R. Finsen. Jena, G. Fischer, 1903.
[2], 6, [1] p. 24 plates. 24.5 cm.

Finsen, Niels Ryberg, 1860-1904.
Phototherapy. (1) The chemical rays of light and small-pox. (2) Light as a stimulant. (3) The treatment of lupus vulgaris by concentrated chemical rays, by Niels R. Finsen. Translated from the German ed. and with an appendix on the light treatment of lupus, by James H. Sequeira. London, E. Arnold, 1901.
iv, [3], 79 p. illus., 8 plates. 22 cm.
Provenance: Dedicatory inscription illegible dated 1903.
Finsen was a Danish scientist who founded the scientific natural and artifical light treatment. Using originally sunlight focused by glass and quartz lenses and filters to remove the heat rays and later a carbon-arc lamp with quartz lenses and filters of copper sulphate or methylene blue, Finsen successfully treated cases of Lupus vulgaris with ultraviolet light. These cases were first reported in 1896 in his famous paper "The treatment of Lupus by concentrated ultraviolet light." The following year the Finsen Medical Light Institute was opened in Copenhagen and in 1903 he was awarded the Nobel prize for medicine. This book reviews research on the physiological effect of light on tissues and the therapeutic use of ultraviolet light. Sequeira, a noted English dermatologist introduced Finsen's techniques into England in 1900.

Fischer, H.G., & Company, inc., Chicago.
Introduction to short wave diathermy. Nature, clinical indications, therapeutic technic. Chicago, H.G. Fischer, c1937.
55, [3] p. illus. 22.7 cm.
Provenance: Owner signature, "David Johnson, San Francisco".

Fishbein, Morris, 1889-
Doctors and specialists; a medical revue with a prologue and a good many scenes, by Morris Fishbein. With illustrations by Dan Layman. Indianapolis, Bobbs-Merrill, c1930.
118 p. illus. 19.5 cm.

Fishbein, Morris, 1889-
The facts about rejuvenation [by] Morris Fishbein. Girard, Kansas, Haldeman-Julius Publications [c1926]
32 p. 12.3 cm.

Fishbein, Morris, 1889-
Fads and quackery in healing; an analysis of the foibles of the healing cults, with essays on various other peculiar notions in the health field, by Morris Fishbein. New York, Blue Ribbon Books, c1932.
[5], 382 p. 21.4 cm.
Provenance: Owner signature, "Bernard Easterson, Hys Booke".

Fishbein, Morris, 1889-
The medical follies; an analysis of the foibles of some healing cults, including osteopathy, homeopathy, chiropractic, and the electronic reactions of Abrams, with essays on the antivivisectionists, health legislation, physical culture, birth control, and rejuvenation, by Morris Fishbein. New York, Boni & Liveright, 1925.
223 p. 19.8 cm.

Fishbein, Morris, 1889-
The new medical follies; an encyclopedia of cultism and quackery in these United States, with essays on the cult of beauty, the craze for reduction, rejuvenation, eclecticism, bread and

dietary fads, physical therapy, and a forecast as to the physician of the future, by Morris Fishbein. New York, Boni and Liveright, 1927.
235 p. 19.4 cm.
Provenance: Owner signature, "Richard C. Chapeck 1927".

Fishbein, Morris, 1889-
Quacks and quackeries of the healing cults [by] Morris Fishbein. Girard, Kansas, Haldeman-Julius Publications [1927]
64 p. 12.5 cm.

Fleig, Georges.
La radiothérapie en dermatologie. (Technique - indications - résultats) [par] G. Fleig. Paris, Bonvolat-Jouve, 1906.
148 p. illus. 22.7 cm.

Fleischman, Abraham G
Tratamiento de los tumores de la vejiga por medio de la diatermia quirurgica, por Abraham G. Fleischman. Chicago, Victor X-ray Corp. [19--]
11, [1] p. illus. 24.6 cm.
"Tomado del Journal of Iowa State Medical Society, Enero de 1928. Vol. XVIII, No. 1."

Fleming, John Ambrose, 1849-1945, ed.
The electrical educator. A comprehensive, practical and authoritative guide for all engaged in the electrical industry, ed. by J.A. Fleming. London, The New Era Pub. Co., 1928.
3 v. illus., plates. 25 cm.

Fleming, John Ambrose, 1849-1945.
The thermionic valve and its developments in radiotelegraphy and telephony, by J.A. Fleming. London, The Wireless Press, 1919.
xv, 279, [1] p. illus., plate. 21.7 cm.
Provenance: Owner signature, "John A. Knutz (?) 1921".
Fleming was a British electrical engineer and pioneer in radio technology who invented the "diode" tube or valve as a rectifier of high frequency alternating currents.

Flint, Austin, 1836-1915.
Handbook of physiology for students and practitioners of medicine, by Austin Flint. New York, Macmillan, 1905.
xxvi, [1], 877 p. illus. (part. col.), col. front., 16 col. plates. 24 cm.
Provenance: Owner signature, "A. E. Hray".
First edition and first book produced commercially in which photomicrographs were faithfully reproduced from ordinary process-plates.

Flint, Horace Lance, 1881-
The heart, old and new views, by H.L. Flint. New York, P.B. Hoeber, 1921.
xii, 177 p. illus., graphs, plates (part col.) 22 cm.
Provenance: Inscribed, "Burch".

Flohr, Eugen.
Die Anwendung der Diathermie in der Zahnheilkunde. Ein Leitfaden für die Praxis, von Eugen Flohr und Walter Flohr. Berlin, H. Meusser, 1930.
vii, 131 p. illus., charts, diagrs. 23.5 cm.

Fonrobert, Ewald, 1887-
Das Ozon, von Ewald Fonrobert. Stuttgart, F. Enke, 1916.
viii, [1], 282 p. diagrs. 24.6 cm.
Provenance: Owner Bookstamps, "Linde Air Products, Laboratory, Tonawanda, NY, 1949", and "Buffalo Laboratory".

Fontenelle, Bernard Le Bovier de, 1657-1757.
A plurality of worlds. John Glanvill's translation with a prologue by David Garnett. [London] The Nonesuch Press, 1929.
ix, [1], 138, [2] p. illus. (part. col.) 20.5 cm.
Provenance: Bookseller stamp, "Lasker Booksellers, Winnepeg, Canada".

Foote, Edward Bliss, 1829-1906.
Dr. Foote's home cyclopedia of popular medical, social and sexual science, embracing his new book on health and disease, with recipes, treating of the human system, hygiene and sanitation - causes, prevention, cure, and home treatment of chronic diseases, including private words for both sexes, and 250 practical recipes; also embracing plain home talk, on love, marriage, and parentage. A free and earnest discussion of human, social, and sexual relations in all ages and countries, marriage systems, defects and their remedies, human temperaments and adaptations, by Edward B. Foote. 20th cent. rev. and enl. ed. New York, M. Hill, 1901.
1246 p. illus., col. plates, port. 19.3 cm.
Provenance: Mailing stamp, "For $2.15 by T. H. Smith, Worcester, Mass."

Forbes, Alexander, 1882-1965.
The immedaite [sic] effect of spinal transection on the crossed extension reflex, by Alexander Forbes, McKeen Cattell and Hallowell Davis. [n.p.] 1935.
152-161 p. illus. 26.9 cm.
(In Davis reprints, 1926-47. [n.p., n.d.])
"Reprinted from The American Journal of Physiology, Vol. 112, No. 1, May, 1935."
An American neurophysiologist, Forbes introduced the vacuum tube amplifier to electrophysiology in 1921.

Forney, F A
Tratamiento de la tuberculosis con la luz artificial, por F.A. Forney. Chicago, Victor X-ray Corp. [19--]
6, [1] p. 1 chart. 24.6 cm.
"Traducido de Colorado Medicine, Febrero de 1927, Vol. 24, No. 2."

Forsdike, Sidney, 1875-1942.
The effects of radium upon living tissues, with special reference to its use in the treatment of malignant disease, by Sidney Forsdike. New York, P.B. Hoeber, 1923.
72 p. 9 plates. 21.7 cm.
Provenance: Owner bookplate, "Charles Atwood Kofoid".
In his Jacksonian Essay, Forsdike, surgeon to the Hospital for Women and Gynaecological Surgeon to the Kensington and Chelsea General Hospital, gives a historical review of the discovery of radium, describes the effects of radium on living cells and mentions various case histories including the author's own paper on "Treatment of uterine hemorrhage by Radium."

Foster, Sir Michael, 1836-1907.
Lectures on the history of physiology during the sixteenth, seventeenth and eighteenth centuries, by Sir M. Foster. Cambridge, University Press, 1901.
[10], 310 p. front. 23 cm.
Provenance: Owner signature illegible, inscribed, "To G. E. Burch".

Foveau de Courmelles, François Victor, 1862-
Electrophysiologie; examen et étude de l'être vivant; la vue directe des phénomènes organiques, par Foveau de Courmelles. Paris, Vigot, 1908.
22 p. 24.5 cm.
Bound with Keating-Hart, W.V. La fulguration dans le traitement du cancer. Bordeaux, 1908.

Foveau de Courmelles, François Victor, 1862-
Électrothérapie dentaire. Cours professé à l'École dentaire de Paris, par Foveau de Courmelles. Préf. par Ch. Godon. Paris, A. Maloine, 1904.
viii, 291 p. illus. 18.5 cm.
Provenance: Owner signature, "Dr. L. (?) Guerin(?) 1923 Paris".

François-Franck, Charles Albert, 1849-1921.
Marey 1830-1904; éloge prononcé a l'Académie de medecine dans sa séance annuelle du 17 décembre 1912, par Ch. A. François-Franck. Paris, Masson, 1912.
[3], 51 p. 27 cm.

Frankenhäuser, Fritz.
Das Licht als Kraft und seine Wirkungen auf Grand der heutigen naturwissenschaftlichen Anschauungen für Mediciner dargestellt, von Fritz Frankenhäuser. Berlin, A. Hirschwald, 1902.
xiii, 74 p. charts, graphs. 23.2 cm.

Frankenhäuser, Fritz.
Die physiologischen Grundlagen und die Technik der Elektrotherapie, bearb. von Fritz Frankenhauser. Stuttgart, F. Enke, 1906.
120 p. illus. 25 cm.

Franklin, Benjamin, 1706-1790.
Benjamin Franklin's Dialogue with the gout, with an account of the first editions by Luther S. Livingston. Cambridge, 1917.
13, 16, [6] p. facsims. 20 cm.

Franklin, Benjamin, 1706-1790.
The works of Benjamin Franklin, including the private as well as the official and scientific correspondence together with the unmutilated and correct version of the Autobiography, compiled and ed. by John Bigelow. New York, G.P. Putnam's sons, 1904.
12 v. ports. 24.5 cm.

Frappier, Henri, 1909-
Essai d'électro-diagnostic par l'emploi des courants alternatifs a hautes fréquences variables [par] Henri Frappier. Paris, A. Legrand, 1934.
38, [2] p. illus. 23.8 cm.

Fraunberger, Fritz.
Elektrische Spielereien im Barock und Rokoko, von Fritz Fraunberger. München, R. Oldenbourg, 1967.

52 p. illus., ports. 21 cm.
Provenance: Owner signature, "M. D. Holbrook".

Freeland, F B
La diatermia en la pneumonia, por F.B. Freeland. Chicago, Victor X-ray Corp. [19--]
8 p. illus. 24.6 cm.
"Tomado de The Medical Sentinel, Septiembre de 1928, Vol. 36, No. 9."

Freeman, Walter Jackson, 1895-
Psychosurgery; intelligence, emotion and social behavior following prefrontal lobotomy for mental disorders, by Walter Freeman and James W. Watts. With special psychometric and personality profile studies by Thelma Hunt. Springfield, Ill., C.C. Thomas, 1942.
xii, 337, [1] p. illus., diagrs. 26 cm.
Provenance: Owner signature, "Martin Netsky, MD 1946".
First edition of important treatise advocating frontal lobotomy for the treatment of character disorders with a discussion on the pro's and con's of electroshock therapy.

Freudenreich, Johannes Oswald Siegbert, 1876-
Fechners psychologische Anschauungen, von Hans Freudenreich. Leipzig, Druck von Gressner & Schramm, 1904.
123, [1] p. 22.3 cm.

Freund, Leopold, 1868-1944.
Elements of general radiotherapy for practitioners, by Leopold Freund. Translated by G.H. Lancashire. New York, Rebman, 1904.
xix, [1], 538, [1], 59 p. illus., diagrs., front. 24.1 cm.
Freund was an Austrian radiologist who pioneered x-ray therapy. In 1897 he experimented with x-rays to test their epilatory effect on a child seriously disfigured by an extensive hairy pigmented nevus on the neck and back. He concluded that both the length of individual exposures as well as the total length of irradiation had to factored in to avoid the dangerous results due to overexposure. Freund was also one of the first to experiment with radium in the treatment of skin cancer.

Freund, Leopold, 1868-1944.
Grundriss der gesammten Radiotherapie für praktische Ärzte, von Leopold Freund. Berlin, Urban & Schwarzenberg, 1903.
viii, 423, [1] p. illus., 1 plate. 24.4 cm.
Provenance: Donor bookstamp, "Med. Soc. Kings Co. Queens" by "Dr. James Winfield 1917".

Fritsch, Ernst, 1910-
Introduction to short wave therapy; technique and indications, by Ernst Fritsch and Martin Schubart. With a preface by A. Esau. Berlin, Urban and Schwarzenberg, 1936.
viii, 131 p. illus. 23.5 cm.
Esau's preface refers to recent advances instigated by himself, Schliephake and Schereschewsky. These three were the first to clarify the diathermy process in therapy.

Fritsch, Gustav Theodor, 1838-
Über Bau und Bedeutung der Area Centralis des Menschen, von Gustav Fritsch. Hrsg. mit Unterstützung der königl. Akademie der Wissenschaften. Berlin, G. Reimer, 1908.
viii, 149 p. illus., 68 plates. 43.5 cm.

Fulop-Miller, Rene, 1891-
Triumph over pain, by Rene Fulop-Miller, trans. by Eden and Cedar Paul. New York, Literary Guild of America, c1938.
xiii, [1], 438 p. illus., front., ports. 24.2 cm.

Furstenau, Robert.
Leitfaden des Rontgenverfahrens fur das rontgenologische Hilfpersonal, von R. Furstenau, M. Immelmann und J. Schutze. Stuttgart, F. Enke, 1914.
xii, 402 p. illus. (part col.), diagrs. 24.7 cm.

Fulton, John Farquhar, 1899-1960.
Electrical responses of extensor muscles during postural (myotatic) contraction, by J.F. Fulton and E.G.T. Liddell. [London, 1925?]
[577]-589 p. 1 plate. 25.4 cm.
"Reprinted from the Proceedings of the Royal Society, B, Vol. 98, 1925."
Provenance: Owner bookstamp, "Dr. H. M. Evans".

Fulton, John Farquhar, 1899-1960.
The influence of tension upon the electrical responses of muscle to repetitive stimuli, by J.F. Fulton. [London, 1925?]
[1], [406]-423 p. 7 plates. 25.4 cm.
"From the Proceedings of the Royal Society, B, Vol. 97, 1925."
Provenance: Owner bookstamp, "Dr. H. M. Evans".

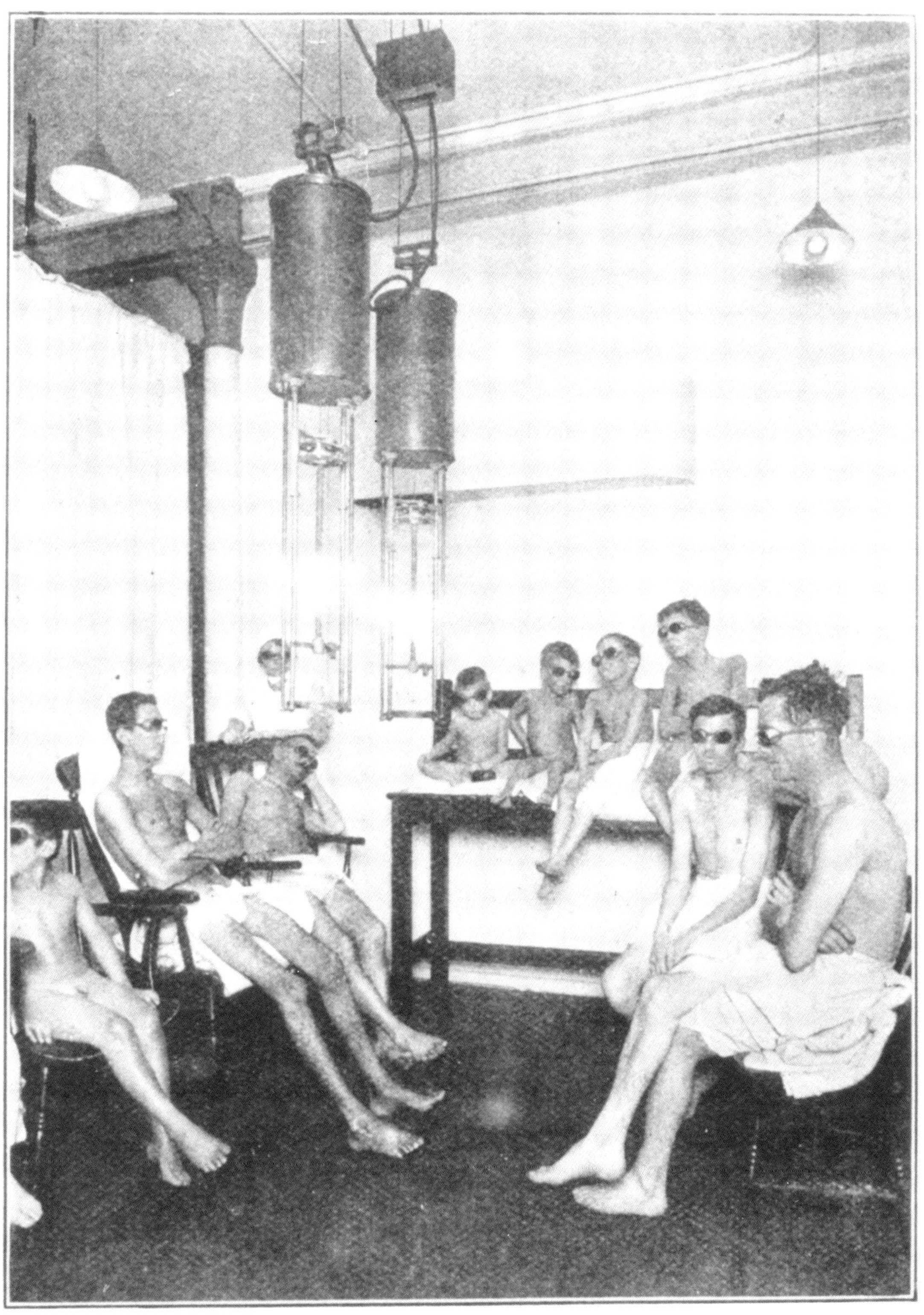

Ultraviolet light treatment from Gamgee
The Artificial Light Treatment of Children in Rickets, Anaemia and Malnutrition (1927)

Fulton, John Farquhar, 1899-1960.
Muscular contraction and the reflex control of movement, by J.F. Fulton. Baltimore, Williams & Wilkins, 1926.
xv, 644 p. illus., facsims. 23.5 cm.

Fulton, John Farquhar, 1899-1960.
Physiology of the nervous system, by J.F. Fulton. London, Oxford University Press, 1938.
xv, 675 p. diagrs., front., plates. 22.5 cm.
Provenance: Owner bookplate, "A. E. Bennett MD".
First edition of the classic work by the noted Yale physiologist and medical historian, who made the now classical distinction between the in-parallel position of muscle spindles and the in-series position of tendon organs relative to muscle stretch and contraction. He also reported on the behavioral effects of extirpation of the naterior association areas of the frontal lobes that led to Monz's development of prefrontal lobotomy for psychosis.

Fulton, John Farquhar, 1899-1960, ed.
Selected readings in the history of physiology, ed. by John Farquhar Fulton. Springfield, Ill., C.C. Thomas, 1930.
xx, 317 p. illus., diagr., front., ports. 24.7 cm.
Provenance: Author's signed presentation copy to, "K-Ordway".

Fulton, John Farquhar, 1899-1960.
The sign of Babinski; a study of the evolution of cortical dominance in primates, by John F. Fulton and Allen D. Keller. Springfield, Ill., C.C. Thomas, 1932.
xi, 165, [1] p. illus., front., 1 fold. plate. 25.5 cm.

Gädeke, Heinrich, 1875-
Ueber Elektricitätsleitung durch isolierende Flüssigkeiten, von Heinrich Gädeke. Heidelberg, K. Rössler, 1901.
34, [1] p. charts, diagrs., 4 plates. 21.8 cm.

Gaertner, Gustav, 1855-
Ueber einen neuen Apparat zur Bestimmung des Haemoglobingehaltes im Blute, von Gustav Gaertner. München, J.F. Lehmann, 1901.
14 p. illus. 23.2 cm.
"Separatabdruck aus der Munchener medicinischen Wochenschrift. No. 50, 1901."
Provenance: Stamped on front cover, "Uberreicht vom Verfasser" and signed, "Zosf 17-12-1914".

Galenus.
[Galen] On anatomical procedures. *Περι ανατὸμικων ἐγχειρήσεων.* De anatomicis administrationibus. Translation of the surviving books with introd. and notes by Charles Singer. London, Oxford University Press, 1956.
xxvi, 289, [1] p. illus., map. 22 cm.

Galimard, Paul André Jean, 1879-
Contribution a l'étude des effets mortels produits par les courants électriques, par Paul André Jean Galimard. Lyon, Impr. Waltener, 1903.
115, [1] p. 25 cm.

Gally, Léon.
Électricité et radiologie médicales, par Léon Gally et Pierre Rousseau. Paris, Librairie A. Colin, 1931.
[4], 220 p. illus., diagrs. 17.3 cm.

Galvani, Luigi, 1737-1798.
Memorie ed esperimenti inediti di Luigi Galvani, con la iconografia di lui e un saggio di bibliografia degli scritti. A cura del Comitato per la celebrazione del secondo centenario della nascita di Luigi Galvani ... Bologna, L. Cappelli, 1937.
vii, 480, [5] p. illus., ports. 25.3 cm.
Provenance: Embossed stamp, "R Universita Degli Studi, Bologna".

Gamgee, Katherine Mary Lovell.
The artificial light treatment of children in rickets, anaemia & malnutrition, by Katherine M. L. Gamgee, with an introd. by Leonard Hill. New York, P.B. Hoeber, 1927.
xix, 172 p. illus., fold. chart, plates. 22 cm.

Gandy, Theodore S
Direct-current motor and generator troubles, operation and repair, by Theodore S. Gandy and Elmer C. Schacht. 1st ed., 2nd impr. New York, McGraw-Hill, 1920.
ix, 274 p. illus., charts, diagrs. 20.8 cm.
Provenance: Owner signature, "Tom Steen".

Ganter, Georg.
Experimentelle Untersuchungen am Säugetierherzen über Reizbildung und Reizleitung im ihrer Beziehung zum spezifischen

Muskelgewebe, von Georg Ganter und Alfred Zahn. Bonn, M. Hager, 1912.
335-392 p. illus., charts, diagrs., 3 plates. 23.5 cm.
"Separat-Abdruck aus dem Archiv für die ges. Physiologie Bd. 145."
Provenance: Author's signed presentation copy to Dr. Herbert Evans.

Garceau, E L
An amplifier, recording system, and stimulating devices for the study of cerebral action currents, by E.L. Garceau and H. Davis. [n.p.] 1934.
305-310 p. diagrs. 26.9 cm.
(In Davis reprints, 1926-47. [n.p., n.d.])
"Reprinted from The American Journal of Physiology, Vol. 107, No. 2, February, 1934."

Garceau, E L
An ink-writing electroencephalograph [by] E.L. Garceau and H. Davis. Chicago, American Medical Association, 1935.
3 p. diagr. 26.9 cm.
(In Davis reprints, 1926-47. [n.p., n.d.])
"Reprinted with modifications, from the Archives of Neurology and Psychiatry. December 1935, Vol. 34, pp. 1292-1294."

Garcia Donato, José.
Manual de diatermia, por José Garcia Donato y Vicente Garcia Donato; premio Federico Rubio; con un apéndice de Fisica de la diatermia, por S.F. Wildermuth; con un prologo del Fernando Rodríquez G. Fornos. Barcelona, M. Marín, 1921.
350 p. illus. 21.8 cm.
Provenance: Dedicatory inscription to, "Dr. Jose Macouget" signed, "Aucitzer (?) Mick, Abril 3 1945".

Gargam de Moncetz, A
Notions simples et pratiques sur l'électricité et ses applications a l'usage des praticiens. Courants continus, magnétisme et induction, courants alternatifs, unités électriques, instruments de mesure, applications diverses. Paris, H. Desforges, 1920.
[1], 470, [1] p. diagrs. 25.2 cm.

Garten, Siegfried, 1871-1923.
Über rhythmische, elektrische Vorgänge im quergestreiften Skelettmuskel, von Siegfried Garten. Leipzig, B.G. Teubner, 1901.
[5], [331]-414, [1] p. 13 plates. 28.5 cm.
"Des XXVI. Bandes der Abhandlungen der Mathematisch-physischen Classe der königl. Sächsischen Gesellschaft der Wissenschaften. No. V."

Garton, Wilfrid, 1874-
Electro-therapeutics for military hospitals, by Wilfrid Garton. London, H.K. Lewis, 1917.
viii, 48 p. diagr. 19 cm.
Provenance: Library bookplate, "Clark University, Worcester, Mass., 1917".
Details various electrotherapeutic techniques in use in military hospitals in World War I.

Gaskell, Walter Holbrook, 1847-1914.
The involuntary nervous system, by Walter Holbrook Gaskell. New ed. London, Longmans, Green, 1920.
ix, 178, [1] p. charts, diagrs. (part col.) 22.6 cm.
Provenance: Owner bookplate, "Emmet Field Horine" and typed note, "Library of Carleton B. Chapman".
Contains investigations on the "bulbar thoracico-lumbar and sacral divisions" of the "involuntary nervous system" by the noted English physiologist.

Gasser, Herbert Spencer, 1888-1963.
The ending of the axon action potential, and its relation to other events in nerve activity, by Herbert S. Gasser and Joseph Erlanger. [n.p.] 1930.
247-277 p. illus., diagrs. 25.2 cm.
"Reprinted from the American Journal of Physiology, Vol. 94, No. 2, August, 1930."
Provenance: Most Gasser entries bookstam and plate, "Dr. Herbert M. Evans".
Gasser was an American physiologist who made important advances in electrophysiology applying early vacuum-tube amplification technology to the study of conduction in nerve fibers. His work enabled E. D. Adrian to determine that conduction in nerves took place in pulses rather than continiously with the pulse repetition frequency proportional to the strength of the signal.

Gasser, Herbert Spencer, 1888-1963.
The nature of conduction of an impulse in the relatively refractory period, by H.S. Gasser and Joseph Erlanger. [n.p.] 1925.
613-635 p. illus. 25.2 cm.

"Reprinted from The American Journal of Physiology. Vol. LXXIII, No. 3, August, 1925."

Gasser, Herbert Spencer, 1888-1963.
Physiological action currents in the phrenic nerve. An application of the thermionic vacuum tube to nerve physiology, by H.S. Gasser and H.S. Newcomer. [n.p.] 1921.
25 p. illus. 26.5 cm.
"Reprinted from The American Journal of Physiology. Vol. LVII, No. 1, August, 1921."

Gasser, Herbert Spencer, 1888-1963.
Plexus-free preparations of the small intestine; a study of their rhythmicity and of their response to drugs, by Herbert S. Gasser. [n.p.] 1926.
395-410 p. illus. 25.5 cm.
"Reprinted from the Journal of Pharmacology and Experimental Therapeutics, Vol. XXVII, Nos. 5 and 6, June, 1926."
Provenance: Bookstamp, "Institut fur animalen physiologie Universitat Frankfurt".

Gasser, Herbert Spencer, 1888-1963.
The role of fiber size in the establishment of a nerve block by pressure or cocaine [by] Herbert S. Gasser and Joseph Erlanger. [n.p.] 1929.
581-591 p. illus. 25.1 cm.
"Reprinted from The American Journal of Physiology, Vol. 88, No. 4, May, 1929."

Gasser, Herbert Spencer, 1888-1963.
The role played by the sizes of the constituent fibers of a nerve trunk in determining the form of its action potential wave, by H.S. Gasser and Joseph Erlanger. [n.p.] 1927.
522-547 p. diagrs. 25.3 cm.
"Reprinted from The American Journal of Physiology.
Vol. LXXX, No. 3, May, 1927."

Gauthier, Charles-Laurent, 1875-
La radiothérapie et le cancer, par Ch. Gauthier [et] Emile Duroux. Le Mans, 1905.
36 p. illus. 24.5 cm.
Bound with Keating-Hart, W.V. La fulguration dans le traitement du cancer. Bordeaux, 1908.

Gautier, A[uguste Alexandre]
L'effluve de haute fréquence dans le traitement des plaies et des infections (etude clinique et bactériologique), par A. Gautier. Paris, A. Maloine, 1915.
110, [1] p. charts, diagrs. 24.1 cm.

Geddes, Sir Patrick, 1854-1932.
Leben und Werk von Sir Jagadis C. Bose, von Patrick Geddes. Erlenbach-Zürich, Rotapfel, c1930.
263 p. illus., diagrs., front., plates, ports. 22.8 cm.

Geddes, Sir Patrick, 1854-1932.
The life and work of Sir Jagadis C. Bose, by Patrick Geddes. London, Longmans, Green, 1920.
xii, 259 p. illus., diagrs., front., plates, ports. 23 cm.
Provenance: Presentation bookplate, "Society for Promoting the Study of Religions presented by W. Loftus Hare Esq., 1933".

Geiger, Georges.
Manuel pratique d'électricité médicale; electrologie & instrumentation, rayons X et courants de haute fréquence, par G. Geiger. Paris, H. Desforges, 1907.
[2], 185, [1] p. illus. 21.5 cm.
Provenance: Bookseller plate, "G. Stoffel, Lille".

Geiger, Georges.
Précis pratique d'électricité médicale. Electrologie et instrumentation; rayons X et courants de haute fréquence, par G. Geiger. Paris, J. Rousset, 1913.
[3]-409, [1] p. illus. 18.6 cm.
The author, a doctor of medicine with the Faculte de Paris, discusses the theory and practice of electromedicine including x-rays in this well illustrated book.

Gendreau, Gabriel.
Sur les résultats du traitment électrique dans le syndrome otique (bourdonnements, surdité, vertiges), par Gabriel Gendreau. Paris, A. Leclerc, 1909.
[5], [11]-83 p. 22.6 cm.
Bound with Hamon, Francisque. La contraction galvanotonique au cours de la réaction de dégénérescence. Paris, 1914.

General Electric Company.
The story of X-ray. [n.p.] General electric [194-]
35, [1] p. illus., port. 22.8 cm.

The General Electric Co. of England.
Electro-medical apparatus and electrical novelties. 0 section 9th ed. London, 1912.
[1501]-1526 p. illus. 27.5 cm.

General Electric X-Ray Corporation.
Diatermia en la neumonía; extractos de la literatura médica del día. Chicago, Victor X-ray Corp. [19--]
3, [1] p. 24.6 cm.

General Electric X-Ray Corporation.
La fisioterapia en las enfermedades genito-urinarias; extractos de la literatura médica del día. Chicago, Victor X-ray Corp. [19--]
8 p. 24.6 cm.

General Electric X-Ray Corporation.
High frequency currents; their physics, physiological effects and therapeutic indications. Chicago, Victor electric [ca. 1910]
2-[20] p. 22 cm.

General Electric X-Ray Corporation.
Muscle stimulating apparatus. [Chicago?] c1935.
6 p. illus. 27.7 cm.

Genga, Bernardino, 1620-1690.
Anatomy improv'd and illustrated with regard to the uses thereof in designing: not only laid down from an examen of the bones and muscles of the human body, but also demonstrated and exemplified from the most celebrated antique statues in Rome. Exhibited in a great number of copper plates, with all the figures in various views. Intended originally for ye use of the Royal French academy of painting and sculpture. And carried on under the care and inspection of Charles Errard. The dissections made by Ber. Genga. The explanations and indexes added by John Maria Lancissi. A work of great use to painters sculptors statuaries and all others studious in the noble arts of designing. First publ. in Rome by Dom. de Rossi, and now re-engraven by the ablest hands in England. London, Republ. by J. Senex, [1723. Edinburgh, Bartholomew, 197-?]
59, [2] l. incl. 42 plates and 2 charts (1 fold.) 43.5 cm.

George, Arial Wellington, 1882-
The roentgen diagnosis of surgical lesions of the gastro-intestinal tract, by Arial W. George and Ralph D. Leonard. Boston, Colonial medical press, 1915.
xi, 280 p. illus., 7 col. plates. 31.5 cm.
A pioneer in American radiology, George wrote in the preface, "The purpose of this work is to demonstrate what one Roentgen clinic has accomplished toward establishing a method for exact diagnosis in the common surgical lesions of the gastrointestinal condition."

Geraudel, Emile, 1873-
The mechanism of the heart and its anomalies; anatomical and electrocardiographic studies, by Emile Geraudel. Trans., with an introd. by Louis Faugeres Bishop and Louis Faugeres Bishop, Jr. Baltimore, Williams & Wilkins, 1930.
xx, 266 p. illus., diagrs. 23.3 cm.
Provenance: Presentation copy to Dr. Waitman F. Zinn signed by Louis F. Bishop.

Germer, Lester Halbert, 1896-
Optical experiments with electrons - part II, by L.H. Germer. [n.p.] c1928.
2 v. illus., diagrs., graphs. 22.9 cm.
"Reprint of paper published in Journal of Chemical Education. Vol. V. p. 1255-1271 October, 1928."
"A continuation of the account of experiments on electron scattering ... in which it was discovered that a stream of electrons possesses the properties of a beam of waves."--Introduction.

Gesell, Robert.
A device for automatically plotting changes in rate of an interrupted signal [by] Robert Gesell. [n.p.] The Science Press, 1934.
2 p. 2 diagrs. 27.7 cm.
"Reprinted from Science, March 23, 1934, Vol. 79, No. 2047, pages 275-276."

Gesell, Robert.
An electrically driven contact breaker capable of delivering galvanic shocks ranging from 0.000,01 to 1.0 second duration [by] Robert Gesell. [n.p.] 1933.
2 p. diagr. 26.5 cm.
"Reprinted from Science, October 27, 1933, Vol. 78, No. 2026, pages 386-387."

Geyser, Albert Charles, 1864-
The high-frequency current in therapeutics, by A.C. Geyser. [n.p.] 1910.

15 p. 22 cm.
"Reprint from the New York Medical Times, July, 1910."

Ghadiali, Dinshah Pestanji Framji, 1873-
Railroading a citizen; diabolic perjury branded innocent as white slaver. Supernatural powers, hypnotism, mesmerism, mysticism, astral projection, flying through space, otherwise Salem witchcraft, vilely adduced in Portland, Oregon federal court, to convict a reputable American. A startling narrative, of stirring human interest, fearlessly exposing flagrant injustice in America, by Dinshah P. Ghadiali. Malaga, N.J., Spectro-Chrome Institute, c1926.
2 v. ([18], 1A-1B, 687 p.) illus., plates (part col.), ports. 23.4 cm.
Founder of the Spectro-Chrome Institute and chief exponent of Spectro-Chrome Therapy, Ghadiali claimed to cure diseases with different colored lights. In 1925 he was imprisoned for violating the Mann Act but on his release he resumed his activities.

Ghadiali, Dinshah Pestanji Framji, 1873-
Spectro-chrome metry encyclopedia; home training course in spectro-chrome metry; measurement and restoration of the human radio-active and radio-emanative equilibrium (normalation of imbalance) by attuned color waves; the science of automatic precision, by Dinshah P. Ghadiali. 2nd ed. Malega, N.J., Spectro-Chrome Institute, 1939.
3 v. ([4], xvi, 1200 p.) illus., plates, port. 21 cm.
Provenance: Presentation bookplate, "Dinshah Spectro-Chrome Institute Malaga, N.J." Date stamp 1945. Inscribed, "Cyrus Dinshah".

Gibbs, Frederic Andrews, 1903-
Atlas of electroencephalography, by Frederic A. Gibbs and Erna L. Gibbs. Cambridge, Mass., L.A. Cummings, c1941.
[4], 221 p. charts, diagrs., port. 31 x 38.5 cm.
Provenance: Owner signature and stamp, "Martin Netsky MD".

Gibbs, Frederic Andrews, 1903-
Atlas of electroencephalography, by Frederic A. Gibbs and Erna L. Gibbs. 2nd ed. Cambridge, Mass., Addison-Wesley Press, 1950-64.
3 v. charts, diagrs., ports. 26.5 x 34.5 cm.

Gibbs, Frederic Andrews, 1903-
Cerebral dysrhythmias of epilepsy; measures for their control [by] F.A. Gibbs, E.L. Gibbs and W.G. Lennox. Chicago, American Medical Association, c1938.
17 p. diagrs. 25.4 cm.
"Reprinted from The Archives of Neurology and Psychiatry February 1938, Vol. 39, pp. 298-314."
Gibbs did pioneering work in electroencephalography in Chicago.

Gibbs, Frederic Andrews, 1903-
Effect on the electro-encephalogram of certain drugs which influence nervous activity [by] F.A. Gibbs, E.L. Gibbs and W.G. Lennox. Chicago, American Medical Association, c1937.
13 p. diagrs. 25.3 cm.
"Reprinted from the Archives of Internal Medicine July 1937, Vol. 60, pp. 154-166."

Gibbs, Frederic Andrews, 1903-
The electro-encephalogram in epilepsy and in conditions of impaired consciousness [by] F.A. Gibbs, H. Davis and W.G. Lennox. Chicago, American Medical Association, 1935.
16 p. diagrs. 26.9 cm.
(In Davis reprints, 1926-47. [n.p., n.d.])
"Reprinted, with additions, from the Archives of Neurology and Psychiatry, December 1935, Vol. 34, pp. 1133-1148.

Gibbs, Frederic Andrews, 1903-
Epilepsy: a paroxysmal cerebral dysrhythmia, by F.A. Gibbs, E.L. Gibbs and W.G. Lennox. [n.p.] 1937.
[377]-388 p. diagrs. 25 cm.
"Reprinted from Brain, Vol. LX, Part 4, December, 1937."

Gibson, Charles Robert, 1870-1931.
Electricity of today; its work & mysteries described in non-technical language, by Charles R. Gibson. London, Seeley, 1907.
346, [1] p. diagrs., plates. 19.8 cm.

Gibson, Charles Robert, 1870-1931.
The romance of modern electricity, describing in non-technical language what is known about electricity and many of its interesting applications, by Charles R. Gibson. London, Seeley, 1906.
346, [1] p. illus., diagrs., plates. 19.5 cm.

By permission of *Bradbury, Agnew & Co., Ltd.*

"WHAT WILL HE GROW TO?"

King Steam and King Coal discussing Baby Electricity's chances of success in life (*Punch* 1881) from Gibson, *Electricity of Today* (1907)

Gidon, F
Précis de l'ionothérapie électrique [par] F. Gidon. Paris, Presses Universitaires [19--]
92 p. 22.4 cm.

Gilbert, William, 1540-1603.
On the magnet, by William Gilbert. Ed. by Derek J. Price. New York, Basic Books, c1958.
xi, [17], 246, iv, 67, [1] p. illus., coat of arms, diagrs. 30 cm.

Gilet, Eugène, 1878-
Recherches expérimentales sur les phénomènes électrolytiques polaires et interpolaires dans les tissus, par Eugène Gilet. Lyon, Waltener, 1902.
60, [2] p. 25 cm.

Glasser, Otto, 1895- ed.
Medical phys [ed. by] Otto Glasser. Chicago, Year Book, c1944-60.
3 v. illus. 27 cm.
Provenance: Owner bookplate, "Isidore Arons MD".

Glasser, Otto, 1895-
Physical foundations of radiology [by] Otto Glasser, Edith H. Quimby, Lauriston S. Taylor [and] J.L. Weatherwax. New York, P.B. Hoeber, c1944.
x, [1], 426 p. illus., diagrs. 19 cm.
Provenance: Owner bookplate, "Isidore Arons MD".

Glasser, Otto, 1895-
Wilhelm Conrad Rontgen and the early history of the Roentgen rays, by Otto Glasser. With a chapter Personal reminiscences of W.C. Rontgen by Margret Boveri. London, J. Bale, Sons & Danielson, 1933.
xii, 494 p. illus., port. 25 cm.

Glasser, Otto, 1895-
Wilhelm Conrad Rontgen and the early history of the Roentgen rays, by Otto Glasser. With a chapter Personal reminiscences of W.C. Rontgen by Margret Boveri. Springfield, Ill., C.C. Thomas, 1934.
xii, 494 p. illus., port. 25 cm.

Gliddon, Aurelius J L
Stepping stones to electro-homoeopathy (Count Mattei's system of medicine), by A.J.L. Gliddon. 8th ed. London, Gliddon, 1926.
vii, [1], 296 p. 1 fold. plate. 19 cm.

Goldberger, Emanuel, 1913-
Unipolar lead electrocardiography including standard leads, unipolar extremity leads and multiple unipolar precordial leads, by Emanual Goldberger. Philadelphia, Lea & Febiger, 1947.
182 p. illus. 24 cm.
Goldberger was the inventor of augmented unipolar leads used in electrocardiography.

Goldscheider, Alfred, 1858-1935, ed.
Handbuch der physikalischen Therapie, unter Mitwirkung von Bernhardt et al. Hrsg. von A. Goldscheider und Paul Jacob. Leipzig, G. Thieme, 1901-02.
2 v. illus. 27 cm.
Provenance: Bookseller stamp, "Finska-Helsingfors".
First edition of encyclopaedic work on physical therapy covering "Klimatotherapie; Hohenluft-therapie; Pneumato-therapie; Inhalationstherapie; Thalassotherapie; Hydrotherapie; and Thermatherapy" in the first volume and, "Gymnastius, Massage, Mechanical Orthopaedics, Electrotherapy and Light Therapy" in the second.

Goldsmith, Margaret Leland, 1894-
Franz Anton Mesmer; a history of mesmerism, by Margaret Goldsmith. Garden City, N.Y., Doubleday, Doran & Co., 1934.
[7], 308 p. 20.6 cm.
Provenance: Signed, "C. H. (?) Leake".

Golseth, James G
A constant current impulse stimulator [by] James G. Golseth and James A. Fizzell. [n.p.] 1947.
[5] p. illus., diagr. 23 cm.
"March, 1947, volume XXVII, pp. 154-158. Reprinted from the Archives of Physical Medicine."

Golseth, James G
Electrodiagnosis of peripheral nerve lesions by means of intramuscular stimulation; studies on cats with primary sutures of the sciatic nerve [by] James G. Golseth and James A. Fizzell. [n.p.] 1947.
[7] p. charts. 23 cm.
"Reprinted from the Archives of Physical Medicine, December, 1947, Volume XXVIII, pp. 757-763."

Golseth, James G
Electromyographic studies on cats after section and suture of the sciatic nerve [by] James G. Golseth and James A. Fizzell. [n.p.] 1947.
558-567 p. charts. 24.7 cm.
"Reprinted from The American Journal of Physiology, vol. 150, no. 4, October, 1947."

Golseth, James G
An instrument for direct nerve stimulation [by] James G. Golseth and James A. Fizzell. [n.p.] 1947.
[393]-396 p. illus. 24.6 cm.
"Reprinted from Journal of Neuro-surgery, 1947, vol. IV, no. 4, pages 393-396."

Good Health Publishing Co., Battle Creek, Mich.
20th century therapeutic appliances, for use in sanitariums, hospitals, medical institutions, physicians' offices and residences, manufactured ... by the Good Health Publishing Co. Battle Creek, Mich., c1909.
94 p. illus. 23 cm.

Goodman, Herman, 1894-
The basis of light in therapy, by Herman Goodman. New York, Medical Lay Press, 1926.
x, 163 p. illus., charts, diagrs. 18.9 cm.

Goodman, Herman, 1894-
The physics and physiology of infra-red radiation (heat); with a glossary of terms and a list of questions and answers [by] Herman Goodman. New York, Medical Lay Press, 1929.
[5], 90 p. diagrs. 18.6 cm.
Provenance: Initialed and dated by author.

Goodman, Herman, 1894-
Story of electricity and a chronology of electricity and electrotherapeutics, by Herman Goodman, with an introd. by Victor Robinson. New York, Medical Life Press, 1928.
62 p. illus., chart, ports. 23.4 cm.

Gorman, Sam J., Co., Chicago.
Electro therapeutic apparatus. 10th ed. Chicago [191-]
[1], 61, [1] p. illus., diagrs. 22.7 cm.

Gotch, Francis, 1853-1913.
Address to the physiological section, by Francis Gotch. London, 1906.
14 p. 21.3 cm.
Provenance: Author's presentation copy.
Together with Victor Horshey, Gotch made fundamental contributions to British neurophysiology. He pioneered research on localization of function in the brain by stimulating the cortex electrically and succeeded Richard Caton at Liverpool who in 1929 had first established the EEG as a diagnostic tool.

Gotch, Francis, 1853-1913.
The effect of local injury upon the excitatory electrical response of nerve, by Francis Gotch. [n.p.] 1902.
[1], [32]-56 p. charts. 24 cm.
"Reprinted from the Journal of Physiology. Vol. XXVII. Nos. 1 & 2, March 27, 1902."
Provenance: Author's presentation copy, "corrected copy" manuscript note on cover.

Gotch, Francis, 1853-1913
The submaximal electrical response of nerve to a single stimulus, by Francis Gotch. [n.p.] 1902.
[395]-416 p. charts. 24.5 cm.
"Reprinted from the Journal of Physiology, Vol. XXVIII. No. 6, December 15, 1902."
Provenance: Author's inscription.

Gotch, Francis, 1853-1913.
The time-relations of the photo-electro changes produced in the eyeball of the frog by means of coloured light, by Francis Gotch. [n.p.] 1904.
29 p. illus., charts. 24 cm.
"Reprinted from the Journal of Physiology. Vol. XXXI, No. 1, March 29, 1904."
Provenance: Author's presentation copy.

Gottschalk, Franklin Benjamin, 1867-
Practical electro-therapeutics, by Franklin B. Gottschalk. With a special section on vibratory stimulation. Rev. 1908 ed. Hammond, Ind., F.S. Betz, 1908, c1904.
308 p. illus. 20 cm.

Gottschalk, Franklin Benjamin, 1867-
Static electricity, X-ray, and electro-vibration; their therapeutic application, by Franklin B. Gottschalk. Chicago, T. Eisele, c1903.
176 p. illus. 19.5 cm.

Gould, George Milbry, 1848-1922.
Medical discoveries by the non-medical [by] George M. Gould. Chicago, American Medical Association, 1903.
32 p. 22 cm.

"Reprinted from the Journal of the American Medical Association, May 30, 1903."
Provenance: Presentation copy to Dr. William Osler initialed by the author, 1903.

Graetz, Leo, 1856-
Die Elektrizitat und ihre Anwendungen, von L. Graetz. 10 verm. Aufl. Stuttgart, J. Engelhorn, 1903.
xvi, 636 p. illus. 23 cm.

Graetz, Leo, 1856-
L'électricité et ses applications, par L. Graetz. Tr. sur la 15é ed. allemande, par Georges Tardy. Paris, Masson, 1911.
xx, 640 p. illus. 24 cm.

Graham, Evarts Ambrose, 1883-
Diseases of the gall bladder and bile ducts; a book for practitioners and students, by Evarts Ambrose Graham and others. Philadelphia, Lea & Febiger, 1928.
xiii, [17]-477 p. illus., 8 col. plates. 24 cm.

Granger, Amedee, 1879-
A radiological study of the para-nasal sinuses and mastoids, by Amedee Granger. Philadelphia, Lee & Febiger, 1932.
iv, [1], [17]-186 p. illus. 24 cm.

Granger, Frank Butler, 1875-
Physical therapeutic technic, by Frank Butler Granger, with a foreword by William D. McFee. Philadelphia, W.B Saunders, c1929.
417 p. illus., diagrs., 1 fold. plate. 24 cm.
Provenance: Owner signature, "H. T. Pohlman 1930".
First edition of an authorative treatise dealing mainly with electrotherapy by the Director of Physiotherapy for the U.S. Army.

Granger, Frank Butler, 1875-
Physical therapeutic technic, by Frank Butler Granger. With a foreword by William D. McFee. Philadelphia, W.B. Saunders, 1930, c1929.
417 p. illus., diagrs., 1 fold. plate. 24 cm.

Grant, Sir James Alexander, 1831-1920.
Electrolysis and the nervous system, by Sir James Grant. [n.p.] A.R. Elliott, c1907.
9 p. 20.2 cm.
"Reprinted from the New York Medical Journal for Sept. 14, 1907."
Provenance: Library bookstamp, "Yale University Library"; Presentation copy to, "Dr. William Hayes Ward".

Grant, Sir James Alexander, 1831-1920.
Prevention of tuberculosis by massage and electricity, by Sir James Grant. Toronto, Warwick & Rutter, 1909.
3-7 p. 23.8 cm.
"Reprinted from The Canada Lancet for October, 1909."

Grard, L
Traité d'électrothérapie galvanique du L. Grard. [Forest-lez-Bruxelles? 19--]
[4], 81, [1] p. illus. 20.8 cm.

Grashey, Rudolf, 1876-
Atlas chirurgisch-pathologischer Röntgenbilder mit 240 autotypischen, 105 photographischen Bildern, 66 Skizzen und erläuterndem Text, von Rudolf Grashey. München, J.F. Lehmann, 1908.
iv, [3], 152 p. illus., plates (1 col.) 24.6 cm.
Provenance: Owner signature, "D. Moeril".

Grass, Albert M
A Fourier transform of the electroencephalogram, by Albert M. Grass and Frederic A. Gibbs. [n.p.] 1938.
[521]-526 p. diagrs. 25.8 cm.
"Reprinted from Journal of Neurophysiology November 1938, I, 521-526."

Grassi, Francesco.
Magnetismo e elettricità; principi e applicazioni esposti elementarmente da Francesco Grassi. 3 ed. completamente rifatta dal Manuale magnetismo e elettricità di Poloni e Grassi. Milano, U. Hoepli, 1902.
xv, [1], 608 p. illus., maps. 15 cm.

Green, Arthur Augustus Russell.
An X-ray atlas of the skull, by A.A. Russell Green. London, Longmans, Green, 1918.
x, 27 p. 11 plates (5 col.) 29.3 cm.
Provenance: Bookseller stamp, "P. B. Hoeber, NY".

Greenwood, Ernest, 1883-
Amber to amperes, the story of electricity, by Ernest Greenwood. New York, Harper, 1931.
xi, [1], 332 p. illus., facsims., front., plates, ports. 24.1 cm.

Greenwood, Ernest, 1883-
Aladdin, U.S.A., by Ernest Greenwood. New York, Harper & Bros., 1928.
xvii, [1], 265 p. diagrs., front. (port.), plates. 21 cm.

Gregory, Alva Emery.
Spondylotherapy simplified; a compendium of the science of spinal concussion and sinusoidalization and the technique of their administration; the specific centers of nerve origin through which we control the function of various viscera; the results of stimulation of the different spinal centers of nerve origin, what affected and how, and directions for the correct application of those methods in the treatment of diseases amenable to them, by Alva Emery Gregory. Oklahoma City, Okla., A.E. Gregory, c1922.
192 p. 21.5 cm.

Gregory, Joshua Craven, 1875-
The scientific achievements of Sir Humphry Davy, by Joshua C. Gregory. London, Oxford University press, H. Milford, 1930.
vii, [1], 144 p. front. (port.) 18.9 cm.

Groedel, Franz Maximilian, 1881- ed.
Atlas und Grundriss der Röntgendiagnostik in der inneren Medizin. Hrsg. von Franz M. Groedel. Munchen, J.F. Lehmann, 1909.
[5], 338 p. illus., plates. 24.3 cm.

Groedel, Franz Maximilian, 1881-
Das extremitäten-, thorax- und partial-Elektrokardiogramm des Menschen; eine vergleichende Studie, von Franz Maximilian Groedel. Dresden, T. Steinkopff, 1934.
2 v. illus. 23.8 cm.
Provenance: Author's presentation copy to, "Dr. Madge Mac Guinness, 1936".

Groedel, Franz Maximilian, 1881-
Die physikalische Therapie der Herz- Gefäss- und Zirkulationsstörungen, von Franz M. Groedel. Berlin, J. Springer, 1925.
[4], 111, [1] p. 21.7 cm.
Provenance: Owner bookplate, "Emmet Field Horine" with typed note, "From the library of Carelton B. Chapman MD".

Groedel, Franz Maximilian, 1881-
Die Röntgendiagnostik der Herz- und Gefässerkrankungen, von Franz M. Groedel. Berlin, H. Meusser, 1912.
vi, [1], 188 p. illus., 12 plates. 23 cm.
Provenance: Owner bookplate, "Emmet Field Horine" with typed note, "From the library of Carelton B. Chapman MD".

Groedel, Theodor, 1878-
Kombinierte röntgenkinematographische und elektro-kardiographische Herzuntersuchung [von] Theo Groedel und Franz Groedel. Leipzig, F.C.W. Vogel, 1912.
[1], [52]-72 p. illus. 22.3 cm.
"Sonderabdruck aus dem Deutschen Archiv fur klinische Medizin. Bd. 109."
Provenance: Inscribed on cover.

Groedel, Theodor, 1878-
Untersuchungen zur Durchschnittsform des Elektrokardiogramms vom herzgesunden Menschen. Zugleich ein Ueberblick über die bislang vorliegenden Deutungsversuche des Elektrokardiogramms. Mit Beiträgen über Dimensionen des normalen Herzens, Dimensionen der normalen Aorta, Durchschnittswert des Blutdrucks beim gesunden Menschen [von] Theo Groedel. Bearb. von Franz M. Groedel. Frankfurt am Main, R.T. Hauser, 1920.
198 p. 8 plates, port. 23.2 cm.
Provenance: Bookseller plate, "Finska, Helsingfors".

Grover, Burton Baker, 1858-
Electro-therapy in the abstract for the busy practitioner, by Burton Baker Grover. With valuable contributions from Albert C. Geyser and chapters descriptive of apparatus, by H.A. Thompson. New York, Thompson-Plaster Co., 1922.
xv, 127 p. illus., plates. 19.6 cm.
Grover was one time president of the American Physical Therapy Association and held the position of Health Officer of Colorado Springs from 1894-1899. He was also associate editor of the American Journal of Physical Therapy and the Medical Herald.

Grover, Burton Baker, 1858-
Handbook of electrotherapy for practitioners and students, by Burton Baker Grover. Philadelphia, F.A. Davis, 1921.
xii, 420 p. illus. (part col.), diagrs. 22 cm.
Provenance: Owner stamp, "Bush Electric Corp. X-ray Equip., San Francisco".

Grover, Burton Baker, 1858-
Handbook of electrotherapy for practitioners and students, by Burton Baker Grover. Philadelphia, F.A. Davis, 1924, c1921.
xii, 420 p. illus., plates. 22 cm.

Grover, Burton Baker, 1858-
High frequency practice for practitioners and students, by Burton Baker Grover. Kansas City, Electron Press, 1922.
xii, 398 p. illus. 19.9 cm.

Grover, Burton Baker, 1858-
High frequency practice for practitioners and students, by Burton Baker Grover. Thoroughly rev. and rewritten 4th ed. Kansas City, Electron Press, 1925.
xvi, 555 p. illus., diagrs., front. (port.) 20.1 cm.

Grover, Burton Baker, 1858-
High frequency practice for practitioners and students, by Burton Baker Grover. 4th ed., rev. Kansas City, Electron Press, c1925, 1926.
xvi, 555 p. illus. 19.9 cm.
Provenance: Inscribed, "Victor X Ray Corp."

Grover, Burton Baker, 1858-
High frequency practice for practitioners and students, by Burton Baker Grover. 4th ed. Kansas City, Electron Press, c1925, 1926, i.e., 1927.
xvi, 555 p. illus. 19.8 cm.

Grover, Burton Baker, 1858-
High frequency practice for practitioners and students, by Burton Baker Grover. 5th ed. Kansas City, Electron Press, 1928.
xxv, 632 p. illus., diagrs., ports. 19.8 cm.

Grubbe, Emil Herman, 1875-
High frequency electric currents in medicine, by Emil H. Grubbe. [n.p.] 1904.
[4] p. 25.1 cm.
"Reprint from the Medical Brief. January, 1904."
Provenance: Cataloguers markings dated 1964 with other initials.

Grunmach, Emil, 1849-1919.
Über den gegenwärtigen Stand der Röntgendiagnostik bei inneren Erkrankungen, von E. Grunmach.
p. 94-114. 23.8 cm.
(In Zentralkomitee für das ärztliche Fortbildungswesen in Preussen. Elektrizität und Licht in der Medizin. Jena, 1909.)

Guericke, Otto von, 1602-1686.
Neue (sogenannte) Magdeburger Versuche über den Leeren Raum. Nebst briefen, urkunden und anderen zeugnissen seiner Lebens- und Schaffengeschichte. Übers. und hrsg. von Hans Schimank. Unter Mitarbeit von Hans Gossen, Gregor Maurach, und Fritz Krafft. Düsseldorf, Vereins Deutscher Ingenieure, 1968.
xxxi, 306, iii, [1], 394 p. illus., facsims., geneal. table, plates (part fold.), ports. 34 cm.

Guhrauer, Hans.
Licht-Biologie und -Therapie; Rontgen-Physik-Dosierung; allgemeine Rontgentherapie; radioaktive Substanzen; Elektrotherapie, bearb. von H. Guhrauer [et al.] Berlin, J. Springer, 1929.
x, 786 p. illus. (part col.), diagrs. 25 cm.

Guillaume, André Charles.
Les radiations lumineuses en physiologie et en thérapeutique, de l'infra-rouge a l'ultra-violet, par A.C. Guillaume. Paris, Masson, 1927.
515 p. diagrs., 2 plates. 20.8 cm.

Guilleminot, Hyacinthe, 1869-1922.
Électricité médicale, par H. Guilleminot. Paris, G. Steinheil, 1905.
xii, 655 p. illus., 8 plates. 19.5 cm.
Provenance: Bookseller plate, "Em. Le Francois, Paris".
A French pioneer of high frequency medicine, Guilleminot devised the "Guilleminot Spiral", an auto induction device for high frequency therapy.

Guilleminot, Hyacinthe, 1869-1922.
Handbook of electricity in medicine, by W. H. Guilleminot; trans. by W. Deane Butcher. New York, Rebman, 1906.
xxxii, 588 p. illus., 8 plates (part col.) 21 cm.

Guilly, Paul, 1905-
Duchenne de Boulogne [par] Paul Guilly. Paris, J.B. Bailliere, 1936.
[12], 240 p. plates (incl. port.) 25 cm.
Provenance: Author's signed presentation copy to Dr. Kyriaco.

Hackmann, Willem Dirk, 1943-
John and Jonathan Cuthbertson; the invention and development of the eighteenth century plate

electrical machine, by W.D. Hackmann. Leyden, Rijksmuseum voor de Geschiedenis der Natuurwetenschappen, 1973.
72 p. 16 plates. 22.2 cm.

Halberstaedter, Ludwig, 1876-
Die Einwirkung der Röntgenstrahlen auf Ovarien, von Ludwig Halberstaedter. Berlin, Druck von L. Schumacher [1905]
8 p. illus. 22.3 cm.
Reprinted from Berliner klin. Wochenschr. 1905, No. 3.

Hale, Annie Riley, 1859-
"These cults"; an analysis of the foibles of Dr. Morris Fishbein's "Medical follies" and an indictment of medical practice in general, with a non-partisan presentation of the case for the drugless schools of healing, comprising essays on homeopathy, osteopathy, chiropractic, and the Abrams method, vivisection, physical culture, Christian science, medical publicity, the cost of hospitalization and state medicine, by Annie Riley Hale. New York, National health foundation, 1926.
viii, [1], 13-257 p. 19.6 cm

Hall, Percy, 1882-
Asthma and its treatment, by Percy Hall. London, W. Heinemann, 1930.
ix, [1], 130 p. 19 cm.
Discusses treatment by diathermy and actinotherapy.

Hallberg, Josef Henrik, 1874-
Motion picture electricity, by J.H. Hallberg. New York, Moving picture world, c1914.
[2], 299 p. illus., port., diagrs. 19.5 cm.

Haller, Albrecht von, 1708-1777.
A dissertation on the sensible and irritable parts of animals, by Albrecht von Haller [London, J. Nourse, 1755] Introduction by Owsei Temkin. Baltimore, Johns Hopkins press, 1936.
[1], 49 p. port. 26.2 cm.
"Reprinted from Bulletin of the Institute of the History of Medicine, vol. IV, no. 8, Oct. 1936."

Hammer, William Joseph, 1858-
Radium, and other radio-active substances; polonium, actinium, and thorium, with a consideration of phosphorescent and fluorescent substances, the properties and applications of selenium and the treatment of disease by the ultra-violet light, by William J. Hammer. New York, D. Van Nostrand, 1903.
viii, 72 p. illus., plates. 23.2 cm.
Provenance: Author's signed presentation copy to, "C. M. Paddock", dated 1904.
First edition of a landmark in the history of luminescence by one of Edison's assistants, who demonstrated Edison's calcium tungstate lamp or "x-ray lamp".

Hamon, Francisque, 1882-
La contraction galvanotonique au cours de la réaction de dégénérescence, par Hamon. Paris, Libraire le Francois, 1914.
[4], [13]-69, [3] p. 22.6 cm.
With this is bound Gendreau, Gabriel. Sur le résultats du traitment électrique dans le syndrome otique. Paris, 1914; Patourel, Gabriel. Contribution à l'étude des frictions de haute fréquence. Paris, 1911; Duclos, Henri. Les traitments électriques du zona. Paris, 1909; Chassard, Marcel. Du traitment des névralgies par les applications directes et indirectes de l'électricité. Paris, 1914; Delherm, Louis. Goutte et agents physiques. Paris [1909?]; Laquerrière, [Albert] et Delherm, Louis. Exercice électriquement provoque. [Paris, 1910?]; Nuytten, André. La method de Bergonie. Paris, 1913; Nahan, Louis. Diverses applications de l'électricité dans le traitment des verrues. Paris, 1912; Vigderovitch, Elie-Hirsche. Les hémorragies utérines justiciables du traitment électrique. Paris, 1912.
Contains a collection of doctoral theses, two from Babinski's laboratory.

Harding, Thomas Swann, 1890-
Fads, frauds and physicians, diagnosis and treatment of the doctors' dilemma, by T. Swann Harding. New York, Dial Press, 1903.
[7], 409 p. 21.2 cm.

Harnack, Erich, 1852-
Studien über Hautelektrizität und Hautmagnetismus des Menschen. Nach eigenen Versuchen und Beobachtungen, von Erich Harnack. Jena, G. Fischer, 1905.
[5], 65 p. 8 diagrs. 24.1 cm.

Harrison, Frank, Dr.
An attempt to produce sleep by diencephalic stimulation, by Frank Harrison. [n.p., 1940?]
[156]-165 p. illus. 24 cm.
"Reprinted from Journal of Neurophysiology, March 1940, III, 156-165."

Harrison, Frank, Dr.
Some determinations of thresholds to stimulation with faradic and direct current in the brain stem [by] F. Harrison, H.W. Magoun and S.W. Ranson. [n.p., 1938?]
708-718 p. 24 cm.
"Reprinted from The American Journal of Physiology, Vol. 121, No. 3, March, 1938."

Hartmann, Edward, 1893-
La radiographie en ophtalmologie; atlas clinique, par Edward Hartmann ... Paris, Masson, 1936.
[6], 272 p. illus. 32 cm.
Provenance: Library book stamp, "Medical Soc. of the City and County of Denver, 1937".
Contains a clinical study of x-rays in ophthalmology that was presented to the French Society of Ophthalmology.

Hartmann und Braun, A.-G., Frankfurt am Main.
Instruments de mesure electriques pour l'usage industrial; extrait sommaire. [Paris?] 1908.
v, 2-73 p. illus. 28.3 cm.

Harvey, William, 1578-1657.
Exercitatio anatomica de motu cordis et sanguinis in animalibus, by William Harvey. An English translation with annotations by Chauncey D. Leake. 5th ed. Springfield, Ill., C.C. Thomas, 1970.
xxx, 150, [1] p. illus., coat of arms, facsims., plates, ports. 22.6 cm.

Harvey, William, 1578-1657.
Exercitatio anatomica de motu cordis et sanguinis in animalibus, Guilielmi Harvei. Francoforti, Sumptibus G. Fitzeri, 1628 [Florence, R. Lier, 1928]
72, [1] p. 2 plates. 21.5 cm.
"This facsimile edition ... was published in 1928 ... being vol. V of Monumenta Medica ed. by Henry E. Sigerist."
Provenance: Owner bookplate, "Fenwick Beekman".

Harvey Cushing society.
Harvey Cushing's seventieth birthday party, April 8, 1939: speeches, letters, and tributes. Published for the Harvey Cushing society. [Springfield, Ill.] C.C. Thomas, 1939.
vii, [6], 146, [1] p. illus., facsims., port. 23.5 cm.
Provenance: Cushing's signature tipped in.

Harvey Society, New York.
The Harvey lectures, delivered under the auspices of The Harvey Society of New York 1913-1914, by Augustus D. Waller, Adolf Schmidt, Charles V. Chapin, G.H. Parker, Rufus Cole, Victor C. Vaughan, Sven G. Hedin, J.J.R. Macleod, Richard P. Strong, William Stewart Halsted. Philadelphia, J.B. Lippincott, c1915.
[2], 255 p. illus. 20.7 cm.
Provenance: Cancellation stamp, "Hill Reference Library St. Paul".

Harvey Society, New York.
The Harvey lectures delivered under the auspices of The Harvey Society of New York under the patronage of The New York Academy of Medicine, 1924-1925, by S.P.L. Sorensen, William Snow Miller, A.V. Hill, Thorvald Madsen, Willem Einthoven, A.R. Dochez, Oscar M. Schloss, W. Kolle. Series XX. Philadelphia, J.B. Lippincott, c1926.
207 p. illus., 12 plates. 20.7 cm.
Provenance: Owner bookplate, "Eduard Uhlenhuth".

Hawkins, Joseph Elmer, jr.
Committee on medical research of the office of scientific research and development. Supplementary report on injury of the inner ear produced by exposure to loud tones. December 31, 1943 [by] Joseph E. Hawkins, jr., Moses H. Lurie [and] Hallowell Davis. Boston, 1943.
[3], 15, [18], 9 p. 8 plates. 26.9 cm.
(In Davis reprints, 1926-47. [n.p., n.d.])

Hawkins electrical guide; questions, answers & illustrations; a progressive course of study for engineers, electricians, students and those desiring to acquire a working knowledge of electricity and its applications; a practical treatise, by Hawkins and staff. New York, T. Audel, c1914-16.
10 v. illus., diagrs., port. 16.6 cm.

Hawkins electrical guide; questions, answers & illustrations; a progressive course of study for engineers, electricians, students and those desiring to acquire a working knowledge of electricity and its applications; a practical treatise by Hawkins and staff. [Rev. 2d ed.] New York, T. Audel [c1917]
10 v. illus., diagrs., port. 16.7 cm.

Hawks, Ellison, 1890-
The book of electrical wonders, by Ellison Hawks. London, L. MacVeagh, The Dial Press, 1936.
[5]-315, [1] p. illus., plates. 23.3 cm.

Hay, John, 1873-1959.
Graphic methods in heart disease, by John Hay, with an introduction by James Mackenzie. London, H. Frowde, 1909.
xvii, 184 p. illus. 19.6 cm.
Provenance: Embossed owner stamp, "Erasmus Corning, MD. Albany, NY".

Hays, Harold Melvin, 1880.
An electrically lighted pharyngoscope. A new method of examining the naso-pharynx and larynx, by Harold Hays. [New York, Surgery Pub. Co., 1909?]
14 p. illus. 20.2 cm.
"Reprinted from the American Journal of Surgery, May 1909."

Hayungs, Heino, 1885-
Die Lehre von der Beseeltheit der Pflanze von Fechner bis zur Gegenwart ... vorgelegt von Heino Hayungs. Leipzig, Druck von A. Hoffmann, 1912.
116, [1] p. 23.3 cm.

Head, Sir Henry, 1861-1940.
Studies in neurology, by Henry Head, in conjunction with W.H.R. Rivers, Gordon Holmes, James Sherren, Theodore Thompson, George Riddoch. London, H. Frowde, 1920.
2 v. illus. 25.3 cm.
Provenance: Owner signature, "A. E. Bennett".
First edition of important papers in neurology by Head, a Cambridge neurologist whose life-work was devoted to the study of the sensory nervous system. Based on his research he developed a medical induction coil in 1903 that had no painful sensory effects. This was achieved by lowering the self induction of the coil and shortening the pulse duration from 5 ms to 2.5 ms.

Heber, Georg, 1872-
Elektrotherapie; die Technik und Anwendung elektrischer Apparate in der ärztlichen Praxis, von Georg Heber und Georg Zickel. Berlin, W. Rothschild, 1906.
vi, 278 p. illus. 21.6 cm.
Provenance: Bookseller plate, "Lange & Springer, Berlin" and bookstamp, "Wiener Klinische Rundschau".

Heilbrunn, Gert.
Pathologic changes in the central nervous system in experimental shock [by] Gert Heilbrunn and Arthur Weil. [n.p.] c1942.
10 p. illus. 24.4 cm.
"Reprinted from the Archives of Neurology and Psychiatry, June 1942, Vol. 47, pp. 918-927."

Helmholtz, Hermann Ludwig Ferdinand von, 1821-1894.
Popular lectures on scientific subjects, by Hermann von Helmholtz. Tr. by E. Atkinson. Second series with an autobiography of the author. New impression. New York, D. Appleton, 1901.
vi, [1], 291 p. illus. 19 cm.

Helmholtz, Hermann Ludwig Ferdinand von, 1821-1894.
Vorlesungen über Elektrodynamik und Theorie des Magnetismus, von H. von Helmholtz. Hrsg. von Otto Krigar-Menzal und Max Laue. Leipzig, J.A. Barth, 1907.
x, 406 p. diagrs. 26.5 cm.
Provenance: Bookplate "Bundy Library".

Helmont, Jean Baptiste van, 1577-1644.
Ortus medicinae. Id est, initia physicae inaudita. Progressus medicinae novus, in morborum ultionem ad vitam longam. Authore Ioanne Baptista van Helmont. Edente Francisco Mercurio van Helmont cum ejus praefatione ex Belgico translata. Amsterodami, Apud Ludovicum Elzevirium, 1648. Bruxelles, Culture et Civilization, 1966.
[37], 800 p. 24.7 cm.

Hemingway, Allan, 1902-
Physical characteristics of high frequency current [by] Allan Hemingway and W.K. [sic] Stenstrom. [Chicago, 1932?]
29 p. illus., diagrs. 21.4 cm.
"Reprinted from The Journal of the American Medical Association, April 23, 1932, Vol. 98, pp. 1446-1455."

Henrijean, François, 1860-1932.
Le coeur; les médicaments cardiaques et l'électro-cardiogramme; recherches expérimentales du Laboratoire de thérapeutique de l'Université de Liege, par F. Henrijean. 2. éd. Preface de H. Waquez. Avec 187 figures dans le texte. Paris, Masson, 1929.

xxiv, 416 p. illus. 25 cm.
Provenance: Bookseller plate, "Masson & Co., 1927".

Henseler, Hans.
Die chirurgische Diathermie in der allgemeinen und spezialistischen Praxis, von H. Henseler. Berlin, Radionta-Verlag, 1929.
100 p. illus., diagrs. 22.9 cm.

Henseler, Hans.
Einführung in die Diathermie vom medizinischen u. technischen Standpunkt, von H. Henseler und E. Fritsch. 2. verm. und verb. Aufl. Berlin, Radionta-Verlag, 1929.
171 p. illus., diagrs. 22.8 cm.
Provenance: Bookseller inscriptions - varia.

Henseler, Hans.
Introduction to diathermy from the medical and technical point of view, by H. Henseler and E. Frtisch. Berlin, Radionta-Verlag, 1929.
171, [1] p. illus., diagrs. 22.7 cm.
Provenance: Owner signature, " D. N. Hyams (?)"

Hering, Ewald, 1834-1918.
Über das Gedächtnis als eine allgemeine Funktion der organisierten Materie [von] Ewald Hering.
p. 5-[31] 23 cm.
(In his Vier Reden. Amsterdam, 1969.)
Hering was a noted Viennese physiologist, father of Heinrich Ewald Hering, Jr. who discovered the carotid sinus reflex in 1924 and opened up the modern study in the field.

Hering, Ewald, 1834-1918.
Über die spezifischen Energieen des Nervensystems [von] Ewald Hering.
p. 33-[51] 23 cm.
(In his Vier Reden. Amsterdam, 1969.)

Hering, Ewald, 1834-1918.
Zur Theorie der Nerventätigkeit [von] Ewald Hering.
p. 105-[131] 23 cm.
(In his Vier Reden. Amsterdam, 1969.)

Hering, Ewald, 1834-1918.
Zur Theorie der Vorgänge in der lebendigen Substanz [von] Ewald Hering.
p. 53-[104] 23 cm.
(In his Vier Reden. Amsterdam, 1969.)

Herrmann, George Rudolph, 1894-
Electrocardiographic preponderance in comparison with actual ventricular weights, Roentgen-ray and clinical findings; a preliminary note, by George R. Herrmann and Fred J. Hodges. [n.p., 1920?]
4 p. 1 chart. 19.6 cm.
"Reprinted from The Journal of the Missouri State Medical Association, August, 1920, Vol. XVII, p. 350."

Herschell, George Arieh.
Polyphase currents in electrotherapy, with special reference to the treatment of neurasthenia, atonic dilation of the stomach, and constipation, by George Herschell. London, H.J. Glaisher, 1903.
[5], 44 p. illus. 21.8 cm.

Hess, Alfred Fabian, 1875-1933.
Rickets, including osteomalacia and tetany, by Alfred F. Hess. Philadelphia, Lea & Febiger, c1929.
485 p. illus., front., diagrs. 24 cm.
Provenance: Owner bookstamp, "Dr. Samson Epstein, Brooklyn NY, '78".

Hess, Victor Francis, 1883-1964.
The electrical conductivity of the atmosphere and its causes, by Victor F. Hess. Trans. from the German by L.W. Codd. London, Constable, 1928.
xviii, 204 p. illus., diagrs. 22.1 cm.

Hildebrand, Otto, 1858- ed.
Das Arteriensystem des Menschen im stereoskopischen Röntgenbild, hrsg. von Hildebrand, Scholz, Wieting-Pascha. 4. Aufl. Wiesbaden, J.F. Bergmann, 1917.
29 p. 10 stereoscopic X-ray photos. 13 x 18 cm.

Hildebrand, Samuel Frederick, 1883-
Cold-blooded vertebrates, by Samuel F. Hildebrand, Charles W. Gilmore and Doris M. Cochran. New York, Smithsonian Institution Series, 1930.
[11], [1], 375 p. illus., diagrs., col. front., 81 plates (part col.) 23.9 cm.

Hill, Archibald Vivian, 1886-
The recovery process after muscular exercise in man [by] A.V. Hill.
p. 60-78. 20.7 cm.
(In Harvey Society. The Harvey lectures. Philadelphia, c1926.)

Hill, Denis, ed.
Electroencephalography; a symposium on its various aspects, by W.A. Cobb [and others]. Ed. by Denis Hill & Geoffrey Parr. [London] Macdonald, 1950.
438 p. illus., diagrs., plates (col., 1 fold.) 25.2 cm.
Provenance: Owner signature, "Erike Berkenau, Oxford".
First edition of one of the first comprehensive textbooks on electroencephalography, written by pioneers in the field with a foreword by Lord Adrian.

Hill, Sir Leonard Erskine, 1866- , ed.
Further advances in physiology, ed. by Leonard Hill. Contributors: Benjamin Moore, Martin Flack, Thomas Lewis, Leonard Hill, Arthur Keith, M.S. Pembrey, N.H. Alcock, Joseph Shaw Bolton, M. Greenwood, jun. London, E. Arnold, 1909.
vii, 440 p. illus., diagrs. 21.7 cm.
Provenance: Bookplate and typed note, from the libraries of E. Horine and Chapman respectively. Inscribed "Eric Deasden. Castleford, 1928".
Contains nine essays including Thomas Lewis on the pulse.

Himes, Norman Edwin, 1899-1949.
Medical history of contraception, by Norman E. Himes; medical foreword by Robert Latou Dickinson. Baltimore, Williams & Wilkins, 1936.
xxxi, 521, [2] p. illus., charts, facsims., maps. 24.4 cm.
Provenance: Stamp, "Library copy".

Hirsch, Isaac Seth, 1880-1942.
The principles and practice of Roentgen therapy, by I. Seth Hirsch. With dosage formulae and dosage table, by Guido Holzknecht. New York, American X-ray Co., 1925.
xviii, [3], 359 p. illus., diagrs., tables (1 fold.) 27.2 cm.
Provenance: Bookplate torn.

Hirsch, Rahel, 1870-
Therapeutisches Taschenbuch der Elektro- und Strahlentherapie, von Rahel Hirsch. Berlin, Fischer's medicin. Buchhandlung, H. Kornfeld, 1920.
178 p. 17.6 cm.

Hirschfeld, Heinrich.
Psychogalvanische reflex en hersenstam, door H. Hirschfeld. Assen, Van Gorcum, 1935.
[7]-148 p. illus. 24.2 cm.

Hirshberg, Leonard Keene, 1877-
The action of light as a therapeutic agent, by Leonard K. Hirshberg. Providence, Snow & Farnham, Printers, 1904.
49 p. 22.9 cm.

Hirth, Georg, 1841-1916.
Der electrochemische Betrieb der Organismen und die Salzlösung als Elektrolyt: eine Programmschrift für Naturforscher und Aerzte, von Georg Hirth. Munchen, G. Hirth, 1910.
84 p. 23.5 cm.
Provenance: Owner bookstamp, "Hans Dollinger".

Hirth, Georg, 1841-1916.
Parerga zum Elektrolytkreislauf (Ionenkreislauf), von Georg Hirth. 3. Aufl. verm. durch ein aufklärendes Vorwort u.a. München, "Jugend", 1911-1914.
xiv, [1], 95 p. 23.5 cm.
Provenance: Owner bookstamp, "Hans Dollinger".

His, Wilhelm, 1831-1904.
Beobachtungen zur Geschichte der Nasen- und Gaumenbildung beim menschlichen Embryo, von Wilhelm His. Leipzig, B.G. Teubner, 1901.
[3], [351]-389 p. illus. 28.8 cm.
Provenance: Bookseller stamp, "Kantonsbibliothek Graubunden-Chur."

His, Wilhelm, 1831-1904.
Das Princip der organbildenden Keimbezirke und die Verwandtschaften der Gewebe; historisch-kritische Bemerkungen, von Wilhelm His. [n.p., 1901?]
[307]-337 p. 23 cm.
"Separat-Abzug aus Archiv für Anatomie und Physiologie. Anatomische Abtheilung. 1901."
Provenance: Bookseller stamp, "Kantonsbibliothek Graubunden-Chur."

Hoff, Hebbel Edward, 1907-
Galvani and the pre-Galvanian electrophysiologists, by Hebbel E. Hoff. [n.p.] 1936.
[157]-172 p. 24.6 cm.

"From Annals of Science, Vol. 1, No. 2, April 1936."
Provenance: Author's presentation copy to Mrs Mackall, "per Helen C. Sullivan", 1936.

Hoff, Hebbel Edward, 1907-
History of vagal inhibition [by] Hebbel E. Hoff. [n.p., 1940?]
461-496 p. 25.4 cm.
"Reprinted from Bulletin of the History of Medicine, Vol. VIII, No. 3, March, 1940."

Hoff, Hebbel Edward, 1907-
Vagal stimulation before the Webers, by H.E. Hoff. New York, P.B. Hoeber, c1936.
138-144 p. 27.8 cm.
"Reprinted from New Series Vol. 8, No. 2, Pages 138-144, Annals of Medical History."

Hoffmann, August, 1862-1929.
Die Elektrographie als Untersuchungsmethode des Herzens und ihre Ergebnisse, insbesondere fur die Lehre von den Herzunregelmässigkeiten, von Aug. Hoffmann. Wiesbaden, J.F. Bergmann, 1914.
viii, 340 p. illus., 3 fold. plates. 24.8 cm.
Provenance: Owner bookstamp, "Dr. A. E. Renner, NY City".
An important early work on electrocardiography by a German physician whose primary interest was arrhythmias.

Holding, Arthur Fenwick.
The treatment of cancer by electrical methods; with and without surgery and radium, by Arthur F. Holding. [n.p.] A.R. Elliot, c1914.
9, [1] p. illus. 20.3 cm.
"Reprinted from the New York Medical Journal for September 19, 1914."

Holländer, Eugen, 1867-1932.
Die Karikatur und Satire in der Medizin, mediko-kunsthistorische Studie von Eugen Holländer. Zweite Aufl. Stuttgart, F. Enke, 1921.
xvi, 404 p. illus., facsims., col. front., plates (part col.) 29.6 cm.
Contains a large compendium of medical caricatures of all ages.

Hollender, Abraham Risel, 1892-
Physical therapy in diseases of the eye, ear, nose and throat, with chapters on some borderline affections, by Abraham R. Hollender and Maurice H. Cottle. London, J. & A. Churchill, 1926.
[iii]-xvii, 307 p. illus., diagrs. 22.3 cm.
Provenance: Bookseller and owner plates and stamp, "H K Lewis Ltd. London" and, "Stanley Cox, Apparatus, London" respectively.

Hollender, Abraham Risel, 1892-
Physical therapy in diseases of the eye, ear, nose and throat, with chapters on some borderline affections, by Abraham R. Hollender and Maurice H. Cottle. New York, Macmillan, 1926.
xvii, 307 p. illus., diagrs. 22.2 cm.
Provenance: Bookseller plate, "Chicago Medical Books".

Hoogerwerf, Simon.
Considérations au sujet de la technique de l'enregistrement phonographique en usage dans l'étude dialectique, par S. Hoogerwerf. Harlem, Impr. de J. Enschedé, 1930.
13 p. illus. 22.3 cm.
Bound with Einthoven, Willem. Die Konstruktion des Saitengalvanometers. Bonn, 1909.
"Extrait des Archives Néerlandaises de Phonétique Expérimentale, tome V, (1930)."

Hoogerwerf, Simon.
Elektrokardiographische Untersuchungen der Amsterdamer Olympiadekämpfer, von S. Hoogerwerf. Berlin, J. Springer, 1929.
[61]-75 p. illus. 22.3 cm.
Bound with Einthoven, Willem. Die Konstruktion des Saitengalvanometers. Bonn, 1909.

Hoorweg, Jan Leendert, 1841-1919.
Ueber die elektrische Erregung der Nerven und der Muskeln, von J.L. Hoorweg. Bonn, M. Hager, 1906.
216-230 p. diagrs. 23.3 cm.
"Separat-Abdruckt aus dem Archiv für die ges. Physiologie, Bd. 114."

Hopps, Jack A
Electrical treatment of cardiac arrest: a cardiac stimulator-defibrillator [by J.A. Hopps and W.G. Bigelow. St. Louis [C.V. Mosby] 1954.
833-849 p. illus. 25.4 cm.
"Reprinted from Surgery, St. Louis, Vol. 36, no. 4, pages 833-849, October, 1954."
A top electrical engineer with the National Research Council of Canada, Hopps developed the circuitry in the first modern cardiac pacemaker.

Hospitalier, Édouard, 1852-1907, ed.
L'Electricité à l'exposition de 1900. Publiée avec le concours et sous la direction technique de E. Hospitalier [et] J.A. Montpellier, avec la collaboration d'ingénieurs et d'industriels électriciens. Paris, Vve. C. Dunod, 1900-02.
3 v. illus., diagrs., fold. plates. 31 cm.
Provenance: Library stamp, "Bibliotheque Institut Industriel Du Nord de la France".

Houdé, Paul, 1880-
Sur le traitement de la leucémie lymphatique par la radiothérapie, par Paul Houdé. Paris, G. Steinheil, 1908.
196, [1] p. illus. 22.7 cm.

Houdini, Harry, 1874-1926.
A magician among the spirits, by Harry Houdini.
p. [315]-365. 23.5 cm.
(In Murchison, Carl. The case for and against psychical belief. Worchester, Mass., 1927.)

Houston, Edwin James, 1847-1914.
Electricity in every-day life ... by Edwin J. Houston. New York, P.F. Collier, c1905.
3 v. illus., plates (part col.), diagrs. 20.4 cm.
Provenance: Dedicatory inscription to "Peter Gisgen from his father", 1905. Another owner signature, "Richard Schulz".

Howe, William F
The electro-therapeutic guide, by William F. Howe and Homer Clark Bennett. 6th ed., rev. and enl. Lima, Ohio, Literary Dept. of the National College of Electro-therapeutics, 1902, c1901.
12, [v]-vii, [1], 178, [16] p. illus., ports., diagrs. 19.5 cm.

Huchard, Henri, 1844-1911.
Formes cliniques de l'artério-sclérose [par] H. Huchard. Paris, J.B. Baillière, 1909.
72 p. 24.5 cm.
Bound with Keating-Hart, W.V. La fulguration dans le traitement du cancer. Bordeaux, 1908.

Hull, Daniel W
The magnetic healer's companion, being a successor to The manual of magnetic healing: full instructions with reference to the treatment of all phases of disease; so that the student will readily understand the application of magnetic treatment, by Daniel W. Hull. Olympia, Wash., Published by the author, 1909.
95 p. illus., 1 plate (port.) 18.9 cm.
Provenance: Inscriptions - varia.

Humphris, Francis Howard, 1866-1947.
Artificial sunlight and its therapeutic uses, by Francis Howard Humphris. 2d ed., rev. and enl. London, New York, H. Milford, Oxford University Press, 1925.
xvi, 203 p. illus. 21.6 cm.
Humphris was a British radiologist who wrote favorably on light therapy and, whilst living in America, wrote favorably on the new developments in the therapeutic use of static electricity by Morton. He was responsible for the recognition of static electricity's usefulness as a therapeutic procedure in Great Britain.

Humphris, Francis Howard, 1866-1947.
Artificial sunlight and its therapeutic uses, by Francis Howard Humphris. 3d ed., rev. and enl. London, New York, H. Milford, Oxford University Press, 1926.
xx, 236 p. illus., diagrs. 21.6 cm.

Humphris, Francis Howard, 1866-1947.
Artificial sunlight and its therapeutic uses, by Francis Howard Humphris. 4th ed., rev. and enl. London, New York, H. Milford, Oxford University Press, 1928.
xix, 306 p. illus., diagrs. 21.5 cm.

Humphris, Francis Howard, 1866-1947.
Artificial sunlight and its therapeutic uses, by Francis Howard Humphris. 5th ed. London, New York, H. Milford, Oxford University Press, 1929.
xxi, 340 p. illus., diagrs. 22 cm.
Provenance: Bookseller plate, "Foyles, London".

Humphris, Francis Howard, 1866-1947.
Electro-therapeutics for practitioners; being essays on some useful forms of electrical apparatus and on some diseases which are amenable to electrical treatment, by Francis Howard Humphris. London, E. Arnold, 1913.
v, 243, [1] p. illus., chart, diagrs., plates. 22.5 cm.

Humphris, Francis Howard, 1866-1947.
Electro-therapeutics for practitioners; being essays on some useful forms of electrical apparatus and on some diseases which are amenable to electrical treatment, by Francis

Howard Humphris. 2nd ed., rev. and enl. London, H. Frowde, 1921.
x, 300 p. illus., digrs., front. 21.5 cm.

Humphris, Francis Howard, 1866-1947.
Importancia de la luz solar artificial en la dermatologia, por F. Howard Humphris. Chicago, Victor X-ray Corp. [19--]
15, [1] p. 24.6 cm.
"Traducido de The Urologic and Cutaneous Review, Noviembre de 1925, Vol. XXIX, No. 11."

Hyman, Albert Salisbury, 1893-1972.
Continuous auricular flutter for three years [by] Albert S. Hyman. [n.p.] A.R. Elliot, c1930.
9, [1] p. illus. 20.3 cm.
"Reprinted from the Medical Journal and Record for April 2, 1930."
Hyman was an American cardiologist whose work led to the development of the "artificial pacemaker". Starting in 1930, he resuscitated victims of Stokes-Adams syndrome with electric shocks delivered directly to the sino-atrial node via a needle containing two electrodes. The device, though portable, was cumbersome: it had a spring activated DC generator that had to be rewound. The speed was kept constant by a mechanical governor and the output voltage was mechanically interrupted 30, 60 or 120 times a minute to provide the requisite voltage pulses.

Hyman, Albert Salisbury, 1893-1972.
Diet in heart disease; the role of high carbohydrate feeding, by Albert S. Hyman and Maurice Protas ... [n.p.] Medical Society of the State of New York, 1928.
14 p. 19 cm.
"Reprinted from the New York State Journal of Medicine."
Provenance: Library stamps, "To the Medical Library with the compliments of Dr. Albert S. Hyman, Witkin Foundation, For the Study and Prevention of Heart Disease, Beth David Hospital, New York" and cancelled stamp, "Yale Medical Library, General".

Hyman, Albert Salisbury, 1893-1972.
The "Doctor's Heart" [by] Albert S. Hyman. Chicago, American Medical Association, c1927.
9 p. 21.2 cm.
"Reprinted from The Journal of the American Medical Association, March 5, 1927, Vol. 88, pp. 712-714."
Provenance: Library stamps, "To the Medical Library with the compliments of Dr. Albert S. Hyman, Witkin Foundation, For the Study and Prevention of Heart Disease, Beth David Hospital, New York" and cancelled stamp, "Yale Medical Library, General".

Hyman, Albert Salisbury, 1893-1972.
The failing heart of middle life; the myocardosis syndrome, coronary thrombosis, and angina pectoris with a section upon the medico-legal aspects of sudden death from heart disease, by Albert S. Hyman and Aaron E. Parsonnet. With a preface by David Riesman. Philadelphia, F.A. Davis, 1933, c1932.
xx, 538 p. illus., plates (part col.) 23.7 cm.
First edition.

Hyman, Albert Salisbury, 1893-1972.
The heart in mushroom poisoning, by Albert S. Hyman. [n.p., 1928?]
8-19 p. illus. 25 cm.
"Reprinted from Bulletin of the Johns Hopkins Hospital, Vol. XLII, No. 1, pp. 8-19, January, 1928."
Provenance: Library stamps, "To the Medical Library with the compliments of Dr. Albert S. Hyman, Witkin Foundation, For the Study and Prevention of Heart Disease, Beth David Hospital, New York" and cancelled stamp, "Yale Medical Library, General".

Hyman, Albert Salisbury, 1893-1972.
Idiopathic vomiting in auricular fibrillation, by Albert S. Hyman. [n.p., 1927?]
17 p. illus. 18.6 cm.
"Reprinted from American Medicine, New Series, Vol. XXII, No. 8, pp. 469-475, August, 1927."
The provenances of all remaining Hyman entries, as above.

Hyman, Albert Salisbury, 1893-1972.
Intracardial therapy for the resuscitation of the stopped heart. III. Further studies of the dying heart [by] Albert S. Hyman. [n.p., 1934?]
3 p. 14.8 cm.
"Reprinted from the Transactions of the American Therapeutic Society, Volume XXXIV, 1934."

Hyman, Albert Salisbury, 1893-1972.
Irregularities of the fetal heart: a phonocardiographic study of the fetal heart

sounds from the fifth to eighth months of pregnancy, by Albert S. Hyman. [n.p., 1930?]
16 p. illus. 25.4 cm.
"Reprinted from the American Journal of Obstetrics and Gynecology, St. Louis. vol. XX, No. 3, p. 332, September, 1930."

Hyman, Albert Salisbury, 1893-1972.
Myocardosis [by] Albert S. Hyman and Aaron E. Parsonnet. Chicago, American Medical Society [1930?]
6 p. 21.3 cm.
"Reprinted from The Journal of the American Medical Association, May 24, 1930, Vol. 94, pp. 1645 and 1646."

Hyman, Albert Salisbury, 1893-1972.
Myocardosis: the failing heart of middle life. II. Early clinical manifestations, by Albert S. Hyman and Aaron E. Parsonnet. [n.p., 1931?]
14, [1] p. 22.9 cm.
"Reprinted from the New England Journal of Medicine, Vol. 204, No. 13, pp. 648-652, Mar. 26, 1931."

Hyman, Albert Salisbury, 1893-1972.
Postinfluenzal angina pectoris [by] Albert S. Hyman. Chicago, American Medical Association, c1930.
9 p. illus. 21.3 cm.
"Reprinted from The Journal of the American Medical Association, April 12, 1930, Vol. 94, pp. 1125-1128."

Hyman, Albert Salisbury, 1893-1972.
Postinfluenzal bradycardia [by] Albert S. Hyman. Chicago, American Medical Association, c1927.
8 p. illus. 25.4 cm.
"Reprinted from the Archives of Internal Medicine, July, 1927, Vol. 40, pp. 120-127."

Hyman, Albert Salisbury, 1893-1972.
A pump test for functional reserve of the heart. A combined cardiodynamometer and accessory blood pressure air tank, by Albert S. Hyman. [n.p., 1930?]
5, [1] p. illus. 22.6 cm.
"Reprinted from the New England Journal of Medicine, Vol. 202, No. 17, pp. 807-809, Apr. 24, 1930."

Hyman, Albert Salisbury, 1893-1972.
Resuscitation of the stopped heart by intracardiac therapy [by] Albert S. Hyman. Chicago, American Medical Association [1930?]
16 p. 25.5 cm.
"Reprinted from the Archives of Internal Medicine, October, 1930, Vol. 46, pp. 553-568."

Hyman, Albert Salisbury, 1893-1972.
Resuscitation of the stopped heart by intracardial therapy. II. Experimental use of an artificial pacemaker [by] Albert S. Hyman. Chicago, American Medical Association [1932?]
23 p. illus. 25.2 cm.
"Reprinted from the Archives of Internal Medicine, August, 1932, Vol. 50, pp. 283-305."

Hyman, Albert Salisbury, 1893-1972.
Resuscitation of the stopped heart by intracardial therapy. IV. Furthur use of the artificial pacemaker, by Albert S. Hyman. Washington, U.S. Govt. Printing Office, 1935.
9 p. plates. 23.2 cm.
"Reprinted from United States Naval Medical Bulletin, Volume 33, No. 2."

Hyman, Albert Salisbury, 1893-1972.
Spontaneous rupture of the heart; perforation of the interventricular septum, by Albert S. Hyman. [n.p., 1930?]
[1], 800-807 p. illus. 25.4 cm.
"Reprinted from Annals of Internal Medicine, Vol. 3, No. 8, February, 1930, Pages 800-807."

Indianapolis. National College of Electro-Therapeutics.
Sixth annual announcement of the National College of Electro-Therapeutics. Lima, Ohio, 1901-2.
[2], 32, [2] p. illus. 22.8 cm.

Ingram, Walter Robinson, 1905-
The direct stimulation of the red nucleus in cats, by W.R. Ingram, S.W. Ranson, and F.I. Hannett. [n.p., 1932?]
[219]-230 p. 24.1 cm.
"Reprinted from The Journal of Neurology and Psychopathology, 1932 XII. xlvii, 219."

International Correspondence Schools, Scranton, Pa.
Radio handbook; a handbook of reference for those interested in the radio art, by International Correspondence Schools, Scranton, Pa. 1st ed.,

10th thousand, 2d impression. Scranton, Pa., International Textbook, 1923.
xvii, 514, 4, [8] p. illus., charts, diagrs. 13.8 cm.

International Correspondence Schools, Scranton, Pa.
A system of electrotherapeutics [by] International correspondence schools, Scranton, Pa. [2d ed.] ... Scranton, International Textbook Co., c1903.
5 v. illus., diagrs., plates. 22.9 cm.

Istituto lombardo di scienze e lettere, Milan.
Nel 1 centenario della morte di Alessandro Volta 1827-1927 fascicolo speciale de l'energia elettrica. [Roma] Unione nazionale industrie elettriche (UNIEL) [1927]
325, [2] p. illus., plates. 31 cm.
Provenance: Owner signature, illegible.

Ivy, Robert Henry, 1881-
Interpretation of dental and maxillary Roentgenograms, by Robert H. Ivy. St. Louis, C.V. Mosby, 1919, c1918.
146 p. illus. 23.3 cm.

Jacobson, Edmund, 1888-
Progressive relaxation: a physiological and clinical investigation of muscular states and their significance in psychology and medical practice, by Edmund Jacobson. 2d ed. Chicago, University of Chicago Press, c1938.
xvii, 493, [1] p. illus., diagrs. 23.2 cm.
Provenance: Owner signature, "P. A. Anderson, 1948".

Jacoby, George W 1856-1940.
Electricity in medicine; a practical exposition of the methods and use of electricity in the treatment of disease, comprising electrophysics, apparatus, electrophysiology and electropathology, electrodiagnosis and electroprognosis, general electrotherapeutics and special electrotherapeutics, by George W. Jacoby and J. Ralph Jacoby. Philadelphia, P. Blakiston's Son, c1919.
xxii, 612 p. illus., diagrs. 23.8 cm.

James, William, 1842-1910.
A pluralistic universe; Hibbert lectures at Manchester College on the present situation in philosophy, by William James. New impression. New York, Longmans, Green, 1928, c1909.
v, [1], 404, [1] p. 21.7 cm.

James, William, 1842-1910.
The will to believe, and other essays in popular philosophy, by William James. New ed. London, New York, Longmans, Green, 1937.
xvii, 333 p. 19.4 cm.

Jameson, Catherine.
An introduction to electro-therapy for the use of students, by Catherine Jameson. London, H.K. Lewis, 1923.
xii, 196 p. illus., diagrs. 19 cm.
Provenance: Owner signature, "M. Joan Martin".

Jastrow, Joseph, 1863-1944.
The animus of psychical research, by Joseph Jastrow.
p. [281]-313. 23.5 cm.
(In Murchison, Carl. The case for and against psychical belief. Worchester, Mass., 1927.)

Jaubert de Beaujeu, Auguste, 1885-
Recherches sur la mesure des quantités de rayons X par la méthode électroscopique, par Auguste Jaubert de Beaujeu. Lille, C. Robbe, 1909.
71, [1] p. illus., diagrs., plates. 25 cm.
Provenance: Library bookstamp, "Laboratoire De Recherches Physiologiques, ..."

Jeans, Sir James Hopwood, 1877-1946.
The mysterious universe, by Sir James Jeans. Decorations by Walter T. Murch. New York, Macmillan, 1930.
viii, [3], 163 p. front., illus., plates, diagrs. 20.5 cm.

Jellinek, Stefan, 1871-
Atlas der Elektropathologie, von S. Jellinek. Berlin, Urban & Schwarzenberg, 1909.
xi, 92 p. 96 plates (part col.) 27.6 cm.

Jervell, Anton, 1901-
Elektrokardiographische Befunde bei Herzinfarkt, von Anton Jervell. Oslo, Kirstes Boktrykkeri, 1935.
267 p. illus., diagrs. 22.9 cm.
Provenance: Bookplate and typed note, from the libraries of Horine and Chapman MD.

Jetter & Scheerer Company, Tuttlingen.
Illustrated catalogue of surgical instruments and appliances made and supplied by the Jetter & Scheerer Company. 6th ed. Tuttlingen, 1905.
xxii, 784, [xxiii]-xxxi p. illus., front. 32.3 cm.

Jeune, Paul, 1889-
Les lampes à vapeurs de mercure pour l'application de l'heliothérapie artificielle; indications, applications thérapeutiques, resultats ... par Paul Jeune. Lyon, L. Sezanne, 1920.
100 p. plates (1 fold.) 25.2 cm.
Provenance: Library stamp, "Hotel-Dieu de Lyon, Clinique-Chirurgicale de M. le Pr. Berard" and signature "Berard".

Jex-Blake, Arthur John, 1873-
Death by electric currents and by lightning; the Goulstonian lectures for 1913, delivered before the Royal College of Physicians of London, by A.J. Jex-Blake. London, Printed at the Office of the British Medical Association, 1913.
[3], 55 p. 21.3 cm.
"Reprinted from the British Medical Journal, March, 1913."
Provenance: Author's presentation copy; library stamp, "Johns Hopkins Hospital Library 1912".

[Jones, David Arthur] 1888-
Actinotherapy technique; an outline of indications and methods for the use of modern light therapy. With a foreward by Sir Henry Gauvain. 7th ed. Newark, N.J. Alpine Press, 1946.
221, [3] p. 18.4 cm.

Jones, Francis Arthur.
Thomas Alva Edison; sixty years of an inventor's life, by Francis Arthur Jones. London, Hodder and Stoughton, 1907.
xvi, 375 p. 17 plates, port. 20.5 cm.

Jones, Henry Lewis, 1857-1915.
Ionic medication: the principles of the method and an account of the clinical results obtained, by H. Lewis Jones. London, H.K. Lewis, 1913.
viii, 151 p. illus., 1 col. plate. 18.8 cm.
Provenance: Owners signatures, "A L Daffam, Shonagreen, '71" and "Claude Barns".
One time head of St. Bartholomew's Hospitals' Electrical Department in London, Jones was an early supporter of Leduc's research on ionic medication (the therapeutic transfer of ions). He recommended the use of iodine ion for the treatment of ringworm, but warned against the indiscriminate use of ionic medication by incompetent people.

Jones, Henry Lewis, 1857-1915.
Medical electricity; a practical handbook for students and practitioners, by H. Lewis Jones. 5th ed. London, H.K. Lewis, 1906.
xv, 519 p. illus., plates, diagrs. 22 cm.
Jones' *Medical Electricity* was one of the most important books in the field at the turn of the century.

Jones, Henry Lewis, 1857-1915.
Medical electricity; a practical handbook for students and practitioners, by H. Lewis Jones. 6th ed. Philadelphia, P. Blakiston, 1913.
xv, 551 p. illus., plates, tables. 22 cm.

Jones, Henry Lewis, 1857-1915.
Medical electricity; a practical handbook for students and practitioners, by H. Lewis Jones. 8th ed., rev. and ed. by Lullum Wood Bathurst. Philadelphia, P. Blakiston's son, 1920.
xv, 575 p. illus., 14 plates, diagrs. 21.9 cm.
Provenance: Owner signature, "Desraeli Kobak MD, London, 1915".

Jost, Ludwig, 1865-1947.
Vorlesungen über Pflanzenphysiologie, von Ludwig Jost. Jena, G. Fischer, 1904.
xiii, 695, [1] p. illus., 1 col. chart. 25 cm.
Provenance: Bookplate, "Walter Thorner".

Joteyko, Józefa, 1866-1928.
Études sur la contraction tonique du muscle strié et ses excitants, par J. Ioteyko ... Bruxelles, Hayez, 1903.
iv, [3]-100, [1] p. illus. 22.1 cm.
"Extrait des Mémoires couronnés et autres mémoires, publiés par l'Académie royale de médecine de Belgique."
Provenance: Owner stamp and signature, "C. M. Goss".

Jubilé du Professeur A. d'Arsonval. 27 mai 1933.
[Paris] Imp. G. Durassie [1933?]
97 p. illus., facsims., ports. 26.7 cm.
Provenance: Dedicatory inscription to Dr. Desraeli Kobak from G. M. Black.

Judd, Aspinwall, 1868-
Practical points in the use of X-ray and high-frequency currents, by Aspinwall Judd. New York, Rebman Co. [c1909]
xiii, 189 p. illus. (part col.) 20.1 cm.

Jüngling, Otto, 1884-1944.
Ventrikulographie und Myelographie in der Diagnostik des Zentralnervensystems, von O. Jüngling und H. Peiper. Leipzig, G. Thieme, 1926.
[2], 195 p. illus. (part col.) 26.7 cm.
Provenance: Owner signature, "Bucky".

Juettner, Otto, 1865-
Modern physio-therapy: a system of drugless therapeutic methods, including a chapter on X-ray diagnosis, by Otto Juettner. Cincinnati, Harvey, c1906.
viii, [1], 513 p. illus., diagrs. 23.8 cm.

Juettner, Otto, 1865-
Modern physio-therapy: a system of drugless therapeutic methods, including chapters on X-ray diagnosis and suggestion, by Otto Juettner. 3d ed. Kirksville, Mo., W.D. Bledsoe, 1913.
563 p. illus., diagrs. 23.7 cm.
Provenance: Owner signature, "J. B ?" illegible.

Juge, Camille, 1869-
Chirurgie du cancer et fulguration; etude critique de 40 cas de cancers graves traités par la méthode électro-chirurgicale dite fulguration (méthode de Keating-Hart), en collaboration avec l'auteur de la méthode, par C. Juge de (Marseille.) Le Mans (Sarthe), 1908.
84 p. illus. 24 cm.
"Tiré a part des Archives Provinciales de Chirurgie, No. 9, Septembre 1908."

Juge, Camille, 1869-
Chirurgie du cancer et fulguration; etude critique de 40 cas de cancers graves traités par la méthode électro-chirurgicale dit fulguration (méthode de Keating-Hart), en collaboration avec l'auteur de la méthode, par C. Juge de (Marseille). Le Mans, 1908.
84 p. illus. 24.5 cm.
"Tiré a part des Archives provinciales de chirurgie, no. 9, Septembre 1908."
Bound with Keating-Hart, W.V. La fulguration dans le traitement du cancer. Bordeux, 1908.

Jung, Carl Gustav, 1875-1961.
The development of personality [by] C.G. Jung. Tr. by R.F.C. Hull. [Princeton, N.J.] Princeton University Press, c1954.
viii, 223, [9] p. 23.5 cm.

Jung, Carl Gustav, 1875-1961.
Gestaltungen des Unbewussten [von] C.G. Jung. Mit einem Beitrag von Aniela Jaffé. Zürich, Rascher, 1950.
[8], 616 p. illus., 76 plates (4 col.) 20.7 cm.
Provenance: Dedicatory inscription to "Fritz" from "Marie Jeanne" 1950.

Jung, Carl Gustav, 1875-1961.
Psychologie und Religion ... [von] C.G. Jung. Zürich, Rascher, 1940.
192 p. (p. 191-192, advertisements) 1 plate. 20.8 cm.
Provenance: Dedicatory inscription to "Fritz" from "Marie Jeanne" 1940.

Jung, Carl Gustav, 1875-1961.
Psychologie und Religion ... [von] C.G. Jung. Zürich, Rascher, 1942, c1940.
190 p. 1 plate. 20.8 cm.

Jung, Carl Gustav, 1875-1961.
Psychologische Interpretation von Kindertraümen; Seminar von Prof. Dr. C.G. Jung, Wintersemester 1939/40. Redigiert von Liliane Frey [und] Aniela Jaffé, auf Grund des Protokolls von Riwkah Schärf. Zurich, Eidgenössische Technische Hochschule [1940?]
[3], 121 l. 29.4 cm.

Jung, Carl Gustav, 1875-1961.
Psychotherapeutische Zeitfragen; ein Briefwechsel mit C.G. Jung ... hrsg. von R. Loy. Leipzig, F. Deuticke, 1914.
vii, 51 p. 21.8 cm.

Jung, Carl Gustav, 1875-1961.
Seelenprobleme der Gegenwart [von] C.G. Jung. Zürich, Rascher, 1931.
vii, 435 p. 20.7 cm.
Provenance: Owner signature, "Jorinch?"

Jung, Carl Gustav, 1875-1961.
The structure and dynamics of the psyche [by] C.G. Jung. Tr. by R.F.C. Hull. 2d ed. Princeton, N.J., Princeton University Press, c1969.
x, 588, [9] p. illus. 23.5 cm.

Jung, Carl Gustav, 1875-1961.
Über die Energetik der Seele und andere psychologische Abhandlungen, von C.G. Jung. Zurich, Rascher, 1928.
224 p. 20.4 cm.
Nos. 1-4, 4 appeared in Collected papers on analytical psychology, 2d ed., 1920. - Cf. Vorwort.

Jung, Carl Gustav, 1875-1961.
Wirklichkeit der Seele; Anwendungen und Fortschritte der neueren Psychologie [von] C.G. Jung, mit Beiträgen von Hugo Rosenthal, Emma Jung, W.M. Kranefeldt. Zürich, Rascher, 1934.
viii, 409 p. illus. 20.9 cm.

Kabat, Herman, 1913-
Electrical stimulation of points in the forebrain and mid-brain: the resultant alternations in respiration [by] Herman Kabat. [n.p., 1936?]
187-208 p. illus. 24.1 cm.
"Reprinted from The Journal of Comparative Neurology, Vol. 64, No. 2, August 1936."

Kabat, Herman, 1913-
Reaction of the bladder to stimulation of points in the forebrain and mid-brain [by] H. Kabat, H.W. Magoun and S.W. Ranson. [n.p., 1936?]
211-239 p. illus. 24.1 cm.
"Reprinted from The Journal of Comparative Neurology, Vol. 63, No. 2, February, 1936."

Kagan, Solomon Robert, 1881- ed.
Victor Robinson memorial volume; essays on history of medicine, in honor of Victor Robinson on his sixtieth birthday, August 16, 1946, ed. [by] Solomon R. Kagan. New York, Froben Press, 1948.
447 p. illus., ports. 23.5 cm.

Kalabin, Ivan Sergeevich, 1860-
Beiträge zur Frage über die Behandlung der entzündlichen Erkrankungen der Gebärmutter-Adnexe mit dem galvanischen und dem faradischen Strome, von Johann Kalabin ... Jena, G. Fischer, 1901.
x, [1], 230 p. illus., charts. 23.9 cm.
Provenance: Owner bookstamps, "H. A. Kelly MD".

Kalinowsky, Lothar B 1899-
Shock treatments and other somatic procedures in psychiatry, by Lothar B. Kalinowsky and Paul H. Hoch. Foreward by Nolan D.C. Lewis. London, W. Heinemann Medical Books, 1946.
xiv, 294 p. 22.2 cm.

Kaplan, Ira I 1887-
A topographic atlas for X-ray therapy, by Ira I. Kaplan and Sidney Rubenfeld. Chicago, Year Book Publishers, c1939.
[8] p. 55 plates. 29 cm.

Kassabian, Mihran Krikor, 1870-1910.
Röntgen rays and electro-therapeutics, with chapters on radium and phototherapy, by Mihran Krikor Kassabian. Philadelphia, J.B. Lippincott, c1907.
[2], 545 p. illus., plates (part col.), charts, diagrs. 23.3 cm.
A noted Philadelphia roentgenologist, Kassabian was a charter member of the American Roentgen Ray Society, later becoming its vice president. Among his other notable positions was that of skiagrapher and instructor in electrotherapeutics at the Medico-Chirurgical College of Philadelphia.

Kassabian, Mihran Krikor, 1870-1910.
Röntgen rays and electro-therapeutics, with chapters on radium and phototherapy, by Mihran Krikor Kassabian. 2d ed. Philadelphia, J.B. Lippincott, c1910.
xl, 5-540 p. illus., plates (part col.), charts, diagrs. 23.3 cm.

Kato, Gen'ichi, 1890-1965.
The theory of decrementless conduction in narcotised region of nerve, by Genichi Kato. Hongo, Tokyo, Nankodo, 1924.
[2], 3, 166, [1] p. illus., plates (3 fold.), diagrs. 22.4 cm.
Provenance: Author's complimentary bookplate and bookstamp, "Physiolog. Institut Basel".
This is one of the few early Japanese works on medical electricity published in English.

Katz, Louis Nelson, 1897-
Electrocardiography, including an atlas of electrocardiograms, by Louis N. Katz. 2d ed., thoroughly rev. Philadelphia, Lea & Febiger, c1946.
883 p. illus. 26.2 cm.
Provenance: Owner signature, "David M. Kurschren".

Kaufmann, Eduard, 1860-1931.
Pathology for students and practitioner's [sic] ... by Edward Kaufmann. Tr. by Stanley P. Reimann ... Philadelphia, P. Blakiston's son, c1929.
3 v. illus. 25.4 cm.

Kaye, George William Clarkson, 1880-1941.
Roentgenology, its early history, some basic physical principles and the protective measures, by G.W.C. Kaye. New York, P.B. Hoeber, c1928.
xiv, 157 p. illus., charts, diagrs., facsims., front., plates, ports. 19.4 cm.
"Reprinted, with additions, from the American journal of roentgenology & radium therapy (vol. XVIII, no. 5, November, 1927)."
Provenance: Owner signature, "George L. Prendergast".

Kaye, George William Clarkson, 1880-1941.
X rays, by G.W.C. Kaye. 4th ed., new impression. London, Longmans, Green, 1926.
xxi, [1], 320 p. illus., charts, diagrs. 22.2 cm.
Provenance: Owner signature, "Helen Scorgin".

Keating-Hart, Walter Valentin de, 1870-1922.
La fulguration dans le traitement du cancer, par Keating-Hart. Bordeaux, 1908.
24 p. illus. 24.5 cm.
Extract from Archiv. d'électr. méd., no. 238, 25 mai 1908.
With this are bound Miramond de Laroquette, F. De la thermo-photothérapie. Nancy, 1909; Foveau de Courmelles, F.V. Electrophysiologie. Paris, 1908; Huchard, H. Formes cliniques de l'artério-sclérose. Paris, 1909; Radiguet & Massiot, Paris. Notice sur les courants de haute fréquence et de haute tension appliquées a la médecine. Paris [n.d.]; Leduc, S. Les ions et les médications ioniques. Paris, 1907; Gauthier, C.L. La radiothérapie et le cancer. Le Mans, 1905; Juge, C. Chirurgie du cancer et fulguration. Le Mans, 1908; Keating-Hart, W.V. La fulguration et ses résultats dans le traitement du cancer. Paris, 1909.
A French electrotherapist and radiologist, Keating-Hart pioneered the electrosurgery of cancer by high frequency currents. His attempts at treating malignancies first seemed promising but later they were followed by some dreadful results.

Keating-Hart, Walter Valentin de, 1870-1922.
La fulguration et ses résultats dans le traitement du cancer d'après une statistique personelle de 247 cas. Paris, A. Maloine, 1909.
[3], 98, [2] p. illus. 24.5 cm.
Bound with his La fulguration dans le traitement du cancer. Bordeaux, 1908.
Provenance: Incomplete owner bookstamp, Probably "Dr. Babon, Argenton-sur-Creuse (Indre) Radiographie, Radiotherapie, D'Arsonvalisation".
Provenance: Bookseller plate, "Libraire Alain Brieux" Paris.

Keith, Sir Arthur, 1866-1955.
Menders of the maimed; the anatomical & physiological principles underlying the treatment of injuries to muscles, nerves, bones, & joints, by Arthur Keith. London, H. Frowde, Oxford University Press, 1919.
xii, 335 p. illus. (part col.), front., ports. 21.2 cm.
Provenance: Library bookplate and stamp, "Boston Medical Library".
An history of orthopedics that contains an interesting chapter on Duchenne de Boulogne as orthopedist.

Kellaway, Peter.
The part played by electric fish in the early history of bioelectricity and electrotherapy [by] Peter Kellaway. [Baltimore, 1946]
[1], 112-137 p. illus. 28 cm.

Keller, Rudolf, 1875-
Die Elektrizität in der Zelle [von] Rudolf Keller. 2. umgearb. Aufl. Mährisch-Ostrau, Keller, 1925.
320 p. illus., charts, diagrs., 3 plates. 22.7 cm.
Provenance: Owner signature, "M. Telres?" 1929.

Kelley-Koett Manufacturing Company.
Keleket x-ray accessories and supplies. Covington, Ky. [193-?]
1 v. (loose-leaf) illus. 28.7 cm.

Kellogg, John Harvey, 1852-1943.
Electrotherapeutics in chronic maladies, by J.H. Kellogg. [n.p., 1904?]
20 p. 21.9 cm.
"Reprinted from Modern Medicine, October and November, 1904."
Provenance: Owner bookstamp, "H. A. Kelly".

Brother of the Kellogg of cornflakes fame, John Kellogg was the first to promote the medical use of a battery of Edison electric lamps as a form of light therapy in 1891.

Kellogg, John Harvey, 1852-1943.
Light therapeutics; a practical manual of phototherapy for the student and the practitioner, with special reference to the incandescent electric-light bath, by J.H. Kellogg. Battle Creek, Mich., Good Health Publishing Co., 1910.
217 p. plates. 23 cm.

Kellogg, John Harvey, 1852-1943.
Rational hydrotherapy; a manual of the physiological and therapeutic effects of hydriatic procedures, and the technique of their application in the treatment of disease, by J.H. Kellogg. Philadelphia, F.A. Davis, 1901.
xxxi, 21-1193 p. plates (part col.) 23.8 cm.
Provenance: Owner bookstamp, "Herbert T. Cox MD, Los Angeles".

Kellogg, John Harvey, 1852-1943.
Rational hydrotherapy; a manual of the physiological and therapeutic effects of hydriatic procedures, and the technique of their application in the treatment of disease, by J.H. Kellogg. 2d ed. Philadelphia, F.A. Davis, 1903.
xxxi, 21-1193 p. plates (part col.) 23.8 cm.

Kelly, Howard Atwood, 1858-1943.
Bimanual vibratory palpation [by] Howard A. Kelly. [Chicago, American Medical Association Press, 1907?]
4 p. 14.8 cm.
"Reprinted from the Journal of the American Medical Association, June 1, 1907, Vol. XLVIII, p. 1841."

Kelly, Howard Atwood, 1858-1943.
Dictionary of American medical biography; lives of eminent physicians of the United States and Canada, from the earliest times, by Howard A. Kelly and Walter L. Burrage. New York, D. Appleton, 1928.
xxx, 1364 p. 26 cm.

Kelly, Howard Atwood, 1858-1943.
Electrosurgery, by Howard A. Kelly and Grant E. Ward. Philadelphia, W.B. Saunders, 1932.
xxii, 305 p. illus., diagrs. 26 cm.
Provenance: Owner bookstamps, "Property of Alex Christensen, MD".

This is a first edition of one of the first American monographs on electrosurgery. Kelly was an outstanding gynaecological surgeon and member of the tetralogy of illustrious physicians at Johns Hopkins University School of Medicine. In the book he emphasized electrosection and coagulation for treating malignancies. He was also a pioneer in radium therapy.

Kelly, Howard Atwood, 1858-1943.
Electrothermic methods in the treatment of diseases of the rectum and anus, by Howard A. Kelly and Grant E. Ward. [n.p., 1928?]
11 p. 18.1 cm.
"Reprinted from International Journal of Medicine and Surgery, March, 1928."
Provenance: Library stamp, "William H. Welch Medical Library".

Kelly, Howard Atwood, 1858-1943.
The piezometer, an instrument for measuring resistances, by Howard A. Kelly. [n.p., 1904?]
4 p. illus. 23.2 cm.
"From the Johns Hopkins Hospital Bulletin, Vol. XV, No. 162. September, 1904."

Kelly, Howard Atwood, 1858-1943.
Two cases of stricture of the ureter; two cases of hydronephrotic renal pelvis successfully treated by plication, by Howard A. Kelly. [n.p., 1906?]
7 p. 23.1 cm.
"From the Johns Hopkins Hospital Bulletin, Vol. XVII, No. 183, June, 1906."

Kennedy, Rankin, -1917.
The book of electrical installations, electric light, power, traction and industrial electrical machinery, by Rankin Kennedy. London, Caxton Pub. Co. [191-?]
3 v. illus., fronts., diagrs. (part col.) 24.9 cm.
Contains one of the earliest accounts of the state of electrical equipment and instrumentation in the early twentieth century.

Kennelly, Arthur Edwin, 1861-1939.
Electrical vibration instruments; an elementary textbook on the behavior and tests of telephone receivers, oscillographs, and vibration galvanometers, by A.E. Kennelly. New York, Macmillan, 1923.
x, [1], 450 p. illus., charts, diagrs. 22.2 cm.
Provenance: Library bookplate and stamp, "New York University General Library".

Kennelly, Arthur Edwin, 1861-1939.
Experimental researches on skin effect in conductors [by] A.E. Kennelly, F.A. Laws and P.H. Pierce ... [Boston?] 1915.
[1], 1749-1814 p. illus., charts, diagrs., 2 plates. 23.5 cm.
From Proceedings of the American Institute of Electrical Engineers, v. 34, no. 8, 1915.

Keyes, Edward Loughborough, 1873-
Preliminary report on the treatment of bladder tumors by the high frequency current [by] E.L. Keys, Jr. [n.p., 1910?]
11 p. illus. 20.2 cm.
"Reprinted from the American Journal of Surgery, July, 1910."
Provenance: Library bookstamp, "Johns Hopkins Medical School Library".
Keyes was an important pioneer in American dermatology and urology.

Keysser, Franz, 1885-
Die Elektrochirurgie, von Franz Keysser. Leipzig, Fischers medizinische Buchhandlung, 1931.
x, 238 p. illus., diagrs., 2 col. plates. 32.1 cm.

Keystone Electric Co., Philadelphia.
Illustrated catalogue and price list of electrotherapeutic appliances, cabinets, storage batteries, static machines, x-ray outfits, physiological laboratory equipments, manufactured and for sale by Keystone Electric Co. Philadelphia [ca. 1903]
100 p. illus. 22.7 cm.

Kienböck, Robert, 1871-1953.
Radiotherapie; ihre biologischen Grundlagen, Anwendungsmethoden und Indikationen. Mit einem Anhang: Radiumtherapie, bearb. von Robert Kienböck. Stuttgart, F. Enke, 1907.
190 p. illus., diagrs. 24.7 cm.
Provenance: Owner signature, "G. Bucky, Berlin".

Kilner, Walter John.
The aura, by Walter J. Kilner. Introd. by Sibyl Ferguson. New York, S. Weiser, 1973.
[4], xiii, 329 p. illus. 17.7 cm.
A member of the medical staff at St. Thomas's Hospital in London, Kilner was a long-time investigator of the human aura. He invented "goggles" coated with dicyanin with which he claimed enabled the aura to be perceived.

King, William Harvey, 1861-
Electricity in medicine and surgery, including the X ray, by William Harvey King ... With a section on electro-physiology, by W.Y. Cowl and a section on the Bottini operation, by Albert Freudenberg. New York, Boericke & Runyon, 1901.
205, [1], 296 p. illus. 23.7 cm.

King, William Harvey, 1861-
Static, high frequency, radio, photo and radium therapy, by William Harvey King. New York, Boericke & Runyon, 1905.
291 p. illus. 20 cm.
Provenance: Bookseller plate, "Otis Tapp & Son, Boston".

Kipnis, Naum Shaevitch, 1937-
Luigi Galvani and the debate on animal electricity, 1791-1800 [by] Naum Kipnis. [London, 1987]
[107]-142 p. 24.8 cm.
"Annals of Science, 44 (1987), 107-142."
Provenance: Author's presentation copy to The Bakken.

Klare, Kurt, 1885-
Die röntgenologische Diagnose und Differentialdiagnose der kindliche intrathorakalen Tuberkulose, von Kurt Klare. [n.p., 1924?]
15 p. 25.2 cm.
Disbound from: "Würzburger Abhandlungen. Bd. 22, H. 1."

Klickstein, Herbert S
Marie Sklodowska Curie; Recherches sur les substances radioactives; a bio-bibliographical study [by] Herbert S. Klickstein. [St. Louis?] 1966 [i.e. 1967]
xv, 64 p. illus., facsims., ports. 24 cm.
In case, as issued, with Curie, M.S. Recherches sur les substances radioactives. Paris, 1903. [St. Louis? 1967] and Curie, M.S. Radioactive substances. London, 1904. [St. Louis? 1967]

Kliegl Bros., New York.
The actinolite; for the treatment of disease by actinic light; with the recent literature of actinotherapeusis. 2d ed. New York, Kliegl Bros., 1903, c1902.
60 p. illus., diagrs. 20.4 cm.

Klyce, Scudder, 1879-1933.
Universe, by Scudder Klyce, with three introductions by David Starr Jordan, John Dewey [and] Morris Llewellyn Cooke. Winchester, Mass., S. Klyce, 1921.
[1], x, 251 p. diagrs. 31.5 cm.
Provenance: Owner bookstamp, "Private Library, Harry D. Casell 1959".
Only edition, privately published by the author, of an all encompassing theory of the universe containing novel ideas about electricity and magnetism.

Knox, Gordon Daniell.
All about electricity; a book for boys, by Gordon D. Knox. London, New York, Cassell, 1914.
xx, 356 p. illus., diagrs., plates. 21 cm.

Knox, Robert, 1868-1928.
Radiography and radio-therapeutics, by Robert Knox. [2d ed., rev. and enl.] New York, Macmillan, 1917-18.
2 v. illus., diagrs., plans, plates. 25.3 cm.
Provenance: Library bookstamp, "Med Soc Co Kings", another cancelled 1918.

Knox, Robert, 1868-1928.
Radiography in the examination of the liver, gall bladder, and bile ducts, by Robert Knox ... St. Louis, C.V. Mosby, 1920.
[1], 64 p. illus., 1 plate. 27.1 cm.
"A Series of Articles Reprinted from 'Archives of Radiology and Electrotherapy ', July, August, September, and October, 1919."
Provenance: Bookdealer plate, "Paul B. Hoeber, NY".

Knox, Robert, 1868-1928.
Radiography, X-ray therapeutics and radium therapy, by Robert Knox. New York, Macmillan, 1916.
xxi, 406 p. illus., col. front. (with accompanying descriptive leaf), diagrs., plans, plates. 25.7 cm.
Provenance: Owner signature, "Ernest A. Thompson DCPhe".

Kny-Scheerer Company, New York.
Electrically illuminated instruments: cystoscopes, endoscopes, manufactured by the Kny-Scheerer Company, Department of Electro Medical Apparatus. New York [1908]
22 p. illus. 23.6 cm.

Kny-Scheerer Company, New York.
Illustrations of surgical instruments of superior quality. 20th ed. [New York] c1915.
[6], 1001-1152, [2], 2001-2384, [2], 3001-3311, [3], 4001-4097, [3], 5001-5216, 1-56 p. illus. 27.4 cm.
Provenance: Presentation bookplate, "To Dr. Howard B. Swan, Chesterton, New York" from "Kny-Scheerer Co."

Kny-Scheerer Company, New York.
X-ray apparatus: complete outfits and accessories for x-ray laboratories. 4th ed. New York, c1908.
79, [1] p. illus., plates. 24.8 cm.

Kny-Scheerer Company, New York.
X-ray apparatus: complete outfits and accessories for x-ray laboratories. 5th ed. New York, c1908.
80 p. illus. 24.7 cm.

Koeppe, Leonhard, 1884-
Die Diathermie und Lichtbehandlung des Auges, von Leonhard Koeppe. Leipzig, F.C.W. Vogel, 1919.
ix, 208 p. illus. (part col.) 23 cm.

Kohl, Max, firm, Chemnitz, Germany.
Price list of x-ray and high frequency apparatus. Chemnitz [ca.1907]
iv, [2], 149 p. illus. 30.4 cm.

Kolff, Willem Johan.
De kunstmatige nier, door W.J. Kolff. Kampen, J.H. Kok, 1946.
[4], 200 p. illus., charts (part fold.), diagrs., plans (1 fold.), plates. 24.3 cm.
The book that announces the first artificial kidney.

Kolle, Wilhelm, 1868-1935.
The abortive healing of syphilis on the basis of experimental studies [by] W. Kolle.
p. 188-207. 20.7 cm.
(In Harvey Society. The Harvey lectures. Philadelphia, c1926.)

Kornmüller, Alois Eduard, 1905-
Die bioelektrischen Erscheinungen der Hirnrindenfelder, mit allgemeineren Ergebnissen zur Physiologie und Pathophysiologie des

zentralnervösen Griseum, von A.E. Kornmüller. Leipzig, G. Thieme, 1937.
118 p. illus., diagrs. 25.1 cm.

Kossa, Gyula, 1865-1944.
Ungarische medizinische Erinnerungen, von Julius von Magyary-Kossa. Budapest, Danubia Verlagsanstalt, 1935.
vii, [1], 368 p. illus., coats of arms, diagrs., 3 col. plates, ports. 23.9 cm.

Kovacs, Richard, 1884-1950.
Electrotherapy and the elements of light therapy, by Richard Kovacs. Philadelphia, Lea & Febiger, 1932.
528 p. illus., charts, diagrs. 24 cm.
Provenance: Author's signed presentation copy to, "Dr. Disraeli Kobak", Jan 9, 1932.
A popular textbook on electrotherapeutics by the Hungarian physical therapist who in 1929 reported on the use of ultraviolet light to prevent cross infection in contagious wards. (2537-A)

Kovacs, Richard, 1884-1950.
Electrotherapy and light therapy, by Richard Kovacs. 2d ed., thoroughly rev. Philadelphia, Lea & Febiger, c1935.
696 p. illus., charts, diagrs., 1 col. plate. 24.1 cm.
Provenance: Author's signed presentation copy to Dr. Daniel A. Sinclair, May 2 1935 "in sincere appreciation of his valued contribution".

Kovacs, Richard, 1884-1950.
Electrotherapy and light therapy, by Richard Kovacs. 3d ed., thoroughly rev. Philadelphia, Lea & Febiger, 1938.
744 p. illus., charts, diagrs., 1 col. plate. 24.1 cm.
Provenance: Library bookplate and cancellation stamp, "Simons College Library, Boston, Mass."

Kovacs, Richard, 1884-1950.
Nature, M.D.; healing forces of heat, water, light, electricity and exercise, by Richard Kovacs. New York, D. Appleton-Century, 1934.
vi, [1], 81 p. illus., charts, diagr. 19.1 cm.
Provenance: Author's signed presentation copy to, "Dr. Martha H. Polmer a fellow worker in the cause of physical therapy".

Kovacs, Richard, 1884-1950.
Physical therapy for nurses, by Richard Kovacs. 2d ed., thoroughly rev. Philadelphia, Lea & Febiger, 1940.
335 p. illus., charts, diagrs., forms, plans. 20.4 cm.
Provenance: Author's signed presentation copy to Dr. M. H. Polmer, May 24, 1940.

Kovacs, Richard, 1884-1905.
Radiant light and health, by Richard Kovacs. Garden City, N.Y., Country Life Press, 1949.
[3], 36 p. plates. 19.1 cm.
Provenance: Author's signed presentation copy to the Library of New York Polyclinic Medical Clinic, June 13, 1949; Library bookplate, "New York Polyclinic".

Kowarschik, Josef, 1876-
Die Diathermie, von Josef Kowarschik. Berlin, J. Springer, 1913.
viii, 136 p. illus., diagrs. 23.8 cm.

Kowarschik, Josef, 1876-
Die Diathermie, von Josef Kowarschik. 2. verb. und verm. Aufl. Berlin, J. Springer, 1914, c1913.
viii, 178 p. illus., diagrs. 23.7 cm.
Provenance: Owner signature, "G. Bucky '50".

Kowarschik, Josef, 1876-
Die Diathermie, von Josef Kowarschik. 3. vollstandig umgearb. Aufl. Berlin, J. Springer, 1921.
vi, 166 p. illus. 23.6 cm.
Provenance: Owner signature, "Disraeli Kobak".

Kowarschik, Josef, 1876-
Die Diathermie, von Josef Kowarschik. 4. vollstandig umgearb. Aufl. Wien, J. Springer, 1924.
viii, 231, [1]] p. illus., diagrs. 23.5 cm.
Provenance: Owner signature, "Dr. Bucky" and address (NY).

Kowarschik, Josef, 1876-
Die Diathermie, von Josef Kowarschik. 5. verb. Aufl. Wien, J. Springer, 1926.
vi, 236, [1] p. illus., diagrs. 23.6 cm.

Kowarschik, Josef, 1876-
Die Diathermie, von Josef Kowarschik. 6. verb. Aufl. Wien, J. Springer, 1928, c1926.
vii, 246 p. illus., diagrs. 23.6 cm.
Provenance: Inscriptions - varia.

Kowarschik, Josef, 1876-
Die Diathermie, von Josef Kowarschik. 7. verb. Aufl. Wien und Berlin, J. Springer, 1930.
viii, 243, [1] p. illus., diagrs. 24.3 cm.

Kowarschik, Josef, 1876-
Elektrotherapie; ein Lehrbuch, von Josef Kowarschik. Berlin, J. Springer, 1920.
ix, 287, [1] p. illus., diagrs., 5 fold. plates. 23 cm.

Kowarschik, Josef, 1876-
Elektrotherapie; ein Lehrbuch, von Josef Kowarschik. 2. verb. Aufl. Berlin, J. Springer, 1923.
x, 312 p. illus., diagrs., 5 fold. plates. 23.7 cm.
Provenance: Owner signature, "Disraeli Kobak MD, Wien '23".

Kowarschik, Josef, 1876-
Kurzwellentherapie, von Josef Kowarschik. Wien, J. Springer, 1936.
viii, 140 p. illus., diagrs. 23.7 cm.
Provenance: Bookseller plate, "Hirschwaldsche, Berlin".

Kraus, Friedrich, 1858-1936.
Das Elektrokardiogramm des gesunden und kranken Menschen, von Friedrich Kraus und Georg Nicolai. Leipzig, Veit, 1910.
xxii, 322 p. illus. (part col.) 22.5 cm.
Provenance: Owner signature, "D. Offenbeuner"(?)

Krause, Paul Carl Hieronymus, 1871-1934, ed.
Röntgen-Gedächtnis-Heft, anlässlich der Enthüllungsfeier des Röntgendenkmals in Lennep am 29. und 30. November 1930. Zusammengestellt und hrsg. von Paul Krause. Jena, G. Fischer, 1931.
ix, 169, [1] p. illus., 1 fold. geneal. table. 24.4 cm.
Krause was a German radiologist who introduced the "barium meal" to radiology. It replaced bismuth compounds that had first been in use.

Krönig, Bernhard, 1863-1917.
Physicalische und biologische Grundlagen der Strahlentherapie, von Bernhard Krönig und Walter Friedrich. Berlin, Urban & Schwarzenberg, 1918.
vii, 278 p. illus., charts, diagrs., 31 plates (part fold., part col.) 24.6 cm.
Unaffixed enclosure, Letter to Mr. Torbjornsen ? from Prof. Carl H. Hensen.

Krohne & Sesemann, firm, London.
Illustrated catalogue of surgical instruments and appliances manufactured and sold by Krohne & Sesemann. London [1905]
xl, 544 p. illus. 24.8 cm.

Kromayer, Ernst Ludwig Franz, 1862-1933.
The cosmetic treatment of skin complaints, with especial reference to physical therapy and scarless methods of operation, by E. Kromayer. London, Humphrey Milford, Oxford University Press, 1930.
vi, [1], 110, [1] p. illus. 19.2 cm.
Provenance: Owner signature and address, "Allan Bigham, 1936".
Kromayer, a German dermatologist, designed in 1904 a water cooled mercury vapor UV lamp for local irradiation of the skin for skin complaints.

Krumbhaar, Edward Bell, 1882-1966.
Adams-Stokes syndrome, with complete heartblock, without destruction of the bundle of His [by] E.B. Krumbhaar. Chicago, American Medical Association, 1910.
15 p. illus., 2 col. plates. 26.9 cm.
"Reprinted from The Archives of Internal Medicine, June, 1910, vol. 5, pp. 583-595."
Provenance: Author's signed presentation copy to Sir William and Lady Osler.

Krumbhaar, Edward Bell, 1882-1966.
Electrocardiographic studies in normal infants and children, by Edward B. Krumbhaar and Horace H. Jenks. [n.p., 1917?]
[189]-196 p. illus., 1 plate. 24.7 cm.
"Reprinted from 'Heart', Vol. VI, No. 3, January, 1917."
Provenance: Owner bookstamp, "Dr. John Howland".

Krumbhaar, Edward Bell, 1882-1966.
Transient auricular fibrillation; an electrocardiographic study, by Edward Bell Krumbhaar. Chicago, American Medical Association, 1916.

28 p. illus. 25.4 cm.
Provenance: Library bookstamp, "Johns Hopkins Hospital Library, 1916".

Krumbhaar, Edward Bell, 1882-1966.
Transient heart block - electrocardiographic studies [by] Edward B. Krumbhaar. Chicago, American Medical Association, 1917.
19 p. illus. 25.5 cm.
"Reprinted from the Archives of Internal Medicine, May 1917, Part I, Vol. XIX, pp. 750-766."
Provenance: Owner bookstamp, "Dr. John Howland".

Krusen, Frank Hammond, 1898-1937.
Light therapy, by Frank Hammond Krusen. Foreward by John A. Kolmer. New York, P.B. Hoeber, 1933.
xx, 186 p. illus., diagrs., port. 21.7 cm.
Krusen, a Mayo Clinic physician, wrote on all forms of electromagnetic treatment. In 1941, he posed the question: did short waves act selectively on tissues according to the wave length used and the diaelectric constant of the part concerned? In 1935 he proposed to the Council of Physical Medicine that conventional diathermy should include the frequencies from 0.5 - 3 MHz and short wave diathermy frequencies from 10-100 MHz.

Kruta, Vladislav.
K počátkům vědecke dráhy J.E. Purkyně; korespondence s přáteli z pražských let 1815-1823. Odborný redaktor, Vladimír Zapletal; ediční spolupráce, V. Zapletal a B. Eberhardová. V Brně, Lékařska Fakulta University J.E. Purkyně, 1964.
207, [1] p. illus., plates, port. 24 cm.
"Beginnings of the Scientific Career of J.E. Purkyne. Letters with friends from the Prague years 1815-1823" - Title page.

Kuffler, Otto, 1876-
Ueber elektrische Reizung des Nervus VIII und seiner Endorgane beim Frosch, von Otto Kuffler. Bonn, E. Strauss, 1901.
[212]-231 p. 23.5 cm.
"Separat-Abdruck aus dem Archiv fur die ges. Physiologie, Bd. 83."

Kuttner, Arthur, 1862-
Die entzündlichen Nebenhöhlenerkrankungen der Nase im Röntgenbild, von A. Kuttner. Berlin, Urban & Schwarzenberg, 1908.
15 p. illus., 20 mounted plates (accompanied by leaves with descriptive letterpress) 33 cm.
Provenance: Library bookplate and stamp and dealer's plate, "Medical Society Library City and County of Denver, Presented by Dr. Robert Levy, Oto-Larygn. Section" - "Paul Hoeber Medical Books, New York".

Laborderie, Joseph.
L'électricité médicale en clientèle, l'indispensable en électrothérapie, par J. Laborderie (de Sarlat). Paris, A. Maloine, 1918.
[4], iii, 376 p. illus. 18 cm.
Provenance: Owner signature, illegible.

Laborderie, Joseph.
L'électricité médicale en clientèle. L'indispensable du électrothérapie, par J. Laborderie. Préface de E. Doumer. 2. éd. Paris, A. Maloine, 1921.
xi, 386 p. illus., diagrs. 18.7 cm.

Laborderie, Joseph.
Les propriétés analgésiques des courants exponentiels de basse fréquence, par J. Laborderie. Paris, Impr. A. Tournon, 1937.
11 p. 20.7 cm.
"Extrait du Journal des Praticiens, No. 17 (24 Avril 1937)."

Lacroix-à-l'Henri, René.
Manuel théorique et pratique de radiesthésie [par] René Lacroix-à-l'Henri. Lettre-préface de Mermet. Paris, H. Dangles, c1935.
217 p. illus. 22.3 cm.

Lacroix-à-l'Henri, René.
Théories et procédés radiesthésiques [par] René Lacroix-à-l'Henri. Paris, La maison de la radiesthesie, c1937.
196 p. illus. 22.3 cm.

La Füye, R[oger] de.
Une centrothérapie nouvelle: l'electropuncture [par] R. de La Füye. Vienne, Martin & Ternet, 1936.
31 p. 2 plates. 24 cm.

La Füye, Roger de.
L'acupuncture chinoise sans mystère; traité d'acupuncture, la synthèse de l'acupuncture et de l'homéopathie, l'homéosiniatrie diathermique.

Préface du Laignel-Lavastine. Paris, E. Le François, 1947.
2 v. illus., plates (part fold., part col.) 27.5 cm.

Lakhovsky, Georges, 1870-1942.
Longévité; l'art de vivre vieux sans souffrir [par] Georges Lakhovsky. Paris, Hachette, c1938.
207 p. 19 cm.

Lakhovsky, Georges, 1870-1942.
Les ondes qui guérissent; exposé des théories avec quelques observations faites sur des malades par des savants et des praticiens a la suite de l'application de ses méthodes de Georges Lakhovsky. Paris, C.O.L.Y.S.A. Circuit oscillant Lakhovsky, 1926, c1925.
[4], 60, [1] p. 15.1 cm.
Provenance: Cataloguer's marks.
A controversial pioneer of radio frequency medicine, Lakhovsky patented a "multiwave oscillator" in France in 1931 and in the U.S. in 1934. He claimed that disease affected the oscillating equilibrium of cells and that his multiwave oscillator using all frequencies from 3 meters to infrared was designed so that every cell could find its natural frequency and vibrate in resonance.

Lakhovsky, Georges, 1870-1942.
L'origine de la vie; la radiation et les êtres vivants, [par] Georges Lakhovsky. Paris, Editions Nilsson, c1925.
[2], 175 p. illus., map, 6 plates. 18.3 cm.

Lakhovsky, Georges, 1870-1942.
L'oscillateur à longueurs d'onde multiples [par] Georges Lakhovsky. Paris, G. Doin, c1934.
[4], 58, [1] p. illus. 18.5 cm.
Provenance: Bookseller plate, "G. D. Cie".

Lakhovsky, Georges, 1870-1942.
L'oscillation cellulaire; ensemble des recherches expérimentales [par] Georges Lakhovsky. Paris, G. Doin, 1931.
319, [1] p. illus. 23.9 cm.

Lakhovsky, Georges, 1870-1942.
Pour rester jeune à 100 ans: la spermatothérapie [par] Georges Lakhovsky. Paris, Éditions S.A.C.L., c1939.
32 p. 18 cm.

Lakhovsky, Georges, 1870-1942.
Radiations and waves; sources of our life, by Georges Lakhovsky. New York, E.L. Cabella, c1941.
[4], [9]-139, [2] p. illus. 20.5 cm.
Provenance: Author's signed presentation copy.

Lakhovsky, Georges, 1870-1942.
La science et le bonheur; longévité et immortalité par les vibrations [par] Georges Lakhovsky. Paris, Gauthier-Villars, c1930.
x, 276, [1] p. illus. 19.5 cm.

Lakhovsky, Georges, 1870-1942.
The secret of life; cosmic rays and radiations of living beings [by] Georges Lakhovsky. Tr. from the French by Mark Clement. London, W. Heinemann, 1939.
viii, 201 p. illus. 22.1 cm.

Lakhovsky, Georges, 1870-1942.
L'universion [par] Georges Lakhovsky. Préface du d'Arsonval. Paris, Gauthier-Villars, 1927.
[1], vi, 270, [1] p. illus. 19 cm.

Lambert, E F
A further study of the electric responses of smooth muscle [by] E.F. Lambert and A. Rosenblueth with the collaboration of H. Davis, A. Forbes and C.L. Prosser. [n.p.] 1935.
p. 147-159. illus. 26.9 cm.
(In Davis reprints, 1926-47. [n.p., n.d.])
"Reprinted from The American Journal of Physiology, Vol. 114, No. 1, December, 1935."

La Mettrie, Julien Offray de, 1709-1751.
Man a machine by Julien Offray de La Mettrie. French-English. Including Frederick the Great's "Eulogy" on La Mettrie, and extracts from La Mettrie's "The natural history of the soul." Philosophical and historical notes by Gertrude Carman Bussey. La Salle, Ill., Open Court Publ., 1953, c1912.
[8], 216 p. facsim. 20.4 cm.

Lamson, Paul Dudley, 1884-
The heart rhythms, by Paul Dudley Lamson. Baltimore, Williams and Wilkins, 1921.
100 p. illus. 23.3 cm.
Provenance: Author's signed presentation copy to Dr. Lucius Burch.

Lancisi, Giovanni Maria, 1654-1720.
Translation of De subitaneis mortibus (On sudden deaths), by Paul Dudley White and Alfred V. Boursy. New York, St. John's University Press, c1971.
[6], xx, [1], 212 p. col. front., port. 26 cm.
Provenance: Publisher's complimentary copy to Dr. Burch; Owner signature, "Burch 1972".

Lane, Cecil Taverner, 1904-
A new method for the investigation of the electrical properties of living tissues [by] C.T. Lane, W.S. McCulloch, C.H. Prescott and J.G. Dusser de Barenne. [n.p.] 1935.
[1] p. 25.3 cm.
"Reprinted from The American Journal of Physiology, Vol. 113, No. 1, September, 1935."
Provenance: Library bookstamp, "Yale Medical Library, General".

Lapicque, Louis Édouard, 1866-1952.
L'excitabilité en fonction du temps; la chronaxie, sa signification et sa mesure par Louis Lapicque. Paris, Les presses universitaires de France, 1926.
371 p. illus. 24.3 cm.
Provenance: Library bookplate and stamp, "Libraire Joseph Gilbert, Cluny Paris VI" and "Libraire Technique Joseph Gilbert, Saint Michel, Paris".
Lapicque, a French physiologist first introduced the term "chronaxie" in 1909 to provide a convenient index of the excitability of nervous tissues. He introduced a form of interrupted galvanic or direct current in this research on degenerative tissues that was characterized by a slow rise and fall and was trapezoid in waveform.

Lapicque, Marcelle.
Recherches sur l'excitabilité électrique de différents muscles de vertébrés et d'invertébrés, par Lapicque. Lille, Laroche-Delattre, 1905.
118, [1] p. illus. 24.5 cm.

Lapipe, Marcel, 1909-
Contribution a l'étude physique, physiologique et clinique de l'électro-choc [par] Marcel Lapipe [et] Jacques Rondepierre. 2. éd. augm. notamment d'un chapitre de recherches expérimentales par P. Gley, les auteurs et Horande. Paris, Maloine, 1947.
xiv, [3], 375, [2] p. illus. 19.5 cm.

Laquerrière, Albert, 1874-1945.
Électrothérapie clinique [par] Laquerrière [et] Delherm. Préface de d'Arsonval. Paris, A. Maloine, 1906.
[2], 282 p. illus., 6 plates. 24.5 cm.

Laquerrière, Albert, 1874-1945.
Exercice électriquement provoqué (instrumentation, technique, mesures, indications, résultats), par Laquerrière et Delherm. [n.p., 1910?]
24 p. illus. 22.5 cm.
Bound with Hamon, Francisque. La contraction galvanotonique au cours de la réaction de dégénerescence. Paris, 1914.

Laqueur, August, 1875-
Leitfaden der Elektromedizin. Einschliesslich der elektrischen Licht und Wärmeanwendungen für den praktischen Arzt und den Elektroingenieur, von August Laqueur und Otto Müller. 2. vollständig neu bearb. Aufl. Halle, C. Marhold, 1928.
238 p. illus. 23.4 cm.
Provenance: Bookseller plate, "G. Kenessey, New York"; Owner signature, "Rudolf Hunoer, St. Michael Hospital, Newark, NJ".

Larat, Jules Louis François Adrien, 1857-
Traité pratique d'électricité médicale par J. Larat. 2. éd. Paris, J. Rueff, 1901.
[3], 870, [1] p. illus. 24.4 cm.

Larat, Jules Louis François Adrien, 1857-
Traité pratique d'électricité médicale; électrothérapie, radiothérapie, radiumtherapie par J. Larat. 3. éd. Paris, Vigot, 1910.
viii, 641, [2] p. illus. 19.4 cm.

Latarjet, Raymond.
Une nouvelle méthode de dosage des rayonnements ultraviolets utilisés en thérapeutique, par Raymond Latarjet. [n.p.] 1937.
[169]-187 p. charts, diagrs. 24.2 cm.
"Extrait de la revue d'optique théorique et instrumentale Tome 16 (1937)."
Provenance: Library stamp on cover, "Universite de Lyon. Institut de Physique Generale".

Laue, Max Theodor Felix von, 1879-
Röntgenstrahl-Interferenzen, von M. von Laue. Ann Arbor, Mich., Edwards Brothers, 1943.

viii, 367 p. illus., 1 fold. plate. 23.5 cm.
Provenance: Library bookstamp, "The Linde Air Products Co. Lab. Lib., Tonawanda NY 1944".

Laugier, Henri Élie Amédée, 1888-
Electrotonus et excitation; recherches sur l'excitation d'ouverture, par Henri Laugier. Paris, Impr. Paul Marmy, 1921.
186, [3] p. illus., 2 fold. plates. 25 cm.
Provenance: Library bookstamp, "Yale University Library, 1922".

Laugier, Henri Élie Amédée, 1888-
Vitesse d'excitabilité & courants induits; méthodes nouvelles en électrodiagnostic, par Henri Laugier. Paris, Impr. E. Ravilly, 1913.
181, [1] p. illus. 25 cm.

Laurens, Henry, 1885-
The physiological effects of radiant energy, by Henry Laurens. New York, Chemical Catalog Co., 1933.
610 p. illus. 23.3 cm.
Provenance: Owner bookstamp, "Dr. John Atlee, Lancaster Penna."

Laville, Charles.
Le cancer dérangement électrique, par Charles Laville. Paris, Editions Laville, 1928.
48, [3] p. illus. 25 cm.

Laville, Charles.
Electrodynamique du muscle, par Charles Laville. Paris, Laville, 1928.
173 p. illus. 25.5 cm.
Provenance: Author's signed presentation copy to Prof. Waitz.

Laville, Charles.
La négativation électrique; théorie et appareillage, par C. Laville. Montrouge, Impr. de l'édition et de l'industrie, 1932.
4 p. 24.3 cm.
"Extrait du Bulletin Officiel de la Société d'Electrothérapie et de Radiologie. Mai 1932."

Law, Frank William.
Ultra-violet therapy in eye disease; with a review of the action of other forms of radiant energy, by Frank W. Law. Foreword by Sir Stewart Duke-Elder. London, J. Murray, 1934.
x, 78 p. 21.4 cm.
Provenance: Owner bookplate, "R. G. Posthumus".

Law, S Edward.
Basic phenomena active in electrostatic pesticide spraying, by S. Edward Law. [n.p., 1984]
47 p. illus. 21.7 cm.

Lazarev, Petr Petrovich, 1878-1942.
Théorie ionique de l'excitation des tissue vivants, par P. Lasareff. Paris, A. Blanchard, 1928.
[9], 240 p. illus. 25 cm.

Lecomte, Adolphe Désiré Louis, 1877-
Recherches expérimentales sur l'action physiologique des courants de haute fréquence. Étude des modifications de la thermogenése et des produits de désassimilation, par Adolphe-Désiré-Louis Lecomte. Lyon, A. Storck, 1901.
[4], 67, [1] p. illus. 25 cm.

Ledoux-Lebard, René, 1879-1948.
La radiothérapie pénétrante, par Ledoux-Lebard et Etienne Piot. Paris, Gauthier-Villars, 1930.
viii, 82 p. illus. 20 cm.
Provenance: Presentation copy to Dr. Tisser signed by first author.

Leduc, Stéphane, 1853-1939.
Electric ions and their use in medicine, by Stephane Leduc, tr. by R.W. Mackenna, with an appendix by the translator. London, Rebman, 1913.
vii, 70 p. 21.5 cm.
A pioneer of ionic medication (iontophoresis), Leduc's textbook, *Les Ions ...* " demonstrated how ions penetrated the body according to the laws of electrolysis. Chlorine ions were recommended for softening scar tissue, zinc ions for its antiseptic properties, lithium ions for gout and use of cocaine for giving local anaesthesia. Leduc also did pioneering work in electrophysiology showing the effect of an intermittent galvanic current on muscle and on the brain. His 1903 work laid the basis for the future treatment of brain disorders with electroshock.

Leduc, Stéphane, 1853-1939.
Die Ionen-oder elektrolytische Therapie, von Stephan Leduc. Leipzig, J.A. Barth, 1905.
47 p. illus. 22.8 cm.
Provenance: Two copies: one with stamp, "Uberreicht vom Verleger zur gefl. Besprechung, the other with stamp "Weekblad ... Enelscunde"

Leduc, Stéphane, 1853-1939.
Les ions et les médications ioniques. Paris, Masson, 1907.
39 p. 24.5 cm.
Bound with Keating-Hart, W.V. La fulguration dans le traitement du cancer. Bordeaux, 1908.
Provenance: Owner signature, "Dr. J. Babon".

Leduc, Stéphane, 1853-1939.
The mechanism of life, by Stephane Leduc. Tr. by W. Deane Butcher. New York, Rebman, 1914.
xv, 172 p. illus., front. 22.5 cm.
Provenance: Library bookstamps, "Med. Soc. Co. Queens, Forest Hills", and, "The Jamaica Hospital, Richmond Hill no. 73".

Le Fur, René Frédéric, 1872-1933.
Des suppurations prostatiques (non tuberculeuses); l'électrolyse circulaire dans les rétrécissements traumatiques de l'urèthre; l'anurie dans la tuberculose rénale [par] René Le Fur. Bourges, Impr. Tardy-Pigelet, 1908.
51 p. 21.2 cm.
Provenance: Author's complimentary stamp.

Legros.
Notions essentielles d'électrothérapie, par Legros. Paris, A. Maloine, 1916.
56, [1] p. illus., diagrs. 19.3 cm.

Lemoine, Joseph, 1888-
La diathermie en oto-rhino-laryngologie. I. Principes généraux d'électricité. II. Effets biologiques et thérapeutiques. 2. éd., entièrement remaniée. Préface du H. Bourgeois. Paris, G. Doin, 1935.
[4], ii, [1], 391 p. illus., diagrs. (part col.), col. plates. 23.8 cm.
Provenance: Author's signed presentation copy to, "Dr. William D. McFee".
Provenance: Bookseller's plate, "G. D. Cie".

Lemstrom, Selim, 1838-1904.
Electricity in agriculture and horticulture, by S. Lemstrom. London, The Electrician Print. and Pub. Co., 1904.
iv, 72 p. charts, 5 plates (1 fold.) 22 cm.
Provenance: Owner stamp, "The Electrical Review ... London".
First edition of monograph based on the results of numerous experiments that began in the polar regions. Lemstrom was a pioneer in the field of electrobotany.

Lenard, Philipp Eduard Anton, 1862-
Über Kathodenstrahlen, Nobel - Vorlesung gehalten in öffentlicher Sitzung der königl. schwedischen Akademie der Wissenschaften zu Stockholm am 28. Mai 1906, von P. Lenard. Leipzig, J.A. Barth, 1906.
44 p. illus. 24 cm.
Provenance: Owner signature, "Rudolph Schloss, Heidel-G".
A professor at the University of Kiel and Hamburg, Lenard received the Nobel Prize in 1905 for his researches on the properties of cathode rays. Purportedly, Roentgen discovered x-rays with a Geisller tube given to him by Lenard who had used identical tubes for his own experiments.

Leningrad. Gosudarstvennyĭ institut po izucheni͡iu mozga.
(Novoe v refleksologii i fiziologii nervnoi sistemy)
Новое в рефлексологии и физиологии нервной системы ... Москва, Ленинград, Гос. изд-во, 1925-29
3 v. illus. 26.8 cm.
Provenance: Bakken copy incomplete: consists of v. 3, 1929 only.

Leningrad. Gosudarstvennyĭ institut po izucheni͡iu mozga.
(Trudy)
[Труды] Ленинград, 1933-49.
18v. illus. 25 cm.
Provenance: Bakken copy incomplete: consists of 1933 unnumbered vol. only.
Provenance: Stamp, "Please abstract for *Psychological Abstracts*".

Lenk, Robert.
Röntgentherapeutisches Hilfsbuch für die Spezialisten der übrigen Fächer und die praktischen Ärzte von Robert Lenk, mit einem Vorwort von Guido Holzknecht. 2. verb. Aufl. Berlin, J. Springer, 1922.
vii, 72 p. 20.4 cm.
Provenance: Owner embossed stamp, "Dr. med. G. Bucky".

Leprince, Albert.
Les aimants guérisseurs, par Albert Leprince. Paris [19--]
30, [1] p. illus., charts, diagrs. 20.9 cm.

Leprince, Albert, ophthalmologist.
Précis d'électrothérapie et de radiothérapie oculaires, par A. Leprince (de Bourges.) Paris, J. Rousset, 1911.
[3], 316 p. illus. 19 cm.
Provenance: Owner signature, "Rene Onfray" 1911 and bookplate, "Rene Onfray".

Lermoyez, Marcel, 1858-
Notions pratiques d'électricité à l'usage des médecins, avec renseignements spéciaux pour les oto-rhino-laryngologistes, par Marcel Lermoyez. Paris, Masson, 1913.
xiii, 863, [1] p. illus. 23 cm.

Leroux, Robert Alphonse, 1876-
La haute fréquence en oto-rhino-laryngologie [par] Leroux-Robert, préface du d'Arsonval. 2. éd., rev. et augm. Paris, Masson, 1927.
xv, 216 p. illus. 18.8 cm.
With this is bound Monbrun, A. and Casteran, M. La haute fréquence en ophtalmologie; diathermie médicale, diathermie chirurgicale, étincelage. Paris, 1929.
Provenance: Owner bookstamp, "Dr. R. Labatut ... Oran".

Lesser, Edmund, 1852-1918.
Das Licht als Heilmittel, von E. Lesser.
p. 48-68. 23.8 cm.
(In Zentralkomitee für das ärztliche Fortbildungswesen in Preussen. Elektrizität und Licht in der Medizin. Jena, 1909.)

Lévêque, Henri, 1878-
Essai de traitement des tuberculoses chirurgicales par les courants continus, par Henri Lévêques. Lyon, A. Rey, 1903.
56 p. 25 cm.

Lévier, Maurice Armel Vincent Marie, 1881-
De l'électro-diagnostic et des accidents du travail, par Maurice Armel Vincent Marie Lévier. Bordeaux, Impr. du Midi, P. Cassignol, 1902.
59, [1] p. 2 fold. plates. 22.5 cm.

Levitt, Walter Montague, 1900-
Deep x-ray therapy in malignant disease: a report of an investigation carried out from 1924-1929 under the direction of the St. Bartholomew's hospital cancer research committee by Walter M. Levitt with an introduction by Sir Thomas Horder. London, J. Murray, 1930.
xiv, 128 p. illus. 22.3 cm.
Provenance: Library bookplate "Presented to Lib. Med. Soc. Co. Kings by the Medical Times and Long Island Med. J." 1931.

Levy, D M
Over diathermie en hare toepassingen, door D.M. Levy. Met een voorwoord van Gustav Bucky. Amsterdam, D.B. Centen, 1929.
[9], 160 p. illus., diagrs. 23 cm.
Provenance: Author's signed presentation copy to Dr. Gustav Bucky.

Levy-Dorn, Max, 1863-
Technik der Röntgenologie in der Praxis, von Max Levy-Dorn.
p. 84-93. 23.8 cm.
(In Zentralkomitee für das ärztliche Fortbildungswesen in Preussen. Elektrizität und Licht in der Medizin. Jena, 1909.)

Lewandowsky, Max Heinrich, 1876-1918, ed.
Handbuch der Neurologie bearbeitet von G. Abelsdorff, R. Bárány ... hrsg. von M. Lewandowsky. Berlin, J. Springer, 1910-14.
5 v. in 6. illus., 34 plates (part col.) 25 cm.
Provenance: Donor's inscription, "to Overlook Hospital by the father of Dr. John Livingston Burisch, deceased".
A great twentieth century encyclopedia of neurology containing extensive articles by many of the world's leading authorities.

Lewis, Georgina King (Stoughton)
Elizabeth Fry, by Georgina King Lewis. 3rd ed. London, Headley Brothers, 1909.
176 p. front., port. 23 cm.

Lewis, Sir Thomas, 1881-1945.
Auricular fibrillation: a common clinical condition, by Thomas Lewis. [London?] 1909.
1 p. 28.5 cm.
Extract from The British Medical Journal, Nov. 27, 1909.
Lewis, a British pioneer cardiologist, made major contributions to the study of disorders of the heart by electrocardiographic methods. His "Mechanism and Graphic registration ..." provides the great summary of his work. He founded the journal *Heart* in 1909. He renamed it *Clinical Science* in 1933.

Detail of one model of the string galvanometer, from Lewis, *The Mechanism and Graphic Registration of the Heart Beat* (1921)

Customary leads in the early electrocardiogram from Lewis, *The Mechanism and Graphic Registration of the Heart Beat* (1921)

Lewis, Sir Thomas, 1881-1945.
Clinical disorders of the heart beat. A handbook for practitioners and students, by Thomas Lewis. 4th ed. London, Shaw, 1918.
xii, 120 p. illus. 21.7 cm.

Lewis, Sir Thomas, 1881-1945.
Clinical disorders of the heart beat. A handbook for practitioners and students, by Sir Thomas Lewis. 6th ed. London, Shaw, 1925.
xii, 131 p. illus. 21.5 cm.
Provenance: Bookseller plate, "H. K. Lewis ... London" and owner signature, "Frances Back, London, 1929".

Lewis, Sir Thomas, 1881-1945.
Clinical disorders of the heart beat. A handbook for practitioners and students, by Sir Thomas Lewis. 7th ed. London, Shaw, 1933.
xii, 127 p. illus. 21.2 cm.

Lewis, Sir Thomas, 1881-1945.
Clinical electrocardiography, by Thomas Lewis. London, Shaw, 1913.
viii, 120 p. illus. 21.7 cm.
Provenance: Owner signature and bookplate, "Herbert Charles Moffitt, Cal."

Lewis, Sir Thomas, 1881-1945.
Clinical electrocardiography, by Thomas Lewis. 2nd ed. London, Shaw, 1918.
viii, 120 p. illus. 21.7 cm.

Lewis, Sir Thomas, 1881-1945.
Clinical electrocardiography, by Thomas Lewis. 2nd ed. New York, P.B. Hoeber, 1919.
[2], 120 p. illus. 21.5 cm.
Provenance: Withdrawn library stamp, & owner signature, "Dan C. Darrow".

Lewis, Sir Thomas, 1881-1945.
Clinical electrocardiography, by Sir Thomas Lewis. 3rd ed. London, Shaw, 1924.
viii, 126, [1] p. illus. 21.5 cm.

Lewis, Sir Thomas, 1881-1945.
Diseases of the heart described for practitioners and students, by Sir Thomas Lewis. New York, Macmillan, 1933.
xx, 297 p. illus. 22.5 cm.

Lewis, Sir Thomas, 1881-1945.
Electro-cardiography and its importance in the clinical examination of heart affections, by Thomas Lewis. London, British Medical Association, 1912.
25 p. illus. 21 cm.
"Reprinted from the British Medical Journal, June 22nd, 1912, pp. 1421-1423, June 29th, 1912, pp. 1479-1482, July 13th, 1912, pp. 65-67."

Lewis, Sir Thomas, 1881-1945.
The excitation wave in the heart, by Thomas Lewis.
p. 1-31. 21.5 cm.
(In his Lectures on the heart. New York, 1915.)

Lewis, Sir Thomas, 1881-1945.
Interpretations of the initial phases of the electrocardiogram with special reference to the theory of "limited potential differences", by Sir Thomas Lewis. [Pittsburgh, University of Pittsburgh] 1922.
21 p. illus. 25.5 cm.
"Reprinted from the Archives of internal medicine, September 15, 1922, vol. 30, pp. 269-285."

Lewis, Sir Thomas, 1881-1945.
Lectures on the heart, comprising the Herter lectures, (Baltimore); a Harvey lecture, (New York) and an address to the faculty of medicine at McGill university, (Montreal), by Thomas Lewis. New York, P.B. Hoeber, 1915.
[7], 124 p. illus. 21.5 cm.
Provenance: Owner signature, " James D. Trask Jr., Cornell Med Coll" 1915.

Lewis, Sir Thomas, 1881-1945.
The mechanism and graphic registration of the heart beat, by Thomas Lewis. New York, P.B. Hoeber, 1921.
xx, 452 p. illus. (part col.) 25 cm.
Provenance: Owner bookplate and typed note, "Emmet Field Horine" and "Carleton B. Chapman, MD" respectively.

Lewis, Sir Thomas, 1881-1945.
The mechanism and graphic registration of the heart beat, by Sir Thomas Lewis. 3rd ed. London, Shaw, 1925.
xix, 529, [1] p. illus., plates (part col.) 25 cm.

Lewis, Sir Thomas, 1881-1945.
The mechanism of the heart beat, with especial reference to its clinical pathology, by Thomas Lewis. London, Shaw, 1911.

xvi, 295 p. illus., 6 fold. plates (1 col.) 25.5 cm.
Provenance: Bookseller & owner bookplate, "Paul B. Hoeber ... NY" and "Herbert Charles Moffitt, Cal" respectively.

Lewis, Sir Thomas, 1881-1945.
The method of electrocardiography exemplified, by Thomas Lewis.
p. 35-52. 21.5 cm.
(In his Lectures on the heart. New York, 1915.)

Lewis, Sir Thomas, 1881-1945.
Observations upon cardiac syncope, by Thomas Lewis.
p. 97-121. 21.5 cm.
(In his Lectures on the heart. New York, 1915.)

Lewis, Sir Thomas, 1881-1945.
Observations upon dyspnoea, with especial reference to acidosis, by Thomas Lewis.
p. 81-96. 21.5 cm.
(In his Lectures on the heart. New York, 1915.)

Lewis, Sir Thomas, 1881-1945.
The relation of auricular systole to heart sounds and murmurs, by Thomas Lewis.
p. 53-79. 21.5 cm.
(In his Lectures on the heart. New York, 1915.)

Lewis, Sir Thomas, 1881-1945.
The soldier's heart and the effort syndrome, by Thomas Lewis. London, Shaw, 1918.
xi, 144 p. illus. 21.4 cm.

Lewis, Sir Thomas, 1881-1945.
The soldier's heart and the effort syndrome, by Sir Thomas Lewis. 2nd ed. London, Shaw, 1940.
viii, 103 p. illus. 21.8 cm.

Lewis, Sir Thomas, 1881-1945.
Vascular disorders of the limbs described for practitioners and students, by Sir Thomas Lewis. London, Macmillan, 1936.
xi, 111 p. diagrs. 22.5 cm.

Lhermitte, Jacques Jean, 1877-
(Biologicheskie osnovy psikhologii) 1929.
158, [1] p. illus. 23.2 cm.
The book details the biological basis of psychology.

Liberko, Thaddeus A 1890-1976, collector.
Chiropractic collection, ca. 1926-1960.
3 v. and 7 boxes; 44 x 30 x 9.5 cm.
Thaddeus Liberko was a chiropractor who collected these items throughout his professional life. Dated items span the period from 1926 to 1960. This collection, which also includes several artifacts accessioned as nos. 82.423.1 through 82.423.24, was purchased from the collector's son, Earl Liberko, in 1982. The materials relate to chiropractic, and in particular, to radionics.
They consist of journals, bulletins, pamphlets, minutes, newsletters, brochures, booklets, manuals, order blanks, and forms; and of advertisements, descriptions, price lists, and operating instructions for particular chiropractic instruments and equipment.
The boxes are labelled as follows: Box 1. Items pertaining to the Electronic Medical Foundation, San Francisco. Box 2. Items pertaining to the International Calbro Magnowave Association and to the Art Tool and Die Co., Detroit. Box 3. Items pertaining to the Ellis Research Laboratories, Inc., Chicago. Boxes 4 and 5. Works by Volney G. Mathison, with an emphasis on his system of Electropsychometry. Box 6. Items pertaining to the radionics system of J. Franklin Blanchard, Omaha, Ne. Box 7. Miscellaneous.
The collection includes 3 books: Rogers, H. J. The new radionics, theory and practice. Mexico, Mo., c1936; Whitby, H. A. M. Theory of life, disease, and death. Chicago, 1945; and Whitby, H. A. M. Investigations of disease. Chicago, 1951.

Liebel-Flarsheim Company, Cincinnati.
Electro-coagulation. Cincinnati, c1931.
61, [1] p. illus. 20.9 cm.

Lillie, Ralph Stayner, 1875-1952.
Protoplasmic action and nervous action, by Ralph S. Lillie. 2nd ed. Chicago, The University of Chicago Press, c1932.
xiii, 417 p. 19.1 cm.
Provenance: Owner signature, "Martin Netsky June 1937".
Second edition of Lillie's important work dealing with the fundamental properties of living substances and physiology of stimulation, growth, cell division and radiation effects.

Lindeboom, Gerrit Arie.
Encephalographie, door Gerrit Arie Lindeboom. Amsterdam, P.H. Vermeulen, 1930.
[viii], [151] p. illus. 24 cm.

Lindquist, Robert Jerome, 1902-
Approach to electrotherapeutics, by R. Jerome Lindquist. Los Angeles, The Ward Ritchie Press, 1939.
[v], 117 p. illus. 23 cm.
Provenance: Owner stamp, "Fish and Fish, Attorneys San Francisco" and signature, "E. W. Hitchman."

Lodge, Sir Oliver Joseph, 1851-1940.
Atoms and rays; an introduction to modern views on atomic structure and radiation, by Sir Oliver Lodge. New York, G.H. Doran [1924]
208 p. diagrs., plates. 22.5 cm.
Lodge, a renowned British physicist, made important contributions to the theory of the ether and electromagnetic propagation and author of various popular works on physics and psychic research.

Lodge, Sir Oliver Joseph, 1851-1940.
Electrons; or, The nature and properties of negative electricity, by Sir Oliver Lodge. London, G. Bell, 1906.
xv, [1], 230 p. illus., charts, diagrs. 22 cm.
Provenance: Library stamp, "Mass Inst. Tech. 1907".

Lodge, Sir Oliver Joseph, 1851-1940.
The university aspect of psychical research, by Sir Oliver Lodge.
p. [1]-14. 23.5 cm.
(In Murchison, Carl. The case for and against psychical belief. Worchester, Mass., 1927.)

Loeb, Jacques, 1859-1924.
Forced movements, tropisms, and animal conduct, by Jacques Loeb. Philadelphia, J.B. Lippincott, c1918.
209 p. illus., 2 plates. 20.6 cm.
Provenance: Author's signed presentation copy; owner stamp, "Theo C. Burnett, Spreckel's Physiolog. Lab, Berkley, Cal". Biographical notes on Burnett and Loeb added by C. J. Leake June 11, 1946.
Loeb, a naturalized American biologist, became a major figure in the study of animal tropisms. Other lines of his research included developmental mechanics and the biochemistry of proteins.

Loeb, Jacques, 1859-1924.
Ist die erregende und hemmende Wirkung der Ionen eine Function ihrer elektrischen Ladung? Von Jacques Loeb. Bonn, E. Strauss, 1902.
248-264 p. 23.5 cm.
"Separat-Abdruck aus dem Archiv für die ges. Physiologie Bd. 91."

Loeb, Jacques, 1859-1924.
On the nature and seat of the electromotive forces manifested by living organs [by] Jacques Loeb and Reinhard Beutner. [n.p., n.d.]
3 p. 25.3 cm.
"Reprinted from Science, N.S., vol. XXXIV., No. 886, p. 884-887, December 22, 1911."

Loeb, Jacques, 1859-1924.
Studies in general physiology, by Jacques Loeb. Chicago, University of Chicago Press, 1905.
2 v. (xii, [1], 782 p.) illus. 22.5 cm.
Provenance: Owner stamp and signature, "Maurice H. Simmers MD" Library embossed stamp, "College of Osteopathic Physicians and Surgeons".
First collected edition of Loeb's important works on heliotropism, geotropism and galvanotropism in animals, and his work on embryology, including his experiments on artificial parthenogenesis, regeneration and the prolongation of life.

Loeb, Jacques, 1859-1924.
Ueber den Einfluss der Werthigkeit und möglicher Weise der elektrischen Ladung von Ionen auf ihre antitoxische Wirkung. Vorläufige Mittheilung. Von Jacques Loeb. Bonn, E. Strauss, 1901.
68-78 p. 23.5 cm.
"Separat-Abdruck aus dem Archiv für die ges. Physiologie Bd. 88."

Loeb, Jacques, 1859-1924.
Ueber die Ursache der elektrotonischen Erregbarkeitsänderung im Nerven, von Jacques Loeb. Bonn, M. Hager, 1907.
193-202 p. 23.5 cm.
"Separat-Abdruck aus dem Archiv für die ges. Physiologie. Bd. 116."

Loiseau, A., Fils.
Notice illustrée sur les expériences curieuses et amusantes que l'on peut répéter avec la bobine Ruhmkorff, par A. Loiseau Fils, refondue et complétée par un practicien. 15. éd., enrichie d'un

portrait de Ruhmkorff, suivie d'autres expériences d'électricité et de la description de quelques appareils d'application domestique. Paris, H. Desforges [1904?]

112 p. illus., diagrs., port. 17.1 cm.

Loiseleur, J

Les courants exponentiels de basse fréquence dans le syndrome douleur, par M.J. Loiseleur. [n.p.] 1937.

3 p. 23.6 cm.

"Extr. des Bull. et Mém. de la Société de Radiologie Medicale de France. Mars 1937."

Loison, Edmond.

Les rayons de Roentgen, appareils de production, modes d'utilisation, applications chirurgicales, par Edmond Loison. Paris, O. Doin, 1905.

[3], iv, 675 p. illus. 24.7 cm.

Provenance: Owner bookstamp, "Dr. J. Babon, Argenton-s-Creuse (Indre)," and signature. Bookseller plate, "Alain Brieux, Paris".

Long, Clyde Boyer, 1886-

The simple story of short-wave therapy, by Clyde Boyer Long. Los Angeles, The Birtcher Corporation, c1940.

[21] p. illus. 22.5 cm.

First edition of a text for salesmen to attain "a better understanding of a Birtcher-built short wave theapy equipment".

Lonjon-Raynaud, L

Maigrir par l'électricité [par] L. Lonjon-Raynaud. Paris, N. Maloine, 1933.

128 p. charts. 24 cm.

Lorand, Arnold.

The ultra-violet rays; their action on internal and nervous diseases and use in preventing loss of color and falling of the hair, by Arnold Lorand. Philadelphia, F.A. Davis, 1928.

[2], 258 p. 24 cm.

Lorentz, Hendrik Antoon, 1853-1928.

Versuch einer Theorie der electrischen und optischen Erscheinungen in bewegten Körpern, von H.A. Lorentz. Unveränderter Abdruck der 1895 bei E.J. Brill in Leiden. Erschienenen ersten Auflage. Leipzig, B.G. Teubner, 1906.

[3], 138, [1] p. 23 cm.

Provenance: Owner signatures, "Harold M. Nichols, Pyerson Physical Lab. U. of Chicago" and, "B. Liebowitz, NY City".

Lorentz, a Dutch physicist and Nobel Laureate (1902), made important contributions to optical and electromagnetic theory.

Lovén, Otto Christian, 1835-1904.

Anatomische und physiologische Arbeiten, von Christian Lovén. Im Auftrage der Familie. Hrsg. von Robert Tigerstedt. Leipzig, Veit, 1906.

xxiv, 374 p. illus., 12 plates (part col., part fold.). 23.5 cm.

Vasodilatation of an organ when its afferent nerve is stimulated is called the Loven Reflex.

Lower, Richard, 1631-1691.

A facsimile edition of Tractatus de corde item de motu & colore sanguinis et chyli in eum transitu, by Richard Lower, London, 1669. Prefaced by an introduction and trans. by K. J. Franklin. London, Reprinted [by] Dawsons of Pall Mall, 1968.

1 v. (various pagings). illus., facsims. 22 cm.

Löwy, Max, 1875-

Über eine Unruheerscheinugn: die Halluzination des Anrufes mit dem eigenen Namen (ohne und mit Beachtungswahn), von Max Löwy. Leipzig, Franz Deuticke, 1911.

131 p. charts. 23.5 cm.

"Separatabdruck aus den Jahrbuchern fur Psychiatrie und Neurologie XXXIII. Band."

Provenance: Author's presentation copy to, "Dr. Graeffner?"

Lucas, Keith, 1879-1916.

La conduction de l'influx nerveux par Keith Lucas. Publié par E.D. Adrian. Tr. de l'Anglais par Georges Matisse. Paris, Gauthier-Villars, 1920.

123, [1] p. illus. 21 cm.

Lucas, Keith, 1879-1916.

The conduction of the nervous impulse, by Keith Lucas. Rev. by E.D. Adrian. London, Longmans, Green, 1917.

xi, 102, [1] p. illus. 22.5 cm.

Provenance: Owner signature, "Ernest L. du Bury" 1924.

This first edition of a fundamental study on the physiology of nerve and muscle was published posthumously. Two missing chapters of the unfinished manuscript were reconstructed from Lucas' notes by his distinguished pupil E. D.

Adrian. During his years at Cambridge, Lucas showed amongst other things that the contraction response of ordinary muscle fibre was an all-or-none type and determined time-relations for recovery of nerve fibre from refractory phase following recovery.

Lucchini, A
Science radiesthésique, notions pratiques de radiesthésie, par A. Lucchini. Dijon, Impr. Jobard, 1937.
104, [1] p. illus., 2 plates. 17.8 cm.

Luce, Ethel M
Glass screens for the transmission of the light radiations curative of rickets, by Ethel M. Luce. Baltimore, Waverly Press, 1926.
187-190 p. 22.5 cm.
"Reprinted from the journal of biological chemistry, vol. LXXI, No. 1, December, 1926."
Provenance: Library stamp, "Yale Medical Library, General".

Luckiesh, Matthew, 1883-
Artificial sunshine; combining radiation for health with light for vision, by M. Luckiesh. New York, D. Van Nostrand, 1930.
[9], 254 p. illus., front., plates. 23.4 cm.

Luckiesh, Matthew, 1883-
Light and health; a discussion of light and other radiations in relation to life and to health, by M. Luckiesh and A.J. Pacini. Baltimore, Williams & Wilkins, 1926.
viii, 302 p. illus., plates. 23.5 cm.
Provenance: Owner bookplate and stamp, "Nathan H. Polmer MD" and "Walter C. Barker, MD, Phila. Penna."

Luckiesh, Matthew, 1883-
Ultraviolet radiation; its properties, production, measurement, and applications, by M. Luckiesh. New York, D. Van Nostrand, 1922.
xi, 258 p. 12 plates. 23 cm.
Provenance: Library bookplate and stamp, "The Lennox Hill Hospital, NY City".

Luke, Thomas Davey.
A manual of natural therapy, by Thomas D. Luke. Bristol, J. Wright, 1908.
xvi, 303 p. illus., front., 30 plates. 22 cm.

Lurie, Moses Hyman.
Acoustic trauma of the organ of Corti in the guinea pig [by] M.H. Lurie, H. Davis and J.E. Hawkins, jr. St. Louis, 1944.
12 p. illus. 26.9 cm.
(In Davis reprints, 1926-47. [n.p., n.d.]
"Reprint from The Larygnoscope, St. Louis, August, 1944."

Lurie, Moses Hyman.
The electrical activity of the cochlea in certain pathologic conditions [by] M.H. Lurie, H. Davis, and A.J. Derbyshire. [n.p.] 1934.
23 p. illus. 25.3 cm.
"Reprinted from the Annals of Otology, Rhinology and Laryngology, June, 1934. Vol. XLIII, No. 2, Page 321."

Lusk, William Chittenden, 1868-1934.
A thoracic aneurism treated with gold wire and galvanism. With notes on a previous case and on experimental studies, by William C. Lusk. Philadelphia, J.B. Lippincott, 1912.
789-803 p. 5 plates. 23.5 cm.
"Reprinted from Annals of surgery for June, 1912."

Luzenberger, Augusto di, 1861-
Die franklinsche Elektrizität in der medizinischen Wissenschaft und Praxis, von August von Luzenberger. Leipzig, J.A. Barth, 1905.
98 p. illus. 24.5 cm.
Provenance: Bookseller stamps, "Uberreicht vom Verleger, zur geft Besprechung". "Weekblad van het Nederlandsch tijdschrift voor geneeskunde".

Lyons, Sir Henry George, 1864-1944.
The Royal Society 1660-1940; a history of its administration under its charters, by Sir Henry Lyons. Cambridge, University Press, 1944.
x, 354 p. diagr. 23.7 cm.

McArthur, G A D
La ionizacion de zinc en la otorrea cronica, por G.A.D. McArthur. Chicago, Victor X-ray Corp. [19--]
10, [1] p. 24.6 cm.
"Tomado de The American Journal of Physical Therapy, Septiembre de 1927, Vol. IV, No. 6."

McCaskey, George Washington, 1853-1935.
Electrical reactions of the gastro-intestinal musculature and their therapeutic value, by G.W. McCaskey. New York, W. Wood, 1902.
20 p. illus. 19.5 cm.
"Reprint for the Medical Record, July 26, 1902."

McCormick, John Henry, 1870- ed.
Century book of health; the maintenance of health; prevention and cure of disease; motherhood; care, feeding and diseases of children; modern home nursing; accidents and emergencies; injurious habits; a complete practical guide based upon the latest medical practice, recent discoveries in science and U.S. pharmacopoeia revision of 1905, [ed. by] J.H. McCormick. Springfield, Mass., King-Richardson, c1907.
872 p. illus., plates (part col.) 25 cm.
Provenance: Owner's inscription, "Ellen B. Parmeter, Matron Eastern S Home, Waterville, New York".

McCormick, William Henry, 1884-
Electricity, By W.H. McCormick. London, T.C. & E.C. Jack [1915]
viii, [296] p. illus., front., 16 plates. 20.5 cm.
Provenance: Inscribed, "Alan Paterson from Arthur Thornton, Christman, 1928". Bookseller plate, "Christenson & Dempster Co., Sioux Falls, S. Dak."

McCulloch, Henry D
Alimentary toxaemia from the biological and physiological standpoint.
p. [33]-35. 25 cm.
(In his The heresy of erythorocytic function. London, 1913.)
"Reprinted from the proceedings of the Royal Society of Medicine ("Discussion of Alimentary Toxaemia," before Special Meeting of Fellows, at the sixth meeting, on May 7, 1913), Vol. VI., No. 7, Supplement, May 1913, pp. 360-363."

McCulloch, Henry D
The heresy of erythrocytic function with other biological and physiological papers, by Henry D. McCulloch. [London, London Colour Printing, 1913]
39 p. illus. 25 cm.
Provenance: Library stamp, "Yale University Library, 1914".

McCulloch, Henry D
The history and origin of the leucocyte (white blood corpuscle).
p. [30]-31. 25 cm.
(In his The heresy of erythrocytic function. London, 1913.)
"Reprinted from The Medical Press and Circular, July 30, 1913."

McCulloch, Henry D
The ingestion of bacteria by the subepithelial lymphatic glands in health.
p. [36]-37. 25 cm.
(In his The heresy of erythorcytic function. London, 1913.)
"Reprinted from the Lancet, June 28, 1913, p. 1827."

McCulloch, Henry D
The interpretation of lymphoid and lympathic involvement in the tuberculosis of childhood.
p. [38]-39. 25 cm.
(In his The heresy of erythrocytic function. London, 1913.)
Reprinted from the Lancet, May 17, 1913, p. 1418.

McCulloch, Henry D
On the heresy of erythrocytic function, as revealed by the evolution of the mammalian from reptilian erythrocyte.
p. [5]-19. 25 cm.
(In his The heresy of erythrocytic function. London, 1913.)

McCulloch, Henry D
The therapeutics of radio-active agencies in disease--with special reference to the cure of chronic deafness and mutism.
p. [20]-29. 25 cm.
(In his The heresy of erythrocytic function. London, 1913.)

McDougall, William, 1871-1938.
Psychical research as a university study, by William McDougall.
p. [149]-162. 23.5 cm.
(In Murchison, Carl. The case for and against psychical belief. Worchester, Mass., 1927.)

Macfadden, Bernarr Adolphus, 1868-
Macfadden's encyclopedia of physical culture. A work of reference, providing complete instructions for the cure of all diseases through

physcultopathy, with general information on natural methods of health-building and a description of the anatomy and physiology of the human body, by Bernarr Macfadden. Assisted by specialists in the application of natural methods of healing. New York, Physical culture publishing, 1912.

5 v. illus., 3 ports., 2 fronts., 75 col. plates, 1 manikin, 6 fold. charts. 26 cm.

Five volumes covering virtually the entire range of physical culture fads of the early 20th century.

McGillivray, W D

Ultra-violet rays and their properties, by W.D. McGillivray. Slough [Eng] Sollux, 1927.

44 p. illus. 22.7 cm.

Mach, Ernst, 1838-1916.

Die Analyse der Empfindungen und das Verhältniss des Physischen zum Psychischen, von E. Mach. Dritte vermehrte Aufl. Jena, G. Fischer, 1902.

viii, [1], 286 p. illus. 24 cm.

Mach, an Austrian physicist and philosopher of science, made fundamental contributions to physics, physiology and psychology, especially aerodynamics, thermodynamics, mechanics and the psychophysics of sight (Mach bands) and hearing. His *Analyse ...* clarifies his views on how psychological, physiological and physical experience, taken as sensations, provide man's sole source of knowledge concerning the world.

Mach, Ernst, 1838-1916.

Die Analyse der Empfindungen und das Verhältniss des Physischen zum Psychischen, von E. Mach. Vierte vermehrte Aufl. Jena, G. Fischer, 1903.

x, [1], 294 p. illus. 23.5 cm.

Provenance: Inscribed, "Gustav Bucky, 1901".

Mach, Ernst, 1838-1916.

Die Mechanik in ihrer Entwickelung. Historisch-kritisch, dargestellt von Ernst Mach. 5. verb. und verm. Aufl. F.A. Brockhaus, 1904.

xvi, 561 p. illus., ports. 19 cm.

Contains an historical study of the development of the principles of status and dynamics from historical contigency to philosophical necessity.

Mach, Ernst, 1838-1916.

Populär-wissenschaftliche Vorlesungen, von E. Mach. 3. verm. und durchgesehene Aufl. Leipzig, J.A. Barth, 1903.

x, [1], 403, [1] p. illus. 19.5 cm.

Provenance: Inscribed, "G. Bucky. 1904".

Mach derived most of his income in Vienna from popular scientific lectures on optics, musical acoustics and psychophysics.

Macht, David Israel, 1882-

Clinical and experimental studies on phototherapy in pernicious anemia, by David I. Macht and William T. Anderson. [n.p.] 1928.

365-389 p. 26 cm.

"Reprinted from The Journal of Pharmacology and Experimental Therapeutics. Vol. 34, no. 4, December, 1928."

Macht, David Israel, 1882-

The penetration of ultra-violet rays into live animal tissue, by D.I. Macht, William T. Anderson, and F.K. Bell. Chicago, American Medical Association, c1928.

15 p. illus. 21.5 cm.

"Reprinted from the Journal of the AMA, Jan. 21, 1928, Vol. 90, p. 161-165."

Macht, David Israel, 1882-

Die Wirkung von polarisiertem Licht auf Kokain, von David I. Macht und Harriet Leach. Leipzig, Vogel, 1929.

[177], 178-207 p. illus. 22.5 cm.

"Sonderabdruck aus Archiv für experimentelle Pathologie und Pharmakologie. Band 146, Heft 3/4."

McIntosh, Herbert, 1857-1917.

Practical handbook of medical electricity for students and practitioners, by Herbert McIntosh. Boston, Therapeutic Pub., 1909.

510 p. illus. 22 cm.

McIntosh Electrical Corporation, Chicago.

A compend of high frequency currents and their therapeutic uses. Chicago, c1926.

70 p. illus. 22.5 cm.

MacKee, George Miller, 1878-

X-rays and radium in the treatment of diseases of the skin, by George Miller MacKee. Philadelphia, Lea & Febiger, 1921.

602 p. illus. 24 cm.
Provenance: Library bookplate, "U. S. Public Health Service Library". Book seller stamp.

MacKee, George Miller, 1878-
X-rays and radium in the treatment of diseases of the skin, by George M. MacKee. 2nd ed., thoroughly rev. Philadelphia, Lea & Febiger, 1927.
xii, [17]-788 p. illus. 24 cm.
Provenance: Library stamp, US Veteran's Administration, Lyons, New Jersey", Bookseller stamp, "Chicago Medical Books".

MacKee, George Miller, 1878-
X-rays and radium in the treatment of diseases of the skin, by George M. MacKee ... 3d ed., thoroughly rev. Philadelphia, Lea & Febiger, 1938.
3 p. l., 5-8 p., 1 l., 9-830 p. illus., II col. pl., diagrs. 24.5 cm.

McKenzie, Dan, 1870-1935.
The infancy of medicine; an enquiry into the influence of folk-lore upon the evolution of scientific medicine, by Dan McKenzie. London, Macmillan, 1927.
xiii, [1], 421 p. 22.2 cm.
McKenzie, a British ear, nose, and throat specialist and editor of *Journal of Laryngology*, made a special study of electrosurgery using high frequency current for the removal of infected tonsils during the 1920's.

MacKenzie, Sir James, 1853-1925.
Auricular fibrillation [by Sir James MacKenzie] [London] J. Bale, Sons & Danielsson [1918]
4 p. 21.5 cm.
MacKenzie, a British cardiologist, made significant advances in the understanding of the abnormal pulse using his ink polygraph, a device using pressure tambours that recorded both atrial and ventricular rhythms simultaneously. This led the way to improved diagnosis of cardiac arrhythmias and the separation of auricular fibrillations from extra systoles.

MacKenzie, Sir James, 1853-1925.
Diseases of the heart, by James MacKenzie. London, H. Frowde, 1908.
xix, 386 p. illus., 4 col. plates, 5 fold. plates. 24.9 cm.

MacKenzie, Sir James, 1853-1925.
Diseases of the heart, by Sir James MacKenzie. 4th ed. London, H. Milford, 1925.
xxiv, 496 p. illus., 4 col. plates. 25.2 cm.
Provenance: Library bookplates, "Wisconsin Medical Extension Library"; "Contributed to ... by the State Medical Society of Wisconsin". Owner bookstamp, "E. M. Maxwell MD".

MacKenzie, Sir James, 1853-1925.
Heart disease and pregnancy, by Sir James MacKenzie. London, H. Frowde and Hodder & Stoughton, 1921.
xiv, 138 p. illus., diagrs. 21.7 cm.
Provenance: Inscribed, "J. M. Bamber". Bookseller plate, "J. A. Majors Co., New Orleans".

MacKenzie, Sir James, 1853-1925.
Principles of diagnosis and treatment in heart affections, by Sir James MacKenzie ... 2d impression. London, H. Frowde; [etc., etc.] 1916.
viii, 264 p. illus. 22 cm.
Provenance: Owner signature, "H. C. Moffitt".

MacKenzie, Sir James, 1853-1925.
The study of the pulse, arterial, venous, and hepatic and of the movements of the heart, by James MacKenzie. Edinburgh, Y.J. Pentland, 1902.
xx, [1], 325 p. illus., front. 23.2 cm.
First edition of MacKenzie's classic monograph describing his polygraph for recording simultaneously the radial pulse with the apex beat, carotid or venous pulse, etc.

McKenzie, Robert Tait, 1867-1938.
Reclaiming the maimed, a handbook of physical therapy, by R. Tait McKenzie. New York, Macmillan, 1918.
viii, [1], 128 p. illus. 14.6 cm.
Provenance: Owner signature, "Geo. E. Percy MD, Salem, Mass."

McKenzie, Thomas Clyde, 1896-
Practical ultra-violet light therapy, by T. Clyde McKenzie and A.A. King. A handbook for the use of medical practitioners. London, E. Benn, 1926.
108 p. illus., 15 plates. 22 cm.
Provenance: Owner signature and address, "E. M. Woodward, Cheltenham".

MacLaren, Malcolm, 1869-
Early electrical discoveries by Benjamin Franklin and his contemporaries, by Malcolm MacLaren. [n.p.] 1945.

14 p. 24 cm.
"Reprinted from the Journal of the Franklin Institute, Vol. 240, no. 1, July, 1945."

McOscar, Joseph Riley, 1864-
The all-around specialist; a treatise giving the technique of the specialists in the most important branches of medicine, by J.R. McOscar, M.D. Philadelphia, Printed by J.B. Lippincott company, 1904.
842 p. 7 pl. (1 col.) 24 cm.

McRoberts, William John, 1858-1935.
Aetheronic therapy, 1936, McRoberts Streborcam, rates and techniques for diagnosis and treatment, by W.J. McRoberts. Ed. by Neara McRoberts. [n.p.] 1936.
[6], 113 p. port., charts. 25 cm.
Provenance: Owner presentation plate, "From H. C. Bennett MD, Lima, Ohio".

McRoberts, William John, 1858-1935.
Vibratory rates anatomical, physiological, pathological, psychological and dietic, as worked out through "Streborcam" for "Streborcam" technique in detecting the human emanations in diagnosing and treating diseases, utilizing only the ether, nature's finer force of energy, under control and direction through the Dr. McRoberts "Streborcam" energy detector [by] Dr. McRoberts. Hot Springs, S.D., W.J. McRoberts, c1928.
11 p. 23 cm.

Madsen, Thorvald Johannes Marius, 1870-
Temperature and immuno-chemical reactions [by] Thorvald Madsen.
p. 79-110. 20.7 cm.
(In Harvey Society. The Harvey lectures. Philadelphia, c1926.)

Magill, Ethel May.
Notes on galvanism and faradism, by E.M. Magill. London, H.K. Lewis, 1916.
xvi, 220 p. illus. 19 cm.
Library Circulation Record: "Royal British Nurses Association ... London".

Magill, Ethel May.
Notes on galvanism and faradism, by E.M. Magill. London, H.K. Lewis, 1917.
xvi, 222 p. illus. 19 cm.
Provenance: Initialed: "B.M."

Magill, Ethel May.
Notes on galvanism and faradism, by E.M. Magill. 2d ed. London, H.K. Lewis, 1919.
xvi, 224 p. illus. 19 cm.
Provenance: Owner signature, "F. Sitzler".

Magill, Ethel May.
Notes on galvanism and faradism, by E.M. Magill. 2d. ed. London, H.K. Lewis, 1921.
xvi, 224 p. illus. 19 cm.
Provenance: Owner signature, "M. Elsa Burton".

Maison Mathieu.
Arsenal chirurgical; orthopédie, prothèse. 15. ed. [Paris? ca. 1907]
xviii, 484 p. illus. 22.4 cm.

Mann, Ludwig, 1866-
Die elektrischen Behandlungsmethoden; ein Leitfaden für das ärztliche Hilfs-Personal (Krankenschwestern, Heilgehilfen, Krankenwärter usw.), von Ludwig Mann. Leipzig, G. Thieme, 1915.
40 p. 21 cm.

Mann, Ludwig, 1866-
Electrodiagnostiche Untersuchungen mit Condensatoren--Entladungen, von Ludwig Mann. Berlin, L. Schumacher, 1904.
20 p. 22.5 cm.
"Sonderabdruck aus Berliner Klinischen Wochenschrift, 1904, No. 33 und 34."

Mann, Ludwig, 1866- ed.
Neuere Erfahrungen auf dem Gebiet der medizinischen Elektrizitätslehre mit Ausschluss der Röntgenlehre (Elektrophysik, Elektrophysiologie, Elektropathologie, Elektrodiagnostik, Elektrotherapie) Unter Mitarbeit von Fachgenossen, hrsg. von Ludwig Mann, unter Mitwirkung von Franz Kramer. Leipzig, G. Thieme, 1928.
xv, 501 p. illus. 27 cm.
Provenance: Author's presentation stamp and library stamp, "Johns Hopkins Medical School Library". Owner stamp, "Dr. Botho E. Bruda".

Mann, Ludwig, 1866-
Über die diagnostische Verwertung des galvanischen Schwindels (galvanische Vestibularreaktion); Sammelreferat von Ludwig Mann. Leipzig, J.A. Barth, 1909.
[1], 192-215 p. 23.5 cm.

"Sonder-Abdruck aus der Zeitschrift für medizinische Elektrologie und Röntgenkunde. Band XI, 1909."
Provenance: Author's presentation stamp: Library stamp, "Johns Hopkins Medical School Library".

Mann, Ludwig, 1866-
Über die galvanische Akustikus- oder Gehörreaktion; Sammelreferat von Ludwig Mann. Leipzig, J.A. Barth, 1909.
[1], [308]-329 p. 23.5 cm.
"Sonder-Abdruck aus der Zeitschrift für medizinische Elektrologie und Röntgenkunde. Band XI, 1909."
Provenance: Author's presentation stamp: Library stamp, "Johns Hopkins Medical School Library".

Marburg, Otto, 1874-
Die Röntgenehandlung der Nervenkrankheiten, von Otto Marburg und Max Sgalitzer. Berlin, Urban & Schwarzenberg, 1930.
x, 213 p. illus. 24.5 cm.

Marburg, Otto, 1874-
Studien über die sogenannten Reflexautomatismen des Rückenmarks, von Otto Marburg. Leipzig, F. Deuticke, 1920.
99-110 p. 22 cm.
"Separatabdruck aus den Jahrbüchern für Psychiatrie und Neurologie. XL Band."
Provenance: Inscription, illegible.

Marçais, Albert.
Electro-homéopathie, théorique et pratique, par A. Marcais. Genéve, Institut Electro-homéopathique, 1909.
176 p. 19 cm.
Provenance: Advertisement, "Pharmacie Rationnelle ... Paris".

Marckwald, Willy, 1864-
Radioaktive Stoffe, mit besonderer Berücksichtigung ihrer Bedeutung für die Heilkunde, von W. Marckwald.
p. 26-47. 23.8 cm.
(In Zentralkomitee für das ärztliche Fortbildungswesen in Preussen. Elektrizität und Licht in der Medizin. Jena, 1909.)

Marfaing, René.
Etude physique, physiologique et clinique des courants de haute fréquence redressés [par] Rene Marfaing. Paris, Administrative Centrale, 1950.
144 p. 25.5 cm.

Marks, A.A. [firm]
Manual of artificial limbs ... [by] A.A. Marks. New York, A.A. Marks, 1906, c1905.
430, [1] p. illus. 22.5 cm.

Marks, A.A. [firm]
A treatise on artificial limbs with rubber hands feet ... [by] A.A. Marks. New York, A.A. Marks, 1903.
530 p. illus., port. 22.5 cm.

Marquès, H
Électrothérapie--radiographie, photographie, statistique, 1902-1903, par H. Marquès. Montpellier, Delord-Boehm et Martial, 1904.
4 p. 24 cm.
"Extrait du Montpellier Médical. (Tom. xviii.-1904)"

Marquès, H
Électrothérapie--radiographie, photographie, statistique, 1904-1905, par H. Marquès. Montpellier, Delord-Boehm et Martial, 1905.
4 p. 22 cm.
"Extrait de Montpellier Médical. (Tome xxii, 1905)"
Provenance: Author's presentation stamp: Inscribed, "Expediteur: Dr. H. Marques ... Montpellier" and "Dr. C. v. Pirquet ... Wien".

Marsay, Jehan Marie Joseph Côme, comte de, 1868-
Électricité, magnétisme, radiesthésie. Paris, Maison de la radiesthésie [c1937]
2 p. l., [7]-123 p., 2 l. front. (port.) diagrs. 23 cm.

Marshall, Percival, 1870- ed.
Induction coils for amateurs: how to make and use them; a practical handbook on the construction and use of shocking and sparking coils, ed., by Percival Marshall. London, P. Marshall [193-?]
45 p. illus., diagrs. 18.5 cm.
Provenance: Owner signature, "J. Page, 1936".

Martin, Abel, 1891-
Vie, etres, radiations. Recherches experimentales. (Contribution à l'étude de la radiesthesie) [par] Abel Martin. Airaines, en vente chez l'auteur, 1933.
16 p. illus. 23.5 cm.

Martin, James Madison, 1866-1947.
Practical electro-therapeutics and x-ray therapy with chapters on phototherapy, x-ray in eye surgery, x-ray in dentistry, and medico-legal aspect of the x-ray, by J.M. Martin. St. Louis, C.V. Mosby, 1912.
446 p. front., illus. 23.5 cm.

Martin, J M
Terapeutica de los rayos X en enfermedades malignas de la piel, por J.M. Martin. Chicago, Victor X-ray Corp. [19--]
20 p. illus. 24.6 cm.
"Tomado de Radiology. Marzo de 1927, Vol. VIII, No. 3."

Martin, Thomas Commerford, 1856-1924, ed.
The story of electricity; a popular and practical historical account of the establishment and wonderful development of the electrical industry, ed. by T. Commerford Martin and Stephen Leidy Coles. New York, The Story of Electricity Col, M.M. Marcy, 1919-22.
2 v. illus., diagrs., plates, ports. 28.3 cm.

Martiny, Th
L'acupuncture chinoise, par Th. Martiny. [Paris] La Vie Médicale, 1933.
967-972 p. 27 cm.
From La Vie Médicale, No. 21, 10 Novembre 1933.

Marty, Henri.
L'électricité dans l'agriculture [par] Henri Marty. Préface de Emile Calvet. Toulouse, 1948.
[1], x, 492, [2] p. illus. 20.5 cm.

Massey, George Betton, 1856-1927.
Conservative gynecology and electro-therapeutics; a practical treatise on the diseases of women and their treatment by electricity, by G. Betton Massey. 3d. ed., rev., rewritten and greatly enl. Philadelphia, F.A. Davis, 1902.
xv, 394 p. illus., plates (part col.) 24.5 cm.
Provenance: Owner signature, "G. J. Mittan MD, Calfax, Ill. 1902".
Massey was a Philadelphia based "psycho-electrologist and onco-roentgenologist".

Massey, George Betton, 1856-1927.
Galvanic currents and low voltage wave currents in physical therapy, by G. Betton Massey and Frederick H. Morse. Boston, Falcon, c1927.
xv, 190 p. illus. 23.5 cm.
Provenance: Inscribed, "Presented by Dr. W. A. Applegate, Chief Surgeon of the Southern Railway Co. to Dr. A. H. Hands Jr., 1928".

Massey, George Betton, 1856-1927.
Ionic surgery in the treatment of cancer; with a chapter on ionization in surgical tuberculosis and in hemorrhoids, by G. Betton Massey. New York, A.L. Chatterton, 1910.
xv, 243 p. illus., 2 plates. 24 cm.

Massey, George Betton, 1856-1927.
Practical electrotherapeutics and diathermy, by G. Betton Massey. New York, Macmillan, 1924.
xvi, [1], 401 p. illus. 22.8 cm.

Master, Arthur Morris.
The electrocardiogram and x-ray configuration of the heart, by Arthur M. Master. Philadelphia, Lea & Febiger, 1939.
222 p. illus. 26.7 cm.

Master, Arthur Morris.
The electrocardiogram and x-ray configuration of the heart, by Arthur M. Master. 2nd ed., enl. and thoroughly rev. Philadelphia, Lea & Febiger, 1942.
404 p. illus., plates. 26 cm.

Master Specialist.
The home private medical adviser in plain language for the young people, the unmarried, and married, by the Master Specialist, ... President of the Wisconsin Medical Institute. Milwaukee, [19--]
[6], 187 p. illus., front. 17 cm.

Mathews, Albert Prescott, 1871-1957.
The nature of the nerve impulse. A physical explanation of one of the phenomena of life, by Albert P. Mathews. [n.p.] 1902.
783-792 p. 24 cm.
Extract from The Century Magazine, 1902.

Mathews, Albert Prescott, 1871-1957.
Will living matter be formed artificially? by Albert P. Mathews. [n.p.] 1904.
61-64 p. 25.3 cm.
Extract from The World Today, Jan., 1904.

Matijaca, Anthony.
Electro-therapy in the abstract for the busy practitioner, by A. Matijaca. With valuable contributions from Albert C. Geyser; practical notes on treatment of pulmonary tuberculosis and pneumonia, by Omar T. Cruikshank; and chapters descriptive of apparatus, H.A. Thompson. Philadelphia, The Dando Co., 1916.
[2], 121 p. illus., 14 plates, fold. table. 19 cm.

Matijaca, Anthony.
Principles of electro-medicine, electrosurgery and radiology; a practical treatise for students and practitioners wtih chapters on mechanical vibration and blood pressure technique, by Anthony Matijaca. Butler, N.J., B. Lust, c1917.
210 p. illus., port. 24.5 cm.

Maurer, Ruth D. Johnson, 1870-
Use of electricity on the face and scalp, by Emily Lloyd [pseud.] La Crosse [Wis.] Marinello, c1924.
128 p. illus. 21.3 cm.
Provenance: Owner pencil signature, "M. Louise Harvey".
Another issue.
126 p.

Maury, Marguerite.
Radiesthésie automatique, méthode scientifique de détection par le Détectomètre electromagnétique [par] Marguerite Maury et André Caradec. (Appendice à l'usage des Médecins par E.A. Maury.) Paris, Maison de la Radiesthesie, 1948.
61, [1] p. illus. 24 cm.

Maw, S., Son & Sons, London.
A catalogue of surgical instruments, appliances, aseptic hospital furniture, surgical dressings, etc. [ed. by Henry T. Maw] London, 1925.
xxxvi, 606 p. illus., port. 20.9 cm.

Mayer, Edgar, 1889-
Clinical application of sunlight and artificial radiation, including their physiological and experimental aspects with special reference to tuberculosis, by Edgar Mayer. Baltimore, Williams & Wilkins, 1926.
xvi, 468 p. 37 plates. 23.5 cm.
Provenance: Library stamp, "Wills Eye Hospital".

Mayer, Leo L
A method of flicker perimetry, by Leo L. Mayer and Irving C. Sherman. Chicago, 1938.
[1], 390-395 p. illus. 24 cm.
"Reprinted from American Journal of Ophthalmology, Vol. 21, No. 4, April, 1938."

Mayer & Phelps.
An illustrated catalogue of surgical instruments and appliances manufactured and sold by Mayer & Phelps. London [1931?]
xvi, 568 p. illus. 26.5 cm.

Mead, Kate Campbell Hurd, 1867-1941.
A history of women in medicine from the earliest times to the beginning of the nineteenth century, by Kate Campbell Hurd-Mead. Haddam, Conn., Haddam Press, 1938.
xvi, 569 p. illus., front., plates. 23.4 cm.
Another copy: Photo-reproduction. Boston, Milford House, 1973. 21.5 cm.

Meigs, Edward Browing, 1879-1940.
On the mechanism of the contraction of voluntary muscle of the frog, by Edward B. Meigs. New York, Lea Brothers, 1904.
11 p. illus. 23.4 cm.
"Extracted from The American Journal of the Medical Sciences, April, 1904."
Provenance: Owner stamp, "C. M. Goss".

Meigs, Joe Vincent, 1892-
Tumors of the female pelvic organs, by Joe Vincent Meigs. With a foreword by Robert B. Greenough. New York, Macmillan, 1934.
xxxiv, [1], 533 p. illus. 24 cm.

Meister, Morris, 1895-
Magnetism and electricity, by Morris Meister. New York, Scribner's Sons, 1935.
xiv, [2], 226 p. illus., front. 19.5 cm.
Provenance: Library stamp, "Discarded: The Morriston Library, Morristown, New Jersey".

Mélanges biologiques. Livres dédié a Charles Richet à l'occasion du vingt-cinquiéme anniversaire de son professorat, par ses amis,

ses collèques, ses élèves. Paris [Imprimerie de la cour d'appel] 1912.
xiv, 541 p. plates, port. 27.5 cm.
Provenance: Pencil signature, "V Moral".

Mellin, Hector, 1882-
La radiesthésie domestique et agricole, ses lois et ses applications [par] Hector Mellin. Niort, Saint Denis, 1936.
[14], 242 p. illus. 23 cm.

Merrill, George Perkins, 1854-1929.
Minerals from earth and sky, by George P. Merrill [and] William F. Foshag. New York, Smithsonian Institution Series, 1929.
[11], [1], 331 p. illus., col. front., map, 100 plates (part col.), ports. 23.9 cm.

Mersseman, Mme. de.
Le pendule magique première partie. Ondes humaines déclées par les photographies et les écrits. Apprenez a capter vos ondes. Cours d'entraînement et cours moyen. Petites notions de médecine pour radiesthésistes. Mesures préventives permettant d'évíter la tuberculose et le cancer. 2. éd. [par] Mme. de Mersseman. Lille, Impr. Nouvelliste Dépêche, 1935.
143, [1] p. 21 cm.

Mesmer, Franz Anton, 1734-1815.
Mesmerismus; oder System der Wechselwirkungen, Theorie und Anwendung des thierischen Magnetismus als die allgemeine Heilkunde zur Erhaltung des Menschen, von Friedrich Anton Mesmer. Hrsg. von Karl Christian Wolfart. Amsterdam, E.J. Bonset, 1966.
lxxiv, 356 p. front., 6 plates. 23 cm.
"Nachdruck der ausgabe Berlin, 1814."
Mesmer, an 18th century Austrian physician, introduced the doctrine of "animal magnetism". Cures could be achieved by channeling magnetic influence with actual magnets or by touch alone.

Mesny, Rene.
Les ondes electriques courtes [par] Rene Mesny. Paris, Les Presses Universitaires de France, 1927.
163, [1] p. illus. 24.3 cm.

[Meyer, William]
The cosmetiste, a textbook on cosmetology with special reference to the employment of electricity in the care of the hair, scalp, face, and hands, also permanent waving and hair curling. 9th ed. Chicago, W. Meyer, c1936.
525, [1] p. illus. 19.7 cm.

Miller, William Snow, 1858-1939.
Elisha Perkins and his metallic tractors, by William Snow Miller. [n.p.] 1935.
[41]-57 p. 2 plates. 25.2 cm.
"Reprinted from the Yale Journal of Biology and Medicine, Vol. 8, No. 1, October 1935."

Miller, William Snow, 1858-1939.
Studies on the normal and pathological histology of the lung [by] William Snow Miller.
p. 42-59. 20.7 cm.
(In Harvey Society. The Harvey lectures. Philadelphia, c1926.)

Mills, Charles Karsner, 1845-1931.
The effects on the nervous system of electric currents of high potential, considered clinically and medico-legally, by Charles K. Mills and Theodore H. Weisenburg. University of Pennsylvania Medical Bulletin, 1903.
42 p. 19.5 cm.
Reprinted from the University of Pennsylvania Medical Bulletin, March and April, 1903.
Professor of neurology at the University of Pennsylvania, Mills gave the first descriptions of unilateral ascending paralysis ("Mill's Disease") and unilateral descending paralysis.

Minet, Henri.
Resultats de la dilation électrolytique rapide des rétrécissements de l'urètre, par H. Minet. Lille, Annales d'Électrobiologie et de Radiologie, 1907.
8 p. 24 cm.
Extrait des Annales d'Électrobiologie et de Radiologie. Fascicule 2.-Fevrier 1907.
Provenance: Owner stamp, "H. A. Kelly".

Miramond de Laroquette, François, 1871-1927.
Atlas d'anatomie pour l'électrodiagnostic et la physiothérapie, par F. Miramond de Laroquette. Paris, J.B. Baillière, 1918.
104 p. 52 plates. 22.5 cm.
The author's extensive service as head of electro-radiology services in North Africa provided him with the experience and case histories for this study of the electrical reactions of the organs of the peripheral motor nerve system as a precise method of diagnosis. The data provides a basis for

the choice of electricity, heat, light, x-ray, movement or massage as the appropriate physiotherapeutic treatment for specific problems.

Miramond de Laroquette, François, 1871-1927.
Atlas for electro-diagnosis and therapeutics, by F. Miramond de Laroquette, authorised translation by Mary Gregson Cheetham, with foreword by Robert Knox. London, Bailliere, Tindall and Cox, 1920.
xvi, 180 p. illus. 22 cm.

Miramond de Laroquette, François, 1871-1927.
De la thermophotothérapie par les bains de lumière électrique à incandescence. Radiateur photothermique du Dr. Miramond de Laroquette ... A. Helmreich, électricien-constructeur a Nancy. Nancy, Impr. A. Barbier, 1909.
16 p. illus. 24.5 cm.
Bound with Keating-Hart, W.V. La fulguration dans le traitement du cancer. Bordeaux, 1908.

Mitchell, Silas Weir, 1829-1914.
The treatment by rest, seclusion, etc., in relation to psychotherapy, by S. Weir Mitchell. Chicago, American Medical Association, c1908.
15 p. 21.3 cm.
"Reprinted from the Journal of the American Medical Association, June 20, 1908, Vol. L, p. 2033-2037."

Mock, Harry Edgar, 1880- ed.
Principles and practice of physical therapy, edited by Harry E. Mock, Ralph Pemberton, John S. Coulter. Hagerstown, Md., W.F. Prior, 1933.
3 v. illus., plates (part col.). 25.5 cm.
Provenance: Library stamp, "Harrisburg Academy of Medicine Library".

Moerman, P A
Ueber die methode einen isolirten nerven durch frequente wechselströme zu erregen, von P.A. Moerman. Leiden, S.C. Van Doesburgh, 1901.
[5], 91 p. 23.3 cm.

Monbrun, Auguste Albert, 1885-
La haute frequence en ophtalmologie; diathermie medicale, diathermie chirurgicale, etincelage [par] A. Monbrun [et] M. Casteran. Preface du F. de Lapersonne. Paris, Masson, 1929.
127 p. illus. 18.8 cm.
Bound with Leroux, R.A. La haute frequence en oto-rhino-laryngologie. Paris, 1927.

Monell, Samuel Howard, 1857-1918.
High frequency electric currents; their nature and actions and simplified uses in external treatments, by S.H Monell. Racine, WI., Western Coil & Electrical, c1910.
408 p. 24 plates. 24 cm.

Monell, Samuel Howard, 1857-1918.
High frequency electric currents in medicine and dentistry, their nature and actions and simplified uses in external treatments, by S.H. Monell. New York, W.R. Jenkins, 1910.
465 p. 32 plates. 23.7 cm.

Monell, Samuel Howard, 1857-1918.
A system of instruction in X-ray methods and medical uses of light, hot-air, vibration and high frequency currents; a pictorial system of teaching by clinical instruction plates with explanatory text. A series of photographic clinics in standard uses of scientific therapeutic apparatus for surgical and medical practitioners. Prepared especially for the post-graduate home study of surgeons, general physicians, dentists, dermatologists and specialists in the treatment of chronic diseases and sanitarium practice, by S.H. Monell. New York, E.R. Pelton, c1902.
xvi, 656, 987-1010 p. front., 314 plates. 26 cm.

Monell, Samuel Howard, 1857-1918.
Thirty chapters on static electricity selected from the original manual of static electricity in x-ray and therapeutic uses, by S.H. Monell. New York, E.R. Pelton, 1903.
1 v. (various pagings) 23.4 cm.
Provenance: Owner signature, "Ralph L Brooks, Worcester 1917", Inscription, "City Hospital" and illegible signature.

Monell, Samuel Howard, 1857-1918.
The treatment of disease by electric currents; a handbook of plain instructions for the general practitioner, by S.H. Monell. 3d ed. New York, E.R. Pelton, 1902.
1100 p. illus. 24 cm.

Moner
Les infra-sons en therapeutique, par Moner. Mazel, Largentiere, Editions du Medecin Francaise, 1928.
48 p. illus. 27 cm.

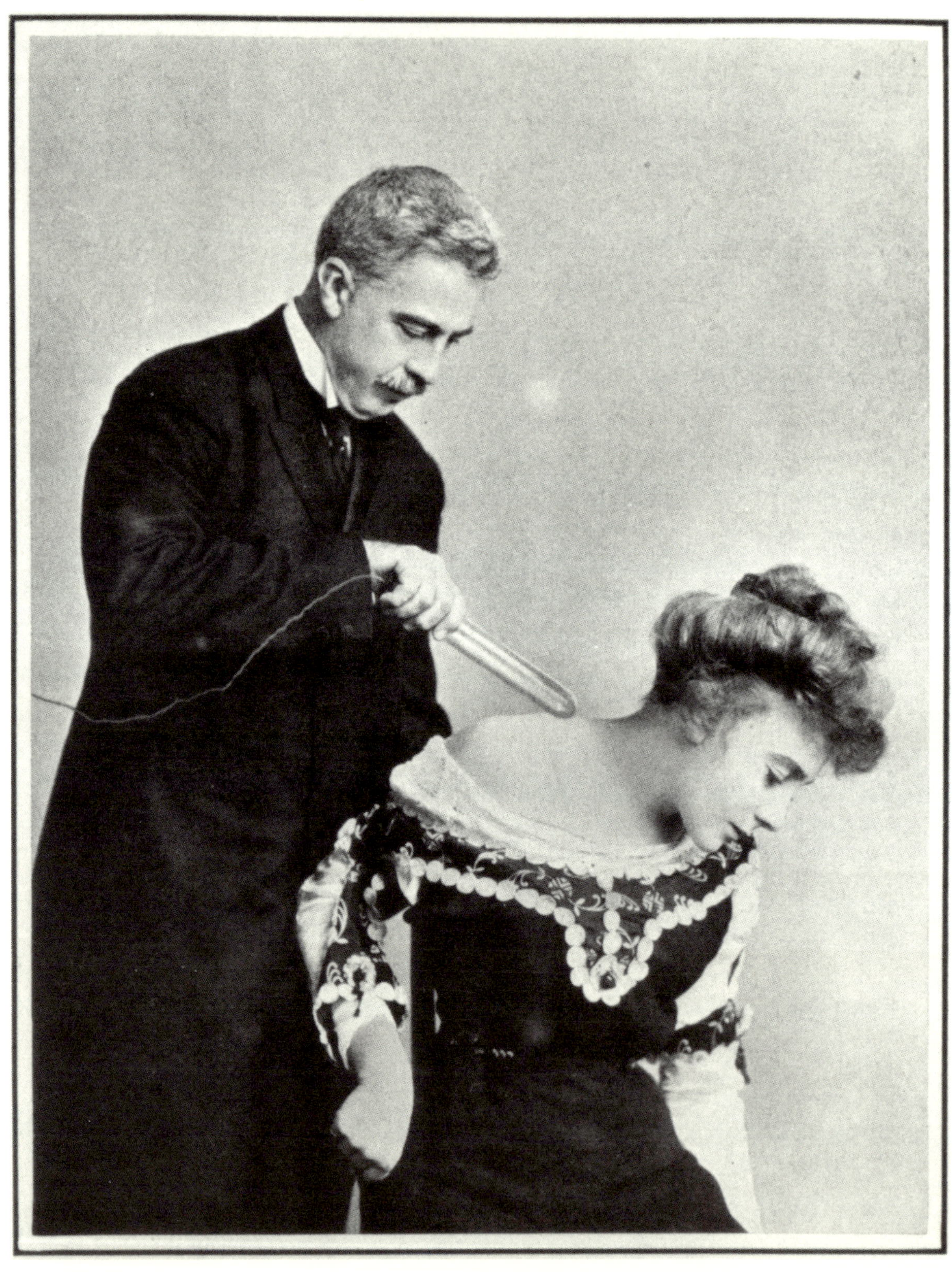

High-frequency current treatment using a glass electrode to rub violet sparks over the skin from Monell, *High Frequency Electric Currents in Medicine and Dentistry* (1910)

Moon, Robert Oswald, 1865-
Growth of our knowledge of heart disease, by R.O. Moon. London, Longmans, Green, 1927.
x, 86 p. 19.3 cm.
Provenance: Owner initials, "J. A. C. R. Nov. 25 1930".

Morgagni, Giovanni Battista, 1682-1771.
Sitz und Ursachen der Krankheiten, aufgespürt durch die Kunst der Anatomie (Venedig 1761). Ausgewählt, übertragen, eingeleitet und mit Erklärungen versehen von Markwart Michler. Mit einer Auswahlbibliographie zur Morgagni-Literatur von Loris Premuda. Bern, H. Huber, 1967.
195 p. illus., port. 23 cm.

Morgan, Alfred Powell, 1889-
Home-made electrical apparatus; a practical handbook for amateur experimenters, by A.M. Powell [pseud.] New York, Cole & Morgan, 1917.
3 v. illus. 18 cm.
Provenance: Bakken has Vol. II only.

Morgan, James Douglas.
Electrothermic methods (desiccation and coagulation) in the treatment of neoplastic diseases. Designed as a practical handbook of surgical electrotherapy for the use of practitioners and students, by J. Douglas Morgan. Philadelphia, F.A. Davis, 1926.
[2], 172 p. illus. 19.7 cm.

Morgenstern.
L'ozonothermie endo-urétrale (thermothérapie par les courants a haute fréquence, haute tension et faible intensité) [par] Morgenstern et J.E. Marcel. Paris, N. Maloine, 1927.
16, [1] p. illus. 27 cm.
"Extrait des Archives Urologiques de la Cliniques de Necker. Tome V - Fascicule 4."

Morin, André, 1889-
Le métabolisme cellulaire est-il électrochimique? Conséquences possibles biologiques, pathologiques, thérapeutiques [par] André Morin. Paris, Librairie Lefrançois, 1931.
96 p. illus. 25.5 cm.

Morlet, A
Diathermie, par A. Morlet. Anvers., Buschmann, 1910.
27 p. illus., 1 plate. 23 cm.
"Extrait des Annales de la Société Medico-Chirugicale d'Anvers. Livraison d'Avril 1910."
Provenance: Author's presentation stamp.

Morris, Hugh McEvoy.
Medical electricity for massage students, by Hugh Morris. 3d ed. London, J. & A. Churchill, 1946.
viii, 348 p. illus. 22 cm.
Provenance: Owner inscription, "R. J. Alleh ... Bude".

Morris, Malcolm Alexander, 1849-1924.
Light and x-ray treatment of skin diseases, by Malcolm Morris and S. Ernest Dore. Chicago, W.T. Keener, 1907.
x, [1], 172 p. 12 plates. 18 cm.
Provenance: Owner stamp, "Dr. M. H. Goodman".

Morse, Frederick Harris, 1857-
Electro-therapeutics with the Morse Wave Generator, by Frederick H. Morse. New York, F.H. Morse, c1921.
59 p. illus. 23 cm.
Provenance: Author's presentation copy.

Morse, Frederick Harris, 1857-
Electro-therapy with the Morse Wave Generator, by Frederick H. Morse. 2d ed. New York, F.H. Morse, c1921.
59 p. illus. 23 cm.

Morse, Frederick Harris, 1857-
Galvanism and sine current technique; an illustrated treatise on the method of applying the low volt electric currents for therapeutic purposes, based on the author's experience covering a period of over forty years, by Frederick H. Morse. Boston, Tudor, 1930.
254 p. illus. 23.4 cm.

Morse, Frederick Harris, 1857-
Lectures given in conjunction with electro-therapeutic clinic under the auspices of H.G. Fischer & Co., Chicago, Illinois, on Monday, September 19, Tuesday, September 20, Wednesday, September 21, Thursday, September 22, Friday, September 23, by F.H. Morse, Gustave Kolisher [and] H.C. Bennett. Chicago, Ill., H.G. Fischer, c1921.
108 p. 23 cm.

Morse, Frederick Harris, 1857-
Low volt currents of physiotherapy. Physics, effects, technic, by Frederick H. Morse. Boston, General X-ray, c1925.
117 p. illus. 23.4 cm.

Morton, Edward Reginald, 1867-
Essentials of medical electricity and radiography, by Edward Reginald Morton. 2nd ed., rev. and enl. Chicago, Chicago Medical Book Co., 1910.
xvi, 349 p. illus., 11 plates. 18 cm.
Provenance: Bookseller stamp, "Paul B. Hoeber, New York".

Morton, Edward Reginald, 1867-
Essentials of medical electricity, by E. Reginald Morton. 3d ed., rev. and rewritten with addition of new matter by Elkin P. Cumberbatch. St. Louis, C.V. Mosby, 1916.
xiv, 303 p. illus., incl. 11 plates. 19 cm.

Morton, William James, 1845-1920.
Memoranda relating to the discovery of surgical anesthesia, and Dr. William T.G. Morton's relation to this event, by William James Morton. New York, 1905.
[2], 21 p. 2 plates (incl. port.) 22 cm.
"Reprinted from the Post Graduate for April, 1905."
Provenance: Author's signed presentation copy: Owner stamp, "Dr. Thomas Cullen ... Baltimore, MD".
An American neurologist and son of the famous William T. G. Morton, (the dentist who demonstrated ether anaesthesia at the Boston-Mass Hospital in 1846), Morton became a great promoter of static electricity for nervous ailments from 1881 on. He discovered "static induced current" that produced a faradic effect of agreeable sensations and muscle contractions by moving the discharging rods of the electrostatic generator slightly apart (3 mm.) The resulting current wave form was a series of single high tension pulses of low amperage. He claimed priority for the introduction of high voltage electrotherapy since his work preceeded Tesla's and D'Arsonval's. In 1899 he announced another new type of therapy using the Morton Wave Current. A negative discharging rod of an electrostatic generator was grounded and the other electrode was connected to the positive discharging rod and to the insulated patient. The patient was thus the source of departure of an Hertzian wave as each individual spark crossed the spark gap. Morton recommended the current for pain and the treatment of neurasthenia and locomotor ataxia. With the discovery of radioactivity in 1895, Morton also became one of the first American pioneers of radium therapy and he was one of the first writers on "cataphoresis" (ionic medication) publishing a text in 1898.

Morton, William James, 1845-1920.
Radiochemicotherapy; the internal therapeutics of radio-elements, by William James Morton. New York, William Wood, 1915.
37 p. illus. 19.5 cm.
"Reprinted from the Medical Record, March 6, 1915."
Provenance: Author's signed presentation copy to, "Lewyllys Barker MD, 1915".

Mottelay, Paul Fleury, 1841- comp.
Bibliographical history of electricity & magnetism, chronologically arranged; researches into the domain of the early sciences, especially from the period of the revival of scholasticism, with biographical and other accounts of the most distinguished natural philosophers throughout the middle ages, compiled by Paul Fleury Mottelay, with an introd. by the late Silvanus P. Thompson and a foreword by Sir R. T. Glazebrook. London, C. Griffin, 1922.
[1], xx, 673 p. illus., chart, facsims., front., plates, port. 24.7 cm.
Photo-reproduction. New York, Arno Press, 1975.
23.4 cm.

Mouton, Marcel.
Recherches sur les propriétés physiques et les effets physiologiques d'une lumière colorée, par Marcel Mouton. Paris, Sauvion et Lelièvre, 1935.
[8], 94, [2] p. illus., 1 fold. chart. 24 cm.
Provenance: Library stamp, "Yale University Library. 1937".

Mueller, E.
Thérapeutique moderne à domicile avec la courant galvanique faible [par] E. Mueller. 2e éd. revue et corrigée. München, Blaubewien, c1961.
79, xiii p. illus. 23.5 cm.

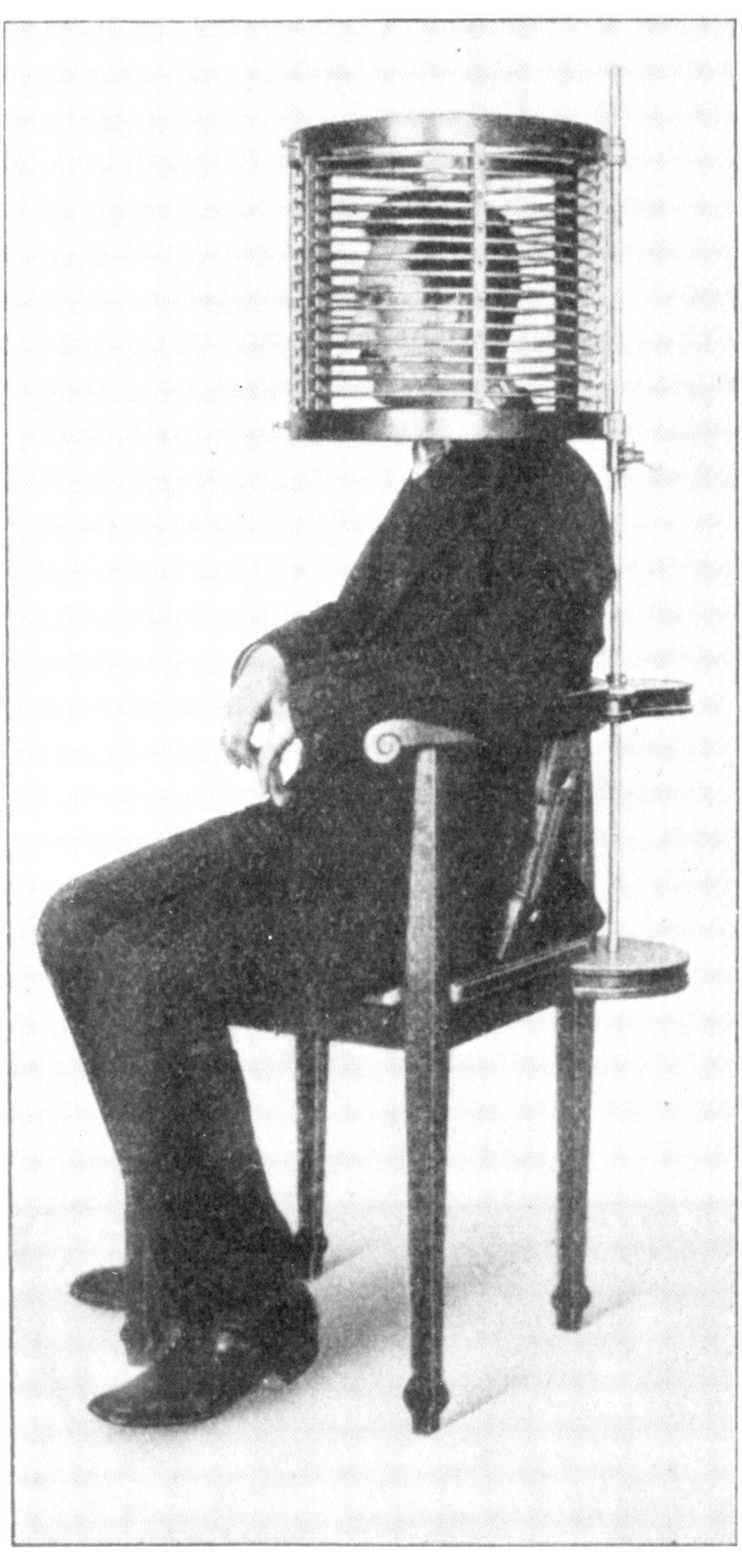

Solenoid for the head used in high frequency treatment, from Nagelschmidt's *Lehrbuch der Diathermie* (1913)

Mueller, Willy, 1872-
Die physikalische Therapie im Lichte dur Naturwissenschaft, von Willy Mueller. Jena, G. Fischer, 1904.
[2], 122 p. 24.2 cm.

Müller, C. H. F. Aktiengesellschaft, Hamburg.
Kathodenstrahl-Röhren. Hamburg, C.H.F. Müller, 1929.
12 p. illus. 25 cm.

Müller, C. H. F. Aktiengesellschaft, Hamburg.
Röntgenstrahlen; Geschichte und Gegenwart. 1956 [hrsg. von] C.H.F. Müller. Hamburg, 1956.
86 p. illus. 25 cm.
Provenance: Author's signed presentation copy to, "Dr. & Mrs. Bucky".

Mueller, V., & Company, Chicago.
Complete general catalog; surgical instruments, equipment, furniture and supplies. Chicago, c1938.
680 p. illus. 26.3 cm.
Provenance: Owner stamp, "D. S. Kennedy, V. Mueller & Co. ... Chicago, Ill."

Muir, John, 1874-
A manual of practical x-ray work, by John Muir in collaboration with Sir Archibald Reid and F.J. Harlow. Being a third edition of the manual by Arthur and Muir. London, W. Heinemann, 1924.
x, 524 p. illus. 25.4 cm.

Munch, James Clyde, 1931-
The pharmacology and bioassay of insulin-free pancreatic extracts [by] James C. Munch.
p. 50-53. 24.2 cm.
(In Symposium upon angina pectoris. [n.p., 1939?])

Murchison, Carl Allanmore, 1887- , ed.
The case for and against psychical belief, by Sir Oliver Lodge, Sir Arthur Conan Doyle, Frederick Bligh Bond, L.R.G. Crandon, Mary Austin, Margaret Deland, William McDougall, Hans Driesch, Walter Franklin Prince, F.C.S. Schiller, John E. Covver, Gardner Murphy, Joseph Jastrow, Harry Houdini, ed. by Carl Murchison. Worchester, Mass., Clark University, 1927.
[10], 365 p. 9 plates. 23.5 cm.
First edition of the first symposium on E.S.P. ever held at a University.

Murphy, Gardner, 1895-
Telepathy as an experimental problem, by Gardner Murphy.
p. [265]-278. 23.5 cm.
(In Murchison, Carl. The case for and against psychical belief. Worchester, Mass., 1927.)

Nachet et Fils, Paris.
Maison Nachet: catalogues of stock from 1854 to 1910. Introd. by G. L'E. Turner. Paris, A. Brieux, 1979.
1 v. (various pagings) illus. 24 cm.

Nagelschmidt, Carl Franz, 1875- 1952.
Lehrbuch der Diathermie für Ärzte und Studierende, von Franz Nagelschmidt. Berlin, J. Springer, 1913.
xi, 328 p. illus. 23.5 cm.
Provenance: Owner signature, "Dr. Albert Stein, Wiesbaden".
Nagelschmidt, a German physician, introduced the concept "diathermy" to explain the creation of heat in the body by molecular agitation and oscillation caused by high frequency currents. He was the author of the first textbook on diathermy that eventually inaugurated a new era in the use of high frequency current. His prototype apparatus designed in 1906 used a 50 Hz power supply at 120 volts. The voltage was raised to 2000 volts by a transformer and four metal plate condensers were discharged across a spark gap.

Nagelschmidt, Carl Franz, 1875-1952.
Lehrbuch der Diathermie für Ärzte und Studierende, von Franz Nagelschmidt. 3., neu bearb. Aufl. Berlin, J. Springer, 1926.
viii, [1], 373 p. illus. 23.5 cm.
Provenance: Author's presentation copy to Dr. Kobak. 1926.

Nahan, Louis, 1885-
Diverses applications de l'électricité dans le traitment des verrues (Verrues planes, verrues vulgaires), par Louis Nahan. Paris, Jouve, 1912.
[4], [9]-139 p. illus. 22.6 cm.
Bound with Hamon, Francisque. La contraction galvanotonique au cours de la reaction de degenerescence. Paris, 1914.

Nakayama, T
Acupuncture et médecine chinois vérifées au Japon [par] T. Nakayama. Traduites du japonaise par T. Sakurazawa et G. Soulié de Morant et

précedées d'une préf. de G. Soulié de Morant. Paris, Éditions Hippocrate, 1934.
[1], 85 p. illus. 24 cm.
Provenance: Bookseller plate, "Inoue Book Co. Tokyo".

National College of Electrotherapeutics, Lima, Ohio.
A series of thirty lessons in electrotherapeutics. Lima, Ohio, c1906-07.
30 pamphlets. illus. 22 cm.

Nédéleff, Ivan M 1872-
Des applications de l'électricité statique dans les eczémas, par Ivan M. Nédéleff. Lyon, P. Legendre, 1901.
107 p. 25.2 cm.

Neiswanger, Charles Sherwood, 1849-
Electro-therapeutical practice. A ready reference guide for physicians in the use of electricity, by Chas. S. Neiswanger. 7th ed., rev., rewritten and greatly enl. Chicago, E.H. Colegrove, 1902.
[2], 202 p. illus. 19.5 cm.
Provenance: Owner signature, "R. D. Pope MD Des Moines Iw 1905".

Neiswanger, Charles Sherwood, 1849-
Electro-therapeutical practice; a ready reference guide for physicians in the use of electricity, by Chas. S. Neiswanger. 17th ed., rev. Chicago, Ritchie, 1910.
[1], 285 p. illus. 19.2 cm.
Provenance: Owner stamp, "E. L. Thirlby MD".

Neiswagner, Charles Sherwood, 1849-
Electro-therapeutical practice; a ready reference guide for physicians in the use of electricity and the x-rays, by Chas. S. Neiswanger. 19th ed., rev. Chicago, Ritchie, 1918.
[4], 371 p. illus., incl. port. 19.2 cm.

Neiswanger, Charles Sherwood, 1849-
Electro-therapeutical practice; a ready reference guide for physicians in the use of electricity and the x-rays, by Chas. S. Neiswanger. 22nd ed. Chicago, Ritchie, 1922.
[3], 394, [12] p. 29 plates., incl. port. 19.3 cm.
Provenance: Bookseller plate, "Login Bros ... Chicago".

Nemours-Auguste, Seymour.
Traitement des troubles de la menstruation par la d'arsonvalisation (thermopénétration), par Nemours-Auguste. [n.p.] 1926.
4 p. 24.3 cm.
"Extrait du Phare Medical, Fevrier 1926."

Neoussikine, Berthe.
Elektrodiagnostik, von B. Neoussikine und D. Abramowitsch. Bern, Hans Huber, c1939.
242 p. illus. 25 cm.

Newman, Edwin Broomell.
Factors in the production of aural harmonics and combination tones [by] E.B. Newman, S.S. Stevens and H. Davis. Lancaster, Pa., Lancaster Press, 1937.
107-118 p. diagrs. 26.9 cm.
(In Davis reprints, 1926-47. [n.p., n.d.]
"Reprinted from The Journal of the Acoustical Society of America, Vol. 9, No. 2, October, 1937."

Newton, Sir Isaac, 1642-1727.
Isaac Newton's papers and letters on natural philosophy and related documents, ed., with a general introd. by I. Bernard Cohen assisted by Robert E. Schofield. 2nd ed. Cambridge, Mass., Harvard University Press, 1978.
xviii, 540 p. port. 24 cm.

Newton, Sir Isaac, 1642-1727.
Mathematical principles of natural philosophy and his System of the world, trans. into English by Andrew Motte in 1729. The translations rev., and supplied with an historical and explanatory appendix, by Florian Cajori. Berkeley, University of California Press, c1934 [1971?]
xxxv, 680 p. illus., facsims. 23.5 cm.

Neymann, Clarence Adolph, 1887-1951.
Artificial fever produced by physical means; its development and application, by Clarence A. Neymann. Springfield, Ill., C.C. Thomas, c1938.
xv, 294 p. illus. 25.3 cm.
Provenance: Owner signature, "Randolph Helen Norton".
Neymann was an American psychiatrist and early supporter of fever therapy using high frequency current for nervous disease.

Neymann, Clarence Adolph, 1887-1951.
Electric shock therapy in the treatment of schizophrenia, manic depressive psychoses and

chronic alcoholism, by Clarence A. Neymann [et al.] [Chicago] 1943.
618-637 p. 24 cm.
"Reprinted from The Journal of Nervous and Mental Disease, Vol. 93, No. 6, December 1943."

Neymann, Clarence Adolph, 1887-1951.
The physiology of electropyrexia [by] Clarence A. Neymann and S.L. Osborne. St. Louis, 1934.
19 p. illus., charts. 24 cm.
"Reprinted from American Journal of Syphilis and Neurology, Vol. 18, No. 1, Page 28, January, 1934."

Neymann, Clarence Adolph, 1887-1951.
The treatment of chorea minor by means of electropyrexia [by] Clarence A. Neymann, Maurice L. Blatt, and S.L. Osborne. [n.p.] c1936.
12 p. illus. 24 cm.
"Reprinted from The Journal of the American Medical Association, September 19, 1936, Vol. 107, pp. 938-942."

Niaussat, René Amand Êmile, 1912-
L'electrolyse en courant alternatif industriel des suspensions microbiennes en eau purissime. Contribution a l'étude des méthodes de preparation de l'eau de conducitivité. Appreciation de la teneur en germes d'une émulsion microbienne par microdosage de l'azote, par René Amand Êmile Niaussat. Bordeaux, Libraire Delmas, 1941.
103 p. illus. 25 cm.

Niemoeller, Adolph Fredrick, 1903-
Superfluous hair and its removal, by A.F. Niemoeller. With a foreward by M.H. Marton. New York, Harvest House, c1938.
155 p. 2 diagrs. 21 cm.

Noe, Amon Thatcher, 1863-
Compendium of physiotherapeutic technique (tabloid form), by A.T. Noe. [Los Angeles] c1930.
151 p. illus., port. 23.2 cm.
Noe developed the first diathermy machine in the United States.

Nogier, Thomas, 1874-
Électrothérapie, par Thomas Nogier. Paris, Baillière, 1909.
xvi, 528 p. illus. 20 cm.

Nogier, Thomas, 1874-
Électrothérapie, par Thomas Nogier. 2. éd. entièrement rév. et augmentée. Paris, Baillière, 1917.
xvi, 575 p. illus. 20 cm.
Provenance: Bookseller stamp, "A. Maloine et Fils ... Paris".

Nogier, Thomas, 1874-
Électrothérapie, par Thomas Nogier. 3. éd. entièrement rév. Paris, J.B. Baillière, 1934.
xvi, 302 p. illus. 19.5 cm.
Provenance: Bookseller stamp, "A. Maloine et Fils ... Paris".

Norden, Heinz, 1905-
The famous inventions of Thomas Edison [by] Heinz Norden. Girard, Kan., Haldeman -- Julius, c1930.
31 p. 12.5 cm.
Provenance: Author's signed presentation copy to Dennis Stillings.

Nordenström, Björn E W
Biologically enclosed electric circuits; clinical, experimental and theoretical evidence for an additional circulatory system, by Bjorn E.W. Nordenstrom. Stockholm, Nordic Medical Publications, c1983.
xvi, 358 p. illus. (Part col.) 30 cm.
The latest developments in electromedicine from the renowned radiologist at the Karolinska Institute.

Norman, Alfred Clarence.
Practical medical electricity; a handbook for house surgeons and practitioners, by Alfred C. Norman. London, Scientific Press, 1914.
viii, 226 p. illus. 18.5 cm.

Nuytten, André, 1885-
La méthode de Bergonie; gymnastique electrique généralisée [par] André Nuytten. [Paris] Jouve, 1913.
330, [3] p. 7 plates. 24 cm.
Provenance: Author's signed presentation copy to, "Dr. Albert Weill".

Nuytten, Andre, 1885-
La méthode de Bergonié; gymnastique électrique généralisée, par Andre Nuytten. Paris, Jouve, 1913.
[4], [9]-330, [1] p. illus., charts, 7 plates. 22.6 cm.

Bound with Hamon, Francisque. La contraction galvanotonique au cours de la réaction de dégénerescence. Paris, 1914.

O'Brien, John Emmet, 1849-
The identity of nerve force and electricity [by] J. Emmet O'Brien. Chicago, American Medical Association Press, 1903.
15 p. 21.8 cm.
"Reprinted from The Journal of the American Medical Association, March 7, 1903."

[O'Connor, W A
Diagnostic films; how to produce them. New York, J. Beeber, 1937]
102, [6] p. illus., charts. 23 cm.

O'Conor, Vincent John, 1893-
La diatermia en las enfermedades genito-urinarias, por Vincent J. O'Conor. Chicago, Victor X-ray Corp. [19--]
[4] p. 24.6 cm.
"Tomado del Illinois Medical Journal de Febrero de 1926, Vol. XLIX, No. 2."

Odelga, J
Katalog über technische Hilfsmittel für Chirurgie, Medizin u. Krankenpflege, von J. Odelga. Wien, 1906.
[3], 335 p. illus. 27.1 cm.

Oersted, Hans Christian, 1777-1851.
The discovery of electromagnetism made in the year 1820, by H.C. Oersted. Published for the Oersted committee at the expense of the state by Absalon Larsen. Copenhagen, 1920.
46 p. 25 cm.

Oersted, Hans Christian, 1777-1851.
Experimenta circa effectum conflictus electrici in acum magneticam [ab] Johannis Christianus Örsted.
p. 11-14. 25 cm.
(In Oersted, Hans Christian. The discovery of electromagnetism made in the year 1820. Copenhagen, 1920.)

Oersted, Hans Christian, 1777-1851.
Experimenta circa effectum, etc. Expériences sur l'effet du conflict electrique sur l'aiguille aimantée, par J. Chr. Oersted.
p. 15-23. 25 cm.
(In Oersted, Hans Christian. The discovery of electromagnetism made in the year 1820. Copenhagen, 1920.)
"Annales de chimie et de physique. Tome XIV. Pag. 417-425. Paris 1820."

Oersted, Hans Christian, 1777-1851.
Forsog over den electriske Vexelkamps Indvirkning paa Magnetnaalen [von H.C. Orsted].
p. 43-46. 25 cm.
(In Oersted, Hans Christian. The discovery of electromagnetism made in the year 1820. Copenhagen, 1920.)
"Optryk efter 'Hesperus' III. Bind. Kiobenhavn 1820. Udgivet af Orstedkomiteen 1920."

Oersted, Hans Christian, 1777-1851.
Versuche über die Wirkung des electrischen Conflicts auf die Magnetnadel, von J. Chr. Oersted.
p. 29-38. 25 cm.
(In Oersted, Hans Christian. The discovery of electromagnetism made in the year 1820. Copenhagen, 1920.)
"Annalen der Physik und der physikalischen Chemie. Sechster Band. Pag. 295-304. Leipzig 1820."

Ōki, Kōsuke, 1918-
(Denshi kōzō kara mita kokyū sayō ni tsuite) [n.p., 1949?]
476-477 p. charts. 24.8 cm.
A scarce work on electricity and respiration written in Japanese.

Oldenburg, Henry, 1615-1677.
The correspondence of Henry Oldenburg, ed. and trans. by A. Rupert Hall & Marie Boas Hall. Madison, University of Wisconsin Press, 1965-1973.
9 v. illus., plates, ports. 25.3 cm.

Olmsted, James Montrose Duncan, 1886-
Francois Magendie, pioneer in experimental physiology and scientific medicine in XIX century France, by J.M.D. Olmsted. With a preface by John F. Fulton. New York, Schuman, 1944.
xvi, 3-290 p. front. (port.) 24 cm.

Ombredanne, Louis, 1871-
Localisation and extraction of projectiles, by L. Ombredanne and R. Ledoux-Lebard. Ed. by Archibald D. Reid. Wtih a pref. on extraction of

projectiles in the globe of the eye, by W. Tindall Lister. London, University of London Press, 1918.
xxv, 386 p. illus., 8 plates. 19.2 cm.
Provenance: Bookseller plate, "Masson et Cie ... Paris": Owner signature, "Charles A. Waters, A.P.O. 731, Div. Roentgeonology A.E.F."

The Origins of psychology: a collection of early writings [edited by] Wolfgang G. Bringmann. New York, A.R. Liss, 1975-77.
6 v. 22.8 cm.

Osborne, Stafford Lennox.
Technic of electrotherapy and its physical and physiological basis, by Stafford L. Osborne and Harold J. Holmquest. Springfield, Ill., Charles C. Thomas, c1944, 1945.
xix, 780 p. illus. 23 cm.
Provenance: Owner signature, "Peter Casson ... Piccadilly W.I."
First edition of well illustrated work dealing with the physical and physiological basis of electrotherapy.

Osipov, Viktor Petrovich, 1871-1947.
(Kurs obshchego uchenii͡a o dushevnykh bolezni͡akh)
Курс общего учения о душевных болезнях. Берлин, изд-во З.И. Гржебина, 1923.
737, [1] p. illus., 2 col. plates. 25.4 cm.
Author's *Course of general studies on mental illness* includes a chapter on instrumentation used in measuring various psychic processes.

Osler, Sir William, bart., 1849-1919.
The principles and practice of medicine, designed for the use of practitioners and students of medicine, by Sir William Osler, bt. ... 8th ed., with the assistance of Thomas McCrae ... New York and London, D. Appleton and company, 1916.
5 p.l., ix-xxiv, 1225 p. illus. (part col.) diagrs. 24 cm.

Osterhout, Winthrop John Van Leuven, 1871-
Injury, recovery, and death, in relation to conductivity and permeability, by W.J.V. Osterhout. Philadelphia, Lippincott, c1922.
259 p. diagrs. 21 cm.
Provenance: Library plate, "Discarded, Radcliffe College Library. The Gift of Examiners in Biology".

Osterhout, Winthrop John Van Leuven, 1871-
Jacques Loeb, biographical sketch, by W.J.V. Osterhout. [New York] 1928.
[1], ix-xcii p. facsims., ports. 25.9 cm.
"Reprinted from the Jacques Loeb Memorial Volume, The Journal of General Physiology, September 15, 1928, vol. viii, no. 1, pp. ix-xcii."
This is the standard biographical account of Jacques Loeb.

Oudin, Paul, 1851-1923.
L'oeuvre scientifique du Docteur P. Oudin. Angers, Imprimerie du commerce, 1924.
134 p. 2 fold. plates. 23.5 cm.
Oudin, a French pioneer of high frequency therapy, developed the Oudin coil to attain high voltage in 1897. The primary and secondary coils became one single length of wire wound on an insulating cylinder. A sliding contact determined the point of resonance. He collaborated with D'Arsonval in clinical studies and pioneered the diagnostic use x-rays.

Oudin, Paul, 1851-1923.
Radiothérapie, roentgenthérapie, radiumthérapie, photothérapie, par P. Oudin [et] A. Zimmern. Paris, J.B. Baillière, 1913.
xii, 492 p. illus., 4 col. plates. 20 cm.

Oudinot, Pierre.
La médecine et les sciences secrètes; leur ressources thérapeutiques [par] Pierre Oudinot. Paris, Éditions Dangles [1950]
222 p. illus. 22 cm.

Ouseley, Stephen Geoffrey John.
Colour meditations with guide to colour-healing. A course of instruction and exercises in developing colour consciousness, by S.G.J. Ouseley. London, L.N. Fowler, c1949, 1971.
90 p. 18 cm.

Overbeck, Otto C J G L
Overbeck's electronic theory of life, by O.C.J.G.L. Overbeck. 3rd ed. Grimsby [England] O.C.J.G.L. Overbeck, 1931.
246 p. port. 18.8 cm.

Pack, George Thomas, 1898-
Experimental studies in electroionic medication, by George T. Pack, Frank P. Underhill, Joseph Epstein and I. Newton Kugelmass. American journal of the medical sciences, 1924.
24 p. illus. 23.3 cm.

"Extracted from the American Journal of the Medical Sciences, May, 1924, No. 5, vol. clxvii, p. 625."
Provenance: Library stamp, "Library of the School of Medicine, Yale University".

Page, Calvin Samuel.
Rx the life atom; key to nature. New direct explanations; radio, gravitation, magnetism, electricity, light, sound, nervous force, molecule, refuting Einstein's relativity confirmations using new discoveries of the Earth, Mercury, Moon, volcanoes, etc. [by] Calvin Samuel Page. Chicago, Science Publishing, c1923.
330 p. illus., port. 21 cm.
Provenance: Author's presentation copy inscribed, "H. C. Bennett MD. Appreciation Dr. S. E. Silverthorne and Calvin S. Page, Honoured stud ... 1924".

Papyrus Ebers.
The Papyrus Ebers, translated from the German version, by Cyril P. Bryan. With an introd. by G. Elliot Smith. London, G. Bles, 1930.
xl, 167 p. facsims., 8 plates. 21 cm.

Paracelsus, 1493-1541.
Paracelsus Sämtliche Werke, nach der 10 Bändigen Huserschen Gesamtausgabe (1589-1591) zum erstenmal in neuzeitliches deutsch übersetzt. Mit Einleitung, Biographie, Literaturangaben und erklärenden Anmerkungen versehen, von Bernhard Aschner. Jena, G. Fischer, 1926-32.
4 v. front. 24 cm.
Provenance: Owner stamp and signature illegible.

Pardee, Harold Ensign Bennett, 1886-1972.
Clinical aspects of the electro-cardiogram. A manual for physicians and students, by Harold E.B. Pardee. New York, P.B. Hoeber, 1924.
xvi, 222 p. illus. 22.5 cm.
Provenance: Owner stamp, embossed stamp and inscription, "Louis M. Merker, MD ... Bronx, New York".

Pardee, Harold Ensign Bennett, 1886-1972.
Clinical aspects of the electrocardiogram; including the cardiac arrhythmias, by Harold E.B. Pardee. 3d ed., rev. New York, P.B. Hoeber, inc., 1933.
xviii, 295 p. illus., diagrs. (1 fold.) 23.5 cm.
Provenance: Inscribed, "Dienaide".

Pardee, Harold Ensign Bennett, 1886-1972.
Clinical aspects of the electrocardiogram including the cardiac arrhythmias, by Harold E.B. Pardee. 4th ed., rev. New York, P.B. Hoeber, 1941.
xvii, [3], 434 p. illus., 2 fold. charts. 24 cm.
Provenance: Owner bookplate, "Herbert Charles Moffitt".

Paris. Exposition universelle, 1900.
Musée centennal de la classe 12 (photographie) a l'Exposition universelle internationale de 1900 a Paris. Métrophotographie & chronophotographie. [St. Cloud, Impr. Belin frères, 1901]
35 p. illus. 27.8 cm.

Parsonnet, Aaron Ephim, 1889-
Applied electrocardiography; an introduction to electrocardiography for physicians and students, by Aaron E. Parsonnet and Albert S. Hyman, with a foreword by Harlow Brooks. New York, Macmillan, 1929.
xxv, 206 p. illus., diagrs., plates. 24.1 cm.
Provenance: Owner signature, "W. J. Kerr".

Parsons, Sir John Herbert, 1868-1957.
An introduction to the theory of perception, by Sir John Herbert Parsons ... Cambridge, [Eng.] The University press, 1927.
viii, 254 p. illus., diagrs. 24.5 cm.
First edition of classical work on neurophysiology by Parsons who was one of England's leading ophthalmic surgeons.

Patourel, Gabriel.
Contribution a l'etude des frictions de haute frequence, par Gabriel Patourel. Paris, Jouve, 1911.
163 p. 22.6 cm.
Bound with Hamon, Francisque. La contraction galvanotonique au cours de la reaction de degenerescence. Paris, 1914.

Paul, Ewald, 1863-
Die Hochfrequenz und ihre Verwendung in der Therapie und Hygiene, von Ewald Paul. 6.-11. Aufl. Munchen, 1925.
[2], 3-115, [1] p. 15.7 cm.
Provenance: Bookseller plate, "Otto Enslin, Berlin".

Pavlov, Ivan Petrovich, 1849-1936.
Conditoned reflexes, an investigation of the physiological activity of the cerebral cortex, by I.P. Pavlov. Tr. and ed. by G.V. Anrep. London, Oxford University Press, 1946, c1927.
xv, 430 p. illus., 2 plates. 24 cm.
Provenance: Owner signature, "Nigel V. B. Marsden 1948".

Pavlov, Ivan Petrovich, 1849-1936.
Lectures on conditioned reflexes. Twenty-five years of objective study of the higher nervous activity (behavior) of animals, by Ivan Petrovitch Pavlov. Tr. from the Russian by W. Horsley Gantt. With the collaboration of G. Volborth. And an introduction by Walter B. Cannon. New York, International Publishers, c1928, c1941.
2 v. illus., port., 7 plates. 24 cm.

Pavlov, Ivan Petrovich, 1849-1936
(Lekt͡sii o rabote bol'shikh polushariĭ golovnogo mozga)
Лекции о работе больших полушарий головного мозга. Изд. 2. Москва, Гос. Изд-во, 1927
372 p. 24.5 cm.
Provenance: Author's signed copy: Owner stamp, "J. Kasanin, MD. Mount Zion Hospital, San Francisco".
Revised second edition of Pavlov's classic work reviewing the results of twenty-five years of research on the great hemispheres of the brain.

Penfield, Wilder, 1891-
Epilepsy and cerebral localization; a study of the mechanism, treatment and prevention of epileptic seizures, by Wilder Penfield ... and Theodore C. Erickson ... Chapter XIV by Herbert H. Jasper, chapter XX by M.R. Harrower-Erickson. Springfield, Ill., Baltimore, Md., C.C. Thomas, 1941.
x, 623 p., 1 l. illus., diagrs. 26 cm.
Provenance: Owner signature, "Martin Netsky ... 1941".

Penfield, Wilder, 1891-
Somatic motor and sensory representation in the cerebral cortex of man as studied by electrical stimulation, by Wilder Penfield and Edwin Boldrey. London, J. Bale, Sons & Curnow, 1937.
[389]-443 p. illus. 25 cm.
Reprinted from Brain, vol. LX, part 4, December 1937.
Important paper authored by two of Canada's most distinguished neurosurgeons, with detailed historical introduction and bibliography. Penfield mapped several of the function areas of the cerebral cortex, discovered that stimulation of interpretative cortex activated neuronal record of past experience and developed centrocephalic hypothesis of memory control.

The perfect course of instruction in hypnotism, mesmerism, clairvoyance, suggestive therapeutics and the sleep cure, giving best methods of hypnotizing by masters of the science. New York, S. Flower, c1901.
54 p. illus. 23.2 cm.

Petrus Peregrinus of Maricourt, 13th cent.
Epistle of Peter Peregrinus of Maricourt to Sygerus of Foncaucourt, soldier, concerning the magnet. [C. Whittingham, 1902]
[30] p. diagrs. 19.5 cm.
Peregrinus is considered to have written the earliest known work on experimental science.

Petrus Peregrinus of Maricourt, 13th cent.
The letter of Petrus Peregrinus on the magnet, A.D. 1296. Tr. by Brother Arnold, with introductory notice by Brother Potamian. New York, McGraw, 1904.
xix, 41 p. 22 cm.
Provenance: Dedicatory inscription to Archbishop Forley signed by Br. Potamian, ... 1904.

Pettigrew, James Bell, 1834-1908.
Design in nature illustrated by spiral and other arrangements in the inorganic and organic kingdoms as exemplified in matter, force, life, growth, rhythms, &c., especially in crystals, plants, and animals. With examples selected from the reproductive, alimentary, respiratory, circulatory, nervous, muscular, osseous, locomotory, and other systems of animals, by J. Bell Pettigrew ... London, New York [etc.] Longmans, Green, and co., 1908.
3 v. fronts. (ports.) illus., pl. 31 cm.
Monumental work on bioengineering by noted Scottish physician who was renowned particularly for his study on the mechanisms of "ariel locomotion".

Peytoureau, Simon Alban, 1934-
Les courants de haute fréquence en électrothérapie. Pour obtenir de l'ultra-violet. L'ozone

therapeutique. Guide d'applications [par] Peytoureau. 2. éd. Paris, Éditions Chardin, 1933.
240 p. illus. 21 cm.
Provenance: Pencil signature, illegible.

Pfahler, George E
Electrothermic coagulation and Rontgen therapy in the treatment of malignant disease, by George E. Pfahler. [n.p.] 1914.
8 p. illus. 26.8 cm.
"Reprint from Surgery, Gynecology and Obstetrics, December, 1914, pages 783-790."
Provenance: Author presentation stamp: Owner signature, " C. F. Burnman".

Philippi, Hans.
Die klinische und röntgenologische Untersuchung der Lungenkranken. Altes und Neues zur Diagnostik und Symptomatologie der Lungenkrankheiten, unter besonderer Berücksichtigung de Lungentuberkulose, von Hans Philippi. München, V.F. Lehmanns, 1929.
119 p. 23 cm.

Physicians' and dentists directory of the New England states; Massachusetts, Maine, New Hampshire, Vermont, Rhode Island and Connecticut. Comprising list of physicians and surgeons and dentists arranged alphabetically by post-offices, with population and location. The physician's school practiced is indicated by the appellations - (R) regular, (H) homeopathic and (E) electric together with college and year of graduation. Cincinnati, P.F. Young, 1910-11.
599 p. 19.5 cm.
Provenance: Owner stamp, "Silas D. Presbrey, MD ... Tanton, Mass."

Physikalisch-medicinische Societät, Erlangen.
Festschrift der Physikalisch-medizinischen Sozietät zu Erlangen zur Feier ihres 100jährigen Bestehens am 27. Juni 1908. Erlangen, Kommissionsverlag von M. Mencke, 1908.
[3], 124 p. 12 ports. 23.9 cm.
Provenance: Library stamp, "Physiolog. Institut. Der Universitat, Erlangen".

Physiotherapeutic convention. 2nd, Chicago, 1923.
Lectures on electro-physiotherapy, October 15 to 19, 1923, at the Logan Square Masonic Auditorium, Chicago, Ill. Held under the auspices of H.G. Fischer & co., inc. [Chicago, H.G. Fischer, c1924]
354 p. 19 plates. 23.4 cm.

Physiotherapeutic convention. 3rd, Chicago, 1924.
Lectures, clinics and discussions on electrophysiotherapy, held at Logan Square Masonic Temple, Chicago, Ill., October 20 to 24, 1924, under the auspices of H.G. Fischer & co., inc. [Chicago, H.G. Fischer, c1925]
viii, 740, [4] p. 29 plates. 23.4 cm.

Pick, Friedel, 1867-1926.
Zur Klinik des Electrokardiogramms. Diskussionsanteil, von Friedel Pick. Wiesbaden, J.F. Bergmann, 1909.
3 p. plate. 23 cm.
"Sonder-Abdruck aus den Verhandlungen des Kongresses für Innere Medizin. Heraus. von E.v. Leyden und Emil Pfeiffer. XXVI. Kongress. Wiesbaden, 1909."

Pierce, Ray Vaughan, 1840-1914.
The people's common sense medical adviser in plain English; or, medicine simplified, by R.V. Pierce. 19th ed. Buffalo, N.Y., published by the World's Dispensary Medical Association, c1918.
1008 p. illus., 3 ports., col. front., 4 col. plates. 20.5 cm.

Pierron, Émile, 1900-
L'inhibition électrique; recherches historique et experimentales sur l'electro-anesthésie d'Araya, par Emile Joseph Marcel Pierron. Paris, Libraire le françois, 1926.
172 p. 24 cm.
Provenance: Cataloguers inscriptions about author and subject matter, Owner stamp illegible.

Pierron, Émile, 1900-
Notes pratiques sur la technique de l'électro-anesthésie par le courant d'Araya. [n.p., 19--]
10, [1] p. illus. 24 cm.

Pilgrim, Maurice Fiescher, 1858-1903.
Mechanical vibratory stimulation; its theory and application in the treatment of disease, by Maurice F. Pilgrim. New York City, Metropolitan Publishing, c1903.
152, [1] p. 8 col. plates (incl. front.) 19.5 cm.

Pilling, George P., & Son, Philadelphia.
Complete guide for domestic treatment by electricity; explaining the best treatments in plain language for the cure of disease by electricity [by G.P. Pilling & Son]. Philadelphia, c1905.
32 p. illus. 17.9 cm.

Pilon, H
The Coolidge tube; its scientific applications, medical and industrial, by H. Pilon. Authorised translation. London, Balliere, Tindall and Cox, 1920.
[5], 95 p. illus., diagrs. 18.8 cm.

Pinch, Albert Edwin Hayward.
A clinical index of radium therapy, by A.E. Hayward Pinch. London, The Radium Institute, 1925.
x, 164 p. 3 charts. 22 cm.

Pini, Giovanni.
Jacopo Bartolomeo Beccari [di] Giovanni Pini. Bologna, L. Cappelli, 1940.
80 p. 25 cm.

Piper, H , b. 1877.
Elektrophysiologie menschlicher Muskeln, von H. Piper. Berlin, J. Springer, 1912.
[4], 163 p. illus. 24 cm.
Provenance: Pencil inscription, "E. F. Horine, Hotel Reautz, Wien": Library plate, "Carleton B. Chapman, MD".
This is the first extensive clinical study in electromyography.

Plank, Tilman Howard, 1872-
Actinotherapy and allied physical therapy [by] T. Howard Plank. Chicago, Manz corporation, c1926.
459 p. 61 plates. 23.2 cm.
Provenance: Owner signature, "M. B. Cutts".

Plank, Tilman Howard, 1872-
A treatise (illustrated) on actinic-ray therapy for physicians interested in physical therapeutics, by T. Howard Plank. [Chicago] Brown, 1919.
171 p. illus., 20 plates 20 cm.
Provenance: M.L.H. Arnold Snow, 1925 (signature)

Plank, Tilman Howard, 1872-
A treatise (illustrated) on actinic-ray therapy for physicians interested in physical therapeutics, by T. Howard Plank. Chicago, Brown Press, 1922.
198 p. 25 plates. 20 cm.

Platonov, Konstantin Ivanovich, 1877- ed.
(Psikhoterapii͡a)
Психотерапия; сборник статей под редакцией К.И. Платонова... Харьков, Гос. изд-во Украины, 1930.
325, [3] p. illus., 2 fold., col. plates. 27 cm.
Collection of articles on psychotherapy containing information on the use of electronic instruments to measure sound waves, blood pressure, breathing rate, etc.

Pohle, Ernst Albert, 1895- ed.
Clinical Roentgen therapy, edited by Ernst A. Pohle. Foreword by George W. Holmes. Philadelphia, Lea & Febiger, 1938.
819 p. illus., 1 col. plate. 24 cm.

Pohle, Ernst Albert, 1895- ed.
Theoretical principles of Roentgen therapy, edited by Ernst A. Pohle. Foreword by W. Edward Chamberlain. Philadelphia, Lea & Febiger, 1938.
271 p. illus. 24 cm.

Polak, Joseph Bernhard.
De Betekenis van het Electro-cardiogram voor de Kliniek der Hartziekten, door Joseph Bernhard Polak. Amsterdam, A.H. Kruyt, 1914.
[10], 197 p. 65 figs., incl. 15 fold. plates. 26.5 cm.
Provenance: Owner signature illegible.

Polevski, Jacob, 1884-
The heart visible, a clinical study in cardiovascular roentgenology in heart disease, by J. Polevski. Philadelphia, F.A. Davis, 1934.
xvii, 5-207 p. illus. 24 cm.

Pollock, Lewis John, 1886-
An adaptation-like phenomenon of electrically produced phosphenes [by] Lewis J. Pollock and Leo L. Mayer. [Chicago] 1938.
57-61 p. illus. 24 cm.
"Reprinted from the American Journal of Physiology, Vol. 122, No. 1, April 1938."

Pollock, Lewis John, 1886-
Electrodiagnosis by means of progressive currents of long duration; studies on cats with experimentally produced section of the sciatic nerves [by] Lewis J. Pollock [et al.] Chicago, 1944.

8 p. illus. 24 cm.
"Reprinted from the Archives of Neurology and Psychiatry, February 1944, Vol. 51, pp. 147-154."

Pollock, Lewis John, 1886-
Electrokinetic changes in the endolymph as a hypothetical cause of falling and post pointing due to stimulation by galvanic current, by Lewis J. Pollock, Isidore Finkelman, and I.C. Sherman. Chicago, 1941.
473-480 p. chart. 24 cm.
"Reprinted from the Journal of Nervous and Mental Disease, Vol. 93, No. 4, Apr. 1941.

Pollock, Lewis John, 1886-
Investigation of electrolytic rectification in nerves; invalidity of Pfluger's law of contraction [by] Lewis J. Pollock and Isidore Finkelman. [Chicago] 1940.
9 p. charts. 24 cm.
"Reprinted, with additions, from the Archives of Neurology and Psychiatry, April 1940, Vol. 43, pp. 693-701."

Pollock, Lewis John, 1886-
Reaction of degeneration in electrodiagnosis of experimental peripheral nerve lesions [by] Lewis J. Pollock [et al.]. Chicago, 1945.
275-283 p. 24 cm.
"Reprinted from War Medicine, May 1945, Vol. 7, pp. 275-283."

Pollock, Lewis John, 1886-
Strength frequency curves in electrodiagnosis of experimentally produced peripheral nerve lesions in the cat [by] Lewis J. Pollock, James G. Golseth, and Alex J. Arieff. Chicago, 1945.
7 p. charts. 24 cm.
"Reprinted from Surgery, Gynecology and Obstetrics, March, 1945, Vol. 80, 235-242."

Pollock, Lewis John, 1886-
The use of discontinuity of strength duration curves in muscles in diagnosis of peripheral nerve lesions [by] Lewis J. Pollock, James G. Golseth, and Alex J. Arieff. Chicago, 1944.
9 p. illus. 24 cm.
"Reprinted from Surgery, Gynecology and Obstetrics, August, 1944, Vol. 79, 133-141."

Pollock, Lewis John, 1886-
Vibration sense [by] Lewis Pollock. [Chicago] 1937.
[4] p. illus. 24 cm.
"Reprinted from the Archives of Neurology and Psychiatry, June 1937, Vol. 37, pp. 1383-1386.

Pope, Curran, 1866-
Practical hydrotherapy; a manual for students and practitioners, by Curran Pope. Cincinnati, Lancet - Clinic Publishing, 1909.
xv, 646 p. illus. 26 cm.
Exhaustive treatise tracing the history and present art of hydrotherapy.

Potts, Charles Sower, 1864-
Electricity; its medical and surgical applications, including radiotherapy, by Charles S. Potts. Philadelphia, Lea & Febiger, 1911.
viii, 17-509 p. illus., 6 plates. 24.5 cm.
Provenance: Library stamp, "Withdrawn, Boston Medical Library, purchased by the Francis Minot Fund".

Poutet, Charles, 1877-
La Franklinisation Hertzienne, étude physique, physiologique et thérapeutic, par Charles Poutet. Lyon, A. Storck, 1902.
[4], 76, [1] p. illus. 25 cm.
Provenance: Library stamp, "Laboratoire De Recherche ... Lyon ..."

Poynting, John Henry, 1852-1914.
A text-book of physics, by J.H. Poynting and Sir J.J. Thomson. Electricity and magnetism, Parts I and II. Static electricity and magnetism with illustrations. London, C. Griffin, 1914.
xiv, 345 p. illus. 23 cm.
Provenance: Inscribed, "E. Rutherfrid(?)"

Prince, Norman Call, 1884-
Roentgen technic (diagnostic), by Norman C. Prince. St. Louis, C.V. Mosby, 1917.
140 p. illus. 23.5 cm.
Provenance: Library stamp, "U. S. Naval Hospital, League Island, PA, 1917".

Prince, Walter Franklin, 1863-1934.
Is psychical research worthwhile? by Walter Franklin Prince.
p. [179]-198. 23.5 cm.
(In Murchison, Carl. The case for and against psychical belief. Worchester, Mass., 1927.)

Prince, Walter Franklin, 1863-1934.
A review of the Margery case, by Walter Franklin Prince.

p. [199]-213. 23.5 cm.
(In Murchinson, Carl. The case for and against psychical belief. Worchester, Mass., 1927.)

Prokof'ev, N N
(O poli͡arizatsii svi͡eta)
О поляризацiи свьта и о магнитныхъ и электрическихъ явленiяхъ. С.-Петербургъ, Тип. С. Г. Кнорусъ, 1904.
35 p. 20 diagrs. 21 cm.
Provenance: Author's presentation copy to Ernst Mach (1838-1916): Author's signature and address in MS. on p. 35.
Two articles by the noted Russian physicist, entirled "The world ether as substance - element and cause of power", and "On the polarization of light and the magnetic and electric appearances", that form part of the science series "Panorama of the World."

Prout, Henry Goslee.
A life of George Westinghouse, by Henry G. Prout. New York, The American Society of Mechanical Engineers, 1921.
xii, [1], 375 p. 7 plates, port. 23 cm.

Provita, Société, Paris.
Les courants de haute fréquence et leur emploi. Paris, Provita, c1928.
31, [1] p. illus. 18.2 cm.

Pullin, Victor Edward Anthony.
X-rays, past and present, by V.E. Pullin and W.J. Wiltshire. [London] E. Benn, 1927.
229 p. illus., charts, diagrs., plates. 21.8 cm.
Provenance: Author's signed presentation copy to, "Prof. H. C. Plummer".
An history of x-rays that traces the subject back to Hawksbee in the eighteenth century and also deals the early applications of x-rays in medicine.

Purkyně, Jan Evangelista, 1787-1869.
Příspěvky k poznání zraku ze subjektivního hlediska. Z něm. orig. Beiträge zur kenntiss des Sehens in subjectiver Hinsicht přěl. B. Eberhardová a V. Kruta. Ukázky z díla a korependence, vybral, uspoř. a původní stati naps. Vladislav Kruta. 1 vyd. Brno, J.E. Purkyně, t. Tisk 1, 1969.
166, [2] p. 24 plates, port. 24.5 cm.
Author of founding study on the histology of the nervous system, Purkyne was an important Czech pioneer in the physiology of vision. He described most of the subjective visual figures notably by those obtained by galvanic stimulation, the recurrent images, the entopic appearances from the shadows of the retinal vessels, the dependence of brightness of colour upon intensity of light, the choroidal figure, "digitalis rosettes" and "belladona radiations".

Pusey, William Allen, 1865-1940.
The practical application of the rontgen rays in therapeutics and diagnosis, by William Allen Pusey and Eugene Wilson Caldwell. Philadelphia, W.B. Saunders, 1903.
591 p. illus., plates (partc. col.) 23.5 cm.
Provenance: Owner stamp, "W. A. Wakeley, MD".
An American pioneer of roentgen therapy for skin conditions, Pusey also became the first American to use radium for similar conditions.

Pusey, William Allen, 1865-1940.
The practical application of the Rontgen rays in therapeutics and diagnosis, by William Allen Pusey and Eugene Wilson Caldwell. 2nd ed., throughly rev. and enl. Philadelphia, W.B. Saunders, 1904.
690 p. plates. 23.5 cm.

Queen & Company, Phildelphia.
Electrical testing instruments. Philadelphia, 1900.
[5]-117, [3] p. illus. 22.7 cm.

Rademaker, Gijsbertus Godefriedus Johannes, 1887-
L'allure des muscles fléchisseurs et extenseurs du coude lors de la rigidité décérébrée, par G.G.J. Rademaker et S. Hoogerwerf. Harlem, Impr. de J. Enschede, 1929.
25 p. illus. 22.3 cm.
Bound with Einthoven, Willem. Die Konstruktion des Saitengalvanometers. Bonn, 1909.
"Extrait des Archives Néerlandaises de Physiologie de l'Homme et des Animaux, tome XIV, 4e livraison, p. 445 (1929)."

Rademaker, Gijsbertus Godefriedus Johannes, 1887-
Expériences sur la physiologie du cervelet, par G.G.J. Rademaker. Paris, 1930.
[337]-367 p. illus. 23 cm.

Bound with his Willekeurige en onwillekeurige handelingen. Leiden [1928?]

"Revue neurologique. Tome I. no. 3. Mars 1930."

Rademaker, Gijsbertus Godefriedus Johannes, 1887-

Willekeurige en onwillekeurige handelingen. Rede bij de aanvaarding van het hoogleeraarsambt aan de Rijksuniversiteit te Leiden den 10en october 1928 uitgesproken door G.G.J. Rademaker. Leiden, E. Ijdo, [1928?]

26 p. 23 cm.

With this is bound his Experiences sur la physiologie du cervelet. Paris, 1930.

Radiguet et Massiot.

Notice sur les courants de haute fréquence et de haute tension appliquées a la médecine. Radiguet & Massiot, Constructeurs a Paris. Paris [ca. 1902]

66 p. illus. 24.5 cm.

Bound with Keating-Hart, W.V. La fulguration dans le traitement du cancer. Bordeaux, 1908.

Ramon y Cajal, Santiago, 1852-1934.

Histologie du systeme nerveux de l'homme & des vertebres, par S. Ramon Cajal. Ed. francaise revue & mise a jour par l'auteur. Traduite de l'espagnol par L. Azoulay. Paris, A. Maloine, 1909-1911.

2 v. illus. (part col.) 27 cm.

v. 2, Library stamp, "Harvard University, Library of the Medical School and the School of Public Health".

First edition in French of Cajal's classic magnum opus on the histology of the nervous system, first published in 3 volumes in Spanish between 1894-1904. The work contains many of Cajal's own drawings of nerve tissue as well as an exposition of Cajal's theory of dynamic polarization of nerve tissue -- that dendrites in general receive impulses from other cells and these are then transmitted through the nerve cell and via the axon to still other cells.

Ramon y Cajal, Santiago, 1852-1934.

Recollections of my life [by] Santiago Ramon y Cajal. Tr. by E. Horne Craigie, with the assistance of Juan Cano. Philadelphia, The American Philosophical Society, 1937.

2 v. illus., fold. map, plates. 23.5 cm.

Ramstrom, Oskar Martin, 1861-1930.

Emanuel Swedenborg's investigations in natural science and the basis for his statements concerning the functions of the brain, by Martin Ramstrom. Uppsala, Sweden, University of Uppsala, 1910.

59 p. engr. port. 30 cm.

Provenance: Library stamp, "Discarded, Brooklyn Public Library, Montague Branch, N.Y."

Randell, Wilfred L , 1874-

The romance of electricity, by Wilfred L. Randell. London, Sampson Low, Marston, 1931.

xviii, 238 p. front., 65 plates. 22.5 cm.

Provenance: Owner signature, "J. H. Thomlinson".

Ranson, Stephen Walter, 1880-1942.

The central path of the pupilloconstrictor reflex in response to light [by] S.W. Ranson and H.W. Magoun. Chicago, 1933.

10 p. illus. 24 cm.

"Reprinted from the Archives of Neurology and Psychiatry. December, 1933, Vol. 30, pp. 1193-1202."

Ranson, Stephen Walter, 1880-1942.

Respiratory and pupillary reactions induced by electrical stimulation of the hypothalamus [by] S.W. Ranson and H.W. Magoun. Chicago, 1933.

15 p. illus. 24 cm.

"Reprint from the Archives of Neurology and Psychiatry, June, 1933, Vol. 29, pp. 1179-1193."

Raper, Howard Riley, 1886-

Electro-radiographic diagnosis; a book on the electric test for pulp vitality, giving the technic of its use in detail and submitting clinical evidence of its absolute necessity to dental diagnosis, by Howard Riley Raper. St. Louis, C.V. Mosby, 1921.

160 p. illus. 23.5 cm.

Provenance: Owner signature, "Dr. J. W. Glass, '24, Tulsa".

Raphael's private instructions in animal magnetism. 9th ed., rev. and enl. London, 1908.

64 l. 22.5 cm.

Rawdon-Smith, Alexander Francis.

Theories on sensation, by A.F. Rawdon-Smith. Cambridge [England] The University Press, 1938.

xiii, 137 p. illus. 22.5 cm.

First edition of comprehensive work, dedicated to E. D. Adrian, outlining the most advanced theories of vision and hearing of the day.

Ray, Bronson Sands, 1904-
Observations on the distribution of the sympathetic nerves to the pupil and upper extremity as determined by stimulation of the anterior roots in man [by] Bronson S. Ray, Joseph C. Hinsey, and William A. Geohegan. New York, 1943.
647-655 p. charts. 24 cm.
Reprinted from Annals of Surgery, October 1943, Vol. 118, no. 4, 1943.

Rayleigh, Robert John Strutt, baron, 1875-
The Becquerel rays and the properties of radium, by R.J. Strutt. 2nd ed. New York, Longmans, Green, 1906.
vi, [1], 215, [1] p. illus., 3 plates. 23 cm.

Reboul, Jean Antoine.
Electrical detection of ovulation [by] J. Reboul, H.B. Friedgood and H. Davis. [n.p.] 1937.
[1] p. 26.9 cm.
(In Davis reprints, 1926-47. [n.p., n.d.])
"Reprinted from the American Journal of Physiology, vol. 119, no. 2, p. 387, June, 1937."

Reboul, Jean Antoine.
Electrical studies of ovulation in the rabbit, by J. Reboul, H. Davis and H.B. Friedgood. [n.p.] 1937.
724-732 p. illus., diagrs. 26.9 cm.
(In Davis reprints, 1926-47. [n.p., n.d.])
"Reprinted from The American Journal of Physiology, Vol. 120, No. 4, December, 1939."

Regelsberger, Hermann, 1891-
Der bedingte Reflex und die vegetative Rhythmik des Menschen dargestellt am Elektrodermatogramm, von Hermann Regelsberger. Wien, Springer, 1952.
vii, 172 p. illus. 23 cm.

Regnault, Jules Émile Joseph, 1873-
Les méthodes d'Abrams (Spondylothérapie - Réflexes détecteurs d'énergie - Medecine électronique) [par] Jules Regnault. Paris, Éditions Médicales Norbert Maloine, 1927.
vii, 201 p. illus. 19 cm.

Regnault, Jules Émile Joseph, 1873-
Les organismes considérés comme des oscillateurs résonateurs polarisés [par] Jules Regnault. Paris, A. Legrand, 1931.
20 p. ullus. 21.5 cm.

Regnier, Louis Raoul, 1861-
Radiothérapie et photothérapie, par L.R. Regnier. Paris, J.B. Baillière, 1902.
91, [1] p. illus. 18.5 cm.

Reich, Heinrich Wilhelm, 1888-
Grundlagen und neue Wege der Strahlenbehandlung, von H.W. Reich. Stuttgart, Hippokrates, 1933.
202 p. illus. 23.5 cm.
Provenance: Author's signature; owner stamp, "Dr. Schlegel".

Reich, Wilhelm, 1897-1957.
Die Bione zur Entstehung des vegetativen Lebens [von] Wilhelm Reich, Roger du Teil [und] Arthur Hahn. Oslo, Sexpol, 1938.
xiv, 205 p. illus., 28 plates. 24 cm.

Reich, Wilhelm, 1897-1957.
Die Funktion des Orgasmus. Zur Psychopathologie und zur Soziologie des Geschlechtslebens, von Wilhelm Reich. Leipzig, Internationaler Psychoanalytische Verlag, 1927.
206 p. 23 cm.
Provenance: Inscribed, "Stenstroen".
Reich, a controversial German psychoanalyst, claimed that the orgasm in human sexuality was the very centre of human experience and ultimately determines the happiness of the human race.

Reich, Wilhelm, 1897-1957.
Psychischer kontact und vegetative Strömung. Ein Beitrag zur Affektlehre und characteranalytischen Technik, von Wilhelm Reich. Kopenhagen, Sex-pol-verlag, 1935.
60, [1] p. 24.5 cm.

Reichenbach, Karl Ludwig Friedrich, freiherr von, 1788-1869.
The odic force; letters on od and magnetism, by Karl von Reichenbach. Tr. and introd. by F.D. O'Byrne. Foreword by Leslie Shepard. [New York] University Books, 1968.
lxxii, 9, 119 p. 21.5 cm.
A German speculative scientist with an interest in chemistry and metallurgy, Reichenbach became

interested in "sensitives" (usually women) from 1844 on and conducted numerous experiments on what today would be called extra-sensory perception. By the 1860s his experiments had led him to speculate on a universal force called the "odic force" that permeated all of nature and differed from electricity and magnetism. By means of "odic" light Reichenbach claimed to be able to photograph objects in total darkness. His results are difficult to explain--even on the assumption of fraud--unless the objects were feebly radioactive.

Reichenbach, Karl Ludwig Friedrich, freiherr von, 1788-1869.

Les phénomènes odiques ou recherches physiques et physiologiques sur les dynamides du magnetism, de l'électricité, de la chaleur de la lumière, de la cristallisation et de l'affinité chimique considérés dans leurs rapports avec la force vitale par le Baron Charles de Reichenbach. Traduction francaise par Ernest Lacoste. Paris, Bibliothèque Chacornac, 1904.

[3], xiv, 564 p. diagrs. 22.5 cm.

Provenance: Bookseller stamp, "A Cisneros ... Bordeaux".

First French edition of *Odic Phenomena*.

Reichenbach, Karl Ludwig Friedrich, freiherr von, 1788-1869.

Physico-physiological researches on the dynamics of magnetism, electricity, heat, light, crystallization, and chemism, in their relations to vital force, by Baron Charles von Reichenbach. The complete work, from the German. 2nd ed. With the addition of a preface and critical notes, by John Ashburner. 1st American ed. New York, J.S. Redfield, 1851. Mokelumne Hill, Calif., Health Research, 1965.

456 p. diagrs., fold. plate. 21.5 cm.

Reichenbach, Karl Ludwig Friedrich, freiherr von, 1788-1869.

Reichenbach's letters on od and magnetism (1852). Published for the first time in English, with extracts from his other works, so as to make a complete presentation of the Odic Theory. Translated text, introduction, with biography of Baron Carl von Reichenbach, notes, and supplements by F.D. O'Byrne. Mokelumne Hill, Calif., Health Research, 1964.

[2], lxxii, 119 p. 21.5 cm.

Reiniger, Gebbert & Schall, Erlangen.

Elektro-medizinische Apparate und ihre Handhabung. 8. Aufl. Erlangen, 1902.

lxii p., [4] l., 351, [1] p. plates, illus. 24.8 cm.

Provenance: Owner stamp, "A. C. Zoethout & Zoon, Dordrecht".

Remak, Ernst Julius, 1849-1911.

Grundriss der Elektrodiagnostik und Elektrotherapie für praktische Ärtze, von Ernst Remak. 2. umgearbeitete Aufl. Berlin, Urban & Schwarzenberg, 1909.

viii, 198 p. illus. 24.5 cm.

Provenance: Owner library plate, "S. R."

Second edition of textbook on electrical medicine written for practitioners by the son of the famous neurophysiologist, Robert Remak.

Remington, George Albin, 1879-

Gleanings of low voltage technique, by George A. Remington. Chicago, Privately published, 1932.

[6], 122 p. illus., port. 22.7 cm.

Remy, Auguste Charles, 1851-

Les rayons X et l'extraction des projectiles; expériences et observations cliniques sur l'emploi d'un nouvel appareil, par Ch. Remy [et] P. Peugniez. Paris, Vigot Freres, 1904.

vi, 112, [1] p. illus. 23 cm.

Report on the Commission on Resuscitation from Electric Shock. Commission: W.B. Cannon [et al.] New York, National Electric Light Association, 1913.

23 p. plate. 22.5 cm.

Provenance: Library stamp, "Yale University Library ... 1921".

Results of stimulation of the tegumentum with the Horsley-Clarke stereotaxic apparatus [by] W.R. Ingram, S.W. Ranson, F.I. Hannett, F.R. Zeiss, and E.H. Terwilliger. [n.p., 1932?]

29 p. illus. 24 cm.

"Reprinted from the Archives of Neurology and Psychiatry, September, 1932, Vol. 28, pp. 513-541."

Revue générale de l'électricité. Numéro special. Ampère, André Marie, 1775-1836. Paris, Revue générale de l'électricité, 1922.

306 p. illus., ports. 27 cm.

Provenance: Business card of, "Daniel Berthelot, Membre de L'Institut ..." and inscription, "to Baron Regnaud" tipped in book.

Reyn, Axel Lauritz Larsen, 1872-1935.
Die Finsenbehandlung; ihre Grundlage, Technik und Anwendung. Berlin, H. Meusser, 1913.
126 p. illus. 23 cm.
Provenance: Owner signature illegible.
One-time head of the Neils Finsen's Medical Light Institute in Copenhagen, Reyn modified Finsen's carbon-arc lamp (Finsen Reyn lamp) for treating skin ailments with ultra-violet light by shortening the water-cooled telescope that focused the light and making it suitable for individual use.

Rhine, Joseph Banks, 1895-
Extra-sensory perception, by J.B. Rhine. With a foreword by William McDougall. And an introduction by Walter Franklin Prince. Boston, Boston Society for Psychic Research, 1934.
xiv, 169 p. front., 3 plates. 23 cm.
First and only edition of the first work to give the subject of "perception without the function of the recognized senses" (coined ESP by Rhine) a rigorous treatment based on numerous trials.

Rhodes, Frederick Leland.
Beginnings of telephony, by Frederick Leland Rhodes, with a foreword by John J. Carty. New York, Harper, 1929.
xvii, 261 p. diagrs., front., plates. 23.9 cm.
Provenance: Owner signature, "Ralph Greenlee Lounsbury".

Rice, Lucinda H
Uniformity of narcosis in peripheral nerve, by Lucinda H. Rice and Hallowell Davis. [n.p.] 1928.
73-84 p. diagrs. 26.9 cm.
(In Davis reprints, 1926-47. [n.p., n.d.])
"Reprinted from The American Journal of Physiology, Vol. 87, No. 1, November, 1928."

Rice, May Cushman, 1863-
Electricity in gynecology. The practical uses of electricity in diseases in women, by May Cushman Rice. Chicago, L.I. Laing, 1909.
159 p. illus. 19.5 cm.

Richard, Jules, 1863-1945.
Instruments de précision de mesure et de contrôle pour les sciences et l'industrie ... Paris, 1919.
1 v. (various pagings) illus., diagrs., col. map. 27.4 cm.
Provenance: Stamp, "Hausse Variable".

Richards, Charles Russell, 1865-1936.
The industrial museum, by Charles R. Richards. New York, Macmillan, 1925.
x, [1], 117 p. charts, plans, plates. 24.4 cm.
Provenance: Library plate, "Alfred Owre".

Richardson, Delmer Dalton, 1868-
A treatise on diseases of the rectum, prostate and associate organs, by Delmer Dalton Richardson. 2nd ed., rev. Chicago, Campbell, 1908.
111, [1] p. illus., 70 col. plates. 27.5 cm.

Richardson, Joseph Gibbons, 1836-1886.
Medicology or home encyclopedia of health. A complete family guide. Abounding in practical household information on the structure and functions of the human body, the laws of hygiene, diet, accidents and emergencies, accessory treatments and remedies, air and exercise, sanitary house-building, duties of mothers, care of children, art and science of nursing and cooking, home administration of medicines. Ten books - one volume, by Joseph G. Richardson, William H. Ford, [and] C.C. Vanderbeck. Managing editor, James P. Wood, assisted by a large and able corps of medical practitioners, lecturers, and teachers. New York, University Medical Society, 1903.
xxiv, 33-1432 p. illus., 3 fold. anatomical charts, col. plates. 25.5 cm.

Richardson, Owen Williams, 1879-
The electron theory of matter, by O.W. Richardson. Cambridge, Cambridge University Press, 1914.
vi, [1], 612 p. 22 cm.
Provenance: Library stamps, "Physical Library, MIT", "Mass. Inst. Tech. 1915, Lib. ... "
Richardson, a British physicist and Nobel Laureate (1928), originated the study of thermionics.

Richer, Paul Marie Louis Pierre, 1849-1933.
L'Art et la médicine, par Paul Richer. Paris, Gaultier, Magnier [1902?]
[2], 562 p. illus., plates. 30.2 cm.
Provenance: Presentation copy to Emile Maurel.
An history of medicine as depicted in art covering, demonic possession, monsters, insanity, the blind, infections, leprosy, the infirm, doctors and disease and death. The author was Charot's artist at Salpetriere.

Richet, Charles Robert, 1850-1935.
Thirty years of psychical research; being a treatise on metapsychics, by Charles Richet. Tr. from the French by Stanley DeBrath. London, W. Collins Sons, c1923.
xv, 646 p. illus. 21 cm.

Rieger, John Benjamin, 1886-
The relation of the sun as the source of electric energy to health and to the vital functions; an essay submitted in competition for the Dr. Charles Denison prize, by John Rieger ... June 23, 1914. Rev. for publication Aug. 15, 1915. [Denver, Smith-Brooks press, 1915]
16 p. front. (port.) 23 cm.
Provenance: Library stamp, "Saranac Laboratory Library".

Righi, Augusto, 1850-1920.
La materia radiante e i raggi magnetici. 2. ed., augm. Bologna, N. Zanichelli, 1910.
[5], 344 p. diagrs., 11 plates. 23.5 cm.

Righi, Augusto, 1850-1920.
Strahlende Materie und magnetische Strahlen, von Augusto Righi. Mit Züsatzen des Verfassers für die deutsche Ausgabe. Aus dem Italienischen übersetzt von Max Iklé. Leipzig, J.A. Barth, 1909.
viii, 390, [1] p. illus., plates. 23.5 cm.

Ritter Dental Manufacturing Co., inc.
Electrolytic medication (Ionization). Theory, technique and clinical applications. Rochester, N.Y., The Ritter dental mfg. Co., c1918.
70, [1] p. illus. 16.5 cm.
Provenance: Presentation copy plate to "Dr. C. W. Berry".

Rivière, Joseph Alexandre, 1859-1946.
Esquisses cliniques de physicothérapie. Traitement rationnel des maladies chroniques, par J.A. Riviere. Paris, Bouchy, 1910-1932.
v.1 64 plates. 22 cm.
Provenance: Bookseller plate, "A. Maloine ... Paris".
One time director of D'Arsonval's laboratory in Paris, Riviere details in this work the destruction of malignant tumors both by high frequency 'effleuve' (brush discharge) and that obtained from electrostatic machines. He eventually established his own clinic and used all forms of physical therapy to treat a wide range of disorders. He particularly used high frequency 'effleuve' to treat skin cancer.

Roberts, Michael, 1902-1948.
Newton and the origin of colours; a study of one of the earliest examples of scientific method, by Michael Roberts and E.R. Thomas. London, G. Bell, 1934.
viii, 133 p. illus., plates. 19 cm.

Robertson, Alexander White.
Studies in electro-pathology, by A. White Robertson. Illustrated. New York, E.P. Dutton, 1918.
viii, 304 p. illus., 2 col. plates. 22 cm.

Robertson, John Kellock, 1885-
X-rays and x-ray apparatus; an elementary course, by John K. Robertson. New York, Macmillan Co., 1924.
viii, [1], 228 p. illus. 23.5 cm.
Provenance: Owner signature, "William Jue Poy ... Seattle, Washington".

Robinovitch, Louise G.
Sommeil électrique (inhibition des mouvements volontaires et de la sensibilité) par des courants électriques de basse tension et à interruptions modérément fréquentes. Épilepsie électrique et électrocution [par] Louise G. Robinovitch. Nantes, A. Dugas, 1906.
98 p. illus., 5 fold. plates. 23.5 cm.
Provenance: Author's presentation stamp: Library plate, "Withdrawn, University of Pennsylvania Library". Library embossed stamp: "U. of P. Library" : stamp: "J.of Mental Pathology ... N.Y."
Robinovitch elaborated on the idea that bradycardia could be treated by periodic pulses of DC current in a course of experiments performed in the early 1900s on the resuscitation of victims of electrocution, drowning and excessive anaesthesia. She also did pioneering research in electroanaesthia during the 1900-1920s and cardiac physiology.

Robinson, Sir Robert.
Two lectures on an "Outline of an electrochemical (electronic) theory of the course of organic reactions," by Robert Robinson. London, 1932.
52 p. 21.5 cm.
First edition of a popular exposition of Robinson's electronic theory of organic reactions. This was one of his most important achievements. He was awarded the Nobel Prize for chemistry in 1947.

Robinson, Victor, 1886-1947.
The story of medicine [by] Victor Robinson. New York, Tudor, 1936, c1931.
[9], 527 p. illus., front., plates, ports. 23.4 cm.
Contains an interesting biographical account of Duchenne de Boulogne by Emmanual Kaplan.

Rochester Surgical Appliance Co.
Catalogue "A". Rochester, N.Y. [19--]
43, [1] p. illus., facsim. 15.1 x 23.7 cm.

Rockwell, Alphonso David, 1850-1925.
The medical and surgical uses of electricity including the x-ray, Finsen light, vibratory therapeutics, and high-frequency currents, by A.D. Rockwell. New ed. New York, E.B. Treat, 1903.
xvi, 656 p. illus. 25 cm.
Provenance: Inscribed, "J. D. MacRossie".
First published in 1871 this text was one of the most popular works on electrotherapy ever published in the United States. The authors (David Beard was the co-author) evidently kept abreast of developments in Europe.

Rockwell, Alphonso David, 1850-1925.
Rambling recollections; an autobiography, by A.D. Rockwell. New York, P.B. Hoeber, 1920.
332 p. front., 6 plates. 24.5 cm.
Provenance: Presented to The Bakken by Jean K. Reymond, granddaughter of the author.

Röntgen, Wilhelm Conrad, 1845-1923.
W.C. Röntgens grundlegende Abhandlungen über die X-Strahlen. Zum siebzigsten Geburtstag des Verfassers, hrsg. von der Physikalisch-medizischen Gesellschaft in Würzburg. Würzburg, C. Kabitzsch, 1915.
43 p. port. 23 cm.
Provenance: Owner embossed stamp, "Rontgen Institut, Dr. med. Bucky, Berlin ... "
Professor of physics and director of the institute of physics at Wurzberg, Roentgen first reported his discovery of x-rays in 1895 in the 28 Dec. issue of the *Proceedings of the Wurzburg Physical and Medical Society*.

Roesler, Hugo, 1899-
Clinical Roentgenology of the cardiovascular system; anatomy, physiology, pathology, experiments and clinical applications, by Hugo Roesler. Springfield, Ill., C.C. Thomas, 1937.
xvi, 343 p. illus. 26 cm.

Rogers, Gorydon Eugene.
A textbook on the therapeutic action of light including the rho rays, solar and violet rays, electric arc light, the light cabinet, by Gorydon [sic] Eugene Rogers. [Chicago] Published by the author, 1910.
12, 323 p. 11 plates, col. front. 23.5 cm.
Provenance: Owner bookplate, "Nathan H. Polmer, MD".

Rogers, Hermas Jesse, 1889-
The new radionics, theory and practice, by H.J. Rogers. Mexico, Mo., Missouri printing & publishing co., c1936.
225 p. 22.7 cm.
Provenance: Inscribed, "Paid to Dr. M. J. Rogers by Dr. T. A. L. (?)"

Rohrer, Joseph.
Rohrer's illustrated book on scientific modern beauty culture; hair-dyeing, bleaching-henna care of the hair and scalp, facial massage, beautifying, electrolysis, manicuring, etc. New York, Prof. Rohrer's institute of beauty culture, 1924.
80 p. illus. (part col.) 23.5 cm.

Rokhlin, L L ed.
(Problemy klinicheskoĭ i ėksperimental'noĭ nevropatologii i psikhiatrii)
Проблемы клинической и экспериментальной невропатологии и психиатрии; юбилейный сборник, посвященный тридцатилетию научной, врачебной, педагогической и общественной деятельности заслуженного профессора Александра Михайловича Гринштейна. Отв. ред., Л. Л. Рохлин. Харьков, изд. Украинской психоневрологической академии, 1936.
436, [2] p. illus., diagrs., port. 26 cm.
Provenance: Owner stamp, "J. Kasanin, MD Mount Zion Hospital, San Francisco".
Problems of neuropathology and of clinical and experimental psychiatry. Jubilee collection dedicated to the 30th anniversary of the scientific, medical and social activity of Prof. Grinshtein.

Rolleston, Sir Humphry Davy, bart., 1862-
Cardio-vascular diseases since Harvey's discovery. The Harveian oration delivered before the Royal College of Physicians of London on 18 October 1928, by Sir Humphry Davy Rolleston.

Cambridge, University Press, 1928.
[7], 149 p. 19 cm.
Provenance: Owner stamp, "B. R. Stuehler Jr."

Rollier, Auguste, 1874-1954.
La cure de soleil [par] A. Rollier. Paris, Baillière & fils, 1915.
215 p. illus., fold. chart, 107 plates (part col.) 26.5 cm.
Provenance: Owner signature, "Manning C. Field ... Brooklyn": Bookseller stamp, "Libraire ... Des Frenes Leysin".
Rollier was a famous Swiss physician and advocate of heliotherapy (natural sun light) especially for non-pulmonary tuberculosis. He opened his famous clinic in Leysin, high in the Alps in 1903.

Rollins, William Herbert, 1852-1929.
Notes on X-light, by William Rollins. Boston, University Press, 1904.
xlii, [1], 400 p. 152 plates. 24.5 cm.
This Boston based American dentist and radiologist was one of the few to take precautions against x-ray burns from the first, both for himself and his patients.

Roloff, Max, 1871-
Die Theorie der elektrolytischen Dissociation, von Max Roloff. Berlin, J. Springer, 1902.
iv, 84 p. 22 cm.
"Sonderabdruck aus der Zeitschrift fur angewandte Chemie, 1902, Heft 22 bis 24."
Provenance: Owner stamp, "Hans Dollinger".

Romas, Jacques de, 1713-1776.
Oeuvres inédites de J. de Romas sur l'électricité, publiées sous les soins de l'Académie de Bordeaux. Choisies et annotées par J. Bergonié. Avec une notice biographique et bibliographique par Paul Courteault. Suivie d'une appendice reproduisant les documents connus concernant de Romas et des documents inédits. Bordeaux, Impr. G. Gounouilhou, 1911.
viii, 306, [1] p. port. 22 cm.

Roos, J
Auricular fibrillation in the domestic animals, by J. Roos. [n.p.] 1924.
7 p. illus. 25.5 cm.
Bound with Byrne, Joseph. Functions of the cervical sympathetic as manifested by its action currents. [n.p.] 1923.
"Reprinted from 'Heart'. Vol. XI, No. 1, January, 1924."

Rorschach, Hermann, 1884-1922.
Psychodiagnostik; Psychodiagnostics. Bern, H. Huber [1921]
10 plates. 25 cm.
Provenance: Owner signature, "Burch" and Owner stamp, "Robert Rathbone, MD ... Los Angeles, Cal."

Rosenberg, Hans, 1890-
Die elektrischen Organe [von] Hans Rosenberg. Berlin, J. Springer [1928?]
[1], [876]-925 p. illus. 25.5 cm.
"Sonderabdruck aus Handbuch der Normalen und Pathologischen Physiologie."

Rosenblueth, Arturo, 1900-
The physiological significance of the electric response of smooth muscle, by A. Rosenbleuth, H. Davis and B. Rempel. [n.p.] 1936.
387-407 p. illus. 26.9 cm.
(In Davis reprints, 1926-47. [n.p., n.d.])
"Reprinted from The American Journal of Physiology. Vol. 116, No. 2, July, 1936."

Rosenthal, Josef, 1867-1934.
Einige physikalische und technische Bemerkungen zur Röntgenstrahlen-Therapie, von Josef Rosenthal. Leipzig, J.A. Barth [1924]
10 p. 24.5 cm.
"Sonderabdruck aus 'Lehrbuch der Röntgenkunde', herausgegeben von H. Rieder u. J. Rosenthal, Band III. (Verlag von Johann Ambrosius Barth in Leipzig.)"

Rosenwarne, D D
A text-book of actinotherapy with special reference to ultra-violet radiation for practitioners and students, by D.D. Rosenwarne. St. Louis, C.V. Mosby, 1928.
ix, 237 p. illus., col. plate, 13 plates. 22 cm.

Rossel, Schwarz & Co., A.G., Wiesbaden.
Elektrische Heissluftapparate; System Dr. D. Tyrnauer, Karlsbad. Wiesbaden, L. Friedmann, 1926.
30, [2] p. illus. 22 cm.

Roth, Irving Ralph, 1885-
Cardiac arrhythmias. Clinical features & mechanism of the irregular heart, by Irving R.

Roth. Introd. by Emanuel Libman. New York, P.B. Hoeber, 1928.
xvii, 210 p. illus. 27 cm.

Rothschild, F S
Symbolik des Hirnbaus; Erscheinungswissenschaftliche Untersuchung über den Bau und die Funktionen des Zentralnervensystems der Wirbeltiere und des Menschen, von F.S. Rothschild. Berlin, S. Karger, 1935.
vi, 357 p. illus. 25 cm.
Provenance: Library stamp, "Philosoph. Seminar, Bern".

Rothschuh, Karl Ed.
Alexander von Humboldt et l'histoire de la découverte de l'électricité animale, par Karl E. Rothschuh. Alençon, Impr. Alençonnaise, 1960.
25, [1] p. illus., ports. 18 cm.

Rothschuh, Karl Ed.
History of physiology, by Karl E. Rothschuh. Trans. and ed., with a new English bibliography, by Guenter B. Risse. Huntington, N.Y., R.E. Krieger, 1973.
xxi, 379 p. diagrs., facsims., map, ports. 23.4 cm.

Roucayrol, Paul Ernest.
L'électricité dans le traitement des urétrites aigues et chroniques, par Ernest Roucayrol. Préface de Marion. Paris, Vigot Frères, 1921.
57, [2] p. illus., col. plate. 23.5 cm.

Roucayrol, Paul Ernest.
La d'arsonvalisation directe (diathermie) dans le traitement de la blennorragie, par P.E. Roucayrol. Préf. de d'Arsonval. Paris, Vigot, 1929.
viii, 251, [1] p. illus., 1 col. plate. 25.5 cm.
Provenance: Owner signature, "Disraeli Kobak, MD".

Rubinshteĭn, Sergeĭ Leonidovich, 1889-1960, ed.
(Psikhologii͡a: dvizhennie i dei͡atel'nost')
Психология: движение и деятелность; сборник исследованний кафедры психологии под редакцией. С.Л. Рубинштейна. Москва, Издание МГУ, 1945
245, [3] p. illus. 25.9 cm.

Rueff, Jakob, 1500-1558.
De conceptu, et generatione hominis: de matrice et eius partibus, nec non de conditione infantis in vtero, & grauidarum cura & officis: De partu & parturientuim, infantiumq cura omnifaria: De differentijs non naturalis partus & earundem curis: De Mola alijsq falsis vteri tumoribus, simulq de abortibus & monstris diuersis, nec non de conceptus signis varijs: De sterilitatis causis diuersis, & de proecipuis Matricis agritudinibus, omniumque horum curis varijs librisex opera clarissimi viri Iacobi Rveffi. Francofurti ad Moenum, 1587. Edition Medicina Rara Ltd. [1975?]
9 p., 92 l. illus. 21 cm.

Rundle, Henry.
Electric current injuries, by Henry Rundle. London, Printed by Adlard, 1904.
6 p. illus. 21.4 cm.
"Reprinted from 'St. Bartholomew's Hospital Journal', August, 1904."
Provenance: A.L.S. pasted in at p. 1.

Rupalley & Cie, Paris.
Le matériel médico-chirurgical moderne II: électricité médicale. Paris [1931?]
40 p. illus. 24.3 cm.

Russell, Edwin P
The tonic effect of ultraviolet radiations on malnourished infants and children [by] Edwin P. Russell. Chicago, Victor X-ray Corp. [19--]
3-5 p. 24.7 cm.
"Reprinted from Clinical Medicine, November 1926, vol. 33, No. 11."

Russell, Eleanor H
Ultra-violet radiation and actinotherapy, by Eleanor H. Russell and W. Kerr Russell. With forwords by Sir Oliver Lodge and Sydney Walton. New York, William Wood, 1925.
[4], 262 p. illus. 22 cm.
Provenance: Owner signature, "Westewell ... '26".
An important practical work with an historical introduction, partly aimed at forestalling the commercial misuse of UV treatment. The only legitimate UV light clinics were those as set up by Finsen.

Russell, Eleanor H
Ultra-violet radiation and actinotherapy, by Eleanor H. Russell and W. Kerr Russell. With forewords by Sir Oliver Lodge and Sydney Walton. 2nd ed. Edinburgh, E. & S. Livingstone, 1927.

xxxi, 429 p. illus., plates. 22 cm.
Provenance: Library stamp, "Jersey Medical Society": Bookseller plate, "H. K. Lewis ... London ..."

Russell, Eleanor H
Ultra-violet radiation and actinotherapy, by Eleanor H. Russell and W. Kerr Russell. With forewords by Sir Oliver Lodge and Sydney Walton. 3rd. ed. Edinburgh, E. & S. Livingstone, 1928.
[4], 648 p. illus. 22 cm.

Russell, William Kerr.
Ultra-violet radiotherapy, by W. Kerr Russell. London, J. Cape, 1930.
130 p. 19.5 cm.
Provenance: Owner signature, "Cora Bayley": Bookseller plate, "H. K. Lewis ... London ..."

Sachs, Ernest, 1879-
On the structure and functional relations of the optic thalamus, by Ernest Sachs. London, J. Bale, Sons & Danielsson, 1909.
92 p. illus. 25.3 cm.
"Reprinted from 'Brain,' part cxxvi., 1909."
Provenance: Author's presentation stamp.
Details Sachs' experimental investigations on electrolytic lesions in the thalmus and various other electrostimulation experiments undertaken in Sir Victor Horsley's Laboratory, in the Department of Pathological Chemistry at University College, London.

Šafář, Karl.
Behandlung der Netzhautabhebung mit multipler diathermischer Stichelung, von K. Safár. Mit einem Vorwort von J. Meller. Berlin, S. Karger, 1933.
[5], 162 p. illus., 3 col. plates. 25.5 cm.
"Sonderausgebe von Heft 16 der Abhandlungen aus der Augenheilkunde une ihren Grenzgebeiten."

Saidman, Jean, 1897-
Les ondes courtes en thérapeutique, par Jean Saidman & Jean Meyer. Préf. du professeur d'Arsonval. Paris, G. Doin, 1936.
274 p. illus. 25 cm.

Saidman, Jean, 1897-
Les ondes Hertziennes courtes en thérapeutique [par] Jean Saidman [et] Roger Cahen. Préface de A. d'Arsonval. Paris, G. Doin, 1931.
135, [1] p. illus. 24 cm.
Provenance: Author's signed presentation copy to, "Nemour".

Saleeby, Caleb Williams, 1878-
Sunlight and health, by C.W. Saleeby, with an introd. by Sir William M. Bayliss. New York, G.P. Putnam's Sons, 1924.
xiv, 198 p. 19.3 cm.
Provenance: Owner plate, "Nathan H. Polmer, M.D."

Samoilov, Aleksandr Filippovich, 1867-1930.
Electro-Kardiogramme, von A. Samojloff. Jena, G. Fischer, 1909.
[1], 37 p. illus. 24 cm.
Provenance: Owner signature and bookplate, "Heinrich Hirschfeld".
An early text on the clinical use of the electrocardiogram written by the Russian electrophysiologist. The first studies of fetal heartbeats, of changes in ECG patterns of diseased patients as a result of exercise and of arrhythemias are made at this time.

Sampson, Chris Martin, 1882-
Physiotherapy technic, a manual of applied physics by C.M. Sampson. St. Louis, C.V. Mosby, 1923.
443 p. illus. 23.5 cm.

Samuels, Jules, 1888-
De ontdekking van de oorzaak en de genezig van kanker, door Jules Samuels. Amsterdam, Uitgeverij, 1940.
403 p. illus., plates. 26 cm.
Provenance: Author's signed presentation copy to, "Dr. D. Kobak, 1940".

Satterthwaite, Thomas Edward, 1843-
Cardio-vascular diseases; recent advances in their anatomy, physiology, pathology, diagnosis, and treatment, by Thomas E. Satterthwaite. New York, Lemcke and Buechner, c1913.
166 p. illus. 23.5 cm.
Provenance: Presentation copy signed by the author to Library of University of Pennsylvania: Library plate, "U. of P. withdrawn".

Sauerbruch, Ferdinand, 1875-1951.
Die willkürlich bewegbare Künstliche Hand; eine Anleitung für Chirurgen und Techniker, von F. Sauerbruch. Mit anatomischen Beiträgen von G.

Ruge und W. Felix und unter Mitwirkung von A. Stadler. Berlin, J. Springer, 1916.
2 v. illus. 24 cm.
Provenance: Owner bookstamp and signature, "Dr. Hans Meyenberg, Unterageri".
First edition of classic work on the artificial hand written by the pioneer thoracic surgeon.

Saul, Leon Joseph, 1901-
Action currents in the central nervous system. I. Action currents of the auditory tracts [by] Leon J. Saul and Hallowell Davis. Chicago, American Medical Association, 1932.
13 p. illus., diagrs. 26.9 cm.
(In Davis reprints, 1926-47. [n.p., n.d.])
"Reprinted, with additions, from the Archives of Neurology and Psychiatry, November, 1932, Vol. 28, pp. 1104-1116."

Savidge, Eugene Coleman, 1863-
The philosophy of radio-activity or selective involution, by Eugene Coleman Savidge. New York, W.R. Jenkins, 1914.
151 p. 4 plates. 22.5 cm.
Provenance: Library stamp, "Queens Co. Med. Soc. For. Hills, NY".

Schaefer, Hans, 1906-
Elektrophysiologie; in zwei Bänden, von Hans Schaefer. Wien, F. Deuticke, 1940-42.
2 v. illus. 24.5 cm.
Provenance: Library plate cancelled, "The University of Chicago Library".

Schall, William Edward.
Electro-medical instruments and their management, by W.E. Schall. Bristol, John Wright & Sons, 1925.
[8], 148 p. illus., diagrs., 1 plate 24.7 cm.
Provenance: Owner bookstamp, "Dr. V. Deroitte ... Bruxelles".

Schall, William Edward.
X rays: their origin, dosage, and practical application, by W.E. Schall. 2d ed. Bristol, John Wright & Sons, 1925.
[8], 260 p. illus., charts, diagrs., plates. 24.5 cm.

Schall, William Edward.
X rays: their origin, dosage, and practical application, by W.E. Schall. 3d ed. Bristol, John Wright & Sons, 1928.
xi, 306, [1] p. illus., charts, diagrs., 3 plates. 24.8 cm.

Scheikevitch, Valetin.
Description d'un nouvel appareillage destiné aux interventions diathermiques en dermatologie, utilisation de la galvano-d'Arsonvalisation [par] V. Scheikevitch. [Paris] 1933.
7 p. 24 cm.
"Extrait des Bulletins et Mémoires de la Société de Medecine de Paris, No. 14, Séance du 28 Octobre 1933."
Provenance: Presentation copy signed by the author.

Schickelé, Antoine, 1880-
La galvano-faradization; etude physique, physiologique, thérapeutique. Lyon, Impr. Waltener, 1904.
76 p. illus. 25 cm.

Schiller, Ferdinand Canning Scott, 1864-1937.
Some logical aspects of psychical research, by F.C.S. Schiller.
p. [215]-226. 23.5 cm.
(In Murchison, Carl. The case for and against psychical belief. Worchester, Mass., 1927.)

Schinz, Hans Rudolf, 1891- ed.
Lehrbuch der Röntgendiagnostik mit besonderer Berücksichtigung der Chirurgie; hrsg. von H.R. Schinz. Unter Mitwirkung von W. Baensch und E. Friedl, nebst Beiträgen von A. Hotz, D. Jüngling [u.a.] ... mit einem Geleitwort von P. Clairmont und E. Payr. 2., verb. Aufl. Leipzig, G. Thieme, 1928.
xx, 1131 p. illus., diagrs., 5 plates. 27.5 cm.
Provenance: Owner signature.

Schinz, Hans Rudolf, 1891- e.d
Lehrbuch der Röntgendiagnostik, von H.R. Schinz, W. Baensch und E. Friedl nebst Beiträgen von M. Holzmann, A. Hotz, O. Jüngling, E. Liebmann, E. Looser, K. Ulrich. 3., völlig neu bearb. und verm. Aufl. Leipzig, G. Thieme, 1932.
2 v. illus. 27.5 cm.
Provenance: Owner signature, "Davis 1934".

Schlasberg, H J
Über Hautepitheliome und deren Behandlung mit Finsenlicht, von H.J. Schlasberg. Wien, W. Braunmüller, 1906.

22 p. 23.8 cm.
Provenance: Author's presentation copy to Prof. Dr. G(?) Ehrmann.

Schliephake, Erwin, 1894-
Kurzwellentherapie; die medizinische Anwendung kurzer elektrischer Wellen, von Erwin Schliephake. Geleitwort von W.H. Veil. Physikalischer Anhang von L. Rohde. Jena, G. Fischer, 1932.
xii, 174 p. illus., charts. 25 cm.
Provenance: Owner stamp, "Dr. G. Bucky".
The first book detailing the therapeutic effects of ultrashort waves (3 m). During 1926-1927, Schliephake, a physician based in Jena, experimented on the effect of ultrashort waves on bodily fluids and on animals by placing the subject between condenser plates. In 1929 he himself became the first patient to be treated with ultrashort waves, for a boil on his nose.

Schliephake, Erwin, 1894-
Short wave theapy, the medical uses of electrical high frequencies, by Erwin Schliephake. Authorized English translation by R. King Brown. with foreword by Elkin P. Cumberbatch. 2nd English ed. London, The Actinic Press, 1938.
[22], 296 p. illus. 25.5 cm.
Provenance: Owner bookplate and signature, "Disraeli Kobak".

Schloss, Oscar Menderson.
The intestinal absorption of antigenic protein [by] Oscar M. Schloss.
p. 156-187. 20.7 cm.
(In Harvey Society. The Harvey lectures. Philadelphia, c1926.)

Schmidt, Hans Erwin, 1874-1919.
Kompendium der Lichtbehandlung, von H.E. Schmidt. 3., neubearb. Aufl. Hrsg. von Otto Strauss. Leipzig, G. Thieme, 1921.
114 p. illus. 25 cm.
Provenance: Owner embossed stamp, "Rontgen Institut, Dr. med. Bucky, Berlin ...".

Schmidt, William H
Electrothermic methods in the treatment of inoperable cancer of the breast [by] William H. Schmidt. Omaha, Radiological Publ. Co., c1928.
12 p. 20.5 cm.
"Reprinted from Archives of physical therapy, x-ray, radium, vol. IX, no. 1, January, 1928. Pp. 13-17."
Provenance: Inscribed and initialed by owner, "G. Gd".

Schmorl, Georg, 1861-1932.
Die pathologisch-histologischen Untersuchungsmethoden, von G. Schmorl. Dritte neubearbeitete Aufl. Leipzig, F.C.W. Vogel, 1905.
xi, 329 p. 22.5 cm.
Provenance: Owner stamp, "Gustav Bucky".

Schnee, Adolf.
Kompendium der Hochfrequenz in ihren verschiedenen Anwendungsformen einschliesslich der Diathermie, von Adolf Schnee. Leipzig, O. Nemnich, 1920.
344, xxiv p. illus. 22.5 cm.
Schnee, a German physician, popularized the four cell hydro-electric bath - called the Schnee bath.

Schnitker, Maurice Arthur, 1905-
The electrocardiogram in congenital cardiac disease; a study of 109 cases, 106 with autopsy, by Maurice A. Schnitker. Cambridge, Mass., Harvard University Press, 1940.
[xi], 147 p. plates. 24.5 cm.
Provenance: Owner signature, "J. Keating".

Scholl, William Mathias, 1882-
The human foot; anatomy, deformities and treatment. A volume containing a complete and comprehensive description of the anatomy of the foot. Normal and abnormal conditions, deformities of the foot, their cause and mechanical treatment. Special chapters on shoe fitting and its allied branches, including historical footwear. A textbook for the student and practitioner, by William M. Scholl. Chicago, Foot Specialist, 1920.
xiii, 11-415 p. illus. 23.5 cm.

Schonack, Wilhelm, 1885-
Die Rezeptsammlung des Scribonius Largus; eine kritische Studie, von Wilhelm Schonack. Jena, G. Fischer, 1912.
ix, [1], 95 p. 22 cm.

Schrenck Notzing, Albert Philibert Franz, freiherr von, 1862-
Phenomena of materialisation. A contribution to the investigation of mediumistic teleplastics, by Baron von Schrenck Notzing. Tr. by E.E. Fournier

d'Albe. Reissue of the 1st English ed. London, Kegan Paul, Trench, Trubner, 1923.
xii, 340 p. plates. 25 cm.

Schwarz, Gottwald, 1880-
Die Röntgenuntersuchung des Herzens und der grossen Gefässe. Fünf Vorträge, von Gottwald Schwarz. Leipzig, F. Deuticke, 1911.
[4], 61 p. illus., 2 plates. 25.5 cm.
Provenance: Owner bookplate, "L. G. Heilbron ..."

Schweitzer, Alfred, 1879-
Die Irradiation autonomer Reflexe: Untersuchungen zur Funktion des autonomen Nervensystems, von Alfred Schweitzer. Basel, S. Karger, 1937.
viii, 375, [1] p. illus., diagrs. 25.3 cm.

Scudder, Charles Locke, 1860-
The treatment of fractures with notes upon a few common dislocations, by Charles Locke Scudder. 6th ed., thoroughly rev. and enl. Philadelphia, W.B. Saunders, 1907.
628 p. illus., col. front., plates. 24.5 cm.

Scultetus, Johannes, 1595-1645.
Χείροπλοθηκη , seu Armamentarium chirurgicum XLIII. Tabvlis aeri elegantissime incisis, nec ante hac visis, exornatum. Opus posthumum ... Nunc primum in lucem editum, Studio et opera Joannis Sculteti. Ulmae Suevorum, Typis & impensis B. Kühnen, 1655. [Baiersbronn, W. Ger., Agathon Presse, ca. 1970]
[1], 10, 67, [1] p. 43 plates. 36 cm.

Sears, Roebuck and Co., Chicago.
Electrical goods and supplies. 5th ed. Chicago [1902?]
44 p. illus. 28 cm.

Sears, Roebuck and Co., Chicago.
Electrical goods; everything electrical for home, office, factory and shop: electric ranges and home conveniences, flash lights, batteries and lamps, electric lighting plants, transformers and batteries, telephones, switchboards and supplies, telegraph and wireless outfits and supplies, electric motors. Chicago, c1918.
37 p. illus. 27.3 cm.

Sechenov, Ivan Mikhailovich, 1829-1905.
Selected works [by] I. Sechenov. Moscow, State publishing house for biological and medical literature, 1935.
xxxvi, 489 p. illus., 7 plates, port. 27 cm.
Text commemorating the Thirtieth anniversary of Sechenov's death. Sechenov was professor of Physiology at St. Petersburg and Moscow and considered to be the "Father of Russian Physiology". Among his discoveries was the cerebral inhibition of spinal reflexes.

Servetus, Michael, 1509 or 11-1553.
Michael Servetus, a translation of his geographical, medical and astrological writings with introductions and notes, by Charles Donald O'Malley. Philadelphia, American Philosophical Society, 1953.
208 p. front. (port.), facsims. 22 cm.

Seybold, N J
Uso de la diatermia en el tratamiento de la neumonia, por N.J. Seybold. Chicago, Victor X-ray Corp. [19--]
7, [1] p. charts. 24.6 cm.
"Tomado del The Ohio State Medical Journal de marzo de 1928."

Seymour, William P
Seymour's key to electro-therapeutics, by W.P. Seymour. 2nd ed. Newark, N.J., 1904, c1902.
[2], 3-87 p. front. (port.) 20 cm.
Provenance: Owner stamp and signature, "Dr. Potter".

Shackel, Reginald George, 1892-
A modern school electricity and magnetism, by R.G. Shackel. London, Longmans, Green, and Co., 1925.
vi, 250 p. illus. 19 cm.

Shackelford, Shelby, 1899-
Electric eel calling; a record of an artist's association with a scientific expedition to study the electric eel at Santa Maria de Belem do Para, Brazil [by] Shelby Shackelford. New York, C. Scribner's Sons, c1941.
x, [3], 258 p. illus. (incl. maps) 23.5 cm.
"Miss Shackelford was one of the first witnesses of 'man's message to the electric eel in his own language'".-- the preface.

Sharpey-Schafer, Sir Edward Albert, 1850-1935.
The essentials of histology descriptive and practical for the use of students, by E.A. Schafer. 6th ed. London, Longmans, Green, 1902.
xi, 416 p. illus. 22 cm.
Provenance: Owner stamp, "U v d Kroon": Bookseller plate, "P. J. van Breda Vriesman, Leiden ..."
A popular manual on histology first published in 1855. Author was a leading figure in British physiology both at University College, London (1883-1899) and Edinburgh.

Sharpey-Schafer, Sir Edward Albert, 1850-1935.
Experimental physiology, by Sir Edward Sharpey-Schafer. 3rd ed. New York, Longmans, Green, 1921.
[viii], 131 p. illus. 22.5 cm.
Provenance: Library plate and stamp, "The Lennox Hill Hospital", NY City.
Contents include, muscle-nerve preparation, fatigue of muscle and nerve, conduction in nerve, conditions of excitation of nerve and muscle by the galvanic current, cardiac nerves of frog, nerve roots, reflex action and reaction time, excitation of cortex-cerebri.

Sharpey-Schafer, Sir Edward Albert, 1850-1935.
History of the Physiological Society during its first fifty years, 1876-1926, by Sir Edward Sharpey-Schafer. London, Cambridge University Press, 1927.
[5], 198, [1] p. illus., facsims. (part fold.), ports. 24.4 cm.
"Issued by the Society and published as a supplement to the Journal of Physiology, December, 1927."

Sharpey-Schafer, Sir Edward Albert, 1850-1935.
The influence of the internal secretions on the nervous system, by Sir E.A. Sharpey Schafer. London, Adlard & Son & West Newman, 1922.
21 p. 23.5 cm.
Provenance: Library stamp, "Rijks Universiteit ... Utrecht."
Reprinted from the Journal of Mental Science, October, 1922.
Together with Oliver, Sharpey-Schafer was the first to isolate the active principle of a ductless gland and investigate its properties. Their later work involved other glands especially the pituitary.

Shepard, John Frederick, 1881-
The circulation and sleep; experimental investigations accompanied by an atlas, by John F. Shepard. New York, Macmillan, 1914.
ix, 83 p. 27.5 cm. and atlas of 63 plates, 22 x 28.5 cm.
First edition of an early work detailing the characteristics of the circulation and electrical activity of the brain during sleep.

Shepardson, George Defrees, 1864-
Electrical catechism; an introduction on electricity and its uses, by Geo. D. Shepardson. New York, American electrician, 1901.
[4], 403 p. illus. 25.5 cm.
Provenance: Owner signature, "Thomas B. Mackley, Lehighs University, ... Bethlehem, PA".
Shepardson was a professor of electrical engineering at the University of Minnesota.

Sherrington, Sir Charles Scott, 1857-1952.
The brain and its mechanism, by Sir Charles Sherrington. Cambridge [Eng.] University Press, 1933.
35 p. 18.5 cm.
Provenance: Owner signature, "W. R. Miles" and typed inscription to Dr. Miles signed by John Fulton.

Sherrington, Sir Charles Scott, 1857-1952.
Goethe on nature & on science, by Sir Charles Sherrington. Cambridge, University Press, 1949.
53, [1] p. 19 cm.

Sherrington, Sir Charles Scott, 1857-1952.
The integrative action of the nervous system, by Charles S. Sherrington. New York, C. Scribner's Sons, 1906.
xvi, 411 p. illus. 22 cm.
A classic of neurology elucidating the mechanism of the interaction of nerve cells and their effect on behavior. Sherrington demonstrated that most reflexes are co-ordinated; that the nervous system functions as a whole, so that reflex action is not an isolated phenomenon; and that the true function of the nervous system is to integrate the organism, making it an individual whole, not just a collection of cells and organs. For his discoveries on the neurons he was awarded the Nobel Prize in 1932.

Sherrington, Sir Charles Scott, 1857-1952.
Localisation in the motor cerebral cortex of the anthropoid, by C.S. Sherrington and A.S.F. Grunbaum. London, Adlard and son, 1902.
[127]-136 p. illus. 23.8 cm.
Provenance: Author's presentation copy: Library stamp, "Johns Hopkins Hospital Library, 1906".
"Reprinted from the 'Transactions of the Pathological Society of London,' Vol. 53, Part I, 1902."

Sherrington, Sir Charles Scott, 1857-1952.
Mammalian physiology; a course of practical exercises, by C.S. Sherrington. Oxford, Clarendon Press, 1919.
xi, [1], 156 p. illus., 9 col. plates. 27 cm.
Provenance: Owner signature and bookplate, "Walter Richard Miles, Boston".
First edition of a much used laboratory manual containing numerous experiments in electrophysiology. Each exercise directs students to the classic papers in which fundamental discoveries were first made.

Sherrington, Sir Charles Scott, 1857-1952.
Mammalian physiology; a course of practical exercises. A new ed. by E.G.T. Liddell and Sir Charles Sherrington. Oxford, Clarendon Press, 1929.
xi, [1], 162 p. illus. 28 cm.
Provenance: Library stamp, "Maywood Library ... Ch. Pfzer & Co. ... '22".

Sherrington, Sir Charles Scott, 1857-1952.
Man on his nature, by Sir Charles Sherrington. The Gifford Lectures Edinburgh 1937-8. New York, MacMillan, 1941.
[5], 413 p. illus., 7 plates. 22 cm.

Sherrington, Sir Charles Scott, 1857-1952.
Note on the knee extensor and the mirror myograph, by C.S. Sherrington. [n.p.] 1930.
[101]-107 p. 23 cm.
"Reprinted from the Journal of Physiology, Vol. LXX. No. 1, August 8, 1930."
Provenance: Author's presentation copy: Stamps, "Bequest of Dr. W. M. H. Welch 1934" and "Inst. Hist. Med."

Shipley, Maynard, 1872-1934.
X-ray, violet ray and other rays with their use in modern medicine [by] Maynard Shipley. Girard, Kan., Haldeman-Julius, c1926.
64 p. 12 cm.

Sicard, Jean Athanase, 1872-1929.
The use of lipiodol in diagnosis and treatment; a clinical and radiological survey, by J.A. Sicard and J. Forestier. London, Oxford University Press, 1932.
ix, 235 p. illus. 25 cm.
Provenance: Author's presentation copy: Business card "Dr. Jacques Forestier" tipped in.
Sicard, a French neurologist together with Jacques Forestier, first introduced the use of lipiodol, an iodized oil opaque to x-rays in 1921 for dilineating the epidural space by injection into the lumbar regions.

Siemens & Halske, A.-G.
Preisliste 52: elektromedizinische Apparate. Berlin-Nonnendamm, 1911-12.
7 pts. illus. 27.2 cm.

Simpson, Frank Edward, 1868-
Radium therapy, by Frank Edward Simpson. St. Louis, C.V. Mosby, 1922.
391 p. illus. 26 cm.
Provence: Owner library stamp, "S. J. Waterworth, M.D."

Simpson, Walter Malcolm, 1895- ed.
Fever therapy; abstracts and discussions of papers presented at the first International conference on fever therapy, ed. by Walter M. Simpson [and others] New York, P.B. Hoeber, 1937.
xxiv, [1], 486 p. 24 cm.

Sims, Charles Andrew Starr.
Talks on chronic diseases with special reference to mechano-therapeutical treatment. A book for the general practitioner, as well as for the specialist, on chronic diseases. A book that tells you how to treat successfully, how to relieve or to cure the chronic diseases mentioned herein, by Charles Andrew Starr Sims. Kansas City, Mo., C.A.S. Sims, 1912.
268 p. 8 plates, port. 22.5 cm.
Provenance: Owner signature, "D. M. Hanna ... Illinois".

Singer, Charles Joseph, 1876-1960.
A short history of medicine, introducing medical principles to students and non-medical readers, by Charles Singer. New York, Oxford University Press, 1928.
xxiv, 368 p. illus., chart, diagrs., front., map, ports. 20.8 cm.
Provenance: Owner signature, "Malcolm B. Catlin".

Singer Sewing Machine Company.
The Singer Surgical Stitching Instrument; for better surgical technique. [n.p.] c1942-43.
32 p. illus. 21.5 x 27.9 cm.

Sir William Osler memorial number, appreciations and reminiscences. Montreal, Privately issued, 1926.
[5], xxxviii, 633 p. illus., facsims., front., map, plates (part fold.), ports. 24.3 cm.
Provenance: Owner bookplate and stamp, "J. R. Paul".

Sivan, Guy, 1914-
Contribution à l'étude électrocardiographique du coeur des sportifs, par Guy Sivan. Marseille, Impr. A. GED., 1939.
34, [2] p. 5 graphs. 24 cm.

Sjoqvist, Olof.
Studies on pain conduction in the trigeminal nerve; a contribution to the surgical treatment of facial pain, by Olof Sjoqvist. Helsingfors, Mercators Tryckeri, 1938.
[4], 139 p. illus., fold. plate. 23.5 cm.
Provenance: Library stamp, "Provinciaal Ziekenhuis Medemblik".

Sluder, Greenfield, 1865-
Nasal neurology headaches and eye disorders, by Greenfield Sluder. St. Louis, C.V. Mosby, 1927.
428 p. illus., 2 col. plates. 25.5 cm.
First edition of important work on headaches written by the discoverer of "Sluder's neuralgia" or sphenopalatine neuralgia.

Small, Sidney Aymler, 1876-
Elementary electricity up-to-date; a complete practical guide for the beginner ... by Sidney Aymler-Small. Chicago, F.J. Drake, c1909.
443 p. illus. 20 cm.

Smart, Morton, 1878-
Graduated muscular contractions; a description of the method and its application in the treatment of injuries to muscles and joints, by Morton Smart. Cincinnati, The Ruter Press, 1931.
viii, 78 p. illus. 20.2 cm.
Provenance: Business card, "R. R. Kincheloe Co. New Orleans ..." tipped in.

Smith, Lee Herbert, 1856-
Nursing in the home, by Lee H. Smith. A book of valuable up to date information for nurses, with important data taken from The people's common sense medical adviser. 9th ed. Buffalo, N.Y., World's Dispensary Medical Association, 1925, c1919.
[3], 512 p. illus., port. 20.5 cm.

Smith, Robert H 1910-
Electrical anesthesia, by Robert H. Smith. Springfield, Ill., C.C. Thomas, c1963.
xi, 54 p. diagrs. 23.5 cm.

Snodgrass, J M
Observations on bioelectric skin potentials [by] J.M. Snodgrass and H. Davis. New Orleans, 1940.
[1] p. 26.9 cm.
(In Davis reprints 1926-47. [n.p., n.d.])
"Reprinted from The American Journal of Physiology, Vol. 129, No. 2, p. 468, May, 1940."

Snow, Mary Lydia Hastings Arnold.
Mechanical vibration and its therapeutic application, by M.L.H. Arnold Snow. New York, Scientific authors' Pub. Co., 1904.
xviii, 297 p. illus., col. front., 9 plates. 22 cm.
Provenance: Library plate and stamp, "Shore Regional High School Library ... Donated by Monmouth College 1962".

Snow, William Benham, 1860-1930.
Currents of high potential of high and other frequencies, by William Benham Snow. New York, Scientific authors' Pub. Co., 1905.
xiii, 196 p. illus., 8 plates. 24 cm.
Snow, an American radiologist and well known electrotherapist, worked in Morton's clinic and treated sprains, bruises and constipation with static-induced current.

Snow, William Benham, 1860-1930.
Currents of high potential of high and other frequencies, by William Benham Snow. 2nd ed. New York, Scientific authors' Pub. Co., 1911.
xiv, [1], 275 p. illus., 5 plates. 24 cm.

Snow, William Benham, 1860-1930.
A manual of electro-static modes of application and therapeutics, by William Benham Snow. New York, A.L. Chatterton, c1902.
v, 133 p. illus., diagrs. 23.2 cm.
Provenance: Owner inscription.

Snow, William Benham, 1860-1930.
A manual of electro-static modes of application, therapeutics, radiography, and radiotherapy, by William Benham Snow. 2nd ed. New York, A.L. Chatterton, 1903.
xix, [1], 302 p. illus., 13 plates. 24 cm.
Provenance: Dedicatory inscription to M. Hewton MD from B. Canfwell dated 1904 with owner's inscriptions.

Snow, William Benham, 1860-1930.
A manual of electro-static modes of application, therapeutics, radiography, and radiotherapy, by William Benham Snow. 3rd ed. New York, A.L. Chatterton, 1904.
xxi, [1], 302 p. illus., 13 plates. 24 cm.
Several pages of manuscript and typescript notes, as well as an article, "Methods of procedure in the use of high-frequency currents," by Frederick de Kraft, reprinted from The Journal of Advanced Therapeutics, Nov., 1906, tipped in at beginning of book.

Snow, William Benham, 1860-1930.
A manual of electro-static modes of application, therapeutics, radiography, and radiotherapy, by William Benham Snow. 3d. ed. New York, A.L. Chatterton, 1905.
xxx, [1], 302 p. illus., 13 plates. 24 cm.

Snow, William Benham, 1860-1930.
Textbook of physical therapy, by William Benham Snow. New York, Scientific authors' Pub. Co., 1931.
xxi, 708 p. illus., front., plates. 25 cm.

Snow, William Benham, 1860-1930.
The therapeutics of radiant light and heat and convective heat, by William Benham Snow. New York, Scientific authors' Pub. Co., 1909.
119 p. illus., 8 plates. 24 cm.

Soddy, Frederick, 1877-1956.
The interpretation of radium; being the substance of six free popular experimental lectures delivered at the University of Glasgow, 1908, by Frederick Soddy. London, J. Murray, 1909.
xviii, 256 p. illus., 11 plates. 21.5 cm.
Soddy, a British experimental physicist, together with Rutherford, discovered the nature of radioactivity.

Solis-Cohen, Solomon, 1857-1948, ed.
A system of physiologic therapeutics, a practical exposition of the methods, other than drug-giving, useful in the prevention of disease and in the treatment of the sick, ed. by Solomon Solis Cohen. Philadelphia, P. Blakiston's Son, 1902-[04?]
11 v. illus., charts, diagrs. 22.2 cm.
Provenance: V. 3 Bookplate, "Nathan H. Polmer, MD".

Solomon, Iser.
La Roentgenthérapie; ses indications cliniques [par]
Iser Solomon. Paris, L'Expansion Scientifique Française, 1930.
208 p. 8 plates. 17.5 cm.
Provenance: Library plate, "Harrower Laboratory Inc."

[Somaini, Francesco]
Il tempo Voltiano in Como. [Como, E. Cavalleri, 1939]
66 p. facsims., plates, port. 22.8 cm.
Provenance: Presentation plate, "Sidney and Elizabeth": stamp, "Sidney Licht, Coral Gables, Florida".

[Somaini, Francesco]
Il tempio voltiano in Como. Ristampa anastatica a cura del Comune di Como in occasione del 150° della morte di Alessandro Volta, eseguita dal centro stampa comunale nel 1977. [Como, 1977]
66 p. facsims., plates, port. 22.8 cm.

Sonnenkalb, Victor, 1881-
Die Röntgen-diagnostik des Nasen- und Ohrenarztes, von Sonnenkalb. Unter Mitwirkung von Zahnarzt Bode (Hannover) für den Teil über die Röntgenuntersuchung der Zähne. Jena, G. Fischer, 1914.
viii, 192 p. illus., 46 plates. 25 cm.

Provenance: Owner stamp, "George H. Kress, MD, San Francisco, Cal." and owner signature, Wien, 1921.
First edition of early x-ray manual written for the practicing ear, nose and throat specialist. There is also a section on dentistry.

Sorensen, Soren Peter Lauritz, 1868-1939.
The solubility of proteins [by] S.P.L. Sorensen.
p. 25-41. 20.7 cm.
(In Harvey Society. The Harvey lectures. Philadelphia, c1926.)

Soulié, Charles George, 1878-1955.
L'acuponcture chinoise [par] George Soulié de Morant. Paris, Mercure de France, c1938.
2 v. illus. 27.5 cm.

Soulié, Charles George, 1878-1955.
Précis de la vraie acuponcture chinoise; doctrine, diagnostic, thérapeutique [par] George Soulié de Morant. 2. ed. Paris, Mercvre de France, 1934.
[2], 201 p. 8 plates. 20 cm.
Provenance: Owner stamp, "Dr. Rene-Maurice Tecoz ... Lausanne".

Souques, Alexandre Achille, 1860-1944.
Étapes de la neurologie dans l'antiquité grecque (d'Homère a Galien), par A. Souques. Paris, Masson, 1936.
246, [2] p. 25.7 cm.
First edition of the only book written on the history of neurology in Ancient Greece from Homer to Galen.

Southard, Elmer Ernest, 1876-1920.
Shell-shock and other neuropsychiatric problems presented in 589 case histories from the war literature, 1914-1918, by E.E. Southard. With a biblio. by Norman Fenton, and an introd. by Charles K. Mills. Boston, W.M. Leonard, 1919.
[3], xxxvi, [1], 982, 21 p. illus., 6 plates. 24.5 cm.
Provenance: Bookdealer plate, "Login Bros. Chicago".
First edition of important study on shell-shock in World War I written by a pioneer in the fields of neuropsychiatry and psychotherapy. Southard was also a leading figure in the American eugenics movement.

Squier, George Owen, 1865-1934.
Telling the world, by George O. Squier. Baltimore, Williams & Wilkins, 1933.
xi, 163 p. port. 19 cm.
Provenance: Library stamp, "Montana State College Library, Bozeman".

Stanhope, Leonard E
Magnetic healing explained, by L.E. Stanhope. [Nevado, Mo., 1900]
108, [1] p. port. 17 cm.

Starling, Ernest Henry, 1866-1927.
Principles of human physiology, by Ernest H. Starling. London, J. A. Churchill, 1912.
xii, 1423 p. illus. 23.5 cm.
Starling's *Principles ...* first published in 1912 quickly became a standard textbook. Professor of physiology at Guys and later University College, London, Starling's contributions included the discovery of secretin, his work on the lymph and other body fluids and the laws governing the activity of the heart.

Starling, Sydney George, 1873-
Electricity and magnetism for advanced students, by Sydney G. Starling. London, Longmans, Green, 1926.
vi, [1], 612 p. illus., diagrs. 19.5 cm.

Stempell, Walter.
Die unsichtbare Strahlung der Lebewesen (Mitogenetische oder Organismenstrahlung), von Walter Stempell. Jena, G. Fischer, 1932.
[5], 108 p. illus. 25 cm.

Stevens, Stanley Smith, 1906-
The localization of pitch perception on the basilar membrane [by] S.S. Stevens, H. Davis, and M.H. Lurie. Worcester, Mass., Clark University, 1935.
297-315 p. illus. 26.9 cm.
(In Davis reprints, 1926-47. [n.p., n.d.])
"Offprinted from The Journal of General Psychology, 1935, 13, 297-315."

Stevens, Stanley Smith, 1906-
Psychophysiological acoustics: pitch and loudness [by] S.S. Stevens and H. Davis. [n.p.] 1936.
13 p. illus., diagrs. 26.9 cm.
(In Davis reprints, 1926-47. [n.p., n.d.])
"Reprinted from The Journal of Acoustical Society of America, Vol. 8, No. 1, July, 1936."

Stewart, Harry Eaton, 1887-1948.
Diathermy and its application to pneumonia, by Harry Eaton Stewart. New York, P.B. Hoeber, 1923.
xvi, 210 p. illus., front. 19 cm.
Provenance: Owner bookplate, "Nathan H. Polmer, MD".

Stewart, Harry Eaton, 1887-1948.
Physiotherapy; theory and clinical application, by Harry Eaton Stewart. New York, P.B. Hoeber, 1925.
351 p. illus. 23.5 cm.
Provenance: Author's signed presentation copy to Nathan Polmer.

Stirling, William, 1851-1932.
Rudolph Albert von Kolliker, M.D., professor of anatomy in the University of Wurzburg, by William Stirling. Washington, Government Printing Office, 1907.
[1], 557-562 p. plate (port.) 24.3 cm.
"From the Smithsonian Report for 1905, p. 557-562 (with plate 1)."

Stirling, William, 1851-1932.
Some apostles of physiology; being an account of their lives and labours, labours that have contributed to the advancement of the healing art as well as to the prevention of disease, by William Stirling. London, Priv. printed by Waterlow, 1902.
[4], iv, 129 p. illus., plates, ports. 33.4 cm.

Stookey, Byron Polk, 1887-
Trigeminal neuralgia, its history and treatment, by Byron Stookey and Joseph Ransohoff. Springfield, Ill., C.C. Thomas, c1959.
xv, 366 p. illus., charts, diagrs., geneal. table, ports. 23.5 cm.

Stranger, Ralph, pseud.
Amplification of wireless signals, by Ralph Stranger. London, G. Newnes, 1931.
64 p. illus. 19 cm.

Stranger, Ralph, pseud.
Batteries and accumulators, by Ralph Stranger. London, G. Newnes, 1929.
64 p. illus. 19 cm.

Stranger, Ralph, pseud.
The by-products of wireless, by Ralph Stranger. London, G. Newnes, 1931.
64 p. illus. 19 cm.
Provenance: Author's presentation copy to, "Gladstone Murray Esq." signed, "Ralph Judson ... 1931".

Stranger, Ralph, pseud.
Detection of wireless signals, by Ralph Stranger. London, G. Newnes, 1931.
64 p. illus. 19 cm.
Provenance: Author's presentation copy to, "Gladstone Murray Esq." signed, "Ralph Judson ... 1931".

Stranger, Ralph, pseud.
Electrified matter, by Ralph Stranger. London, G. Newnes, 1929.
64 p. illus. 19 cm.

Stranger, Ralph, pseud.
Electronic currents, by Ralph Stranger. London, G. Newnes, 1929.
64 p. illus. 19 cm.

Stranger, Ralph, pseud.
How to understand wireless diagrams, by Ralph Stranger. London, G. Newnes, 1930.
64 p. illus. 19 cm.

Stranger, Ralph, pseud.
Magnetism and electromagnetism, by Ralph Stranger. London, G. Newnes, 1929.
64 p. illus. 19 cm.

Stranger, Ralph, pseud.
The mathematics of wireless, by Ralph Stranger. London, G. Newnes, 1929.
64 p. illus. 19 cm.

Stranger, Ralph, pseud.
Matter and energy, by Ralph Stranger. London, G. Newnes, 1929.
64 p. illus. 19 cm.

Stranger, Ralph, pseud.
Modern valves, by Ralph Stranger. London, G. Newnes, 1930.
64 p. illus. 19 cm.

Stranger, Ralph, pseud.
Reproduction of wireless signals, by Ralph Stranger. London, G. Newnes, 1931.
64 p. illus. 19 cm.
Provenance: Author's presentation to, "Gladstone Murray Esq." signed, "Ralph Judson ... 1931".

Stranger, Ralph, pseud.
Seeing by wireless (television), by Ralph Stranger. London, G. Newnes, 1930.
64 p. illus. 19 cm.

Stranger, Ralph, pseud.
Selection of wireless signals, by Ralph Stranger. London, G. Newnes, 1930.
64 p. illus. 19 cm.

Stranger, Ralph, pseud.
Wireless communication and broadcasting, by Ralph Stranger. London, G. Newnes, 1930.
64 p. illus. 19 cm.

Stranger, Ralph, pseud.
Wireless measuring instruments, by Ralph Stranger. London, G. Newnes, 1931.
64 p. illus. 19 cm.
Provenance: Author's presentation copy to, "Gladstone Murray Esq." signed, "Ralph Judson ... 1931".

Stranger, Ralph, pseud.
Wireless receiving circuits, by Ralph Stranger. London, G. Newnes, 1931.
64 p. illus. 19 cm.
Provenance: Author's presentation copy to, "Gladstone Murray Esq." signed, "Ralph Judson ... 1931".

Stranger, Ralph, pseud.
Wireless waves, by Ralph Stranger. London, G. Newnes, 1930.
64 p. illus. 19 cm.

Strohl, André, 1887-
Précis de physique médicale. 4. éd., rev. Paris, Masson, 1948.
773, [1] p. illus. 20 cm.

Strong, Frederick Finch.
Essentials of modern electro-therapeutics; an elementary text-book on the scientific therapeutic use of electricity and radiant energy, by Frederick Finch Strong. New York, Rebman Co., c1908.
x, 112 p. illus. 21 cm.
Provenance: Owner bookplate, "Dr. D. S. Childs, Waterloo, NY ..." and signature.

Strong, Frederick Finch.
Essentials of modern electro-therapeutics; an elementary text-book on the scientific therapeutic use of electricity and radiant energy, by Frederick Finch Strong. 2nd ed., rewritten and enl. New York, Rebman Co., c1918.
xv, 150 p. illus. 22.5 cm.
Provenance: Owner signature, "Dr. H. Carney ...", Bookdealer stamp, "Login Bros. Chicago ..."

Strong, Frederick Finch.
High-frequency currents, by Frederick Finch Strong. New York, Rebman Co., c1908.
xix, [1], 289 p. illus. 24 cm.
Provenance: Owner bookplate, "Nathan H. Polmer, MD".

Stumpf, Pleikart, 1888-
Das Röntgenographische Bewegungsbild und Seine Anwendung (Flächenkymographie und kymoskopie) von Pleikart Stumpf. Mit einem Geleitwort von Gottfried Boehm. Leipzig, G. Thieme, 1931.
78 p. illus. 29.5 cm.
Provenance: Owner stamp, "Dr. T. Meusmien(?)"

Sturridge, Ernest, 1864-
Dental electro-therapeutics, by Ernest Sturridge. 2nd ed., thoroughly revised. Philadelphia, Lea & Febiger, 1918.
vii, [17]-320 p. illus. 20.5 cm.
Provenance: Owner stamp, "Dr. C. W. Hlavac 44 East 72nd Street."

Swalm, William Albert, 1888-1950.
Relation of gastrointestinal disorders to angina pectoris and other acute cardiac conditions [by] William A. Swalm and Lester M. Morrison.
p. 41-45. 24.2 cm.
(In Symposium upon angina pectoris. [n.p., 1939?])

Symposium upon angina pectoris [by] Albert S. Hyman, Joseph B. Wolffe, William A. Swalm and Lester M. Morrison, Victor A. Digilio [and] James C. Munch. [n.p., 1939?]
p. [35]-53. 24.2 cm.
"Reprinted from The Review of Gastroenterology, Volume 6, Number 1, pages 35-53, January-February, 1939."
Provenance: Presentation copy stamp from "Dr. Albert S. Hyman, Director, Witkin Foundation ... Beth David Hospital, New York" to "Yale Medical Library, General".

Szekely, Edmond Bordeaux.

Cosmotherapy, the medicine of the future; encyclopedia of health, happiness and long life. A series of lectures by Edmond Szekely. To the student body of the International University of Cosmic and Vital Sciences during its sessions 1935-6. Epitomized by Julius Montes. Los Angeles, International Cosmotherapeutic Expedition, 1938.

599 p. charts, port. 22.5 cm.

T.S. Brothers & Co., Singapore.

Catalogue of dental equipment, appliances, instruments and materials. Editor, T.H.T. 4th ed. Singapore, [1933]

130 p. illus., port. 25.5 x 36.1 cm.

Talmey, Bernard Simon, 1862-1926.

Male impotence and sterility in marriage, by B.S. Talmey. [New York] c1917.

8, [1] p. 20.3 cm.

"Reprinted from the New York Medical Journal for February 17, 1917."

Taylor, Hugh Stott, 1890-

Molecular films, the cyclotron and the new biology, by Hugh Stott Taylor, Irving Langmuir, and Ernest O. Lawrence. New Brunswick, Rutgers University Press, 1942.

[4], 95 p. illus., 16 plates. 23.5 cm.

Tesla, Nikola, 1856-1943.

Experiments with alternate currents of high potential and high frequency. A lecture delivered before the Institution of Electrical Engineers, London, by Nikola Tesla. With an appendix by the same author on the transmission of electric energy without wires, reviewing his recent work, and presenting illustrations from photographs never before published. New ed. 2nd impression. New York, McGraw-Hill, 1904.

ix, 162 p. illus. 18.5 cm.

Provenance: Inscribed, "H. P. Hollnagel" and "Brutus Brooks".

Tesla, a Serbian-born engineer and inventor, emigrated to the United States and devised the first alternating motor. In this lecture he refers to the heating effect of high frequency currents on a small body connnected to a coil and suggests a medical use if a large apparatus was built.

Theosophical Research Centre.

Some unrecognized factors in medicine. London, Theosophical Research Centre, 1939.

254 p. col. plate. 22 cm.

Thomas, Lewis, 1913-

The lives of a cell; notes of a biology watcher [by] Lewis Thomas. New York, Viking Press, c1974.

[3], 153 p. 20.8 cm.

"All of these essays originally appeared in the New England Journal of Medicine."

Thompson, Silvanus Phillips, 1851-1916.

Elementary lessons in electricity & magnetism, by Silvanus P. Thompson. London, Macmillan Co., 1903.

xv, 626 p. illus., front. 17 cm.

Provenance: Owner signature, "A. C. Lyell, Clifton College, Bristol, 1905".

Thompson, a British physicist and prolific science writer especially of history of science, narrowly missed demonstrating experimentally Maxwell's theory of electromagnetic propagation, which Hertz accomplished in 1887-1888.

Thompson, Silvanus Phillips, 1851-1916.

Elementary lessons in electricity and magnetism, by Silvanus P. Thompson. Rev. and enl. to date, including all of the recent discoveries in x-rays, wireless telegraphy, etc., by Otto H.L. Schwetzky. Chicago, Thompson & Thomas, 1906.

[1], xii, 499 p. illus., front. 19.5 cm.

Provenance: Inscribed, "K. P. Conover 1907 from C. J. Stiffens".

Thompson, Silvanus Phillips, 1851-1916.

Elementary lessons in electricity and magnetism, by Silvanus P. Thompson. New ed. rev. throughout with additions. New York, Macmillan, 1910.

xv, 638 p. illus., front. 19 cm.

Provenance: Owner signature, "Richard Bleros, M.I.T. 1913 ... Bost. Mass ... 1911".

Thompson, Silvanus Phillips, 1851-1916.

Michael Faraday, his life and work, by Silvanus P. Thompson. London, Cassell, 1901.

ix, [2], 308 p. diagrs., facsims., front. (port.) 19 cm.

Provenance: Presentation plate of Bern Dibner, Bundy Library.

Thompson, Silvanus Phillips, 1851-1916.
Petrus Peregrinus de Maricourt and his Epistola de Magnete, by Silvanus P. Thompson. Appendices A, B, C. London, H. Frowde, 1906.
9 p. 25 cm.
"From the Proceedings of the British Academy, Vol. III."

Thompson, Silvanus Phillips, 1851-1916.
William Gilbert, and terrestrial magnetism in the time of Queen Elizabeth; a discourse, by Silvanus P. Thompson. [London] Chiswick Press [1903?]
[1], 15, [1] p. 20.2 cm.
Provenance: Author's signed presentation copy to, "Gerald Christy".

Thompson & Plaster Co., inc.
Catalog of accessories, x-ray and electro-therapeutic. Leesburg, Va., Chicago, Ill. [ca. 1921]
70, [2] p. illus. 22.8 cm.

Thomson, Elihu, 1853-1937.
Selections from the scientific correspondence of Elihu Thomson, ed. by Harold J. Abrahams and Marion B. Savin. Cambridge, Ma., MIT Press, c1971.
xiv, 569 p. front. (port.) 23.5 cm.
Thomson, an American scientist and inventor, became one of the pioneers of the electrical manufacturing industry in the United States. He collaborated with Nikola Tesla in the development of high voltage generators and in 1896 experimented on himself to prove unequivocally that x-rays were harmful.

Thomson, Sir Joseph John, 1856-1940.
Conduction of electricity through gases, by J.J. Thomson. Cambridge, University Press, 1903.
vi, [1], 566 p. illus. 23 cm.
Provenance: Owner bookplate, "Alan A. C. Swinton."
Thomson introduces the term 'ions' for the first time in this book. Based on the Silliman Lectures, Thomson, "attempts to discuss the bearing of the recent advances made in Electrical Sciences on our views of the Constitution of Matter and the Nature of Electricity."--the preface. Thomson discovered the electron, discovered cathode rays were streams of electrons emitted from the cathode and became a Nobel Laureate in Physics in 1906.

Thomson, Sir Joseph John, 1856-1940.
Conduction of electricity through gases, by J.J. Thomson. 2nd ed. Cambridge, University Press, 1906.
vi, [2], 678 p. illus. 22.5 cm.

Thomson, Sir Joseph John, 1856-1940.
Electricity and matter, by J.J. Thomson. New Haven, Yale University Press, 1911, c1904.
[7], 162 p. diagrs. 21 cm.
Provenance: Bookseller plate, "B. H. Blackwell, Oxford".

Thomson, Sir Joseph John, 1856-1940.
The electron in chemistry; being five lectures delivered at the Franklin Institute, Philadelphia, by Sir J.J. Thomson. Philadelphia, Franklin Institute, 1923.
[5], 144 p. diagrs. 24.3 cm.
Provenance: Owner signature, "H. P. Hollnagel, Swampscott Mass."

Tigerstedt, Robert Adolf Armand, 1853-1923.
A text-book of human physiology, by Robert Tigerstedt. Tr. from the 3rd German ed. by John R. Murlin. With an introd. to the English ed. by Graham Lusk. New York, D. Appleton, 1906.
xxxi, 751 p. illus. (part col.) 24.5 cm.
Provenance: Owner bookstamp, "Dr. W. P. Harrison, Teague, Texas".

Tinel, Jules, 1879-1952.
Les blessures des nerfs. Semiologie des lésions nerveuses périphériques par blessures de guerre [par] Jules Tinel. Préf. du J. Dejerine. Paris, Masson, 1916.
xi, 511 p. illus. 25 cm.
Provenance: Inscribed, "Pierquiy", Library plate, "Bibliotheca Neurological Courville" and stamps, "Bib. Neur. Cou. Cal. Coll. of Med." and, "University of California, Irvine ..."
First edition of a comprehensive study of peripheral nerve injuries suffered by soldiers during World War I, detailing both "examen electrique" and electrotherapeutic treatment.

Toldt, Carl, 1840-1920, ed.
Anatomischer Atlas für Studirende und Ärzte unter Mitwirkung von Alois Dalla Rosa, herausgegeben von Carl Toldt. Dritte verbesserte Aufl. Berlin, Urban & Schwarzenberg, 1903.
[4], 404-552 p. diagrs. (part col.) 26.5 cm.
Provenance: Owner stamp, "Gustav Bucky".

Torbett, John Walter, 1871-
The use of short wave therapy in medicine, by J. Walter Torbett. Fort Worth, Texas, The State Medical Association of Texas, 1935.
5 p. 23 cm.
"Reprinted from Texas State Journal of Medicine, July, 1935, Vol. 13, pp. 200-203."

Tournay, Auguste, 1878
Effets des actions mécaniques portant sur la chaîne du nerf sympathique comparés aux effets de l'excitation électrique. Note de Auguste Tournay et Édouard Krebs. Paris, Gauthier-Villars, 1924.
3 p. charts. 27 cm.
"Extrait des Comptes rendus des séances de l'Academie des Sciences, t. 178, p. 232, séance du 7 janvier 1924."
The authors reproduce one of Claude Bernard's experiments.

Tousey, Sinclair, 1864-
Medical electricity and Rontgen rays with chapters on phototherapy and radium, by Sinclair Tousey. Philadelphia, W.B. Saunders, 1910.
[4], 11-1116 p. illus., 16 plates (part col.) 25 cm.
Provenance: Owner signatures, "W. H. Bell ... 1910" (cancelled), "J. W. Black, MD"

Tousey, Sinclair, 1864-
Medical electricity, Rontgen rays and radium with a practical chapter on phototherapy, by Sinclair Tousey. 2nd ed., thoroughly rev. and greatly enl. Philadelphia, W.B. Saunders, 1915.
1219 p. illus., 16 plates (part col.) 25 cm.

Tousey, Sinclair, 1864-
Medical electricity, rontgen rays and radium with a practical chapter on phototherapy, by Sinclair Tousey. 3rd ed., thoroughly rev. and greatly enl. Philadelphia, W.B. Saunders, 1921.
1337 p. illus., 16 plates (part. col.) 25 cm.
Provenance: Owner stamp, "Joseph B. Hix, MD ... Altus, Oklahoma".

Trajets [par le groupe Lacretelle] Paris, Maloine [19--]
[58] p. (chiefly col. illus.) 26.8 cm.

Transtrom, Henry Leroy, 1885-
Electricity at high pressures and frequencies, by Henry L. Transtrom. Chicago, Joseph G. Branch Pub. Co., 1913.
xi, 247 p. illus. 19 cm.
Provenance: Owner signature, "Chas. E. Apgan".

Triaire, Paul, 1842-1912.
Dominique Larrey et les campagnes de la révolution et de l'empire 1768-1842 [par] Paul Triaire. Tours A. Mame, 1902.
xiv, 756, [1] p. port. 25.5 cm.
Provenance: Library plate, "Withdrawn, Presented to the Lib. Med. Soc. of Co. of Kings by Donald E. McKenna, M.D. ... 1933". Inscribed, "gift of Mon. Abeille Villard", signed "A. Millary".

Tromp, Soleo Walle, 1909-
Psychical physics; a scientific analysis of dowsing, radiesthesia and kindred phenomena, by S.W. Tromp. New York, Elsevier Pub. Co., 1949.
xv, 534 p. illus. 24 cm.
Provenance: Owner's signature, illegible.
Contains an analysis of the influence of electromagnetic fields on psychic phenomena with particular reference to divining.

Troup, William Annandale, 1889-
Therapeutic uses of infra-red rays. With a chapter on the treatment of sinusitis by radio-therapy, by W. Annandale Troup. With a foreword by Sir William Willcox. 3rd ed. London, The Actinic Press, 1936.
xv, 149, [2] p. illus., front. 21.5 cm.

Truelle, Roger.
Action des différents courants électriques sur la fibre lisse de l'intestin, par Roger Truelle. Paris, H. Jouve, 1904.
83, [2] p. 21 cm.
Doctoral thesis on medical electricity as applied to the gastro-intestinal tract defended at the medical faculty of the University of Paris.

Tunzelmann, George William von, 1856-
A treatise on electrical theory and the problem of the universe. Considered from the physical point of view, with mathematical appendices, by G.W. de Tunzelmann. London, C. Griffin, 1910.
xxxi, 654 p. illus., diagrs. 20 cm.

Turenne, Louis.
Les mineraux; les ondes des formes géométriques; la lecture sur plans; l'évolution de la matière les ondes nocives [par] L. Turenne. Paris, 1935.

248 p. illus. 22.5 cm.
Provenance: Bookseller stamp, "Maison de la Radiesthesie ... Paris".

Turner, D M
Makers of science, electricity & magnetism, by D.M. Turner, with an introd. by Charles Singer. London, Oxford University Press, 1927.
xv, 184 p. illus., diagrs., ports. 19.8 cm.

Turner, Dawson Fryers Duckworth, 1857-1928.
Radium; its physics & therapeutics, by Dawson Turner. New York, W. Wood, 1911.
x, 86 p. illus., 12 plates. 19 cm.
Turner was a Scottish pioneer radiologist and early proponent of high frequency current treatment as suggested by Nicola Tesla in his lectures to the IEEE in London in 1892 and to the Franklin Institute in Philadelphia in 1893. The high frequency apparatus that Turner developed was probably modeled after Elihu Thompson's who had accompanied Tesla on his lecture tour in England.

Turner, Dawson Fryers Duckworth, 1857-1928.
Radium; its physics & therapeutics, by Dawson Turner. 2nd ed., rev. and enl. London, Bailliere, Tindall and Cox, 1914.
xiv, 170 p. illus., plates., port. 18.5 cm.
Provenance: Author's presentation copy to the "Womens Students Union, 1915".

Turner, Gerard L'Estrange.
Descriptive catalogue of Van Marum's scientific instruments in Teyler's museum, by G. L'E. Turner. Leyden, Noordhoff [1973]
[4], 129-401 p. illus., plates. 22.4 cm.
"Off-printed from Martinus van Marum Life and work, vol. IV."

Turrell, Walter John, 1865-1943.
The principles of electrotherapy and their practical application, by W.J. Turrell. London, H. Frowde, 1922.
xi, [1], 276 p. illus. 22 cm.
Turrell, a British physician, pioneered the use of electotherapy at the Radcliffe Infirmary, Oxford. The electrotherapy unit opened in 1913 and administered 50,000 electrical treatments to wounded soldiers during World War I. Turrell was sceptical however of the then current fad of ionic medication - the therapeutic transfer of ions.

Turrell, Walter John, 1865-1943.
The principles of electrotherapy and their practical application, by W.J. Turrell. 2nd ed. London, H. Milford, 1929.
xvi, 413 p. illus., front., 8 plates. 22.5 cm.
Provenance: Author's signed presentation copy to, "H. W. Budgett": Bookseller plate, "H. K. Lewis & Co. ... London".

Tyler, Albert Franklin, 1881-
Surgical diathermy in the treatment of new growths of the face and mouth [by] Albert F. Tyler. [1924]
[4] p. illus. 29.5 cm.
Reprinted from Journal of Radiology.

Tyndall, Charles Herbert, 1857-1935.
Electricity and its similitudes; the analogy of phenomena natural and spiritual [by] Charles H. Tyndall. New York, Fleming H. Revell, c1902.
215 p. front., plates. 19.5 cm.

Ullmann, Karl, 1860-
Physikalische Therapie der Hautkrankheiten, von K. Ullmann. Stuttgarrt, F. Enke, 1908.
198 p. illus. 25 cm.
Provenance: Author's presentation copy.

Union des Associations scientifiques et industrielles françaises.
Cérémonie commémorative en l'honneur du centenaire de la naissance du Professeur Arsène d'Arsonval, 1851-1940, organisée par l'Union des Associations scientifiques et industrielles françaises. [Paris, Draeger, Imp., 1952?]
[51] p. illus. 26 cm.

Union minière du Haut Katanga.
Le radium; production, propriétés générales, applications thérapeutiques, appareils. Bruxelles, Union minière du Haut Katanga, 1931.
365, [1] p. illus., plates (part fold.) 21.5 cm.

U.S. Surgeon-General's Office.
The use of the Röntgen ray by the Medical department of the United States army in the war with Spain. (1898) Prepared under the direction of George M. Sternberg, by W.C. Borden. Washington, Govt. Print. Off., 1900.
98 p. illus., 38 plates. 29.5 cm.
Provenance: Owner bookplate, "Stevens S. Sanderson, M.D."
Another issue.

Vaquez, Henri, 1860-1936.
Les arythmies, par H. Vaquez. Leçons recueillies par Ch. Esmien. Paris, J.B. Baillière, 1911.
[3], x, 437 p. illus. 24.5 cm.
Provenance: Bookseller plate, "Ch. Boulange ... Paris".

Veil, Catherine.
Excitabilité et conductibilité dans le coeur, par Catherine Veil. Paris, E. Larose, 1919.
[v], 135, [1] p. illus. 24.2 cm.

Verworn, Max, 1863-1921.
Irritability; a physiological analysis of the general effect of stimuli in living substance, by Max Verworn. New Haven, Yale University Press, 1913.
xii, [1], 264 p. illus. 22.6 cm.
Provenance: Owner bookplate, "Myer I. Berman, M.D."
First edition of a book that represents a milestone in the study of irritability. Apart from research on the physiology of the cell, Verworn also made significant contributions to the understanding of the relationship of neurological function and physiology to cognition.

Vesalius, Andreas, 1514-1564.
De humani corporis fabrica libri septem. Bruxellis, 1970.
[12], 659 [i.e. 663], [38] p. illus., plates (part fold.), port. 41.5 cm.

Vetter, J.C., & Co.
Illustrated catalogue of dry Leclanche galvanic and faradic batteries and standard electro-medical apparatus: standard milliampere meters, electrodes, carbon current controllers, current adapter for utilizing the incandescent current in electro-therapeutics, patented and manufactured by J.C. Vetter & Co. New York [ca.1905]
52 p. illus. 15.7 x 20.7 cm.

Vial, Louis Charles Émile.
Les erreurs de la science [par] Louis Charles Émile Viale. 2. éd. Paris, Chez l'auteur, 1906.
[4], 299, [1] p. illus. 19.2 cm.

Vibrator Instrument Co.
The Chattanooga Vibrator. Chattanooga, Tenn. [ca.1904].
30 p. illus. 22.7 cm.

Vigderovitch, Elie-Hirsche, 1881-
Les hémorragies utérines justiciables du traitment électrique (courant continu), par Elie-Hirsche Vigderovitch. Paris, Ollier-Henry, 1912.
72 p. 22.6 cm.
Bound with Hamon, Francisque. La contraction galvanotonique au cours de la réaction de dégénérescence. Paris, 1914.

Vignal, William.
Électrothérapie, par W. Vignal. Paris, G. Doin, 1928.
vi, 550 p. illus., plates. 15.1 cm.
Provenance: Author's signed presentation copy, 1928.

Vigneron, Henri.
L'électricité et ses applications; théorie, production, distribution, lumière, force, chaleur, traction, T.S.F., téléphone, électricité médicale [par] Vigneron. Paris, Masson, 1928.
vii, 812 p. illus. 24.5 cm.

Viscontini, Max.
Contribution a l'étude de l'osmose électrique, de l'électrophorèse et de l'agglutination microbienne, par Max Viscontini. Paris, J. Peyronnet, 1947.
[4], 104, [3] p. illus. 24.2 cm.

Vit-O-Net.
Awake the greater health within you; a message of hope. Chicago, Vit-O-Net Corp., c1928.
24 p. illus. 28 cm.

Vocoret, Jules Léon, 1876-
Urine et électrolytes; étude de leur résistivite; applications à l'urologie et à la biologie, par Jules Léon Vocoret. Lyon, Impr. Waltener, 1904.
90, [2] p. illus. 25.2 cm.

Volkere, W C van de.
Röntgentechniek; therapeutische beteekenis der "X"-stralen en der stroomen van hooge fréquentie, door W.C. van de Volkere. Amsterdam, Stemler, 1904.
[8], 89 p. illus., 7 plates. 24.2 cm.
Provenance: Owner bookplate, "L. G. Heibron". Library stamp, "F. W. Classens, Amanuensis Mechanicus, Gemeente Electro Therapeutische

kliniek, en Rontgen Laboratorium Binnen Gasthuis, Amsterdam".
This is one of the first Dutch works on x-ray therapy.

Volta, Alessandro Giuseppe Antonio Anastasio, conte, 1745-1827.
La correspondance de A. Volta et M. van Marum, publiée par J. Bosscha. Leyde, A.W. Sijthoff, 1905.
xx, 202, [1] p. illus., facsim. 25.9 cm.

Von Borosini, August J 1874-
Verjüngungskunst von Zarathustra bis Steinach. Neue Wege der Verjüngung durch Ultraviolett-Bestrahlung und Innenhygiene, von A. v. Borosini. 4. verm. Aufl. Dresden, E. Pahl, 1931.
82, [1] p. plates. 23 cm.

Voyer, Jean Pierre.
Reich: how to use, by Jean Pierre Voyer. Berkeley, Calif., Bureau of Public Secrets, 1973.
folded sheet. 21.5 x 57 cm.

Waddington, Joseph Edward George, 1865-
Practical index to electro-physiotherapy, with index of diseases and selective techniques, by Joseph E.G. Waddington. Detroit, Mich., Published by the author, 1925.
[3]-351, [8], 13 p. illus. 19 cm.
Provenance: Owner signature, "E. W. Boerstler, Watertown, Mass."

Waddington, Joseph Edward George, 1865-
Practical index to electro and photo therapy, including an index of diseases with descriptive techniques, by Joseph E.G. Waddington. 3rd ed., rewritten and enl. Detroit, Mich., A.M. Margraf, 1929.
[3]-411, 13 p. illus. 19 cm.

Waggoner, Melancthon Rhyersee, 1890-
The note book of an electro-therapist [by] Mel. R. Waggoner. Chicago, Ill., McIntosh Electrical Corp., c1923.
[2], 173 p. illus. 19.4 cm.

Walker, W Cameron
The detection and estimation of electric charges in the eighteenth century, by W. Cameron Walker. [n.p.] 1936.
[1], 66-100 p. illus., 8 plates. 24.4 cm.
"From Annals of Science, vol. 1, no. 1, January 1936."
Provenance: Author's presentation copy to, "Sir Philip Hartog".

Waller, Augustus Desire, 1856-1922.
Eight lectures on the signs of life from their electrical aspect, by Augustus D. Waller. New York, E.P. Dutton, 1903.
viii, 175 p. illus. 22.2 cm.
Waller, a noted British physiologist, obtained the first human electocardiogram using a capillary electrometer in 1888.

Waller, Augustus Desire, 1856-1922.
The Oliver-Sharpey lectures on the electrical action of the human heart. Delivered before the Royal College of Physicians of London on April 8 and 10, 1913, by A.D. Waller. [London?] 1913.
53 p. illus., 1 fold. plate. 21.4 cm.
"Reprinted from The Lancet, May 24 and 31, 1913."

Wallian, Samuel Spenser, 1835-1907.
The undulatory theory in therapeutics ... First paper, by Samuel S. Wallian. [Chicago? ca. 1905]
[2] p. 22.5 cm.
"Reprinted from The Medical Brief, May, 1905."
Inserted in Gorman, Sam J., Co. The Physician's Vibragenitant. 2d ed. [Chicago, ca. 1905].

Wallian, Samuel Spencer, 1835-1907.
The undulatory theory in therapeutics ... Second paper: rationale of vibratory therapeutics, by Samuel S. Wallian. [Chicago? ca. 1905]
[2] p. 22.7 cm.
"Reprinted from The Medical Brief, June, 1905."
Inserted in Gorman, Sam J., Co. The Physician's Vibragenitant. 2d ed. [Chicago, ca. 1905]

Walsh, David, 1853-1943.
The Rontgen rays in medical work, by David Walsh. Part I: Apparatus and methods, re-written by Lewis Jones. Part II: Medical and surgical (brought up to date with an appendix). 3rd ed. London, Bailliere, Tindall and Cox, 1902.
316 p. illus., plates. 21.8 cm.
Provenance: Owner signature, "H. M. Budgett, Cambridge, 1902".

Walsh, a pioneer British radiologist, wrote one of the first texts on x-rays. He was the first to experiment with bismuth to obtain an x-ray of the gastro-intestinal tract.

Walsh, James Joseph, 1865-1942.
Cures; the story of the cures that fail, by James J. Walsh. New York, D. Appleton, 1923.
xi, 291 p. 22 cm.
Contains chapters on magnetic cures, Mesmer and Perkin's tractors and other fads to which he is opposed.

Walsh, James Joseph, 1865-1942.
Psychotherapy, including the history of the use of mental influence, directly and indirectly, in healing, and the principles for the application of energies derived from the mind to the treatment of disease, by James J. Walsh. New York, D. Appleton, 1912.
xv, 806 p. illus. 24 cm.
Provenance: Owner pencil signature, "Dr. N. M. Weismer ... Dayton, Ohio."

Walsham, Hugh.
On the ultra-violet light from a rapid oscillation high-tension arc, for the treatment of skin diseases, by Hugh Walsham. London, 1902.
11 p. illus. 18.2 cm.
"Reprinted from the Lancet, February 1, 1902."
Provenance: Library bookplate, "Johns Hopkins Hospital Library ... 1905".

Wang, Shih-Chun, 1910-
Autonomic responses to electrical stimulation of the lower brain stem [by] S.C. Wang and S.W. Ranson. [n.p.] 1939.
437-455 p. diagrs. 24 cm.
"Reprinted from The Journal of Comparative Neurology, Vol. 71, No. 3, December, 1939."
Wang was an important researcher in the field of the physiology and pharmacology of the autonomic nervous sytem.

Wang, Shih-Chun, 1910-
The nature of bladder responses following stimulation of the anterior hypothalamus [by] Shih-Chun Wang and Frank Harrison. [n.p.] 1939.
301-309 p. diagrs. 24 cm.
"Reprinted from The American Journal of Physiology, vol. 125, no. 2, February, 1939."

Wappler Electric Company, New York.
Catalogue of cystoscopes, endoscopes, urethoscopes, bronchoscopes, pharyngoscopes, laryngoscopes, headlights, controllers, lamp brackets, light batteries, high-frequency apparatus, etc. 2d ed. New York, c1913.
80 p. illus., diagrs. 15.2 x 23.6 cm.

Wappler Electric Company, New York.
Catalogue of pneumo-massage apparatus, multostats, cautery motors and transformers, surgical drills, headlights, auroscopes, spray and pressure pumps, cautery knives, centrifuges and accessories, portable vibrators, pharyngoscopes, controllers, batteries, etc. 2d ed. New York, Wappler Electric Mfg. Co., c1914.
[2], 64, [2] p. illus. 22.7 cm.

Wappler Electric Company, New York.
Electro-medical and surgical instruments; catalogue no. 1, devoted to cystoscopes, endoscopes, urethoscopes, pharyngoscopes, auroscopes, head lights, lamp brackets, controllers, light batteries. New York [ca. 1911]
36 p. illus., diagrs. 15.8 x 23.4 cm.

Wappler Electric Company, New York.
Interrupterless transformers and upright fluoroscopic apparatus. New York, Wappler Electric Mfg. Co., c1914.
28 p. illus., diagrs. 22.9 cm.

Ward, Grant Eben, 1896-
Electro-thermic methods in the treatment of benign and malignant lesions of the skin, by Grant E. Ward. [n.p., 1925-26?]
19 p. illus. 18.7 cm.
"Reprinted from American Medicine, New Series, Vol. XX, No. 12, pages 718-725, December, 1925."
Provenance: Owner stamp, "Dr. Thomas S. Cullen ... Baltimore, MD."

Ward, Grant Eben, 1896-
Proper technique in electro-surgical methods [by] Grant E. Ward. [n.p., 1926?]
[7] p. illus. 26.8 cm.
"Reprinted from Archives of Physical Therapy, X-Ray, Radium, July, 1926, Pages 379-385."

The Way in and the way out: Francois Magendie, Charles Bell and the roots of spinal nerves.
With a facsimile of Charles Bell's annotated copy of his Idea of a new anatomy of the brain

[selected and arr. by] Paul F. Cranefield. Mount Kisco, N.Y., Futura, 1974.
Various pagings. illus. 26.1 cm.

Weatherwax, James Lloyd, 1884-
Physics of radiology for the student of roentgenology and radium therapy, by J.L. Weatherwax, with a foreword by Henry K. Pancoast. New York, P.B. Hoeber, 1931.
xviii, 240 p. illus., charts, diagrs. 18.8 cm.

Webber, Harry.
Simple facts about electricity for the home, by Harry Webber. Keighley [Eng.] Wadsworth, 1939.
xii, [1], 20, xiii-xxvi p. illus. 26 cm.

Weese, Arthur, 1868-
Die Bildnisse Albrecht von Hallers, von Artur Weese, veröffentlicht aus Anlass der Enthüllung des Denkmals des Albrecht von Haller am 200. Gedächtnistage seiner Geburt in Bern gesetzt wurde. Mit Lichtdrucken. Bern, A. Francke, 1909.
281, [2] p. illus., ports. 32.7 cm.

Weiss, Eugène H
Les merveilles des sciences et de l'industrie; astronomie, aviation, botanique, chimie, constructions, électricité, géologie, méchanique, métallurgie, mines, physiologie, physique, transports, travaux publics [par] Eugène H. Weiss. [Paris] Hachette, 1926.
2 v. illus., 12 col. mounted plates. 30.3 cm.
Provenance: Bookseller plate, "Libraire Alain Brieux ... Paris".

Weiss, Georges, 1859-
Sur les effets physiologiques des courants électriques, par G. Weiss. Paris, Gauthier-Villars, 1912.
[2], 86 p. illus., charts, 26 fold. plates. 27.1 cm.
Provenance: Embossed library stamp, "University of Pennsylvania Library".

Weiss, Paul, 1898-
Pressure block in nerves provided with arterial sleeves [by] Paul Weiss and Hallowell Davis. [n.p.] 1943.
[269]-286 p. illus. 26.9 cm.
(In Davis reprints, 1926-47. [n.p., n.d.])
"Reprinted from J. Neurophysiol., 1943, 6: 269-286."

Welch, William Henry, 1850-1934.
S. Weir Mitchell, physician and man of science, by William H. Welch. [n.p., n.d.]
31 p. 22.2 cm.
"Reprinted from S. Weir Mitchell - Memorial addresses and resolutions, Philadelphia, 1914."
A discussion of Mitchell's career written by his distinguished contemporary.

[Wellcome, Sir Henry Solomon, 1853-1936]
Anglo-Saxon leechcraft, an historical sketch of early English medicine. Lecture memoranda American medical association Atlantic City 1912. London, Burroughs Wellcome [1912]
[3], 262, [2], [32], [13] p. illus., charts, maps, plates (part col.) 17.2 cm.

Wellcome Foundation, ltd., London.
The Wellcome research institution and the affiliated research laboratories and museums founded by Sir Henry Wellcome. London, The Wellcome Foundation Ltd., 1933.
62, [2] p. illus., front. 18.5 cm.

Wenckebach, Karl Friedrich, 1864-1940.
Arhythmia of the heart; a physiological and clinical study, by K.F. Wenckebach. Tr. by Thos. Snowball. Edinburgh, W. Green, 1904.
ix, 198 p. illus., 7 fold. plates. 25.2 cm.
Provenance: Book stamp, "Bartlett": Booksellers plate, "Blakiston's Son ... Philadelphia".

Wenckebach, Karl Friedrich, 1864-1940.
Die Arhythmie als Ausdruck bestimmter Funktionsstörungen des Herzens; eine physiologischklinische Studie, von K.F. Wenckebach. Leipzig, W. Englemann, 1903.
[4], 193, [1] p. illus., 7 fold. plates. 23.5 cm.
First edition.

Wenckebach, Karl Friedrich, 1864-1940.
Herz- und Kreislauf- Insuffizienz; ein kurzes System der Störungen im Kreislaufapparat, von K.F. Wenckebach. Dresden, T. Steinkopff, 1931.
x, 120 p. illus. 23.1 cm.

Wenckebach, Karl Friedrich, 1864-1940.
Über eine kritische Frequenz des Herzens bei paroxysmaler Tachykardie [von] K.F. Wenckebach. Leipzig, F.C.W. Vogel, 1910.
[402]-416 p. illus. 22.5 cm.

"Sonderabdruck aus dem deutschen Archiv für klinische Medizin. 101 Bd."
Provenance: Owner stamp, "Van den Schrijver".

Wenckebach, Karl Friedrich, 1864-1940.
Die unregelmässige Herztätigkeit und ihre klinische Bedeutung, von K.F. Wenckebach. Leipzig, W. Engelmann, 1914.
vi, 249 p. illus., 2 plates (1 fold.) 27 cm.
Provenance: Owner bookstamp, "Dr. med: During, Spezialarzt fur innere Medizin und Nervenkrankheiten Luzern" and signature, "Dr. During".
First edition of classic work on abnormal stoppage of the heart and its clinical explanation written by the Dutch physician. Wenckebach was the first to demonstrate the value of quinine in the treatment of paroxysmal fibrillation.

Wenckebach, Karl Friedrich, 1864-1940.
Die unregelmässige Herztätigkeit, von K.F. Wenckebach und Hch. Winterberg. Leipzig, W. Engelmann, 1927.
2 v. illus. 25.8 cm.
Provenance: Owner pencil and ink signatures, "Dr. During".

Went, Johanna Maria van.
Ultrasonic and ultrashort waves in medicine, by Johanna M. van Went. Introd. by Kenneth Phillips. Amsterdam, Elsevier, 1954.
xv, 384 p. illus. 23 cm.

Werff, Johannes Theodorus van der.
Biological reactions caused by electric currents and by X-rays; a theoretical study of the phenomena of excitation in the nerve by different electric currents and of the biological reactions caused by X-rays, both based upon a common principle, by J. Th. Van der Werff. New York, Elsevier, 1948.
xii, 203 p. diagrs. 23.2 cm.
Provenance: Owner signature, illegible.

Wesley, John, 1703-1791.
The journal of the Rev. John Wesley, A.M. sometime fellow of Lincoln college, Oxford, enlarged from original mss., with notes from unpublished diaries, annotations, maps, and illustrations, ed. by Nehemiah Curnock, assisted by experts. Standard ed. London, R. Culley, 1909-16.
8 v. illus., facsims., maps, plates (5 fold.), ports. 24 cm.
Wesley was an early proponent of electrotherapy.

Wessler, Harry, 1884-
Clinical roentgenology of diseases of the chest, by H. Wessler and Leopold Jaches. Troy, N.Y., Southworth, c1923.
[6], xviii, [1], [11]-560 p. illus. 27.5 cm.
Provenance: Owner signature, "Dr. Max Friedman".

Western Dental Manufacturing Co., ltd. London.
Catalogue and price list. [London, ca. 1924]
7 pts. illus. 23.3 cm.

Western Electric Manufacturing Co.
Electro-medical and surgical apparatus. Chicago [n.d.]
32 p. illus. 22.6 cm.
Provenance: Laboratory stamp, "Poison, Sulphuric Acid, H2SO4".

Weve, Henricus Jacobus Marie, 1888-
Zur Behandlung der Netzhautablosung mittles Diathermie, von H. Weve. Berlin, S. Karger, 1932.
[3], 49 p. illus. 24.5 cm.
"Sonderausgabe von Heft 14 der Abhandlungen aus der Augenheilkunde und ihren Grenzgebieten."

What to do with radium. [n.p.] 1921.
Page 21. 28.8 cm.
Extract from The literary digest, May 7, 1921.

Whitby, Henry Augustus Morton, 1898-
Investigations of disease, by Morton Whitby. 1st ed. Chicago, Cutler, 1951.
xi, 304 p. illus. 20 cm.

Whitby, Henry Augustus Morton, 1898-
Theory of life, disease, and death, by Morton Whitby. 1st ed. Chicago, Cutler, 1945.
275 p. illus., tables, diagrs. 20 cm.
Provenance: Owner bookstamp and signature, "Dr. T. A. Liberko ... St. Paul, Mn."
An electrical theory of life, disease and death based on the author's researches with the Ellis Micro-Dynameter.

White, H J
How to make a medical coil, by H.J. White. 3rd ed. Lynn, Mass., Bubier, 1903.

12 p. illus. 16.2 cm.
"Reprinted from Bubier's popular electrician, Nov., 1902."

Whiteside, H.A., firm, New York.
The Miniature Electric Dental Engine. New York, 1914.
17 p. illus. 18.3 cm.

Whittaker, Sir Edmund Taylor, 1873-1956.
A history of the theories of aether and electricity, from the age of Descartes to the close of the nineteenth century, by E.T. Whittaker. London, Longmans Green, 1910.
xiii, [1], 475 p. 22.5 cm.

Whittaker, Sir Edmund Taylor, 1873-1956.
A history of the theories of aether and electricity [by] Sir Edmund Whittaker. The modern theories 1900-1926. New York, Philosophical Library, 1954.
xi, 319 p. 24.5 cm.
Provenance: Owner signature, "David W. Moomow".

Wickham, Louis Frédéric, 1861-1913.
Le radium, son emploi dans le traitement du cancer des angiomes, chéloïdes, tuberculoses locales et d'autres affections, par Louis Wickham [et] Paul Degrais. Paris, J.B. Baillière, 1913.
95, [1] p. illus. 18.5 cm.
Provenance: Author's (Degrais) signed presentation copy to Dr. Parmeuteis, 1913.
Wickham, a French dermatologist and pioneer of radium therapy, began treating tumors and gynecological conditions with radium in 1908.

Wickham, Louis Frédéric, 1861-1913.
Radiumthérapie; instrumentation, technique, traitement des cancers, chéloïdes, naevi, lupus, prurits, névrodermites, eczémas, applications gynécologiques, par Louis Wickham et Degrais. Préface de Fournier. Paris, J.B. Baillière, 1909.
x, 350 p. illus., charts, diagrs., 20 col. plates. 24.6 cm.
Provenance: Library plate and stamp, "Presented to the Lib. Med. Soc. Co. Kings by the N.Y. Acad. Med. 1922".

Wiggers, Carl John, 1883-1963.
The pressure pulses in the cardiovascular system, by Carl J. Wiggers. London, Longmans, Green, 1928.
xi, 200 p. illus., diagrs. 22.5 cm.
Provenance: Signed, "Schott": Bookseller plate, "H. K. Lewis & Co. ... London".
A renowned American cardiologist, Wiggers pioneered research in electroshock resuscitation, heart sounds, and cardiodynamics of valvular lesions.

Wiggers, Carl John, 1883-1963.
Principles and practice of electrocardiography, by Carl J. Wiggers. St. Louis, C.V. Mosby, 1929.
226 p. illus., port. 25.2 cm.

Wilder, Alexander, 1823-1908.
History of medicine, a brief outline of medical history and sects of physicians, from the earliest historic period; with an extended account of the new schools of the healing art in the nineteenth century, and especially a history of the American eclectic practice of medicine, never before published, by Alexander Wilder. New Sharon, Me., New England Eclectic Publishing, 1901.
xxix, 946 p. front. 19.6 cm.
Provenance: Owner signature, "Dr. H. M. Clunk 22 N. 5th St. Reading, Pa." Stamped on title page, "The Human Culture School ... Los Angeles, Ca."

Willard, De Forest, 1846-1910.
Aneurism of the thoracic aorta of traumatic origin; treatment by introduction of wire and electricity, by De Forest Willard. Philadelphia, J.B. Lippincott, 1901.
13 p. illus. 24 cm.
"Reprinted from Annals of Surgery, July 1901."

Williams, Francis Henry, 1852-1936.
The Roentgen rays in medicine and surgery, as an aid in diagnosis and as a therapeutic agent; designed for the use of practitioners and students, by Francis H. Williams. 2nd ed. with enl. appendix. New York, Macmillan, 1902, c1901.
xxxii, [1], 704 p. illus. 22.8 cm.
Provenance: Library stamp plate, "Presented to Lib. Med. Soc. Co. Kings by Dr. James M. Winfield ... 1917".
Classic text on the employment of x-rays in medicine and surgery written by an American pioneer radiologist. Williams was one of the few to take precautions against radiation burns.

Williams, Francis Henry, 1852-1936.
The roentgen rays in medicine and surgery as an aid in diagnosis and as a therapeutic agent.

Designed for the use of practitioners and students, by Francis H. Williams. 3rd ed. with enl. appendix. New York, Macmillan, 1903.

Provenance: Library stamp, "Salvage Fund for the Hebrew University in Palestine, N.Y."

Willius, Fredrick Arthur, 1888-

Clinical electrocardiograms; their interpretation and significance, by Fredrick A. Willius. Philadelphis, W.B. Saunders, 1929.

[11]-219 p. charts. 27.4 cm.

Provenance: Author's signature dated 12/22/31.

A cardiologist at the Mayo Clinic, Willius made significant contributions to the statistical analyses of the electrocardiogram thus establishing a sound basis for prognosis.

Willius, Fredrick Arthur, 1888-

Clinical electrocardiograms; their interpretation and significance, by Fredrick A. Willius. Philadelphia, W.B. Saunders, 1930, c1929.

[11]-219 p. charts. 27.4 cm.

Provenance: Library stamp, "Bryn Mawr Hospital Library" - pencilled inscription, "Withdrawn 6/22/60".

Willius, Fredrick Arthur, 1888-

Clinical electrocardiography, by Fredrick A. Willius. Philadelphia, W.B. Saunders, 1922.

[9]-188 p. illus. 24.2 cm.

Willius, Frederick Arthur, 1888-

A history of the heart and circulation, by Frederick A. Willius [and] Thomas J. Dry. Philadelphia, W.B. Saunders, c1948.

xvii, 456 p. illus., diagrs., front., prots. 23.9 cm.

Provenance: Owner inscription, "Wm. J. Kerr".

An important history on heart disease written by the distinguished cardiologist.

Willyoung, Elmer G

Willyoung portable testing sets; "Model K" and "The Universal." 2d ed. New York [1901?]

32 p. illus. 23.3 cm.

Wilson, George Ewart.

Fractures and their complications, by George Ewart Wilson. New York, Macmillan, 1931.

viii, 415 p. illus. 23.5 cm.

Wilson, Samuel Alexander Kinnier, 1878-1937.

Neurology, by S.A. Kinnier Wilson. Ed. by A. Ninian Bruce. Baltimore, Williams & Wilkins, 1940.

2 v. (xxxvi, 1838 p.) illus. 24.6 cm.

First edition of exhaustive textbook on neurology by the eminent English neurologist, perhaps most famous for his description of progressive famial hepatolenticular degeneration or "Wilson's disease."

Windle, William Frederick, 1898-

Failure to detect structural changes in the brain after electrical shock [by] William F. Windle, Wendall J.S. Krieg, and Alex J. Arieff. Chicago, 1945.

8 p. illus. 24.8 cm.

"Reprinted from the Quarterly bulletin ... 1945, vol. 19, no. 3. ..."

Windsor, William, 1857-

Phrenology; the science of character, by William Windsor. Illustrated by Russell Haigh Windsor. Introd. by Woodbridge N. Ferris. Big Rapids, Mich., Ferris-Windsor Co., 1921.

xxviii, 17-603 p. illus., ports. (part col.) 23.8 cm.

Witherbee, William Daniel, 1875-

X-ray dosage in treatment and radiography, by William D. Witherbee and John Remer. New York, Macmillan, 1923, c1922.

vi, [1], 87 p. illus. 17.2 cm.

Witherbee, William Daniel, 1875-

X-ray dosage in treatment and radiography, by William D. Witherbee and John Remer. New York, Macmillan, 1927, c1922.

vi, [1], 87 p. illus. 17.2 cm.

Provenance: Owner signature, "Dr. J. B. Gilbert".

Wohlmuth, Aktiengesellschaft, Furtwangen. Wissenschaftliches Buro.

Elektro-galvanische Heilkunde. Ein Handbuch zur Selbstbehandlung für Kranke u. Gesunde. Hrsg. unter arztlicher Mitarbeit von G. Wohlmuth & Co. Furtwangen, Konstanz, Zweigniederlassungen, 1919.

vii, 160, [1] p. 24 plates, port. 20.7 cm.

[Wohlmuth, Aktiengesellschaft, Furtwangen. Wissenschaftliches BüGro.]

Elektrogalvanische Heilkunde; ein Handbuch zur Selbstbehandlung für Kranke u. Gesunde. Hrsg.

unter arztlicher mitarbeit von G. Wohlmuth & Co. A.G. Furtwangen [19--]
xii, 278, [1], 24 p. plates, port. 20.8 cm.

Wohlmuth-Zentrale, Schlachters.
Die electro-galvanische Heilkunde. Ein Handbuch zum Heilgebrauch des galvanischen Stromes für Kranke und Gesunde ... Zehnte erweiterte und vollkommen neu bearbeitete Aufl. ... Furtwangen im Schwarzwald [1930]
xvi, 469 p. illus., 41 plates. 20.7 cm.

Wolf, Abraham, 1876-1948.
A history of science, technology, and philosophy in the 16th & 17th centuries, by W. Wolf. With the co-operation of F. Dannemann and A. Armitage. London, G. Allen & Unwin [1935]
xxvii, 692 p. illus., diagrs., facsims., plates, ports. 25 cm.
Provenance: Bookseller plate, "H. K. Lewis & Co. ... London".

Wolf, Heinrich Franz, 1872-1959.
Short wave therapy and general electro-therapy illustrated, by Heinrich F. Wolf. New York, Modern medical press, c1935.
[4], 96 p. illus. 23.8 cm.
Wolf, an American physician was noted for his work on short wave therapy. This text was written shortly before the regulation of specific radio frequencies for broadcasting.

Wood, Dorr Eldred.
Aetheronic technique. How to use aetheronic streborcam instruments in analysis and emanation transmission, by Dorr Eldred Wood. Chicago, Ill., Institute of aetheronic therapy, c1932.
2 v. ([2], 93 l. loose-leaf) 25.2 cm.

Wood, Dorr Eldred.
Aetheronics; the science of emanations, including philosophy and technique of application in the healing art, diagnosis and treatment, by Dorr Eldred Wood. Chicago, Ill., Institute of aetheronic therapy, c1930.
160 p. diagr., port. 29.9 cm.
Provenance: Author's signed presentation copy.

Wood, Joseph Remington, 1872-
Tablet manufacture; its history, pharmacy and practice, by Joseph R. Wood. Philadelphia, J.B. Lippincott, 1906, c1904.
224 p. illus., plates. 19.5 cm.

Woodruff, Charles Edward, 1860-1915.
The effects of tropical light on white men, by Chas. E. Woodruff. New York, Rebman, 1905.
vii, 358 p. 22 cm.

Woodruff, Charles Edward, 1860-1915.
Medical ethnology, by Chas. E. Woodruff. New York, Rebman, c1915.
viii, 321 p. 23.8 cm.

Worster, William W , 1878-
Elements of physical therapy [by] William W. Worster. 2nd ed., rev. and enl. San Gabriel, Calif., Worster laboratories, 1930.
[11], 232, [9] p. illus., diagrs., 1 plate. 20 cm.
Provenance: Author's signed presentation copy.

Wright, Clarence A
Notes on instrumentation (Published in connection with the English translation of Radiotherapy, by Leopold Freund), by Clarence A. Wright. New York, Rebman, 1904.
[1], 59 p. illus., diagrs. 24.1 cm.
(In Freund, Leopold. Elements of general radiotherapy. New York, 1904.)

Wundt, Wilhelm Max, 1832-1920.
Grundriss der Psychologie, von Wilhelm Wundt. 13. Aufl. mit Leipzig, A. Kroner, 1918, c1913.
xvi, 414 p. illus. 22 cm.
Provenance: Owner signature, "C. D. Verrip?"
An outline of psychology written by the founder of experimental psychology.

Wundt, Wilhelm Max, 1832-1920.
Grundriss der Psychologie, von Wilhelm Wundt. 14. Aufl. Stuttgart, A. Kroner, 1920, c1913.
xvi, 414 p. illus. 22 cm.

Wundt, Wilhelm Max, 1832-1920.
Vorlesungen über die Menschen- und Tierseele, von Wilhelm Wundt. 6. neubearb. Aufl. Leipzig, L. Voss, 1919.
xvi, 579 p. illus. 24 cm.
Provenance: Owner bookstamp, "Dr. F. Kaufel, Wien".
Contains lectures on the souls of animals and men.

Wyeth, George Austin, 1877-
Surgery of neoplastic diseases by electrothermic methods, by George A. Wyeth.

Preface [i.e. Foreword] by Howard A. Kelly. New York, P.B. Hoeber, 1926.
xvi, 298 p. illus. 23.3 cm.
Provenance: Owner stamp and signature, "Charles Lerner ... New York" - "For review".
Wyeth, an American surgeon, pioneered the use of the "endotherm knife", a scalpel electrode using high frequency current for cutting and coagulating blood in cancer surgery.

Yearsley, Percival Macleod, 1867-
A manual of the electrophonoid method of Zund-Burguet for the treatment of chronic deafness (auditory re-education), by Macleod Yearsley. With a foreword by Adolphe Zund-Burguet. London, W. Heinemann, 1927.
viii, 108 p. illus. 22 cm.
Provenance: Presentation copy to Dr. Campbell initialed, "W. H. M."

Yellon, Evan.
Surdus in search of his hearing; an exposure of aural quacks and a guide to genuine treatments and remedies, electrical aids, lip-reading and employments for the deaf, etc. etc., by Evan Yellon ("Paistin Fionn"). Illustrated by F.M. Cooper. London, Celtic press, 1906.
[1], vi, 125 p. illus. 21.7 cm.
Provenance: Owner signature, "Hugh M. M..." illegible and inscription.

Zeeman, Pieter, 1865-1935.
Researches in magneto-optics, with special reference to the magnetic resolution of spectrum lines, by P. Zeeman. London, Macmillan, 1913.
xiv, [1], 219 p. illus., diagrs., 8 plates. 22.5 cm.
Lorentz and Zeeman shared the 1902 Nobel Prize in physics in recognition of their investigations of magnetism upon the phenomenon of radiation. This summary of the Zeeman Effect (the influence of magnetism on emission spectra) and related phenomena is dedicated to Faraday who had earlier shown that magnetic forces influenced the polarization of light.

Zehnder, Ludwig Albert, 1854-
Eine neue unsichtbare Strahlung. 2. Mitteilung, von L. Zehnder. Basel, E. Birkhauser, 1937.
1-[27] p. illus. 22.9 cm.
Zehnder, a professor of physics at the University of Basel, details in this work the advances made in the field of chemical radiation and cytology.

Zeiss, Carl, firm (Founded 1846).
Mikrophotographische Apparate. 5. Ausg. [Jena] 1903.
[8], 61, [1] p. illus. 27.3 cm.
Provenance: Owner stamp, "Gustav Bucky".

Zeiss, Carl, firm (Founded 1846).
Mikroskope und mikroskopische Hilfsapparate. 32. Ausg. [Jena] 1902.
[6], 135 p. illus. 27.3 cm.
Provenance: Owner stamp, "Gustav Bucky".

Zeit, Frederic Robert, 1864-
Effect of direct, alternating, Tesla currents and X-rays on bacteria [by] F. Robert Zeit. [n.p.] 1901.
32 p. illus., charts. 20.5 cm.
"Reprinted from The journal of the American Medical Association. November 30, 1901."
Provenance: Library stamp, "Johns Hopkins Hospital Library ... 1902".

Zentralkomitee für das ärztliche Fortbildungswesen in Preussen.
Elektrizität und Licht in der Medizin; acht Vorträge gehalten von Prof. Dr. Albers-Schönberg [et. al.], hrsg. vom Zentralkomitee für das ärztliche Fortbildungswesen in Preussen, in dessen Auftrage redigiert von R. Kutner. Jena, G. Fischer, 1909.
[3], 216 p. illus., diagrs. 23.8 cm.

Ziegler, Johann Heinrich, 1857-
La vérité absolue et les vérités relatives. Solution des problèmes de la radio-activité et de l'electricité, par J. Henri Ziegler. Genève, Impr. A. Kundig, 1910.
80 p. diagrs. 23.5 cm.

Zimmern, Adolphe, 1871-
Les courants de haute fréquence et la d'arsonvalisation, par A. Zimmern et S. Turchini. Paris, J.B. Baillière, 1910.
95, [1] p. illus., diagrs. 18.8 cm.
Provenance: Stamp, "Majoration ... Decision ... Editeurs ..."
Zimmern, a French physician, was noted for his work on the effects of pulsating current on the brain (1903). He referred to the profound induced sleep as "coma" as in epileptic attacks.

Zimmern, Adolphe, 1871-
Electro-diagnosis in war. Clincial. Medical board technique and interpretation, by A. Zimmern and Pierre Perol. Ed. with a pref. by E.P. Cumberbatch. London, University of London Press, 1918.
xxiv, 212 p. illus. 19.6 cm.
Provenance: Library stamp, "Clark University, Worcester, Mass. 1919".

Zimmern, Adolphe, 1871-
Électrodiagnostic de guerre. Clinique-conseil de réforme technique et interprétation, par A. Zimmern et Pierre Perol. Paris, Masson, 1917.
viii, 154, [1] p. illus. 18 cm.
Provenance: Library stamp, "Clark University, Worcester, Mass. 1918".

Zimmern, Adolphe, 1871-
Éléments d'electrothérapie clinique, par A. Zimmern. Préf. de J. Bergonie. Paris, Masson, 1906.
xvi, 386 [i.e. 396] p. illus., 8 plates. 25 cm.
Provenance: Owner stamp, "Docteur O. Genevoix".

Zimmern, Adolphe, 1871-
La fulguration; sa valeur thérapeutique, par A. Zimmern. Paris, J.B. Bailliere, 1909.
95, [1] p. illus. 18.6 cm.

Zimmern, Adolphe, 1871-
Le lavement électrique. Son histoire, sa valeur, sa technique. Indications et contre-indications, par A. Zimmern. Paris, G. Naud, 1902.
51 p. 24.5 cm.
"Extrait de la Presse Médicale (nos. 54 et 80, 5 Juillet et 4 Octobre 1902)."

Zünd-Burguet, Adolphe.
Principes d'anacousie (rééducation auditive) [par] A. Zünd-Burguet. Préface du M.C. Gariel. Paris, A. Maloine, 1913.
[5], x, 267 p. charts (1 fold.) 22.6 cm.

INDEX